T H E

S E C O N D

W O R L D

W   A   R

J   O   H   N

K E E G A N

2차세계대전사

존 키건 지음 · 류한수 옮김

청어람미디어

일러두기

1. 제1장의 지은이주 3개를 제외하고 본문에 실린 모든 주석은 독자의 이해를 돕고자 옮긴이가 붙인 설명주다. 지은이주에는 주석내용 뒤에 '지은이'라고 적어놓았다.

2. 본문에서 〔 〕 안에 있는 글은 지은이의 보충설명이다.

3. 원서에는 없지만, 독자의 이해를 돕고자 옮긴이가 따로 주요 인물의 약력을 정리해서 부록으로 끼워 넣었다.

4. 원서에 나오는 campaign은 거의 일괄적으로 '전역(戰役)'으로 옮겼으며, theater는 '전역'으로 옮기되 괄호를 치고 戰域이라는 한자를 달았다.

5. 지은이는 러시아와 소련을 엄격하게 구분하지 않는다. 따라서 우크라이나나 백러시아 등이 러시아로 지칭되는 경우도 있다.

6. 소련과 관련된 고유명사는 1991년에 소련이 해체된 뒤의 변화를 감안하지 않고 일괄적으로 러시아어 발음으로 표기했다. 이를테면, 키예프(Kiev)는 현재는 독립국인 우크라이나의 중심도시이므로 우크라이나어 발음에 충실하게 '키우(Kiiv)'로 표기되어야 하겠으나, 책이 다루고 있는 시기에는 우크라이나가 소련을 구성했던 15개 공화국의 하나로서 러시아어를 공용어로 썼으므로 러시아어 발음으로 표기했다. 또한 지은이는 키릴(Kirill) 문자로 된 러시아어 고유명사를 로마자로 변환해서 표기할 때 영어권에서 관례화된 방식에 따랐지만, 옮긴이는 미 의회 도서관식 표기법에 따랐다.

7. 일본군과 관련된 한자어 명사를 옮길 때, 오늘날 우리나라에서 통용되는 한자어 표현으로 바꾸지 않고 일본군이 사용한 한자어 표현을 그대로 원용했다. 이를테면, '연합함대 총사령관'이 우리 어법에 더 맞겠지만, '연합함대 사령장관'이라는 일본식 한자 표현을 그대로 썼다.

8. 인명, 지명 등의 고유명사 표기는 될 수 있는 대로 원어 발음에 충실히 따르고자 했다. 이를테면 영국의 Bernard Montgomery 장군은 흔히 몽고메리로 표기되지만, 실제 소리값에 더 가깝게 몬트고머리로 표기했다.

1960~1986년에

샌드허스트 왕립 육군사관학교에서

나에게 배운 생도들에게

감사의 말 • 11   책 머리에 • 13

프롤로그   • • • 15

1장   국민개병   • 16
2장   세계대전 부추기기   • 51

1부   유럽 서부전선의 전쟁, 1940~1943년   • • • 81

3장   전격전의 승리   • 82
4장   항공전: 브리튼 전투   • 135
5장   전시 보급과 대서양 전투   • 153

2부 유럽 동부전선의 전쟁, 1941~1943년 ••• 179

6장 히틀러의 전략적 딜레마 • 182
7장 동쪽으로 도약하는 디딤판 마련하기 • 208
8장 공수전: 크레타 전투 • 238
9장 바르바로사 작전 • 259
10장 군수 생산 • 312
11장 크림의 여름, 스탈린그라드의 겨울 • 327

3부 태평양 전쟁, 1941~1943년 ••• 357

12장 도조의 전략적 딜레마 • 360
13장 진주만에서 미드웨이까지 • 377
14장 항공모함전: 미드웨이 해전 • 403
15장 점령과 억압 • 418
16장 섬 쟁탈전 • 435

4부 유럽 서부전선의 전쟁, 1943~1945년 • • • 459

17장 처칠의 전략적 딜레마 • 461

18장 아프리카의 세 전쟁 • 477

19장 이탈리아와 발칸 반도 • 514

20장 오벌로드 작전 • 553

21장 전차전: 팔레즈 전투 • 597

22장 전략폭격 • 622

23장 아르덴과 라인 강 • 650

5부 유럽 동부전선의 전쟁, 1943~1945년 • • • 669

24장 스탈린의 전략적 딜레마 • 671

25장 쿠르스크 전투와 러시아 서부 탈환 • 683

26장 무장저항과 첩보활동 • 723

27장 비수아 강과 도나우 강 • 755

28장 시가전: 베를린 포위전 • 776

6부 **태평양 전쟁**, 1943~1945년   ••• 799

29장 루스벨트의 전략적 딜레마   • 802
30장 일본의 남방 패배   • 818
31장 상륙전: 오키나와 전투   • 838
32장 특수병기와 일본의 패배   • 851

에필로그   ••• 869

33장 2차 세계대전의 유산   • 870

2차 세계대전 관련 문헌 50권 • 884
2차 세계대전의 주요 인물들 • 892
옮긴이의 글 • 897
찾아보기 • 904

폴란드 전역 • 72

1940년 유럽 서부전선의 전격전 • 83

브리튼 전투 • 138

히틀러가 러시아를 침공하기 직전의 유럽: 1941년 6월 • 180~181

1940년 6월~1941년 3월의 전략 개관 • 192~193

대서양 전투 • 212~213

소연방 정복 계획의 변천 • 270

바르바로사 작전 • 271

태풍 작전 • 307

독일군의 1942년 여름 공세 • 334

1940년 6월~1941년 3월의 전략 개관 • 358~359

일본의 영토 야욕 • 370~371

태평양의 사령구 • 441

서부전선, 1944년 • 460

1944년 여름, 유럽 남부에서 연합군, 그리고 합동 폭격기 공격 • 466~467

북아프리카, 1940~1943년 • 502~503

이탈리아 전역 • 532

오벌로드 작전 • 578~579

동부전선의 붕괴 • 670

1943년 1~3월, 러시아군의 겨울 공세 • 680~681

성채 작전 • 702

베를린 포위 • 787

태평양, 1944년 11월 • 800~801

태평양과 아시아에서의 연합군의 진공, 1945년 3월 • 814~815

레이테 만 • 828

감사의 말

무엇보다 영국 샌드허스트 왕립 육군사관학교Royal Military Academy Sandhurst에서 스물여섯 해를 나와 함께 보낸 동료와 생도들에게 감사의 인사를 전해야 할 것 같다. 1960년에 내가 샌드허스트 사관학교 교수진에 들어갔을 때 교수들 가운데 많은 이들이 제2차 세계대전 참전용사였으며, 내가 처음으로 그 전쟁을 인간의 사건으로 이해하기 시작한 것은 그분들과 대화를 나누면서부터였다. 내가 가르치는 생도들에게서도 많이 배웠다. 사관생도가 전투 및 전역 '발표'를 준비하도록 하는 샌드허스트식 교수법 때문에 샌드허스트 연구 홀에서 나는 자주 교사였던 것만큼이나 (학생이었던) 적이 많았으며, 제2차 세계대전의 전투와 전역에 참여하기에는 너무 어렸던 미래의 장교들이 묘사하는 그 전쟁의 일화를 들으면서 시사점을 아주 많이 발견했다. 찰스 메신저Charles Messenger, 마이클 디워Michael Dewar, 앤소니 비버Anthony Beevor, 알렉스 단체프Alex Danchev를 비롯한 많은 생도들이 나중에 전문 전쟁사가가 되었다. 샌드허스트에서 받은 그 모든 영향 가운데 그 무엇도 전쟁사 전임강사 피터 영Peter Young 준장의 영향보다는 강하지 않을 것이다. 런던 골동품연구협회FSA 회원인 그는 수훈장과 무공십자장을 받았고, 제2차 세계대전의 우수한 특공부대원이자 전쟁연구과의 창설자였으며, 여러 세대의 장교 후보생들에게 감화를 준 분이었다.

샌드허스트 도서관에는 세계에서 가장 중요한 제2차 세계대전 관련 장서가 소장되어 있으며, 이것을 여러 해 동안 거의 매일 이용할 수 있었던 나는 행운아였다. 현임 도서관장 앤드류 오길Andrew Orgill과 도서관 직원들께 특히 고마움을 표하고 싶다. 교수부 도서관의 마이클 심스Michael Sims와 그 직원들, 영국 국방부 도서관의 존 앤드류스John Andrews와 마비스 심슨Mavis Simpson, 그리고 런던 도서관 직원들께도 고마움을 표하고 싶다.

내가 특히 고마움을 표하고 싶은 샌드허스트 사관학교와 《데일리 텔리그라프The Daily Telegraph》지에서 사귄 지난날과 오늘날의 친우와 동료 가운데에는 알란 셰퍼드Alan Shepherd 중령, 샌드허스트 도서관 명예관장 콘래드 블랙Conrad Black, 제임스 알란James Alan, 앤소니 클레이턴Anthony Clayton 박사, 디디스 경Lord Deedes, 제레미 디디스Jeremy Deedes, 로버트 폭스Robert Fox, 트레버 그로브Trevor Grove, 아델라 구치Adela Gooch, 나이즐 혼Nigel Horne, 앤드류 허친슨Andrew Hutchinson, 앤드류 나이트Andrew Knight, 마이클 오어Michael Orr, 나이즐 웨이드Nigel Wade, 크리스토퍼 더피Christopher Duffy 박사, 네드 윌모트Ned Wilmott 교수 같은 분들이 있다. 그중에서도 나는《데일리 텔레그라프》지 대기자이자 우수한 제2차 세계대전 역사가인 맥스 헤이스팅스Max Hastings에게 가장 진정 어린 고마움을 표해야 한다. 고마움을 표하고픈 다른 분들 가운데에는 앤드류 헤리티지Andrew Heritage와 폴 머피Paul Murphy가 있다.

모니카 알릭잔더Monica Alexander가 원고를 타자기로 쳐주었고 린든 스타포드Linden Stafford가 원고를 교정해주었는데, 전문가인 그분들의 도움에 진정으로 감사한다. 내 책의 편집주간인 허친슨 사의 리처드 코언Richard Cohen과 원고가 책으로 나올 수 있도록 일을 계속한 그의 작업팀, 특히나 로빈 크로스Robin Cross와 제리 골디Jerry Goldie, 앤-마리 얼릭Anne-Marie Ehrlich에게 감사하고자 한다. 늘 그랬듯이, 나의 저작권 업무 대행인인 앤소니 셰일Anthony Sheil과 전에 나의 미국 내 저작권 업무 대행인이었던 로이스 월리스Lois Wallace에게 많은 은혜를 입었다. 내 원고를 읽어준 던컨 앤더슨Duncan Anderson 박사, 존 불린John Bullen, 테리 차먼Terry Charman, 테렌스 휴즈Terence Hughes, 노먼 롱메이트Norman Longmate, 제임스 루카스James Lucas, 브라이언 페레트Bryan Perrett, 앤소니 프레스턴Antony Preston, 크리스토퍼 쇼어스Christopher Shores, 노먼 스톤Norman Stone 교수 같은 학자들께 특히 신세를 많이 졌다. 남아 있는 오류에 대한 책임은 오로지 나에게 있다.

끝으로 킬밍턴 저택의 친우들, 특히 호너 메들럼 부인과 마이클 그레이와 피터 스턴쿰에게, 그리고 내 아이들 토머스, 로즈, 매튜, 루시와 사위 브룩스 뉴마크, 그리고 사랑스러운 아내 수잔에게 고마움을 표한다.

1989년 6월 6일에 킬밍턴 저택에서
존 키건

제2차 세계대전은 세계의 일곱 대륙 가운데 여섯 대륙과 세계의 모든 대양 곳곳에서 싸움이 벌어진 인류 역사상 최대의 단일사건이다. 이 전쟁으로 5,000만 명이 목숨을 잃었고, 다른 수억 명이 몸이나 마음에 상처를 입은 채로 남았으며, 문명의 심장부 대부분이 물질적으로 황폐해졌다.

제2차 세계대전의 원인과 경과와 결과를 단 한 권 분량으로 논하려는 어떠한 시도도 완전히는 성공할 수 없다. 따라서 나는 이 전쟁을 사건들의 연속으로 죽 이어 서술하기보다는 처음부터 전쟁 이야기를 네 가지 주제로 — 즉, 사건 설명, 전략 분석, 본보기 전투, '전쟁의 논제'로 — 나누고 이 네 가지 주제를 이용해서 여섯 개의 주요 절로 이루어진 역사서를 서술하기로 마음먹었다. 제2차 세계대전은 1940~1943년의 유럽 서부전선의 전쟁, 1941~1943년의 유럽 동부전선의 전쟁, 1941~1943년의 태평양 전쟁, 1943~1945년의 유럽 서부전선의 전쟁, 1943~1945년의 유럽 동부전선의 전쟁, 1943~1945년의 태평양 전쟁, 이렇게 여섯 절로 나뉜다. 각 절의 도입부는 해당 시기에 가장 큰 주도권을 행사했다고 할 수 있는 인물을 중심에 놓고 — 히틀러, 도조, 처칠, 스탈린, 루스벨트 순으로 — 이루어지는 전략 분석이며, 각 절에는 적절한 사건 설명부 외에도 연관된 '전쟁의 논제'와 본보기 전투가 하나씩 들어 있다. 싸움의 특성을 나타내는 특정 전투 형태의 성격을 예증하기 위해 선정된 각각의 본보기 전투는 항공전(브리튼 전투), 공수전(크레타 전투), 항공모함전(미드웨이), 기갑전(팔레즈), 시가전(베를린 포위), 상륙전(오키나와)이다. '전쟁의 논제'에는 군수 보급, 군수 생산, 점령과 억압, 전략폭격, 무장저항과 첩보활동, 비밀병기가 들어간다.

이와 같은 구상이 내가 말하는 사건들의 모든 혼돈과 비극으로부터 질서를 조금이나마 찾을 수 있도록 길을 내주는 것이 이 책을 쓴 나의 바람이다.

프롤로그

1 | 국민개병

테일러A. J. P. Taylor는 자신의 저서 『제2차 세계대전의 기원Origins of the Second World War』[1]에서 "한 사건이 다른 사건의 원인인 한에서 제1차 〔세계〕대전은 제2차 대전을 설명해주며, 사실상 그것의 원인이었다"면서 "두 전쟁 사이의 연관은 더욱 깊어졌다. 독일은 오로지 제2차 대전에서 제1차 대전의 평결을 뒤엎고 그 평결에 따른 협정을 무너뜨리려고 싸웠다"고 썼다.

테일러식 전간기戰間期 역사에 가장 열렬하게 반대하는 사람들조차 이런 판단에는 크게 이의를 제기하지 않을 것이다. 제2차 세계대전은 그 기원과 성격과 경과에서 제1차 세계대전을 언급하지 않고서는 설명할 수 없다. 그리고 의심할 여지 없이 — 전쟁 발발에 책임이 있는지와 상관없이, 분명 먼저 주먹을 날린 — 독일은 세계에서 1918년에 패전해서 잃었던 지위를 되찾으려고 1939년에 전쟁을 일으켰다.

그러나 제2차 세계대전을 제1차 세계대전과 연계하는 것은, 비록 제1차 세계대전이 제2차 세계대전의 원인으로 받아들여진다고 해도, 이 두 전쟁 가운데 어느 것도 설명하는 것이 아니다. 두 전쟁의 공통의 근원은 1914년 이전 여러 해 동안의 기간에서 찾아야 하며, 20세기의 상당 기간 동안 학자들은 그것을 탐구하는 데 정력을 바쳐왔다. 학자들이 직접적인 사건에서 찾건 더 먼 사건에서 찾건 간에 그들의 결론에는 공통점이 별로 없다. 이긴 쪽의 역사가들은 대개 1914년에 전쟁이 일어난 책임을 독일에, 특히 세계열강이 되려는 독일의 야망 탓으로 돌렸고 그럼으로써 — 대對독일 유화정책을 편 열강들에 어떤 잘못이 있든 간에 — 1939년에 전쟁이 일어난 책임을 다시 독일 탓으로 돌리는 쪽을 택했다. 국수적 해석에 대한 프리츠 피셔Fritz Fischer의 이단적인 수정[2]이 1967년에 나타날 때까지 독일

1. 테일러는 히틀러는 단기적 안목을 가지고 그때그때 상황에 대처한 기회주의자였을 뿐이지 장기목표를 추구한 이념가가 아니었다고 주장함으로써, 히틀러가 유럽을 정복하려는 목표를 체계적으로 추구해서 제2차 세계대전이 일어났다는 기존의 통설을 뒤집으려고 시도했다. 이에 히틀러에게 면죄부를 준다는 비판이 쏟아졌다. 이 책은 우리말로 번역되어 있다. 『제2차 세계대전의 기원』, 유영수 옮김(지식의 풍경, 2003).

2. 피셔는 『세계 패권의 추구: 1914~1918년 제정 독일의 전시정책(Griff nach der Weltmacht: Die Kriegszielpolitik des kaiserlichen Deutschland 1914-1918)』에서 세계열강이 되려는 독일의 야심이 제1차 세계대전의 주된 원인이었다고 주장해서, 독일 역사학계에 일대 파란을 일으켰다.

역사가들은 대개 '전쟁책임'을 다른 데로 흩뜨림으로써 그 전쟁책임 전가에 반박을 가하려고 노력했다. 국적이 어디든 간에 마르크스주의 역사가들은 제1차 세계대전을 '자본주의의 위기'로, 즉 썩어가는 자본주의 체제들 사이에 벌어지는 경쟁의 제단 위에 유럽 노동계급을 산 제물로 바치는 제국주의의 형태를 띤 '자본주의의 위기'로 묘사하면서 논쟁의 범위를 넘어섰다. 이들은 시종일관 제2차 세계대전의 발발을 서유럽 민주주의 국가들이 소련의 도움을 받아들여 독일이 선을 넘지 않도록 못박기보다는 아돌프 히틀러Adolf Hitler가 선을 넘기를 주저한다는 쪽에 돈을 거는 도박을 선호한 탓으로 돌렸다.

이 견해들은 양립할 수 없고, 기껏해야 "역사는 이데올로기를 과거에 투영한 것"이라는 비난의 좋은 사례가 될 뿐이다. 역사가들이 정치논리와 정치도덕에 관해, 그리고 정치논리가 정치도덕과 동일한지 여부에 의견 일치를 보지 못하는 한, 왜 세계가 대량전쟁 수행이라는 수레바퀴에 스스로를 두 차례나 묶었는지에 관한 공통의 설명은 사실상 있을 수 없다.

원인에 관한 쟁점에 다가가는 길은 또 다른 경로에 있고, 비록 덜 다져지기는 했어도 그 길로 다가가는 것이 더 좋은 성과를 얻을 것이다. 그 길이란 양차 세계대전이 왜 일어났는가보다는 양차 세계대전이 일어나는 것이 **어떻게 가능**해졌는가 하는 문제를 던지는 것이다. 전쟁 발발이라는 심급 자체의 중요성은 두 경우 모두 다 다른 것보다 더 크지 않기 때문이다. 1914년 8월과 1939년 9월의 대격변을 설명해줄 원인을 그토록 오랫동안 탐구하도록 역사가들을 내몬 것은 바로 그 대격변에서 유발된 사건들의 엄청난 규모였다. 1866년의 오스트리아-프로이센 전쟁[3]이나 1870년의 프랑스-프로이센 전쟁[4]은 제아무리 19세기 유럽의 세력 균형을 바꾸는 분쟁으로서 중요했더라도 그 전쟁의 원인을 탐구할 동기는 그 같은 강도의 자극을 받지 못했다. 더욱이, 만약 독일이 제1차 세계대전의 중대한 초전初戰에서,

3. 프로이센이 슐레스비히-홀슈타인을 차지한 것을 오스트리아가 문제 삼으면서 1866년 6월에 두 나라 사이에 벌어진 전쟁. 대승을 거둔 프로이센이 독일의 통일을 주도할 수 있게 되었다.

4. 프랑스를 제압하려고 비스마르크가 외교 전보를 교묘히 왜곡해 1870년 7월 19일 프랑스의 선전포고를 유도해내어 두 나라 사이에 벌어진 전쟁. 프로이센군이 프랑스군을 메스와 스당에서 격파하고, 1871년 1월 28일에 파리를 점령하면서 전쟁이 끝났다. 이 전쟁으로 알자스와 로렌이 독일 영토가 되었고, 프로이센 주도의 독일 통일이 완성되었다.

즉 독일이 이길 법도 했을 1914년 9월의 마른Marne 전투[5]에서 승리했더라면 — 그럼으로써 유럽이 참호의 고통뿐만 아니라 뒤이어 일어난 사회·경제·외교상의 모든 불화를 모면했더라면 — 1914년 이전의 독일, 프랑스, 영국, 오스트리아-헝가리, 러시아의 국제관계에 바쳐진 도서관 장서들은 결코 씌어지지 않았으리라고 말해도 괜찮다.

그러나 독일이 아니라 프랑스가 영국의 도움을 받아 마른 전투에서 승리했기 때문에 제1차 세계대전은 — 따라서 제2차 세계대전도 — 이전에 벌어진 모든 전쟁과 달라지게 되었다. 규모, 강도, 범위, 물적·인적 손실에서 달라졌다. 또한 두 세계대전은 같은 잣대로 재면 서로 아주 닮아 보이게 되었다. 겉보기에는 명백해 보이는 이런 중요성을 두 세계대전의 인과관계라는 주제에 부여한 것은 바로 그 차이점과 유사성이었다. 그러나 그것은 사건을 본질과 혼동하는 것이다. 두 세계대전의 원인은 더 깊은 데 있지 않았고, 상호연결되고 엄밀하게 연속적인 한 쌍의 다른 어떤 분쟁의 원인보다 더 복잡하지도 덜 복잡하지도 않았다. 한편, 그 성격은 전례 없는 것이었다. 두 세계대전은 이전의 어떤 전쟁보다도 지구의 더 넓은 지역 곳곳에서 사람을 더 많이 죽이고 부를 더 많이 소비하고 고통을 더 많이 안겨주었다. 여러 국가 사이에서 벌어진 전쟁의 마지막 한바탕 소란이 종식된 해인 1815년에서 1914년에 이르는 기간에[6] 인류의 심성은 더 나빠지지 않았다. 1914년에 제정신을 가지고 사는 성인 유럽인은 미리 알 수 있었더라면 그해 8월의 위기가 불러올 파괴와 불행을 바라지 않았을 것이다. 만약 뒤이어 일어난 전쟁이 4년 동안 지속되고 그 바람에 젊은이 1,000만 명이 목숨을 잃고 벨기에, 이탈리아 북부, 마케도니아Makedonija, 우크라이나Ukraina, 자캅카지예Zakavkazh'e,[7] 팔레스티나, 메소포타미아, 아프리카, 중국 등 저 멀리 떨어진 싸움터로 전화戰禍가 번지리라는 것을, 그리고 스무 해 뒤에 동일한 교전국들이 동일한 바로 그 싸움터와 그 밖의 다른 싸움터에서 벌인 후속전쟁

5. 정확하게는 제1차 마른 전투. 프랑스 육군 제6군이 프랑스 북쪽에서 선회해 파리로 전진해오는 독일군을 1914년 9월 5~9일에 마른 강에서 물리쳐 파리를 구한 전투.

6. 1815년은 프랑스군이 워털루에서 왕조 국가들의 연합군에 패해서 나폴레옹 전쟁이 끝난 해이며, 1914년은 제1차 세계대전이 일어난 해다. 이 사이 한 세기 동안 유럽은 대규모 장기전이 일어나지 않은 유례없는 평화를 누렸다.

7. 캅카스 산맥 이남의 그루지야, 아르메니야(Armeniia), 아제르바이잔(Azerbaidzhan)을 한꺼번에 일컫는 표현.

프 롤 로 그

으로 말미암아 5,000만 명이 목숨을 잃으리라는 것을 미리 알았더라면, 모든 개인적·집단적 공격충동이 곧바로 가라앉았으리라고 생각할지 모른다.

이런 생각은 인간의 본성을 높이 산다. 또한 이런 생각은 세계가 1815년과 1914년 사이에 걸어간 길을 꾸짖는다. 1914년에 제정신을 가지고 사는 성인 유럽인은 대번제大燔祭, holocaust[8]가 닥쳐오리라는 전망을 미리 알았더라면 문명인으로서 크나큰 비탄에 잠겼을는지도 모른다. 그러나 그러려면 그 사람은 ― 어느 국가건 ― 자국의 정책과 기풍, 궁극적으로는 그 국가의 인적·물적 본성을 부정해야 했을 것이다. 심지어 그는 자기 주변 세계의 조건을 부정해야 했을 것이다. 왜냐하면 20세기 유럽문명의 진실은 이 문명이 지배하는 세계가 전쟁을 잉태하고 있다는 것이었기 때문이다. 19세기에 일어난 유럽의 산업혁명으로 부와 에너지와 인구가 엄청나게 늘어나 세계가 바뀌었다. 이로 말미암아 산업혁명의 지적 아버지, 즉 19세기의 경제적 합리론자가 예상했던 그 어느 것보다도 단연코 더 큰 생산적이고 수탈적인 공업이 ― 즉, 주물공장, 기계공장, 직물공장, 조선소, 광산이 ― 생겨났다. 산업혁명은 심지어 가장 멀리 내다보는 과학·기술 예찬론자들이 예측할 수 있었던 것보다 더 촘촘한 ― 도로, 철도, 운항로, 전신·전화선 등의 ― 교통·통신망으로 세계의 생산적인 지역을 연결했다. 산업혁명은 유서 깊은 도시의 인구를 열 배 늘리고 쟁기날이나 목동의 발걸음이 닿은 적이 한 번도 없던 땅 수백만 에이커에 농부와 목축업자를 자리 잡게 할 수 있는 부를 낳았다. 산업혁명은 약동하고 창조적이고 낙관적인 세계문명의 하부구조를 ― 즉, 학교, 대학, 도서관, 실험실, 교회, 선교단을 ― 세웠다. 무엇보다도 먼저, 그리고 희망차고 전도유망한 19세기의 약속이 이룩한 위업에 대한 극적이고 위협적인 평형추로서 산업혁명은 동서고금을 통틀어 파괴력이 가장 클 가능성이 깃들어 있는 최대의 전쟁도구인 **군대**를 만들어냈다.

8. '불로 완전히 태운다'는 뜻의 고대 그리스어 낱말에서 비롯된 말인 홀로코스트는 본디 짐승의 고기를 태워 신에게 바치는 고대 유대교의 종교의식을 가리켰다. 20세기에는 재앙이나 대규모 파괴행위로 무수한 사람이 목숨을 잃는 사태를 빗대어 가리키는 말로 쓰이기 시작했으며, 특정하게는 나치의 유대인 절멸행위를 일컫기도 한다.

유럽의 군사화

유럽이 19세기에 얼마만큼 군사화했는지는 그 규모만이 아니라 그 심리적·기술적 차원을 포착하는 어떤 수단으로도 전달하기가 어렵다. 규모 자체가 파악하기 매우 어렵다. 그 대강의 규모는 프리드리히 엥겔스Friedrich Engels[9]가 1830년대에 상업수련생으로 일하며 보았던 독일 북부의 독립 도시국가들의 군사조직을 동일한 독일 군관구가 제1차 세계대전 전야에 통일독일제국의 황제에게 제공한 병력과 대비함으로써 어느 정도 전달될지 모른다. 엥겔스의 증언은 의미심장하다. 마르크스주의 이론의 아버지인 그는 프롤레타리아트가 국가의 군대를 물리치는 데 성공할 경우에만 승리하리라는 견해에서 벗어난 적이 없다. 젊은 혁명가로서 그는 바리케이드 전투에서 이기는 프롤레타리아트에 승리의 희망을 걸었다. 점점 의기소침해지는 노이념가로서 그는 그 무렵이면 유럽의 징병법의 포획대상이 된 프롤레타리아트가 국가의 군대를 그 내부에서 뒤엎어버림으로써 자신을 스스로 해방하리라는 확신을 가지려고 애썼다. 엥겔스가 청년기의 희망에서 노년기의 회의로 넘어가는 과정은 그가 사는 동안 한자Hansa 동맹[10] 도시 군대가 겪은 변화를 따라감으로써 가장 잘 짚어볼 수 있다. 엥겔스는 1840년 8월에 브레멘Bremen에 있는 사무실에서 말을 타고 출발해서 세 시간을 달려 브레멘, 함부르크Hamburg, 뤼벡Lübeck 자유시, 올덴부르크Oldenburg 대공국의 군대들이 벌이는 합동 기동훈련을 지켜보았다. 그 군대들이 모두 합쳐서 1개 연대 — 즉, 넉넉잡아 3,000명 — 병력의 부대를 구성했다. 엥겔스가 죽은 1895년에는 같은 도시들이 1개 기포병 연대와 더불어 독일 육군 제17사단의 대부분과 제19사단의 일부분을 제공했다. 적어도 네 배는 늘어난 것이다. 일선 부대원, 즉 입대해서 무장을 하고 있는 징집병만 잡아 말해도 그렇다. 현역사단인 제17사단과 제19사단의 뒤를 제17예비사단과 제19예비사단이 받치고 있었다. 이 예비사단에 그 한자

9. 독일의 사회주의자(1820~1895). 공장주의 아들로 태어나 급진 활동가가 되었다. 1844년에 파리에서 마르크스를 만나 동지가 되었으며, 1848년 혁명이 실패하자 런던으로 망명했다. 평생 마르크스와 함께 사회주의 사상을 연구하고 사회주의 운동을 지도했다. 군사학에도 조예가 깊어 별명이 '장군'이었다. 마르크스의 유고를 다듬어 『자본』 2권과 3권을 펴냈다.

10. 13~15세기에 독일 북부의 여러 상업도시와 해외에 진출한 독일인 상업집단이 상호교역의 이익을 지키려고 만든 조직. 북유럽의 정치에도 큰 영향력을 행사했다.

동맹 도시들이 같은 수의 동원 예비군을 — 즉, 훈련받은 예전의 징집병을 — 내놓게 된다. 그리고 그 예비사단의 뒤를 나이가 더 많은 제대 징집병으로 만들어진 향토예비군Landwehr이 받치고 있었는데, 이 부대는 1914년에 다시 다른 1개 사단의 절반을 제공하게 된다. 1840년과 1895년 사이에 모두 합쳐서, 이 단위 부대들의 병력은 당대의 인구 증가를 훨씬 앞질러 열 배 증가했다.

그렇지만 이 엄청난 병력 증가는 우선은 인구 변화와 함수관계에 있었다. 제1차 세계대전에서 싸우게 될 대다수 나라의 인구가 19세기 동안 두 배, 어떤 경우에는 세 배로 늘었다. 이런 식으로 1871년 국경 안의 독일 인구는 1800년에 2,400만 명이었다가 1900년에는 5,700만 명으로 늘었다. 1800년에 1,600만 명이던 영국 인구는 1900년에 4,200만 명으로 늘었다. 아일랜드 기근[11]과 미국 및 식민지로 가는 이민으로 800만 명가량의 순유출이 생기지 않았더라면 영국 인구는 세 배로 늘어났을 것이다. 오스트리아–헝가리 인구는 국경 변화를 감안할 때 2,400만 명에서 4,600만 명으로 늘어났으며, 1870년 국경 안의 이탈리아 인구는 아마도 600만 명쯤 될 사람들이 남미와 북미로 이주하는 순유출이 일어났는데도 1,900만 명에서 2,900만 명으로 늘어났다. 벨기에 인구는 250만 명에서 700만 명으로 불어났으며, 우랄 산맥과 1941년의 서부 국경 사이의 유럽 러시아의 인구는 3,600만 명에서 1억 명으로 늘어나 거의 세 배가 되었다. 제1차 세계대전 참전국 가운데 단 두 나라만, 즉 프랑스와 오토만Ottoman 제국[12]만 비슷한 증가를 보여주지 못했다. 한때 유럽에서 가장 많았던 프랑스의 인구는 주로 수명이 늘어난 덕에 3,000만 명에서 4,000만 명으로 올랐을 따름이다. 출산율은 — 윌리엄 맥닐William McNeill 교수의 견해로는, 나폴레옹 군대의 귀환 용사들이 전역 도중에 터득한 산아 제한 기술을 가지고 고향에 돌아가서 일어난 결과로 — 거의 변하지 않았다. 튀르크 인구는 거의 늘어나지 않았다. 1800년에

11. 1846년부터 아일랜드에 돈 감자잎마름병으로 농사를 망치면서 감자를 주식으로 삼던 아일랜드를 반세기 동안 괴롭힌 대기근. 정확히 알 수는 없지만, 대략 50만 내지 100만 명이 굶어 죽었다고 추정된다.

12. 근대 이전 수백 년 동안 중근동과 발칸 반도를 통치한 제국. 오스만제국이나 튀르크제국이라고도 한다. 소아시아에서 기반을 다지고 정복에 나서서 14세기 중후반에 발칸 반도를 점령했고, 16세기에 중근동과 이집트를 정복했다. 16세기 중반에는 중유럽까지 진출했다. 18세기부터 쇠퇴일로를 걸어서 제1차 세계대전 직후에 영토가 소아시아로 줄어들고 터키로 대체되었다.

2,400만 명이었던 튀르크 인구는 1900년에는 2,500만 명이었다.

그렇지만 프랑스와 튀르크의 사례는 비록 인구학적 유형과 동떨어져 있으면서도 그 인구학적 유형을 설명하는 데 중요하다. 프랑스 사람의 수명 연장은 농업과 의학과 위생에 과학이 적용된 결과 생활수준과 공중보건이 개선되었기 때문이다. 튀르크 인구가 늘지 않은 것은 정반대로 설명된다. 출산율은 높은데도 전통적인 농경방식의 소출이 형편없고 의사 없는 사회에서 질병이 창궐해서 인구가 정체상태에서 헤어나오지 못한 것이다. 농업 산출량(이나 투입량)의 증가가 높은 출산율 및 위생 개선과 맞물릴 때마다 19세기 유럽의 거의 모든 곳에서 그랬듯이 인구규모에 끼친 영향은 극적이었다. 19세기 경제 기적의 본산인 잉글랜드에서 그 효과는 엄청났다. 시골에서 지나치게 혼잡하고 자주 날림으로 만들어진 도시로 인구가 대거 이주했는데도 잉글랜드인의 수는 19세기 전반기에는 100퍼센트, 19세기 후반기에는 75퍼센트 증가했다. 하수도가 건설되어 1866년부터 콜레라가 사라지고 그 뒤 얼마 안 되어 다른 수인성 질병도 대부분 사라지고 1853년에 예방접종이 의무화되어 천연두가 없어지자, 유아 사망률이 뚝 떨어지고 성인인구의 기대수명이 늘어났다. 전염병으로 인한 사망이 1872년과 1900년 사이에 거의 60퍼센트 줄어들었던 것이다. 비료를 주고 휴경하는 경작지에서 나오는 농업 소출이 개선되고 특히 북미산 곡물과 오스트레일리아산 냉동육이 수입되자, 더 크고 더 힘세고 더 튼튼한 사람이 생겨났다. 차와 커피, 특히 설탕 같은 사치품의 값이 내려서 칼로리 섭취량도 늘었다. 설탕 때문에 주식으로 먹는 곡식이 더 맛있어지고 식단이 더 다양해졌다.

이렇게 의학과 식이품목의 진보가 어우러져 인구 증가에 영향을 미쳐서 (프랑스인이 입대동기classe라고 부른) 연간 징집대상 청년층의 규모가 — 이를테면, 프랑스에서는 1801년과 1900년 사이에 평균 50퍼센트 — 늘어났을 뿐만 아니라 10년이 지날 때마다 그들은 군 복무에 더욱더 적합해졌다. 제 몸무게 외에 — 배낭과 소총과 탄약 등 — 약 50파운드를 몸에 지고 행군하는 병사를 얻고픈 군의 요구는 줄어들 수 없어 보인다. 덩치가 크고 힘이 센 병사일수록 그런 짐을 메고 하루 20마일이라는 바람직한 규정 행군거리를 거뜬히 갈 수 있다. 18세기에 프랑스군은 이처럼 튼튼한 남자들의 원천을 대개 농민층보다는 도시에 사는 장인계급 가운데에서 찾았다. 농민은 육체적으로 영양 결핍 상태이고 사회적으로 멍청해서 제대로 된 군인이 되는 경우가 드물었으며, 규율이 없고 툭하면 병에 걸리고 끌려와 고향에서 떨어지면 슬퍼하다가 죽기 일쑤였다. 바로 이런 단점 때문에 100년 뒤에 마르크스Marx는 농민층을 혁명 목적에 쓰기에는 '구제불능'이라며 거들떠보지 않았다.[13] 그러나 19세기까지 독일, 프랑스, 오스트리아-헝가리, 러시아의 농민의 체격이 아주 좋아져서 마르크스가 거짓말을 한 꼴이 될 만큼 농민층이 많은 새로운 징집병이나 입대동기의 일정 부분을 자국의 국군에 정기적으로 제공하고 있었다. 마르크스의 분석은 숱한 사람들이 도시로 대거 이주해서 진취성이 가장 떨어지는 자만이 시골 양반과 마을 목사에게 쥐여사는 영국에서 이루어졌기 때문에 빗나갔는지 모른다. 공업화가 잉글랜드보다 더 느리게 이루어지던 유럽대륙의 나라에서는 — 1900년에 독일의 농촌인구가 아직도 전체의 49퍼센트여서 — 19세기의 대군을 건설하는 자원이 된 몸집이 크고 힘이 센 젊은이들의 입대동기를 내놓은 곳이 바로 시골이었다.

더 나은 식단과 약품과 배수로로 산출된 새로운 인구 잉여로 유럽 군대의 충원층이 두터워졌다면, 신병을 찾아서 먹이고 봉급을 주고 묵을 곳을 주고 장비를 주어 수송해서 전쟁으로 내보내도록 해준 것은 바로 주민 수를 세고 세금을 걷는 19세기 국가능력의 증대였다. 정기 국세조사 제도는 — 프랑스에는 1801년에, 벨기에에는 1829년에, 독일에는 1853년에, 오스트리아-헝가리에는 1857년에, 이

13. 지은이는 여기서 마르크스의 논지를 잘못 파악한 듯하다. 마르크스가 농민층을 거들떠보지 않은 까닭은 농민이 얼마 되지 않는 자기 재산에 집착하며 보수 성향을 보이는 프티 부르주아였기 때문이다.

탈리아에는 1861년에 도입되어 — 징집대상이 될 수 있는 사람의 신원을 확인해서 일람표를 만드는 데 필요한 자료를 징병 당국에 내주었다. 정기 국세조사 제도로 말미암아 신병 모집관을 피해 도망칠 수 있을 만큼 머리가 빨리 돌아가지 않거나 발이 빠르지 못한 사람들로 이루어진 구체제[14]의 군대를 키워온 전통적인 편법, 즉 제멋대로 징병하고 꼬드기고 매수하고 강제로 징집하는 편법이 사라졌다. 조세목록과 선거명부와 학적부에 징집병의 소재가 기록되었다. 모든 사람에게 선거권이 주어지고 무료 교육이 도입된 데에는 개인 자유의 확대뿐만 아니라 제한도 뒤따랐던 것이다. 이를테면, 1900년이 되면 독일의 모든 예비군은 동원령이 내려지면 출두해야 할 본대가 명시된 제대증서를 가지고 있어야 했다.

한편, 유럽 국가들의 경제가 엄청나게 팽창하자 징집병으로 이루어진 새로운 군대를 지탱해줄 조세 기반이 만들어지고 있었다. 이를테면, 독일 경제는 1851년과 1855년 사이에 4분의 1, 1855년과 1875년 사이에는 2분의 1, 1875년과 1914년 사이에는 70퍼센트 팽창했다. 이 새로운 부에서 국가는 분노의 대상이 된 소득세 제도를 비롯한 직접세와 간접세를 통해 국내총생산의 일정한 몫을 끌어냈고, 그 몫은 계속 늘어났다. 이를테면, 영국에서는 정부가 소비에서 차지하는 몫이 1860~1879년에 4.8퍼센트에서 1900~1914년에 7.4퍼센트로, 독일에서는 4퍼센트에서 7.1퍼센트로 상승했다. 프랑스와 오스트리아-헝가리에서도 상승폭이 엇비슷했다.

이렇게 늘어난 세수는 대부분 — 가장 넓은 의미의 — 군 장비를 사는 데 들어갔다. 대포와 군함이 비용이 가장 많이 드는 지출이었다. 병영은 더 의미심장한 것이었다. 구체제의 병사는 어디든 국가가 그를 위해 찾을 수 있는 공간에서, 즉 주막이나 헛간이나 개인의 집에서 묵었다. 19세기의 징집병은 특별한 목적을 위해 세워진 숙소에서 지냈다. 담벼락이 쳐진 병영은 중요한 사회 통제도구였다. 엥겔스는

14. 특정하게는 1789년에 프랑스 대혁명이 일어나기 전의 프랑스 사회체제, 더 일반적으로는 왕조 국가 아래서 18세기 말까지 유럽의 여러 나라에서 유지된 사회체제를 일컫는 표현이다.

프 롤 로 그

병영을 '민중에 맞선 보루'로 비난했다. 마찬가지로 16세기의 피렌체 사람은 자기가 사는 도시의 성문 안에 있는 포르테차 데 바소Fortezza de Basso 건물[15]을 자유 축소의 상징으로 여겼다. 병영은 1848년 베를린 봉기[16]와 1871년 파리 코뮌[17]을 진압하는 데 쓰인 부대를 손쉽게 획득할 수 있도록 보장하는 주요 수단이었을 것임이 틀림없다.● 그러나 병영은 오늘날의 폭동 진압경찰의 관할구역본부만은 아니었다. 병영은 징집병이 복종하는 습관, 그리고 병사들이 예전에 알았던 그 어떤 것보다 더 가슴 아픈 싸움터의 시련에 맞서 그들을 단련해줄 동지애라는 유대감을 배우는 새로운 군사문화의 친목회관이기도 했다.

19세기 국가가 부를 새로 얻게 되면서 징집병들은 숙소와 장비를 제공받을 뿐만 아니라 수송되어 싸움터에 도착하면 배불리 먹을 수 있었다. 구체제의 병사는 로마 군단병보다 더 나은 보급을 받지 못했다. 군용 손절구로 갈아 만든 밀가루에, 몰고 다니다가 도축해서 얻은 소고기를 조금 보탠 것이 그의 주식이었다. 19세기의 징집병은 야전에서 보존처리 식량을 먹었다. 마가린과 통조림은 둘 다 병사의 배낭 속에서 썩지 않을 배급식량을 발명하려고 나폴레옹 3세가 창설한 대회의 소산이었다. 그러나 병사가 자기 배급식량을 짊어지고 가야 할 필요는 발전하던 철도체계를 군용으로 이용함으로써 어쨌든 간에 확 줄어들었다. 독일에서는 군부대가 일찍이 1839년에 철도로 수송되었다. 프랑스가 이탈리아 북부에서 오스트리아와 싸운 1859년이 되면 철도를 이용한 전개는 예삿일로 보였다. 1866년과 1870년에는 철도를 이용한 전개는 프로이센이 오스트리아와 프랑스를 상대로 거둔 승리의 밑바탕이 되었다. 1840년에 겨우 469킬로미터였던 독일의 철도망은 1870년에 1만 7,215킬로미터로 늘어났다. 1914년까지는 총 6만 1,749킬로미터가 되며, 그 대부분(5만 6,000킬로미터)이 국영 철도였다. 독일 정부는 총참모본부Der Großer Generalstab의 심한 재촉을 받아 철도체계의 통제가 방어 ─ 공격 ─ 목적에 지니는 중요성을 일찍 간파했다. 그 철도체계의 대부분, 특히 바이에른Bayern과 동프로이센처럼 상업 용도가 낮은 구역의 철도체계는 국채로 자금을 마련하고 참모본부 산하 철도과의 감독 아래 설계되고 건설되었다.**

　철도는 증기시대의 군인들에게 보급을 하고 그들을 수송했다(적어도 철도 수송 종점까지는 그랬고, 그 지점을 넘어서면 짐을 메고 행군하지 않으면 안 되는 오랜 규정이 사라지지 않았다). 철도를 건설한 과학기술은 새로운 대규모 군대들의 군인이 서로에게 대규모 인원 손실을 입힐 무기도 제공했다. 그런 무기의 개발은 고의가 아니었다. 적어도 처음에는 말이다. 나중에는 그랬을지 모른다. 최초로 성공을 거둔 기관총을 발명한 하이럼 맥심Hiram Maxim[18]은 한 미국인 친구가 "네가 하는 전기는 시시해! 큰돈을 벌고 싶으면, 그 멍청한 유럽놈들이 서로를 더 빠르게 죽이도록 해줄 그런 걸 발명하란 말이야"라고 충고하는 것을 듣고서 1883년에 전기공학 실험을 그만두었다는 말이 있다. 그러나 1850년과 1900년 사이에 징집병 군대의 장비가 된, 발사속도가 더 빠르고 사정거리가 더 멀고 정확도가 높은 무기가 나타난 까닭은 초기에는 그 무기의 생산을 실행 가능하게 만든 인간의 발명 재간과 공업능력의 독특한 결합에 있었다.

　네 가지 요소가 중요했다. 첫 번째 요소는 공업과정으로 무기를 제조할 에너지를 공급한 증기력의 확산이었다. 두 번째 요소는 알맞은 공정 자체의 개발이었다. 1820년대에 숙련 노동자가 만성적으로 모자랐던 코네티컷 밸리Connecticut Valley의 공장들에 그 기원이 있었기 때문에 본디 '미국식'이라고 불린 이 공정으로 말미암아 오랜 전사戰士 원리가 개량되어 규격화된 '호환성 부품'이 나타나고 산출량이 엄청나게 늘어났다. (볼트 작동식 공이가 외피를 금속으로 만든 실탄을 치는) 혁명적인 '격침총'을 발명한 프로이센의 제조업자 드라이제Dreyse는 프로이센 육군 전체의 장비를 바꾸는 안정적인 청부계약을 프로이센 정부와 맺었는데도 전통적인 방식으로 1847년 한 해에 겨우

** 독일 국영철도 직원에게 노동조합 결사권이 허용되지 않았다는 것은 독일 국가와 군대가 철도의 제약 없는 이용에 부여한 군사적 중요성을 보여주는 증거다. 충분히 이해가 가는 일이다. '사보타주(sabotage)'라는 낱말은 벨기에 철도 노동자들이 1905년에 대규모 파업을 벌이는 동안 철로를 고정하는 나무(사보 sabots)를 철로에서 떼어낸 행위에서 유래했다. — 지은이

18. 미국 출신의 영국 발명가(1840~1916). 미국 최초의 전등 제조 회사에서 일하면서 탄소 필라멘트 제조법을 개발하는 등 많은 발명을 했다. 그 뒤 영국에 정착해서 1884년에 완전자동식 기관총을 개발했다. 미국과 영국에서 수백 가지에 이르는 발명 특허를 출원했으며, 1900년에 영국으로 귀화했다.

1만 정을 간신히 만들어냈다. 이와는 대조적으로, 1863년까지 자동 밀링머신으로 설비를 바꾼 영국 엔필드Enfield 병기공장은 소총 10만 370정을 만들어냈고, 프랑스 정부는 1866년에 퓌토Puteau에 있는 병기공장의 설비를 해마다 신형 샤스포Chassepot 소총 30만 정을 생산할 능력을 가진 '호환성 부품' 기계로 바꾸었다.

가공될 금속의 품질에서 개선이 이루어지지 않았더라면 금속공학상의 진보는 아무런 쓸모가 없었을 것이다. 그 품질은 강철을 대량으로 제련하는 공정의 개발로 — 특히 (나폴레옹 3세[19]가 준 상으로 격려받기도 한) 영국인 공학기사 베서머Bessemer가 개발한 공정으로 1857년 이후에 — 확보되었다. 베서머의 '전로轉爐'가 중대 진보의 세 번째 표지였다. 비슷한 용광로를 가지고 독일의 대포 주물업자인 알프레트 크루프Alfred Krupp[20]가 1860년대에 흠잡을 데 없는 포신砲身을 만들 수 있는 강철 강편鋼片을 주조하기 시작했다. 당시의 선진국 군대 보병 전원에게 지급된 소총의 확대판 대응물인 크루프의 포미장전식 야포는 1870~1871년 프랑스-프로이센 전쟁을 판가름하는 무기임이 판명되었다. 그 뒤 얼마 안 되어 탄두를 더 먼 거리까지 날려보내는 추진제와 탄두를 터뜨려 전에 없었던 더 큰 폭발효과를 일으키는 폭발 장약을 개발한 유럽의 화학자들, 특히 스웨덴사람 알프레트 노벨Alfred Nobel이 화력 혁명의 네 번째 요소를 제공했다. 이를테면, — 기계공학과 추진제 개발과 똑같이 함수관계에 있는 — 보병 화기의 유효 사거리가 1850년과 1900년 사이에 100야드에서 1,000야드로 늘어났다. 화학에너지 방출의 복좌復座는 1880~1900년 기간에 소화기와 대포의 메커니즘에 응용되었을 때 원거리에서 떼죽음을 일으키는 궁극적인 도구인 기관총과 속사포를 만들어냈다.

잉여와 전쟁수행능력

19세기의 산업혁명과 인구혁명이 어우러져 이루어진 공격력 증가

19. 19세기 중반의 프랑스 정치가(1808~1873). 보나파르트 나폴레옹의 조카였으며, 나폴레옹 시대를 그리워하는 농민과 1848년 혁명에 놀라 안정을 바라는 부르주아를 지지층으로 삼아 1848년 대통령 선거에서 압승을 거두었다. 1852년에 친위 쿠데타로 황제가 되어 1870년에 프랑스-프로이센 전쟁에서 참패할 때까지 프랑스를 다스렸다.

20. 독일의 기업가(1812~1887). 아버지가 물려준 공장을 키워 독일 굴지의 대기업으로 만들었다. 주력 상품인 대포가 프로이센 육군의 제식 대포가 되고 여러 전쟁에서 뛰어난 성능을 발휘해 세계적인 군수기업이 되었다.

가 장사정長射程 속사무기로 말미암아 모두 무용지물이 될 위협을 받았다. 여기에는 한 가지 얄궂은 점이 있었다. 19세기에 물질이 승리하면서, 심지어는 가장 잘 사는 나라에서도 태곳적부터 삶의 조건을 결정해왔던 가난과 풍요의 주기적 순환이 깨지고 — (비록 자본이나 신용대부나 현금은 아닐지라도) 먹을 것과 에너지와 원료의 — 영속적인 잉여가 생겨났다. 시장 변동으로 국가의 평시 생활에서 호황과 불황이 끊임없이 일어났다. 잉여가 생기면서 국가의 전쟁수행능력에 변화가 일어났다. 습격과 매복이라는 원시의례의 수준을 넘는 전쟁을 하려면 늘 잉여가 있어야 했다. 그러나 역사를 살펴보면 한쪽이 다른 쪽에게 결정적인 승리를 거두며 끝이 나는 전쟁을 벌이기에 충분한 자금을 댈 만큼 축적된 잉여가 많았던 적은 드물다. 자금이 자체 조달되는 전쟁, 즉 정복의 전리품으로 전승의 기세가 유지되는 전쟁은 훨씬 더 드물었다. 한 사회가 다른 사회에 거두는 승리는 보통 — 맞싸우는 전쟁수행기술 사이에, 또는 맞싸우는 이데올로기 사이의 역동성에 격차가 있다든지, 아니면 윌리엄 맥닐 교수가 제시한 대로 공격자가 옮기는 낯선 병원체에 쉽사리 감염된다든지 하는 — 외적 요인들로 설명되었다. 그리고 그런 요인들이 분명히 에스파냐군의 아스테카제국과 잉카제국의 파괴, 7세기의 이슬람교도의 정복, 미국인의 인디언 전사 부족 절멸 같은 군사상 파란을 일으킨 사건들의 밑바탕이 되었을 것이다.

종교개혁과 프랑스 대혁명 사이 기간에 전쟁을 벌이는 솜씨, 전쟁을 하려는 의지, 흔한 질병에 걸리지 않는 저항력에서 높은 수준에 올라 있는 나라들 사이에 벌어진 유럽의 전쟁에서는 그 같은 외적 요인들이 결정적 역할을 하지 못했다. 방어수단, 특히 축성築城공학에 자금이 투입되는 바람에 공격에 쓰일 수 있는 잉여가 크게 상쇄되었다. 이 같은 축성공학은 11세기에 성채 건설 열풍이 유럽의 토지소유계급을 사로잡자마자 지방의 거물들이 중앙권력에 대드는 거점이 되었던 봉건성채를 부수는 데 꽤 많이 쓰였다. 이렇게 하는 데에는 비용이 극히 많이 들어갔다. 이 비용에 16세기, 17세기, 18세기 내내 국경지대에서 지역요새를 국가요새로 대체하는 비용이 덧붙여졌다. 부수는 것이든 만드는 것이든 축성기술에 대한 투자는 — 도로와 다리와 운하 등 — 민간 하부구조에 과소투자가 이루어지는 부대효과를 낳았다. 민간 하부구조에 투자가 이루어졌더라면 공세를 펼치는 군대가 빠르고 과감하게 이동했을는지 모른다. 이를테면, 1745년에 재커바이트Jacobite의 반란[21]이 일어난 뒤에 군사 목적으로 대부분 스코틀랜드에 의도적으로 건설된 영국의 도로망은 1826년에 가서야 비로소 2만 1,000마일을 넘어섰지만, (국토 면적이 세 배인) 프랑스의 도로망은 그보다 더 길지 않았다. 한편, 북유럽에서 전략상 가장 중요한 지형을 대부분 차지하고 있는 프로이센의 도로망은 고작 3,340마일이었고 그 대부분이 라인란트Rheinland 지방에 몰려 있었다. 프로이센 동쪽에 있는 땅에는 사실상 도로가 없었다. 폴란드와 러시아는 — 나폴레옹에게, 그다음에는 히틀러에게 손해를 끼친 — 그런 상태로 남은 채 20세기에 접어들었다.

22. 전략부대를 한 지역에서 다른 지역으로 이동해서 적의 군사력을 억제하거나 고정하는 것.

23. 10세기 스위스 북부와 알자스에 영지를 가진 제후가문에서 출발해서 신성로마제국 지배자를 배출한 가문. 이 가문에서 1713년까지 에스파냐의 국왕, 1918년까지 오스트리아 황제가 나왔다.

24. 13세기 후반 프랑스 중부에서 발원한 제후가문. 이 가문 출신인 앙리 4세(Henri IV)가 1589년에 프랑스 국왕이 되면서 프랑스 왕가로 성장했다. 루이 14세(Louis XIV)의 손자가 1700년에 에스파냐 왕위에 오르면서 에스파냐 왕가도 되었다.

19세기의 유럽에서 경제 기적으로 잉여가 생겨나자 도로 건설의 과소투자와 국경 요새시설의 과잉투자의 효과가 사라졌다. 철도라는 새로운 하부구조를 따라 수송되고 보급을 받는 대군이 마치 옛날에 해수면이 바뀌는 시기에 맹위를 떨치던 조수간만의 힘처럼 전략상 중요한 영토를 덮쳤다. 1866년과 1870년에 프로이센군은 많은 돈을 들여 세운 지역 방어용 요새시설에 방해받지 않고 오스트리아령 보헤미아Bohemia와 프랑스령 알자스-로렌의 국경지역을 휩쓸었다. 유럽에서 이루어지는 전략이동[22]은 어떤 종류든 인공장애물이라고는 찾아볼 수 없는 지형에서 대규모 군대가 맞싸운 미국내전 서부전역의 특징이었던 전략이동과 거의 맞먹는 유동성을 성취했다. 합스부르크Habsburg 황실[23] 장군들과 부르봉Bourbon 왕실[24] 장군들이 쌍방의 국경지대에 난 각각의 구멍과 틈새에서 우세를 점하려고 이쑤시개식 전역을 벌이며 차지하려고 200년 동안 다투었던 지역의 형상이 증기력의 망치질을 받아 단 몇 주 만에 가차없이 바뀌었다. 르네상스와 종교개혁의 동이 틀 무렵에 화약과 이동식 대포가 불러일으킨 것과 맞먹는 제2의 '군사 혁신'이 임박한 듯했다. 알렉산드로스Alexandros 대왕[25]이나 칭기스한이 거둔 승리보다 훨씬 더 빠르고 더 완벽한 승리를 — 예전에 가장 부유한 왕이 보유한 그 어느 것보다도 더 풍부하게 대량으로 얻을 수 있는 — 피와 쇠와 금이 약속했다.

그 같은 승리가 약속되었지만, 그 약속이 반드시 지켜질 수는 없었다. 가장 풍부한 물질적 부도 그 부에 생명을 불어넣는 데 필요한 인간이라는 속성이 없으면 쓸모가 없기 때문이다. 그러나 여기에서도 19세기는 경천동지할 변화를 불러일으켰다. 18세기에 병사는 불쌍한 미물이었다. 그는 국왕 소유의 제복 입은 머슴이었고, 때로는 — 러시아와 프로이센에서는 — 영지 주인이 국가의 부역에 보내는 현역 농노였다. 군복은 사실상 제복이었다. 군주는 눈에 띄게 제복을 입고 다니지 않았다. 군복을 입은 사람들은 권리를 포기했다는 표시로 그 옷을 걸치고 다녔던 것이다. 군복이 뜻하는 바는 그들이 가장 흔한 입대사유였던 '가난이나 궁핍'을 이겨내지 못했다는 것, 편을 바꿨다는 것(변절한 전쟁포로가 대다수 군대에서 커다란 부분을 차지했다), 그들이 (구체제 내내 스위스인, 스코틀랜드인, 아일랜드인, 슬라브인, 그 밖의 산간벽지 사람 수만 명이 그랬던 것처럼) 다른 나라 국기 아래서 용병으로 복무하기를 받아들였다는 것, 사소한 범죄로 감옥에 가거나 시 당국에 진 부채 때문에 구속되지 않으려고 '유죄 답변 흥정[26]'을 했다'는 것, 또는 그저 단순히 빨리 도망치지 못해서 강제징병대에 붙잡혔다는 것이었다. 아무리 최정예 군인일지라도 지원병은 거의 없었다. 그의 전우 다수가 마지못해 싸우는 사람이었으므로, 탈영에 가해지는 처벌은 혹독했고 징계규정은 가혹했다.

25. 고대 마케도니아의 왕(기원전 356~323). 20세에 왕이 되어 그리스 도시국가의 반란을 진압한 뒤 페르시아 제국 정복에 나섰다. 정복에 성공함으로써 헬레니즘 문화의 기반을 닦았다. 인도까지 진출한 뒤 대원정을 마쳤으며, 그리스 서쪽에 있는 세계를 정복할 계획을 세우던 중 열병으로 숨졌다.

26. 피고가 유죄를 시인하는 대가로 검사가 피고의 구형량을 낮추어주는 식의 타협. 본문의 문맥에서는 사회에서 저지른 범죄로 처벌을 받는 대신 입대한다는 뜻이다.

18세기 병사들은 규정을 어기면 채찍에 맞고 군율을 어기면 교수형을 당했다. 이 두 가지 위반은 규범에 따라 엄밀하게 해석되지 않고 제멋대로 적용되었다.

이와는 대조적으로, 19세기의 병사는 자기 처지에 만족하는 사람이었다. 자발적인, 종종 열의에 찬 병사인 그는 대개 징집병이었지만 (짧다고 인정한) 자신의 복무기간이 자유로운 기간에서 단순히 빼는 시기이며 복종하면서만이 아니라 즐거이 보낼 시기로 받아들이는 징집병이었다. 이것은 적어도 19세기 중반 이후부터, 그리고 가장 앞선 국가들의 군대에서는 사실이었다. 프로이센이 단연 으뜸이었지만, 더 작고 뒤처진 군대를 가진 프랑스와 오스트리아도 본을 받아 서둘러 따라 했다. 그러한 태도 변화는 문서로 입증되기는 어렵지만 엄연한 사실이었다. 태도가 변했음을 보여주는 가장 구체적인 표현은 아마 19세기가 끝날 무렵에 수만 개씩 제조되기 시작한 군 기념품의 출현이었을 것이다. 전형적으로 독일에서는 군 생활을 담은 그림으로 장식된 자기 물잔이었던 기념품에는 으레 징집병의 동료 소대원들의 이름, 짧은 시 몇 구절, ─ "제12척탄병연대를 위하여"처럼 ─ 부대에 보내는 인사말, "나의 군 복무시절을 기억하며" 같은 공통된 글귀가 새겨져 있었다. 화환을 목에 걸고 ─ 마을 사제가 러시아 농노 징집병을 위해 진혼미사를 해주는 18세기의 환송과는 사뭇 다른 ─ 이웃들의 환송을 받으며 떠났던 젊은 병사는 군 복무기간을 마치면 기념품을 가지고 돌아와 고향 가족의 자랑거리가 되었다.

특기할 만한 이런 태도 변화는 문자 그대로 혁명이었다. 이 변화의 뿌리는 여러 갈래지만, 가장 중요한 세 뿌리는 프랑스 대혁명과 그 이데올로기의 주요 구호, 즉 자유와 평등과 우애로 곧바로 이어진다.

군 복무는 우선 평등의 **경험**이기 때문에 19세기에 인기를 얻게 되었다. 러디어드 키플링Rudyard Kipling[27]은 영국이 1900년에 보어Boer인[28]과 싸우기 위해 파견한 군대에 관해 꽤 정확하게 "요리사의 아들 ─

27. 영국의 소설가, 시인(1865~1936). 영국 제국주의를 찬미하고 해외의 영국 군인을 찬미하는 주제로 많은 글을 남겼으며, 1907년에 노벨 문학상을 받았다.

28. 남아프리카에 정착한 네덜란드계 백인. 농부를 뜻하는 네덜란드어 'boor'에서 비롯된 말이다. 보어인들은 남아프리카 지역을 식민지로 만들려는 영국에 맞서 1899년부터 1902년까지 게릴라 전을 벌이며 격렬하게 저항했다.

공작의 아들 — 예대禮帶를 찬 백작의 아들"[29]이라고 썼다. 대중의 전쟁 열풍이 모든 사회계급을 졸병이라는 군 계급으로 밀어넣었던 것이다. 그러나 물론 그들은 지원병이었다. 유럽의 군대에서 일반 징병제는 — 프로이센에서는 1814년부터, 오스트리아에서는 1867년부터, 프랑스에서는 1889년부터 — 싫건 좋건 모든 계급을 데려가서 두어 해 동안의 병역을 지웠다. 입영한 연간 입대동기의 비율에 편차가 있었고, 복무기간에 변동이 있었다. 좋은 교육을 받은 사람에게는 의무가 경감되었다. 이를테면, 고등학교 졸업자는 으레 한 해만 복무한 다음 장교후보로 예비군에 전속되었다. 그러나 대체로 잘 지켜진 편인 일반 의무원칙은 지속적인 것으로 받아들여지기도 했다. 제대 군인은 소집 해제된 뒤 처음 여러 해 동안은 해마다 군대로 되돌아가서 재훈련을 받았고, 나이를 더 먹으면 전시 예비역(독일에서는 향토예비군, 프랑스에서는 재향군)으로 이전했으며, 장년에도 몸이 성하면 시민방위대 명부에 올라 몇 해를 보냈다. 사람들은 예비군 훈련을 유쾌하게 받았고, 심지어는 일종의 사나이들만의 휴가로 여겼다. 오스트리아군 예비역 군의관이었던 프로이트Freud는 1886년에 기동훈련을 받다가 친구에게 편지를 쓰면서 다음과 같이 평했다. "피할 도리 없이 '반드시 해야 하는 일'이 있는 군 생활이 신경쇠약증에 좋다는 걸 인정하지 않는 건 은혜를 모르는 일일 거야. 신경쇠약증이 첫 주에 모두 사라져버렸다네."

또한 징병제는 그 적용범위 면에서 비교적 평등했다. 프로이트 같은 유대인도 비유대인과 동등한 의무를 졌고 합스부르크 황실 군대에서는 학력 요건을 채우면 자동으로 장교가 되었다. 독일 군대에서 유대인은 예비역 장교는 될 수 있었지만 군 내의 반유대주의 때문에 정식 임관을 할 수 없도록 차단되었다. 비록 비스마르크Bismarck[30]의 재정 담당인 블라이히로더Bleichroder는 자기 아들이 근위 기병대에서 정식 임관하도록 만드는 데 간신히 성공하기는 했지만 말이다. 히

29. 키플링의 시 「얼빠진 거지(The Absent-Minded Beggar)」에 나오는 구절.

30. 프로이센의 정치가(1815~1898). 1862년에 프로이센 총리가 되어 의회의 반대를 무릅쓰고 군비를 늘려 군대를 강화했다. 덴마크, 오스트리아, 프랑스와 차례로 전쟁을 벌여 승리를 거두고 1871년에 프로이센을 중심으로 독일을 통일했다. 안으로는 사회주의 세력을 탄압하고 밖으로는 프랑스를 따돌리는 정책을 폈다. 빌헬름 2세의 해외 패권지향 정책에 반대하다가 1890년에 퇴임했다.

틀러를 상급 철십자 훈장 수여대상자로 추천한 장교는 유대인 예비역 장교였다. 이것은 군사적 측면의 '해방'이었으며, 그 해방은 유대인에게만 적용되지는 않았다. 징병제의 보편성은 합스부르크 황실이 다스리는 땅에 있는 모든 민족, 독일의 폴란드 사람과 알자스-로렌 사람, 그리고 프랑스의 바스크Basque 사람과 브르타뉴Bretagne 사람과 사부아Savoie 사람을 휩쓸어 데려갔다. 또한 모든 이가 병사가 됨으로써 오스트리아 국민, 독일 국민, 또는 프랑스 국민이 될 터였다.

징병제는 평등의 도구였을 뿐만 아니라 **우애**의 도구이기도 했다. 징병제는 모든 이에게 인생의 똑같은 시기에 적용되고 원칙상 모든 이를 똑같이 대우했기 때문에 유럽 젊은이들은 전에는 느껴본 적이 없는 형제 같은 유대를 만들어냈다. 같은 시기에 이루어진 혁신인 보통의무교육이 어린이를 가족 밖으로 데리고 나와 학습이라는 공통의 경험 속에 던져 넣고 있었다. 징병제는 갓 어른이 된 젊은이를 지역사회에서 데리고 나와 진정한 어른이 되는 경험 속에 던져 넣었다. 즉, 징병제로 말미암아 그들은 집에서 떨어져 나온다는 도전에 직면하고 새 친구를 사귀고 적을 다루고 권위에 적응하고 낯설고 이상한 옷을 입고 익숙치 않은 음식●●●을 먹고 제 힘으로 살아나가게 된 것이다. 그것은 지성과 감성, 그리고 특히 무엇보다도 육체의 진정한 통과의례였다. "국가를 배우는 학교"라는 말을 들은 19세기의 군대는 오늘날의 학교가 지니는 여러 특성을 띠어서, 글 읽기와 쓰기와 셈하기 능력을 시험하고 증진했을 뿐만 아니라 사격, 호신술과 더불어 수영과 육상과 크로스컨트리 스포츠를 가르치기도 했다. 독일 체육의 선구자인 체육의 아버지 프리드리히 얀Turnvater Jahn[31]은 프로이센 군사훈련에 크나큰 영향을 미친 사람이었으며, 그의 구상은 주앵빌 대대Bataillon de Joinville[32]의 육상전문교관들을 통해 프랑스에 보급되었다. 한편, 이탈리아에서는 카프릴리Caprilli[33] 대위가 서유럽 세계 전역의 승마기술을 바꾸어놓을 군사 승마술 학교를 세웠다. 야영하면서 화

●●● 집보다 군대에서 훨씬 나은 경우가 잦았다. 1860년대에 프랑스 국민의 섭취량은 1.2킬로그램이었고, 군대의 섭취량은 1.4킬로그램이었다. 당대의 플랑드르 출신 징집병들이 부르는 노래에는 농민의 고된 삶을 반영해서 "군대에선 일하지 않아도 고기하고 국을 날마다 먹어요"라는 후렴이 있었다. — 지은이

31. 프로이센의 교육자이자 열혈 민족주의자(1778~1852). 나폴레옹 전쟁에서 의용군을 지휘했으며, 이후 교육으로 되돌아가 1816년에 『독일 체육학』을 썼다. 자유주의 정치운동을 주도하다가 1819년에 체포되어 5년 수감형을 받았다.

32. 1852년에 창립된 주앵빌 군사전문학교의 후신으로, 군인들에게 체육을 가르쳤으며 프랑스 체육과 스포츠 교육의 상징이 되었다.

33. 이탈리아의 군인(1868~1907). 독특한 승마술로 주목을 받은 뒤, 피네롤로(Pinerolo) 기병학교 교관이 되어 기존의 승마술을 크게 바꾸었다. 그의 승마이론이 1904년에 이탈리아 기병대에서 정식으로 채택되었고, 유럽 전역의 기병 장교들이 피네롤로에 모여들어 그의 이론을 배웠다.

톳불 둘레와 천막 아래서 이루어지는 군대생활의 건강한 야외활동은 결국은 독일 청년운동의 이상과 보이스카우트 규약으로 발전했다가 한곳에 모이는 경로를 따라 사교생활과 군생활로 되돌아갔다.

일반 징병제라는 통과의례는 해방의 경험이 전혀 아니었다. 윌리엄 맥닐 교수가 지적했던 바대로, 쟁기와 마을 펌프에서 벗어나고 도시화와 공업화가 빠르게 이루어지는 사회에서 떨어져 나와 군문에 끌려들어간 개인은

그가 민간인으로 살면서 알던 사회보다 더 단순한 사회에 있었다. 졸병이 되면 그 개인이 책임질 일이란 거의 없었다. 의식과 일과가 거의 모든 작업 시간을 차지했다. 때때로 그 일과를 중단하고 활동을 어떤 새로운 방향으로 돌리는 명령에 그냥 복종하기만 하면, 개인이 의사 결정을 할 때 따르게 마련인 걱정거리에서 벗어날 수 있었다. 그 걱정거리는 도시 사회에서 걷잡을 수 없이 폭증했다. 도시 사회에서는 경쟁하는 지도자들, 경쟁하는 소속 집단들, 그리고 일부일지라도 사람의 시간을 보내는 방법에 대한 실질적인 대안들이 관심을 끌려고 끊임없이 다투었다. 역설처럼 들릴지 모르겠지만, 자유로부터의 도피는 자주 진정한 해방이었다. 아주 빠르게 변하는 상황 속에서 살면서 어른 구실을 아직은 완전히 할 수 없었던 젊은이에게는 특히 그랬다.

그러나 이 통찰력 있는 관찰이 지닌 힘을 감안한다 해도, 병역을 대하는 태도의 변화에서 일반 징병제가 지니는 궁극적 중요성은 그것이 끝내는 사적인 의미는 아닐지라도 정치적 의미의 **자유**와 연계되었다는 점이다. 옛날의 군대는 왕이 민중을 억누르는 도구였는데, 새로운 군대는 민중이 왕에게서 벗어나는 해방의 도구가 될 터였다. 비록 그 해방이 왕정을 유지하는 국가 속에서 이루어지는 협소한 제도적 차원일지라도 말이다. 이 두 개념은 서로 충돌하는 개념이

34. 1792년 8월에 봉기한 파리 시민이 입법의회를 뒤엎은 뒤 세워져 1795년까지 프랑스를 다스린 의회.

35. 지은이의 착오. 1792년이 맞다.

36. 프랑스 대혁명기의 혁명가 (1747~1814). 하급 군인이었다가 1789년에 삼부회의 제3신분 대표로 선출되었다. 혁명이 일어난 뒤 군제개혁에 관여해서 징병제 도입을 주장했고, 군 내의 신분 차별을 없애서 군대가 모든 시민을 받아들이는 조직이 되기를 바랐다. 나폴레옹의 쿠데타 뒤에 은퇴했다.

37. 국민공회 내 온건파가 1794년 7월(혁명력으로는 테르미도르)에 공포정치를 주도하던 로베스피에르를 제거한 사건. 프랑스대혁명이 보수화하는 계기가 되었다.

38. 프랑스 대혁명 시기에 정치의식이 높은 급진적 민중을 일컫는 정치적 개념. 대부분이 소생산자였으며, 소유의 집중에 반대하고 평등에 집착하는 성향을 보였다.

아니었다. 프랑스의 국민공회Convention Nationale[34]는 1791년[35]에 "각 구에서 편성된 대대는 '압제에 맞서 뭉친 프랑스 국민'이라고 새긴 깃발 아래 뭉쳐야 한다"는 포고령을 발표했다. 이 포고령에는 미국 헌법의 밑바탕에 깔린 사상, 즉 '무기를 들 권리'가 보편화되면 직접적인 자유가 보장된다는 사상이 응축되어 있다. 두 해 앞서서 혁명 지도자 뒤부아-크랑세Dubois-Crancé[36]는 "모든 시민은 군인이어야 하며 모든 군인은 시민이어야 한다. 그렇지 않으면 우리는 헌법을 결코 가지지 못하리라"는 유사한 명제를 천명했다.

혁명적 공격으로 자유를 얻는다는 원칙과 병역을 이행해서 자유를 합법적으로 얻어낸다는 원칙 사이의 긴장으로 말미암아 19세기 대부분의 기간 유럽의 정치활동은 옴짝달싹하지 못하게 된다. 프랑스에서는 무기의 힘으로 얻은 자유가 도를 넘어서자 테르미도르Thermidor 반동[37]이 일어나고 극단주의적인 상퀼로트sans-culottes[38]의 열정이 대외 정복으로 전환되었다. 그런 다음 (1795년 이후에는 얄궂게도 그 중 다수가 돌아온 왕당파였던 군 장교의 확고한 통솔 아래 놓인) '혁명'군이 승리를 거두자 '혁명'군의 적들, 특히 프로이센 군주와 오스트리아 군주가 자극을 받아 국민총동원levée-en-masse의 변형, 즉 프랑스혁명이 군사적 형태로 독특하게 발현한 일반 징병제가 포고되는 결과가 나타났다. 이 같은 징병제로 자기 나라 땅에서 프랑스군에 저항할 — 향토예비군, 향토방위대Landsturm, 자유수호대Freischützen 등 — 민중의 군대가 생겨났다.

향토방위대와 자유수호대는 제 할 일을 다하자마자 골칫거리가 되었다. 나폴레옹이 세인트 헬레나St. Helena 섬에 얌전히 있자, 프로이센과 오스트리아는 이 민중의 군대를 자유주의 성향의 부르주아 장교들과 함께 예비부대의 지위로 돌렸고 결코 다시는 현역군으로 소환하려고 들지 않았다. 그런데도 그 민중의 군대는 '혁명의 해'인 1848년까지 존속했다. 그 구성원들이 1848년에 빈과 베를린에서 헌정권을 쟁취하려고 시가전에 적극 가담했는데, 그 두 곳에서 일어난 봉기는 전통적 권위의 마지막 보루인 프로이센 근위대에 진압되었다. 한편, 프랑스에서 그 민중의 군대가 복제되었다. 프랑스의 국민방위 대Garde Nationale[39]는 제2제정[40] 치하의 군생활에서 '자유주의' 원칙을 계속 유지하다가 1871년에 프로이센군이 파리에서 물러난 뒤 피비린내 나는 파리 코뮌에서 보수주의적인 제3공화정[41]의 정규군에 맞서 봉기하며, 이 와중에 코뮌 구성원 2만 명의 목숨이 희생된다.

'대표 없이 징집 없다'

그렇지만 이들 시민세력이 반동 군대와 벌인 싸움은 비록 물리적 패배로 끝나기는 했어도 유럽의 보수정권들에 헌정권과 선거권을 얻어내는 압력을 간접적으로 행사했다. 그 같은 권리를 달라는 요구가 널리 퍼져 있었다. 헌정권이 계속 거부된다면 — 프랑스에서 징병법을 일컫는 말인 '피로 내는 세금' — 앵포 뒤 상impôt du sang은 걷힐 수가 없었다. 이웃나라들이 징병조치를 통해서 군대와 예비군을 확대하고 있을 때에는 특히 그랬다. 1848년에 무기를 든 혁명가들이 공포를 불러일으킨 직접적인 결과로 군사 관련 문제의 선도자인 프로이센이 이듬해에 헌법을 내주었다. 프랑스와 독일제국 두 나라가 남성 보통선거를 1880년까지 도입했고, 프랑스가 그 보상물로서 3년 기한의 일반 군 복무 제도를 1882년에 시행하게 된다. 오스트리아는 1907년에 투표권을 모든 남성에게 확대했다. 여러 국가들 가운데 가장 전제적이며 4년 기한을 부과해서 징병법이 가장 가혹했던 나라인 러시아조차도 자국군이 만주에서 일본군에 패한 데 이어 1905년에 혁명이 일어나자 그해에 대의제 의회를 창설했다.

'대표 없이 징병 없다'는 요컨대 제1차 세계대전 이전 반세기 동안 유럽정치에서 두말하면 잔소리인 구호였다. 징병제는 비록 개인의 돈에는 아닐지라도 사실상 개인의 시간에 매겨지는 조세기 때문에

39. 1789년 7월에 프랑스 국왕군을 대체한 기구. 부유한 시민으로 이루어졌고 프랑스 대혁명에서 두드러진 역할을 했다.

40. 루이 보나파르트가 친위 쿠데타로 제2공화정을 무너뜨리고 황제가 된 1852년부터 프로이센군에 패한 뒤 권력을 잃어 제3공화정이 성립하는 1870년까지의 프랑스 정치체제.

41. 제2제정이 무너진 1870년부터 1940년에 비시 정부가 들어설 때까지 지속된 프랑스의 공화정.

42. 영국 국왕(1738~1820). 1760년에 즉위한 뒤 의회를 물리치고 실권을 행사하려다 마찰을 빚었다. 북미 식민지에 세금을 높게 매기다가 '대표 없이 과세없다'는 식민지인의 반발을 사게 되면서 전쟁이 일어나 식민지를 잃었다.

43. 영국의 시인(1809~1892). 1827년에 첫 시집을 냈으며, 케임브리지 대학 재학시절에 문단의 인정을 받았다. 빅토리아 시대를 대표하는 계관시인이 되었고, 1883년에 작위를 받았다.

44. 1859년 5월 9일자 『타임』에 실린 「전쟁(The War)」이라는 제목의 시에 나오는 반복구.

북미의 식민지인들이 1776년에 조지 3세George III[42]에 맞선 도전을 고스란히 되풀이한 메아리였다. 19세기에 유럽에서 징병제를 통해 군대가 팽창하는 위대한 시대 동안 역설적으로, 투표권이 남성 자유인 전원이나 대다수에게 주어졌지만 군 복무는 여전히 '가난과 궁핍'의 족쇄에 묶인 사람들에 국한되었던 나라에서 — 즉, 미국과 영국에서 — 국민이 자원 군 복무를 하려는 이상한 열정에 사로잡혔다. 뉴저지 주의 자유소총단Liberty Rifles, 매사추세츠 주의 기계밀집대형Mechanic Phalanx, 조지아 주의 사바나 공화파 근위기병대Republican Blues of Savannah, 사우스 캐롤라이나 주의 찰스턴 야자수 경비대Palmetto Guard of Charleston 같은 이름을 가진 순수 아마추어 부대의 연결망이 앞서 존재하지 않았더라면, 미국내전의 개막공연은 벌어질 수 없었을 것이다. 1859년에 프랑스 해군의 팽창으로 전국 차원의 전쟁 공포가 일어나는 바람에 비슷하지만 규모가 훨씬 더 큰 연결망이 영국에 생겨났다. 가슴이 벅차오르는 테니슨Tennyson[43]의 운문 「정렬, 소총수, 정렬Form, Riflemen, Form」[44]은 민간인 20만 명이 아마추어 군 복무를 하게 하는 데 일조했다. 이것은 정부에게는 심각한 골칫거리였다. 정부는 그들이 자기가 입을 군복을 만들고 사는 것을 막을 수 없었지만 그들이 무장하는 것을 보거나 돕는 데 주저했다.

그런데도 그들은 그렇게 했다. 그리고 18세기 초에 공공질서가 확립된 이후로 유럽의 모든 타국 정부와 마찬가지로 자국민의 무장해제를 정력적으로 수행해온 영국 정부는 우여곡절 끝에 어쩔 도리없이 그들에게 국립 조병창에서 나오는 소총을 지급해야 했다. 시대에 뒤떨어진 머스켓musket이 아닌 현대식 소총의 지급은 결정적인 의의를 지녔다. 머스켓은 그것을 사용한 왕조시대 군대의 획일적 제복과 마찬가지로 예속의 징표였다. 사정거리가 너무 짧아서 머스켓의 효과는 오로지 머스켓 사수들을 빽빽한 횡대로 배치하고 '밀집대형'이 흐트러지지 않도록 그들에게 창을 겨누고 있어야만 전투에서 승리하는 데 이용될 수 있었다. 이와는 대조적으로, 소총은 개인 기량의 무기였다. 소총은 누가 사용하건 큰 차이 없이 500야드에서 졸병 한 명을 죽일 수 있었다. 명사수의 손에 쥐어진 소총은 1,000야드에서 장군 한 명을 죽일 수 있었다. 따라서 토머스 칼라일Thomas Carlyle[45]의 표현대로, 파리 코뮌 투사들은 "소총이 있으면 누구라도 다 대단해진다"고 굳게 믿었다. 소총수는 누구든지 다를 바가 없었다. 영국 의용 소총부대원British Rifle Volunteers은 자기 무기가 자신에게 준 지위의 표시로서, '가진 것 없고 살기 어려워서' 군대에 들어간 선線의 병사가 입는 꽉 죄는 주홍색 군복이 아니라 시골 유지의 헐렁한 트위드[46] 사냥복을 골라 입었다. 어떤 이는 이런 복장에 '가리발디Garibaldi' 셔츠[47]나 1848년의 혁명가들이 쓴 '중절모'를 덧붙였다. 갖가지 재단과 — 진회색이나 카키색 — 색상으로 이 자고사냥꾼 복장이나 사슴사냥꾼 복장이 1914년에 (프랑스군을 빼고는) 모든 유럽 군대의 옷이 될 터였다. 꼭 마치 장사정 속사 소총이 그들의 무기가 될 것처럼 말이다. 명사수 기장보다 더 으스대며 달고 다닌 군사 숙달 기장은 없을 터였다. 가장 일찍부터 소총으로 무장한 — 독일에서는 쉬첸Schützen, 오스트리아에서는 예거Jäger, 프랑스에서는 샤쇠르Chasseurs, 영국에서는 그린재킷스greenjackets로 지칭된 — 부대원들은 신식 군인으로서 으스대며 특별한 일체감을 지녔다.

그러나 사실 1914년에 전쟁으로 행진해 들어간 군인들은 모두 다 그들이 속한 국가의 현대성을 보여주는 표징이었다. 그들은 튼튼하고 힘세고 복장과 장비를 흠잡을 데 없이 갖추고 견줄 데 없이 치명적인 무기로 무장했으며 자신들이 싸움터에서 자유롭게 행동하는 가운데 조속한 결정적 승리를 거둘 자유인이라는 믿음으로 고무되었다. 무엇보다도 그들은 수가 많았다. 1914년 8월의 유럽만큼 비율에 걸맞지 않게 많은 군인을 배출한 사회는 지구상에 없었다. 독일 총참모본부 첩보부는 한 나라의 인구 100만 명이 2개 사단의 군

45. 스코틀랜드 출신의 영국 역사가(1795~1881). 이른바 영웅사관으로 유명하다. 주요 저서로는 『프랑스 혁명』(1837), 『영웅숭배론』(1841), 『프리드리히 대왕으로 불리는 프로이센 왕 프리드리히 2세의 역사』(1858~1865) 등이 있다.

46. 주로 양모로 만들어지는 두텁고 거친 직물이며, 때로는 갖가지 색상의 실로 직조된다.

47. 19세기 중엽에 가리발디와 부하들이 입었던 블라우스형 셔츠에서 비롯된 옷. 하이넥에 대개 소매가 길었다.

인, 즉 3만여 명을 부양할 수 있다는 공식을 어림짐작으로 만들어 냈다. 동원이 이루어지자 그 공식은 거의 들어맞았다. 인구가 4,000만인 프랑스는 75개 보병사단(과 10개 기병사단)을, 인구가 5,700만인 독일은 87개 보병사단(과 11개 기병사단)을, 인구가 4,600만인 오스트리아–헝가리는 49개 보병사단(과 11개 기병사단)을, 인구가 1억인 러시아는 114개 보병사단(과 36개 기병사단)을 동원했다. 각 사단은 특정지역 출신으로 — 이를테면, 독일군 제9사단과 제10사단은 니더슐레지엔Niederschlesien 출신으로, 프랑스군의 제19사단과 제20사단은 파드칼레Pas de Calais 출신으로, 오스트리아군의 제3사단과 제5사단은 (히틀러의 고향 도시인) 린츠Linz 근방 출신으로, 러시아군의 제1, 제2, 제3사단은 발트 해 연안지역 출신으로 — 편성되었기 때문에, 그들이 떠나자 그들의 고향에서 청년들이 하룻밤 새 모두 다 사라졌다. 1914년 8월 전반기에 유럽인 2,000만여 명, 즉 교전국 인구의 거의 10퍼센트가 황갈색 군복을 입고 어깨에 소총을 메고 전쟁으로 가는 열차에 탔다. 모든 이가 자기들이 "나뭇잎이 떨어지기 전에" 돌아오게 되리라는 말을 들었고, 대다수가 그 말을 믿었다.

해가 네 번 바뀌고 가을이 다섯 번 돌아온 뒤에 살아남은 자들이 주검 1,000만여 구를 싸움터에 남겨둔 채 되돌아왔다. 19세기 유럽의 경제 기적이 맺은 열매였던 건강하고 튼튼한 청년들이라는 막대한 수확물이 그들에게 생명과 건강을 준 힘에 소비되어버렸다. 1914년에 동원되었던 최초의 사단들은 그 인원을 적어도 두 번, 어떤 경우에는 세 번 '갈았다.' 전쟁 도중에 양성된 사단들도 비슷한 손실을 보았다. 왜냐하면 징병기구가 전쟁 과정 내내 작동하면서 징병 적령기가 되어 해마다 들어오는 새 입대동기를 소비했을 뿐만 아니라 그 아가리를 쩍 벌려 평시라면 퇴짜를 놓았을 더 나이 많고 더 어리고 덜 튼튼한 자들을 집어삼켰기 때문이다. 1914년과 1918년 사이에 프랑스인 1,000만 명이 군사기구를 통과했다. 입대한 사람들은 아홉 명 가운데 네 명꼴로 사상자가 되었다. 치명적 사상자 수는 독일이 300만 명, 오스트리아와 영국이 각각 100만 명을 넘어섰다. 1915년 5월에야 참전해서 가장 좁은 전선에서 싸운 이탈리아의 치명적 사상자 수는 60만 명을 웃돌았다. 1917년에 무너져서 볼셰비키Bol'sheviki[48]가 권력을 잡을 기회를 내주었던 러시아군의 사망자 수는 정확하게 집계된 적이 한 번도 없었다. 러시아군 사망자의 무덤, 러시아군과 맞싸운 독일군과 오스트리아군 사망자의 무덤은 카르파티아 산맥에서 발트 해까지 흩어져 있었고, 서부전선에서 쓰러진 프랑스군, 영국군, 벨기에군, 독일군의 무덤은 좁은 띠 모양의 국경지대에 몰려 있어서 그 지역 시골에서 늘 눈에 확 띄는 주요 장소가 된 묘지를 형성했다. 영국인이 만든 묘지들은 가슴 저미게 아름다운 장소였다. 그 묘지들을 위해 신고전주의의 거장 에드윈 러티언스Edwin Lutyence[49]가 건축물을 설계했고, 그 자신이 제1차 세계대전에서 자식을 잃은 부모였던 러디어드 키플링이 "그들의 이름은 영원히 살아 있으리라"는 비문을 짓고 신원이 알려지지 않은 망자의 무덤 위에 "하나님에게 알려진 대전쟁 참전 군인"이라고 썼다.

그 묘지들은 '망자의 정원'이 더 알맞기는 했지만 '망자의 도시'라고 불렸으며, 잉글랜드가 세계문화에 이바지한 것들 가운데 하나인 꽤 낭만적인 조경예술의 최고 성과물이다. 그러나 그 망자의 도시는 그 시대에 살아 있는 자의 도시, 즉 프랑스 대혁명 이후로 유럽에서 가장 강렬하게 행해진 신체활동뿐만 아니라 정서활동과 지적 활동의 초점이었던 지역으로부터 채워졌다. 프랑스 예수회 소속 철학자 테야르 드 샤르댕Teilhard de Chardin[50]은 다음과 같이 쓴 적이 있다. "전선은 어느 모로는 우리가 분명히 알고 있는 것과 아직 형성 도중에 있는 것 사이에 있는 **극단의** 경계선이기 때문에, 우리는 전선에 매혹되지 않을 수 없다. 당신은 다른 그 어디에서도 경험하지 못한 이런 일들을 볼 뿐만 아니라 평범한 삶에서는 다른 그 어디에서도 찾기

48. 공업 발전이 늦은 러시아에서도 사회주의 혁명이 가능하다는 레닌의 노선을 따르는 러시아 사회민주노동당 내 급진파. 1917년 2월에 러시아에서 전제정이 무너진 뒤 노동계급의 지지를 얻는 데 성공해서 힘을 키운 뒤 10월에 무장봉기로 권력을 장악했다.

49. 영국의 건축가(1869~1944). 20세기 초 영국 정부의 의뢰를 받아 많은 건축물을 지었다. 특히, 인도 뉴델리의 도시계획과 총독관저 설계로 유명하다. 제1차 세계대전 뒤에 전쟁기념물을 짓는 작업을 책임졌다.

50. 프랑스의 고생물학자, 철학자(1881~1955). 사제 서품을 받았으면서도, 제1차 세계대전에서 용감히 싸워 레종 도뇌르(Légion d'honneur) 훈장을 받았다. 전쟁 뒤에는 중국에서 고생물학을 연구했고 베이징 원인 두개골 발견에도 참여했다.

51. 1789년은 프랑스 대혁명, 1848년은 프랑스의 2월 혁명, 1871년은 파리 코뮌의 봉기가 일어난 해다.

52. 미국의 시인(1888~1916). 뉴욕에서 태어나 하버드 대학을 졸업하고 시를 쓰기 시작했다. 1912년에 파리에 정착했고, 제1차 세계대전이 일어나자 프랑스 외인부대에 들어갔다. 솜 전투에서 전사했고, 유고 시집이 인기를 끌어 이름이 알려졌다.

어려울 선명함과 에너지와 자유의 근원적인 흐름이 당신의 내면으로부터 솟아나는 것을 본다." 테야르 드 샤르댕의 수사修辭는 바리케이드의 수사, 즉 1871년과 1848년, 궁극적으로는 1789년[51]의 수사와 아주 흡사하고, 또 그럴 만도 하다. 서부전선의 참호는 사실 바리케이드였다. 시인이자 참호전의 희생자였던 알란 시거Alan Seeger[52]는 참호를 '차지하려고 싸우는 바리케이드'라고 불렀다. 그 바리케이드의 맞은편에서는 해방된 유럽 젊은이들이 자유와 평등과 우애의 가치를 지키며 자유시민의 지위를 상징하는 소총을 겨누었다. 19세기는 이 가치들을 모든 사람에게 주었지만, 민족주의는 각 시민을 그 가치들이 오로지 그가 속한 국가에만 의미가 있고 귀속된다고 설득했다. 혁명의 아버지들은 혁명이 모든 사람에게 거저 주어진 축복이며 그 축복의 효과는 인민과 더불어 민족국가 국민들의 우애를 증진하는 것이리라고 진정 어린 마음으로 믿었다. 그렇지만 혁명은 국제화하는 데 성공한 적이 한 번도 없었다. 혁명은 심지어 그 여명기에도 각 민족 나름의 역학으로 나타났다. 혁명의 가치들은 더 널리 퍼져나가게 되었을 때, 기묘하게 뒤틀려 전파되어 그것들이 들쑤시고 다닌 각 민족국가 국민의 긍지를 강화했을 따름이다. 프랑스 대혁명으로 말미암아 — 아직도 그렇듯이 — 프랑스인은 평등에 굉장한 애착이 있다고 믿게 되었다. 프랑스 대혁명의 영향을 받은 독일인은 우애에 강하게 몰입했다. 프랑스 대혁명의 자유 선언을 접한 영국인은 자기들이 자유인의 권리를 뒤늦게 요구하는 나라 사람이 가질 수 있는 것보다 자유를 이미 더 완전하게 가지고 있다고 믿게 되었다.

승리의 열매

제1차 세계대전에서 승리를 거두고 승리의 열매도 딴 나라들은 — 단연 프랑스와 영국은 — 국민정신에 심한 손상을 주지 않고 자국의 전쟁수행에 활력을 불어넣었던 더 높은 가치에 대한 믿음에 자기들이 겪은 고통의 감정을 적응할 수 있었다. 존재하지만 표현되지는 않은 물질적 차원에서 각 승전국에게 제1차 세계대전은 희생할 만한 값어치가 있었다. 인적 손실과, 프랑스의 경우에는, 물적 손실을 치렀는데도 그 전쟁으로 승전국의 국내 경제가 힘을 다시 얻어 팽창했다. 비록 그 과정에서 원료와 완제품을 사느라 상당한 해외투자가 청산되었다 해도 말이다. 그 전쟁으로 승전국의 해외 속령이 크게 늘어났다는 점이 더 중요하다. 세계의 제국열강 가운데 영국 다음에 프랑스 순으로 두 나라가 1914년에 여전히 가장 중요한 제국열강(이라는 점이 두 나라를 공격하도록 독일을 자극한 주요 요인)이었다. 1920년까지 두 제국은 국제연맹의 위임통치 아래 있던 패전 열강의 속령을 나누어 가진 뒤에 훨씬 더 커졌다. 북아프리카와 서아프리카에서 이미 우위를 점했던 프랑스는 자국의 지중해 소유령에 시리아와 레바논을 보탰다. 지금껏 세계에 존재한 최대 연합제국의 우두머리인 영국은 자국의 동아프리카 식민지에 독일령 탕가니카Tanganyika[53]를 보태서 제국을 넓혔고, 그럼으로써 아프리카를 '카이로에서 희망봉까지' 영국 것으로 만들겠다는 꿈을 현실로 만들었다. 동시에 영국은 예전에 튀르크의 영토였던 팔레스타나와 이라크를 위임통치령으로 얻어내 이집트에서 시작해서 페르시아 만 북단까지 내달리는 '기름진 초승달 지대'에 대한 지배권을 확립했다.

독일제국과 튀르크제국의 식탁에서 떨어진 빵 부스러기는 다른 곳에도 널려 있었다. 아프리카 남서부는 남아프리카[54]에, 파푸아Papua는 오스트레일리아에, 로도스Ródhos 섬은 이탈리아에, 태평양의 독일령 제도들은 일본에 넘어갔다. 이런 식으로 비위를 맞추려고 선물을 나누어 가진 것이 무분별했음은 시간이 흐른 다음에야 드러난다. 이탈리아와 일본은 더더군다나 더 큰 동맹국들[55]도 빵 부스러기를 주워담았으니 자기 나라는 더 많은 것을 받을 자격이 있다고 믿었다. 이 두 나라가 푸대접을 받았다는 감정을 품으면서 다음 여러 해 동

53. 오늘날의 탄자니아(Tanzania).

54. 구체적으로 여기서 말하는 '아프리카 남서부'는 오늘날의 나미비아(Namibia)이며, '남아프리카'는 보어 전쟁 뒤에 오라녜(Oranje) 자유국과 트란스발(Transvaal) 공화국에 케이프 식민지와 나탈(Natal) 식민지가 합쳐져 만들어진 남아프리카 연방을 일컫는다.

55. 영국과 프랑스를 말한다.

안 위험한 원한이 자라났다. 혜택을 입지 못한 그 두 승전국의 원한은 패전국의 원한에 견주면 아무것도 아니었다. 유럽 한복판 땅에서 지배권을 놓고 오래전부터 다툰 오스트리아와 튀르크 두 나라는 체념하고는 영락한 상황에 적응하려고 했다. 독일은 체념하려 들지 않았다. 독일의 치욕감은 뼈에 사무쳤다. 독일은 서프로이센과 슐레지엔에서 유구한 중유럽 진입행진과 더불어 걸음마 단계에 있던 식민 열강의 표상을 잃었다. 그뿐만 아니라 독일은 전략지대 지배권도 잃었다. 그 전략지대는 1918년 7월까지도 그곳만 차지하면 승리는 떼어 놓은 당상이며 따라서 유럽 심장부에 있는 새 제국의 통치권도 마찬가지라고 할 만큼 광활하고 핵심적이었다.

제2차 마른 전투[56]의 전야인 1918년 7월 13일에 독일군은 각각 페트로그라드Petrograd[57] 바깥에서 발트 해와 돈 강의 로스토프Rostov-na-Donu[58]에서 흑해에 접하는 선까지의 러시아 서부를 다 점령하고 우크라이나의 수도이자 러시아 문명의 역사적 중심지인 키예프Kiev를 포위하고, 러시아 인구의 3분의 1을, 러시아 농경지의 3분의 1을, 그리고 러시아 공업의 2분의 1 이상을 나머지 영토와 끊어놓았다. 더욱이 그 선은 정복이 아니라 1918년 3월에 브레스트-리톱스크Brest-Litovsk에서 맺은 국제조약[59]으로 확보된 병합의 선이었다. 독일군 원정부대들은 저 멀리 동쪽으로는 자캅카지예의 그루지야Gruziia까지, 저 멀리 남쪽으로는 그리스와 맞닿은 불가리아 국경과 이탈리아의 포Po 평원까지 작전을 펼쳤다. 독일은 위성국인 오스트리아와 불가리아를 통해서 발칸 반도 전체를 통제하고 튀르크와 맺은 동맹으로 지배력을 저 멀리 아라비아 북부와 페르시아 북부까지 확대했다. 스칸디나비아에서 스웨덴은 여전히 우호적인 중립국이었고, 한편 독일은 — 라트비야와 리투아니아와 에스토니아도 얼마 뒤에 그렇게 되듯이 — 핀란드가 볼셰비키로부터 독립을 얻도록 도와주고 있었다. 멀리 떨어진 남서 아프리카에서 독일 식민지 군대는 연합국이

56. 1918년 7월 15일부터 8월 5일 사이에 마른 강에서 벌어진 독일군의 마지막 대공세와 이에 맞선 연합군의 반격.

57. 1914년에 독일과 전쟁에 들어간 러시아 정부는 수도의 이름인 상트 페테르부르그(St. Peterburg)가 독일어처럼 들린다고 해서 러시아식인 페트로그라드로 개칭했다. 1924년에 죽은 레닌을 기려 이름을 레닌그라드로 바꾸었다. 소련이 무너진 1991년에 본디 이름인 상트 페테르부르그로 되돌아갔다.

58. 돈 강이 아조프 해로 흘러 들어가는 어귀에 있는 로스토프는 유럽 러시아 서부에 있는 같은 이름의 고도(古都) 로스토프와 구분하기 위해 돈 강의 로스토프로 불린다.

59. 1918년 3월에 독일 정부와 러시아 혁명정부가 맺은 브레스트-리톱스크 강화조약. 러시아 정규군이 소멸한 상황에서 러시아 혁명정부는 우크라이나와 발트 해 연안지역을 할양하라는 독일의 가혹한 조건을 받아들일 수밖에 없었다. 브레스트-리톱스크는 오늘날 벨라루스의 브레스트(Brest)다.

열 배 규모의 군대를 거병하게 했다. 그리고 제1차 세계대전의 결정적인 전선인 서부에서 독일군은 파리 50마일 안에 있었다. 지난 3월에 시작된 다섯 차례의 대공세에서 독일군 상급사령부는 4년 전에 제1차 마른 전투를 벌인 이후로 프랑스와 다투었던 영토를 모두 다시 도로 차지했다. 여섯 번째 공세에서 선봉돌격부대가 프랑스 수도를 겨누고 치고 들어가면 전쟁에서 독일이 이길 가망이 있어 보였다.

다섯 달 뒤에 전쟁에서 실제로 이긴 나라는 독일이 아니라 프랑스와 영국과 미국이었다. 연합군의 7, 8, 9월 역공으로 벨기에 국경까지 밀려난 독일 군인들은 11월에 자국 지도자들이 휴전을 받아들였음을 알고는 행군해서 라인Rhein 강을 건너 자국 영토로 돌아가 스스로 동원해제를 했다. 그들이 되돌아온 지 며칠 안에 아직도 200개 사단을 웃도는 세계 최대의 군대가 소총과 철모를 창고에 반납하고 해산해서 집으로 갔다. 바이에른 사람, 작센Sachsen 사람, 헤센Hessen 사람, 하노버Hanover 사람, 프로이센 사람, 심지어는 제국 근위대의 불사신들까지도, 지난 50년에 걸쳐 독일제국 및 유럽 군사체제의 근간이었던 모든 절대적 규범에 대들어, 상관의 명령에 아랑곳하지 않고 다시 민간인 생활을 하기로 하룻밤 새에 결심했다. 1914년 이후로 젊은이들이 사라져 텅 비었던 도시와 읍과 마을에 갑자기 젊은이들이 무리 지어 다시 나타났다. 그러나 100년 동안 무한히 얻을 수 있었던 군사력에 깊은 생각 없이 의존해온 베를린 정부는 쓸 수 있는 병력이 조금도 없었다.

자유의용단 현상

국가는 군대와 떨어진 상태에서는 살아남을 수 없다. 군대 없이는 국가가 존재하지 않는다. 독일 황제가 몰락한 뒤에 권력을 잡은 사회주의자들은 비록 전제정부 대신에 대중의 정부에 헌신했어도 이 진실을 곧 발견했다. 독일 사회민주당SPD 정부는 — 바이에른에서,

발트 해와 북해北海의 항구에서, 그리고 베를린 자체에서 일어난 —
공산주의자의 무장봉기와 러시아 볼셰비키의 개입에 직면하자 구할
수 있는 모든 곳에서 군사 원조를 받았다. 이것저것 가릴 때가 아니
었고 선택에 세심한 주의가 필요하지 않았다. 한평생 사회주의자였
으며 신생 공화국[60]의 총리가 된 프리드리히 에베르트Friedrich Ebert[61]
는 "나는 사회혁명을 원죄처럼 싫어한다!"고 선언했다. 그러나 그는
위기상황 탓에 자기와 같은 편에 서게 된 군인들을 좋아할 수는 없
었을 것이다. 에른스트 폰 잘로몬Ernst von Salomon[62]은 신생 공화국의
첫 수호자들에 관해 "전쟁이 그들을 붙잡아버렸으며 그들을 놓아
주지 않을 것이다. 그들은 사실상 다시는 안식처를 얻지 못하리라"
고 썼다. 폰 잘로몬이 말한 — 그리고 그 자신이 속한 부류인 — 사
람들은 모든 군사적 대격동이 토해낸 유형의 사람들이었다. 이런
사람들이 그리스 도시국가들이 전쟁을 벌인 뒤 기원전 5세기에 펠
로폰네소스 반도에 있는 타이나룸Taenarum 곳에 모였었다. 땅 한 뙈
기 없어서 용병으로 고용되기를 바라는 사람들이었다. 그런 사람들
이 30년전쟁[63] 동안 독일에 가득 찼다. 나폴레옹 몰락 이후에 유럽
전체도 마찬가지였는데, 그때 먹고살 길을 찾아 많은 사람이 튀르크
에 대항한 그리스 독립전쟁에서 그리스인을 위해 싸우러 갔다. 그런
사람들은 1918년 11월과 12월에는 자신을 '전선의 투사Frontkämpfer'로
일컬었다. 전선의 투사란 살아가는 방식을 참호에서 배웠고 평화가
시작되어도 그 방식을 버릴 수 없었던 군인들이었다. 공화국의 원조
자유의용단Freikorps[64]을 조직한 루드비히 폰 메르커Ludwig von Maercker
장군[65]은 "질서 재확립을 위한 깃발 주위에 모인 부르주아와 농민
의 거대한 민병대"를 구성하겠다고 말했다. 그의 미래상은 무정부
상태와 동란을 억누르기 위해 장인과 농민이 결집하는 산업화 이전
의 군사체계와 흡사했다. 사실상 그런 체계는 존재한 적이 없다. 자
유의용단은 훨씬 더 근대적인 원칙, 즉 정치적 존재는 소총으로 무

60. 바이마르 공화국.

61. 독일의 정치가(1871~1925). 노
동자 출신의 사회민주당 의원이
었으며, 1913년에 당 의장이 되
었다. 제1차 세계대전 내내 정부
와 군에 협조했으며, 1918년 11월
에 혁명이 일어나자 온건 세력을
규합하고 군부와 결탁해서 사회
혁명을 추구하는 급진파를 물리
쳤다. 바이마르 공화국 초대 대
통령이 되었지만, 내내 우익 측
의 시달림을 받았다.

62. 독일의 국수주의 문필가(1902
~1972). 프로이센 사관학교 생도
로 제1차 세계대전을 맞이했으며,
바이마르 공화국을 무너뜨리고
왕정을 다시 세우려는 활동에
빠짐없이 가담했다. 자유의용단
에 가입해서 활동했으며, 1920년
에 카프(Kapp)가 이끈 우익폭동
에도 연루되었다.

63. 프랑스왕과 신성로마제국의
합스부르크 가문 통치자 사이의
권력 투쟁을 배경으로 1618년부
터 1648년까지 유럽에서 간헐적
으로 벌어진 전쟁. 싸움을 거의
전담한 용병 대다수가 급료를
제대로 받지 못해 마을을 약탈
하기 일쑤여서 전쟁의 주무대였
던 현재의 독일 지역에 사는 주
민이 극심한 피해를 입었다.

장한 시민이며 그 시민은 자기가 속한 국가와 그 국가가 구현하는 이데올로기를 지키려고 소총 사용법 훈련을 받는다는 1789년 이후 시대[66] 믿음의 발현이었다.

메르커의 원조 자유의용단, 즉 의용 향토소총군단Das Freiwillige Land-esjägerkorps에 장교와 일반 사병 사이를 매개하는 '중재자Vertrauensleute'의 층이 포함된다는 점, 그리고 그 징계규범에 "의용부대 지휘자는 부하의 명예를 해칠 수 있는 처벌을 절대로 해서는 안 된다"고 명시되어 있다는 점이 의미심장했다. 향토소총군단은 요컨대 국가성은 궁극적으로 기원상 군사적이라는 관념, 시민 신분의 인정은 병역을 통해 이루어진다는 관념, 병역은 자발적으로 이행해야 한다는 관념, 현역 군인의 복종의무는 전사로서 그에게 부여된 명예로 항상 완화되어야 한다는 관념을 구현했다. 이 점에서 프랑스에서 130년 전에 혁명의 아버지들이 선언한 정치철학이 마침내 실현되었다고 할 수 있다.

메르커의 원조 자유의용단은 독일의 신생 공화국 전역에서 급속도로 복제되었다. 독일문화Deutschtum의 역사적 지배권의 대상이 되는 지역에서, 신생 국가인 폴란드와 분쟁을 빚는 국경지대에서, 러시아로부터 독립을 획득하던 발트 해 연안의 나라들에서, 합스부르크 제국의 잔여지역 가운데 독일어 사용권에서 자유의용단이 추가로 생겨났다. 독일소총사단, 향토소총군단, 국경소총여단, 근위-기병 소총사단, 요르크 폰 바르텐부르크Yorck von Wartenburg 의용 소총사단 등 이 같은 — 그 자체로는 1813~1814년에 나폴레옹에 맞서 프로이센에서 모집된 민중부대를 직접 가리키는 낱말인 — 자유의용단이 채택한 명칭은 그들의 기풍을 가리킨다. 다른 단체도 여럿 존재했고, 그 일부는 베르사유 조약이 우여곡절 끝에 독일 공화국에 허용한 '10만 병력'의 군대를 이루는 여단이나 연대나 대대를 만들러 가게 된다. 다른 단체는 자연히 해체되지만 바이마르Weimar 독일

64. 제1차 세계대전에서 패한 뒤 독일에 생긴 불법 극우 준군사 조직. 민간생활에 적응하지 못하고 군 조직에서 안정감을 느끼는 참전 군인들이 주로 가입했으며, 좌익세력이 패전을 불러온 배후세력이라고 믿고 해체된 군대를 대신해서 바이마르 정부의 묵인 아래 공산주의자들과 싸웠다.

65. 독일의 군인(?~1953). 제1차 세계대전 때 독일 육군 제214사단장이었다. 종전 뒤 극우파로 활동했다.

66. 유럽의 구체제를 무너뜨리기 시작한 프랑스 대혁명이 일어난 이후의 시기라는 뜻이다.

의 극우정당 소속 정치 민병대로서 비밀조직 형태를 띠게 된다. 패배한 좌익의 의용 군사조직은 붉은전선Rotfront이라는 위장된 가두투쟁단으로 살아남게 된다.

자유의용단 현상은 게르만 민족계 나라들에만 국한되지 않았다. 내전시기의 러시아는 말할 나위도 없고 핀란드와 헝가리에서 그랬듯이 사람들이 이데올로기로 분열된 곳마다 자유의용단이 나타났고, 없애도 없애도 자꾸만 또 생겨나곤 했다. 전후세계는 뿌리를 잃고 떠도는 한 맺힌 사람들과 이들을 거느리는 법을 아는 비적과도 같은 장교들, 그리고 총으로 가득 차 있었다. 그러나 자유의용단 현상이 가장 결단성 있는 형태를 띠었던 곳은 바로 이탈리아였다. 이탈리아는 대내외적 원한으로 들끓어 올랐다. 이탈리아가 피의 희생으로 얻은 이득은 별로 없었다. 트리에스테Trieste와 남티롤南Tirol과 도데카니소스Dhodhekánisos의 획득은 사망자 60만 명에 대면 하찮은 보상이었다. 살아남은 자들이 승리했다고 얻은 이득은 전혀 없었다. 전쟁비용은 전후의 이탈리아를 경제 위기에 몰아넣었고, 자유주의 정당이든 종교 정당이든, 전통적인 정당들은 그 위기에 대처할 수 없었다. 구원을 약속한 유일한 지도자가 자유의용단 유형의 베니토 무솔리니Benito Mussolini였다. 그는 나라가 안고 있는 문제를 군대식으로 해결해야 한다고 주장했다. 그의 전투 파쇼Fascio di Combattimento의 활동가들은 퇴역 군인들에서 나왔고, 그 가운데에서 예전의 결사대arditi[67]가 으뜸이었다. 1922년 10월에 통치권이 파시스트에게 넘어간 '로마 진군'의 전야에 선포된 그들의 강령은 "거듭난 이탈리아를 국왕과 군에게 넘겨라"였다.

군대가 — 정치중립적이고 위계적이고 극히 국수주의적인 — 하나의 사회모델이라는 생각이 전후시대 내내 유럽의 넓은 지역 곳곳에서 정치에 에너지를 불어넣게 된다. 이런 생각은 전쟁에 이긴 대국들, 즉 프랑스와 영국, 그리고 북유럽과 스칸디나비아의 안정된 부르주

[67] 제1차 세계대전 말기에 이탈리아군이 지원병으로 편성한 독립 전투 병과. 보병부대에 속하지 않고 독자적으로 특수 임무를 수행했다. 전쟁이 끝난 뒤 주로 파시즘 운동에 가담했다.

아 민주주의 국가들에서는 뿌리를 내리지 못했다. 그러나 그 생각은 패전국, 해체된 제국의 후속국가들, 유럽 변두리의 저개발 국가들, 특히 포르투갈과 에스파냐에서 사람들의 마음을 확 사로잡았다. 이런 곳에서는 민주주의나 자치에, 그리고 갑자기 불안정해진 국제경제의 익숙하지 않은 시장의 힘에 적응하는 데에서 일어나는 긴장이 계급 간, 지역 간, 소수민족 간의 힘겨루기를 멈추고 권위를 군국주의적이고 많은 경우에 군인으로 이루어진 정치의 상급사령부에 위임함으로써 가장 잘 풀린다고 보였다. 볼셰비키 러시아에서조차도 군사원칙과 정치원칙 사이에서 정치가 양극화하는 현상이 눈에 띄게 된다. 러시아에서는 1920년에 백군白軍[68]을 쳐부순 뒤 승리한 혁명가들의 관료적 에너지가 대부분 정치를 대신하는 세력이 되지 못하도록 붉은군대를 거세하는 데 들어갔다.

레닌 치하 러시아, 다음에는 요씨프 스탈린Iosif Stalin 치하 러시아에서는 군복과 군계급 직함이 정치생활의 가장자리로 밀려났다. 이탈리아에서는 그것들이 정치생활의 중심을 지배했다. 오스트리아와 독일에서는 그것들이 사건 드라마가 시작 신호를 주는 순간 뛰어들어 무대를 차지할 태세를 갖추고 대기했다. 다른 곳에서는 — 즉, 헝가리, 폴란드, 포르투갈, 에스파냐에서는 — 야심 찬 대령과 장군이 자유주의 전통을 가진 국가의 대령과 장군이 대의제 통치라는 관행에 충성을 바쳐야 한다고 느끼면서 보이던 망설임 없이 권력을 접수해서 행사했다. 1789년의 가치가 희한하게 변형되어 이 나라들의 공공생활을 휘어잡았다. 병역은 더는 개인이 시민 신분을 인정받는 징표로 보이지 않고 시민이 국가에 의무를 다하고 국가기능에 참여하는 형태로 보였다. '모든 시민은 군인이고 모든 군인은 시민'이라는 원칙은 이 두 신분이 역사적으로, 그리고 뚜렷이 분리되어 있었던 대혁명 이전의 프랑스 같은 사회에서는 창조의 의미를, 심지어는 자선의 의미까지 띠었다. 시민과 군인 두 신분이 구분되지 않은 사

68. 1918년 여름부터 1921년 봄까지 볼셰비키 정권에 대항해서 내전을 벌인 반(反)혁명세력의 군대. 제정 시절의 장군들이 지휘하고 부르주아와 과거 특권세력의 지지와 외국 정부의 막대한 지원을 받았지만, 사실상 1920년 말에 붉은군대에 패했다.

회에서는 대중과 정부의 관계에서 군인식 복종이 너무나도 쉽사리 시민의 권리를 대체했다. 이탈리아에서는 1922년 이후에 그렇게 되었으며, 독일에서는 1933년 이후에 포괄적이고도 치명적으로 그렇게 된다.

아돌프 히틀러보다 군인윤리를 더 강하게 흡수한 동시대의 유럽인은 없었다. 합스부르크 제국의 신민으로서 그는 군대에 들어가면 자기가 업신여기는 — 슬라브인과 유대인 등 — 비게르만인과 함께 복무하게 된다는 이유로 오스트리아군에 징집되어 들어가기를 회피했다. 1914년 8월[69]은 지원병으로 한 독일 육군부대에 입대할 기회를 그에게 주었고, 그는 신이 나서 그 기회를 꽉 움켜잡았다. 그는 재빨리 자기가 훌륭한 군인임을 입증했고 전쟁 내내 용감하게 복무했다. 전쟁은 그의 내면에서 "굉장한 — 모든 경험 가운데 가장 큰 — 인상"을 준 사건이었다. "그것을 위해서 — 일인ㅅ의 자아가 가진 이해관계인 — 사익은 공익에 종속될 수 있다. 그 공익이란 압도적으로 과시된 우리 민족의 위대한 영웅적 투쟁이다." 1918년 11월의 패전에 그는 자유의용단에 가담한 모든 사람만큼 격하게 울분을 터뜨렸다. 자유의용단에 그 자신이 가담할 수도 있었지만 그러는 대신 그는 자기 재능에 더 알맞은 자리를 찾았고 정치원칙과 군사원칙의 그 상호침투를 정확하게 응축적으로 나타내주었다. 그 스스로가 결국에는 그런 상호침투의 최고 실천자가 된다. 1919년 봄에 그는 신생 군대의 병사들에게 국가에 복종할 의무를 가르치는 임무를 가진 바이마르 공화국 7군관구 사령부 빌둥스오피치어Bildungsoffizier, 즉 정훈관政訓官에 임명되었다. 그것은 사회주의 사상이나 반전주의 사상이나 민주주의 사상에 감염되지 않도록 병사들에게 예방접종을 해줄 목적으로 군이 만든 선전가의 일자리였다. 빌둥Bildung은 '형성'에서 시작해서 '교육'을 거쳐 '교양'과 '교화'에 이르는 다양한 의미를 가진 낱말이었다. 독학했으며 꿈꾸는 듯 로맨틱한 히틀러는 그

69. 제1차 세계대전의 발발.

모든 것을 알고 있었을 것이며, 위험한 영향력을 미치는 것을 경계하도록 할 뿐만 아니라 인격과 몸가짐을 함양해야 하는 자신의 책임을 의식했을 것이다. 같은 시기에 뮌헨의 육군 사령부가 자기에게 걸음마 단계에 있는 한 민족주의 운동단체, 즉 독일 노동자당[70]에 가입하라고 권고한 것도, 그리고 자기 상관인 에른스트 룀Ernst Röhm[71] 대위가 자유의용단에서 끌어온 당원으로 그 당을 키웠을 뿐만 아니라 그 스스로가 입당한 것도 히틀러를 놀라게 할 수 없었을 것이다. 전쟁 때 히틀러가 소속된 연대의 다른 전역 군인, 즉 막스 아만Max Amann[72] 특무상사와 루돌프 헤스Rudolf Heß[73]도 입당했다. 룀은 가장 억센 예비역 군인과 자유의용단 단원을 재빨리 끌어들여 당의 가두투쟁부대, 즉 돌격대Sturmabteilung, SA를 만들었다. 1920년이 되자 나치당의 정수를 이루는 요소들이 틀을 잡았다.

돌격대의 맞수인 공산당의 붉은전선, 그리고 이탈리아판 돌격대인 전투 파쇼와 마찬가지로, 나치당의 기풍과 조직과 외관은 처음부터 군대식이었다. 제복 색깔로 나치당은 승리한 영국군의 군복 색깔에서 갈색을 선택했고, 영국군의 샘브라운Sam Browne 혁대[74]도 채택했으며, 정예 산악소총연대에서는 챙이 달린 스키 모자를 빌려왔다. 당원은 말을 길들이는 용사의 유구한 상징인 무릎까지 오는 장화를 신었다. 나치당은 분열을 할 때 군단기 뒤에서 대오를 형성했으며, 행진할 때 북 두드리는 소리에 발을 맞춰 걸었다. 소총이 없다는 것만이 정식 군대와 다른 점이었다. 그러나 히틀러의 미래상에서는, 정치에서 승리를 거두면 당에게 무기도 생길 터였다. 국가사회주의 혁명이 승리하면 당과 군대, 시민과 군인 사이의 구분을 없애고, 모든 독일사람과 — 의회, 관료제, 법정, 학교, 사업, 산업, 노동조합, 심지어는 교회 등 — 독일 내의 모든 것이 영도자 원리Führerprinzip, 즉 군대식 지도 원리에 종속될 터였다.

2 | 세계대전 부추기기

군대식 지도방식에는 군대식 행동이 따르게 마련이다. 히틀러가 정치인생에서 처음으로 한 공공행위는 독일공화국 합헌정부에 대항해서 ─ 미수에 그친 군사정변인 ─ 푸치Putsch를 주도한 것이었다. 그는 다섯 해 동안 푸치를 생각해오고 있었다. 그는 1936년에 뮌헨에서 "나는 1919년부터 1923년까지 쿠데타 말고는 다른 것을 전혀 생각하지 않았다고 아주 차분하게 고백할 수 있습니다"라고 털어놓았다. 이 기간에 히틀러는 이중생활을 영위했다. 당원과 지지를 찾는 당의 지도자로서 그는 바이에른에 있는 자신의 정치기반 지역 곳곳에서 모을 수 있는 어떤 청중에게도 지칠 줄 모르고 끊임없이 ─ 흥분을 자아내는 ─ 연설을 했다. 그는 '베르사유의 범죄자들', 독일이 세계대전에서 겪은 고통, 독일의 영토 상실, 군축조항의 불공정성, 역사상 독일 소유인 땅에 육성된 신생 국가들의 ─ 다른 무엇보다도 폴란드의 ─ 방자함, 강도 짓 같은 배상금 강요, 국가의 치욕, 1918년 독일 패전 유발에서 ─ 유대인, 볼셰비키, 유대인 볼셰비키, 그리고 그들의 공화파 자유주의자 꼭두각시 등 ─ 내부의 적이 한 역할을 이야기했다. 1923년 1월 25일 뮌헨에서 열린 최초의 나치 '당의 날'에 그는 다른 모든 당원의 의중을 대변한다고도 할 수 있는 연설에서 다음과 같이 선언했다. "무엇보다도 독일 자유의 불구대천의 원수, 다시 말해 조국 독일의 배반자를 없애버려야 합니다. …… 11월 범죄[휴전조약 체결]의 수행자를 처단하십시오. 그러면 이곳에서 우리 운동의 위대한 메시지가 시작됩니다. …… 우리와 그 매국노[베를린의 공화국 정부] 사이에 …… 죽은 사람 200만 명이 있음을 우리는 잊어서는 안 됩니다." 이것이 그가 전하는 메시지의 핵심 주제였다. 즉, 독일인은 전쟁에서 영예롭게 싸우다가 고통을 겪고 죽었으며 그 전쟁은 후속세대에게 무기를 들 권리를 주지 않으면서 끝이 났고, 그 결과 "무장해제된 독일은 승냥이 같은 이웃나라의 무법적인 요구에 희생당했다"는 것이다. 그런 이웃나라로는 1920년에 독일제국 영토를 지키려는 자유의용단과 국경전을 한 차례 벌인 적이 있는 폴란드, 그 너머에 있는 볼셰비키 러시아, 슬라브족 신생 국가인 체코슬로바키아와 유고슬라비아, 그리고 공산주의자에게 접수될 위협을 받은 적이 있고 다시 그럴지도 모를 합스부르크 제국의 불안정한 잔존물인 헝가리와 오스트리아가 있었다. 전승국 가운데 가장 탐욕스러운 프랑스도 마찬가지로 승냥이 같은 이웃나라였다. 프랑스는 독일제국의 일부인 알자스-로렌 지방을 도로 찾아갔을 뿐만 아니라, 라인란트에 군대를 유지하면서 무력을 쓰겠다고 대놓고 협박해서 베르사유 조약에서 연합국이 배상금의 형태로 정했던 전쟁비용을 전부 다 내라는 요구를 뒷받침했다. 히틀러는 이런 협박과 요구가 주는 위협은 독일이 군대, 즉 베르사유 조약 아래서 전차와 비행기, 그리고 대다수 대포를 빼앗긴 채 독일에 허용된 병력 10만 명의 보잘것없는 군대가 아니라 유럽대륙에서 가장 크고 가장 인구가 많은 국가에 걸맞은 규모의 진정한 국군을 다시 한번 가질 때에야 비로소 물리칠 수 있다고 끊임없이 되풀이해서 말했다.

이것은 1919~1923년 내내 규모가 꾸준히 느는 히틀러의 청중을 자석처럼 끌어당기는 메시지였다. 히틀러는 탁월한 연사가 되었고, 말을 다루는 그의 힘이 늘어나는 만큼 그 말에 귀를 기울이는 사람의 수도 늘어났다. 그는 1932년에 다음과 같이 말하게 된다. "나는 이름없는 동지 여섯 명과 함께 (나치당을) 창당할 때, 열한 명, 열두 명, 열세 명, 열네 명, 스무 명, 서른 명, 쉰 명 앞에서 연설할 때를 되돌아봅니다. 어떻게 한 해 뒤에 운동원 예순네 명을 얻었는가를 회상할 때 나는 우리 운동에 수백만 명이 강물처럼 흘러들어오는 오늘날이 창조된 것이 독일 역사에서 전무후무한 것임을 고백해야 합니다." 1923년에는 아직 수백만 명이 흘러들어오기 전이었고, 그의 추종자는 아직도 수천 명을 헤아릴 뿐이었다. 그러나 그들은 복수하자는 그의 호소에 무아지경에 빠지며 호응했다. 그는 1922년 9월에 뮌헨에서 다음과 같은 말을 했다. "독일사람 200만 명이 헛되이 쓰러지고, 같은 탁자에 반역자와 친구로서 앉아야 했을 리가 없습니다. 안 됩니다, 우리는 용서하지 않습니다. 우리는 요구합니다. 복수를!" 그들 일부는 폭력행동을 하자는 히틀러의 호소에 호응하기도 했다. 왜냐하면 히틀러의 이중생활의 다른 측면은 바이마르 공화국에 대항하는 음모가만큼이나 공화국 내 '유사' 군대의 조직가였기 때문이다. 1923년에 돌격대는 제복 입은 남자 1만 5,000명이었고, 기관총을 비롯한 엄청나게 많이 비축해둔 은닉 무기를 이용할 수 있었다. 더욱이, 그는 국가의 합법 군대, 즉 국가방위대Reichswehr 바이에른 사단의 지원 약속을 얻어냈다고 믿었다. 히틀러는 바이에른 사단 장교 여러 사람, 가장 중요하게는 미래의 돌격대 대장이 되며 1923년까지는 현역 군인이기도 했던 에른스트 룀 대위에게 고무되어 그렇게 믿었다. 룀을 통해서, 그러나 또한 바이에른의 군사령관인 오토 폰 로소우Otto von Lossow 장군[1]의 태도 때문에 히틀러는 돌격대와 연계를 가진 민병대와 돌격대가 함께 극우 투쟁동맹Kampfbund[2]을 구성해서 푸치를 실행하면 군이 대항하지 않으리라는 인상을 받았다. 그 같은 푸치에 필요한 것은 행동에 나설 구실과 지휘였다. 히틀러가 — 퇴역한 제1차 세계대전의 참모장(엄밀하게는 상급병참감)이며 투쟁동맹을 자신의 후원 아래 둔 에리히 루덴도르프Erich Ludendorff[3] 장군에게 비록 명목상의 대표 역할을 양보하기는 해도 — 그 지휘를 제공할 터였다. 그 구실은 프랑스가 제공했다. 전쟁배상금을 지불할 능력이 없다고 주장하는 독일 정부를 강제해서 배상금을 계속 지불하도록 만들려고 프랑스 정부가 1923년 1월에 군대를 보내 독일 공업의 심장부인 루르Ruhr를 점령해서 현물로 돈을 받아냈다.

이 간섭으로 말미암아 얼마간은 지불하기가 힘들다는 증거로 제시하려고 독일 재무부가 획책한 독일 내 통화위기가 격심해졌고, 근로자의 구매력과 중산계급의 저축을 모두 산산조각낸 인플레이션을 부채질하는 효과가 빚어졌다. 7월에 1달러당 16만 마르크였(으며 1914년에는 1대 4로 교환되었)던 마르크화 가치가 8월에는 100만 마르크로, 11월에는 1,300억 마르크로 떨어졌다. 구스타프 슈트레제만 Gustav Stresemann[4] 독일 총리는 처음에는 루르의 소극적 저항운동을 선언했다. 그러나 그 운동은 프랑스를 저지하는 데에서 한 것은 전혀 없었던 반면, 그 운동이 불러일으킨 무법상태에 고무된 작센과 함부르크의 공산주의자, 라인란트의 분리주의자, 포메른Pommern과 프로이센의 예전의 자유의용단이 시민불복종운동을 벌일 기미를 보였다. 슈트레제만이 이 소요를 제압한 다음 소극적 저항운동의 종식을 선언했을 때, 히틀러는 노리던 순간이 왔다고 판단했다. 사전에 일정이 잡히고 폰 로소우 장군과 바이에른 주 국무부장이 분별없이 참석하겠다고 약속했던 뮌헨의 뷔르거브로이 술집Bürgerbräukeller의 11월 8일 공공집회에 히틀러가 무기를 들고 도착해서 술집 밖에 무장한 부하들을 세워놓고서 로소우와 다른 명사들을 억류하고 새 독일 정권 수립을 발표하면서 다음과 같이 말했다. "11월 범죄자의 정부와 국가 대통령이 제거되었음을 선언합니다. 새로운 전국 정부가 바로 이날 여기 뮌헨에서 지명될 것입니다. 독일 국군이 즉시 만들어질 것입니다. …… 본인이 정책 지휘를 접수하겠습니다. 루덴도르프가 독일 국군의 지휘를 맡을 것입니다."

다음날인 1923년 11월 9일에 그 국군의 핵인 투쟁동맹이 히틀러와 루덴도르프를 맨 앞에 세우고 예전에 바이에른 정부 국방부로 쓰였던 건물로 행진하기 시작했다. 룀과 돌격대가 국방부를 접수하고 그들이 도착하기를 기다리고 있었다. 무장경찰이 사이에 끼어들어 히틀러가 오데온 광장Odeonsplatz을 지나는 길을 막아섰다. 히틀러

4. 독일의 정치가(1878~1929). 제1차 세계대전 뒤에 인민당을 만들어 당수가 되었다. 총리가 된 뒤 죽을 때까지 외무장관을 지냈는데, 독일의 경제력 회복을 바탕으로 베르사유 체제를 극복하려고 노력하면서 대내외의 안정을 도모했다. 1926년에 노벨평화상을 받았다.

는 제1저지선을 뚫고 나아갔다. 버티고 있던 제2저지선이 발포를 해서 히틀러 옆에 있던 남자를 죽였(는데, 이 남자가 죽어가면서 히틀러를 움켜잡아서 땅바닥에 쓰러뜨렸)고 미래의 독일 공군 사령관인 헤르만 괴링Hermann Goering에게 총알 하나를 박아 넣었지만, 루덴도르프는 무사했다. 루덴도르프는 자기 주위에 벌어진 유혈사태에 개의치 않고 뚜벅뚜벅 걸어 앞으로 나아갔지만, 국방부에 이르렀을 때 그의 곁에 남은 이는 딱 한 사람이었다. 독일 국군이 산산조각 나버린 셈이다.

이 '맥주집 푸치'의 직접적 결과는 보잘것없었다. 공모자 아홉 명이 재판을 받았는데, 루덴도르프는 석방되고 히틀러는 5년 수감형을 받았다. 히틀러는 자신의 정치 선언문인 『나의 투쟁Mein Kampf』을 (히틀러가 속했던 연대의 오랜 전우인) 루돌프 헤스가 받아쓰기에 충분할 만큼의 형기인 단 9개월만 복역했다. 그 재판의 장기적 결과는 더 깊은 의의를 지녔다. 독일 전역에 보도되어 히틀러를 데마고그로서의 경력에서 처음으로 전국적인 인물로 만들어준 법정 최후진술에서 그는 군대인 국가방위대가 아닌 경찰이 자기와 투쟁동맹에 발포했다는 데 안도감을 표명했다. 그는 다음과 같이 말했다. "국가방위대는 이전처럼 오점을 남기지 않았습니다. 언젠가는 국가방위대가 장교나 병사 가리지 않고 우리 곁에 설 날이 올 것입니다. …… 우리가 만든 군대는 나날이 자라고 있습니다. …… 나는 언젠가 이 설익은 중대가 대대로, 대대가 연대로, 연대가 사단으로 자랄 날이 오리라는, 낡은 모표가 진창에서 건져 올려지리라는, 낡은 깃발이 다시 펄럭이리라는, 우리가 맞이할 준비를 하는 신의 위대한 최후의 심판에서 화해가 이루어지리라는 긍지에 찬 희망을 품습니다."

이것은 자기의 푸치 전술에 내린 히틀러의 공개 판결이자 사적 판결이었다. 그는 1933년에 뮌헨에서 "우리는 군에 맞서 봉기를 수행할 생각을 결코 하지 않았습니다. 우리는 **군과 함께 더불어** 성공해야 한다고 믿었습니다"라고 털어놓았다. 그는 뮌헨 푸치 뒤에 전술을 단호하게 바꾸었다. 그는 국가에 맞선 비합법 행동을 결코 다시는 하지 않았지만, 대신에 투표함을 통해서 합헌적으로 권력을 성취하려고 노력했다. 그러나 비록 그가 이 목표를 공개적으로 드러내지는 않았지만 권력 추구의 요체는 군과 국방부의 합헌적 지휘권과 재무장을 위한 군사 공채 발행에 찬성 표결할 예산권을 얻는 것이었다. 푸치가 실패한 뒤 10년 동안 히틀러는 돌격대의 성장을 저지하려 들지 않았으며, 그가 1933년에 권력을 잡기 직전에 돌격대는 국가방위대의 네 배 규모인 40만 병력에 이르렀다. 히틀러는 돌격대원들의 믿음, 즉 때가 오면 갈색 제복을 벗어 던지고 진회색 군복[5]을 입어 1923년에 뮌헨에서 그가 창설하겠다고 약속했던 '국군'의 군인으로 출세하리라는 믿음을 버리라고 하지도 않았다. 그러나 그는 돌격대가 반드시 엄한 규율 아래 놓이도록, 힘으로 권력을 잡을 태세가 되어 있다는 자랑을 입 밖에 내지 않도록, 국가방위대를 보완하기보다는 대체하겠다는 돌격대의 허세가 억제되도록, 그리고 돌격대 지도자들을 설득해서 정치인사라기보다는 군부인사로 자처하지 않도록 신경을 썼다. 뮌헨 이후에 히틀러는 장군들이, 그들의 위버파르타일리히카이트Überparteilichkeit('정치중립성')의 신조와 더불어, 멀리해서는 이로울 것이 없는 나라의 권부임을 여전히 의심하지 않았다.

5. 갈색 제복은 돌격대 제복을 뜻하고 진회색 군복은 독일 정규군 제복을 뜻한다.

히틀러와 나치 혁명

경제 위기는 1923년에 겉으로만 기회처럼 보이는 기회를 히틀러에게 제공한 적이 있다. 1930년에 경제 위기가 다시 그에게 기회를 주었고, 그는 이때부터 1933년 1월에 독일 총리 자리에 오르기까지 그 기회를 신중하고도 완벽한 솜씨로 이용했다. 독일은 1923년의 파국적인 인플레이션 이후 여섯 해 만에 많이 회복되었다. 통화가 안정되고 신용거래가 복구되고 산업이 다시 활기를 띠고 실업이 성공적으로 억제되었다. 그 성취의 대부분이 중유럽 전역의 신용거래를 파괴한 1929년의 갑작스러운 세계 위기로 물거품이 되었다. 인구가 6,000만 명인 나라 독일에서 1929년 9월에 132만 명이었던 실업자가 한 해 뒤에 300만 명, 그 다음해에 450만 명으로 늘었으며, 1932년 1~2월에는 600만 명을 넘어섰다. 궁핍이 또다시 나라 곳곳에 퍼졌고, 케인즈 이론 출현 이전의 정통적인 균형예산 편성정책을 버리려들지 않는 바이마르 공화국의 온건 정당들은 그 궁핍을 없앨 수단을 찾을 수 없었다. 이에 따라 정부가 상황에 짓눌려 차례차례 무너지면서 치러진 의회 선거에서 극우정당과 극좌정당이 득을 보았다. 나치당의 득표율은 1930년 9월 선거에서는 18.3퍼센트였지만, 1932년 7월에는 37.3퍼센트로 올라서 나치당이 230석을 얻어 국회 제1당이 되었다. 알란 불록Alan Bullock의 말을 빌리면, "유권자 1,370만 명의 투표에서 나오는 힘, 100만 명이 넘는 당원 수, 돌격대원과 친위대원 40만 명을 가진 …… [히틀러는] 독일에 출현한 정당들 가운데 가장 강력한 당을 이끌고 총리청사 문을 두드리는 독일의 가장 강력한 정치지도자였다." 공산당이 이에 맞먹는 성공을 거두자, 볼셰비즘의 유령에 몸서리치는 유권자에게 히틀러의 호소가 먹히는 힘이 확연히 강해졌다. 그 유권자들은 스파르타쿠스단Spartakusbund[6]이 1919년에 압살당해서 볼셰비즘의 유령이 없어졌다고 믿어왔다. 1930년에 지지자가 엄청나게 늘어났던 공산당은 1932년에 지지자가 다시 늘어나 600만 표를 얻어 100석을 차지했다.

공산주의자들에게도 민병대가 있었다. 붉은전선이 그것으로, 돌격대와 거리에서 패싸움을 벌였고 죽는 사람이 툭하면 나왔다. 나치가 거리에서 행하는 폭력은 나치의 대의를 더럽혔다. 공산주의자들이 거리에서 행하는 폭력은 — 1932년 7월에만도 나치당원 38명과 공산당원 30명의 죽음을 불러와서 — 공산주의 혁명의 전망을 높였다. 그 공산주의 혁명의 전망이 히틀러에게 — 심지어는 1933년

6. 제1차 세계대전을 제국주의 전쟁으로 규정하고 독일 사회민주당의 전쟁 협력 정책에 반대해서 형성된 당내 좌익 급진 분파. 1918년 혁명의 주도권을 당 우파에게 빼앗긴 상태에서 이듬해 무장봉기를 일으켰지만, 실패하면서 지도자인 로자 룩셈부르크(Rosa Luxemburg)와 카를 리프크네히트(Karl Liebknecht)가 극우세력에게 살해당했다. 그 뒤 공산당을 결성했다.

에 권력을 잡은 뒤에도 6.2퍼센트 차로 차지하지 못한 — 의회 과반수 의석을 안겨주지는 못했지만, 온건한 정치가들을 놀라게 할 수는 있었고 또 놀라게 했다. 그들은 나치즘이 그저 과격하기만 할 뿐인 극단주의라고 믿었다. 그래서 그들은 히틀러를 그런 나치즘이라는 극단주의로 혁명적인 극단주의를 상쇄하는 데 이용할 수도 있을 평형추로 받아들였다. 미봉책으로 급조된 내각이 여러 차례 무너진 뒤인 1933년 1월에 전쟁영웅인 파울 폰 힌덴부르크Paul von Hindenburg[7] 대통령은 총리 자리를 히틀러에게 주라는 수하 장관들의 조언을 받았다. 1월 30일, 히틀러가 총리에 임명되었다.

그 뒤에 일어난 것은 비슷한 기간에 한 사람이 수행한 혁명으로는 가장 두드러지고 가장 완전한 경제·정치·군대 혁명 가운데 하나였다. 1933년 1월 30일과 1936년 3월 7일 사이에 그는 사실상 독일의 번영을 되찾았고, 자신의 통치에 대한 반대파뿐만 아니라 반대파가 나올 가능성까지도 없었고 엄청나게 팽창한 독일 군대에서 국가 자긍심의 주요 상징을 다시 창출하고, 이 힘을 사용해서 자신이 아직 보잘것없는 병사일 때 나라가 패전해서 부과되었던 억압적인 조약을 폐기했다. 그에게는 운도 따랐다. 1933년 2월 국회의사당 방화 공격[8]과 1934년 8월 힌덴부르크의 때맞춘 죽음에서 특히 그랬다. 히틀러는 국회의사당 화재로 공산당이 의회제도를 위협한다는 허구를 날조해내어 온건한 의원들을 공황에 빠뜨려 나치 의원들과 함께 의회 권능 정지에 찬성표를 던지도록 만들 수 있었다. 이렇게 그들이 제정한 수권법授權法은 필요한 서류에 서명함으로써 구속력 있는 법률을 가결할 수 있는 권리를 히틀러에게 부여했다. 힌덴부르크가 죽자 히틀러가 대통령 직위와 자기의 총리 직위를 영도자Führer[9]라는 직함 아래 하나로 합칠 수 있는 길이 열렸다. 히틀러는 영도자라는 지위에서 정부수반과 국가수반 양자의 권위를 행사했다. 그러나 히틀러가 1933년과 1936년 사이에 순전히 운이 좋아서 성공한

7. 독일의 군인, 정치가(1847~1934). 프로이센 무인 가문출신의 군인으로 제1차 세계대전 때 타넨베르크 전투에서 러시아군을 물리쳤다. 1916년에 참모총장이 되어 전쟁을 총괄해서 지휘했다. 1925년에 보수파의 지지로 대통령에 당선되어 권위주의적인 정치를 폈다. 1932년에 히틀러를 총리에 임명해 '제3제국' 성립의 길을 열어주었다.

8. 네덜란드 청년 마리누스 반 데어 루베(Marinus van der Lubbe)가 1933년 2월 27일에 독일 국회의사당에 불을 놓다가 붙잡혔다. 게슈타포는 네덜란드 공산당원이었던 루베를 고문해서 독일 공산당의 쿠데타를 실행하고 있었다는 자백을 받아냈고, 나치는 이 사건을 공산당을 불법화하는 구실로 이용했다. 이 사건을 나치의 날조라고 생각하는 이가 많았지만, 역사가들은 정신병력이 있는 루베의 단독 소행으로 보고 있다. 루베는 이듬해 1월에 처형되었다.

9. 무솔리니의 호칭인 두체를 모방해서 만든 호칭으로, 1931년부터 나치당에서 히틀러를 이 호칭으로 부르는 것이 의무화되었다. Führer는 흔히 총통으로 번역되지만, 영도자가 더 정확한 역어이다.

것은 아니다. 그가 편 경제정책은 이론에 토대를 두지 않았다. 케인즈 이론에 토대를 두지 않은 것은 분명하다. 그러나 케인즈도 찬성했을 법한 그 경제정책은 예산을 적자로 편성하고 국가가 공공사업에 투자하고 산업 재설비가 국가의 보증을 받아 이루어지는 것이었다. 이와 함께 노동조합운동이 계획적으로 파괴되었고, 이로써 직종과 직장 간에 이루어지는 노동의 자유로운 이동에 대한 모든 규제가 단번에 제거되었다. 실업에 나타난 효과는 놀라웠다. 실업자 수가 1933년 1월과 1934년 12월 사이에 절반 넘게 줄었고, 신규 노동자 300만 명 가운데 다수가 나치의 경제기적의 첫 유형적 상징이 되는 멋진 고속도로(아우토반Autobahn)망 건설에서 일자리를 얻었다.

　더욱이, 그는 베르사유 조약의 독일 군사력 억제조항에 무작정 대들기보다는 오히려 승전국들이 자기에게 구실을 줄 때까지 기다림으로써 독일 재무장 계획에 성공했다. 이처럼 그는 제1차 세계대전 이전처럼 출산율 저하에 시달리는 프랑스가 징집병의 군 복무기간을 두 배로 늘리고 있다고 선언한 1935년 3월까지 징병제 재도입을 발표하지 않았다. 히틀러는 프랑스의 이런 움직임을 독일의 안전보장에 가해지는 위협으로 내세울 수 있었다. 이 위협으로 10만 육군의 확대가 정당화되었다. 또한 그는 3월 17일에 공군을 창설한다고 발표했다. 또 한 차례의 베르사유 조약 위반이었다. 그렇다고 해도, 그는 독일 육군의 규모를 30만 명으로, 신생 공군의 규모를 프랑스의 50퍼센트로 제한한다는 협정을 프랑스에 제시함으로써 자신의 의도를 알쏭달쏭하게 만들었다. 프랑스가 그 협정을 거부하자 그는 총합을 더 늘려 잡을 수 있었다.

히틀러와 장군들

　징병제가 다시 도입되자 히틀러에게는 1936년에 기간병력이 36개 사단인 군대가 생겼다. 국가방위대의 7개 사단에서 다섯 배가 늘어난 병력이었다. 아직까지는 장비나 인력을 완편으로 갖춘 사단이 없었고, 장군들이 히틀러에게 경고한 대로 그에게는 베르사유 조약 반대정책에 어떤 무장대응이 있을 때 저항할 힘이 모자라다는 사실도 틀림없었다. 따라서 그는 라인란트에 다시 군대를 배치하겠다는 고이 간직해온 포부를 실현하려고 애쓰면서 허울뿐이더라도 합법적인 명분을 찾을 수 있을 때까지 다시 한번 기다렸다. 그는 그런 명분을 1936년 3월에 프랑스 의회가 소련과 맺은 상호원조협정을 인준한 데에서 발견했다고 주장했다. 그 협정에 독일이 소련을 공격했을 때 프랑스가 독일을 상대로 행동을 해야 한다고 규정되어 있기 때문에, 히틀러는 그 협정을 프랑스는 — 베르사유 조약의 산물로서 독일은 1933년에 탈퇴한 — 국제연맹의 결의에 따른 것을 제외하고는 독일과 전쟁을 벌이지 않겠다는 규정의 일방적 위반으로 내세우고 그런 위반으로 자기가 독일의 프랑스 접경지역 방어를 개선하는 대책을 취하는 것이 정당화된다고 단언할 수 있었다. 이에 따라 1918년 11월 이후로는 독일 군인이 단 한 명도 주둔하지 못했던 곳인 라인란트를 재점령하라는 명령을 1936년 3월 7일에 내렸다. 1개 사단도 아닌 겨우 3개 대대이더라도 자기가 보낸 부대를 쫓아내려고 프랑스군이 움직이지 않으리라는 히틀러의 확신은 들어맞았다.

히틀러의 장군들은 비록 그 라인란트 모험행위를 걱정하기는 했어도 그의 외교적 판단이나 전략적 판단에 왈가왈부하고픈 마음이 근본적으로 없었다. 왜냐하면 이때까지 모든 국가기구 가운데에서 군은 국가사회주의 혁명의 주된 수혜자였기 때문이었다. 군은 독일인의 삶을 관장하는 모든 기구를 직접 나치의 통제 아래 두는 과정인 단일통폐합Gleichschaltung을 모면해왔다. 더욱이 군을 단일통폐합 대상으로 삼겠다고 위협하던 기구, 즉 돌격대의 지도자들이 1934년 6월에 정식절차 없이 무자비하게 살해당했다. 돌격대원이 언젠가는 새로운 독일의 군인이 되리라는 반쯤 공식화된 히틀러의 약속은 단지 돌격대원들 가운데 젊은이들이 1935년 3월 이후에 군 소집영장을 받아들고 징집병으로 독일 국방군Wehrmacht에 들어가 갈색 제복을 한 번도 입어본 적이 없는 다른 징집병 수십만 명 사이에 끼어 있었다는 의미에서만 지켜졌다. 또한 군은 국가 투자 프로그램으로 다른 어떤 기구보다도 더 큰 이득을 보았다. 이제 새로운 무기공장에서 전차와 비행기가 ― 6개(였다가 곧 10개로 늘어난) 사단으로 이루어진 1개 기갑부대와 전투 항공기 2,000대를 보유하는 독일 공군Luftwaffe이 장비를 갖추기에 충분한 양으로 ― 끊임없이 흘러나오고 있었다. 이 발전의 토대가 된 설계작업은 1920년대에 러시아와 독일이 우호관계를 맺은 짧은 기간 러시아에서 이루어졌다. 1935년에 오산에서 비롯된 유화행동으로 영국의 해군본부는 독일 해군Kriegsmarine도 베르사유 조약 조항에서 부분적으로 풀려나야 한다는 데 동의했고, 이에 따라 독일 해군은 주력함, 심지어는 잠수함을 손에 넣기 시작했다. 주력함과 잠수함은 척 수로 보면 각각 영국 해군이 보유한 함대의 33퍼센트와 60퍼센트에 해당했다. 이런 아낌없는 물적 지원으로 독일 국방군이라는 조직의 긍지가 한껏 올라갔다. 독일 국방군은 인원과 장비가 둘 다 모자라서 허덕이며 15년을 보낸 뒤 갑자기 유럽 군대들의 앞줄로 나섰고 가장 큰 군대와 거의 대등하게 강했고, 무장이 다른 어떤 군보다도 훌륭했다. 더욱이, 직업의 측면에서 보면 장교 개개인의 출세 전망이 히틀러의 재무장 프로그램으로 확 바뀌었다. 1933년에 56세였던 대령의 평균연령이 1937년까지 39세로 내려간 한편, 전역을 받아들여야 했던 많은 국가방위대 장교가 1937년이 되면 연대, 여단, 심지어는 사단을 지휘하고 있었다.

히틀러의 직업장교 유혹하기는 그의 프로그램의 다른 어떤 부분만큼이나 의도된 것이었다. 비록 그가 그 나머지 프로그램보다 직업장교 유혹하기에 적절하게도 더 많은 중요성을 부여하기는 했지만 말이다. 그가 돌격대를 대하는 태도는 늘 이중적이었다. 비록 그에게 정치투쟁부대가 필요했고 그가 1933년 이전 '투쟁의 시대'에 돌격대가 자기에게 제공했던 정치투쟁부대를 기꺼이 이용하기는 했어도, 그 거리의 불한당을 군에 알맞은 재원으로 여기기에는 그 스스로 너무도 진정한 참전용사, 원숙한 '전선의 투사'였다. 여러모로 히틀러는 으스대는 무인이었다. 그리고 그럴 만한 까닭이 있었다. 그는 제1차 세계대전에서 전쟁 발발부터 종전까지 싸웠고 여러 차례 부상을 입었고 용맹을 기리는 상급 훈장을 받았다. 그가 재창출하고 싶어한 군대는 진회색 군복으로 갈아입은 불량배 같은 정치 민병대가 아니라 그가 복무했던 군대의 축소형일 터였다. 히틀러가 정치에서 세력을 키워 장군 계급으로 뛰어오를 생각을 해오던 룀과 나머지 준군사 과격분자를 조직적으로 살해한 1934년 6월 피의 숙청[10]으로 그는 자기 마음대로 할 수 있게 되었다. 돌격대 숙청의 한 결과는 돌격대와 경쟁관계에 있던 나치당 군사기구, 즉 하인리히 히믈러Heinrich Himmler[11] 의 지휘를 받고 고도의 규율을 유지하는 정예군단으로서 검정 제복을 입은 친위대Schutzstaffel, SS의 대두였다.

장군들은 신중하게 1934년의 살인행위를 모르는 척하기는 했어도 그 결과 히틀러가 그들의 마음에 쏙 들었다. 그러나 그 역은 사실이 아니었다. 히틀러가 무인으로서 잘난 체하는 데에는 엄격한 제한이 있었다. 그는 전투에서 싸웠다고 으스대는 작자였지, 계급이나 직함을 존중하는 자는 아니었던 것이다. 그가 잘 아는 바대로, 많은 독일 국방군 엘리트, 즉 이제는 상급사령관이 된 총참모본부 시절 장교 다수는 사령부에서 벗어나 위험을 무릅쓰기에는 자기들의 두뇌가 너무 소중하다고 생각되어서 제1차 세계대전 때 전선에서 싸운 적이 없다. 따라서 그들의 사회적 오만과 더불어 군사적 오만은 히틀러의 신경을 긁어댔다. 히틀러가 품은 헤아릴 수 없이 많은 원한들 가운데 하나는 뮌헨 재판 시기로까지 거슬러 올라간다. 첩보 동

10. 이른바 '긴 칼의 밤(Nacht der langen Messer)'. 독일 정규군을 흡수통합하겠다고 공언하는 룀과 사회체제의 급격한 변화를 추구하는 돌격대원들의 성향이 군부와 기득권층을 자극해서 집권 뒤에 오히려 자기 권력 강화에 장애요인이 된다고 느낀 히틀러가 친위대를 동원해 1934년 6월 30일과 7월 1일 사이 밤에 돌격대 지도부와 정적을 재판 없이 살해한 사건으로, 공식 발표로는 피살자 수가 77명이지만 실제로는 400명으로 추산된다.

11. 나치당 지도자(1900~1945). 1929년에 친위대 수장이 되었고 1936년에 경찰을 장악했다. 2차 세계대전 동안 히틀러에 버금가는 권력을 누렸다. 전쟁 말기에 연합국과 강화를 모색하다가 권력을 박탈당했고, 연합군에 체포된 뒤 음독자살했다.

맹자였던 로소우 장군이 그 재판에서 자기는 히틀러를 '북치는 꼬마 정치가'로밖에는 보지 않았다고 증언했던 것이다. 그 북치는 꼬마가 "제 분수도 모르고 주제넘게 설쳐댔다"는 검사의 발언은 상처에 소금을 뿌리는 격이었다. 이제는 단 한 곳만 빼고는 모든 곳에서 지위를 정해주는 사람이 바로 히틀러였다. 그 한 곳이란 자체의 진급구조에 대한 통제권을 유지한 군이었다. 그러나 장군들이 라인란트에 다시 군대를 배치하는 일에 관해서 자기들만큼이나 배짱 없는 장교들을 계속 골랐기 때문에, 히틀러는 그 체제를 끝장내기로 마음먹었다. 그는 전쟁을 불사하는 군대, 즉 1918년의 승전국과 그 승전국들이 독일의 패배를 틈타 세운 앞잡이 나라들에 앙갚음을 하겠다고 굳게 마음먹은 사령관들이 군을 지휘하기를 바랐다.

베르너 폰 프리치Werner von Fritsch[12] 군 총사령관은 겁보 중에서도 유난스러운 명칭이였다. 그는 1937년 11월에 애써서 히틀러와 개인 면담을 하고는 전쟁을 유발할지도 모를 정책을 펴지 말라고 주의를 주었다. 두 달이 지난 뒤 국방부 장관 베르너 폰 블롬베르크Werner von Blomberg[13] 장군의 지각 없는 재혼이 히틀러에게 두 사람을 모두 제거할 기회를 제공했다. 블롬베르크의 젊은 신부가 지난날 매춘부였음이 드러났다. 한편, 블롬베르크의 후임이 될 것이 분명했던 프리치는 미혼이었는데, 동성애 행위를 했다는 날조된 혐의를 받았을 때 말문이 막혀버렸다. 두 사람이 강요에 못 이겨 자리에서 물러나자 히틀러는 자기가 원하는 호전적 기질을 가진 장군들을 곧바로 얻지는 못했지만, 국방부 대신에 새로운 최고 병과 사령부, 즉 독일 국방군 최고사령부Oberkommando der Wehrmacht, OKW를 세울 구실을 얻었다. 히틀러 스스로 수장이 된 독일 국방군 최고사령부에 최고위급 전략계획을 입안할 책임이 맡겨졌다. 이것은 결정적인 행보였다. 1938년은 히틀러가 재무장에서 공세적 외교로 옮아간 해가 될 것이기 때문이다. 히틀러는 1937년 11월 5일에 휘하의 삼군 사령관들에게 자

12. 독일의 군인(1880~1939). 나치를 미워하면서도 1934년에 육군 총사령관, 이듬해에 독일 국방군 총사령관이 되었다. 1938년에 히틀러에게 동성애자라는 비난을 받고 해임되었다. 군에 복귀했지만, 1939년 폴란드 전역에서 전사했다.

13. 독일의 군인(1878~1946). 제1차 세계대전 때 서부전선에서 탁월한 지휘관으로 활약했고, 종전 뒤에도 군에 남았다. 1933년에 국방장관이 되고 1935년에 전쟁부장관과 독일 국방군 수장이 되어 군사력 증강에 진력했다. 60세에 매춘부 출신의 26세 타자수와 결혼해 추문이 일자 히틀러의 파혼 권고를 물리치고 은퇴했다.

기가 가진 의도의 개요를 이미 설명한 적이 있다. 그날 히틀러는 동방에서 군사적 지위를 강화하려는 독일의 행보에 영국과 프랑스가 무력으로 대항할 가능성이 낮다고 주장했다. 그의 첫 번째 최우선 사항은 독일제국과의 합병을 바라는 오스트리아 내 독일 민족주의자 사이에 존재하는 열광을 이용하는 것이었다. 그의 두 번째 최우선 사항은 체코슬로바키아의 독일어 사용지역, 즉 주데텐란트 Sudetenland의 병합을 시도하는 것이었다. 덧붙여서, 히틀러는 자신과 같은 독재자인 무솔리니와 공식적인 동맹관계를 맺음으로써 오스트리아의 섭정국인 이탈리아가 곧이어 독일 편으로 넘어오기를 바랐다. 히틀러는 자기가 품은 장기 구상의 대상인 폴란드가 독일이 취하는 신속한 행동에 눌려 꼼짝 못하리라고 믿었다.

무솔리니는 실제로 1937년 11월에 독일과의 동맹, 즉 소련에 대항하는 (본디 한 해 앞서서 독일과 일본이 체결한) 반反코민테른 협약[14]을 받아들였고, 그럼으로써 1936년 10월의 '로마-베를린 추축' 협약을 보강했다. 1938년 3월이 되면 히틀러는 마음먹으면 오스트리아를 상대로 행동을 할 수 있었다. 우선 그는 오스트리아 나치당원들을 정부 요직에 앉히라고 요구했다. 쿠르트 폰 슈슈닉Kurt von Schuschnigg[15] 오스트리아 총리가 이를 거부하자, 오스트리아의 나치 지도자인 아르투르 자이스-인크바르트Arthur Seyß-Inquart[16]가 지시를 받아 자기가 임시정부 수반임을 선언하고 독일의 개입을 요청했다. 3월 12일에 독일군이 진주해 들어갔고 이튿날 독일-오스트리아 합병이 선언되었으며, 3월 14일에 히틀러가 불행하고 목적 없는 청년기를 보냈던 빈에 승리를 구가하며 입성했다. 영국과 프랑스가 항의했지만, 그 이상은 하지 않았다. 두 나라가 행동에 나서지 않은 것은, 그가 체코슬로바키아를 상대로 자신의 공세적 외교에 안전하게 착수할 수 있다는 확증이었고 그에게 필요한 것이었다. 4월에 그는 독일 국방군 최고사령부에 군사작전 계획안을 준비하라고 명령하는 한편으

14. 공산주의 국제조직인 코민테른이 1935년에 채택한 반(反)파시즘 인민전선 정책에 대응해서 일본과 독일이 1936년 11월 25일에 체결한 협정. 어느 나라든 소련과 전쟁을 벌이게 되면 상호원조한다는 이면합의가 있었다.

15. 오스트리아의 정치가(1897~1977). 변호사였다가 정치에 입문해서 정부 요직을 지내던 중 돌푸스(Dollfuß) 총리가 암살되자 후임총리가 되었다. 나치를 방조하다가 뒤늦게 독일의 오스트리아 합병 시도에 저항했지만 1938년에 압력을 받고 사임했다. 투옥되었다가 종전 후에야 풀려났다. 그 뒤 미국에서 지내다 1967년에 오스트리아로 되돌아갔다.

16. 오스트리아의 정치가(1892~1946). 슈슈닉 오스트리아 총리 밑에서 일했으나, 오스트리아 나치당 지도자가 되고자 슈슈닉의 일거수일투족을 히틀러에게 보고했다. 독일의 오스트리아 합병 직전에 총리가 되어 합병을 지지했다. 1940년에 네덜란드 총독이 되었다. 1945년에 붙잡혀 이듬해에 전범으로 처형되었다.

속하라는 지시를 내렸다. 8월에 그는 군사행동에 나설 시기를 10월
로 정했고, 그가 체코를 비난하는 열화와 같은 연설을 뉘른베르크
Nürnberg에서 한 9월 12일에 독일군이 국경으로 움직였다.

비록 누가 전쟁을 벌이려고 할지는 분명하지 않았어도 이 '체코
위기'가 전쟁으로 번질 기미를 보였다. 체코는 도움을 받지 않고서
는 재무장한 독일 국방군에 저항할 만큼 강력하지 못했다. 그러나
가까이 있는 유일한 원조의 원천인 붉은군대는 폴란드 땅(이나 친독
일국가인 루마니아의 땅)을 지나야만 체코를 도우러 올 수 있었다. 이
것은 러시아에 깊은 적대감과 근거가 충분한 의혹을 품은 폴란드로
서는 허용하고 싶지 않은 전개이동이었다. 영국과 프랑스도 러시아
가 중유럽에 개입하는 꼴을 보고 싶지 않았으며, 비록 프랑스가 체
코슬로바키아와 조약을 맺었고 영국과 프랑스 두 나라 모두 다 도의
와 사리로는 체코슬로바키아가 분할되도록 내버려둬서는 안 된다고
인정하기는 했지만 서부에서 자체 군사행동을 하지 않고서는 그 나
라를 지켜줄 길을 찾을 수가 없었다. 두 나라의 정부와 국민은 그런
군사행동을 하기를 꺼렸다. 프랑스와 영국 어느 나라도, 비록 머뭇
거리며 재무장을 시작하기는 했어도, 자국 군대를 아직 현대화하지
못했다. 더 주의를 끄는 것은 애석하게도 국제연맹이라는 기구를 통
해서 침략국가에 대항하는 — 즉, 1931년에 만주를 공격하고 1937년
에 중국을 공격한 일본과 1936년에 에티오피아를 공격한 이탈리아
에 대항하는 — 집단행동을 이행하는 데에서 영국과 프랑스가 겪은
일련의 실패가 보여주는 바대로 두 나라 가운데 어느 나라도 항의
를 무력으로 뒷받침하려는 의지를 세우지 못했다는 점이다. 따라서
에두아르 달라디에Édouard Daladier[17] 프랑스 총리와 네빌 체임벌린Neville
Chamberlain[18] 영국 총리는 주데텐란트의 할양은 체코슬로바키아의 국
경 요새시설의 할양도 뜻하는데도 에드바르드 베네시Edvard Beneš[19] 체

17. 프랑스의 정치가(1884~1970).
급진사회당 출신으로 식민장관
과 육군장관을 거쳐 1933년 이
후로 여러 차례 총리가 되었다.
1938년부터 히틀러에게 유화정책
을 폈다. 1940년 3월에 총리직을
사임했다.

18. 영국의 정치가(1869~1940).
보수당 소속으로 정부의 요직
을 두루 거쳤다. 대공황 때 재정
위기를 잘 수습해서 명성을 얻
었고 1937년에 총리가 되었다.
히틀러에게 유화정책을 펴다가
1940년 노르웨이 작전이 실패하
면서 사임했다.

19. 체코슬로바키아의 정치가
(1884~1948). 사회학 교수로 있다
가, 제1차 세계대전 때 파리로
망명해서 체코의 독립을 위해
일했다. 1918년에 탄생한 체코슬
로바키아의 외무장관이 되었고,
1935년에 대통령이 되었다. 제2
차 세계대전 동안 런던 망명정
부를 이끌었다. 종전 뒤 다시 대
통령이 되었지만, 1948년에 공산
당이 권력을 접수하자 사임했다

코슬로바키아 대통령에게 히틀러의 요구에 아무 말 하지 말고 따르라고 권고했다. 체코슬로바키아로서는 한 번 굴복하면 앞으로 있을 독일의 요구에 대항했을 때 어떠한 보호도 받지 못할 터였다. 그렇지만 베네시는 서유럽 민주주의 국가들이 자기를 도우러 오지 않을 터이기 때문에 동의하지 않을 도리가 없다고 생각했다. 위기가 해소되는 듯했지만, 9월 22일에 히틀러는 요구조건을 강화하기로 마음먹었다. 그는 국제위원단이 국경선을 수정해서 설정하기를 기다리는 대신 주데텐란트를 당장 달라고 요구했다. 히틀러가 애초에 요구한 것보다 훨씬 많은 것을 그에게 양보한 일련의 비겁한 회담에서 체임벌린과 달라디에가 9월 29~30일에 다시 히틀러와 담판을 지으려고 간 곳이 바로 뮌헨이어서 '뮌헨' 위기라고 불리는 위기가 일어난 까닭은, 바로 이렇게 압박수위가 높아졌기 때문이다.

흔히 뮌헨이 '유화정책의 종식' 시점이라고 말한다. 분명히 달라디에와 체임벌린은 겉으로는 안도했지만 이제부터는 재무장을 아주 빠르게 진행해야 한다는 확신을 — 달라디에보다는 체임벌린이 더 강하게 — 품고 뮌헨에서 본국으로 돌아갔다. 그러나 더 정확히 말하자면, 뮌헨은 히틀러가 공격적 외교공세를 펼치며 신중함을 내버렸고 서유럽 민주주의 국가들이 도전에 단호한 대응으로, 결국은 힘에는 힘으로 맞서겠다는 의지를 굳힐 위험부담을 무릅쓰기 시작한 순간을 표시하는 기점이 되었다. 전환점은 히틀러가 주눅이 든 체코슬로바키아를 다루는 방법이었다. 불과 여섯 달 전에 주데텐란트를 손에 넣었으면서도 히틀러는 1939년 3월 11일에 남은 체코슬로바키아 영토의 절반을 차지하는 슬로바키아의 친독 분리주의 정당으로 하여금 분리를 선언하고 그가 슬로바키아의 섭정이 되어야 한다고 요청하도록 손을 썼다. 에밀 하하Emil Hácha[20] 신임 체코 대통령은 베를린에 도착해서 항의하다가 신변의 위협을 받아 체코슬로바키아 전체에 대한 독일의 섭정을 요청하게 되었다. 다음날인 3월 15

20. 체코슬로바키아의 정치가 (1872~1945). 법률가였다가 정치에 입문해서 1938년에 베네시 후임으로 대통령이 되었다. 독일 치하에서 모라비아와 보헤미아를 관장해서 다스렸다.

일에 독일군이 프라하로 진주해 들어가서는 곧이어 히틀러가 프라하 시에 들어갔을 때 그를 위해 제때 의장대와 경계 차장遮障을 만들었다.

체코슬로바키아 강탈은 민주주의 국가들을 행동에 나서도록 내몰았다. 프랑스 내각은 히틀러가 다음에 움직일 때 그를 막아야 한다는 데 뜻을 모았다. 3월 17일에 체임벌린은 만약 작은 나라에 또 공격이 가해진다면 영국이 온 힘을 다해 저항하리라고 공개 선언했다. 이제는 히틀러가 전쟁을 감수해야 한다는 명백한 경고였다. 히틀러는 그 위협을 믿지 않았거나 무서워하지 않았다. 1월 이후로 그는 폴란드를 위협해오고 있었다. 1918년 이전에는 독일 소유였던 영토의 가장 큰 덩어리, 특히 독일제국의 심장부로부터 동프로이센과 독일어 사용권인 단치히Danzig 자유시[21]를 떼어놓는 '회랑'이 폴란드에 속해 있었다. 폴란드는 히틀러의 협박에 완강하게 저항했으며, 심지어는 그가 3월 23일에 의도를 보여주는 전조로서 메멜Memel 시[22]의 항구를 점령할 때에도 계속 저항했다. 메멜은 폴란드 국경에 있는 예전 국제연맹의 영토로, 1918년까지는 독일령이었다. 폴란드는 주로 영국과 프랑스가 이때 자기 나라에 보호보장조약을 연장해줄 준비를 하고 있다고 알고 있기 때문에 버텨나갔다. 영국과 프랑스는 공격에 맞서 벨기에나 네덜란드나 스위스를 지키겠다고 공개 선언한 지 여드레가 지난 3월 31일에 폴란드의 독립 유지를 보장하는 공동 선언문을 발표했다. 2주가 지난 뒤 4월 13일에 두 나라는 자국의 입장이 전면적으로 확고해지고 있음을 과시하고자 무솔리니가 히틀러를 흉내내서 알바니아를 병탄한 뒤 루마니아와 그리스에 같은 보장을 해주었다.

그러나 폴란드는 깊어가는 위기의 초점이었다. 이때 프랑스와 영국은 폴란드가 자국의 숙적인 소련에 어떤 도움도 받기를 꺼린다는 점을 알면서도 보호협약에 소련을 끌어들여 그 위기를 가장 잘 해

21. 오늘날 폴란드의 그다인스크(Gdańsk). 중세부터 발트 해 무역으로 번창하는 항구도시였으며, 근대까지 동유럽에서 가장 큰 도시였다. 원래는 폴란드에 속했으나, 1772년 프로이센에 점령되어 합병되었다. 1919년에 베르사유 조약에 따라 자유시로 인정받고 폴란드 정부가 시 행정을 담당했지만, 독일인들이 주도하는 의회는 폴란드에 반발했다.

22. 오늘날 리투아니아의 클라이페다(Klaipėda). 1252년에 튜튼 기사단이 건설한 요새에서 시작된 메멜은 프로이센 영토였지만 주민 다수는 리투아니아 사람이었다. 리투아니아가 1919년에 메멜의 영유권을 주장하자, 연합국은 메멜을 리투아니아에 속하는 자치구로 규정했다.

소하기를 바랐다. 프랑스와 영국 스스로가 소련을 믿지 않은 데다가 소련 정치체제를 매우 싫어했다. 이런 혐오감은 소련도 똑같이 품고 있었다. 그러나 폴란드가 반발하지 않았더라면, 합의에 이르렀을지도 모른다. 그러나 폴란드는 러시아가 폴란드 영토의 커다란 부분을 병탄하기를 열망하며 점령한 이 부분을 개입한 보상으로서 움켜쥐고 놓지 않을지도 모른다는 올바른 의구심을 품었기 때문에 붉은군대가 자기 나라 땅에서 작전을 벌이는 꼴을 가만히 앉아서 보기를 단호히 거부했다. 영국과 프랑스는 가상의 위기에서 자기들과 함께 행동에 나서도록 할 보상적 의미의 유인동기를 스탈린에게 내놓을 수 없었다. 1939년 여름 동안 서유럽 민주주의 국가와 스탈린 사이의 협상은 지지부진했다.

한편, 히틀러는 매우 솔깃한 유인동기를 내놓을 수 있었다. 그 또한 러시아가 심지어는 폴란드처럼 자국의 서부국경의 안전보장에 중요한 한 나라의 미래를 걸고서도 전쟁을 무릅쓰고픈 마음이 없다는 암시에 고무받아 봄과 여름 동안 스탈린과 막연하게 협상을 벌여오고 있었다. 어느 쪽도 자기가 쥔 패를 드러내 보이려 하지 않았기 때문에 논의는 아무런 진척을 보지 못하는 듯했다. 그러다가 7월 하순에 히틀러는 만약 독일이 서쪽에서 폴란드를 침공하는 데 소련이 훼방을 놓지 않겠다고 스탈린이 동의해준다면 그가 폴란드 동부를 떼어 차지하도록 해주겠다는, 속이 훤히 비쳐 보이는 제안을 가지고 도박을 하기로 마음먹었다. 러시아는 큰 관심을 가지고 반응을 보였고, 8월 22일에 두 나라 외무장관인 몰로토프Molotov[23]와 리벤트로프Ribbentrop[24]가 모스크바에서 불가침조약을 맺었다. 이 조약의 비밀조항에 따라 사실상 소련은 독일-폴란드 전쟁이 일어날 경우 비수아Wisła 강까지의 폴란드 동부, 그리고 발트 해 연안 국가, 즉 라트비야와 리투아니아와 에스토니아를 병탄해도 좋다는 허락을 받았다.

23. 소련의 정치가(1890~1986). 1906년에 볼셰비키당에 가입한 뒤 여러 차례 투옥되었다. 1917년 이후 스탈린의 최측근이 되어 당과 정부의 요직을 두루 거쳤다. 제2차 세계대전 뒤로는 대서구 강경책을 주도했다. 스탈린의 신임을 끝까지 잃지 않은 몇 안 되는 동지였다.

24. 독일의 정치가, 외교관(1893~1946). 큰돈을 번 무역상이었다가 1932년에 나치당원이 되어 히틀러의 외교 보좌관이 되었다. 1936년에 주영대사가 되었고 1938년부터 외무장관으로 일했다. 1945년에 뉘른베르크 전범재판에서 유죄판결을 받고 처형되었다.

이제 폴란드는 망할 운명에 처했다. 6월 15일에 독일 육군의 참모부인 독일 육군 최고사령부Oberkommando des Heeres, OKH가 2개 집단군, 즉 북부 집단군과 남부 집단군이 바르샤바Warszawa를 목표로 삼아 동시에 공격한다고 규정하는 계획을 세웠다. 독일의 속령인 동프로이센이 폴란드 북부를 내려다보고 폴란드 남부는 이제는 (보헤미아–모라비아Bohemia-Moravia 보호령과 꼭두각시 국가 슬로바키아로서) 독일 영토의 연장이 된 체코슬로바키아와 국경을 맞대고 있었으므로 폴란드는 가장 취약한 그 두 국경지대 전체에 걸쳐 깊숙이 측방 포위되어 있었다. 폴란드의 요새화지대는 서쪽에 놓여 있어서 니더슐레지엔의 공업지대를 감싸고 있었고, 독일이 체코슬로바키아를 병탄한 이후에 새로운 요새시설을 만들 틈이 없었다. 당연히 폴란드 정부는 자기 나라에서 가장 부유하고 가장 인구가 많은 지역을 지킬 걱정을 했다. 폴란드는 몰로토프–리벤트로프 조약을 여전히 모르고 있었고, 따라서 러시아가 자국 군대의 후방에 가하는 위협을 모르고 있었다. 폴란드는 독일 국방군이 진군하자마자 프랑스가 영국의 도움을 받아 독일의 서쪽 국경을 공격해서 독일군 사단들이 동쪽에서 서쪽으로 이전 배치되도록 만들기를 기대했다.

히틀러의 셈은 달랐다. 그는 — 명목상 100개인 프랑스 육군사단에 대항해 — 단 44개 사단으로 방어하도록 한 서쪽에서 프랑스가 자기에게 대항해 움직이지 않을 것이며 영국군은 폴란드 전역 완수에 든다고 예정한 짧은 시간 동안 독일군에 아무런 손해를 끼칠 수 없다고 믿었다. 그 믿음은 맞다고 판명되었다. 히틀러는 동원에서 유리했던 반면, 영국과 프랑스는 그렇지 못했다. 그에게는 폴란드에 맞서서 우세한 병력과 엄청나게 우세한 장비를 전개한다는 훨씬 더 중요한 이점이 있었다. 현대식 군항공기 1,300대의 지원을 받는 독일의 북부 집단군과 남부 집단군은 모두 합쳐서 약 62개 사단을 헤아렸고, 이 가운데 6개 사단이 기갑사단이었고 10개 사단이 기계화사단이었다. 폴란드는 전쟁이 임박함에 따라 7월에 군을 동원하기 시작했지만, 9월 1일까지 전군을 완전히 전개하지는 못했다. 폴란드 군은 모두 합쳐서 40개 사단으로 이루어졌다. 기갑사단은 단 하나 도 없었다. 폴란드군의 낡은 경전차는 몇 대 되지 않아서 딱 1개 여 단을 무장하기에 충분했다. 공군이 보유한 비행기 935대 가운데 절 반이 낙후기종이었다.

폴란드 전역

그렇지만 여전히 히틀러에게는 공격할 구실이 필요했다. 8월 25일 에 그는 영국이 폴란드와 제3자의 공격에 대항한 보호를 보장하는 공식 동맹관계를 맺었다는 소식으로 잠시 멈칫했고, 며칠간 뚜렷한 결론 없는 외교공방이 뒤따랐다. 그러나 그는 폴란드군이 수적으로 독일 국방군을 크게 앞설 때 폴란드와 체결한 1934년 불가침조약 을 8월 28일에 공식 폐기했으며, 슐레지엔의 국경도시 글라이비츠 Gleiwitz[25] 부근에서 폴란드가 공격을 했다는 소식을 8월 31일 저녁에 들었다. 그 사건은 실제로는 히틀러의 친위대가 신중하게 연출한 것 이었다. 이튿날 아침, 즉 오전 4시 45분에 독일 전차가 국경을 넘기 시작했다. 독일이 폴란드에 공격당했다는 것이 히틀러의 핑계였으 므로 그는 선전포고를 하지 않았다.

9월 1일이 끝날 즈음이면 폴란드 공군은 대체로 사라지고 없었다. 많은 폴란드 항공기가 독일 공군의 피습을 받아 지상에서 파괴되었 으며, 독일 공군은 폴란드군 사령부와 병참선과 도시들도 폭격했다. 독일 국방군 지상군 전체가 빠른 속도로 전진했다. 9월 3일에 프랑 스 정부와 영국 정부가 각각 독일군이 폴란드에서 물러나야 한다고 요구하는 별도의 최후통첩을 보냈다. 두 최후통첩은 그날로 만기가 되어 두 나라와 독일 사이에 전쟁상태가 조성되었다. 그러나 그날 포메른에서 치고 나온 독일군 제4군이 동프로이센에서 치고 나온

25. 오늘날 폴란드의 글리비체 (Gliwice).

독일군 제3군과 만나서 폴란드가 바다로 나가는 출구인 단치히와 그디니아Gdynia로 가는 '폴란드 회랑'을 끊었다. 9월 7일이 되면, 바르샤바 서쪽에 있는 바르타Warta 강에서 버티려는 폴란드군의 시도가 실패한 뒤 독일군 제10군이 남쪽에서 치고 나와 폴란드 수도 36마일 이내까지 전진했고, 북쪽에서 아래로 치고 내려온 독일군 제3군은 수도에서 25마일 떨어진 나레프Narew 강에 있었다. 이때 독일군의 계획 변경이 한 차례 있었다. 폴란드 육군 대부분이 바르샤바가 위치한 비수아 강의 서쪽에서 덫에 갇히리라고 예상되었다. 그러나

26. 적과 접촉을 끊고 적의 관측을 피하면서 교전이 이루어지지 않는 지점으로 이동하는 것.

많은 폴란드군 부대가 재빠른 전장이탈[26]로 비수아 강을 건너 행군해서 수도에서 방어전투를 벌이려고 수도에 집결했다. 따라서 독일군 사령관들은 바르샤바에서 동쪽으로 100마일 떨어진 부그Bug 강을 목표로 삼은 더 깊숙한 제2의 포위를 명령했다. 이 포위가 진행되는 동안, 독일군에게 단 한 차례 있었던 위기가 일어났다. 비수아 강 서쪽에서 포위된 폴란드군 부대의 일부인 포즈나인Poznań 방면군이 방향을 돌려 독일군 제8군과 제10군을 뒤에서 공격했고, 기습을 당한 독일군 제30사단이 첫 충돌에서 막대한 인원 손실을 보았다. 뒤이어 벌어진 격렬한 포위전투는 9월 19일에 폴란드 군인 10만 명이 사로잡히면서 끝이 났다.

9월 17일에 바르샤바는 포위되어 있었다. 겁을 주어 바르샤바 수비군의 저항을 줄이려는 노력의 일환으로 바르샤바에 심한 폭격이 가해졌다. 폭격은 바르샤바의 방자가 마침내 항복한 9월 27일까지 계속되었다. 동쪽으로 도주해서 프리퍄트Pripiat' 늪지대와 맞닿아 있는 살아가기 어려운 외딴 지방으로 들어간다는 모든 희망은 붉은군대가 독일로부터 9월 3일과 10일에 도와달라는 요청을 받은 뒤 결국 9월 17일에 백러시아 전선군과 우크라이나 전선군을 국경 너머로 이동했을 때 끝이 났다. 폴란드 전역에서 포로가 된 폴란드 군인 91만 명 가운데 21만 7,000명가량이 러시아 손에 들어갔다. 10월

폴란드 전역 1939년 9월 1일~27일. 전격전의 신속함과 강력함을 전면적으로 보여준 첫 번째 전쟁.

6일이 되면 폴란드의 저항이 모두 끝나 있었다. 폴란드인 10만여 명은 리투아니아와 헝가리와 루마니아로 탈출했고, 그곳에서 많은 사람이 프랑스로, 나중에는 영국으로 가서 폴란드 망명군을 만들어 — 프랑스 전투에서 보병으로, 브리튼 전투에서 비행기 조종사로, 그 뒤에는 다른 여러 전선에서 — 전쟁 마지막 날까지 계속 싸웠다.

폴란드에서 치명적 사상자 1만 3,981명을 낸 독일 국방군은 폴란드 전역이 끝나자 승리를 거둔 사단들을 곧바로 서쪽으로 돌려서 지크프리트Siegfried 선, 즉 서부방벽Westwall[27]에 배치해서 영국과 프랑스를 상대로 한 전역에 대비했다. 영국과 프랑스는 9월 8일과 10월 1일 사이에 '자르Saar 공세'로 알려진 한바탕의 소규모 활동을 빼고는 폴란드에서 독일군을 빼돌리려는 시도를 전혀 하지 않았다. 폴란드 전역의 유일한 직접적 군사적 결과는 서쪽이 아니라 동쪽에 있었다. 동쪽에서 러시아가 몰로토프-리벤트로프 조약의 조항을 곧바로 활용해서 리투아니아와 라트비야와 에스토니아에 자국군 기지를 설치할 권리를 요구했다. 이 계략은 결국 1940년 6월에 세 나라가 모두 소련에 병탄되는 것으로 이어졌다.

겨울전쟁

비록 결과가 대체로 형편없기는 했지만 스탈린은 핀란드로도 쳐들어갔다. 핀란드는 1809년과 1917년 사이에 러시아의 영토였다. 핀란드가 러시아 내전 동안 러시아 볼셰비키 및 핀란드 볼셰비키와 싸운 뒤 독립을 얻었을 때 국경 설정이 이루어졌는데, 스탈린은 이것이 전략적 편의상 레닌그라드와 소련의 발트 해 항구에 너무 바싹 붙어 있다고 판단했다. 라트비야가 강요된 조약을 맺은 지 일주일이 지난 뒤인 1939년 10월 12일에 소련은 해군기지를 설치할 권리를 달라고, 그리고 레닌그라드로 이어지는 카렐리야Kareliia 지협에 있는 길쭉한 핀란드 영토를 할양하라는 요구사항을 핀란드 정부에 들이댔다.

핀란드는 11월 26일까지 확답을 주지 않았고, 이날 소련은 국경 분쟁을 연출했다. 러시아가 11월 30일에 30개 사단을 전개해서 4개 군으로 공격했다. 이 뻔뻔한 침공행위로 러시아는 12월 14일에 국제연맹에서 쫓겨났다. 소련은 이 전역에 끝내는 100만 명을 투입하게 된다. 핀란드는 비록 총동원 병력이 17만 5,000명을 결코 넘지 못했어도 능란하게 응전해서 성공을 거두었다. 유럽의 모든 민족 가운데 아마 가장 상무적이고 필시 가장 억센 민족일 핀란드인은 눈이 많이 쌓여 꼼짝할 수 없는 자연림 황야에서 공자攻者인 러시아군 둘레에 원을 치고는 적을 차단해서 포위하는 이른바 모티motti,[28] 즉 '쪼갠 나무토막' 전술을 썼다. 소련군은 어김없이 혼란에 빠지고 대비훈련이 되어 있지 않은 형태의 전투를 치르느라 사기를 잃었다. 1918년의 독립전쟁[29]에서 승리한 핀란드 총사령관의 이름을 따서 붙인 만네르헤임Mannerheim[30] 선에서 핀란드 육군의 주력이 카렐리야 지협을 방어하는 동안, 별동부대가 라도가Ladoga 호수와 백해白海 사이의 기다란 동쪽 측면에서 소련군 사단들을 공격해서 포위 섬멸했다.

만네르헤임이 "지휘자가 형편없는 관현악 공연과 비슷"하다고 묘사한 일련의 소련군 작전이 있은 뒤 12월에 핀란드군이 카렐리야 지협에서 효과적으로 맞받아치고 나왔다. 그러나 1월이 되면 러시아군이 맞상대의 힘을 가늠하고는 자신들이 핀란드군의 용맹성을 과소평가했음을 인정하고 충분한 병력을 가져와 핀란드군을 압도했다. 2월 동안 러시아군은 주력으로 만네르헤임 선을 뚫고 나아가면서 핀란드 정부가 핀란드의 작은 인구로는 감당할 수 없다고 인정한 인원 손실을 입혔다. 핀란드 정부는 3월 6일에 강화교섭을 하고 3월 12일에 조약을 맺어 러시아가 지난해 10월에 내놓은 요구사항을 받아들였다. 전쟁이 시작된 이후로 핀란드 측 사망자는 2만 5,000명이었다. 그러나 붉은군대는 20만 명을 잃었으며, 이 가운데 아마도 과반수는 포위되어 있거나 기지와 연락이 끊겨 있는 동안 얼어

28. 모티는 나무를 벤 뒤 나중에 가져가려고 1제곱미터 크기로 쪼개놓은 나무토막을 뜻하는 핀란드어다. 겨울전쟁에서 핀란드군은 도로를 따라 움직이는 러시아군의 기계화된 중무장 부대를 중간 중간 끊어 잘게 토막낸 뒤 스키부대같이 기동성이 있는 경무장 부대를 보내 고립된 적 부대를 하나하나 처부수는 전술을 구사했다.

29. 1918년에 핀란드에서는 노동자 정권을 세우려는 혁명세력과 이를 막으려는 반혁명세력 사이에 전투가 벌어졌고, 독일의 지원을 받은 반혁명세력이 승리했다. 이 사건의 명칭은 정치적 입장에 따라 독립전쟁, 시민전쟁, 자유전쟁, 붉은 반란, 계급전쟁 등으로 다양하다.

30. 핀란드의 군인, 정치가(1867~1951). 스웨덴계 핀란드인으로 러일전쟁과 제1차 세계대전에서 러시아군 장교로 공을 세워 장군이 되었다. 1917년에 독립한 핀란드로 돌아가 이듬해에 독일의 지원을 받아 사회주의 세력을 제압하고 1919년까지 나라를 다스렸다. 제2차 세계대전 때에는 독일 편에 서서 소련과 싸웠으나, 1944년에 대통령에 임명되자 소련과 휴전협정을 맺었다.

31. 1941년 6월 25일부터 1944년 8월 4(5)일까지 소련과 핀란드 사이에 벌어진 전쟁. 핀란드로서는 겨울전쟁의 연속이었기 때문에 '연속전쟁'이라는 이름이 붙었다.

죽었을 것이다. 1941년 6월 이후에 '연속전쟁Jatkosota'[31]으로 재개될 '겨울전쟁Zimniania voina, Talvisota'의 경험은 소련에 영향을 미쳐 강화문제가 다시 나타났을 때 대 핀란드 정책을 신중하게 조정하도록 만들었다.

잠시 핀란드는 몰로토프-리벤트로프 조약 이후로 1940년 동안 소련이 제휴한 추축국 열강의 모든 적국에 감화를 주는 나라가 되었다. 영국과 프랑스는 핀란드에 군사 원조를 해줄 생각마저 했으며, 핀란드군에 가세할 두 나라의 동계 전투부대가 선정되었다. 소련-서유럽 관계의 미래에는 운이 좋게도, 핀란드는 그 부대가 보내지기 전에 강화를 청했다.

스칸디나비아 전역

그러나 겨울전쟁이 끝났다고 해서 영국과 프랑스의 북유럽 군사 개입이 종결되지는 않았다. 스칸디나비아 사태를 자세히 주시해온 독일 해군에 따르면, 핀란드를 위한 서유럽의 군사 원조는 노르웨이를 거쳐갈 가능성이 극히 높으며, 그렇게 되면 노르웨이의 중립을 위반할 뿐만 아니라 독일의 전시경제에 극히 중요한 물품을 공급하는 스웨덴의 키루나-엘리바레Kiruna-Gällivare 철광석 매장지로 가는 접근로가 위협을 받을 것이었다. 히틀러 수하의 에리히 레더Erich Raeder 해군대장은 영국 해군을 상대로 작전을 펼칠 노르웨이 북부의 기지를 어떻게든 얻고 싶었고, 따라서 연합국에 선수를 칠 수 있도록 노르웨이에 간섭해 들어가는 것을 허락해달라고 1939년의 가을과 겨울 내내 히틀러를 졸랐다. 히틀러는, 비록 12월에 레더가 노르웨이의 나치 지도자 비드쿤 크비슬링Vidkun Quisling[32]이 베를린에 오도록 손을 쓴 뒤 독일 국방군 최고사령부에 노르웨이를 점령할 가치가 있는지 검토해보라는 허가를 해주기는 했어도, 임박한 서부 공격 계획에 정신이 팔린 나머지 도통 관심을 보이려 들지 않았다. 2월 중순에 그의 무관심은 자존심에 큰 상처를 입은 뒤 사라졌다.

32. 노르웨이의 정치가(1887~1945). 사관학교를 최우수 성적으로 졸업했고, 1930년에 국방장관이 되었다. 1933년에 파시스트 정당을 만들었다. 1942년 2월부터 나치의 꼭두각시로 노르웨이 정부수반 노릇을 했다. 제2차 세계대전이 끝나자마자 붙잡혀 총살당했다.

전쟁이 터지자, 독일의 '소형 전함'들 가운데 한 척인 그라프 슈페Graf Spee 호가 남대서양에서 영국 상선단을 상대로 통상파괴전을 수행했지만 영국 순양함 세 척에 쫓기다가 결국은 우루과이 앞바다에서 구석에 몰렸다. 그라프 슈페 호 지휘관은 1939년 12월 13일에 라플라타La Plata 강 전투를 벌인 다음 어쩔 도리 없이 몬테비데오Montevideo에서 배를 자침해야 했다. 영국민의 기가 살았고 그만큼 히틀러는 독일 해상함대가 당한 이 치욕에 분을 삭이지 못했다. 순항 도중에 그라프 슈페 호에 보급품을 전달해온 보급선 알트마르크Altmark 호가 노르웨이 영해에서 영국 구축함 코삭Cossack 호에 포획되고 그라프 슈페 호가 붙잡았던 영국 상선단 선원 300명이 풀려나자 2월 16일에 히틀러는 훨씬 더 격분했다. 곧바로 그는 될 수 있으면 침공과 점령으로 영국이 노르웨이 영해에 얼씬도 못하게 만들어야 한다고 마음먹고는 산악전 전문가 니콜라우스 팔켄호르스트Nikolaus

✚ 1939년 9월, 폴란드의 히틀러. 그의 왼쪽에 당시 영도자호위대 대 사령관이었던 롬멜이 있고, 그의 오른쪽에는 참모장인 카이텔이 있다.

Falkenhorst 장군에게 계획을 준비하라고 지시했다. 팔켄호르스트는 노르웨이로 가는 '육교'로서 덴마크도 점령해야 바람직하다는 결론을 급히 내렸고, 3월 7일에 히틀러가 그 작전에 8개 사단을 할당했다. 그런 다음 첩보기관이 히틀러가 보통은 얻고 싶어한 공격구실을 제공해주는 연합군의 노르웨이 간섭계획이 취소되어버렸다고 시사했다. 그런데도 레더는 그 작전이 전략상 필요하다고 히틀러를 설득하는 데 성공했고, 4월 7일에 수송선들이 출항했다.

전쟁준비가 전혀 되어 있지 않았고 거의 비무장이고 독일이 자기 나라를 적대할 의도를 품고 있다는 의심을 하지 않았던 덴마크는 4월 9일에 독일 군대가 상륙한 날 아침에 코펜하겐Copenhagen을 폭격하겠다는 위협을 받고 항복했다. 노르웨이도 기습당했다. 그러나 노르웨이는 싸울 각오가 되어 있어서, 정부와 왕가가 피신해서 영국으로 가기에 충분할 만큼 오랫동안 오슬로Oslo에서 항구 요새의 낡은 대포들이 — 독일 순양함 블뤼허Blücher 호를 격침하며 — 침공군을 저지했다. 그런 다음 소규모 노르웨이군의 잔존부대가 최선을 다해 집결해서, 해안을 따라 올라가며 중부의 도시인 온달스네스Åndalsnes 와 트론헤임Trondheim과 남소스Namsos로 전진하는 독일군에 저항하고 북단의 나르빅Narvik에서 독일군의 상륙에 반격을 가했다. 그러나 노르웨이군이 단독으로 싸울 필요는 없었다. 영국과 프랑스 두 나라는 핀란드에 간섭할 준비를 했기 때문에 이동해서 상륙할 준비가 되어 있는 파견대를 보유하고 있었다. 4월 18일과 23일 사이에 영국군과 프랑스군 1만 2,000명이 트론헤임의 북쪽과 남쪽의 해안에 내려서, 오슬로에서 구드브란드스달Gudbrandsdal 대협곡과 외스테르달Österdal 대협곡을 거쳐 북쪽으로 전진하고 있던 독일군과 마주쳤다. 독일군은 4월 23일에 구드브란드스달에서 영국군의 선두 여단을 물리쳐 온달스네스에서 바다로 물러나도록 만든 다음, 트론헤임에서 아군 상륙 전투부대와 접촉해서 나머지 연합군 부대가 5월 3일에 남소스를 거처 소개疏開하도록 만들었다.

북쪽에서는 전쟁의 운세가 영 딴판으로 흘렀다. 독일 해군은 4월 10일과 13일에 우세한 영국군 부대와 에두아르트 디틀Eduard Dietl 장군의 산악부대를 수송하는 독일 구축함들 사이에 벌어진 두 차례의 나르빅 전투에서 심각한 패배를 당했다. 구축함 10척이 디틀 예하 부대의 상당 부분을 태운 채 나르빅의 피오르드에서 가라앉았다. 디틀은 탈출해서 산악 보병 2,000명과 해군 병사 2,600명과 함께 해안에 상륙해서 이들을 데리고 결연한 노르웨이군 제6사단을 비롯한 연합군 2만 4,500명과 맞섰다. 디틀은 4월 14일 이후로 나르빅에서 포위되어서 어쩔 도리없이 결국은 포위를 뚫고 스웨덴 국경으로 철수해야 했다. 그는 5월 말에 스웨덴 국경에 도착했다. 그러나 그 다음에 프랑스에서 연합군 전선이 무너지자 스칸디나비아 전역이 끝났다. 왜냐하면 프랑스와 영국 두 나라 모두 다 자국 군대에 나르빅을 통해서 본국으로 돌아와 5월 10일에 시작된 독일 국방군과의 전격전 전투에서 입은 인원 손실을 대체하라는 명령을 내렸기 때문이다.

디틀은 비록 1939~1940년에 독일 장군 가운데 여러모로 가장 보잘것없는 성공을 거두었는데도 히틀러의 총아가 된다. 그가 1944년 6월에 비행기 추락사고로 죽자 영도자는 개인적으로 가슴 아픈 비극으로 여겼다. 그 무렵이 되면 히틀러는 디틀을 둘도 없이 소중한 사람으로 여기게 되었고, 러시아에 다시 패할 것이 뻔한 시기에 핀란드인들의 용기가 더 꺾이지 않게끔 1941~1944년의 핀란드 '연속전쟁' 동안 그들 사이에서 하늘을 찌를 듯한 명성을 누린 그가 죽었다는 소식을 핀란드인들에게 숨기려고 애썼다. 히틀러는 디틀을 좋아했다. 아마도 영도자의 군 복무 시절이 생각나게 그가 감정을 터뜨리며 군인답게 자기와 논쟁을 했기 때문일 것이다. 히틀러는 디틀이 나르빅에서 자기가 치욕을 당하지 않도록 구했다는 이유로 더

더욱 그를 좋아했다. 히틀러는 상륙 실패에 너무 놀란 나머지 디틀에게 탈출해서 스웨덴으로 들어가서 부하 군인들을 영국군에 넘겨주어야 할 위험을 감수하기보다는 그들을 억류하라는 명령을 내릴 참이었다. 결국은 설득을 받아 그는 그 신호를 보내지 않았으며, 어쨌든 간에 디틀의 집요한 농성과 철수 지휘로 그럴 필요가 없어졌다. 디틀은 히틀러가 모든 독일 군인이 본받기를 바란 모범, 즉 그가 독일 국방군 창설에 나선 순간부터 수천 명씩 모집해서 훈련하기를 학수고대한 유형의 군인이었다. 디틀의 자질을 보여주는 증거는 1940년 6월에 노르웨이 북쪽의 산악에서 패하려는 참에 그가 승리를 낚아채서 전쟁이 시작된 이후로 독일의 군사적 성공에 오점을 남기지 않은 것이었다. 그러나 같은 시기에 서부에서 펼쳐지고 있는 전역에서는 심지어 디틀 같은 사람도 독일이 거둔 승리의 규모에 조금도 보탤 수 없었다. 서부에서 전격전電擊戰은 군대 자체를 홀려버린 마술처럼 보였다.

1 부

유럽 서부전선의 전쟁, 1940~1943년

3 | 전격전의 승리

'전격전'이라는 뜻의 블리츠크리크Blitzkrieg는 독일어 낱말이지만 1939년 이전에는 독일군에게 알려지지 않았다. 서구 신문기자들이 만들어낸 이 낱말은 장비가 부실하고 수에서 밀리는 폴란드군을 상대로 보름 동안 벌어진 전역에서 독일군이 수행한 공지空地작전[1]의 속도와 파괴력을 신문 독자들에게 얼추 전달하려고 사용되었다. 그러나 독일 장군들 스스로 선뜻 인정했듯이 폴란드 전역은 독일군이 지닌 역량의 공정한 시험이 아니었다. 그들 가운데 몇 사람이 독일 국방군은 옛 제국군[2]과 대등한 군대임을 입증해내지 못했다고 단언하는 바람에 히틀러가 11월 5일에 정부청사에서 열린 회의에서 발터 폰 브라우히치Walther von Brauchitsch 총사령관에게 정신 나간 듯 화를 마구 내기는 했어도, 터벅터벅 걸어서 이동하는 폴란드군 보병사단은 하인츠 구데리안Heinz Guderian과 에발트 폰 클라이스트Ewald von Kleist 의 기계화 선봉돌격부대의 맞수가 되지 못했다. 전격전은 폴란드에 닥친 사태를 제대로 묘사한 낱말이었다.

전격전이 서유럽에서도 통할 것인가? 10월에 접어들어서도 히틀러는 프랑스와 영국이 전격전의 장관에 깊은 인상을 받아서 자기가 폴란드에서 거둔 승리를 받아들이리라는 희망을 버리지 않았다. 그러나 히틀러는 독일 국회에서 10월 6일에 한 연설에서 내놓은 자신의 강화 시안을 두 나라가 각각 10월 10일과 10월 12일에 거부하자 독일이 전쟁을 또 해야 한다고 믿게 되었다. 그의 포부를 이루려면 적어도 프랑스의 패배가 필요했다. 프랑스가 패하면 영국이 단독강화를 요청해서 자국의 해상제국을 그의 대륙제국에 맞춰 조정하는 일에 착수할지 몰랐다. 그는 도나우Donau 강의 오랜 내륙제국[3]의 신민으로 성장한 탓에 그런 조정이 가능하다는 비현실적인 희망을 품

1. 사전에 세운 치밀한 계획에 따라 육군과 공군이 긴밀한 연락을 취하며 펼치는 합동작전.

2. 프로이센 군대와 1918년 이전의 독일 군대를 일컫는 표현.

3. 오스트리아제국을 가리키는 표현. 도나우 강은 독일의 슈바르츠발트에서 시작해 동유럽 여러 나라를 거쳐 흑해로 들어가는 길이 2,850킬로미터의 강으로, 유럽에서 볼가 강 다음으로 가장 길다.

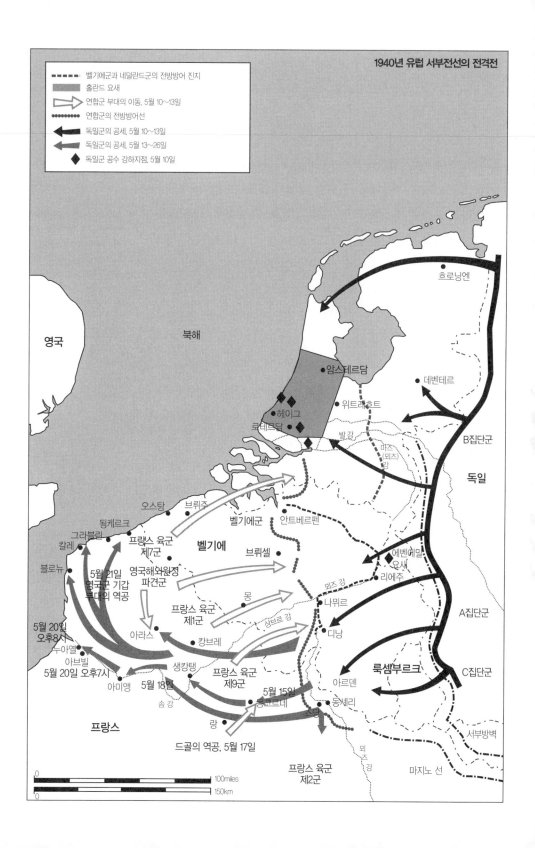

1940년 유럽 서부전선의 전격전

벨기에군과 네덜란드군의 전방방어 진지
홀란드 요새
연합군 부대의 이동, 5월 10~13일
연합군의 전방방어선
독일군의 공세, 5월 10~13일
독일군의 공세, 5월 13~26일
독일군 공수 강하지점, 5월 10일

영국

북해

흐로닝엔

암스테르담

데벤테르

위트레흐트

헤이그

로테르담

발강

마즈
(외즈)
강

B집단군

독일

오스탕

브뤼주

벨기에군

안트베르펜

에벤에말
요새

프랑스 육군
제7군

벨기에

브뤼셀

되케르크

그라블린

칼레

블로뉴

영국해외원정
파견군

외즈 강

리에주

5월 21일
영국군 기갑
부대의 역공

프랑스 육군
제1군

몽

나뮈르

상브르 강

디낭

A집단군

5월 20일
오후 8시

아라스

캉브레

생캉탱

프랑스 육군
제9군

아르덴

룩셈부르크

C집단군

루아옐

아브빌

5월 20일 오후 7시

아미앵

솜 강

몽코르네

랑

5월 18일

5월 15일

동세리

5월 17일
드골의 역공, 5월 17일

외즈
강

서부방벽

프랑스 육군
제2군

마지노 선

0   100miles
0   150km

게 되었다. 그는 9월 12일에 루돌프 슈문트Rudolf Schmundt 독일 국방군 고위 참모 연락장교에게 프랑스를 신속하게 정복해서 영국을 협상에 끌어들일 수 있다고 믿는다는 말을 했고, 9월 27일에는 삼군의 총사령관들에게 자기가 곧 서유럽에서 공격을 할 의향을 가지고 있다고 경고했다. 그는 심지어 프랑스와 영국이 강화 제안을 거부하기도 전인 10월 9일에 서부 공세를 위한 영도자 지령 6호를 내렸다.

히틀러는 1648년 베스트팔렌Westfalen 강화조약[4] 이래로 독일을 분열된 약소국으로 만들어놓았다고 프랑스와 영국을 비난하는 한 첨부 각서에서 "독일 민족의 팽창을 위한 여지를 남기기 위해서 서유럽 열강의 우위를 파괴하는 것"보다 더 문제가 되는 것은 없다고 선언했다. 그 파괴가 어떻게 이루어질지가 영도자 지령 6호에 다음과 같이 서술되었다.

룩셈부르크와 벨기에와 네덜란드를 관통하는 공세가 계획될 것이다. ……〔그리고〕 어떻게든 더 지연되면 …… 그 결과 벨기에의 중립, 어쩌면 네덜란드의 중립이 종식되어 연합국에 유리해지기 〔때문에〕 가능한 가장 빠른 시기에 개시될 것이다. 이 공세의 목적은 프랑스군과 그들 편에 서서 싸우는 연합국의 부대를 될 수 있는 대로 더 많이 쳐부수는 동시에, 영국을 상대로 공중전과 해전을 성공적으로 수행하기 위한 기지로, 그리고 경제에 극히 중요한 루르를 지킬 넓은 보호지역으로 쓰일 네덜란드와 벨기에와 프랑스 북부의 영토를 될 수 있는 대로 더 많이 획득하는 것이다.

독일 육군 최고사령부가 '황색 작전Fall Gelb'이라는 암호명이 붙은 공격계획을 상세하게 작성하게 된다. 히틀러는 비록 최고사령관으로서 폭넓은 전략 목표를 정하기는 했어도 아직은 기술적인 군사문제에 직접 관여하지 않았다. 그렇기는 해도 그에게는 자기가 '황색 작전'이 무엇을 이루어내기를 바라는지에 관해 비록 명쾌하지는 않

4. 프랑스의 부르봉 왕조와 오스트리아제국의 합스부르크 황조 사이에 벌어진 30년전쟁(1618~1648)과 에스파냐와 네덜란드 사이에 벌어진 80년전쟁(1566~1648)을 끝맺음한 일련의 강화조약.

아도 확고한 생각이 있었다. 여기서 전략을 둘러싸고 다음 다섯 달 동안 영도자와 군의 대립을 불러일으킬 분규가 발생하게 된다. 역사적으로 독일군은, 그리고 그전의 프로이센군은 국가수반이 곧 군 총사령관Feldherr이라는 허구를 항상 존중하며 받아들여왔다. 그러나 프리드리히Friedrich[5] 대왕이 차르tsar'와 신성로마제국 황제의 군대에 맞서서 휘하 군인들을 몸소 지휘한 뒤로 국가수반이 장군들의 계획 수립에 실질적으로 간섭한 적은 없다. 독일 황제 빌헬름 1세와 빌헬름 2세는 1870년과 1914년에 프랑스와의 전쟁이 시작되자 조정朝廷을 군 사령부로 옮겼다. 그러나 그런 다음에는 두 사람 모두 세세한 작전 통제권을 참모총장들, 즉 순서대로 하자면 대大몰트케Moltke[6], 소小몰트케[7], 팔켄하인Falkenhayn[8], 힌덴부르크에게 넘겨주었다. 만약 이들의 후임자들이 거듭난 독일 육군이 독일 공군과 더불어 무엇을 이룰 수 있는지에 관한 히틀러의 전망을 공유했더라면 히틀러도 기꺼이 똑같이 행동했을 것이다. 그러나 브라우히치 총사령관은 그 전망을 의심쩍어했고 그의 참모장인 프란츠 할더Franz Halder 장군은 꼬치꼬치 따지고 들었다. 총명한 두뇌의 소유자인 할더는 바이에른 육군 참모대학의 소산이었으며, 이 학교 졸업생은 프로이센 육군대학Kriegsakademie 졸업생보다 지적으로 더 유연하다고 생각되었다. 그러나 그의 전쟁 경험은 서부전선에서 차근차근 단계를 밟아 한 걸음씩 나아가는 전술을 채택하는 참모장교로서의 경험이었다. 그의 본병과는 포병이었는데, 포병도 차근차근 한 걸음씩 나아가는 사고의 지배를 받았다. 그는 독실한 루터 국교회 신자였고 그 때문에 히틀러의 잔혹한 국내 및 국제 지배철학에 진저리를 쳤지만, 아직은 그 철학에 반대함으로써 기성 권위에 도전하지는 않았다. 그 결과 그는 '황색 작전' 계획안을 내놓았는데, 그가 다른 데에서 인정했듯이 이 계획안은 프랑스에 가할 결정적 공세의 개시를 1942년까지 늦추게 된다. 10월 19일에 개괄한 것과 같이, 그의 계획의 목표는 영국해외파견군British Expeditionary Force[9]을 프랑스군에게서 떼어놓고 독일 해군과 공군의 대對영국 작전을 위한 비행장과 북해의 항구를 내줄 벨기에에서 땅을 얻는 것이었지, 완전한 승리를 거두는 것은 아니었다.

따라서 할더는 영도자 지령 6호 서신에 묵종했지만 그 요체에 따르지 않는 데에는 성공했다. 이 편법에 군부 내에 자기를 도와 할더를 논박할 수 있는 동맹자가 없는 히틀러는 잠시 당황했다. 그는 10월 22일에 '황색 작전' 계획이 11월 12일에는 시작되어야 한다고 요구함으로써 자기 참모장의 심기를 뒤흔들어 놓았고, 10월 25일에는 육군이 벨기에 북부 대신에 프랑스로 직접 쳐들어가야 한다는 제안을 브라우히치에게 내놓았으며, 10월 30일에는 자기의 개인 작전 장교인 알프레트 요들Alfred Jodl 장군에게 독일 국방군의 전차를 프랑스군이 전혀 예상하지 못할 아르덴Ardennes 지방의 숲 속에 투입해야 한다고 제안했다. 그는 이 제안을 뒷받침해줄 군사 전문가의 지원이 없어서 '황색 작전'을 밀고 나갈 수 없었다.

참모본부의 항거에는 합당한 근거가 있었다. 늦가을은 공격작전을 수행할 만한 계절이 아니었다. 비가 자주 내리는 북유럽의 물기 머금은 평원에서는 특히나 그랬다. 아르덴 지방은, 비록 그 좁은 계곡이 마지노 선의 요새화지대 북쪽의 탁 트인 프랑스 시골로 곧바로 이어진다고는 해도, 전차가 전개하기에 좋은 지형은 아니었다. 따라서 히틀러의 바람은 억지 춘향 격으로 보였다. 히틀러의 계획이 동조하는 전문가들에게 전해지고 그들이 그 계획의 한계를 받아들이지 않는다는 것이 히틀러의 귀에 들어갈 때까지는 말이다. 그 과정에는 시간이 걸렸고, 이 시간이 '황색 작전'의 수정판을 구해내 유산을 막아냈으며, 그럼으로써 끝에 가서는 유익한 결과를 빚었다. 늦가을이 프랑스를 치기에 좋지 않은 계절이라는 할더의 주장은 옳았지만 대담한 전략이 대단한 결과를 내지 못하리라는 그의 믿음은 틀렸기 때문이다.

9. 1906년에 창설된 영국군 부대로, 제1차 세계대전 때 프랑스군을 지원하기 위해 프랑스로 파견되어 독일군과 싸웠다. 1939년 9월에도 약 40만 병력의 영국 해외파견군이 똑같이 프랑스로 파견되어 독일군과 싸웠다.

히틀러 편에 선 전문가들은 게르트 폰 룬트슈테트Gerd von Runtshtedt A집단군 총사령관과 그의 참모장 에리히 폰 만슈타인Erich von Manstein 이었다. 육군의 최고선임장군 가운데 한 사람이며 서부전선에서 가장 강력한 병력집결체의 사령관인 룬트슈테트의 영향력을 고려하면 그가 참모본부의 계획에 등을 돌렸다는 것은 자못 의의가 컸다. 만슈타인이 룬트슈테트의 지지를 받았고 독일 국방군 안에서 가장 총명한 무인 가운데 한 사람이었다는 점을 고려하면 그가 할더의 '황색 작전' 계획에 반대한 것도 의의가 컸다. 만슈타인은 히틀러가 할더의 계획에 만족스러워하지 않는다는 것을 처음에는 전혀 알지 못했다. 만슈타인은 직관으로 느끼기에 할더의 계획이 해결하려고 열의를 가지고 달려들면 풀릴 문제에 성의없이 접근하는 것이라서 부아가 치밀었다. 가을날씨가 나빠지면서 겨울로 접어들 때, 그는 직관에 따라 할더 계획 비판을 차례차례 내놓았고, 각각의 비판은 마치 까막잡기로 '황색 작전'의 결과에 대한 히틀러의 열망과 발걸음을 같이하게 된 양 같은 결론에 이르렀고, 동시에 '만슈타인 계획'으로 불리게 될 계획안의 바탕을 마련했다.

그가 쓰게 될 각서 여섯 장 가운데 첫 번째 각서가 10월 31일에 독일 육군 최고사령부에 도달했다. 그 각서에는 '황색 작전'의 목표가 솜Somme 강을 따라 이루어지는 돌파공격으로 연합군을 끊어내는 것이어야 한다는 주장이 있었고, 따라서 이 주장은 10월 30일에 히틀러가 내놓은 아르덴 지방을 통한 공격 구상과 맞아떨어졌다. 브라우히치 총사령관은 11월 3일에 이 각서를 기각했지만, 룬트슈테트의 A집단군에 기갑부대가 더 많이 할당되어야 한다는 점은 받아들였다. 한편, 날씨가 나빠서 할더의 계획이 차례차례 미루어지자, 히틀러는 장군들에게 열의가 없다고 대놓고 분풀이를 해댔다. 승리하겠다는 그의 결심은 굳건했고, 그는 11월 23일에 정부청사에서 "달리 생각하는 사람은 모두 다 무책임한 자"라고 경고했다. 만슈타인은 계급이 약간 낮은 다른 전문가들에게, 특히 전차 전문가인 구데리안에게 프랑스 북부에 일발필도의 타격을 가한다는 자기의 구상을 지지해달라고 지원 요청을 했다. 만슈타인은 프랑스군과 영국군이 자기가 바라는 대로 아주 강한 군대를 벨기에에 투입할 가능성이 — 비록 그가 알 수 없기는 했지만 프랑스군과 영국군이 계획하고 있었던 바로 그 가능성이 — 없다고 생각하면서도, 솜 강을 따라 적군을 쪼개는 강공이 올바른 전략이라는 확신으로 더 분명하게 넘어가고 있었다. 그는 아주 강력하게 만든다면 전차부대가 아르덴의 지형을 극복하고 뫼즈 강을 건너 일발필도의 타격을 가할 수 있다는 구데리안의 확언을 듣고 그 견해를 굳혔다.

히틀러는 할더와 생각이 달랐으면서도 승리하고픈 마음이 간절한 나머지 할더의 계획에 품은 의심을 여전히 억누르고 있었다. 할더 계획이 시동되는 'A-데이'가 잡혔다가 바뀌기가 12월에 네 차례였다가 마지막으로 1940년 1월 17일로 정해졌다. 그러나 1월 10일에 독일 국방군 장교 두 사람이 비행기를 타고 가다가 '황색 작전' 계획의 일부가 들어 있는 서류가방을 가진 채 벨기에에 불시착했다. 네덜란드 주재 독일 육군무관은 그들이 그 문서를 불태우려고 시도한 뒤 목숨을 부지한 탓에 공세가 위태로워지고 어쩔 도리 없이 군이 모든 것을 히틀러에게 털어놓아야 한다는 것을 깨달았다. 히틀러가 화를 벌컥 내는 바람에 제2항공군 사령관이 해임되고 제2차 세계대전에서 가장 재능 있는 독일 장군 가운데 한 명으로 판명될 알베르트 케셀링Albert Kesselring으로 교체되었다. 히틀러는 화가 가라앉은 뒤 '황색 작전'을 무기한 연기하고 새 계획을 "특히 아무도 모르게 불시에 만들어야 한다"고 요구했다.

만슈타인으로서는 좋은 기회였다. 그러나 그의 각서 여섯 개 가운데 마지막 각서에 도저히 참을 수 없게 된 할더가 12월에 A집단군 참모장이 1개 군단의 지휘를 맡도록 손을 썼다. 이론상으로는 진급이었지만 그 군단이 동프로이센에 있었으므로 실제로는 그 말썽꾼 부하를 영향력 있는 자리에서 물러나게 하는 해임이나 마찬가지였다. 그러나 군단장에 임명된 사람은 국가수반에게 문안인사를 해야 한다는 의전 규정이 있었다. 그 의전은 틀림없이 형식이었을 것이다. 그러나 이때 히틀러의 독일 국방군 고위참모연락장교인 슈문트가 우연히 만슈타인의 코블렌츠Koblenz 사령부에 들렀고, 여기서 만슈타인의 계획에 관한 이야기를 얻어들었다. 그 계획은 '상당히 더 세밀한 형태'로 마련되어 있기는 했어도 히틀러의 열망과 기이할 만큼 딱 들어맞아서 슈문트는 만슈타인이 2월 17일 아침나절을 내내 영도자와 함께 있을 수 있는 자리를 마련했다. 매료된 히틀러는 마음을 바꾸어 그 뒤로는 — 그가 자기의 구상으로 위장해서 내려보낸 — 만슈타인 계획을 브라우히치와 할더도 받아들일 때까지 가만있지 않았다.

그다음에는 독일 육군 최고사령부가 보란 듯이 조직의 힘을 발휘했다. 옛 프로이센 총참모본부의 직계인 독일 육군 최고사령부는 그저 강한 주인의 시녀로서만 활동했다. 그때까지 히틀러는 의지의 힘을 보여주었지만 독일 육군 최고사령부가 재능을 발휘하도록 만드는 지력은 보여주지 못했다. 주인의 견해가 분명하게 표현되었기 때문에, 독일 육군 최고사령부는 — 강력한 기갑부대로 아르덴 숲을 통해 솜 강 북쪽에 있는 프랑스-영국 야전군 후방으로 치고 들어가는 공격에 관한 — 만슈타인-히틀러 구상의 요소들을 세밀하고 빈틈없는 작전명령[10]으로 바꾸는 데 모든 노력을 집중했다. 독일 육군 최고사령부는 일을 빨리했다. 히틀러가 만슈타인에게서 깨우침을 얻었던 아침에서 단 일주일이 지난 뒤 독일 육군 최고사령부는 반쯤 빚어져 있던 두 사람의 구상을 탈바꿈해 만든 암호명 지헬슈니트Sichelschnitt, 즉 '낫질' 계획의 제안서를 내놓았다. 그 계획의 요체는 1914년 슐리펜Schlieffen 계획[11]의 역이었다. 그 위대한 참모총장

10. 사령관이 예하 지휘관에게 공식적으로 내리는 작전 임무 수행에 관한 지시 및 협조 사항에 관련된 명령.

11. 프로이센의 슐리펜 육군원수가 20세기 초에 마련한 독일 육군 전략의 근간 계획. 동부전선에는 소규모 병력만을 남겨두어 러시아군을 견제하고 서부전선에 대병력을 전개해서 벨기에에서 프랑스 북부로 전진해 6주 안에 프랑스군을 제압한 뒤 러시아군을 상대해야 한다는 것이 골자였다.

은 — 즉, 자기의 구상이 싸움터에서 실험될 때 이미 고인이었던 슐리펜은 — 프랑스군이 아르덴의 남쪽에서 독일로 밀고 들어와서 독일군이 벨기에를 통과해서 프랑스군을 측면포위할 수 있게끔 해주리라는 예상에 토대를 두고 승리 계획을 세웠다. '낫질'은 프랑스군이 동맹군인 영국군과 함께 1940년에 벨기에로 밀고 들어와서 독일군이 아르덴 지방을 통해서 그들을 측면포위할 수 있게끔 해주리라는 예상에 바탕을 두었다. 그 계획은 겹으로 허를 찌르는 탁월한 기동이었다. 예상이 빗나갈 경우에 대비한 방책도 세워놓았기 때문에 더더욱 그랬다. 설령 프랑스-영국군이 벨기에로 밀고 들어오지 않더라도 계획이 개시되면 독일군이 예상을 뒤엎고 아르덴 지방을 돌파 공격하고 군집을 이룬 강력한 기갑부대를 운용해서 뒤에서 적을 잡아채 기우뚱해진 적을 넘어뜨릴 아주 좋은 기회가 보장되었기 때문이다.

'낫질'은 독일군 3개 집단군에 다음과 같은 임무를 할당했다. 페도르 폰 보크Fedor von Bock 장군이 지휘하는 북단의 B집단군은 프랑스-영국 야전군을 될 수 있는 대로 동쪽으로 더 많이 유인하고 이 군대를 북쪽에서 측면포위할 수 있는 땅을 손에 넣을 목적으로 벨기에 북부와 네덜란드로 쳐들어간다. (빌헬름 리터 폰 레프Wilhelm Ritter von Leeb 장군이 지휘하는) 남단의 C집단군은 마지노 선 수비대와 싸워서 할 수 있다면 마지노 선을 돌파한다. 가운데에 있는 룬트슈테트의 A집단군은 아르덴 지방을 통과해 전진해서 스당Sedan과 디낭Dinant 사이의 거대한 하천 장애물인 뫼즈Meuse 강 위에 있는 도하시설을 손에 넣은 다음 솜 강을 따라 북서쪽으로 돌진해 아미앵Amiens과 아브빌Abbeville과 영국해협 해안으로 간다. 전진을 선도할 선봉부대로 쓸 수 있는 10개 기갑사단 가운데 7개 사단이 A집단군 예하로 들어가는 통에 레프에게는 기갑사단이 단 하나도 없고 보크에게는 3개 기갑사단만이 남을 터였다.

부차적인 역할을 맡은 데 기분이 상한 보크는 기를 팍 꺾는 "최악의 경우" 분석에서 그 계획이 안고 있는 위험부담을 할더에게 강조하면서 다음과 같이 말했다. "자네는 자네 방어선 돌파의 측면과 함께 마지노 선에서 10마일 떨어진 곳에서 기고 있는데 프랑스군이 꼼짝하지 않고 그저 지켜보기만 하기를 바랄 테지! 자네는 전차부대를 몽땅 아르덴 산악지방의 많지도 않은 도로에 쑤셔넣고 있어. 마치 항공력 따위는 없다는 양 말이야! 그리곤 작전을 멀리 해안까지 이끌 수 있기를 바라지. 노출된 남쪽 측면의 길이가 200마일이고, 그곳에 프랑스 육군의 대부대가 있는데도 말이야." 보크가 할더에게 한 경고는 그들 세대의 독일군 장교들로 하여금 1914년에 프랑스로 치고 들어가는 독일 육군의 마지막 '노출 측면' 작전을 돌이켜보게 했다. 그 기억이란 행군하는 부대원들로 꽉 들어찬 기다란 먼지투성이 길, 그 어디에서도 보이지 않는 프랑스군, 보호받지 못한 채 길어지기만 하는 병참선, 천둥처럼 프랑스군의 반격이 개시될 때까지 후방에서 의연한 모습을 드러내 보이고 성벽으로 둘러싸이고 군인과 포로 불룩해져 있는 거대한 파리 요새, 제1차 마른 전투의 패배, 파견되었다가 역행해 오는 독일군 선봉돌격부대, 서부전선의 첫 참호를 파는 삽질소리에 묻혀 들리지도 않는 기동전의 긴박한 발걸음 소리였다.

만약 '낫질' 작전이 실패하면 서부전선의 교착상태가 또 한 차례 독일 국방군을 기다리고 있다는 보크의 경고는 옳았지만, '낫질' 작전이 1914년에 슐리펜 계획이 그랬던 것처럼 실패할지 모른다는 경고는 틀렸다. 첫째로, 마지노 선은 1914년의 파리 요새와 달리 역공 세력이 표범처럼 뛰어올라 독일 육군의 측면에 달려들 수 있는 병력 집결지가 아니었다. 오히려 마지노 선의 형태와 구조는 그 안의 수비대를 가두어 놓아서, 수비대를 정면공격에 맞선 완전 정면방어에 묶어 놓았다. 정면공격을 하는 것은 룬트슈테트의 역할이 아니었다.

둘째로, 독일 육군은 마지노 선을 '포복해서 지나가'지 않을 것이며, 그 전차 선봉돌격부대는 아르덴 지방을 뚫고 나아가 뫼즈 강을 건널 수 있다면 폴란드에서 그랬던 것처럼 하루에 30마일이나 40마일을 전진하고 있을 것이었다. 프랑스 육군은 자국군 대부대가 있는 모든 곳에서 그렇게 할 수 있도록 조직되어 있지 않았다. 항공력으로 말하자면 그 '따위'가 분명 있기는 했지만, 독일 공군은 프랑스 공군Armée de l'Air과 영국 공군 선견항공타격대Advanced Air Striking Force보다 비행기 성능과 공지작전 전술 면에서 우월하고 수적으로는 상당히 우월하고 전투경험 면에서 아주 우월했다.

헤르만 괴링의 독일 공군은 제2차 세계대전의 나중 단계에서 결함을 드러내지만 1940년에는 그 힘이 단연 으뜸이었다. 항공기의 생산과 조달에서 다양성이 지나쳤던 — 국내에서 너무 많은 기종을 만들어내려고 시도하고 그래서 어쩔 도리 없이 미국에서 구입해서 만족스럽지 못한 모델을 대체해야 하는 — 영국과 프랑스의 공군과는 달리 독일 공군은 몇 가지 되지 않는 기종의 항공기를 대량으로 조달하는 데 전념했으며, 각각의 기종은 특화된 기능에 맞게 정교하게 개조되었다. 오늘날 '공중우세 전투기'라고 불리게 되는 것의 훌륭한 사례인 메서슈미트Messerschmitt 109는 빠르고 기동성이 뛰어난 데다가 중무장에 상승속도도 높았다. 융커스Junkers 87은 가공할 지상공격용 급강하 폭격기였는데, 메서슈미트 109의 보호를 받을 때, 그리고 지상 방공이 눈으로 겨냥하는 대공포에 의존할 때에는 특히 그 위력이 대단했다. 하인켈Heinkel 111은 적어도 주간작전용으로는 효율적인 중형中型 폭격기였다. 독일의 — 도르니에Dornier 17 폭격기와 메서슈미트 110 중重전투기 등 — 몇몇 대안기종은 잘못된 착상이었음이 판명된다. 그러나 1940년에 독일 공군은 프랑스와 영국의 비행대대의 장비인 낙후 기종이나 낙후되고 있는 기종이 전혀 없어 부담을 짊어지지 않았다. 더욱이 독일 공군의 고위장교에는 육군에서 공군으로 전속되었다는 것이 능력의 징표였던 — 밀히Milch와 예숀넥Jeschonnek과 케셀링 등 — 일급 군인 다수가 포함되어 있었다. 이에 비해, 프랑스 공군과 영국 공군Royal Air Force, RAF의 고위장교 가운데에는 출세에 실패한 뒤 다시 시작해보려고 육군을 떠난 탈락 후보자가 아주 많았다.

독일의 공군 장교와 육군 장교는 — 육군대학 수석 졸업생인 예숀넥처럼 — 공통분모가 있는 훈련을 받았으므로 독일 국방군의 공지작전 전술의 조율은 훌륭했다. 독일 국방군 10개 기갑사단의 참모진은 자기들이 항공지원을 요청하면 항공지원이 제때 오리라는 것을, 그리고 어느 곳에서 어떻게 항공지원을 요청할지를 알고 있었다. 이로써 기갑부대의 위력이 크게 늘어나, 어떤 경우에든 엄청났다. 독일 전차는 모델과 모델을 대응해놓고 견줘보면 영국 육군과 프랑스 육군의 전차보다 두드러지게 뛰어나지는 않았다. 장차 독일 육군의 주요 전투 전차가 되는 4호 전차는 기갑은 훌륭했지만 포의 화력에서 뒤졌다. 독일군의 다부진 일꾼인 3호 전차는 방호 면에서 영국군 1호 보병전차[12]와 프랑스군의 소뮈아Somua 전차에 뒤졌다. 동체를 통째로 주조하는 앞선 설계로 만들어진 소뮈아 전차는 1942~1945년의 미군 셔먼Sherman 전차의 설계에 영향을 주게 된다. 그러나 독일 전차는 전차로만 이루어진 부대인 기갑사단으로 통합되었다. 기갑사단은 '전차 위주'일 뿐만 아니라 — 즉, 기계화되지 않은 보병이나 포병이 끼어 있지 않아서 이동에 제약을 받지 않을 뿐만 아니라 — 전차의 특성인 속력과 기동성과 행동의 독자성을 극대화하는 훈련을 받았다. 이와는 대조적으로, 영국군에는 기갑사단이 단 하나뿐이었고, 그나마도 아직 편성과정에 있었다. 한편, (3,000대 대 2,400대로) 독일군보다 전차를 더 많이 가진 프랑스군은 그 전차 절반(1,500대)은 느리게 움직이는 보병사단 사이에 배분하고 다른 전차(700대)는 이름만 기병인 '기병'사단과 '기계화'사단에 할당하고는 단 800대를

12. 보병과 함께 움직이면서 적의 전선에 돌파구를 내는 역할을 한다는 개념으로 만들어진 전차. 제2차 세계대전 이전 영국 육군 교리에서는 보병전차가 돌파구를 내면 보병과 별도로 움직이는 고속 순항전차(cruiser tank)가 전과확대를 한다고 되어 있었다.

가지고서 5개 기갑사단을 구성했다. 그 기갑사단 가운데 1940년에 가동 중인 사단은 3개였고 — 고집 센 샤를 드골Charles de Gaulle이 지휘하는 — 1개 사단은 아직 편성 중에 있었다. 독일의 10개 기갑사단은 폴란드 전역 이후에 '경'전차사단을 진정한 전차사단으로 개편한 결과 구성 면에서 동질적이었으며, 그뿐만 아니라 회프너Hoepner(16기갑군단)와 호트Hoth(15기갑군단)와 구데리안(19기갑군단)과 라인하르트(41기갑군단)가 지휘하는 기갑부대 고위사령부 예하로 들어가 있었다. 단위편성 전차대대들을 포함하는 차량화 보병사단들로 이루어진 부대인 비터스하임Wietersheim의 제14기계화군단과 함께 구데리안과 한스 라인하르트Hans Reinhardt의 군단은 사실상 독립된 하나의 실체인 폰 클라이스트 기갑집단을 이루었다. 이 기갑집단은 창설될 때 혁명적인 조직체, 즉 기존의 모든 육군부대 가운데 최대의 기갑부대이며 1941~1945년에 세계의 싸움터 곳곳을 휩쓸게 될 거대한 전차군의 선구자였다.

마지노 선 심성

독일군과 연합군이 1940년 봄에 프랑스-독일 국경의 양쪽을 보면서 기다릴 때, 독일 육군을 연합국 육군의 그토록 위협적인 상대로 만든 것이 바로 이런 전차의 조밀한 집중이었다. 101개 사단병력의 프랑스 육군은 성격 면에서 1914년의 육군과 거의 다르지 않았다. 프랑스 육군은 같은 군화를 신고 같은 대포, 즉 숭배의 대상인 75밀리미터 포에 인원을 배치하고 '아버지' 조프르'Papa' Joffre 예하와 같은 곡조에 맞추어 행군했다. 지휘관 가운데 많은 이들이 26년 전 그 끔찍한 8월에 프랑스 육군을 전쟁으로 이끈 장군들의 참모장교였다. 더욱이 프랑스 육군은 여전히 도보로 이동하는 군대여서, 병사의 보조 및 말의 평보의 유구한 리듬에 따라 기동속도가 결정되었다. 독일 육군도 대부분 마찬가지여서, 독일군 120개 보병사단은 적군의 보병사단만큼이나 길이 없으면 행군할 수 없었다. 그러나 독일군의 10개 기갑사단은 길이 없어도 행군할 수 있었으며, 이 사단을 지원하는 독일 공군 편대는 부대 이동이 지상 여건에 달려 있지 않기까지 했다. 이 부대들이 힘을 합쳐 사실상 서유럽 연합군 땅개에 맞선 '번개 전쟁'의 위협을 가했다. 서유럽의 장군들은 그 부대를 저지하려는 희망을 어떻게 품었을까?

물론, 서유럽의 전략은 우선은 마지노 선이 난공불락이라는 믿음에 바탕을 두고 있었다. '콘크리트로 된 서부전선'인 마지노 선은 1930년 1월에 그 건조를 위한 첫 기금이 투표로 가결된 이후 프랑스 국방예산의 가용한계를 소비해버렸다. 그러나 프랑스가 '물샐 틈 없는' 군사 국경에 집착하기 시작한 시기는 오래전부터였다. 일찍이 1922년에 프랑스 육군은 자군 병사들이 결코 다시는 1914년처럼 개활지에서 방어전투를 해서는 안 된다고 결의했고, 이 결의는 이후의 모든 인구학적 변화와 경제적 변화 탓에 ─ 즉, 출산율이 떨어지고 공업 기반이 정체되는 바람에 ─ 굳어가기만 했다. 가결된 마지노 선 원안에서 건설비로 책정된 액수는 30억 프랑이었다. 1935년까지 매해 군사 예산의 5분의 1인 70억 프랑이 사용되었지만, 요새화가 완성된 지역은 87마일에 지나지 않았다. 요새화 전문가들은 프랑스-독일 국경을 따라 마지노 선이 뻗어있는 곳까지는 (1940년의 사건들이 보여주는 바대로 올바르게) 효율적인 방호를 얻어냈다고 만족했지만, 프랑스가 벨기에와 맞닿아 있는 250마일 경계선은 전혀 요새화되지 않은 채로 남아 있었다. 선을 확장할 돈이 없었을 뿐만 아니라, 벨기에와 좋은 관계를 유지하려면 선을 만들어서는 안 되었던 것이다. 왜냐하면 히틀러가 1936년에 라인란트를 재점령하자 벨기에는 자국이 ─ 중립은 아닐지라도 ─ "종속되어 있지 않다"고 선언하면서 프랑스와 맺은 군사조약을 폐기했지만 마지노 선이 북쪽으로 확장될 경우 선의 건너편에 남는 데 반대한다는 뜻을 분명히 했기 때문이다.

따라서 (1914년에 그랬듯이) 벨기에의 취약성을 활용하는 데 토대를 두고 이루어질 것이 틀림없어 보이는 독일군의 공격이 발생할 경우 프랑스군 상급사령부는 벨기에 참모본부와 사전에 계획을 조정하거나 싸움이 벌어질 전지를 정찰할 수 없는 상태에서 벨기에 땅으로 자국의 기동 야전군을 영국해외파견군과 함께 들여보내야 할 터였다. 그런데도 프랑스군은 문제가 아주 많은 이 방어전투 대비 원칙을 받아들일 수밖에 없었다. 프랑스군 총사령관 모리스 가믈랭Maurice Gamelin 장군은 1939년 10월 24일에 독일군의 공격 시 벨기에에 있는 스헬데Schelde 강까지 전진하라는 명령을 내렸다. 그는 3주 뒤인 11월 15일에 그 계획의 불리한 점들이 현실로 나타나자 벨기에의 커다란 두 하천 장애물인 스헬데 강 어귀와 뫼즈 강을 잇는 더 짧은 선인 딜Dyle 강에 진격선을 긋는 개정 지령 8호를 내렸다. 뫼즈 강부터는 강을 이용해 이동하는 부대가 뫼즈 강과 마지노 선 사이의 간격을 지킬 터였다.

지령 8호에는 프랑스-영국군을 예정된 벨기에 육군의 진지 뒤에 더 가까이 가져간다는 이점이 있었다. 벨기에 육군은 동원 시 22개 사단병력이었고 군사적 명성이 드높았다. 연합국이 나중에 벨기에에 온갖 경멸을 퍼부어댔어도, 독일군은 1914년 이래 벨기에군을 완강한 상대로 여겨왔고, 뒤에 벨기에군이 완패한 뒤에도 계속 그렇게 여겼다. 1914년처럼 벨기에군의 전선도 강력한 요새화시설, 특히 뫼즈 강을 따라 난 요새시설로 방호되었다. 그 요새화시설에 많은 돈이 들어갔다.

벨기에군이, 설령 단독으로 싸워도, 독일 접경선에서 지연을 해낼 수 있었을까? 지령 8호는 효과적인 전략이 될 가망이 있었다. 지령 8호의 성공 여부는 프랑스-영국군이 펴는 기동작전의 효율성에 좌우되게 된다. 두 나라 군대 가운데 영국해외파견군은 비록 전투력은 고르지 않았어도 동질적인 요소로 이루어져 있었다. 파리 주재 영국대사는 1940년 1월에 외무장관 할리팩스 경Lord Halifax[13]에게 보내는 편지에서 "영국 해군과 공군의 규모를 지적해도 소용이 없습니다. …… 프랑스 여론은 유럽에 대군이 오기를 바랍니다"라고 썼다. 영국은 최선을 다해왔다. 1939년 12월까지 영국은 본토에 기지를 둔 5개 정예 정규사단을 모두 프랑스로 보냈던 것이다. 그러나 그 바람에 영국의 군 자원이 거의 바닥났다. 영국 군사체계는 사실상 상비군이었고 프랑스와 독일의 징병 군대에 비해서 훈련받은 예비군을 아주 조금 배출했기 때문이다. 추가 사단은 자원 예비군, 즉 향토군Territorial Army에서 찾아야 했다. 자국에서 '토요일 밤 군인'으로 알려진 향토군은 열정은 드높지만 경험과 기량은 떨어졌다. 1월과 4월 사이에 추가로 프랑스에 파견된 5개 사단은 모두 향토군이었다. 4월에 파견된 마지막 3개 사단은 영국조차 '노무'부대로 분류할 만큼 훈련과 장비가 부실했다. 게다가 13개 사단 모두 다 보병사단이었다. 1940년 5월에 영국의 유일한 전차부대인 제1기갑사단은 아직 전투준비가 되어 있지 않았다. 그렇지만 영국해외파견군의 조직과 정신에는 대단한 일관성이 있었다. 정규군은 토미 앳킨슨Tommy Atkinson[14]이 과거에 늘 그래 왔던 대로 쾌활하게 영국의 적이 — 또는 (1914년에 토미 앳킨슨 한 명이 시그프리드 사순Siegfried Sassoon[15]에게 "빌어먹을 벨기에놈들과 싸우러 간다"고 설명했던 것처럼) 동맹국이 — 누구인가에 상관하지 않고 전쟁에 임했고 향토군은 정규군의 태연함을 열심히 흉내냈다.

이와는 대조적으로 프랑스군은 훌륭하거나 그저 그렇거나 형편없는 사단과 단위 부대의 단편적인 집합이었다. 훌륭한 부대에는 평시에 완전편제병력으로 유지되는 10개 '현역' 징병 보병사단, 식민지 군대의 7개 정규사단, 프랑스로 데려온 아프리카군Armée d'Afrique[16]의 북아프리카 사단들이 포함되었다. 젊은 축에 드는 예비군에서 동원된 'A' 범주 예비사단은 덜 훌륭했다. 33세 이상의 예비군에서 동원된 'B' 범주 사단 가운데 일부는 군인다운 활력이 없고 심지어는 순종하지 않기조차 했다. 장차 영국군 참모총장이 되는 알란 브룩Alan Brooke 중장은 1939년 11월에 그런 병사들의 분열행진을 다음과 같이 넌더리를 내며 회고했다. "병사는 수염이 덥수룩하고, 말은 손질이 안 되어 있고, 복장과 마구馬具는 맞지 않고, 차량은 지저분하고, 자신이나 소속 부대에 대한 긍지는 털끝만큼도 없었다. 그러나 내게 가장 큰 충격을 준 것은 병사들의 얼굴에 보이는 표정, 툴툴대며 순종하지 않는 표정이었다. …… '좌로 봐' 명령을 내려도 단 한 명도 귀찮다는 듯 그러려고 들지 않았다." 프랑스군의 전차사단과 차량화사단은 인적 자질은 더 나았지만 응집력 있는 체계로 편성되어 있지 않았다. 5개 경기병사단DLC에는 말과 장갑차의 부대, 3개 경기계화사단DLM에는 장갑차와 경전차, 4개 기갑사단DCR에는 전차만이 포함되었고, 10개 차량화사단은 무한궤도 차량으로 이동하는 보병으로 이루어졌다. 이 부대들은 여러 군軍 사이에 되는 대로 배분되어서, 어느 사령관도 순수하게 기갑부대로만 이루어져서 룬트슈테트 예하 A집단군의 선봉을 형성할 밀집 대부대에 해당하는 것을 받지 못했다. 할당받은 기능을 수행하기 위한 훈련과 장비를 제대로 받은 유일한 프랑스군 부대는 아마 인도차이나인과 마다가스카르인 기관총 사수의 부대가 포함된 마지노 선의 요새 사단들이었겠지만, 이 부대들은 기본 속성상 그 위치에 붙박여 있어서 다른 곳에 전개되기 위해 이용될 수 없었다.

이 잡다한 연합군과 대적하는 독일군은 다른 무엇보다도 그 구성의 동질성이 대단했다. 독일 육군은 세 개 유형의 사단, 즉 기갑사단과 차량화사단과 보병사단만을 보유했다. 낙하산사단은 독일 공군 소속이었다. 1940년 5월까지 독일 육군의 10개 기갑사단 전체와 6개 차량화사단 전체가 서부에 배치되었다. 118개 보병사단도 마찬가지였다. 이 보병사단들은 전쟁 전에 '현역'이었든 전시 예비병력이

든 상관없이 폴란드 전역 이후로 전투 효율에서 다르지 않았다. 독일군 전투 서열에서 유일하게 튀는 것이 나치당의 민병대인 친위대에서 끌어온 (실제로는 차량화부대인) 제1기병사단, 정예 산악 보병사단들, 2개 차량화사단이었다. 친위대는 법에 어긋나는 야만행위를 자행하려 드는 경향을 이미 폴란드에서 과시했고, 이 경향은 프랑스에서 증폭된다. 다른 면에서는 친위대 소속 부대는 싸움터에서 다른 부대를 능가하는 용기를 발휘하겠다고 굳게 마음먹었다는 점에서만 육군 소속 부대와 달랐다.

  독일 육군조직의 단순성은 그 지휘 배열에 반영되었다. 독일 육군 소속 부대에 대한 권위는 히틀러에서 시작해서 독일 국방군 최고사령부를 거쳐 독일 육군 최고사령부, 그 다음으로는 직접 집단군까지 내려갔다. 독일 국방군 최고사령부는 아직은 다 발전하지 못한 통솔도구이며 그의 개인 사령부였다. 사실상, 폴란드에서 조짐을 보였듯이, 히틀러는 자기의 본부를 참모본부 가까운 곳에 두어 참모본부를 직접 다루면서도 직접적인 작전 통제권은 그 전문가들에게 맡기고자 했다. 독일 육군 최고사령부에 있는 독일 공군 연락참모가 항공작전을 육군의 작전과 직접 조정했다. 이와는 대조적으로 연합군 측에서는 작전 권한이 프랑스군 총사령관 모리스 가믈랭 장군에게 있었지만, 처음에는 지상군 사령관(두망크Doumenc 장군), 그리고 다음에는 북동부 사령관 알퐁스 조제프 조르주Alphonse Joseph Georges 장군이 작전권을 행사했다. 프랑스군 제1집단군, 제2집단군, 제3집단군뿐만 아니라 영국해외파견군도 조르주 장군의 예하로 들어갔다. 영국해외파견군 사령관 고트Gort 장군은 작전에서는 조르주에 책임을 졌지만, 정치상으로는 영국 내각에 책임을 졌다. 그러나 가믈랭은 정치상으로 자기 나라 내각에 책임을 졌기 때문에 1940년 5월까지 조르주를 통하기보다는 고트와 직접 협상하는 버릇이 든 반면, 고트는 (조르주의 총사령부인) 라페르테La Ferté나 (두망크의 총사령부인) 몽트리Montry나 (가믈

랭의 총사령부인) 뱅센Vincennes보다는 결국은 런던을 보고 명령을 구
했다. 가믈랭의 사령부는 파리 가까이에 있고 두망크의 사령부는
프랑스 북부에 있는 조르주의 사령부에서 어중간하게 떨어져 있고
고트의 사령부는 조르주의 사령부와 분리되어 있으며 영국 공군과
프랑스 공군 두 공군의 사령부가 다시 떨어져 있다는 것이 연합군
지휘체계의 추가되는 또 하나의 구조적 약점이었다. 프랑스에 있는
영국 공군은 사실상 두 사령부에 책임을 졌다. 고트가 영국해외파
견군 예하 영국 공군 구성부대를 직접 통솔했지만, 그보다 훨씬 더
큰 선견항공타격대는 영국에 있는 폭격기사령부 예하로 들어갔던
것이다. 프랑스 공군에는 3개 지휘 수준, 즉 작전을 수행하는 비행
대대 위에 있는 사령부, 별도의 세 비행대대 사령부, 그리고 영국 공
군의 두 부대와의 연락참모가 있었다.

  구조의 결함은 개인의 결점과 뒤섞여 더 심해졌다. 고트는 제1차
세계대전에서 빅토리아 십자훈장[17]을 탄 용감하기로 이름난 장교였
지만, 전투를 치르는 휘하 대대장들과 별로 구분이 되지 않았다. 조
르주는 1934년에 마르세유에서 유고슬라비아 국왕이 암살되는 와
중에 입은 부상에서 완전히 회복된 적이 없다. 한때 조프르의 작전
장교였던 가믈랭은 ─ 68세로 ─ 매우 늙었으며, 더 나쁜 것은 나이
에 지쳐 있다는 점이었다. '말뿐인 전쟁phoney war'[18] 도중에 뱅센에 있
는 그의 외딴 '수도원 같은' 사령부에서 그를 찾은 드골은 실험실에
서 전략을 화학 창조물처럼 시험하는 연구원의 인상을 받고 자리를
떴다. 프랑스 주둔 영국군 항공부대 사령관 아더 바라트Arthur Barratt
공군중장은 가믈랭이 "눈은 단춧구멍만 하고 배는 볼록 나온 왜소
한 잡화점 주인"이라고 더 신랄한 판단을 내렸다. 가믈랭의 작전지
령은 철학책자 같았다. 문서건 구두건 뱅센에서 나오는 명령은 전선
에 있는 병사들에게 열정을 불어넣지 못했다.

  아마도 프로메테우스Prometheus[19] 같은 사람만이 그 같은 일을 해낼

17. 영국에서 최고의 영예로 여
겨지는 무공 훈장.

18. 독일군이 폴란드를 침공한
뒤 연합국이 독일에 선전포고
를 했는데도 이때부터 1940년 5
월 10일에 독일군이 벨기에와 네
덜란드를 공격할 때까지 연합군
과 독일군이 전투를 벌이지 않
은 채 대치만 하던 상황을 일컫
는 말.

19. 그리스 신화에 나오는 티탄
(Titan) 족의 일원으로, 자기가 흙
을 빚어 만든 인간이 자연에서
고생하는 것을 보고 가엾게 여
겨 올림포스 산에서 훔친 불을
인간에게 준 뒤 제우스의 응징
을 당했다. 고난을 무릅쓰고 엄
청난 일을 하려는 사람을 빗대
어 가리키는 표현으로 쓰인다.

수 있었을 것이다. 가믈랭에게는 프로메테우스 같은 것이 없었다. 전문 싸움꾼과 열의에 찬 아마추어의 결합체인 영국 육군조차 예전에 했던 것과 똑같은 일을 한다는 느낌을 받으며 전쟁에 나섰다. "예전에 독일에 이겼는데, 왜 또다시 그래야만 하는 거지?"라는 말에 그들의 태도가 다 들어 있었을지도 모른다. 같은 일이 무의미하게 되풀이된다는 똑같은 인식이 프랑스군을 사로잡았지만, 정도가 훨씬 더 심했다. 전국 각처에서 이끌려 나온 프랑스군은 1914~1918년의 끔찍한 고통의 흉터가 남아 있고 정치의 극단주의로 분열되어 있었다. 알베르 르브룅Albert Lebrun[20] 프랑스 대통령은 전선을 방문한 뒤에 "결의가 느슨해지고 규율이 풀려 있었다. 전선에서 순수하고 생기가 도는 참호의 분위기를 발산하는 사람이 더는 없었다"고 지적했다. 윈스턴 처칠Winston Churchill 해군부 장관은 프랑스 전선에서 "냉랭하게 만사에 나 몰라라 하는 분위기가 만연하고 진행되는 작업의 질이 눈에 띄게 형편없고 어떤 종류든 눈에 보이는 활동이 없다는 데 충격을 받았다." 제2군의 에두아르 뤼비Édouard Ruby 장군은 "모든 연습이 짜증나는 일, 모든 작업이 고역으로 여겨졌다. 여러 달 동안 정체 상태가 지속된 다음에는 그 누구도 전쟁이 더 있으리라고는 믿지 않는다"는 점을 깨달았다.

프랑스군이 믿지 않은 것은 얼마간은 졸병뿐만 아니라 장군들도 전쟁을 결전 없이 오랫동안 질질 끄는 참호전의 되풀이로 예견했기 때문이었다. 독일군의 졸병과 장군은 폴란드에서 다른 결과를 눈으로 보았다. 비록 그들에게 다른 결과가 서유럽에서 되풀이될 수 있다고 믿을 신념이 아직은 모자랐지만, 히틀러에게는 의심이 없었다. 그는 '황색 작전' 계획 전야에 참모진에게 "여러분, 귀관들은 바야흐로 역사상 가장 이름난 승리를 눈으로 지켜볼 참이오"라고 말했다. 탈취한 노르웨이 개입 관련 연합국 문서를 읽고서 자기가 곧이어 네덜란드와 벨기에의 중립을 침해해도 비난받을 수 없다고 확신한 히

20. 프랑스의 정치가(1871~1950). 광산 기술자로 출발해서 1932년에 대통령이 되었다. 1940년에 독일과 휴전조약을 맺고 페탱에게 정권을 넘겼지만, 독일군에 체포되어 억류되었다. 해방 직후 드골을 정부수반으로 인정하고 정치 역정을 마감했다.

틀러는 4월 27일에 할더에게 서부 공격을 5월 첫째 주에 개시한다고 선언했다. 기상예보 때문에 날짜를 5월 5일에서 6일로, 그다음에 5월 8일로 미뤄야 했다. 그리고 마지막으로 다시 5월 10일로 미뤘다. "하지만 그날 뒤로는 단 하루도 안 된다." 그는 자기 결심을 밀어붙였다.

가이 채프먼Guy Chapman 교수는 "5월 9일 금요일 늦저녁에 네덜란드 국경에서 룩셈부르크까지 독일과 마주보고 있는 외곽 초소들은 대군이 모이는 것처럼 독일 측이 크게 술렁인다는 것을 알게 되었다"고 썼다. 공격이 임박했다는 베를린 주재 벨기에 육군무관의 경고가 암호 해독을 하다가 늦어져 자정 직전에야 브뤼셀Brussels에 접수되었다. 벨기에군 상급사령부가 곧바로 군을 비상대기 상태에 놓았지만, 그 무렵에는 독일군 전위가 이미 공격에 나서고 있었다. 5월 10일 아침 4시 30분에 공수부대가 네덜란드의 헤이그Hague와 레이덴Leiden 근처와 벨기에의 뫼즈 강 도하시설에 내리기 시작했다. 둘 다 벨기에 방어계획에서 핵심 장애물인 뫼즈 강과 알베르트Albert 운하가 만나는 지점을 지키는 벨기에의 에벤에말Eben Emael 요새에 극히 대담한 공수공격이 가해졌다. 글라이더로 공수된 독일군 보병부대가 요새 지붕 위에 착륙을 강행해서 방자를 안에 가두고는 콘크리트를 뚫는 폭약을 이용해서 완전히 기습 강하로 방자를 제압했다.

네덜란드보다 기습으로 더 심하게 고생한 나라도 없었다. 진정한 중립국인 네덜란드는 제1차 세계대전에 참여하지 않았으며, 제2차 세계대전에 참여하기를 바라지 않았으며, 오로지 영토 일부, 특히 '마스트리히트 돌기Maastricht appendix'로 알려진 길고 가느다란 땅이 벨기에의 수로 장애물을 에둘러가는 쉬운 길을 제공한다는 이유로 적으로 간주되었다. 네덜란드가 제 나라 땅을 지킬 능력은 미약하기 짝이 없었다. 병력이 10개 사단뿐인 육군은 1830년 이후로 전쟁을 한 차례도 치르지 않았다. 공군이 보유한 비행기는 단 125대로, 그 절

22. 인구가 조밀하고 전략 요충지인 네덜란드 서부지역을 일컫는 말.

23. 특정 시설이 아니라 일정한 지역 전체를 폭격하는 작전.

24. 네덜란드의 여왕(1880~1962). 열 살 때 왕위에 올랐다. 1940년에 네덜란드가 독일군의 공격을 받자 영국으로 피신했지만, 네덜란드가 독일에 저항하도록 끊임없이 격려함으로써 국민의 신망을 얻었다. 1948년에 딸에게 왕위를 물려주었다.

반이 기습공격을 받아 곧바로 지상에서 파괴되었다. 네덜란드가 패배를 늦추는 데 성공할 최선의 가망은 3세기 전에 에스파냐와 벌인 80년전쟁[21]에서 터득한 바대로 암스테르담과 로테르담 주위의 질퍽질퍽한 지대 안으로 퇴각해서 운하와 하천의 연결망에 의지해서 침공군을 지연하는 것이었다. 에스파냐가 수십 년 동안 전역을 벌이도록 만들었던 이 전략은 독일의 항공력 때문에 힘을 잃었다. 독일 공군은 5월 10일 아침에 융커스 52 수송기의 무리로 '홀란드 요새 Vesting Holland'[22]의 수로 방어물의 상공을 통과해서 제22공수사단 전체를 네덜란드 중심부에 내려놓았고, 공수사단은 그곳에서 B집단군의 전차들이 도착하기를 기다렸다. 네덜란드 육군이 용감하게 저항하고 독일군의 기습공격이 잘못 이루어져서 극히 중요한 다리를 몇 개 폭파해버리고 프랑스군 제7군이 개입했는데도, 그 독일군 공수부대는 오래 기다릴 필요가 없었다. 5월 13일 아침에 공수부대가 로테르담을 장악하려던 참에 독일군 기갑 선봉돌격부대가 뻗쳐와서 두 부대가 만났을 때, 그들이 성공했음을 알리는 지상의 신호를 독일 공군이 오해하고 도심지를 폭격해서 쑥밭으로 만들어 놓았다. 제2차 세계대전 최초의 '지역' 작전[23]이었으며 민간인 814명을 죽인 공습이었다. 그러나 이 때문에 네덜란드 여왕이 — 자기 왕국의 다른 지방으로 데려가 달라고 부탁하면서 — 영국 해군의 영국행 함선에 서둘러 오르고 네덜란드군 상급사령부가 다음날 항복하면서 네덜란드의 저항이 사실상 끝났다. 빌헬미나Wilhelmina 여왕[24]은 떠나면서 "네덜란드는 머지않아 신의 가호로 유럽의 영토를 되찾으리라"라고 예견했다. 서유럽에서 독일의 가장 혹독한 점령을 겪게 될 네덜란드 사람들은 동인도 제도의 네덜란드제국 역시 끝내는 해방이 오기 전에 잃게 되리라고는 예견하지 못할 터였다.

1940년의 승자나 패자나 네덜란드군에게는 비판을 단 한마디도 하지 않았다. 그러나 벨기에군에게는 그렇지 않았다. 비록 독일이 벨기에 군인들이 전투에서 굳셌다는 것을 알았는데도 — 독일군 제18사단 공식 역사가가 그들의 '비상한 용기'를 언급했고, 히틀러에 반대한 독일인인 울리히 폰 하셀Ulrich von Hassell[25]이 "우리의 적수 가운데 벨기에군이 가장 잘 싸웠다"는 판정을 내렸고, 훗날 1944년의 침공에 맞서 프랑스를 방어하는 독일군의 참모장이 되는 지크프리트 베스트팔Siegfried Westphal이 "전쟁의 끝이 가까이 다가올수록 벨기에군이 더더욱 끈질기게 싸우는 것을 보니 놀라웠다"는 글을 남겼는데도 — 영국군과 프랑스군은 1940년의 위기 동안에, 그리고 그 뒤로도 내내 자기들에게 닥친 사태의 많은 부분을 벨기에군과 국왕과 정부 탓으로 돌리는 고집을 부렸다.

레오폴트Leopold 왕[26]의 수석 군사고문 로베르트 반 오베르스트라텐Robert van Overstraeten 장군은 1940년 전역의 '사악한 수호신'으로 묘사되어 왔다. 독일이 공격하기 전에 그가 영국군·프랑스군과의 연락에 반대했고 독일의 공격이 시작되자마자 패배주의에 무릎을 꿇었다는 것이다. 두 가지 비난에는 분명 중요한 점이 있다. 그러나 벨기에가 절망적인 처지에 있었다는 것이 진실이었다. 처음부터 — 중립이 피침을 모면하는 최선의 희망이라고 여전히 믿고는 그 중립이 훼손될까봐 — 자국 영토에 프랑스와 영국이 수비대를 두도록 허용할 생각이 없었던 벨기에로서는 독일 국방군에 맞서서 최선을 다해 동쪽 국경을 강화하는 동안 연합국과 군사적으로 거리를 두는 것 말고는 다른 선택이 없었다. 비록 그랬을지라도, 반 오베르스트라텐은 민간인 복장을 한 영국군 장교와 프랑스군 장교가 독일이 공격할 경우 접수할 만한 전략 요점들을 정찰하도록 허용했으며, 비록 연합군과 방어계획을 공조하기를 거절하기는 했어도 1월 9일에 메헬렌Mechelen에서 손에 넣은 '황색 작전' 계획 원안의 세부사항을 비롯해 독일의 의도에 관한 벨기에의 첩보와 서부전선에서 프랑스-영국군을 포위해서 섬멸한다는 독일 측 계획의 후속증거를 그들에게 넘겨주었다.

25. 독일의 외교관(1881~1944). 1932년에 로마주재대사가 되었다. 히틀러 지지자였으나, 차츰 반대자로 변해서 그의 외교정책을 비판하다가 1938년에 해임되었다. 반히틀러 세력을 규합하려고 애썼고, 쿠데타를 모의하다가 1944년에 체포되어 처형되었다.

26. 벨기에 국왕 레오폴트 3세(1901~1983). 1934년에 왕위에 올랐으며, 1940년에 독일의 공격을 받자 벨기에군에 항복을 명령했다. 전쟁기간 내내 유폐된 채로 지냈다.

반 오베르스트라텐이 전문가로서 연합국과 더 긴밀하게 공조하기를 거부한 것은 그 어떤 것으로도 연합국을 설득해서 벨기에 전체를 지켜주도록 만들지 못하리라는 그의 믿음에서 나왔다. 그의 (빗나가지 않은) 판단은 벨기에 왕국의 중앙을 넘어서서 더 앞으로 나아갈 의도가 연합국에게 없다는 것이었다. 똑같이 빗나가지 않았지만 더 엄혹한 판단은 연합국이 알베르트 운하에 있는 전방 진지에서 벨기에군이 자신을 '희생'하도록 내버려두고는 딜 강에 있는 진지 뒤에서 연합군 진지를 보강하리라는 것이었다. 그러나 실제로는 연합국은 보강할 시간조차 얻지 못했다. 프랑스군 제7군은 비록 진정한 맹장이며 장차 자유 프랑스의 주도권을 놓고 드골과 경쟁하게 될 앙리 지로Henri Giraud의 지휘를 받기는 했어도 네덜란드와 벨기에의 왼쪽 측면에 지원을 해주는 임무를 맡아 북해 해안에서 예정보다 느리게 움직였다. 제7군은 반대 방향에서 올 B집단군 소속 독일군보다 더 멀리 전진해야 했다. 그 독일군은 심지어 방어가 이루어지는 것이더라도 수로 장애물을 극복하는 데 프랑스군 제7군보다 더 능란하다고 판명되었다. 프랑스군 제7군의 차량화 정찰부대도 독일군의 항공공격을 받았다. 제7군은 5월 12일에 목표지점인 브레다Breda 근처에서 전진이 무뎌졌고, 이튿날에는 뒤로 물러나 안트베르펜Antwerpen 부근에서 딜 강 진지선의 왼쪽 측면을 지키라는 명령을 받았다. 그래서 제7군은 독일군 제9기갑사단 전위의 추격을 받았다.

딜 강을 향한 연합군의 전개는 이미 잘못되어가고 있었다. '도미노 효과'가 일어나고 있었다. 네덜란드 육군이 전방 진지에서 물러나 암스테르담과 로테르담 부근의 홀란드 요새로 들어가다가 알베르트 운하에서 벨기에군의 왼쪽 측면이 노출되어 그곳에서 독일군 제9기갑사단에 측면포위를 당했다. 벨기에군은 오른쪽에서는 독일군 제3기갑사단과 제4기갑사단에 측면포위를 당했다. 두 기갑사단은 독일군 공수부대가 에벤에말에 강하함으로써 ― 유럽 북서부의 가장 가공할 군사 장애물인 ― 뫼즈 강의 가파른 협로를 건널 수 있게 될 참이었다. 영국 공군이 독일군의 전진에 직면해서 자살행위와도 같은 일련의 폭격 임무비행을 해서 뫼즈 강의 다리들을 파괴하려는 헛된 시도를 하는 동안, 벨기에군은 자기 뒤에서 딜 강으로 전진하고 있는 프랑스군 제1군과 영국해외파견군의 지원이 느껴지기를 바라면서 물러나기 시작했다.

꿈결에 내딛는 걸음

이 두 군대는 앞으로 움직이고 있었다. 영국해외파견군은 브뤼셀을 지나고 있었고, 프랑스군 제1군은 앙드레 코랍André Corap 장군의 제9군을 오른쪽에 두고 모뵈주Maubeuge를 지나고 있었다. 이들의 전진 선은 영국군에게 낯익은 지방이었다. 그 선은 워털루Waterloo를 지나 그들의 전사戰史에서 더 최근의 싸움터였던 이프르Ypres와 몽Mont을 넘어 말버러Marlborough의 원정지[27]를 따라 내달렸다. 미국인 종군기자 드류 미들턴Drew Middleton은 "그들은 거의 마치 꿈결에 내디뎠던 걸음을 회상하며 되풀이하는 듯했다. 그들에게 오래전에 죽은 동무의 얼굴이 다시 보이고 가물가물 기억나는 도시와 마을의 이름이 들렸다"고 썼다. 꿈은 얼마 지나지 않아 악몽으로 바뀌었다. 그들의 동맹국인 프랑스도 마찬가지였다. 그들이 향하고 있는 딜 강은 천연장애물이 전혀 아니었다. 그들이 벨기에가 딜 강을 따라 세웠다고 믿었던 인공장애물은 흩어져 있거나 전혀 없었다(몇 해 뒤에 영국군은 벨기에인이 설치한 인공장애물과 마주치게 된다. 수거되어 노르망디Normandie로 수송된 그 장애물이 D-데이 해변의 독일군 요새시설의 바탕을 이루게 되었던 것이다). 프랑스군은 2개 '기병'사단과 1개 기계화사단을 보유하고 있었다. 영국군에게는 기갑부대가 거의 하나도 없었다. 상대방은 회프너 예하 기갑군단 소속의 제3사단과 제4사단으로, 보유한 전차가 600대가 넘고 승무원들은 폴란드 전역의 경험으로 전

27. 에스파냐 왕위계승전쟁(1702~1713)에서 영국군과 연합군의 총사령관인 말버러는 1706년에 라미이(Ramillies)에서, 1708년에는 릴에서 프랑스군을 완파했다. 따라서 여기서 말하는 '말버러의 원정지'란 라미이와 릴을 일컫는다.

투에 단련되고 신속히 전진하는 훈련을 받았다. 히틀러가 이 전역 단계를 시종일관 섬뜩하게 빈정대며 다음과 같이 회상했다는 것은 이상한 일이 아니다. "만사가 계획에 따라 이루어졌으니 놀라운 일이었어. 적이 전선 전체에서 전진하고 있다는 소식을 듣고서 기뻐서 눈물이 다 나더라고. 적은 덫에 걸려버렸던 거야. …… 적은 …… 우리가 낡은 슐리펜 계획에 따라 공격을 하고 있다고 …… **믿어버렸던 거야.**" 히틀러는 1914년 10월에 '낡은 슐리펜 계획'이 실패로 끝나가던 단계에서 딜 강에서 50마일밖에 떨어지지 않은 곳에서 전투를 처음 경험했다. 그것은 고통스러운 피의 세례였다. 이제는 "얼마나 멋진 벼랑 위 둥지[Felsennest, 그의 '낫질' 작전 사령부]였는가! 아침 새들, 부대가 전진하고 있는 도로의 광경, 상공의 비행기 편대. 거기서 나는 만사형통할 거라고 확신했지. …… 기뻐서 눈물이 다 나더라니까."

히틀러의 적군 사령부에서는 곧 통한의 눈물이 흐르게 된다. 그러나 눈물을 흘린 사람은 5월 11일에 딜 선에서 쾌활하게 진지를 구축하고 있던 영국군 제3사단 부대원들을 지휘하던 비정한 버나드 몬트고머리Bernard Montgomery 소장도 아니었고, 일기에 "전반적으로 우리가 유리하다"고 판단하고는 "올여름에 정말로 치열한 싸움 한 판"을 학수고대한다는 글을 남긴 에드먼드 아이언사이드Edmund Ironside 영국군 참모장도 아니었고, 여전히 "다른 무엇보다도 네덜란드에 정신이 팔려 있"고 전날 벨기에에서 자신의 지휘권을 조르주에게 위임한 가믈랭도 아니었다. 심지어는 조르주에게서 북부전선 지휘권을 위임받고 55마일 전선을 담당할 30개 사단을 거느리는 통에 자기가 맡은 임무를 수행하기에 적절한 병력보다 더 많은 병력을 가진 가스통 비요트Gaston Billote 장군도 아니었다. 딜 강을 따라 그어진 교전선에 있는 연합군에게는 측면에서 불안한 사태가 일어나고 앞에서 벨기에의 저항이 누그러지는데도 자신들이 다가오고 있는 독일군보다

— 사실 그랬지만 — 수에서 앞서니 독일군의 전진을 저지할 수 있으리라고 믿을 만한 까닭이 있었다.

그러나 연합군의 벨기에 상황 판단은 자기들이 벨기에에서 독일군 공세의 주축과 마주치고 있어서 독일군의 주요 병력집결체에 맞서고 있다는 오판에 바탕을 두고 있었(고 이때 히틀러는 이 오판에 기뻐하고 있었)다. 1914년과 마찬가지로 연합군의 첩보통은 독일군의 주공격점이 어디에 놓여 있는지를 밝혀내지 못했다. 1914년에 프랑스군 기병대는 플랑드르를 휘저으며 돌아다니고 있어야 했을 때 아르덴의 잡목 숲을 뒤지고 있다가 독일군의 선봉돌격부대를 놓쳤다. 1940년에는 연합군 공군이 아르덴 숲 상공을 날고 있어야 했을 때 벨기에의 플랑드르에 있는 독일군 선봉돌격부대를 쓸데없이 후려치다가 정작 가장 중요한 것을 놓쳐버렸다. 5월 10일부터 14일까지, 귄터 블루멘트리트Günther Blumentritt 장군이 만약 전차 1대로 '정면'을 만들어 전개하면 부대 후미가 동프로이센에 있으리라고 계산했을 만큼 A집단군 소속 7개 기갑사단이 앞차 꽁무니에 뒤차 코가 닿을 정도로 바싹 달라붙어 밀집한 교통 집결체를 이루고서 아르덴 숲의 좁은 길을 따라 전진했다. 이 사단들은 연합군 전선의 가장 취약한 지점을 향해 과감히 나아가서 불가항력적인 부대를 구성했다. 이 7개 기갑사단은 — 즉, 제1, 제2, 제5, 제6, 제7, 제8, 제10기갑사단은 — 모두 합쳐서 전차 1,800대를 전개했다. 이 부대는 자기 앞에 있는 제1선에서 벨기에군의 2개 아르덴 엽보병Chasseurs Ardennais사단을 발견했다. 이 구식 정예 산림 보병사단원들의 용기는 기갑 무기에는 조금도 통하지 않았다. 이들을 쓸어내버린 독일군 기갑부대는 코랍의 제9군과 샤를 윙치제르Charles Huntziger의 제2군 일부와 맞부딪쳤다. 비록 두 부대 다 어떻게 평가하더라도 정예는 아니었지만, 그렇더라도 그 예비병력은 뫼즈 강을 전선으로 삼았더라면 버틸 수 있었어야 했다. 적어도 보통 때였다면 말이다. 그러나 1940년 5월은 보통 때가 아니었다. 독일군 A집단군 전위부대는 뫼즈 강 방어물과 닿자마자 거의 곧바로 강을 건너는 길 하나를 찾아낼 수 있었다. 코랍과 욍치제르의 전초 감시병들이 겁을 집어먹고 강 좌우안을 내버려서 연합군의 방벽에 구멍이 생겼다.

당시에 프랑스군 총사령부의 하급 참모장교였던 앙드레 보프르 André Beaufre 장군은 5월 14일 이른 아침에 라페르테의 지휘소에 있던 조르주 장군에게 그 소식이 준 영향을 다음과 같이 묘사했다.

초상집 분위기였다. 조르주는 …… 완전히 새하얗게 질려 있었다. "우리 전선이 스당에서 깨져버렸어. 무너져버린 거야……." 그는 의자에 털썩 주저앉아 울음을 터뜨렸다. 그는 이 전역에서 내가 처음으로 본 울보였다. 아, 다른 사람도 울게 된다. 나는 그것을 보고 무서운 인상을 받았다. [조르주의 부하인] 두망크는 ― 깜짝 놀라 ― 곧바로 대응해서 "장군, 이건 전쟁이고 이런 일은 병가지상사兵家之常事입니다!"라고 말했다. 그러자 여전히 하얗게 질려 있는 조르주가 설명을 했다. 공중에서 무시무시한 폭격을 받고 나서 열세인 2개 사단[제55사단과 제71사단]이 도망쳐버렸다고. 진지가 꿰뚫리고 독일군 전차가 자정께 뷜종[Bulson, 뫼즈 강 서쪽 2마일 지점, 따라서 프랑스군이 방어하는 지역 안에 있는 곳]에 도착했다는 신호를 제10군단이 보내왔다고. 여기서 또 한 차례 눈물이 펑펑 쏟아졌다. 다른 사람은 모두 다 벌어진 일에 기가 꺾여서 입을 다물고 있었다. 두망크가 "글쎄요, 장군. 모든 전쟁에는 희생이 따릅니다. 지도를 보고 무엇을 할 수 있는지 알아봅시다"라고 말했다.

이 장면에 관한 보프르의 묘사에는 주석을 달아야 할 부분이 많다. 첫째, 스당. 나폴레옹 3세가 1870년 9월에 프로이센군에 항복했던 도시의 이름인 스당은 프랑스사람의 귀에는 재앙과 동의어로 들렸다. 둘째, '열세인 2개 사단'. 욍치제르의 제2군 소속인 제55사단

과 제71사단은 둘 다 나이든 예비군으로 구성되어 있었고, 둘 다 독일군 전차가 다가오자 정말로 도망쳐버렸다. 셋째, 무엇을 할 수 있는지 지도가 시사하는 점. 독일군의 프랑스군 진지선 돌파는 — 만슈타인의 의도대로 — 아주 예민한 지점에서 이루어진 바람에 전황을 뒤바꾸려면 어떤 대항책을 취하든 그 대항책은 거의 곧바로 묵직하게 이루어져야 했다. 그 다음 주에 연합군의 전략 결정에 관한 이야기는 그런 효과적인 타격을 찾는 이야기일 터였다.

그러나 그 이야기를 독일쪽에서 상세히 살펴보면 조르주가 파악한 것보다 조짐이 훨씬 더 나빴다. 왜냐하면 독일군이 뫼즈 강을 건넌 날짜는 조르주가 믿은 것과는 달리 그가 신경쇠약 증세를 보인 날 하루 전이 아니라 이틀 전인 5월 12일이었기 때문이다. 어둠이 깔리자, 에르빈 롬멜이 지휘하는 제7기갑사단에 소속된 오토바이 수색대 정찰대가 스당 북쪽에 있는 우Houx에서 뫼즈 강 건너편에 경비부대가 없는 제방을 찾아냈다. 정찰대는 몰래 강을 건너 강 한복판에 있는 섬에 이르렀는데, 그 섬에 있는 수문이 서쪽 강가로 이어져 있었다. 밤 사이에 그곳에서 증원부대가 정찰대에 가세했고, 이렇게 해서 5월 13일에는 이미 '낫질' 작전이 가믈랭 계획의 토대에 타격을 가한 상태였다. 이튿날 아침에 롬멜의 전차들이 도하를 기다리면서 포격으로 맞은 편에 있는 프랑스군 벙커를 부수는 동안 롬멜의 공병대가 강을 가로지르는 부교를 놓기 시작했다. 저녁에 부교가 다 만들어져서 첫 전차가 — 이 지점에서 너비가 겨우 120야드였던 — 강을 건너갔다.

프랑스군은 이 교두보를 처리하는 데 성공할 수도 있었다. 교두보가 아직은 불안정했던 것이다. 프랑스군은 1개 전차대대가 포함된 병력으로 역공을 시도했고, 가믈랭은 "우에서 벌어진 일은 처리되고 있다"는 말을 들었다. 그러나 프랑스군 전차는 포로 몇 명을 잡은 뒤 물러났고 롬멜의 교두보는 비록 아직은 급속히 자라나는 위협은 되지 못했어도 그대로 남았다. 그러는 사이에 A집단군 기갑부대 주력이 스당 공격에 나서서 프랑스군의 주의가 남쪽에 쏠렸다. 그 독일군 부대는 앞차 꽁무니에 뒤차 코가 닿을 만큼 바짝 붙어서 일렬로 아르덴 숲의 좁은 길을 통해 사흘 동안 이동한 뒤 뫼즈 강의 탁 트인 범람원에서 5월 13일 아침나절 내내 전개를 하고 있었다. 그랜서드P. P. J. Gransard 장군은 "적이 숲에서 튀어나왔다 …… 보병, 기갑 및 동력화 차량이 거의 방해를 받지 않고 엄습해온 것이다"라고 평했다. 프랑스군 대포가 그 부대에 포화를 퍼부었지만, 독일군이 처음에는 고공에 있는 도르니에 17 폭격기, 그다음에는 급강하하는 슈투카Stuka[28]의 폭격으로 대응했다. 슈투카가 프랑스군 보병연대의 사기에 미친 영향은 대단했다. 야전병원에 실려온 부상병들은 되풀이해서 "굉음, 끔찍한 굉음"이라고 소리쳤다. 다 나은 부대원들은 이 전쟁과 이후의 전쟁에서 항공공격을 받을 때 똑같은 공포를 느끼게 된다. 프랑스 육군 제2군 부참모장 에두아르 뤼비 장군은 "이 다섯 시간의 악몽은 〔부대원들의〕 얼을 빼놓기에 충분했다"고 썼다. 오후 3시에 슈투카가 물러갔다. 그러자마자 독일군 제1, 제2, 제10기갑사단의 강습선발공병대가 고무보트를 끌고 강가로 가기 시작했다. 보트에 오른 독일군 병사들은 ─ 자신들이 위험에 직면했음을 알아챈 프랑스군이 화기에 병력을 배치하는 바람에 ─ 갑자기 거세진 적 포화 세례를 받으며 출발해서 심한 사상피해를 입고 여기저기서 뒤로 밀렸지만, 전체 돌격선[29]을 따라 동셰리Donchery에서 바제유Bazeilles까지 맞은편 강안에 일련의 거점을 확립했다. 바제유는 프랑스 전쟁사의 전설이 태어난 장소였다. 1870년에 바로 이곳에서 정예 식민지군이 '마지막 탄약통의 집La Maison de la dernière cartouche'에서 독일군에 맞서 죽을 때까지 싸웠다.[30] 1940년에 바제유에서 싸우든지 아니면 죽든지 각오를 한 쪽은 독일군이었다. 강 한복판에서 제10기갑사단 소속 공병대 부사관 한스 루바르트Hans Rubarth는 너무 짐

28. 급강하 폭격기를 뜻하는 독일어 Sturzkampfflugzeug의 약어. 제2차 세계대전 직전까지 독일 공군이 개발한 전투기 기종은 대부분 급강하 폭격 기능을 갖추고 있었는데, 그 가운데에서도 융커스 87이 슈투카로 불렸다.

29. 공격 부대가 돌격 대형으로 전개하여 돌격을 개시하는 지상의 가상선.

30. 프로이센-프랑스 전쟁에서 프랑스군의 청색사단(division bleue) 소속 제2여단이 1870년 8월 31일에 스당에서 5킬로미터 떨어진 소도시 바제유에서 적군과 격돌해서 이튿날까지 네 차례에 걸쳐 일진일퇴를 거듭했다. 이 혈투에서 나온 프랑스 측 전사자가 655명이었지만, 적군의 피해는 그 열 배가 넘었다. 특히 9월 1일에 오베르(Aubert) 대위가 이끄는 프랑스 병사 60명이 바제유에 있는 한 가옥에서 적의 대부대를 상대로 마지막 탄약통까지 써가며 처절하게 항전했고, 이 일화는 패전의 와중에서도 프랑스 군인의 용맹성을 보여준 전투로 훗날 널리 알려졌다.

을 많이 실은 보트에서 참호 파는 도구를 내던져버리라고 부하들에게 명령하면서 "우리는 참호를 파지 않는다. 우리는 목적지에 닿든지 아니면 여기서 끝장나든지 한다"고 말했다. 그날이 가기 전에 루바르트의 부하 11명 가운데 9명이 사상자가 되었지만 이 그룹은 목적을 이뤄내고야 말았다. 루바르트는 실제 전투 도중에 소위로 진급하고 용맹을 칭찬하는 독일 최고 훈장인 기사 철십자장을 받았다.

이 같은 공훈이 여러 차례 되풀이된 덕분에 3개 기갑사단 전체의 강습대가 5월 13일 오후 동안에 뫼즈 강을 건넜다. 그들 전방에서 고립된 프랑스군 보병부대 외곽기지가 아주 용맹하게 자기 전지를 지켰다. 그러나 다른 외곽기지는 전차를 보고 — 때로는 프랑스군 전차를 보고, 종종 그저 전차가 온다는 소문만 듣고도 — 도망쳤다. 프랑스군 전차들은 저녁께에야 나타났다. 역공을 가할 목적으로 제3기갑사단 및 제3차량화사단 소속 전차들이었다. 그러나 그 역공은 적진 깊숙이 들어가 급소를 치지 못했다. 그 전차들이 강가에서 물러나자, 독일군은 부교로 프랑스 쪽 강안으로 수송되어 온 자기편 전차부대를 증강했다. 전차부대는 다가오는 돌파를 준비했다.

아직도 위기지점에서 120마일 떨어진 뱅센에 있던 가믈랭이 그날 저녁에 휘하 장병에게 내린 지시문은 다음과 같았다. "지금 적의 기계화부대와 차량화부대의 공격에 맞서야 한다. 상급사령부가 지정한 진지에서 종심전투를 할 시간이 왔다. 그 누구도 더는 후퇴할 수 없다. 적이 국지적인 돌파구를 내면 그 돌파구를 틀어막을 뿐만 아니라 역공을 가해서 탈환해야 한다."

5월 14일 — '종심전투'를 하기에는 지나치게 넓게 퍼져 있던 — 가믈랭의 부대가 독일군 교두보에 역공을 여러 차례 시도했다. 부분적으로는 목표물이 흩어져 있었기 때문에, 어느 역공도 성공하지 못했다. '낫질'을 할 때 쓸 날 부분이 아직 만들어지지 않았다. 그 구성요소, 즉 스당 북쪽에 있는 제6기갑사단과 제8기갑사단, 남쪽

◀ 프랑스 전역에서 자신의 지휘
차량을 타고 14기갑군단을 지휘
하는 하인츠 구데리안 장군. 이
사진에서 에니그마 기계에 앉아
있는 통신병 두 명(앞)이 보인다.

의 제2기갑사단과 제1기갑사단과 제10기갑사단이 여전히 교두보에
서 나오려고 용을 쓰고 있었다. 프랑스군 상급사령부는 디낭에 있
는 제5기갑사단과 롬멜의 제7기갑사단이 가하는 위협을 아직 인식
하지 못했다. 엄밀하게 군사적인 의미에서라면, 기갑사단을 지원하
는 보병부대가 강을 건너와서 가세한 다음에 기갑사단들이 한데 합
쳐서 내륙으로 출발할 때까지 기다리는 것이 최상책이었을 것이다.
그렇지 않으면 기갑부대가 '옆구리를' 얻어맞아 목이 잘릴지도 모
를 일이다. 그러나 실제로는 5월 14일에 프랑스군 제3기갑사단은 찾
아내지도 못할 것이면서 분쇄할 상대를 찾아 싸움터 주위를 헤매고
다녔다. 독일군 기갑부대의 교두보가 확장되는 동안, 독일 전차가
다시 연료를 채우고 탄약을 갖추었고 프랑스 중심부로 치고 들어가
려고 출발선을 그었다.

　독일군 선봉돌격부대 가운데 어느 부대가 맨 먼저 교두보에서 나
갔을까? 스당 주위의 기갑부대 집결체가 더 강했지만, 조금 더 북
쪽의 디낭에 있는 집결체가 빈약한 코랍 예하 제9군 소속 부대와
마주보고 있었다. 더욱이, 부하들의 사랑을 얻는 재주를 가진 명랑
한 식민지 출신 뚱보 군인인 앙드레 코랍의 맞수는 오로지 적을 쳐
부수는 데에만 신경을 쓰기 때문에 부하 군인들의 우상이 된 호리
호리한 금욕주의자 에르빈 롬멜이었다. 롬멜은 제1차 세계대전 동
안 대위로서 개인적 창의성을 탁월하게 발휘해서 독일의 최고 군
사 훈장인 무공훈장Pour le merité을 받았으며, 그 과정에서 이탈리아군
1개 사단 대부분을 쳐부쉈다. 1940년 5월 15일에 똑같은 창의성을
발휘해서 롬멜은 코랍이 쳐놓은 임시 '저지선'에 병력이 배치될 수
있기 전에 그 선을 돌파해서 독일군 전사자 15명이 나오는 피해를
입으면서 17마일을 전진했다. 그날 오후 동안 독일군 제6기갑사단이
스당 북쪽에 있는 몽테르메Monthermé에서 강을 건너와서 프랑스군 제
9군을 쳐부수는 데 가세했다. 독일군은 사흘 동안 헌신적으로 용맹

하게 도하시설을 방어하는 인도차이나인 기관총 사수들을 우회했다(이들의 군인적 자질은 전후시기에 호치민[胡志明, Ho Chi Minh][31] 추종세력이 베트남을 차지하기 위해 싸우면서 보여줄 지독함을 예고해주었다). 제6기갑사단이 전진하면서 마주친 그들의 프랑스인 전우들은 그런 끈질김을 보여주지 못했다. 사실 그들이 보여준 것이란 참담하게 떨어진 사기밖에 없었다. 독일군 전차를 따라다니던 종군기자 카를 폰 슈타켈베르크Karl von Stackelberg는 무리를 이루어 전차 옆을 지나쳐 걸어가는 프랑스 군인 대오와 마주치고는 깜짝 놀라서 다음과 같이 썼다.

31. 베트남의 정치가(1892~1969). 1910년대에 파리에서 독립운동에 관여하다가 사회주의자가 되었다. 베트남 내 사회주의 세력을 규합해서 프랑스와 싸웠다. 제2차 세계대전 동안 베트남을 점령한 일본이 패망하자 독립을 선언했고, 다시 베트남에 진주한 프랑스군을 8년 동안 싸운 뒤에 몰아냈다. 프랑스를 대신해 개입한 미국과 싸우다가 승리를 보지 못하고 숨을 거두었다.

마지막으로 2,000명이 있었다. 이들은 이 1개 구역에서 오늘 하루에 …… 여기서 포로가 되어 되돌아가고 있었다. 나도 모르게 폴란드가, 그리고 폴란드의 광경이 생각났다. 설명이 불가능했다. 프랑스 땅에서 이 첫 주요 전투를 치른 뒤에, 뫼즈 강에서 이 승리를 거둔 뒤에 어떻게 해서 이 거대한 결과가 뒤따를 수 있었을까? 어쩌다가 이 프랑스 군인들이 이토록 완전히 기가 죽고 이토록 완전히 사기를 잃고서 장교들과 함께 감옥으로 제 발로 걸어 들어갈 수 있었을까?

프랑스 군인이 모두 다 그토록 쉽게 싸움을 그만두려고 하지는 않았다. 북쪽에서 제1군이 아직도 흔들림 없이 저항하고 있었다. 그 잔존 병력이 릴Lille에서 완전히 포위될 때까지 그랬다. 나흘 전에 제4기갑사단장에 임명된 샤를 드골은 5월 15일에 조르주 장군에게서 독일군 기갑부대의 경로에 놓여 있는 랑Laon을 공격해서 파리 북쪽에 새로운 전선이 만들어질 "시간을 벌라"는 명령을 받았다. 제4기갑사단은 비록 아직도 형성과정 중에 있기는 했지만 오랫동안 열렬한 기갑전 주창자인 드골은 열의를 가지고 그 과업을 받아들였다. 그는 현재 프랑스군의 사기가 떨어졌다고 해서 나라사랑이 줄어들기는커녕 한결 더 굳건해진 애국자였다. 훗날 그는 다음과 같은 글을 썼다. "끝없는 분노가 북받쳐 오른다. 아, 너무 어처구니없는 일이야. 이 전쟁의 시작은 최악이다. 그러므로 전쟁은 계속되어야 한다. 이 세상에는 그럴 공간이 있다. 나는 싸움이 필요한 곳을 보면 어디든 달려가 싸울 것이다. 싸움이 필요한 곳에서, 싸움이 필요한 만큼, 적을 이길 때까지, 국가의 임무가 깨끗이 청산될 때까지 나는 싸울 것이다! 그래서 나는 바로 그날, 그렇게 하기로 결심했다."

드골이 5월 17일에 마침내 예하 사단을 전투에 투입했을 때 해낸 것은 별로 없었다. 그의 전차들이 독일군 제1기갑사단의 진지 안으로 파고들어갔고, 제1기갑사단의 참모장교 가운데 한 사람이었으며 35년 뒤에 독일의 나토군을 지휘하게 될 대위 폰 킬스만젝_{von Kielsmansegg} 백작은 '신중함이 곧 용기'임을 보여주겠다고 마음먹었다. 그러나 드골의 전차는 독일군을 놀라게 만드는 것 이상을 하기에는 수가 너무 적었고 연료를 다시 채워 넣기 위해 그날 저녁께 뒤로 돌아서 철수했다.

독일군은 그날 집단적으로 신경이 곤두섰다. 비록 제2기갑사단과 제10기갑사단을 지휘하는 구데리안이 몸이 달아 갖은 수단을 다 써서 전진하려고 애썼지만 말이다. 그러나 할더는 히틀러가 "우리가 거둔 승리에 초조해하고 어떤 위험도 감수하고 싶어하지 않은지라 우리가 멈추면 아주 기분 좋아할 터였다"고 기록했다. 할더 스스로가 전개되는 '기갑부대 회랑'의 '벽' 안을 전차 뒤에서 처지고 있는 예하 보병부대로 채워넣는 데 신경을 썼으며, 브라우히치 총사령관은 할더가 그렇게 해야 한다는 데 흔들림이 없었다. 나흘 전에 뫼즈 강을 건넌 이후로 40마일을 전진한 독일군 기갑부대들은 한 군데로 모여들어 7개 사단으로 이루어진 견고한 기갑 집체를 형성하고 있었으며, 자기들 눈앞 도처에서 프랑스군 제9군과 제2군이 무너지고 있다는 확증을 가졌다. 프랑스 육군 제1군과 영국해외파견군과 벨기에군이 북쪽의 전지를 내주고 있는 한편으로, 마지노 선에 얽매여 움직이지 못하고 수송수단이 모자라서 기동할 수 없는 남쪽의 프랑스군은 독일군 기갑부대에 대항해서 개입할 수 없음이 분명했다. 그런데도 독일군 상급사령부는 히틀러의 걱정에 자극받아 5월 17일에 전진 중지령을 내렸다.

독일의 걱정은 연합국의 걱정에 견주면 아무것도 아니었다. 벨기에는 20세기에 두 번 패배해서 점령당할 형국에 있었다. 영국은 만약 허물어지고 있는 전투선에서 곤경에 빠진 동맹국들을 계속 도와주면 자국의 유일한 육군을 — 그리고 자국 공군의 상당 부분을 — 잃어버릴지 모른다는 공포에 맞부딪혔다. 프랑스는 자국 군대가 둘로 쪼개져서 더 나은 부분은 자기 나라 북부의 여러 도道와 벨기에에서 포위전의 제물이 되는 한편 나머지 부분은 파리로 가는 접근로에 방어할 수 있을지 의심스러운 새 전선을 형성하려고 발버둥치는 상황을 예견했다. 재앙의 가능성이 1914년만큼이나 크게 보였지만, 위기는 실제로 더 심각했다. 1914년에 프랑스 육군은 제1차 세계대전 초기 국경전Battle of the Frontiers[32]에서 패배는 당했지만, 침착한 사령관[33] 밑에서 질서정연하게 퇴각했다. 1940년에 프랑스 육군은 무질서하게 퇴각하고 있었고, 이 무질서는 사태에 휘둘리고 있는 한 장군[34]이 명목상 명령은 내리지만 지휘가 효율적이지 못해서 나날이 악화되었다. 5월 16일에 폴 레노Paul Reynau[35] 프랑스 총리는 새로운 인물들을 데려오려고 사람을 보냈다. 즉, 베르됭Verdun 전투의 영웅 필립 페탱Philippe Pétain을 데려와 부총리로 자기에게 가세하도록 마드리드 주재 프랑스대사관에, 그리고 1918년의 승전에서 포슈Foch[36]의 참모장이었던 막심 베강Maxime Weygand[37]을 데려와 가믈랭을 대체하려고 시리아에 사람을 보냈다. 두 사람 다 — 베강은 73세로 가믈랭보다 다섯 살 더, 그리고 페탱은 훨씬 더 — 연로했지만, 사투를 벌이는 이 순간에 영웅으로서 그들이 누리는 명성은 입을 쩍 벌린 패전

32. 1914년 8월에 프랑스-독일 국경과 프랑스-벨기에 국경에서 벌어진 일련의 교전.

___
33. 조프르를 말한다.

___
34. 가믈랭을 말한다.

___
35. 프랑스의 정치가(1878~1966). 중도우파 정치가로 재무부장관과 식민부장관을 지냈다. 대독 유화론에 반대했고 1940년 3월에 총리가 되었다. 독일의 프랑스 점령과 함께 감옥에 갇혔다가 프랑스가 해방된 뒤 정치활동을 재개했으나 큰 영향력을 행사하지는 못했다.

___
36. 프랑스의 군인(1851~1929). 제1차 세계대전의 대전투에서 전략가로 두각을 나타냈으며, 1918년에 연합군 총사령관이 되었다. 종전 뒤에 대독일 강경책이 오히려 프랑스에 해롭다고 주장했다. 베르사유 조약은 "강화가 아니라 20년간의 휴전"에 지나지 않는다는 그의 예언은 불행히도 들어맞았다.

___
37. 프랑스의 군인(1867~1965). 생-시르 사관학교를 졸업해서 기병대 장교가 되었고, 제1차 세계대전 때 포슈 원수의 참모장이었다. 1923년에 시리아에 고등위임관으로 파견되었고, 1930년에는 육군참모총장이 되었다. 1935년에 퇴역했다가 1940년에 정부의 부름을 받아 프랑스군을 이끌고 독일군과 싸웠지만 패했다. 비시 정부에서 국방장관을 지냈다. 제2차 세계대전이 끝난 뒤 재판정에 섰으나, 1948년에 기소중지 처분을 받았다.

의 아가리에서 아직도 중요한 그 무엇을 구해낼지도 모른다는 안도감을 다시 줄 듯 보였다.

가믈랭은 이제 신망을 잃었다. 그는 5월 16일에 파리에서 레노와 ─ 영국 의회 하원이 네빌 체임벌린에게서 신임을 철회한 5월 10일 이후로 영국 총리가 된 ─ 윈스턴 처칠과 회담을 해서 자기에게는 독일군의 강습을 저지하는 데 쓸 만한 부대가 없다고 인정했다. 처칠은 다음과 같이 기록해 놓았다. "그래서 내가 물어보았다. '전략 예비병력은 어디 있습니까?' 가믈랭 장군이 내 쪽을 쳐다보더니, 머리를 가로 젓고 어깨를 으쓱해 보이면서 말했다. '오퀸(aucune, 전혀 없습니다)'. 침묵이 한동안 흘렀다. 밖을 보니 케도르세Quai d'Orsay[38] 의 마당에 피운 커다란 화톳불에서 피어오르는 연기가 구름처럼 치솟았고 보존문서를 실은 외바퀴수레를 밀고 그 화톳불로 가는 점잖은 관리들이 창문 너머에 보였다."(공문서 소각은 제2차 세계대전 내내 수도와 총사령부에서 패배를 염려한다는 징표가 될 터였다.) "나는 기가 막혔다. …… 교전이 벌어지는 전선 500마일을 방어해야 하는 육군 사령관들이 (전략 예비병력을) 마련해두지 않았으리라고는 생각한 적이 없었던 것이다. 마지노 선은 뭐하러 있었는가?"

처칠은 영국군 6개 전투기 비행대대를 추가로 더 파견해서 이미 프랑스에 있는 수개 비행대대에 가세하도록 하겠다는 약속을 하고 영국으로 떠났다. 그러나 독일군의 공중우세가 완벽한지라 이 전투 단계에서는 전투기 증원부대가 온다고 해도 달라질 것이 없었다. 필요한 것은 그가 없다는 것을 안 전략 예비병력이었다. 5월 20일에 가믈랭에게서 지휘권을 물려받은 베강은 5월 21일에 독일군이 치고 들어와 자리 잡고 있는 곳 북쪽에서 포위되어 있는 연합군 부대가 아직 남쪽에서 작전을 벌이고 있는 프랑스군과 함께 공조해서 독일군 기갑부대 회랑에 수렴공격[39]을 가해야 한다는 제안('베강 계획')을 함으로써 전략 예비병력을 급조하려고 시도했다. 전격전에 대

38. 본디 파리의 에펠 탑에서 국회의사당까지 걸쳐 있는 센(Seine) 강 좌안의 선착장을 일컫는 말이지만, 흔히는 프랑스 외무부 청사를 가리킨다.

39. 여러 방향에서 한 장소에 가하는 공격.

처하는 방법에 관한 올바른 인식이 반영되어 있는 이 제안은 사실은 이틀 전에 가믈랭이 제안했던 것이었지만 그것을 실행할 권한을 가진 사람이 없었다. 조르주는 이때 심신이 망가진 사람이었고 그에게서 권한을 위임받은 비요트는 5월 21일에 자동차 사고로 죽었던 것이다. 군부대도 없는 상태였다. 드골이 병력이 고갈된 제4기갑사단으로 5월 19일에 역공을 또 한 차례 시도했지만 허사였다. 5월 21일에 영국군 2개 사단이 2개 전차대대의 지원을 받아 아라스Arras에서 독일군 기갑부대의 측면을 들이받아 치고 나가는 데 성공했다. 그 현장에서 지휘를 하던 롬멜은 자기가 적군 5개 사단의 공격을 받았다고 평가할 만큼 깜짝 놀랐다. 그러나 이 부대는 베강이 기동에 이용할 수 있었던 연합군 부대 거의 전부 다였다. 프랑스군 제9군은 무너져버려 있었다. 프랑스군 제1군과 영국해외파견군은 북해와 전진하는 독일군 사이에 끼어 오그라들었다. 독일군 기갑부대 회랑 남쪽에 아직 교전에 투입되지 않은 프랑스군 수개 군이 있었지만, 수송수단과 전차와 대포가 모자랐다. 한편, 독일군 상급사령부가 5월 17일에 주춤댄 뒤에 독일군 기갑부대가 전진해 나아가서, 부대 북쪽 측면에 있는 상브르Sambre 강과 남쪽에 있는 솜 강을 끼고 돌아 5월 18일이 되면 제1차 세계대전의 싸움터를 가로질러 나아가고 있었다. 5월 20일에 구데리안의 사단들이 솜 강 어귀에 있는 아브빌에 도달함으로써 연합군을 사실상 두 쪽으로 쪼개놓았다.

하인츠 구데리안으로서는 짜릿한 나날이었다. 그는 기갑 병과 발전에 전념했고 심지어 전격전으로 불리게 될 것을 히틀러가 권력을 잡기 전에 주창한 사람이었다. 그는 — 할더의 부추김을 받은 브라우히치로 대표되는 겁보들인 — 상급사령부의 상관들의 소심함에 좌절하고는 뫼즈 강을 건넌 뒤 신중하게 나아가라는 상급사령부의 명령을 회피할 핑계를 대야만 했다. 그의 창의적인 명령 불복종은 아직은 대승을 거두지 못했고, 그와 독일군 기갑부대 전체가 대승을 거두는 데 어려움을 겪게 된다. 5월 20일에 히틀러가 프랑스의 심장부로 전진해 들어가서 '낫질'을 마무리 짓고 또한 — 독일군 기갑 병과가 손상 받지 않고 유지되는 한 — 프랑스 육군 섬멸도 마무리 짓는다는 '적색 작전' 계획안을 검토했다. 바로 이랬기 때문에 롬멜을 그토록 놀라게 한 영국군의 아라스 역공에 이때 히틀러가 다시 한번 깜짝 놀랐던 것이다. 독일군 기갑부대가 안전을 기하기에는 너무 멀리 전진했으며 아라스 역공이 되풀이되지 않도록 이동속도가 떨어지는 보병부대가 기갑부대 회랑의 '벽'을 따라 정렬할 때까지 전진해서는 안 된다는 히틀러의 견해에 룬트슈테트 A집단군 사령관이 동의했다. 이때 브라우히치가 할더의 지지를 받아 자기가 처음에 취했던 신중한 자세를 내버리고 기갑부대가 북쪽에서 포위된 연합군에 공격을 가해 적진 깊숙이 들어가야 한다고 다그쳤고, 심지어는 타격부대 일부의 지휘권을 룬트슈테트에게서 보크에게 넘기려는 시도까지 했다. 이때 벨기에를 거쳐 전선으로 전진하는 보크 휘하 B집단군이 처한 상황이 히틀러의 걱정을 불러일으켰다. 그러나 히틀러가 5월 24일에 브라우히치의 시도를 알아채고 그것을 취소하고 기갑부대가 해안 저지대로 돌진해 들어가지 못하도록 거듭해서 퇴짜를 놓았다. 그는 제1차 세계대전의 참호에서 몸소 얻은 자기 나름의 경험에 따라 그 해안 저지대가 기갑부대 작전에 전혀 알맞지 않다고 주장했다.

히틀러의 '정지 명령'으로 기갑부대가 5월 26일 오후까지 꼬박 이틀 동안 — 나중에 결과를 아는 상태에서 되돌아보면 전략상 제2차 세계대전의 결과를 판가름했다고 여겨져온 이틀 동안 — 멈추어 있게 된다. 독일 모르게, 5월 20일에 영국 정부는 영국해외파견군 일부를 영국해협 항구에서 소개해야 할지 모른다고 결정하고는 그들을 데려올 작은 배들을 영국 남부 해안에 모아두기 시작하라는 지시를 해군본부에 내렸다. '발전기Dynamo'라는 암호명이 붙게 될 그

작전에는 완전한 소개는 아직 포함되지 않고 있었다. 아직도 영국
정부는 영국해외파견군이 프랑스군 제1군과 함께 독일군 기갑부대
의 회랑을 돌파해서 솜 강과 솜 강 남쪽에 있는 꽤 큰 규모의 프랑
스군 생존 부대와 합류할 수 있으리라는 희망을 품었던 것이다. 이
것이 베강 계획의 요체였다. 그러나 영국해외파견군 자체가 벨기에
에서 전투를 치르면서 딜 강에서 스헬데 강까지 퇴각하느라 힘이
빠져 있었고, 고트는 영국의 유일한 육군을 안전하게 지켜내야 한
다는 책임에 점점 걱정이 커졌다. 5월 23일에 그는 부대가 북부 해
안에서 철수해야 할 경우 해군과 공군이 그들을 돕도록 계획을 세
우겠다는 정부의 확약을 전쟁부 장관으로 재직하고 있는 안소니 이
든Anthony Eden[40]에게서 받았다. 같은 날 그는 병력과 전차와 항공기가
모자라서 베강 계획이 실현될 수 없다는 결론을 내렸고, 롬멜을 5
월 21일에 공격해서 큰 효과를 본 2개 사단을 아라스에서 철수했다.
고트 예하 제2군단을 지휘하는 알란 브룩은 5월 23일에 "이제는 오
직 기적만이 영국해외파견군을 구해낼 수 있다"고 썼다. 그러나 그
날 전투를 중단하고 영국해외파견군을 뒤로 빼서 해안으로 간다는
고트의 결정이 사실상 영국해외파견군을 구할 토대를 마련했다.

왜냐하면 히틀러가 사태를 예단했기 때문이다. 고트가 이제 영국
해외파견군을 이끌고 가는 목적지인 항구도시 됭케르크Dunkerque 주
위의 운하와 하천에서 독일군 기갑부대가 수렁에 빠져 옴짝달싹 못
하리라는 히틀러의 두려움은 옳았다. 영국군이 — 그리고 프랑스군
제1군의 상당 비율이 — '운하선'이라는 물의 안전지대[41]에 도달하
기 이틀 전에 그가 '정지 명령'을 내린 것은 잘못이었다. 그 정지 명
령이 5월 26일에 철회되었을 때, 쳐부수고픈 바람이 가장 컸고 쳐부
숴야 할 필요가 가장 컸던 연합군 부대는 — 잠시나마 — 안전했다.
도주하는 적군은 아Aa 운하와 콜메Colme 운하의 보호를 받으면서 버
트럼 램지Bertram Ramsay 제독이 같은 날 발전기 작전 본부로부터 영국

해협을 건너 보내기 시작한 구축함과 소형 선박의 소함대에 올라타기 시작할 수 있었다. 히틀러는 독일 공군이 됭케르크 고립지대에서 빠져나가는 모든 소개를 막으리라는 괴링의 말을 듣고 마음을 놓고 있었다. 독일 공군 비행기들이 실제로 5월 24~25일 동안 됭케르크 고립지대 안에서 참화를 불러일으켰고 6월 4일까지는 소개가 지속되는 한 계속 그럴 터였다. 그러나 독일 공군은 — 9일 동안 항공공격을 가한 끝에 가라앉힌 선박 총수는 영국 구축함 6척과 프랑스 구축함 2척이어서 — 해안에 다가가는 소개 선박을 저지할 수도 없었고 됭케르크 방자의 저항을 제압할 수도 없었다. 방자 다수가 프랑스 군인이었고, 그 가운데 다수를 차지한 프랑스 식민지 출신 군인들이 독일군의 집중 공격에 맹렬하게 저항하면서 전지를 내주었다.

벨기에군은 5월 27일 한밤중에 됭케르크 고립지대 북쪽에서 어쩔 도리 없이 항복해야 했다. 벨기에군은 1914년에 방어 진지를 강화해서 1918년까지 계속 싸울 수 있었던 지역과 거의 정확히 같은 곳에서 항복했다. 그러나 당시에 벨기에군은 손상을 입지 않고 전투력을 고스란히 유지한 프랑스군과 영국군의 지원을 받았다. 스스로 붕괴점에 이른 동맹국들에게서 동맹국을 내팽개쳤다는 부당한 비난을 받기는 했지만, 벨기에군으로서는 항복을 요청하는 것말고는 다른 선택이 없었다. 릴에서 포위되어 탄약이 다 떨어져가는 프랑스군 제1군 소속 사단들도 얼마 되지 않아서 역시 그럴 터였다. 이 사단들은 5월 30일에 행진해서 밖으로 나와 항복할 때 독일군이 포로가 되는 그들에게 군악대가 음악을 연주해주는 특전을 부여할 만큼 아주 용감하게 싸웠다. 이 굳센 사나이들 가운데 꽤 높은 비율이 전혀 프랑스사람이 아닌 프랑스제국 북아프리카인 백성이었다는 점은 1940년에 프랑스군의 투지가 어땠는지를 보여주는 의미심장한 증거였다.

영국해외파견군의 — 그리고 해변에 데려갈 수 있는 됭케르크 고립지대 안의 프랑스군 부대의 — 소개가 한창 진행되는 중이었다. 5월 26~27일에는 8,000명만이 떠났지만, 5월 28일에는 해안으로 향하는 해군 함선과 소형 민간 선박의 선단이 불어나면서 1만 9,000명이 배에 올랐다. 5월 29일에는 4만 7,000명, 고트 자신이 영국으로 떠난 날인 5월 31일에는 6만 8,000명이 구조되었다. 마지막 배가 떠난 6월 4일까지 연합국 군인 33만 8,000명이 포로 신세를 모면했다. 이 수치에는 일시적으로는 대체하기가 불가능한 장비를 빼고는 영국해외파견군의 거의 모든 인력과 프랑스 군인 11만 명이 포함되어 있다. 이 프랑스 군인 가운데 대다수가 영국에 도착하자마자 곧바로 배를 갈아타고 노르망디와 브르타뉴에 있는 프랑스 항구로 되돌아가서 아직도 싸우고 있는 나머지 프랑스군에 가세했다.

이때 남아 있던 프랑스군은 60개 사단이었는데, 일부는 뫼즈 강에서 벌어진 전투에서 살아남은 사단이었고 일부는 마지노 선에서 철수한 사단이었다. 3개 사단만이 기갑사단이었는데, 모두 병력이 많이 줄어들어 있었다. 이번에는 5월 28~30일에 아브빌 근처에서 독일군 기갑부대 회랑의 측면을 들이받아 치고 들어가려고 다시 한번 시도했지만 실패한 드골의 제4기갑사단은 특히 그랬다. 됭케르크 서쪽 해안을 방어하는 영국군 2개 사단, 즉 (하나뿐인) 제1기갑사단과 제51하일랜드Highland사단이 프랑스에 남아 있었다(칼레 방어에 투입된 영국군 소총연대들은 이미 제압되어 있었다). 이들에 맞서 독일군은 89개 보병사단과 15개 기갑사단 및 차량화사단을 전개했다. 이 기갑사단과 차량화사단은 5개 집단으로 편성되었는데, 각 집단은 2개 기갑사단과 1개 차량화사단으로 이루어졌다. 이 기갑-차량화사단 조합은 제2차 세계대전 내내, 그리고 사실상 그 뒤로도 죽 공세작전을 수행할 보병-전차 대형의 모델이 되는 강력한 공세 도구를 형성했다. 독일 공군은 공격 항공기, 즉 폭격기와 전투기 2,500

여 대를 계속 전개했으며, 이제는 전투선 가까이 있는 점령 비행장에서 그 비행기들을 운용할 수 있었다. 프랑스 공군은 비록 미국에서 급히 사들인 비행기로 증강되고 영국 공군 비행기 350대의 지원을 받기는 했어도, 980여 대를 운용할 수 있었을 뿐이다.

베강 선

베강은 자기 '계획'이 무너져버리자 이제 저항을 위한 희망을 '베강 선'으로 불릴 진지의 방어에 걸었다. 위기에 강한 그 노장군은 아직 희망을 버리지 않고 독일군의 공세 계획안을 현대적으로 모방한 방어 계획안의 골자를 만들기까지 했다. 영국해협 해안에서 시작해서 솜 강과 엔Aisne 강의 선을 따라가다가 몽메디Montmédy에서 마지노 선과 합치는 '베강 선'은, 지켜져서 '고슴도치형 진지들'[42]이 '들어설 곳'이 되어야 할 터였다(나토NATO[43]가 1970년대에 똑같은 독일 중앙전선 방어 계획안을 채택하게 된다). 그 '고슴도치형 진지들'은 군 부대원들과 대전차 무기로 채워지고 설령 적의 선봉돌격부대가 우회한다고 해도 저항을 계속할 터였다.

이론은 훌륭했는데 실제는 한심했다. 베강 선은 6월 5일에 아미앵과 해안 사이에서 독일군 기갑부대 우익의 공격을 받자마자 거의 곧바로 무너졌다. 결함은 프랑스군 부대의 감투정신이 아니라 취약한 물량에 있었다. 감투정신이 크게 되살아난 프랑스군은 병력에서 밀리고 전차와 유효한 대전차 무기와 항공 엄호가 모자랐다. 식민지 출신 부대원과 예비부대 부대원도 같은 용기를 가지고 싸웠다. 카를 폰 슈타켈베르크는 "폐허가 된 여러 마을에서 프랑스군은 마지막 한 사람까지 저항했다. 몇몇 고슴도치형 진지는 우리 보병이 그들 20마일 뒤에 있을 때에도 계속 버티고 있었다." 6월 5일과 6일에 독일군은 대여섯 군데에서 저지되어 꼼짝 못하다가 괴멸적인 전차 손실을 입기까지 했다. 만약 베강 선에 '종심'이 있었더라면 베강 선

42. 사주방어(四周防禦)가 가능하도록 병력과 화기를 배치한 요새화 진지.

43. 북대서양 조약기구. 나토는 North Atlantic Treaty Organisation의 머리글자를 따서 만든 약어다. 제2차 세계대전 직후 미국과 소련의 대립이 고조되는 상황에서 미국과 서유럽 국가들이 1949년에 발족한 기구이며, 이듬해에는 나토군까지 조직되었다. 미국이 주도하는 전후 자본주의 진영의 군사동맹의 핵을 이루어 소련과 대립했다.

의 전초기지들이 독일군의 전진을 저지할 수 있었을지도 모를 일이지만, 일단 베강 선의 외곽이 깨지자 그 뒤에는 갈라진 틈을 틀어막거나 역공을 할 부대가 없었다. 제7기갑사단을 이끌고 시골을 가로질러 가다가 도로를 내려다보는 고슴도치형 진지의 저지를 받은 롬멜은 후방으로 들어가는 길 하나를 재빨리 찾아냈고 이제 그의 상급부대인 보크 예하 B집단군의 사령부로부터 해안 쪽으로 돌아서 베강 선 좌익의 방자를 뒤에서 포위하라는 지시를 받았다. 롬멜은 그 과정에서 프랑스에 남은 마지막 영국군 보병사단인 제51하일랜드 사단을 밀어붙여 항복을 받아내고야 말았다.

6월 9일에 룬트슈테트의 A집단군이 이동해서 엔 강 공격에 나섰다. 4개 기갑사단과 2개 차량화사단으로 이루어진 구데리안의 기갑부대를 앞세운 A집단군은 특히 미래의 프랑스군 원수 장 드 라트르 드 타시니Jean de Lattre de Tassigny 장군 예하 프랑스군 제14사단의 저항을 받아 잠시 저지되었다. 패배의 와중에서도 도전했다는 드 라트르 드 타시니 장군의 명성은 바로 이날 얻은 것이다. 그러나 솜 강에서와는 달리 프랑스군이 엔 강에서 어떻게든 용맹을 보여주어서 독일군을 묶어두기에는 독일군은 이때 너무도 막강했다. 전날 저녁에 페탱 부총리는 예전에 자기의 참모장이었던 베르나르 세리니Bernard Serrigny에게 베강이 잘해야 사흘 동안 베강 선을 지킬 수 있다고 내다보고 있고 자기가 몸소 "정부를 밀어붙여서 휴전을 요청할" 의향을 가지고 있다면서 "중앙위원회 회의가 내일 있어. 내가 제안서 초안을 만들겠네"라고 말했다. 세리니는 내일은 너무 늦다고 경고하면서 다음과 같이 말했다. "프랑스에 허울뿐이더라도 아직 군대가 있고 이탈리아가 끼어들기 전에 조처를 해야 합니다. 교섭 시도에 개입할 중립국을 구하세요. 루스벨트Roosevelt가 적당한 선택으로 보입니다. 그 사람은 자기 힘을 써서 히틀러에게 영향을 미칠 수 있습니다."

이것은 자포자기의 조언이었다. 루스벨트는 이미 레노에게 자기에게는 물자를 새로 더 보내거나 아니면 미국 함대를 보내서 유럽에서 벌어지는 사태의 진전에 영향을 미칠 능력이 없다고 선언한 데다가, 5월 28일에 영국대사에게 프랑스령 북아프리카를 뇌물로 준다 해도 자기를 중립으로 묶어두지 못하리라고 말했던 무솔리니가 이제 영광과 보상을 한몫 챙기지도 못한 채 전쟁이 끝나기 전에 선전포고를 할 마음을 굳혔던 것이다. 조건을 교섭하도록 정부를 밀어붙이기로 페탱이 지정한 날인 6월 10일에 레노는 정부를 파리에서 소개했다. 프랑스 정부가 처칠이 6월 11일에 자기 동맹국과 네 번째 회담을 하려고 비행기를 타고 가려던 곳인 루아르Loire 강의 투르를 향해 가고 있을 때, 독일군 기갑부대가 파리 시를 서쪽과 동쪽에서 측면 포위하고 있었다. 프랑스 정부가 떠난 다음날 파리는 파괴를 모면하려고 '비무장 도시'[44] 선언을 했다. 그러나 히틀러는 파리를 공격하는 쪽을 택하지 않았다. 아마도 또 다른 코뮌[45]이 될까 두려워서 그랬겠지만, 그것은 순전히 기우였다. 처칠은 비행기를 타고 투르에 있는 레노를 방문해서 그에게 "대도시를 매시간 방어할 때 생기는 흡수력"을 상기시켰다. 그러나 자동차를 가진 파리 시민은 이미 수만 명씩 무리를 지어 남쪽으로 빠져나가는 한편, 뒤에 남은 시민은 6월 14일 첫 독일 군인들이 도착했을 때 여느 때처럼 가게 문을 열었다. 그 독일 군인들은 사흘 뒤에 평화 카페Le Café de la Paix[46]의 길가 좌석에 무리 지어 모여서 세계의 여행 중심지에서 즐겁게 관광객 노릇을 하고 있었다.

군복을 입은 프랑스사람은 아직 싸우고 있었다. 죽을 때까지 싸우는 경우도 잦았다. 벨기에군처럼 그들은 패배가 다가오는 가운데 분노에 찬 자기희생 능력을 발견했다. 툴Toul에서는 제227보병연대가 마지노 선 뒤에서 포위된 다음에도 오랫동안 계속 싸웠다. 소뮈르Saumur에서는 기병학교 생도들이 6월 19일부터 20일까지 루아르 강에 놓인 다리들을 탄약이 다 떨어질 때까지 싸우며 지켰다. 마지노

44. 적의 공격을 받았을 때 군사 시설이 없으며 군사 작전에 이용되지 않겠다고 선언한 도시. 국제법에서 무장을 해제하고 저항 의사를 포기한 비무장 도시를 공격하는 행위는 금지되어 있다.

45. 1871년의 파리 코뮌

46. 파리에 있는 유명한 호화 카페.

선 자체를 지키는 40만 명 병력의 수비대는 모든 항복 요청을 물리쳤다. 단 한 구역의 특화점들만 독일군의 공격을 받아 함락되었을 뿐이다. 루아르 강 남쪽에서 제5군의 한 장교가 '제28사단 소속 산악 경보병대Chasseurs Alpins의 소부대'가 6월 17일에 강을 건너는 것을 지켜보고 다음과 같이 썼다. 그들은 "먼지에 뒤덮인 상사의 뒤를 따라 갈가리 찢긴 군복 차림으로 발맞추어 질서 있게 행군했다. 그 병사들은 장비 끈에 두 손을 얹어 놓은 채 몸을 앞으로 기울였다. 어떤 병사는 다쳐서 붕대가 흙과 피로 얼룩져 있었고, 어떤 병사는 배낭과 소총의 무게에 눌려 넋이 나간 듯 졸면서 행군했다. 그들은 독한 결의를 내보이는 자세로 입을 다물고 조용히 지나갔다."

한편, 이 산악부대원의 전우들은 알프마리팀Alpes Maritimes 도를 넘어 리비에라Riviera[47]에 가하는 무솔리니의 공격에 맞서고 있었다. 이탈리아는 6월 10일에 선전포고를 했다. 프랑스군 4개 사단이 이탈리아군 28개 사단의 길목을 가로막았다. 그들은 어디에서도 전선의 2킬로미터 이상 내주지 않고 단 8명을 전사로 잃으면서 이탈리아군에게 거의 5,000명에 이르는 사상자를 내도록 만들면서, 전지를 어렵지 않게 지켰다. 끝에 가서는 자포자기한 이탈리아군 총사령부가 성공의 표시로서 프랑스군 진지선 뒤에 1개 대대를 내려놓을 독일 수송기를 요청했다. 할더는 "일 전체가 늘 그렇듯이 속임수다. 나는 이 일에 내 이름이 들어가도록 만들지 않겠다는 점을 분명히 밝혔다"고 기록했다.

프랑스의 치욕

알프스 산맥과 마지노 선에서 이루어진 저항은 독일이 중심지에서 승리를 거두지 못하도록 막는 데 조금도 도움이 되지 못했다. 영국은 프랑스로 돌아가는 프랑스군 부대가 서쪽에 새 전선을 여는 데 도움을 주려고 6월 12일에 제52로울랜드Lowland사단과 캐나다 사

47. 알프마리팀은 이탈리아와 맞닿아 있는 프랑스 남부의 한 행정구역의 이름이며, 리비에라는 프랑스 남동부의 마르세유에서 이탈리아 북서부의 라스페치아(La Spezia)에 이르는 이름난 휴양지 해안이다.

단을 셰르부르Cherbourg에 내려놓았다. 그 두 사단 모두 포로가 되는 상황을 모면하기 위해 거의 곧바로 소개해야 했다. 그 전날 처칠은 프랑스가 처한 절망상태를 몸소 보았다. 투르Tours에서 베강이, 싸움이 모두 끝난 뒤, 처칠과 프랑스 장관들에게 "어쩔 도리가 없습니다. 제게 예비병력이 없기 때문에 끼어들 수가 없습니다. …… 셀 라 디스로카시옹C'est la dislocation(이것은 붕괴입니다)"이라고 말했다. 전쟁을 계속 벌이기 위해 조금은 '극적인 행보'를 하겠다고 굳게 마음먹은 드골은 6월 14일에 런던에서 처칠에게 "프랑스 국민과 영국 국민의 굳건한 연방을 선언하면 목적이 이루어질 것"이라고 제안했고, 처칠은 6월 16일에 레노에게 그 같은 연방 선언문을 내놓았다. 레노의 장관들이 그것을 확고하게 거부했다. 쟝 이바른가레Jean Ybarnegaray[48]가 자기는 "프랑스가 (대영제국의) 자치령이 되기를 바라지 않았다"고 말했을 때, 의문의 여지 없이 그는 많은 사람을 대변했다. 이때 페탱은 주로 프랑스가 무질서에 빠져들지 않도록 만드는 데 관심을 기울였다. 그가 패배와 속출하는 사상자 피해보다 훨씬 더 두려워한 것은 좌익의 권력 접수였다. 보수주의자들이 계속 공직에 남을 수 있도록 휴전을 추구하겠다는 그의 결심은 적어도 정책이기는 했다. 레노에게는 정책이랄 것이 없었다. 처칠의 연방구성 제안이 거부된 그날 저녁에 르브륑 대통령은 그 노원수에게 정부를 구성하라고 요청해야 한다고 마음먹었다. 처칠이 프랑스에 보낸 개인 특사였던 에드워드 스피어스Edward Spears 장군이 샤를 드골을 데리고 영국으로 즉시 떠났다. 5월 25일에 장군으로 진급하고 6월 10일에 국방차관에 임명되었던 드골은 저항을 계속해야 한다고 마음먹은 거의 유일한 정부 각료였다. 다음날인 6월 18일에 드골은 런던에서 방송으로 프랑스 국민에게 "이 전쟁은 프랑스 전투로 결정되지 않았습니다. 이 전쟁은 세계대전입니다. …… 어떤 일이 있어도 저항의 불길은 꺼져서도 안 되고 꺼지지도 않을 것입니다"라고 말했다. 그는 영국 땅에서

48. 프랑스의 정치인(1883~1956). 페탱 정부에서 가족부 장관을 지냈다.

자기에게 가담할 수 있는 모든 프랑스사람에게 계속 싸우자고 호소했다. 이 도전행위 때문에 페탱 정권이 드골을 곧바로 군법회의에 회부해서 반역자 선고를 내리게 된다.

페탱은 드골의 방송이 있기 전날 방송에서 몸소 프랑스 국민에게 다음과 같이 말했다. "프랑스 국민 여러분, 공화국 대통령의 호소에 따라 오늘 본인은 프랑스 정부의 지휘를 맡았습니다. …… 본인은 프랑스의 불행을 줄이고자 프랑스에 몸을 바쳤습니다. …… 본인은 무거운 가슴을 안고 이 전투를 멈추어야 한다고 여러분께 말합니다. 어젯밤에 본인은 우리의 적에게 문의를 해서 적이 본인과 함께 군인 대 군인으로서 전투 뒤에 교전행위를 끝낼 수도 있는 방법을 명예롭게 모색할 준비가 되어 있는지 타진했습니다." 완강한 '전선의 투사'인 히틀러는 군인 대 군인으로 담판하고자 했지만, 패한 적이 간청하는 '명예'는 없는 담판이었다. 그러기에는 베르사유가 그의 정신을 너무 심하게 좀먹었던 것이다. 페탱이 보낸 사절단은 6월 20일에 투르 부근에서 독일 측 사절단과 만났는데, 처음에는 파리로, 그다음에는 동쪽으로 이송되었다. 6월 21일에 콩피에뉴Compiègne 부근의 레통드Réthondes에서 샤를 윙치제르 장군이 독일 측 군용 호위 차량대에서 내려서, 독일 대표가 1918년 11월 휴전조약에 조인했던 그 열차 차량 밖에 섰다. 윙치제르 장군 예하의 제2군은 독일 기갑군의 공세에 최초로 희생된 부대였다. 승리에 도취한 히틀러가 그의 도착을 지켜보았다. 독일 국방군 최고사령부 수장인 빌헬름 카이텔 장군이 휴전 조건을 내놓았다. 그들은 협상을 염두에 두지 않았다. 페탱 정부는 주권을 가진 정부로 남겠지만 파리와 프랑스 북부, 그리고 벨기에와 스위스와 대서양과 맞닿은 지역은 독일 점령지구가 된다. 이탈리아는 무솔리니와 논의될 조건에 따라 프랑스 남동부를 점령한다. 프랑스 육군의 병력은 10만 명으로 줄어들고, 터무니없는 프랑화 대 마르크화 교환비율로 정해진 '점령 비용'이 프랑스 예산에서 충당된다. 프랑스 해군과 마찬가지로 — 아프리카 북부와 서부, 그리고 인도차이나에 있는 — 프랑스제국은 (곧이어 비시Vichy를 수도로 삼게 될) 프랑스 정부의 관할 아래 계속 남을 터였다. 프랑스 해군은 탈군사화된다. 비록 항복하지는 않았지만 마지노 선 수비대를 비롯한 프랑스 전역戰役에서 잡힌 포로 전원이 독일 수중에 남을 터였다. 요컨대, 프랑스는 히틀러가 믿기에 1918년에 독일이 그랬던 것처럼 거세되고 치욕을 당한 것이다. 그 조건은 실제로는 22년 전에 레퉁드에서 부과된 조건보다 훨씬 더 가혹했다. 당시 독일은 국토의 대부분이 남아 있었고, 독일 군인에게는 민간인 생활로 되돌아갈 자유가 남아 있었다. 이제 프랑스 영토 가운데 생산이 가장 많이 이루어지는 부분이 점령되고 인구의 5퍼센트지만 아마도 프랑스의 남성 활동인구의 4분의 1일 프랑스인 200만 명이 형벌의 변형으로 정해진 기한 없이 독일의 포로가 될 터였다. 대표단이 논란을 벌였다. 그러나 레옹 노엘Léon Noël 전직 폴란드 주재 대사가 평한 대로 그러는 동안에도 "싸움은 여전히 벌어지고 있었고, 침공은 확대되고 있었고, 피난민은 길에서 기관총 사격을 받고 있었다." 욍치제르는 프랑스 정부가 철수해간 보르도Bordeaux에 있는 페탱에게 지시를 구했고, 즉시 조인하라는 지시를 받고서 6월 22일 저녁에 조인을 했다. 한편, 노엘이 이끄는 대표단은 로마에서 이탈리아 정부와 협정을 체결했다. 그 협정은 프랑스-이탈리아 국경에서 프랑스 안쪽으로 50킬로미터까지 들어간 지대를 점령한다고 규정했다. 독일과 이탈리아 두 나라와 맺은 휴전조약의 발효시간은 6월 25일 오전 12시 25분으로 정해졌다.

그 무렵 독일군의 선봉돌격부대는 휴전조약에서 신생 비시 정부에 남겨진 '자유지대zone libre' 안으로 깊숙이 들어가 있었다. 독일군 전차가 리옹Lyon 남쪽, 그리고 보르도 바깥에 있었다. 심지어는 비시에도 한동안 독일군 전차가 있었다. 그 전차들은 휴전조약 조건이 발효되자 머뭇거리지 않고 물러났다. 1940년 5월 10일부터 6월 25일까지 벌어진 전역에서 독일군은 비싼 대가를 치르지 않았다. 프랑스 마을에 들어선 많은 전쟁 기념물에서 영국사람과 미국사람이 보기에는 걸맞지 않게도 '1939~1940년의 전쟁'이라고 일컬어진 전쟁에서 프랑스군 사망자 수는 9만여 명을 헤아렸다. 독일군은 단지 2만 7,000명을 잃었다. 그들의 전쟁은 마지막 몇 주에는 거의 꽃의 전쟁이었다. 롬멜은 6월 21일에 브르타뉴의 렌Rennes에서 아내에게 보낸 편지에서 "어렵지 않게 이곳에 도착했소. 전쟁은 사실상 전격 프랑스 일주 유람이 되어버렸다오. 사나흘 안에 완전히 끝날 거요. 지역 주민은 만사가 아주 평화롭게 진행되는 것을 보고는 마음을 놓고 있어요"라고 썼다. 승리의 아량에 물든 독일군은 군 명령이 규정한 대로 패배한 적에게 아주 '깍듯하게' 행동했다. 프랑스사람들은 마치 자기들이 겪은 파국에 충격을 받아 넋이 나간 양 거의 고맙다는 투로 유순한 반응을 보였다. 사실상 프랑스 어느 지역에서도 지저분하고 굶주리고 지친 프랑스군 패잔병들이 — 즉, 젊은 징집병, 나이든 신병, 세네갈 흑인 경보병, 아랍 경보병, 폴란드인 지원병, 체코인 지원병, 보병, 기병, 포병, 전차가 — 승자와 패자에게 똑같이 '1940년 여름'의 기억에서 떼놓을 수 없는 그 대낮의 찬란함이 남아 있는 해와 하늘 아래 가을걷이할 때가 되어 여물고 있는 밭과 과수원을 지나 정처없이, 때로는 지휘관도 없이 후퇴하는 광경을 보지 않으려야 않을 수 없었다. 1918년에는 동맹국인 영국의 꿋꿋함과 기적과도 같은 미국의 개입으로 비켜갔던 국가 멸망의 분위기가 — 구운 고기를 푸짐하게 차린 일요일 점심, 첫 성체 배령식, 축일 등 — 정상생활이 지속되는 가운데 나라를 뒤덮었다. 프랑스의 적들이 벨기에에서 첫째 나폴레옹을 쳐부쉈던 1815년에도 이랬다. 독일군이 로렌Lorraine에서 둘째 나폴레옹을 쳐부쉈던 1870년에도 이랬다.[49] 이제는 1918년의 승리가 그저 막간극으로만 보였다. 블레셋인과 야만 부족에게

49. 첫째 나폴레옹은 1815년에 워털루 전투에서 반프랑스 동맹군에 패한 보나파르트 나폴레옹(나폴레옹 1세), 둘째 나폴레옹은 1870년에 프랑스-프로이센 전쟁에서 패한 루이 보나파르트(나폴레옹 3세)를 일컫는다. 두 사람은 아저씨와 조카 관계였다.

난타당한 '그 위대한 나라la grande nation'의 쇠망이 돌이킬 수 없게 정해진 듯 보일 수도 있었다.⁵⁰ 베르됭의 영웅 페탱은 1940년 6월에 동포들의 정신상태를 구현했다. 다른 무엇보다도 그의 동포가 그에게서 상실과 고통에 단련된 존재를 찾았기 때문이다.

이와는 대조적으로 독일사람의 마음은 가벼웠다. 프랑스 전역이 시작해서 끝날 때까지 싸웠던 젊은 공병장교 카를 하인츠 멘데Karl Heinz Mende는 "26년 동안 지속되었던 프랑스 대전투가 끝났다"고 썼다. 영국 사람의 마음도 가벼웠다. 아마도 심술이 나서 그랬을 것이다. 영국 국왕 조지 6세George VI⁵¹는 어머니에게 보내는 편지에 "개인적으로 저는 더 즐겁습니다. 정중히 대하고 비위를 맞춰야 할 동맹국이 우리한테 없으니 말입니다"라고 썼다. 윈스턴 처칠은 현실을 똑바로 마주보고서 더 뻣뻣한 어투로 미래와 마주 섰다. 그는 6월 18일에 영국 의회 하원에서 "프랑스 전투가 끝났습니다. 나는 브리튼 전투가 바야흐로 시작될 참이라고 예상합니다"라고 말했다.

50. '블레셋인'은 오늘날 팔레스티나 지역에 살던 고대의 원주민이며, 가나안에 침입해 들어온 이스라엘인과 사이가 나빴다. 이스라엘인은 블레셋인의 침공을 자주 받았다. '야만 부족'이란 4세기에 서로마제국에 침입해 들어온 게르만족 계통의 여러 부족을 일컫는 말이다. '그 위대한 나라'는 프랑스, 특히 나폴레옹 시대의 프랑스를 가리키는 별칭이다. 따라서 "블레셋인과 야만 부족에게 난타당한 '그 위대한 나라'"는 독일의 프랑스 침공을 블레셋인의 이스라엘 침공과 야만부족의 서로마제국 침공에 빗댄 표현이다.

51. 영국의 국왕(1895~1952). 조지 5세의 차남이었으나, 1936년에 형 윈저(Windsor) 공이 이혼 경력이 있는 미국인 심슨(Simpson) 부인과 결혼하면서 왕위를 포기하사 왕위에 올랐다. 제2차 세계대전 동안 나라 곳곳을 돌아다니며 국민의 사기를 북돋았다. 엘리자베스 2세의 아버지이기도 하다.

4 | 항공전: 브리튼 전투

프랑스 전투는 단기간에 결판이 났기 때문에 비록 세상을 떠들썩하게 만들기는 했어도 그 점만 아니라면 재래식 군사작전이었다. 항공기는 독일군 기갑 선봉돌격부대를 지원하면서 승리를 거두는 데 큰 몫을 했다. 그러나 연합군을 거꾸러뜨린 것은 항공기가 아니었고 항공기 아래에 있던 전차는 더더욱 아니었다. 그 패배는 전략과 군 구조, 그리고 물질 차원의 임전태세뿐만 아니라 심리 차원의 임전태세에 들어 있던 결함의 소산이었다. 그 결함은 서유럽 민주주의 국가들이 제1차 세계대전에서 겪었던 고통에 보이는 반응 속에 깊이 파묻혀 감춰져 있었다.

이와는 대조적으로, 브리튼 전투는 진정으로 혁명적인 싸움이 될 터였다. 인간이 하늘을 난 이후 처음으로 항공기가 육군과 해군의 개입이나 지원 없이 적의 저항의지와 저항능력을 깨뜨릴 목적으로 고안된 전쟁도구로 사용될 터였다. 이 발전은 오래전부터 예측되었다. 항공기는 운반수단으로 활용 가능한 단계에 이르자마자 거의 곧바로 — 1911년에 리비아에서 이탈리아군에 의해 — 무기 받침대로 이용되었다. 항공기는 제1차 세계대전의 대부분의 기간에 지상군과 해상부대의 보조장비 역할을 했지만, 1915년부터는 독일군이 비행선을 영국에 떨어뜨릴 폭탄의 운반기로 간간이 사용했고 더 나중에는 독일과 영국 두 나라 모두 다 서로 상대방 도시를 공격하는 폭격용 항공기를 사용했다. 1930년대가 되면 폭격기는 점점 성능이 향상되는 장거리 민간 여객기에서 터득한 공학기술을 이용해서 전략적 원거리 타격도구가 되었다. 바로 이런 발전이 1932년에 당시 영국의 연립정부 각료인 스탠리 볼드윈Stanley Baldwin[1]에게서 "폭격기는 언제나 해내고야 말 것"이라는 사려 깊지 못(하고 부정확)한 예측을 끌어냈다.

1. 영국의 정치가(1867~1947). 보수당원으로 1923년 이후 여러 차례 총리를 지냈으며, 1937년에 총리 자리를 네빌 체임벌린에게 물려주고 은퇴했다.

독일과 이탈리아의 폭격기가 1936~1938년에 에스파냐의 공화국 지역 주민에게 가한 테러[2]는 그의 예고를 뒷받침해주는 듯했다. 항공 역사가로서 리처드 오버리Richard Overy 박사는 다음과 같이 쓰고 있다.

항공 무기의 시대가 오리라는 믿음이 1939년까지 널리 퍼져 있었다. 제1차 세계대전의 경험으로 …… 정치가와 장군을 비롯한 많은 사람이 다음 전쟁은 항공전이 되리라고 믿게 되었다. 이 믿음의 기반은 부분적으로는 이제는 과학이 군사활동에 아주 긴밀하게 활용되어 신무기, 즉 그 성격을 단지 추측할 수 있을 뿐인 하늘로부터의 비밀장치를 끊임없이 생산한다는 무비판적인 기대에 근거해 있었다. 그 믿음은 항공기가 제1차 세계대전에서 실제로 무엇을 했는지에 대한 더 비판적인 탐구에 기반을 두고 있기도 했다. 정찰활동을 하고 지상군을 지원하고 엉성한 최초의 항공모함에서 해군과 협조하면서, 그리고 주로 해상부대와 상관없이 독자적으로 폭격전을 수행하면서 항공기는 다른 병과의 기여를 보잘것없게 보이도록 만들거나 완전히 대체할 기미를 보였다.

항공부대가 전쟁 승리를 가져오는 강력한 도구로서 육군과 해군을 대체할지 모른다는 믿음은 아주 다른 전략적 필요를 가진 세 나라에서 가장 먼저 그리고 가장 깊이 뿌리를 내렸다. 그 세 나라는 미국과 영국과 이탈리아였다. 1918년 이후로 고립주의 정책을 펴고 대양을 건너오는 공격에만 취약했던 미국에서 주의를 끈 것은 항공기의 전투함대 파괴능력이었다. 미국에서 독자적인 항공력을 가장 열렬히 옹호하는 윌리엄 미첼William Mitchel 장군[3]은 나포한 독일 전함에 폭탄을 공중에서 떨어뜨려 맞추는 실험이 성공한 데 자극받아 독립된 항공부대를 창설하자는 선동을 하게 되었다. 그는 이처럼 굽히지 않는 정력으로 1925년에 군법회의 법정에서 자기 입장을 변호해야 했다. 제국과 본토를 지키는 데 전념하고 제1

2. 에스파냐 내전에서 합헌 공화국과 싸우던 반군과 독일 콘도르(Kondor) 군단이 1937년에 무방비 도시 게르니카 등지를 무차별 폭격해서 많은 민간인이 목숨을 잃었다.

3. 미국의 군인(1879~1936). 1915년에 비행술을 배워 제1차 세계대전 중 프랑스 주둔 미 육군 항공부대장으로 근무했다. 1921년에 육군 항공부대 부사령관이 되어 군함을 폭격으로 격침할 수 있음을 증명하고 공군 창설을 주장했다. 군 정책을 비판하다가 군법회의에서 유죄판결을 받고 이듬해 퇴역했다. 그 뒤 전략폭격 이론 선전활동에 전념했다.

4. 미국의 군인(1840~1914). 해군 사관학교를 졸업한 뒤 남북전쟁 때 남부해상 봉쇄에 참여했다. 뉴포트 해군대학에서 강의를 했으며, 나중에 이 대학의 총장이 되었다. 1890년에 간행한 『역사에 나타난 해양력의 영향(The Influence of Sea Power in History)』에서 제해권을 국력의 주요소로 파악했다.

5. 이탈리아의 군인(1869~1930). 포병장교였지만, 1912년에 이탈리아 최초의 항공부대 사령관이 되었다. 항공부대의 잠재력을 강조한 자신의 이론을 무시하는 상부를 비판하다가 군사재판에 회부되어 군복을 벗었지만, 그의 주장이 옳았음이 밝혀지면서 복직되었다. 1921년 『제공권(Il dominio dell'aria)』 출간으로 주목을 받았고, 공군을 창설하고 육해군을 축소해야 한다고 주장했다.

6. 지은이가 이 책을 저술할 때에는 체코와 슬로바키아가 나뉘어 독립하지 않은 하나의 나라였다.

7. B-17 폭격기에 붙여진 별명.

차 세계대전 말에 독일을 '전략'폭격하면서 경험을 쌓은 영국은 1918년에 자율성을 지닌 항공부대를 창설했고, 이 항공부대는 그 뒤로 독자적인 항공작전으로 공격을 완전히 저지한다는 나름의 실험적 개념을 정식화했다. 희한하게도, 종합적인 항공전략 이론이 가장 발달한 형태로 출현한 곳은 바로 이탈리아였다. 항공력의 (클라우제비츠Clausewitz는 아닐지라도) 머핸Mahan[4]으로 널리 인정받는 쥴리오 두에Giulio Douhet[5]는 제1차 세계대전의 포병 전술의 무용함을 깨달음으로써 자신의 '항공력을 통한 승리' 이론에 도달한 듯하다. 그는 자기가 쓴 『제공권』(1921)에서 항공시대의 논리가 적 영토 주변부를 고폭탄으로 폭격해서 적이 그곳에 배치한 전쟁물자만을 파괴할 수 있기보다는 비행기로 고폭탄을 적의 군수 생산 중심지로 가져가서 대포를 만드는 공장과 노동자를 표적으로 삼아 떨어뜨리기를 요구한다고 주장했다. 두에의 인식은 이탈리아의 비행장에서 멀리 떨어지지 않은 오늘날의 체코슬로바키아[6]에 주로 위치해 있는 공장에서 공급되는 대포가 위력을 발휘하는 좁은 전선에서 싸웠던 이탈리아의 제1차 세계대전 경험의 영향을 받아 이루어졌다.

두에의 이론은 확대되어 폭격기가 전투기로 가해지는 것이든 대포로 가해지는 것이든 방어 대항책에 영향을 받지 않으리라는 믿음과 폭격기 공격이 신속하게 효과를 보아서 미래 전쟁의 결과는 교전국의 육군과 해군의 동원이 완료되기 전에 결정되리라는 믿음에 이르렀다. 이 점에서 두에는 진정한 예언가였다. 왜냐하면 핵무기 '선제 일격'의 논리를 내다보았기 때문이다. 그러나 그는 자유낙하 고폭탄을 실은 장거리 폭격기가 상대를 작동 불능으로 만드는 타격을 가할 수 있다고 역설했는데, 이 부분에서 그를 이해하는 사람은 거의 없었다. 미 육군 항공대는 1942년에 제2차 세계대전에 대거 참전했을 때 두에의 이상을 구현하려고 만든 선진 기종인 하늘의 요새 Flying Fortress[7] 폭격기가 '항공력을 통한 승리' 도구라고 믿었다. 이 잘

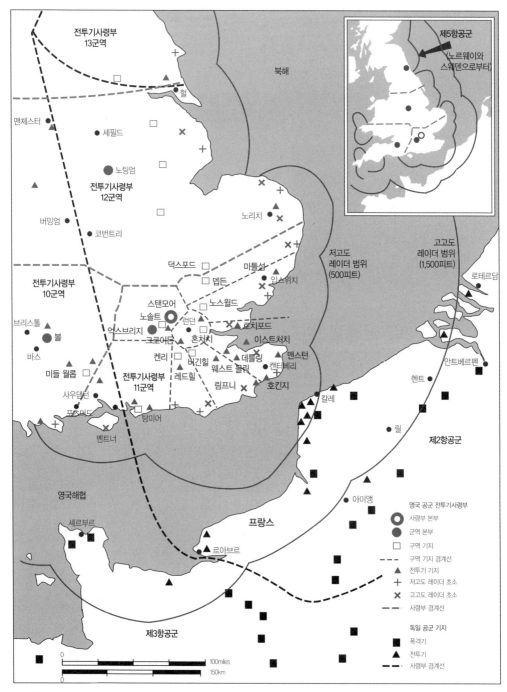

브리튼 전투 1940년 여름 (남동부의) 영국 공군 항공 사령부의 위치와 독일 공군.

138

못된 생각을 1943년의 종심침투 공습에서 내버리기란 괴로운 일일 터였다. 전략폭격에 교조적으로보다는 실용적으로 접근한 영국 공군은 독일에 대한 초기 공세에서 많은 것을 바라지 않았(고 예상한 것보다 훨씬 더 적은 것을 성취했)다. 1939~1940년의 독일 공군은 전략폭격 이론을 일절 신봉하지 않았다. 독일 공군은 1933년에 장거리 폭격기 대부대를 양성해서 운용하는 독일의 능력을 점검하고서 요구되는 노력이 심지어는 중기적인 관점에서도 자국의 공업능력을 넘어선다는 결론을 내렸다. 따라서 대부분이 전직 육군 장교인 공군 수장들은 공군을 지상군 지원 병과로 만드는 데 몰두했고, 바르샤바와 로테르담에 가한 공격에서 대량 파괴도구로 명성을 얻었는데도 지상군 지원이 프랑스 전투가 끝날 즈음 여전히 공군이 한 역할이었다.

따라서 1940년 7월 16일에 히틀러가 '영국 상륙작전 준비'에 관한 자신의 다음 영도자 지령(16호)을 내렸을 때, 독일 공군의 전문 상관들은 자기들에게 할당된 임무의 범위에 당황했다. 그 임무란 "모든 항공 공격을 예방"하고, "접근하는 해군 함선"과 교전해서 "해안 방어시설을 부수고 …… 적 지상군의 초기 저항을 깨뜨리고 전선 뒤에 있는 예비병력을 없애라"는 것이었다. 이것은 육군과 해군이 투입되기에 앞서 승리의 사전 조건을 성취하는 것과 다를 바 없는 요구였다. 공군 장관이자 독일 공군의 수장인 헤르만 괴링은 마음은 여전히 제1차 세계대전에서 이름을 드날린 전투기 에이스인지라 그 난제를 얕잡아 보았다. 브리튼 전투의 준비행동이 이미 진척되던 중이었던 8월 1일에 그는 휘하 장군들에게 다음과 같이 예언했다. "영도자께서는 내게 공군으로 영국을 박살내라고 명령하셨소. 강력한 타격을 가해서 이미 재기불능의 정신적 참패를 당한 이 적이 가장 가까운 장래에 무릎을 꿇도록 만들 계획입니다. 그래야 우리 부대가 그 섬나라를 점령하는 일이 아무런 위험 없이 진행될 수

있습니다!" 괴링이 해내겠다고 그토록 가벼이 동의한 공중공세[8]의
어려움과 위험성은 각각 독일 공군, (영국 침공 계획의 암호명인) 바다
사자Seelöwe 작전의 지원에 투입되는 2개(제2, 제3) 항공군의 사령관이
며 전문 지식을 갖춘 밀히와 케셀링과 후고 슈페를레Hugo Sperrle에게
는 괴링이 인지하고 있다고 암시한 것보다 더 심각하게 느껴졌다.

그 어려움 가운데 첫 번째는 독일 공군의 작전기지가 급조되었다
는 것이었다. 프랑스와 휴전을 한 지 몇 주 뒤에 벨기에 해안과 프
랑스 북부와 노르망디에 급하게 재배치된 제2항공군과 제3항공군
은 점령한 적군 비행장을 이용하고 있었다. 모든 지역 ─ 보급, 수
리, 신호통신 ─ 시설이 그 부대들의 필요에 맞게 조정되어야 했다.
반면, 영국 공군은 수십 년 동안 차지해온 본국 기지에서 작전을 벌
이고 있었다. 자국 영토를 지킨다는 이점이 영국 공군의 전투기사령
부Fighter Command가 누린 또 다른 이점이었다. 독일 공군이 적어도 20
마일, 더 일반적으로는 50마일 내지 100마일을 비행한 다음에야 적
과 맞붙는 데 비해, 전투기사령부는 소속 비행기들이 작전 고도에
이르는 대로 곧바로 교전을 할 수 있었다. 그 때문에 ─ 메서슈미트
109의 작전 항속거리가 겨우 125마일이었을 때 결정적인 ─ 연료를
아꼈을 뿐만 아니라 파손된 비행기의 조종사가 아군 땅 상공에서
탈출하거나 때에 따라서는 비행기를 땅에 내려놓을 수 있었다. 반면,
독일 공군은 낙하산을 편 조종사나 불시착한 항공기를 영영 잃어버
렸다. 낙하산을 타고 영국해협에 처박힌 수많은 독일 조종사는 물
에 빠져 죽을 운명이었다.

전투기사령부는 기지 가까이에서 작전을 펼치는 데다가 고도의
훈련을 받고 통합된 통제 경보체제를 이용했다. 전투기사령부의 4
개 군역群域, 즉 (북부의) 13번 군역과 (미들랜즈Midlands의) 12번 군역
과 (남동부의) 11번 군역과 (남서부의) 10번 군역은 런던 서쪽의 억스
브리지Uxbridge에 있는 중앙 사령부의 통제를 받았다. 그럼으로써 가

8. 전략·전술 항공 무기 체계로
적의 항공부대나 지상 목표에
가하는 연속 작전.

장 심한 압박을 받는 군역(보통은 런던을 지키고 프랑스 북부와 가장 가
까운 11번 군역)이 일시적으로 교전이 벌어지지 않는 군역들에서 증
원을 받을 수 있었다. 더욱이, 전투기사령부 본부는 — 예하 조종
사들과 지상의 대공 감시대Observer Corps 등 — 아주 다양한 소스에
서 나오는 정보를 이용해서 다가오는 위협에 맞서 전투 비행대를 '비
상출격'시켜서 '무전 유도'(지향)할 수 있었지만, 무엇보다도 공군부
Air Ministry가 1937년부터 오크니Orkney 제도에서 랜즈엔드Land's End까지[9]
해안을 따라 줄지어 세운 레이더 경보 감시초소 50개소로 이루어진
'체인홈Chain Home' 선에 의존했다. 레이더는 무선 빔을 발사해서 다가
오는 목표 항공기에서 반사되어 되돌아오는 펄스의 시간차와 방향
을 재서 작동했다. 그것은 거리와 방위와 고도와 속도를 정하는 수
열이었다. 레이더는 영국의 발명품이었고, 그 공로는 국립물리학연
구소의 로버트 윗슨-워트Robert Watson-Watt[10]의 것이었다. 1940년이 되
면 독일도 자체 레이더 기구를 만들어냈지만, 독일의 뷔르츠부르크
Würzburg[11] 기지와 프라야Freya[12] 기지는 수도 몇 개 되지 않고 영국 것
보다 뒤떨어져서 공격작전을 수행하는 데 독일 공군에 도움이 되지
못했다. 레이더는 전투기사령부에 가장 결정적인 이점을 제공했다.

전투기사령부는 독일 공군보다 이점을 한 가지 더 누렸다. 그 이
점이란 공장에서 나오는 전투기의 생산량이 더 많았다는 것이다.
1940년 여름에 비커스Vickers 사와 호커Hawker 사가 스핏파이어와 허리
케인을 다달이 500대씩 생산해내고 있었던 반면, 메서슈미트 사가
생산해내고 있는 메서슈미트 109와 메서슈미트 110은 각각 140대와
90대에 지나지 않았다. 독일군에 1939년에 총 1만 명이라는 수의 승
무원과 더불어 소집할 노련한 조종사가 더 많이 있었던 반면, 전투
기사령부는 매주 겨우 50명을 보충해서 1,450명에 보탤 수 있었다.
이 때문에 영국 공군은 전투가 한창일 때 비행기에 탈 조종사가 모
자라는 역설적 위기에 직면했다. 그러나 다가오는 전투의 어떤 단계

9. 오크니 제도는 스코틀랜드
북동쪽 끝에 있고 랜즈엔드는
말 그대로 잉글랜드 남서부 맨
끝에 있다. 따라서 '오크니 제도
에서 랜즈엔드까지'라는 표현은
영국 본토 전체라는 뜻이다.

10. 영국의 물리학자(1892~1973).
1919년 레이더를 개발해서 특허
를 얻었고, 1933년에 국립물리학
연구소의 무선연구실장이 되었
다. 1935년에 이 장치로 항공기
를 탐지할 수 있다고 지적했고,
정부의 지원을 얻어 실용적인
항공기 탐지기를 처음으로 만들
어냈다.

11. 독일의 FuMG-62(Funkme-
ßgerät) 레이더 경보기에 붙은 암
호명.

12. 독일의 FuSE-80 레이더 경
보기에 붙은 암호명.

에서도 영국 공군은 비행기 자체는 모자라지 않았다. 사실, 처칠의 장엄한 수사에도 전투기사령부는 대등하다고 할 수 있는 조건에서 브리튼 전투를 치렀다. 전투기사령부는 스핏파이어와 허리케인 600 대를 매일 사용 가능하도록 유지하는 데 성공했다. 독일 공군은 이에 맞서 메서슈미트 109를 800대 이상 집중하는 데 결코 성공하지 못할 터였다. 속력(시속 약 350마일)과 화력에서 대등한 맞수였던 이 전투기들은 승리를 판가름할 중추적인 전투무기였다.

그렇지만 독일 공군은 공중우세[13]를 확립했을 수도 있었고, 그 공중우세를 가지고서 독일 공군이 만약 처음부터 독일 육군이 1940년에 프랑스를 공격했던 것과 같은 류의 냉철한 논리적 계획에 따라 작전을 펼쳤더라면 ─ 도르니에 17기와 하인켈 111기와 융커스 88기 1,000대와 융커스 87기 300대의 ─ 막강한 폭격기 부대가 영국의 방어를 유린할 수도 있었을 것이다. 그러기는커녕, 독일 공군은 잘 궁리된 전략, 즉 '낫질' 작전에 해당하는 것이 없었고, 대신에 자기가 영국에 '강타' 한 방을 겨누는 시늉만 해도 영국이 "무릎을 꿇을" 수 있다는 괴링의 오만한 믿음에 모두 가정을 둔 일련의 즉흥적 방편으로 전투기사령부와 싸웠다.

13. 아군 항공부대가 어느 지역에서 적 항공부대의 방해를 받지 않고 육상·해상·공중 작전을 펼칠 수 있는 우월도.

창공의 교착상태

역사가들은 결과를 아는 상태에서 되돌아보면서 브리튼 전투가 일관된 계획 없이 독일 측이 즉흥으로 진행한 활동의 다섯 단계로 나뉠 수 있다는 데 동의할 것이다. 1단계는 7월 10일부터 8월 초순까지의 '해협 전투'(카날캄프Kanalkampf)였다. 그다음은 8월 13일 '독수리의 날'(아들러타크Adlertag)에 시작되는 '독수리 작전'인데, 8월 18일까지 지속된 이 단계는 독일 공군과 영국 공군 사이에 공중전이 벌어지는 '전형적'인 국면이었다. 다음은 8월 24일부터 9월 6일까지 독일이 전투기사령부의 비행장으로 공세를 전환한 단계였다. 그다음은 9월 7일부터 30일까지의 런던 전투Battle of London로서, 이 단계에서 독일 공군 전투기가 영국 수도에 날마다 가하는 공습, 즉 희생이 점점 더 늘어나는 주간공습에서 폭격기를 호위했다. 끝으로 브리튼 전투가 '공식' 종결되는 10월 30일까지 일련의 자잘한 공습이 있었다. 그 뒤로는 심한 상처를 입은 독일군 폭격기 비행대대들이 파괴적이지만 전략적 효과는 없는 야간작전으로 전환 배치되었다. 런던 시민은 이 단계를 히틀러가 폴란드와 프랑스에 가한 위압적인 지상 공격을 표현하려고 세계 언론이 만들어낸 용어를 투박하게 고쳐서 '블리츠Blitz'라고 부르게 된다.

7월 10일에 막이 오른 카날캄프는 독일 폭격기가 20~30대씩 — 플리머드Plymouth, 웨이머드Weymouth, 팔머드Falmouth, 포츠머드Portsmouth, 도버Dover 등 — 영국 남부 해안도시에 가하는, 그리고 요격당했을 때에는 호송선단에 가하는 공습으로 시작되었다. 나중에 이 전투는 템즈 강 어귀까지 확대되었다. 물적 손실이 꽤 많이 발생했고 선박 4만여 톤이 침몰했다. 그러나 히틀러가 영국해협 횡단을 위해 네덜란드와 벨기에의 강 어귀들에 모으고 있던 예인선과 바지선의 선단이 해협에서 가장 좁은 곳을 무사히 건너 지나가려면 반드시 쳐부숴야 할 영국 공군은 여전히 건재했다. 7월 10~31일 기간에 독일군 항공기가 180대가량 격추되었고 영국군 전투기 손실은 70대였다. 파괴된 독일 항공기 100대가 폭격기였으므로, 브리튼 전투의 승패를 판가름할 전투기의 '교환 비율'은 엇비슷했다.

히틀러는 창공의 교착상태에 참을성을 잃어가고 있었다. 그는 다만 영국이 인정하지 않으려 들 뿐이지 영국은 이미 패했다고 확신하고 — 그 위험부담과 더불어 영국이 패배를 곧 인정하리라는 자신의 기대 때문에 — 침공 개시를 기피했지만, 이제는 다른 가용한 방법이 없기 때문에 독일 공군이 나서서 영국을 독일과 협상을 벌일 필요성을 받아들이도록 강제해야 한다는 결심을 굳혔다. 그는 여전

히 휘하 장군들에게는 자기에겐 (폴란드에 그랬던 것과는 달리) 영국을 파괴하고픈 마음은 말할 것도 없고 (프랑스에 그랬던 것과는 달리) 영국에 치욕을 안겨주고픈 마음도 없다고 역설했다. 그는 자기의 새 유럽제국과 영국의 오랜 해양제국이 그저 공존만 하는 것이 아니라 심지어 서로에게 유리하게 협력할 수도 있다는 환상에 매달렸다. 8월 18일에 그는 자기가 노르웨이에 내세운 꼭두각시인 비드쿤 크비슬링에게 다음과 같이 말했다. "영국에 유럽의 재편성에 관한 제안을 차례차례 했는데, 이제는 내 의지와는 반대로 어쩔 도리 없이 영국과 이 전쟁을 벌여야 합니다. 나는 로마[14]와 싸울 의향이 조금도 없었지만 대안이 남아 있지 않았던 마르틴 루터와 똑같은 처지에 있습니다."

히틀러는 8월 1일에 영도자 지령 17호를 내려서 독일 공군에 "가능한 최단 시간 내에 전력을 다해서 영국의 공군력을 제압하라"고 명령했다. 목표는 "비행부대, 그 부대의 지상시설과 보급조직이지만 또한 …… 방공장비를 만들어내고 있는 공장을 비롯한 비행기 산업"이어야 했다. 같은 날 괴링은 부하들을 헤이그에 불러모아 아들러(독수리 작전)에서 자기가 기대하는 성과에 관해 열변을 토했다. 해협 전투에서 얻은 경험으로 이미 신중을 기하게 된 제1차 세계대전의 에이스 테오 오스터캄프Theo Osterkamp[15]는 다음과 같이 주저하는 마음을 표현했다. "나는 영국 상공에서 예하 부대와 함께 단독 전투를 벌이는 동안 런던 부근 지대에 집결한 …… 브리튼 전투기를 대략 500대에서 700대까지 …… 세었으며 …… 그 숫자는 브리튼 전투가 시작된 [이래로] 크게 늘어났다고 괴링에게 설명했다. 그 새 부대는 모두 내 생각에 성능 면에서 우리 쪽 전투기와 대등한 스핏파이어로 무장했다." 괴링은 화를 내며 귀담아들으려고 하지 않았다. 그는 영국인이 겁이 많고 영국 전투기 수가 많이 줄어들었으며 폭격기에서 독일 공군이 가진 우세로 영국의 방어가 무력해졌다고 주장했다. 그 뒤 얼마 안 되어 아들러타크(독수리의 날)가 8월 7일로 잡혔다.

독수리 작전은 실제로는 악천후에 시달리는 바람에 8월 8일로 연기되었다. 결국은 8월 13일이 독수리의 날로 선언되었다. 그러나 그때쯤이면 독일 공군은 이미 패퇴를 겪은 상태에 있었다. 힘에 부치게 부대를 지나치게 넓게 펼친 것이 주된 원인이었다. 독수리 작전의 전형적인 하루였던 8월 12일에 독일 공군은 영국 공군 비행장, 포츠머드 항구, 템즈 강의 선박, 그리고 — 설명하기 어려운 일이지만 브리튼 전투를 통틀어 딱 한 번 — '체인홈' 레이더를 공격했다. 독일 공군이 잃은 비행기는 31대, 영국 공군은 22대였다. 또한, 독일 공군은 독수리의 날 당일에 어둠 속에서 버밍엄 근처의 스핏파이어 제조 공장을 공격했고 비행기 45대를 잃었다. 이에 비해, 영국 공군이 잃은 비행기는 13대였(고, 이 가운데 영국 대공 방어의 핵심 요소인 조종사가 여섯 명 구조되었)다. 8월 15일에 독일 공군은 75대, 영국 공군은 34대를 잃었다. 이 한 주 내내 독일 공군은 '교환 비율'이 자신들에 유리하다고 확신했다(공정을 기하려면, 영국 공군이 독일 항공기 격추 대수 평가를 심하게 과장했다는 점을 말해야 한다). 8월 14일에 독일 공군은 할더에게 "전투기 손실 비율은 1 대 5로 우리에게 유리합니다. …… 우리에게는 손실을 메우는 데 어려움이 없습니다. 영국은 십중팔구 손실을 대체할 수 없을 것입니다"라고 보고했다.

그러나 독일의 손실은 특히 급강하 폭격기 손실에서 아주 높은 수준으로 진행되고 있어서 8월 15일에 이미 괴링은 계획 변경과 사령관 교체를 하기 시작하고 있었다. 오스터캄프 같은 회의론자들은 진급해서 일선 책임에서 물러나고 (곧 — '유대인처럼 생겼다'며 주저하는 — 히틀러에게서 기사 십자훈장을 받게 되는 아돌프 갈란트Adolf Galand 같은) 공격적인 젊은 지휘관들이 진급해서 그 자리에 올랐다. 괴링은 그들에게 브리튼 전투 제3단계의 목표를 요약해서 말해주었다. 그 목표는 영국 공군의 전투기 비행장이었다. 브리튼 전투가 벌어진 이후로 독일 공군 최고사령부Oberkommando der Luftwaffe가 주문해온 최

◘ 런던 공습의 인간적 면모.
1940년 11월, 중상자 구조대가
폐허에서 생존자 한 사람을 조
심스럽게 꺼내고 있다. 런던 공
습에서 민간인 4만여 명이 죽임
을 당했다.

초의 진정한 힘의 집중인 이 노력은 악천후로 말미암아 제대로 이
루어지지 못했다. 영국 공군은 8월 24일까지는 그 노력의 효과를 느
끼지 못했지만, 그다음에는 매우 놀랐다. 영국 공군의 최전방 전투기
발진기지인 맨스턴Manston이 철저한 타격을 입어 사용이 불가능해졌
고, 런던 북동쪽 근교에 있는 노스 월드North Weald가 심한 피해를 입었
다. 맨스턴에서는 사기를 잃은 지상 근무원들이 방공호로 들어가 나오

기를 거부했다. 독일 공군은 그날 1,000회 출격을 날려보내 항공기 38대를 잃으면서 영국 공군 전투기 22대를 파괴했다. 더 나쁜 일이 남아 있었다. 8월 30일과 9월 4일에 여러 비행기 공장이 심한 피해를 입었으며, 런던을 엄호하는 전투기 주요 발진기지인 비긴힐Biggin Hill은 사흘간 여섯 차례 공격을 당해서 작전실이 부서지고 지상 근무원 70명이 죽거나 다쳤다. 8월 24일과 9월 6일 사이에 전투기사령부는 끊임없는 방어 교전에서 항공기 290대를 잃었다. 독일 공군은 항공기 380대를 잃었지만, 그 가운데 절반만이 전투기였다.

전기轉機

독일 공군이 브리튼 전투에서 이기기 시작했지만, 히틀러와 괴링이 참을성을 잃지 않을 만큼 빠르게는 아니었다. 가을 강풍이 불 기미가 보였다. 침공용 짐배들이 영국해협의 가장 좁은 곳을 1940년에 건너려면 다음 몇 주 안에 영국의 저항이 꺾여야 했다. 전투기사령부를 공중에서 물리쳐야 했고, 그래야 영국 해군을 폭격해서 영국해협에서 내쫓을 수 있었다. 8월 31일에 독일 공군 총사령부는 중점重點(슈버풍크트Schwerpunkt)[16]을 9월 7일에 비행장에서 런던으로 옮긴다고 결정했다. 이때까지 런던은 공격을 모면해왔다. 독일 국방군 최고사령부의 8월 24일자 명령은 "런던 지역 공격과 테러 공격은 나중으로 미루고 영도자의 결정에 맡긴다"고 되어 있었다. 히틀러는 처칠을 회담장에 데려오기를 ─ 그리고 또한 독일 도시에 대한 보복을 피하기를 ─ 바랐기 때문에 그 결정을 보류해왔다. 이제 궁지에 몰린 그는 런던을 공격해야만, 에이스 아돌프 갈란트의 말을 빌리자면, "영국군 전투기들이 그들의 소굴을 떠나 어쩔 수 없이 우리와 공개 전투를 치르게" 되리라는 계산을 했다.

이리하여 브리튼 전투는 절정에 이르렀다. 메서슈미트 109와 메서슈미트 110으로 이루어진 방진의 엄호를 받는 하인켈, 도르니에, 융

16. 군사학의 고전이 된 저서 『전쟁론(VomKriege)』에서 클라우제비츠가 적의 균형을 무너뜨릴 수 있는 부분을 찾아내 그 지점에 강력한 결정타를 가하면 적을 효과적으로 무너뜨릴 수 있다는 생각을 물리학의 무게중심 개념을 빌려 설명한 개념이다. 오늘날에는 국가에 따라, 병과에 따라 조금씩 의미가 달라지지만, 대개는 적군에 가장 효과적인 타격을 가하기 위해 아군이 노력을 집중하는 지점이란 뜻으로 쓰인다.

커스 기종의 폭격기 밀집 편대가 (갈란트의 서술에 따르자면) "700만 명이 사는 템즈 강 위의 도시 …… 영국군 상급사령부의 두뇌이자 신경중추"를 공격했던 것이다. 방공기구 1,500개와 대소구경 대공포 2,000문과 항상 유지되는 '그 소수the Few'[17], 즉 스핏파이어와 허리케인 750대의 대오로 이루어진 고리에 용감히 맞부딪혀야 하는 공격이었다. 지켜본 사람들이 모두 다 하늘은 푸르고 해는 찬란히 빛났다고 기억하는 9월 중순 열흘 동안 영국 남동부의 하늘은 아침마다 100대씩 무리를 지어 런던을 향해 날아가는 독일군 공습기로 가득 찼다. 이 비행기들은 맞붙기 위해 솟구치는 영국군 전투기에 요격당해서 전투에 빨려 들어가 흩어졌다가 때로는 편대 재집합을 했고 때로는 그러지 못했다. 미들섹스Middlesex 연대의 어린 징집병이었던 데스먼드 플라워Desmond Flower는 그 장관을 다음과 같이 회고한다.

세븐옥스Sevenoaks의 일요일은 켄트Kent, 서리Surrey, 서식스Sussex, 에식스 모든 곳의 일요일과 똑같았다. 푸른 하늘에 눈이 부셔서 보이지 않는 폭격기들의 엔진이 끊임없이 내는 소리로 무더운 여름 공기가 고동쳤다. 그러다가 영국 공군이 도착하곤 했다. 단조롭게 웅웅거리는 소리는 속력을 내며 선회하는 전투기 한 대가 으르렁대는 소리에 끊기고, 비행운이 거대한 동그라미를 그리며 생겨나기 시작하곤 했다. 나는 장미가 핀 마당에 누워서 비행운이 만들어지는 것을 지켜보았다. 비행운이 넓게 퍼지면서 흩어지면 그 위에 새 비행운이 겹치곤 했다. 그런 다음, 핀 머리보다 크지 않아 보이는 하얀 낙하산 하나가 펼쳐져 천천히 더 커지면서 내려왔다. 세어보니 공중에 낙하산 여덟 개가 한꺼번에 떠 있었다.

그 낙하산 가운데 몇 개는 영국군이었을지도 모른다. 왜냐하면 전투기사령부가 9월 9일과 11일과 14일에 독일군 편대를 물리치다가 막심한 손실을 입었기 때문이다. 전투기사령부의 활약으로 런던이

피해를 모면하는 데 성공하자 ― 독일 육군무관이 워싱턴에서 한 "런던 심장부에서 발생한 효과는 지진과도 같았다"는 보고는 사실이 아니었다 ― 이에 사극받은 독일 공군이 이제 노력을 극대화했다. 9월 15일에 여태껏 파견된 것 가운데 가장 큰 폭격기 부대, 즉 중전투기 호위를 거느린 항공기 200대가 런던으로 다가왔다. 전투기사령부에 조기 경보가 울렸다. 수도에 공격이 개시된 이후로 전투기사령부의 전방 비행장들이 보수되었다. 전투기사령부 총사령관 휴 다우딩Hugh Dowding 공군대장은 12 미들랜즈 군역에 소속 전투 비행대들을 런던 방어에 빌려줘도 좋다는 허가를 내주었다. 그날 아침에 억스브리지의 제11번 군역 본부를 찾아간 처칠은 제11번 군역 사령관 키드 파크Keith Park 공군소장에게 "다른 예비대로 우리에게 무엇이 있습니까?" 하고 물었고, 돌아온 대답은 석 달 전에 파리에서 가믈랭에게서 들었던 대답, 즉 "아무것도 없습니다"였다. 그러나 다우딩의 도박은 오산이 아니라 깊은 생각 끝에 나온 결정이었다. 그 도박은 분별력을 가지고 수단을 목적에 견주어보았고, 그 결정은 결과로 정당화되었다. 스핏파이어와 허리케인 250여 대가 런던에서 동쪽으로 상당히 떨어진 곳에서 독일군 폭격기들을 요격해서 독일군 제2파가 교전을 벌이고 되돌아간 그날 낮이 끝날 즈음까지 거의 60대를 격추했다. 그것은 브리튼 전투에서 독일 공군이 당한 (비록 희생이 가장 컸던 패배는 아니었더라도) 가장 극적인 패배였으며, 독일 공군의 기를 꺾는 결과를 빚었다는 점에서 결정적이었다. 침공 적기適期가 계속되는 동안에 영국의 저항을 꺾을 수 있다는 기대는 무너졌다. 히틀러는 9월 17일에 바다사자 작전을 추후 통지가 있을 때까지 미룬다고 선언했다.

바다사자 작전이 연기되었다고 해서 독수리 작전이 종결되지는 않았다. 한 예로, 괴링은 늘 두 작전을 완전히 별개로 여기고는 자기가 영국을 치는 이 공세가 육군과 해군의 노력에 신세를 지지 않고도 전략적 결과를 이룰 수 있다는 희망을 버리지 않았다. 또 다른 예로, 히틀러는 처칠 정부에 가하는 압박을 유지하고 싶어했다. 히틀러는 스스로 분명히 그런 것처럼 처칠 정부도 타협의 불가피성을 틀림없이 인식했다고 확신했다. 따라서 런던과 다른 목표에 가하는 주간공격이 9월 내내 유지되었고, 며칠은 막대한 피해를 입혔다. 이를테면, 9월 26일에 사우댐턴Southampton의 스핏파이어 제조 공장이 기습 공습을 당해서 한동안 생산이 중단되었다. 그러나 항공전에 쏟는 노력의 방정식은 자명해지고 있었다. 갈란트가 자신의 마흔 번째 승리에 대한 상으로 수사슴 한 마리를 쏘라는 명령을 받은 적이 있던 국가원수의 사냥 별장에서 좀처럼 말을 들으려 하지 않는 괴링에게 설명한 대로, "독일군 첩보 참모부가 평가한 것보다 영국군 비행기의 소모량은 훨씬 더 적고 생산량은 훨씬 더 많으며, 결과가 그 오류를 워낙 명백하게 드러내주고 있어서 오류를 인정해야 했다."

그 인정은 더디게 이루어졌다. 희생이 점점 늘어나면서도 주간공습이 10월까지 계속되었지만, — 히틀러가 삼갔던 '테러 전술'이라는 비난과 보복을 둘 다 불러일으키는 데다가 정확하지도 않았는데도 — 야간공습이 주를 이루기 시작했다. 10월 동안에 야간공습에서 떨어진 폭탄 톤수는 주간공습에서 떨어진 폭탄 톤수의 여섯 배였으며, 11월 이후에는 진짜배기 '블리츠'에서 야간공습이 주간공습을 완전히 대체했다. 이 즈음이 되면 브리튼 전투가 끝났다고 말할 수 있다. 브리튼 전투는 영웅적인 사건이었다. '그 소수'는 그들의 묘비명을 받을 자격이 있었다. 젊은 조종사 2,500여 명이 침공으로부터 영국을 지킬 책임을 홀로 떠맡았다. 그 대다수는 영국인이었지만, 상당수가 캐나다인, 오스트레일리아인, 뉴질랜드인, (나머지에 보내는 경고로서 독일군 폭격기 조종사들을 죽인 승무원 한 명과 함께 본국으로 보내려고 애쓴 냉혹한 '뱃사람Sailor' 말란Malan[18]을 비롯한) 남아프리카인이었다. 소수는 외국인, 즉 자국의 중립을 참지 못한 아일랜드인과 미국인이었다. 극히 중요한 소수는 피난민, 즉 체코인과 폴란드인이었다. 독일 공군에 입혔다고 주장되는 손실의 15퍼센트가 '그 소수'의 5퍼센트를 차지한 폴란드인 조종사들의 몫이었다.

'그 소수'의 승리는 아슬아슬했다. 브리튼 전투가 절정에 이른 결정적인 달이었던 8월과 9월 동안 전투기사령부가 잃은 전투기는 832대였고 독일 공군이 잃은 전투기는 겨우 668대였다. 대차대조표에서 공자가 큰 손실을 보았다고 나타나도록 만든 것은 거의 600대에 이르는 독일군 폭격기의 손실이었다. 전투기사령부 소속 조종사의 4분의 1이 사상자가 되고 전투기 손실 대수가 (8월 11일에서 9월 7일까지) 한동안 생산 대수를 넘어선 브리튼 전투의 절정기 동안에 만약 히틀러와 괴링이 자기들이 어느 정도의 성공을 거두었는지 눈치를 챘더라면, 그들은 의심할 여지 없이 노력을 배가했을 것이다. 만약 그들이 그랬더라면, 독일 공군은 독립된 전략 병과로서 전투에서 결정적인 승리를 거둔 최초의 공군이 됨으로써 군사 항공의 여명기에 두에와 미첼이 엿보았던 미래상을 실현했을는지 모른다. 그러나 실제로는 다우딩과 예하 전투기사령부 참모진의 실용주의와 전투기 조종사들의 헌신과 레이더라는 기술 혁신이 나치 독일에 첫 패배를 안겨주었다. 이 패배의 효과가 나타나는 데에는 오랜 시간이 걸린다. 그러나 이 패배 덕분에 영국이 무릎을 꿇지 않고 살아남았다는 것이 히틀러 치하 독일의 패망을 가장 확실하게 결정지은 사건이었다.

5 | 전시 보급과 대서양 전투

　전쟁의 근저에는 식량의, 원료의, 완제품의, 그리고 무기 자체의 공급이 있다. 초창기부터 사람은 자기에게 없는 자원을 차지하려고 전쟁을 벌여왔고, 적으로부터 자기의 생계수단과 자위를 확보하려고 싸워왔다. 제2차 세계대전도 이 법칙에 예외는 아니었다. 손꼽히는 제2차 세계대전 경제사가인 알란 밀워드Alan Milward 교수의 견해로는 제2차 세계대전의 기원은 "세계에서 경제가 가장 발달한 나라들 가운데 두 나라가 의도적으로 전쟁을 정책도구로 택한 데 있었다. 전쟁을 정책으로 삼을 때 경제를 고려해서 주저하는 행태와는 거리가 먼 독일 정부와 일본 정부는 둘 다 전쟁을 일으키겠다는 결정을 내릴 때 전쟁이 경제 이익을 얻는 도구가 될 수도 있다는 확신의 영향을 받았다."

　경제적 동기가 일본을 전쟁으로 몰아갔다는 밀워드의 판단을 반박하기란 불가능하다. 거의 모든 자원이 모자란 본토에서 부풀어 흘러넘치는 인구는 오직 이웃나라 중국의 물산이 풍부한 지역을 차지함으로써만 지탱될 수 있다는 것이 일본의 믿음이었다. 일본은 중국 영토를 점령함으로써 1937~1941년에 미국과 직접적인 외교 갈등을 빚었다. 1941년에 일본 정부가 국가가 나아갈 길로서 제한된 평화보다는 전쟁을 택하도록 몰아간 것은 바로 일본의 전략적 모험 행위를 막을 목적으로 미국이 대응책으로 취한 무역 금수 조처였다. 진주만 공격이 있던 해에 일본에 필요한 철강의 40퍼센트가 일본 본토에 수입되어야 했다. 알루미늄은 60퍼센트, 석유는 80퍼센트, 철광석은 85퍼센트, 니켈은 100퍼센트였다. 따라서 착하게 굴겠다는 보장을 하지 않으면 일본이 석유와 금속을 얻지 못하도록 만들고 착한지는 워싱턴이 판정하겠다는 미국의 위협은 숨통 누르기나 마찬가지였다. '남방 공세'는 거의 예측 가능했던 결과였다.

히틀러는 자기가 전략적 모험행위를 하는 근거를 대려고 경제의 결핍을 들먹일 수는 없었다. 독일은 인구의 4분의 1이 아직 농경에 종사한 1939년에 식량은 거의 완전히 자급자족해서 달걀과 과일과 채소와 지방脂肪을 소비량의 일정 비율만 수입하면 되었다. 또한 독일은 자국이 소비하는 석탄을 전량 자체 산출했으며, 스웨덴에서 공급되는 무기 제조용 등급 철광석을 빼고는 자체 산출하는 철광석의 비율이 높았다. 독일은 ― 전쟁기간에 석탄을 이용한 대용품을 찾아낸 품목인 ― 고무와 석유의 경우에는 전적으로 수입에 의존했다. 대부분의 비철금속도 마찬가지였다. 그러나 평화로운 무역을 통해서 독일의 높은 수준의 (특히 화학제품과 기계 공구 같은 공산품의) 수출이 손쉽게 그 부족분을 메우고 자금을 댈 잉여를 벌어다 주었다. 히틀러가 자급자족 경제체제에 사회진화론[1]적인 강박관념을 가지지 않았더라면, 독일로서는 이웃나라와 맺는 관계에서 상업관계보다 군사관계를 선호할 까닭이 없었을 것이다.

역설적이게도, 독일의 적국인 영국과 프랑스, 그리고 마지못해 독일의 동맹국이 된 이탈리아야말로 전쟁을 벌여야 할 더 마땅한 경제적 이유를 가진 나라들이었다. 이탈리아는 주요 에너지 수입국인 한편, 이탈리아의 공업, 특히 군수공업은 현대의 싸움터에서 이루어지는 가차없는 대량소비에는 어울리지 않는 수공업 전통에 뿌리를 두고 있었다. 이탈리아제 항공기 엔진은 예술품이었지만, 몰타Malta와 벵가지Benghazi의 상공에서 소모된 항공기와 맞먹는 비율로 교체 항공기가 생산 라인에서 나오지 않았을 때 이탈리아 공군Regia Aeronautica 조종사에게 위안이 되지 못했다. 프랑스도 장인匠人 원칙에 따라서 운영되는 군 조병창을 유지했으며, 비록 자국을 어렵지 않게 먹여 살리고 사치품을 대량으로 수출하기는 했어도 수많은 원료와 일부 공산품을 구하려고 프랑스제국과 무역 대상국에 의존했다.

이를테면, 고무는 인도차이나 식민지에서 구하고 1940년의 위기 때 선진 항공기는 미국에서 구했다.

영국의 경우는 가장 역설적이었다. 본 궤도에 오른 영국의 공업은 모든 무기, 즉 동원된 영국 군인이 싸움터에서 운용할 수 있는 선박 과 항공기와 대포와 전차를 만들어낼 수 있었다. 더욱이, 제1차 세 계대전에서 과시했고 제2차 세계대전에서 일어날 사건이 입증하겠 지만, 영국은 심지어 자국의 군사적 명운이 최저점에 있을 때조차도 남아도는 군수품을 찾아내어 (러시아에) 수출하거나 (폴란드인, 체코인, 자유 프랑스) 망명군 부대를 재장비할 수 있었다. 그러나 영국이 그 럴 수 있으려면 비철금속의 대부분과 공장에 공급할 기계 공구 소 요량의 상당 부분, 석유 전량, 그리고 — 인구 과밀의 섬나라로서는 모든 것 가운데 가장 결정적으로 — 식량의 절반을 수입해야 했다. 위기에 몰린 일본인은 도정擣精을 하지 않은 쌀을 먹고 살면서 거의 기아 수준에서나마 목숨을 부지할 수 있었다. 만약 북미산 밀을 입 수하지 못했더라면 영국인은 몇 달 뒤 전국에서 밀과 분유의 전략 비축분이 바닥난 다음에는 맬더스Malthus[2]가 말한 것에서 조금도 어 긋나지 않는 쇠락을 겪고 인구가 반으로 줄었을 것이다.

이런 까닭으로 윈스턴 처칠은 일단 승리가 찾아오자 다음과 같이 속마음에서 우러나오는 인정을 했다. "전쟁기간에 나를 정말로 놀 라게 한 것은 U-보트의 위협이었다. …… 그 위협은 현란한 전투와 빛나는 위업의 형태를 띠지 않았고, 국민이 모르고 대중이 이해할 수 없는 통계수치와 도표와 그래프 곡선을 통해 나타났다." 가장 중 요한 통계수치가 쉽게 제시되었다. 1939년에 영국은 생활방식을 지 탱하려면 물품 5,500만 톤을 바다로 수입해야 했다. 그러기 위해 영 국은 세계 최대의 상선대를 유지했다. 총등록(총용적) 톤수가 2,100 만 톤인 이 상선대는 원양선 3,000척과 대형 연안선 1,000척으로 이 루어졌다. 어느 시점에서도 2,500여 척의 선박이 항해 중이었다. 거

2. 영국의 경제학자(1766~1834). 산업혁명이 진행되고 빈곤 문제 가 심각해지는 상황 속에서 기 존 체제를 옹호하는 입장에서 1798년에 『인구론』을 출간했다. 식량 증가는 산술급수적인데 인 구 증가는 기하급수적이므로 식 량 부족은 불가피하며 인구 과 잉은 아사와 전쟁과 질병 등으 로 해결될 수밖에 없다고 주장 했다.

의 선박 자체만큼이나 중요한 자원인 상선대 승무원의 인원수는 모두 합쳐서 16만 명이었다. 이 선단을 보호하려고 영국 해군은 ― 연합군 대잠탐지수색위원회Allied Submarine Detection Investigation Committee가 1917년에 개발한 음향 측심기인 ― 아즈딕Asdic[3]을 장착한 함선 220척, 즉 구축함 165척, 슬루프sloop형 호송 구축함과 코르벳corvette함[4] 35척, 트롤러 20척을 전개했다. 따라서 상선과 호위함의 비율은 14 대 1이었다. 해군의 호위를 받으며 상선을 조직화된 대형으로 모아두는 기법인 호송선단은 제1차 세계대전에서 그랬던 것과는 달리 논란을 일으키는 방식이 더는 아니었다. 영국 해군본부는 전쟁이 터지기 전에 호송선단을 논의했으며, 대양 항로에서는 곧바로, 연안 해역에서

3. Asdic은 연합군 대잠탐지수색위원회의 머리글자를 따서 지은 이름이며, 미군은 같은 장치를 소나(Sonar)라고 불렀다.

4. 수송선단을 호위하는 데 주로 쓰인 경무장의 쾌속 경량 호송함.

⚓ 대서양 전투에서 훈련으로 선미투하식 폭뢰를 시험하고 있는 영국 구축함 스케이트(Skate)호. 선미투하식은 전투가 진전되면서 전방발사식에 자리를 내주었다.

는 실행 가능한 대로 신속하게 호송선단이 도입되었다.

U-보트와 수상 습격함

호송선단의 주적은 독일군 잠수함, 즉 U-보트Unterseeboot였다. 독일군은 1914년처럼 정통 군함과 개조한 상선을 비롯해서 얼마간의 수상 상선습격대를 전개했지만 그 수는 많지 않았다. 1939년 9월과 1942년 10월 사이에 열 척 남짓한 보조 습격함이 넓은 바다를 누볐다. 그 가운데 가장 큰 성공을 거둔 아틀란티스Atlantis 호는 1941년 11월에 영국 함선 디본셔Devonshire 호에 요격되어 파괴되기 전까지 선박 22척을 가라앉혔다. 독일의 전함과 순양전함과 소형 전함과 순양함이 이따금 항행로를 습격했지만, 이 함선들도 수가 많지 않았다. 위험부담을 자주 안기에는 너무 귀중한 함선이라고 판단되었고, 1939년 12월에 소형 전함 그라프 슈페 호가 몬테비데오 앞바다에서 영국 순양함 세 척에 치욕적인 패배를 당한 뒤로는 특히 그랬다. 독일 항공기가 선박 파괴자로서 — (제2차 세계대전 상선 한 척의 평균 배수량이 5,000톤이었는데) 최고 실적을 올린 달인 1941년 5월에는 15만 톤을 격침하는 등 — 꽤 큰 성공을 거두었고, 항공기나 수상함이나 잠수함 어느 것이 뿌려놓았든 기뢰는 언제나 위협을 주는 존재였다. 영국인에게 E-보트로 알려진 독일의 쾌속연안선[5]은 1941~1944년에 영국 연해에서 기뢰부설함으로 맹활약을 했고 연안 호송선단을 가차없이 위협했다. 1944년 4월에 디본Devon의 슬랩턴 샌즈Slapton Sands에서 D-데이 상륙 연습을 하고 있던 미 병력 호송함 한 척이 습격을 받아서 6월 6일 당일에 노르망디 앞바다에서 잃은 미군 병사보다 더 많은 미군 병사들이 물에 빠져 죽었다. 그러나 항공기와 수상함이 상선에 가하는 공격은 크건 작건 제2차 세계대전 시기에 유럽 해역에서 벌어진 진정한 해전과는 상관이 없었다. 진정한 해전은, 윈스턴 처칠의 올바른 표현대로, 호송선단 호위함과 U-보트 사이의

5. 독일어로는 슈넬보트(Schnell boot).

해전이었다.

1939년 9월에 독일군 U-보트 제독 가를 뇌니츠Karl Dönitz 예하에 잠수함 57척이 있었는데, 이 가운데 30척은 근거리 연안형이고 27척은 원양형이었다. 전쟁 전에 독일 해군이 세운 확충 프로그램, 즉 Z-계획은 잠수함 300척으로 이루어진 함대의 양성을 요구했다. 되니츠는 이 300척으로 틀림없이 영국의 숨통을 누를 수 있다고 주장했다. 그는 그 300척을 1942년 7월에 확보하고 작전을 수행하는 U-보트를 140척으로 유지해 영국의 대체 선박 건조량의 다섯 배를 넘어서는 수치인 연간 700만 톤의 비율로 선박을 가라앉힐 수 있게 된다. 그러나 이 무렵이 되면 그가 U-보트 전술로 영국의 숨통을 누를 필연성을 계산했던 방정식의 거의 모든 항頂이 전쟁에 반드시 따르게 마련인 역동성 탓에 그에게 불리하게 바뀌었다. 외국 선박의 징발과 계약 임대로 영국 상선대에 700만 톤이 보충되었는데, 이것은 한 해에 어뢰에 맞아 침몰하는 톤수와 맞먹었다. 비상 동원으로 엄청나게 늘어난 미국의 조선능력이 영국에 보태져서, 1943년에 (1만~1만 5,000톤급 선박 다수가 포함된) 선박 1,500척이 새로 생산될 것이 분명했다. 이 생산량은 U-보트가 격침하고 있던 것보다 세 배 많았다. 미국에서 군함이 건조되어 1941년과 1945년 사이에 호위함을 해마다 200척씩 함대에 보태게 된다. 이 가운데 500척 이상이 영국해군의 북대서양 호위함대에 가세했다. 이 호위함대의 병력은 1941년 3월에 374척에 이르러서 전쟁 발발 이후로 거의 두 배가 되었다. U-보트가 잠항속도가 느린 탓에 선호하는 방식이었던 수면 위 작전을 안전하게 펼칠 수 있는 공간인 '공격空隔, air gap'이 북미와 아이슬란드와 영국에 기지를 둔 장거리 항공기 때문에 차츰차츰 축소되었다. '호송용 소형 항모'가 호송선단에 없어서는 안 될 항공 방호를 제공했고, 이 때문에 공격을 수행하는 U-보트에 직접적인 위협이 가해지게 된다. 예하 잠수함 기지를 위한 시설에서만 되니츠의 처지가 나아졌다. 전기공학전과 암호전에서 싸움은 승패를 예측하기 어려웠다. 독일에 유리한 비밀 수중무기에 관한 약속은 몇 년 동안 실현될 수 없었다. 그런데도 U-보트는 연합국, 특히 영국의 전쟁수행 노력에 이미 심대한 물질적·심리적 피해를 입혔다. 그리고 1942년 중반에 대서양 전투의 최종 결과는 어느 쪽에게도 명확하지 않았다. '통계수치와 도표와 그래프 곡선'에는 위협이 내포되어 있었다.

여기까지 (처칠이 만들어낸 조어인) 대서양 전투는 각기 다른 네 단계를 거쳤다. 전쟁이 터질 때부터 프랑스가 함락될 때까지 U-보트 함대는 지리적 제한을 받았다. 그리고 영국 제도 부근 안에서 활동하는 데 중립국들이 민감하게 반응하는 것을 히틀러가 걱정했기 때문에도 제한을 받았다. 독일이 (히틀러가 대단한 선견지명으로 1941년 1월에 폭탄을 맞아도 끄떡없는 U-보트 '대피소'를 짓기 시작하라는 명령을 내린) 프랑스의 대서양 연안 항구들을 차지한 1940년 6월 이후로 U-보트 함대는 동대서양에서 작전을 벌이기 시작해서, 서아프리카와 동아프리카로 가는 '희망봉 경로'에 특히 집중했고 이탈리아군이 스스로 솜씨 없는 잠수함 승무원임을 입증하고 있었으므로 이따금 지중해로 침투해 들어갔다.

1941년 4월부터 12월까지, 호송선단 공격 전술에서 기량이 차츰 늘어난 덕분에, 그리고 미 해군이 습격행위를 하는 잠수함을 공격하겠다는 의향을 알린 미국의 '중립구역' 설정에도, U-보트 함장들은 작전을 중대서양과 서대서양으로 확장하기 시작했다. 영국이 보급품을 싣고 러시아 북쪽 항구로 호송선단을 운행하기 시작한 1941년 6월 이후로 U-보트가 독일 군함과 해안기지 항공기의 지원을 받아 북극권 위도에서도 작전을 벌이기 시작했다. 끝으로, 1941년 12월 이후에 되니츠의 부하들은 미국의 대서양 연안과 멕시코만 안에서도 잠수함전을 벌여서, 그곳에서 기괴하게도 '즐거운 시간'이라는 이름이 붙은 몇 달 동안 연안 선박을 수십만 톤씩 격침했다. 그 '즐거운 시간'은 미 해군이 일시적으로 연안 경로 호송선단을 조직하지 못해서 발생했다.

U-보트는 1940년 6월까지는 제1차 세계대전 동안 독일 대양함대 Hochseeflotte가 자국 기지를 떠나 멀리 나가지 못하게 만든 지리라는 똑같은 현실의 제한을 받았다. U-보트는 (전쟁 내내 그럴 터이지만) 발트 해를 훈련장으로 사용하면서 북해에서 영국 선박을 공격했지만, 도버 해협의 기뢰 장벽 때문에 영국해협을 지나 밖으로 빠져나가는 출구를 이용할 수 없었고 오직 스코틀랜드 북쪽으로 빙 돌아가는 긴 항로를 거쳐 가야만 — 다시 말해, 그럴 수 있을 항속거리가 될 경우에 — 대서양에 다다를 수 있었다. 그런 항속거리를 가진 잠수함은 거의 없었다. 오직 제9형 8척만이 항속거리가 1만 2,000마일인 진정한 대양 잠수함이었고, 18척은 지브롤터Gibralter까지 항해할 수 있었으며, 나머지 30척은 북해를 떠날 수 없었다. 이런 제한이 있었는데도 U-보트는 특기할 만한 성공을 여러 차례 거두었다. 그 성공

사례로는 1939년 10월에 스카파 플로우Scapa Flow[6]에 있는 영국 해군 본기지에서 격침된 전함 로열 오크Royal Oak 호와 자국 해역에서 별일 있겠냐는 식으로 대잠 경계조치를 소홀히 하다가 침몰당한 항공모함 커레이져스Courageous 호가 있다. 전쟁이 일어날 때부터 프랑스가 함락될 때까지 북대서양에서 침몰한 상선의 총량은 75만 톤과 141척을 넘지 않았다.

그러나 독일이 1940년 6월에 프랑스의 대서양 연안 항구들을 장악하면서 U-보트 작전의 토대가 바뀌었다. 브레스트Brest, 생-나제르 Saint-Nazaire, 라로셸La Rochelle, 로리앙Lorient을 차지하면서 되니츠의 U-보트들은 영국의 무역로 코앞에 바짝 다가갔고, 그럼으로써 지금까지는 띄엄띄엄 들쭉날쭉 이루어지던 격침 양상이 고르고 꾸준해졌다. U-보트 승무원들은 비스케이Biscay 만[7]에서 출항하자마자 자기들이 영국에서 희망봉까지 나이지리아산 석유와 남아프리카산 비철금속 원광석이 운송되는 경로에 걸터앉아 있음을 깨달았다. 그들은 조금만 더 뻗어나가서 대서양으로 들어서면 아르헨티나산 고기와 미국산 곡물을 실은 호송선단을 공격할 수 있었다.

홀로 항해하는 선박은 요격에 극히 취약했다. 제1차 세계대전에서 영국 해군이 얻은 경험이 입증했듯이, 단독 항해는 U-보트에 목표물을 줄줄이 안겨주었다. 잘 이용되는 무역로에 홀로 떠가는 배를 놓친 함장은 다른 배가 또 한 척 나타나리라고 예상해서 확률만 따져도 꽤 높은 성공률을 올릴 수 있었다. 호송선단으로 말미암아 확률이 어긋났다. 잠수함의 잠항속도가 상선의 속도와 기껏해야 같았고 그보다 밑도는 경우가 잦았기 때문에, 호송선단이 시야에 들어왔을 때 공격위치를 잘못 잡은 U-보트 함장은 그 호송선단에 있는 선박을 모두 다 놓쳤으며 올바른 공격위치를 확실하게 잡을 가망이 전보다 더 크지 않은 상태에서 다른 호송선단이 또 나타날 때까지 며칠을 기다려야 할지도 몰랐다.

제1차 세계대전 때 잠수함 함장이었던 되니츠는 자기의 해군 병과가 산술적으로 불리한 입장에서 작전을 벌인다는 것을 깨닫고는 그것을 극복할 방법을 착안해냈다. 독일이 베르사유 조약으로 U-보트를 보유할 수 없었던 시기에 수상 어뢰정을 가지고 실험을 해서 그는 잠수함의 속도가 상선의 속도를 넘는 수면 위에서 잠수함 '떼'가 일정한 간격을 두고 하나의 사슬을 이루며 배치되어 있으면 대양의 광대역을 횡단하는 호송선단들의 접근을 알아내서 해안에서 쳐주는 무선 지령을 받아 한 호송선단을 상대로 한 데 모여 호위함을 압도하는 많은 수로 공조 습격을 해서 선박을 대량격침할 수 있음을 보란 듯이 입증했다. 독일이 프랑스의 대서양 연안 항구를 얻자마자, 내서양 전투는 바로 이 '이리떼Wolfsrudel'[8] 전술로 말미암아 우위를 점치기 어려운 아슬아슬한 싸움이 되었다. 이로써 처칠이 1940년 중반부터 1943년 중반까지 수행한 영국의 전쟁수행 노력에 어둠이 드리워졌다.

이리떼에 대항한 영국 해군의 방어책이었던 호송선단은 대서양의 생명선을 단지 부분적으로만 보호했다. 해군의 호위선단 자체는 ― 초기에는 3,000마일 대양을 횡단하는 화물선과 유조선 40척을 지키며 몰고다닐 용도로 구할 수 있는 군함이 아마도 구축함 두어 척과 코르벳함 한 척에 지나지 않았을 터여서 ― 작심한 1개 U-보트 부대에 그다지 직접적인 위협이 아니었다. 잠항한 U-보트를 찾아내는 데 이용된 음향측심기인 아즈딕은 1,000야드를 넘어서면 효과가 거의 없었고 (1944년까지는) 깊이가 아니라 거리와 방위만을 반영했다. 수압 신관으로 기폭되는 U-보트 공격용 폭뢰는 어림짐작으로 투하되어야 했고 바로 옆 가까이에서 터져야 U-보트 동체가 깨졌다. 더욱이 U-보트의 공격은 대부분 밤에, 즉 아즈딕보다는 레이더가 더 쓸모 있을 때 수면 위에서 이루어졌다. 그러나 1943년까지는 레이더가 너무 원시적이어서 조기 경보를 내려주거나 거리를 정확히 측정

8. 한 부대로 행동하는 잠수함 무리를 일컫는 표현.

할 수 없었다.

무선 첩보전

알려지거나 의심이 가는 U-보트 초계선에서 벗어나도록 호송선
단 항로를 정하는 조치야말로, 호송선단이 지나가는 동안 U-보트
가 수면 아래로 잠수하지 않으면 안 되도록 만드는 보조대책과 —
특히 항공정찰과 — 더불어, 호송선단의 안전을 가장 잘 확보했다.
항공기가 모자라고 항속거리가 짧아서, 1943년 5월까지 북미와 (독
일군이 1940년 4월에 덴마크를 침공한 뒤에 영국이 기지로 이용할 수 있게 된)
아이슬란드와 영국 본토 사이에 U-보트가 감시당할 염려 없이 작전

◪ 1941년 5월 24일, 북대서양
출항 중 영국 전투순양함 후드
(Hood) 호와 싸우는 독일 전함
비스마르크 호. 프린츠 오이겐
(Prinz Eugen) 호에서 찍은 사진
이다.

을 벌이는 '공격'이 남아 있었다. 그 공격은 항속시간이 18시간인 초
장거리 리버레이터Liberator(B-24)가 실전 배치되자 닫혔다.

다른 한편, 항로 변경은 대서양에서 전쟁이 시작된 바로 그때부
터 채택한 계책이었으며, 양측의 직접적 대립감은 늘 강했다. 독일
측에서는 B-감청반B-Dienst[9] 장교들이 무선 도청과 암호 통신문 해
독을 이용해서 호송선단의 위치를 확인하고 명령을 판독했다. 영국
(나중에는 영미) 측에서는 블레칠리Bletchley에 있는 정부 부호·암호학
교Government Code and Cipher School의 암호 해독가와 해군본부 작전첩보부
Operational Intelligence Centre의 직원들이 U-보트 사이에 오가는, 그리고
로리앙의 케르네블Kernével에 (1942년 3월 이후에는 베를린에) 있는 되니
츠의 본부에서 보내는 신호를 청취해서 초계선의 구성 형태와 무전
으로 이리떼를 목표물로 유도하는 전파를 탐지했다.

항로 변경은 호송선단 보호대책 가운데 단연코 가장 큰 성공을
거두었다. 이를테면, 1942년 7월과 1943년 5월 사이에 영국 해군본
부와 미국 해군부의 첩보부서들이 위험에 처한 174개 북대서양 호
송선단 가운데 105개의 항로를 위험에서 완전히 벗어나도록 변경했고,
다른 53개 호송선단에 가해지는 공격을 항로 변경으로 최소화했다.
16개 호송선단만이 이리떼의 덫 안으로 곧바로 뛰어들어가 막대한
손해를 입었다.

영국 해군의 로저 윈Rodger Winn 대령, 나중에는 미 해군의 케네드
놀즈Kenneth Knowles 중령이 이루어낸 그 성공은 궁극적으로는 블레칠
리 파크Bletchley Park가 케르네블 U-보트 송수신 정보를 재빨리 해독
해서 그 중요성을 호송선단 작전에 써먹는 솜씨에 달려 있었다. 물론,
그 송수신 정보는 에니그마Enigma 기계 속에서 암호가 되었고, U-보
트 병과가 이용하는 '상어' 키'Shark' key[10]는 블레칠리의 노력에 유난
히도 뚫리지 않았다. '상어' 키는 1942년 12월까지 뚫리지 않았고 그
다음에는 1943년까지 들쭉날쭉하게 뚫렸다.

9. 독일 해군 산하 무선신호 첩보
부서인 Funkbeobachtungsdienst
의 약어

10. '상어'는 블레칠리가 독일 해
군 무선 암호인 트리톤(Triton)에
붙인 암호명이었다. 북대서양과
지중해에서 활동하는 U-보트를
위해 1942년 2월부터 사용된 트
리톤은 에니그마의 4중 회전자
로 만들어지는 키였다. 키란 평
문을 암호문으로, 암호문을 평
문으로 바꿀 때 사용되는 특정
기호를 말한다.

영국 해군본부 작전첩보부가 이 시점까지 사용한 극히 중요한 무선 첩보는 대부분 위치를 정하는 성격을 가진 낮은 등급의 첩보였다. 고주파방향탐지(HF/DF, 즉 '허프더프Huff Duff')[11]를 이용해서 함선은 자기 뒤를 쫓아다니는 U-보트가 U-보트 본부로 되돌려 보내는 전송문을 잡아내 그 U-보트를 탐지해서 위치를 알아낼 수 있었고, 그렇게 해서 호송선단이 항로를 변경하거나 보호 항공기를 호출할 수 있었다. 한편, B-감청반은 영국 해군본부가 경솔하게도 기계식 암호전환기 대신 암호책 사용을 고집하는 바람에 호송선단의 송수신 정보를 판독해서 이리떼를 선택된 항로로 보낼 수 있었고, 때때로 엄청난 결과를 얻었다.

이 무선 첩보전에서 가장 중요한 국면은 U-보트가 1941년 4월 이후에 동대서양에서 중대서양으로 이동하면서 시작되었다. 영국에서 대용품이 쓰이고 배급제가 도입되어 수입 요구량이 5,500만 톤에서 4,400만 톤으로 줄어들었지만, 최저 수준의 생활방식을 받아들여야 할 때가 다가오고 있었고 대체 건조를 앞지를 기미를 보이는 침몰 비율에 맞추어 최저 수준을 정해야 했다. 미국은 승리한 뒤에 갚겠다는 약속을 받고 사실상 영국에 전쟁 보급품을 빌려가도록 허용하는 무기대여법을 1941년 2월에 제정했다. 미국은 1939년의 중립법[12]의 조문에 따라 중립감시대Neutrality Patrol[13]를 1941년 4월부터 가동하고 있었다. 중립감시대는 버뮤다 서쪽의 대서양에서 U-보트를 사실상 몰아냈다. 그러나 이때 U-보트 함대는 호송선단을 요격할 2,000마일이 넘는 대양이 있었고 작전 중에 잠수함을 상실하는 것보다 훨씬 더 빠른 속도로 U-보트가 기존의 보유 척수에 추가되고 있었다. 1939년 9월 이후로 총 손실수가 50척이 채 안 된 데 비해, 1941년 한 해 동안 건조속도가 200척을 넘어섰다.

따라서 1941년에 U-보트가 대서양에 산개해서 여덟 달 동안 벌인 전투는 독일 해군으로서는 대단한 성공작이었다고 판명되었다. 독

12. 유럽에서 고조되는 분쟁에 미국이 휘말려드는 사태를 방지할 목적으로 제정된 법률.

13. 미대륙의 중립을 지키고 적대국 군대가 미국이나 서인도 제도의 해안으로 이동하는지를 보고하기 위해 미국 대통령의 명령으로 만들어진 조직. 주로 순양함과 구축함으로 이루어진 8개 그룹이 편성되어 캐나다에서 카리브 해까지의 해안을 담당했다.

일 해군은 현명치 못하게 5월에 대전함 비스마르크 호를 상선습격대로 풀어놓았다가 영국 내해함대 대다수 함선의 대추격을 받은 끝에 잃는 피해를 입었다. 그러나 그 피해는 영국의 조선소에서 해마다 새로 건조되는 선박 톤수가 100만 톤이 채 안 될 때 150만 톤에 이르는 상선 328척의 침몰로 상쇄되었다. 그 손실과 함께 영국 본토가 절박하게 필요로 하는 — 군장비뿐만 아니라 밀, 소고기, 버터, 구리, 고무, 폭약, 석유 등 — 거의 모든 범주의 물자가 가라앉았다.

그러나 영국의 노력을 변호하는 사람들은 호위함의 성공이 높아지고 있다고 시사하면서 잃어버린 선박의 3분의 2가 호송선단 밖에 있다가 격침되었으며 그해에 U-보트의 손실이 총 28척이었음을 보여줄 수 있었다. 되니츠는 그런 결론을 내릴 자세가 확실하게 되어 있었다. 그는 미 해군이 (1941년 9월 이후로 그랬던 것처럼) 적대적인 중립부대라기보다 공공연한 교전부대가 되자마자 노력의 중심을 미국 해안으로 옮겼다. 1942년 1월 이후로 미국 동쪽 해안 앞바다와 멕시코만 안에서 어느 한 시점에 항행하고 있는 U-보트가 12척으로까지 늘어났다. 1월과 3월 사이에 그 U-보트들이 북대서양에서 1941년 한 해 동안 성취한 것보다 네 배 더 높은 연간 비율에 해당하는 선박 125만 톤을 가라앉혔다.

그러나 5월이 되면 호송선단이 미국의 동해변경Eastern Sea Frontier[14]에 도입되었고 그 해역에서 침몰량이 곧바로 떨어졌다. 더욱이, 미국의 조선소가 새로운 선박 건조를 위해 재가동되고 동원되면서 새 상선과 호위함이 만들어지는 속도에 엄청나게 가속이 붙기 시작했다. 규격화된 유조선인 T10과 화물선인 리버티Liberty 선의 출현이 특히 중요했다. 두 선박은 (1만 4,000톤과 1만 톤으로) 전쟁 이전의 동종 선박보다 더 크고 더 빠른 데다가, — 무엇보다도 가장 중요한 점으로 — 만드는 데 시간이 오래 걸리지 않았다. 석 달이 평균 건조기간이었다. 1942년 10월이 되면 미국 조선소에서 하루에 리버티 선 세 척

14. 미국 동북단의 펀디(Fundy)만에서 남쪽 플로리다의 잭슨빌(Jacksonville)에 걸친 해역을 이르는 공식 명칭.

이 진수되고 있었고, 11월에는 로버트 피어리Robert E. Peary 호가 만들어지기 시작한 지 나흘하고도 15시간 만에 완성되었다. 이것은 이목을 끄는 경이로운 홍보감이었지만, 되니츠에게는 예하 U-보트 함장들의 노력에 조립식 공정기술이 가하는 도전의 무시무시한 증거였다.

임계점

1942년 7월이 되면 비록 아직은 어느 쪽도 깨닫지 못했어도 대서양 전투가 가장 중요한 국면에 다가서고 있었다. 사람들의 관심을 핵심 쟁점에서 딴 데로 돌리는 일이 생겼다. 1942년 3월에 영국군이 독일의 최대 전함인 티르피츠Tirpitz 호에 대서양 연안 본거지를 제공하던 생-나제르의 선창船廠을 파괴했다. 티르피츠 호는 당시 노르웨이 북부에 있는 항구에 정박해 있었고, 2월에 샤른호르스트Scharnhorst 호와 그나이제나우Gneisenau 호가 과감하게 돌진해서 영국해협을 통과한 뒤 티르피츠 호에 합류했다. 이런 사건이 일어나자 두 함선을 요격하지 못한 책임을 누가 져야 하는지를 둘러싸고 영국 해군본부와 영국 공군 사이에 많은 맞비난이 오갔다. 그 중량급 함선 세 척은 앞으로 여러 달 동안 북극해 호송선단에 위협을 가해서 7월의 PQ17 호송선단에 엄청난 차질이 생겼다. 1943년 12월에 샤른호르스트 호가 북극해 호송선단을 치려고 단기 출격을 해서 영국 해군본부에 커다란 걱정을 불러일으켰지만, 비스마르크 호와 같은 운명을 맞이했다. 그리고 티르피츠가 트롬쇠Tromsø 피오르드에 정박해 있다가 폭격을 받아 침몰한 1944년 11월에야 티르피츠 호의 위협이 끝났다. 그러나 이 일화들은 독일의 수상함대가 독일 해군의 전쟁에 이바지한 정도를 대체로 요약해준다. 북아프리카 '햇불Torch' 상륙작전을 1942년 11월에 개시해야 할 필요 때문에 연합군의 상선과 군함이 일시적으로 대서양의 생명선에서 모조리 빠져나갔다. B-감청반이 영국 해군의 3번 암호책에 기대어 성공 증가를 즐기고 있던 때에 U-보트 무선 송수신 정보의 얼트라 암호 해독에서는 1942년 2월에 심각한 중단사태가 일어나서 그해 대부분의 기간 지속되었다. 영국과 미국과 캐나다의 호송선단 통솔체계는 '승무원 적응 시운항shakedown'[15]을 해서 협조를 일상화하는 문제를 같은 시기에 겪고 있었다. 제2차 세계대전 동안 현역 군함이 6척에서 거의 400척으로 늘어나서 모든 나라 군대 가운데 최대 규모의 팽창을 겪고 있던 캐나다 해군은 그보다 더 큰 파트너들의 전문기술을 따라잡는 데 유난스러운 어려움을 겪었다. 전쟁이 터진 이후로 영국 해군본부와 영국 공군은 장거리 항공기 개발을 둘러싸고 내내 싸움을 벌여오고 있었다. 현란하지만 효과가 없는 경우가 잦은 독일 도시 폭격공세보다 호송선단 보호가 들어가는 노력에 비해서 수익이 더 크다는 영국 해군본부의 주장은 옳았지만 받아들여지지 않았다. 이런 상황을 배경으로 되니츠는 바다에서 잠수함 '젖소milch cows'[16]에서 재급유를 받는 실험을 통해 예하 U-보트의 항속거리를 늘리고 영국 공군이 해안방어부대Coastal Command를 거쳐 해군본부에 할당한 장거리 항공기의 공격으로 말미암아 점점 더 위험해지는 비스케이 만 수상 통과에 예하 함선이 대비하도록 하는 작업을 하고 있었다. 1942년 전반기에 강력한 신형 리Leigh 탐조등을 실은 해안방어부대 소속 항공기가 비스케이 만에 있는 U-보트를 밤에 기습해서 폭뢰로 공격하기 시작했다. 되니츠가 대서양의 순항 전지에 이르는 데 지연이 따를지라도 잠항 통과를 해야 한다는 명령을 이미 내렸는데도, 7월에 두 척이 파괴되었다. 리 탐조등의 의의는 그것이 레이더가 효과를 발휘하지 못할 때 U-보트가 접근하는 마지막 2,000야드에서 항공기에 '눈'이 되준다는 것이었다. 기술 대결이 앞서거니 뒤서거니 하면서 접전을 벌이는 가운데 독일이 리 탐조등 작동이 가능해지기 전에 위험을 알려주는 수동 레이더 탐지기를 개발하게 되자 리 탐조등의 유용성이

15. 새 임무를 맡은 함선이나 선단이 기계와 장비를 시험, 조정하고 승무원들을 훈련할 목적으로 수행하는 순항.

16. 바다에서 작전 중에 있는 U-보트에 필수품을 진해주는 1,600톤급 보급용 U-보트에 붙여진 별명. 이 '젖소'의 활약으로 U-보트의 해상 활동기간이 보름에서 한 달로 늘어났다.

줄어들게 된다. 그러나 1944년까지 지속된 비스케이 만 전투가 진행되는 동안 우위는 시종 연합군에 돌아갔다. 1944년 초에 (잠수상태로 순항하면서 축전지를 재충전할 수 있는) 통풍관Schnorchel을 설치한 첫 U-보트가 배치되어서야 비로소 대잠對潛 항공기가 주는 위협이 상쇄되기 시작했다.

그러나 이 무렵이 되면 대서양 전투는 절정 국면에 이르렀다가 지나버린 상태에 있었다. 되니츠는 자신의 U-보트 보유 목표수치였던 300척을 드디어 성취한 1942년 7월 이후로는 자신의 노력을 중대서양으로 재전개했다. 미국을 도와 미 동해변경에 호송선단을 도입하려고 영국 함선을 전속 배치하는 바람에 중대서양에서 연합군 호위함대가 약해진 상태였다. 또한 이때 되니츠는 초계선을 조직하고 호송선단을 상대로 이리떼를 집중하는 데 더욱 능숙해지고 있었고, 당시 B-감청반이 암호 해독에서 블레칠리보다 우위를 누렸기 때문에 호송선단의 위치를 알아내는 데 더 큰 성공을 거두고 있었다. 영국은 두 가지 실험적 대책으로 대응했다. 나중에 결실을 보게 될 그 대책은 공격을 받는 호송선단을 구하러 갈 호위함 '지원단'의 창설과 항공기를 띄워 보내도록 개조된 상선, 즉 상선 항공모함merchant aircraft carrier, MAC[17]이었다. 그러나 상선 항공모함은 진정한 호위 항공모함의 조잡한 선행 형태였고, 최초의 진정한 호위 항공모함이었던 미 함선 보그Bogue 호는 이듬해 3월에 가서나 등장했다. 한편, 제20지원단은 호위함 부족이 지속되는 바람에 두 달 뒤에 해체되어야 했다.

그 결과, 1942년 11월에 북대서양에서 이루어진 U-보트의 격침 실적은 모두 합쳐서 50만 9,000톤에 이르렀다. 이전에 이 수치를 넘어선 적은 같은 해 5월에, 즉 미국 연안 앞바다의 '즐거운 시간' 동안에 딱 한 차례 있었다. 12월과 1월에는 대서양의 날씨가 나빴기 때문에 침몰량이 반으로 줄었다. 그러나 1943년 2월에는 나쁜 날씨가 계속되는데도 U-보트 120척이 북대서양에서 거의 30만 톤

17. 제2차 세계대전 기간에 영국이 미국으로부터 호위용 항공모함을 얻기 전까지 비상대책으로 곡물 운반선이나 유조선을 개장해 사용한 소형 항공모함.

을 가라앉혔고 실적이 본격적으로 오르는 듯했다. 3월 한 달 동안 HX229와 SC122라는 암호명으로 북미에서 영국으로 동진하던 2개 호송선단을 상대로 잇달아 벌인 전투에서 U-보트 40척이 상선 90척 가운데 22척, 그 상선을 보호하고 있던 호위함 20척 가운데 1척을 가라앉혔다. 침몰 톤수 14만 6,000톤은 모든 호송선단 전투에서 최고 수치였고, 되니츠와 휘하 승무원은 자기들이 손에 승리를 거머쥐었다고 믿게 되었다. 그들은 3월에 북대서양에서 모두 합쳐서 47만 6,000톤에 이르는 선박 108척을 가라앉혔다. 손실의 과반수가 호송선단 안에서 나왔다. 위치 탐지와 암호 해독에서 성과를 올리는 B-감청반의 지원을 받은 이리떼 전술은 겉보기에 호송선단 보호 체제에 우위를 차지한 듯했다.

그 겉보기는 허상이었다. 선박 대체속도가 올라서 손실을 메우고 있었던 것이다(1943년 10월이 되면 새로운 선박 건조가 사실상 1939년 이후의 선박 손실량을 메운 데다가 우월한 상선대까지 만들어냈다). 그뿐만 아니라 파손되는 U-보트가 한 달에 약 15척이나 되어서 진수 척수와 동등해지기 시작하고 있었다. 이 통계수치는 되니츠의 노력이 실패하는 것이 필연임을 뜻했다. 이런 추이 변화가 일어난 까닭은 대여섯 가지 사실에서 나왔다. 블레칠리가 1943년 5월에 B-감청반에 우위를 되찾아서, 항로 변경이 훨씬 더 큰 성공을 거두었다. 호위함이 더 많아지고 있어서, 상설 '지원단'의 창설이 가능해져 그 수가 4월에 다섯 개였다. 대잠 항공기 20대를 싣는 호위 항공모함 두 척이 기존의 호위함에 추가되었다. 대잠 항공기는 호송선단 부근에 있는 모든 U-보트가 수면으로 오르지 못하도록 만들 수 있었고, 그렇게 되어서 U-보트의 공격 가능성을 사실상 없애버렸다. 개선된 레이더와 아즈딕과 폭뢰 발사기(고슴도치Hedgehog와 오징어Squid)가 근접 전투에서 U-보트에 직접적인 전술적 위협을 가했다. 그러나 무엇보다도 장거리 정찰기가 대서양 전투에 이용될 가능성이 커져서 전략적 우위가 영국-미국-캐나다 쪽으로 옮아갔다. 레이더와 리 탐조등과 기관포와 폭뢰를 갖춘 장거리 항공기, 특히 리버레이터 폭격기가 날아다니면서 수면에 떠오른 U-보트를 요절냈다. 이 항공기 때문에 모든 U-보트가 비스케이 만에서 — 되니츠의 명령에 따라 '결판을 내다'가 재앙을 맞이한 짧은 일화가 있은 뒤에는 — 시간이 네 배나 더 드는데도 잠항상태로 통과해서 북대서양의 사냥터로 가야 했다. 그 항공기들은 거대한 해역에서 되니츠의 초계선을 흩뜨리고 그의 부대 집결체가 나타나는 곳에서마다 두들겨서 이리떼 전술을 망가뜨렸다. 항공기와 호위함 사이에 약 3 대 2 비율로 입은 U-보트 손실이 1943년 5월에는 43척에 이르러서 대체량을 두 배 이상 넘어섰다. 피할 수 없는 운명을 받아들인 되니츠는 5월 24일에 예하 함대를 대양에서 거둬 들였고, 훗날 회고록에서 "우리가 대서양 전투에서 졌다"고 인정했다.

그것이 잠수함전의 종지부는 아니었다. 통풍관을 설치한 첫 잠수함이 1944년 5월에 시험 운항을 했다. 동체 밖으로 펼쳤다가 안으로도로 접어들일 수 있는 공기 흡입관인 통풍관을 쓰면 잠수함은 디젤 엔진을 사용하면서도 잠항상태로 순항할 수 있었다. 한 네덜란드 해군 장교가 1927년에 발명한 그 장치는 물속으로 들어갈 수 있다뿐인 U-보트를 작전 임무 내내 수면 아래서 작전을 수행할 수 있는 진정한 잠수함으로 바꾸어놓았다는 점에서 핵 추진의 개발과 독일군이 1945년에 실전 배치하는 폐쇄형 과산화수소 방식[18]의 개발 양자를 미리 보여주었다. 통풍관이 잘못 사용되면 승무원이 숨이 막혀 죽을 수 있었고, U-보트 두 척의 승무원이 그런 식으로 죽었다고 믿어진다. 통풍관이 제대로 사용되었더라면 U-보트의 위협이 되살아났을 것이다. 만약 독일군이 1944년 8월에 주요 대서양 연안 항구를 미 육군에 잃지 않았더라면, 통풍관 U-보트가 대서양 전투를 재개해서 연합군에 막대한 손해를 안겨주었을 것이다.

18. 독일은 1940년에 바깥 공기 대신 과산화수소를 태워 동력을 얻는 엔진을 만들었다. 이 엔진을 단 21형 잠수함의 잠항속도는 다른 잠수함의 네 배인 시속 30노트였다. 그러나 이 엔진의 실용화 작업은 과산화수소가 V-2 로켓 개발에 모조리 투입되면서 중단되었다.

1939년 9월부터 1943년 5월까지 대서양에서 벌어진 싸움을 통틀어 견줘보면, 되니츠의 잠수함 병과가 가장 심한 대가를 치렀다고 볼 수 있다. 비록 연합국이 대서양에서 총 등록 톤수가 거의 1,300만 톤인 상선 2,452척과 (캐나다, 폴란드, 벨기에, 노르웨이, 자유 프랑스의 호위함도 포함하는 용어인) 영국 함선이 대부분인 군함 175척을 잃기는 했어도, 크릭스마리네[19]는 작전에 파견한 U-보트 830척 가운데 696척을 거의 모두 대서양에서 잃었고 항해에 나선 승무원 4만 900명 가운데 2만 5,870명이 죽었다. 폭뢰에 당한 U-보트의 잔해에서 건져 올려진 다른 5,000명은 포로가 되었다. 이런 사상자 비율은 — 즉, 치명적 사상 비율 63퍼센트, 총 사상 비율 75퍼센트는 — 그 어떤 교전국가 육해공군의 다른 전투 병과가 입은 사상자 비율을 훨씬 능가했다.

그 대가는 분명히 헛되지 않았다. 경제 격차가 처음부터 독일에 불리했다는 점, 독일 산업이 장기전을 위해 '깊이 있게'보다는 단기전을 위해 '폭 넓게' 조직되었다는 점, 히틀러의 정복전이 독일제국의 전쟁수행 능력에 생산능력이나 원료 자원을 보태는 데 유난히 성공을 거두지 못했다는 점을 — 이를테면, 독일의 전쟁수행 기구를 위해 석유나 비철금속 원광석의 대규모 원천을 얻는 데 실패했다는 점을 — 고려하면, 영국이 유럽의 궁극적인 해방을 위한 영미군의 병력 집결처가 되는 데 U-보트가 지연 효과를 일으킨 것이 결정적이었다고 보일 수도 있다. 더욱이, 독일이 1940년과 1944년 사이에 자국의 농업 소출과 동쪽과 서쪽에서 점령한 땅에서 이루어지는 농경에 행한 징발로 국민을 거뜬히 먹여 살린 데 반해, 영국은 U-보트에 식량 수입을 빼앗기는 바람에 늘 최저 생계 수준에서 벗어나지 못하고 허덕였다. 배급은 비록 공정하게 적용되고 전쟁 이전에는 영양 섭취가 부족했던 계급에 유리하기는 했어도 영국인 사이에 잠재적 위기의 풍조를 만들어냈고, 이 때문에 영국이 적을 공격할 역량

19. 1935년부터 1945년까지의 나치 독일의 해군을 일컫는 명칭.

이 뒤틀리고 줄어들었다. 1940~1944년의 영국이 1914~1918년의 영국보다 상대적으로 훨씬 더 약하지 않았는데도, 영국이 제2차 세계대전 동안에 독일에 가한 군사적 위협의 강도는 제1차 세계대전 동안에 가해진 강도와 같았다. 그 차이는 독일 공군의 미미한 원조를 받은 U-보트에서 나왔다.

또한 U-보트는 영국의 산업과 특히 미국의 산업이 두 나라의 동맹국들과 두 나라 자체의 보조 전역戰域에 보내는 지원을 흩트리고 줄이는 데 결정적으로 중요했다는 점을 입증하게 된다. 러시아의 산업은 독일이 1941년에 백러시아[20]와 우크라이나를 침공함으로써 풍비박산이 났다. 저항을 지탱할 소련의 능력은 오로지 그 혹독한 1941~1942년 겨울에 공장들을 거의 믿을 수 없을 만큼 재빨리 서부 지역에서 우랄 산맥 너머 지역으로 옮겼기에 구제되었다. 이를테면, 7월과 10월 사이에 496개 공장이 열차로 모스크바에서 동쪽으로 운송되어서 금속을 절삭하는 선반 7만 5,000대 가운데 수도 모스크바에 남은 선반은 2만 1,000대에 지나지 않았다. 전체를 보자면 6월과 8월 사이에 1,523개 공장이 러시아 철도로 서쪽에서 동쪽으로 옮겨졌고, 8월과 10월에는 러시아 군수공업의 80퍼센트가 위험에 처한 지역에서 시베리아 서부나 동부의 안전한 지역으로 옮겨지면서 '차량 위'에 있었다. 이 전례 없는 공업의 이주에 따르는 생산 차질은 서구에서 유입된 무기와 군수품, 그러나 무엇보다도 전쟁의 하부구조를 구성하는 요소들의 대체물로만 ― 즉 자동차, 철도 기관차와 열차 차량, 연료, 배급, 그리고 심지어는 군화, 즉 겨울용 털 군화 같은 단순하지만 극히 중요한 보급품으로 ― 보충될 수 있었다. 독일 군인 수천 명이 1941~1942년 겨울에 겨울용 털 군화가 없어서 발가락을 잃었다. 미국은 1941년 3월에서 1945년 10월 사이에 철도 기관차 2,000량, 철도 차량 1만 1,000대, 가솔린 300만 톤가량, 철도 궤도 54만 톤, 지프jeep 5만 1,000대, 화물차 37만 5,000대, 군화 1,500

20. 오늘날의 벨라루스(Belarus), 소련의 15개 공화국의 하나였다가, 1991년에 독립국이 되었다.

만 켤레를 소련에 공급했다. 붉은군대는 미제 군화를 신고 미제 화물차를 타고 베를린으로 전진했던 것이다. 그것들이 없었더라면 붉은군대의 전역은 1944년에 러시아 서부에서 주저앉아 멈춰버렸을 것이다.

군화와 화물차는 무기대여법이 소련에 더불어 할당한 항공기 1만 5,000대, 전차 7,000대, 폭약 35만 톤보다 훨씬 더 중요하고 전쟁기간에 영국이 보낸 — 전차 5,000대, 항공기 7,000대, 심지어는 고무 11만 4,000톤 등 — 모든 원조보다 훨씬 더 중요한 전시 보급품목이었음이 판명되었다. 그러나 아무리 중요했어도 이 전시 보급품은 1941년과 1944년 사이에 되니츠의 U-보트 전역 탓에 가장 멀리 에둘러 가는 불편한 경로를 거쳐 러시아에 도달했다. 영국에서 출발해서 무르만스크Murmansk와 아르한겔스크Arkhangel'sk에 이르는 '북러시아 노선'은 1941~1944년의 여름철에 노르웨이에 기지를 둔 독일군 부대의 항공공격과 해상공격을 피하려고 서쪽으로는 거의 그린란드만큼 멀리, 북쪽으로는 (1941~1942년에 기상대를 차지하려고 소규모 전쟁에 준하는 이상한 싸움이 벌어진) 스피츠베르겐Spitsbergen[21]만큼 멀리 돌아가야 했다. 겨울 얼음이 호송선단을 동쪽으로 내몰 때, 손실이 크게 치솟아서 처칠은 이 항행을 몇 차례 중단해야 했다. 스탈린은 이에 경멸감을 표현해서 상대방 마음에 상처를 입혔다. 페르시아 만을 거치는 대안 경로는 우회로였고 길고 부적절한 철도체계의 수송 종점에서 끝이 났다. 블라디보스톡으로 가는 태평양 경로도 적에게 공격당할 위험과 얼음의 영향을 받았고, 세계에서 가장 긴 철도, 즉 시베리아 횡단 철도의 맞은편 종점과 연결되었다.

따라서 히틀러의 U-보트 함대 투자는 그 대가를 정당화하고도 남았다. 그 투자는 직접적인 적국, 즉 무엇보다도 러시아, 그리고 영국의 공세 노력을 얼마간 꺾어놓았고, 히틀러의 코앞에서 대규모 미군 원정부대가 구성되는 것을 지연했으며, 적이 지중해에서 '변두리'

21. 노르웨이 북단 해안에서 북쪽으로 650킬로미터 지점에 있는 스발바르(Svalbard) 제도에서 가장 큰 섬.

전략을 펼치지 못하도록 방해했다. 주로 항공 위협을 통해서였지만 부분적으로는 잠수함의 위협을 통해서 1940~1942년에 지중해가 봉쇄되는 바람에 영국의 정기 호송선단 운행이 폐쇄되어서 사막군은 1만 2,000마일 길이의 희망봉 경로를 거쳐 이루어지는 보급에 의존해야 했고, 따라서 보급의 효율성이 아주 심하게 떨어졌다.

만약 히틀러가 1942년 이전에 U-보트 300척의 함대를 창설해내거나 그 뒤에라도 함대 규모에 상당한 추가를 이루거나 1944년 이전에 선진적인 통풍관과 혁명적인 과산화수소형 잠수함을 도입할 수 있었더라면, 부분적인 숨통 누르기는 철저한 숨통 누르기가 되었을지 모른다. 그렇지만 독일은 그 전략지역의 중심으로부터 작전을 벌일 수 있다는 — 유럽 세계에서 전통적으로 대륙열강이 해양열강인 적국을 상대로 행사해온 '내선內線'의 — 이점을 상당히 극대화했다. 되니츠는 — 독일 공군수장 괴링보다 훨씬 더, 또는 심지어 무인 미사일의 아버지인 베르너 폰 브라운Werner von Braun[22]보다도 훨씬 더 쓸모가 있어서 — 히틀러의 정복전에 봉사한 모든 무인 부하들 가운데 단연코 가장 쓸모 있었으며, 그가 독일제국의 마지막 날에 히틀러의 후임으로 영도자에 지명되었던 것은 전적으로 타당했다. 나치즘은 총력전 신조에 가차없이 자기희생적으로 헌신하는 면에서 U-보트 병과와 맞먹는 병과를 독일 국방군 안에서 찾아내지 못했다. 나치를 믿었든 믿지 않았든 간에 상관없이 — 귄터 프린Günther Prien, 오토 크레치머Otto Kretschmer, 만프레트 킨첼Manfred Kinzel, 요아힘 셉케Joachim Schepke 등 — 잠수함 '에이스'들은 초인의 기품을 체현했고 심지어는 그들이 자행한 모든 만행에도 전사의 무용으로 적의 존경을 얻는 데 성공하기까지 했다. 선박 27만 톤 격침이라는 실적을 올린 '에이스 중의 에이스' 킨첼을 심문한 영국군 장교는 침울하게 "그 같은 사람은 그리 많지 않"으리라는 희망을 표현했다.

대서양은 전시 공급의 유일한 고난의 길via dolorosa[23]은 아니었다.

22. 독일의 로켓 공학자(1912~1977). 1930년부터 액체연료 로켓 실험에 몰두했고, 1937년부터 로켓 연구소 기술소장이 되어 V-2 로켓을 개발했다. 전쟁이 끝난 뒤 미국으로 가서 미사일과 우주 로켓을 개발하는 데 진력했고, 1955년에 미국 시민이 되었다.

23. 라틴어로 '고난의 길' 또는 '슬픔의 길'라는 뜻을 지닌 '비아 돌로로사'는 예수 그리스도가 빌라도의 법정에서 골고다 언덕까지 십자가를 지고 걸어간 길을 일컫는 말이다.

남중국에 있는 장제스 군대에 보급품을 차량이나 (1만 4,000피트 고도에서) 비행기로 나른 버마 도로Burma Road[24]와 '혹Hump'[25]은 다른 고난의 길이었다. 서아프리카에서 동아프리카까지 난 타코라디Takoradi 경로는 대서양 호송선단에서 하역해서 뭍에서 조립한 항공기를 사막 항공대에 제공했다. 라도가Ladoga 호수의 '얼음길'[26]은 1941~1943년의 세 차례 겨울에 레닌그라드를 완전한 아사에서 구해냈다. 그리고 마지막으로는 일본이 있다. 1942년 한 해 동안 자국의 태평양 '도서 방위선' 안에 있는 군도들을 물의 '대륙' 전략의 토대로 바꾸는 데 성공했던 일본은 맥아더의 '섬 딛고 뛰기' 계획이 자국 대양 요새의 겉껍질을 깨뜨리던 1943~1944년 동안 해상 공급에서 비범한 공적을 이룩해서 널리 퍼져 있는 일본군 수비대의 전투력을 유지했다. 1945년에 그들 나름의 '태평양 전투'가 끝났을 때, 즉 일본이 미군 잠수함에 자국 상선대를 거의 모두 다 잃은 한여름에 일본 본토는 아사 지경에 있었다. 히로시마와 나가사키의 거대한 폭발로 돌연 멈춰선 일본의 정복전이 맞이한 구슬픈 종말이었다.

그러나 이 병참 노력들 가운데 그 어느 것도 지속기간과 규모와 중요성에서 대서양 전투에 비할 바는 아니었다. 대서양 전투는 진정으로 전투와 전쟁 양자를 승리로 이끄는 대사역이었다. 만약 대서양 전투에서 졌더라면, 만약 1940~1942년에 밤낮으로 윈스턴 처칠을 바짝바짝 마르게 한 이 '통계수치와 도표와 그래프 곡선'이 반대였더라면, 만약 손실이 진수를 10퍼센트 능가한 1942년 여름에 초계선에 있는 U-보트들이 각기 상선을 딱 한 척씩만 더 격침하는 데 성공했더라면, 제2차 세계대전의 경과가, 어쩌면 결과까지도 완전히 달라졌을 것이다. 1939년과 1945년 사이에 U-보트에 희생된 영국 해군 상선대원 3만 명(전전 병력의 5분의 1), 즉 무정한 북대서양에서 물에 빠져 죽거나 체온이 떨어져서 목숨을 잃은 대다수는 그들이 가져다준 전투 필수품을 받은 영국군 부대원과 전투기 조종사만큼 분

24. 미얀마의 랑군(양곤)에서 중국의 쿤밍(昆明)에 이르는 간선도로. 중국인 노무자 20만 명을 투입해서 1938년에 완공했으며, 연합군이 중국에 물자를 전하는 유일한 지상 보급로였다.

25. 인도 아삼 주에서 출발해 히말라야 산맥의 험준한 고산을 넘어 중국의 쿤밍에 이르는 800킬로미터의 항공 수송로에 붙여진 별명. 이 '혹'은 일본군이 1942년 3월에 버마를 점령한 뒤 3년간 미국이 중국으로 보급물자를 운반하는 유일한 항공 수송로였다.

26. 1941년 9월에 독일군에 포위되어 봉쇄당한 레닌그라드에는 극심한 식량난이 일어났다. 겨울에 식량 재고가 바닥나서 무수한 시민이 굶어죽자 시 당국은 시 동쪽에 있는 라도가 호수가 얼어붙은 뒤 그 위로 식량을 외부에서 가져오는 묘안을 생각해냈다. 얼어붙은 라도가 호수 위에 생긴 이 보급로에 '얼음길'이라는 이름이 붙었다. '생명의 길'이라고도 한다.

명히 일선의 용사들이었다. 그들도, 그리고 그들의 미국인, 네덜란드인, 노르웨이인, 또는 그리스인 동료 선원도 군복을 입지 않았고 어느 누구에게도 어떤 기념물도 없었다. 그렇지만 그들은 독일 국방군이 세계를 지배하지 못하도록 막아냈다.

2 부

유럽 동부전선의 전쟁, 1941~1943년

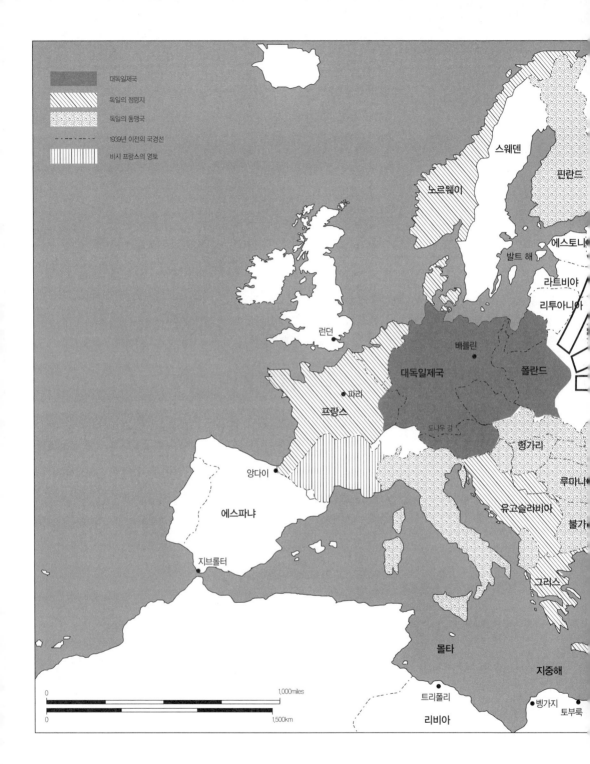

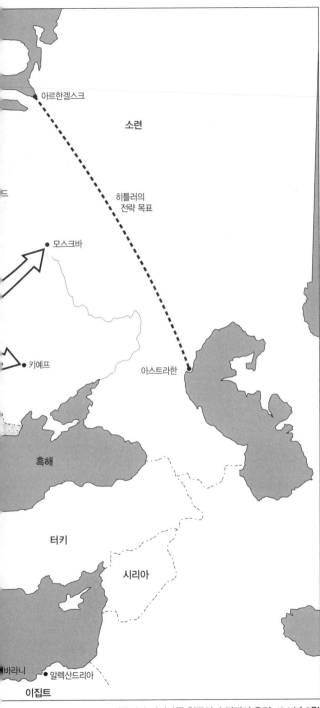

아르한겔스크

소련

히틀러의
전략 목표

모스크바

키예프

아스트라한

흑해

터키

시리아

바라니

알렉산드리아

이집트

히틀러가 러시아를 침공하기 직전의 유럽: 1941년 6월

6 | 히틀러의 전략적 딜레마

히틀러는 1940년 7월 19일에 베를린의 크롤 오페라 극장Kroll Opernhaus
에서 국회를 소집해서 새로운 독일군 원수가 한꺼번에 여러 명 생겨
나는 모습을 지켜보았다. 이것은 의식적으로 나폴레옹을 흉내낸 제
스처였으며, 그 목적은 나폴레옹이 1804년 5월 9일에 휘하 장군 18
명을 프랑스제국의 원수로 올려주었던 것과 마찬가지로 휘하 군인
부하들의 명예보다는 국가수반의 영광을 드높이기 위함이었다. 원
수 진급 명단에 오른 사람은 집단군 사령관 세 명 보크와 레프와
룬트슈테트, 히틀러의 개인 참모장 카이텔, 육군 총사령관 브라우
히치, 가장 큰 성공을 거둔 야전 지휘관 가운데 네 명 귄터 폰 클루
게Günther von Kluge와 비츨레벤Witzleben과 라이헤나우Reichenau와 리스트
List, 독일 공군수장 세 명 밀히와 슈페를레와 케셀링이었다. 괴링은
또 한 벌의 화려한 제복을 입을 자격을 부여받는 예우가 주어지는
국가원수라는 신설계급에 임명되고 예전에 프로이센 국왕들이 블
뤼허Blücher[1]와 몰트케와 힌덴부르크에게 수여한 명예훈장인 철십자
대훈장을 다섯 번째로 — 그리고 마지막으로 — 받았다.

비록 원수계급의 창출이 그날의 주목받는 사건이기는 했어도, 그
행사의 실제 목적은 꼭두각시 의원들을 위해 그때까지의 제2차 세
계대전 경과를 되짚어보고 종전조건을 선언하는 것이었다. 히틀러
의 연설은 세계 여론을 거쳐 영국에 호소하는 것이 목적이었으며,
영국의 처지가 가망 없음을 드러내 보이고 영국 정부에 강화를 맺
으라고 권고했다. 히틀러 연설의 감식가이며 그 연설의 목도자인 미
국인 저널리스트 윌리엄 샤이어러William Shirer[2]는 그 연설이 히틀러의
가장 훌륭한 연기였다고 생각하며 다음과 같은 언급을 했다. "우리
가 오늘밤 독일 국회에서 본 히틀러는 영국의 정복자였으며, 그 점

1. 프로이센의 군인(1742~1819).
1793년과 1806년에 나폴레옹과
싸웠으며, 1813년에 라이프치히
전투에서 나폴레옹에게 승리를
거두고 이듬해 파리에 입성했다.
1815년의 워털루 전투에서 때맞
춰 나타나 웰링턴의 승리를 마
무리하는 데 크게 이바지했다.
저돌적인 돌격으로 승리를 거두
곤 해서 '앞으로 원수'로 불렸다.

2. 그다지 깊이가 있지는 않지만
영어권 일반 독자 사이에서 꽤
큰 인기를 끈 나치 독일에 관한
샤이어러의 저작 *The Rise and Fall
of the Third Reich: A History of Nazi
Germany*(New York: Simon & Schuster,
1960)은 우리말로 번역되어 있다.
『제3제국의 흥망』총4권, 유승근
옮김(에디터, 1993).

을 의식하면서도 워낙 뛰어난 연기자이며 독일인의 마음을 기막히게 휘어잡는 사람인지라 정복자의 넘치는 자신감을 겸손함과 멋들어지게 섞었다. 그 겸손함은 한 사나이가 정상에 있다는 것을 아는 대중에게서 아주 좋은 반응을 불러일으켰다." 히틀러는 긴 연설을 끝낼 무렵 다음과 같이 호소했다. "이 시간에 저는 다른 곳에서만큼이나 똑같이 영국의 이성과 상식에 한 번 더 호소하는 것이 제 양심 앞에 선 제 의무라고 느낍니다. 저는 제가 호의를 구걸하는 패자가 아니라 이성의 이름으로 말하는 승자이기 때문에 이런 호소를 할 수 있다고 생각합니다. 저는 이 전쟁이 계속되어야 할 까닭을 모르겠습니다."

그러나 어떻게 하면 전쟁이 끝날 수 있는지에 관해 그가 밝힌 견해는 전혀 없었고, 또는 심지어 마음속에 품고 있는 견해도 전혀 없는 듯했다. 히틀러는 프랑스와 휴전조약을 맺은 이후로 지적으로나 정서적으로나 책무에서 벗어나 휴가를 가졌고 그 휴가에서 되돌아오기를 싫어했다. 그는 오랜 참호 전우 두 사람과 일행을 이루어 제1차 세계대전에서 일개 병사로서 아주 용감하게 싸웠던 서부전선의 싸움터를 돌아다녔고, 파리의 관광명소를 찾아 나폴레옹의 묘지에서 묵상에 잠기고 자기의 건축 취향이 최고 수준으로 표현된 파리 오페라 극장L'Opéra을 둘러보았으며, 자기가 좋아하는 독일 남부의 명승지를 돌아다니며 산 공기를 들이마시고 서민들의 찬사를 즐겼다. 그는 사령부로 쓸 목적으로 만들어진 여러 곳 가운데 슈바르츠발트Schwarzwald[3] 속에 있는 프로이덴슈타트Freudenstadt에서 한 주 동안 지내며 처칠이 패배의 현실을 깨닫고 있다는 소식을 기다렸다. 그는 미래를 결정해야 할 필요성으로 더더욱 막중해진 지도자의 짐을 지러 되돌아갈 때 무척이나 주저했다. 영국이냐, 아니면 러시아냐? 이것은 열 달 전에 전쟁을 일으키겠다는 결심을 하면서 마주쳤던 갈림길에서 그가 직면했던 선택, 즉 어떤 적을 골라잡아야 하는가 하

3. 독일 남서부에 있는 길이 160킬로미터, 폭 16~40킬로미터의 광활한 삼림지대. 슈바르츠발트는 독일어로 '검은 숲'이라는 뜻으로, 이 지대에서 빽빽하게 자라는 전나무에서 비롯된 이름이다.

는 선택이었다.

어느 쪽을 골라잡더라도 달갑지 않고 위험하기는 마찬가지였다. 그가 영국에 패할 리는 없었지만 영국을 침공하려고 시도하다가 치욕을 당할 수는 있었다. 더욱이, 그는 영국을 쳐서 거꾸러뜨리기보다는 영국의 협조를 얻어낸다는 꿈을 버리지 못했다. 한편, 그는 러시아를 쳐서 무릎 꿇리기를 오랫동안 열렬히 염원해왔다. 그러나 그는 이 시도의 위험성을 알고 있었다. 러시아는 강하고 러시아의 권력 중심지는 멀리 떨어져 있었던 것이다. 그는 시간이 흐를수록 러시아는 더 강해질 뿐이라는 두려움과 — 1918년에 독일이 잠시 차지했던 영토인 — 기름지고 소출이 많은 러시아 서부 영토를 병합하려는 욕망에 내몰려서 동방 공세의 위험부담을 헤치고 나아갈 길을 모색했다.

히틀러는 독일 국회에서 연설한 뒤 며칠 동안 휘하 사령관들과 이 딜레마를 논의하는 일에 나섰다. 에리히 레더 해군대장은 (영국 공군을 쳐부순다는 뜻으로 말한) "바다사자 작전 준비를 9월 초까지 확실하게 마무리할 수 없다면, 다른 계획을 고려해야 할 것"이라고 경고했다. 실제로 히틀러는 프랑스와 휴전조약을 체결한 뒤에 가진 '휴가' 동안에도 자기의 독일 국방군 선임 부관 슈문트에게 — 레더가 말한 '다른 계획'이 아닌 — 러시아 공격을 고려하고 있다고 말했으며, 그 검토안을 작성하는 일을 독일 국방군 최고사령부 작전장교 가운데 한 사람인 베른하르트 폰 로스베르크Bernhard von Loßberg 대령에게 맡겼다(로스베르크는 그 검토안에 자기 아들 이름을 따서 '프리츠Fritz'라는 암호명을 붙였다). 그는 똑같은 임무를 독일 육군 최고사령부에도 맡겼다.

히틀러는 7월 말에 바이에른에 있는 자기의 휴양소인 베르크호프Berghof에 휘하 사령관들을 다시 불러 모아놓고 회의를 열었다. 7월 31일에 그는 브라우히치와 할더에게 자기가 6월 중순에 내린 결정,

즉 35개 사단을 동원해제해서 영국을 상대로 벌이는 경제전에 인력을 제공한다는 결정을 뒤집고 있다고 말했다. 그리고 (그는 이미 기갑사단 수를 10개에서 20개로 배가하라는 명령을 내린 상태에서) 사실상 육군 병력을 180개 사단으로 늘리고 병력을 동쪽으로 이전하는 과정은 이미 시작되었지만 그 속도를 높여서 1941년 봄까지 120개 사단을 러시아 접경지대 가까이에 보유하게 되리라고 말했다.

이 결정은 사전예방 조치로 해석될 수 있었다. 히틀러는 러시아가 6월 중순에 라트비야와 리투아니아와 에스토니아를 점령하고 6월 28일에 루마니아에서 부코비나 북부와 베사라비야Bessarabiia[4]를 떼어내 합병한 데 놀랐다. 그는 이 합병에 왈가왈부하지 않기로 되어 있었다. 왜냐하면 그가 1939년 8월 22일 몰로토프-리벤트로프 조약에서 부코비나 북부와 베사라비야를 가질 권리가 있다는 러시아의 주장에 동의했기 때문이다. 이 영토 획득은 위협적으로 보일 수 있었다. 1939년 9월 이후로 2,000만 명이 사는 28만 6,000제곱마일을 집어삼킨 그 영토 획득으로 러시아의 전략적 경계선이 서쪽으로 확실하게 이동했다. 그렇지만 히틀러는 러시아에 공격 의도가 있다고는 믿지 않았다. 실상을 보자면, 그 국경 변화로 러시아가 추가로 전략 확장을 할 기회가 커진 반면 독일의 기회는 줄어들었다. 러시아가 발트 해 연안 3국을 점령함으로써 사실상 독일의 피보호국인 핀란드가 위협을 받았고 (독일이 다른 무엇보다도 U-보트 승무원을 훈련하는 장소인) 발트 해에서 러시아가 통제하는 구역이 확장되었다. 러시아가 루마니아의 도나우 강 유역 지방[5]을 병합함으로써 독일의 피후견 국가인 불가리아가 위협을 받았고 러시아가 지중해에서 흑해로 들어가는 입구를 장악할 기회가 커졌다.

이 '전방' 이동은 독일의 군사력이 입증되었는데도 개의치 않고 러시아가 자국의 이득을 추구하겠다고 결심했다는 증거였고, 이에 히틀러는 러시아를 상대로 힘을 시험해보는 것을 언제까지나 미

4. 오늘날의 몰도바 공화국에 해당하는 지역.

5. 베사라비야.

룰 수는 없다고 ─ 그리고 만약 그렇다면 더 늦은 시기보다는 더 이른 시기에 해야 한다고 ─ 확신하게 되었다. 소련의 역량과 의도를 감시하는 독일 육군 최고사령부 산하 첩보부서인 동방특이군Fremde Heere Ost은 모스크바 주재 육군무관에게서 얻은 정보를 이용해서 붉은군대가 전쟁을 위해 200개 보병사단을 만들 능력이 있지만 1938년의 군부 대숙청 탓에 '예전 수준에 이르는 데' 20년은 걸릴 만큼 조직이 무너진 상태에 있다고 5월에 보고했다. 러시아의 무기 생산, 특히 전차 생산에 관한 동방특이군의 정보에는 틀린 데가 많았다. 만약 그렇지 않았더라면 경고가 되었을 것이다. 실제로는 2만 4,000대였던 러시아의 전차 보유 대수가 1만 대로 추산되었다(이에 비해 독일은 3,500대였다). 3 대 1로 불리한 데도 히틀러는 휘하 전차부대를 러시아 전차부대와 맞붙일 각오를 했다. 그리고 그는 설령 스탈린이 200개 사단을 동원하는 데 성공한다 해도 독일군 120개 사단이 러시아군 200개 사단을 이길 수 있다고 믿어 의심치 않았다.

따라서 신임 원수 12명이 지휘봉을 받으려고 8월 14일에 국가청사에 왔을 때 히틀러는 소련과 싸울 필요성이 나타나고 있다는 논지의 이야기를 했다. 폰 레프 원수의 다음과 같은 히틀러 발언 기록을 보면 히틀러가 한 계산의 추이가 드러난다.

영국이 강화조약을 맺지 않으려 드는 데에는 십중팔구 두 가지 이유가 있습니다. 첫째, 영국은 미국의 원조를 기대합니다. 하지만 미국은 1941년까지는 본격적인 무기 송달 작업을 시작할 수 없습니다. 둘째, 영국은 농간을 부려서 러시아를 독일과 싸우게 만들기를 바라고 있습니다. 하지만 군사 면에서 독일은 러시아보다 훨씬 우월합니다. …… 러시아와 충돌을 빚을 수 있었던 위험지역 두 군데가 있습니다. 1번, 러시아가 제것도 아닌 핀란드를 슬며시 가로챕니다. 이렇게 되면 독일은 발트 해 지배권을 잃는 손해를 보고 독일의 러시아 공격에 훼방이 될 것입니다. 2번, 러시아가 루마니아를 더 파먹어 들어가는 것. 우리는 이것을 허용할 수 없습니다. 독일에 루마니아 석유가 공급되기 때문입니다. 따라서 독일은 완전무장상태를 유지해야 합니다. 봄까지 180개 사단이 생깁니다. …… 독일은 영국을 쳐부수려고 애쓰고 있지 않습니다. 왜냐하면 영국을 쳐부쉈을 때 득을 볼 나라는 동양에서는 일본, 인도에서는 러시아, 지중해에서는 이탈리아, 세계 무역에서는 미국이지 독일이 아닐 터이기 때문입니다. 바로 이렇기 때문에 영국과의 강화가 가능한 것입니다.

회피하고 꾸물거리는 행태

히틀러는 동방 원정 사령부가 될지 모를 다른 새 본부가 또 들어서기에 알맞은 터를 찾아보도록 슈문트와 전시 건설 총책임자인 프리츠 토트Fritz Todt[6] 박사를 8월 27일에 동프로이센으로 보냈다. 그는 보크의 B집단군을 서쪽에서 현재 6개 기갑사단을 비롯한 35개 사단이 전개되어 있는 동쪽으로 이전 배치하는 것을 9월 6일에 승인했다. 휘하 사령관들이 국가청사에 다시 모여 전쟁 관련 회의를 연 9월 14일에 그는 영국을 상대로 펼칠 바다사자 작전을 미뤄야 할 추가 이유를 검토했다. 사흘 뒤 그는 바다사자 작전이 다시 미뤄졌다고 공표했다.

그러나 히틀러는 여전히 '볼셰비키 적'을 공격하겠다는 확고한 결정을 내릴 수 없었다. 9월 15일에 로스베르크가 '프리츠' 계획안을 요들에게 제출했다. 결국에는 '프리츠'가 독일 국방군의 동방 진군의 준거가 되는 계획이 될 터이지만, '프리츠'는 히틀러의 개인 참모진 안의 상하 사이에 오가는 의견 교환 문서로서 한동안 우발사태 문건으로 남아 있었다. 독일군 사단들이 계속 폴란드 안으로 이전 배치되었다. 이 이전 배치는 트란실바니아Transylvania[7] 절반을 헝가리에 넘겨주는 8월 30일의 '빈 국경 변경 협정'[8]의 시기에 선언된 루마니아의 새로운 국경에 대한 독일의 보장을 유효화하려는 움직임으

6. 고위 나치 공학기사(1892~1942). 철십자 훈장을 받은 제1차 세계대전 참전 군인이었으며, 1922년에 나치당에 가입했다. 히틀러가 집권한 뒤 아우토반 건설을 지휘했고, 1940년에 군비·군수 장관이 되어 점령지역의 하부구조를 재건했다. 1942년 2월 8일에 비행기 폭발사고로 숨졌다.

7. 북쪽과 동쪽은 카르파티아 산맥, 남쪽은 알프스 산맥, 서쪽은 비호르 산맥에 둘러싸인 지역. 본디 헝가리 땅이었다가 오스트리아-헝가리 이중왕국이 제1차 세계대전에서 패한 뒤 이 지방에 사는 루마니아 사람들이 루마니아와 트란실바니아의 통일을 선언했고, 연합국이 1920년에 이를 승인했다. 1940년에 헝가리가 트란실바니아를 절반가량 되찾았다가 1947년에 루마니아에 돌려주었다.

8. 더 구체적으로는 독소불가침조약 체결 뒤에 헝가리-루마니아 국경을 조정한 제2차 빈 국경변경 협정을 말한다. 소련이 루마니아의 베사라비아에 군대를 들여보낸 틈을 타 헝가리가 제1차 세계대전 때 루마니아에 잃은 트란실바니아를 돌려달라고 요구했다. 독일과 이탈리아가 중재자로 나서서 트란실바니아를 반만 헝가리에 돌려주었다.

로 위장되었다. 또한 히틀러는 육군 1개 사단이나 되는 이상하게 많은 '군사 사절단'을 독일 공군 대공방어부대 1,000명과 함께 루마니아 영토 안으로 파견했다. 같은 시기에 히틀러의 외교관들이 루마니아와 헝가리, 그리고 꼭두각시 국가인 슬로바키아와 논의를 시작하고 있었다. 이 회담으로 세 나라는 독일, 이탈리아, 일본 사이에 한 나라가 공격을 당할 경우 다른 두 나라가 그 나라를 도와준다는 규정을 두고 9월 2일에 체결된 새로운 삼국협약에 가입하게 된다. 이 모든 것이 동방 공격을 개시하는 데 필요하고 유용한 사전준비였다. 그러나 그 사전준비는 — 비록 소련 지도자들이 (실제로는 갈수록 고조되는 일본과 미국의 갈등에서 일본을 지원하려고 만들어진) 삼국협약이 무엇을 예고하는지 불길한 낌새를 챘다고는 해도 — 소련에 대한 직접적인 도발행위는 아니었고 히틀러로 하여금 그러한 공격 자체를 수행하겠다는 결정을 꼭 내리도록 만들지도 않았다.

이러한 결정을 받아들이든지 아니면 내버리든지 해야 할 필요성이 높아질 때, 히틀러는 회피하고 꾸물거리는 특유의 행태를 보이기 시작했다. 그는 폴란드에서 승리를 거둔 뒤 여러 주 동안, 즉 그가 서구 연합국 공격 전략을 둘러싸고 휘하 장군들과 티격태격하는 동안 그런 행태를 보인 적이 있다. 그런 행태는 프랑스 전투가 벌어지는 동안 두 차례, 즉 됭케르크 외곽방어선 공격에 앞서 한 번, 그 공격이 이루어지는 동안에 또 한 번 격심하게 그를 사로잡았다. 이제는 그런 행태가 전쟁의 기반을 넓혀서 전승을 거둘 방법을 찾는 데에서 나타났다. 그는 설령 영국을 설득해낼 수 없거나 — 바다사자 작전이 10월 12일에 완전히 취소되었으니 — 침공해서 패배시킬 수 없더라도 영국이 맞서야 하는 적국의 수와 싸워야 하는 전선의 수를 늘려서 같은 효과를 거두고자 했다. 무솔리니가 9월 13일에 리비아에서 영국군 수비대가 있는 이집트로 쳐들어가는 공세를 개시했다. 그 공세가 아직 성공할 듯 보이는 동안 히틀러는 두 나라의 접경지역인 브렌너Brenner 고개[9]에서 10월 4일에 무솔리니를 만나 200년 동안 영국의 본토 기지 밖에 있는 주요 발판이었던 지중해에서 벌어지는 전쟁의 상황을 어떻게 하면 영국 측에 결정적으로 불리하게 바꿀 수 있는지를 의논했다. 동료 독재자에게 히틀러는 프랑스령 북아프리카 일부를 프랑코Franco에게 제공함으로써 에스파냐를 추축국 편에 서도록 — 그래서 영국령 지브롤터Gibralter에 있는 바위산[10]의 자유 이용권을 독일에 주도록 — 구슬릴 수도 있으며 영국령 서아프리카의 여러 부분으로 보상해서 프랑스가 그 할양을 받아들이도록 프랑스를 설득할 수도 있다고 제안했다. 무솔리니는 아주 기뻐하며 큰 관심을 보였다. 이 계획이 성사되면 프랑스에서 튀니스Tūnis와 코르시카Corsica와 (1860년에 나폴레옹 3세가 병합한) 니스Nice를 얻게 되니 그가 그런 것도 이해가 가는 일이다. 이에 따라 히틀러는 프랑코와 페탱을 방문할 채비를 하려고 귀국해서 베를린으로 갔다. 수도로 돌아온 그는 리벤트로프와 함께 스탈린에게 보내는 서한의 골자를 마련했다. 그는 이 서한에서 독일과 소련이 어떻게 하면 현재 영국이 방어력을 잃어버린 상태를 이용해서 이득을 볼지를 놓고 서로 합의를 볼 수도 있는 이른 시일에 방문해달라며 몰로토프 소련 외무장관을 초청했다.

히틀러는 일주일 뒤인 10월 20일에 자기의 지휘 열차인 아메리카Amerika 호를 타고 페탱과 프랑코를 만나러 떠났다. 프랑코와의 회담은 10월 23일에 프랑스-에스파냐 국경에 있는 앙다이Hendaye에서 열렸다. 이 회담은 머리끝까지 화가 난 히틀러가 떠나는 자리에서 "이런 회담을 다시 하느니 차라리 내 이빨을 서너 개 뽑겠다"는 말을 내뱉어서 제2차 세계대전 외교사에서 유명해졌다. 프랑코는 (히틀러가 — 예수회[11]에 베네딕토 수도회 세례지원자의 방어적 반감을 지닌 터라 — '예수회 돼지'로 특징을 묘사한) 세라노 수녜르Serrano Suñer[12] 외무장관의 지원을 받아서 협상시간 내내 요리조리 빼면서 확답을 주지 않았다.

9. 1918년 이후로 오스트리아와 이탈리아가 공동으로 관리하는 관문이었다. 오늘날에는 이탈리아 영토이며, 이탈리아어로는 브렌네로(Brennero) 고개라고 한다.

10. 지브롤터 동쪽 면에 있는 바위산. 절벽과 급사면에 해군기지가 있고 바위를 깎아 만든 비행장까지 갖추고 있으며, 서쪽에는 항구가 있다.

11. 에스파냐의 군인 출신 수도사 로욜라(Loyola)가 종교개혁의 열기 속에서 쇠퇴하던 가톨릭 교회에 활기를 불어넣으려고 1534년에 세운 수도회. 교황에 대한 절대적인 충성과 군대식 규율로 조직을 다지고 대항종교개혁을 주도하고 해외 포교에 주력해서 유럽은 물론 아시아, 남미, 아프리카에서 가톨릭의 교세를 크게 만회했다.

12. 에스파냐의 정치가(1901~2003). 프랑코와는 동서지간으로 보수파 국회의원이었다. 프랑코의 반란에 가담해서 그의 권력 확립에 큰몫을 했다. 에스파냐의 제2차 세계대전 참전을 둘러싸고 프랑코와 이견을 보인 뒤 공직에서 물러났다.

13. 프랑코 독재가 유지되는 시절에는 히틀러에게 가담하지 않은 프랑코의 결정이 전쟁의 소용돌이에서 에스파냐를 구해낸 탁월한 결단이었다는 견해가 널리 받아들여졌다. 그러나 오늘날에는 프랑코가 더 많이 이득을 얻어내려고 하다가 협상이 깨졌을 뿐이며, 사실 프랑코 개인은 히틀러 편에 서서 참전하고 싶어했다는 견해가 역사학계에서 세를 얻고 있다.

새벽 2시에 열차가 떠날 때 히틀러는 프랑코를 끌어들여 함께 싸우는 쪽으로 단 한 치도 나아가지 못한 상태에 있었다.[13] 히틀러와 10월 24일에 만난 페탱은 반응을 보이지 않기로는 마찬가지였는데도 히틀러가 두 사람의 의견이 일치했다는 확신을 가지도록 만드는 데 성공했다. 페탱 원수의 명성, 노숙함, 무인다운 거동, 확연한 애국심이 모두 히틀러의 마음에 들었다. 페탱이 자기에게 자동적으로 복종하는 프랑스 정부와 상의를 해보겠다는 약속을 넘어서는 양보를 하지 않았어도, 히틀러는 자기와 페탱이 좋은 결과를 가져올 대對영국 투쟁에서 합심했다고 믿기로 마음먹었다.

이때 히틀러는 — 프랑코가 일부러 꾸물대는 데도 — 더 큰 연대를 이루어내서 전쟁을 수행한다는 밑그림이 있었고, 이 밑그림을 곧 찾아올 몰로토프에게 내놓을 터였다. 그는 그 소련 외무장관이 도착하기를 기다리는 동안 무솔리니의 종잡을 수 없는 행동에 마음이 어지러웠다. 무솔리니가 이 시기를 택해 (1939년 4월에 이탈리아군이 점령한) 알바니아에서 공격을 개시해서 그리스로 쳐들어간 것이다. 무솔리니는 만약 자기가 그렇게 하지 않으면 영국이 그리스에서 거점을 확립하리라는 두려움이 침공 동기였다고 주장했다. 그가 영국이 이미 이집트와 몰타에 가지고 있는 해군·공군기지보다 아드리아 Adria 해를 따라 있는 이탈리아의 해군·공군기지에 훨씬 더 가까운 해군·공군기지를 가지지 못하도록 만들고 싶어한 데에는 전략상 타당한 이유가 분명히 있었다. 그러나 10월 28일에 그리스로 쳐들어간 무솔리니의 목적은 히틀러에게 뒤지고 싶지 않은 자기중심적인 바람이었다. 한때는 자기의 정치적 '천재성'을 지겹도록 칭찬하던 히틀러였다. 무솔리니는 자기의 궤적을 졸졸 좇아서 권력자로 떠올랐으며 자기가 에티오피아에서 해외제국을 정복하고 있는 동안 독일의 라인란트에 다시 군대를 배치했다며 국내의 찬사를 구하던 히틀러가 폴란드와 프랑스에서 전격전으로 승리를 거두자 무솔리니는 각

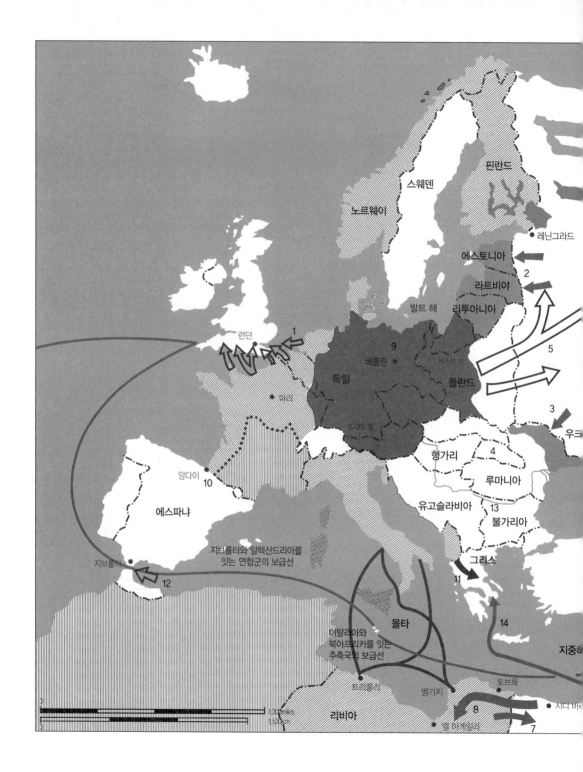

핀란드

스웨덴

노르웨이

레닌그라드

에스토니아

2

라트비야

발트 해

리투아니아

5

런던

1

베를린

비스와 강

독일

폴란드

3

파리

우크

도나우 강

헝가리

4

루마니아

앙다이

10

에스파냐

유고슬라비아

13

불가리아

지브롤터와 알렉산드리아를
잇는 연합군의 보급선

그리스

지브롤터

11

12

14

몰타

지중해

이탈리아와
북아프리카를 잇는
추축국의 보급선

100 miles

150 km

트리폴리

벵가지

토브룩

시디 바

8

리비아

엘 하세일리

7

돈 강

6

아스트라한

시리아

대독일제국
독일의 점령지
독일의 동맹국
1939년 전의 국경선
러시아에게 할양된 영토
비시 프랑스 영토

1940년 6월 ~ 1941년 3월의 전략 개관

1. 1940년 9월 17일에 무한정 연기된 바다사자 작전 계획.

2. 1940년 6월 중순, 소련의 라트비아, 리투아니아, 에스토니아 점령. 사실상 독일의 보호국인 핀란드를 위협하고 러시아의 통제 영역을 발트 해로 확장한다.

3. 1940년 6월 말, 소련이 루마니아로부터 베사라비아와 부코비나를 떼어내 합병한다.

4. 1940년 9월 3일, 루마니아가 빈 국경변경협정의 조건 아래 헝가리에 영토를 할양한다. 국왕 카롤 2세가 퇴위한 뒤 이온 안토네스쿠 장군이 독재자로서 권력을 잡고, 루마니아를 추축국 진영으로 들여보낸다.

5. 1940년 9월 15일에 제출된 '프리츠' 소련 침공 계획안. '프리츠'는 독일군 공격의 주력을 모스크바에 겨눈다.

6. 아르한겔스크에서 남쪽으로 내달려 아스트라한에 이르는 동방 정복 계획선인 히틀러의 'AA'선.

7. 1940년 9월, 이탈리아군 5개 사단이 행군해서 이집트로 들어가 시디 바라니를 점령한다.

8. 1941년 2월, 영국군의 역공이 엘 아게일라에 이른다.

9. 1940년 9월 27일, 독일과 이탈리아와 일본이 베를린에서 삼국협약에 조인한다.

10. 1940년 10월 23일, 히틀러가 앙다이에서 프랑코 장군을 만난다.

11. 1940년 10월 28일, 이탈리아가 알바니아로부터 그리스 공격에 나선다.

12. 지브롤터를 장악함으로써 지중해에서 영국을 무력화한다는 레더 제독의 '펠릭스' 계획.

13. 1941년 3월, 불가리아와 유고슬라비아가 강요를 받아 삼국협약에 가입한다.

14. 3월 27일, 부분적으로는 영국군 4개 사단이 북아프리카에서 그리스로 파견된 데 힘을 얻어 일어난 군사 쿠데타로 유고슬라비아에서 정부가 타도된다.

광받는 자리에서 그늘로 밀려났다. 무솔리니는 프랑스 전투에 참가하지 못하(고 이탈리아 공군이 브리튼 전투에 약삭빠르게 단기간 가담하)자 중립국에게서나 적국에게서나 한결같이 비웃음을 샀다. 그래서 그는 승리의 영예가 걸맞지 않은 비율로 독일 국방군에 돌아갔으니 그리스에서 자기 몫을 얻겠다고 굳게 마음먹었다.

그가 그리스 침공에 실패하자 — 그 실패 이야기는 다음 장에 나온다 — 몰로토프가 도착하기를 기다리던 히틀러는 당황하고 분노했다. 무솔리니의 그리스 침공은 평화 외교로 발칸 반도를 위성지대로 만들려는 그의 계획을 망칠 뿐만 아니라 그가 소련의 의심을 잠재우려고 애쓰는 그 순간과 그 지역에서 소련의 심기를 건드려 화를 돋웠다. 더욱이 그의 그리스 침공은 곧바로 영국에 대륙으로 되돌아올 구실을 주는 바람직하지 않은 효과를 불러일으켰다. 10월 31일에 영국이 이집트에서 부대를 파견해 크레타와 에게 해의 림노스Límnos 섬을 점령한 다음 며칠 뒤 항공부대를 그리스 남부로 이전 배치하는 바람에 독일에 석유를 대는 주요 공급원인 루마니아의 플로예슈티Ploeşti 유전이 폭격을 받을 위험에 처했던 것이다.

히틀러는 이런 사태 전개에 자극받아 우발사태 계획[14]을 무더기로 세웠다. 그는 독일 육군 최고사령부에 지브롤터를 장악하고 필요하다면 프랑스의 자유지대를 점령할 계획을 마련하고 또 다른 그리스 침공 계획을 마련하라는 명령을 내렸다. 이 명령으로 각각 11월 12일, 12월 10일, 12월 13일에 영도자 지령 18호(펠릭스Felix 작전), 19호(아틸라Atilla 작전), 20호(마리타Marita 작전)가 나왔다. 또한 그는 독일군이 이집트에 있는 영국군을 상대로 한 이탈리아의 공세를 도와야 한다는 무솔리니의 요청을 적극 고려하지 않기로 했다. "나는 북아프리카에 단 한 명도 단 한 푼도 보내지 않을 걸세." 그가 — 얄궂게도 — 에르빈 롬멜 장군에게 한 말이었다. 무솔리니의 육군이 영국군을 상대로 한 사막전을 능력껏 해내도록 내버려두는 한편, 그

14. 기본 계획을 실행하는 도중에 일어날 돌발사태를 사전 예측해 준비한 계획.

가 기대하던 독일군 기갑부대는 대신 불가리아 안에 있는 진지에서 뛰쳐나와 그리스에 개입하는 데 지정 할당되었다. 이때 히틀러는 제1차 세계대전 때 독일의 동맹국이었던 불가리아를 구슬려서 삼국협약 안으로 끌어들이려고 애를 쓰고 있었다.

그러나 히틀러는 비록 자기 제국 가장자리에서 일어난 반갑지 않은 사태 전개에 마음이 산란해지고 여러 전략적 선택 사이에서 번민하는 듯 보였을지라도 10월과 11월 내내 근본적으로는 동방 원정 결정에 여전히 골몰해 있었다. 11월 초순에 그는 폴란드에 있는 집단군 사령관인 보크에게 "동쪽에서 무슨 일이 일어날지는 아직도 결정되지 않은 문제야. 상황상 어쩔 도리 없이 우리는 더 위험한 사태 전개를 사전에 막기 위해 발을 디뎌놓아야 할지도 모른다네"라고 말했다. 그러나 그가 사단들을 계속 서쪽에서 동쪽으로 이전 배치하는 동안 독일 국방군 최고사령부와 독일 육군 최고사령부는 여러 계획안을 짜는 일에 착수했다. 그는 이제 11월 12일로 잡힌 몰로토프의 방문 전날 휘하 사령관들에게 "러시아의 입장이 어떨지를 확인할 목적으로 정치적 논의가 시작되었습니다. …… 구두 명령으로 내린 모든 동방 원정 준비는 이 논의의 결과에 상관없이 계속될 것입니다"라고 말했다고 기록되어 있다. 따라서 11월 11일이 되면 몰로토프가 히틀러의 유럽대륙 지배를 러시아가 묵인한다는 보장을 가지고 올 경우에만 히틀러가 동방 공격을 위한 동원을 단념할 수 있었음이 분명하다.

몰로토프는 묵인하겠다는 기색으로 오지 않았다. 그는 히틀러가 거둔 전승의 성과와 그의 군대가 지닌 위세에도 불구하고 독일이 (동유럽과 남유럽에서 각자의 세력권을 규정한) 몰로토프-리벤트로프 조약의 조항을 엄밀히 준수하도록 만들고 소련은 대열강으로 자국 이익을 추구할 것이며 소련과 제3자의 관계에서 독일이 가진 의향을 알려달라고 요구한다는 소련의 결의가 굳건하다는 점을 재빨리 밝혔다. 리벤트로프는 몰로토프와 가진 예비회담에서 독일 측이 거래를 위해 해주는 협상사항을 꺼내 보여주었다. 러시아가 삼국협약 열강 편에 서면 그 보답으로 대영제국을 약탈하는 데 끼어 제 몫을 챙길 수 있도록 해주겠다는 것이었다. 일본이 아시아에서 정복을 완료하고 독일이 통제영역을 아프리카로 확장하는 동안 소련은 마음 놓고 인도양을 향해 남쪽으로 팽창할 수 있을 터였다.

몰로토프는 흥미를 느끼는 모습을 보여주지 않았다. 그는 히틀러와 가진 후속회담에서 몰로토프-리벤트로프 조약에 있는 조항의 엄밀한 준수와 흑해지역에서 자국의 전통적인 이익을 추구할 러시아의 자유를 고집했다. 소련은 그 조약으로 자국의 권역으로 할당되었던 핀란드를 병합하고 싶어했다. 소련은 불가리아 국경의 보장을 (불가리아가 그런 보장을 요청했는지 여부와는 분명히 상관없이) 원해서, 불가리아의 통제권을 놓고 독일에 도전했다. 또한 소련은 터키 해협을 거쳐 흑해와 지중해 사이를 통과할 권리를 증진하고자 1936년 몽트뢰Montreux 조약[15]을 개정하고 싶어했다. 몰로토프는 삼국협약에서 독일과 이탈리아와 일본, 특히 아시아에서 러시아의 숙적이었던 일본 사이에 이익 권역의 경계가 어떻게 설정되었는지 알려달라고 요구했다. 영국 공군이 야간공습을 하는 동안 독일 외무장관의 방공호에서 리벤트로프와 나눈 마지막 대화에서 몰로토프는 러시아가 발트 해에 가지는 관심은 (1809년과 1918년 사이에 물론 러시아 영토였던) 핀란드의 병합으로 끝나는 것이 아니라 스웨덴의 지속적인 중립과 독일의 모든 자국 영해 가운데 가장 민감한 북해로 나가는 발트 해 출입구의 통제권에 관한 문제를 포함한다고 밝혔다. 리벤트로프는 몰로토프의 머릿속에 러시아가 대영제국 해체를 도움으로써 얼마나 큰 이득을 볼 것인가가 떠오르도록 만들려고 애를 썼다. 대영제국은 패배 직전에 있다는 것이었다. 그러자 몰로토프는 헤어지면서 말에 날을 세워 "만약 그렇다면, 우리가 왜 이 방공호에

15. 터키, 소련, 영국 등 10개국이 스위스 서부 주네브 호수의 휴양지 몽트뢰에서 모여 다르다넬스 해협과 보스포루스 해협의 관리 문제에 관해 합의를 본 협정. 터키에게 해협 관할권을 주어서 전시에 군함통과를 통제하는 대신 평화시에는 상선의 자유 통과를 보장했다.

있고 지금 떨어지는 폭탄은 누구 겁니까?"라고 물었다.

몰로토프는 이튿날 아침 모스크바를 향해 떠났다. 그가 베를린을 방문해서 머문 시간은 비록 48시간에 지나지 않았어도 히틀러에게 그의 '투쟁' 초기부터 죽 그의 정치 신조의 핵심 주제였던 '볼셰비즘과의 마지막 투쟁'을 이제는 늦출 수 없다는 확신을 주기에 충분할 만큼 길었다. 자기 일생이 끝나는 마지막 주에도 그는 여전히 몰로토프의 비타협성 때문에 속에서 솟구친 열불을 회상하면서 다음과 같이 말했다. "그자는 우리가 자기에게 북해로 나가는 출구에 있는 덴마크 땅에 군사기지를 주어야 한다고 요구했다. 그자는 그 기지에 대한 소유권을 이미 주장했었다. 그자는 콘스탄티노플 Constantinople[16], 루마니아, 불가리아, 핀란드를 요구했다. 승리자로 여겨지는 쪽은 우리인 데도 말이다." 기억은 실상을 단지 조금만 부풀렸다. 몰로토프가 작성한 조약안 초안이 11월 25일에 베를린에 도착했는데, 그 초안에는 (독일군 부대가 핀란드 영토를 이용하도록 허용하는 협정이 9월 12일에 체결되었는데도) 독일군 부대가 핀란드에서 물러나기를 요구하고 소련이 불가리아에 있는 기지를 획득하도록 허용하라는 조항이 들어 있었다. 히틀러는 답변하지 말라고 리벤트로프에게 지시했다.

16. 오늘날 터키의 이스탄불. 동로마제국 시기에는 비잔티움 (Byzantium)이라고 불렀다.

'솔' 전투의 청사진

히틀러가 12월 전반기에 몰두한 문서는 외교문건이 아니라 군사문건이다. 독일 국방군 최고사령부와 독일 육군 최고사령부가 각각 6월과 8월 이후로 따로따로 마련해오고 있었던 러시아 원정 계획안들이 12월 5일에 그의 주최 하에 국가청사에서 열린 합동참모토론회를 위해 함께 제출되었다. 로스베르크가 마련하고 여전히 "프리츠"라는 암호명이 붙어 있는 독일 국방군 최고사령부 계획안은 러시아 국경 가까이에 있는 붉은군대를 포위하는 것이 성공의 전제조건임을 인정한다는 점에서 (나중에 스탈린그라드Stalingrad[17]의 방자가 되는 프리드리히 폰 파울루스Fridriech von Paulus 장군[18]이 완성해서) 독일 육군 최고사령부가 제출한 계획안과 견해가 일치했다. 러시아 내부의 광활한 공간에 빨려 들어갈 위험이 이전 세기 이래로 독일군 총참모본부의 사고를 지배해왔다. 그런 위험 때문에 독일의 1914년 전쟁 계획의 작성자인 슐리펜은 프랑스를 공격하기 위해 동쪽에서 — 비록 당시에는 히틀러가 붉은군대가 독일 국방군보다 뒤떨어진다고 여긴 만큼 차르군이 독일군보다 뒤떨어진다고 믿어지기는 했어도 — 차르군을 치는 선택안을 회피했다. 슐리펜은 나폴레옹이 러시아 국경지대에서 러시아군을 쳐부수지 못해서 처음에는 모스크바까지 끌려 들어갔다가 나중에는 겨울에 내린 눈을 헤치고 다시 그랑드 아르메Grande Armée[19]를 이끌고 되돌아가는 운명에 처했던 1812년을 기억했다. 히틀러도 그랑드 아르메가 궤멸된 모스크바 퇴각을 기억했지만, 그는 적군의 국경 진지를 뚫고 그 뒤로 깊숙이 밀고 들어가는 기갑부대의 돌파공격으로 붉은군대를 허물어뜨리고 '솥Kessel'[20]을 만들어내어 그 솥에 붉은군대 전투부대를 넣고 펄펄 끓여 흐물흐물하게 곤죽으로 만들 수 있다고 믿었다. 독일 육군 최고사령부의 계획안은 그런 솥 전투의 청사진이었다. 서방에서 승리한 3개 집단군이 (북부 집단군과 중부 집단군과 남부 집단군이라는 명칭으로) 각각 레닌그라드와 모스크바와 키예프를 향하지만, 발트 해와 소련 수도와 우크라이나로 진군하는 도중에 집단군의 기갑 선봉돌격부대가 붉은군대를 포위해서 커다란 고립지대 세 개를 만들고 뒤따라오는 보병부대가 그 저항 고립지대를 조금씩 조금씩 없애버린다는 것이었다.

로스베르크의 독일 국방군 최고사령부 계획안은 이 점에서 훨씬 더 확고했다. 그 계획안은 비록 12월 5일에 독일 국방군 최고사령부 작전장교인 요들의 구두 논평이라는 형태로만 검토된 듯했어도, 논의의 추이에 큰 영향을 미쳤다. 할더의 독일 육군 최고사령부 계획

17. 본디 이름은 볼가 강의 지류인 차리차(Tsaritsa) 천의 이름에서 비롯된 차리칀(Tsaritsyn)이었다. 스탈린이 1918년에 정치지도위원으로 이 도시를 반혁명군으로부터 지켰다는 공훈을 기려서 1925년에 '스탈린의 도시'라는 뜻의 스탈린그라드로 개칭되고 도시가 비약적으로 발전했다. 스탈린이 죽은 뒤 '볼가 강의 도시'라는 뜻의 볼고그라드로 재개칭되었다.

18. 지은이의 착오. 파울루스는 귀족 출신이 아니기 때문에 성에 폰(von)이 붙지 않았다. 다시 말해서, '프리드리히 폰 파울루스'가 아니라 '프리드리히 파울루스'가 맞다.

19. 나폴레옹과 함께 1812년 러시아 원정을 한 60만 병력의 대군. 프랑스군이 주축을 이루고 폴란드를 비롯한 동맹국의 군대가 합세했다. 러시아 땅에서 생환한 군인은 3만 명에 지나지 않았다.

20. 포위하거나 포위된 지역을 빗대어 표현한 말.

안 옹호는 모스크바를 쳐서 초기단계에 장악할 필요성에 큰 강조점을 두었다. 이런 식으로 우선순위를 부여하는 데에는 전통적 사고가 일정 정도 작용했지만, 할더는 그 전통적 사고를 소련체제의 중앙집권주의를 언급해서 정당화했고 상당한 논거가 있었다. 스탈린 치하에서 모든 권력이 모스크바에 집중된 데다가, 대체로 도로가 없는 나라인 탓에 철도를 의미하는 러시아 수송체계도 수도를 중심으로 이루어져 있었던 것이다. 독일 첩보부의 평가에 따르면, 소련의 공업도 마찬가지로 대부분 모스크바에 몰려 있었다. 할더의 전쟁일지를 보면 총참모부가 소련의 군수 생산시설의 44퍼센트가 모스크바-레닌그라드 지역에 위치하고 32퍼센트가 우크라이나에 위치하고 24퍼센트만 우랄 산맥 동쪽에 위치한다고 믿었음이 드러난다. 이 공업 관련 첩보는 틀렸지만, 할더의 나머지 분석은 맞았다. 따라서 히틀러가 심지어 1940년 12월 5일에 이미 로스베르크의 '프리츠' 계획안에 더 이끌리는 모습을 보여주었다는 것은 심한 걱정을 불러일으키는 일이었다. '프리츠' 계획안은 북부 집단군이 담당 구역에 있는 러시아군을 발트 해 연안으로 몰아붙여 에워싸고 남부 집단군이 우크라이나에 커다란 '솥'을 만들어내기까지 결정적인 모스크바 총공세를 미룰 것을 두둔했다. 히틀러는 다음과 같이 말했다. "무기 면에서 러시아 군인은 프랑스 군인만큼 우리에게 뒤떨어집니다. 러시아 군인에게는 현대식 야포가 많지 않고, 그밖에 다른 무기는 모두 다 수선해서 쓰는 구식 물자예요. …… 러시아군 전차부대는 대부분 장갑이 부실하고요. 러시아군의 인적 자원은 열등합니다. 군에는 지휘관이 없습니다." 히틀러는 스탈린이 노련한 장군들을 터무니없이 숙청해서 붉은군대 상급사령부에 피해를 입혔다는 정보를 잘 알고 있었다. 그들에게 누명을 씌우는 증거를 대부분 (카게베KGB의 당시 명칭인) 엔카베데NKVD[21]에 제공한 것은 사실은 나치의 보안대Sicherheitsdienst, SD[22]였다. 이와는 대조적으로 독일군 기무사령부

21. 엔카베데(Narodnyi Kommissariat Vnutrennikh Del)는 본디 내무인민위원회(내무부)이지만, 보통 이 조직에 소속된 비밀경찰을 일컫는다. 비밀경찰의 전신은 체카(ChK, 1917년)와 오게페우(OGPU, 1923년)였다. 이 엔카베데 산하 비밀경찰이 복잡한 조직 개편을 거쳐 1954년에 카게베(KGB, 국가안전위원회)가 되었다.

22. 나치당의 첩보조직으로 1932년에 창설된 나치 친위대 보안부서.

Abwehr는 소련 군수공업이 신형 선진 기갑차량, 특히 T-34 전차의 개발에서 이룬 진척을 전혀 알아차리지 못했다. T-34는 머지않아 모든 나라 육군을 통틀어 가장 훌륭한 전차의 자리를 차지하게 된다.

국가청사에서 회의가 열린 지 보름 뒤에 독일 육군 최고사령부가 계획 초안을 영도자 지령으로 바꾸는 작업을 했다. 요들이 이 과업에 협조하면서 거기에 로스베르크의 '프리츠' 계획안에서 비롯된 독일 국방군 최고사령부의 생각을 얼마간 집어넣었다. 그렇지만 모스크바에 대한 강조는 히틀러가 초안을 다시 잡으라고 명령할 때까지 사라지지 않았다. 다시 만들어진 초안에는 북부 집단군이 발트해 연안지역에서 러시아군 수개 군을 포위하도록 (모스크바가 목표인) 중부 집단군의 기갑부대를 북부 집단군에 빌려준다고 되어 있었다. 즉, "가장 긴급한 이 과제가 이루어지고 그다음에 레닌그라드를 점령한 뒤에라야 비로소 …… 극히 중요한 수송과 군비의 중심지인 모스크바를 목표로 하는 공세 작전이 계속될 수 있다"는 것이었다. 12월 18일에 나온 영도자 지령 21호에는 중부 집단군이 "발트해 연안지역에서 싸우고 있는 적군을 섬멸할 목적으로 예하 기동부대 소속의 강력한 단위부대를 북쪽으로 돌려서 레닌그라드를 주방향으로 삼은 …… 북부 집단군과 연계해서 활동"해야 한다는 지침이 실제로 들어 있었다. 영도자 지령 21호에는 러시아 원정 작전의 암호명도 들어 있었다. 러시아 원정 작전은 독일을 도울 태세를 갖춘 채 튀링엔Thüringen의 어느 산 속에 누워 잠자고 있다가 독일이 위기에 처할 때 나타난다는 전설이 있는 중세 황제의 이름을 따서 바르바로사Barbarossa[23]로 알려지게 된다.

바르바로사 작전 개시일은 향후 여러 달이 남은 1941년 6월로 잡혀 있었다. 영도자 지령 21호가 시기를 정할 목적으로 규정한 것은 공격 전개에 앞서 이루어지는 준비작업이 "1941년 5월 15일까지 종결"되어야 한다는 항목 하나가 달랑 전부였다. 그러나 12월 이후로

23. 바르바로사는 붉은 턱수염이라는 뜻으로, 제3차 십자군을 이끌고 동방 원정을 떠났다가 소아시아에서 익사한 신성로마제국 황제 프리드리히 1세(1123?~1190)의 별명이다.

히틀러는 바르바로사 작전 계획을 전혀는 아니더라도 거의 고치지 않았다. 1941년 1월 7~9일에 그는 베르크호프에 휘하 사령관들을 한데 모아서 전략적 노력을 동쪽으로 옮겨야 한다는 자기의 논거를 상세하게 들려주었다. 그러면서 그는 자기 목표가 카스피 해에 있는 바쿠Baku, 즉 독일군 부대가 1918년에 들어간 적이 있는 러시아 석유 산업의 중심지만큼 멀리 떨어진 곳에 있다고 밝혔다. 그는 3월(3월 3일 이전)에 일찌감치 독일 국방군의 직접적인 작전구역을 제외한 모든 지역을 자기가 임명한 '제국 총독'과 친위대의 책임으로 돌린다는 지침을 요들에게 내렸다. 그 의미는, 그가 3월 30일에 국가청사에서 독일 국방군 고위 사령관 250명에게 한 연설에서 분명히 했듯이, 공산당 기관원과 '적대적 주민'에게 (처형이나 강제이송 등의) '특별 조치'가 취해지리라는 것이었다. 다른 점에서는 — 비록 재배치, 군용 하부구조 창출, 집단군·군·군단·사단·연대·대대 참모진의 상세한 공격 계획 입안에서, 발터 바를리몬트Walter Warlimont 독일 국방군 작전참모장 대리의 말에 따르면, "1월과 2월 동안 다가오는 러시아 원정이 독일 국방군 전체의 노력을 차츰차츰 흡수했다"고는 해도 — 바르바로사 작전의 목적과 목표는 조금도 바뀌지 않았다. 히틀러가 1940년 12월에 내린 그 결정, 그가 1940년 6월에 프랑스를 거꾸러뜨린 이후로 그의 마음 맨 앞에 자리잡고 있었던 그 결정, 거의 스무 해 전에 그가 독일에서 권력을 잡겠다고 나섰던 날 이후로 그의 '세계관'을 사실상 지배해온 그 결정은 그가 한 모든 생각의 고정점으로 남았고 뒤이어 아무리 많은 일이 일어나서 그것을 바꾸려들었더라도 1941년 전반기 내내 그럴 터였다.

24. 1812년에 당시로서는 엄청난 대군이었던 60만 병력의 그랑드 아르메를 이끌고 러시아로 쳐들어간 나폴레옹이 러시아의 드넓은 공간을 활용해 후퇴작전을 벌이는 러시아군의 전략에 휘말려 결국은 패배한 상황을 일컫는다.

1812년 요소

히틀러의 측근 가운데에는 목적에 대한 그의 확신을 따를 자가 없었다. 휘하의 고위사령관과 참모장교 다수는 '1812년 요소'[24]의 위협을 느꼈다. 할더와 브라우히치는 7월 30일에 그 거사를 처음 논의할 때 다음과 같은 결론을 내렸다. "영국을 친다는 결정이 이행될 수 없고 영국이 러시아와 동맹관계를 맺을 위험이 존재할 경우 그 결과 따르는 양면 전선 전쟁에서 우리가 러시아를 먼저 쳐야 하는가 하는 문제는 우리가 러시아와 우호 관계를 유지하도록 더 잘해야 한다는 답을 가지고 다뤄야 한다. 스탈린을 한 번 방문하는 것도 권장할 만하다. …… 우리가 지중해에서 영국군을 결정적으로 치고 영국군을 아시아에서 쫓아낼 수 있을 터이다." 그러나 할더는 비록 가을 내내 그 위험을 계속 경고하기는 했어도 사이가 틀어질 정도로 반대를 밀고 나가지는 않았다. 폴란드 전역 이후에 히틀러와 한 차례 공공연한 견해차를 보여 겁을 먹은 적이 있던 브라우히치에게는 반대할 배짱이 조금도 없었다. 처음에는 나름대로 의심을 품었던 요들은 히틀러가 의향을 굽힐 생각이 없음을 눈치채고는 그 의심을 내비치지 않았으며, 7월 29일에는 자기의 대리인 바를리몬트와 독일 국방군 작전참모부 부장 세 사람에게 호통을 쳐서 그들 나름의 의심을 품지 못하도록 만들었다. 떠오르는 지휘관으로 러시아에서 빛을 발하게 될 만슈타인과 구데리안은 공간이 수의 우세를 무용지물로 만들어버리는 '1812년 요소'를 크게 걱정했다. 보크는 영도자가 12월 3일에 입원해 있는 자기를 찾아 병문안을 왔을 때 최고위 장교로서 그에게 심한 우려를 피력했다. 그는 러시아는 "미지의 군사 역량을 가진 엄청난 대국"이며 "심지어 독일 국방군으로서도 그런 전쟁은 어려울지 모릅니다"라고 말해서 영도자의 심기를 건드렸지만, 그의 마음을 돌려세우지는 못했다. 기갑부대 고위장성인 에발트 폰 클라이스트는 "우리 장군 대다수는 만약 러시아군이 후퇴하면서 저항하기로 작정한다면 [정치적] 격변의 도움이 없고서는 최종 승리를 거둘 가망이 거의 없다는 점을 사전에 깨달았다"고 주장했(지만 전쟁이 끝난 뒤에 한 주장이었)다. 그들은 비록 그런 견해를 가졌을지 모르지만 그 견해를 자기들끼리만 주고받았지 외부에는 흘리지 않았다. 육군은 — 바르샤바에서 동쪽으로 1,600마일, 베를린에서 거의 2,000마일 떨어진 히틀러의 'AA(아르한겔스크-아스트라한Arkhangel'sk-Astrakhan)'선, 즉 그가 믿기에 러시아의 붕괴를 불러올 정복지역을 표시하는 — 백해와 카스피 해 연안과 볼가 강변으로 진군하는 데 따르는 기술적 난관에 신경이 쓰였을지 모르지만, 러시아와의 전쟁이 불가피하다고 인식하고 (감정의 강도는 다를지라도) 독일의 적인 볼셰비키와 슬라브인과의 대결을 환영하는 데에서는 히틀러와 근본적으로 다르지 않았다.

타당한 반대는 지상군 사령관이 아니라 지상군의 자매 병과이자 (어느 정도까지는) 경쟁 병과인 해군과 공군의 대표자에서 나왔다. 괴링은 독일 공군의 수장으로서뿐만 아니라 아무리 그럴 것 같지 않더라도 경제계획 당국의 수장으로서도 러시아와의 전쟁에 뒤따를 경제적 노고를 걱정했다. 더군다나 그는 영국에 항공공격을 지속함으로써 이득을 얻을 수 있다는 믿음을 버리지 않았다. 몰로토프가 베를린을 방문한 직후인 11월 13일에 괴링은 자기 논거를 히틀러에게 내밀었다. 괴링은 러시아는 스스로가 택한 진로를 가다 보면 영국과 전쟁을 벌이게 될 것이고 그 결과 독일이 반드시 이득을 얻게 되어 있다고 내다보면서 독일은 현행 전략을 유지해야 한다고 주장했다. 그러나 히틀러가 러시아를 정복하면 영국을 때려눕히는 데 필요한 식량과 석유를 공급받게 되리라고 주장하며 경제적 논거를 들어 역으로 논박하자, 괴링은 반대를 거두고 그 뒤로는 바르바로사 작전 준비에 적극 협조했다.

레더 해군대장은 더 고집 센 반대자였다. 그는 괴링이 히틀러를 만난 다음날 영도자를 만나 독일 지도자들은 언제나 양면전선이라는 전략적 곤경을 피하려고 애썼다는 점을 올바르게 강조하면서 양면전선 전쟁을 벌이게 될 위험성을 부각하고 영국에 이길 때까지는 새로운 거사를 벌여서는 안 된다고 역설했다. 레더에게는 히틀러를 움직일 만한 영향력이 있었다. 노르웨이 공격을 주장한 사람이 바로 그였다. 노르웨이 공격에서 성공을 거두어 그의 위신이 올라갔다. 영국 침공 계획을 준비하도록 히틀러를 설득하고 그다음에는 바다사자 작전이 실패할 가능성이 높다고 경고해서 히틀러가 작전을 실행하지 않도록 만든 사람도 바로 그였다. 그는 이미 바르바로사 작전의 대안들을 — 특히 펠릭스 계획, 즉 지브롤터를 장악해서 지중해에서 영국을 무력하게 만든다는 계획을 — 제시했다. 또한 그는 발칸 반도에서, 그리고 터키를 향해서 기선을 제압하자는 제안을 하고 있었는데, 이로써 지중해 동쪽 끝에서 영국에 압박을 가할 터였다. 그의 전략적 견해에 괴링이 동조했다. 두 사람 모두 프랑스령 북아프리카를 장악하면 리비아에서 이탈리아를 지원할 수 있고 이집트에서 영국군을 측면포위할 기회가 생긴다는 점에 이끌렸다. 레더는 한 술 더 떠서 — 에스파냐와 포르투갈의 영토인 아소레시Açores 군도와 카나리아Canaria 제도와 카보 베르데Cabo Verde 제도 등 — 독일에 중대서양 서부의 통제권을 안겨줄 대서양의 섬들을 차지하고 싶어했다. 레더는 자신이 "(미국이) 중립이 아님을 보여주는 역력한 증거"라고 부른 것에 격분했기 때문에 특히 더 그랬다. 그러나 히틀러는 대서양의 섬들을 독일의 통제 아래 둔다는 전망에 흥분하면서도 자기의 적국 목록에 미국을 추가한다는 구상에는 계속 완강히 반대했다. 한 해 안에 그는 동맹국 사이의 명예라는 그의 희한한 개념에 자극을 받아서 일본의 뒤를 따라 미국과 전쟁을 벌이게 된다. 그러나 1940년 가을에 그는 독일 국방군의 36개 최정예사단을 영국해협의 사나운 조류에 내맡기는 모험을 감행할 생각을 거둬들이던 때와 정확히 일치하는 시기에 영국과 당연히 같이 싸울 나라[25]가 할지도 모를 도발을 거의 일절 문제 삼지 않고 그 나라를 달랜다는 원칙에 마치 도그마의 힘에 따른 것처럼 매달렸다. 그는 러시아라는

25. 미국을 일컫는 표현.

사자와는 그 굴 안에서 맞붙어 싸우고 미국과는 전혀 맞서지 않으려고 한 것이다.

이런 정책 차이에는 전략적 계산을 넘어서는 것이 있었다. 그는 영국인에게 그랬던 것과는 달리 미국인을 칭찬하지 않았고 단기적 관점에서는 미국의 군사력을 무서워하지 않았다. 사실상 그는 미국을 결코 군사 열강으로 보지 않았다. 그의 '세력 상호관계'에서 중요한 것은 미국의 경제력과 생산력이었는데, 그는 전쟁이 훨씬 더 멀리 진행될 때까지는 그 힘이 독일에 불리하게 작용할 수 있다고 믿지 않았다. 그러나 그가 바르바로사 작전 계획이 만들어지고 있는 몇 달 동안 미국이 자기에게 할지 모를 도발을 일절 무시하는 쪽을 택한 엄밀한 이유는 그가 미국을 대하는 태도에 이데올로기적 내용이 없기 때문이었다. 미국과 우호적인 외교관계는 아니더라도 어쨌든 간에 외교관계를 유지하는 것은 전략의 대차대조표를 간단하게 만드는 데 필요했다. 그렇게 되면 노력이 딴 데로 분산될 가능성이 최소로 낮아진 상태에서 예정된 소련과의 싸움을 일으켜서 해낼 수 있게 된다.

이와는 대조적으로 히틀러가 러시아를 대하는 태도는 그 자신의 원한과 야망으로 끓어올라 자아도취 효과를 일으키는 힘으로 바뀐 이데올로기에 물들어 있었다. 그 이데올로기는 여러 — 인종·경제·역사적인 — 원천에서 비롯되어 나왔다. 그 가운데에서도 특히 그를 사로잡은 것은 아마도 로마의 서쪽 변경에 살던 여러 민족 가운데 오로지 튜튼족만이 로마제국의 힘에 저항해서 제국을 거꾸러뜨리고 자기들의 전사 왕국을 키워낸 다음 동쪽으로 방향을 틀어 깃발을 들고 슬라브족의 땅으로 들어갔다는 식의 독일 역사 '이야기'였을 것이다. 동로마 황제의 바랑Varang인 경호대원[26], 북쪽 바다의 바이킹 모험가와 러시아에 흐르는 강을 따라 제후국, 즉 동방에 '문명'의 첫 전초 기지를 세운 창건자[27], 잉글랜드와 시칠리아Sicilia를 차

26. 10세기 말에 키예프 공국 제후가 동로마제국의 공주와 결혼하면서 바랑인, 즉 슬라브족이 사는 땅에 진출한 노르만족으로 이루어진 전사 6,000명을 동로마제국 황제의 경호원으로 제공했다. 이 경호부대가 동로마에서 가장 사납고 충성스러운 부대가 되었다.

27. 러시아 고대사에 나오는 바랴그(Variag)인. 본디 스칸디나비아 반도에 살던 노르만족의 분파인 이들은 9세기에 슬라브족이 사는 땅으로 진출해 곳곳에 요새를 세우고 주민을 다스렸다. 이들의 지배 아래 최초의 러시아 국가가 건설되었다.

지한 노르만인 정복자[28], 발트 해 연안의 기사[29] 같은 튜튼 족의 서사시들은 그가 '식탁에서 하는 이야기Tischgespräche'[30]로 받아들여진 일방적인 독백에서 매일 밤마다 되돌아가는 주제가 되었다. 단단히 다져진 게르만족 땅Deutchtum의 중유럽 전선 동쪽에 ― 즉, 폴란드, 헝가리, 루마니아, 체코슬로바키아에, 심지어는 1914년까지 독일인 식민자 180만 명이 살고 있던 발트 해 연안 3국을 뺀 러시아 본토에 ― 독일인 정주자를 이주시켜 살도록 만든다는 것은 그의 내면에서 빅토리아기 전성시대[31]에 대양 세계 곳곳에 퍼진 영어 사용 민족의 디아스포라diaspora[32]로 생각되는 영국인의 '명백한 운명'[33]과 유사한 게르만 인종의 '명백한 운명'이라는 감정을 불러일으켰다. 그러나 영국인이 자기들 세계의 한도가 마치 아주 자비로운 신의 손이 작용해서 그런 양 더욱더 넓게 뻗쳐나갈 운명에 있다고 보았다면, 히틀러는 독일인의 고난에 대한 강박의 영향을 받아 조건반사를 일으켜, 독일인은 위협받고 있는 민족이며 오로지 가차없이 투쟁해야만 그 위협에서 벗어나 보전될 수 있다고 보게 되었다.

그 위협은 다중적이고 뚜렷한 형체는 없지만 동쪽에 있었다. 그 위협의 도구는 '잡다한 체코인, 폴란드인, 헝가리인, 세르비아인, 크로아티아인 등등'(이 '등등'에는 러시아의 여러 슬라브족과 비슬라브족이 들어 있다)이고 '늘 인간 사회를 약하게 만드는 세균, 즉 유대인'이었으며, 그 위협은 지속적으로 독일 국민을 조각내고 예속화하는 쪽으로 흘러갔다. 그의 생애에서 그 위협에 공격적 통합력을 부여한 것은 볼셰비즘이었고, 그는 볼셰비즘이 유대인의 조종을 받는다고 굳게 믿었다. '세계시민적' 유대 문화는 그가 가진 가치체계의 맨 꼭대기에 있는 인종적 독특성과 순수성의 원칙을 부정했다. 볼셰비즘은 그 자체가 경멸스러운 용어인 '민중'이라는 대의를 내세우고 전사의 완력에 대한 믿음을 경제세력에 대한 믿음으로 바꿔치기함으로써 히틀러가 자기 민족에게 보내는 호소의 바탕을 이루었던 귀족

28. 본디 북유럽에 살다가 노르망디에 정착한 노르만족이 윌리엄의 지휘 아래 1066년에 잉글랜드로 쳐들어가 정복 왕조를 세웠다. 또한 11세기 초에 이탈리아 반도 남부로 들어간 일단의 노르만족 모험가들이 그 지역을 지배하고 수십 년 뒤에는 시칠리아까지 정복했다. 12세기 초에 루지에로 2세(Ruggiero Ⅱ)가 선대가 정복한 땅을 합쳐서 시칠리아 왕국을 세웠다.

29. 1190년에 세워져 동유럽과 발트 해까지 세력을 뻗친 튜튼 기사단을 지칭하는 표현.

30. 히틀러는 제2차 세계대전 기간 동안 최측근 권력자들과 만찬을 함께 하며 자기가 생각하는 바를 허심탄회하게 이야기했다. 이런 이야기들을 모아 엮은 문건을 보르만이 간직하고 있다가, 1951년에 책으로 간행했다. 이 기록은 히틀러의 성격과 심리, 독일의 패권과 새로운 독일제국에 관한 그의 구상을 엿볼 수 있는 거의 유일한 사료라고 할 수 있다.

31. 영국의 빅토리아 여왕이 재위한 19세기 중후반기, 정확하게는 1837년부터 1901년까지의 기간으로 대영제국의 위세가 최고조에 이르렀던 시기.

32. 본디 '분산'이라는 뜻을 가진 고대 그리스어로, 특정하게는 고대 유대 왕국이 망해 바빌로니아로 끌려간 뒤 이방인 사이에 흩어져 살게 된 유대인을 일컫는다. 일반적으로는 특정 민족이 본국 밖으로 이주해서 세계 각지에 흩어져 사는 현상을 일컫는 표현이 되었다.

33. '명백한 운명(Manifest Destiny)' 이란 표현은 1845년에 미국에서 존 오설리번(John O'Sullivan)이 잡지에 "신이 마련해주신 이 대륙을 확장하는 것은 우리의 명백한 운명을 완수하는 것"이라는 글을 쓴 데서 비롯되었다. 당시 영토 확장 문제를 놓고 의회에서 논쟁이 벌어질 때 여러 의원이 이 표현을 인용했으며, 나중에는 미국이 서부는 물론 알래스카나 하와이나 필리핀을 점령하는 행위를 정당화하는 근거로 발전했다.

34. 독일이 주로 동쪽을 향해 팽창해서 동유럽과 러시아를 정복해서 게르만족의 정착지로 만들어야 한다는 나치 이론. 헤스가 1924년에 감옥에서 제안한 이론이었으며, 히틀러가 1937년 11월에 나치당과 군부 요인 비밀회의에서 다시 주창했다.

적 대중주의의 신조를 거부했다. 따라서 '유대인 볼셰비즘'과 정면 대결을 벌여야 하고 그 지도자들의 손을 비틀어 지배영역을 순전히 완력으로 뺏어내야 하며, 그렇게 해서 해방된 '생존공간Lebensraum'[34]에 — 독일 본토에 사는 독일인과 동방에 정주한 독일인과 북유럽에 있는 '게르만족' 겨레붙이들 등 — '고등민족'이 정착해야 했다. 그 '고등민족'은 만약 전쟁에서 우위를 차지하지 못한다면 무수한 열등민족들에 종속되고 노예가 될 운명에 있었다.

따라서 히틀러 전기를 쓴 데이비드 어빙David Irving이 히틀러의 바르바로사 작전 결정의 특징을 묘사한 바대로, "한 번 해버리면 돌이킬 수 없으니 무시무시한" 그 결정은 "심지어 최후의 패배가 닥쳐서도 그가 절대로 후회하지 않은 것"이었다. 그러나 비록 그 결정이 1940년 12월에 확실히 내려졌다고는 해도, 그것을 실행하는 데 필요한 힘이 작동하려면 여섯 달이 흘러야 했다. 그 사이에 독일과 소련의 열강 정치가 가장 직접적으로 서로 맞부딪치는 곳인 발칸 반도를 중심으로 전개되는 일련의 사건들이 임박한 러시아 원정의 시작에서부터 히틀러의 주의를 흩뜨리게 된다. 바르바로사 작전의 위험 부담이 아무리 크다고 해도 이 작전의 특성은 '너무나도 간단한 것'이었다. 그것은 독일 국방군과 붉은군대 가운데 어느 쪽이 싸움터에서 더 셀까 하는 것이었다. 독일 육군사단들을 바르바로사 작전이 개시될 출발선으로 재배치하는 일을 마치는 몇 달 동안 발칸 반도에서 히틀러는 전략상 복잡하기 이를 데 없는 곤혹스러운 상황에 휘말려 들어가 있었다. 연원이 깊은 그 상황은 다음과 같았다. 군사상 그 자체로는 중요하지 않지만 더 힘센 보호자에게 도와달라는 요청을 해와서 그가 택한 전략이 매끄럽게 펼쳐지는 데 방해가 될지 모르는 작은 나라들 사이에서 자기의 힘을 어느 쪽으로 던질 것인가?

7 | 동쪽으로 도약하는
디딤판 마련하기

발칸 반도를 일컫는 기발한 명칭인 '유럽의 교차로'는 다만 그 표현을 쓰는 사람이 발칸 지역을 잘 알지 못한다는 사실을 알려줄 뿐이다. 유럽대륙에서 가장 높은 몇몇 산맥이 척량산맥[1]과 거기서 뻗쳐나가는 산줄기를 이루는 발칸 반도에는 간선도로가 거의 없고 정복로라고 불릴 만한 길은 단 하나도 없었다. 어떤 열강도, 전성기의 로마제국조차도 발칸 지역 전체를 지배했던 적이 없다. 신중한 장군들은 거절할 수 있다면 발칸 반도에서 전역을 벌이기를 시종일관 거절했다. 발칸 지역은 발렌스Valens 황제[2]가 378년에 아드리아노플 Adrianople[3]에서 고트족에게 무릎을 꿇은 이후로 줄곧 군사작전의 무덤이었다.

그러나 발칸 반도가 정복자들에게 쉬운 통행로를 내주지는 않는데도 원정 대상이 되는 것이 그곳에 사는 민족들의 운명이었다. 왜냐하면 그 지역은 산맥과 막다른 골짜기가 뒤엉켜 있어 심지어는 강조차도 사람이나 짐승이 통과할 수 없는 협곡이나 계곡을 넘어가야 하는 곳이라는 바로 그 이유로 유럽제국과 아시아제국 사이의 천연장애물로 두드러지기 때문이다. 16세기와 17세기에 이슬람세력이 진군할 때 발칸 반도는 튀르크 제국이 합스부르크제국과 맞붙은 싸움터였다. 튀르크가 환자[4]가 된 19세기에 발칸 반도는 — 오스트리아와 러시아, 그리고 이들의 위성국 등 — 튀르크의 적들이 오토만 군을 도로 아나톨리아Anatolia[5]의 요새들로 쫓아낸 전선을 제공했다. 그리고 패권을 추구하는 나라들은 훨씬 더 오랫동안 그리고 더 끈질기게 발칸 반도의 해안과 — 이오니아Ionía 제도와 도데카니소스 제도와 키클라데스Kikládhes 제도 등의 — 군도를 차지하려고 다투었다.

1. 여러 산맥의 줄기가 되는 큰 산맥.

2. 로마제국의 황제(328~378). 364년에 형 발렌티니아누스 1세 (Valentinianus I)의 명을 받아 로마 동부의 황제가 되었다. 치세 동안 동쪽의 사산조 페르시아와 북쪽의 서고트족과 끊임없이 싸움을 벌였다. 아드리아노플에서 서고트족과 싸우다 전사했다.

3. 오늘날 터키의 에디르네 (Edirne). 터키와 그리스와 불가리아 세 나라 국경이 만나는 지점에 있다.

4. 전성기가 지나 쇠퇴일로를 걷던 튀르크 제국에 붙여진 별명이 '유럽의 환자'였다.

5. 터키의 아시아 영토를 일컫는 말. 고대에는 소아시아(Asia Minor)라고 불렸다.

왜냐하면 발칸 반도는 시칠리아가 축소판으로, 몰타가 더더욱 작은 규모로 그러는 것처럼 해상 통과로와 주변 바다를 지배하기 때문이다. 이탈리아 도시국가 가운데 가장 컸던 베네치아Venézia는 자국의 석호潟湖가 아니라 아드리아 해의 발칸 반도 쪽 연안을 따라 내달리는 — 차라Zara와 카타로Cattaro와 발로나Valona[6]등 — 여러 요새 항구와 그 어귀에 있는 이오니아 제도를 통제해서 아드리아 해의 여왕[7]이 되었다. 또한 베네치아는 전성기에 그리스의 펠로폰네소스와 그에 딸린 섬인 낙소스Náxos와 크레타와 키프로스Kípros를 차지해서 동지중해 안으로 강력한 촉수를 뻗쳤다. 그 군사적 명운의 영고성쇠야 어떻든 간에 튀르크인은 흑해와 지중해 사이를 잇는 교통의 통로인 보스포루스Bosporus의 소유권을 붙들고 놓지 않음으로써 언제나 발칸 지역 패권의 궁극적인 토대를 확보했다. 튀르크는 '그 해협들'[8]의 통제권이야말로 유럽인의 눈에 튀르크가 레반트Levant[9]에 딸린 땅이 아니라 고려해야 할 열강으로 보이도록 만드는 것이며 만약 튀르크가 이스탄불을 포기한다면 그저 레반트에 딸린 땅이 될 것임을 확실히 알고서 — 19세기에 러시아의, 20세기 초에 발칸 반도 신생국들의, 제1차 세계대전 때 영국과 프랑스의 — 매수와 위협과 직접적 공격에 직면해서도 이스탄불Istanbul에 찰거머리처럼 매달렸다.

발칸 반도가 아시아와 유럽이 만나고 지중해와 흑해가 만나는 지점에서 하나의 육상 장벽이면서 하나의 해상기지, 또는 여러 해상기지의 밀집지대이기 때문에, 이 지역에 이끌려 들어가는 어떤 지휘관의 전략도 '대륙' 전략이면서 '해상' 전략이 되는 경향을 띠며 두 전략은 서로 겹치고 엇갈리게 마련이다. 프랑스 함락과 바르바로사 작전 개시 사이의 기간에 독일의 전쟁수행을 가장 면밀하게 연구한 마틴 반 크레벨드Martin van Creveld 교수가 지적한 적이 있듯이, 1940년 말에 히틀러가 빠져들어간 분규가 바로 그렇다. 이때까지 히틀러가 펼친 발칸 반도 정책은 — 헝가리와 불가리아와 루마니아 등 — 내

6. 각각 오늘날 크로아티아의 자다르(Zadar), 몬테네그로의 코토르(Kotor), 알바니아의 블로러(Vlorë).

7. 아드리아 해를 제패했다는 의미로 베네치아에 붙여진 별명이었다.

8. 흑해와 마르마라(Marmara) 해 사이의 보스포루스 해협과 마르마라 해와 지중해 사이의 다르다넬스 해협.

9. 동지중해 연안지역, 특히 시리아와 레바논과 팔레스타니를 한꺼번에 이르는 말.

룩지대를 독일의 영향권으로 끌어들이는 한편, 역사적으로 '이탈리아 것'이었던 — 알바니아와 그리스와 유고슬라비아 등 — 해상 영향권과의 관계에서는 이탈리아가 열강 노릇을 하도록 허용한다는 것이었다. 헝가리와 루마니아는 기꺼이 그의 지배 아래로 들어와서 삼국협약에 조인하고 자국 영토에 독일군이 주둔하도록 허용했다. 불가리아는 덜 고분고분했지만, 그런 까닭은 이해가 가는 신중함 때문이었지 적대감 때문이 아니었다. 유고슬라비아는 중립을 고수하면서도 추축국과의 관계가 틀어지는 사태를 피해서 중도의 길을 걸어가는 데 성공했다. 그런데 계속 싸우겠다는 영국의 고집이 그의 발칸 반도 계획을 망쳐놓았다. 브리튼 전투에서 영국의 항공방어를 쳐부수려는 노력이 실패한 다음에 히틀러는 자신이 꼭 이루어지리라고 믿지는 않은 침공의 서곡으로서 (10월 4일에 브렌너 고개에서 무솔리니를 만났을 때 십중팔구 자신이 미리 주의를 주었을) 이탈리아의 그리스 공격을 묵인했다. 그렇게 되면 대륙에 남아 있는 동맹국이라고는 그리스밖에 없는 영국이 또 다른 방향에서 오는 전략적 압박을 점점 더 많이 받게 되기 때문이었다. 그 공격으로 영국이 리비아의 이탈리아 육군과 이집트에서 전쟁을 벌일 역량이 줄어들 터이고 그렇게 되면 에스파냐와 비시 프랑스를 반영동맹에 끌어들여 자기가 만들려고 애쓰고 있는 '집게발pincer'이 강화된다는 것이 히틀러의 속셈이었다.

복잡하지만 시험적이기도 한 이 전략 구상은 이탈리아군 공세의 치욕적인 실패로 위태로워졌다. 10월 28일의 침공 이전에 히틀러는 독일 간섭군을 북아프리카에 파견할 생각을 하고 있었고 (영국군이 훗날 적으로 잘 알게 될 리터 폰 토마Ritter von Thoma라는) 상급장교 한 사람을 실제로 보내 '아프리카 군단Afrikakorps'을 배치하는 문제를 검토한 적이 있다. 그러나 일단 무솔리니의 그리스 침공 실패가 확실해지자 히틀러는, 설령 러시아의 우려를 달래려는 (즉, 심지어는 만약 몰로토프가 독일의 대륙 패권을 묵인하겠다는 보증을 가지고 11월 12일에 베를린으로 온다면 러시아와 구속력 있는 불가침조항에 합의하겠다는) 바람이 가장 절실한 바로 그때 독일이 그리스에 직접 개입하고 이에 따라 불가리아에 있는 기지들을 손에 넣어서 러시아를 놀라게 만들지라도, — 아프리카 군단의 도움을 아무렇게나 거절했던 — 자기의 동맹자가 치욕을 당하지 않도록 구해내지 않을 수 없다는 의무감을 느꼈다. 따라서 무솔리니의 그리스 모험은 히틀러로 하여금 비록 영국 해안이 아니라 영국의 지중해 제국에서이기는 해도 영국에 맞선 그의 전쟁수행 노력을 강화하도록 만드는 직접적인 결과를 불러왔으며, 또한 히틀러로 하여금 자기와 스탈린 사이에 어떠한 '영향권' 합의도 불가능하게 만드는 — 바르바로사 작전 개시에 유용하지만 필수불가결하지는 않은 — 영토 장악에 몰두하도록 만드는 간접적인 결과를 불러왔다. 이런 점에서 그리스 전역은 제2차 세계대전의 향후 진로를 정하는 결정적인 요인이 된다.

무솔리니의 그리스 모험

그리스로 쳐들어간 무솔리니의 모험은 틀림없이 성공한다고 히틀러가 믿을 만한 이유가 있는 작전이었다. 그리스군은 수에서 크게 밀렸고 불가리아에 맞서 — 에게 해 북쪽 해안의 기다란 땅인 — 트라키Thráki[10]를 방어하려고 병력을 쪼개야 했다. 서류상으로야 그리스군은 침공 초기단계에서 제압되었어야 했다. 그러나 이탈리아 군대도 에티오피아와 리비아에 수비대를 보내면서 분할되었고, 따라서 이탈리아는 알바니아-그리스 국경에 있는 훨씬 더 큰 이탈리아 육군의 일부만을 전개할 수 있었다. 게다가 1940년의 이탈리아 육군은 1915년의 이탈리아 육군이 아니었다. 1915년에 똑같이 산이 많은 단 하나의 전선에 투입된 이탈리아 육군은 오스트리아에 맞서 공격에 공격을 거듭하면서 용감히 싸웠고, 효과도 있었다. 이런 노력 때

10. 본디 오토만 제국의 영토였는데, 1913년에 불가리아에 양도되었다가 1920년에 그리스에 합병되었다. 고대에는 트라키아로 불렸다.

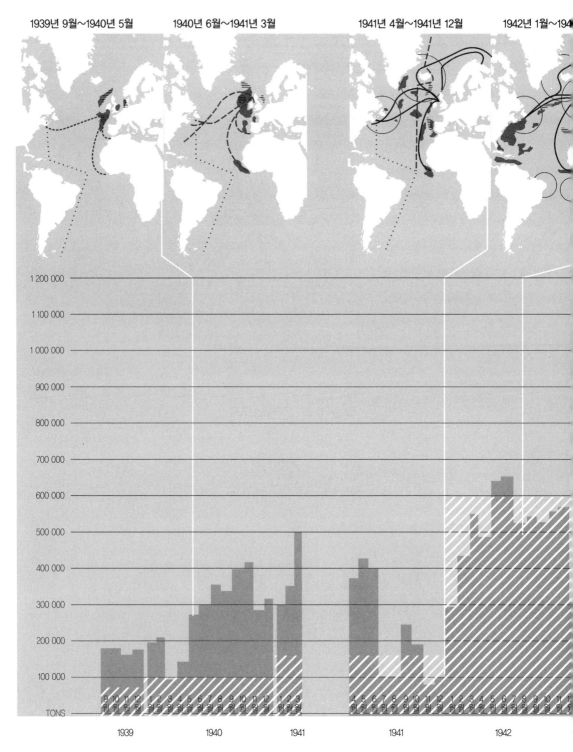

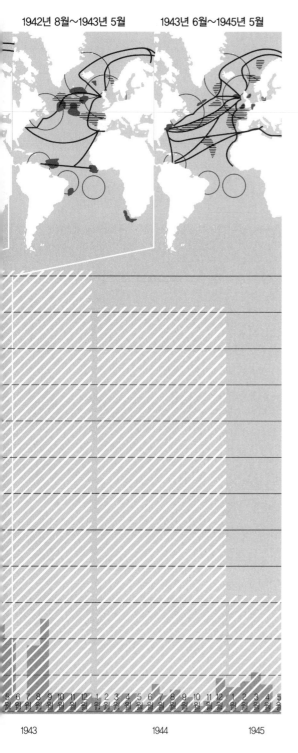

대서양 전투

분포도 맨 위에 있는 지도들은 대서양 전투의 주요 교전이 집중적으로 일어난 지역의 위치가 이동하는 추이를 보여준다. 독일 해군은 1940년 6월 프랑스와 노르웨이 항구에서의 U-보트의 사용권한을 얻어내어, 대서양 깊숙이 훨씬 더 멀리까지 가서 작전을 펼칠 수 있었다. 같은 시기에 영국의 호위선단은 독일의 침공 위협에 대항하기 위해 자국 해역에 집중되어 있었다. 1941년 내내 되니츠는 '이리떼' 전술을 쓰면서 그의 작전지역을 서쪽으로 옮겨 영국의 항공 엄호에서 벗어났다. 미국이 참전하자 되니츠는 1942년 1월에 공세의 중점을 서반구의 보호 받지 못하는 선박으로 옮겼다. 이 기간(1942년 1~7월)에 대서양의 U-보트는 평균 수명이 13개월로 가장 안전했으며, 침몰당하기 전까지 평균 19척, 10만여 톤을 격침해서 가장 심한 피해를 입히기도 했다. 미국의 연안 호위가 강화되면서 U-보트는 쫓겨서 북대서양으로 내몰렸다. 1943년 말에 영국과 미국의 협조가 더 긴밀해지면서 효과가 더 큰 대잠기술이 나타났다. 더 빠른 수송선과 호위함의 생산이 꾸준히 늘었다. 단독공격을 위해 '이리떼' 전술은 결국 포기되었다. 전쟁이 끝나가는 몇 달 동안 U-보트는 통풍관을 써서 잠항상태를 영속적으로 유지하면서 주로 영국 제도 부근에서 활동했다. 전쟁이 끝날 무렵이 되면 U-보트의 평균 수명은 석 달로 뚝 떨어졌다.

범례

- 🦇 연합국과 중립국의 상선이 격침된 주요 지역
- 🐟 U-보트가 격침된 주요 지역
- —— 호위가 따라붙은 호송선단 경로
- ······· 호위가 따라붙지 않은 호송선단 경로
- ⌒ 연합국의 항공 엄호 지구
- ······ 범미 중립지대 한계선
- ---- 1941년 4월 18일 미국의 서반구 방어지대
- ■ 영국·미국·중립국 상선 손실(대서양 전역)
- ▨ 영국·미국 상선의 새로운 건조(1,600 순톤純ton 이상)

문에 오스트리아는 이탈리아 육군이 이손초Isonzo 강에 가한 열두 번째 공세로 돌파구가 생기지 않도록 1917년 10월에 독일에 도와달라고 호소해야 했다.[11] 그러나 무솔리니 치하에서 이탈리아군 부대는 수를 늘리려고 규모를 줄였다. 전형적인 대중 선동용 눈속임 행위였다. 따라서, 무솔리니가 1940년 10월 28일에 그리스로 들여보낸 사단은 모든 병과에서 그리스군 사단보다 더 약했지만, 특히 보병의 경우에는 특히 더 그랬다. 투지 면에서도 마찬가지였다. 무솔리니가 그리스와 전쟁을 벌이려고 든 까닭은 승전을 구가하는 동맹국 독일에 지기 싫은 데다가 그리스와의 시시한 구원舊怨을 풀고 (이탈리아의 피후견 국가인 루마니아가 앞서서 10월에 플로예슈티 유전에 대한 독일의 보호를 받아들인 데 약이 올라서) 발칸 반도 내에서 이탈리아의 이해관계를 다시 주장하고 적국인 영국의 동지중해 전초기지를 공격할 수도 있는 기지를 확보하고픈 열망일 따름이었다. 이런 이유들 가운데 그의 휘하 군인들에게 중요한 이유는 단 하나도 없었다. 그들은 이피로스Ípiros[12] 산악지대를 통과하는 공격을 열의 없이 개시했다. 심지어는 이탈리아의 최정예부대인 알피니Alpini 연대들조차 의기소침한 듯했다. 대조적으로 이탈리아의 적군인 그리스군은 결연하게 방어했다. 터키가 불가리아에 만약 그리스의 곤경에서 이득을 보려 든다면 자국의 유럽 영토에 집중해 있는 37개 사단을 사용하겠다고 으름장을 놓은 덕택에, 그리스 정부 수반인 요아니스 메탁사스Ioannis Metaxas[13] 장군은 전역 초기에 부대를 트라키에서 알바니아 전선으로 이전 배치할 수 있었다. 그러는 동안 그리스군은 공자인 이탈리아군이 산악 진지에 정면공격을 가하다가 제풀에 지쳐 진이 빠지도록 내버려두었다. 그리스군은 증원군이 도착하자 11월 14일에 역공에 나서서 침공군을 혼란에 빠뜨려 물리쳤다. 무솔리니가 이탈리아 방방곡곡에서 예비병력을 소집하고 그 일부를 독일군 비행기에 태워 알바니아로 수송했지만, 11월 30일이 되면 그리스군은 11개 사단으로

11. 1915년 5월 23일에 제1차 세계대전에 참가한 이탈리아군은 한 달 뒤 이손초 강에서 오스트리아를 공격하기 시작한 이래 1917년까지 열한 차례의 공격에 번번이 실패했다. 1917년 10월의 열두 번째 공격이 성공을 거두는 듯했으나, 오스트리아군을 지원하러 온 독일군에 참패했다.

12. 그리스 북서부와 알바니아 남부에 걸쳐 있는 해안지대. 고대에 이 지방을 그리스 사람은 에페이로스(Epeiros), 로마 사람은 에피루스(Epirus)라고 불렀다.

13. 그리스의 군인, 정치가(1871~1941). 독일에서 군사학을 공부했고 1913년에 참모총장이 되었다. 1935년에 총리가 되어 이듬해에 독재권력을 세웠다. 1940년에 침공한 이탈리아군을 물리치고 이듬해 죽었는데, 독일 간첩에게 독살되었다는 소문이 있다.

무솔리니의 15개 사단과 겨루었다. 무솔리니의 침공군 전체가 뒤로 밀려나 알바니아 안으로 쫓겨 들어가버렸고 그리스군의 역공은 계속 거세지고 있었다.

이미 11월 4일에 독일 국방군 최고사령부에 독일군의 그리스 공격작전 계획안을 준비하라는 명령을 내린 바 있는 히틀러는 이때까지 그리스 공격을 개시하는 데 전념했다. 그 공격이 — 그리스에 맞닿아 있는 중립국가인 유고슬라비아에 모욕감을 주고, 중립국으로 남으려는 결의가 훨씬 더 강한 터키에 불안감을 주고, 그리스 작전에 필요한 기지를 독일에 내주는 일이 러시아의 비위를 건드리지는 않을까 하고 움츠리는 불가리아를 놀라게 하는 등 — 외교상 온갖 난관을 불러일으킬 텐데도, 그리고 그 작전에 온갖 군사적 난관, 특히 '전차를 운용하기'가 유럽에서 가장 어려운 지형에 기계화부대를 투입하는 난관이 뒤따를 텐데도, 히틀러는 이제는 적국 영국에 자기가 허용할 수 없던 전략상의 우위와 정치선전상의 우위를 내주는 대가를 치르고서라도 선수를 치지 않을 도리가 없다고 보았다. 세계는 무솔리니를 어찌되었든 간에 — 결코 흔들림 없이 그 파시즘 창건자에게 충직한 — 히틀러의 군사 동맹자뿐만 아니라 정치 동맹자로 보았다. 히틀러는 무솔리니가 그리스군의 손에 치욕을 당하지 않도록 그를 구해내겠다는 마음을 굳혔다. 특히나 히틀러는 올바르게도 그리스인을 군인으로서 높이 쳤기 때문에 더더욱 그랬다. 또한 히틀러는 영국이 그리스 땅에 기지를 장기간 소유하지 못하도록 만들겠다는 결심도 굳혔다. 영국군이 그 기지에서 히틀러가 전쟁수행 노력에 없어서는 안 될 발칸 반도의 — 식량과 광석, 그리고 무엇보다도 석유 — 자원을 뽑아가는 것을 위협할 수 있었던 것이다.

이때까지 그리스는 신중하게도 단거리 전술기지를 넘어서는 그 어떤 것도 영국군에 양도한 적이 없다. 영국 공군이 11월 3일 이후에 세운 기지는 아테네 부근과 펠로포니소스 반도와 코린토스 만에 있었는데, 여기서 날아오른 영국 공군 항공기는 다만 전투가 벌어지는 알바니아의 전선을 지원할 수 있었을 뿐이다. 그리스는 테살로니키Thessaloníki 부근에 있는 더 큰 기지들을 달라는 요청을 들어주지 않았다. 영국 공군이 그 기지들을 이용하면 루마니아의 플로예슈티 유전이 영국 공군 폭격기의 항속거리 안으로 들어갔을 것이다. 따라서 히틀러에게는 그리스가 무솔리니에게 거둔 승리를 굳히는 가운데 비롯될 최악의 사태를 두려워할 마땅한 이유가 있었다. 유럽 남동부는 독일에 필요한 곡식과 가축의 절반을 제공했다. 유고슬라비아와 더불어 그리스는 독일 공업이 쓰는 보크사이트(알루미늄 원광석)의 45퍼센트를 내놓는 산출지인 한편, 유고슬라비아는 독일 공업이 쓰는 주석의 90퍼센트, 납의 40퍼센트, 구리의 10퍼센트를 공급했다. 독일의 전략적 통제반경 안에 있는 유일한 석유 공급원은 루마니아와 미미한 정도지만 헝가리였다. 나머지 석유는 몰로토프-리벤트로프 조약의 조건 아래서 러시아에서 왔다. 이 유전들과 발칸 반도에서 빼내온 광석과 농산물을 독일로 나르는 철도가 영국군 폭격기의 공격을 받는다면 그가 전쟁을 수행하는 능력이 크게 위태로워진다. 더욱이 그는 영국이 지중해 전략구역 안으로 깊숙이 그리고 아주 오랜 세월에 걸쳐 파고 들어왔다는 점을 인식하고 있었다. 영국의 제독과 장군들은 동지중해에서 150년 동안 전역을 벌여왔다. 넬슨Nelson[14]의 명성은 1798년에 나일 강에서 거둔 승리로 만들어졌다. 영국은 1809년부터 1863년까지 이오니아 제도를 지배했고, 1800년 이후로 몰타를, 1878년 이후로 키프로스를 소유했으며, 1882년 이후로 이집트에서 해군과 육군을 유지해왔다. 영국 육군부대가 1915년에 흑해 해협을 거의 장악했으며, 1916년과 1918년 사이에는 그리스 땅에서 불가리아를 상대로 공세 전선을 유지했다(테살로니키 전역). 더욱이, 1820년대에 튀르크를 상대로 그리스인들이 벌인 독립전쟁에서 영국이 그들을 도와주어서 '자유를 사랑하는 사람'이라는 칭

14. 영국의 제독(1758~1805). 외삼촌의 영향으로 해군에 들어갔고 미 대륙에서 벌어진 해전에서 경험을 쌓았다. 1793년부터 지중해와 유럽 각지에서 나폴레옹의 해군과 싸우다가 한쪽 눈과 한쪽 팔을 잃었다. 1805년에 트라팔가르 해전에서 프랑스-에스파냐 연합 함대에 대승을 거두지만, 저격수가 쏜 총탄에 맞아 숨을 거두었다.

15. 영국의 대표적인 낭만파 시인(1788~1824). 10대 후반에 남유럽 각지를 여행한 뒤 이국 취향이 넘치는 시를 많이 썼다. 1810년 5월 3일 다르다넬스 해협을 헤엄쳐 건넌 뒤 레안드로스와 헤로의 전설을 각색한 『아비도스의 신부(The Bride of Abydos)』라는 시를 짓기도 했다. 명성을 얻었지만, 사생활에 관한 추문을 이기지 못하고 1816년에 영국을 떠났다. 이탈리아에서 급진운동에 관여하다가 1823년에 그리스 독립군에 가담해서 튀르크제국과 싸웠다. 이듬해 봄 말라리아에 걸려 숨졌다.

16. 흑해에 진출한 러시아가 튀르크제국으로 팽창해 들어가 지중해와 인도를 넘보지 못하도록 견제하려는 의도에서 영국과 프랑스가 크림 반도에서 러시아와 벌인 전쟁. 러시아의 패배로 끝났다. 나이팅게일이 간호활동으로 명성을 얻은 전쟁이기도 하다.

17. 오늘날의 요르단 왕국.

18. 제1차 세계대전이 끝난 뒤 패전국인 튀르크제국이 해체되자 영국은 튀르크제국의 속주였던 트란스요르단과 이라크를 위임통치령으로 삼아 다스렸다. 이라크의 경우에는 곧바로 반영운동이 일어나 1932년에 독립해서 왕정 국가가 되었다.

호를 얻으면서 영국과 그리스의 관계는 확실하게 친밀해졌다. 두 나라에서 낭만적인 영웅으로 바이런Byron[15]이 얻은 명성은 두 나라 국민이 압제에 공동으로 품고 있는 반감의 시금석이었다.

그러나 영국의 촉수는 그보다 더 멀리 뻗어나갔다. 비록 제1차 세계대전에서 튀르크와 싸우고 1918년에 무슬림의 반감을 무릅쓰고 팔레스티나에 유대인 정착지를 세우기는 했어도 영국은 러시아에 맞선 튀르크제국의 유구한 보호자이기도 했다. 이런 이유로 영국은 1854~1856년 크림 전쟁[16]을 벌였던 것이다. 또한 영국은 이라크와 트란스요르단Trans-Jordan[17]이라는 나라를 세워서 이슬람 민족주의를 후원했다.[18] 또한 유럽의 중부와 남동부에서는 영국이 약소민족 자결주의의 주창자라는 평판이 드높았다. 특히 유럽 남동부에서 유고슬라비아는 부분적으로는 영국이 1918년 이후 강화회담에서 슬라브인의 독립이라는 대의를 지지해주었기 때문에 생겨났다는 빚을 지고 있었다. 영국이 발칸 반도에서 유일하게 뚜렷한 적대관계에 있는 나라는 제1차 세계대전에서 적국이었던 불가리아였고, 그 적대관계는 러시아를 달래야 한다는 불가리아 국왕 보리스Boris의 우려로 상쇄되었다. 그는 독일의 전폭적인 지원을 확인하지 못한다면 러시아의 비위를 맞추지 않을 수 없었다.

따라서 — 육상 열강을 중유럽의 극히 중요한 이해관계와 러시아의 이해관계 사이의 갈등뿐만 아니라 동시에 해양 문제가 얽힌 지중해 정치에도 자동적으로 휘말려 들도록 개입하게 만드는 — 얽히고설킨 발칸 지역 분규의 복잡성은 1940~1941년의 겨울과 봄에 히틀러의 전략 목적을 흩뜨리고 조각내는 작용을 했다. 전격전 전역 초기에 러시아의 전투능력을 공격해서 분쇄한다는 그의 최우선 목표는 1940년 12월에 정해졌다. 비틀거리는 동맹국 이탈리아를 공개적인 치욕에서 구해내고 러시아와 전쟁을 개시하기에 앞서 고분고분하지 않은 적국 영국의 활동을 제한하고 싶어(한 것은 둘 다 어느 모로는 그가 가을에 주저해서 생겨난 부산물이어)서 히틀러는 잇달아 선수를 치게 되었다. 얼마간은 계산되었고 얼마간은 우발적이었던 그 선수치기가 불러온 결말은 그가 위험부담을 안고서라도 남쪽으로 진출할 것을 처음에 고려할 때 의도했던 바보다 더 큰 발칸-지중해 전역이었다.

'여우가 들판에서 잡혀 죽었다'

히틀러가 베르크호프에서 휘하 사령관들과 (1월 7~9일에) 회담을 가지고 그들에게 바르바로사 작전의 전모를 드러내 보여준 1941년 1월 초순에 남쪽의 어려움은 그리스군보다는 영국군을 중심으로 전개되는 듯했다. 비록 마리타 작전(발칸 반도 침공) 계획 작성이 순조롭게 착착 진행되고 있기는 했어도, 그는 아직도 그리스를 완전히 점령할 생각은 하지 않고 있었다. 그저 독일 공군이 동지중해를 제압하는 데 이용할 수 있는 그리스 내 기지를 장악하는 것이 그 지역 상황을 푸는 알맞은 전략적 해결책으로 보였다. 그는 자기가 회의하면서 신중하게 다루고 있었(고 그러는 것이 옳았음이 입증되었)던 무솔리니의 봄 공세로 패하리라고 예측한 그리스가 이탈리아로 하여금 쌍무 강화조약을 받아들이도록 만들지 모른다고 낙관하기까지 했다. 다른 한편, 영국은 추축국의 군사적 우세에 도전해서 버티겠다는 결의를 과시하고 있었다. 영국은 그리스 본토에 항공부대를, 크레타와 에게 해의 몇몇 섬에 군대를 배치했을 뿐만 아니라 이탈리아에 직접적인 패배를 안겨주기까지 했다. 11월 11~12일 밤에 항공모함 일러스트리어스Illustrious 호가 주축을 이룬 영국 해군 임무부대가 이탈리아 반도의 발뒤꿈치에 해당하는 곳에 있는 타란토Taranto 기지의 이탈리아 함대를 기습해서 계류 중인 전함 세 척을 항공어뢰 공격으로 격침한 것이다. 더 앞서 7월에 있었던 해상 교전에 뒤이은 이 타란토 공격으로, 이탈리아 함대가 내해에서 수적으로 우세한데도 이탈리아 함대에 대한 영국 해군의 우위가 굳어졌다. 뒤이어 더 나쁜 일이 일어난다. 12월 9일에 아치볼드 웨이벌Archbald Wavel 장군이 지휘하는 이집트 내 영국 육군이 로돌포 그라치아니Rodolfo Graziani 원수의 지휘 아래 9월에 리비아에서 국경 안쪽으로 60마일 들어왔던 이탈리아군을 상대로 역공을 개시했다. '5일 습격'으로 구상되었던 이 역공은 대성공을 거두어 웨이벌 장군은 계속 전진하기로 결심했다. 사흘 뒤에 웨이벌의 전술 지휘관인 리처드 오코너Richard O'Connor 중장이 영국 군인과 인도 군인을 모두 합쳐서 624명이 죽고 다치는 피해를 입으면서 이탈리아 군인 3만 8,000명을 사로잡고 적의 요새화 대진지 하나를 유린했으며 그 진지 너머에는 리비아로 전진해 들어가는 데 방해가 될 것이 없다는 것을 알았다. 이탈리아 식민지 안에 있는 첫 도시인 바르디아Bardia에서 '번개 수염' 베르곤촐리'Barba Elettrica' Bergonzoli 장군[19]은 영국군의 역공 직후에 무솔리니에게 "저희는 바르디아에 있고 이곳을 떠나지 않겠습니다"라는 결의를 알렸다. 그러나 처칠이 제4인도인 사단과 제7기갑사단에 부풀려서 붙인 이름인 나일군Army of the Nile에 의해 바르디아가 1월 5일에 함락되고 나일군 선봉돌격부대가 토브룩Tobruk 항구를 향해 해안도로를 따라 돌진했다. 1월 21일에 토브룩이 함락되어 또다시 포로 2만 5,000명이 생겼다. 토브룩 항은 오코너 예하 육군에 계속되는 전진을 위한 병참 지원을 제공하게 된다. 이때 오코너는 휘하 부대를 나누었다. 이탈리아의 이집트 침공군의 잔존부대가 키레나이카Cyrenaica[20] 돌출부를 북쪽으로 빙 돌아가는 지중해 해안도로를 따라 리비아의 수도 트리폴리Tripoli로 물러나 그 도시를 거점으로 삼아 버티고 있었다. 사막을 통과하는 직행로를 이용하면 빠른 기동 돌파 공격으로 그 부대를 차단할 수가 있었다. 이에 따라 오코너는 그 부대 뒤의 사막으로 제7기갑사단을 들여보냈고, 제7기갑사단은 2월 5일에 모래사막에서 빠져나와 베다 폼Beda Fomm에서 패주하던 이탈리아군 앞에 도착했다.

19. 이탈리아의 군인(1884~1973) 강인한 야전 지휘관으로 평판이 높았으나, 바르디아에서 영국군에 대패한 뒤 1941년 2월에 토브룩에서 포로가 되었다. 뻣뻣이 선 붉은색 수염 때문에 '번개 수염'이라는 별명을 얻었다.

20. 오늘날 리비아의 바르카(Barqah) 지방.

오코너는 — 무솔리니를 약 올리려고 — 웨이벌에게 평문으로 "여우가 들판에서 잡혀 죽었다"고 알렸다. 사냥에서 쓰이는 말을 이용한 이 표현[21]은 두 달 만에 400마일을 전진하는 동안 영국군에게 포로 13만 명을 안겨준 승리를 묘사하는 은유였다.

처칠은 웨이벌의 승리에 의기양양해졌다. 그는 웨이벌에게 보낸 편지에서 "귀관이 이 전리품을 차지해서 우리가 기분이 다 좋습니다"라고 썼다. 그러나 그 승리는 비록 볼 만하기는 했어도 사실 현대전의 승리는 아니었다. 나일군은 19세기의 전역들에서 대영제국의 토착민 적군을 쳐서 이길 때 사용한 종류의 식민지 '이동 부대'에 지나지 않았다. 나일군이 성공을 거둔 이유는 이탈리아군보다 우월했기 때문이 아니었다. 이탈리아군은 방어전에서 용감히 싸웠다. 그 이유는 이탈리아군 지휘관들이 무능했고 무솔리니가 이탈리아의 자원이 지탱할 수 있는 것보다 더 넓은 전선에 걸쳐 전역을 벌이는 욕심을 부린 결과 그리스에서처럼 전쟁을 수행할 재원이 차츰 줄어들었기 때문이었다.

영국의 공세를 저지하려던 히틀러의 노력이 그에 앞서 무솔리니가 도움을 받아들이기를 꺼려서 좌절된 적이 있다. 이때 히틀러도 그 거절을 좋게 보지 않았다. 그는 참모에게 다음과 같이 투덜댔다. "이탈리아는 한편으로는 도와달라고 비명을 지르고 있고 자기네 대포와 장비가 얼마나 형편없는지 이루 말할 수 없을 정도이면서도, 다른 한편으로는 질투가 심하고 어린애들 같아서 독일 군인에게서 도움을 받는 것을 견디지 못하니 기가 막힐 노릇이지." 2월 3일에 그는 싫든 좋든 도리 없이 그라치아니를 도우러 갈 아프리카 군단을 이끌 지휘관으로 만슈타인이 아니라 롬멜을 골랐다. 병사들에게 원기를 불어넣는 그의 능력이 입증되었기 때문이었다. 제15기갑사단과 제5경장(輕裝)사단으로 이루어진 아프리카 군단 전위가 2월 12일에 트리폴리에 도착하기 시작했다. 2월 21일까지 롬멜은 예하 부대가

21. 여우 사냥꾼들은 여우 사냥 전날 밤에 벌판에서 여우가 숨을 만한 구멍을 모두 메워놓는다. 쫓겨 도망치는 여우는 숨을 곳을 찾지 못하고 들판을 내달리다가 결국 힘이 다 빠져 사냥개들에게 물려 죽게 된다.

자리를 잡도록 해서 역공을 준비할 수 있도록 만들었다.

그렇지만 추축국의 위신을 다시 세우고 발칸 반도에서 독일군의 전략적 거점을 강화하겠다는 히틀러의 결심은 앞으로 있을 사막전의 승리를 기다릴 수 없었다. 영국군은 제국을 건설하겠다는 무솔리니의 허장성세를 자근자근 깨부수는 행동의 자유를 여전히 누리는 유일한 전략지역에서 무력의 우세를 이용해 이득을 보고 있었다. 영국의 지중해 함대가 2월 9일에 이탈리아의 제노바 항 앞바다에 나타나 반격을 받지 않은 채 항만을 포격했다. 이것은 영국 해군이 3월 28일에 그리스 영해에서 벌어지는 마타판Matapan(타이나론Taínaron) 곶 해전에서 이탈리아 함대에 거두게 될 승리를 미리 맛본 것이었다. 이탈리아군이 1940년 8월에 무방비상태의 영국령 소말리를 장악하고 수단과 케냐로 습격해 들어간 동아프리카에서는 영국군이 역공에 나섰다. 수단에 기지를 둔 영국군 부대가 1월 19일에 에티오피아 북부와 이탈리아의 가장 오랜 동아프리카 식민지인 에리트레아Eritrea[22]로 들어갔다. 2월 11일에는 케냐에 기지를 둔 또 다른 영국군 부대가 공세를 개시해서 에티오피아 남부와 이탈리아령 소말리로 쳐들어갔다. 영국령 소말리는 한 차례 교전도 없이 3월 16일에 탈환되었다. 그다음에 상황이 나빠진다. 2월 한 달 동안 영국은 그리스 정부가 독일의 개입에 대항한 보장으로서 기꺼이 받아들이고자 하는 원조의 성격을 놓고 그리스 정부와 비밀회의를 계속해왔다. 그리스의 독재자인 메탁사스가 1월 19일에 죽었고, 그리스 육군 총사령관 알렉산드로스 파파고스Aléxandros Papagos[23] 장군은 독일을 건드려서 발끈하게 할지 모를 대책을 다루는 데 메탁사스보다 덜 신중했다. 북쪽 국경에 배치된 그리스군 18개 사단을 증원하기에 괜찮은 원군 병력으로 영국군 4개 사단이라는 수치에 마침내 합의가 이루어졌다. 그 영국군 부대의 전위가 — 사막군에서 차출되어 사막군을 위험할 정도로 고갈시키고 — 3월 4일에 배에 올라타기 시작했다. 실패로

22. 홍해에 맞닿아 있는 에티오피아 북동부 지방. 1884년에 이탈리아의 식민지가 되었다가 1952년에 에티오피아와 연맹을 이루었지만, 1962년에 에티오피아의 한 주로 병합되었다.

23. 그리스의 군인, 정치가(1883~1956). 뛰어난 군인으로 군의 요직을 두루 거쳤다. 총사령관으로 1940년에 침공해온 이탈리아군은 물리쳤지만, 독일군에 패해서 볼모로 독일로 끌려갔다. 종전 뒤에는 공산주의 게릴라와 싸웠으며, 정치가가 되려고 전역한 뒤 신당을 만들어 1952년에 총리가 되었다. 임기 중에 사망했다.

끝날 모험의 시작이었다.

이 선수치기에 히틀러의 마음이 정해졌다. (그리스와는 달리 독일의 군사력에 겁을 집어먹은) 터키와 2월 17일에 불가침조약을 맺었던 불가리아가 3월 1일에 삼국협약에 가입했다. 그 결과, 병력이 2월 15일에 7개 사단에 이르렀던 루마니아 내 독일 국방군 '정찰감시대'가 자유로이 도나우 강을 건너 불가리아로 들어가서 마리타 작전을 위한 공격대기지점[24]을 구축했다. 이때 히틀러는 영국이 그리스에 4개 사단을 전개한다는 점을 고려해서 마리타 작전의 목적을 그리스에서 독일 공군이에게 해와 동지중해를 제압할 수도 있는 근거지가 될 전략진지를 확보하는 데 국한하지 않겠다고 마음먹었다. 그리스의 완전 점령이 마리타 작전 목적에 들어가게 된 것이다.

히틀러는 영국이 (프랑스와 함께) 1916~1918년에 독일이 벌인 작전들의 남쪽 측방을 괴롭혔던 '테살로니키 전선'과 같은 것을 또 한 차례 다시 여는 위험부담을 무릅쓸 각오가 되어 있지 않았다. 제2차 세계대전을 지휘하면서 다른 곳에서도 매우 빈번하게 그랬던 것처럼, 여기서도 히틀러의 전략적 계산은 그가 일개 병사로 싸웠던 제1차 세계대전의 경험과 기억의 영향을 받았다. 당시 영국은 해상 기동성을 이용해서 독일의 수개 군이 거대한 여러 전역戰域에서 전승 임무를 다하지 못하도록 그 부대들을 다른 데로 빼돌리도록 만드는 전역을 유지해서 재미를 보았다. 히틀러는 그런 기회를 영국에 두 번째로 허용하지 않겠다고 각오했다.

1941년 봄 동안 사실상 히틀러는 영국이 사용했던 방식을 영국에 써먹으려는 시도를 하고 있었다. 반영동맹에 가담하도록 프랑코를 설득하고 — 12월 13일에 자신의 정부에서 친독일 성향의 피에르 라발Pierre Laval[25]을 해임한 — 페탱을 압박하는 데 실패하는 바람에 그가 서지중해를 기회의 장으로서 이용할 가능성이 사라져버렸다. 그러나 그는 동지중해와 그 배후지에서는 독일이 1915~1918년에 당시

24. 공격 제대가 공격개시선을 통과하기 전에 점령하는 은폐·엄폐된 진지.

25. 프랑스의 정치가(1883~1945). 사회당의 좌파로 정치에 입문했지만, 1920년대에 우익이 되어 1930년대에 두 차례 총리직을 맡았다. 비시 정부에서 페탱의 대리가 되었다가 해임되었지만, 1942년에 총리가 되었다. 독일에 부역한 죄로 종전 후 처형되었다.

의 동맹국인 튀르크제국과 함께, 그리고 튀르크제국을 통해 영국의 이익에 맞서 수행했던 것과 같은 류의 보조전역과 정권 전복을 위한 호기를 찾아냈다. 이를테면, 독일은 자국의 군사 원조를 받아들이도록 시리아와 레바논의 프랑스 행정부를 설득해서 결국은 수에즈 운하와 이라크 유전을 공격권 내에 둘 수도 있는 독일 공군 부대기지를 그곳에 만들 수 있다는 희망을 품었다. 예전에 영국의 신탁통치령이었던 이라크 자체에 친독 성향을 띤 민족주의 정당이 있었다. 독일이 이 정당과 가진 접촉은 또 다른 반영 아랍 정당의 지도자인 예루살렘 무프티mufti[26]를 거쳐 이루어지는 간접적인 것이었지만, 독일은 중동의 통제권을 지탱하려는 영국의 노력을 무프티의 반영 성향에 기대어 엉망으로 만들 수 있었다. 실제로 그 지역 전체에서 처칠이 겪는 어려움은 무솔리니가 자기의 아프리카 제국에서 겪는 — 즉, 턱없이 모자란 자원을 가지고 지나치게 큰 책무를 해내려고 무리를 해야 하는 — 어려움을 빼닮았다.

레반트와 이라크에 독일이 개입해서 영국이 받는 위협은 1941년 봄에 위험을 평가할 때 아주 커 보였고, 영국은 이에 자극받은 나머지 두 지역을 그해 말에 소유령으로 만들었다. 이와는 대조적으로 히틀러로서는 양쪽 어디에서든 얻을지 모를 어떤 우위도 단명으로 끝날 가능성이 높은 탓에 병력을 대거 투입해보았자 얻을 이득이 없었다. 그리스에서는 사정이 달랐다. 영국이 그리스에 연루되자 히틀러가 대륙을 무력으로 지배하는 데 도발적이고 직접적인 도전장이 날아 들어왔고, 비록 영국은 눈치채지 못했어도 그가 러시아 원정을 거침없이 펼치는 데 위협을 받았다. 이 때문에 그리스를 철저히 쳐부숴야 했다. 이를테면, 그는 (3월 하순으로 예정된) 롬멜의 리비아 역공이 성공하기를 바라보고만 있을 수는 없었다. 설령 그 역공이 성공으로 끝날 가능성이 높더라도 말이다. 만약 역공이 성공하면 영국은 이집트에서 파견해 그리스 본토에 막 배치한 사단들을

26. 하즈 아민 엘-후세이니(Hadj Amin el-Husseini, 1897?~1974). 1921년에 개인이나 재판관의 질문에 파트와(fatwā), 즉 공식적인 최종 법적 견해를 밝히는 이슬람교 율법의 최고 권위자인 무프티가 되었다. 1930년대에 팔레스티나에서 아랍인의 봉기를 지도했으며, 제2차 세계대전 때에는 독일에 협조해서 독일군에 가담할 무슬림 지원병을 모집했다.

도로 배에 태워 보낼지 모르는 일이었다. 마리타 작전이 명명백백한 승리를 거둬야 했다.

3월 전반기에 그는 마리타 작전을 개시하는 데 꼭 필요한 준비작업을 마무리하는 일을 하고 있었다. 그 마지막 준비작업에는 유고슬라비아의 양보가 필요했다. 독일 육군 최고사령부가 이것저것 재지 않고 그에게 상세하게 설명해준 군사적 근거에서 볼 때, 알바니아나 불가리아에는 마리타 작전에 투입되는 군대가 작전을 벌일 근거지가 될 수 있는 알맞은 지형이나 적절한 병참기지가 없었다. 알바니아는 패배한 이탈리아군 부대로 가득 차 있었고 오로지 바다나 하늘로만 증원이 이루어질 수 있었다. 불가리아의 도로와 교량과 철도는 너무 적고 원시적이었다. 따라서 독일 국방군은 만약 부대를 급파해서 그리스 육군과 그 동맹군인 영국군을 제압하려면 — 전통적인 침공로인 — 모나스티르Monastir[27]와 바르다르Vardar 강에 제3의 전선을 열기 위해 유고슬라비아 남부의 철도체계를 따라 부대를 전개해야만 했다.

유고슬라비아의 저항

루마니아와 헝가리, 그리고 지금은 불가리아가 그랬듯이 삼국협약에 가입하라고 유고슬라비아를 옥죄는 독일의 압박은 지난해 10월 이후로 누그러들지 않았다. 유고슬라비아는 큰 용기를 가지고 저항해왔다. 베를린과 교섭을 하면서 유고슬라비아는 발칸 반도가 진행되고 있는 유럽 전쟁에서 중립지대로 지정되는 것이 최선이라고 역설했다. 옥스포드 대학에서 교육을 받았고 자기는 "아무래도 영국사람인 것 같다"고 말하는 친영 인사인 파울 섭정공Paul攝政公[28]은 자기가 영국의 대의명분에 공감한다는 것을 사석에서 감추지 않았다. 더욱이, 그리스 공주의 남편인 그에게는 자기 나라 남쪽에 있는 이웃나라의 패배에 협력하고픈 마음이 없었다. 1940~1941년 겨울

27. 오늘날 마케도니아의 비톨라(Bitola). 모나스티르는 터키어 명칭이다.

28. 파울 카라게오르게비치(Paul Karageorgević, 1893~1976). 유고슬라비아 국왕 알렉산다르 1세가 1934년에 암살된 뒤 조카 페타르 2세의 섭정이 되었다. 삼국협약에 가입한 직후에 일어난 군부 쿠데타로 권력을 잃고 케냐로 갔다가 파리에 정착해서 살았다.

과 봄 동안 헝가리와 루마니아, 그리고 마침내는 불가리아에 독일 군이 가득 차기 시작함에 따라 그가 디디고 서서 독일의 압박에 대항할 입지가 줄어들었다. 그런데도 그의 정부는 독일이 자기들에게 들이미는 모든 요구에 이의를 제기하다가, 결국은 3월 17일에 유고슬라비아 영토가 군 이동에 이용되지 않으리라는 보증을 받는 반대급부로 외교상의 저항을 끝내고 삼국협약에 가입한다는 데 동의했다. 그 보증은 쓸데없는 것임이 거의 확실했다. 조인은 3월 25일에 빈에서 이루어졌다.

히틀러는 그 결과에 의기양양해했지만, 그러기에는 너무 일렀다. 세르비아인에게 크게 당한 적이 있는 합스부르크제국의 과거 국민으로서 그는 신중하지 못하게도 세르비아의 불끈하는 국민성을 감안하지 못했다. 3월 26~27일 밤에 공군의 보라 미르코비치Bora Mirković 장군이 이끄는 일단의 세르비아인 장교들이 그 조약을 비난하며 수도 베오그라드Beograd를 장악하고 파울을 섭정공 자리에서 끌어내린 다음 실권 없는 왕이었던 페타르Petar[29]를 군주로 내세웠다. 정치면에서 세르비아인과 무조건 다르고 친추축국 공감대가 깊숙이 스며든 왕국 신민 크로아티아인 사이에서 지지세력을 규합할 수도 있었던 파울은 쿠데타를 기정사실로 받아들이고 망명길에 올랐다. 훗날 유고슬라비아 망명정부를 이끌게 되는 두산 씨모비치Dušan Simović 공군참모총장의 지도 아래 정부가 세워졌다.

결과를 알고 나서 돌이켜보면, 미르코비치의 쿠데타는 여전히 유럽 현대사에서 낭만적일지는 몰라도 가장 현실적이지 못한 도전행위로 보인다. 그 쿠데타는 위태롭게 통합되어 있는 나라를 갈라놓을 위협을 가했을 뿐만 아니라, 필연적으로 독일을 자극해서 적대반응을 불러일으켰다. 세르비아인은 독일의 적대반응에 맞서서 자기들을 도와줄 외부의 원조에 전혀 기댈 수 없었다. 세르비아는 알바니아처럼 완전히 비활성인 나라나 그리스처럼 자기 나라만큼 위

29. 유고슬라비아 국왕 페타르 2세(1923~1970). 11세에 즉위했지만 실권은 삼촌 파울에게 있었다. 1941년 3월에 군부 쿠데타로 파울이 쫓겨났지만, 몇 주 뒤에 추축군이 침공해와서 런던으로 도주해 망명정부를 이끌었다. 1945년에 티토가 군주제를 폐지하자 미국에 정착했다.

협 받는 나라나 이탈리아, 헝가리, 루마니아, 불가리아처럼 자기 나라와 격심한 영토 분쟁을 오랫동안 빚어온지라 적극적으로 적대하는 나라에 둘러싸여 있었다. 머지않아 이탈리아의 후견 아래 독립을 얻을 크로아티아가 세르비아의 적국 명단에 보태지면, 미르코비치 장군과 동료 음모가들이 3월 27일에 한 행동은 프란츠 페르디난트Franz Ferdinand 대공으로 체현된 오스트리아-헝가리 군주제에 가브릴로 프린치프Gavrilo Princip[30]가 1914년 6월에 가한 선동적인 공격[31]과 같은 의미를 지닌 집단행동으로 보인다. 그 행동으로 마치 반사작용인 양 세르비아 민족의 대의가 확실하게 소멸되었다. 또한 그 행동으로 세르비아는 1914년에 그랬던 것처럼 침공당해서 패배하고 점령당할 운명에 처했으며, 세르비아인이 1918년에 주도적 위치를 차지한 유고슬라비아의 여러 민족은 세르비아와 함께 다음 4년 동안의 오랜 내전과 게릴라전의 고통을 겪을 운명에 처했다. 3월 27일 쿠데타를 일으킨 미르코비치나 씨모비치나 그 밖의 ― 예비역 장교, 문화적 외골수 등과 같은 ― 세르비아 애국자 가운데 이런 사항들 중 하나라도 고려에 넣은 사람은 없었던 듯하다. 그들이 영국과 미국의 부추김을 받아 무모한 행동을 했다는 데에는 의문의 여지가 없다. 향후 미국전략첩보국Office of Strategic Services[32] 국장이 되고 1941년에 루스벨트 대통령의 개인 특사로 베오그라드로 간 '야생의 빌' 윌리엄 도노반William 'Wild Bill' Donovan[33] 대령이 국가의 명예를 잃지 말라는 권고문을 지니고 1월 23일에 수도에 도착했다. 한편, 윈스턴 처칠은 삼국협약 밖에 남으라고 유고슬라비아 정부를 "괴롭히고 들볶고 물어뜯으라"고 영국대사를 닦달하고 있었다. 그러나 서구의 경고와 격려는 기본적으로는 사태와 별 상관이 없었다. 3월 27일 쿠데타는 세르비아의 자율적인 선수치기였으며, 이 선수치기는 돌이켜보면 폴란드가 1939년 8월에 히틀러의 최후통첩을 거부하고 스탈린주의에 종속된 이래 독일의 힘과 러시아의 힘이라는 위아래 두 맷돌 사

30. 세르비아 민족주의자(1894~1918). 세르비아인 농부의 아들로 태어나 오스트리아제국의 지배에서 벗어나 남슬라브 국가를 세우려는 민족주의 테러조직인 '검은 손'에 가입했다. 1914년 6월 28일에 조직원과 함께 공모해 오스트리아의 페르디난트 대공을 권총으로 사살했다. 20년 형을 받았지만, 결핵이 악화되어 감옥에서 숨졌다.

31. 오스트리아-헝가리 왕국이 남슬라브 민족의 발전을 방해하고 있다고 생각하는 '검은 손'이라는 세르비아계 민족주의 지하단체의 대원들이 1914년 6월 28일에 사라예보를 순방 중이던 오스트리아 황위 계승자 페르디난트 대공을 암살했고, 이 사건이 도화선이 되어 제1차 세계대전이 일어났다. 가브릴로 프린치프는 권총으로 대공을 죽인 행동내원이었다.

32. 미 합동참모회의에 필요한 전략 정보를 수집해서 분석하기 위해 1942년 6월에 첩보조직. 첩보활동 외에도 일본과 독일에 저항하는 지하조직에 무기와 물자를 지원하는 역할도 했다. 전쟁이 끝난 뒤에 해체되었으나, 조직의 상당 부분이 미 중앙정보부(CIA)에 흡수되었다.

이에 낀 여러 약소민족 가운데 어느 한 민족이 수행한 자주적인 도전의 숨김없는 마지막 표현으로 보일 것이다.

그 쿠데타는 지체없이 맹렬한 응징을 당하게 된다. 히틀러는 세르비아가 도전해오는 통에 마리타 작전에 착수하는 자기의 전략 선택이 간단해졌다고 판단했다. 외교 면에서 유고슬라비아는 그 쿠데타로 책임을 뒤집어쓰게 되었다. 대중이 열광하며 — 거리거리가 영국 국기와 프랑스 국기로 뒤덮인 베오그라드에서 군중이 연합국의 대의에 환호하며 — 쿠데타에 찬성하기는 했어도, 새 정부는 몇 가지 이유로 정통성이 없다는 비난을 받을 수 있었다. 군사 면에서 독일 육군 최고사령부는 그 쿠데타로 병참상의 난제를 푸는 해법을 얻었다. 합스부르크제국에서 물려받은 유고슬라비아 철도체계는 (불가리아의 철도체계와는 달리) 오스트리아, 헝가리, 루마니아, 그리스의 철도체계와 연결되어 있어서 독일 국방군이 고른 마케도니아의 싸움터로 가는 직행로를 제공했다. 히틀러는 자기에게 찾아온 기회를 꾸물대지 않고 움켜잡았다. 그는 3월 26일에 정부청사로 황급히 불려온 괴링과 브라우히치와 리벤트로프에게 "유고슬라비아를 쳐부수기로 결심했습니다. 군 병력이 얼마나 필요합니까? 시간은 얼마나요?"라고 말했다. 이 질문에 대한 답변은 이미 육군사령부와 공군사령부의 우발사태 계획 서류철 안에 들어 있었다. 히틀러는 오후 이른 시간에 헝가리 장관을 만나서 곧 있을 전역에 헝가리가 참여할 수 있도록 아드리아 해에 있는 항구를 하나 내주겠다고 제안했고, 그다음에는 불가리아 장관을 만나 그리스의 마케도니아 지방을 주겠다고 약속했다. 그 불가리아 장관에게 히틀러는 "끝이 없던 불확실성은 끝났고, 깜짝 놀랄 만큼 갑작스레 돌풍이 유고슬라비아에 휘몰아칠 것"이라고 말했다. 이튿날 그는 더 사색적인 분위기에 잠겨서 (헝가리 국가수반인 호르티Horthy[34] 제독이 아드리아 해의 항구라는 뇌물을 거절하기로 결심했는데도) 헝가리 장관에게 "만사를 곰곰이 생각해보니 지고한 정의의 여신이 존재한다고 믿지 않으려야 않을 수가 없군요. 섭리의 힘에 두려움을 느낍니다"라고 말했다.

유고슬라비아의 쿠데타 공모자들은 히틀러가 자기에게 그들이 기회를 제공했다고 생각한다는 것을 모르고 있었다. 모르는 게 약인 격이었다. 그들은 영국 사절단을 받아들이지 않겠다고 거부해서 독일을 달랠 수 있으며 유고슬라비아의 삼국협약 가맹 조인이 결코 비준된 적이 없기 때문에 자기들이 일으킨 쿠데타가 유고슬라비아의 가맹 거부로 간주될 수 없다고 믿었다. 실제로는 비준이 서명으로 이루어진다고 조약 조항에 명시되어 있었고, 그들은 쿠데타를 일으킨 이상 경우야 어떻든 간에 히틀러의 눈에는 적 진영에 들어간 것으로 비쳤다. 히틀러는 쿠데타가 일어난 바로 그날 다음과 같은 영도자 지령 25호를 내렸다. "유고슬라비아에 군사 반란이 발생해서 발칸 반도의 정치상황이 일변했다. 유고슬라비아는 설령 초기에 충성을 공언한다고 해도 적으로 간주해서 가능한 한 조속히 분쇄해야 한다. …… 크로아티아에 정치적 보장을 제공해서 유고슬라비아의 내부 긴장을 조장할 것이다. …… 〔북쪽과 남쪽에서〕 유고슬라비아로 밀고 들어가 유고슬라비아군에 괴멸적인 일격을 가하는 것이 나의 의도다."

지난해 10월에 할더가 그 같은 공세계획을 마련해놓으라는 지시를 독일 육군 최고사령부 기획참모에게 내려놓았다. 마리타 작전을 위해 배치된 부대가 유고슬라비아 침공에도 쉽사리 충당될 수 있었다. 오스트리아에 주둔한 제2군이 베오그라드로 그대로 곧장 전진하는 한편, 불가리아를 거쳐 그리스를 공격하기 위해 배치된 제12군이 이제는 그리스를 공격하기에 앞서 유고슬라비아 남부로 이동해 들어갈 터였다. 또한 이탈리아 육군 1개 군이 이탈리아에서 출발해서 자국의 후견을 받는 국가인 크로아티아의 수도 자그레브Zagreb를 향해 공격에 나서는 동안, 헝가리군 제3군이 헝가리가 자국 소유라

35. 유고슬라비아 세르비아 공화국 안에 있는 자치주. 1918년에 세르비아에 합병되었다.

고 주장하는 보이보디나_{Vojvodina}[35]라는 도나우 강 너머 지역을 장악할 터였다.

유고슬라비아의 운명

100만 병력의 유고슬라비아 육군은 28개 보병사단과 3개 기병사단으로 편성되어 있었지만, 보유한 전차대대는 단 2개였고 전차 대수는 100대였으며 그나마도 구닥다리였다. 육군 전체가 ― 말과 황소와 노새 90만 마리를 동원하는 데 이동이 좌우되었으니 ― 현대 세계보다는 사실상 1911~1912년의 발칸 전쟁[36] 시대에 속했으며, 더욱이 동원되지도 않았다. (대영)제국 육군참모총장 존 딜John Dill 장군은 쿠데타 직후인 4월 1일에 유고슬라비아 육군 총참모부를 비밀리에 찾아갔는데, 그의 보고에 따르면 유고슬라비아 육군 총참모부는 "마치 결정을 내리는 데 몇 달, 그 결정을 실행하는 데 몇 달이 더 있다는 양" 행동했다. 유고슬라비아 육군 총참모부는 비록 부참모총장이 4월 3~4일에 아테네에서 파파고스 그리스군 사령관과 상의를 하기는 했어도 자국 군대를 남쪽에 집중해서 그리스 군대(와 그리스군에 가세하려고 도착할 영국군 분견대)를 지원하는 합동 전략에 공조하기를 거부하고 ― 당시 러시아군도 자국 국경지대에서 하고 있는 것처럼 ― 침공 위협에 맞서 (이탈리아, 독일, 헝가리, 불가리아와 맞닿은 1,000마일 길이의) 국경 전체에 늘어놓겠다고 고집했다.

36. 불가리아, 세르비아, 그리스, 몬테네그로가 튀르크제국을 공격하면서 벌어진 전쟁으로, 제1차 발칸 전쟁이라고 부른다. 튀르크제국이 패해서 유럽 내 영토를 거의 모두 포기했다.

"모든 것을 방어하는 자는 아무것도 방어하지 못한다"는 프리드리히 대왕의 냉정한 군사 경구가 있다. 모든 것을 방어하려는 시도는 1939년에 폴란드군이 저지른 실수였다. 비록 폴란드에서 경제적으로 소중한 지역이 국경지대에 있기 때문에 상당한 이유가 있기는 했지만 말이다. 또한 모든 것을 지키려는 시도는 아무리 그리스군이, 비록 마케도니아에 있는 전통적인 침공로뿐만 아니라 노출된 돌출부인 트라키를 지키려는 열망으로 나뉘어졌다고 해도, 막 저지르려고 하는 실수이기도 했다. 그러나 아마 그 어떤 나라도 1941년 4월의 유고슬라비아만큼 분별없이 자국 군대를 흩뜨려놓은 채 기갑사단과 현대식 항공기 2,000대에 맞서 유럽에서 가장 긴 축에 드는 지상 국경을 구닥다리 소총과 노새가 끄는 산악 대포로 방어하려 들지는 않았을 것이다.

3월 27일 쿠데타를 배후에서 주도했던 유고슬라비아 공군은 4월 6일에 독일군의 공격이 개시되자 몇 시간 만에 제압당했다. 항공기 450대 가운데 200대가 낙후기종이었고, 그 대다수가 첫 공습에 완전히 파괴되었다. 또한 베오그라드에 가해진 테러 공습으로 민간인 3,000명이 목숨을 잃었다. 이탈리아군 제2군과 헝가리군 제3군의 계획과 통합된 독일 육군의 계획은 유고슬라비아군의 전략을 처음부터 무용지물로 만들었다. 그 계획이란 유고슬라비아군이 자국의 심장부를 지키는 데 의존했던 산맥을 꿰뚫고 지나가는 — 도나우 강, 사바Sava 강, 드라바Drava 강, 모라바Morava 강 등 — 여러 강의 유역을 따라 내려간 기갑부대가 방향을 틀어 한 군데로 모여들고 유고슬라비아군 부대를 측면우회해서 포위한다는 것이었다. 그 계획은 대성공이었다. 나중에 유고슬라비아 공식 전쟁사에서 인정되었듯이.

유고슬라비아 육군의 운명은 4월 6일에 마케도니아에서, 4월 8일에 세르비아에서, 4월 10일에 크로아티아에서 이루어진 세 차례의 초기 공격으로 정해졌다. 세 경우 모두 히틀러 도당이 국경 방어를 깨뜨리고 내륙 안으로 깊숙이 밀고 들어와 유고슬라비아군 방어부대를 그 방어지에서 몰아냈다. 국경 방어가 돌파당한 뒤 유고슬라비아군 부대들은 상호접촉도, 보급도, 지휘부도 없이 곧 의표를 찔려 산산이 부서져 포위당했다.

이 공식 전사가 감추려 드는 것은 '유고슬라비아군 지휘부' 대다수가 그 와해에 실질적인 책임을 져야 한다는 점이다. 유고슬라비아는 — 1919년에 연합국이 오스트리아와 헝가리와 맺은 조약에 따른 원래 명칭으로는 '세르비아인·크로아티아인·슬로베니아인의 왕국'은 — 어떤 의미로도 국민통합이 이루어진 나라가 아니었다. 유고슬라비아는 1914년 이전에 합스부르크 군주정의 슬라브인 자치령을 괴롭혀온 경향, 그리고 언제나 베오그라드보다는 빈을 더 선호해온 소수민족들에게 단순히 세르비아의 우위를 강제로 부과함으로써만 그 슬라브인 자치령들을 견제하려 들었던 경향을 모조리 다 물려받았다. 크로아티아와 슬로베니아의 민족주의자들은 4월 6일의 침공을 분리 독립할 기회로 움켜잡았다. 크로아티아의 우스타샤Ustaša[37], 즉 극우 민족주의자 집단이 4월 10일에 독립국 선언을 했고, 슬로베니아인도 4월 11일에 같은 행동을 했다. 두 민족 다 곧바로 추축국의 후견자 역할을 인정하게 된다. 유고슬라비아 육군 소속 크로아티아인 부대 일부가 전역 초기단계에 반란을 일으키고 적군 편으로 넘어갔으며, (크로아티아인) 제1집단군 참모장은 4월 10일에 독일군과 회담을 개시하면서 우스타샤 지도부와 사실상 공모를 했다. 이것은 히틀러 시대 동안 점령된 유럽을 괴롭힐 모든 내전 가운데에서도 가장 끔찍한 내전을 불러일으키게 될 부역행위의 서곡이었다. 그렇지만 유고슬라비아의 다수민족인 세르비아인도 자국의 갑작스러운 패배에 한 몫의 책임을 지지 않을 수 없다. 유고슬라비아 육군 사단장들은 한 명을 빼고는 모두 다 세르비아인이었으며, 그 세르비아인 사단장 대다수가 독일 국방군의 신속한 공세가 일으킨 공황에 빠져들었다. 유고슬라비아 육군의 저항은 너무 미미해서 전역을 벌이는 과정에서 나온 독일 침공군의 치명적 사상자는 151명에 지나지 않았다. 독일군 제41기갑군단은 베오그라드로 전진하는 최전선에 있었는데도 군인 단 한 명을 사망으로 잃었을 뿐이다. 투지를 꺾는 의기소침한 풍조에 저항한 유일한 세르비아인 상급장교는 4월 17일에 독일과의 휴전조약이 체결될 때 산으로 들어간 드라쟈 미하일

37. 크로아티아 독립을 표방하는 극단적인 크로아티아 민족주의자들이 이탈리아의 파시즘 운동을 본떠 만든 극우조직. 2차 세계대전 동안 크로아티아를 지배하면서 유대인과 세르비아인을 비롯한 다른 민족 수십만 명을 학살했다.

로비치Draža Mihajlović[38] 제2군 부참모장이었다. 그는 산에서 충직한 부하 50명을 데리고 국왕에 충성을 바치는 세르비아인 자유의 전사들로 이루어진 체트닉Četnik[39] 운동의 핵을 마련했다. 체트닉은 티토Tito의 공산주의 파르티잔이 1942년에 주요 세력으로 등장할 때까지 유고슬라비아에 들어선 — 독일, 이탈리아, 불가리아, 꼭두각시 크로아티아 — 점령 정권에 맞선 주요 게릴라 저항을 지탱했다.

독일은 4월 6일에 그리스도 침공했는데, 여기서는 독일 국방군이 더 완강한 저항에 부딪혔다. 이미 동원되어 이탈리아군을 상대로 성공적인 공세를 수행했던 그리스 육군은 1919~1922년의 그리스-튀르크 전쟁[40]까지 거슬러 올라가는 전쟁 경험을 지닌 장군들의 지휘를 받았다. 더군다나, 그리스 육군은 현대식 전차와 항공기를 가지고 온 3개 사단병력의 영국 해외파견군의 지원을 받았다. 히틀러는 — 비非튜튼족에게 품은 경멸감을 유일무이하게 누그러뜨리고 — 그리스 군인을 알렉산드로스 대왕의 호플리테스hoplites[41]와 테베의 신성부대[42]의 용맹한 후예로 여겨서 전역이 시작되기에 앞서 독일 국방군 최고사령부에 사로잡힌 그리스 군인을 휴전조약이 체결되는 대로 모두 다 포로 신분에서 풀어주라는 지시를 내릴 만큼 그들이 무솔리니와 벌인 전쟁에서 보여주었던 용기를 찬양했다.

그리스인의 용기도 영국군의 무기도 휴전을 늦추는 데에는 쓸모가 없을 터였다. 그리스군의 계획에는 흠이 있었고, 영국이 해준 조언으로도 영국군의 부대배치로도 패배를 피할 수 없었다. 파파고스 그리스군 사령관은 예하 18개 사단 가운데 4개 사단을 메탁사스 선에, 즉 불가리아 접경지대에 붙박아두기를 고집했으며, 3개 사단을 — 영국군 제1기갑여단과 함께 오스트레일리아군 제6사단과 뉴질랜드군 제1사단으로 이루어진 — 영국군 부대와 더불어 올림푸스Olympus 산을 끼고 돌아가는 알리악몬 선Aliákmon線 후방 100마일 떨어진 곳에 배치했다. 그는 양 진지의 왼쪽 측면을 유고슬라비아군에 기대

38. 유고슬라비아의 군인(1893~1946). 세르비아인이며, 독일군이 유고슬라비아를 점령하자 게릴라 투쟁을 이끌었다. 티토의 파르티잔 부대와 경쟁관계에 들어가자 독일군과 제휴하면서 티토와 대립했다. 종전 뒤 부역죄로 처형당했다. 드라쟈는 본 이름인 드라골류프(Dragoliub)의 애칭이다.

39. 추축군에 협조하는 크로아티아인과 싸우려고 만들어진 유고슬라비아의 무장저항조직. 미하일로비치가 이끄는 세르비아인 체트닉은 연합군이 유고슬라비아의 왕정을 다시 세워주기를 바라면서 추축군에게 저항했다. 그러나 독일군이 저항활동에 연루되었다고 의심되는 주민들을 처절하게 응징하자 미하일로비치는 적극적인 대독저항을 회피했다.

40. 터키 이즈미르(Izmir) 지방의 그리스인의 안전이 문제가 되어 그리스와 터키 사이에 벌어진 전쟁. 1921년 7월에 그리스군이 터키를 침공했으나 1년 뒤 터키군에 대패했다.

41. 고대 그리스 세계의 일반적 전투 대형인 밀집대형(phalanx)의 주축을 이룬 중갑 보병

어 보호했으며, — 3월 20일에 다시 한번 독자적인 발칸 반도 공세 재개 시도를 했다가 실패했던 — 이탈리아군에 맞서 그리스 육군의 꽤 큰 병력으로, 즉 14개 사단으로 알바니아로 쳐들어가는 공세를 개시함으로써 추축군의 공격에 대응한다는 계획을 유고슬라비아군과 함께 마련해놓기까지 했었다. 마틴 반 크레벨드 교수는 그 배치를 — 과장 없이 — '자살행위'로 서술한다. 방어부대가 따로 떨어진 세 진지에 배열되었는데, 그 세 진지의 방호조치를 그 진지들의 측방을 지키는 완전히 별개인 제4의 유고슬라비아군 부대에 의존했다. 반 크레벨드는 다음과 같이 평한다. "만약 독일군이 〔유고슬라비아군을〕 깨뜨리는 데 성공하면 급속하고도 총체적인 재앙이 불가피했다. 유고슬라비아와 그리스는 서로 끊어져 떨어지고 메탁사스 선과 알리악몬 선은 측면우회되고 알바니아에 있는 그리스 육군은 뒤에서 공격받게 된다. 그렇게 된 뒤에는 연합군과 유고슬라비아군의 나머지 부대를 따로따로 소탕하는 것은 식은 죽 먹기가 된다."

그리스의 붕괴

그 전역은 예견된 바로 그대로 전개되었다. 싸움이 벌어진 지 이틀 만에, 즉 4월 6~7일에 독일군이 마케도니아에서 유고슬라비아군의 저항을 깨뜨렸고, 정면 공격에 꿋꿋이 저항해왔던 메탁사스 선의 그리스군 방어부대는 어쩔 도리 없이 4월 9일에 항복해야 했다. 따라서 독일군은 뉴질랜드군 부대가 방어하는 알리악몬 선의 왼쪽 측면을 거침없이 우회해서 마케도니아의 바르다르 강 유역에서 그리스 한복판으로 들어가는 유서 깊은 침공로를 따라 죽죽 밀고 내려갔다. 한편, 한 분견대가 알바니아에서 이탈리아군과 대결하고 있던 그리스 육군의 본대를 흩뜨려놓는 바람에 이탈리아군은 여섯 달 동안 싸우면서도 자력으로는 해낼 수 없었던 결정적인 전진을 개시할 기회를 얻었다.

그러나 알바니아 전선에서 그리스군 제1군을 지휘하던 게오르기오스 촐라코글루Georgios Tsolakoglu[43] 장군은 이탈리아군에게 그들이 자력으로 얻지 못한 승리의 만족감을 주지 않겠다는 마음을 굳히고는 자기가 보기에도 자기 처지가 가망없음이 명백해지자 맞은편에 있는 독일군 친위대 사단의 제프 디트리히Sepp Dietrich 사단장과 전혀 권한 밖의 담판을 벌여 독일군에게만 항복하겠다는 합의를 보았다. 휴전조약이 맺어질 때 이탈리아도 4월 23일에 끼기는 했지만, 이탈리아 측 대표가 대리하는 사람은 무솔리니가 아니라 히틀러였다. 다른 곳에서는 거점이 하나씩 차례차례 침공군에게 측면공격을 받으면서 그리스-영국군 전선이 아코디언 주름처럼 무너지고 있었다. 알렉산드로스 코리치스Aléxandros Koryzísi[44] 그리스 총리가 4월 18일에 스스로 목숨을 끊는 바람에 나머지 그리스 각료들은 저항을 지속할 최선의 방법이 무엇인지를 놓고 영국 해외피견군 사령관 헨리 윌슨Henry Wilson 장군과 합의를 볼 수 없었다. 사실상 영국군은 4월 16일 이후로는 알리악몬 선에서 총 퇴각하고 있었다. 영국군에게는 비록 독일군에 저항할 병력과 장비는 부족했어도 타고 퇴각할 차량화 수송수단은 있었다. 유고슬라비아 육군과 마찬가지로 그리스 육군도 구닥다리 군대였고, 영국군이 퇴각한 직후에 그리스군 가운데 2만 명이 독일군 수중에 떨어졌다.

영국군은 2,500년 전에 스파르타군이 페르시아군에 도전하다가 괴멸되었던 테르모필라이Thermopílai[45]에서 한 차례 버텨보았지만, 독일군 전차에 급속도로 떠밀려서 남쪽으로 내려갔다. 그날, 그리고 날마다 영국군은 독일 공군에게 두들겨 맞았다. 《타임즈Times》 통신원의 보도에 따르면, 독일 공군은 "도상에 있는 마을과 촌락과 도시를 모조리 구석구석 폭격하고 있"었다. 독일 공군이 그리스와 전쟁을 벌인 첫날에 아테네의 항구인 피라이엡스Piraiévs[46]를 파괴하는 바람에 패주부대는 크레타와 이집트로 도로 도망치려고 항만을 찾

■ 1941년 4월 27일, 승리를 구가하며 아테네의 아크로폴리스 위에 스바스티카를 올릴 준비를 하는 독일 보병.

43. 그리스의 군인(1886~1948). 그리스군 참모총장으로 제2차 세계대전 초기에 추축군과 싸웠지만, 독일군에 항복했다. 1941년 4월 말부터 1942년 12월까지 정부 총리를 지내며 독일에 부역했다.

44. 그리스의 정치가(1885~1941). 1941년 1월에 죽은 메탁사스 후임으로 총리가 되었고, 영국군의 그리스 진주를 허용했다. 독일군에 패한 뒤 독일에 부역하기 싫어서 4월 18일에 자살했다.

45. 아테네 북서쪽 136킬로미터 지점에 있는 7킬로미터 길이의 고개. 고대에는 테르모필레(Thermopylae)로 불린 이 고개에서 기원전 480년에 스파르타 국왕 레오니다스가 지휘하는 스파르타인 300명과 보이오티아인 1,100명이 그리스군 주력이 안전하게 후퇴할 수 있도록 시간을 벌려고 페르시아의 그리스 침공군을 사흘 동안 저지하다가 모두 전사했다.

46. 고대에는 피레우스Piraeus라고 불렸다.

아 펠로포니소스 반도로 향해야 했다. 독일군 낙하산부대가 4월 26일에 코린토스 지협에 강하했지만, 때가 너무 늦어서 그 영국군을 차단하지 못했다. 이 무렵 — 불과 26년 전에 갈리폴리에서 오세아니아 주 군인의 군사적 전설을 확립했던 안작Anzac 군단[47]의 후배인 오스트레일리아와 뉴질랜드 군인으로 대부분 구성된 — 영국군이 아테네를 통과해서 항만에 도착했다. 영국군 포병대 월러R. P. Waller 중령은 비록 후퇴하고 있다고는 해도 '시를 통과하는 어느 누구도' 아테네 시민의 따뜻한 고별인사를 결코 잊지 않으리라면서 다음과 같이 썼다. "우리는 그 사람들이 볼 거의 마지막 영국군 부대원이었고, 독일군이 우리 뒤에 바싹 따라붙어 있을지도 몰랐다. 하지만 거리에 줄지어 선 군중이 환호성을 지르고 손뼉을 치면서 우리가 탄차 주위에 몰려들어 우리 앞을 막아섰다. 아가씨와 사내들이 자동차 발판 위로 뛰어올라 지저분하고 지친 포병대원에게 입맞춤을 하거나 악수를 했다. 그들은 우리에게 꽃을 던지고 우리 옆에서 내달리면서 소리쳤다. '돌아오세요. 여러분은 반드시 되돌아와야 합니다. 안녕. 행운을 빌어요.'"

영국군이 아테네로 되돌아와서 독일군의 점령에 맞선 게릴라 전사로 폭력의 정치를 배운 좌우익 정당 사이에 벌어진 냉혹하고 피비린내나는 내전에 참여하는 데에는 3년하고도 반이 지나야 할 터였다. 처절하게 패배를 맛보며 그리스를 떠나는 병사들의 기억 속에 햇살과 꽃 내음 가득한 날로 남은 1941년 4월에 그 춥고 쓰라렸던 12월은 그들이 독일군을 상대로 벌였던 질풍 같은 전역이 남긴 상상하기 어려운 유산으로 보였을 것이다. 알바니아 전선에서 차출된 그리스군 6개 사단과 함께 적군 18개 사단과 전투를 벌였던 영국군 3개 사단은 훌륭한 싸움을 했다는 기분이 들었고, 그 기분은 틀리지 않았다. 그리스 전역은 양쪽의 용감한 적군과 경의를 주고받는 신사들의 구식 전쟁이었다. 그 직후에 역사가들은 마리타 작전이 바르바로사 작

47. 오스트레일리아-뉴질랜드 연합군을 일컬으며, 정식 명칭은 Australian and New Zealand Army Corps이다. 1915년에 갈리폴리 전투에서 맹활약하고 1916년에는 프랑스에서 제1차 세계대전 중 가장 치열한 전투에 투입되는 등 이름을 떨쳤다.

전 개시를 늦추었는지의 관점에서 그리스 전역의 의의를 재려고 들었는데, 이것은 결국에 가서는 쓸데없는 일이라는 판정을 받을 것이다. 왜냐하면 바르바로사 작전 개시일을 결정한 것은 러시아의 날씨였지 뜻밖에 일어난 보조 전역이 아니었기 때문이다. 전투원들은 자기들이 더 광범위한 사건에 참여하고 있다고 느끼지 않았다. 그리스군은 영국군의 도움을 받아 자기 나라가 정복당하지 않도록 방어전을 벌였다. 독일군은 전투를 벌여 그들을 제압하고 승리를 거두었지만, 적의 용기에 보내는 존경의 징표로 그리스군 장교들이 그들의 검을 내놓지 않고 그대로 지니고 있어야 한다고 고집했다. 이런 모습은 머지않아 야만상태로 전락할 운명에 놓인 전쟁에서 전사들 사이에 오간 기사도의 거의 마지막 제스처일 터였다.

8 | 공수전: 크레타 전투

발칸 반도 전역은 짧았다는 점을 빼면 모든 면에서 재래식 전쟁 작전이었다. 폴란드와 프랑스에서 벌어진 전격전으로 세계가 독일 국방군의 방식에 익숙해져 있었으므로, 독일군의 무시무시한 전진 속도조차도 히틀러의 장군들이 일으킨 군사 혁신의 추가 1회분이라 기보다는 현대전이 전개되는 양상을 보여주는 하나의 예시로 보였다. 실제로 발칸 반도 전역은 1940년의 승리보다 덜 혁명적이었다. 독일 국방군과 그들이 발칸 반도에서 만난 적군 사이에 존재하는 현격한 질의 차이, 이것 하나만으로도 독일 국방군의 적군을 덮친 파국을 설명하는 데 별 지장이 없다. 더군다나 그 적군은 방어를 희한하리 만큼 이상하게 배치해서 패배를 자초하기까지 했다.

그런 상황 속에서 발칸 반도 전역은 강자가 약자에게 거둔 승리 에 어울리는 상징으로 4월 27일에 아테네의 아크로폴리스_{Acropolis}[1] 위에 스바스티카_{Swastika} 기[2]를 게양함으로써 끝났을는지도 모른다. 그러나 그렇지 않았다. 전역의 대가가 — 영국군 손실 1만 2,000명(이 가운데 9,000명은 포로), 유고슬라비아군과 그리스군의 전사자 미상, 독일군 전사자·부상자·행방불명자가 단 5,000명으로 — 헤아려지 고 — 유고슬라비아령 보스니아와 달마치야와 몬테네그로가 이탈 리아에, 세르비아 남부와 그리스령 트라키가 불가리아에, 보이보디 나가 헝가리에, 크로아티아가 우스타샤 운동의 꼭두각시 크로아티 아인들에 주어져서 — 전역의 전리품이 나누어지던 바로 그때, 히 틀러는 자기 측근 가운데 발칸 반도 전역이 완결되지 않았다고 주 장하면서 대규모로 시험해보지 않은 전격전 도구인 독일의 공수군 이 크레타에 강하함으로써 독일의 승리를 마무리해야 한다고 재촉 하는 사람들의 말에 귀를 기울이고 있었다.

1. 고대 아테네에서 시 중심지를 이룬 언덕. 파르테논 신전 등과 같은 주요 건물이 들어서 있었다.

2. 갈고리 십자가 모양의 나치당 기. 1935년 9월 15일에 독일 국 기로 제정되었다. 하켄크로이츠 (Hakenkreuz)라고도 불렸다.

최초로 공수부대를 창설한 선진 국가는 독일이 아니었다. 그 나라는 전략폭격 개념의 탄생지이기도 한 이탈리아였다. 이탈리아는 일찍이 1927년에 보병을 낙하산으로 싸움터에 직접 투입하는 실험을 한 적이 있다. 그런 다음 이 기술을 붉은군대가 이어받았다. 붉은군대는 1936년까지 그 기술을 완벽하게 다듬어서 서구의 군사 참관인들이 참석해서 지켜보는 가운데 벌어진 대규모 기동훈련에서 낙하산병 1개 연대를 한꺼번에 투하하고 이어서 1개 여단 전체를 공수하는 모습을 과시했다. 장관을 이루는 이 작전은 붉은군대 공군이 완전무장한 군인들의 완편부대를 싣기에 충분한 대형 수송기를 개발했기에 가능해졌다.

그러나 붉은군대가 공수 전술에서 누리던 우위는 진취적인 장교들이 스탈린의 1937~1938년 군부 대숙청에서 주로 제물이 되면서 심하게 지체되었다. 붉은군대의 공수부대는 살아남았고 제2차 세계대전에서, 특히 1943년 가을에 드네프르Dnepr 강에서 많은 작전을 개시하게 되겠지만, 그 주창자들이 공수부대에 기대했던 독자적이고 결정적인 역할을 맡지는 못했다. 그러나 독일에서는 독일 국방군의 신세대 군사 선구자들이 공수작전 개념을 열광하면서 받아들였고, 낙하산 군사 훈련이 공군 활동으로 간주된 프랑스에서처럼 독일 공군이 지휘권을 받았다. 제1차 세계대전 때 항공대원이었던 참전용사 쿠르트 슈투덴트Kurt Student 장군이 1938년에 낙하산·공정부대 감찰장교에 임명되었고 그 뒤 얼마 안 되어 7비행단이라는 이름이 붙은 낙하산사단의 지휘권을 맡았다. 최초의 낙하산사단인 이 사단이 1940년에 노르웨이와 네덜란드에서 사용된 부대를 제공했다. 1941년이 되면 이 사단과 연관된 부대들이 슈투덴트 예하 11항공군단을 이루어 독일의 발칸 반도 정복을 지중해 지역 안으로 더 깊숙이 확장할 준비를 갖추고 있었다.

히틀러의 최측근 군사 고문관, 즉 독일 국방군 최고사령부 작전

장교들은 11항공군단을 이용해서 몰타를 장악하고 싶어했다. 발터 바를리몬트 장군은 다음과 같이 회상했다. "육군, 해군, 공군 어느 병과에서 왔든 상관없이 그 부서의 모든 장교는" 크레타와 몰타 가운데 어느 것이 지중해에서 더 중요한 목표인지 조언해달라는 부탁을 받으면 "이구동성으로 몰타 장악을 골랐다. 그것이 북아프리카로 가는 해상로를 영구히 확보하는 유일한 길로 보였기 때문이었다." 그들의 상관인 카이텔과 요들은 그 결론을 받아들였다. 그러나 슈투덴트는 4월 15일에 이 견해를 그 두 사람이 자기에게 들이댔을 때 그들이 두 손을 들게 만들었다. 이미 슈투덴트는 몰타의 수비대와 방어가 너무 강해서 몰타가 공수공격에 무릎을 꿇지 않으리라는 판단을 내렸다. 반면에, 크레타는 그 '소시지 같은 형태와 단일한 간선도로'로 그의 낙하산 부대원들에게 이상적인 표적이 되었다. 게다가 그는 독일의 전략 입안자들이 요구하는 지중해의 ― 몰타뿐만 아니라 키프로스 섬 등 ― 다른 섬을 향해 예하 낙하산부대들이 뻗어나갈 수 있으며 그럼으로써 유럽 요새Festung Europa[3]와 점점 약해지는 중동 내 영국의 거점 사이를 매개하는 난공불락의 육상·해상 진지를 강화할 수 있으리라고 주장했다.

브리튼 전투에서 영국 공군을 제압하는 데 실패한 뒤 독일 공군의 체면을 되살릴 기회를 슈투덴트의 계획에서 발견한 괴링이 자기 부하의 구상을 열렬히 추천했고 그 구상을 4월 21일에 히틀러에게 제시했다. 히틀러는 크레타 점령이 자기의 원래 계획에서 중요한 부분이 아니었기 때문에 처음에는 시큰둥했지만, 결국은 그 구상을 지원해주기로 합의하고 크레타 작전을 위해 수성Merkur이라는 암호명이 붙은 영도자 지령 28호를 4월 25일에 내렸다. 크레타 작전이 개시되고 진행되는 동안 내내 작전의 추동력이 될 슈투덴트는 곧바로 일을 처리해서 제7공수사단을 브라운슈바이크Braunschweig의 훈련소에서 그리스로 이송했다. 또한 그는 독일 육군 최고사령부를 설

3. 독일의 선전기구가 독일 치하의 유럽대륙은 연합군의 어떤 침공도 막아낼 수 있다는 뜻으로 쓴 표현.

득해서 그리스에 주둔할 예정인 사단들 가운데 하나, 즉 정예부대인 제5산악사단을 자기가 사용하도록 하고 바르바로사 작전에 필요하지 않은 경전차 상당수를 제5기갑사단에게서 빌려 받도록 만들었다. 후속군을 제공하는 제5산악사단은 이탈리아 해군의 보호를 받으며 완행 선박으로 수송된다. 3개 낙하산연대와 1개 공정연대로 이루어진 제7공수사단은 융커스 52기 600대로 이동해서 크레타 섬을 직접 공격으로 강습한다. 또한 융커스 52기 일부가 경전차와 제7공수사단의 선봉돌격부대 인원, 즉 제1강습연대 1대대를 실은 글라이더 80대를 매달고 간다. 폭격기 280대와 슈투카 150대와 전투기 200대의 항공부대가 그 작전을 엄호하고 지원한다. 모두 합쳐서 군인 2만 2,000명이 투입되고 전역 전체의 지휘는 알렉산더 뢰르Alexander Löhr 장군의 제4항공군 아래서 이루어진다.

슈투덴트의 계획은 간단했다. 그는 예하 3개 낙하산연대를 이용해서 크레타 섬 북쪽 해안에 있는 세 도시를 칠 작정이었다. 비행장이 있는 그 세 도시는 서쪽에서 동쪽 순으로 말레메Máleme와 레팀논Réthímnon과 이라클리온Iráklion이었다. 이 도시를 일단 장악하면 기지로 이용해서, 비행기로 중장비를 내려놓고 길이 170마일의 크레타 섬을 따라 내달리는 하나뿐인 도로를 따라 늘어선 영국군 방어진지를 '밀어붙여 포위'할 터였다. 슈투덴트는 자기의 중점重點으로 삼겠다고 마음먹은 말레메에 제1강습연대를 투입할 작정이었다. 제1강습연대는 말레메에 있는 비행장에 직접 글라이더로 동체착륙할 터였다. 슈투덴트는 비록 수적으로는 방자에게 밀리리라고 예상했지만 기습, 예하 부대의 뛰어난 자질, 독일 공군의 압도적인 위력으로 확보되는 공중우세 때문에 며칠만 치열한 교전을 벌이면 방자가 제압되리라고 확신했다.

예하 부대가 자질 면에서 영국군 수비대보다 앞선다는 그의 판단은 옳았다. 싸움꾼인 영국군 수비대 사령관 버나드 프레이버그

Bernard Freyberg 소장은 갈리폴리Gallipoli[4]에서 용감한 — 그리고 낭만적인 — 격투를 벌인 뒤 솜 전투에서 영국 해군사단 소속 1개 대대를 똑같이 용감하게 지휘해서 빅토리아 십자훈장을 탔던 제1차 세계대전의 전설적 영웅이었다. 갈리폴리에서 그는 시인 루퍼트 브룩Rupert Brooke을 스키로스Skíros 섬에 묻은 일행 가운데 한 사람이었으며, 그 뒤에는 전설에서 레안드로스Leandros가 그랬듯이,[5] 그리고 자기보다 100년 앞서서 바이런 경이 실제로 그랬듯이 단독 정찰을 하면서 헬레스폰트Hellespont[6]를 헤엄쳐 건넌 적이 있다. 윈스턴 처칠은 포화에도 끄떡없는 그의 기질을 칭찬해서 그에게 '불도마뱀Salamader'[7]이라는 호칭을 붙여주었다.

그러나 1941년 여름에 크레타 섬의 프레이버그 예하 부대 가운데에는 그의 강인함에 걸맞은 부대가 거의 없었다. 크레타 섬을 수비하려고 이집트에서 직접 불려온 영국 정규군 1개 보병여단이 독일군의 표현으로 하자면 캄프페이히kamapffähig한, 즉 '전투력이 있는' 부대였다. 나머지는 그리스 패주에서 빠져나온 패잔 부대였다. 손상을 입지 않은 부대는 — 뉴질랜드에서 어린 시절을 보낸 프레이버그가 각별한 친근감을 가진 부대인 — 뉴질랜드군 제2사단 소속 2개 여단이었고 오스트레일리아군 1개 여단도 그랬다. 크레타 섬에 있는 부대원 4만 명 가운데 나머지는 조직이 무너진 패주병이었고, 그 가운데 다수는 풀이 죽어 있었다. 더욱이 모든 부대에 필수 장비가 모자랐다. (전쟁이 끝날 때까지 빅토리아 십자훈장을 두 차례나 받게 될) 뉴질랜드인 찰스 어펌Charles Upham은 "크레타는 포판 없는 박격포, 삼각대 없는 비커스 기관총 식으로 거렁뱅이의 전역이었다"고 썼다. 전차 몇 대와 1개 연대급 포병부대가 크레타 섬에 배치되어 있었지만, 방자에게는 가장 필수적인 중장비와, 다른 무엇보다도 항공기가 없었다. 5월 1일에 크레타 섬에는 허리케인과 노후기종인 글라디에이터Gladiator 복엽기가 단 17대 있었는데, 그나마도 독일군이 도착하

4. 터키에 있는 제1차 세계대전의 격전지. 영국·프랑스 함대가 1915년 2~3월에 다르다넬스 해협에 포격을 퍼붓고 4월에 갈리폴리 반도에 상륙작전을 감행했지만 오스만튀르크 군대의 반격을 받고 완패했다. 이 작전을 계획한 처칠 해군장관이 책임을 지고 물러났다.

5. 고대 그리스의 전설에서 레안드로스라는 젊은이는 사랑하는 아프로디테의 처녀 사제 헤로(Hero)를 만나려고 헤로가 사는 탑에서 나오는 불빛을 따라 헬레스폰트를 헤엄쳐 건너곤 했다. 레안드로스는 폭풍이 불던 어느 날 밤 불이 꺼지는 바람에 물에 빠져 죽었고 헤로도 물에 뛰어들어 따라 죽었다.

6. 오늘날의 다르다넬스 해협.

7. 어떤 불길도 견딜 수 있어서 화염이나 화산의 용암 속에서 산다는 전설상의 동물. 16세기의 연금술사 파라켈수스(Paracelsus)는 이 동물을 4대 정령의 하나인 불의 정령으로 꼽았다.

기에 앞서 모두 철수될 터였다. 설상가상으로 방자인 영국군은 현지군의 원조에 기댈 수도 없었다. 크레타인 제5사단이 전쟁에 동원되어 이탈리아군과 싸우느라 그리스 본토에 붙잡혀 있었기 때문에, 섬에 남은 유일한 크레타인 군인들은 소총 한 정을 여섯 명이 함께 쓰고 소총 한 정당 총탄 다섯 발을 가지고 있는 신병과 예비군이었다.

얼트라의 역할

그렇다고 해도 크레타는 지켜낼 수도 있었고 어쩌면 틀림없이 지켜낼 수 있었을 것이다. 왜냐하면 첫 낙하산병들이 비행기에 올라타기 훨씬 전에 독일군의 의도가 그들 모르게 영국군에 누설되었기 때문이었다. 이렇게 되어 공수작전 전체의 타당성이 처음부터 위태로워졌다. 기갑전과 전략폭격의 주창자들과 마찬가지로 낙하산을 군대에 이용한 선구자들은 자기들의 작전 이론을 제1차 세계대전에서 봤던 참호전에 대응해서 구상해냈다. 그 작전 이론이란 그들이 감행했던 참호 돌파 공세를 개시하는 데 들어가는 노력, 즉 병력과 물자를 힘들게 모아서 오랫동안 지루하게 끄는 공격준비포격[8] 과정을 거쳐 악전고투하며 한 치씩 전진해서 철조망 장애물과 토루土壘지대를 통과해 무인지대無人地帶[9]를 건너는 노력을 피한다는 것이었다. 참호 돌파 공세에서 빚어지는 무시무시한 참상에 열렬한 폭격 옹호론자는 적의 대포·기관총 방어의 공급원인 생산 중심지에 고폭탄을 더 잘 떨어뜨린다는 주장으로 대응했다. 기갑전의 사도使徒들은 종심방어를 가장 잘 제압하려면 방자가 전개하는 화력에 끄떡없는 병기를 투입하면 된다고 주장했고, 1939~1940년에 그것을 보란 듯이 입증했다. 낙하산을 군대에 사용하자는 사람들은 중재안이지만 훨씬 더 시선을 끄는 대안을 내놓았다. 그 대안이란 공자 측 보병을 적군 전선 바로 뒤의 방어 취약지점, 적 사령부, 통신 취급소[10], 보급소에 직접 내려놓는 항공력으로 지상 방어를 뛰어넘는다는 것이었

8. 본격적인 공격을 하기에 앞서 적의 저항력을 꺾으려고 적진에 퍼붓는 포격.

9. 서로 싸우는 양쪽 전선 사이에 있는 지대.

10. 통신에 필요한 모든 수단이 집결되어 운용되는 곳.

다. 이것은 엄청나게 대담한 전략적 상상력의 도약이었지만, 그 성공 여부는 적군이 자기가 타격을 당할 것을 모르는 채로 남아야 한다는 전제조건에 달려 있었다. 만약 적이 알아챈다면, 타격을 가하려고 투입된 낙하산병은 공격준비포격을 받고 경계에 들어간 적군을 향해 참호에서 뛰쳐나와 달려드는 보병과 (더 나쁘지는 않더라도) 똑같은 운명을 겪게 된다. 낙하산병들은 강하하는 동안에는 무력하고 살아남아도 싸움에서 사용할 장비가 반드시 경장비여야 했기 때문에 그들이 다가온다는 경고를 받은 방자에게 끔찍한 피해를 입을 운명에서 벗어날 수 없었다.

크레타 섬을 방어하는 영국군은 경고를 받은 상태에 있었다. 블레칠리에 있는 정부 부호·암호학교가 적의 암호를 가로채 해독해서 나오는 첩보의 공급처인 얼트라는 지금까지는 영국군과 독일군 사이에서 지상 작전을 수행하는 데 가치가 있는 정보를 거의 내놓지 못했다. 프랑스 전역이 끝날 때까지 블레칠리는 서로 다른 독일 국방군 사령부끼리 통신할 때 거치는 독일의 에니그마 암호기계에서 사용되는 암호 '키'를 푸는 데 크나큰 어려움을 겪었다. 그 어려움은 ― 도청하는 감청병이 해解가 수백만 개 나올 수 있는 상황에 직면하도록 고안된 것이 에니그마 기계인지라 ― 얼마간은 어쩔 수 없는 것이었고 얼마간은 모든 실험적 기획에 따라다니는 어려움이었다. 블레칠리는 푸는 과정을 빠르게 하는 처리절차를 축적하고 있었지만, 그 처리절차를 아직은 체계화하지 못했다. 다른 어려움도 있었다. 블레칠리의 성공은 독일군의 에니그마 기계 조작병이 암호화 절차에서 저지르는 잘못을 활용하는 데 주로 달려 있었다.[11] 독일 육군과 해군의 조작병들은 오래전에 수립된 통신근무 병과에서 차출되었기 때문인지 잘못을 거의 저지르지 않았다. 블레칠리의 도청자에게 많은 기회를 제공한 것은 창설 연수가 짧은 독일 공군이었다. 그러나 독일 공군의 키 안으로 '뚫고 들어간 것'은 영국 대공방위대

11. 에니그마로 평문을 암호문으로 만들어 전송하려면 맨 먼저 초기설정값을 결정해야 했는데, 독일군에는 한 번 사용한 설정값을 또 사용해서는 안 된다는 지침을 어기고 되풀이해서 사용하는 암호병이 있었다. 너무 간단한 문자나 자기 마음에 드는 특정 문자를 애용하는 암호병까지 나왔다. 이를 놓치지 않은 블레칠리의 암호해독가들이 전문 첫머리에서 자주 사용되는 문자열을 실마리로 삼아서 에니그마로 작성되는 암호를 풀어나가기 시작했다.

Air Defence of Great Britain가 1940~1941년의 겨울 대공습 동안 폭격공격에 대항하고 그것을 비켜가는 데 상당한 도움을 주기는 했지만 대서양 전투나 그리스와 북아프리카의 지상전에서 독일군에 대항하는 데 에서는 그 효용이 떨어졌다.

그러나 크레타는 독일 공군의 전역일 터였다. 따라서 블레칠리가 이름 붙인 독일 공군의 '적색' 키는 정기적으로, 매일매일, 그리고 '실시간'으로 — 다시 말해서, 독일군의 에니그마 메시지 수취인이 그 메시지를 자체 해독하는 속도와 같은 속도로 — 이루어지는 영국 측의 암호 해독에 취약해서 낙하산 강하 작전의 보안이 처음부터 위태로워질 터였다. 이를테면, 히틀러가 수성 작전 지령을 내린 다음날인 4월 26일에 가로챈 '적색' 메시지 두 개가 크레타를 언급한다는 것이 밝혀졌다. 독일군 제4항공군이 '크레타 작전'을 위한 기지 선택을 언급하고 그 예하 부대인 제8항공군단이 크레타 섬의 지도와 사진을 요청한 것이다. 그 뒤로 경고 건수가 거의 날마다 불어났다. 5월 6일에 얼트라는 독일군 사령부가 준비완료 시기를 5월 17일까지로 예상한다는 것을 밝혀내고 독일 측 공격의 정확한 단계와 목표의 윤곽을 잡았다. 얼트라는 5월 15일에 D-데이가 5월 17일에서 5월 19로 늦춰졌다는 것을 알아냈으며, 5월 19일에는 5월 20일이 새로운 공격날짜이며 독일군 낙하산부대 지휘관들이 말레메와 레팀논과 이라클리온의 지도와 사진을 들고 곧바로 집합할 것이라고 경고했다. 이 모든 정보가 아테네에 있는 영국 간첩 한 사람이 수집한 첩보로 위장되어 '실시간'으로 프레이버그에게 전달되었다. 따라서 5월 20일 아침에 프레이버그는 슈투덴트의 낙하산병과 글라이더 탑승 보병이 언제 어디에 얼마만큼의 병력으로 착륙할지 정확히 알고 있었다.

그러나 미리 안다는 것과 미리 막는다는 것 사이는 언제나 역량이라는 틈으로 크게 갈라져 있다. 프레이버그가 그런 처지에 있었다.

기동성과 유연성이라는 특성이 도드라지는 공격부대에 그는 이동수단을 거의 완전히 잃은 방어부대로 대항했다. 방어 단위부대들은 올바른 곳에 있었지만, 만약 한 방어 단위부대가 중요한 여러 비행장 가운데 한 곳에서라도 밀려난다면 사태를 돌이킬 수 없었다. 독일군이 증원군과 중장비를 내려놓을 수 있게 되어서 크레타 섬 쟁탈전에서 십중팔구 패하게 될 터였다.

말레메 간이비행장을 방어하는 부대는 뉴질랜드군 제21, 제22, 제23대대였다. 롬멜은 사막전에서 얻은 경험에 기대어 자기가 2차 세계대전에서 만난 최고의 군인은 뉴질랜드 군인이라고 평가했다. 위기에 강하고 굳세며 자신감에 찬 뉴질랜드 군인은 자기를 빼고는 다른 어떤 군인도 높이 치지 않았다. 뉴질랜드군은 5월 20일 이른 아침에 독일 공군의 공격준비폭격으로 흩날려 떨어진 먼지를 깨끗이 털어내고 틀림없이 뒤이어 오리라고 알고 있는 낙하산 강하 공격에 저항하려고 화기를 쏠 준비를 했을 때만 해도 앞으로 벌어질 전투의 혹독함을 감지하지 못했다. 제23대대 소속 토머스W. B. Thomas 대위는 독일군 낙하산병들을 처음 보고는 "이 세상 것 같지 않았으며 어떻게든 위험한 것으로 인식하기 어려웠다"면서 다음과 같이 썼다.

녹회색 올리브 나뭇가지 사이로 보이는 크레타의 이른 아침 짙푸른 하늘을 배경으로 그들은 꿈틀대는 작은 인형처럼 보였다. 그들의 너울거리는 녹색, 노란색, 붉은색, 흰색 헐렁한 옷이 약간 부풀어오르더니 그 옷을 통제하는 끈에 얽혔다. …… 나는 이 다채로운 환상 뒤에 숨어 있는 뜻을 간파하려고, 즉 이 예쁜 인형들이 그리스에서 우리가 아주 최근에 안 그 모든 공포가 되풀이된다는 뜻이라는 것을 깨달으려고 애를 썼다.

토머스 대위의 비현실감은 이해가 가는 일이었다. 그는 사상 최초의 의미심장한 낙하산 강하 작전을 보고 있었던 것이다. 더 앞서

🔹 1941년 5월 20일, 크레타 섬 상공에서 낙하산병을 떨어뜨리는 융커스 52 항공기. 크레타 섬에서 독일군이 막심한 피해를 입자 히틀러는 더 이상의 대규모 공수작전을 보류했다.

12. 낙하산을 싼 배낭과 비행기를 연결해서 자동으로 낙하산이 펴지도록 만드는 줄.

서 독일군이 노르웨이와 네덜란드에서 행한 낙하산 강하는 소규모였고 재래식 지상군의 강력한 지원을 받았으며 저항도 심하지 않았다. 크레타 섬을 향한 비약Sprung nach Kreta은 미지 속으로 뛰어드는 진정한 도약이었다. 그 도약으로 군사 혁신의 선구자들은 원조를 받지 않고 자기들의 노력으로만 제압해야 하는 부대와 맞붙게 되었다. 슈투덴트의 부하들은 어느 모로는 발생 초기단계에 있었다. 앞으로 있을 자신들의 낙하산 강하 작전을 위해 이미 훈련을 받고 있던 영국과 미국의 낙하산병들은 공포 어린 불신감을 품고 자기들의 장비와 기술을 대하게 될 것이다. 독일 낙하산병들에게는 강하를 자기 뜻대로 조절할 힘이 없었다. 그들이 열두 명씩 조를 짜서 융커스 52에서 뛰어내리면 낙하안전선[12]이 낙하산을 펼쳤지만, 그다음에는 등 가운데 있는 낙하산 멜빵에 달린 가죽끈 하나로 공중에 떠 있었다.

그들은 후류_{後流}[13]와 바람에 실려 실제로 '인형 같이' 착지 장소로 갔고, 완충용 패드와 헬멧과 고무군화가 그들을 착지의 충격에서 보호하도록 되어 있었다. 그다음에는 ― 낙하하다가 많은 대원들이 부상을 입었지만 ― 충격에서 오는 부상을 입지 않은 낙하산병이 낙하산으로 투하된 상자에서 제 무기를 찾아서 분대별로 모여 이동해서 공격에 나섰다. 열다섯 명씩 조를 이루어 동체착륙한 제1강습연대 소속 글라이더 탑승 보병이 더 큰 중장비를 가지고 그들을 증원했다.

슈투덴트의 공수공격 이론에서는 크레타 섬의 지형이나 완강한 뉴질랜드군 부대가 고려되지 않았다. 말레메 주위의 땅이 거칠고 울퉁불퉁한 탓에 낙하산병 가운데 착지하면서 다친 대원이 많았고 상당 비율의 글라이더가 으깨졌다. 뉴질랜드군이 살아남은 낙하산병을 가차없이 처리했다. 하늘에 떠 있는 적에게는 총을 쏘았다. "한 명이 몸을 축 늘어뜨리고 있다가 한 차례 바르르 떨면서 몸을 살짝 곧추세운 다음 다시 몸을 축 늘어뜨리는 게 보일 겁니다. 그러면 그 사람이 '요절이 났다'는 걸 알 겁니다." 뉴질랜드군은 그들이 착지할 때 총을 쏘았고, 그래서 다음날 제23대대를 방문한 참모장교가 본 것은 "도처에 널린 주검이었다. 10~12야드마다 한 구씩 있었다. 사람들은 올리브 나무 덤불숲 속을 지나가면서 그 주검을 넘어서 발걸음을 내디뎠다." 군사 경범죄로 복역하고 있던 말레메의 야전 영창에서 풀려난 뉴질랜드군 60명이 공격에 나선 지 한 시간 만에 독일군 110명을 죽였다.

독일군 낙하산대대들이 5월 20일 첫 몇 시간 만에 말레메 부근에서 입은 손실은 정말로 끔찍했다. 제1강습연대 3대대의 한 중대는 126명 가운데 112명이 전사하는 손실을 입었고, 3대대원 600명 가운데 400명이 날이 새기 전에 죽었다. 글라이더로 공수된 1대대에서는 단 100명만이 착륙하면서 다치지 않고 살아남았으며, 2대대도 심한 피해를 입었다. (살아남아 나토군 장군으로서 서독 육군의 낙하산부대 사단장이 되는) 발터 게리케Walter Gericke 대위가 지휘하는 4대대만 홀로 병력을 대부분 보존했다. 4대대와 다른 3개 대대의 생존자들은 5월 20일 낮 내내 무진 애를 써서 남은 병력을 모아 인정사정 봐주지 않는 뉴질랜드군 부대와 싸워서 그들을 물리치고 목표인 말레메의 간이비행장을 향해 이동하려 했다. 그들은 전진하지 못했다. 뉴질랜드군 제21대대 담당지역에서 모디온Modhion 마을 거리에 떨어진 낙하산병들이 "여자와 아이들을 포함해서 온갖 무기, 즉 100년 전에 튀르크군에게서 빼앗은 수발총燧發銃, 도끼, 심지어는 삽까지 사용하는 그 지역 주민 전체의" 공격을 받았다. 그 주민들은 제1강습연대에 사상자를 보태는 데 일조했다. 해질 무렵까지 연대장과 더불어 대대장 두 명이 전사하고 대대장 두 명이 부상해서 제1강습연대의 사상자에 끼었다. 독일 국방군의 정예부대로 자부한 제1강습연대는 밤이 될 무렵까지 더 많은 피해를 — 아마도 50퍼센트의 손실을 — 입고도 아무것도 이루지 못했다.

제1강습연대의 자매부대들이며 각각 이라클리온과 레팀논과 수다Soúdha로 향하던 제1, 제2, 제3 낙하산연대도 5월 20일에 막심한 피해를 입었다. 목표 세 곳 다 북쪽 해안에 있었다. 한두 곳에서는 공수공격이 의도한 기습을 해냈다. 크레타의 주항만인 수다 근처에서 한 포병연대 가까이 착륙한 글라이더 탑승 보병 열 명이 자체 방어를 할 소화기가 없는 포병대원 180명을 죽였다. 그러나 다른 곳에서는 살육당한 쪽은 대개 독일군이었다. 하니아Khaniá와 수다 부근에 있는 제1강습연대의 바로 동쪽에 착륙해서 도착한 제3낙하산연대에게는 지휘관이 없었다. 그들의 연대장(이며 사단장이기도 한) 쥐스만Süssmann이 이륙하다가 글라이더가 떨어져서 죽었던 것이다. 귀족으로서 나치즘에 경멸감을 감추지 않고 지성이 탁월하다는 이유로 남달랐던 낙하산부대원인 — 그리고 크레타 전역에 관한 주목할 만한 회고록을 쓰고 경제학 교수로 경력을 마치게 되는 — 폰 데어

하이테von der Heydte 백작이 지휘하는 제3낙하산연대 1대대는 비교적 무사히 내려앉았다. 그러나 제3낙하산연대 3대대는 그날 하루 전투를 벌이다가 거의 다 괴멸되었다. 첫 공격에 나선 그 독일군 대대원들의 총격에 많은 환자와 더불어 부대 선임 의무장교를 잃은 뉴질랜드 부대원들이 보기에는 그래야 마땅했다. 제3낙하산연대 2대대는 뉴질랜드군 사단의 병참 부대가 방어하는 한 지형을 공격했다. 노이호프Neuhoff 중대 상급주임원사는 그 뉴질랜드사단 혼성대대 석유수송중대와 자기가 치른 교전의 결과를 다음과 같이 서술한다. "우리는 그 야산을 공격하려고 전진했다. …… 저항에 부딪히지 않고 절반쯤 올라갔는데 갑자기 맹렬하고 아주 정확한 소총 사격과 기관총 사격을 받았다. 적은 고도의 규율을 갖추고 사격을 자제하면서 우리가 유효 사거리 안으로 충분히 접근해 들어오도록 내버려 두었다가 사격을 개시했던 것이다. 우리 편 사상자는 극심했고, 우리는 어쩔 도리 없이 많은 주검을 뒤에 남겨둔 채 물러나야 했다." 그러나 그들의 적은, 뉴질랜드 공식 전쟁사 기록에 따르면, "보병 전투 훈련이 되어 있지 않은 운전병과 기술병이 대부분이었다."

아테네의 그랑드 브르타뉴Grande Bretagne 호텔에 있는 후방 사령부에서 아직 떠나지 않았던 슈투덴트는 자기가 아끼는 사단이 겪은 운명을 모른 채로 하루종일 머물러 있었다. 폰 데어 하이테가 회고한 바대로, 그는 5월 20/21일 밤이 깊도록 지도 탁자에 앉아서 "자기가 한 달 전에 괴링에게 크레타 섬을 공격하자고 제안한 것이 옳았음을 확인해줄 소식을 기다리고 또 기다리고 있었다. 가늠해보면 만사가 아주 간단하고 아주 적절하고 아주 확실하게 보였던 것이다. 그는 자기가 모든 가능성을 고려했다고 생각했다. 그랬는데 만사가 계획과 예상에서 어긋났다고 판명되어버렸다." 진실은 — 참전용사이면서 크레타 전역에 관한 가장 꼼꼼한 역사가인 제1웨일즈연대 의무장교 스튜어트I. M. D. Stewart가 훗날 기록했듯이 — 그가 "크레타 섬

여기저기에 분산된 공격에서" 예하 공수사단을 "낭비했다"는 것이다.

젊은 공수사단원 수천 명이 이제는 올리브 나무 덤불숲 속에, 그리고 미나리아재비와 보리 사이에 죽어서 누워 있었다. 그의 글라이더 부대와 그의 낙하산대대 가운데 4개 대대가 …… 괴멸되어서 15분 안에 생존자 몇십 명으로 줄어들어 패잔병이 되었다. 다른 대대들이 입은 손해도 그다지 덜하지 않았다. 그러나 그는 아직도 비행장을 장악하지 못했다. 이제 그에게는 얼마 되지 않는 예비 공정병력만 남았다. 이 예비병력 수백 명이 내일[5월 21일] 실패하면, 낙하산사단이 받을 가능성이 있는 유일한 원조는 바다로 와야 할 것이었다.

이렇듯 사상 최초의 대규모 낙하산 강하 작전의 첫날 저녁에 우위는 확연히 반대편으로 넘어간 듯했다. 그 반대편은 항공 엄호와 지원 병과가 거의 없고 장비를 제대로 갖추지 못한 채 조직도 형편없는 부대였다. 그러나 슈투덴트는 자기 부하들이 겪었던 그 모든 고통과 자기가 저지른 그 모든 실수에도 불구하고 5월 21일에 주도권을 되찾고 자기에게 유리하게 전황을 바꾸는 성공을 거두게 된다. 어떻게 해서? 프레이버그의 참모장교 가운데 한 사람이 '여분의 무선통신기 100개'가 없었다는 것이 그런 사정을 설명해준다고 패배 직후에 회한에 차서 반추하게 된다. 왜냐하면 방자가 자기들이 거둔 성공이 어느 정도였는지 파악하지 못해서 프레이버그의 사령부에 성공을 보고하지 못했고, 프레이버그의 사령부는 사령부대로 손실을 보충하고 재편성하라는 명령을 무선 통신기로 내리지 못했기 때문이다. 다음날 아침에 윈스턴 처칠은 영국 하원에서 '가장 단호하고 결연한 저항'이 적에게 가해지리라고 보고했다. 그러는 동안, 프레이버그는 자기가 처한 전황을 분명하게 인식하지 못해서 지휘관으로서 대응을 할 수 없었다. 그는 제5여단 사령부를 통해서 —

슈투덴트의 중점인 — 말레메 간이비행장을 방어하는 뉴질랜드군 부대와 통신을 했다. 제5여단은 제5여단대로 대대장들과 간접 통신을 했다. 핵심적인 제22대대의 지휘관 앤드류스L. W. Andrews 중령은 착각해서 제5여단장이 자기를 지원할 계획이 있다고 잘못 믿었다. 제1차 세계대전에서 빅토리아 십자훈장을 받은 용감한 군인인 그는 크레타 섬에 여섯 대밖에 없는 중전차 가운데 두 대의 지원을 받아 가한 첫 역공이 실패한 뒤 5월 20일 저녁에 비행장이 내려다 보이는 고지에서 재편성을 해서 다음날 공조를 이루어 한 번 더 밀어붙이겠다고 마음먹었다. 그는 이 재편성을 하다가 본의 아니게도 독일군에 극히 중요한 지점을 내주는 바람에, 독일군으로서는 피할 수 없었을 재앙에서 벗어나게 되었다.

앤드류스가 옳은 이유로 틀린 결정을 내리는 동안 슈투덴트는 틀린 이유로 옳은 결정에 다가서고 있었다. 슈투덴트에게는 새로 투입될 부대가 이미 죽은 부대원보다 말레메에서 얼마간이라도 더 잘해내리라고 생각할 만한 근거가 없었다. 실제로, 그는 "실패한 작전에는 절대로 승원군을 보내지 말라"는 보편적인 군사 격언이 주는 경고에 따라 그 시점에서는 예하 예비병력을 투입하지 말았어야 했다. 그런데도 그는 투입하기로 마음먹었다. 그의 마지막 2개 낙하산 중대가 5월 21일 오후에 뉴질랜드 사단 소속 마오리Maori 대대 한가운데에 떨어져서 살육당했다. 낙하산병 장교 가운데 한 사람은 "공정하지 않다는 것은 알지만, 어쩔 수 없다"고 썼다. 같은 시간에 슈투덴트의 예비 공정병력, 즉 제5산악사단 소속 제100산악소총연대의 선봉돌격부대가 말레메 간이비행장에 융커스 52를 타고 동체착륙하기 시작했다. 말레메 간이비행장을 방어하던 제22대대는 앤드류스의 명령에 따라 전날 저녁에 철수했다. 융커스 52에 탄 한 종군기자는 다음과 같이 썼다. "기관총 총알이 오른쪽 날개를 찢는다. 조종사가 이를 악문다. 그는 무슨 일이 있더라도 내려앉아야 한다. 갑자기 우리 밑에서 포도밭이 확 덤벼든다. 땅바닥에 부딪힌다. 그러자 한쪽 날개가 모래 속에서 긁혀서 비행기의 반원통형 등짝을 왼쪽으로 찢어놓는다. 사람, 배낭, 상자, 탄약이 앞으로 내동댕이쳐진다. …… 우리는 제 몸을 가눌 힘을 잃는다. 드디어 멈춘다. 비행기는 머리를 처박고 반쯤 물구나무서 있다."

거의 40대에 이르는 융커스 52가 제100산악소총연대 소속 2대대대원 650명을 태우고 말레메의 간이비행장에 이런 식으로 내려앉는데 성공했다. 슈투덴트의 낙하산병과 마찬가지로 산악소총연대원도 정예임을 자처했고, 그럴 만도 했다. 뉴질랜드군이 새로운 위협에 대처하려고 애쓰는 동안, 산악소총연대원들은 다음날 발판으로 삼을 거점을 확장할 의도를 가지고 말레메의 간이비행장에 있는 독일군 진지를 강화하려고 이동하고 있었다.

한편, 산악소총연대원들의 증원부대 일부는 배로 크레타에 다가서고 있었다. 이들은 불운을 겪게 된다. 그러나 이들을 요격한 영국 해군·함선들도 마찬가지였다. 알릭잔드리아Alexandria 선대가 제100산악소총연대의 나머지 병력을 태우고 크레타로 향하는 돛배와 짐배의 선단에 딸린 이탈리아 호위함들을 손쉽게 제압해서 연대원 300명을 수장했다. 그러나 5월 22일 하루 동안 독일 공군이 영국군 함선과 승무원들에게 훨씬 더 심한 벌을 주었다. 전함 워스파이트Warspite 호가 파손되고 구축함 캐시미어Kashmir 호와 — 미래의 버마 백작 마운트배튼Earl Mountbatten of Burma[14]이 지휘하는 — 켈리Kelly 호와 함께 순양함 글루스터Gloucester 호와 피지Fiji 호가 격침되었다. 영국 해군의 손실은 이것으로 끝나지 않았다. 6월 2일 이전에 영국 해군은 순양함 쥬노Juno 호와 캘커타Calcutta 호, 구축함 임페리얼Imperial 호와 그레이하운드Greyhound 호가 침몰하고 전함 밸리언트Valiant 호, 항공모함 포미더블Formidable 호, 순양함 퍼드Perth 호와 어라이언Orion 호와 에이작스Ajax 호와 네이아드Naiad 호, 구축함 켈빈Kelvin 호와 네이

14. 영국의 군인(1900~1979). 빅토리아 여왕의 증손자로 13세에 해군사관생도가 되어 제1차 세계대전을 경험했다. 제2차 세계대전 때 동남아시아 연합군 최고사령관이 되어 일본군으로부터 버마를 되찾았다. 전후에 인도 총독이 되어 독립협상을 담당했다. 그 뒤 군에서 근무하다가 1965년에 은퇴했다. IRA 테러리스트에게 암살당했다.

피어Napier 호와 히어워드Hereward 호가 파손되는 피해를 입었다. 셈을 해보면 크레타 전투는, 비록 앞으로 당할 프린스오브웨일즈Prince of Wales 호와 리펄스Repulse 호의 손실보다는 영국의 사기에 미치는 영향 면에서 충격이 덜하기는 했어도, 제2차 세계대전에서 영국 해군이 치른 모든 교전 가운데 희생이 가장 큰 전투로 여겨졌다.

승기를 잡은 슈투덴트

한편, 뭍에서는 전세가 독일군 쪽으로 돌이킬 수 없이 기울기 시작했다. 말레메 간이비행장을 탈환하려는 뉴질랜드 부대의 역공은 5월 22일 오전 초기에 실패했다. 그날 내내 슈투덴트는 많은 융커스 52의 방향을 무지막지하리만큼 무모하게 꾸역꾸역 그 간이비행장으로 돌렸다. 내리다가 부딪쳐서 부서진 많은 비행기를 다음 비행기가 내릴 수 있도록 활주로 옆으로 밀쳐냈다. 한편, 독일 공군은 압도적인 병력으로 땅 위에서 작전을 벌이면서 움직이는 것은 무엇이든 쏘고 폭격했다. 그날 오후에 처칠은 의회 하원에서 "지금 벌어지고 있는 싸움은 가장 이상하고 암담한 전투입니다. 우리 편에는 공군이 없고 …… 상대편에는 전차가 거의 없거나 전혀 없습니다. 어느 쪽에게도 퇴각할 수단이 없습니다"라고 말했다. 사실을 말하자면, 영국군에게는 쓸 만한 전차도 이동수단도 없었던 반면 독일군은 방자를 상대로 기동을 할 쌩쌩한 일급 군인의 수를 점점 더 늘려가고 있었다.

이때 프레이버그는 역공을 위해 동쪽으로 퇴각해서 재편성을 하겠다고 결심했다. 그러나 이 재편성은 단일부대가 아니라 그의 예하에 있는 최정예부대의 근간인 뉴질랜드 부대와 영국군 정규대대들로 이루어졌다. 퇴각으로 말미암아 더더욱 중요한 전지가 자꾸만 불어나고 있는 말레메 부근의 낙하산병과 산악소총연대원에게 넘어갔다. 이 독일군 부대가 5월 24일에 갈라타스Galatás 마을에서 쫓겨났다가 마을을 도로 탈환했지만, 프레이버그가 결정적인 되맞아치기로 계획했던 뉴질랜드 부대의 역공을 받아 마을을 또 내주었다. 그러나 그 역공은 멀리 말레메까지는 미칠 수 없었다. 이때 독일군은 산악사단을 거의 다 말레메 안으로 밀어넣었다. 독일군이 공격을 재개하자, 영국군은 진지를 차례차례 포기하면서 가차없이 동쪽으로 내몰렸다.

5월 26일에 프레이버그는 중동에서 지휘하고 있는 웨이벌에게 크레타를 잃는 것은 단지 시간문제일 수 있다고 말했다. 다음날 웨이벌은 독일 공군이 우위를 차지해서 소개할 수 없게 되기 전에 소개를 하기로 결심했다. 독일군 낙하산병에게서 그다지 강한 인상을 받지 못한 이라클리온 수비대를 태운 비행기가 5월 28일 밤에 이륙했다. 역시 모든 공격을 버텨냈던 레팀논 수비대는 해군과 접촉할 수 없어서 포기되어야 했다. 5월 28~31일 동안 레팀논 수비대 주력이 말레메 동쪽에 있는 진지를 떠나 남쪽으로 산을 여러 개 넘어 남쪽 해안에 있는 스파키온Sfakíon이라는 작은 항구로 가는 길고도 고통스러운 여정에 올랐다. 그 여정은 막바지로 치닫는 전투의 치욕스러운 결말이었다. 실제로 싸운 부대 가운데 할 수 있는 최선을 다해 똘똘 뭉쳐서 흩어지지 않은 부대는 소수였다. 그리스에서 지리멸렬하게 떠났던 부대원들은 이제 그나마 단결이라고 할 만한 것을 모조리 잃었다. 프레이버그는 "우리가 터벅터벅 걸어가는 병사들의 끝없는 흐름을 헤치고 느리게 나아갈 때, 통솔이 거의 완전히 사라진 채 지리멸렬하게 이동하는 무리를 나는 결코 잊지 않으리라"고 썼다. 프레이버그와 만신창이 된 그의 나머지 부대는 스파키온에 도착하자 벼랑 아래서 비바람을 피하면서 해군이 야음을 틈타 자기들을 구조하기를 기다렸다. 해군은 구조 시도를 하다가 심한 피해를 입었지만, 6월 1일까지 부대원 1만 8,000명을 태우고 떠나는 데 성공했다. 1만 2,000명은 남아서 독일군의 포로가 되었고, 거의 2,000명에 이르는 군인이 싸우다가 죽임을 당했다.

증거가 필요하다면, 이 수치가 크레타 전투가 파국이었음을 확인해줄 것이다. 그 파국과 더불어서 뉴질랜드와 오스트레일리아와 영국의 군인들로 구성된 기존의 2개 사단을 잃었다. 이 부대는 사막에서 롬멜의 원정군을 상대로 걷잡을 수 없이 마구 확대되는 전쟁을 수행하는 데 절실히 필요한 병력이었다. 또한 히틀러가 대영제국에 가한 모욕의 목록에 크레타의 파국이 보태진 것은 절대 피할 수 없는 일은 아니었다. 무엇보다도 히틀러나 그의 적이나 양쪽 다 독일군 낙하산부대가 얼마나 아슬아슬하게 패배를 모면했는지 알았기 때문이었다. 만약 영국군이 말레메를 둘째 날에 포기하지 않았더라면, 만약 프레이버그가 역공을 이틀 먼저 개시했더라면, 독일군 낙하산부대는 발판으로 삼은 거점에서 궤멸해서 크레타 섬이 구원을 받고 여론의 엄청난 주목을 받는 가운데 히틀러의 정복전이 처음으로 확연하게 좌절되는 일이 일어났을 것이다. 그러나 실제로 일어난 일은 그렇지 않았다. 사람들 눈에는 영국의 전통적 전략구역의 한복판 바로 그곳에서, 그리고 영국이 국외에서 힘을 발휘하는 주요 도구인 지중해 함대를 상대로 독일의 전쟁수행 기구가 새롭고도 혁명적인 형태로 다시 한번 승리를 거두는 모습이 나타난 것이다.

그러나 결과를 아는 상태에서 되돌아보지 않더라도 크레타 전투는 매우 모호한 승리로 보일 수 있었다. 슈투덴트는 "히틀러가 사태 전반에 극히 언짢아했다"고 기록해놓았다. 히틀러는 7월 20일에 그 낙하산부대 장군에게 "크레타는 낙하산부대의 시대가 끝났다는 증거야. 낙하산부대의 무기는 기습에 달려 있는데, 이제 기습의 요소는 사라져버리고 없다니까"라고 말했다. 그는 그 작전이 진행되는 동안 독일의 선전기구가 작전을 홍보하도록 허락하지 않았고 이제는 앞으로 같은 유형의 작전을 개시하는 데 단호히 반대했다. 크레타 전투에서 독일군 4,000명이 죽었는데, 그 전사자는 대부분 제7낙하산사단에서 나왔다. 제1강습연대원의 거의 절반이 전사했다. 5월 23일에 제1강습연대 3대대의 낙하산 투하지대를 우연히 보게 된 게 리케는 3대대에 무슨 일이 생겼는가를 보여주는 증거에 간담이 서 늘해졌다. "우리 눈에 띈 광경은 무시무시했다. …… 죽은 낙하산병 들이 아직도 완전군장 차림으로 (올리브 나무) 가지에 대롱대롱 매 달려 산들바람에 부드럽게 왔다갔다 흔들렸다. 도처에 주검이 널려 있었다. 낙하산 멜빵을 벗고 자유로워진 부대원들은 몇 걸음 가지 못하고 크레타 의용병들이 쏜 총에 맞아 죽었다. 이 시체들을 보니 크레타 전투가 벌어진 지 몇 분 안에 무슨 일이 일어났는지 너무나 분명하게 알 수 있었다." 부대원뿐만 아니라 공수부대 구조 전체가 재앙이라 할 만한 피해를 입었다. 수송기 600대 가운데 220대가 부 서졌고, 물질적 이득에 비해 물질적 손실이 걸맞지 않게 아주 높았 다. 크레타 장악은 독일의 전략에 필수불가결하지 않았고 필수불가 결하다고 판명되지도 않을 터였다. 이와 대조적으로 독일 국방군 최 고사령부가 탐을 낸 몰타를 점령하는 데 성공했더라면, 그 작전을 개시하다가 입을 어떠한 손실도 정당화되었을 것이었다. 더욱이 독 일군은 크레타를 점령하다가 격렬한 파르티잔 토벌전에 휘말려 들 어갔고, 토벌전을 벌이면서 독일의 이름에 먹칠을 해서 오늘날까지 도 크레타 섬에서 지워지지 않은 독일에 대한 심한 증오의 바탕을 마련하게 된다.

정력적으로 낙하산사단을 양성하던 영국과 미국 두 나라는 크레 타에서 히틀러가 내린 결론과는 다른 결론을 끌어냈다. 그 다른 결 론이란 불합리하다고 판명된 것은 공수작전의 근본 원칙이라기보다 는 특정 형태라는 것이었다. 시칠리아와 노르망디와 네덜란드에 대 규모 낙하산 강하작전을 수행하면서 영미군은 낙하산병을 적진 위 에 곧바로 내려보낸 슈투덴트의 실행 경험을 피해 목표에서 떨어진 곳에 내린 다음 목표로 집결한다는 안을 밀게 된다. 또한 시칠리아와 노르망디에서 영미군은 바다에서 오는 주요 상륙공격과 공조함으로써 적이 낙하산과 글라이더라는 연약한 군사도구에 대항한 협조대응을 하지 못하도록 적을 흩뜨리는 상황 속에서만 대규모 공수작전을 감행했다. 이 신중한 재보험의 정당성은 시칠리아와 노르망디에서 입증된다. 영미군이 1944년 9월에 네덜란드에서 신중함을 내팽개치고 크레타식 공격을 시도했을 때 몬트고머리의 낙하산병들을 덮친 재앙은 슈투덴트의 낙하산병들이 당한 재앙보다 훨씬 더 철저했다. 따라서 히틀러가 수성 작전에 내린 평가는 비록 좁은 의미에서는 아니더라도 넓은 의미에서는 옳았다. 즉, 낙하산을 타고 전쟁에 뛰어드는 것은 대개는 죽음을 걸고 하는 위험하기 짝이 없는 주사위 놀이이며, 이 놀이에서 불리한 쪽은 명주 천과 낙하 안전선에 자기 목숨을 내맡긴 군인이었다. 운과 판단이 딱 들어맞아 떨어져서 그 낙하산병과 그의 전우들이 위험이 득실대는 곳을 피해 내려앉아 한 곳에 모여들어 공수부대가 전투에 나설 수 있게 될 확률이 존재한다. 그러나 그렇지 않을 확률도 존재한다. 제2차 세계대전에서 시도된 대규모 낙하산 작전 네 차례 가운데 두 번은 — 즉, 시칠리아와 노르망디에서는 — 그럴 확률을 간신히 모면했고, 두 번은 — 즉, 아른헴Arnhem과 크레타에서는 — 그렇지 못했다. 1945년 이후로 독자적인 낙하산부대가 사라져 없어진 것은 이렇듯 득보다는 실이 크다는 계산에서 나온 필연적 소산이었다.

흠집이 난 크레타 전투 승리의 소식이 도착하는 동안에도 히틀러의 생각은 저 멀리서 일어난 사태에 쏠려 있었다. 사실, 크레타 전투가 절정에 이르렀을 때 그는 전혀 상관없는 두 가지 문제에 정신이 팔려 있었다. 하나는 '기적의' 전함 비스마르크 호의 북대서양 출격이 실패한 것이고, 다른 하나는 자기의 대리인 루돌프 헤스가 인가를 받지도 않은 강화 제안을 가지고서 5월 10일에 비행기를 타고 영국으로 간 것이다. 정치선전 기구는 비스마르크 호가 5월 27일에 파괴된 사건을 일종의 서사시로 삼을 수 있었다. 히틀러는 ─ 나치 동지들을 곤혹스럽게 만든 만큼 영국을 헷갈리게 한 ─ 헤스의 정신 나간 주도권 행사에 그 뒤로도 몇 주, 몇 달 동안 계속 화를 냈다. 그는 괴벨스를 시켜 헤스의 행위를 '환각' 탓이라고 해명하게 했다. 그러나 그 변절은 히틀러 개인에게 타격이었다. 헤스는 '고참 투사'였을 뿐만 아니라 1923년의 뮌헨 푸치 뒤에 란츠베르크Landsberg에서 감옥에 있는 동안 자기가 불러주는 『나의 투쟁』을 받아 적었던 비서이기도 했다. 또한 헤스는 리스트List 연대[1] 전우이기도 했다. 리스트 연대는 '독일 젊은이'의 사회였으며, 그 사회의 우애 어린 관계는 제1차 세계대전 동안 히틀러에게, 그의 외롭고 혼란스러운 청년기를 통틀어 유일하게 충만한 경험을 안겨주었다.

어쩌면 리스트 연대가 이프르 전투의 영아 살해Kindermord bei Ypern에서 바쳤던 희생[2]의 기억이 헤스의 비행飛行으로 일깨워졌을 텐데, 제7낙하산사단의 괴멸과 제1강습연대의 궤멸은 틀림없이 그 기억과 견주어져 판단되었을 것이다. 히틀러 자신이, 낙하산병들이 1941년 5월에 당한 것보다 훨씬 더 격심했던 1914년의 대학살에서 살아남은 사람이었다. 폴란드, 노르웨이, 네덜란드, 프랑스, 발칸 반도에서

1. 제1차 세계대전 초기에 히틀러가 자원해 들어간 제16바이에른 예비보병연대. 연대장의 이름을 따 흔히 리스트 연대로 불렸다.

2. 1914년 10월 31일부터 11월 22일까지 벌어진 제1차 이프르 전투는 1914년의 마지막 대전투였으며, 히틀러가 처음 겪은 전투였다. 이 전투에서 리스트 연대원 611명 가운데 349명이 전사했으며, 히틀러가 속한 중대의 경우에도 250명 가운데 전투 직후에 전열에 남은 중대원은 42명에 지나지 않았다. '이프르 전투의 영아 살해는 독일인들이 이프르 전투에서 독일 병사들이 숱하게 죽은 상황을 고대 베들레헴의 갓난아기들이 헤롯 왕에게 죽임을 당한 사건에 빗대어 일컬은 표현이었다.

는 그 어떤 독일 국방군 사단도 슈투덴트의 정예부대의 손실에 근접하는 손실을 입지 않았다. 그러나 그 정도의 손실은 제1차 세계대전의 기준으로 보면 보통이었을 뿐만 아니라 전쟁이 시작된 이후의 독일 국방군 병력 증가분에 견주면 대수롭지 않았다. 전쟁이 일어난 지 21개월이 되는 이 시점까지 독일 국방군이 입은 손실은 20세기 유혈사태의 기준으로 보면 별것이 아니었다. 전사자와 행방불명자 수가 폴란드에서는 1만 7,000명, 스칸디나비아에서는 3,600명, 프랑스와 네덜란드에서는 4만 5,000명, 유고슬라비아에서는 151명이었다. 그리스와 크레타에서는 5,000명이 안 되었다. 한편, 독일 육군의 병력은 1939년 9월 이후로 375만 명에서 500만 명으로 불어났다. 독일 공군은 대공포(플락flak)[3]부대와 낙하산부대를 포함하면 170만 명을 헤아렸다. 해군은 40만 명이었다. 나치당 소속 군대인 무장친위대Waffen-SS는 5만 명에서 15만 명으로 늘어났다. 가장 두드러진 힘의 과시는 육군에서 일어났다. 1939년 9월에 전쟁에 동원될 때 현역 육군부대Feldheer는 106개 사단이었는데, 이 가운데 10개 사단이 기갑사단이고 6개 사단이 차량화사단이었다. 1941년 6월이 되면, 즉 바르바로사 작전 직전에는 그 명부가 180개 보병사단, 12개 차량화사단, 20개 기갑사단으로 늘어났다. 기갑부대의 배가는 개개 부대가 보유하는 전차의 수를 반으로 줄여서 이루어졌다. 그런데도 독일 육군은, 육군을 지원하는 공군력과 더불어, 1939년의 육군보다 더 컸을 뿐만 아니라 모든 면에서 — 무기와 예비병력, 그리고 무엇보다도 작전 기량에서 — 크기에 걸맞지 않게 더 강했다. 히틀러의 1935~1939년 재무장 계획은 그가 외교 정책에서 벌인 모험에 군사적 무게를 주었을 뿐이었으며, 그의 전쟁수행은 독일 사회 전체에 스며들었다. 독일 남자는 이제 네 명 가운데 한 명꼴로 군복을 입고 있었으며, 그 대다수가 승리를 직접 경험하고 점령한 영토를 밟아보고 1918년의 전승국 군인들이 포로가 되는 모습을 보았다. 국가國歌에서 독일 국

3. 독일어 낱말 Fliegerabwehrka-none의 약어

4. 1871년부터 1918년까지 사용
된 독일의 국기. 1919년에 다른
국기로 대체되었으나, 외교 업무
에서는 1921년부터 1935년까지
계속 국기로 쓰였다.

5. 독일은 독일의 민족주의 시
인 폰 팔러슬레벤(von Fallersleben)
이 1848년에 지은 3연으로 구성
된 시를 1922년부터 국가의 노
랫말로 사용했는데, 이 시의 1연
에 독일 문화권의 범위를 말하
는 "마스(Maas)에서 메멜까지, 에
치(Etsch)에서 벨트(Belt)까지"라
는 구절이 나온다. 마스는 뫼즈
강, 에치는 이탈리아의 아디게 강,
벨트는 네만(Neman) 강을 독일에
서 이르는 말이다. 나치는 이 노
랫말을 독일의 팽창주의를 정당
화하는 데 썼다. 오늘날 독일은
폰 팔러슬레벤의 시 3연만을 국
가로 쓰고 있다.

기가 휘날려야 한다고 한대로, 적백흑 기[4]와 스바스티카 기가 올라
간 곳은 "뫼즈 강에서 메멜까지, 벨트Belt에서 아디게Adige 강까지"[5]
였다. 이제 독일 군인들이 그 깃발을 들고 히틀러가 자기 것으로 구
상한 정복 지대 안으로, 즉 스탈린의 러시아 안으로 훨씬 더 깊숙이
들어갈 태세를 갖추었다.

역사가들은 발칸 반도 전역이 히틀러가 오랫동안 세운 소련 공격
계획에서 달갑지 않게 힘을 다른 데로 빼돌리고 그가 그 계획의 시
작을 위해 마련해 놓은 일정표를 망쳤다는 식으로 자주 묘사하는데,
사실은 그렇지 않았다. 발칸 반도 전역은 그의 군사 전문 고문관들
이 예상할 수 있었던 것보다 훨씬 더 빠르게 성공적으로 마무리되
었다. 한편, 바르바로사 작전 D-데이의 선정은 언제나 우발적인 사
건의 결과가 아니라 날씨와 객관적인 군사적 요인에 달려 있었다.
독일 육군은 바르바로사 작전에 할당된 부대를 폴란드에 배치하는
것이 예상보다 더 힘들다는 것을 깨달았다. 한편, 봄에 얼음이 늦게
풀리는 바람에 동유럽의 하천들이 예상한 날짜를 넘어서까지 물살
이 불어 있었다는 것은 히틀러의 의향이야 어떻든 간에 바르바로사
작전을 6월 셋째 주 훨씬 이전에 시작하기란 불가능했음을 뜻했다.

그렇기는 해도, 바르바로사 작전의 전망은 독일의 지나친 낙관론
에 입각해 있었다. 브라우히치는 1941년 4월 말에 "대규모 국경 전
투가 예상됨. 그 기간은 4주까지지만, 그다음에도 여전히 사소한 저
항을 감안해야 함"이라고 썼다. 히틀러는 더 단정적이었다. 바르바
로사 작전 전야에 그는 남부 집단군을 지휘하는 룬트슈테트에게 "귀
관은 문짝을 걷어차기만 하면 됩니다. 그러면 썩어 문드러진 건물
전체가 폭삭 주저앉을 겁니다"라고 말했다. 히틀러의 예단은 얼마간
은 이데올로기로 결정되었다. 그가 가진 소련관은 소련 시민들이 볼
셰비키 폭군 한 사람이 소유한 짓눌리고 야만화된 축생, 즉 프로스
페로Prospero 한 사람의 눈 아래서 절대 권력에 눌려 주눅이 든 칼리

반Caliban[6] 2억 명이라는 시각이었다. 이 거울 이미지에는 얄궂은 데가 있었다. 그러나 소련 공산주의의 중심이 텅 비었다는 히틀러의 믿음은 편견뿐만 아니라 실상으로도 뒷받침되었다. 즉, 1939년에 붉은군대라는 거인이 핀란드라는 난쟁이를 상대로 한숨 나오는 성적을 거둔 것이다. 이 수치를 불러온 원인은 1937~1938년에 스탈린이 자행한 — 어느 전쟁이 일으킬 수 있는 것보다도 훨씬 더 철저한 — 붉은군대 고위장교 대량학살이었다.

스탈린은 자기의 정치적 우위를 확실하게 만들어준 당과 비밀경찰(엔카베데)을 숙청한 뒤 숙청을 확장해서 붉은군대의 고위사령관의 절반 이상을 반역죄로 기소하고 재판해서 유죄를 선고하고 처형했다. 제1호는 투하쳅스키Tukhachevskii[7] 참모총장이었다. 그는 1918~1920년의 내전기 동안 납득할 만한 이유로 전향하고 그 뒤로는 전후 재건기에 아주 절실하게 필요했던 전문적 지휘를 군에 제공한 과거 제정군 장교집단의 대표자였다. 그는 자기가 새로운 러시아에 헌신한다는 확고한 증거를 제시한 적이 있다. 1920년의 바르샤바 공격을 지휘하고 1921년의 크론시타트Kronshtadt 봉기[8]를 진압한 사람이 바로 그였던 것이다. 또한 그는 육군의 전차 병과 창설과 대규모 기계화군단 편성을 선도한 사람이기도 했다. 이런 부대가 있었기에 붉은군대가 1935년까지 현대 군사 발전의 맨 앞으로 나설 수 있었던 것이다. 그는 어쩌면 바로 그 전략적 급진주의 때문에 군 숙청이 시작되자 숙청대상으로 선정되어 1937년 6월 11일에 다른 장군 일곱 명과 함께 총살당했을 것이다.

그 뒤로 총살은 빠르게 진행된다. 1938년 가을까지 붉은군대 원수 5명 가운데 3명, 군 사령관 15명 가운데 13명, 사단장 195명 가운데 110명, 여단장 406명 가운데 186명이 죽었다. 행정직과 군대 내 정치직에 있는 사람들의 대량학살은 훨씬 더 광범위했다. 정치행정의 우두머리 — 즉, 군인이 당의 비위를 거스를지 모를 결정을 내리

6. 셰익스피어의 작품 『폭풍우(The Tempest)』에서 프로스페로는 본디 밀라노 공작이었다가 동생의 술수에 빠져 외딴섬에 표류했으며, 그 섬에 살던 마녀를 물리치고 마녀의 아들인 칼리반을 가혹하게 부려 먹는 인물로 나온다.

7. 소련의 군인(1893~1937). 귀족의 아들로 태어나 제1차 세계대전 때 제정군 장교로 독일군과 싸우던 중 포로가 되었지만 탈출했다. 내전기에는 붉은군대의 탁월한 야전 사령관으로 떠올랐다. 1920년에 러시아를 침공한 폴란드군을 물리쳤다. 1926년에 붉은군대 참모장이 되어 군 현대화를 추진하다가, 스탈린의 의심을 사서 숙청되었다.

8. 크론시타트는 페테르부르그 앞바다에 있는 섬으로 발트 해 함대기지였다. 크론시타트 수병들은 1917년에 가장 확고한 볼셰비키 지지세력이었으나, 내전을 거치면서 볼셰비키 정부의 독재에 불만을 느낀 나머지 1921년 3월에 민주주의를 요구하며 봉기를 일으켰다. 위기감을 느낀 볼셰비키 정부는 봉기를 무력으로 진압했다.

9. 소련의 군인(1882~1945). 제정군의 참모장교였다가 1917년 10월혁명 뒤에 볼셰비키에 가담했다. 붉은군대에서 고속 승진해서 1937년에 참모본부장이 되었다. 독소 전쟁 때에는 후배들에 가려 두드러진 역할을 하지 못했다.

10. 러시아의 혁명가, 정치가(1879~1940). 일찍부터 혁명운동에 뛰어들어 1905년 혁명의 지도자로 명성을 얻었다. 1917년에 볼셰비키당에 가입해서 레닌과 함께 10월 무장봉기를 지휘했다. 내전기에 붉은군대를 창설하고 반혁명군을 물리치는 데 큰몫을 했다. 레닌의 후계자로 주목을 받았으나, 경쟁자들의 집중견제를 받아 소련에서 쫓겨났다. 반스탈린 운동을 주도하다가 멕시코에서 지내던 중 스탈린이 보낸 비밀요원의 손에 목숨을 잃었다.

11. 소련의 군인(1883~1973). 가난한 농부의 아들로 태어나 1903년에 제정군에 들어갔다. 1918년부터 붉은군대 기병대를 조직해서 반혁명군과 싸웠다. 1937년에 모스크바 군관구장을 지냈다. 팔자수염을 기른 멋쟁이 사령관으로 유명했다.

12. 소련의 정치가(1881~1969). 노동자 출신으로 1903년부터 반체제활동을 했다. 내전기에 스탈린과 인연을 맺었고, 1926년에 공산당 정치국원이 되었다. 1940년에 겨울전쟁 실패를 책임지고 국방인민위원 자리에서 물러났다. 흐루쇼프 시대에 그를 축출하려는 시도가 있었지만 실패했다.

거나 언질을 하지 않도록 만드는 일을 하는 당 지도위원komissar — 대다수와 더불어 국방차관 11명 전원, 군사위원회 위원 80명 가운데 75명, 군관구 사령관 전원이 총살당했다.

숙청의 효과

피를 보려는 스탈린의 욕망에서 어떤 일정한 유형을 찾아내기란 어려운 일이었다. 1917년 이후로 볼셰비키와 운명을 함께 했던 전직 제정군 장교가 숙청으로 많이 제거되었다는 것은 틀림없다. 그러나 숙청은 흠잡을 데 없는 프롤레타리아성을 지닌 예고로프Egorov 참모총장도 내버려두지 않았다. 예고로프의 후임인 샤포시니코프Shaposhnikov[9]는 제정군 참모본부 군사학술원 졸업생이었다. 사령관이 정치지도위원보다 더 심하게 당했다는 것도 사실이 아니었다. 왜냐하면 '정치인'이 '군인'보다 훨씬 더 많이 처형되었기 때문이다. 만약 스탈린의 살인 동기를 설명해줄 실마리가 있다면, 그것은 내전기 동안 형성된 사적인 원한과 동맹의 역사에 있는 듯하다. 당 숙청의 주된 제물이 레닌이 죽은 뒤 스탈린이 수석 총간사 역할을 강화하는 데 반대하거나 도와주지 않았던 사람들이었던 것과 똑같이, 군 숙청의 주된 제물은 백군과의 싸움에서 레프 트로츠키Lev Trotskii[10]의 붉은군대 지도부와 관계를 가진 사람들이었다. 반反트로츠키파는 부존니이S. M. Budennyi[11]와 보로실로프K. E. Voroshilov[12]가 지휘한 제1기병군에 몰려 있었다. 제1기병군은 1918~1919년에 스탈린이 정치지도위원으로 있는 러시아 남부에서 백군에 맞서 싸우는 동안 상부의 말을 잘 듣지 않고 그들 나름의 전략을 수행했으며, 1920년에 실패로 끝난 바르샤바 진격에서는 눈에 보일 정도로 투하쳅스키를 도와주지 않았다. 제1기병군은 백군에 대항한 트로츠키의 — 그리고 투하쳅스키의 — 전쟁에서 상궤에서 벗어난 요소였지만, 트로츠키에 대항한 스탈린의 첫 투쟁이 연상되는 군 기구였으며 이 때문에 제1

기병군 고참 동지들은 스탈린이 승리하는 시기에 그의 총애를 받았다. 숙청 덕분에 소련군 지도부의 높은 자리로 올라간 네 사람, 즉 부존늬이와 티모셴코S. K. Timoshenko[13]와 메흘리스L. Z. Mekhlis[14]와 쿨릭G. I. Kulik[15]은 모두 다 제1기병군 장교이자 러시아 남부 전역 참전용사였다. 1937년 이전에 이미 국방인민위원[16]이었지만 투하쳅스키의 몰락으로 권력이 크게 늘어난 보로실로프도 제1기병군의 일원이었다.

이들의 진급은 군사 면에서 러시아에 득이 되지 않았다. 부존늬이에게는 멋진 콧수염은 있었지만 군사적인 두뇌는 없었다. 존 에릭슨John Erickson 교수의 말을 빌리자면, 메흘리스 수석 정치지도위원은 "대단하기 그지없는 무능력을 장교단에 품은 강렬한 증오와 합쳐 놓"은 듯했다. 티모셴코는 적어도 유능하기는 했지만 군 지휘관이라기보다는 정치지도자였다. 쿨릭 병기총국장은 다룰 능력이 없다는 이유로 병사들에게 자동화기를 배부하는 데 반대하고 대전차포와 대공포의 생산을 중단시킨 기술의 반동이었다. 보로실로프는 이들 가운데에서도 최악이었다. 그는 1934년에 투하쳅스키의 독립된 기갑부대 옹호보다 뚜렷하게 더 나은 이유 없이 "전차군단 같은 강력한 부대가 아주 억지스러운 착상임은 거의 자명한 이치이며, 따라서 우리는 그것과 아무 상관이 없다"고 주장했다. 그는 투하쳅스키가 제거된 뒤 곧바로 여단급 이상의 전차부대를 모조리 없앴다.

보로실로프의 무지몽매함은 — 그리고 다른 제1기병군 참전용사들의 무지몽매함은 — 핀란드 전쟁에서 드러났다. 수가 러시아군의 200분의 1밖에 되지 않는 핀란드군에게 수모를 당한 러시아군은 시급히 개혁을 해야 했다. 보로실로프가 1940년 5월 8일에 소브나르콤Sovnarkom[17] 부의장과 방위위원회 의장이라는 비교적 해가 없는 자리에 지명되었고, 그의 후임으로 티모셴코가 국방인민위원이 되었다. 비록 핀란드를 상대로 한 그의 작전 수행이 결코 능란하지는 못했어도 티모셴코는 적어도 붉은군대를 개편할 절박한 필요가 있다는 점은 간파했다. 그의 후원을 받아서 2개 기갑사단과 1개 기계화사단이 1개 기갑군단을 이루는 식으로 투하쳅스키의 대규모 기갑부대를 다시 창설하는 조치, 1939년에 폴란드 동부를 병합하기 이전의 군사 경계선보다 200마일쯤 더 서쪽에 있는 러시아의 새 군사 경계선에 고정 방어시설을 만들기 시작하는 조치, 지휘체계에서 정치지도위원을 자문 지위로 떨어뜨리고 능력이 입증된 군인들을 상급사령부로 올려보내는 조치가 취해졌다. 그런 군인들 가운데 으뜸가는 사람이 분쟁지역인 몽골 국경에서 일본을 상대로 러시아가 벌인 선전포고 없는 전쟁에서 1939년에 할힌-골Khalkhin-Gol 전투[18]를 승리로 이끈 쥬코프G. K. Zhukov였다. 그의 동료인 로마녠코P. L. Romanenko[19] 중장이 1940년 12월에 크레믈Kreml'[20]에서 열린 고위급 참모회의에서 그가 발표하는 것을 서술한 바에 따르면, 쥬코프는 독일군 기갑부대가 작전을 벌이면서 발휘하는 역동성이나 기갑부대가 편성되는 대단위 규모나 기갑부대가 공격을 독일 공군의 지원 전투비행대와 긴밀하게 결합하는 정도를 완전히 간파하지는 못했다. 로마녠코에 따르면, 쥬코프는 "부대 편성에서 장비의 포화飽和 수준이 비교적 약한 상태"를 — 요컨대, 프랑스에서처럼 기갑이라는 도리깨로 보병부대를 탈곡장의 볏단 치듯 쳐대는 조밀한 기갑부대 집결체보다는 보병이 주를 이루고 전차는 단지 크기를 부풀리는 구식 전장을 — 예상했다. 그렇기는 해도, 그의 사고는 분명히 현대적인 군사 사고였다.

　러시아 군대의 전투 잠재력은 — 붉은군대든 제정군이든 — 결코 의심스럽지 않았다. 러시아 병사는 — 독일군뿐만 아니라 튀르크군, 오스트리아군, 프랑스군, 영국군 등 — 지난날 그들의 능력을 가늠해본 적군과 맞싸운 용감하고 대담하고 애국적인 전사였다. 포병으로서의 러시아 병사들은 대포에 달라붙어 떨어지지 않았다. 러시아 포병 물자의 질은 언제나 최상급이었다. 보병으로서의 러시아 병사는 방어할 때는 완강하고 공격할 때는 적극적이었다. 러시아군의 실

18. 몽골과 만주국의 경계선이 불분명한 할하(哈拉哈, Khalkha) 강에서 1939년 5월 11일에 벌어진 국경 분쟁에 일본 관동군이 개입하자 몽골과 상호원조조약을 맺은 소련군이 출동해서 격전이 벌어졌고, 8월에 쥬코프가 지휘하는 소련군 부대가 일본군에 대승을 거두었다. 일본 측은 이 전투를 노몬한 사건이라고 부른다.

19. 소련의 군인(1897~1949). 1918년에 군문에 들어섰고 1920년에 당원이 되었다. 독소 전쟁에서 야전 사령관으로 활약했으며, 전후에는 동시베리아 군관구장을 지냈다.

20. 본디 성곽을 뜻하는 말로, 여기서는 1918년 이후로 러시아(소련)의 정부청사로 쓰인 모스크바 크레믈을 말한다. 러시아(소련) 정부의 대명사로 쓰인다.

패는 병사가 뒤떨어져서가 아니라 장군이 형편없기 때문이었다. 무능한 지휘 때문에 고생하는 것이 러시아 군대가 너무나도 자주 맞이한 팔자였다. 크림에서도 그랬고 만주에서도 그랬다. 그래도 제1차 세계대전에서보다 더 심한 경우는 없었다. 1914년에 압도적으로 우세한 군대가 동프로이센에서 수에서 밀리는 독일군에 패하도록 만드는 데 성공했던 레넨캄프Rennenkampf[21]와 삼소노프Samsonov[22] 같은 부류의 인간들이 혁명에 휩쓸려 사라졌다. 혁명은 내전기 동안, 그리고 그 뒤에 이런 자들을 적과 맞부딪치면서 승리의 기법을 터득한 젊고 역동적인 지도자들로 대체했다. 이제 문제는 숙청에서 살아남은 ─ 사람은 당연히 체제에 순응하는 성격을 가진 하급장교들이었는데, 이런 ─ 사람들이 싸움터에서 결단성 있게, 그리고 활력 있게 행동할 자신감을 그대로 가지고 있을지의 여부였다.

1940년 6월에 (모든 나라 군대의 역사에서 최대 규모의 대량진급이 이루어져) 새로 소장에 임명된 장교 479명의 전망은 전적으로 비관적이지만은 않았다. 숙청의 한 가지 부산물은 붉은군대의 규율 규정이 엄해진 것이었다. 그 때문에 소련의 징집병들은 긍정적으로 프로이센적인 군 복종 기준에 종속되었다. 또 다른 부산물은 역설적이게도 정치지도위원의 강등이었다. 원래는 혁명정부가 러시아 혁명 전에 제정군 장교였던 지휘관의 배반을 예방하려고 군에 부과했던 제도에서 비롯된 이 정치관리는 군사 명령에 거부권을 행사할 권리를 1934년까지 가지고 있었다. 그 권리는 숙청기간에 재부과되었지만, 핀란드 전역의 패퇴 뒤에 다시 철회되었다. 따라서 신임 사단장들의 '정치 부관'이 담당한 책무는 병사들에게 정치교육을 하고 장교들 사이에서 당의 공인 교의를 유지하는 데 국한되었다. 전문 군인의 걱정을 덜어주는 중요한 점이었다. 기운을 북돋는 또 한 가지 요인은 장비의 개선이었다. 쿨릭이 붉은군대의 현대화를 늦추려고 갖은 애를 쓰는 데도 붉은군대 부대에 보급되고 있는 물자는 질이 좋았다.

21. 러시아의 군인(1854~1918). 러일전쟁 때 만주에서 기병사단을 지휘했으며, 본국에서 혁명운동을 탄압했다. 1914년 8월에 동프로이센을 공격하다가 독일군에 포위당한 삼소노프의 지원요청을 거절하고 후퇴했는데, 삼소노프에 대한 개인적 감정이 그 이유였다고 한다. 이에 문책을 받고 퇴역했다. 1918년 3월에 볼셰비키에 의해 처형되었다.

22. 러시아의 군인(1859~1914). 1914년 8월에 레넨캄프와 함께 동프로이센을 공격했으나, 타넨베르크에서 독일군에 역공을 당했다. 레넨캄프의 원조를 받지 못한 상태에서 포위되어 휘하 부대가 괴멸되었고, 8월 30일에 자살했다. 통솔력이 부족한 장군으로 평가받았다.

23. 미국의 기술공학자(1865~
1944). 철강공장에서 일하다가
공부를 해서 공학기술자가 되었
다. 각종 장비를 설계하면서 특
허를 땄으며, 1916년에 4륜 포차
를 개발한 이후로 각종 군 장비
를 설계했다.

스탈린의 공업화 계획이 불러일으킨 효과 하나가 미국 전차의 선구자인 월터 크리스티Walter Christie[23]에게서 곧바로 사들인 설계에 바탕을 둔 현대식 전차의 개발을 촉진한 것이었다. 그의 혁명적인 구동력 및 서스펜션 시스템의 결과는 끝에 가서는 T-34로 진화·발전할 모델이었다. T-34는 제2차 세계대전에서 가장 훌륭한 만능 전차임을 입증한다. 또한 소련 공업은 쓸 만한 군용 무선 송수신기와 초기 형태의 레이더도 생산하고 있었다. 한편, 비행기를 해마다 5,000대씩 생산해내는 항공기 산업은 전차와 마찬가지로 1941년이 되면 세계 최대가 될 공군력을 바쁘게 축적하고 있었다.

스탈린은 숙청기간에 군수 공업의 창의성 있는 과학자와 기술자에게 제멋대로 테러를 가해서 소련군이 선진적인 전쟁기구로 탈바꿈하는 데 커다란 지장을 주었다. 그러면서 그는 혁신가들을 드러내놓고 핍박하지 않을 때에는 그들을 지원한다며 말을 자주 바꾸었다. 그래서 중요한 1940년 12월 크레믈 회의에서 그는 동물을 이용한 운송으로 보급을 받으며 걸어서 행군하는 대규모 보병사단으로 되돌아갈 것을 옹호하는 자기의 하수인인 쿨릭을 트랙터보다 나무쟁기를 더 좋아하는 농부에 비유하면서 비웃었다. 그러면서도 스탈린은 기계화 운송부의 해체를 허락하고 육군의 화물차 보급을 크게 줄였다(때가 되었을 때 화물차는 무기대여법으로 디트로이트Detroit[24]에서 공급받아야 했다). 그러나 그의 영향이 꼭 해롭지만은 않았다. 그는 숙청에서 심술을 부리고 난 뒤로는 핀란드와 벌인 겨울전쟁에서 군대가 보여준 참담한 모습으로 드러난 개혁의 필요성을 받아들이고, 티모셴코 같은 부하들의 상식적인 조언을 받아들이고, 쥬코프와 로코숍스키K. K. Rokossovskii처럼 일본을 상대로 한 몽골 전역에서 이름을 드높이고 키르포노스Kirponos처럼 핀란드에서 이름을 드날린 다른 이들의 재능을 알아보고, 코네프Konev, 바투틴Vatutin, 예료멘코Eremenko, 소콜롭스키Sokolovskii, 츄이코프Chuikov처럼 군에서 평판이 좋

24. 디트로이트는 미국 미시건
주에 있는, 대표적인 자동차 공
업도시다.

은 더 젊은 다른 부하들의 계급을 올려주었다. 그는 무엇보다도 붉은군대 자체의 성장을 떠받쳐주었다. 붉은군대가 세계 최대라는 것은 그와 러시아 사람들에게 자부심의 근원이었으며, 그 규모를 보고 러시아가 자주국방을 하고 국경 너머로 영향력을 행사하는 능력에 자신감을 가졌다. 1941년 봄에 붉은군대의 전시병력의 수는 완전장비完全裝備된 50개 전차사단과 25개 기계화사단과 더불어 — 비록 주로 말을 이용한 수송에 기대어 보급이 이루어지는 사단이기는 했어도 1만 4,000명으로 구성된 부대인 — 230~240개 '소총'사단이었다(이 소총사단들 가운데 약 110개 사단이 서부에 있었다). 소련이 보유한 전차는 2만 4,000대였다. 비록 질은 고르지 않았지만 연간 생산대수는 2,000대였으며, 이 가운데 T-34가 차지하는 수가 늘어나고 있었다. 1941년 말이 되면 전차 생산 목표량이 2만 대와 2만 5,000대 사이에 있게 된다. 한편, 독일은 어느 해에도 전차 1만 8,000대이상을 생산하는 데 결코 성공하지 못할 터였다. 소련 공군의 병력은 1941년에 1만 대에 이른 연간 비행기 생산량에 기대어 1940년에 최소한 1만 대였다. 소련 공군은 아직 최고의 독일 항공기에 필적하는 비행기가 모자라고 비록 육군에 완전히 종속되어 있기는 했지만, 그런데도 세계 최대의 공군이었다.

따라서 스탈린은 물량의 관점에서 얼추 보면 맹주로서 히틀러와 대등했고, 어쩌면 우월했을 것이다. 그러나 그는 전략가로서는 아직 히틀러의 맞수가 결코 아니었다. 1939년에 전쟁을 유발한 히틀러의 결정은 파국적인 오판이었음이 드러난다. 그러나 히틀러는 그 결정을 실행하면서 1936~1939년에 그토록 장대한 외교상의 승리를 자기에게 안겨주었던 것과 정확히 똑같은 종류의 숨은 의도를 냉정하게 평가하고 약점을 무자비하게 활용하는 모습을 보여주었다. 스탈린도 무자비하고 냉정하게 작전을 펼쳤지만, 그는 제 꾀에 제가 넘어가는 조잡한 유아론唯我論 탓에 숨은 의도를 간파하고 현실을 파악하지 못했다. 그는 적에게도 자기만큼 모질고 탐욕스럽게 계산하는 패턴이 있다고 여겼다. 그래서 스탈린은 자기가 1939년 이후로 소련에 추가한 영토의 양에 자못 만족스러워 했기 때문에 전쟁이 일어났을 경우 독일의 제1목표가 그 영토를 자기에게서 앗아가는 것이리라고 생각한 듯하다. 그는 자기가 가진 것을 놓치지 않는 것을 제1목표로 삼았음이 틀림없다. 그 결과, 소련이 1941년 봄에 행한 군사적 노력은 대부분 새로운 국경 방어시설을 세우는 일에, 즉 지난 두 해 동안 1939년 국경으로부터 전진하는 바람에 내버려진 국경 방어시설을 대체하는 일에 들어갔다. 동시에 붉은군대는 '종심 방어'와 역공 예비병력 유지에 관한 전통적인 군사적 지혜를 일절 무시하고 국경이 휘고 굽이치는 곳을 모조리 다 지키기 위해 전개되었다. 1939년 국경의 방어시설은 새 국경의 방어시설에 무기를 제공하려고 사실상 죄다 뜯겨 없어졌다. 한편, 요새화시설이 갖추어진 지대 뒤에서 지원병력으로 유지될 수도 있었을 기갑부대는 조각조각 나뉘어 서부의 5개 군관구에 걸쳐 분산되는 바람에, 역습이나 종심 저지 작전을 할 수 있도록 집중되지 못했다.

　보유한 병력을 분산해놓은 것과 짝을 이루어 스탈린은 그 병력이 위험에 처해 있다는 다른 이들의 경고를 무시했다. 그는 히틀러와 거래를 하면서 제아무리 철저히 냉철했다고는 해도 동료 독재자의 공격 의도에 관한 보고를 싸움을 거는 '도발행위'로 여기는 고집을 부렸다. 그 같은 보고가 1941년 3월 이후로 스탈린에게 소련대사와 육군무관, 러시아인 첩보원과 비러시아인 첩보원, 이미 독일과 전쟁을 벌이고 있는 외국 정부, 특히 영국 정부, 심지어는 미국을 비롯한 중립국에서 아주 많이 들어왔다. 독일군 정찰기가 ─ 1939년에 영국 상공을 비행했던 테오도르 로벨Theodor Rowehl[25] 예하의 같은 비행대가 ─ 소련 영토 상공을 계획적으로 비행하고 러시아 군복을 입은 독일군 정찰대가 소련 국경지대를 침투하는 것이 독일의 의도를 가

25. 독일의 군인(1904~?). 제1차 세계대전 때 정찰기 조종사로 활약했다. 민간인 신분으로 폴란드 군사시설을 몰래 항공 촬영하는 데 성공했고, 독일군 첩보부대 산하에 특수 비행부대를 창설해 지휘했다.

장 잘 보여주는 증거였다. 이 증
거는 전쟁준비가 완료되었다는
독일대사의 속달 공문을 (작성
하는 데 도움을 주다가 정보를)
알게 된 도쿄의 코민테른 간첩인
리햐르트 조르게Richard Sorge[26]가
일찍이 4월에 올린 보고로 보
강되었다. 4월 3일에는 윈스턴
처칠이 스탈린에게 독일군이 유
고슬라비아의 삼국협약 가입으
로 풀려난 기갑부대를 곧장 폴
란드 남부에 배치해 놓았다는
전갈을 보냈다. 그 정보의 원천
은 (물론 러시아에는 드러나지 않
은) 얼트라 첩보기관이었다. 친
소 성향이 강한 스타포드 크립
스Stafford Cripps 모스크바 주재 영
국대사가 이상하게도 할 일을
제때 하지 않아서 그 메시지의

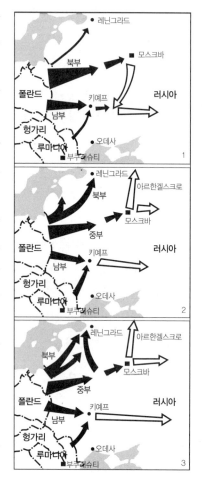

소연방 정복 계획의 변천

1. 주공을 북쪽에서는 백러시아
를 관통하고 남쪽에서는 키예프
로 향하도록 한 1940년 8월의 마
르크스(Marcks) 안.

2. 레닌그라드를 향한 제3의 주
요 돌파 공격을 추가한 1940년
12월의 할더의 변형안. 키예프 진
공을 희생해서 모스크바 강공이
강화되었다.

3. 1940년 히틀러의 변형안(바르
바로사). 강조점이 북쪽으로 옮겨
가서, 레닌그라드가 주목표가 되
었다. 남쪽에서 이루어지는 작전
의 의도는 우선은 우크라이나 서
부를 점령하는 것뿐이었다.

전달을 4월 19일까지 늦추었다. 그러나 그보다 여러 주 앞서서 스탈
린은 독일의 의도에 관한 똑같이 훌륭한 서구 측 첩보를 가지고 있
었다. 일찍이 3월에 섬너 웰즈Sumner Welles[27] 미국 국무차관이 워싱턴
주재 소련 대사에게 한 정부 간 공식 교환문서의 요지를 넘겨 주었
던 적이 있는데, 그 문서의 원문은 다음과 같았다. "미합중국 정부
는 세계 정세의 전개를 평가하려고 노력하던 차에 소연방을 공격하
는 것이 독일의 의도임을 분명히 알려주는 정보를 입수하게 되었으
며, 미합중국 정부는 이 정보의 근거가 확실하다고 간주하는 바입

26. 독일의 공산주의자(1895~
1944). 제1차 세계대전에 참전한
뒤 함부르크 대학에서 정치학
박사학위를 받았다. 1919년에 공
산당원이 되었지만, 1933년에 나
치당에 위장 가입했다. 코민테른
의 지시로 일본으로 가서 주일
대사의 정치고문으로 일하면서
도쿄의 소련 간첩망을 이끌다가
체포되어 처형되었다. 1964년에
소연방 영웅 칭호를 받았다.

27. 미국의 행정가(1892~1961).
뉴욕의 명문가에서 태어나 중남
미외교 전문가가 되었다. 루스벨
트와 어릴 적부터 맺은 교분으
로 루스벨트 정부에서 국무차관
이 되어 1943년까지 대통령의 심
복으로 일했다. 코델 헐 국무장
관과 갈등을 빚고 사퇴한 뒤 저
술에 몰두했다.

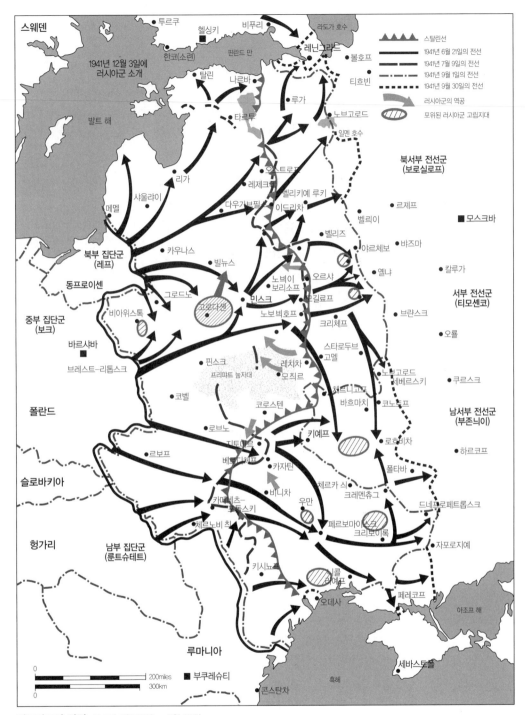

바르바로사 작전 1941년 6월 22일 ~ 9월 30일

니다." 이 중량감 있는 경고의 불분명함을 털어낸 것은 코민테른 첩보원 알릭잔더 푸트Alexander Foote[28]와 정체가 모호했지만 곧 신뢰성이 검증된 '루시Lucy' 조직망[29]에서 그해 봄 내내 나온 메시지들이었다. 푸트와 '루시' 둘 다 근거지가 스위스에 있었다. 그 정체가 확실하지 않은 채로 남은 — 어쩌면 제2차 세계대전 기간에 모든 나라 정부가 운영한 정보기관 가운데 가장 효율적이었던 체코 망명정부 정보기관의 요원이었거나, 어쩌면 스위스 첩보기관의 세포였거나, 어쩌면 블레칠리의 전초였을 — '루시'가 6월 중순에 독일의 목표 목록과 독일 국방군의 바르바로사 작전 전투 서열을, 그리고 심지어는 6월 22일이라는 현행 D-데이 날짜까지 모스크바에 알렸다. 대략 같은 시기(6월 13일)에 영국 외무부가 소련대사에게 독일의 공격이 머지않았다는 증거가 쌓이고 있다고 말하면서 모스크바에 군사 사절단을 보내겠다는 제안을 했다.

28. 영국 출신의 첩보원(1905~1950?). 에스파냐 내전에서 공화국 편에 서서 일했다. 반파시즘 투쟁을 결심하고 스위스에 있는 소련 첩보조직망의 무선통신 조작수로 활동했다. 스위스 당국에 체포되어 구금되었고, 종전 뒤 동유럽에서 지내다가 서유럽에 돌아와 정착했다.

29. 붉은군대 총사령부 첩보총국 국장이 스위스 내 첩보조직망에 붙인 이름. '루시 링'이라고도 한다. 루시란 이름은 조직 총책이 루체른(Luzern, Lucerne)에서 활동한 데에서 비롯되었다.

스탈린의 바람 섞인 생각

그때까지 스탈린에게는 독일군이 (루마니아군과 핀란드군과 함께) 수백만 명으로 러시아 서부를 공격할 준비를 갖춘 상태에 있다는 숱한 증거가 있었다. 그러나 이 모든 증거를 뻔히 알면서도 그는 달갑지 않은 사실 해석이 모두 다 서구의 악의[30]에서 나온 산물이라는 자기의 믿음과 바람을 버리지 않았다. 크립스는 스탈린의 바람 섞인 생각에 어리둥절해진 나머지 그것을 한결같이 독일의 최후통첩에 굴복하려는 러시아의 의도를 보여주는 증거로 런던에 제출한 듯하다. 물론 크립스의 이런 판단은 반은 맞았다. 넉 달 전에 불가리아와 유고슬라비아와 터키를 상대로 러시아가 펼쳤던 외교공세가 실패한 이후로 스탈린은 풀이 죽어 있었다. 또한 스탈린은 고집을 피우며 계속해서 러시아를 공격할 수 있도록 영국과 강화를 맺으려는 히틀러의 시도로 간주한 헤스의 비행에 너무 놀란 나머지 1939

30. 스탈린은 독일과 전쟁을 벌이는 영국이 궁지에서 헤어나려고 어떻게 해서든 소련과 독일을 이간질해서 두 나라 사이에 전쟁이 일어나도록 획책하고 있다고 믿었다.

년 8월에 세워진 정책, 즉 독일에 양보를 해서 독일을 다루려는 예전의 정책으로 되돌아갔으며, 이제는 무엇보다도 몰로토프-리벤트로프 조약의 경제 조항을 꼼꼼하게 이행해서 히틀러를 달래는 데 노심초사했다. 엄격한 할당량에 따라 석유와 곡물과 금속이 열차에 실려 6월 내내 국경을 넘어 독일로 계속 쏟아져 들어갔다. 마지막 송달이 된 분량이 바로 6월 22일 이른 시간에 국경을 넘어갔다.

이런 유화 분위기 속에서, 믿을 만한 첩보에 접할 수 없었고 신경이 곤두선 맹주의 기분을 상하게 할까 무서워하는 붉은군대 사령관들은 어떤 사전예방 조처도 취할 형편에 있지 못했다(존 에릭슨 교수가 예증한 대로, 거꾸로 된 스탈린의 세계에서는 '믿을 만한' 첩보는 자동으로 '믿을 만하지 못한' 첩보로 간주되었다). 바르바로사 작전이 시작되기 전 여러 주 동안 스탈린 휘하 장군들 가운데 가장 독립적인 심성을 가진 장군일 (그리고 스탈린의 맹목성이 불러온 최악의 결과인 9월 키예프 대포위전에서 목숨을 잃을) 키르포노스 키예프 군관구 사령관은 6월 초순에 예하 부대 일부를 국경에 배치했는데, 현지 엔카베데가 스탈린의 비밀경찰 총수인 베리야Beriia[31]에게 '도발행위'로 보고해서 그 배치 명령을 취소하라는 지시를 받았다. 키르포노스는 6월 중순에 방어 진지에 인원을 다시 배치하려고 시도했을 때 "전쟁은 일어나지 않는다"는 단정적인 말을 들었다. 바르바로사 작전이 개시되기 8일 전인 6월 14일에 소련의 전국 신문은 다음과 같은 취지의 정부 성명서를 찍어냈다. "독일이 〔몰로토프-리벤트로프〕 조약을 깰 의도가 있다는 풍문은 전혀 근거가 없다. 한편, 발칸 반도에서 작전을 마친 독일군 부대가 최근에 독일의 동부와 북부로 이동한 것은 소련-독일관계와는 아무런 상관이 없는 다른 동기와 연관되어 있다고 가정해야 한다." 1938~1939년 사이에 점령되거나 병합된 폴란드 일부와 체코슬로바키아 일부를 뜻하는 '독일의 동부와 북부'에서 6월 14일에 180개 사단으로 편성된 400만 명에 가까운 독

31. 소련의 정치가(1899~1953). 그루지야에서 가난한 농부의 아들로 태어나 학생 때부터 혁명운동에 가담했다. 1917년에 볼셰비키당에 가입해서 카프카지 지역당 활동가로 두각을 나타냈고, 1938년에 비밀경찰 우두머리가 되었다. 독소전쟁 동안에는 국가방위위원회 부의장이었다. 스탈린이 죽은 뒤 권력 다툼에서 밀려나 총살당했다.

일군 부대가 항공기 2,000대의 지원을 받는 전차 3,350대와 대포 7,200
문과 함께 전쟁에 들어갈 준비를 마친 상태에 있었다. 독일군에 루
마니아군 14개 사단이 동반하고, 에스파냐 의용군 1개 사단(청색군
Legión Azul[32])과 이탈리아군 수개 사단과 함께 핀란드군, 헝가리군, 꼭
두각시 국가인 슬로바키아의 군대가 곧이어 가세할 터였다. 이 막강
한 군대의 결집을 알아채고는 상부에 명령과 조언을 해달라고, 심
지어는 안심시켜달라고까지 요청한 일선의 러시아군 사령관들에게
주어진 대답은, (독일 국방군의 1차 목표인) 민스크Minsk에 있었던 포
병부대 지휘관인 킬치Kilch가 훗날 씁쓸하게 회상했듯이, "늘 한결같
았다. 그 대답이란 '허둥대지 마라. 진정하라. 지도자[33]께서 다 알고
계신다'였다."

실제로는 스탈린도 바르바로사 작전이 개시된 데에 그 어떤 부
관들만큼이나 놀랐고, 심지어는 독일군 공격부대가 출발선으로 이
동할 때까지도 사실을 직시하기를 끝끝내 거부했다. 6월 21일 토요
일 저녁에 티모셴코 국방인민위원과 쥬코프 참모총장이 크레믈에
도착해서 독일이 러시아로 들어가는 전화선을 끊어버렸으며 독일
군 무단이탈병 한 명이 이튿날 아침 4시에 공세가 시작되리라고 알
려왔다는 소식을 알리자, 스탈린은 경계명령을 내리기에는 때가 너
무 이르다고 답변했다. 그는 생각에 잠기더니 "어쩌면 문제가 아직
은 평화적으로 해결될 수 있을지 몰라. …… 분규를 피하려면 국경
지역 부대는 어떤 도발에도 자극받아서는 안 되네"라고 말했다. 쥬
코프가 물러서지 않고 스탈린에게 준비조처 지령 초안을 내밀었고,
스탈린은 자잘한 수정을 몇 가지 해야 한다고 고집을 부린 뒤 서명
했다.

그러나 그 지령은 국경부대에 동원명령을 내리지도 않았고 그 부
대가 처한 위험을 온전히 경고하지도 않았다. 어찌되었든 그 지령은
그 부대에 너무 늦게 도달했다. 레닌그라드·발트 해·서부·키예프·

32. 독일군을 도우려고 1941년
에 에스파냐에서 지원자로 구성
된 부대. 초기에 입은 파란색 군
복에서 이름이 비롯되었다. 전쟁
기간에 에스파냐인 4만 7,000명
이 이 부대에서 싸웠다.

33. 스탈린을 일컫는 이 러시아
어 칭호(vozhd)는 이탈리아어의
두체와 독일어의 퓌러와 같은 뜻
을 지닌다.

오데사Odessa 군관구들이 방어시설에 인원을 배치하기 시작한 바로 그때 독일군의 공격이 그들을 덮쳤던 것이다. 대규모 공습과 엄청난 포격이 비행장과 요새화지대에 가해졌다. 이 화력의 방벽 뒤에서 동부의 독일 육군, 즉 독일 동방군Ostheer[34]이 움직여 공격에 나섰다.

독일 동방군의 ― (레프 예하) 북부 집단군과 (보크 예하) 중부 집단군과 (룬트슈테트 예하) 남부 집단군이 ― 세 집체가 각각 레닌그라드와 모스크바와 키예프를 향해서 각기 유럽 러시아로 이어져 들어가는 유서 깊은 침공로에 정렬했다. 첫 번째 침공로는 튜튼 기사단과 한자 동맹 상인들이 500년 동안 게르만화한 영토를 통과해서 발트 해 연안을 끼고 내달렸다. 이곳에서 독일의 역사에 걸쳐 프로이센 육군과 독일 육군을 지휘해온 여러 가문이 나왔다. 히틀러에게 동방에서 최대의 승리를 안겨주게 될 만슈타인과 구데리안이 그 지방 지주의 후손이었다. 1944년 7월 20일에 간발의 차이로 히틀러를 죽이는 데 실패하게 되는 클라우스 폰 슈타우펜베르크Claus von Stauffenberg는 네만Neman 강의 코브노Kovno[35]에서 태어난 여인과 결혼했다. 1812년에 나폴레옹이 뒤따라간 두 번째 침공로는 예전에는 폴란드의 도시였던 유서 깊은 민스크와 스몰렌스크를 거쳐 내달렸다. 남쪽에서는 카르파티아 산맥의 산등성이로 경계가 그어지고 독일 육군이 그 4만 제곱마일 넓이 안에서는 군사작전이 불가능하기 때문에 '독일 국방군의 구멍'이라고 부른 거대한 프리퍄트 민물 늪지대로 북쪽 경로 및 남쪽 경로와 갈라지는 세 번째 침공로는 우크라이나의 흑토지대[36]로 이어져 들어갔다. 러시아의 곡창인 우크라이나는 도네츠 강과 볼가 강과 캅카즈의 거대한 공업지대, 광업지대, 석유 산지로 들어가는 통로였다.

프리퍄트 늪지대를 빼면 독일군과 세 침공로 상의 목표 사이에 들어선 천연장애물이 없었다. 러시아의 대하천 대여섯 개가, 특히 드비나Dvina 강과 드네프르 강이 침공로를 가로질러 흐르는 것이 사실이지만, 지난해에 프랑스군이 방어하기가 훨씬 더 수월한 자기 나라에서 깨달았듯이 공세를 주도하는 군대에 하천은 그다지 장애가 되지 않는다. 기계화되어 있고 항공력의 지원을 받는 군대라면 더더욱 그렇다. 초지대의 드넓은 공간에서 러시아의 하천은 기갑부대가 전진하는 데 딱 알맞은 땅에 띄엄띄엄 있는 장애물일 따름이었다. 러시아의 흙길을 진창으로 만드는 봄과 가을의 큰물과 성근 도로망과 철도망이 더 나은 방어물이었다. 그러나 독일군은 맹습을 하려고 일부러 비가 내리지 않는 한여름을 골랐다. 한편, 러시아군이 상비군을 대부분 스탈린 선이라고 불리는 미완성의 얇은 요새화 띠지대 뒤에 있는 좁은 국경지역 안에 몰아넣는 바람에 독일 국방군은 도로망에 의존해서 러시아군 후방으로 들어가는 전지를 신속히 만들어야 한다는 걱정을 하지 않아도 되었다. 아주 살짝 뚫고 나가기만 해도 러시아군(이 집단군을 부르는 이름인) '전선군'을 기갑부대의 아가리 사이에 놓기에 충분할 터였다. 그런 뒤에 전차의 궤적을 따라 행군하는 보병부대 대열이 아주 느긋하게 러시아군을 섬멸할 수 있었다.

최강의 기갑부대를 거느리고 최대의 포위 임무에 투입된 부대는 호트와 구데리안이 지휘하는 3기갑집단과 2기갑집단을 선봉돌격부대로 앞세운 중부 집단군이었다. 중부 집단군이 받은 명령은 백러시아에 있는 러시아군을 될 수 있는 대로 많이 포위해서 쪼개거나 꽉 끌어 안아서 숨을 끊어놓은 다음 전진해서 모스크바로 가는 민스크-스몰렌스크 간선도로 옆에 있는 드비나 강 및 드네프르 강의 상류 사이에 있는 '육상 교량'을 확보하라는 것이었다. 제2항공군 소속 항공기들이 사전에 출격해서, 6월 22일 아침에 러시아군 항공기를 지상에서 528대, 공중에서 210대 파괴했다. 날이 저물 때까지 공격 전선 전체에 걸쳐서 소련 공군이 잃은 비행기는 일선 병력의 4분의 1인 1,200대였다.

호트와 구데리안의 기갑부대가 스탈린 선을 뚫고 동시에 전진하고 있었다. 23년 전에 독일군이 강화조약을 강요했던 곳인 국경 요새도시 브레스트-리톱스크가 첫째 날에 고립되었다. 28소총군단을 지휘하는 바씰리 포포프_{Vasilii S. Popov}는 브레스트-리톱스크 요새가 "말 그대로 끊임없는 포격과 박격포 포화에 완전히 뒤덮였다"고 서술했다. 살아남은 요새 수비대원들이 한 주 동안 요새를 영웅적으로 방어하지만, 그들의 희생은 소용이 없었다. 요새가 함락될 때[37]쯤이면 요새를 우회해버린 독일군 선봉돌격부대가 저 멀리 동쪽을 휘젓고 다니고 있었던 것이다.

그렇지만 중부 집단군을 지휘하는 보크는 브레스트-리톱스크 수비대의 완강한 방어에 오도되어 수비대가 드네프르-드비나 '육상교량' 쪽으로 후퇴하는 인근 러시아군 방자를 엄호하고 있다고 믿게 되었다. 이에 따라 그는 6월 24일에 예하 기갑집단이 출발선에서 200마일 떨어진 민스크 주위에서 첫 번째 집게발을 닫는 임무를 포

37. 브레스트-리톱스크 요새 수비대원 일부는 무려 한 달을 버티다가 7월 20일에야 저항을 마쳤다.

🔻 1941년 가을. 남부전선의 한 독일군 기갑부대. 오른쪽에 3호 전차가 있다.

기하고 곧바로 스몰렌스크로 가야 한다고 독일 육군 최고사령부에
제안했다. 할더는 허락하지 않았다. 그는 전쟁에서 — 소련군 부대
로서는 — 거의 지휘관이 없는 이 단계에서 그들의 머리 잘린 닭 같
은 행동에 아직 익숙하지 않았고 호트의 3기갑집단이 너무 깊이 전
진해 들어갔다가 배후를 차단당할지 모른다고 두려워한 것이다. 따
라서 호트가 6월 24일에 안쪽으로 선회했다. 호트가 그렇게 하자,
구데리안의 2기갑집단은 호트에게 밀려 남쪽으로 비켜나간 러시아
군 부대가 자기의 측방에 가하는 압박을 느끼기 시작했다. 할더의
판단에 따르면, 프리퍄트 늪지대 안으로 도망치려고 시도하는 듯 보
이는 그 러시아군 부대가 프리퍄트 늪지대에서 '뒤에 남은' 군대가
되어 독일군 기갑부대가 획득한 땅을 강화하려고 전진해 오는 후속
부대를 위협할지 모를 일이었다. 이에 따라 할더는 제4군과 제9군에
예하 보병부대를 될 수 있는 대로 빨리 앞으로 보내서 호트와 구데
리안의 벌린 집게발 사이에 걸려든 그 패잔부대를 쳐부수라고 명령
했다.

　따라서 중부 집단군은 6월 25일까지 세 차례가 넘는 포위전을 치
르고 있었다. 한 번은 가장 작은 규모로 브레스트-리톱스크에서, 한
번은 스탈린이 지극히 어리석게도 국경의 굴곡 속에 붉은군대를 집
어넣은 뱌우이스톡Białystok 돌출부에서, 한 번은 볼코븍스크Volkovysk
에서였다. 붉은군대의 12개 사단이 뱌우이스톡과 볼코븍스크에서
포위되었다. 중부 집단군의 보병부대가 한 차례 더 전진하려고 기갑
부대를 풀어놓은 6월 29일이 되면 — 붉은군대의 다른 15개 사단을
또 괴멸의 위협에 빠뜨리는 — 네 번째 포위전이 민스크 둘레에서
진행 중이었다.

　더욱이 이 전투들은 제2차 세계대전에서는 아직 나타나지 않았던,
아마도 16세기에 오토만제국이 치른 여러 전쟁에서 가톨릭교도와
무슬림 사이에 벌어진 싸움 이후로는 유럽에서 자취를 감췄던 야만

성과 무자비함을 발휘하며 벌어지고 있었다. 가장 비타협적인 군인을 제외한 모든 프랑스 군인과는 달리 포위된 많은 러시아군은 필사적으로 끈질기게 싸웠다. 독일군은 이들을 인정사정 봐주지 않고 흉포하게 공격했다. 노르웨이 군인, 벨기에 군인, 그리스 군인, 또는 심지어 유고슬라비아 군인도 아직 직면한 적이 없는 공격이었다. 히틀러가 전역의 기조를 정해 놓았다. 그는 1941년 3월 30일에 휘하 장군들에게 한 연설에서 다음과 같이 경고한 적이 있었다.

러시아를 상대로 하는 전쟁은 기사도식으로 수행될 수 없는 그런 전쟁이 될 것입니다. 이 싸움은 세계관의 전쟁이고 인종 전쟁이며, 전례 없고 무자비하고 가차 없는 엄혹성을 가지고 수행되어야 할 것입니다. 모든 장교는 자신에게서 낡은 이데올로기를 없애야 할 것입니다. 본인은 귀관들이 그 같은 전쟁수행 방식의 필요성을 이해하지 못한다는 점을 알고 있습니다만, …… 본인의 명령이 이의 제기 없이 이행되어야 한다는 점을 역설합니다. 정치지도위원은 국가사회주의와는 완전히 상반되는 세계관을 퍼뜨리는 자들입니다. 따라서 정치지도위원을 없애버릴 것입니다. 국제법을 위반하는 독일 군인은 …… 사면을 받을 것입니다. 러시아는 헤이그 협약에 가입하지 않았고 따라서 협약의 보호를 받을 권리를 가지고 있지 않습니다.

소련은 ― 1907년 이후로 전쟁에서 포로와 비전투원에 대한 대우를 규정한 ― 헤이그 협약에 회원국으로 가입하고 싶다는 뜻을 1940년 8월 20일에 내비친 적이 있지만, 그것은 시험 삼아 해본 접근이었다. 따라서 1941년 6월 22일 이후에 러시아 군인은 협약 조인국의 군인을 학대하지 못하도록 규정한 헤이그 협약 조항이나 제네바[38] 협약 조항 그 어느 것의 보호도 받지 못했다. 그 결과, '특별 취급' 대상은 정치지도위원만이 아니었다. 오마 바토프Omar Bartov 교수가 보여준 대로, 1941년에 나치즘 치하에서 자라 어른이 된 사람이 다수인

38. 무력 분쟁 때 민간인이나 전쟁 포로 등 전투에 직접 참여하지 않은 사람을 보호할 목적으로 1864년 이후 주네브(Geneve)에서 맺어진 일련의 조약. 제네바는 주네브의 영어 명칭이다.

독일 국방군 병사에게 반볼셰비키 사상이 주입된 결과 전역 시작부터 포로가 제멋대로 학살당했다.[39] 이를테면, 48기갑군단장은 전역이 시작된 지 단 사흘 뒤 예하 병사들에게 "포로와 민간인을 쓸데없이 사살하는 일이 일어났다. 군복을 입고 용감하게 싸운 뒤 사로잡힌 러시아 군인이라면 제대로 된 대우를 받을 권리를 가지고 있다"고 항의하지 않으면 안 되었다. 닷새 뒤 그는 "무책임하고 무의미하고 범죄와도 같은 방식으로 자행되는 포로와 무단이탈병 사살이 훨씬 더 많이 눈에 띄었다. 이것은 살인행위다"라는 문건을 예하 군단에 다시 돌려야 했다. 그러나 그의 꾸지람은 효과가 없었다. 러시아군 포로 학대가 바르바로사 작전이 시작되자마자 너무 다반사가 되는 바람에 1942년 초가 되면 또 다른 독일군 부대, 즉 제12보병사단이 소속 병사들에게 붉은군대 병사는 "싸움터에서 있을 수 있는 전사보다 사로잡히는 것을 더 무서워" 한다면서 "지난해 11월 이후로 …… 우리에게 넘어온 무단이탈병은 몇 명에 지나지 않으며 전투 동안에는 격렬한 저항이 이루어지고 사로잡히는 자는 몇 명 되지 않았다"고 경고하고 있었다. 이것은 놀라운 일이 아니었다. 적군이 포로를 어떻게 다루는가에 관한 말은 어느 군대 안에서든 번개처럼 빠르게 나돈다. 이에 맞먹는 중요성을 지닌 소식은 오로지 아군 병원의 부상자 생존율에 관한 소식뿐이다. 그러나 이런 차이점이 있다. 부상자의 예후豫後가 나쁘면 군인의 기가 꺾여 열심히 싸우지 못하게 되는 반면, 포로를 나쁘게 대우하면 반대 효과가 빚어진다는 점이다. 제2차 세계대전이 진행되는 동안 독일 국방군은 러시아군 570만 명을 사로잡았다. 이 가운데 330만 명이 포로 상태에서 죽었으며, 그 과반수가 전역 첫해에 죽었다. 이 희생자들은 무엇보다도 독일 국방군이 그처럼 많은 수를 먹이고 숙소를 제공하고 이송할 준비를 미흡하게 해서 죽은 것이다. 그 결과는, 1943년 4월에 그로스도이칠란트Großdeutchland 사단 내부에서 돈 문건에 간결하게 요약된 대로, "모

39. 전후에 독일의 우파 일부가 '유럽 동부전선에서 소련 민간인과 포로에게 자행된 야만행위는 나치 친위대의 소행이었을 뿐, 독일 정규군과는 상관없는 일이었다'는 식의 주장을 했지만, 바토프 교수와 독일의 젊은 세대 역사가들의 집중적인 연구로 독일 정규군도 소련인을 상대로 무수한 잔학행위를 자행했음이 사실로 드러났다.

든 붉은군대 병사가 독일군에 사로잡히는 것을 무서워하기 때문에 거세지는 적군의 저항"이었다.

그러나 체계적인 학대는 1941년 6월과 7월에는 독일군만 알고 있는 비밀이었다. 적군인 러시아군은 끈질기게 싸우는 동안, 싸우면서 후퇴해서 포위에서 빠져나가려는 노력을 거의 하지 않았다. 얼마간은 지휘관들이 — 조건반사처럼 스탈린을 무서워한 것은 직무유기를 응징하는 약식처형 제도가 생김으로써 근거가 있었음이 곧바로 밝혀지는데 — 후퇴명령을 내렸다가 당할 결과를 무서워했기 때문이며, 얼마간은 탈출할 수단이 없었기 때문이었다. 독일군 보병사단 자체는 저 멀리 까마득히 앞서 나가버린 기갑부대 선봉돌격부대를 따라잡는 데 큰 어려움을 겪고 있었다. 이 단계에서 바르바로사 작전은 기갑사단이 돌진해서 하루에 50마일꼴로 치고 나가고 저항에 대처하거나 보급을 받기 위해서만 잠시 멈춰 서는 반면 그 뒤에서 터벅터벅 걷는 보병부대가 하루에 20마일이나 그에 못 미치는 속도로 초지대를 가로질러 힘들게 나아가는 유형을 따르고 있었다. 이를테면, 제12보병사단은 6월 22일과 7월 28일 사이에 뙤약볕 아래서 병사 한 명당 50파운드 무게의 장비, 탄약, 배급식량을 지고 하루 평균 15마일꼴로 560마일을 행군했다. 이 장정은 거리 면에서 1914년 8월에 폰 클룩von Kluck[40]의 보병부대가 파리를 향해 한 행군을 크게 앞질렀다. 탈진한 독일군 졸병은 발에서 피가 나고 어깨가 쓸려서 살갗이 벗겨지는 고통스러운 행군을 하면서도 오로지 기갑부대가 자기들보다 먼저 전투를 치르며 이기고 있다는 것을 알았기에 버텨냈을 가능성이 높아 보인다. 포위당한 붉은군대 병사에게는 그런 분발 요인이 없었다. 스탈린의 비위를 건드릴까 무서워하고 엔카베데의 처형대가 무서워서 빳빳이 굳은 장군의 지휘를 받는 그들은 대개 살아남아 훗날 싸울 날을 기약할 전망 없이 독일군 기갑부대에 빙 에워싸인 고립지대에 쪼그리고 앉아서 마지막 한 발까지 총

40. 독일의 군인(1846~1934). 제1차 세계대전 초기에 독일군의 맨 오른쪽 측방에 있는 제1군을 지휘해서 파리로 돌진했다. 파리에서 13마일 떨어진 곳에서 저지당해 파리 진입에 실패했다. 1915년 3월에 크게 다쳐서 이듬해 퇴역했다.

알을 다 쏜 다음에 찾아올 마지막을 기다렸다.

　7월 9일이 되면 민스크 고립지대에 있는 소련군이 중부 집단군에 항복했지만, 이제 역동적(이고 강성 나치)인 귄터 폰 클루게 장군 예하의 제4기갑군으로 개편된 중부 집단군 소속 2개 기갑부대가 스몰렌스크에서 네 번째 포위를 마무리하려고 이미 민스크 너머 멀리까지 육박하고 있었다. 드네프르-드비나 '육상교량'이 들어 있는 이 고립지대에 7월 17일까지 비텝스크Vitebsk와 모길료프Mogilev, 그리고 스몰렌스크 자체를 중심으로 25개쯤 되는 러시아군 사단이 갇혀 있었다. 독일군이 우리에 몰아넣어 가둔 러시아군 가운데 아직까지는 최대 규모의 집결체였다. 민스크-스몰렌스크 축선에 있는 중부 집단군 소속 보병부대가 그 날짜에 기갑부대 선봉돌격부대보다 200마일까지 뒤처져 있었으므로, 가능한 최단기간 안에 자기가 맡은 전선에 있는 "패잔병을 깨끗이 정리하"겠다고 마음먹은 보크는 이제 소중한 기갑사단과 (곧 이름이 기갑척탄병Panzergrenadier사단으로 바뀔) 차량화사단을 근접 전투에 투입해야 했다. 따라서 모스크바 도로를 따라 돌진하던 기갑부대에서 빼돌려 화물차로 수송된 뒤 하차한 보병, 그리고 전차와 반궤도 차량으로 이루어진 포위선을 7월 17일과 25일 사이에 스몰렌스크 둘레에 쳐서 8월 5일에 모든 저항이 끝날 때까지 덫에 걸린 러시아군 주위를 차츰차츰 더 팽팽히 조여 들어갔다.

　그러나 이 무렵에 보크는 포위망을 닫는 데 겪는 어려움이 단지 안에 있는 러시아군의 저항뿐만이 아니라 덫에 걸린 사단들을 증원하고 재보급하려고 밖으로부터 오는 결연한 노력 탓이라는 점을 간파했다. 드네프르-드비나 틈새가 열린 채로 남아 있는 동안 붉은군대 상급사령부가 '육상교량'으로 이용해서 부대와 탄약을 될 수 있는 대로 가장 빨리 서쪽으로 옮겨왔던 것이다. 전격전으로 말미암았던 초기의 마비에서 회복하고 있던 스탈린이 기존의 기구가 전쟁에 얼마나 알맞지 않은지 깨달으면서, 상급사령부가 7월 10일에 개

42. 소련의 정치가(1902~1988).
1920년에 공산당원이 되고 1925
년에 당중앙위원회 관리가 되어
스탈린에게 충성을 바쳤다. 1939
년에 당중앙위원회의 일원이 되
었으나, 스탈린 사후 흐루쇼프에
게 밀려나 한직으로 좌천되었다.

편되었다. 그는 얼마 전에 국가수반이라는 공식 직함을 취했고, 7월 10일에 최고사령관직을 만들고는 8월 7일에 최고 소비에트[41]가 자기를 그 자리에 임명하도록 했다. 6월 30일에 스탈린, 보로실로프, 베리야, 몰로토프(외무인민위원), 말렌코프Malenkov[42](스탈린의 당내 대리)로 구성된 국가방위위원회(게카오GKO)[43]가 세워졌다. 국가방위위원회 직속인 스탑카Stavka(작전참모본부)[44]가 7월 10일에 개편되어 당을 대표해서 스탈린과 몰로토프와 보로실로프, 육군을 대표해서 티모셴코, 부존늬이, 샤포시니코프, 쥬코프가 들어갔다. 군대의 모든 부서를 감독하도록 권한이 확장된 참모본부는 8월 8일에 스탑카에 종속되었다. 이때가 되면 스탈린이 ─ 국가방위위원회 의장과 국방인민위원과 최고사령관 등 ─ 소련 국가기구의 최고 직위들을 모두 다 차지했고 나머지 직위도 모두 다 직접 관장했다. 이렇게 자기의 위상을 높이는 행위에는 위험부담이 뒤따랐다. 이제는 패하면 비난이 스탈린 개인에게 직접 쏟아질 판이었다. 그러나 전쟁이 일어난 지 두 달이 채 안 되었는데 러시아의 상황이 너무나도 암담한지라, 그는 재앙이 더 일어나는 결과가 빚어지면 자기가 살아남을 수 없다는 것을 받아들여야 했다. 승리만이 그를 구할 수 있었다.

당근과 채찍

소비에트 국가가 처한 이런 최대 위기에서 스탈린이 ─ 자기 자신의 생존과 더불어 ─ 소비에트 국가의 생존을 확보하려고 매달리지 않아도 될 임시방편이나 고식책은 거의 없었다. 9월에 그는 '근위' 부대를 새로 만든다는 포고령을 내렸다. '근위' 부대는 구체제의 정수를 이루는 상징이었다. 1917년에 혁명세력은 근위대 장교가 전통적으로 끼어왔던 흰 장갑을 혐오한 나머지 근위대 장교의 손에서 살갗도 함께 벗겨냈다. 스탈린은 이제 독일군에 가장 꿋꿋하게 저항한 연대와 사단, 심지어는 군의 부대명에 '근위'란 말이 덧붙여져야 한다는 포고령을 내렸다. 한편, 영웅과 전승자에게 줄 새로운 훈장이 나폴레옹과 싸웠던 장군들의 이름을 따서 만들어졌다. 쿠투조프Kutuzov 훈장과 수보로프Suvorov 훈장이 바로 그것이었다.[45] 1917년에 장교의 제복에서 뜯겨졌던 '견장'을 비롯한 옛날의 계급 구분이 곧 되살아나게 된다. 심지어는 스무 해 동안 핍박과 비난을 받은 정교회 조직이 갑자기 복원되어 '어머니 루스Matushka Rus''[46]를 섬기는 자로 여겨졌다. 농업 집산화[47]와 숙청의 시기에 아무런 연민 없이 '어머니 루스'의 자녀들에게 폭행을 가했던 그 전제자가 민족의 여가장女家長을 되살려낸 것이다.

그러나 당근과 함께 채찍도 있었다. 정치지도위원의 '이중 권위'가 7월 16일에 복원되었다. 고위장교 9명에게 사형을 선고하는 명령서가 7월 27일에 장병 전원에게 낭독되었다. 사형선고를 받은 자 가운데에는 서부전선군의 통신장교와 제3전선군, 제4전선군, 제30소총사단, 제60소총사단의 사령관들이 들어 있었다. 다른 이들은 비밀리에 총살당하거나, 아니면 엔카베데의 사형집행자와 마주치기보다는 그냥 스스로 목숨을 끊었다. 엔카베데의 '특별 부서'가 전투 부대 뒤에 배치되어 무단이탈병을 쏘아 죽였고 병사들을 기관총으로 위협해서 자기 자리에서 벗어난다는 생각을 아예 머릿속에 떠올리지도 못하도록 만들었다('특별'이라는 말이 제2차 세계대전에서 그 얼마나 끔찍한 뜻을 얻었는가! '특별 지휘관', '특별 부대', '특별 취급', 이 모든 것이 무방비상태에 있는 사람과 눈 밖에 난 사람에게 죽음을 가져다주었다).

그러나 저항을 지탱하는 어려움은 나날이 전투를 치르면서 더더욱 커졌다. 공격해오는 독일군 3개 집단군에 상응해서 7월 10일에 — 티모셴코 예하의 서부전선군과 부존늬이 예하의 남서부전선군, 그리고 명목상으로만 보로실로프의 지휘를 받는 북서부전선군 — 3개 전선군이 만들어졌다. 이것은 국가방위위원회가 방어를 위해 동원하고 있는 증원군과 보급을 휘하에 두는 합리적 수단이었다. 그

45. 7년전쟁부터 러시아와 유럽에서 벌어진 수많은 전쟁에서 러시아군을 지휘하면서 단 한 번도 진 적이 없는 명장이었던 수보로프(1730~1800)는 제2차 나폴레옹 전쟁에서 반프랑스 동맹군의 총사령관이었다. 쿠투조프(1745~1813)는 1812년에 러시아를 침공한 나폴레옹에게 승리를 거둔 러시아군 총사령관이었다.

46. 러시아 땅을 어머니에 빗대어 일컫는 표현. '루스'는 러시아를 고풍스럽게 일컫는 표현이다.

47. 사유토지재산을 폐지하고 모든 농민을 국영농장이나 집단농장에 가입하도록 만든 소련 정부의 정책. 1929년부터 강행되었으며, 저항하는 농민에게 테러가 가해져 무수한 인명피해가 발생했다.

러나 1941년 7월에는 새로운 병력과 장비를 거의 찾을 수가 없었다. 기존의 부대와 무기는 화덕에 들어가는 겨처럼 전투에서 금세 소모되고 있었다. 7월 8일에 독일 육군 최고사령부는 확인된 러시아군 164개 사단 가운데 89개 사단을 섬멸했다고 산정했다. 이 평가를 대조 점검하면서 중부 집단군은 포로 30만 명을 잡고 전차 2,500대와 대포 1,400문을 노획했음을 보여줄 수 있었다(노획한 대다수 대포 주위에 포병대원의 주검이 있었다. 러시아 포병대원은 그만큼 끈질기게 싸웠다). 스탈린 자신이 동원된 240개 사단 가운데 180개 사단이 전투에 투입되었다고 계산했다. 그는 만약 히틀러가 자기에게 시간을 준다면 결국에 가서는 350개 사단을 만들 수 있다는 희망을 품었다. 그러나 지금은 보충병력이 발견되자마자 곧바로 소모되고 있는 판이었다. 중부 집단군은 네 번째 포위인 스몰렌스크 포위전 기간(7월 4~19일) 동안 31만 명을 더 사로잡았고 더불어서 전차 3,200대와 대포 3,100문을 노획했다. 갑자기 가동률이 높아진 러시아 공업이 다달이 전차 1,000대(와 비행기 1,800대)를 만들어내고 있었지만 손실이 이 수치를 넘어섰다.

중부 집단군이 스몰렌스크 고립지대에 있는 소련군 제16군과 제19군과 제20군의 섬멸을 마무리할 때, 북부 집단군은 발트 해 연안을 따라 레닌그라드로 전진하는 속도를 높이고 있었다. 처음에는 호수와 숲과 하천이 레프의 선봉돌격부대를 방해했다. 비록 그의 휘하에 있는 기갑사단이 세 개에 지나지 않았고 보크 같은 정도의 장쾌한 포위를 이루어내지는 못했어도, 7월 30일까지 북부 집단군은 리투아니아를 점령하고 스탈린 선이 있다고 가정된 곳인 드비나 강 하류의 건너편에 교두보를 여러 개 확보했다. 스탈린 선을 지나 내달리던 제4기갑집단은 1940년 이전 러시아 접경 리트비야 국경에 있는 오스트로프Ostrov에 이르렀고 열흘 뒤에는 루가Luga 강에 서 있었다. 레닌그라드에서 겨우 60마일 떨어져 있는 루가 강은 레닌그라드

밖에 있는 마지막 주요 하천장애물이었다.

남부 집단군은 초기에는 중부 집단군과 북부 집단군보다 느리게 전진했다. 열세 달 전에 뫼즈 강을 건너는 거대한 돌파를 지휘했던 룬트슈테트 예하의 남부 집단군은 전혀 별개의 두 덩어리로 이루어져 있었다. 하나는 제1기갑집단의 5개 기갑사단을 앞에 세운 독일군 보병부대의 북쪽 기동 밀집체였고, 남쪽에 있는 다른 하나는 소협상국Little Entente[48] 시기 동안에 제공받은 열등한 프랑스제 무기로 장비를 갖춘 루마니아군 사단과 헝가리군 사단으로 구성된 연합부대였다. 위성국 사단들의 임무는 독일군 보병부대와 전차가 우크라이나의 수도이자 러시아 문명의 기초를 세운 도시인 키예프를 향해서 초지대 안으로 깊숙이 행군해 들어가는 동안 드네스트르Dnestr 강과 부그 강을 건너서 오데사와 흑해 항구들을 장악하는 것이었다. 룬트슈테트의 전위는 1914~1915년에 194일 동안 농성을 지탱했던 프레미실Przemyśl 요새를 제압하면서 소련의 국경 방어시설을 어렵지 않게 통과한 다음 키르포노스가 지휘하는 남서부전선군에 속하는 소련군 부대의 주요 집결체와 마주쳤다. 스탈린이 거느린 가장 훌륭한 장군들 가운데 한 사람인 키르포노스는 미래의 소련 공산당 수석 총간사인 니키타 흐루쇼프Nikita Khrushchev를 정치지도위원으로 두고 걸출한 장군인 로코숍스키를 전차 지휘관의 한 사람으로 거느렸다. 남서부전선군은 — 6개 기계화군단을 보유해서 — 기갑부대가 유난히 강했고 실전에 투입된 T-34의 비율이 높았다. 키르포노스는 제5군과 제6군이 수행하는 수렴공격 사이에서 클라이스트 예하 제1기갑집단의 선봉돌격부대를 후속부대와 차단함으로써 룬트슈테트의 전격전에 대처하겠다고 결정했다. 절대적으로 옳은 방식이었다. 침투하기가 불가능한 프리퍄트 늪지대에서 나와 작전을 벌이는 제5군에게는 돌파 공격을 하기 위한 확고한 발판이 있었다. 탁 트인 초지대에 진지가 있는 제6군은 그렇지 못했다. 비록 양 군이 공격을 강

48. 전간기에 체코슬로바키아와 유고슬라비아와 루마니아 사이에 맺어진 상호방위협정. 1938년 9월에 체코슬로바키아의 주데텐란트가 독일에 병합되면서 붕괴되었다.

행하기는 했지만 두 집게발이 만나지 못했고, 클라이스트가 그 사이로 밀고 나가 르부프Lwów[49]를 6월 30일에 장악했다. 르부프 수비대 사령관은 블라소프A. A. Vlasov 장군이었다. 이때 싸워서 출로를 뚫어 가까스로 빠져나온 그는 한 해 뒤 레닌그라드 근방에서 독일군 손에 사로잡혀서 변절해서 반反스탈린 '블라소프 군'을 만들게 된다. 르부프를 소개하는 동안 현지 엔카베데가 우크라이나 정치범들이 독일군에 해방되도록 내버려두기보다는 그들을 학살했을 때 정권에 대한 그의 충성심이 흔들렸을지 모른다.

키르포노스는 6월 29일과 7월 9일에 클라이스트의 기갑부대를 상대로 '차단' 작전을 수행하려는 노력을 멈추지 않았다. 그러나 기갑부대의 힘과 독일 공군의 연속적인 난타 덕택에 룬트슈테트의 선봉돌격부대가 계속 전진하면서 '지토미르Zhitomir 회랑'으로 알려지게 되는 좁은 전진 축선 안에서 차츰차츰 수축해서 대열이 가늘어졌지만 키예프를 향해 파죽지세로 뻗어나갔다. 키르포노스는 지토미르 시에서 동쪽으로 겨우 10마일 떨어진 브로바리Brovary[50]에서 7월 11일에 지휘관 회의를 열었다. 이 회의에서 — 끊임없이 증원군을 받고 재정비를 했는데도 예전 모습이라곤 그림자만 남은 — 제5군과 제6군이 다가오고 있는 독일군을 계속 쳐야 한다는 결정이 내려졌다. 키르포노스는 양 군의 분투에 무게를 더해주고자 도착할 새로운 2개 군단, 즉 64군단과 27군단에 기대를 걸고 있었다. 비록 존 에릭슨 교수에 따르면 "무기가 모자라고, 말이 대포를 끌고 있고, 참모들은 지리멸렬하고, 무선 송수신기가 없고〔27군단에는〕1개 사단에만 지휘관이 있다"는 말을 듣고 키르포노스의 마음이 불안해지기는 했지만 말이다. 절망에 가까운 암담함 속에서 남서부전선군 군사협의회가 회의를 마치고 흩어지자, 사령부가 독일군의 맹렬한 항공공격을 받았다. 이미 키르포노스는 자기의 전선을 꿰뚫는 클라이스트를 차단하지 못할 경우 키예프가, 그리고 사실상 예하 부대 전체가 처할 위험을 어렴풋이 보았다. 이제 독일군 기갑집단의 전진이 집게발 역공의 한쪽 팔을 이루었다. 만약 독일군이 북쪽에서, 즉 보크의 중부 집단군에서 전차를 가지고 내려온다면, 집게발 두 번째 팔이 만들어지고 키르포노스와 부하들과 우크라이나 전체가 그 집게발에 물려 포위될 터였다.

모스크바 문제

같은 시기에 똑같은 생각이 히틀러에게 영향을 미치고 있었다. 그 와 육군 상급사령부는 한 해 전에 첫 계획을 세우던 순간부터 러시 아 전역을 어떻게 치러야 하는지에 관한 시각이 달랐다. 그 견해차 는 1940년 12월의 바르바로사 지령에서 꽤 많이 무마되었다. 그러나 독일 육군 최고사령부, 특히 할더는 여전히 저돌적으로 모스크바로 돌진함으로써 러시아군의 전투능력을 가장 잘 제압할 수 있다고 믿 은 반면, 히틀러는 무엇보다도 러시아 영토를 단번에 될 수 있는 대 로 많이 장악하면서 도중에 영토를 방어하는 러시아군을 거대하게 포위해서 섬멸하고 싶어했다. 그러나 사령관으로서 히틀러의 자신 감이 빠르게 붙고 있었다. 그는 폴란드 전역의 수행을 휘하 장군들 에게 맡겨두었고, 주로 레더 제독의 종용을 받아 스칸디나비아를 침공했다. 그는 서방의 전역 이전과 전역 도중에 휘하 장군들에게 명령을 내렸지만, 또한 특히 됭케르크 외부에서 우물쭈물하면서 결 단을 내리지 못하고 결정을 내린 뒤에는 안절부절못하는 모습을 보 이기도 했다. 그러나 바르바로사 작전이 개시된 이후로는 자신감이 붙고 있었다. 바르바로사 작전은 가장 완전한 의미로 그의 전쟁이었 으며, 의기양양하게 시작되었다. 바르바로사 작전이 진행됨에 따라 그는 작전 지휘에서 차츰 오만해졌다. 할더는 7월 14일에 "영도자의 간섭은 완전히 골칫거리가 되고 있다"고 썼다. 조금 더 지난 뒤 그는 이 화제를 다음과 같이 자세히 서술했다.

그는 다시 군사 지도자 노릇을 하고 있으며, 터무니없는 생각으로 우리를 괴롭히면서 우리가 지금까지 놀라운 작전으로 얻어낸 모든 것을 위험에 빠뜨리고 있다. 프랑스군과는 달리 러시아군은 전술상의 패배를 당했다고 해서 그냥 도망치진 않을 것이다. 숲과 늪이 절반인 지형에서 러시아군에 이겨야 한다. …… 나는 지금 이틀에 한 번꼴로 그에게 가야 한다. 〔히틀러의 본부와 독일 육군 최고사령부의 본부는 동프로이센의 라스텐부르크 Rastenburg[51]에 서로 가까이 있는데도 별개의 실체였다.〕 횡설수설이 몇 시간 동안 이어지는데, 결론은 전쟁을 하는 방법을 이해하는 사람은 단 한 사람뿐이라는 것이다. …… 내게 확신이 없었더라면, …… 한계에 다다라 있고 자기가 완전히 무기력하다는 것을 드러내 보이지 않으려고 사나이다움의 철가면 뒤에 숨는 브라우히치 〔총사령관〕처럼 무너졌을 것이다.

할더 및 독일 육군 최고사령부와 히틀러의 견해차는 7월 19일에 히틀러가 자기의 다음 작전단계 구상의 개요를 설명하는 영도자 지령 33호를 발표했을 때 공공연하게 표면 위로 떠올랐다. 영도자 지령 33호에는 중부 집단군의 2개 기갑집단, 즉 (호트의) 3기갑집단과 (구데리안의) 2기갑집단이 모스크바를 향한 돌진에서 빼돌려져서 각각 레닌그라드와 키예프를 향해 전진하는 레프와 룬트슈테트에게 협력해야 한다고 되어 있었다. 7월 23일에 하달된 보충지령은 요점을 되풀이해서 분명하게 했다. 스몰렌스크 주위의 소탕 작전을 마무리할 때까지 모스크바를 향한 돌진을 미룬다는 것이었다. 이 명령에 부연해서 브라우히치가 중부 집단군에 명령을 내렸고, 구데리안은 7월 26일에 노븨이 보리소프Novyi Borisov에서 열린 회의에서 그 명령을 들으라는 전화를 받았다. 그 회의에서 구데리안은 예하 전차를 모스크바 도로에서 빼내 남쪽으로 이끌고 가서 프리퍄트 늪지대 가장자리에 있는 소련군 제5군을 쳐부수라는 지시를 받았다.

구데리안은 격분했다. 그의 예하 사단 전차병력은 격렬한 전투를 치르고 오랫동안 도로 없는 땅을 거쳐 오느라 50퍼센트까지 줄어들었다. 한편, 6주에 이미 440마일을 전진했던 그의 선두부대는 모스크바에서 겨우 220킬로미터 떨어진 곳에 있었으며, 가을비가 내리기 전에 보장받을 수 있는 건기乾期 동안 러시아 수도에 닿을 가능성이 분명히 있었다. 그는 노븨이 보리소프에서 군 사령관의 지위로 진급해서 이제는 (서로 반감을 품은) 클루게에 종속되지 않고 의견이 일치하는 보크에게 직접 책임을 졌다. 따라서 그는 독일 육군 최고사령부도 암묵적으로 가세한 보크의 묵인을 받아 히틀러의 바르바로사 작전 재정리를 물거품으로 만드는 지연작전을 개시했다. 이 지연작전은 (구데리안 기갑군으로 이름이 바뀐) 예하 기갑집단을 모스크바와 키예프와 레닌그라드로 가는 길들이 만나는 스몰렌스크 남동쪽 70마일 지점에 있는 로슬라블Roslavl' 시를 차지하는 전투에 휘말려들게 만드는 형태를 띠었다. 그의 목적은 예하 부대를 방자인 러시아군과 깊이 뒤엉키게 해서 상황상 그 부대를 빼돌려 룬트슈테트를 도와야 할 이유를 없애서 자기가 받은 원래 명령대로 모스크바를 향해 나아갈 수 있도록 만드는 것이었다.

구데리안의 위장된 불복종은 거의 먹혀들었다. 이제 스탈린이 유일하게 신규 부대를 얻는 원천이 된 급조된 민병대와 훈련부대에서 차출해 티모셴코에게 보낸 러시아군 예비병력이 로슬라블에 나타나는 바람에 그 구역에 가하는 압박을 높여야 한다는 구데리안의 주장이 타당성을 얻었던 것이다. 더욱이 히틀러가 자기 결정에 의구심을 품었다. 그는 7월 30일에 하달한 영도자 지령 34호에서 중부집단군의 기갑집단을 빼돌려 전차가 부족한 이웃부대를 돕기를 미루고 상황을 직접 평가하고자 8월 4일에 중부 집단군을 방문할 채비를 했다(그가 알지는 못했지만 위험한 여행이었다. 중부 집단군 사령부는 1944년 7월에 그를 노릴 '군부 저항'의 중심이었기 때문이다). 3기갑집단을 지휘하는 호트는 레닌그라드 축선으로 가서 레프를 도와야 한다는 영도자의 주장을 받아들였다. 보크와 구데리안은 룬트슈테트에게 가세해야 한다는 영도자의 주장에 저항했다. 여기서 구데리안이 남쪽으로 천천히 나아갔지만 예하 타격부대의 상당 부분을 계속 모스크바 도로에 두려고 시도한 이른바 '19일의 공백기'가 뒤따른다.

1941년에 스탈린이 패배를 모면하도록 해주었을 성싶기도 한 그 '19일의 공백기'(8월 4~24일)의 특징은 모든 전선에 걸친 독일군의 느린 전진뿐만이 아니라 꼬리를 물고 일어나는 히틀러의 심경 변화였다. 8월 7일에 독일 국방군 최고사령부와 독일 육군 최고사령부가 협의를 했고, 요들과 할더가 모스크바 진격을 재개할 필요성에 관해 히틀러를 설득할 수 있었으며, 그 결과 영도자 지령 34A호가 나왔다. 그러나 사흘 뒤 히틀러는 레닌그라드 전선에서 저항이 재개되었다는 데 흠칫 놀라서 호트의 전차부대가 곧바로 출발해서 레프를 도우러 가야 한다고 고집했다. 요들은 독일 국방군 최고사령부 작전장교 아돌프 호이징어Adolf Heusinger 대령에게 영도자는 "나폴레옹의 전철을 밟는 데 직관적인 반감을 품고 계시다네. 그분께는 모스크바가 기분 나쁜 거야"라고 말했다. 명령계통 전체가 — 즉, 독일 국방군 최고사령부에서는 브라우히치와 할더와 아돌프 호이징어가, 중부 집단군에서는 보크가, 그리고 보크 예하의 주요 야전 사령관인 구데리안이 — 계속 일부러 말을 듣지 않고 있다는 것을 보여주자, 전역이 어떻게 전개되고 있는지 감을 되찾은 히틀러는 참을성을 잃었다. 그는 남부 집단군과 북부 집단군이 목표로 나아가야 한다는 명령을 되풀이하고 브라우히치에게서 '꼭 필요한 장악력'이 보이지 않는다고 비난하는 편지를 구술해서 그 편지를 그에게 보냈다. 브라우히치는 가벼운 심장마비를 일으켰다. 편지가 도착했을 때 그에게 사임하라고 재촉했던 할더는 '어리석은 짓을 하지 않으려고' 자기가 스스로 사표를 냈다. 사표는 반려되었다. 히틀러는 나중에 그랬듯이 이때도 사표 제출을 불복종행위로 취급했다. 그렇지만 할더는 "역사는 우리에게 상급사령부가 받을 수 있는 가장 큰 비난, 즉 우리가 위험을 필요 이상으로 과도하게 무서워해서 우리 부대의 공격 기세를 활용하지 않았다는 비난을 가하리라"고 생각했다. 보크는 일기에서 "내가 바라는 것은 '모스크바 장악'이 아니다. 적군을 쳐부수고 싶다. 그 적군의 대다수가 내 앞에 있는데"라면서 자기의 좌절감을 되뇌었다. 두 사람은 그러면서도 자기들의 열망을 담은 가장 대담한 발언을 영도자에게 고하는 일을 부하인 구데리안에게 맡겼다. 전략상 올바른 길이라고 믿는 것을 설명하는 구데리안에게 압도된 보크는 8월 23일에 할더가 자기의 사령부를 찾았을 때 히틀러의 독일 국방군 최고사령부 고위연락장교인 슈문트에게 전화를 걸어 구데리안이 영도자를 "뵙게 허가해달라"는 부탁을 했다. 한편, 할더는 구데리안을 자기의 연락용 비행기에 태워 독일 국방군 최고사령부로 데리고 간다는 데 동의했다.

계속 여행을 해서 (참모장교를 정오와 자정에 만나도록 최근에 히틀러가 만든 시간표에 맞게) 제때 라스텐부르크 저녁회의에 도착한 구데리안은 브라우히치의 영접을 받으며 다음과 같은 소식을 전해 들었다. "자네가 모스크바 문제를 영도자께 말씀드리는 것을 금지하네. 남쪽의 작전[키예프 공격] 명령이 내려왔어. 이제 문제는 간단하게 그 명령을 어떻게 수행하는가야. 논쟁을 해봤자 쓸데없는 일이네." 구데리안이 투덜대면서 복종했지만, 히틀러와 대면하면서 중부 집단군 전선의 "주요 목표"에 관한 암시를 너무 많이 흘리는 바람에 결국은 히틀러가 스스로 그 문제를 제기했다. 기회를 얻은 구데리안은 모스크바를 향한 돌진을 중지해서는 안 된다는 탄원을 열정적으로 하기 시작했다. 그의 말허리를 끊는 사람은 없었다. 이 기갑부대 선구자에게 히틀러는 각별한 호감을 느끼고 있었다. 최근에는 러시아에 예상하지 못한 전차병력이 있다는 구데리안의 경고를 히틀러가 받아들이면서 호감이 더 각별해지기도 했다. 그러나 장군이

52. 오늘날 우크라이나의 하르
키프(Kharkiv).

53. 1월과 2월의 악천후를 빗댄
표현.

54. 지은이는 독일군의 모스크
바 진격을 둘러싼 쟁점에서 전
통적인 견해를 따르고 있으나,
최근에 세계적인 독소전쟁 전문
가인 데이비드 글랜츠는 당시 상
황과 군사적 타당성을 종합해서
감안할 때 히틀러의 전략은 아
주 합리적인 결정이었다는 주장
을 내놓았다. 더 자세한 사항은
David Glantz, *Barbarossa: Hitler's
Invasion of Russia 1941*(Tempus, 2001)
을 참고하라.

말을 다하자, 영도자가 공세로 넘어갔다. 히틀러는 휘하 사령관들이
"전쟁의 경제적 측면에 관해서는 아무것도 모른다"고 말했다. 그는
키예프에서 하르코프Khar'kov[52]까지 러시아의 남부 경제지구를 손에
넣어야 할 필요성을 설명하고 크림 장악의 중요성을 강조했다. 여전
히 독일에 천연 석유를 공급하는 주요 원천인 루마니아 플로예슈티
지역을 크림에서 발진한 소련 공군이 위협한다는 것이었다. 구데리
안은 그 자리에 있는 다른 장교들이 영도자를 지지한다는 뜻을 분
명히 밝혔고 브라우히치와 할더가 자기와 행동을 같이해서 대놓고
의사를 표명하지 않았기 때문에 반대를 그만 접어야겠다고 느꼈다.
구데리안이 받아낸 유일한 양보는 그의 기갑집단이 한꺼번에 투입
되어 룬트슈테트를 지원해야 하며 키예프 전투에서 이기자마자 모
스크바 축선으로 되돌아가도 좋다는 허락을 받은 것이었다. 구데리
안이 독일 국방군 최고사령부에서 독일 육군 최고사령부로 돌아오자,
그의 면전에서 할더와 브라우히치가 목소리를 높이며 서로를 비난
했다. 구데리안이 비행기를 타고 노븨이 보리소프로 귀환하는 동안
할더는 전화로 보크에게 구데리안의 욕을 해댔다. 그러나 이제 주사
위는 던져졌다. 독일 동방군은 거의 3주 동안 아무것도 하지 못한
뒤 남쪽의 흑토지대로 쳐들어가는 혈기왕성한 공세로 공격을 재개
할 터였다. 그런 다음에 독일 동방군이 모스크바를 향한 돌파 공격
을 완수할 수 있을지는 계절에 달려 있을 터였다. 두 달 반만 지나
면 추운 날씨가 엄습하며, 그렇게 되면 1월 장군과 2월 장군[53]이 스
탈린 편에 서서 싸우고 있을 터였다.[54]

그러나 스탈린은 이미 역공을 계획하고 있었다. 그는 중부 통수
부와 남서부 통수부 사이에 나타난 틈을 메우려고 8월 16일에 예료
멘코 휘하에 브랸스크Briansk 전선군을 만들었다(통수부는 전선군 위
에 있는 한시적 사령부였다). 이 새 전선군에 스탈린은 가능한 가장 많
이 떼어둘 수 있었던 소련의 신형 장비, 즉 5~6개쯤 되는 T-34 전

차대대와 적지 않은 카튜샤Katiusha[55] 로켓중대를 할당했다. (독일군이
'스탈린의 오르간'이라고 부른) 카튜샤 로켓은 아주 큼직한 탄두가 달
리고 안정판 여덟 개로 안정을 유지하는 추진체를 발사하는 무기였
다. 예료멘코는 이 병기들과 새로운 2개 군, 즉 제13군과 제21군으로
역공을 시도해서 룬트슈테트의 기갑 선봉돌격부대 역할을 대신하
는 클라이스트의 1기갑집단과 북쪽에서 다가오는 구데리안의 기갑
군 사이에 벌어져 있는 틈으로 치고 들어갔다. 예료멘코는 단지 머
리를 덫 안에 들이밀고 있었을 뿐이다. 클라이스트는 이미 8월 8일
에 우만Uman'에서 러시아군 10만 명을 포위하는 데 성공한 적이 있다.
한데 모여드는 기갑집단들이 키예프 주위에서 훨씬 더 큰 러시아군
집결체를 에워싸려고 집게발을 활짝 벌렸다. 모스크바 축선에서부
터 남쪽으로 치고 내려가다 그만 150마일 길이의 노출 측면을 내놓
은 구데리안은 한 방 쳐서 생기는 틈을 비집고 들어오는 러시아군
의 공격에 취약한 상태에 놓였다. 그러나 저돌적인 장군들, 즉 훗날
집단군 사령관이 될 발터 모델Walther Model과 영국군을 상대로 사막
에서 이름을 날릴 리터 폰 토마가 지휘하는 구데리안 예하 제3기갑
사단과 제17기갑사단은 저항을 용납하지 않았다. 이들은 돌진해서
9월 16일에 키예프 동쪽 100마일 지점에 있는 로흐비차Lokhvitsa[56]에
서 클라이스트의 전차부대와 만나 결합했다. 약간의 러시아군이 가
까스로 탈출해서 빠져나가는 벽의 틈을 모조리 메우는 데 또 열흘
이 걸렸다. 그 열흘 동안 제2항공군과 제4항공군이 고립지대에 폭
탄을 흠뻑 퍼부었다. 9월 26일에 고립지대가 물샐틈없이 포위되어,
그 안에 있는 러시아 군인 66만 5,000명이 사로잡혔다. 전쟁에서 한
번의 작전으로 잡힌 전무후무한 최대의 단일군집이었다. 러시아군
5개 군과 50개 사단이 괴멸하고 전사자가 셀 수 없이 많이 나왔다.
그 전사자 가운데에는 9월 20일에 최종 지휘소 가까운 곳에서 매복
에 걸려 치명상을 입은 키르포노스도 끼어 있었다.

55. 소련군이 사용하던 다연발
로켓 발사장치의 애칭. 소련 군
인들은 이 무기에 붙은 상표 K
와 당시 유행한 〈카튜샤〉라는
노래를 연계해서 이 무기에 카
튜샤라는 별명을 붙였다.

56. 오늘날 우크라이나의 로흐
비챠(Lokhvytsya).

키예프 포위의 여파로 포로들이 초지대를 도로 가로질러 후방에 있는 극히 변변치 않은 포로수용소로 끌려오면서 독일군 정복자 가운데에서 가장 비정한 자까지도 질리게 한 최악의 광경이 일어나 장관을 이루었다. 목격자 한 사람은 다음과 같이 기록했다. "우리를 향해 길을 따라 천천히 기어 내려오는 커다란 흑갈색 악어 한 마리가 갑자기 우리 눈에 띄었다. 그 악어에게서 벌집에서 나오는 소리처럼 낮게 웅웅거리는 소리가 났다. 6열 종대의 러시아군 전쟁포로들이었다. …… 그들을 에워싼 지저분한 먼지 구름을 피해 서둘러 길에서 벗어난 다음 우리는 눈에 띈 것 때문에 그 자리에서 그대로 굳어버렸다. 구역질이 나는 것도 잊어버렸다. 이 회갈색 모양들, 넘어지고 비틀거리면서 우리 쪽으로 허우적대며 오는 이 그림자, 마지막 힘을 쥐어짜 움직이는 형상들, 얼마 남지 않은 생의 의지를 마지막으로 뿜어내야 행군하라는 명령에 겨우 따를 수 있는 미물들, 이들이 진정 사람이란 말인가? 세상의 참상이란 참상은 죄다 그곳에 한 데 모인 듯했다." 이제 거의 300만 명에 이르는 러시아군이 포로로 잡혔고, 이 가운데 50만 명이 다가오는 겨울의 첫 세 달 만에 비바람을 피할 곳과 먹을 것이 없어서 목숨을 잃는다.

동장군

겨울이 다가오고 있다는 느낌이 이미 9월 하순에 독일 동방군 전체에 퍼지기 시작했다. 길이 진창이 되고 하천의 물살이 불은 것이 첫 위협이었고, 그다음 위협은 병력과 물자가 똑같이 대처할 준비를 하지 못한 눈보라와 눈더미였다. 구데리안은 날씨가 돌변하기 전에 모스크바를 향한 마지막 강공을 개시해야 한다는 열망에 달아올라서 예하 기갑군을 재촉해 중부전선으로 되돌아가고 있었다. 남쪽에서는 루마니아군이 오데사 둘레에 포위망을 치고 있었다. 급히 편성된 소련군 특수육전대 10만 명이 방어하는 오데사는 10월 16일까지 함락되지 않았고, 에리히 폰 만슈타인이 지휘하는 제11군이 드네프르 강이 바다로 들어가는 어귀를 건너 밀고 나아가면서 9월 29일에 크림 반도의 목 부분에 이르렀다. 이 돌파 공격으로 말미암아 크림이 헝가리의 유전을 폭격하는 불침 항공모함으로 변할지 모른다는 히틀러의 두려움이 상당히 해소되었다. 또한 만슈타인의 전진으로 도네츠 강과 돈 강의 연안 공업지대가 위협을 받았다. 그렇지만 러시아 남부지방을 붉은군대의 손아귀에서 빼내고 모스크바를 향한 강공을 재개하기 위해 보크의 타격군을 다시 중부전선에 집결하는 것이 바르바로사 작전 전략의 전개에 대한 포괄적인 해결책은 되지 못했다. 북부전선을 열어젖혀서 레닌그라드를 포위하고 결국에 가서는 장악하는 것 또한 정복에 반드시 필요한 단계였다.

공조를 이루어 레닌그라드를 장악하려는 북부 집단군의 노력이 8월 8일에 시작되어 가장 바깥쪽 도시 방어선인 루가 강에 단호한 공격이 가해졌다. 그 공격은 — 1940년에 핀란드에 이긴 뒤 스탈린이 병합한 — 카렐리야 지협을 건너 북극권을 향해 저 멀리 북쪽으로 확장하고 있는 핀란드군–독일군 공세와 조정될 터였다. 레프의 공세는 세 가지 요인으로 말미암아 복잡해졌다. 첫째 요인은 레닌그라드의 뒤쪽이 라도가 호수로 보호된다는 것이었다. 라도가 호수는 레닌그라드 시가 북쪽에서 포위되지 않도록 막아주는 거대한 물의 덩어리였다. 둘째 요인은 레닌그라드 사령부가 도시 주민을 동원해서 시 둘레에 토루 620마일, 대전차호 400마일, 철조망 370마일, 토치카 5,000개가 포함되는 동심원 방어선을 만들었다는 것이다. 공산주의청소년동맹[57] 회원 30만 명과 남녀 동수의 민간인 20만 명이 투입된 비상한 대사역이었다. 셋째 요인은 심지어는 소련의 명운이 이렇듯 밑바닥에 있을 때에도 핀란드의 지도자인 카를 구스타프 만네르헤임 원수가 자기가 권리를 주장할 수 있는 영토보다 더 많은 영토를 장악함으로써 전쟁에 무한정 휘말려들 구실을 만들지 않겠

57. 공산당원을 양성하기 위해 1918년에 15~26세 청소년 및 청년을 대상으로 창설된 청소년 단체. 러시아어로는 Kommunis-ticheskii soiuz molodezhi라고 하며, 콤소몰(Komsomol)로 줄여 불렀다.

다는 마음을 굳힌 것이다. 이런 까닭에, 레프가 발트 해 연안을 따라 힘겹게 전진하는 동안 만네르헤임의 핀란드군 부대는 8월 23일 히틀러-구데리안 회합에 따라 중부 집단군에서 파견되어 온 호트의 기갑집단 소속 전차들이 중부 집단군으로 되돌아간 9월 5일 이후에는 라도가 호수 위에서 꾸물거렸다. 회프너의 4기갑집단이 단독으로 레닌그라드의 요새시설을 깨뜨리고 시를 장악해야 할 형편이었다.

레프의 레닌그라드 전격전을 방해하는 넷째 요인이 9월 중순에 나타났다. 키예프가 포위되기 전에 스탈린에게 키예프를 포기하라고 조언했다가 그 바람에 참모총장 자리에서 해임되었던 쥬코프가 9월 13일에 북서부전선군에 도착해서 방어에 활력을 불어넣은 것이다. 그는 독일군이 그 옛 제정시절 수도의 근교에 있음을 알았다. (지금은 푸시킨Pushkin으로 불리는) 러시아판 베르사유 차르스코예 셀로 Tsarskoe Selo[58]가 9월 10일에 함락된 것이다(서유럽에서 데려온 건축가들이 설계한 베이징의 하궁夏宮과 마찬가지로 차르스코예 셀로의 매혹적인 장식 건물과 화려한 건축이 침공군이 일으킨 대화재로 파괴된다). 그 뒤 얼마 되지 않아 레프의 전위가 스트렐나Strel'na에서 핀란드 만에 이르렀다. 핀란드군이 1939년 국경으로 전진하고 레프가 발트 해 연안지대를 점령함으로써 나머지 러시아 지역으로부터 고립된 레닌그라드는 이제 오로지 라도가 호수를 건너는 수로로만 내륙과 연결되었다. 생명선은 가냘프고 고정되어 있지 않아서 불안정했다. 곧바로 레닌그라드 시민은 뱀이 죄어오는 듯한 압박을 느꼈고, 1944년 봄에 포위가 풀리기 전까지 100만 명의 목숨을 앗아갈 굶주림이라는 독이빨을 곧이어 경험하기 시작하게 된다. 그러나 그 사이에는 쥬코프의 도착이 결정적인 효과를 보았다. 그가 맨 처음 내린 명령은 "대포와 박격포 포격과 항공 지원으로 적의 숨통을 눌러서 방어가 뚫리도록 허용하지 말라"는 것이었다. 그의 결연한 지휘 아래서, 회프

58. 제정 러시아의 황제 가족이 살던 페테르부르크 남쪽의 소도시. 혁명 뒤 이름이 여러 차례 바뀌다가 1937년에 대문호 푸시킨 사망 100주년을 기념해서 푸시킨이란 이름을 얻었다.

너 예하 기갑부대 공격의 에너지가 레닌그라드 시민들이 만들어놓은 참호와 콘크리트의 선에서 흩어졌다. 레프는 9월 24일에 영도자의 사령부에 상황이 "상당히 악화되었다"고 보고했다. 카렐리야에서는 핀란드군의 압박이 "완전히 멈추었다." 레닌그라드 시는 주민 300만 명과 더불어 참화를 모면했다. 독일군의 포격으로 하루에 민간인 사상자 4만 명이라는 피해가 나오고 화재 200건이 일어나고 있었지만, 운하와 고전풍 대저택으로 이루어진 그 성곽 본채는 기갑부대의 돌파 공격에 뚫리지 않은 채로 남았다. 마지막 공세에 가세한 독일군 전차는 겨우 20대였다. 이미 히틀러가 회프너의 4기갑집단의 대부분을 빼돌려 결정적 국면에 들어선 태풍Taifun 작전에 투입해서 모스크바를 장악해야 한다는 결정을 내려놓고 있었던 것이다.

　독일 국방군 최고사령부와 독일 육군 최고사령부가 한 해 앞서서 전역 수행에 관한 구상을 각기 내놓은 이후로 바르바로사 작전 전략의 실행지침에 들어 있던 모호성을 해소한 영도자 지령 35호가 9월 6일에 나왔다. 이 영도자 지령에는 중부 집단군의 전선에 있는 붉은 군대를 포위해서 섬멸한 뒤 보크가 "〔그의〕 오른쪽 측면은 오카Oka 강에 두고 〔그의〕 왼쪽 측면은 볼가 강 상류에 두고서 모스크바를 향해 전진하기 시작한다"고 되어 있었다. 2기갑집단과 3기갑집단은 모스크바 축선에서 가능한 한 최대의 돌파 노력을 확실히 할 수 있게끔 레닌그라드에서 데려온 회프너의 4기갑집단으로 증강될 터였다. 이 작전의 주목적은 모스크바로 가는 길을 가로막고 있는 러시아군을 "겨울날씨가 시작되기 전에 남은 제한된 시간 안에" 쳐부숴서 없애버리는 것이었다.

　9월 하순에 모스크바로 가는 도로의 마지막 구간에서 출발한 군대는 10주 전에 국경을 건넜던 그 군대와는 사뭇 달랐다. 전사와 부상과 질환으로 줄어든 병력이 50만 명이었다. 이 사상피해는 붉은군대가 입은 무시무시한 손실에 견줄 수는 없지만 전선의 사기를 떨어뜨리고 독일 본국에 있는 가족의 삶에 불행과 우려의 장막을 덮어씌우기에 충분하다는 것은 분명했다. 키예프에서 북쪽의 모스크바 전선으로 빼돌려진 제98보병사단의 전쟁일지 작성자는 400마일 행군의 시련을 다음과 같이 기록했다.

고무 타이어와 볼 베어링이 들어간 바퀴를 갖춘 현대식 다용도 수레는 끔찍한 도로가 주는 부하를 견뎌내지 못하고 오래전에 부서져서 러시아제 농장 수레로 대체되었다. 〔전역을 시작할 때에는 60만 마리였던〕질 좋은 독일산 말은 탈진하고 먹는 것이 부실해서 날마다 쓰러져 갔지만, 왜소한 러시아산 조랑말은 끌고 있는 무게를 버티기에는 사실 너무 가볍기는 해도 자작나무 가지와 오두막 지붕 이엉을 먹고 살았다. 수송수단이 없어서 사단급 탄약 비축분 수톤을 비롯한 장비를 길가에 내버려야 했다. 면도칼, 비누, 치약, 군화 수선 물자, 바늘과 실 같은 가장 간단한 생활필수품이 차츰차츰 사라졌다. 심지어 9월에도, 그리고 겨울이 오기 전에 비가 줄기차게 내리고 차가운 북동풍이 불어서, 아무리 지저분하고 벌레가 들끓는 데라도 비바람 피할 곳을 찾는 아귀다툼이 매일 밤 벌어졌다. 그런 곳을 찾을 수 없으면 부대원들이 겪는 비참함이란 이루 말할 수 없었다. 비가 오고 춥고 쉬지 못해서 질병이 늘었다. 보통 상황에서라면 병원으로 가도 좋다는 허가가 보장되었을 질병이었겠지만, 환자들은 하루 25마일까지 늘어지는 먼 거리를 대열과 함께 행군해야 했다. 환자들을 싣고 갈 수송수단이 없었고 그들을 비적이 들끓는 숲에 남겨두고 갈 수 없었기 때문이었다. 제식 구두, 즉 군화Kommißstiefel가 망가져서 쪼개지고 있었다. 〔쇠못을 박은 구두 밑창 때문에 겨울이 다가오면서 더 빨리 동상에 걸렸다.〕모든 부대원이 지저분하고 수염이 덥수룩했고, 삭아가는 지저분한 속옷에 해충이 생겼다. 머잖아 티푸스가 돌 것이다.

정복의 실상은 크게 다를 수 없었다. 알렉산드로스 대왕의 호플리테스는 거의 맨발로 페르세폴리스Persepolis[59]에 들어갔고, 웰링턴 Wellington[60]의 영국 병정은 누더기를 걸치고 파리에 들어갔다. 그러 나 이 위대한 승리자들의 군대 가운데 북극의 겨울에서 오는 위험 을 안은 군대는 없었다. 더욱이 두 군대는 모두 다 이미 적의 주력 부대를 이겨 놓고서 적의 수도에 들어갔다. 독일 동방군은 대전투 를 치른 다음에야 모스크바에서 추위를 피할 곳을 확실히 찾을 수 있었다. 첫 단계는 술술 잘 풀려나갔다. 남부 집단군의 키예프 포위 에 맞먹는 포위에서 중부 집단군의 기갑군, 즉 호트의 기갑군과 (레 닌그라드 전선에서 파견된) 회프너의 기갑군이 스몰렌스크와 뱌즈마 Viaz'ma 사이에 있는 러시아군 65만 명을 에워쌌다. 한 번 싸워보지도 않고 단념하는 군인이 많았다. 이들은 급하게 편성된 오소아비아힘 Osoaviakhim[61] 민병대원이었다. 오소아비아힘은 전쟁 전의 민방위 부대 로, 스탈린은 이 부대에 기대어 예비병력을 얻었다. 다른 이들은 더 끈질기게 싸웠다. 제4기갑사단을 방문하고 있던 구데리안은 "러시 아 전차의 전술적 운용에 관한 …… 보고서가 매우 걱정스럽다"는 것을 깨달았다(이 부대는 얼마 전에 T-34와 처음으로 교전을 했다).

그 시기에 우리가 구해 쓸 수 있던 방어 무기는 T-34에는 조건이 아주 좋 을 때에만 통했다. 포신이 짧은 판처 4호 전차의 75밀리미터 포는 T-34를 뒤에서 공격할 경우에만 효과가 있었다. 심지어는 그럴 때에도 T-34를 잡으 려면 엔진 위를 덮는 쇠격자 뚜껑을 쏘아 맞혀야 했다. 그렇게 쏠 수 있는 위치로 기동하려면 아주 대단한 솜씨가 있어야 했다. 러시아군은 대부대 를 이룬 전차를 우리 측면에 투입하면서 보병으로 우리의 정면을 공격했다. 그들은 배우고 있었다.

훨씬 더 불길하게도, 구데리안은 10월 6일자분 전쟁일지에 다가오 는 겨울의 첫눈이 내렸다고 보고했다. 내린 눈이 금세 녹아서 길이

59. 고대 페르시아제국의 수 도. 오늘날 이란 타흐테 잠시드 (Takht-e Jamshīd)에 있다.

60. 영국의 군인(1769~1852). 1805년부터 나폴레옹군과 싸우 기 시작해 프랑스군으로부터 이 베리아 반도를 지켰으며, 1815년 에 워털루 전투에서 나폴레옹을 격파했다. 그 뒤 토리당 정치가 로 활동하며 총리까지 지냈다.

61. 소련 군수·항공·화학공업 후원회(Obshchestvo sodeistviia obo- rone, aviatsionnomu i khimicheskomu stroitel'stvu SSSR)의 약칭. 1927년 부터 1948년까지 존재했으며, 1,300만 명이 가입했다.

예전처럼 진창이 되었다. 비가 오는 철이 와서 이동이 아주 어려워지는 가을이 긴 것이 더 좋을지, 아니면 길이 꽁꽁 얼어붙어 단단해지지만 최종 목표지점에 이르기 전에 눈보라가 불 기미가 있는 겨울이 일찍 오는 것이 더 좋을지를 이 단계에서 알아내기란 어려운 일이었다.

스탈린은 계절의 변화에 확고한 희망을 걸 수는 없었다. 겨울이 모스크바를 구할 수도 있었고 그렇지 않을 수도 있었다. 유럽 러시아에 남아 있는 붉은군대의 병력이 모스크바를 구할 수 있을지 자못 큰 의심이 들었다. 이 잔여병력은 이때 전차 770대와 항공기 364대와 더불어 90개 사단으로 편성된 80만 명으로 줄어들어 있었다. 그 90개 사단 가운데 9개가 기병사단이고 단 하나가 전차사단이었으며 13개 독립 전차여단이 있었다. 러시아령 극동에 대군이 주둔해 있었지만, 러시아가 불과 두 해 전에 몽골에서 싸운 적이 있는 일본과 전쟁이 벌어질 위험이 여전히 존재하는 동안에는 그 부대를 움직일 수 없었다. 이와는 대조적으로 이때 히틀러는 중부 집단군의 병력만 해도 80개 사단으로 불려놓았다. 항공기 1,400대의 지원을 받는 이 80개 사단에는 14개 기갑사단과 8개 차량화사단이 포함되어 있었다. 다른 두 집단군은 비록 전차가 모스크바 전선으로 이전 배치되어 고갈되기는 했어도 상당한 보병부대를 보유했고 레닌그라드와 남부 초지대에 계속 압박을 가하고 있었다.

이 최대 위기에서 스탈린은 쥬코프에게 다시 기댔다. 여름에 두 사람의 의견이 맞지 않아서 쥬코프가 참모총장 자리에서 해임되기는 했어도, 스탈린은 얼마 전에 비록 단지 잠깐이었을지라도 레닌그라드를 구했던 그의 최상급 재능을 인정했다. 이제, 즉 10월 10일에 쥬코프는 모스크바 방어에 활력을 불어넣도록 남쪽으로 불려갔다. 공황의 풍문이 이미 도시에 영향을 미치고 있었다. 소련 공군 조종사들이 10월 5일에 독일군 대열이 15마일 떨어진 곳에서 모스크바

쪽으로 돌진하고 있다고 보고하자, 엔카베데는 이들을 '공황 조장자'라며 체포하겠다고 윽박질렀다. 그러나 10월 15일에 공포가 본격적으로 맹위를 떨쳤다. 몰로토프가 영국대사관과 미국대사관에 500마일 동쪽에 있는 볼가 강의 도시인 쿠이브셰프Kuibyshev[62]로 소개할 준비를 하라고 경고하면서 '모스크바 공황'이 시작되었던 것이다. "그러나" 존 에릭슨 교수에 따르면, "진짜 위기는 거리, 그리고 공장과 사무실에서 일어났다. 제한적 소개가 황급히 이루어지면서 더불어 공공규율과 당규율이 무너졌고, 여기에 보태어 누가 시키지도 않았는데 대중이 도주했다. 사람들이 철도 역으로 마구 몰려갔다. 관리는 자가용을 타고 동쪽으로 갔다. 사람들이 근무지를 이탈하는 바람에 사무실과 공장에서 작업이 중단되었다." 공황은 민간인만 일으킨 것이 아니었다. "철도부대는 철로와 철도 교차점에 폭약을 매설하라는 지시를 받았고, …… 시 안쪽 깊숙한 곳에 있는 다리 열여섯 군데에 폭약이 설치되었으며, 폭약이 매설된 다른 목표물에 있는 대원들에게 '적을 맨처음 보는 대로' 폭약을 터뜨리라는 명령이 내려졌다."

그러나 쥬코프는 냉정을 잃지 않았다. 그는 레닌그라드에서처럼 시민들, 즉 모스크바 주민 25만 명(여성이 75퍼센트)을 동원해서 시 외곽에 대전차호를 팠으며, 로코솝스키와 바투틴을 비롯해 자질이 입증된 지휘관을 데려와 위협받는 전선에 보내고 스탈린이 자기에게 보내줄 수 있는 예비병력을 모조리 모스크바 접근로에 집중해 놓았다. 스탈린도 공개적으로 결의를 내비쳤다. 전역 초기에 정치국과 스탑카의 비공개회의에서 언제나 보여주지는 않았던 결의였다. 심지어 보크의 기갑부대가 크레믈에서 겨우 40마일 떨어진 곳에 있는데도 그는 10월혁명을 기념하기 위해 11월 7일[63]에 거행되는 전통적인 붉은 광장 열병식에서 '독일군에 이길 수 없다'고 생각하는 자들을 비난하고 소비에트 국가는 1918년에 더 큰 위험에 처했었다고

62. 오늘날의 사마라(Samara).

63. 러시아제국은 20세기에 그레고리우스력보다 13일 늦은 율리우스력을 사용했는데, 10월혁명은 이 율리우스력으로 1917년 10월 25일에 일어났다. 러시아혁명정부가 1918년 2월에 그레고리우스력을 도입한 뒤 10월혁명 기념일은 11월 7일이 되었다.

🔼 1941년 10월에 중부 집단군
의 진격로에서 대전차호를 파고
있는 모스크바 여성 시민들.

선언하고 — 혁명 이전, 혁명 이후, 심지어는 반혁명적인 — 러시아
의 모든 영웅들의 이름을 불러내 연설을 듣는 사람들의 근성을 키
웠다. 그는 이 '위인들'에게 힘을 얻어 '위대한 레닌의 승리의 깃발'
아래서 싸우면 영국이 약속한 '제2전선'이 열리건 열리지 않건 상관
없이 붉은군대가 끝에 가서는 이긴다고 예언했다.

이제 겨울의 첫서리가 내려 적군에 유리하게 땅이 굳어가고 있었
고 기갑집단이 10월보다 더 빠르게 모스크바를 향해 전진하고 있었
다. 그러나 그 기갑집단의 전차병력은 65퍼센트로까지 줄어들었고,
구데리안과 호트와 회프너는 모두 다 자기들이 예하 선봉돌격부대
를 다그쳐 최종 목표지점까지 떠밀어 보낼 수 있을지 걱정했다. 이
에 따라 할더가 11월 13일에 독일 국방군 최고사령부에서 오르샤
Orsha에 있는 중부 집단군 사령부에 도착해서 향후 전역 수행에 관
한 — 남부 집단군의 조덴슈테른Sodenstern과 북부 집단군의 그리펜베

르크Griffenberg와 중부 집단군의 브레네케Brennecke — 집단군 참모장들의 의견을 들어보았다. 할더가 물어보았다. 독일 동방군이 마지막 돌격을 해야 하는가, 아니면 그러지 말고 겨울에 대비해서 진지를 구축하고 이듬해에 궁극적인 승리를 거두기 위해 더 좋은 날씨를 기다려야 하는가? 담당한 전선이 지나치게 늘어진 조덴슈테른과 담당한 전선이 막힌 그리펜베르크는 정지를 바란다고 대답했다. 브레네케는 "우리가 성공하지 못할지 모른다는 위험을 감안해야 하지만, 유혹을 하는 — 모스크바라는 — 목표에서 겨우 30마일 떨어진 노천바닥 위에 눈과 추위에 떨며 드러누워 있는 게 훨씬 더 나쁜 일일 겁니다"라고 답변했다. (스스로 이미 모스크바 이후의 일을 생각하고 있었던) 할더에게 히틀러가 자기가 바라는 답은 이것이라고 이미 말해놓은 상태였기 때문에, 쟁점은 그 자리에서 결정되었다.

앞으로 도망치기

11월 16일에 시작된 태풍 작전의 마지막 단계는 모스크바 북쪽에 있는 칼리닌Kalinin[64] 쪽으로 움직이는 3기갑집단과 4기갑집단, 그리고 모스크바 남쪽에 있는 툴라Tula 쪽으로 움직이는 2기갑집단의 모스크바 방어 이중포위로 구성되었다. 독일 동방군에서 '앞으로 도망치기Flucht nach vorn'로 알려지게 되는 그것은 1812년의 나폴레옹처럼 눈을 피할 곳을 찾아 모스크바로 가려는 필사적인 시도였다. 그러나 독일 동방군과 모스크바 사이에는 쥬코프의 마지막 방어선, 즉 시 북쪽의 인공의 모스크바 호수Moskovskoe more[65]와 남쪽의 오카 강이 포함된 모쟈이스크Mozhaisk 진지가 버티고 있었다.

약간의 증원군이 도착했는데도 모쟈이스크 진지는 처음에는 효과가 없었다. 툴라에서 막힌 구데리안은 예하 기갑집단의 방향을 틀어서 모쟈이스크를 우회해 모스크바로 전진할 새 축선을 택했다. 남쪽에서는 독일군 제9군이 11월 27일에 치고 나와 모스크바 호수

64. 오늘날의 트베르(Tver).

65. 볼가 강 상류에 있는 이반코프(Ivankov) 저수지를 달리 부르는 말.

와 볼가 운하로 가서 3기갑집단과 연결되었다. 예전에 롬멜의 부대였던 제7기갑사단이 11월 28일에 사실상 볼가 운하를 건넜다.

독일군의 노력은 이제 중대 국면에 있었다. 크라스나야 폴랴나Krasnaia Poliana에 이른 3기갑집단은 모스크바에서 겨우 18마일 떨어져 있었다. 부르체보Burtsevo에 전초기지를 둔 제4군은 모스크바에서 겨우 25마일 떨어진 곳에 있었다. 남쪽에서는 구데리안의 2기갑집단이 60마일 떨어진 곳에 있었다. 그다음 며칠 뒤에 독일군의 한 선발부대가 저녁 햇살이 크레믈의 황금 돔에 부딪혀 반짝이는 것을 보았고 한 정찰부대는 외곽 근교로 침투하기까지 했다는 이야기가 전해 내려온다. 만약 그랬다면, 그것은 기운이 다 떨어진 한 군대가 남은 에너지를 마지막으로 발산하는 것이었다. 서유럽인은 알지도 못하고 상상도 못하는 러시아의 겨울이 마구 맹위를 떨치기 시작했다. 기온이 섭씨 영하 20도 아래로 떨어지곤 하는 계절이 다가오고 있었던 것이다. 독일 동방군에 동상환자 10만 명이 생겼고, 이 가운데 2,000명은 다리를 절단하게 된다. 구데리안의 2기갑집단은 11월 25일 이후에는 더는 전진하지 못하고 남부의 간선 철도선에 있는 카시라Kashira를 점령하는 데 실패했다. 구데리안은 11월 27일에 정지 명령을 내렸다. 제9군과 3기갑집단 두 부대가 전진할 능력을 잃어서 11월 29일 이후에는 북쪽의 집게발이 움직이지 않았다. 보크는 12월 1일에 독일 육군 최고사령부에 있는 할더에게 편지를 쓰면서 중부 집단군의 곤경을 다음과 같이 설명했다.

앞으로 피비린내나는 싸움을 벌인 뒤에 공세가 전지를 얼마간이나마 획득하고 적군 병력의 일부를 쳐부수겠지만 전략적 성공을 거둘 가능성은 극히 낮다네. 중부 집단군과 대치하고 있는 적군이 무너지기 일보 직전이라는 생각은 최근 보름 동안의 싸움이 보여주는 대로 헛된 꿈이었어. 도로와 철도체계가 러시아 동부 거의 모든 지역과 연결되는 곳인 모스크바의 정문

바깥에 머물러 있다는 것은 치열한 방어전을 뜻하지. …… 그러니 향후의 공격행위는 의미도 목적도 없어 보이네. 부대원들의 체력이 완전히 바닥날 때가 바로 코앞에 다가와 있으니 더더욱 그렇지.

12월 첫째 주가 되면 전투사단의 일반 독일병사는 거의 움직일 수 없었다. 요들은 겨울옷을 모으거나 보급하는 모습을 사람들에게 보여줘서 눈이 오기 전에 러시아가 무너지리라는 자기의 장담에 의문을 던지는 일이 없도록 그런 행위를 허용하기를 거부했었다. 최전선에 있는 군인들은 추위를 쫓으려고 신문지를 찢어 군복 안에 구겨 넣었다. 이 같은 편법은 조금도 효과가 없었다. 이와는 대조적으로 러시아 군인은 기온에 익숙했고 방한장비를 갖추고 있었다. 군인이든 민간인이든 러시아사람은 누구나 다 경험상 발이 동상에 걸리지 않도록 막는 데 최고임이 입증된 털장화를 한 켤레씩 가지고 있었고, 따라서 붉은군대는 독일 동방군이 꽁꽁 얼어붙어 있는 동안 기동을 계속했다(미국이 전쟁기간에 털장화 1,300만 켤레를 제공한다).

한편, 남부 집단군은 11월 한 달 동안에 (세바스토폴Sevastopol'을 빼고) 크림을 장악했다. 그달 하순에 티모셴코의 전선군이 ('캅카즈로 가는 통로'이며, 따라서 러시아의 석유로 가는 통로인) 돈 강의 로스토프에서 마주쳐 오는 룬트슈테트의 기갑부대와 교전해서 독일군의 손아귀에 단 일주일 동안 있었던 로스토프 시를 11월 28일에 되찾은 다음, 그 기갑부대를 로스토프 뒤로 50마일 떨어진 미우스Mius 천까지 밀어냈다. 독일군은 그곳에 진지를 구축해서 겨울을 났다. 한편, 북부 집단군은 레닌그라드 바깥에서 멈추었고, 12월 6일 이후에 라도가 호수의 남쪽 호반을 따라 가장 멀리 나아간 지점인 티흐빈Tikhvin에서 뒤로 밀려났다. 북부 집단군은 그곳에 겨울 진지선을 세웠고 이 진지선으로 레닌그라드를 천천히 굶겨 죽였지만, 겨울에는 얼음길로, 나중에는 배로 라도가 호수를 건너 이루어지는 보급에서 레닌

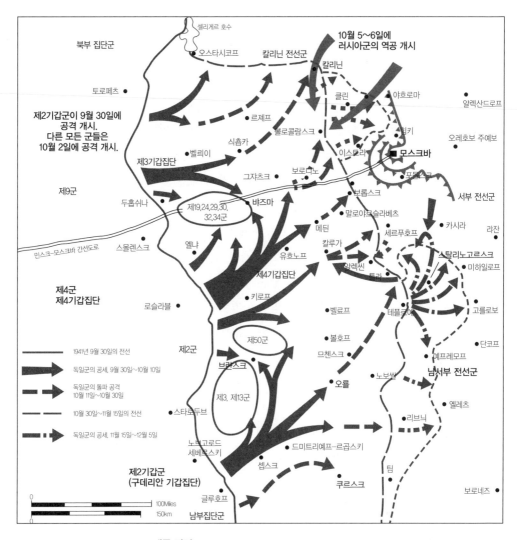

셀리게르 호수

북부 집단군

오스타시코프   칼리닌 전선군

10월 5~6일에
러시아군의 역공 개시

칼리닌

클린   야흐로마

알렉산드로프

토로페츠

르제프

볼로콜람스크

힘키   오레호보 주예보

제2기갑군이 9월 30일에
공격 개시.
다른 모든 군들은
10월 2일에 공격 개시.

제3기갑집단

벨리이   식촙카

그자츠크   보로니노

이스트라   모스크바

포돌스크

제9군

두홉쉬나   제19,24,29,30,   뱌즈마
32,34군

보롭스크   서부 전선군

말로야로슬라베츠

민스크-모스크바 간선도로   스몰렌스크   옐냐

메딘   세르푸호프   카시라   랴잔

칼루가

유흐노프   알렉씬   툴라   스탈리노고르스크   미하일로프

제4군
제4기갑집단

제4기갑집단

로슬라블   키로프

벨료프   테플로예   고를로보

단코프

벨류프

볼호프   예프레모프

제2군   제50군

므첸스크   남서부 전선군

브랸스크   노보씰   옐레츠

오룔   리브니

제3, 제13군

스타로두브

노브고로드
세베르스키   섑스크   드미트리예프-르곱스키   팀

1941년 9월 30일의 전선

독일군의 공세, 9월 30일~10월 10일

독일군의 돌파 공격
10월 11일~10월 30일

10월 30일~11월 15일의 전선

독일군의 공세, 11월 15일~12월 5일

쿠르스크   보로네즈

제2기갑군
(구데리안 기갑집단)

0   100Miles
0   150km

글루호프

남부집단군

태풍 작전 모스크바를 향한 독일군의 마지막 강공이었던 태풍 작전. 이 작전은 지독한 겨울날씨 속에서 진행속도가 차츰 느려졌고, 붉은군대가 역공에 나섰다.

그라드를 완전히 끊지는 못했다. 3년 동안의 레닌그라드 포위로 100만 명이 죽게 되는데, 이 사망자의 과반수가 첫 해 겨울에 나왔다.

그러나 붉은군대의 대기동이 모스크바 바깥에서 12월 5일에 시작되었다. 증원부대는 새로 쇄도하는 징집병과 동원한 러시아의 공장에서 나온 생산물로부터 구성되었다. 영국에서 전차 몇 대가 북극해 호송선단으로 도착하기까지 했다. 서구의 원조가 전개되면서 — 화물차와 식량과 연료가 — 홍수처럼 쏟아지게 될 보급원을 알리는 신호였다. 그러나 쥬코프가 받은 증원부대의 가장 중요한 원천은 이미 존재하고 있었으니, 바로 시베리아 부대였다. 스탈린은 시베리아 부대에서 — 그 전에는 조금씩만 빼내다가 — 10월과 11월에는 10개 사단과 전차 1,000대와 항공기 1,000대를 차출했다. 그가 마음 놓고 그렇게 할 수 있었던 것은 역사상 가장 뛰어난 첩보원 가운데 한 사람인 리햐르트 조르게가 전달한 보증의 주된 결과였다. 독일사람이었지만 코민테른 첩보원이기도 한 조르게는 도쿄 주재 독일대사가 속내를 털어놓는 친구여서 독일-일본 간 극비 기밀을 듣고는 일본은 미국을 상대로 하는 전쟁에 전념하고 있으므로 만주의 일본군을 사용해 시베리아에서 소련을 공격하지 않으리라는 사실을 (아마도 일찍이 10월 3일에) 모스크바에 확실히 알릴 수 있었다.

만약 일본이 다른 결정을 내렸더라면 — 일본의 전략적 야망의 초점은 아니더라도 유서 깊은 알력은 미국이 아니라 러시아를 상대로 한 것이었으니 — 1941년 12월의 모스크바 전투는 틀림없이 러시아 측의 공세 대신 방어로 진행되었을 것이며 거의 틀림없이 독일군이 승리하는 결과를 낳았을 것이다. 그러나 실제로는, 스탈린이 증원부대를 보내서 쥬코프의 서부 전선군이 비록 장비에서는 아닐지라도 수에서는 중부 집단군과 맞먹는 병력으로 늘어났고 이 때문에 러시아군이 전쟁에서 처음으로 이기는 결과가 나타났다. 12월 5일 아침에 스탑카의 계획은 그해 여름에 붉은군대에 그토록 엄청난 상처를 입혔던 히틀러 휘하 육군원수들의 계획을 주객만 바뀐 채로 그대로 빼닮았다. 코네프의 칼리닌 전선군과 티모셴코의 남서부 전선군이 남쪽에서 돌진해서 치고 올라오는 동안, 쥬코프는 모스크바 맞은편에 있는 독일군에 저돌적으로 전진할 터였다. 제4군과 (4기갑집단의 바뀐 이름인) 제4기갑군을 지휘하는 클루게와 회프너는 예하 부대를 더는 전진시킬 수 없다고 판단하고 방어로 전환한 상태에 있었다. 따라서 그들은 러시아군이 공격할 때 가만히 있었다. 북쪽에서는 렐류셴코Leliushenko의 제13군이 가장 깊숙이 전진해서, 멀리는 모스크바-레닌그라드 간선도로까지 나아가 3기갑집단과 제4군의 연결에 위협을 가했다. 12월 9일이 되면 제13군이 클린Klin에 다다라서 인근 부대인 제1충격군과 함께 포위를 해낼 태세를 갖춘 듯 보였다. 로코솝스키와 블라소프가 지휘하는 제16군과 제20군은 모스크바 더 가까이에서 작전을 벌이며 짝을 이루어 전진해서, 국경에서부터 시작된 중부 집단군의 전진 축선이 놓여 있었던 모스크바-스몰렌스크 간선도로에 가까이 붙어 있는 이스트라Istra를 12월 13일에 탈환했다.

모스크바 남쪽에서는 제13군과 제14군이 구데리안의 2기갑집단을 공격했고 12월 9일이 되면 2기갑집단의 주요 보급선인 오룔-툴라 철도를 위협했다. 구데리안의 툴라 진지가 돌출부를 형성했다. 그 맞은편에서 소련군 제15군과 제10군이 클루게의 제4군과 구데리안을 떼어놓고는 두 부대를 모스크바 접근로에서 몰아내는 데 성공했다. 소련군 제33군과 제43군이 가세한 12월 16일 이후에 그 퇴거 간격이 넓어졌다.

러시아군은 독일군이 모스크바 돌진의 절정단계에서 획득한 영토를 1941년 성탄절까지 거의 모두 다 되찾았다. 독일 동방군이 잃은 것은 땅만이 아니었다. 그 지휘관들은 영도자의 신임도 잃었다. 영도자는 장군들을 무더기로 해임해버렸다. 11월 30일에 룬트슈테트가 독일 육군 최고사령부가 자기에게 한 대우에 항의해서 사임하겠다고 고집을 부렸다. 히틀러가 그의 사령부를 찾아가서 그 항의가 정당하다는 것을 인정했지만, 그러면서도 그의 사임을 받아들였다(그의 후임인 라이헤나우는 거의 곧바로 심장마비로 죽었다). 히틀러는

12월 17일에 중부 집단군에서 보크를 클루게로 교체했고 12월 20일에는 구데리안이 예하 기갑집단을 노출 진지에서 후퇴할 준비를 하고 있다며 그를 해임했다. 히틀러는 무단 퇴각했다며 제4기갑군에서 회프너도 해임했다(1941년 10월과 12월 사이에 기갑집단이 기갑군으로 이름이 다시 바뀌었다). 히틀러는 제9군과 제17군의 사령관을 해임했다. 군단장과 사단장 35명이 동시에 면직되었다. 12월 19일에 히틀러가 브라우히치 육군 총사령관을 해임한 것이 그 가운데에서도 가장 극적이었다. 보크처럼 브라우히치는 건강이 나빴다. 그러나 그것이 해임 사유는 아니었다. 히틀러는 오로지 자기 자신의 변함없는 의지만이 독일 동방군을 괴멸에서 구할 수 있으리라고 믿게 되었다. 따라서 그는 브라우히치의 후임은 없으며 영도자 자신이 직접 육군 지휘관 역할을 하겠다고 선언했다.

히틀러는 그 역할을 하면서 휘하 장군들에게 버텨내라고 훈계하고 윽박질렀다. 히틀러는 자기의 핀란드인 동맹자인 만네르헤임의 설복을 받아내지 못했다. 만네르헤임 휘하 군인들은 레프의 휘하 군인들과 함께 나란히 레닌그라드의 정문까지 행군했(고 더 북쪽에서는 북극권 러시아로도 전진해 들어갔)다. 한때 러시아 제정군 장교였던 만네르헤임 원수는 사려 깊게도 자기 나라가 겨울전쟁 전에 소유했던 영토보다 더 많은 영토를 보유하지 않겠다는 마음을 굳혔다. 그러나 히틀러는 휘하의 사령관들에게 무능하다고 말하고 겁먹은 탓이라면서 마구 비난을 퍼부었다. 12월 8일에 하달된 영도자 지령 39호는 독일 동방군이 몇몇 소속부대가 이미 했던 것처럼 공세로 넘어가리라고 선언했다. 독일 동방군이 어디에서 방어할 것인가는 영도자가 결정할 권한이었다. 그는 자기가 겁보라고 본 사람들에게 다음과 같이 물었다. "귀관은 30마일 뒤에 처질 계획이오? 귀관은 거기는 그리 춥지 않다고 생각하는 거요? 그렇습니까? 될 수 있는 대로 빨리 독일로 돌아가시오. 다만 군은 내게 맡겨 놓고 가시오.

군은 전선에 머물러 있습니다."

12월 중순과 1월 초순에 '나폴레옹식 후퇴'의 유령이 히틀러를 괴롭혔다. 획득한 진지선뿐만 아니라 후방으로 가는 길에서 병사 수십만 명과 가장 치명적인 것으로 군의 중장비를 잃는다는 유령이었다. 그는 자신감을 잃고 머뭇거리다가 자기에게 변명하는 자들에게 "대포는 어찌되든 간에 최소한 군대는 구하시오"라고 말해서 주의를 환기했다. 후퇴하면 둘 다 잃으리라고 확신하고 — "만약 귀관이 중장비를 가지고 있지 않다면 앞으로 어떻게 맞받아칠 것이라고 생각하는 거요?" — (이듬해까지 사령부를 러시아 영토로 옮기지 않은) 히틀러는 라스텐부르크에서 전화를 걸어 인신공격을 하고 군복을 벗기겠다고 위협해서 자기 자신의 결의만큼 굳은 결의, 붉은군대와 러시아의 겨울에 맞서 버텨내겠다는 불굴의 결의를 전선에 있는 사령관들에게 불어넣을 때까지 부하들을 들볶고 타일렀다. 1942년 1월 중순이 되자 최악의 상황이 끝났다. 즉, 남부 전선군의 전선이 유지되고 있었고, 중부 집단군의 전선은 모스크바 북쪽에서 커다란 돌출부가 쑥 들어오기는 했지만 안정되었으며, 북부 집단군은 레닌그라드 가장자리에 참호를 파서 진지를 굳히고 포격으로 레닌그라드를 두들겨 천천히 산산조각내고 있었던 것이다. 붉은군대의 겨울 증원부대가 산발적으로 공세를 지탱했지만, 전진이 인해전술로 이루어지는 경우가 너무 잦은 탓에 수와 힘이 줄어들고 있었다. 이미 히틀러는 봄을, 그리고 자기가 스탈린의 러시아를 영원히 쳐부수기 위해 치르게 될 전투를 생각하기 시작했다.

10 | 군수 생산

1941년 6월과 7월과 8월에 러시아 서부에서 소련군 수개 군을 포위해서 쳐부순 독일군의 기갑집게발은 세계에서 유례를 찾아볼 수 없는 승전도구였지만, 절대적인 승전도구는 아니었다. 그것은 비록 소련이 보유한 주요 전쟁수행 수단의 하나, 즉 동원된 일선 방어는 파괴했어도 유럽 러시아[1]에 있는 소련의 공업자원을 파괴하는 데는 성공하지 못했다. 심지어 독일군 기갑부대가 전진하고 있는 중에도, 경제 전문가 아나스타스 미코얀Anastas I. Mikoian[2]이 지휘하는 소개위원회가 독일군 기갑부대의 진로에서 재빨리 공장을 통째로 들어내 기계와 재고품과 노동자를 과부하가 걸린 철도로 가져가 열차에 실어 동쪽으로 운송해서 독일군 기갑부대가 닿는 곳 너머에 있는 새로운 부지로 옮기고 있었다. 전략적 공업 재배치는 전쟁이 일어나기 오래전에 시작되었다. 우랄 산맥 너머에, 그리고 모스크바와 레닌그라드와 키예프의 부근과 돈바스Donbass에 있는 전통적 중심지와 맞먹는 다른 곳에 새로운 공업지역과 원료 채취지역을 조성하려는 노력이 있었던 것이다. 1930년과 1940년 사이에 마그니토고르스크Magnitogorsk와 쿠즈네츠크Kuznetsk와 노보-타길Novo-Tagil에서 새 야금 공장이, 첼랴빈스크Cheliabinsk와 노보씨비르스크Novosibirsk에서 공업 복합단지가, 볼호프Volkhov와 드네프로페트롭스크Dnepropetrovsk[3]에서 알루미늄 공장이, 쿠즈네츠크와 카라간다Karaganda에서 탄전이, 우랄-볼가 지역에서 '제2의 바쿠' 유전이 문을 열었다. 우랄 산맥 이서 지역에 있는 30개 이상의 화학공장도 마찬가지였다. 구공업지대와 신공업지대가 대등해지는 속도는 느렸다. 그러나 석탄이 돈바스에서 9,430만 톤이 산출되던 1940년에 우랄 산맥과 카라간다 탄전에서는 1,830만 톤이 산출되고 있었다.

1. 러시아의 우랄 산맥 서쪽 영토를 일컫는 표현이다.

2. 소련의 정치가(1895~1970). 스무 살에 볼셰비키당에 들어갔다. 1920년대에 스탈린과 트로츠키의 권력투쟁에서 스탈린 편에 섰다. 여러 방면에서 활동했지만, 주로 무역에 관한 여러 직위를 맡았다. 스탈린이 죽은 뒤에는 흐루쇼프와 제휴했다.

3. 오늘날 우크라이나의 드니프로페트롭스크(Dnipropetrovs'k).

그러나 바르바로사 작전이 불러일으킨 것은, 존 에릭슨의 표현에 따른다면, 그야말로 '소련의 제2차 산업혁명'이었다. 1941년 8월부터 10월까지 러시아 군수공업의 80퍼센트가 동쪽으로 이동하고 있었다. 독일군의 전진으로 소련의 군수 생산 공장 300개가 독일 차지가 되어버렸고 러시아 서부에 있는 이동할 수 없는 채광자원 전체, 특히 돈바스의 풍부한 탄광과 금속광산이 결국은 독일의 손아귀 안으로 들어가게 된다. 그러나 독일군의 전진은 소련 기계공업의 더 큰 부분이 레닌그라드와 키예프, 그리고 모스크바 서쪽 지역에서 동쪽으로 소개되지 못하도록 막을 만큼 신속하지는 않았다. 전쟁이 일어난 지 첫 석 달 동안 소련의 철도체계는 군인 250만 명을 서쪽으로 수송하는 한편, 공장 1,523개를 싣고 동쪽으로 되돌아갔다. (455개 공장이) 우랄 산맥에, (210개 공장이) 시베리아 서부에, (200개 공장이) 볼가 지역에, (250개 이상의 공장이) 카자흐스탄과 중앙아시아에 재배치되었다. 그 노력은 비상하면서도 위험천만했다. 1941년 9월 29일에 노보-크라마토르스크Novo-Kramatorsk 중기계·공구 공장은 공장 작업장을 뜯어내라는 명령을 받았다. 소련에서 단 하나뿐인 1만 톤짜리 압형기를 비롯한 기계설비가 닷새 안에 모조리 차에 실려 독일군의 포격 속에서 열차 차량으로 운반되는 한편, 기술자 2,500명은 마지막 날에 걸어서 20마일 떨어진 곳에 있는 가장 가까운 철도 수송 종점으로 가야 했다.

중전차 공장을 비롯한 90개 공장이 레닌그라드에서 소개되었다. 마지막 선적분은 도시가 육로로는 러시아 나머지 지역과 단절된 뒤 짐배에 실려 라도가 호수를 건넜다. 흡사하게 돈바스에서 독일군의 전진으로 소개가 여의치 않자, 거대한 드네프르 댐을 비롯한 가동 가능한 공장이 죄다 다이너마이트로 폭파되었다. 소련의 경제관리자들은 이 엄청난 공업 소요의 와중에서도 재배치된 공장을 거의 기적과도 같이 짧은 지연을 겪은 뒤에 다시 가동하는 데 성공했다. 에릭슨에 따르면, 12월 8일에 "하르코프 전차 공장은 마지막으로 공학기사들이 철로를 따라 터벅터벅 걸어서 하르코프를 떠난 지 채 10주가 안 되어 (우랄 산맥의 첼랴빈스크에서) 처음으로 T-34 전차 25대를 만들어냈다."

이런 러시아의 '제2차 산업혁명'의 시작은 독일 국방군에게는, 비록 앞으로 몇 달 동안 알려지지 않은 채로 남기는 했어도, 가장 나쁜 소식이었다. 히틀러가 1939~1941년에 수행한 장엄한 여러 전역을 사과로 치면 그 사과에는 벌레가 들어 있었다. 벌레란 그 전역들이 장기전을 지탱하기에는 너무 취약한 경제 기반에서 수행되면서도 적의 의지를 자극해서 히틀러가 신속한 결전으로 그 전쟁을 빨리 끝맺지 못하는 한 필연적으로 장기전이 되어 적을 죽이지 않으면 내가 죽는 식의 싸움이 되는 효과를 불러왔다는 것이었다. 히틀러의 독일은, 뉘른베르크 집회의 멋들어진 모습[4]과 독일 국방군의 밀집대오 뒤에서 속이 텅 빈 그릇이었다. 1939년의 세계 자본재 생산액에서 점하는 비율을 살펴볼 때 5퍼센트를 차지한 프랑스와 아직 불황기에 있는 데도 42퍼센트를 차지한 미국과 비교해서 약 14퍼센트를 차지한 독일은 자본재 생산자로서 영국과 대등했다. 그러나 눈에 보이지 않는 영국의 소득이 영국의 국내총생산에 가산되면 독일의 생산액은 (소련을 빼고도) 영국과 미국 밑의 3위로 떨어졌다. 그리고 비철금속, 특히 석유를 비롯한 필수적인 원료의 이용권을 고려하면, 독일의 경제 규모는 훨씬 더 작아 보였다.

따라서 독일의 경제전략은 군사전략만큼이나 전격전 개념과 깊이 맞물려 있었다. 신속한 승리를 거두어 독일 산업이 무기와 탄약을 대량으로 생산해야 한다는 압박을 비켜가야 할 필요가 있었다. 일단 전쟁이 길어지자, 그리고 히틀러가 러시아를 반드시 공격해야 한다고 결심하자, 독일의 경제전략이 바뀌었다. 물자 전선에서 추동력은 발칸 반도의 광물자원과 특히 (우크라이나의 막대한 농업적 부와

4. 독일에서 권력을 잡은 나치당은 대내외에 당의 위세를 과시하고자, 레니 리펜슈탈(Leni Riefenstahl)의 정치선전 기록영화 〈의지의 승리(Triumph des Willens)〉에서 보이듯, 뉘른베르크에서 당원 수십만 명이 퍼레이드를 벌이는 장관을 연출하는 대규모 당대회를 해마다 열었다.

더불어) 러시아 남쪽의 석탄과 금속, 그리고 (무엇보다도) 석유 산출 지역을 비롯해서 적의 채광자원을 손에 넣는 것이었다. 공업 전선에서 두 가지 다른 방향으로 역점이 이동했다. 히틀러는 1942년까지는 군수 노력 때문에 민간인의 생활수준이 떨어지거나 소비재 생산이 감축되어서는 안 된다는 기조를 절대로 바꾸려 들지 않다가, 1942년 1월과 5월 사이에 프리츠 토트 군비·군수 장관과 (그가 사고로 죽은 뒤에는) 그의 후임 알베르트 슈페어Albert Speer 박사의 거듭된 주장에 따라, 국내총생산에서 군수 생산이 차지하는 비율이 올라가야 하리라는 것을 받아들였다. 그러나 토트와 슈페어는 중앙집권화된 경제 통제 대책을 도입해서 실제로 산출량을 엄청난 속도로 높이기 시작(해서, 이를테면 공업 생산에서 군비가 차지하는 비율이 1941년 16퍼센트에서 1942년 22퍼센트, 1943년 31퍼센트, 1944년 40퍼센트로 증가)했으면서도 독일이 적국 경제 생산에 양으로 맞서려고 들지 않도록 했다. 독일의 전시경제철학은 독일의 무기 생산이 주로 질에서 적국의 무기 생산을 앞서야 하고 앞설 수 있다는 발상에 입각해 있었다.

성능의 전쟁

이 발상을 비행기 생산에서 실행하기란 어려운 일이었다. 비행기 생산에서 프로펠러 비행기의 기종과 개개 모델이 1942년 이후로는 영국과 미국의 그것에 자꾸만 뒤처졌던 것이다. 독일의 비행기 산업은 만족스러운 전략 폭격기를 생산해낸 적이 없다. 독일 공군은 일찍이 1934년에 이 기종의 비행기를 개발하려고 애쓰지 않기로 결정했다. 독일 공군의 단좌 전투기는 1943년에 개발의 한계에 부딪혔다. 독일 공군의 중전투기는 하나같이 다 실패작이었다. 이와는 대조적으로 독일 공군의 첫 제트 전투기인 메서슈미트 262는 대성공작이었으며, 만약 히틀러가 그 기종을 일찍부터 대량생산하도록 독려했더라면 메서슈미트 262가 연합군의 전략폭격전에 심각한 도전장을 들이밀었을 것이다. 하나의 기본 모델로부터 여러 모델이 시리즈로 발전해 가도록 설계된 독일 전차도 독일제 소화기小火器처럼 성능에서 으뜸이었다. 이를테면, 연합군 군인들에게 슈마이서Schmeißer로 알려진 MP-40 기관단총은 모든 군대에서 사용된 기관단총 가운데 최고이면서도 생산하기가 가장 간단했다. 독일의 설계 공학자들이 그 부품을 단순화해서 노리쇠 뭉치와 총열만 기계로 만들어질 뿐 거의 모든 부품이 반복 압인으로 생산되었다.

독일의 '비밀병기'도 '성능' 철학의 성공을 확연하게 보여주었다. 독일의 전자공학산업이 비록 더 뛰어난 온갖 종류의 레이더 장비를 끊이지 않고 만들어내고 그 분야에서 미국 공업이 앞서나갈 과학적·기술적 기반을 제공한 영국의 성취에 필적하지 못했어도, 그리고 비록 독일의 핵무기 개발 계획은 참담한 실패였어도, 무인 비행무기와 선진 잠수함에서 독일이 거둔 성공은 대단했다. 비록 독일군의 잠수함전을 다시 활성화하기에는 너무 뒤늦게 이루어지기는 했어도 잠수함에 통풍관으로 공기를 공급하는 방식이 완성되었고, 이로써 전후에 핵추진함이 도래할 때까지 모든 나라의 해군이 채택해서 사용한 작전방식이 도입되었다. 한편, 과산화수소 추진방식의 개발은 이론상으로는 잠수함이 잠항상태로 무한정 항해할 수 있도록 해주어 어느 모로는 핵추진 잠수함의 원리를 예견했다. 독일의 무인 비행무기인 V-1 '비행폭탄'과 V-2 로켓은 각각 최초의 작전 순항 미사일과 탄도 미사일이었다. 모든 현대식 순항 미사일과 탄도 미사일은 모두 V-1과 V-2[5]의 후손이었다. 그것을 설계한 독일인들이 이편이나 저편의 초열강 국가로 이주했기 때문이다.

그러나 독일이 '성능'의 전시경제를 운영하는 데에서 거둔 제한된 성공은 다른 요소들로 대차를 맞춰야 한다. 우선, 군수 생산이 이루어지면서도 민간 소비 수준이 유지되어야 한다는 히틀러의 요구는 1944년 중반이 되면 지켜질 수 없었다. 그 뒤로 독일의 생활수

5. V-1과 V-2는 영미군이 독일 후방에 가하는 전략폭격에 앙갚음을 한다는 뜻으로 괴벨스가 보복병기라는 뜻의 독일어 낱말 Vergeltungswaffe의 머리글자를 따서 붙인 이름이다.

준은 — 수입이 줄어들기 시작하고 전략폭격전의 효과가 더 강하게 나타나면서 — 절대적으로도, 그리고 저하하는 국내총생산에서 차지하는 비율로도 뚝 떨어졌다. 더욱이 국내총생산은 1939년과 1943년 사이에 1,290억 라이히스마르크Reichsmark[6]에서 1,500억 라이히스마르크로 전쟁기간에 더디게만 올랐고, 그다음에 이루어진 증가는 다만 비상사태나 비상요소의 결과일 뿐이었다. 일일 노동시간이 늘었다. 원료나 물품이나 자금의 수입은 징발로, 또는 독일에 극히 유리한 조건으로 피점령지에서 끌어냈다. 그리고 외국인 노동자가 — 어떤 이는 권유를 받아, 어떤 이는 징집당해서, 어떤 이는 노예가 되어 — 유입되어 독일 내 노동인구가 부풀어 올랐다. 외국인 노동자 수는 거의 700만 명에 이르러서, 전쟁 이전 노동인구 규모의 4분의 1에 해당했다. 이 노동인구는 독일이 전쟁 전에 완전 자급이 아니었기 때문에 우선은 수입 농산물로 양식을 제공받았고, 부풀어 오른 노동인구는 1944년 이후로 식량 수입이 뚝 떨어졌을 때에는 전시경제구조에 득이 되기보다는 전시경제에 부담이 되었다.

1944년 가을에, 즉 1944년 6월부터 9월까지 넉 달 동안 독일이 서방 점령지 전체와 동방에 남은 정복지를 잃었을 때 독일 경제가 위축되었다는 것은 급격하고도 파멸적인 군수 생산지수 하락에서 나타났다. 6월과 11월 사이에 총지수(1941~1942년=100)가 330에서 310으로, 무기 생산지수는 330에서 270으로, 폭약 생산지수는 230에서 180으로 떨어졌다. 독일 육군의 전차가 움직이고 독일 공군의 항공기가 비행하는 데 없어서는 안 되는 석유는 합성석유 공장에서 나오는 산출량에서 훨씬 더 파국적인 저하를 겪었다. 소비를 지탱하는 데 수입이 마지막으로 이바지한 5월에 전쟁 중 처음으로 공급이 소비를 능가했다. 9월이 되면 연합군 폭격기가 '석유 공세'를 펼친 결과로 합성석유 공장에서 나오는 생산량은 소비량의 6분의 1에 해당하는 1만 톤에 지나지 않았다. 이 소비량도 5월의 19만 5,000톤에

6. 1924년부터 1948년까지 독일에서 통용된 화폐단위.

서 긴축 경제로 그나마 줄어든 것이었다. 오로지 악천후가 시작되고 폭격기부대 수장들 사이에 의견 불일치가 일어났기 때문에 석유 공장이 더 이상의 지속적인 공격을 모면해서 1944년 성탄절 전에는 석유 공급이 완전히 끊기지는 않았다. 독일은 1944년에 경제적 효과만으로도 거의 패할 뻔했다. 그러나 실제로는, 중요한 푈리츠Pölitz 합성 정유소에서 생산이 되살아나면서 독일군이 라인 강에서, 그리고 이듬해 봄에 베를린에서 싸움을 지속하기에 충분한 석유가 나왔다.

일본은 독일보다 경제압박에 훨씬 더 취약했고, 전쟁의 마지막 몇 주 동안에는 경제가 거의 정지할 지경에 이르렀다. 그 무렵이 되면 일본의 선박 보유량은 주로 미군 잠수함의 활약으로 배가 침몰한 탓에 전전 보유량의 12퍼센트로까지 줄어버렸다. 생존하기 위해 식량 수입에 의존할 뿐만 아니라 조직된 하나의 국가로 작동하기 위해 도서島嶼 간 이동에 의존하기도 하는 나라로서는 절망적인 상황이었다. 물론, 일본은 적어도 객관적 차원에서는 주로 경제상의 이해 타산에서 비롯된 동기 때문에 전쟁에 들어갔다. (조선과 만주의 인구를 뺀) 일본 본토 인구 7,300만여 명은 (소비량의 80퍼센트만을 공급하는) 국내 농업으로 지탱하기에는 너무 많았고, 1937년에 총공세를 개시해서 본토 중국으로 들어가도록 육군을 자극한 것은 바로 다른 무엇보다도 중국에서 나는 쌀의 유혹이었다. 장제스가 1938년에 사실상 패한 뒤 일본이 중국에서 한 군사활동은 대부분 '쌀 공세'의 형태를 띠었다. 가을걷이 때 양식을 손에 넣을 목적으로 농촌지역으로 쳐들어가 약탈하는 '쌀 공세'는 1944년에 본격적인 이치고─号 작전이 시행될 때까지 계속되었다. 그러나 일본은 빠르게 공업화하는 나라였기 때문에 쌀뿐만 아니라 (원광석과 고철로 된) 철금속 및 비철금속, 고무, 석탄, 그리고 무엇보다도 석유가 필요했다. 1940년에 국내산 철광석 공급은 수요의 16.7퍼센트뿐이었고, 철강은 62.2퍼센트, 알루미늄은 40.6퍼센트, 망간은 66퍼센트, 구리는 40퍼센트였다. 니켈과 고무와 석유는 전량 수입으로 공급되었고, 비록 일본이 석탄의 90퍼센트를 자체 산출하기는 했어도 일본에는 철강 생산에 없어서는 안 되는 코크스용 석탄의 비축분이 없었다. 물론, 일본 정부가 무역을 통한 교환 정책을 추구하기로 결정할 수도 있었다. 그러나 세계 불황과 그 결과로 서구 수입국이 부과한 보호무역주의 조치들이 무역조건을 역전해 놓아서, 차츰차츰 군부에 휘둘리게 된 일본 내각은 오로지 상업을 통해서만 필수 자원을 얻는 데 뒤따를 국내 생활수준 저하를 받아들일 수 없다는 뜻을 굳혔다. 미국이 1940년 동안 대일對日 전략수출 금지 조처를 부과하기 시작하고 영국과 네덜란드가 같은 행동을 하도록 부추기자, 육군이 지배하는 내각은 기습공격을 하기로 재빨리 결정했다.

'남방' — 말레이 반도와 버마[7]와 동인도 제도 — 점령으로 얻은 경제 수익은 실제로는 도조 내각이 기대했던 것보다 훨씬 더 적었다. 이를테면, 1941년에 6만 8,000미터톤[8]이었던 생고무 수입량이 1942년에는 3만 1,000미터톤으로 떨어졌다가 1943년에 4만 2,000미터톤에 이르렀지만, 1944년에는 다시 주로 미군의 잠수함전의 결과로 3만 1,000미터톤으로 떨어졌다. 미군의 잠수함전으로 석탄과 철광석과 보크사이트의 수입도 차츰차츰 줄어들었다. 일본의 공업 생산에 미친 영향은 정비례했다. 일본의 해군 병기창(1941년=100, 1944년=512)이 그랬던 것처럼 항공기 공업이 비록 1941년(=100)과 1944년(=465) 사이에 산출량 면에서 괄목할 만한 증가세를 유지하기는 했어도, 같은 시기에 자동차 산출량은 3분의 2가 떨어졌다. 군함과 상선의 진수가 크게 늘어나서 각각 두 배와 네 배가 되었지만, 그 노력은 침몰이 진수를 넘어섰기 때문에 물거품이 되었다. 일본의 국내총생산은 1940년과 1944년 사이에 대체로 4분의 1이 늘었다. 그러나 같은 시기 동안 정부의 군비 지출이 다섯 배 늘어서 결국은 국내총생산의 50퍼센트를 차지했고, 이 때문에 비군수 생산이 억눌리

7. 오늘날의 미얀마. 1989년 6월 18일에 버마에서 미얀마로 바뀌었다.

8. 1미터톤 = 1,000킬로그램.

고 민간 소비가 큰 폭으로 줄어들었다. 전쟁수행 노력의 최종 결과로, 비록 숙련 기계공 노동인구가 크게 늘기는 했어도, 일본 국민은 굶어 죽을 지경에 이르렀다. 전후 경제 회생기에 일본의 그 숙련 기계공 노동인구가 일본이 처음에는 진출을 거부당해서 전쟁을 일으켰던 바로 그 해외시장을 차지해서 일제 생산물을 팔게 된다.

영국의 전쟁수행 노력

다른 커다란 섬나라 교전국인 영국도 적국의 잠수함부대가 가하는 경제압박으로 위협을 받았다. 미국과 캐나다와 오스트레일리아와 아르헨티나에서 운송되어 오는 값싼 곡물을 이용하는 한 세기 동안의 정책으로 농업이 부진해져서 소비의 절반만이 국내산으로 충당되는 수준에 이르렀기 때문에 영국의 식량 수입 의존도는 일본보다 훨씬 더 높았다. 영국은 석탄은 완전 자급자족했고 철광석은 부분적으로 자급자족했지만, 석유와 고무는 전량, 비철금속은 대부분을 외국의 공급에 의존했다. 더욱이 영국은 비록 자본주의 세계에서 둘째 가는 최대 공업 열강으로 독일과 대등하기는 했어도 화학제품과 기계 공구같이 극히 중요한 특정 생산물을 수입했다. 게다가 영국은 추축국과 홀로 대결하는 부담을 짊어진 1940~1941년에는 특히나 국내 세수로는 자국에 부과한 전쟁수행 노력을 지탱할 수 없었다. 브리튼 전투에서 승리를 거둔 전투기와 대서양 전투에서 싸운 호위함과 침몰한 상선과 서부전선의 사막에서 롬멜과 맞붙은 전차의 값을 치르기 위해 영국은 자국이 해외에 보유한 자본을 거의 모두 다 정리해야 했다. 이것은 만회하는 데 50년의 노고가 필요할 경제 희생이었다.

만약 되니츠가 히틀러에게 조언했던 대로 독일이 U-보트 300척의 병력을 전쟁이 일어났을 때부터 전개했더라면, 영국은 미국이 태평양에서 일어난 사태로 말미암아 참전하기 오래전에 교전국으로서 틀림없이 무너졌을 것이다. 다행스럽게도 되니츠는 추축국과 그 적국 사이의 힘의 균형이 히틀러에게 치명적으로 불리하게 바뀌어버린 1943년까지 잠수함 300척 전개를 이루지 못했다. 그 사이에 영국의 공업은 소련을 뺀 그 어떤 나라도 시도하지 못한 중앙집권화된 지도를 무자비하게 부과한 결과로 군수물자 생산액을 괄목할 정도로 늘리는 성과를 이룩해냈다. 이를테면, 1939년에 969대였던 전차 생산 대수가 1942년에는 8,611대로, 1939년에 758대였던 폭격기 대수는 1943년 7,903대로, 1940년에 5만 1,903개였던 폭탄 생산 개수는 1944년에 30만 9,366개로 늘어났다.

　영국은 장비의 양과 더불어 질에서도 괄목한 만한 진보를 이루었다. 전자전 분야에서 영국의 창의성은 세계에서 맞수를 찾을 수 없었다. 한편, 영국은 항공기용 제트추진방식 개발의 선구가 되어 종전 직전 몇 주간 유럽에서 제트 전투기, 즉 글로스터 미티어Gloster Meteor가 (비록 같은 기종의 독일 비행기 메서슈미트 262와 교전하지는 못했어도) 2개 일선 비행대대에 배치되었다. 영국의 항공기 엔진 설계자들은 P-51 머스탱을 세계 최강의 장거리 전투기로 만든 동력장치를 만들어냈다. 드 하빌랜드 모스키토de Havilland Mosquito는 제2차 세계대전에 나타난 비행기 가운데 가장 우아한 다용도 전투 항공기의 하나로 판명되었다. 이 비행기는 폭격기와 주야간 전투기로서, 그리고 정찰기 역할과 습격기[9] 역할에서 두드러진 성과를 올렸다. 에이브로 랭카스터 Avro Lancarster 야간 폭격기는 비록 1945년이 되면 낙후기종이 되어가고 있기는 했어도 영국 공군 전략폭격전의 최고 도구였다. 그러나 전략폭격이 너무 지나치게 강조되면서 많게는 국가의 전쟁수행 노력의 3분의 1을, 그리고 첨단기술의 정수를 빨아들여 영국의 전시경제에 현저한 구조적 불균형이 일어나게 되었다는 데에는 의심할 여지가 별로 없다. 영국 공업 노력이 대부분 폭격 공세에만 투입되다 보니 영국은 미국에 기대어 수송기 전량, 상륙주정 다수, 탄약 다량, 전

9. 고속으로 저공 비행해서 적의 경계망을 피해 목표물에 은밀하게 접근해서 공격하는 공격용 항공기.

차 상당수를 얻어야 했다. 영국의 공업이 제1차 세계대전에서 전차를 맨 처음으로 생산했다고는 해도, 1939~1945년의 영국 전차는 독일 전차뿐만 아니라 미국 전차보다도 두드러지게 뒤떨어졌다. 1944년이 되면 영국군 기갑사단 전체가 미제 셔면 전차로 무장했다.

영국의 경제규모는 전쟁 동안 60퍼센트 넘게 불어났지만, 민간 소비는 1939년과 1943년 사이에 21퍼센트만 줄어들었다. 군비 지출이 국내총생산의 50퍼센트를 차지한 1943년은 영국 군수 생산의 절정기였다. 본국 인구는 부족분을 느꼈다. 시장에서 사치품이 모조리 사라지고 의류 품귀사태가 심각한 데다가 배급으로 할당받은 식료품에서 지방과 단백질 같은 필수요소가 다수 줄어든 데에서 특히나 그랬다. 그렇지만 그 부족분의 효과는 감춰졌다. 만약 영국이 군비를 국내 자원으로 지탱하려고 시도했더라면, 영국 경제는 파열되었을 것이다. 소련도 마찬가지였다. 일일 노동시간을 연장하고 국내외 자본을 정리하고 생활수준을 낮추고 한계 농경지를 활용하고 익숙한 물품 대신 대용품을 쓰고 여성을 징모해 노동인구에 넣(었고 영국에서는 여성이 군대에도 들어가서 군에서 여성이 차지하는 비율이 다른 어떤 교전국보다 더 높았)고 열 가지가 넘는 비상조치를 취하는 등 온갖 희생을 했는데도, 영국 경제나 소련 경제나 외부 원조가 없었다면 전쟁의 중압을 견뎌낼 수 없었을 것이다. 그 외부 원조는 미국에서 왔다.

러시아 침공과정 초기에, 히틀러는 구데리안 장군에게 전차 생산에서 러시아가 독일을 얼마만큼 능가하는지를 알리는 그의 경고에 자기가 주의를 기울이지 않았다는 후회를 표명했다. 그는 구데리안에게 "귀관이 귀관 책에서 말했던 러시아 전차 수가 사실이었다는 걸 알았더라면, 전쟁을 시작하지 않았을 텐데"라고 인정했다. 독일의 전차 생산 대수가 최고조에 올라 1만 7,800대에 이른 1944년에 2만 9,000대였던 러시아의 전차 생산 대수는 연합국 전시경제가 규모

면에서 독일 전시경제를 얼마만큼 능가했는지를 보여주는 지표 하나에 지나지 않았다. 공업 열강인 독일을 모든 면에서, 그리고 모든 범주의 가용 천연자원과 공산품에서 난쟁이처럼 보이게 만든 나라는 결국은 미국이었다. 1941년 3월 이후로 영국 군수 생산의 부족분은 미국이 무기대여법으로 제공한 물자로 상쇄되었다. 무기대여법은 전쟁이 끝난 뒤 갚겠다는 약속을 받고 수취인이 전쟁물자를 얻도록 해주는 법이었다. 영국은 무기대여법의 도움을 받아 1941년 6월과 12월 사이에 소련에 군사 원조를 제공했다. 독일이 1941년 12월 11일에 미국에 선전포고를 하자마자 무기대여법에 따른 선적물이 영국을 거치지 않고 직접 미국에서 블라디보스톡과 무르만스크와 페르시아 만을 거쳐 러시아로 흘러들어가기 시작했다.

이 선적물은 엄청난 규모였다. 소련은 퍼붓듯 주어지는 원조의 덕을 보았다. 기증물 가운데 전차 같은 일부 물자는 소련에 필요 없었고, 항공기 같은 일부 물자는 — 소련 비행기의 성능이 일급이 아니었기 때문에 — 필요했지만 제대로 활용되지 않았다. 비록 소련군이 자국산 무기를 선호하기는 했어도, 다른 기증물은 소련에 상당 비율의 군수공업 소요물자뿐만 아니라 전투수단도 제공했다. 훗날 니키타 흐루쇼프는 "우리가 [미제 수송기관] 없이 스탈린그라드에서 베를린까지 어떻게 전진할 것인지 한번 생각해보라"고 말했다. 전쟁 말기에 소련군이 보유한 자동차는 66만 5,000대였는데 이 가운데 42만 7,000대가 서구에서 왔고 그 대부분이 미제였으며, 야전에서 붉은군대가 필요로 하는 모든 물자를 효율적으로 운반한 그 훌륭한 닷지Dodge 2.5톤 화물차[10]의 비율이 높았다. 또한 미국의 공업은 소련 군인 1,300만 명에게 겨울 군화를 공급했고, 미국의 농업은 전쟁 중에 소련 군인 개개인에게 날마다 농축 배급 0.5파운드를 제공하기에 족한 식량 500만 톤을 제공했다. 미국의 철도 공업은 기관차 2,000대와 화물차량 1만 1,000량과 레일 54만 톤을 공급했다.

10. 전쟁 이전 시기 미국의 3대 자동차 제조회사의 하나였던 미국 크라이슬러 사의 닷지 사업부가 출시한 화물차 시리즈의 하나.

이 레일을 이용해서 러시아 사람들은 자기들이 1928년과 1939년 사이에 건설했던 것보다 더 긴 철도를 놓았다. 미국이 공급하는 고급 휘발유는 러시아의 항공연료 생산에 없어서는 안 되었으며, 소련이 1941~1944년에 소비한 구리의 4분의 3이 미국산이었다.

전시에 러시아는 미국의 원조를 받아 목숨을 부지해서 싸웠다. 전시의 영국도 마찬가지였다. 영국 호송선단이 (현재 가격으로 1989년 한 해분 국방예산에 상당하는) 약 7,700만 달러어치의 장비와 원료를 동쪽으로 운송하고 있는 동안, 미국 선박의 비율이 늘어나는 다른 영국 호송선단은 대서양 건너편에서 영국 민간인과 영국군을 먹여 살리고 히틀러 치하의 유럽을 침공할 준비를 하고 있는 미국 해외파견군을 무장할 자원을 가져오고 있었다. 영국군에 공급된 미국산 군장비의 비율은 1941년에는 11.5퍼센트, 1942년에는 16.9퍼센트, 1943년에는 26.9퍼센트, 1944년에는 28.7퍼센트였다. 1941년에 영국에서 소비된 미국산 식량의 백분율이 29.1퍼센트였는데, 이 비율은 전쟁 내내 그 수준으로 계속 유지되었다.

1939년과 1945년 사이에 규모가 30배로 늘어난 군대를 무장하고 유지하면서 이처럼 퍼붓듯 원조를 해주어도 미국 경제는 조금도 피해를 입지 않았다. 오히려 그 반대였다. 1939년에 130억 달러였던 미 연방정부 연간 지출이 1944년에 710억 달러로 늘었는데도 세수가 늘고 전쟁공채 구입운동이 성공해서 인플레이션이 쉽게 억제되었다. 같은 기간 국내총생산이 두 배 넘게 늘어났고, 공업 생산도 거의 두 배가 되었다.

이런 성취에는 간단한 이유가 있었다. 1929~1931년에 불황이 닥치고 은행이 도산한 이후로 부진에 빠진 미국 경제는 국가재정으로 통화 재팽창을 꾀하는 루스벨트의 뉴딜New Deal 정책[11]이 적용되었는데도 히틀러가 가장 완전한 형태의 케인즈식 신용 프로그램을 편 독일이나 더 정통적인 예산 정책을 폈는데도 1930년대 동안 경기가

11. 대공황을 극복하기 위해 1933년부터 1939년까지 미국에서 실시된 일련의 경제정책. 국가가 경제 영역에 적극 개입하고 공공사업에 과감히 투자해서 경기 활성화를 유도하는 것이 뉴딜 정책의 중요한 측면이었다.

그럭저럭 부양되었던 영국의 경제와 같은 정도로는 도무지 회복되지 않았다. 그 결과 미국 경제는 1939년에도 상대적으로나 절대적으로나 여전히 부진한 상태에 있었다. 등록된 실업자가 890만 명이었고 공장 평균 가동률은 매주 40시간이었다. 1944년이 되면 공장 평균 가동률이 매주 90시간이었고 취업인구는 1939년보다 1,870만 명 더 많았다(일자리를 다시 얻은 사람들을 뺀 나머지 1,000만 명은 주로 여성이었다). 1939년에 공업 생산 가치가 국민소득의 29퍼센트를 차지한 데 비해 1944년에는 그 비율이 38퍼센트였다.

이 수치는 절대적 관점에서 볼 때 비상한 경제 상승이었다. 상대적 관점에서 보면 그 수치가 독일과 일본의 파멸을 불러왔다. 독일과 일본의 1인 1시간 노동생산성은 각각 미국의 2분의 1과 5분의 1이었다. 요컨대, 미국 경제는 적국인 독일이나 일본의 경제보다 훨씬 더 컸을 뿐만 아니라 훨씬 더 효율적이었다. 1939년에는 미미한 군장비 생산국가였던 미국이 1944년이 되면 세계의 군장비 40퍼센트를 생산하고 있었다. 특정한 범주로 보자면, 1940년에 346대였던 전차 생산 대수가 1944년에는 1만 7,565대로 늘었고, 1940년에 150만 톤이었던 선박 톤수가 1944년에는 1,630만 톤으로 늘었으며, 비행기 생산 대수는 ― 미국 공업이 전시에 이룩한 성취 가운데 가장 엄청나서 ― 1940년 2,141대에서 1944년 9만 6,318대로 늘었다.

1945년에 미국은 1939년에 그랬듯이 세계 최고의 부국일 뿐만 아니라, 생산성 면에서 세계의 나머지 나라의 경제를 다 합친 것과 거의 맞먹는 세계 역사상 최고 부국이 된다. 미국 국민도 덕을 보았다. 존 스타인벡John Steinbeck[12]의 유명한 사회고발 소설 『분노의 포도 *The Grapes of Wrath*』에 묘사된 불쌍한 '오키Okie'[13]는 모래바람 부는 서부 대평원의 다 허물어져 가는 농장을 떠나 이주해 들어간 캘리포니아의 비행기 공장에서 돈을 벌어서 1944년이 되면 중산층의 생활수준을 누리고 있었다. 더 좋은 땅에서 불황을 맞이했던 이웃들도 보상

---

12. 미국의 소설가(1902~1968). 1930년대의 대공황기에 오클라호마의 소작지에서 쫓겨나 캘리포니아로 흘러들어간 노동자 가족을 소재로 삼은 대표작 『분노의 포도』에서 자본주의와 기계 문명을 비판하고 소박하고 단순한 사회를 염원하는 철학을 담았다. 1962년에 노벨 문학상을 받았다.

13. 오클라호마 주에서 이주해 온 가난뱅이 노동자를 일컫는 표현.

을 받았다. 미국 공장이 히틀러를 쳐부순 무기를 만들어냈다면, 곡식을 키워 히틀러의 적국을 먹여 살린 사람은 미국 농부였다. 제2차 세계대전 전에 뉴딜 구호 활동가였던 폴 에드워즈Paul Edwards는 다음과 같이 회상했다. "그 전쟁은 지옥 같은 호시절이었다. 나는 사우스다코타 주 농부들에게 구호물자를 주었다. 그 사람들에게 주당 5달러와 그들의 가족이 먹을 쇠고기 통조림을 주었는데, 귀국해 보니 그 사람들의 재산이 25만 달러였다. …… 그곳의 상황이 곧 미국 전체의 상황이었다. …… 그리고 나머지 세계는 피를 흘리며 고통스러워하고 있었다. 하지만 이제는 잊혀진 일이다. 제2차 세계대전? 그것은 내가 여전히 참가하고픈 전쟁이다."

제2차 세계대전을 치르면서 히틀러가 저지른 잘못을 마지막으로 열거할 때, 미국의 경제력과 맞붙겠다는 그의 결정이 으뜸갈 법도 하다.

11 | 크림의 여름, 스탈린그라드의 겨울

겨울 때문에 군대가 분쇄되는데도 봄이 찾아와서 작전이 중단되는 것이 러시아 전역의 역설이다. 30인치로 쌓여있다가 해빙기가 되어 녹은 눈이 갑자기 얼음이 풀린 표토表土를 흠뻑 적시면 흙길은 진창이 되고 초지대의 지표는 늪으로 바뀐다. 이것이 바로 모든 이동을 막아버리는 진흙의 '내해內海', 즉 라스푸티차rasputitsa다. 수송차량은 수렁에 빠져 차축 위까지 파묻혀 버리며, 심지어 다부진 토종 조랑말과 그 말이 끄는 가벼운 파녜 짐마차Panjewagon도 깊은 진창에서 허우적거린다. 1942년 3월 중순에 붉은군대와 독일 동방군 둘 다 계절 앞에 두 손 들었음을 인정했다. 강요된 정전이 5월 초까지 러시아 전선에 내려앉았다.

두 나라 군대 모두 그 정전을 이용해서 겨울을 나고 전투를 벌이다가 입은 손실을 회복했다. 스탑카는 러시아에 징병 연령기 남성 1,600만 명이 있으며 1942년에는 붉은군대의 병력을 900만 명으로 늘릴 수 있다고 계산했다. 이미 300만 명이 사로잡히고 100만 명이 죽었음을 고려하더라도, 여전히 400개 사단을 채우고 보충병력을 제공하기에 충분한 남자가 있을 터였다. 그 가운데 많은 사단이 참담하리만큼 약했지만, 중앙 예비병력을 만들 잉여가 발견된 한편, 우랄 산맥 배후로 소개된 공장에서 그해 겨울 여러 달 동안 전차 4,500대, 비행기 3,000대, 대포 1만 4,000문, 박격포 5만 문이 생산되었다.

독일도 자국군을 확대하고 있었다. 1월에 병력보충대Ersatzheer가 신병과 '군 면제자 가운데에서 다시 추려낸 입대병'으로 13개 사단을 만들었다. 그 뒤 얼마 되지 않아 9개 사단이 더 창설되었다. 1942년 1월에 남성 사무병과 운전병을 보병부대로 보내기 위해 처음으로

여성 참모보조원Stabshelferin이 유입되었고, 대부분 굶어 죽지 않으려
고 변절한 러시아군 포로 가운데에서 자원보조원Hilfsfreiwillig이 모집
되기도 했다. 겨울 동안에 나온 사상자 90만 명이 이런 식으로 메워
졌다. 비록 60만 명의 부족분이 4월까지 남기는 했지만 말이다. 이
부족분은 심지어 사단의 보병병력이 많게는 3분의 1까지 줄었을 때
에도 기존 사단들을 그대로 유지함으로써 감춰졌다. 전차와 대포와
군마도 줄었다. 4월이 되면 독일 동방군은 3호, 4호 전차 1,600대와
대포 2,000문과 대전차포 7,000문이 모자랐다. 육군이 러시아로 데
려온 말 50만 필 가운데 1942년 봄까지 절반이 죽었다.

　그런데도 히틀러는 남아 있는 병력으로도 러시아의 숨통을 끊어
놓기에 충분하다고 확신하고는 땅이 굳자마자 결정적인 공세를 개
시하겠다는 마음을 굳혔다. 스탈린이 독일군이 모스크바를 다시
치리라고 ― 그리고 그 일격은 독일이 서방에서 '제2전선'을 처리해
야 하므로 약해지리라고 ― 확신했지만, 히틀러는 정반대의 의도를
지니고 있었다. 1918년에 러시아로 치고 들어간 독일 황제의 마지막
공세의 요체는 러시아의 풍부한 천연자원을 손에 넣는 것이었다. 곡
창과 광산, 그리고 이제 그 어느 때보다도 더 중요해진 유전은 언제
나 남쪽에 있었다. 지금 히틀러는 1942년 여름 전역을 위해 바로 이
방향으로, 즉 크림 너머에 있는 땅으로, 볼가 강으로, 캅카즈로 기
갑부대를 보내서 24년 전에 독일이 브레스트-리톱스크 조약으로 차
지했던 거대한 경제 점령지를 되찾고 보태려는 계획을 세웠다.

　독일 동방군이 그 '마지막' 모스크바 공세가 개시된 시기인 11월
에 러시아 서부를 가로질러 그었던 전선은 핀란드 만에서 시작해서
모스크바 북쪽의 데먄스크Demiansk와 모스크바 남쪽의 쿠르스크
Kursk 사이에서 동쪽으로 돌출했다가 흑해에 이르기까지 남북으로
거의 직선으로 내달렸다. 5월이 되면 전선이 훨씬 덜 산뜻한 모양을
띠었다. 스탈린의 겨울 역공의 효과 때문에 전선은 모스크바의 근

교에 더는 닿지 않았고 이제는 세 군데에서 움푹 파였다. 데먄스크와 르제프Rzhev 사이에서 거대한 돌출부 하나가 서쪽으로 쑥 내밀어 모스크바 간선도로 상에서 멀게는 거의 스몰렌스크에 이르렀으며, 역방향의 만곡부가 데먄스크 자체 둘레의 고립지대를 에워싸서 데먄스크에는 보급을 항공기로 받아야 했다. 모스크바의 남쪽과 서쪽에서 또 다른 돌출부가 르제프를 거의 에워싸고 스몰렌스크-스탈린그라드 철도선 상에 있는 로슬라블에 거의 닿았다. 대공업 도시인 하르코프의 남쪽에 있는 이쥠Izium에서 다른 고립지대가 하나 더 서쪽으로 툭 튀어나와 키예프 철도 노선을 끊어 놓아서 캅카스로 들어가는 통로인 로스토프로 진입하는 데 방해가 되었다. 붉은 군대가 1월에서 3월까지 수행한 희생적인 공격은 성과가 있었던 것이다.

히틀러는 그 두 개의 모스크바 돌출부가 전선에 주는 위험을 호기롭게 무시했다. 그는 자기가 데먄스크 고립지대를 유지하는 데 드는 비용보다 붉은군대가 그 고립지대를 감시하며 막는 데 드는 비용이 더 크다고 계산했다. 그가 르제프 요입부凹入部를 점령하고 있었기 때문에 모스크바에 대한 위협이 계속 가시지 않았다. 로슬라블 돌출부는 중요하지 않았다. 이쥠의 상황으로 말할 것 같으면, 남부 집단군이 로스토프를 지나 캅카스로 들어가는 총공세가 개시되면 자동적으로 풀릴 터였다. 히틀러는 1942년 3월 28일에 할더와 독일 육군 최고사령부와 함께 그 공세(암호명 '청색Blau' 작전)의 개요를 의논하고 더 자세하게 만들어 4월 5일에 영도자 지령 41호로 알렸다. 별개의 다섯 작전으로 이루어진 그 작전은 다음과 같았다. 크림에서 만슈타인이 지휘하는 제11군이 케르치Kerch' 반도에 있는 러시아군을 섬멸한 다음 농성을 벌인 지 다섯 달이 지나도록 여전히 버티고 있는 세바스토폴을 포격으로 제압한다. (병에서 회복된 뒤 남부 집단군 지휘권을 맡은) 보크는 이쥠 고립지대를 '따내서 없애버리'고 기갑부대로 이루어진 집게발로 돈 강의 보로네즈를 에워싼다. 그는 그 임무에 사용할 9개 기갑사단과 6개 차량화사단(과 함께 덜 믿음직스러운 루마니아군, 헝가리군, 이탈리아군, 슬로바키아군, 에스파냐군 52개 사단)을 거느리고 있었다. 일단 그 임무가 수행되면, 중부 집단군이 돈 강을 따라 돌진해 내려와 초지대를 가로질러 볼가 강의 스탈린그라드로 와서 하르코프에서 전진해 오는 보조부대와 합류한다. 마지막으로 중부 집단군의 선봉돌격부대가 돌진해서 (독일 황제의 군대가 1918년에 그랬던 것처럼) 캅카스 안으로 들어가 흑해와 카스피해 사이의 산맥을 꿰뚫어 소련 석유공업의 중심지인 바쿠에 도달한다. 이 정복지를 지키고자 히틀러는 적이 침투해 들어올 수 없는 동부방벽Ostwall을 만들 의향을 가지고 있었다. 그는 괴벨스에게 "그렇게 되면 러시아와 우리의 관계는 인도와 영국의 관계와 같게 될 걸세"라고 말했다.

이 작전을 지지하는 경제적 논거는 무궁무진했다. 히틀러는 휘하 장군들에게 남부에서 성공을 거두면 생겨난 여유병력을 북쪽으로 보내 레닌그라드를 고립시켜 장악할 수 있으리라고 선언했다. 그러나 '청색' 작전의 요체는 러시아의 석유를 손에 넣는 것이었다. 히틀러에게는 독일이 쓸 러시아 석유가 필요했다(그는 측근에게 플로예슈티 유전이 걷잡을 수 없게 완전히 불타버리는 광경을 보는 악몽을 꾸었다고 털어놓았다). 그뿐만 아니라 그는 스탈린이 석유를 얻지 못하도록 만들고 싶어했다. 바르바로사 작전이 이미 소련에 입힌 경제적 피해는 막심했다. 1941년 10월 중순까지 독일 동방군은 소련 인구의 45퍼센트가 살고 소련 석탄의 64퍼센트가 채취되고 곡물의 47퍼센트, 선철과 강철과 압연 철판의 3분의 2 이상과 알루미늄의 60퍼센트가 생산되는 영토를 점령했(으며 1944년 여름까지 내주지 않았)다. 공장들을 우랄 산맥 뒤 변경으로 소개해서, 비록 심각한 공급 중단이 빚어지는 대가를 치르기는 했어도, 없어서는 안 될 공업력을 적에게 빼앗기지 않고 구해냈다(그 공장들 가운데 303개 공장만이 무기를 생산했다). 그러나 히틀러가 잘 알고 있었듯이, 석유 공급이 끊기면, 심지어는 차질만 빚어져도 파국이 일어났을 것이다. 영도자 지령 41호의 '총계획'은 아주 대담하게 다음과 같이 선언했다. "우리의 목적은 소련에 남아 있는 방어 잠재력을 완전히 파괴하고 가장 중요한 군수공업 중심지로부터 소련을 가능한 한 멀리서 단절하는 것이다. …… 따라서 첫째로 캅카스 유전, 그리고 캅카스 산맥 자체를 넘어가는 통과로를 확보하기 위해 돈 강 앞에 있는 적을 섬멸할 목적을 가지고 가용한 모든 병력을 남부 방면에 집결할 것이다."

'청색' 작전은 전차를 견뎌낼 만큼 땅이 굳자마자, 즉 5월 8일에 만슈타인이 크림의 케르치 반도로 공격해 들어가면서 시작되었다. 이 공격은 한 주 뒤에 끝났고 러시아군 17만 명이 사로잡혔다. 크림에서 세바스토폴만이 아직 버텼고, 7월 2일까지 함락되지 않는다. 그러나 한편으로 '청색' 작전의 주요 단계, 즉 암호명 '프리데리쿠스 Fridericus' 작전이 위태로워졌다. 보크가 이즘 고립지대를 '따내서 없애버릴 것'을 예기하고서 5월 12일에 러시아군의 역공이 하르코프를 향해 시작되었던 것이다. 핵심적인 공업도시인 하르코프는 전차를 만들어내는 주요 중심지이기도 했다. 얼이 빠지도록 놀란 보크는 하르코프의 정면방어를 위해 '프리데리쿠스' 작전을 포기해야 한다고 경고했다. 히틀러가 '사소한 홈'이라면서 계획 중단을 받아들이지 않자, 보크는 "이것은 '홈'이 아니라 생사가 걸린 문제입니다"라고 말하며 반박했다. 히틀러는 꿈쩍도 하지 않았다. 그는 '프리데리쿠스' 작전이 힘을 받는 즉시 상황이 저절로 풀릴 것이라는 말을 되풀이하며 다만 작전 개시일을 하루 앞당겨야 한다고 고집했다. 사태는 그가 옳음을 입증했다. 제1기갑군을 지휘하는 클라이스트가 러시아군의 하르코프 돌파 공격의 북쪽에 있는 러시아군 진지선을 어렵지 않게 꿰뚫고 5월 22일에 하르코프 남쪽에서 파울루스의 제6

군과 합류함으로써 지난해에 붉은군대의 팔다리를 잘라놓았던 포위전을 한 차례 더 이루어냈다. 6월 초까지 하르코프의 싸움터에서 포로 23만 9,000명이 잡히고 전차 1,240대가 파괴되었다. 그런 다음 '빌헬름Wilhelm'과 '프리데리쿠스 2세'라는 암호명이 붙은 두 보조작전이 뒤이어 수행되기 시작해서, 각각 이쥼 고립지대와 하르코프 전투로 고립된 러시아군 패잔부대를 쳐부쉈다. 두 작전은 6월 28일에 끝났다.

6월 28일은 본격적인 '청색' 작전의 D-데이였다. '청색' 작전은 나란히 일렬로 선 4개 군, 즉 제6군, 제4기갑군, 제1기갑군, 제17군으로 개시될 터였다. 제6군과 제4기갑군은 1개 집단군 소속이었고 제1기갑군과 제17군은 또 다른 1개 집단군에 소속되었다. 보크가 남부집단군을 계속 지휘했고, 폴란드 전역에서 두각을 나타내기 시작했던 리스트가 흑해 방면에서 새로 편성된 A집단군을 지휘했다. 이들과 상대하는 러시아군은 4개 군, 즉 제40군, 제13군, 제21군, 제28군이었다. 이들에게는 독일군의 주력이 모스크바를 노리고 있다는 스탈린의 믿음 탓에 예비병력이 모자랐다. 러시아군 제40군이 처음 이틀 만에 궤멸하였고, 다른 3개 군은 지리멸렬해서 물러나야 했다. 남쪽의 — 말 탄 카작들[1]이 차르 전제정을 피해 자기 땅으로 삼았던 나무 한 그루 없고 길도 없고 물이 거의 없는 '풀의 바다'라고 할 수 있는 — 초지대에는 군대가 방어를 조직하는 데 이용할 만한 장애물로 그어지는 선이 없었다. 그 초지대를 가로질러 클라이스트와 호트의 기갑부대가 앞으로 나아갔다. 알란 클라크Alan Clark는 그 전진을 다음과 같이 서술했다.

전진하는 독일군 부대 대열은 30마일이나 40마일 떨어진 곳에서도 〔눈에 확 띄었다.〕 불타는 마을과 포화에서 피어오르는 연기로 탁해진 거대한 먼지 구름이 하늘로 치솟았다. 여름의 한적한 정경 속에서 그 대열의 앞머리에 짙고도 검은 연기가 피어 올라 전차들이 지나간 뒤에도 오랫동안 좀처

1. 15세기부터 국가와 지주의 압제를 피해 도망쳐 중앙권력이 미치지 않는 러시아 남부와 우크라이나에 정착해서 반독립적인 공동체를 형성한 러시아 농민 출신 전사. 중앙권력에 저항하다가 18세기 말부터 일정한 특권을 받는 대신 20년간 기병대원으로 복무해서 전제정을 수호하는 보루가 되었다. 중앙아시아의 카자흐(Kazakh)인과는 아무 상관이 없다.

럼 사라지지 않았다. 뒤로 뻗쳐서 서쪽 지평선에 이르도록 드리워진 갈색 아지랑이의 탄막이었다. 그 전진에 따라붙은 종군기자들은 '모트 풀크Mot Pulk'에 …… 서정적인 덧칠을 했다. 차량화 방진을 말하는 '모트 풀크'가 기갑부대의 테두리에 화물차와 대포가 둘러싸인 모습으로 이동했다.

그러나 이때 독일군 기갑부대가 예기치 않게 쉽사리 하르코프의 포위를 뚫고 나와 도네츠 강을 건너, 그 강에서 뻗어 나와 동쪽으로 100마일을 가면 돈 강에 이르고 남쪽으로는 캅카즈로 이어지는 거대한 초원 '회랑' 안으로 들어간 데 자극받아 히틀러가 계획 변경에 동의했다. 뒤에 밝혀지겠지만, 이것은 재앙이었다. 남부 집단군이 그 돈-도네츠 '회랑'을 따라 내려가다가 내륙에서 나와 돈 강에 있는 보로네즈 시를 향해 작전을 벌이는 러시아군에 측면을 공격당할지 모른다고 걱정한 보크는 호트의 제4기갑군에게 그 도시를 공격해서 장악하라고 지시했다. 파울루스의 제6군은 전차 지원 없이 단독으로 그 회랑을 따라 아래로 행군한 다음 돈 강이 '크게 휘감아 돌아가는 부분'에서 건너뛰어 스탈린그라드가 있는 볼가 강에 이르게 된다. 제6군은 독일군 주력부대가 캅카즈를 꿰뚫기 위해 스탈린그라드 옆을 지나쳐 갈 때 내륙 쪽에서 개시되는 러시아군의 추가 공격이 주력부대 몸통의 옆구리를 치지 못하도록 스탈린그라드를 움켜쥐고 있게 된다.

독일 동방군의 전위로부터 이제는 700마일 떨어진 곳에 있는 라스텐부르크에서 여전히 러시아 전역을 지휘하고 있던 히틀러는 시간이 없고 전차가 귀중한 시기에 보크가 보로네즈 공방전에서 시간과 전차를 둘 다 허비할지 모른다는 걱정이 들었다. 그래서 히틀러는 비행기를 타고 가서 7월 3일에 보크 장군을 만났지만, 예하 타격부대가 근접전에 휘말려 들지 않도록 하겠다고 보크가 분명히 약속하자 마음을 놓았다. 그러나 그 약속이 지켜지지 않으리라는 것이

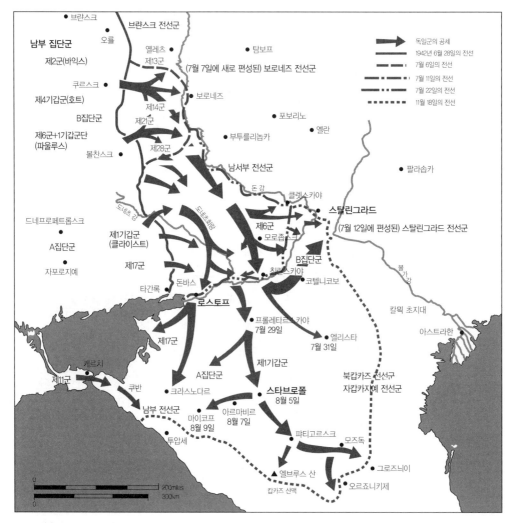

독일군의 1942년 여름 공세 1942년 여름에 볼가 강과 캅카즈로 진공하는 A집단군과 B집단군. 러시아의 석유 산출 지역은 캅카즈 산맥 능선 너머에 있다.

7월 7일에 분명해졌다. 호트의 전차들이 보로네즈 공방전을 그만두고 스탈린그라드로 행군하는 파울루스의 보병부대에 합류하는 대신 보로네즈 공방전에 끌려들어가 버려서 앞으로 얼마간 교전을 치르게 되었다. 히틀러는 다짜고짜 그 부대에 물러나라는 명령을 내리고는 7월 13일에 보크를 경질하고 (이제는 B집단군으로 이름이 바뀐) 남부 집단군의 사령관에 바익스Weichs를 임명했다. 그러나 그가 향후 여러 달 동안 투덜거렸듯이, 이미 피해를 입은 상태였다. 5월에 하르코프에서 성공을 거두자, 지난해의 대포위전을 되풀이할 수 있으리라는 히틀러 예하 장군들의 희망이 되살아났다. 그러나 돈–도네츠 회랑에서 티모셴코가 지휘하는 붉은군대는 더 영리해졌다. 스탑카에서 바씰렙스키A. M. Vasilevskii가 소련을 위해 내려진 "물러서지 말고 자리를 사수하라"는 명령은 독일 동방군의 목적에 부합하기 때문에 바람직하지 않다고 스탈린을 설득해서, 위협받는 러시아군 부대는 후퇴해서 위험에서 벗어나도 좋다는 허락을 받아내는 데 성공했다. 러시아군은 7월 9일과 11일 사이에 B집단군에 잠시 연료 위기가 일어나 호트의 기갑부대가 멈춰선 틈을 타 퇴각해서 빠져나왔다. A집단군과 B집단군은 도네츠 강과 돈 강 사이에서 포위를 세 차례 시도하다 실패한 뒤 7월 8일과 15일 사이에 포로 9만 명만을 잡았다. 지난해를 기준으로 하면 한 줌밖에 안 되는 포로였다.

초지대 전선에서 조성된 위기의 긴장이 고조되는 데 자극받아 히틀러는 라스텐부르크를 떠나 전투의 중심에 더 가까운 본부로 갔다. 7월 16일에 독일 국방군 최고사령부가 통째로 우크라이나의 빈니차Vinnitsa로 옮겨졌다. 빈니차는 돈 강에서 아직도 400마일 떨어져 있고 라스텐부르크 같은 — 말라리아가 발생한다고 판명된 — 소나무 숲 속에 고립되어 있었지만, 그래도 영도자가 몸소 작전 수행에 직접 개입하기에는 더 편했다. 빈니차 본부에서 히틀러는 7월 23일에 '청색' 작전을 속행하려고 '브라운슈바이크'라는 암호명이 붙은 영도자 지령 45호를 내렸다. 이 지령은 A집단군 소속 제17군과 제1기갑군에게 러시아군을 뒤쫓아 돈 강이 크게 휘감아 돌아가는 부분을 가로질러 가서 로스토프 너머에서 러시아군을 섬멸하라는 지시를 내렸다. 한편, 제6군은 제4기갑군의 지원을 받아 앞으로 치고 나아가 스탈린그라드로 가서 "그곳에 집결해 있는 적군을 쳐부수고 시를 점령하고 돈 강과 볼가 강 사이의 육로 교통을 봉쇄해야 할 것이다. …… 이와 긴밀히 연계해서 고속이동부대가 아스트라한까지 치고 나아갈 과업을 띠고 볼가 강을 따라 전진할 것이다." 아스트라한은 심지어는 러시아사람도 말로나 전해 듣는 땅인 저 머나먼 캅카즈에 있었다. 이미 슐레지엔의 고향 땅에서 1,000마일, 라인란트에서 1,500마일 떨어져서 동쪽으로 터벅터벅 걷고 있는 독일 군바리에게 아스트라한은 거의 세상 끝에 있는 곳이었다. 히틀러의 상상은 힘들이지 않고 그런 목표지점으로 도약했고, 그는 1918년에 독일 군인들이 그만큼 멀리 원정했다는 것을 기억해냈다. 그러나 1942년에는 광활한 공간과 아직 제압되지 않은 러시아군이 끼어들어서 그의 보병부대 대열이 그가 꾸는 제국의 몽상을 실현하지 못하도록 방해했다.

"절대로 영도자께 반박하지 마십시오"

리스트는 A집단군을 거느리고 처음에는 예상보다 훨씬 더 빠르고 순조롭게 남쪽으로 전진했다. 클라이스트 예하 전차가 일단 돈 강을 건너자 쿠반Kuban' 초지대를 지나 마이코프Maikop에 이르렀다. 8월 9일에 처음으로 마이코프의 유정탑이 보였다. 그 유전은 파괴되어 있었지만, 예하 제4항공군로 작전을 지원하던 볼프람 폰 리히트호펜Wolfram von Richthofen 독일 공군사령관은 자기가 캅카즈 산맥 통과로에서 러시아군을 쫓아내고 길을 뚫어 산맥 너머에 있는 주요 유전으로 갈 수 있다고 확신했다. 이 돌파는 적이 불가리아와 루마니아로부터 보급을 받을 수 있는 흑해의 항구인 투압세Tuapse를 확보하는 데에도 중요했다. 8월 21일에 히틀러는 바이에른 산악부대가 캅카즈 산맥에서 (그리고 유럽에서) 가장 높은 엘브루스El'brus 산 꼭대기에 스바스티카 기를 꽂았다는 소식을 받았지만 그 성취에 기뻐하

지 않았다. 그가 바란 것은 더 많은 전차의 전진이었지 산악 등반의
위업이 아니었던 것이다. 그러나 전차가 캅카즈 산맥 기슭의 구릉
에 이르자 전진이 느려지기 시작했고, 히틀러는 견딜 수 없어서 주
위 사람들, 처음에는 할더에게, 그다음에는 요들에게 마구 화를 냈
다. 할더는 다른 이유로 그의 눈 밖에 났다. 모스크바 부근과 레닌
그라드에서 벌어진 보조작전도 8월에 실패했는데, 할더가 자기 생
각에는 '불가능한 명령'을 이행하는 데 투입된 군인들을 변호하다가
히틀러의 화만 돋웠던 것이다. 히틀러는 자기가 이름붙인 이른바 '프
리메이슨[2]의 마지막 지부'에 화를 냈다.

요들은, 비록 할더의 독일 육군 최고사령부의 후원자는 아니었지
만, 문제가 되는 현장에 있는 군부대가 직면한 어려움을 그들과 함
께 이해했다. 요들은 자기가 캅카즈 전선으로 보냈던 두 특사가 올
린 보고서로도 리스트를 대하는 히틀러의 가혹한 태도가 누그러
지지 않자 A집단군을 몸소 찾아갔다. 그는 제4산악사단이 너무 좁
은 골짜기에 갇힌 탓에 뚫고 나아가 자캅카지예와 그곳의 석유로
갈 가망이 없다는 것을 깨달았다. 투압세로 전진하던 부대도 마찬
가지로 러시아군의 저항에 부딪혀 길이 막히는 바람에 겨울이 닥쳐
와 통과로가 막히기 전에 그 항구에 도달할 가망이 없었다. 요들이
히틀러에게 리스트가 궁지에서 헤어나오기 어렵다고 역설하고 조심
성 없게도 영도자가 그 난국을 가져왔다고 지적했다. 그 결과, 히틀
러의 격분이 한바탕 터져 나왔다. 자기 지휘권이 조금이라도 비난
을 받을라치면 극히 민감한 반응을 보이고 제1차 세계대전 동안 저
질러진 잘못을 되풀이할 위험이 있다는 강박관념에 사로잡힌 히틀
러는 요들이 1914년에 마른 강에서 퇴각하는 것을 승인했던 총참모
본부 장교 헨치Hentsch[3]처럼 행동하고 있다고 말했다. 그는 요들과 카
이텔을 사령부 회견소에서 내쫓고 임시 지휘막사에 속기사를 두어
자기가 한 말이 자기 뜻과 어긋나게 인용될 수 없도록 회담에서 오

2. 영국 엘리트들의 사교클럽으
로 출발해서 18세기 중엽부터
유럽대륙과 미국으로 퍼져 나간
비밀결사체. 중세 유럽의 석공
동업조합에서 비롯되었다고 하
나 기원은 불분명하며, 세계 단
일 정부를 지향하고 종교 관용
을 중시해 각국 정부와 가톨릭
의 탄압을 받았다. 세계에서 일
어나는 정치·사회적 격변의 배
후에는 반드시 프리메이슨이 있
다는 식의 의혹이 끊이지 않았다.

3. 독일의 군인(1869~1918). 몰트
케 참모총장의 최측근이었으며,
마른 전투 도중에 현지에서 전
황을 파악하라는 몰트케의 명
을 받아 전선을 시찰한 뒤 1914
년 9월 10일에 독일의군 제1군에
철수 명령을 내렸다. 그 뒤 동부
전선에서 참모장교로 근무하다
가 담낭 수술을 받고 사망했다.
1920~30년대에 그가 내린 결정
의 타당성을 놓고 논쟁이 벌어지
기도 했다.

간 말을 그대로 받아 적은 기록을 남겼으며, 9월 9일에 리스트를 해임하고는 스스로 A집단군 지휘를 맡았다. 동시에 그는 그 사고뭉치를 카이텔을 거쳐 할더에게 보냈다. 카이텔은 사람들 입에 오르내릴 만큼 아부와 아첨을 잘해서 히틀러에게 가치를 인정받은 사람이었다. 9월 23일에 카이텔 육군참모총장이 곧바로 쿠르트 차이츨러Kurt Zeitzler 장군으로 교체되어 눈물을 흘리며 영도자의 면전에서 떠났다. "절대로 영도자께 반박하지 마십시오"가 집무실 문지방에서 카이텔이 차이츨러에게 해준 충고였다. 카이텔은 이어 말했다. "절대로 저분 머릿속에 예전에 무언가를 달리 생각할 수도 있었다는 생각이 떠오르지 않도록 하십시오. 절대로 저분께 후속사건으로 당신이 옳았고 저분이 틀렸음이 판명되었다고 말하지 마십시오. 절대로 저분께 사상자 수를 보고하지 마십시오. 당신은 저분이 신경쇠약에 걸리지 않도록 해야 합니다." 차이츨러는 자기의 진급을 주로 히틀러의 선임부관인 슈문트와의 친분 덕분으로 돌렸지만 대단한 감투정신으로 명성을 얻은 집요한 보병 군인이기도 했다. 그는 카이텔에게 "사나이가 전쟁을 시작했으면 그 결과를 견뎌낼 배짱이 있어야 합니다"라고 쏘아붙였다. 그가 육군참모총장으로서 히틀러를 모신 22개월 동안 두 사람 사이에는 퉁명스러운 대화가 되풀이해서 오가게 된다. 히틀러가 경멸조로 '회전의자' 군인이라고 표현한 할더 이후에 차이츨러는 실상을 있는 그대로 보는 분위기를 지휘관 회의에 조성했고, 이에 히틀러도 마음을 놓았다. 두 사람은 심지어 최악의 위기 속에서도 그럭저럭 괜찮게 지내게 된다.

이제 그런 위기가 일어나고 있었다. 히틀러가 마른 전투를 들춘 데에는 일리가 있었다. 1914년 당시 독일 육군은 지나치게 확장되어 있었고 상급사령부는 강력한 수비대가 주둔하고 있는 도시가 측면에 가하는 위험에 아무런 주의를 기울이지 않았다. 똑같은 위험이 이제는 볼가 강에서 어른거렸다. 캅카스를 향해 남쪽으로 뻗어나가 있는 A집단군은 300마일 길이의 병참선을 ― 어렵사리 ― 유지했다. A집단군에게는 그 동쪽의 초지대에 자리잡은 러시아군 부대에 맞서 그 병참선을 지킬 병력이 모자랐다. 그보다 앞서 느려터진 속도로 돈-도네츠 회랑을 따라 내려갔던 B집단군은 이제 스탈린그라드 부근의 전투에 이끌려 들어가고 있었으며, 모든 조짐이 스탈린이 그 도시를 가공할 저항의 중심으로 만들고 있음을 보여주었다. 1914년과 1942년 사이의 유사점은 정확하지 않았다. 마른에서는 독일 육군이 측면에 있는 파리를 장악할 부대를 찾아내지 못했기 때문에 패했다. 1942년에 나타난 위험은 히틀러가 과잉대응을 해서 스탈린그라드에 병력을 지나치게 많이 집중함으로써 산악 지방과 탁 트인 초지대에 있는 휘하 군들에게 적의 역공에 맞서 자체방어를 할 수단을 주지 않았다는 점이었다. 이것이야말로 이때 스탈린과 스탑카가 조심스레 모색하고 있는 바로 그 작전 결과였다.

윈스턴 처칠 영국 총리가 8월 12~17일에 모스크바를 찾았을 때 스탈린이 러시아군의 역공 계획을 처음으로 처칠에게 넌지시 내비쳤다. 이때는 영국-소련관계가 아주 좋지 않은 시점이었다. 비록 폴란드를 다루는 러시아의 입장으로 말미암아 나타난 장애가 ― 지난해 12월에 폴란드군 포로 18만 명을 풀어주고 이란을 경유해 이집트로 수송해서 영국군 휘하에 '안데르스군Anders Army'[4]을 구성한다는 데 스탈린이 동의해서 ― 얼마간 제거되기는 했어도, 이때 러시아에게는 영국을 꾸짖을 만한 까닭이 있었다. 영국은 PQ17 호송선단이 6월에 무참히 당한 뒤 소련에 줄 보급품을 북극해 항구로 호송하는 작업을 중단하기로 결정했다. 더 결정적으로는, 7월에 워싱턴에서 '제2전선'의 개시가 1942년에서 1943년으로 확실하게 미뤄졌다. 이를 두고 스탈린은 처칠을 대놓고 꾸짖었다. 또한 스탈린은 캅카스 방어를 돕겠다는 영국의 제안을 의심쩍어했다. 그 지역 무슬림이 1918년에 러시아에서 떨어져 나오려고 노력할 때 영국 군대의 지원을 받은

4. 부아디수아프 안데르스(Władysław Anders) 장군의 지휘 하에 독일군과 싸운 연합군 소속 '폴란드 제2군단'의 별칭. 독소 전쟁이 일어나자 소련은 1939년에 폴란드 동부를 점령한 뒤 소련으로 끌고 갔던 폴란드 사람을 모아 부대를 만들고 폴란드군 장군이었던 안데르스에게 지휘를 맡겼다. 스탈린과 처칠의 협상에 따라 영국군에 인도되어 이탈리아 전역에 투입된 이 부대는 처칠에게서 가장 뛰어난 전투부대라는 칭찬을 들을 만큼 용맹을 떨치면서 독일군과 싸웠다. 부대원들은 전후에 대부분 영국에 정착했으나, 소련의 눈치를 본 영국 정부의 외면을 받아 잊혀진 존재가 되었다. 폴란드 공산정부도 이들의 존재를 철저히 부정했다.

적이 있으며, 그들이 심지어 지금도 독일 침공군에 호의를 보여주는
데 자극받은 베리야가 비밀경찰부대를 그 지역으로 보냈던 것이다.
그러나 두 지도자가 헤어지기 전날 밤에 스탈린이 화를 누그러뜨렸다.
오로지 서구의 공업만이 제공할 수 있는 유의 보급품이 — 즉, 우랄
의 공장들이 대량으로(1942년 후반기에 비행기 1만 6,000대와 전차 1만 4,000
대) 만들어내기 시작하고 있던 무기가 아니라 화물차와 알루미늄 완
제품이 — 절실히 필요했기에 그는 자신의 요구사항을 처칠에게 들
이밀었다. 비난에서 간청으로 원활하게 넘어가려고 그는 "총리가 대
역공에 관한 엄청나게 비밀스러운 전망을 엿보도록 해주었다."

　그 계획의 윤곽은 아직 뚜렷하지 않았고, 스탈린그라드 전투가
벌어진 지 3주가 되는 9월 13일에 가서야 분명하게 정해진다. 러시
아 측의 계산에 따르면, 스탈린그라드 전투는 훨씬 더 이전에 시작
되었다. 러시아 남부의 초소 격인 돈 강의 로스토프가 7월 24일에
독일군 제17군에 함락되었다. 전차가 주축을 이루는 이웃부대, 즉
제1기갑군과 제4기갑군이 다음 엿새 만에 동쪽으로 돌진해 돈 강
을 건넜다. 제1기갑군이 캅카즈로 전진하려고 남쪽으로 선회하는
동안, 제4기갑군은 스탈린그라드를 공격하는 파울루스의 제6군을
지원하려고 북동쪽으로 방향을 틀었다. 제14기갑사단의 한 부사관
이 "병사들 가운데 다수가 옷을 벗고 〔돈 강에서〕 멱을 감을 수 있
었다. 우리가 딱 한 해 전에 드네프르 강에서 그랬던 것처럼 말이다"
라고 기록할 만큼 저항이 미약했다. 히틀러의 제4기갑군이 수렴로
를 따라 접근해오자 제6군은 스탈린그라드 공격을 개시하려고 8월
19일까지 진지를 구축했다. 스탈린그라드는 볼가 강 서쪽 기슭에 있
는 20마일 길이의 좁고 기다란 땅에 들어선 현대식 공장을 에워싸
면서 마구 뻗어나간 목조건물로 주로 이루어져 있었다. 시가지가 있
는 지점에서 볼가 강의 너비는 1마일이었다. 시 대부분이 8월 23일
하루 내내 독일군 8항공군단의 폭격을 받아 파괴되었다. 다 타버리

고 연기만 피어오르는 폐허를 헤치고 제6군이 볼가 강 기슭으로 최후의 진격을 하려고 앞으로 밀고 나갔다.

그러나 독일군이 돈 강을 건넌 뒤 흘러간 그 한 달 동안 스탈린과 스탑카는 지난해 가을에 레닌그라드, 그리고 지난해 12월에 모스크바를 지키려고 세웠던 것만큼이나 강력한 방어를 스탈린그라드에 급조해 놓았다. 세 도시 모두 다 히틀러에게 상징적인 중요성을 지녔다. 스탈린그라드는 스탈린에게 각별한 의의를 지녔다. 스탈린그라드는 그의 이름을 딴 많은 러시아 도시 가운데 가장 컸을 뿐만 아니라 1918년에 ― 스탈린, 보로실로프, 부존늬이, 티모셴코 등 ― '남부파'가 백군에 맞선 전쟁수행을 둘러싸고 트로츠키에게 대들었던 곳이기도 했다. 그는 이 사건으로 당 내에서 부상해서 권력에 다가서기 시작했다. 따라서 그는 8월 한 달 동안 인원과 물자를 스탈린그라드 전선으로 급파하고 원형 방어진을 치고 힘이 넘치는 새 지휘관들을 임명하고 모든 소련 군인에게 낭독된 자기의 7월 28일자 ― "한 걸음도 물러서지 마라!" ― 명령이 그곳 전역에서 가장 엄하게 적용되어야 한다는 점을 분명히 밝혔다. 정치지도위원을 장군과 대등한 지위에서 곁에 서서 조언을 하는 지위로 다시 한번 떨어뜨리는 '단일 지휘권'이 10월 9일에 재도입된다.[5] 한편, 스탈린은 마치 자기가 스탈린그라드의 휘하 장군들 바로 곁에 서있는 양 그들이 물러서지 않고 버티기를 기대했다. 고르도프G. N. Gordov와 예료멘코가 각각 스탈린그라드 전선군과 남동부 전선군의 사령관이었고, 츄이코프가 시 자체 안에서 제62군을 지휘했고, 쥬코프는 스탈린그라드 전역戰域을 총괄해서 담당했다.

그러나 쥬코프가 9월 13일에 크레믈에서 스탈린과 가진 면담은 퇴각보다는 오히려 전진에 관한 것이었다. 쥬코프와 ― 국가방위위원회 수석 부의장에 임명된 쥬코프에게서 직위를 물려받아 이제는 참모총장이 된 ― 바씰렙스키는 상상력을 극적으로 발휘해서 볼가

5. 본디 러시아 내전기에 붉은 군대가 옛 제정군 장교들을 지휘관으로 이용하면서 이들을 감시하기 위해 도입한 정치지도위원 제도는 한때 폐지되었다가 독소 전쟁이 일어나기 직전에 다시 도입되어 군 장교단의 자율성을 크게 제한했다. 그러다가 1942년 10월에 정치지도위원 제도가 하급부대에서 전면 폐지되고 상급부대에서도 정치지도위원의 권한이 매우 줄어들어, 정치지도위원이 군 지휘관을 견제하는 이중권위체계가 사라졌다. 그 뒤 붉은군대의 효율성이 증대되었다.

강 하류에 있는 독일군을 폭넓게 넉넉히 포위하고 스탈린그라드 시 안에 있는 파울루스의 제6군을 섬멸한다는 계획의 윤곽을 잡았다. 폭이 좁게 바싹 포위하자는 스탈린의 주장은 독일군이 돌파해 나 와 빠져나간다고 해서 기각되었다. 필요한 병력이 없다는 스탈린의 주장도 마찬가지로 기각되었다. 그 병력을 45일 안에 모아서 무장할 수 있었다. 스탈린은 스탈린그라드가 함락되지 않도록 하는 것이 '중 요한 일'이라고 덧붙이면서 자신의 반대를 곧바로 거둬들였다.

스탈린그라드는 하마터면 함락될 뻔했다. 8월 23일에 목조건물 이 들어찬 시 구역이 불탄 뒤 독일군 제6군은, 파울루스 예하 사단 장 가운데 한 사람이 묘사했듯이, "덤불 숲과 골짜기가 있는 볼가 구릉의 들쭉날쭉한 협곡을" 차지하려고 치열한 전투에, 그리고 "움 푹움푹 패어 울퉁불퉁한 땅으로 뻗어나가고 철제건물과 콘크리트 건물과 목조건물로 뒤덮인 스탈린그라드의 공장지대 안으로" 이끌 려 들어갔다. 가옥, 공장 작업장, 저수탑, 철도 제방, 담벼락, 지하실, 그리고 폐허더미 하나하나를 차지하려고 치열한 전투가 벌어졌다. 심지어 제1차 세계대전에서도 필적하는 바를 찾을 수 없었다.

파울루스가 빈니차에서 히틀러와 스탈린그라드 시 공방전에 관 해 논의하고 돌아온 다음날인 9월 13일까지도 러시아군 전선은 여 전히 볼가 강에서 적어도 4마일, 어떤 곳에서는 10마일 떨어져 있었다. 츄이코프가 방금 사령관으로 임명된 제62군에 소속된 3개 사단이 그 전선을 지켰고, 수비대가 전개하는 전차는 60여 대였다. 그 사단 장들 가운데 한 사람인 로딤체프A. I. Rodimtsev는 시가전의 달인이었는 데, 그 기술을 1936년에 마드리드에서 국제여단[6]과 함께 터득했다. 이와는 대조적으로, 츄이코프는 "내 부관 가운데 세 사람은 아프다 는 핑계를 대고 볼가 강 건너편으로 떠나버렸다"고 기록해 놓았다. 9월 13일부터 21일 사이에 독일군이 한 차례의 돌파 공격에 3개 보 병사단을, 또 한 차례의 돌파 공격에 4개 보병사단 및 기갑사단을

6. 프랑코의 반란으로 무너질 위 기에 처한 에스파냐 합헌정부를 도우라는 코민테른과 각국 공산 당의 호소에 응해서 지원한 유 럽과 미국 등 여러 나라 젊은이 로 구성된 부대. 1936년 10월부 터 2년 동안 프랑코 반군과 싸웠 으며, 특히 에스파냐 내전 초기 에 마드리드 방어전에서 맹활약 을 했다. 소련은 대규모 군사 고 문단을 보내 공화국 정부를 도 왔다.

써가면서 볼가 강 기슭을 따라 전진해 내려와서 — 트랙터 공장과 바리카디Barrikady 공장과 붉은10월 공장 등 — 방어의 핵을 에워싸고는 동쪽 강변에서 밤에 배로 보내오는 병력과 물자가 닿는 중앙 선착장에 가 닿으려고 포화를 퍼부었다.

그러나 독일군 제6군의 전위가 싸우다가 힘이 다 빠져버렸고, 시가전을 위해서 기운이 팔팔한 부대를 모으는 동안 휴지기가 끼어들었다. 10월 4일에 싸움이 다시 시작되었다. 츄이코프는 더는 땅 위에서 방어를 하고 있지 않았다. 그의 거점이 된 곳은 땅 밑이었고 그의 본부가 된 곳은 동굴이었으며, 본부의 참모장교와 기술 부사관들은 볼가 강 선착장 부근의 차리차Tsaritsa 천 서쪽 기슭으로 파들어간 터널과 벙커에서 살았다. 가장 튼튼한 건물들만 무너지지 않고 남아서 각 건물이 제공하는 관제管制의 부분적인 이점을 얻기 위한 싸움의 대상이 되었다. 10월의 전투 동안 독일군 제24기갑사단 소속 장교 한 사람은 다음과 같이 썼다.

우리는 집 한 채를 차지하려고 박격포와 수류탄과 기관총과 총검으로 보름간 싸웠다. 이미 셋째 날에 독일 군인의 주검 54구가 지하실 안과 층계참과 계단 위에 널려 있다. 전선은 불타버린 방 사이에 있는 복도이며 두 층 사이의 얇은 천장이다. 도움은 비상탈출용 계단과 굴뚝 옆에 있는 이웃집에서 온다. 한낮부터 밤까지 싸움이 끊이지 않는다. 층마다, 얼굴이 땀으로 새까맣게 된 채 우리는 폭발과 먼지 구름과 연기의 한가운데에서 수류탄을 들고 서로를 날려버렸다. …… 어느 병사든 붙잡고 이런 싸움에서 백병전이 무엇을 뜻하는가 물어보라. 그리고 스탈린그라드를 상상해보라. 백병전을 벌이는 80일 밤낮을. …… 스탈린그라드는 더는 도시가 아니다. 낮에는 시야를 가리는 불타는 연기의 거대한 구름이며, 화염의 반사광으로 훤히 빛나는 거대한 용광로다. 그리고 밤이 오면, 타는 듯 뜨겁고 음울하고 끔찍한 밤들 가운데 하나가 오면, 개들이 볼가 강에 뛰어들어 저편 강가에

닿으려고 죽을 힘을 다해 헤엄친다. 그 개들에게 스탈린그라드의 밤은 공포다. 짐승은 이 지옥에서 도망친다. 가장 맹렬한 폭풍도 이 지옥을 오랫동안 견뎌낼 수 없다. 오로지 인간만이 버텨낸다.

이것은 니체 풍의 나치식 수사를 별도로 치면 과장된 스탈린그라드 전투 묘사가 아니었다. 선정적인 것을 좇지 않는 사람이며 — 이전에 중국 주재 러시아 육군무관으로 있다가 — 전쟁에 갓 들어온 냉정한 츄이코프는 이어지는 다음 단계를 다음과 같이 기술한다.

독일군이 10월 14일에 치고 나왔다. 그날은 모든 전투 가운데 가장 피비린

1942년 가을에 싸움이 벌어지는 동안 스탈린그라드 방자를 찍은 소련 측 선전용 사진. 그러나 전투 광경은 거짓이 아니다. 전쟁 중 가장 치열했던 시가전이 벌어지는 와중에 스탈린그라드 도심은 돌무더기로 바뀌었다.

내나고 가장 치열한 전투로 역사에 남을 것이다. 4~5킬로미터 길이의 좁다란 전선을 따라 독일군이 수많은 대포와 비행기의 지원을 받는 5개 보병사단과 2개 전차사단을 투입했다. …… 독일 공군이 낮 동안 2,000회 넘게 출격을 했다. 그날 아침 당신은 개개의 총성이나 폭발음을 들을 수 없었다. 전체가 하나로 합쳐져서 귀가 멍해지는 굉음이 되어 끊임없이 울렸다. 5야드에서 당신은 그 무엇도 더는 분간할 수 없었다. 먼지와 연기가 너무 짙은 탓이었다. …… 그날 나의 본부에서 61명이 목숨을 잃었다. 넋을 빼는 이 일제포격이 네댓 시간 지속된 뒤, 독일군이 전차와 보병으로 공격하기 시작해서 1.5킬로미터를 전진해 마침내 트랙터 공장까지 돌파해 들어왔다.

이 돌진은 독일군 전진의 마지막에서 두 번째 단계였다. 10월 18일에 한 차례의 소강상태가 도시에 내려앉았다. 츄이코프는 "그다음부터 두 군대는 서로 상대를 죽어라 꽉 껴안고 부둥켜안은 채로 있었다. 전선은 사실상 고착되었다"고 기록했다. 몇 군데에서는 전선이 볼가 강에서 300야드가 채 안 되었다. 붉은10월 공장은 독일군에게 빼앗겨버렸고, 트랙터 공장과 바리카드 공장은 일부만 러시아 군의 손에 있었으며, 츄이코프의 전선은 두 개의 고립지대로 쪼개졌다. 그러나 "볼가 강 뒤에는 땅이 없다"고 생각하며 싸우라는 그의 유명한 구호에 고무된 수비대는 볼가 강 저편에서 보충병(6만 5,000명)과 탄약(2만 4,000톤)을 싣고 온 배에 부상자(총 3만 5,000명)를 태워 밤마다 도로 저편으로 보내면서 버텨냈다. 독일군 제6군 병사들은 보급품과 증원병력을 더 쉽게 받기는 했어도 기진맥진하기는 적군과 마찬가지였다. 현지 독일 공군사령관인 리히트호펜은 11월 어느 날 일기에 "스탈린그라드의 지휘관과 전투원들은 너무 무감각해져서 우리가 이기려면 새로운 원기를 불어넣어야 할 것이다"라고 써놓았다. 그러나 그 새로운 원기는 오지 않았다. 히틀러는 자기가 지금껏 도대체 무슨 이유로 제6군을 스탈린그라드 전투에 투입해왔는

지 까맣게 잊어버린 듯했다. 캅카즈를 장악한다는 전략, 또는 심지
어 러시아군의 역공에 대항해서 돈 강을 따라 시 북쪽의 '초지대 전선'
을 강화하는 것마저도 스탈린그라드 전투의 수행에 밀려 의미를 잃
게 되었다. 히틀러는 하루에 두 차례 열리는 지휘관 회의에서 마일
대신 야드에, 그리고 군 대신 소대에 얽매이는 위험한 경향을 보이
는 바람에 스탈린그라드 전투 지휘에서 전체를 보는 통찰력을 송두
리째 잃어버렸다. 만약 휘하 군인들이 이제 츄이코프와 소련군 제62
군의 잔존병력을 스탈린그라드의 벼랑 너머로 밀어붙여 볼가 강에
처넣는 데 성공한다 해도, 기껏해야 그는 이루 말할 수 없이 크나큰
희생을 치르고 국지적인 성공을 거둔 셈이 될 터였다. 독일군 제6군
의 20개 사단이 이미 전투력의 절반을 잃어버렸던 것이다. 만약 그
들이 실패라도 한다면, 독일 동방군의 공격부대 최대 집결체가 아
무런 성과 없이 궤멸하고 주도권이 붉은군대로 넘어갈 터였다.

이미 추위를 예고하는 날씨 속에서 파울루스가 11월 11일에 마지
막 안간힘을 쓰기 시작했다. 추위가 오면 볼가 강이 얼어붙어서 츄
이코프에게 강 건너편과 이어지는 고체의 통행로가 다시 생기게 된
다.[7] 다음날 제4기갑군이 치고 들어가 스탈린그라드 시 남쪽에서 볼
가 강에 도달하는 데 성공해서 도시를 완전히 에워쌌다. 이것은 그
들이 러시아로 전진해 들어온 이 최동단 지점에서 이루어낸 마지막
성공이었다. 엿새 동안 국지적인 소규모 전투가 양쪽 병사들을 죽
이면서도 어느 쪽도 성과를 얻지 못한 채 한동안 지속되었다. 그러
다가 11월 19일에, 알란 클라크의 말에 따른다면, 드르륵 대는 소화
기 소리가 "북쪽에서 새로 들려오는 보로노프Voronov 예하 대포 2,000
문의 천둥 같은 일제포격의 무시무시한 소리에 묻혀 들리지 않았다."
스탈린-쥬코프-바씰렙스키의 반격이 시작된 것이다.

7. 겨울 추위에 강물이 얼어서
얼음판 위로 병력과 물자가 이
동할 수 있게 된다는 뜻이다. 얼
음 두께가 20센티미터를 넘으면
짐을 가득 실은 화물차가 강 위
를 오갈 수 있었다.

부서지기 쉬운 겉껍질

스탈린그라드 자체에 가능한 최대의 독일군 부대를 집중해 놓으려고 히틀러는 시 남쪽과 북쪽의 초지대 전선 너머 돈 강에 자기 휘하의 위성국 부대인 루마니아군과 헝가리군과 이탈리아군을 늘어놓음으로써 다른 곳을 절약했다. 요컨대, 스탈린그라드 전투에 밀집한 히틀러 군대의 속 알맹이는 독일군이었고, 겉껍질은 독일군이 아니었다. 가을 내내 히틀러는 독일 동방군의 배치에 있는 이 약점에 스스로 눈을 감았다. 이제 러시아군은 부서지기 쉬운 그 겉껍질을 깨뜨림으로써 독일군 제6군과 직접 싸울 필요 없이 그들을 포위해서 제압하리라는 점을 간파했다. 제6군은 포위되기 일보 직전에 있었다. 그 포위로 스탈린은 지난해에 붉은군대를 거의 파괴할 뻔했던 민스크와 스몰렌스크와 키예프의 포위에 대한 앙갚음을 얼마간은 히틀러에게 하게 된다.

쥬코프의 계획은 2개 전선을 배치하는 것이었다. 즉, 5개 보병군과 2개 전차군을 거느린 남서부전선군(바투틴)과 돈 전선군(로코솝스키)을 스탈린그라드 시 서쪽에 배치하고 1개 전차군과 3개 보병군을 거느린 스탈린그라드 전선군(예료멘코)을 남쪽에 배치했다. 남서부전선군과 돈 전선군이 11월 19일에, 스탈린그라드 전선군이 다음 날 치고나왔다. 이들의 집게발이 11월 23일에 스탈린그라드 서쪽에 있는 돈 강의 칼라치Kalach에서 만났다. 루마니아군 제3군과 제4군이 궤멸했고, (독일군) 제4기갑군이 총퇴각했으며, 독일군 제6군이 볼가 강가의 폐허 속에 파묻혔다.

히틀러는 베르히테스가덴Berchtesgaden의 사저에 있다가, 즉 러시아 전쟁을 수행하는 긴장에서 벗어나 있다가 (러시아군이 자기들의 역공에 붙인 암호명인) 천왕성Uran 작전이 시작되었음을 알았다. 즉시 열차를 타고 라스텐부르크로 가서 11월 23일에 차이츨러 참모총장을 만난 그는 제6군은 후퇴해야 하며 그렇지 않으면 궤멸하리라는 차

스탈린그라드에서 전진할 준
비를 하는 독일군 박격포반. 맨
왼쪽에 있는 병사는 포탄 한 선
반을, 그 오른쪽에 있는 병사는
포판을 메고 있다.

이츨러의 충고를 무시하고서 불문곡직하고 "볼가 강에서 물러서지 않는다"는 파멸적인 명령을 내렸다. 다음 한 주 동안 그는 제6군을 그곳에 붙잡아둘 대책을 부랴부랴 마련했다. 독일 공군이 제6군에 보급을 해 줄 터였다. 하루에 필요한 보급품이 '700톤'이라는 파울루스의 말은 '현실적으로는' 300톤을 뜻한다고 제멋대로 추정되었고, 융커스 52기 20~30대로 스탈린그라드 시에 현재 도달하고 있는 60톤이라는 수치를 이론상으로나 이용할 수 있는 항공기 수로 곱해서 300톤이라는 수치가 나오도록 만들었다. 기갑 돌파의 마술사인 만슈타인이 제6군을 구할 터였다. 그에게 필요할 예비병력이 12월 초순에 개시될 '겨울폭풍Wintergewitter' 작전을 위해 이용할 수 있을 것이라는 말이 나왔다. 한편, 파울루스는 포위를 뚫고 나올 수 없었다. 기껏해야, 파울루스는 만슈타인의 공격이 전개되었을 때 ('천둥Donnerschlag'이라는 신호를 받는 대로 곧바로) 만슈타인을 향해 나아가 맞닿고 그렇게 해서 돈-볼가 교두보들이 한데 합쳐져서 11월 19~20일의 역공 이전에 그 교두보들이 붉은군대에 가했던 것과 똑같은 위협을 구성할 수 있을 터였다.

새로 편성된 돈 집단군의 사령관으로서 만슈타인은 '겨울폭풍' 작전에 4개 군, 즉 루마니아군 제3군과 제4군, (독일군) 제6군과 제4기갑군을 배당했다. 장비와 열성에 늘 결함이 있는 루마니아군 2개 군은 이제 믿고 기댈 수 있는 병력이 아니었고, 제6군은 갇혀 있었다. 제4기갑군은 여전히 기동할 수 있었지만 선봉돌격부대로 활약할 전차사단으로 단 3개 사단, 즉 제6사단과 제17사단과 제23사단을 거느리고 있을 뿐이었다. 돌파시도는 12월 12일에 시작되었다. 기갑사단들은 눈으로 뒤덮인 초지대 60마일쯤을 가로질러 가야 파울루스의 진지선에 도달할 수 있었다.

그들은 12월 14일까지는 상당한 진척을 이루었다. 기습이 웬만큼 이루어졌고 러시아군은 여느 때처럼 이때도 전진하는 독일군의 초반 기세에 저항하기가 어렵다는 것을 깨달았다. 시간은 러시아군 편이었을지 모르지만, 그들은 싸우는 솜씨에서는 독일 국방군의 맞수가 될 수 없었다. 그러나 러시아군은 독일 국방군의 위성군대에 맞서서는 더 낫지는 않더라도 대등한 관계에 있었다. 지금까지는 루마니아군이 당한 운명을 모면해온 스탈린그라드 북쪽의 이탈리아군 제8군이 12월 16일에 타격을 입고 꿰뚫리는 바람에 만슈타인 예하 기갑부대의 돌파 공격에 새로운 위협이 가해졌다. 12월 17일에 제6기갑사단이 스탈린그라드 35마일 이내로 어렵사리 전진해서 시에서 울리는 포성이 들릴 만큼 가까이 다가갔다. 그러나 전진속도가 느려지고 이탈리아군 진지선이 휘어지고 있었으며, 제6군은 손을 잡으려고 팔을 뻗을 기미를 보여주지 않았다. 12월 19일에 만슈타인은 제6군 사령관의 힘을 북돋아주려는 노력의 하나로 휘하 선임첩보장교를 비행기에 태워 스탈린그라드 시 안으로 들여보냈다. 그 장교는 파울루스가 난국에 짓눌려 있고 영도자의 미움을 살까 무서워한다는 소식을 가지고 돌아왔다. 12월 21일에 만슈타인은 포위를 뚫고 나오라는 명령을 파울루스에게 직접 내려달라고 히틀러를 설득하려고 애를 썼지만 소용이 없었다. 12월 24일이 되면 만슈타인의 구조 노력이 돈 강과 볼가 강 사이에 있는 초지대의 눈 속에서 중단되었고, 그는 퇴각할 필요성을 받아들일 수밖에 없었다.

위험하리만큼 지나치게 확장된 캅카즈의 클라이스트 예하 A집단군에게도 퇴각은 당연한 귀결이었다. 지난해 가을에 그의 차량화 정찰대가 히틀러 전략의 엘도라도El Dorado[8]인 카스피 해의 연안에 이르렀지만 지원을 제대로 받지 못해서 테렉Terek 강 어귀 부근에서 되돌아선 적이 있다. 1월 초순에 제1기갑군과 제17군 전체가 캅카즈 산맥의 전선에서 철수해서, 지난해 여름에 남동쪽으로 저돌적으로 돌진해서 생긴 300마일의 돌출부를 지나 퇴각하기 시작했다. 히틀러는 1월 12일이 되어서도 여전히 마이코프 유전을 움켜쥐고 싶어했다.

8. 아마존 강가에 있었다는 전설상의 황금 마을. 에스파냐인이 오리노코(Orinoco) 강 깊숙한 곳에 황금 마을이 있다는 풍문을 듣고 1537년 원정대를 만들어 탐사에 나섰으나 찾아내지 못했다. 그러나 엘도라도 탐사 열기는 18세기까지 이어졌다.

스탈린그라드 북쪽에서 러시아군이 헝가리군 제2군을 밀어붙여 혼란에 빠뜨리자, 히틀러는 어쩔 도리 없이 제1기갑군을 만슈타인에게 이전 배치해서 그의 기갑병력을 증강해야 했다. 그런데도 히틀러는 이제는 1개 군, 즉 제17군 하나로 오그라든 A집단군을 지휘하는 클라이스트에게 예하 군대를 거둬들여서 크림 동쪽에 있는 교두보로 들어가라고 지시했다. 히틀러는 스탈린그라드의 위기가 가시면 그 교두보에서 공세작전을 재개할 수 있다는 기대를 가졌던 것이다.

그 기대는 완전히 허상이었다. 1월 한 달 동안 독일군의 스탈린그라드 방어가 조금씩 끝나가고 있었다. 독일 공군이 외곽방어선 안에 있는 비행장 세 군데로 보내는 송달량은 하루 평균 70톤이었다. 포위 중 송달량이 저항을 지탱하는 데 필요한 최소량인 300톤을 넘긴 날은 사흘(12월 7일과 21일과 31일)뿐이었다. 모로좁스카야Morozovskaia에 있는 전방 비행장이 1943년 1월 첫째 주에 러시아군 전차들에 점령되었다. 그 뒤 — 낙하산부대를 태워 튀니지로 보내려고 일부가 이전 배치된 탓에 수가 줄어든 — 리히트호펜의 융커스 52는 스탈린그라드에서 220마일 떨어진 노보체르카스크Novocherkassk에서 작전을 벌여야 했다. 스탈린그라드 외곽방어선 안에 있는 주요 간이비행장이 함락된 1월 10일 이후로는 착륙이 어려워져서 보급품이 대부분 공중 투하되었고 부상병을 더는 정기적으로 소개할 수 없었다. 1월 24일이 되면 거의 2만 명에 이르는 군인, 즉 무덤에 갇힌 제6군의 5분의 1이 바깥 기온이 섭씨 영하 30도인 가운데 종종 난방이 안 되는 간이병원에 누워 있었다.

1월 8일에 보로노프와 로코솝스키가 의료와 식량 배급을 약속하면서 파울루스에게 항복 권고문을 보냈다. 두 사람은 "러시아의 혹독한 겨울은 아직 시작되지도 않았다"고 경고했다. 3주 전에 영도자의 심기를 건드릴까 무서워서 포위를 뚫고 나오라는 만슈타인의 호소를 거절했던 파울루스로서는 그 같은 불복종행위는 생각도 할

수 없었다. 격렬한 싸움이 계속되었다. 1월 10일에 러시아군이 제6
군의 저항선을 깨려고 사상 최대로 밀집한 대포 7,000문으로 포격을
개시했다. 1월 17일이 되면 제6군 군인들이 뒤로 밀려나 스탈린그라
드 시 자체의 폐허 안으로 들어갔고, 1월 24일이 되면 제6군이 쪼개
져서 두 동강났다. 다음날에는 동쪽 강변에 있던 러시아군이 볼가
강을 건너와서 바리카디 공장과 붉은10월 공장 부근의 고립지대에
있는 츄이코프 예하 제62군의 독종들에게 가세했다.

히틀러는 영예로운 저항의 제스처를 기대하면서 1월 30일에 전신
을 쳐 보내 파울루스를 육군원수 계급으로 올려주었다. 독일군 육
군원수가 적에게 항복한 적은 단 한 번도 없으니, 히틀러는 '파울루
스의 손에 [자살용] 권총을 쥐어준' 셈이다. 파울루스는 이 부당한
마지막 권위 부과에 반발했다. 1월 30일에 그의 본부가 점령당했고
그는 참모진과 함께 적에게 항복했다. 마지막 생존자들이 2월 2일

에 투항해서, 부상을 입지 않은 군인 9만 명과 부상을 입은 군인 2만 명이 러시아군 수중으로 넘어갔다. 히틀러는 2월 1일에 라스텐부르크에서 차이츨러와 요들에게 "이 전쟁에서 육군원수가 더는 나오지 않을 걸세. 나는 알에서 나오기 전에는 병아리를 세려고 들지 않겠어"라고 말했다. 그는 파울루스가 "자백을 하고 선언문을 낼 거야. 두고 보게나"라고 예견했고, 그 예견은 들어맞았다(실제로 파울루스는 스탈린의 자유독일장교위원회[9]에 가담해서 독일 동방군에게 저항을 멈추고 러시아의 승리를 위해 일하라고 호소하게 된다). 이어서 히틀러는 다음과 같이 말했다. "평시에 독일에서는 한 해에 1만 8,000명이나 2만 명가량이 자살을 선택했지. 심지어 그런 처지에 있지도 않았는데 말이야. 부하 5~6만 명이 용기 있게 끝까지 자기를 지키다가 죽게 만든 자가 여기 있네. 그런 자가 어떻게 볼셰비키에 항복할 수 있었을까?!"

스탈린그라드의 재앙에 대한 공식 대응은 더 신중한 편이었다. 1월 10일과 2월 2일 사이에 나온 독일군의 사상자는 사실상 총 10만 명을 헤아렸고, 포로가 된 11만 명 가운데 이송과 수감을 견뎌내고 살아남은 사람은 극소수였다. 독일 국영 라디오의 정규 방송이 사흘 동안 중단되고 대신 브루크너Bruckner[10]의 〈제7교향곡〉 같은 엄숙한 음악이 흘러나왔다. 괴벨스의 조언을 받아서 히틀러는 제6군과 그 예하 22개 독일군 사단의 궤멸에서 설령 사실이 아닐망정 국민 서사시를 만들어낼 기회를 찾아냈다. 러시아에서는 서사시를 날조할 필요가 없었다. 파울루스가 항복했다는 소식이 전해지자 크레믈의 종을 울려서 러시아가 처음으로 거둔 완승을 축하했다. 제62군은 제8근위군으로 명칭이 바뀌었고, 미래에 소련군 원수가 되는 츄이코프는 다음 달에 그 제8근위군을 도네츠 강으로 향하는 열차에 태웠다. 그는 스탈린그라드를 떠나면서 한 생각을 다음과 같이 회상했다. "잘 있거라, 볼가 강이여. 잘 있거라, 괴로움과 고통을 겪은 도

9. 소련에 망명한 독일 정객들이 1943년에 조직한 자유독일국민위원회(Natsionalkomitee Freies Deutchlands)의 산하조직으로, 주로 스탈린그라드에서 포로가 된 독일군 고위장교들로 구성되었다. 이 조직에서 파울루스도 여러 차례 반나치 선전방송을 했다.

10. 오스트리아의 작곡가(1824~1896). 린츠에서 교사로 일하다가 음악을 공부하면서 작곡가 수업을 받았다. 44세에 빈으로 진출해서 빈 음악원에서 강의를 했다. 1883년에 만든 제7교향곡을 비롯한 대작을 많이 남겼다.

시여. 우리가 너희를 언제나 보게 될는지, 보게 된다면 그때엔 네가 어떤 모습일런지. 인민의 피를 머금은 땅에 남은 전우들아, 잘 있거라. 우리는 서쪽으로 간다. 너희를 위해 복수를 하는 것이 우리 임무다."

츄이코프와 휘하 군인들이 다음에 어느 한 도시를 차지하려고 전투를 치른다면, 그 전투는 베를린의 거리에서 벌어지게 될 터였다.

3부

태평양 전쟁, 1941~1943년

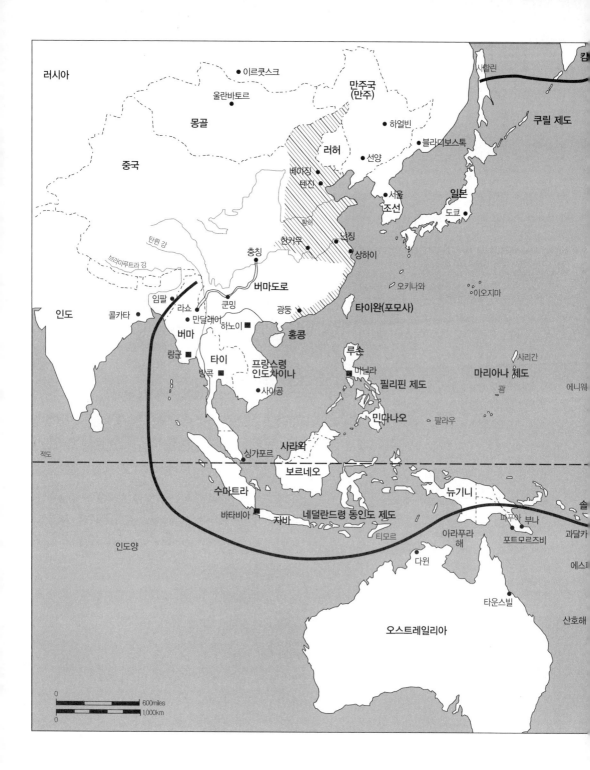

러시아

몽골

중국

인도

콜카타

이르쿳츠크

울란바토르

만주국
(만주)

하얼빈

러허

선양

블라디보스톡

쿠릴 제도

베이징
텐진

난징

상하이

충칭

한커우

서울

조선

일본

도쿄

버마도로

임팔

라쇼

쿤밍

만달레이

하노이

버마

랑군

타이

방콕

프랑스령
인도차이나

사이공

광둥

홍콩

루손

마닐라

필리핀 제도

민다나오

오키나와

타이완(포모사)

이오지마

사리간

마리아나 제도

괌

에니웨

팔라우

싱가포르

사라왁

보르네오

수마트라

바타비아

자바

네덜란드령 동인도 제도

뉴기니

파푸아 부나

포트모르즈비

아라푸라
해

과달카

솔

티모르

인도양

다윈

타운스빌

산호해

에스프

오스트레일리아

적도

탄위 강

브라마푸트라 강

사할린

캄

0   600miles
0   1,000km

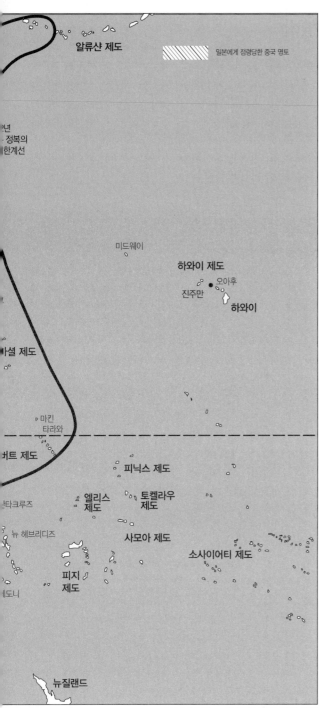

알류샨 제도

일본에게 점령당한 중국 영토

년
· 정복의
·한계선

미드웨이

하와이 제도

오아후
진주만
하와이

마셜 제도

마킨
타라와

버트 제도

피닉스 제도

엘리스
제도
토켈라우
제도

산타크루즈

뉴 헤브리디즈

사모아 제도

소사이어티 제도

피지
제도

도니

뉴질랜드

1940년 6월 ~ 1941년 3월의 전략 개관

12 | 도조의 전략적 딜레마

러시아와의 전쟁 두 번째 해 내내 히틀러는 자신이 자초한 별도의 전략적 부담에 짓눌려 고생했다. 그 부담이란 미국과의 전쟁이었다. 도조 히데키東條英機 장군의 도쿄 정부가 일본의 진주만 기습공격을 감행한 지 나흘이 지난 1941년 12월 11일 오후 2시, 리벤트로프가 외무장관의 자격으로, 베를린 주재 미국 대리대사에게 독일의 대미 선전포고문을 낭독했다. 이것은 리벤트로프가 피하려고 애써왔던 사건이었다. 미국과의 전쟁을 피하려고 애쓴 것은 아마도 그가 나치의 정책 결정에 진정으로 현명한 이바지를 한 유일한 경우였을 것이다. 미국이 중립을 지키는 시기에는 히틀러 역시 미국이 자신과 전쟁을 벌이도록 자극할지 모를 행위를 자제해왔다. 그는 일본이 주사위를 던져버렸기 때문에 서둘러 뒤따랐다. 리벤트로프가 삼국협약의 조건에 따른다면 일본이 직접 공격을 받을 경우에만 독일이 나서서 일본을 도울 의무가 있다는 점을 강조했지만, 소용이 없었다. 히틀러는 진주만 기습 소식을 듣자마자 당장 요들Jodl과 카이텔Keitel에게 달려가서 그 소식을 말하고는 환호작약하며 "이제는 우리가 전쟁에 질 리가 없다. 이제 우리에겐 3,000년 동안 한 번도 패한 적이 없는 동맹국이 생겼다"고 외쳤다(처칠은 같은 소식을 듣고 동일하지만 상반된 결론에 도달해서 "그렇다면 결국은 우리가 이겼군"이라고 말했다). 히틀러는 12월 11일에 국회를 소집해서 꼭두각시 의원들에게 다음과 같이 선언했다. "우리가 언제나 먼저 치겠습니다! 〔루스벨트는〕 전쟁을 부추기고는 대의를 날조한 다음 구역질나게도 자기 자신을 기독교적인 위선으로 가리고 천천히 그러나 분명하게 인류를 전쟁으로 이끕니다. …… 이런 작자와 여러 해 동안 협상을 벌여오던 일본 정부가 드디어 그자에게서 그토록 시답지 않은 조롱을 당하는 데 신물이 나버렸다는 사실에 우리 독일 민족 모두가, 그리고 제가 생각하기에는 세계의 품위 있는 다른 민족 모두 다 아주 만족하고 있습니다." 그날 늦게 독일과 이탈리아와 일본이 단독강화를 맺지 않고 "미국과 영국에 대항한 합동 전쟁이 성공적인 결말에 이를 때까지 무기를 내려놓"지 않겠다는 협정을 맺으면서 삼국협약을 갱신했다. 리벤트로프는 히틀러와 단 둘이서만 만나 다음과 같이 경고했다. "우리는 딱 한 해 안에 군수 보급품이 무르만스크와 페르시아 만을 거쳐 러시아에 도착하지 못하도록 차단해야 합니다. 일본이 블라디보스톡을 맡아야 합니다. 만약 우리가 성공하지 못해서 미국의 군수 잠재력이 러시아의 인력 잠재력과 결합한다면, 전쟁은 우리가 어렵사리 겨우겨우 이길 수 있게 될 국면으로 접어들 것입니다."

이 견해는 명성이 사그라드는 히틀러 측근 한 사람의 의견만은 아니었다. 그 견해를 일본의 정책 입안의 중심에 있는 한 일본군 사령관도 견지했다. 1940년 9월 하순에 일본 연합함대 사령장관 야마모토 이소로쿠山本五十六 제독이 당시 총리대신이었던 고노에 후미마로近衛文麿[1] 공에게 다음과 같이 말했다. "저는 만약 결과에 상관없이 싸우라는 지시를 받는다면 여섯 달이나 한 해 동안은 꽤 설칠 수 있겠지만, 둘째 해나 셋째 해에는 자신이 없습니다. 삼국협약이 체결되었고 우리는 그러지 않을 수 없었습니다. 이제 상황이 [일본 내각이 미국과의 전쟁을 논의하고 있는] 이 고비에 왔고, 저는 귀공이 일본-미국 전쟁을 피하도록 애써주시기를 바랍니다." 전쟁을 두려워하는 다른 일본인들이 있었고, 고노에도 그런 사람 가운데 한 명이었다. 이들 가운데 어느 누구의 의견도 실전을 벌일 수 있는 일본 해군부대의 우두머리인 야마모토 제독만큼의 설득력을 지니지 못했다. 그런데 어떻게 해서 그의 견해가 기각되었을 뿐만 아니라 그가 자기의 우려를 고노에에게 표명한 지 한 해가 채 안 되어 자신의

1. 일본의 정치가(1891~1945). 1937년에 총리가 된 뒤 루거우차오(蘆溝橋) 사건이 일어나자 확전 정책을 폈다. 1940년에 제2차 내각을 조직하여 독일 및 이탈리아와 동맹관계를 맺고 전쟁에 대비했다. 1941년에 제3차 내각을 조직하였으나 도조의 반대로 대미교섭이 이루어지지 않자 사임했다. 1945년 12월에 자살했다.

더 나은 판단에 거슬러서 자기 나라에게 이길 것을 알고 있는 열강
과 생사를 건 싸움으로 자기 나라를 몰아넣을 계획을 세우고 있어
야 하는 일이 벌어졌을까?

　일본이 서구와 자멸적인 갈등을 빚은 근원은 일본의 과거로 거슬
러 올라가며, 그 근원의 핵심은 무엇보다도 — 16세기에 포르투갈
과 네덜란드와 영국의 항해가들이 일본 해안 앞바다에 처음 나타났
을 때 쓰인 용어는 아니지만 — '서구화'로 말미암아 일본의 내부 질
서의 근간이 되는 신중한 사회구조가 무너지리라는 일본의 지배 신
분의 두려움에 있었다. 따라서 일본인은 17세기 초에 바깥세계에 자
기 나라 해안을 걸어 잠그고 신기술, 즉 증기선을 부려 쓰는 서구의
선원이 나타날 때까지는 해안을 계속 봉쇄상태에 두는 데 성공했다.
19세기 중반에 서구인이 증기선을 타고 나타나자 일본인은 자기들
의 특기할 만한 — 그리고 특기할 만큼 성공적이었던 — 결정을 재
고하지 않으면 안 되었다.[2] 그리고는 일본은 유사 이래 가장 급격한
국가정책상의 변화가 일어나는 가운데 일본이 일본으로 남으려면
근대 세계에 합류해야 하지만, 합류하더라도 근대화 과정이 일본의
손에서 벗어나지 않고 이루어져야 한다는 조건을 확실히 해두고 합
류해야 한다고 믿었다. 서구 세계의 기술을 사들여야 하되, 일본인
은 그 기술을 얻는 과정에서 스스로를, 또는 자기 사회를 서구에 내
다팔지는 않으려고 했다.

　면모를 일신한 일본은 제1차 세계대전이 끝날 무렵이 되면 비상
한 진척을 이룩해서 그 이상을 향해 나아갔다. 봉건영주 위에 군림
하는 황국 중앙정부의 권력을 재확립한 1867~1868년의 메이지 유
신이 일어난 뒤 근대화가 이루어지던 시기에 유행한 동요는 증기기
관, 사진기, 신문, 학교, 증기선을 비롯한 탐나는 서구의 사물 열 가
지를 줄줄이 늘어놓았다. 1920년대가 되면 일본은 아주 효율적인
보통교육 제도를 보유했고, 그 제도의 소산이 공장에서 일하고 있

2. 1853년에 미국의 페리(Perry)
제독이 증기선 네 척을 거느리
고 일본에 나타났다. 이에 충격
을 받고 쇄국정책을 푼 도쿠가와
바쿠후(德川幕府)는 이듬해에 다
시 나타난 페리 제독과 미국-일
본 화친조약을 맺었다.

었다. 그 공장은 세계시장에서 아주 경쟁력 있는 값에 팔리는 직물을 만들어냈을 뿐만 아니라 세계 어디에 내놓아도 손색없는 현대식 중공업제품과 경공업제품, 철강과 화학제품, ― 함선과 항공기와 대포 같은 ― 병기를 생산했다. 이미 일본은 1894년에 중국, 1905년에 러시아를 상대로 한두 차례 중요한 전쟁에서 이겼으며, 1905년에 중국의 만주지방에서 권리를 확립했다. 일본은 1914~1918년에 서구편에 서서 독일과도 싸웠다. 이번에는 주로 자국에서 제조한 무기를 가지고 싸웠다.

일본의 중국 구상

그러나 일본이 서구를 본떴다고 해서 일본이 서구의 눈에 승전국과 동등한 지위나 존중을 얻은 것은 아니었다. 영국은, 그리고 나중에는 미국도 태평양의 독일 식민지에 대항한 전역에서 일본이 도와주었다고 고마워했지만, 강화협정에서 그 식민지들 가운데 한 몫을 떼어 일본에 양도한 뒤에는 연합해서 세계의 군사 대열강 사이에서 어깨를 나란히 할 지위를 일본에게서 박탈했다. 이 양도는 전략적 오판에서 나왔으며, 1941년 이후에 영국과 미국의 제독들은 이를 몹시도 후회했다. 일본사람들은 1904~1905년 러일전쟁이 끝났을 때 일본이 러시아에게서 빼앗았던 중국의 전략상 유리한 지형을 대부분 내줘야 했다는 데 이미 한이 맺혀 있었다. 영국과 미국이 1922년 워싱턴 해군조약으로 일본을 세계 해군력의 서열에서 더 낮은 지위로 끌어내리자 국가의 자존심에 상처를 입었다. 새로운 일본에서 자기들의 사회적 지배를 유지하고자 탁월한 판단을 내려서 봉건제에서 근대로 도약했던 일본의 전통적 무사신분, 즉 사무라이들은 그 수모를 쉬이 용서하지 않겠다고 굳게 마음먹었다. 그들은 자국의 해군이 태평양 해역에 있는 영국과 미국의 해군과 인적·물적 자질 면에서, 그리고 잠재적으로는 규모 면에서 대등하다는 것을 알고 있었다.

그들은 자국의 주력함 수를 전시에 동맹국이었던 나라들의 주력함
수의 5분의 3으로 정한 조약을 받아들여야 한다는 데 몹시도 분개
했다.

일본 육군은 훨씬 더 심하게 한에 사무쳐 있었다. 영국 해군의 전
문직업적 전통 속에서 육성된 장교들을 가진 해군보다 서구화가 덜
된 일본 육군은 전간기의 일본 정치생활을 사로잡은 강렬한 인종
주의적 민족주의 정신에 아주 일찍부터 물들어 있었다. 거의 6,000
만 명에 이르는 사람이 사는 일본은 이 무렵 더는 식량을 자급자족
하는 나라가 아니었다. 그리고 일본은 원료, 특히 아직 출산의 고통
중인 산업혁명을 가장 긴급하게 좌우하는 — 비철금속과 고무, 그
리고 무엇보다도 석유 등의 — 모든 물자를 자급자족한 적이 결코
없고 결코 자급자족할 수 없는 나라였다. 일본 민족주의자의 마음
에 든 해결책은 간단한 것이었다. 즉, 일본은 자국에 필요한 자원을
이웃나라에서 얻어내고 모든 방법 가운데 가장 직접적인 방법인 제
국적 정복으로 자원 공급을 확보하고자 했다. 중국이 뻔한 공급원
이었다. 일본 육군은 중국을 — 제국체제가 무너져 1912년 이후에
군벌이 발호하는 혼란에 빠진 게 가장 두드러진 증거였던 — 경제적
·정치적 무능과 서구의 침탈과 수탈에 저항하지 못하는 무능력 때
문에 업신여겼다. 따라서 일본 육군은 중국에 경제제국을 세우겠다
고 결의했다.

일본은 만주에서 중국의 권위를 재확립하려는 만주의 한 지역 군
벌의 점진적인 노력을 끝장내는 첫 조치를 1931년에 취했다. 만주
에서 일본은 추출한 광물을 운반해 내가는 데 이용하는 철도체계
의 보호권을 보유했는데, 일본의 만주 주둔군[3]이 1931년에 그 군벌
에게서 만주 전체의 소유권을 빼앗은 것이다. '샤오솨이小帥'[4]라 불린
그 군벌은 명목상의 주권을 가진 난징南京 정부의 군사령관 장제스蔣
介石의 동맹자였는데, 그의 군대는 급속히 패주했다. '만주 사변'[5]으

3. 관동군(關東軍).

4. 만주 군벌 장쉐량(張學良)을
지칭한다. 이 호칭은 그의 아버
지인 장쭤린(張作霖)이 랴오솨이
(老帥)로 불린 데에서 나왔다.

5. 일본이 1931년 9월 18일에 류
탸오거우(柳條溝) 사건을 핑계
삼아 일으킨 만주 침략 전쟁. 만
주에서 이권을 차지하려고 일본
군부와 우익이 만주철도를 일부
러 폭파하고 이를 중국 측 소행
으로 몰아 관동군을 동원해서
만주를 점령하기 시작했다. 이
를 통해 힘을 키운 일본 군부와
우익이 정국을 장악함으로써,
중일 전쟁과 태평양 전쟁으로 치
닫는 계기가 되었다.

로 일본 안팎에서 분노가 솟구쳤고, 일본의 민간 정부는 당연히 정부 권한을 찬탈당했다고 느꼈다. 그러나 특히 선교 단체를 통해 중국과 맺은 연계에 토대를 두고 중국의 보호자 역할을 맡아온 미국에서 거센 비난이 터져 나왔는데도, 아무도 나서서 일본 육군을 혼내지 않았다. 중국인이 19세기에 외국인에게 당하고 받아들여야 했던 치욕 가운데 하나가 '치외법권', 즉 상업 정주지에서 서구 상인에게 주권을 넘겨준 것이었다. 치외법권에는 군대 주둔권이 따랐으므로, 일본에게 치외법권은 위협이었다. 일본인 스스로가 재빠르게 이 군대 주둔권을 활용했다. 1937년에 베이징의 국제영사수비대 소속 일본 주둔군이 베이징의 중국 정부군 부대와 분규를 빚고 전역을 개시했다. 이 전역은 중국의 모든 연안지대를 따라 빠르게 번져나갔다. 황허 유역과 양쯔 강 유역을 비롯한 중국의 기름진 땅이 1938년까지 일본군에 대부분 점령되었다. 새 수도 난징과 옛 수도 베이징 두 곳 다 침공군에 함락되었고, 이때 정부수반이었던 장제스는 내륙으로 철수해서 양쯔 강 상류에 있는 충칭中慶으로 갔다.

한편, 일본 육군, 그리고 덜 직접적으로는 일본 해군이 영국과 미국의 치외법권 하천 선단 선상에 있는 선원을 죽이거나 다치게 만들고 1936년에 중국의 몽골 접경지대에서 붉은군대와 비공식적이지만 치열한 교전을 벌여서 외국 열강의 분노를 샀다. 1939년에 기갑부대까지 투입해서 붉은군대와 또 한 차례 벌인 격돌에서 일본군은 다른 사람도 아닌 미래의 육군원수 쥬코프의 손에 부인할 수 없는 패배를 당했다. 독일에서 훈련을 받으며 시간을 보낸 적이 있는 쥬코프는 훗날 독일군이 일본군보다 더 좋은 장비를 갖춘 반면 '대체로 보아' 독일군에게는 '진정한 광신성'이 부족하다는 의미심장한 판정을 내렸다. 일본군은 그 뒤로 화를 입지 않으려고 러시아군에게서 벗어나 멀찍이 떨어져 거리를 유지했다. 이런 상황은 1941년에 러시아에 아주 유리했고, 1945년 8월에는 일본에 파국적인 대가를 안겨주었다. 대조적으로, 일본은 미국 함선 파나이Panay 호와 영국 함선 무당벌레Ladybird 호에 가한 공격에 항의하면서도 응징 조치를 취하지 않은 영국이나 미국의 군대는 그리 높이 치지 않았다.[6]

1937년에 상하이에서 번져나간 전쟁을 일본에서 일컫는 명칭인 '지나 사변'에 연루된 장교 가운데 으뜸가는 인물이 도조 히데키 장군이었다. 그도 '만주 사변' 참전군인이었고, 1938년에 육군성 차관으로 입각했다. 내각에서 그는 자기 직위를 이용해 중국 국민당 정부와 계속 벌이는 전쟁뿐만 아니라 소련과 벌일 전쟁에 미리 대비해서 재무장을 철저히 해야 한다고 다그쳤다. 이 무렵에는 장제스가 멸망한 황조를 계승한 국민당 정부의 주도 인물이었다. 도조는 비록 극단적이지는 않더라도 열렬한 민족주의자였다. 그러나 1930년대 후기에 극단적인 민족주의자들이 일본에서 점점 더 해로운 역할을 수행하게 되었다. 정부를 주도하는 구귀족의 유화적 태도에 광적으로 반대하는 도쿄 수비대 군인 한 무리가 1936년 2월 26일에 총리대신 암살을 시도했고 황실 시종장과 전임 총리대신 두 사람을 죽이는 데 성공했다.[7] 이 사건으로 폭력적인 민족주의자들의 평판이 잠시 떨어졌지만, 역설적으로 육군이 반란 군인과 신속하게 거리를 두었기 때문에 육군의 권세가 세졌다. 온건한 정부가 잇달아 들어선 뒤에 — 폭넓은 지지를 누리는 전임 총리대신인 — 고노에 공이 1940년 7월에 재집권하고 도조를 육군대신으로 받아들였다. 또한 고노에는 육군 내 민족주의자들의 동맹자인 마쓰오카 요스케松岡洋右[8]를 외무대신으로 자기 내각에 끌어들였다. 이 두 완고한 제국주의자가 함께 권력의 핵심에 나란히 존재함으로써 일본은 전쟁으로 이끌려 들어가게 된다.

마쓰오카가 맨 먼저 이루어낸 일은 1940년 9월 27일에 일본을 독일과 이탈리아와의 삼국협약에 엮어 넣은 것이었다. 이 협약에 따르면 세 나라는 어느 한 나라가 중일전쟁이나 유럽의 분쟁에서 당사

6. 1937년 12월에 일본군이 난징에 다가올 때 난징에 있는 미국인을 소개하던 포함 파나이 호가 12일에 일본군 항공기의 폭격을 받아 침몰하고 3명이 죽고 14명이 크게 다치는 사건이 일어났다. 파나이 호의 생존자들은 무당벌레 호에 의해 구출되었다. 미국은 외교관계의 파열을 막고자 이듬해 4월에 일본에게서 배상금을 받는 선에서 사건을 마무리했다.

7. 이른바 '2·26사건'. 귀족과 정치가가 천황의 총기를 흐리는 것이 국정혼란의 원인이며 천황 친정체제 확립이 나라를 구하는 길이라고 생각한 장병 1,400명이 1936년 2월 26일에 정부 요인을 습격해서, 오카다 게이스케(岡田啓介) 총리대신은 놓쳤지만 사이토 마코토(齋藤實) 내대신(內大臣)과 다카하시 고레키요(高橋是淸) 대장대신을 죽이고 스즈키 간타로(鈴木貫太郎) 황실 시종장에게 중상을 입혔다. 히로히토의 지시를 받아 일본군 수뇌부가 군대를 동원해서 반란 군인을 포위하고 항복을 받아냈다. 스즈키 시종장이 죽었다는 지은이의 서술은 오류다.

8. 일본의 외교관(1880~1946). 미국유학 뒤 외교관이 되었다. 남만(南滿)철도회사 경영자로 있다가 1930년에 정치에 입문했다. 1940년에 외무상이 되어 삼국협약을 이루어냈고 소련과 불가침조약을 맺었다. 일급 전범이었으나, 재판이 끝나기 전에 죽었다.

자가 아닌 열강의 공격을 받을 경우 상호지원을 해야 했다. 이것은 러시아가 독일을 공격할 경우 일본은 러시아와 싸워야 하고 미국이 일본을 공격할 경우 독일은 미국과 싸워야 한다는 분명한 구속이었지만, 그런 경우가 아닐 때에는 반드시 공동으로 전쟁을 해야 할 구속력은 없었다. 또한 그 협약은 유럽의 '신질서'에서는 독일이 으뜸이며 '대동아공영권大東亞共榮圈'에서는 일본이 으뜸이라는 것을 인정했다. 1941년 12월 이후에 '대동아공영권'이라는 가식 아래 일본은 유럽제국들이 소유했던 아시아 식민지의 지배자로 자처하며 나서게 된다. 일본은 러시아에 대항한 1936년 반코민테른 협약에서 독일과의 동맹을 이미 받아들였다. 마쓰오카는 리벤트로프-몰로토프 조약에 호응해서 1941년 4월에 소련과 중립조약 협상을 했다. 그러나 이때 일본 외교의 추세는 중립국과 반추축국 열강에는 확실하게 등을 돌리고 운세가 대통한 듯 보이는 1940년의 승전국들에는 더더욱 가깝게 다가가는 쪽으로 기울었다.

히틀러가 1941년 6월에 러시아를 공격하자 — 아무런 사전통보를 받지 못한 — 일본 내각은 일시적으로 신뢰감이 흔들려서 7월 16일에 개각을 하고 마쓰오카를 더 온건한 외무대신으로 교체했다. 그러나 도조는 육군대신으로 유임되었고 히틀러의 적들 — 즉, 영국과 네덜란드 망명 정부 — 및 미국과 대결하는 쪽으로 내각을 몰아가는 가장 강력한 발언권을 행사했다. 이 정책은 대단한 결과를 가져왔다. 영국이 7월에 일본을 달래려는 시도의 일환으로 장제스 군대가 중국 남부에서 원조를 받는 통로인 '버마 도로'를 폐쇄했다. 일본의 압력에 저항하는 능력이 영국보다 크게 떨어지는 네덜란드는 협박을 받고는 동인도 제도에서 나오는 석유와 고무와 보크사이트의 공급을 일본이 요구하는 수준은 아니더라도 받아들일 만한 양으로 유지한다는 데 동의했다. 유럽에서는 패했지만 극동에서는 아직 식민열강이었던 프랑스는 1940년 9월에 강요를 받아 일본에 인도차이나 북부를 기지로 이용하고 통행할 권리를 양도했다. 이로써 일본군은 장제스를 상대로 작전을 벌이면서 동시에 동인도 제도에서 네덜란드 육군과 함대를, 그리고 말레이 반도와 버마, 더 멀리는 영국 자치령인 오스트레일리아, 또한 궁극적으로는 실론에서 동아프리카에 걸친 인도양 연안 주위의 영국령에 있는 영국의 육군과 (본국 해역에 붙들려 있지만 위기가 발생하면 싱가포르로 이전 배치되기로 지정되어 있는) 함대를 위협할 수 있었다.

이것은 비록 아득하기는 해도 매혹적인 전망이었다. 그러나 전면에는 미국의 힘이라는 위협이, 그리고 더 가까운 미래에는 여전히 미국의 불허라는 장애물이 버티고 있었다. 일본이 남방으로 팽창하면서 미국의 피보호국인 필리핀이 위협을 받았다. 뿐만 아니라 미국은 중국의 거의 수호천사 수준의 보호자였다. 여러 세대에 걸쳐 미국의 선교사와 교사들이 중국사람에게 크리스트교와 서양 학문을 전해주려고 중국의 도시와 시골에서 일했다. 그들에게 중국의 통치자 장제스와 그의 아내보다 더 큰 보람을 주는 학생은 없었다. 미국 무역상들도 중국에서 이득을 얻었고, 미국 육해군 병사들은 뒤숭숭했던 의화단義和團 봉기[9] 이후로 평화 유지의 기치 아래 중국의 바다를 누비고 중국의 평원을 돌아다녔다. 미국의 외교정책 이익집단 가운데 가장 강력한 '차이나 로비China lobby'는 이때 국민당 정부를 상대로 벌어진 지 4년이 되어가는 잔혹한 전쟁인 '지나 사변'에 격분했고, 태평양에서 군사력을 더는 확대하지 못하도록 일본을 저지해야 할 뿐 아니라 일본이 이미 획득한 정복지에서 물러나도록 만들어야 한다는 결의를 굽히지 않았다.

전쟁준비

미국의 코델 헐Cordell Hull[10] 국무장관이 1941년 4월에 대일對日 국제행동 4대 원칙을 마련했다. 이것은 국무부 생각으로는 상대를 자극

9. 1900년에 '부청멸양(扶淸滅洋)'이라는 구호 아래 중국에서 일어난 반외세 민중 봉기. 서구 열강이 중국을 침탈하는 가운데 의화단이라는 비밀결사체가 조정의 실권자 서태후(西太后)의 지원을 받으며 선교사들을 공격했다. 5월부터는 중국 민중까지 가세해서 베이징의 외국인을 공격했다. 이에 맞서 외국 열강의 연합군이 8월 14일에 베이징을 장악했고, 이듬해 9월에 청 조정은 외국 열강에게 배상금을 지급한다는 신축조약(辛丑條約)을 맺었다.

10. 미국의 정치가(1871~1955). 대공황기에 국무장관이 되었고, 시종일관 일본의 팽창을 견제하는 정책을 폈다. 제2차 세계대전의 와중에 전후 국제평화 유지 기구로 국제연합을 구상한 공로를 인정받아 1945년에 노벨 평화상을 받았다.

할 의도가 없는 숭고한 도덕적 원칙이었지만, 일본의 팽창계획을 저지하고 미국이 태평양에서 일본에 할당한 치욕스러운 열등한 역할을 재강조하는 정책을 완화하라고 요구했다. 그 4대 원칙으로 말미암아 일본 내각 안에서는 소련을 희생해서 우위를 추구할 때 제국의 이익을 더 잘 도모할 수 있다고 생각하는 파당, 즉 이른바 '북방' 프로그램이 힘을 얻었다. 그러나 인도차이나 남부의 기지 이용권을 비시 정부로부터 우선 받아냄으로써 일본의 힘을 확장하자고 고집하는 '남방'파가 여전히 우세했다. 코델 헐의 요구가 가져온 유일한 효과는 내각이 군사준비를 추진하면서도 미국과 협상을 계속 벌인다는 데 동의한 것이었다. 홀로 소리 높여 비타협성을 주장하던 마쓰오카가 7월 16일의 개각에서 제거되었다.

일본은 몰랐지만, 미국은 특기할 만한 암호 해독작업의 결과로 1941년 초 이후로는 일본의 외교 암호를 읽을 수 있었다. 워싱턴에서 '매직Magic'으로 알려진 그 암호 해독작업은 영국의 얼트라가 독일 국방군의 암호체계를 상대로 거둔 성공에 맞먹었다. 루스벨트는 일본이 7월 24일 어전회의에서 외교공세를 은밀한 군사공세와 병행하기로 결정했다는 것을 알자 도쿄에 맞서 경제 전쟁의 나사를 조이겠다는 마음을 굳혔다. 7월 24일에 일본은 비시 정부에게서 일본군 부대가 인도차이나 남부에 들어가도 좋다는 허락을 받아냈다. 7월 26일에 미국은 영국과 네덜란드의 동의를 얻어 서구 국가들의 대일무역에 금수 조처를 추가로 부과해서 일본의 대외무역의 4분의 3을 줄이고 공급원에서 일본이 얻는 석유 보급의 90퍼센트를 감축했다.

이때 일본은 노무라 기치사부로野村吉三郎[11] 제독을 워싱턴 주재 대사로 임명했다. 노무라는 미국 관리들과 친분이 아주 두텁고 일본 육군의 견해보다 훨씬 더 온건하고 현실적인 일본 해군의 견해를 진정으로 따르는 사람이었다. 그러나 국내에서는 육군이 최종 기한을 정하자고 재촉하고 있었다. 9월 6일에 히로히토裕仁[12] 천황이 참석한

11. 일본의 군인, 외교관(1877~1964). 해군대장까지 오른 군인이었지만, 1932년 4월에 윤봉길 의사가 던진 폭탄에 한쪽 눈을 잃었다. 외교력을 인정받아 외무대신으로 발탁되었으며, 1941년에 미일관계가 악화일로로 치달을 때 주미대사가 되었다. 전후 자유민주당에서 정치활동을 했다.

12. 일본의 124대 천황(1901~1989). 1926년에 즉위한 이래 그가 일본의 제국주의적 팽창정책에 관여했는지는 의견이 분분한 논란거리다. 태평양 전쟁 말기에 패색이 짙어지자 결국 강화를 주장하는 쪽의 입장을 지지하고 1945년 8월 15일에 연합국의 무조건 항복 요구를 받아들이는 라디오 방송을 했다. 전후에 마련된 새 헌법에서 입헌군주가 되었다.

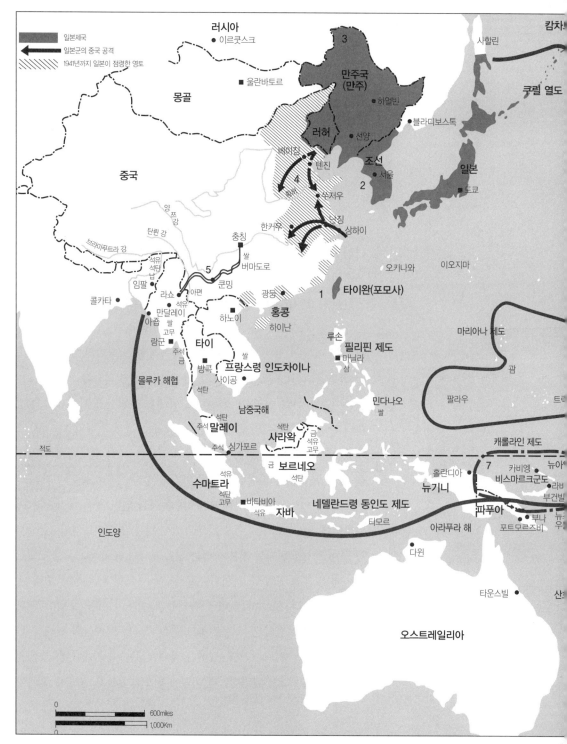

러시아

이르쿠츠크

캄차

사할린

몽골

올란바토르

3

만주국
(만주)

하얼빈

쿠릴 열도

중국

배이징

텐진

러허

선양

블라디보스톡

황허

4

쑤저우

조선

서울

일본

도쿄

한커우

난징

2

상하이

쌀
버마도로

충칭

5

쿤밍

오키나와

이오지마

브라마푸트라 강

탄룬 강

양쯔 강

석유
석탄

임팔

라쇼

아편

광둥

1

타이완(포모사)

콜카타

만달레이

석유

쌀

하노이

홍콩

마리아나 제도

아쌈

고무

쌀

하이난

랑군

주석
금

타이

루손

필리핀 제도

곽

팔라우

트

몰루카 해협

방콕

사이공

석탄

프랑스령 인도차이나

마닐라

삼

민다나오

쌀

남중국해

석탄

캐롤라인 제도

적도

주석

말레이

석탄

사라왁

금

석유
고무

홀란디아

7

카비엥

뉴아

비스마르크군도

라바

싱가포르

금

보르네오

부건빌

수마트라

석유

석탄

석유

고무

비타비아

자바

석유

네델란드령 동인도 제도

뉴기니

파푸아

부나

뉴

우

포트모르즈비

티모르

아라푸라 해

인도양

다윈

타운스빌

산

오스트레일리아

일본제국

일본군의 중국 공격

1941년까지 일본이 점령한 영토

0   600miles
0   1,000Km

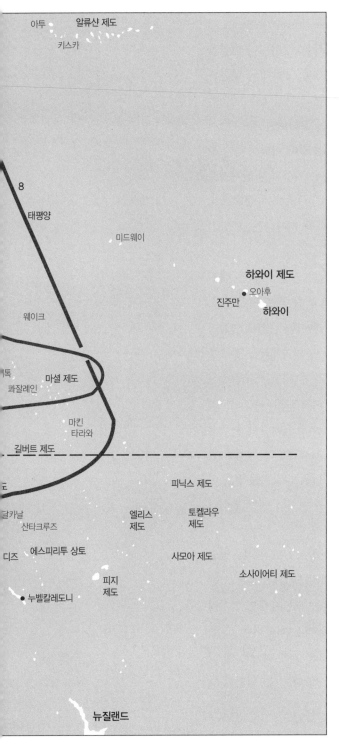

아투　　알류샨 제도

키스카

8

태평양

미드웨이

하와이 제도
오아후
진주만　하와이

웨이크

톡

마셜 제도

콰잘레인

마킨
타라와

길버트 제도

도

피닉스 제도

갈카날

산타크루즈　엘리스　토켈라우
　　　　　 제도　　제도

디즈　에스피리투 상토

사모아 제도

소사이어티 제도

피지
제도

누벨칼레도니

뉴질랜드

일본의 영토 야욕

상황 설명

1. 1895년, 중국이 일본에 대만을 할양한다.

2. 1910년, 일본이 조선을 병합한다.

3. 일본이 1931년 9월에 만주, 1934년에 러허(熱河)를 점령한다.

4. 1937년 7월, 일본이 중국을 침공한다.

5. 중일 분쟁에 대한 미국의 관심이 1940년 동안 커진다. 처음에는 버마 도로를 따라, 다음에는 비행기로 산맥을 넘어 '혹위로' 보급품이 중국으로 들여보내졌다.

6. 일본의 위임통치령.

7. 오스트레일리아의 위임통치령.

8. 계획 상의 대동아공영권 방어 경계선.

가운데 열린 내각회의에서 극히 분명한 형태로 제시된 대안들이 검토되었다. 그 대안들이란 전쟁준비를 즉시 시작한다, 아니면 협상을 계속한다, 아니면 인도차이나에서 물러나는 것을 포함해서 일본의 전략적 행위에 대한 미국의 제한에 묵종한다는 것이었다. 대안들이 이런 형태로 제시되어야 한다고 도조 육군상이 고집했던 것이다. 천황이 대신들에게 지금 자기들이 결정하고 있는 것이 어마어마한 중대성을 지닌다는 점을 상기시키자, 도조는 다른 이들과 마찬가지로 당황했다. 그렇지만 회의 결과는 당장 전쟁준비를 하는 한편으로 협상을 계속한다는 것이었으며, 성공적인 결과를 기다리는 최종 기한은 10월 10일로 정해졌다.

협상이 다음 여러 주로 넘어가면서 지연되자 최종 기한을 뒤로 늦춰야 하리라는 점이 분명해졌고, 이 때문에 전쟁 쪽을 택하는 것이 전적으로 올바른지에 관해 민간 정치가들과 해군 측의 의심이 일었다. 육군 당파의 지도자로서, 그리고 대중이 머뭇거리는 정부를 못 견디는 데 크게 영향을 받은 도조가 공격적인 해결책을 끝까지 요구했다. 10월 5일에 그의 집무실에서 열린 회의에서 외교로는 아무것도 해소되지 않으며 천황에게 군사 공세를 윤허해달라고 간청해야 한다는 결론이 내려졌다. 다음 주 내내 도조는 고노에에게 전쟁을 선택하라는 군부 측의 압력을 높였고, 10월 14일에는 육군이 자기를 총리대신으로 밀고 있다고 밝혔다. 사흘 뒤 고노에가 물러나고 도조가 그 자리를 맡아 총리대신이 되었다.

연합국의 전시 정치선전과는 달리 도조는 파시스트가 아니었고 이데올로기상으로도 나치나 추축국에 친밀하지 않았다. 비록 그는 뉘른베르크 전범재판을 위해 만들어진 규정에 따라 전범으로 처형되기는 하겠지만, 그가 전쟁과 정복에 나선 동기는 히틀러나 그 추종자들의 동기와 같지 않았다. 그는 앙갚음하려 들지 않았으며, 그의 인종주의는 유별나지도 절멸을 꾀하지도 않았다. 그는 열렬한 반공주의자여서 중국에서 마오쩌둥毛澤東이 힘을 키우는 데 두려움을 느꼈지만, 일본의 중국인 적들이나 아시아에서 일본의 앞길을 가로막을지 모르는 다른 어떤 집단을 절멸하려는 계획을 구상하지는 않았다. 그렇기는커녕, 그의 국수주의는 오로지 반反서구였다. 도조는 순전히 편의적인 이유에서 독일과 동맹관계를 돈독히 했으며, 만약 태평양에서 미국이나 영국이 아닌 독일이 지배 열강이었더라면 독일이 일본의 국가적 야망에 미국이나 영국보다 조금이라도 더 너그럽게 굴었으리라는 환상을 품지 않았다. 도조의 행동 원칙은 단순했다. 그는 일본이 선택한 세력권 안에서 일본의 우위를 확립하고 그 우위를 받아들이려고 하지 않는 서양 국가(궁극적으로는, 그리고 필요하다면 숙적인 러시아)를 쳐부수고 중국을 제압해서 일본제국 안으로 통합하되 다른 아시아 국가들(인도차이나, 태국, 말레이, 버마, 동인도 제도)에게는 일본의 주도 아래 일본의 아시아 '공영권' 안에 한 자리를 내주겠다고 결심했다. 그의 미래상은 서양 군대에서 해방된 아시아였으며, 아시아의 여러 민족 사이에서 일본이 맨 앞에 서고 그 민족들은 일본이 스스로를 근대화하려고 수행한 비상한 노력을 인정할 터였다.

11월 1일에 그는 미국과의 전쟁과 평화와 최종 기한 등의 쟁점을 검토하기 위해 소집된 육군·해군·민간 대표회의를 주재했다. 이 회의에서 A안과 B안으로 명시된 두 가지 새로운 제안 가운데 하나를 미국에 내놓는다는 결정이 내려졌다. A안은 — 미국이 거절하리라는 당연한 추론을 하면서 — 일본 군대의 중국 철수를 향후 25년 동안에 마무리한다고 미국에 제안하는 것이었다. B안은 만약 미국이 일본에게 항공연료 100만 톤을 판다면 막 들어섰던 인도차이나 남부에서 일본 군대를 거둬들이겠다는 제안이었다. 두 가지 수 모두 태평양의 전반적인 평화 확립과 연계할 터였다. 총리대신으로서, 그러나 또한 육군 주전파의 대표로서 도조는 잠시 갈팡질팡했다.

그는 아무리 워싱턴이 B안을 받아들일 가망이 없다고 하더라도 B 안 논의에 미국을 끌어들여서 전쟁을 피하려는 마지막 노력을 해야 한다는 데 동의했다. 그러나 다음날 천황 면전에서 그는 만약 일본 이 지금 우위를 차지하지 않는다면 "유감이지만 우리는 두어 해 뒤 에 3등 국가가 될 것입니다"라며 자신의 두려움을 밝힌 뒤 다음과 같이 말했다. "또한 만약 우리가 점령지를 공정하게 다스리면, 우리 를 적대시하는 태도가 틀림없이 누그러질 것입니다. 미국은 처음에 는 분통을 터뜨리겠지만, 그다음에는 이해하게 될 것입니다. 여하 튼 저는 이것이 인종 전쟁이 되는 사태를 신중하게 피하겠습니다." 천황은 이번에는 자기의 조언자들에게 그들이 논의하고 있는 쟁점 의 무시무시함을 상기시키지 않았다. 따라서 일본과의 대결에서 물 러서겠다는 미국의 후속결정이 없는 가운데, 전쟁을 하겠다는 결정 이 사실상 11월 5일에 확실하게 내려졌다. 전날 장군들이 제독들의 동의를 얻어낸 바대로, 11월 30일이 미국 측의 양보를 받아들일 마 지막 날짜가 되었다. 11월 25일까지 일본 해군 공격부대가 태평양에 있는 미국의 기지에 공세를 개시하기 위해 본국 항구에서 출항하고, 인도차이나에 있는 일본 육군부대는 말레이 반도의 영국 식민지, 그리고 그 너머에 있는 버마와 네덜란드령 동인도 제도를 침공할 목 적을 가지고 타이 남부로 들어가는 행동을 개시할 터였다.

미국은 송수신되는 일본의 외교 문건을 매직 시스템을 통해서 들 여다볼 수 있었기 때문에 일찍이 1941년 11월 7일에 11월 25일이 도 쿄와 벌이는 협상의 진행에서 핵심적인 날짜임을 눈치채고 있었다. 미국은 11월 25일 이후 일본이 전쟁에 돌입할지 모른다고 의심했다. 그러나 미국은 일본 해군의 암호를 풀 수 있다고는 해도 일본 대본 영大本營[13]이 연합함대와 인도차이나 남부에 있는 제25군의 움직임 에 엄격한 무선 사용 금지령을 부과했기 때문에 도조와 그의 내각 이 명령한 예비 군사행동을 알아내지 못했다. 11월 후반 보름 동안,

13. 전시에 설치되어 일본의 육 군과 해군을 통합해서 지휘한 일본군 최고 통수기구.

미 국무부는 영국, 네덜란드, 중국과 함께 자주 가진 비밀회합에서 B안을 워싱턴의 일본 대표와 장황하게 논의했다. 협상은 모호함 투성이였다. 헐은 일본인들이 솔직한 외교를 한다고 공언하는 동안 한편으로는 군사준비에 착수하고 있다는 것을 알았기 때문에, 그들의 제안과 역제안을 중시할 마음이 내키지 않았다. 그 일본인들은 — 즉, 노무라와 그를 보좌하기 위해 파견된 직업 외교관 구루스 사부로來栖三郎[14]는 — 고결한 사람들이었으므로 도조가 그들을 한통속으로 만드는 표리부동한 기만책에 개인적으로 당황한 탓에 그들이 협상에서 한 노력은 소용이 없어졌다.

모든 모호함이 11월 26일에 해소되었다. 그러자 코델 헐이 그들에게 미국의 최종 입장을 불쑥 내밀었다. 그것은 미국이 처음부터 견지해온 입장의 확고한 재천명이었다. 일본은 인도차이나뿐만 아니라 중국에서도 자국 군대를 거둬들이고 장제스 정부의 정통성을 인정하고 사실상 삼국협약에서 빠져나와야 한다는 것이었다. 헐의 각서는 11월 27일에 도쿄에 도착했고 경악을 불러일으켰다. 이 각서는 여태껏 제시된 미국의 그 어떤 역제안보다도 더 멀리 나아간 듯했다. 그 각서는 외교에서 치욕스럽게 무릎을 꿇지 않으면 경제 통상 금지령을 완화하지 않겠다는 것일 뿐만 아니라, 일본 측의 해석에 따른다면 중국 황제들이 예전에 다스렸던 모든 영토에서 — 즉, 중국 본토만이 아니라 만주에서도 — 물러나라는 요구이기도 했다. 만주는 엄밀하게는 한족漢族이 사는 중국의 일부가 아니었으므로, 그리고 일본은 만주를 정정당당한 방법으로 정복했다고 믿었으므로, 도조는 헐 각서의 이 조항을 보고는 자기 정책이 옳다는 믿음을 굳혔다. 그 조항으로, 도조와 그의 추종자들이 오랫동안 주장해온 대로, 미국은 국제사회에서 일본제국을 미국과 동등하다고 여기지 않고 미국 대통령이 하라고 하면 천황과 황국 정부는 그대로 그에게 복종하기를 바라며 일본이 전략적 역량을 지니고 있다는 현실을 완전히 무시한다는 것이 드러났다. 일본의 육군과 해군은 헐 각서를 받아들일 수 없다는 데 즉시 합의했다. 도조가 워싱턴 특사에게 회담을 계속하라는 지침을 주는 동안, 한편으로는 함선과 병사들에게는 공격위치로 가라는 지시가 내려졌다. 일본 측의 불만에 관한 장황하고 오해의 소지가 다분한 재성명서가 12월 7일 아침에 코델 헐에게 제출되기 위해 워싱턴 주재 일본대사관으로 전송되었다. 도조는 그 문서를 선전포고문으로 삼을 셈이었다. 비록 매직에 가로채이기는 했어도, 번역하는 작업이 늦어져 그 내용이 도쿄가 설정한 최종 기한을 넘긴 지 한 시간이 지난 오후 2시 넘어서까지 미 국무부에 공식 제출되지 못했다. 이 무렵이면 진주만이 맹렬한 공격을 받고 있을 때였다. 그 결과 도조는 군 지도자로서는 역사상 가장 괴멸적인 기습공격을 지휘하는 만족감을 얻었지만 일본의 전통주의자로서는 루스벨트가 '오욕의 날'이라고 규탄한 것을 개시하는 불명예를 안았다.

13 | 진주만에서 미드웨이까지

1941년 12월 7일 일요일에 미국 태평양 함대가 하와이의 진주만 기지에 평화로이 정박해 있었다. 태평양 함대의 영구 항만은 1940년 4월까지는 캘리포니아 주 샌디에이고에 있었다. 그러나 일본의 유럽 동맹국인 독일이 5월에 프랑스를 기습공격하자, 미 해군부는 태평양 함대가 하와이 전진기지로 순항하는 춘계 해상감시를 미 서부 해역이 다시 평온해질 때까지 연장해야 한다고 결정했다. 일본은 전함 면에서는 미국 함대만큼 강하고 항공모함 면에서는 훨씬 더 강하기까지 한 함대를 태평양에서 유지했으며, 한편으로는 중국에서 대전쟁을 치르고 있었지만 그러면서도 다른 곳에서 작전을 벌일 수 있도록 — 당시 편성되어 있는 미 육군보다 더 큰 — 11개 사단병력을 남겨두고 있었다. 미 태평양 함대는 1940년 내내 진주만에 머물렀다. 자매부대인 대서양 함대가 미국 동부 연안 해역에서 U-보트가 활동하지 못하도록 하는 루스벨트의 정책을 뒷받침해서 이 해역에서 1941년 한 해 동안 적극적인 호위작전을 수행하기 시작한 반면, 미 태평양 함대는 기동훈련을 하고 해상을 순찰하는 프로그램을 계속 수행했다. 미 태평양 함대는 1940년 6월 이후로 주요 비상대기[1]를 세 차례, 대공·대잠 실전연습을 여러 차례 수행했고, 1941년 10월 이후로는 항시 준비 대기상태에 있었다. 그러나 경보기간이 길어지면서 준비태세의 강도가 무뎌졌다. 평시에 태평양 함대는 일요일을 늘 공휴일로 쳤다. 장교는 뭍에서 잠을 잤고 승무원은 아침을 먹으러 늦잠에서 깼다. 곧 루스벨트가 미 의회에서 "오욕 속에 남"을 날이라고 말하게 될 12월 7일, 이 날도 마찬가지였다.

일본 해군은 미 태평양 함대가 기습공격에 취약하다는 점을 아주 잘 알고 있었고, 일본 해군의 계획은 기습이 이루어질 수 있다는 가

1. 전투, 방어, 방호준비가 완료되어 대기하는 상태, 또는 실제 위협이나 전투상황을 대비한 출동 직전 부대의 상태.

정에 바탕을 두고 있었다. 내각에서 벌어진 대전략 논쟁과 완전히 별개로 세워진 이 계획은 일본의 전쟁이 세 단계로 나누어진다고 예견했다. 제1단계에서는 일본 연합함대가 진주만에 있는 미 태평양 함대를 공격하는 한편, 동시에 다른 육해군 부대가 말레이 반도와 네덜란드령 동인도 제도와 필리핀으로 이루어지는 이른바 '남방'에서 적의 함선과 단위부대를 파괴하고 긴요한 영토를 장악할 것이었다. 이 작전을 확장해서 육군과 해군은 서태평양에 있는 일본의 커다란 섬들과 군도에 외곽방어선을 치고, 이 방어선은 미국과 그 동맹국이 반격을 가해서 일본의 전략 지배구역 안으로 들어올 기회를 주지 않을 터였다. 일본이 세운 계획의 논리는 캘리포니아와 하와이 사이의 동태평양은 미국 본토에 기지를 둔 함대나 상륙작전 부대에 보급을 해줄 기지나 지점이 없는 텅 빈 대양인 반면 서태평양에는 섬들이 촘촘히 박혀 있고 이 섬들의 전단前端을 요새화해서 외부 세력이 침투해 들어올 수 없는 하나의 완결된 복합체를 만들 수도 있다는 생각에 근거를 두고 있었다. 더욱이, 이 도서 구역의 기다란 동쪽 측면을 항공·해상 타격부대로 무장해서 오스트레일리아와 뉴질랜드에 있는 서구 열강들의 기지로 항해해 가는 미국 함대에게 항행 도중에 피해를 입혀 그곳에서 역공이 개시될 수 없게 만들 수 있었다.

일본의 계획 제2단계는 러시아령 시베리아의 앞바다에 있는 쿠릴Kuril' 열도에서 시작해서 (미국 소유인) 웨이크Wake 섬, (독일 소유였다가 베르사유 조약으로 캐롤라인 제도 및 마리아나 제도와 함께 일본에 할당된) 마셜Marshall 제도, (영국령) 길버트Gilbert 제도(오늘날의 키리바티Kiribati 제도), (독일령이었다가 지금은 오스트레일리아령이 된) 비스마르크 제도, (오스트레일리아 소유인) 뉴기니New Guinea 북부, 네덜란드령 동인도 제도, 영국령 말레이 반도를 거쳐 내달리는 하나의 사슬을 따라 요새화 기지들을 세워서 그 전략적 사고의 논리를 실현하는 것이었다. 제3단계는 주로 굳히기와 연관이 있는 단계가 될 터였다. 이 단계에서는 외곽방어선을 침범하거나 이 선에 다가오는 연합군 부대를 요격해서 쳐부수는 행동과 미국의 투쟁의지가 닳아 없어지도록 만들 목적으로 미국을 상대로 소모전을 수행하는 행동, 그리고 또 필요하다면 전쟁을 버마와 인도양, 어쩌면 인도 자체의 영국 지배권 내로 확장하는 행동이 들어 있었다.

이 외곽 전략은 섬나라 민족으로서 공조를 이루는 지상부대와 해상부대를 이용해서 자기들이 사는 군도의 안보를 유지하고 국력을 뻗쳐 인접지역으로 들어가는 데 오랫동안 익숙했던 일본사람들의 심성과 역사에 깊이 뿌리를 두고 있었다. 이 전략의 핵심은 진주만에 있는 미 함대를 파괴하는 것이었다. 그러지 않으면 그들이 세운 전쟁 계획의 제2, 제3단계는 초장부터 무너질 터였다. 역설적이지만, 그 계획을 작성하는 일이 야마모토 이소로쿠 제독에게 맡겨졌다. 야마모토는 삼국협약에 반대하고 미국을 찬양하고 일본-미국 전쟁의 결과에 회의를 품은 사람이었다. 그러나 그는 애국자로서, 그리고 직업 해군장교로서 타당한 계획을 짜는 것을 자기 의무로 여겼다.

본디 수상함대 장교였던 야마모토는 1905년 5월에 러시아군을 상대로 한 쓰시마 결전에서 순양함을 타고 싸우다가 다친 적이 있다. 그러나 그 뒤 그는 항공모함이 해군의 미래형 무기임을 인정했고 비행술을 익혔다. 그런데도 그는 자기가 공해空海 협동작전의 요체를 간파했는지 여전히 미심쩍었던지 1941년 초에 젊고 뛰어난 해군 비행대원 겐다 미노루源田實의 도움을 받아 공격계획을 짰다. 개략계획[2]들이 봄과 여름 동안 연합함대 내에서 검토와 비판을 받았고 9월에 해군참모부에 제출되었다. 별개지만 동시에 이루어지는 5개 작전으로 이루어진 이 계획은 다음과 같았다. (1905년 5월에 도고 헤이하치로東鄕平八郎[3] 제독이 쓰시마에서 러시아군을 상대로 전투를 개시하라는 신호로 올린 깃발이었던 Z에서 이름을 딴) Z-데이에 2개의 소규모 상륙

2. 작전 계획의 준비단계를 이루는 계획으로서, 대개는 항목 별로 요약과 적요가 표시된 형태를 띤다.

3. 일본의 군인(1848~1934). 영국에서 항해술을 공부한 뒤 귀국해서 해군에서 근무했다. 청일전쟁 때 황해 해전에 참여했으며, 해군대학 교장을 지냈다. 러일전쟁 때 연합함대 사령관으로 뤼순(旅順)의 러시아군 기지를 해상봉쇄해서 1905년 1월에 항복을 받아냈고, 5월에 대한해협에 도착한 러시아 발트 해 함대를 섬멸했다.

부대가 미국의 전초기지인 웨이크 섬과 괌 섬을 쳐서 '남방'을 에워싸는 외곽선 안에 있는 이 거점들을 쓸어버린다. 대만과 오키나와와 팔라우Palau 제도에 있는 일본군 기지로부터 집결한 다른 1개 상륙부대가 커다란 섬인 민다나오Mindanao와 루손Luzon을 목표로 삼아 필리핀에 상륙하기 시작한다. 인도차이나 남부와 중국 남부에 주둔한 육해공군이 (타이의 크라Kra 지협에서 장악한 거점을 거쳐) 말레이반도와 네덜란드령 동인도 제도의 몰루카Molucca 군도를 침공한다. 한편, 대형 항공모함 4척(나중에는 소형 2척)을 거느린 연합함대가 진주만에 200마일 거리 안까지 들키지 않고 다가가서 비행연대들을 띄워 보내 계류 중인 미 태평양 함대의 전함 8척과 항공모함 3척을 불태우고 가라앉힌 다음 비행연대들을 회수해 떠난다. 이 작전은 다른 4개 작전의 성패를 좌우하는 핵심적인 싸움이었다. 이런 계획이 해볼 만하다는 일본군의 자신감은 영국 해군이 1940년 11월에 항공모함 탑재기를 이용해서 타란토 항에 있는 이탈리아군 함대를 공격함으로써 한껏 높아졌고, 야마모토의 참모장교들이 이 작전을 면밀하게 분석했다.

그 계획의 성공에는 두 가지 난관이 있었다. 하나는 일본군의 어뢰가 진주만 배틀십 로우Battleship Row[4]의 얕은 수역에서 달릴 수 없다는 것이었다. 그러나 곧 시정이 이루어졌다.[5] 다른 하나는 — 비록 일본과 시베리아 사이에 있는 쿠릴 열도의 폭풍우 이는 해역에서 시작해서 상선 운항로에서 멀리 떨어진 항로로 남동쪽으로 나아가서 가장 에둘러 가는 침로로 하와이에 다가간다고 해도 — 연합함대가 항행 도중에 발각되어 그 보안이 위태로워질지 모른다는 위험이었다. 1941년 10월에 일본 정기선 한 척이 시험 항해를 했고, 이 배가 다른 선박이나 비행기를 보지 못했다고 보고하자 기밀이 누설될 위험은 고려대상에서 제외되었다.

11월 26일에 타격 항모 부대가 출항했다. 다음 며칠 뒤에 별도의

4. 진주만 안에 있는 포드(Ford) 섬 남동쪽 해변 앞을 이르는 말로, 미 해군의 주력함들이 주로 정박하는 곳.

5. 배틀십 로우의 해심이 12미터였으므로, 투하된 어뢰가 12미터까지 들어가지 않도록 목제 안정판을 달았다.

항구들에서 조공助攻 부대가 그 뒤를 따랐다. 나구모 쥬이치南雲忠一 해군중장은 항공모함 6척, 전함 2척, 중순양함 2척, 잠수함 3척, 일단의 호위함, 그리고 함대의 장거리 항해에서 예하 타격부대를 지원할 1개 급유선 수행 함대를 거느렸다. 미군과 더불어 일본군은 작전 함대의 항속거리와 항속시간을 엄청나게 늘리는 기술인 해상 보급의 선구자였다. 그러나 나구모 예하 부대의 핵이자 존립 근거는 진주만 공습에 쓸 뇌격기와 급강하 폭격기와 호위 전투기 320대를 비롯해서 360대가 넘는 항공기를 나누어 실은 항공모함 6척의 전대戰隊였다. 이 항공기들을 만약 배틀십 로우가 있는 오아후Ohau 섬에서 북쪽으로 200마일 떨어진 발진지점에 데려다 놓으면, 특명 목표물에서 빗나갈 가능성은 낮았다.

　일본군이 계획한 진주만 공격에 관한 미군의 전략 첩보와 전술 첩보 모두 적절하지 못했다. 미국의 역사가들은 루스벨트가 '알고 있었'는가 하는 쟁점을 놓고 여러 해 동안 논란을 벌였다. 루스벨트가 알고 있었다고 믿는 사람들은 그가 일본의 '파렴치함'을 미리 알고서 미국을 영국 편에 선 전쟁에 끌어들이는 데 필요한 핑계를 구해서 찾아냈다고 시사한다. 이것은 아마도 루스벨트와 처칠이 8월에 뉴펀들랜드의 플러센셔Placentia 만에서 만났을 때 일본의 그 파렴치성을 전쟁에 휘말려 드는 데 대한 미국 국내의 저항을 극복하는 수단으로 이용한다는 비밀협정이 두 사람 사이에 맺어졌으리라는 혐의의 연장이다. 이 두 혐의는 조리가 서지 않는다. 두 번째 주장을 살펴보자면, 처칠이 바란 바는 분명히 일본과 전쟁을 벌이는 것이 아니라 히틀러에 맞선 싸움에서 미국의 원조를 받는 것이었다. 영국은 일본과 전쟁을 벌일 준비를 측은하리만큼 갖추지 못했다. 태평양에 개전 사유가 있다고 해서 미국이 히틀러와 반드시 싸울 상황도 아니었다. 우리가 살펴본 대로, 진주만 공격 직후에 히틀러가 미국에 선전포고를 한다는 희한한 결정을 내려서 외교 문제들이 풀렸다. 그 결정만 아니었다면 그 외교 문제들이 풀리는 데 여러 달이 걸리는 백악관과 미의회 사이의 협상이 필요했을지 모르는 일이었다. 첫 번째 주장에서, 루스벨트의 사전 인지는 매우 제한된 것이었음이 증명될 수 있다. 비록 미국의 암호 해독가들이 일본의 외교 암호체계인 퍼플Purple과 해군 암호체계인 JN25b를 둘 다 풀어내기는 했어도, 퍼플은 일본 외무성이 해외 외교관에게 내리는 지시문을 전송하는 데에만 사용되었다. 당연히 그 같은 지시문에는 전쟁 계획의 세부사항이 들어 있지 않았다. 그리고 비록 그 내용이 전쟁이 일어나기 전 마지막 몇 달 동안 미국 도청자의 의심을 불러일으켰다고 해도, 의심이 곧 증거는 아니었다. 증거를 제공했을 전쟁 계획은 JN25b를 거쳐 전송되지 않았다. 진주만을 기습하기 전 여러 주 동안 일본의 무선통신 보안은 아주 엄격해서 모든 명령서가 도쿄와 해군과 육군 사이에서 전령사(傳令使)로 배포되었고, 타격 부대는 무선 사용을 엄금하고서 공격 대기지점으로 항진했다. 추가 경계조치로서 나구모의 함대는 전함과 같은 속도로 태평양을 정기적으로 횡단하는 거대한 기상전선들 가운데 한 기상전선의 전단(前端) 속에 들어가서 진주만으로 다가갔다. 일본군이 오랫동안 연습한 이 기술로 함대는 구름과 폭풍우의 보호를 받아 아주 재수 좋은 항공 정찰부대나 해상 정찰부대를 제외한 그 어떤 관찰에도 — 실질적으로 레이더를 제외한 그 어떠한 체계적 감시수단에도 — 들키지 않고 이동할 수 있게 되었다.

진주만 공격

그러나 진주만은 레이더로 보호받고 있었다. 1941년 12월에 태평양에서 미국이 취한 전쟁대비 태세에 가해지는 주된 비난은 레이더가 제공하는 경고를 무시했다는 데 있다. 영국제 레이더 장치가 8월에 오아후 섬 북쪽 해안에 설치되어 유효범위 안에 있는 해역에서 일어나는 움직임을 정기적으로 감시했다. 레이더 병이 12월 7일 아침 7시가 막 지나서 아침 당직을 끝내려는 참에 여태껏 스크린 상에서 본 것으로는 가장 큰 비행기 무리가 다가오는 것을 감지했다. 그러나 진주만의 해군 당직장교는 경보를 받자 레이더 병에게 "걱정하지 말라"고 지시했고 육군 통신단 소속 일병인 그 레이더 병은 하라는 대로 했다. 그 당직장교는 스크린 상의 반사파가 캘리포니아에서 출발해서 히컴Hickam 기지 비행장에 곧 내리기로 일정이 잡혀 있는 '하늘의 요새'들의 비행이라는 틀린 결론을 내렸던 것이다. 1941년 12월에 하와이 주변에서는 상당한 항공부대 증강이 진행되고 있었다. 태평양 함대의 항공모함 두 척, 즉 렉싱턴Lexington 호와 엔터프라이즈Enterprise 호는 당시 항공기를 싣고 웨이크 제도와 미드웨이Midway 제도로 가고 있었다(사라토가Saratoga 호는 수리를 받으러 미국 본토에 있었다). 레이더 영상은 대수롭지 않은 일로 보였다.

사실 그것은 오아후 섬에서 200마일 떨어진 곳에서 날아올라 배틀십 로우에 있는 목표물에서 137마일 떨어진 — 비행기로 한 시간이 채 안 걸리는 — 곳에서 감지된 나구모 예하 항공 타격부대의 1차 비행이었다. 이 부대의 규모는 — 당시로서는, 그리고 앞으로 2년간은 세계에서 가장 훌륭한 함재 전투기인 — 제로Zero[6]의 호위를 받는 뇌격기와 급강하 폭격기 183대였다. 이 부대의 승무원은 모두 다 진주만 항만시설을 그대로 본떠 만든 모형에 모의공격을 가하는 무자비한 훈련을 미리 여러 달 동안 받았다. 전함과 순양함이 각각 어디에 있는지 알려주는 꼼꼼한 첩보계획이 수립되었고, 목표물마다 일단의 조종사가 할당되었다. 남은 일은 공자가 방어를 피해서 폭탄과 어뢰를 급소에 맞추는 것이었다.

방어는 없었다. 일본군 비행기 제1파가 배틀십 로우 상공에, 그리고 히컴 기지와 벨로우스Bellows 기지와 휠러Wheeler 기지에 있는 관련 비행장 목표물 상공에 나타났을 때, 상갑판에 있던 일요일 근무병들은 그 비행기들의 출현을 '일상적인 방공훈련의 일부'로 여겼다. 진주만의 함선 위에 있는 대공포 780문의 4분의 3에 인원이 배치되지 않았고, 육군의 31개 포병중대 가운데 4개 중대만이 가동되었다. 창고로 보내 보관해 두느라 탄약이 없는 대포가 많았다. 오전 7시 49분에 일본군이 공격을 개시했고, 오래된 전함 유타Utah 호를 오인해서 격침[7]한 8시 12분이 되면 태평양 함대가 괴멸했다. 아리조나 Arizona 호가 폭발했고 오클라호마Oklahoma 호가 뒤집혔고 캘리포니아 California 호가 가라앉고 있었으며, 다른 전함 4척도 모두 다 심한 피해를 입었다. 9시에 도착한 제2파 일본군 비행기 168대가 그 파괴를 마무리했다. 제2파가 떠났을 때, 웨스트 버지니아West Virginia 호가 파괴된 전함 수에 보태져 있었고 네바다Nevada 호가 — 일시적으로 지휘를 맡은 초급장교의 영리한 생각으로 구원을 받아 — 좌초했고[8] 메릴랜드Maryland 호와 테네시Tennessee 호와 펜실베이니아Pennsylvania 호가 심한 피해를 입었다. 그보다 작은 다른 함선 11척도 피격되었고, 비행기 188대가 부서졌다. 이 비행기들은 대부분 파괴 책동 대비책으로 날개와 날개를 맞붙이고 한데 모여 있던 지상에서 불타버렸다. 미국 역사에 전례가 없는 치욕이었고, 러시아의 해군력을 태평양에서 하루아침에 몰아내고 도고 헤이하치로를 일본판 넬슨의 자리에 올린 쓰시마對馬島 해전만큼 완벽해 보이는 일본의 전략적 승리였다.

그러나 진주만은 트라팔가르[9]가 아니었다. 일본군 항공모함이 비행기를 회수하기 시작하는 바로 그때 맨 먼저 돌아온 조종사들이 타격부대 사령관 나구모 해군중장에게 자기들이 다시 발진해서 진주만 파괴를 마무리해야 한다고 요구했다. 정박 중인 미군 항공모함을 찾아내지 못한 것이 그들 모두에게 실망이자 걱정거리였다. 항공모함을 치지 못했으니 그들이 할 수 있는 차선은 해군 공창과 유류 저장 탱크를 파괴하는 것이었다. 그렇게 하면 적어도 진주만 항구가 일본의 필리핀, 말레이, 네덜란드령 동인도 제도 침공에 역공을 가

7. 일본 항공기들은 유타 호를 항공모함 엔터프라이즈 호로 잘못 보고 집중공격을 퍼부었다. 일본군 조종사들은 본부에 엔터프라이즈 호를 격침했다고 타전하기까지 했다.

8. 네바다 호가 공격을 피해 진주만 밖으로 빠져나가는 도중에 일본군 비행기의 집중공격을 받아 침몰하면 진주만 입구의 좁은 수로가 막혀서 함대 전체가 갇혀버릴 수 있기 때문에 임시로 네바다 호 지휘를 맡고 있던 토시그(Taussig) 해군소위가 뱃머리를 돌려 만으로 되돌아가 해변에 스스로 좌초하는 기지를 발휘했다.

9. 나폴레옹 전쟁 중인 1805년 10월 21일에 에스파냐의 트라팔가르 곶 서쪽에서 영국 함대와 프랑스-에스파냐 연합함대 사이에 벌어진 해전. 넬슨 제독이 지휘한 영국 함대가 대승을 거둠으로써, 나폴레옹의 영국 침공 계획이 물거품이 되었다.

하는 전방기지로 이용될 수 없게 될 터였다. 그들의 재촉에 겐다 미노루도 합세했다. 용맹한 전사였지만 넬슨은 아니었던 나구모는 그들이 하는 말을 다 들은 다음 찬동하지 않는다는 뜻을 밝혔다. 'Z 작전'은 그와 야마모토가 품은 기대의 최대치를 훨씬 뛰어넘는 대성공을 거두었다. 이제 타당한 진로는 함대를 거둬 들여서 위험에서 벗어나 — 과연 미군 항공모함이 어디로 항행하고 있는지 누가 알겠는가? — 안전하게 유지하고 다음 단계인 남방 공세를 준비하는 것이었다. 심지어 이때 나머지 일본 해군 및 해군 항공병력, 그리고 일본 육군의 5분의 1이 남서 태평양의 영국·네덜란드·미국의 제국에 위험천만한 선제공격을 하면서 운명을 걸고 있기까지 했었다. 연합 함대가 다음에 언제 어디서 필요한지 누가 말할 수 있겠는가?

일본의 노도와 같은 정복

그 '남진' 작전은 벌써 한창 진행 중에 있었고 영국 해군은 일본 해상 항공력의 중압을 느낄 참이었다. 동남아시아와 태평양에 흩어져 있는 소유령을 지키려는 영국의 계획은 항공모함 지원을 붙여 주력함을 싱가포르에 제때 파견하는 데 달려 있었다. 싱가포르는 네덜란드령 동인도 제도 가운데 가장 큰 두 섬인 수마트라와 보르네오 사이에 있는 말레이 반도의 끝에 달려 있었다. 경계 조치로서 신형 전함 프린스 오브 웨일즈Prince of Wales 호와 오래된 순양전함 리펄스Repulse 호가 12월 초에 출항해서 싱가포르로 향했다. 항공모함 한 척이 두 함선과 함께 갔어야 했지만, 자국 해역에서 인원 손실이 발생하고 유일하게 전투에 투입되지 않은 다른 항공모함 한 척이 노르웨이의 피오르드에서 독일 전함 티르피츠Tirpitz 호를 계속 감시할 필요가 있었기 때문에 두 함선은 호위를 받지 못한 채 항해해야 했다. 타이 남부를 말레이 반도와 이어주는 크라 지협의 앞바다에서 일본군이 군대를 상륙시키기 시작했다는 소식에 자극받은 프린스오브웨일즈 호와 리펄스 호가 요격을 하기 위해 구축함으로 이루어진 소규모 호위대를 거느리고 12월 8일에 싱가포르에서 출항했다. 두 주력함에 전투기 엄호를 해줄 수도 있었을 비행장은 이미 일본군 상륙부대에 의해 점령당한 상태였다. 그러나 두 주력함을 지휘하는 톰 필립스Tom Phillips 제독은 강력한 일본군 뇌격기부대가 인도차이나 남부에 주둔해 있다는 경고를 받았는데도 침로를 바꾸지 않았다. 일본군 뇌격기들이 12월 10일 이른 아침에 그를 찾아냈고, 그의 예하 주력함 두 척 모두 무자비한 공격을 받은 지 두 시간 뒤에 침몰했다. 최신 전함과 이름난 순양전함을 해안기지 항공기에 잃은 것은 영국의 어느 누구도 예기치 못한 재앙이었다. 이로써 영국이 해군력을 통해서 멀리 떨어져 있는 해역을 제패할 수 있다는 통념이 깨지는 데 그치지 않고 해양국가로서의 긍지가 무참하게 짓밟혔다. 해군 참모총장이 걸어온 전화로 그 소식을 들은 윈스턴 처칠은 "모든 전쟁에서 나는 이보다 더 직접적인 충격을 받은 적이 없다"고 썼다.

못지않게 나쁜 소식이 도착할 참이었다. 일본군이 남서 태평양 외곽 방어기지로 삼을 과거 독일령 제도의 거대한 사슬 안쪽에 있는 미국의 전초기지인 웨이크 섬과 괌 섬이 12월 8일과 10일에 공격을 받았다. 괌은 곧바로 함락되었다. 소규모 해병 수비대가 영웅적으로 방어한 웨이크 섬은 미군의 구조 출격이 맥없이 물러난 뒤 12월 23일에 제2차 공격을 받고 무릎을 꿇었다. 영국 영토인 홍콩은 12월 8일에 시작된 포위에 저항을 했지만, 영국-캐나다 수비대가 끝까지 싸웠는데도 성탄절에 항복했다. 영국령 길버트 군도의 타라와Tarawa 환초와 마킨Makin 환초[10]가 12월에 점령당했다. 12월 10일에는 일본군이 말레이 반도와 필리핀을 둘 다 침공할 요량으로 양륙 공격을 개시했다.

영국의 말레이 반도 방어의 붕괴가 제2차 세계대전에서 연합군이 당한 가장 치욕스러운 패배 가운데 하나로 꼽히게 된 것은 잘못

10. 오늘날의 부타리타리(Butari-tari) 환초.

이 아니다. 일본군은 전역 내내 병력 수에서 1 대 2로 밀렸다. 일본군은 영국군 3개 사단과 다른 3개 사단의 일부에 맞서 단 1개 사단과 다른 2개 사단의 일부를 가지고 전역을 개시했다. 항공 전력 면에서는 분명히 영국군이 수에서 밀리고 질에서 뒤처졌다는 말이 있다. 영국군에게는 전차가 없었던 반면, 일본군 침공부대에는 57대의 전차가 있었다. 그러나 일본군의 신속하기 이를 데 없는 성공은 장비의 우월함으로 설명되지 않는다. 그 승리는 일본군이 사용한 방법의 유연성과 역동성에서 비롯되었으며, 독일군이 1940년에 프랑스에서 수행한 전격전의 특징을 이루는 것과 흡사했다. 영국군은 처음부터 제대로 대처하지 못했다. 총사령관인 로버트 브룩-포펌Robert Brooke-Popham 공군대장과 그의 선임장군인 퍼시벌Percival은 전진 이동해서 타이 국경을 건너 크라 지협에서 상륙장소가 될 만한 곳들을 미리 장악함으로써 일본군의 공격을 사전에 막아보려는 의도를 가지고 있었지만, 일본의 기습공격에 대한 미국의 대응을 엉망으로 만든 것과 같은 류의 헷갈리는 경고 때문에 그렇게 움직이지 못했다. 그들은 일본군이 전방 방어지대에 나타나자 전진하려고 다툰 것이 아니라 훨씬 더 뒤에 있고 방어하기가 더 낫다고 여겨진 진지로 퇴각했다. 이렇게 퇴각하면서 말레이 반도의 북쪽 끝에 있는 비행장 세 군데를 비롯한 귀중한 전지를 고스란히 내주었다. 그 세 비행장은 그 가운데 단 하나도 사용 불능상태가 아니어서 일본군에게 곧바로 이용되었다. 그 밖에도 자동차와 원양 선박을 비롯한 많은 것들이 뒤에 남겨져서 침공군에게 이용되었다. 기다란 대열을 이룬 일본군 보병들은 코로 승리의 냄새를 맡으면서 노획한 승용차와 화물차를 타고 도로를 내달렸고, 그 뒤를 이어 다른 보병들이 징발한 자전거 위에서 페달을 밟아 남쪽으로 따라갔다. 어선에 올라탄 부대들이 바다로 수송되어 영국군 진지선 뒤에 있는 연안을 엄습하기 시작했고, 영국군은 후방에 일본군이 나타났다는 전갈을 받자마자 그 진지선을 재빨리 포기했다. 12월 14일이 되자 영국군은 말레이 반도 북부를 잃었다. 1942년 1월 7일이 되자 일본군이 말레이 반도 중부에 있는 슬림 리베르Slim River 진지를 유린했고 방자를 남쪽으로 밀어붙여 싱가포르로 몰고 있었다.

일본군의 강습 앞에서 그토록 쉽사리 무너진 부대는 대개 인도인 부대였다. 그 부대들은 전쟁 이전에 양성되어 당시 유럽 서부전선 사막전에서 이탈리아군을 상대로 승리를 거두고 있던 인도군 제1선 연대가 아니라 전쟁 통에 편성되어 입대한 지 얼마 되지 않는 신병이 배치되고 대부분 인도군에서 쓰이는 지휘 언어인 우르두Urdu[11]어를 익히지 않은 풋내기 영국인 장교의 지휘를 받는 부대였다. 따라서 병사들 사이에 자신감이 없었고, 퇴각 명령을 제멋대로 철수할 구실로 받아들이는 경우가 아주 잦았다. 그러나 사기가 형편없었다는 것 하나로 말레이 반도 주둔군의 붕괴가 설명되지는 않는다. 정글전 훈련을 받거나 훈련을 하려고 해본 적이 있는 부대는 거의 없었다. 굳센 오스트레일리아군 제8사단조차도 예상한 위치보다 훨씬 멀리 후방에서 일본군 침투부대가 나타나자 당황한 나머지 혼란에 빠졌다. 그러나 딱 한 부대, 즉 영국군 제2아길·서덜랜드 하일랜더스Argyll and Sutherland Highlanders 연대는 방어에서 무엇이 이루어질 수 있는지를 보여주었다. 전쟁이 일어나기 전 여러 달 동안 부대장이 병사들에게 방어진지를 따라 뻗은 도로 너머에 있는 밀림 안으로 부대 측면을 확장하는 훈련을 실시함으로써 적군의 측방우회 전술을 무용지물로 만들 수도 있음을 보여주었다. 이 부대는 비록 막심한 손실을 입기는 했어도 말레이 반도 중부에서 싸워서 아주 큰 성공을 거두었다. 만약 동료부대들이 모두 이 기법을 활용했더라면, 싱가포르가 위협을 받기 전에 일본군의 침공이 틀림없이 느려졌을 것이며, 어쩌면 저지되었을 것이다.

그러나 1월 15일이 되면 일본군 제25군이 5주 만에 400마일을 전

11. 인도-유럽어족에 속하며, 페르시아어와 아랍어의 영향을 강하게 받아 형성된 언어로서 오늘날 인도와 파키스탄에서 공용어로 쓰이고 있다.

진해서 싱가포르 섬 요새에서 단 100마일 떨어진 곳까지 왔고 다음 열흘 내내 치열한 싸움을 벌인 끝에 싱가포르의 엄호진지에서 온 오스트레일리아군과 인도군을 몰아냈다. 1월 31일에 그들의 후위가 남아 있는 제2아길·서덜랜드 하일랜더스 연대 소속 취주병 두 명이 부는 백파이프 소리의 인도를 받아 말레이 반도에서 나와서 싱가포르를 본토와 잇는 둑길을 건너 북쪽 해안에서 오는 공격에 맞서 해군기지를 엄호하는 진지선으로 물러났다.

　말레이 반도 전역이라는 비극이 이제 절정에 다다르고 있었다. 싱가포르는 중동에서 데려온 영국군 제18사단으로 방금 막 증강되어서, 퍼시벌은 북쪽에서 후퇴하면서 여러 부대를 잃어버리는 희생을 치렀는데도 45개 대대를 거느리고 야마시타 도모유쿠山下奉文 장군 예하 제25군의 31개 대대와 맞섰다. 중동에서 이탈리아를 상대로 벌인 전쟁의 승자였고 지금은 인도의 총사령관인 아치볼드 웨이벌Archibald Wavell 장군도 지상군을 지원할 항공 및 해상 증원부대의 도착에 기대를 걸었고, 소문이 자자한 싱가포르 해군기지 방어시설의 위력이라면 네댓 달은 저항할 수 있으리라고 믿었다. 그러나 싱가포르의 방어시설은 제2차 세계대전사를 아주 건성으로 읽은 독자도 이제는 알고 있듯이 "마주보는 방향이 잘못되었다." 이 전설은 틀리다. 섬의 거점과 중평사포는 본토에서 오는 공격을 물리치기에 알맞은 곳에 자리 잡고 있었지만, 전투부대에는 마땅치 않은 탄약이 중평사포에 공급되었던 것이다. 싱가포르를 조호레Johore[12]와 갈라놓는 해협은 가장 좁은 곳의 너비가 1마일이 채 안 되었다. 더군다나, 싱가포르 섬 북부 해안은 길이가 30마일을 넘어서 퍼시벌은 예하 대대들을 — 일부 대대가 중앙 예비부대에 집중되어 있을 때 — 1마일에 1개 대대 꼴로 흩어놓아야 했다. 프리드리히 대왕은 "모든 것을 방어하는 자는 아무것도 방어하지 못한다"고 쓴 적이 있다. 이것은 전쟁의 엄연한 진리였다. 야마시타는 섬의 북서쪽 모퉁

12. 말레이지아 남단의 주, 또는 그 주의 수도이다.

이에 있는 오스트레일리아군 6개 대대에 대항해 (이제 황국근위사단으로 증강된) 예하 병력을 집중해 놓았다가 2월 8일에 풀어놓아 조호레 해협의 좁은 바다를 건넜다. 이 압도적인 공격을 받고 오스트레일리아군 제22여단과 제27여단이 급속히 무너졌다. 중앙 예비부대의 역공은 일본군을 그 거점에서 밀어내 바다로 처넣는 데 실패했다. 피난민이 흘러들어와 인구가 100만 명 이상으로 부풀어오른 싱가포르에 물을 공급하는 섬 한복판의 저수지가 2월 15일에 일본군의 손에 들어갔다. 퍼시벌은 도시에 재앙이 일어날 상황에 맞부딪혔다. 그는 그날 늦저녁에 일본군 진지선 안으로 걸어 들어가 항복했다. 참모장교 한 명이 든 백기 옆에서 영국 국기Union Jack를 들고 있는 그의 모습이 사진에 찍혔다. 역사가 바질 콜리어Basil Collier에 따르면, "영국인에게 자국사에서 최대의 군사적 재앙"이었다. 그 재앙에는 13만 명이 넘는 영국군, 인도군, 오스트레일리아군, 현지 의용군이 자기들의 절반을 헤아리는 일본군 부대에 항복하는 사건이 수반되었다. 사로잡힌 인도인 대다수가 최면을 거는 듯한 인도 민족주의자 수바스 찬드라 보스Subhas Chandra Bose[13]의 호소에 이끌려 곧바로 일본군에게로 넘어가서 인도 국민군을 구성했다. 인도 국민군은 일본 편에 서서 인도 독립의 대의 아래 버마에서 영국군과 싸우게 된다. 처칠 정부와 그 후속정부는 퍼시벌이 말레이 전역을 미숙하게 다뤄서 파국을 불러일으켰다며 그를 용서하지 않았는데, 그 여러 이유 가운데 두 가지가 인도 군인의 이탈과 백기 사건이었다. 그는 1945년에 풀려난 뒤 공직생활에서 모든 이에게 기피를 받고 영국이 뒤늦게 아시아에서 거둔 승리를 기념하는 모든 행사에서 배제되는 '말소된 인간'이 되었다.

진주만 사령관 키멜H. E. Kimmel 제독은, 비록 그 정당성이 떨어지기는 해도, 똑같이 공공의 망각으로 숱한 고통을 겪게 된다. 네덜란드령 동인도 제도에서 일어날 사태 전환에서 보여지겠지만, 일본의

13. 인도의 독립운동가(1897~1945). 촉망받는 공무원이었으나, 관직을 포기하고 영국 제국주의와 싸웠다. 간디의 비폭력운동 방식에 회의를 느끼다가 공산주의와 파시즘의 결합이 인도 독립의 길이라고 생각하고 대중혁명운동에 투신했다. 제2차 세계대전이 터지자 추축국을 지지해서 연금되었다. 독일로 탈출했다가 싱가포르로 가서 인도 국민군을 결성했고, 1943년에 자유인도 임시정부 수립을 선포했다. 타이완에서 비행기 사고로 사망했다.

14. 함선에서 함장이 지휘하는 곳을 말한다.

1941년 12월의 기습공격의 앞길을 막아서는 서구의 사령관은 그 누구도, 현대전의 수행에 절망적일 만큼 대비가 되지 않은 전역戰域에서, 적과 맞서다가 죽지 않고서는 직업군인으로서의 명예를 지킬 수 없었다. 동인도 제도의 네덜란드 해군 상급장교인 카렐 도르만Karel Doorman은 역사에 영웅으로 남았다. 그러나 그것은 오로지 그가 극히 열세인 가운데 일본군 함대와 전투를 벌이다 가라앉는 순양함의 함교艦橋14 위에서 죽었기 때문이다. 네덜란드령 동인도 제도는 하와이나 진주만보다 공격에 저항할 준비가 훨씬 더 안 되어 있었다. 도르만은 죽음을 파국에서 다행스럽게 벗어나는 것으로 여겼을지 모른다. '남방'의 담당구역에서 일어난 그 파국에 대해 그가 떠맡은 책임은 퍼시벌과 키멜이 자기 담당구역에서 일어난 파국에 대해 떠맡은 책임보다 더 크지 않았다.

동인도 제도의 보물창고 자물쇠 열기

일본군의 동인도 제도 공격은 보르네오에서 네덜란드 식민지에 둘러싸인 영국령[15]에서 12월 16일에 시작되었다. 그 공격은 곧이어 말레이 반도에서 시작해서 동쪽으로 뉴기니를 거쳐 오스트레일리아의 북부 해안으로 뻗쳐 있는 섬의 사슬 전체로 확대될 것임이 분명했다. 1941년에 오스트레일리아는 육군이 영국군과 함께 중동과 동남아시아에서 싸우려고 태반이 해외로 수송되고 없는 터라 거의 무방비상태에 놓여 있었다. 그 지역에 있는 오스트레일리아군, 네덜란드군, 영국군, 미군을 한데 모아서 일관성 있는 지휘 아래 두려는 필사적인 노력이 뒤따랐다. ABDA American-British-Dutch-Australian라는 이름이 붙은 그 지휘부는 웨이블 장군의 직권 아래 놓였다. 그가 자유재량으로 운용할 수 있는 병력은 미국의 소규모 아시아 함대, 오스트레일리아 육군의 본토 방어부대와 오스트레일리아 해군, 영국의 잔여 동방 함대, 동인도 해역의 네덜란드 해군부대와 네덜란드령 동인도 제도 육군으로 이루어져 있었다. 약 14만 명을 헤아리는 네덜란드령 동인도 제도 육군의 압도적 과반수는 현대전을 수행하기에는 장비와 훈련이 모자란 현지 지역민이었다. 이 부대는 고도로 전문적인 영국의 인도군 최정예와는 달리 심지어 전쟁을 단 한 차례도 치른 적이 없었다. ABDA 예하 해군부대에는 순양함 11척과 구축함 27척과 잠수함 40척이 포함되었다. 미국이 부리나케 현대식 항공기 100대를 자바Java로 보냈다. 네덜란드군에는 낙후기종만 있었고, 영국군 항공부대는 말레이 반도에서 벌어지는 싸움에 죄다 투입되어 남김없이 파괴되었다.

15. 오늘날에는 브루네이(Brunei)라는 국호의 독립국이다.

일본이 ― 자기들에게는 쌀과 나무는 물론 석유와 고무와 비철금속의 보물창고인 ― 동인도 제도를 정복하기 위해 세운 전략 구상은 탁월했다. 일본은 병력이 풍부한 해군부대와 상륙부대를 이용해 2,000마일 길이의 군도 전역에 걸쳐 멀리 떨어져 있는 지점들을 짧은 간격을 두고 연속으로, 즉 보르네오와 셀레베스Celebes는 1월에, 티모르와 수마트라는 2월에, 자바는 3월에 공격한다는 계획을 세웠다. 오스트레일리아 북단의 항구도시 다윈Darwin에서 300마일밖에 떨어져 있지 않은 티모르에 가하는 공격의 중요한 부차적 목적 하나는 오스트레일리아와 자바 사이의 항공 연결을 끊는 것이었다. 모든 부대가 동인도 제도의 수도인 자바의 바타비아Batavia(오늘날의 자카르타)를 장악하기 위해 결국은 연합할 터였다.

일본군 상륙부대는 (주민이 지지 의향을 거의 보여주지 않은) 네덜란드군 소속 현지 지역민 부대와 맞부딪치는 모든 곳에서 그 부대를 별다른 어려움 없이 제압했다. 오스트레일리아군의 ― 진주만을 공격했던 일본군 항공모함 4척에서 2월 19일에 개시된 다윈 시 공습으로 투지가 더 굳세어진 ― 경우에는 더 강인했다. 그러나 그들은 사태의 흐름을 막기에는 너무나도 수가 적었다. ABDA가 유일하게 손에 쥐고 있는 실질적인 반격 부대는 예하 함대였다. 이 함대는 이 부대를 상대로 일본군이 항공력을 사용하지 않는 한 가공할 부대였고, 처음에는 약간의 성공을 즐겼다. 1월 24일에 미국 구축함 여러 척과 네덜란드 잠수함 한 척이 보르네오 앞바다에서 수송선을 여러 척 가라앉혔으며, 2월 19일에는 네덜란드와 미국의 구축함들이 발리 섬 앞바다에서 상대방 구축함들과 교전을 벌였다. ABDA 사령부가 자바로 다가오는 일본군 침공 함대를 상대로 연합 타격부대를 풀어놓은 2월 27일은 도르만 제독이 시험대에 오르는 날이 되었다. 도르만의 선단에는 네덜란드, 영국, 오스트레일리아, 미국 해군에서 끌어온 중순양함 2척과 경순양함 3척과 구축함 9척이 포함되어 있었다. 그의 맞수인 일본의 다카기 다케오高木武雄 제독은 중순양함 2척과 경순양함 2척과 구축함 14척을 거느렸다. 수적으로 대등한 맞싸움으로 보였고, 도르만이 보여주겠지만 질의 면에서 일본군이 우세한 점은 조금도 없었다. 그러나 일본군이 가진 장비에는 우월한 품목이 하나 있었다. 그것은 연합군 어뢰보다 훨씬 더 앞선 무기인 24인치 '장창long-lance' 어뢰[16]였다.

자바 해전은 2월 27일 정오가 꽤 지나서 해가 얼마 남지 않은 상태에서 시작되었다. 유틀란트Jutland 해전[17] 이후로는 최대의 해상 교전이었던 이 해전의 초기단계는 장거리에서 포격을 주고받는 결투의 양상을 띠었다. 그러나 일본군이 접근해서 어뢰를 쏘아 신속하게 적선을 맞추는 전과를 올렸고, 도르만은 사상자를 보호하기 위해 피하지 않으면 안 되었다. 어둠이 깔리면서 도르만은 일본군의 종적을 잃어버렸고 그 뒤 얼마 안 되어 예하 구축함 대다수를 재급유를 위해 보내야 했다. 그런데도 일본 함대가 일본군을 뭍에 내려놓지 못하게 막아야 한다는 그의 결심이 여전히 굳은 터라 그는 일본군 함대가 있으리라고 판단한 곳으로 밤에 되돌아갔다. 그의 부대는 이때 중순양함 1척과 경순양함 3척과 구축함 1척으로 줄어들어 있었고, 달빛은 밝았다. 그는 10시 30분에 일본군을 다시 찾아냈다. 더 정확히 말하자면, 일본군이 그를 찾아냈다. 그가 일본군 함대의 일부와 교전하는 동안, 일본군 함대의 다른 일부가 들키지 않고 다가와서 그 백발백중의 어뢰를 쏘았다. 살아남아 있던 네덜란드군 순양함 두 척이 거의 단번에 침몰해서, 도르만도 애함 데 뢰이테르De Ruyter 호에 탄 채 가라앉았다. 미 군함 휴스턴Houston 호와 오스트레일리아 군함 퍼드Perth 호는 화를 모면했지만, 영웅적으로 싸운 끝에 다음날 밤에 침몰했다. 조준을 잘못하고 쏜 일본 어뢰가 일본군이 요격하려고 노력해온 수송선단 가운데 4척을 가라앉혔다. 오스트레일리아로 가는 접근로와 남태평양에서 일본군을 몰아내려고

16. 93식 어뢰. 압축공기 대신 산소를 연료로 사용해 항적을 남기지 않고 탄두에 폭약 500킬로그램을 싣고 48노트 속도로는 20킬로미터, 36노트의 속도로는 무려 40킬로미터를 달릴 수 있었던 이 어뢰는 전쟁이 끝날 때까지 세계 최고의 성능을 자랑했다. '장창'은 미 해군 병사들이 이 어뢰에 붙인 별명이었다.

17. 1916년 5월 말부터 6월 초까지 독일 해군의 대양함대와 영국 해군의 대함대(Grand Fleet)가 덴마크의 유틀란트 반도 앞바다에서 벌인 해전. 독일 측은 스카게락(Skagerrak) 해전이라고 부른다. 군함 250여 척이 맞붙은 이 해전에서 영국 측은 순양전함 3척, 기갑순양함 3척, 구축함 8척을, 독일 측은 전함 1척, 순양전함 1척, 경순양함 4척, 구축함 5척을 잃었다.

ABDA가 마지막으로 의지한 병력의 주요 부대가 모두 사라져버렸다.

바다에서 패한 네덜란드는 땅에서도 재빨리 항복할 수밖에 없었다. 연합국이 3월 12일에 자바 섬의 반둥Bandung에서 정식 항복 문서에 조인했다. 싱가포르를 장악했던 제국근위사단이 같은 날 네덜란드 소유의 커다란 섬들 가운데 일본의 지배권 밖에 남아 있는 마지막 섬인 수마트라에 상륙했다. 일본은 동인도 제도에서 결코 불청객이 아니었다. 네덜란드는 프랑스와는 달리 종속 민족의 식자 계급에게 문화적·지적 동등권을 주어서 식민 지배를 완화하는 기법을 터득한 적이 없었다. 인도네시아의 — 곧이어 스스로를 일컫게 될 명칭인 — 청년 지식인들은 일본이 분명히 네덜란드의 지배에서 해방을 가져다주듯이 '공영'을 가져다준다는 메시지에 기꺼이 호응했으며, 일본의 신질서에서 협조자들 가운데 가장 열성적인 협조자 축에 끼게 된다.

식민 종속에 늘 분개해온 또 다른 민족은 버마인이었다. 이들의 반항성은 이웃 인도인이 대영제국에 느끼는 훨씬 더 복잡한 애증 섞인 감정과는 사뭇 달랐다. 영국은 버마를 다스리는 데 늘 어려움을 겪어왔다. 영국은 버마를 마침내 1886년에야 비로소 정복했다(젊은 러디어드 키플링의 작품에서 사생의 대상이 된 토미들이 만달레이Mandalay로 가는 길에서[18] 행진을 했다). 버마인은 그 전쟁과 정복의 결과를 받아들인 적이 없으며, 훗날 '30인 동지회'[19]로 유명해질 반체제 청년 한 무리가 아웅 산Aung San[20]을 지도자로 삼아 1941년 초에 일본으로 가서 영국 지배에 대한 저항을 조장하는 훈련을 받았다. 이들의 기회는 예상보다 더 빨리 찾아오게 된다. 12월 초에 타이에 들어갔던 일본군 제15군이 12월에 버마 국경을 넘어 트닌다리Tanintharyi에 있는 비행장을 장악했다. 곧 주요 공세가 뒤따르리라는 것이 분명했다.

징집된 현지 지역민으로 구성된 1개 사단만이 버마를 방어했고, 1월에 제17인도인 사단의 일부가 가세했다. 넘겨받을 수 있는 다른

——— 18. 「만달레이로 가는 길에서(On the Road to Madalay)」는 키플링이 지은 시의 제목이며, 이 시에 들어 있는 반복구이기도 하다.

——— 19. 독립을 위해서일지라도 일본 제국주의와 제휴할 수 없다는 공산주의 계열 버마 독립운동가들의 원칙주의 노선을 비판하면서 일본과 제휴하는 것이 독립운동의 최우선 과제라고 주장하는 아웅 산 장군의 현실론을 지지하며 일본에 들어가 군사훈련을 받은 조직으로, 버마의 자생적 사회주의자들로 이루어졌다.

——— 20. 버마의 독립운동가(1915~1947). 영국에 저항하는 민족주의운동을 지도했으며, 태평양 전쟁이 일어나자 반영 독립군을 조직하고 1942년 2월에 일본군과 함께 버마로 진공했다. 그러나 일본에 실망하고 1945년 3월부터는 일본군과 싸웠다. 1947년 1월에 런던에서 협상을 벌여 독립을 이루어냈지만, 7월 19일에 정적에게 암살당했다.

연합군 부대라고는 버마 도로에 진을 쳤으며 (대다수 중국군 부대와 마찬가지로) 유용성이 의심스러운 장제스의 제66군과 외경스러운 미국인 '초치는 조'[21] 스틸웰'Vinegar Joe' Stilwell의 지휘 아래 버마–중국 국경에 있는 중국군 2개 사단뿐이었다. 일본군 제15군 사령관 이다 쇼지로飯田祥二郎 장군에게는 겨우 2개 사단, 즉 제33사단과 제55사단만이 있었지만, 이 부대들은 훈련이 잘 되었으며 비행기 300대의 지원을 받았다. 영국군 부대는 잘 훈련되지 않았고 항공 지원을 거의 전혀 받지 못했다.

전역은 처음부터 영국군에 불리하게 돌아갔다. 얼마 되지 않는 부대를 가지고 넓은 전선을 방어해야 했던 제17인도인 사단은 곧 탄륀Thanlwin 강에 친 전방 방어선을 2월 14일에 잃고, 수도 랑군Rangoon[22]을 지키며 시탕Sittang 강으로 퇴각해서 그곳에서 잠시 버티다가, 전투부대가 대부분 건너편에 있는데도 착각을 해서 단 하나뿐인 다리를 폭파해버렸다.

사태가 급속도로 악화일로로 치달았다. 걷잡을 수 없는 붕괴를 막고자 3월 5일에 영국에서 도착한 해롤드 알릭잔더Harold Alexander 장군은 저항을 하려면 '버마 군단Burcorps'이라고 불리는 예하 부대의 잔여병력을 버마 한가운데에 있는 에이라와티Ayeyarwady 강 유역으로 철수해야 한다고 결정했다. 이제 제18사단과 제56사단, 그리고 비행기 100대로 보강된 일본군 제15군이 그의 뒤를 바짝 쫓았다. 알릭잔더는 중국군 1개 사단이 도착한 타웅우Toungoo와 프롬Prome[23] 사이에 있는 진지선에서 버마 제2의 도시인 만달레이의 남쪽을 지키기를 바랐지만, 3월 21일에 그곳에서 밀려나서 더 퇴각하지 않으면 안 되었다. 그의 휘하에 있는 영국인 부대와 인도인 부대는 보급이 바닥나고 기진맥진했으며 버마인 부대는 무더기로 탈영하기 시작했다. 그는 동서 양쪽에서 측면포위 당할 위험에 처했다. 동쪽에서는 일본군이 중국군을 중국 국경의 산악지대로 도로 몰아내고 있었다.

21. 상대방 비위를 맞추지 않고 쓴소리를 삼가지 않는 스틸웰의 성격에 빗대어 붙여진 별명.

22. 오늘날 미얀마의 수도인 양곤(Yangôn)의 옛 이름.

23. 오늘날 미얀마의 피에(Pyè).

알릭잔더는 버마 동북부에서 시작해서 중국 안으로 이어지는 버마 도로를 따라 (실제로는 약 1개 사단병력인) 중국군 제66군의 뒤를 쫓아가 보급을 받는다는 보장이 없는 중국으로 들어가야 할지, 아니면 버마 서북부의 도로 없는 산악지대를 횡단하는 고된 여정에 올라서 인도로 들어가야 할지 하는 딜레마에 직면해서 후자의 여로를 택했다. 알릭잔더는 4월 21일에 버마에 있는 장제스 측 연락장교를 만나 패배한 두 군대가 각자 다른 길로 가야 한다는 데 합의하고는 민간인 피난민 수천 명이 딸린 예하 부대를 이끌고 '영국의 전사戰史에서 가장 긴 퇴각'을 시작했다. 9주 만에 버마 600마일을 횡단한 '버마 군단'의 생존자들은 때마침 우기가 와서 더 멀리 퇴각하기가 불가능해진 — 그러나 다행스럽게도 일본군이 추적을 강행해서 인도 자체 안으로 밀고 들어올 가능성 또한 없어진 — 5월 19일에 친 힐스Chin Hills[24]에 있는 타무Tamu에서 인도 국경을 넘었다.

전역을 시작한 영국군 3만 명 가운데 4,000여 명이 쓰러져 죽었다. 9,000여 명은 행방불명이 되었는데, 그 대다수가 대오에서 이탈한 버마인이었다. 버마의 여러 소수민족 가운데 한 소수민족에서 주로 신병을 모집한 1개 버마인 대대만이 인도에 도착했다. 탈영병 가운데 다수가 무기를 들고 버마 국민군에 가담하라는 아웅 산의 호소를 받아들였다. 버마 국민군은 1944년에 일본 편에 서서 일장기 아래서 잠시 싸웠다가 전쟁이 끝난 뒤 성공을 거둔 아웅 산의 독립운동의 핵을 제공했다. 패주에서 살아남은 다른 사람들이 있었다. '초치는 조' 스틸웰이 험로를 거쳐 중국으로 되돌아 들어갔다가 1944년에 중국에서 다시 출동해서 버마로 들어갔다. 알릭잔더의 부하인 빌 슬림Bill Slim 장군이 인도에 도달했다. 1944년에 그 역시 자기가 패잔병을 추슬러 다시 만든 부대이며 승리를 거둔 제14군의 선두에 서서 버마로 되돌아갔다. 원래의 제1버마인 사단에서 유일하게 살아남은 부대인 제4버마인 소총부대가 바로 제14군 소속이었다.

버마에서 승리를 거둠으로써 일본의 '남방' 공세 제1단계가 거의
마무리되었다. '남방 공세'는 일본이 선정한 적국의 분산된 식민지
와 그 적국의 분할된 부대를 상대로 동쪽과 남쪽과 서쪽을 쳐서 그
들을 하나씩 차례로 제압하기 위해 — 인도차이나, 타이완, 마리아
나 제도, 마셜 제도, 캐롤라인 제도에 있는 — 핵심 전략 요충지를
점령함으로써 엄청난 이득을 보았다. 알릭잔더가 패배를 인정하고
산맥을 넘어 인도로 들어간 4월 22일에 연합군 거점 단 하나가 '남
방' 안에서 아직 일본군에 저항했다. 그 거점은 필리핀에 있는 미군
의 발판이었다.

필리핀 함락

필리핀은 미국의 식민지가 결코 아니면서도 1941년에는 주권국가
가 아직 아니었다. 미국은 1898년의 전쟁에서 에스파냐에게 거둔 승
리를 통해서 필리핀에 미군을 주둔하게 되었다(필리핀 제도는 16세기
이래로 에스파냐 영토였다). 미국은 보호령을 필리핀 제도 전체로 확
대하고, 민주적 형태의 정부를 도입하고, — 1941년에 필리핀의 노
병 더글라스 맥아더Douglas McArthur의 지휘를 받는 — 필리핀인 군대
를 양성하고, 필리핀을 미 태평양 함대의 우산권 아래 두었다. 1941
년 12월에 필리핀에 있는 미군은 전투 부대원 1만 6,000명을 헤아렸
지만, 편성된 연대는 단 2개뿐이었고 작전 항공기 150여 대, 수상함
선 16척, 잠수함 29척이 있었다. 필리핀군은 임시 독립을 부여하는
미 의회 1934년 법령의 조건 아래서 1941년 7월 26일에 미군에 편입
되어 복무하게 되었다. 그러나 갓 태어난 필리핀군 10개 사단은 작
전을 하기에는 아직 마땅치 않았다. 임전태세가 되어 있는 유일한
필리핀 부대는 미국식 훈련을 받은 필리핀 정찰사단이었지만, 병력
이 1만 2,000명에 지나지 않았다.

맥아더가 루손 섬 북부에 있는 수도 마닐라 부근에 한데 모아두

었던 이 군대를 상대로 일본은 포르모사Formosa(타이완)에서 제14군을 불러와 전개할 의도를 가지고 있었다. 제14군은 아주 막강한 2개 사단, 즉 제16사단과 제48사단으로 이루어져 있었다. 중국에서 싸워온 이 두 사단은 순양함 5척과 구축함 14척이 포함된 제3함대, 전함 2척과 순양함 3척과 구축함 4척으로 이루어진 제2함대, 항공모함 2척과 순양함 5척과 구축함 13척으로 이루어진 1개 부대의 지원을 받았다. 그 두 항공모함의 비행 연대들은 제5비행사단과 육지에 기지를 둔 제11항공군로 보강되었다.

미군이 당한 첫 재앙은 하늘에서 왔다. 하와이에서처럼 미군은 레이더를 갖추고 있었지만 레이더의 경고에 따라 행동하지 못했다. 하와이에서처럼 미군의 항공기는 파괴 책동에 대비한 보호책으로 날개를 맞대고 빽빽하게 모여 있다가 12월 8일 낮에 엄습한 일본군의 첫 번째 항공공격에 거의 마지막 한 대까지 다 부서졌다. 12월 12일에 필리핀 해역의 미 아시아 함대를 지휘하는 토머스 하트Thomas Hart 제독은 공중 엄호가 없었으므로 안전한 곳을 찾아 예하 수상함선들을 네덜란드령 동인도 제도로 보내지 않으면 안 되었다. 그곳으로 간 그 함선들은 ABDA 예하로 들어갔다가 자바 해전에서 파괴된다.

그날 무렵이면 일본군 제14군의 상륙이 이미 시작된 뒤였다. 필리핀의 섬 7,000개 가운데 다른 어떤 섬을 통해서 에둘러 접근하는 것을 수치로 여긴 혼마 마사하루本間雅晴 장군은 12월 10일에 예하 부대를 루손 섬 해안에 내려놓고 곧장 수도로 전진하기 시작했다. 그는 각기 다른 여러 지점에 상륙함으로써 맥아더의 부대를 마닐라에서 끌어내기를 바랐다. 방자가 통 반응을 보이지 않자 혼마는 12월 22일에 수도 가까운 곳에 또 한 차례 대규모 상륙을 해서 맥아더로 하여금 퇴각해서 마닐라 만을 휘감는 바탄Bataan 반도의 강력한 진지와 반도 앞바다의 코레히도르Corregidor 섬 안으로 들어가도록 만들었다.

밀림으로 뒤덮인 높은 산 두 개가 우뚝 솟아 길이는 30마일쯤 되고 너비는 15마일쯤 되는 바탄을 내려다보고 있었다. 제대로만 방어하면 바탄은 비록 수비대가 보급을 받지 못하더라도 공격에 무한정으로 저항했어야 했다. 그러나 맥아더의 부대는 같은 시기에 영국군이 말레이 반도에서 저지르고 있던 실수와 똑같은 실수를 저질렀다. 산비탈에 있는 밀림 속으로 측면을 확장하지 않은 것이다. 그 결과 일본군 침투부대가 재빨리 측면을 우회 공격했다. 맥아더의 부대는 제2산악진지로 물러나면서 그 실수를 피했지만, 영토 절반을 내주고 이제는 10제곱마일 면적에 몰려 있었다. 더욱이, 진지선 안에 있는 군인 8만 3,000명에 덧붙여 민간인 피난민 2만 6,000명이 있었다. 그 피난민 가운데 많은 이가 비무장도시로 선언되었는데도 일본군의 맹폭을 받은 마닐라에서 도망쳐 나온 사람들이었다. 모든 사람이 배급 정량의 절반을 받았으며, 미군 잠수함들이 이따금 봉쇄선을 몰래 들락날락하는데도 배급량이 급속히 줄어들었다. 맥아더가 루스벨트의 명령을 받아 ('돌아오겠다'는 유명한 약속을 하고) 오스트레일리아로 떠난 3월 12일이 되면 수비대가 받는 배급은 정량의 3분의 1이었다. 혼마가 마지막 공세를 개시한 4월 3일에 바탄 고립지대 안에 있는 미군과 필리핀인은 대부분 각기병이나 그 밖의 비타민 결핍증에 시달리고 있었고 배급은 정량의 4분의 1로 줄어들어 있었다. 닷새 뒤에 맥아더의 후임인 조나단 웨인라이트Jonathan Wainwright 장군이 항복했다. 미군 9,300여 명과 필리핀인 4만 5,000여 명이 악명 높은 '죽음의 행진'[25]을 한 뒤 포로수용소에 도착했다. 2만 5,000명가량이 다치거나 병들거나 학대를 받아 죽었다. 코레히도르 섬을 차지하고 끝까지 버티던 필리핀 수비대는 4월 14일과 5월 6일 사이에 포격을 받고 항복했다. 그 조그만 전초기지에 5월 4일 하루에만 1만 6,000발이 넘는 일본군 포탄이 떨어져서 더는 저항할 수 없었던 것이다. 코레히도르 섬이 항복하면서 필리핀 전체가 일본의 손아귀에 들어갔다. 그러나 네덜란드령 동인도 제도와 버마의 주민과는 달리 필리

25. 일본군은 1942년 4월 9일에 바탄에서 항복한 미군과 필리핀군을 산페르난도(San Fernando)의 수용소까지 음식을 주지 않은 채 100킬로미터를 끌고 갔으며 뒤에 처지는 포로를 몽둥이와 총검으로 죽였다. 이 '죽음의 행진'에서 미군 포로 600명과 필리핀군 포로 5,000~1만 명이 목숨을 잃었다.

핀 주민에게는 일본의 승리를 만족스러워할 이유로 여기고픈 마음이 생기지 않았다. 그들은 자기들에게 완전 독립을 가져다주겠다는 미국의 약속을 믿어왔으며, 또한 일본의 점령에서 억압과 수탈을 예감하고 두려워했다. 그들의 믿음과 두려움은 틀리지 않았다. 필리핀연방은 일본이 일본의 지배에 대한 대중의 저항에 봉착하는 유일한 대동아공영권 구성지역이 된다.

그러나 1942년 5월 6일에 코레히도르 섬이 함락되는 순간 필리핀 사람들의 저항의 전망은 아무리 잘해봤자 일본에 대수롭지 않은 일이 되었다. 일본의 전략적 지평은 이제 서태평양 전체를 휘돌아 중국과 동남아시아에도 깊숙이 들어갔다. 유럽의 유서 깊은 동방제국들이 ― 즉, 버마, 말레이 반도, 동인도 제도, 필리핀이, 그리고 사실상 프랑스령 인도차이나도 ― 일본의 권역 안으로 끌려들어왔다. 일본은 1895년에서 1931년 사이에 점령권을 확립해놓은 ― 타이완과 조선과 만주 등의 ― 중국 속방에다가 1937년 이후로 중국 본토의 광활한 정복지를 보탰다. 적도 북쪽의 대양 군도가 모두 다 그들 차지였고, 그들은 적도 남쪽의 군도로 야금야금 파고들어갔다. 미국의 서쪽 해안과 영연방 자치령인 오스트레일리아와 뉴질랜드 사이에는 대체로 텅 빈 대양이 놓여 있었다. 이 대양에 박혀 있는 섬 몇 개는 적에게 전략적 응수를 하기 위한 기지가 되기에는 너무 외지거나 너무 작았다. 일본군 함대와 해군 항공부대가 '남방'의 외곽에서 인도양으로 깊숙이 치고 들어가 (1942년 3월에 점령한) 영국령 안다만·니코바르Andaman and Nicobar 제도[26]로 향하고, (4월에 공습을 가해서 영국 항공모함 한 척을 쳐부순) 실론Ceylon[27]으로 향하고, 어쩌면 심지어 저 멀리 동아프리카 해안까지도 진출할 태세를 갖추었다(일본군 잠수함 한 척이 5월에 마다가스카르 섬 앞바다에 나타난 데 자극받은 영국이 그해 말에 이 섬을 점령하게 된다). 무엇보다도 일본의 육해군 협동 ― 더 훌륭한, 육해공군 3군 협동 ― 대함대가 손상 받지 않고 그대

26. 인도와 미얀마 사이의 벵골(Bengal) 만에 있는 제도. 오늘날에는 인도에 속한다.

27. 오늘날의 스리랑카.

로 남아 있었다. 이 함대의 전함 11척, 항공모함 10척, 또는 중순양함 18척, 경순양함 20척 가운데 단 한 척도 지금까지 벌어진 전쟁에서 심한 피해조차 입지 않았던 것이다. 미국의 태평양 함대와 아시아 함대는 모든 전함과 다수의 순양함과 구축함을 잃은 — 또는 효용성을 잃은 — 반면, 영국과 네덜란드의 극동 함대는 파괴되고 오스트레일리아 해군은 내몰려 항구에 틀어박혀 있었다.

일본의 놀라운 승리와 압도적인 전략적 우위에 맞서 전략적 균형을 맞추기 위해 연합군에게 남은 것은 다만 살아남은 하와이 해군 기지와 그에 딸린 외딴섬 미드웨이, 그리고 얼마 안 되는 미 태평양 함대 예하 항공모함뿐이었다. 그 항공모함은 3척, 어쩌면 많아야 4척이었다. 야마모토같이 미심쩍어하던 사람마저도 자만에 빠진 것은 조금도 이상한 일이 아니다. 승리가 절정에 이른 1942년 5월 초에는 딱 한 번만 더 전투를 치르면 승리가 마무리될 듯 보였다. 야마모토가 가능하지 않다고 오랫동안 경고해온 전망이 이루어질 듯 보였던 것이다.

14 | 항공모함전: 미드웨이 해전

　1942년 5월에 태평양 전쟁의 맥락에서 전투가 또 한 차례 벌어진
다면, 그것은 항공모함끼리의 전투를 뜻했다. 예전에는 그런 전투가
벌어진 적이 없다. 그러나 만약 미국이 태평양 통제권을 일본에 내
주지 않을 셈이라면, 그 같은 전투는 일본 해군이 진주만에서 승리
를 거둠으로써 피할 수 없게 되었다. 미 태평양 함대가 배틀십 로우
에서 파괴되는 바람에 물속에 가라앉지 않은 주력함이라고는 달랑
항공모함뿐이었다. 태평양 함대는 이 항공모함을 이용해서 다음에
일본군이 나타날지 모르는 그 어느 곳에서든 그들의 전함 11척, 항
공모함 10척, 순양함 38척이라는 막강한 병력과 싸울 방도를 찾아
내야 했다. 전함은, 심지어 일본군이 전개한 척 수로도, 능란한 지휘
를 받는 항공모함 부대에 도전할 수 없었다. 따라서 이제 '제해권'은
두 나라 해군이 오랫동안 인식했던 대로 제공권 획득에 달려 있었
다. 지구 표면에서 가장 넓은 공간인 태평양의 어느 깊숙한 곳에서
일본과 미국의 항공모함 함대가 만나 싸워 결판을 내야 했다. 확률
에 따라서 만약 일본이 이기는 쪽으로 결판이 난다면, 일본이 말하
는 아시아의 신질서는 앞으로 여러 해 동안 안전할 터였다.

　일본군 함대는 항공모함 수에서 미군 함대를 10 대 3으로 앞섰다.
일본 해군은 경항공모함을 빼더라도 여전히 6 대 3으로 우위를 누렸다.
더욱이 일본군 항공모함과 — 훨씬 더 중요한 — 비행대는 1급이었다.
1941년 12월 이전에 미국은 일본의 항공모함 부대를 자국 항공모함
부대의 저열한 모조품으로 얕잡아 보았다. 그런데 진주만에서 드러
난 사실은 일본군 제독이 예하 함선을 극히 능란하게 지휘하며 일
본 해군 조종사가 선진기종의 비행기를 몰면서 치명적인 병기를 백
발백중의 솜씨로 떨어뜨렸다는 것이었다. 제로는 모든 나라 해군에

서 가장 뛰어난 함재 전투기임을 입증했다. 케이트Kate 뇌격기와 밸Val 급강하 폭격기[1]는 비록 같은 기종의 미군 항공기보다 속력은 떨어져도 무거운 짐을 싣고 장거리를 비행했다.

대일본제국 해군은 항공모함 함대를 전함부대 다음가는 2급 부대로 편성해서 훈련하지 않았다. 오히려 항공모함 함대는 나라의 최정예였다. 이것을 보면 미국은 — 그리고 영국은 — 오직 자기를 탓해야 한다. 1921년 워싱턴 해군회담[2]에서 미국은 일본이 보유하도록 허용되는 주력함 수에 심한 제한을 가했고 일본을 압박해서 그 제한을 받아들이도록 만들었다. 정해진 비율은 일본 함선 3척 대 영국 또는 미국 함선 5척이었다. 그 목적은 태평양에서 대일본제국 해군[3]의 전함 수를 제한하는 것이었다. 태평양은 당시 대서양에서 어느 나라가 최고 우위를 누릴 것인지를 둘러싸고 소리내지 않고 격렬하게 갈등을 빚던 두 서구 국가의 해군에게는 부차적인 전역戰域이었다. 항공모함에도 제한이 가해졌지만, 항공모함을 끼워 넣은 목적은 어느 열강이든지 나중에 전함으로 개조될지 모를 항공모함으로 위장해서 함선을 진수할 수 있다는 위험을 경계하기 위함이었다. 일본은 다른 길로 돌아갔다. 이미 항공모함이 미래의 주도적인 해군 무기가 될 공산이 크다고 확신한 일본은 1921년 군축조약의 규정에서 허용된 대로 전함과 순양전함 여러 척을 항공모함으로 개조했(고, 영국과 미국도 그렇게 안 하면 해체해야 할 선체를 버리지 않고 가지고 있으려고 같은 일을 하고 있었)다. 그뿐만 아니라 일본은 워싱턴 군축조약에서 규제대상이 되지 않았던 범주인 수상기 모함을 언젠가 항공모함으로 개조할 목적을 가지고 여러 척 진수했다.

일본은 함선을 개장하고 새로 건조해서 1941년이 되면 세계 최대의 항공모함 함대를 만들어내는 데 성공했다. 이 함대는 최대의 해군 항공부대, 즉 비행기 500대를 탑재했을 뿐만 아니라 — 독일군 기갑사단과 흡사할지 모를 — 단일 타격부대, 즉 제1항공함대航空艦隊

1. 케이트와 밸은 각각 미군이 일본의 나가지마(中島) B5N 뇌격기와 아이치(愛知) D3A 급강하 폭격기를 일컫는 별칭이었다.

2. 1921년 11월에 미국, 영국, 일본, 프랑스, 이탈리아 등의 국가들이 워싱턴에 모여 해군 군비제한 문제를 논의한 회담. 회담 결과 미국, 영국, 일본, 프랑스, 이탈리아의 주력함 톤수 비가 각각 5 대 5 대 3 대 1.75 대 1.75로 정해졌으며, 항공모함 보유 톤수도 논의되어 5 대 5 대 3 대 2.2 대 2.2 로 정해졌다. 이듬해 2월에 회담 참가국들이 조약에 조인했다.

3. 1945년까지 일본 해군의 정식 명칭.

로 편성되었다. 경항공모함 4척이 변두리 작전을 위해 파견될 수 있었다. 대형 항공모함 6척은 ─ 즉, 아카기赤城 호, 가가加賀 호, 히류飛龍호, 소류蒼龍 호, 쇼가쿠翔鶴 호, 즈이가쿠瑞鶴 호는 ─ 전략 공세를 위해 함께 다녔다. 이 함선들이 진주만을 유린한 선단을 형성했으며, 1942년 5월에는 태평양에서 미군 항공모함 선단과 맞붙어 싸워서 일본의 승리를 마무리할 준비를 갖춰놓고 있었다.

미군 항공모함도 비록 수는 몇 척 되지 않아도 똑같이 미 해군에서 둘째 가라면 서러운 최정예였다. 1927년에 순양전함의 선체를 가지고 만들어진 렉싱턴 호와 사라토가 호는 진수될 당시에는 세계 최대의 군함이었으며 1942년에도 여전히 가공할 함선이었다. 엔터프라이즈 호는 더 뒤에 나왔지만 원래부터 항공모함용으로 만들어진 함선이었다. 대서양 함대에 있다가 태평양에서 엔터프라이즈 호에 합세하게 될 요크타운Yorktown 호와 호넷Hornet 호는 자매함이었다. 이 항공모함들에 실린 함재기는 일본군 함재기의 맞수가 되지 못했다. 특히 1942년에는 미군에 좋은 함재 전투기가 없었다. 그러나 그 비행대원은 심지어 일본군 제1항공함대의 최정예 비행대원과 견줘봐도 출중했다. 미국은 무엇보다도 비행기의 탄생지였고 미국 젊은 이들은 초창기부터 비행에 대한 열정을 품었으며, 미 해군 항공모함 비행기 조종사는 그 분야의 선도자였다.

최고가 아니고서는 항공모함 비행을 해낼 수가 없었다. 항공모함에서 발함發艦하고 '착함着艦'하는 기술의 난이도는 지극히 높았다. 이륙할 때 사출기射出機가 없으면 비행기가 배 이물 아래로 떨어져서 툭하면 바다에 처박혔다. 조종사는 착함할 때 비행기가 갈고리에 반드시 걸려서 의도하지 않은 이륙을 해야 하지 않도록 제동 철선 안으로 최대 출력으로 돌진해야 했다. 그러지 못하기라도 하면 비행 갑판에 부딪치든지 아니면 십중팔구 극히 위험하게 바다에 불시착하든지 하게 되었다. 함선에서 멀리 떨어져서 비행하는 것은 발함과 착함만큼이나 아주 위험했다. 1942년에는 항공기 탑재용 레이더가 없었다. '복좌復座' 뇌격기 및 급강하 폭격기에 탄 사수射手는 전방 방위와 비행거리를 계속 가늠해서 — 높은 고도에서 맑은 날씨에 — 맨눈으로 모함을 찾아낼 가능성이 있는 해역으로 조종사를 유도할 수 있었다. 항공기에 혼자 탄 전투기 조종사는 모함이 시계에서 벗어나면 가없는 공간에서 길을 잃었고 귀환하는 길을 어림짐작이나 행운으로 찾아냈다. 태평양에서 최대 가시거리는 구름이 끼지 않은 날 1만 피트 상공에서 100마일이었다. 그러나 공격 임무비행을 하다 보면 비행기가 항공모함에서 200마일 떨어져 항속거리의 한계에 이를 수도 — 어쩌면 넘어설 수도 — 있었다. 만약 항공모함이 역항행을 하거나 조종사가 표적에 현혹되어 계속 비행하다가 귀환가능 한계점을 넘어서면, 비행기는 되돌아가다가 귀환 행로에서 연료가 바닥나 바다에 불시착할 수밖에 없으므로 승무원이 탄 비행기는 2,500만 제곱마일의 망망대해에 뜬 일엽편주가 되어버릴 수 있었다. 가장 용감한 사람만이 비행대원으로서 항공모함에 승선했다.

용감성에다가 일본군 항공모함의 비행단은 경험을 보탰다. 1942년 5월이 되면 그들은 진주만을 유린했을 뿐만 아니라 오스트레일리아 북부의 다윈을 폭격하고 동인도 제도 해안에 있는 표적을 공격하는 작전을 수행했다. 그들은 4월에는 실론에 있는 영국 동양 함대를 찾아 인도양으로 넘어가 콜롬보Colombo와 트링코말리Trincomalee에 있는 해군기지를 공격해서 영국의 낡은 전함들을 내쫓아 동아프리카의 항구에 피난하도록 만들었다. 대조적으로 미군 항공모함 승무원들에게는 전투 경험이 없었다. 그들은 웨이크 섬을 구하려고 시도했지만 실패했다. 그들은 마셜 제도(콰잘레인Kwajalein 기지), 길버트 제도, 솔로몬Solomon 제도, 뉴기니에 공습을 가했다. 소수의 비행대원이 일본군 전투기나 대공포화와 만났지만, 소해정掃海艇[4] 한 척을 가라앉힌 것을 별도로 치면 훈련받고 승선한 — 즉, 적 전투함대에 폭

---

4. 바다에서 기뢰(機雷)를 제거하거나 처리해서 항행하는 선단의 안전을 확보하는 함정.

탄이나 어뢰를 맞춘다는 — 목적을 아직도 다하지 못했다.

둘리틀 공습

그 목적을 이룰 기회가 5월 한 달 동안 갑자기 한 차례도 아니고 두 차례나 왔다. 이런 결과를 불러온 상황은 지극히 이례적이었다. 3월 한 달 동안 미 육해군 참모총장들이 일본에 반격을 가해서 진주만의 치욕을 갚고 "일본사람이 전쟁을 똑똑히 느끼도록 해줄" 방법을 루스벨트 대통령과 함께 논의했다. 그러려면 일본 본토를 공격해야 했다. 이것은 불가능해 보이는 임무였다. 일본 본토가 미국 태평양 기지의 비행기 항속거리를 훨씬 넘는 곳에 있고 항공모함을 아주 가까이 보내 탑재한 비행기를 날려보낸다는 것은 그 항공모함을 치명적인 위험에 빠뜨릴 터이기 때문이었다. 유일한 해결책은 장거리 육상陸上 폭격기를 항공모함 한 척에 싣고 가서 띄워 보내 그 항공기가 일본 국민의 긍지에 소중한 목표물, 즉 도쿄에 폭탄을 떨어뜨릴 수 있기를 바라는 것이었다. 그 임무비행은 이론상으로는 가능했지만 현실성은 거의 없었다. 그런데도 워싱턴은 한 번 해보겠다고 결정했다. 미군 항공모함 호넷 호가 비행갑판에 B-25 중거리 폭격기 16대를 싣고 저명한 비행사 제임스 둘리틀James Doolittle 대령의 지휘 아래 4월 2일에 샌프란시스코를 떠났다.

호넷 호가 일본 500마일 안으로 다가가서 항공기를 띄운 다음 물러나는 한편, 항공기는 도쿄를 폭격한 다음 중국 땅으로 날아가 아직 장제스가 통치하는 지역에 내린다는 계획이었다. 장제스는 B-25가 올 예정이라는 말은 들었지만 그 비행기의 비행임무에 관한 통보는 받지 못했다. 호넷 호와 그 호위대가 미드웨이와 알류샨Aleutian 열도 북부 사이를 잇는 경로로 접근해서 도쿄에서 650마일 떨어진 곳에 있었던 4월 18일에 일본 해군 초계함 한 척이 눈에 띄었다. 임무부대를 지휘하는 윌리엄 홀시William Halsey 제독은 비록 항속시간의 한

계거리에 있기는 했지만 B-25를 즉시 날려보내고 태평양 깊숙이 안전한 곳으로 도주하기로 결정했다. 둘리틀의 폭격기들이 뒤뚱대며 비행갑판에서 모두 무사히 이륙했고, 13대가 도쿄와 일본의 다른 표적 세 군데를 폭격했다. 4대는 중국에, 1대는 소련에 내렸으며, 나머지 폭격기 승무원들은 비행기를 포기하고 중국 상공에서 낙하산을 타고 내렸다. 이 무모한 모험을 시작한 비행대원 80명 가운데 71명이 살아남아 미국으로 돌아갔다.

그렇지만 둘리틀 공습은 만약 일본 상급사령부에 인상을 주지 못했더라면 대실패라는 판정을 받았을지 모른다. 일본 정부가 공습이 있었음을 공식 시인하지 않아서 도쿄 시민은 드문드문 일어난 폭발을 미국의 공격과 연결해서 생각하지 못했다. 그러나 장군과 제독들은 현인신現人神인 천황의 충복으로서 폭격이 옥체에 가하는 위협에 소스라치게 놀랐다. 폭격이 이루어지던 바로 그 순간 태평양 전쟁의 향후 전개를 둘러싸고 군령부軍令部[5]와 연합함대 사이에서 격론이 벌어지고 있었다. 육상에 기지를 둔 참모장교들은 뉴기니를 더 많이 상악하고 덤으로 솔로몬 제도와 누벨 칼레도니Nouvelle Calédonie에서 발판을 장악해서 그 발판에서 오스트레일리아를 공격해 미국의 서쪽 해안과 왕래가 이루어지는 그 나라의 기다란 연안 측면을 위협한다는 목표를 가지고 '남방'으로 전진해 들어가겠다는 의향을 밝혔다. 야마모토가 대변하는 연합함대는 영토의 추가 획득이 전략상 아무리 소중하다고 해도 그보다는 전략적 승리를 원했다. 연합함대는 하와이에서 튕겨나가 떨어진 미드웨이 섬을 침공함으로써 미국 해군에 남아 있는 항공모함들과 벌일 한 판의 결전을 유도해낼 수 있다고 믿었다. 미군이 미드웨이 섬을 지키기 위해 반드시 싸우리라고 확신했던 것이다.

둘리틀의 공습이 이 논쟁을 끝냈다. 호넷 호가 일본의 방어 외곽 경계선에 난 '열쇠구멍'인 미드웨이 섬을 통해 발진지점에 도달했다.

5. 해군참모본부에 해당하는 일본 해군의 중앙 총괄기구.

그 열쇠구멍이 뚫려있는 채로 내버려 두자고 하면 천황의 안녕에 무관심하다는 뜻이므로 일본의 고위장교 어느 누구도 그렇게 내버려 두자고 공개적으로 말할 수 없었다. 군령부는 곧바로 연합함대 계획에 반대하는 입장에서 물러나 미드웨이를 공격하자는 야마모토의 제안을 받아들였다. 3월 8일과 10일 사이에 확립해 놓은 뉴기니에 있는 발판을 확장하기 위해 5월 초순으로 이미 일정이 잡혀 있던 작전 하나가 진척된다. 일본은 포트모르즈비Port Moresby의 해안에, 즉 그 거대한 섬의 남부 해안에 부대를 내려놓아서 다윈과 오스트레일리아의 노던테리토리Northern Territory 주를 추가로 위협할 터였다. 그러나 그 상륙을 엄호하는 데 필요했던 항공모함들은 철수하자마자 중태평양에서 한데 모여 미드웨이 섬을 공격할 터였다.

'매직'이 태평양 전쟁에서 미군에 처음으로 도움이 된 때가 바로 이 중요한 시점이었다. 부주의하게 이루어지던 일본군 통신신호가 — 나중에 일본이 자책하게 될 '승리의 병'에 감염되었다는 징후로 — 감청되고 해독되어 미군 태평양 함대는 일본군의 포트모르즈비 공격이 임박했다는 경고를 받았던 것이다. 이에 따라 미 태평양 함대는 일본의 침공 함대를 요격하려고 항공모함 렉싱턴 호와 요크타운 호를 파견했다. 일본 함대는 항공모함 3척, 즉 대형인 쇼가쿠 호와 즈이가쿠 호, 그리고 신형이지만 소형인 쇼호祥鳳 호의 보호를 받았다. 5월 7일에 우연히 치른 한 차례 교전에서 쇼호 호가 폭탄에 맞아 가라앉았다. 다음날 복잡한 기동을 한 뒤 일본군의 나머지 항공모함 2척과 미군 항공모함 2척의 항공기들이 서로 바다에서 175마일 떨어져 있는 상대방 모함을 찾아내서 맹공을 가했다. 쇼가쿠 호가 심한 피해를 입었다. 요크타운 호는 가벼운 피해만을 입었지만 렉싱턴 호는 항공연료 송유관이 새서 불길에 휩싸였고 내버려야 했다.

이 산호해珊瑚海 해전은 미군에 유익한 두 가지 결과를 낳았다. 산호해 해전으로 오스트레일리아 근해의 거점을 향하던 일본군의 전진이 저지된 뒤 뉴기니 북부에 한정되었으며, 또한 요크타운 호가 귀중한 전투 경험을 얻게 된 데다가 미군 항공모함과 비행단의 승무원들이 자신이 적군과 적어도 대등하기는 하다는 자신감을 되찾았다. 요크타운 호가 피해를 수리하려고 5월 27일에 진주만에 도착해서 45시간 만에 수리를 다 마쳤다. 요크타운 호 함장이 "90일은 걸리는 수리"를 꼭 받아야 한다고 평가한 피해였는데 말이다. 미드웨이 섬 부근 바다에서 전투를 하기 위해 5월 30일에 요크타운 호가 항해에 나서, 항공모함끼리 맞붙는 싸움은 아직 겪어보지 못한 엔터프라이즈 호와 호넷 호에 합세했다.

운명을 가르는 5분

전투에 연관된 모든 미국인은 그 전투가 절망적인 일임에 틀림없다는 점을 깨달았다. 미국의 현역 항공모함 다섯 척 가운데, 워스프Wasp 호는 몰타에 항공기를 전달하는 일을 돕고 지중해에서 돌아오는 중이었고 사라토가 호는 수리를 마친 뒤 점검을 하고 있는 중이었다. 나머지 세 척이 2개 임무부대, 즉 17임무부대(요크타운 호)와 16임무부대(엔터프라이즈 호와 호넷 호)의 핵을 이루고서 순양함과 구축함으로 이루어진 위풍당당한 호위대와 함께 출항했다. 그러나 (17임무부대) 함대 사령관 프랭크 존 플레처Frank John Fletcher와 (16임무부대) 함대 사령관 레이먼드 스프루언스Raymond Spruance는 자기들이 아주 불리한 싸움을 하리라는 것을 알고 있었다. 일본군 제1항공함대는 대형 항공모함 6척을 (실제로는 — 아카기 호, 가가 호, 히류 호, 소류 호 — 4척을) 가지고 있었고 전함의 지원을 받았다. 그리고 항공기 면에서 확연한 우위를 누릴 터였다. 미드웨이 전투를 위해 일본군 항공모함들은 각각 70대씩을, 미군 항공모함들은 겨우 60대씩을 탑재했던 것이다. 전투 당일에 일본군 폭격기와 전투기 227대가 미군 항공기 180대와 겨루게 된다. 이것은 엄청난 세력 차였다.

그러나 그 세력 차는, 산호해 이전처럼, 매직의 활동 덕택에 줄어들게 된다. 미드웨이 작전을 위한 일본군의 무선 통신 보안은 엄격했다. 작전 자체는 미드웨이 섬Midway Island을 가리킨다고 보이기는 해도 무엇이든지 뜻할 수 있는 MI로 지칭되고 작전 목표는 AF로 지칭되었다. 이 지칭이 들어 있는 다량의 정보 송수신이 미군의 매직 암호 해독가에게 도청되었지만, 암호가 해독되어도 일본군 제1항공함대가 어디로 향하고 있는지를 알려주는 실마리는 나오지 않았다. 그렇지만 하와이에 있는 암호 해독가 한 사람이 미드웨이가 목표라고 확신하고는 꾀를 내어 일본군을 잡을 덫 하나를 놓았다. 하와이와 미드웨이 사이의 감청 위험 없는 전보통신으로 그는 미드웨이 수비대에 미드웨이에서 민물이 떨어져간다는 무전을 평문으로 치라는 지시를 내렸다. 이것은 그가 믿기에 일본군의 의심을 불러일으키지 않을 대수롭지 않은 행정 메시지였다. 그의 확신이 옳다는 것이 밝혀졌다. 곧바로 매직 연결망의 오스트레일리아 안테나 하나가 AF가 민물 부족을 보고했다는 신호를 보내는 일본군 암호 송신문을 도청한 것이다. 따라서 그 속임수가 일본군의 목표를 밝혀낸 셈이다. 뒤이은 암호 해독으로 MI로 지칭되는 작전이 6월 4일에 일어날 것임이 확인되었다. 따라서 16임무부대와 17임무부대는 일본군이 도착할 시간에 맞춰 미드웨이 북동쪽에 위치를 잡도록 항해했다.

해군 장교들은 본디 항공기를 교전이 벌어지면 적을 수색하고 탄착관측彈着觀測[6]을 하는 능력을 갖추고 전함 함대에 배속되는 부가물로 인식했다. 영국 해군은 심지어 1942년에도 해군 항공기의 역할을 이렇게 보는 관점을 버리지 않았다. 그러나 미국과 일본의 함대에서는 해군 비행사들이 전함에 집착하는 전통론자의 강박관념을 제2선으로 밀어내는 권위를 이룩했다. 그들은 항공모함과 그 비행단이 대양의 지배자가 되었다는 올바른 판단을 내렸다. 그들의 판단은 전

6. 관측을 통해 포화가 표적에서 벗어난 편차를 판정해서 포격 수정에 필요한 정보를 제공하는 것.

투로, 심지어는 지상군을 지원해서 한정된 해역에서 벌어진 산호해 해전으로도 아직은 입증되지 않았다. 이제 그들은 어느 방향으로나 대륙에서 2,000마일 떨어진 태평양 한가운데의 육지 없는 망망대해에서 자신의 판단을 시험하게 된다.

미드웨이 점령부대의 전함과 순양함을 동반한 일본군 제1항공함대가 6월 4일에 그 조그만 섬의 범위 안으로 다가왔다. 다수의 다른 일본 해군부대가 동시에 움직였고, 그 일부는 북쪽으로 저 멀리 알류샨 제도까지 파견되었는데, 이들의 임무는 미 태평양 함대 사령관들을 헷갈리게 해서 병력을 흩뜨리도록 만드는 것이었다. 이것은 지나치게 섬세한 것이었다. 1942년 중반에 태평양에서 미 해군은 너무 약해서 1개 전략부대를 집결해 놓으려면 모든 주력부대를 한데 모아놓고 있어야 할 판이었던 것이다. 그러나 미 해군에게는 야마모토의 함대에서는 찾아볼 수 없는 무기가 있었다. 그것은 미드웨이 환초 자체에 기지를 둔 육상기, 즉 카탈리나Catalina 수륙양용 비행정과 '하늘의 요새기'였다. 이 항공기들은 일본군 항공모함을 상대로 작선을 수행하다가 본 기지로 도망칠 수 있었다. 항속거리 밖으로 이동해버린 착함장을 찾아야 하거나, 더 심하면 착함장이 물속에 가라앉아 있을지도 모른다는 두려움을 느끼지 않아도 되었다. 이 육상기들이 미드웨이 전투의 전개에 중요한 영향을 미치게 된다.

실제로, 6월 3일에 미드웨이에서 떠올라 정찰비행을 하던 카탈리나 비행정 한 대가 일본군 항공모함을 상대로 첫 수를 두었다. 이 비행기는 미드웨이 섬을 향해 나아가는 침공 함대를 찾아냈고, 따라서 매직 첩보가 맞다는 것이 확인되었다. 이튿날 아침에 하늘의 요새기들이 폭격을 했지만 함대를 맞추지 못한 반면, 카탈리나 비행정 네 대는 침공 함선들 한 척을 실제로 격침했다. 그 함선은 보잘 것없는 유조선에 지나지 않았지만, 그 일격은 항공모함 제독, 즉 여기서는 진주만에서처럼 외경스러운 나구모로 하여금 상륙이 개시되기에 앞서 미드웨이 섬의 방어를 제압해야 한다고 믿도록 만들기에 충분했다. 오전 4시 30분에 나구모의 항공모함 4척에서 지상공격용 세열폭탄[7]으로 무장하고 제로 전투기 4개 비행대대의 호위를 받는 폭격기 9개 비행대대가 날아올랐다. 레이더가 미군에 경고를 해주었지만, 그렇다고 해서 미드웨이 환초에 기지를 둔 낡은 전투기들의 열세가 벌충될 수는 없었다. 미군 전투기 3분의 2가 부서지고 미드웨이의 군사시설이 막심한 피해를 입었으며, 일본군 폭격기들은 손실 없이 항공모함으로 되돌아왔다.

그런데도 공습부대 지휘관은 돌아오자마자 나구모에게 미드웨이를 다시 폭격해야 한다고 보고했다. 그것은 나구모 제독의 계획에 들어 있지 않은 것이었다. 제독이 심사숙고하는 동안, 미드웨이가 맞받아치고 나왔다. 새벽 정찰 비행대 가운데 하나가 나구모 예하 항공모함들의 위치를 확인해서 보고했고, 이에 따라 미 태평양 함대 사령관 체스터 니미츠Chester Nimitz 제독이 미드웨이 기지에 있는 비행기를 다시 띄워 보내라는 명령을 미드웨이에 내렸다. 같은 시간에 임무부대들의 총괄 지휘를 맡고 있는 플레처가 엔터프라이즈 호와 호넷 호에 기동을 해서 공격위치로 들어가라고 명령했고, 요크타운 호에도 같은 명령을 내렸다. 미드웨이의 육상 폭격기 제2파가 도착할 때, 나구모가 결정을 내렸다. 나구모는 비록 예하 항공모함들의 갑판이 — 만약 그 지역에서 확인된다면 — 미군 수상함에 일격을 가하기 위해 귀환한 비행기에 달려고 갑판 아래에서 가져온 어뢰들이 널려 있어 북새통이었지만, 이때 그 임무비행을 취소하고 비행기를 세열폭탄으로 다시 무장해서 미드웨이에 두 번째 공격을 가하라는 명령을 내렸다.

그러려면 시간이 걸릴 터였다. 시간이 흘러가는 동안 호넷 호와 엔터프라이즈 호가 뇌격기와 급강하 폭격기를 띄워 보낼 수 있는 위치에 이르렀고, 오전 7시에 그 비행기들을 띄워 보냈다. 요크타운 호는 그보다 1시간 뒤에 폭격기들을 띄워 보냈다. 오전 9시가 되자 두 함대를 갈라놓은 175마일의 대양을 가로질러 날고 있는 미군 비행기 150대로 미드웨이 북동쪽 하늘이 가득 찼다.

나구모는 위험하다는 기미를 이미 알아채고 있었다. 7시 28분에 정찰기 한 대가 적군 선단이 보인다고 보고했던 것이다. 성질 나게도 그 정찰기는 함선들이 무슨 형인지는 확인하지 못했다. 그 정찰기가 8시 20분이 되어서야 망설이면서 항공모함 한 척이 있다는 신호를 보냈고, 8시 55분이 되어서야 하늘에 뇌격기들이 떠 있고 나구모 쪽으로 향하고 있다고 경고했다. 나구모 제독은 이제 자기가 심각한 실수를 했음을 깨닫고는 폭탄으로 다시 무장하라는 명령을 재빨리 취소했다. 그러나 그의 수적 우위를 감안하면 그가 저지른 잘못은 꼭 그렇게 중대하지는 않았다. 어떻든 그는 다른 문제에 온통 정신이 팔려 있었다. 우선 니미츠의 명령을 받아 날아올랐던 미드웨이의 폭격기들이 제로의 기관포에 요절이 났다. 그런 뒤 오전 8시 40분과 9시 사이에 미드웨이에 2차 타격임무를 띠고 파견되었던 폭격기들이 돌아와서 착함해야 했다. 그 폭격기들이 회수되자마자, 승무원들이 급유 호스를 들고 다음 임무비행에 쓸 어뢰가 실린 병기 수레를 밀고 폭격기 주위에 달라붙어 바글바글댔다. 이번에는 대함 어뢰였다.

재급유하고 재무장하는 폭격기로 갑판이 붐비는 바로 그 상태에서, 엔터프라이즈 호와 호넷 호에서 발진한 비행기 가운데 첫 편대가 제로로 이루어진 전투항공정찰대[8]로 상공을 보호하면서 꽉 짜인 상자 대형을 갖추고 항행하는 일본군 항공모함 4척을 오전 9시 30분 직전에 찾아냈다. 나구모가 바로 전에 침로를 바꿨으며, 따라서 그 조우에는 처음에는 미군에 유리하게 작용한 운의 요소가 들어 있었다. 그러나 그 운은 잠시뿐이었다. 호넷 호의 뇌격기들은 모두 다, 엔터프라이즈 호의 뇌격기들은 4대가 격추되었다. 급강하 폭

8. 적기가 그 목표에 이르기 전에 요격할 목적으로 목표를 엄호하며 항공정찰을 계속하는 비행부대.

격기들은 나구모의 침로 변경에 속아 목표물을 찾지 못해서, 연료가 충분할 경우에는 기지로 돌아가 미드웨이에 내리거나 아니면 그대로 바다에 불시착했다. 호위 전투기는 연료가 바닥나서 모두 다 바다에 처박혔다.

나구모는 운 좋게 화를 모면해왔다. 그는 설령 불리할 때 공격을 받더라도 수적 우세에 기대어 극복해냈으며, 그가 잘 계산한 침로 변경과 더불어 그 수적 우세 덕분에 위험에서 벗어났다. 그를 치는 적기의 3분의 2가 격퇴되거나 파괴되었다. 이제 나머지 적기가 그를 찾을 공산은 조금도 없었다.

그런데도 요크타운 호의 뇌격기들이 육감으로 항행하다가 나구모의 항공모함과 미군 16임무부대의 비행기 사이에 전투가 벌어져서 피어오른 연기에 이끌려 와서 나구모를 찾아냈다. 그러나 일직선으로, 즉 낮게 수평비행을 해서 어뢰를 투하해야 했던 뇌격기 12대 가운데 7대가 나구모의 전투항공정찰대에게 격추되었으며 발사된 어뢰는 단 한 개도 표적에 맞지 않았다. 10시까지 나구모는 마지막으로 보이는 미군의 공격을 물리쳤고 예하 비행기를 날려보내서 미드웨이 저편 어딘가에 무장해제된 채로 있을 상대를 찾아 쳐부술 준비를 하고 있었다. 그의 함대 대형이 약간 흐트러지기는 했어도 함선 단 한 척도 피해를 입지 않았고 전투기부대도 무사했다.

이 전투기들은 불행히도 한동안 잘못된 고도에 있었다. 해수면으로 내려와 싸워서 요크타운 호의 뇌격기들을 물리치느라 그 전투기들은 나타날지 모르는 미군의 다른 급강하 폭격기 부대에 하늘을 무방비로 내주었다. 엔터프라이즈 호의 급강하 폭격기 편대들 가운데 하나가 바다 175마일을 지나 비행하면서 모함의 나머지 항공기들과 연락이 끊겨 틀린 침로에 접어들었다가 행운과 영리한 어림짐작으로 목표물에 이르렀다. 1942년 6월 4일 아침 10시 25분에 그 급강하 폭격기 편대가 정확하게 위치를 잡아 해전사상 가장 엄청난 결정타를 가했다. 편대장인 웨이드 맥클러스키Wade McClusky 해군소령이 공격에 나서서 1만 4,500피트에서 바다 쪽으로 휘하 돈틀리스 급강하 폭격기 37대를 이끌고 일본군 항공모함의 비행갑판으로 달려들었다.

모든 항공모함이 재급유하고 재무장하는 장비와 비행기들로 뒤덮여 있었다. 고옥탄 연료 호스가 비행기에서 떼어낸 폭탄 더미 사이로 뻗어 있고 그 폭탄은 이륙하려고 엔진을 가동하고 있는 비행기 옆에 놓여 있었다. 이것들은 파국을 만드는 재료들이었다.[9] 나구모의 기함인 아카기 호가 맨 먼저 당했다. 폭탄 한 발이 어뢰 창고에 화재를 일으켰고, 20분 안에 화재가 걷잡을 수 없게 번져서 나구모 제독은 기함을 구축함으로 옮겨야 했다. 폭탄 네 발을 맞은 가가 호는 싣고 있던 항공연료에 불이 붙어 불덩어리가 되었고 훨씬 더 빨리 배를 포기해야 했다. 소류 호는 세 발을 맞았다. 한 발로 소류 호 갑판 위에 있던 비행기 사이에서 불길이 치솟고 엔진이 멈추었고, 몰래 뒤를 졸졸 따라다니던 미군 잠수함 한 척에 희생자들을 넘겨주었다. 그 잠수함이 정오에 소류 호를 격침했다.

딱 5분 만에, 즉 10시 25분과 10시 30분 사이에 태평양에서 벌어진 전쟁의 진로가 뒤집혔다. 제1항공함대와 그 예하의 웅장한 함선, 현대식 항공기, 최고의 조종사들이 파괴되어버렸다. 재앙은 다 끝나지 않았다. 히류 호가 공격을 모면하고 도망쳤지만, 잠시뿐이었다. 히류 호는 미드웨이에서 벗어나 맹렬히 달리다가 엔터프라이즈 호에서 뜬 급강하 폭격기들에 오후 5시에 발견되어 폭탄 네 발을 맞고 불이 붙었다. 고물에서 이물까지 불길이 걷잡을 수 없이 번지자 승무원들은 배를 버리고 자침했다.

이렇게 해서 나구모의 함대 전체가, 그리고 그와 더불어 제국의 꿈이 스러졌다. 6개월 동안 '꽤 설치겠다'는 야마모토의 예언은 이 날까지는 거의 딱 들어맞았다. 이제 태평양에서 함대급 항공모함

9. 일본의 기록과 공식 전사에 따르면, 일본군 공격기의 무기 교체는 격납고에서 이루어져서 당시 갑판에는 폭탄과 연료가 없었다. 미드웨이 해전에서 일본군 항공모함들이 미군 급강하 폭격기 공습으로 결정타를 얻어맞은 까닭은 항공모함 갑판에 폭탄과 연료가 널려 있어서라기보다는 일본 항공모함 비행갑판의 장갑이 얇아서 폭탄이 쉽게 관통되고 격납고 내 폭탄보관이 허술해서 유폭(誘爆)이 일어났다는 사실에서 찾아야 마땅할지 모른다.

사이의 균형이 대등해지는 데 그치지 않았다(요크타운 호가 6월 6일에 잠수함 한 척에 격침되었다). 일본이 상실한 우세는 — 야마모토가 미국의 산업을 직접 보고 안 것처럼 — 결코 벌충될 수 없었다. 1942~1944년에 함대급 항공모함 6척이 일본군에 가세했고, 미국은 함대급 항공모함 14척과 더불어 경항공모함 9척과 호송용 소형 항공모함 66척을 진수해서 일본이 맞설 수 없는 함대를 만들게 된다. 이제 일본은 수세에 몰리게 된다. 비록 방어전을 수행하면서 미국과 그 동맹국들의 용기와 지모를 극한까지 시험하겠지만 말이다.

15 | 점령과 억압

비록 파국적인 패배이기는 했어도 미드웨이 전투로 일본이 잃은 땅은 한 치도 없었고 일본의 새로운 제국의 경계도 전혀 바뀌지 않았다. 미드웨이 전투의 진정한 결과는 1943년 말에 남태평양과 중태평양에서 미군이 일본의 외곽방어선을 뚫고 들어와 일본은 어쩔 도리 없이 다시 한번 기동전을 수행해야 했던 먼 미래에 놓여 있었다. 이 무렵 일본이 해군 항공력의 우위를 잃었다. 한편, 일본은 광대한 정복지를 — 즉, 일본의 동맹국 타이와 더불어 중국 동부, 만주, 필리핀, 프랑스령 인도차이나, 영국령 버마, 영국령 말레이 반도, 네덜란드령 동인도 제도를 — 유지하고 서구 연합국의 간섭으로 방해를 받지 않고 다스렸다.

정복을 하게 되자 승리 그 자체를 조직하는 문제만큼은 격심하지 않더라도 그만큼 어려운 문제가 생겨났다. 질서를 유지하고 정부를 대체하고 통화를 뒷받침하고 시장에 다시 활기를 불어넣고 정복자의 이득을 위해 경제를 지탱하고 수탈해야 했던 것이다. 그러나 일본은 준비가 되지 않은 채로 제국에 들어서지는 않았다. 일본에게는 만주에서 정복한 영토를 10년 동안 다스린 경험이 있었다. 더 중요한 것은 일본이 이전의 식민열강으로부터 뺏은 주권의 소유자인 모든 민족에게 결코 적대적이지 않고, 또는 인기가 결코 없지 않은 제국 이론이 일본에게 있었다는 점이다. 태평양 전쟁 이전에 일본의 육군, 해군, 민족주의 진영에 뿌리를 내렸던 '대동아공영권'의 착상은 한 차원에서는 제국의 야심을 감추는 가면이었고, 다른 차원에서는 일본이 아시아에서 으뜸가는 대열강으로서 다른 아시아 사람을 외국 지배로부터 독립으로 이끌 사명에 대한 진정한 믿음을 표현했다. 아시아에서 많은 사람이 일본이 1942년에 거둔 승리에 열광하고 고무되어 대동아공영권 사상에 기꺼이 협조했고, 심지어는 협조하기를 열망하기까지 했다.

제2차 고노에 내각이 1940년 7월에 아시아의 '신질서' 수립을 목표로 채택했고, 도조 내각이 1942년 2월에 대동아건설심의회, 11월에 대동아성大東亞省을 설치했다. 한 해 뒤인 1943년 11월에 최초의 — 그리고 단 한 차례의 — 대동아회의가 도쿄에서 열렸을 때 일본의 범아시아 정책이 정점에 이르렀다. 대동아회의의 구성에서 일본이 대동아공영권 안에 부과했던 통치의 갖가지 성격이 드러났다.

만주국滿州國[1]의 장징휘이長景惠 총리, 일본 통치를 받는 중국의 왕자 오밍王兆銘, 타이 대표 완 와이타야콘Wan Waithayakon[2] 왕자, 점령된 필리핀의 호세 라우렐José Laurel[3] 대통령, 점령된 버마의 국가수반 바 마우Ba Maw[4], '자유인도정부'의 지도자인 수바스 찬드라 보스가 대동아회의에 참석했다. 만주국 총리와 '중국' 총리는 일본의 꼭두각시로, 전혀 실권이 없었으며 사실상 일본이 병합된 영토를 수탈하는 도구였다. 인도의 구세주적 민족주의자 수바스 찬드라 보스는 봉기의 기치를 들어올리려고 의도적으로 영국령 인도에서 망명해 U-보트를 타고 1943년 중반에 일본에 도착했다. 그는 인도에서 간디와 인도 국민회의Indian National Congress와 관계를 끊어버린 탓에 인도의 제도권 민주주의 운동에서 명망을 가지고 있지 못했지만 상당한 대중 지지층을 가지고 있었고, 말레이 반도에서 잡힌 포로들로 만들어진 인도 국민군에서 — 비록 지휘권은 일본 수중에 있어서 자기가 지휘하지는 못했지만 — 상당 규모의 군사력을 자기 영향력 아래 두고 있었다. 바 마우는 대동아공영권에 진정으로 열광했다. 그는 일본의 후원을 받아 1942년 8월 1일에 독립 선언을 한 나라의 수반으로서 같은 날 영국과 미국에 선전포고를 했다. 일본 편에 서서 싸울 각오가 된 젊은 민족주의자들이 버마 독립군(나중에는 국민군)을 이끌었다. 타이 왕자는 (상황상 다른 어떤 정책도 취하기가 어려워져서) 일본과 동맹관계를 맺어 이웃나라인 버마와 라오스에서 떼낸 영토를 양도받는 보상을 받은 독립국가의 대표자였다. 호세 라우렐은 마누엘 케손Manuel Quezon[5] 필리핀 대통령의 정치적 제휴자였다. 정통성을 지녔지만 망명한 케손은 라우렐이 감히 일본에 협력했다고 비난했다. 그러나 라우렐은 그 뒤 범아시아주의로 신념을 바꾸었고, 자기가 대통령으로 있는 동안 1942년 10월 14일에 필리핀의 — 이미 미국의 조건부 인정을 받은 — 독립을 선포했다.

대동아회의에서 제외된 영토는 인도차이나와 말레이 반도와 네덜란드령 동인도 제도였다. 인도차이나는 — 즉, 베트남과 라오스와 캄보디아는 — 비록 일본에 점령되기는 했어도 1945년 3월까지는 여전히 프랑스 비시 정부 식민지 행정부의 지배 아래 남아 있었다. 3월에 일본은 비시 정부 식민지 행정부가 편을 바꿔 자유 프랑스 정부에게로 넘어갔다는 틀리지 않은 의심을 하고 식민지 행정부를 타도했다. 말레이 반도에는 — 비록 상당 규모의 말레이인 무슬림들이 자기들에게 나중 단계에 독립을 부여하겠다고 약속한 일본을 적대시하지 않기는 했어도— 활발한 소규모 공산주의 게릴라 운동의 기반이 되는 화교가 많이 있어서 자치 실험을 하기에는 알맞지 않은 나라가 되었다. 네덜란드령 동인도 제도의 무슬림들도 같은 약속을 받았다. 일본은 뉴기니에서 미군과 오스트레일리아군과의 싸움이 계속되는 동안 그들에게 독립을 인정해줄 시기가 되었다고 판단하지 않았지만, 장차 대통령이 되는 수카르노Sukarno[6]를 비롯한 많은 민족주의 지도자가 1943년 9월에 중앙자문위원회, 즉 준準정부에 참여한다는 데 동의했다. 홍콩, 싱가포르, 네덜란드·영국·오스트레일리아령 티모르Timor, 보르네오, 점령된 뉴기니를 비롯한 다른 특정 영토들은 전략적 중요성을 가지고 있어서 그대로 일본제국에 병합되어 군정 아래 놓였다.

비록 처음에는 일본의 권력 양도가 성공적으로 들어 먹히기는 했

5. 필리핀의 정치가(1878~1944). 대학 재학 중인 1896년에 필리핀 혁명이 일어나자 혁명에 가담해 싸웠다. 1907년에 초대 의회에 진출해서 정치의 중심인물이 되었다. 그 뒤 필리핀 자치 획득에 성공해서 필리핀 정치의 일인자가 되었다. 1935년에 초대 필리핀 대통령이 되었다. 일본이 필리핀을 점령하자 미국에 망명정부를 세웠다.

6. 인도네시아의 정치가(1901~1970). 1928년부터 독립운동에 가담했다가 이듬해 네덜란드 당국에 체포되면서 명성을 얻었다. 일본군이 인도네시아에 진주한 1942년에 풀려나 독립을 목적으로 일본에 협력했다. 일본 패망 직후에 독립을 선언하고 초대 대통령이 되었다. 비동맹 중립외교로 각광을 받았지만, 1966년에 군부에 권력을 찬탈당했다.

지만, 미국을 미워하지 않고 심하게 서구화한 자국 문화를 자랑스러워하는 필리핀인은 투덜거리면서 점령을 받아들였고 대동아공영권 안에서 유일하게 활발했던 대규모 반일 게릴라 운동을 감싸주었다. 버마와 타이의 일부 지역에서는 현지인 노동자가 징집되어 혹독한 조건에서 연합군 전쟁 포로와 함께 일했다. 버마 철도를 부설하다가 포로 6만 1,000명 가운데 1만 2,000명, 그리고 아시아인 노무자 27만 명 가운데 9만 명이 죽었다. 그러나 다른 지역에서는 점령당한 주민이 식민지 행정부에서 일어난 변화에 분개할 일이 없었다. 식자층은 처음에는 그 변화를 환영했고, 일본이 그전에 자기들을 다스리던 유럽인 주인만큼 인종적으로 오만하다는 것을 발견하고 등을 돌렸지만 그 속도는 더디기만 했다.

중국에서는 그렇지 않았다. 1937년 이전의 자기 나라 정부가 아무리 비효율적이었다고 해도 독립국가였던 중국은 부당한 침략을 당한 다음 일본군이 통치권을 부과할 만큼 충분히 강한 모든 곳에서 일본의 이익을 위해 체계적으로 수탈당했다. 사라진 제국체제의 유구함과 웅대함을 깊이 의식하고 지난 세기에 이루어진 서구의 상업 침탈과 외교 침해에 시종일관 분개했던 식자층은 일본 문화를 다른 모든 외래문화만큼 멸시했다. 그러나 아직 국민당의 통치를 받는 지역은 1945년까지 12만 5,000퍼센트에 이른 인플레이션과 끊임없는 징병 몰이로 쑥대밭이 되었다. 공산당이 지배하는 북동부는 국민성에 크게 어긋나는 내핍에 붙잡혀 있었다. 중국의 농경지 40퍼센트 가량이 들어가는 일본의 점령권 안에 있는 농촌지역은 끊임없는 '쌀 공세'에 시달렸다. 혼란이 만연된 가운데 적과 타협하는 중국사람이 많았다. 1942년에 중국 공산주의자들은 국민당 장군 27명이 일본군 편으로 넘어갔다는 사실을 공표했다. 더 중요한 것은 점령자와 피점령자 사이에 거대한 국지적 거래체제가 생겨났다는 점이다. 대개 도시만을 통제한 일본군은 주변의 시골에서 완력으로 필수품을 조달해야 했는데, 이것은 몹시 힘들고 비효율적인 행태였기 때문에 지주와 상인이 현지 일본군 사령관과 거래협정을 맺었다. 이 시장관계가 양쪽에게 더 만족스럽다는 것이 입증되었다. 이 타협은 1944년 봄에 도쿄의 포고령에 따라 이치고 작전이 개시될 때까지 중국 서부 대부분의 지역에서 일반화되었다.

히틀러의 '신질서'

일본의 '신질서'의 기조는 협조였다. 그러나 이 개념은 자기기만적이고 위선적이었고 그 실상은 혹독하고 강탈을 일삼았다. 그렇지만 일본의 가학행위와 잔학행위는 마구잡이였고 산발적이었다. 일본의 동맹국인 독일이 편 점령 정책의 행태는 정반대였다. 히틀러의 '신질서'는 오로지 대독일제국Großdeutches Reich[7]만의 이익에 봉사할 목적을 가지고 만들어졌다. 그러나 그 신질서가 작동하도록 만드는 데 이용된 강압체제는 계획적이고 체계적이었으며, 그 밑바탕이 된 처벌과 보복과 공포는 중앙에서 이행되는 규칙과 절차의 지배를 받았다.

독일군은 1942년 말까지 유럽의 14개 주권국가의 영토를 점령했다. 그 국가는 프랑스, 벨기에, 네덜란드, 룩셈부르크, 덴마크, 노르웨이, 오스트리아, 체코슬로바키아, 폴란드, 그리스, 유고슬라비아, 그리고 발트 해 연안 삼국, 즉 에스토니아와 리투아니아와 라트비아였다. 오스트리아는 1938년 이후로 체코슬로바키아의 주데텐란트 지역과 함께 주권 영토로서 독일제국에 통합되어 있었으며, 예전에 독일 땅이었던 폴란드의 도(道)들은 1939년 이후로 독일제국에 통합되어 있었다. 1940~1941년에 점령된 룩셈부르크, 프랑스의 알자스-로렌 지방, 유고슬라비아령 스타이어마르크Steiermark와 케른텐Kärnten[8]의 남부는 '독일제국과의 연합'이 곧 이루어질 영토로 간주되고 독일 내무부의 '특별 민간 행정' 아래 놓였다. 덴마크는 독일 외무부의 감독 아래서 왕정과 선출된 정부를 유지했다. 노르웨이와 네덜란드는 히

7. 제2차 세계대전 시기의 독일을 일컫는 명칭.

8. 이 두 지역은 본디 오스트리아 영토였는데, 1919년의 생-제르맹(Saint-Germain) 조약에 따라 일부가 유고슬라비아에게 넘어갔으며, 오늘날에는 슬로베니아의 영토다.

틀러에 직접 책임을 지는 제국 총독의 감독을 받았다. 두 나라의 국왕과 정부는 망명했지만 민간 행정부는 자리에 남았다. 벨기에는 프랑스 북동부처럼 독일 점령군의 군정 아래 놓였다. 프랑스 비시 정부는 심지어 독일 국방군이 1942년 11월에 '자유지대' 안까지 점령지를 확대한 뒤에도 나라 전역에서 민간 행정 당국을 유지했다.

꼭두각시 국가로 분리되었던 슬로바키아를 빼고 동유럽이나 남유럽에서는 양도 협정이 없었다. (비록 이탈리아가 그리스와 유고슬라비아의 일부를 1943년 9월까지 점령한 한편, 유고슬라비아의 특정 국경지방이 이웃나라에 병합되기는 했어도) 분규가 이는 유고슬라비아의 세르비아 지역은 그리스처럼 군정 아래 놓였다. 폴란드 동부, 백러시아, 발트 해 연안국가들은 '동방령Ostland'으로 지칭되었고, 우크라이나와 함께 사실상 식민지로서 제국 행정관이 운영했다. 체코슬로바키아의 체코 지방은 보헤미아-모라비아처럼 독일제국 보호령으로 지칭되고 '총독령'으로 알려진 폴란드의 잔여 영토처럼 독일의 직접적인 지배를 받았다. 전선 바로 뒤의 러시아 지역에서는 군정이 유지되었다.

프랑스 북부의 여러 도道와 벨기에에서는 제1차 세계대전 동안에 그랬던 것처럼 특별 경제협정이 진척되었다. 이 지역의 석탄 산업과 철 산업은 단일체로서 운영되었고, 그 산출량은 루르와 점령된 로렌의 산출량과 맞먹었다(이 군사판 '철·강철·석탄 공동체'의 성공으로 전후시기의 유럽 경제공동체[9]의 씨앗이 뿌려지게 된다). 그러나 더 넓은 의미에서 볼 때, 히틀러의 유럽제국 전체는 경제적 수익을 올리기 위해 통치되었다. 공업화된 서구에서는 경제부와 군수부의 대표들이 개별 공장과 대기업의 기존 경영진과 실무 협정을 확립해서 생산 할당량과 구매 협정을 승인했다. 같은 협약이 농산물 거래 기관과 정부 부서와 맺어졌다. 서유럽의 집약적 농업은 1939년에 인구의 26퍼센트가 농업에 종사하면서도 국가의 식료품 필요량을 겨우겨우

9. 서독, 프랑스, 이탈리아, 벨기에, 네덜란드, 룩셈부르크 등 여섯 나라가 1951년에 결성한 '유럽 석탄·강철 공동체'가 공동시장을 창설할 목적으로 조직을 확대해서 1957년에 만든 조직체가 바로 유럽 경제공동체(European Economic Community, EEC)였다. 이 조직체가 밑바탕이 되어 오늘날 유럽연합(EU)이 태어났다.

채우는 나라였던 독일의 경제계획 입안자들에게 매혹적이었다. 전쟁이 일어나기 전에는 주요 농산품 수출국이었으며 인구가 그리 모자라지 않은 프랑스가 부족분의 중요 부분을 공급하리라는 기대를 받았다. 동원으로 독일 남성 인구 3분의 1이 사라진 뒤에는 특히 그랬다. 효율적이기로 이름난 덴마크의 농경도 농산품, 특히 돼지고기와 낙농업품의 제1수입원으로 여겨졌다. 덴마크는 얼마간은 심한 규제를 받지 않고 통치된 까닭에 독일의 수요에 잘 부응했다. 덴마크인 400만 명이 전쟁 대부분의 기간 동안 독일인 820만 명에게 양식을 제공했다. 프랑스는 비록 점령하고 있는 독일군 60개 사단을 먹여 살리고 수출할 잉여가 있기는 했어도, 자국 국민의 섭취량을 줄이는 대가를 치르고서만 그랬던 것이다. 프랑스의 농업 생산성은 전쟁 동안에 사실상 떨어졌다. 주된 이유는 나치 제국 모든 곳의 농경에 영향을 준 인공비료 품귀현상이었다.

모든 프랑스산 상품의 구매를 위한 재정은 전쟁기간 내내 이른바 '점령 비용'으로 징수한 신용대부를 통해 주로 마련되었다. 프랑스의 세수에 매긴 자의적인 연간 부과액인 '점령 비용'의 액수는 독일이 자국에게 많게는 63퍼센트까지 유리하도록 인위적으로 낮춰 잡은 프랑화와 마르크화 사이의 교환 비율로 정했다. 다른 피점령 국가에도 똑같은 협정이 부과되었지만, 그 협정이 가장 잘 들어 먹혀서 ─ 1940년부터 1944년까지 독일제국 국고수입의 16퍼센트 이상을 차지하는 ─ 최대의 수익을 낳은 나라는 피점령 국가들 가운데 가장 크고 가장 공업화된 프랑스였다. '점령 비용'은 독일이, 때로는 크루프Krupp 사와 파르벤I. G. Farben 사 같은 사기업이 프랑스의 군수공업에 직접 투자를 함으로써 어느 정도는 상쇄되었다. 그러나 이 같은 투자는 철저히 이기적이어서, 프랑스 기업가들이 결국은 구매자인 독일이 정하는 값에 단일 시장에 공급하는 물품을 유지하거나 늘릴 수 있도록 펌프에 붓는 마중물에 지나지 않았다.

독일 측의 — 철강 완제품과 미가공 원료뿐만 아니라 항공기 엔진과 무선 통신 장비 같은 군수품을 비롯한 — 프랑스·네덜란드·벨기에산 공산품 구매는 부정하게 조작된 시장에서 이루어졌다. 그렇다고는 해도 시장은 시장이었으며, 프랑스-독일 휴전위원회 관리 같은 독일 측 구매 당국자는 상대방의 자율성을 신중하게 지켜주었다. 이런 사정이 독일의 서유럽 노동시장 강제 개입에는 적용되지 않았다. 전쟁기간 동안 독일의 공업과 농업은 계속해서 외국인 노동력을 몹시도 요구했다. 군의 요구로 국내 노동인구가 3분의 1이 줄고 나치 정책상 독일 여성의 대규모 고용이 배제되었기 때문에, 부족분은 독일제국 국경 바깥에서 메워야 했다. 전쟁 포로가 일정한 수를 제공해서, 1940년과 1945년 사이에 100만 명이 넘는 프랑스인이 독일의 농장과 독일의 광산과 공장에 고용되었다. 그러나 군대의 포획조차 노동력 공급원으로서는 실패했다. 일찍이 1940년 중반에 경제적 유인책이 제공되어 본국의 숙련 노동자를 유혹했고 12월까지는 서구 노동자 22만 명이 독일에 고용되었다. 그러나 1940년의 파국이 지나간 뒤 경제가 회복된 다른 나라는 미끼를 물지 않았다. 1941년 10월이 되면 독일에 있는 서유럽 출신 외국인 노동력이 30만 명 이상으로는 늘지 않았고, 이 가운데 27만 2,000명은 동맹국인 이탈리아에서 온 노동자였다.

따라서 독일은 징용에 기댔다. 프리츠 자우켈Fritz Sauckel[10] 독일제국 노동시장 전권 총이사는 서유럽 점령지의 국가 행정부에 정해진 숫자의 노동자를 만들어내라고 요구해서 1942년 1월에서 10월 사이에 독일의 외국인 노동자 수를 260만 명 더 늘렸다(프랑스에서는 강제 노동부역이, 결국은 젊은이들이 도망쳐서 마키단Maquis[11]에 들어가도록 만드는 제1동기였다). 이 증가율은 1943년에 접어들어서까지도 유지되었는데, 그것은 주로 이탈리아가 9월에 추축국에서 이탈해 나간 결과로 이탈리아에서 노동의무제를 부과할 수 있게 되어 젊은이 150만

10. 고참 나치당원(1894~1946). 공장 노동자로 일하다가 1923년에 나치당원이 되어 주로 튀링엔에서 활동했다. 1942년부터 노동 동원을 책임지는 직책에 올라 1945년까지 유럽 각지에서 500만 명을 독일로 끌고 와 강제 노동을 시켰다. 뉘른베르크에서 유죄판결을 받고 처형되었다.

11. 본디 코르시카에서 산적이 출몰하는 숲을 뜻하는 낱말이었던 '마키'는 징용대상이 되어 독일로 끌려가지 않으려고 숲으로 피신한 프랑스 청년 무리를 일컫는 표현이 되었다. 마키단은 레지스탕스로 편입되어 노르망디 상륙작전과 그 직후에 독일군을 상대로 봉기를 감행했다.

명이 더 배정되었기 때문이었다.

그런데도 유인으로 이루어진 것이든 아니면 강제로 이루어진 것이든 서구의 징용은 궁극적으로는 여전히 독일의 요구량을 채워줄 수 없었다. 서유럽 출신 노동자에게는 서유럽 기준에 맞춰 봉급과 먹을 것과 지낼 곳을 주어야 했고, 그 결과 독일의 전시경제에 주는 부담이 차츰차츰 커졌다. 자우켈이 도입한 해결책은 동방에서 사람을 징용하는 것이었다. 1942년에 동유럽인 노동력을 즉시 구하는 원천은 민스크와 스몰렌스크와 키예프에서 벌어진 포위전에서 사로잡힌 붉은군대 병사 수백만 명에서 발견되었다. 전쟁 동안 사로잡힌 소련 군인의 최종 합계는 516만 명이었는데, 이 가운데 330만 명이 제대로 된 처우를 받지 못해 죽거나 독일인 손에 죽임을 당했다. 1944년 5월에 '노동 중'이라고 기록된 포로는 87만 5,000명에 지나지 않았다. 그 대다수는 노예상태에서 일했다. 러시아 민간인 280만 명도 마찬가지였다. 이들은 대부분 1942년 3월부터 독일 국방군이 러시아에서 쫓겨난 1944년 여름까지 독일군이 독일제국으로 데려온 우크라이나인이었다. 맨 처음에 초청을 받고 '지원'한 첫 모집 인원은 너무 나쁜 대우를 받은 나머지 그들이 사실상 노예상태에 있다는 소식이 퍼져 다른 사람들이 그 뒤를 따르는 것을 막았고, 자우켈은 노동의무제에 기대어 숫자를 채워야 했다. 똑같은 정책이 '총독령' 폴란드에 부과되었다. 나치 친위대가 노예화 도구가 되었다. 친위대장인 하인리히 힘러는 악명 높은 1943년 10월 포즈나인Poznań 연설에서 친위대의 행동수칙을 다음과 같이 개괄했다. "러시아놈, 체코놈들이 어떻게 지내는지는 내게 전혀 대수롭지 않은 문제다. ⋯⋯ 나는 다른 족속들이 잘 사는가, 굶어 돼지는가에는 관심이 없다. 다만 그놈들이 우리 문화를 위해 노예로 우리에게 필요한 정도, 딱 그 정도만 관심을 가질 뿐이다. 그렇지 않다면 나는 관심이 없다."

동방 수탈

우크라이나와 동방령의 제국 총독과 폴란드 총독부는 자기들의 통제 아래 있는 사회의 경제 착취에 똑같은 태도를 취했다. 폴란드에서 사기업은 독일인 지배인에게 넘어가거나 독일 측의 경영 감독을 받았다. 침공 전에도 생산이 모두 국가 소유였던 소련에서 최우선 사항은 전쟁 피해를 복구하는 것이었다. 피해는 우연히 생기기도 했지만 소련 측의 의도적인 행위로 생기는 경우가 더 일반적이어서, 이를테면 정복된 지역에 있는 모든 발전소의 4분의 3이 의도적으로 파괴되었다. 일단 피해가 복구되자, 광산과 유정과 공장을 비롯한 산업구조 전체의 운영이 독일의 국유화 공업의 연장으로서 운영되는 국영회사에 — 특정하게는 베르크-운트 휘텐베르크Berg-und Hüttenwerk 사에 광산업, 대륙 석유Kontinentale Öl 회사에 석유, 오스트파저Ostfaser 사에 모직물 식으로 — 양도되었다. 나중에, 포획한 모든 공장을 경영하는 과업을 국영회사가 감당할 수 없다고 밝혀지자 크루프 사와 플릭 운트 만네스만Flick und Mannesmann 사를 비롯한 사영회사들이 기업체를 할당받아 기존의 기업 제국의 일부로서 그 기업체를 감독했다. 독일이 개입해서 바꾸지 않은 유일한 소련 경제 체제는 집단농장이었다. 아무리 효율이 떨어져도, 그리고 히틀러가 농부 출신 독일 군인이 '흑토' 지대에 정주하도록 만드는 장기 계획을 유난히 좋아했는데도, 집단농장이 한꺼번에 개인농으로 확 바뀌도록 허용하기에는 점령지에 정주할 독일 안팎의 게르만족이 너무 적었다. 폴란드 서부와 대독일제국 언저리에 있는 다른 지역에서 토착 농민이 쫓겨나고 그 자리에 튜튼족[12]이 눌러앉았다. 동방령과 우크라이나 곳곳에서 재민영화 노력이 있었지만, 통상적으로 집단농장 체제는 해체하기에는 너무 잘 확립되어 있다고 판단되었다.

독일이 부과한 변화는 표피적이었다. 1942년 2월 농지포고령Agrarerlaß으로 집단농장은 러시아 혁명 전에 존재했던 촌락사회[13]와

12. 게르만족을 달리 이르는 말.

13. 옵쉬나(obshchina). 미르(mir)라고도 불린다. 1917년 혁명 전의 러시아 농촌에서는 농지가 대개 개인이 아니라 농민 공동체인 미르에 속해 있었으며, 미르에 속한 농지는 장정 수에 따라 농민 가구에 정기적으로 재분배되었다.

등가물이라고 하는 농경 공동체로 개편되었다. 이 공동체에서 경작자는 사유지 점유권을 받고 독일인 점령자는 지대로 수확물의 일정 비율을 차지하는 지주 노릇을 했다. 사실상, 경작자가 재빨리 알아챈 바대로, 독일인은 공물을 사실상 공산당 인민위원만큼이나 많이 거둬갔다. 공물을 내놓지 않으면 개인 소작지를 잃고 재산을 빼앗기고 끌려가 강제노동을 할 위험에 처했다.

요컨대, 독일이 동방에서 편 농경 정책은 독일의 동방 정책Ostpolitik 전체가 그랬듯이 강압의 원칙에 의존했다. 나치 독일은 이데올로기 훈령으로 열등하다고 간주한 — 하등인간Untermensch[14] — 민족의 호의나 심지어는 협조를 얻는 데 관심을 두지 않았다. 더욱이, 동방에서 적용된 것은 히틀러의 제국 전역에 적용되었다. 강압, 탄압, 처벌, 보복, 테러, 절멸은 — 즉, 나치 독일이 점령한 유럽에 권력을 행사할 때 사용한 일련의 조치는 — 오더Oder 강 동쪽보다 라인 강 서쪽에서 더 조심스레 부과되었다. 그렇지만 그 조치들은 스바스티카 깃발이 나부끼는 모든 곳에서 공통된 통제도구였고, 민법의 제한을 받지 않았으며, 영도자의 의지가 그 조치를 실행하는 자들에게 재량권을 줄 때마다 무자비하게 실행되었다.

이런 상황은 무엇보다도 먼저 독일 본국에서 적용되었다. 히틀러는 1933년 1월에 독일 총리직에 임명된 뒤 곧바로 기존의 보호검속 Schutzhaft — 이를테면, 관련자를 군중의 폭력에서 보호하기 위한 보호 구금 — 법률 조항을 확대해서 정치활동에 '치안 구류'를 포괄했다. '치안 구류자'를 붙잡아두기 위한 구치소가 1933년 3월에 뮌헨 부근의 다하우Dachau, 그리고 오라니엔부르크Oranienburg에 세워졌고, 얼마 되지 않아 이런 류의 다른 '집단수용소'가 독일의 다른 지역에 세워졌다. 집단수용소는 1890년대 에스파냐의 쿠바 평정에서 빌려오고 나중에 영국이 보어 전쟁 동안 채택한 용어였다. 그 첫 수감자들은 공산주의자들이었으며, 수감기간은 영도자가 마음대로 정했다. 나

14. 본디 폭력배를 일컫는 말이 있는데, 히틀러가 유대인, 슬라브인, 집시를 지칭하는 말로 쓰기 시작했다.

중에는, 실제로든 아니면 그저 의심만 가든 상관없이, 체제에 반대하는 다른 정치범과 양심수가 감금되었고, 1937년이 되면 동성애자와 거지와 집시를 비롯한 '반反사회분자'가 그곳으로 보내졌다. 전쟁 초기에 집단수용소 구금자 수는 2만 5,000명쯤이었다.

집단수용소는 아직 절멸수용소는 아니었다. 모든 집단수용소는 단지 임의로 가둬놓는 장소였을 뿐이다. 그러나 그 수용소는 나치 친위대 산하 특수 '해골Totenkopf' 지대가 운영했다. 친위대의 우두머리인 하인리히 히믈러는 1936년부터는 독일 경찰의 우두머리이기도 했다. 이렇게 단일 통폐합이 특정하게 실행되어 일반 민간경찰과 더불어 독일제국의 정치경찰(게슈타포Gestapo)[15]과 형사경찰이 나치 관리 한 사람의 단일한 통제 아래 놓였다. 또한 나치당의 보안기관(보안대Sicherheitsdienst, 즉 SD)도 마찬가지였다. 그 뒤로 독일 시민은 게슈타포에 붙잡혀서 보안대 관리의 '치안 구류'에 넘겨져 나치 친위대 '해골' 경비대에 갇힐 수 있었다. 사법 당국이 끼어들 여지는 조금도 없었다.

1939~1941년의 대정복으로 나치 친위대/게슈타포의 권력이 이제 헌병Feldgendarmerie 권력과 제휴하여 점령한 영토로 확장되었다. 그 효과는 사회 지도자를 공격하는 행위가 점령 직후에 시작된 폴란드에서 맨 처음으로 나타났다. 의사, 법률가, 교수, 교사, 사제 같은 전문 직업인들이 '치안 구류' 규정에 따라 붙잡혀 집단수용소에 갇혔다. 풀려나온 사람은 거의 없었다. 강제노동은 집단수용소 체제의 바탕을 이루는 원칙이었다. "노동하면 자유로워진다Arbeit macht frei"는 나치의 구호는 수용소 운영 계율이었다. 점령지에서 집단수용소가 폭증하고 수용소 수감인구가 늘어남에 따라, 배급이 줄고 작업속도가 더욱더 빨라지고 질병이 번졌다. 따라서 강제노동은 사형선고나 마찬가지가 되었다. 맨 먼저 폴란드사람들이 무더기로 죽었다. 폴란드는 전쟁 동안 인구 4분의 1을 잃는 손실을 입었는데, 이 손실에

15. 비밀국가경찰(Geheime Staatspolizei)의 약칭. 1933년에 괴링이 프로이센 정치경찰을 대체해서 만든 조직으로, 1936년에 하이드리히의 보안경찰(Sipo)의 지부가 되었다가 1939년 9월에 나치 친위대 산하 조직이 되었다. 반체제 인사나 저항 조직을 색출하는 역할을 했다.

서 보호 검속 대상이 되어 살아남지 못한 사람이 상당한 비율을 차지했다. 그 뒤로 목숨을 부지한 사람은 극소수였다. 체코인, 유고슬라비아인, 덴마크인, 노르웨이인, 벨기에인, 네덜란드인, 프랑스인은 저항을 하면, 심지어는 생각만 달리 해도 붙잡혀 감옥에 갇히는 정도가 아니라 재판도 받지 못한 채 강제이송되는 처벌을 받았으며, 결국 목숨을 잃는 경우도 잦았다. 중세에 대전투가 벌어진 싸움터였던 아쟁쿠르Agincourt[16]에 세워진 모든 기념물 가운데 가장 가슴 아픈 것은 1415년에 쓰러진 프랑스 기사들의 집단 무덤 위에 있는 기념비가 아니라 "1944년에 나츠바일러Natzweiler로 강제이송되어 죽은" 시골 신사와 그의 두 아들을 기리는 아쟁쿠르 성 정문의 수수한 예수 십자가상이다.

그 프랑스인 세 사람이 강제이송되어 죽음을 당한 곳인 나츠바일러는 독일 안팎의 나치 친위대가 운영하는 18개 주요 집단수용소 가운데 하나였다. 오더 강 서쪽에 있는 강제수용소에서 수만 명이 죽고, 죽도록 일하거나 굶어 죽었고, 생필품이 없어 병으로 죽었고, 또는 개별 사례로 법령에 따라 처형당했다. 그렇지만 서유럽의 집단수용소는 절멸수용소는 아니었다. 1945년 4월에 영국군이 벨젠Belsen[17]에서 마주친 소름 끼치는 죽음의 광경은 만성적인 영양실조에 시달리던 재소자 사이에서 갑작스레 병이 번진 결과였지 학살의 결과는 아니었다. 그러나 학살은 집단수용소 체제의 밑바탕에 깔린 근원적인 공포였으며, 오더 강 동쪽에 있는 수용소, 특히 헤움노Chełmno[18], 베우제츠Bełzec, 트레블린카Treblinka, 소비부르Sobibór, 마이다넥Majdanek을 비롯한 수용소들은 오로지 학살을 목적으로만 건설되고 운영되었다.

학살은 정복전에 늘 따라다니게 마련이고, 몽골인의 특질이었으며, 전성기에 로마인이 갈리아에서, 그리고 에스파냐인이 남미에서 자행했던 일이다. 그렇지만 17세기 이후로 유럽의 전쟁행위에서 학살

16. 백년전쟁(1337~1453) 중인 1415년에 프랑스군 기마부대가 잉글랜드군의 보병과 궁수에 궤멸된 전투가 벌어진 곳. 프랑스 북부 파드칼레 부근에 있으며, 오늘날에는 Azincourt로 불린다.

17. 정식 명칭은 베르겐-벨젠 (Bergen-Belsen).

18. 독일어 명칭은 쿨름호프 (Kulmhof).

⬧ 히틀러의 '신질서'. 1945년 4월 15일, 영국군이 베르겐-벨젠 집단수용소를 해방한 뒤 수용소에 마련된 집단 무덤.

이 사실상 금지되었다는 것은 서유럽 문명이 진보한 정도를 보여주는 지표였다. 나치 독일이 정복한 땅에서 학살을 제국주의의 원칙으로 삼았다는 것은 나치 독일이 야만으로 되돌아갔음을 보여주는 확고한 지표였다. 그러나 나치 독일이 억압도구로 되살려낸 학살에 주로 희생된 사람들은 저항을 — 지난날 정복자의 잔혹한 난폭행위를 주로 불러일으켰던 저항을 — 해서 독일의 힘에 반대한 사람들이 아니라 나치 이데올로기상 그 존재 자체가 나치의 승리에 도전과 위협과 장애가 된다고 여겨진 민족, 즉 유대인이었다.

유대인의 운명

유대인은 나치가 권력을 잡은 뒤 곧바로 독일에서 법률상의 불이익을 받았다. 유대인은 1935년 9월 15일 이후로 이른바 뉘른베르크법[19]에 따라 정식 독일 시민권을 박탈당했던 것이다. 1938년 11월까지 독일의 유대인 50만 명 가운데 약 15만 명이 간신히 이민을 갈 수 있었다. 그러나 많은 유대인이 독일 국방군이 곧 손을 뻗치게 될 범위 밖에 있는 나라에 도달하지 못한 한편, 유럽 유대인의 대집결체는 아직은 도망쳐야 할 동기가 없었으므로 그 범위 안에서 살았다. 그 범위에는 폴란드 동부와 러시아 서부에 있는 유서 깊은 정주지역에 사는 유대인 900만여 명이 들어있었다. 바르샤바, 부다페스트, 프라하, 테살로니키Thessaloniki, 그리고 유대교 학문의 중심지인 리투아니아의 빌나Vilna에 사는 많은 유대인 인구도 마찬가지였다. 나치가 1938~1939년에 외교와 전쟁에서 승리를 거두자 이들 동유럽 유대인 가운데 다수가 나치의 통치를 받게 되었다. 그 나머지는 바르바로사 작전이 집어삼켰다. 히믈러는 유대인을 즉시 학살하기 시작했다. 비록 그런 행위를 할 적법한 권리가 있음을 입증하려고 부단히 애쓰기는 했지만 말이다. 4개 '출격대Einsatzgruppe'가 독일인 나치 친위대원과 경비대원, 그리고 현지에서 모은 민병대원으로 구성

19. 히틀러가 생각해내고 1935년 9월 15일에 열린 뉘른베르크 나치당 집회에서 인준된 두 가지 법률. 하나는 유대인의 독일 시민권을 박탈하는 국적법이었고, 다른 하나는 유대인과 독일계 민족 사이의 결혼과 성 관계를 금지하는 '독일혈통·명예보존법'이었다.

20. 출격대는 독일군 보안대 산하의 이동 총살대이며, 특수공작대는 출격대 소속 하위부대였다. 절멸수용소에서 가스실과 시체소각장을 치우는 일을 맡은 유대인 재소자 작업반도 Sonderkommando로 불렸다.

21. 나치 독일의 고위관리(1904~1942). 본디 해군장교였으나, 1931년에 전역한 뒤 나치활동에 전념했다. 나치 친위대에서 히믈러 다음가는 2인자가 되어 '국가의 적'을 무자비하게 처단했다. 제2차 세계대전이 일어난 뒤에는 점령지에서 학살을 주도하며 저항운동을 억누르다가, 1942년 5월 27일에 프라하에서 영국이 파견한 공작대에게 암살당했다.

22. 아우슈비츠는 오늘날 폴란드의 오시비엥침(Oświęcim)이며, 옛날 집단수용소 자리에는 홀로코스트 기념관이 들어서 있다.

된 '특수공작대Sonderkommnado'로 나뉘어져 1941년 6월과 11월 사이에 새로 정복한 지역에 사는 유대인 100만 명을 이미 죽였다.[20] 그러나 그 대다수는 히믈러가 효율성이 떨어진다고 여긴 방법으로, 즉 집단 총살로 죽임을 당했다. 히믈러가 의장을 맡은 국제경찰의 본부 건물에서 1942년 1월에 회의가 열렸다. 베를린 근교의 반제Wannsee에서 열린 이 회의에 히믈러의 부관인 라인하르트 하이드리히Reinhard Heydrich[21]가 유대인 학살, 즉 '최종해결Endlösung'로 알려지게 될 대책을 제도화하자는 제안을 했고 그럴 권한을 받았다. 유대인은 점령된 순간 이후로는 폴란드에서 정해진 게토ghetto 안에서 살아야 한다고 규정되었고, 이 명령은 그 뒤 다른 점령지까지 확대되었다. 따라서 유대인을 한데 몰아서 동쪽에 '재정주'하도록 '수송'하기란 어려운 일이 아니었다. 나치 친위대 경제과가 운영하는 산업체와 연계된 수용소로 보내진 유대인은, 비록 늙은이와 허약자와 어린이들은 가스실로 직행했을지 모르지만, 대개는 죽도록 일하다가 몸이 약해지면 가스실로 보내졌다. 폴란드 남부에 있는 대형 수용소인 아우슈비츠Auschwitz[22]는 두 가지 목적에 다 이용되었다. 트레블린카와 소비부르 같은 절멸수용소에 보내진 유대인은 도착하자마자 가스실로 갔다. 이런 식으로 1943년 말까지 전 세계 유대인 인구의 약 40퍼센트, 즉 600만여 명이 죽임을 당했다. 살아남은 유럽의 마지막 대규모 유대인 사회, 즉 헝가리의 유대인 80만 명 가운데 45만 명이 1944년 3월과 6월 사이에 나치 친위대에게 넘겨져 아우슈비츠에서 가스로 목숨을 잃었다.

나치 친위대 경제과장이 4월 5일에 히믈러에게 보고한 바에 따르면, 이 무렵에는 집단수용소 20개와 보조 수용소 165개가 있었고, 1944년 8월에 재소자 인구는 52만 4,286명이었으며 그 가운데 14만 5,119명이 여자였다. 1945년 1월에는 합계가 71만 4,211명으로 늘었고, 이 가운데 20만 2,674명이 여자였다. 이들 가운데 유대인은 거의 없었다. 최종해결이 사실상 완료되었다는 간단하고도 으스스한 까닭에서였다. 그러나 유대인은 도착하자마자, 아니면 도착한 뒤 얼마 되지 않아 죽는 것이 으레 그들이 맞이한 운명이었으므로 결코 수용소 재소자 인구의 과반수를 차지하지 못했다고 볼 수도 있다. 일할 수 있는 한 목숨을 부지한 비유대인 강제 노무자들이 늘 유대인 수를 능가했을지 모른다. 이런 얄궂은 사실에 나치 인종 정책의 등골 오싹한 특성이 놓여 있었다. 유럽 유대인의 제거와 이송은 1942년과 1945년 사이에 유럽대륙에 살았던 모든 사람에게 알려진 사실이었기 때문이다. 유대인이 사라짐으로써 나치 지배의 야만적 무자비성이 뚜렷해지고, 나치의 권위에 대들거나 거스르는 개인에게 무언의 위협이 가해지고, 한 민족에게 자행된 짓이 다른 민족에게도 자행될지 모른다는 경고가 되었다. 심원한 의미에서 최종해결의 기구와 나치 제국의 기구는 동일했다. 즉, 체계적인 학살이 언제 어디서나 나치 권위 행사의 밑바탕을 이루었으므로 히틀러는 자기가 정복한 신민을 통치할 필요가 조금도 없었다. 집단수용소에 관해 알면 그것만으로도 영웅적으로 저항하는 사람 극소수를 빼고는 모든 사람이 공포의 다섯 해 동안 아주 비굴해졌던 것이다.

16 | 섬 쟁탈전

미드웨이 전투의 승리로 객관적으로만이 아니라 주관적으로도 태평양 전쟁의 전황이 바뀌었다. 자신감을 되찾은 미군 참모총장들은 이제부터는 공세로 넘어갈 수 있다는 것을 깨달았다. 문제는 어느 축을 따라가느냐였다. 도조와 그의 정부가 패배를 인정하도록 만들 수 없어서 침공이 불가피해지는 한 최종 목표는 일본 본토였다. 그렇지만 일본 본토는 하와이와 오스트레일리아에 남아 있는 미국의 여러 태평양 기지에서 2,000마일이나 떨어져 있었다. 그 각각의 기지 사이에는 요새화된 일련의 가공할 일본령 도서가 끼어 있어 미군의 수륙 동시 전진을 가로막았다. 1941년 12월과 1942년 5월 사이에 수비대가 대비를 하지 못해서 — 또는 수비대가 전혀 없어서 — 그토록 삽시간에 잃어버린 땅을 이제 고통스러운 대가를 치르며 조금씩 조금씩 회복해야 할 터였다. 동인도 제도의 커다란 섬들을 경로로 삼아 차근차근 나아가는 것이 나을까, 아니면 북태평양의 조그만 외딴 환초들을 징검돌 삼아 휙휙 건너뛰는 것이 나을까?

경로의 선택에는 사령관의 선택과 병과의 선택이 따르게 마련이었다. 1942년 3월 30일에 미 합동참모회의와 조지 마셜George C. Marshall 장군과 어니스트 킹Ernest King 제독이 태평양의 전략 책임을 분담한다는 데 합의했다. 새로 조정을 해서 ABDA를 해체하고 하와이에 본부를 둔 태평양 함대의 니미츠 사령관이 태평양 구역을 맡고 오스트레일리아에 본부를 둔 현지 육군부대의 맥아더 사령관이 태평양 남서부 구역을 맡도록 했다. 북쪽 경로를 선택하면 니미츠와 해군이 우위에 서게 된다. 태평양은 언제나 해군의 권역이었기 때문에 논리가 서는 조치였다. 그러나 소규모 해병대가 해군이 보유한 유일한 육군 병과였고, 일본을 향해서 환초들을 딛고 성큼성큼 건너뛰기에는 함선과 전함과 병력이 모자랐다. 대조적으로, 육군에게는 훈련소에서 오스트레일리아로 점점 더 많이 이송되고 있는 병력이 있었다. 한편, 오스트레일리아에 붙어 있는 데에서 시작되고 공격부대에 필요한 자원을 적어도 얼마간이라도 내놓는 커다란 섬들을 따라서 차근차근 나아가는 태평양 남서부 구역 경로는 수송에 들어가는 자원이 걸맞지 않게 더 적었다. 그렇지만 그 경로를 선택하면 육군만이 아니라 그 사령관까지 우위에 서게 된다. 맥아더는 바탄 방어전으로 미국민에게 영웅이 되기는 했어도 미국의 제독들에게는 인기가 없었다. 그들은 만약 태평양 남서부가 역공의 제1차 구역이 된다면 부하들 사이에서 군림하고 언제나 남보다 앞서려고 드는 위인인 맥아더가 해군 작전을 육군 작전 밑에 두어서 전략 지휘권을 부당하게 빼앗을 것이라고 두려워했다.

격렬한 병과 간 협상을 거쳐 타협이 이루어졌다. 육해군은 남쪽 경로를 따라가겠지만, 구역이 세분되어서 전역戰域의 일부는 니미츠와 해군에, 일부는 맥아더와 육군에 할당되며 해군의 수송선과 항공모함과 포격함대를 엄하게 한정해서 요청할 것이었다. 1942년 7월 2일에 합의가 이루어진 이 타협에서 뉴기니 동쪽에 있는 과달카날Guadalcanal 섬을 장악하는 1번 임무가 해군에 할당되었다. 뉴기니, 그리고 그 앞바다에 있고 일본이 주요 기지로 삼은 라바울Rabaul이 있는 섬인 뉴브리튼으로 전진해 들어가는 2번 임무는 맥아더에게로 갈 것이었다. 이렇게 해서 라바울에 마지막 공격을 가하는 3번 임무는 결국에 가서는 맥아더 차지가 된다.

솔로몬 제도에 있는 과달카날은 미 해군과 미 해병대를 둘 다 필사적인 싸움에 밀어넣었다. 비록 작전 출발지점인 뉴질랜드에서 안전하게 접근할 수 있기는 했어도 과달카날은 미 해군 병사들 사이에서 '갸름한 홈Slot'으로 알려지게 되는 비좁은 해협을 이루는 솔로몬 군도의 다른 섬들에 3면이 둘러싸여 있었다. 일단 부대가 뭍에 내리면, 해군은 이 비좁은 해역을 통해서 그 부대에 재보급을 해줘야 한다는, 따라서 기동하기는 어렵고 적의 기습을 받기는 지극히 쉬운 상황에서 일본군과 싸워야 한다는 위험부담을 안았다.

특급 정규부대인 미 해병대 제1사단이 8월 7일에 어렵지 않게 뭍에 내려서 앞바다에 있는 툴라기Tulagi 섬과 가부투Gavutu 섬과 타남보고Tanambogo 섬을 장악했다. 2,200명뿐이었던 일본군 수비대는 삽시간에 제압되었다. 그러나 과달카날에 미 해병대가 나타나자 일본군 상급사령부는 극도로 흥분했다. 나중에 노획된 문서에 "과달카날 재탈환에 성공하는가 아니면 실패하는가는 적군의 승리로 가는 길과 아군의 승리로 가는 길이 교차하는 갈림길"이라고 씌어 있었다. 일본군은 과달카날에서 자기들의 외곽방어선에 하나라도 갈라진 틈이 생기면 남방 전체가 위태로워지리라는 점을 인식했기 때문에 사력을 다해 과달카날을 재탈환하겠다는 결의를 다졌다. 8월 8/9일 밤에 사보Savo 섬 앞바다에서 일본군은 과달카날 상륙을 지원하고 있던 미 함대를 기습해서 순양함 4척을 가라앉히고 순양함 1척과 구축함 2척에 손상을 입혔다. 일본군은 8월 18일부터 사보 섬에 증원군을 쏟아부었고, 함포와 항공기가 (미드웨이 전투에서 전사한 미 해병대 소속 비행기 조종사[1]를 기려서 헨더슨Henderson 비행장으로 명칭을 바꾼) 사보 섬의 미군 비행장을 끊임없이 공격해서 그 증원군을 지원했다. 여태껏 파견된 증원군 가운데 가장 많은 증원군을 싣고 가던 함대가 8월 24일에 과달카날 섬 동쪽에서 미 해군에 요격되어 그 해역에서 벌어진 다섯 차례의 전투 가운데 두 번째 전투가 벌어졌다. 이 동솔로몬 해 전투에서는 미군이 이겼다. 비록 엔터프라이즈 호가 피해를 입기는 했지만 일본군은 항공모함 1척과 순양함 1척과 구축함 1척을 잃었고, 미군이 잃은 항공기가 20대인 데 반해 일본군이 잃은 항공기는 60여 대였다.

일본군은 비록 바다에서는 격퇴되었지만 뭍에서는 맹렬히 싸우고

1. 1942년 6월 초순에 미드웨이 전투에서 미 해병대 소속 급강하 폭격기 241비행대대를 이끌고 일본 함대와 교전하다가 항공모함 아카기 호를 공격하던 중 일본군 전투기의 총격을 받아 전사한 로프턴 헨더슨(Lofton Henderson) 소령.

있었다. 제아무리 정예부대였어도 미 해병대는 태평양 전쟁 내내 일본군에게 느끼게 될 군인으로서의 존경심과 인종적 증오심을 과달카날에서 배웠다. 헨더슨 비행장 가까이에 있는 한 지형이 유난히 치열했던 싸움의 초점이 되었다. 미 해병대원은 그것을 '피의 능선_{Bloody Ridge}'이라고 불렀다. 한편, 미 해군은 그 섬으로 증원군을 나르는 일본군 구축함 야간 호송선단에 '도쿄 특급열차_{Tokyo Express}'라는 이름을 붙였다. 미 해군은 정기적으로 요격 시도를 했고 10월 11/12일 밤에 어둠 속에서 일본군 순양함 부대를 따라잡아 기습했다. 미국은 이 에스페란스_{Esperance} 곶 해전에서 최고의 성과를 올렸다. 그러나 훨씬 더 큰 두 함대가 10월 26일에 과달카날 섬 남동쪽에서 벌어진 산타크루즈_{Santa Cruz} 해전에서 다시 격돌했고, 이번에는 일본이 판정승을 거두었다. 일본군이 이 전투에 투입한 항공모함 4척에 탑재한 일본 항공기 가운데 100대가 격추되었다. 그러나 비록 위험에 처한 미군 항공모함이 단 두 척뿐이고 미군의 항공기 손실은 일본군의 절반이기는 했어도, 엔터프라이즈 호가 피해를 입었고 둘리틀 도쿄 공습의 주인공이었던 호넷 호가 침몰했다.

서사시적인 과달카날 공방전

산타크루즈 해전에 앞서 일본군은 10월 23일과 26일 사이에 과달카날을 지키는 미군을 상대로 맹공을 개시했다. 그 시기에 폭우가 내린 탓에 헨더슨 기지로부터 작전을 벌이는 미군 항공기들이 지상에 묶여 있었지만 기지가 다른 곳에 있는 일본군 항공기들은 연쇄 공격을 가할 수 있었다. 과달카날의 해역에 미군 수송선이 들어오지 못하도록 일본군이 애쓰는 가운데에서도 미 해병대는 버텨내고 역공을 하고 심지어는 증원군을 받기까지 했다. 11월 12일과 15일 사이에 지금은 과달카날 해전으로 알려진 치열한 싸움이 '갸름한 홈'에서 벌어지는 사흘 동안 전함과 전함이 격돌했다. 유틀란트 해전 이후로는 처음 있는 주력함끼리의 고전적 결투였다. 그러나 이 번에는 교전이 밤에 벌어졌고 레이더가 승패를 가르는 요인임이 입 증되었다. 일본군 기함 히에이比叡 호가 11월 12일 밤에 너무나 심하게 부서져서 이튿날 아침에 엔터프라이즈 호에서 날아오른 항공기에 희생되어 침몰했다. 전함 기리시마霧島 호가 11월 14/15일 밤에 사우스다코타South Dakota 호에 포탄 42발을 퍼부었다. 그러나 사우스다코타 호는 신형이고 기리시마 호는 구형이었다. 사우스다코타 호는 살아남은 반면, 기리시마 호는 워싱턴 호가 7분 동안 쏘아댄 16인치 포탄 9발을 맞고 바다 밑으로 가라앉고 말았다. 보름 뒤에, 즉 11월 30일의 타사파롱가Tassafaronga 해전에서 미군 순양함 부대가 그리 좋지 않은 성과를 올렸지만, 그곳에서 일본군의 엄호부대가 (함선이 하도 많이 가라앉아서 '바닥이 쇠로 된 해협Ironbottomed Sound'이라고도 알려진) '갸름한 홈'에서 벌어진 싸움에서처럼 병력 수송선을 물에 대는 데 실패했다. 과달카날 해역의 제해권을 얻기 위한 전투가 진행되는 동안 일본 군인 수천 명이 물에 빠져 죽었다.

증원군과 보급을 받지 못한 과달카날의 일본군 수비대가 이제 휘청거리기 시작했다. 섬에는 거머리와 열대 말벌과 학질 모기가 들끓었고, 일본군은 배급이 줄어들자 질병에 시달렸다. 미군도 — 헨더슨 기지의 비행기 조종사가 전투를 하는 데 필요한 손과 눈의 민첩성을 잃는 데 30일이 걸리는 등 — 병에 걸렸지만, 전투의 조류가 이제는 그들 쪽으로 흐르고 있었다. 1943년 1월에 과달카날 섬의 일본군 지휘관이 퇴각해서 본부를 이웃에 있는 부건빌Bougainville 섬으로 옮겼다. 2월 초순에 '도쿄 특급열차'가 역운항을 하기 시작해서 병에 걸려 탈진한 방어부대원들을 뉴기니로 소개했다. 2월 9일이 되면 과달카날에서 일본군의 저항이 공식적으로 종식되었다.

미 해병대원에게 과달카날은 서사시적인 싸움으로 기억되었다. 과달카날에서 싸웠던 사나이들은 태평양 전쟁의 다른 어떤 전역에 참전한 군인들도 얻지 못한 인내력의 아우라를 지녔다. 그렇기는 해도 과달카날은 사상자 수라는 면에서 보면 비교적 값싼 승리였다. 일본군은 전사나 행방불명으로 2만 2,000명을 잃었고, 싸움의 예봉을 맡았던 미 제1해병사단과 제7해병사단은 1,000명을 조금 웃도는 사망자를 냈을 따름이다. 미군은 일본군을 쳐서 무릎꿇리기 위해 광활한 태평양 전역에서 쓰게 될 전술방식을 과달카날에서 확정했다. 이 방식에는 일본이 정복한 구역의 외곽방어선에 있는 중요한 제도를 장악해서 일본 본토로 향해 가는 징검돌로 삼기 위해 지상공격 항공기와 해군 함포사격의 묵직한 지원을 받는 정예 상륙부대의 투입이 수반되었다. 구상되고 실행된 대로 그 방식은 정신과 물질 사이의 싸움을 불러일으켰다. 양쪽 다 더할 나위 없는 용맹을 보여주게 된다. 그러나 황군이 결국은 명예의식에 기대 저항을 지탱한 반면, 미군은 압도적인 화력을 동원해서 황군을 수천 명씩 죽일 수 있었다. 장기적으로는 미군이 이길 수밖에 없는, 대등하지 않은 싸움이었다.

미군은 과달카날 섬의 포연 자욱한 해안에서 멀리 떨어진 태평양에서 바야흐로 승리를 또 한 차례 거둘 참이었다. 미드웨이 공세에서 유일하게 성공을 거둔 조공助攻에서 일본군이 알래스카에서 일본 쪽으로 내달리는 미국령 군도인 알류샨 열도의 맨 서쪽에 있는 두 섬에 1942년 6월에 상륙했다. 다른 곳에 정신이 팔려 있던 미군은 그 두 섬을 그대로 내버려 두었다. 그러나 1943년 5월에 니미츠가 부대를 그러모아 아투Attu 섬에 내려놓고 점령자와 대결했다. 또한 그는 그 섬 앞바다에서 3월에 일본군이 맹렬한 중순양함 교전을 한 차례 벌인 적이 있기 때문에 지원용으로 전함 3척을 보냈다. 방자는 (2,000명으로) 수는 얼마 되지 않았지만 공자인 미군에 사망자 1,000명이 나오는 피해를 안겨준 뒤에 탄약이 다 떨어져서 자살 총검 돌격을 했다. 8월에 훨씬 더 큰 부대가 키스카Kiska 섬을 재탈환했다. 일본군은 현명하게도 공격을 받기 전에 그 섬에서 물러났다.

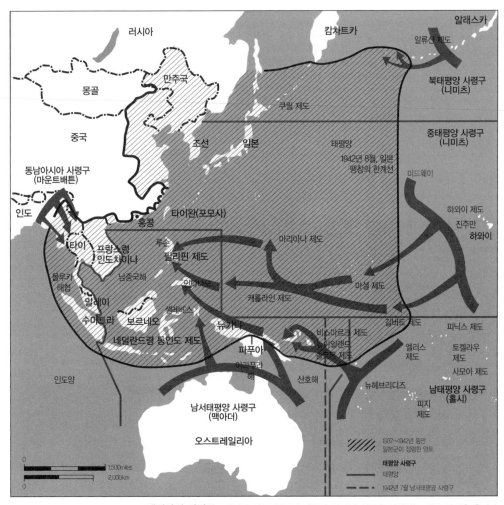

태평양의 사령구 태평양 진공. 일본이 재빨리 얻어낸 제국을 강화하는 데로 관심을 옮기자마자, 연합군은 태평양의 제도들을 탈환하는 데 관심을 집중했다.

이와는 대조적으로 적도지대에 있는 뉴기니에서는 일본군이 방어에 아주 유리한 지형에서 진지를 구축해놓고 버티고 있었다. 산호해 해전에서 미군이 이기는 바람에 북쪽에서 남쪽으로 바다를 통해 산호해를 빙 돌아서 포트모르즈비로 가려던 노력이 빗나간 뒤 일본군은 1942년 7월 22일에 '새'처럼 생긴 뉴기니의 '꼬리'에 해당하는 파푸아Papua에 상륙했다. 오언 스탠리Owen Stanley 산맥의 고개를 넘어 육로로 전진해서 포트모르즈비를 장악하려던 일본군의 시도는 오스트레일리아군에 저지되었고, 일본군은 어쩔 도리 없이 부나Buna와 고나Gona의 상륙지점으로 물러나야 했다. 그러나 오스트레일리아군이 미군의 지원을 받아 공세로 넘어가자, 오언 스탠리 산맥이 연합군의 전진에 장애물이 되었다. 구불구불한 코코다 소로Kokoda 小路[2]가 산맥을 넘는 유일한 경로이기 때문이었다. 일본군이 참호를 깊이 파들어간 고나와 부나 바깥에 공격부대가 극히 어렵사리 진지를 구축했다. 뒤이어 고통스러운 격전이 곳곳에서 벌어졌다. 일본군은 굶주리고 있었지만, 오스트레일리아군과 미군은 끔찍한 전투 조건에 낙담했다. 그러나 12월 2일에 미국의 신임 장군 로버트 아이켈버거 Robert Eichelberger가 도착해서 공세에 다시 활력을 불어넣었다. 1943년 1월 2일까지 부나가 장악되었다. 한편, 고나는 오스트레일리아군 제7사단과 미군 제32사단이 장악했다. 고나는 12월 9일에 함락되었다. 사상자 수는 다시 일본 측에 크게 불리했다. 이 전역에서 일본군은 1만 2,000명이 죽는 피해를 입었고, 연합군은 2,850명을 잃었는데 대부분 오스트레일리아 군인이었다.

수레바퀴 작전

  비록 나머지 뉴기니에 일본군 근거지가 남아 있기는 했어도, 파푸아에서 승리를 거두면서 오스트레일리아에 가해지던 위협이 가셨고, 맥아더가 솔로몬 군도와 비스마르크 군도를 거쳐 필리핀으로 향하는 남방 경로를 따라 도로 쳐들어가는 데 노력을 집중할 길이 열렸다. 그러나 맥아더의 전략 개념에는, 비록 일본군 수비대를 내버려둔 채 우회해서 '말라 시들어가'도록 만들 — 그리고 군데군데 겹치는 제공권 구역을 확립할 근거가 되는 간이 비행장을 장악하는 부산물이 필연적으로 생기는 — 수많은 '섬 딛고뛰기island-hopping'가 수반되기는 해도, 상륙작전이 아주 많이 들어 있어서 작전에 병력과 함선, 그리고 특히 항공기가 요구되는 바람에 가용한 자원이 바닥을 드러낼 기미를 보였다. 그의 최종 목표지점은 비스마르크 군도에서 가장 큰 섬인 뉴브리튼에 있는 일본의 강력한 병력 집결지인 라바울이었다. 그러나 그의 전진 계획에는 추가분으로 5개 사단, 그리고 덧붙여서 45개 비행연대, 즉 항공기 1,800여 대가 필요할 터였다. 1943년 1월의 카사블랑카 회담에서 지적되었듯이, 당시 태평양에는 이미 미군이 46만 명 있었지만 북아프리카 침공으로 제2전선을 열어 젖힐 준비가 이미 시작된 유럽 전역戰域에 있는 미군은 38만 명에 지나지 않았다. 맥아더의 요구 탓에 워싱턴에서 격렬한 병과 간 분쟁이 일어나 1943년 3월까지 지속되었다. 일본군이 과달카날과 뉴기니에서 미국과 오스트레일리아의 육군 병사와 해병대원들과 벌이는 전투에 붙잡혀 있는 동안, 미 육군과 공군의 장군들과 해군제독들은 태평양 전쟁의 전개에 관한 결정을 둘러싸고 각자 자기 경쟁 병과들의 이해관계가 대치하도록 만들었다. 1943년 4월 말에 드디어 계획이 등장했다. 그 계획에는 수레바퀴Cartwheel라는 암호명이 붙었고, 비록 1942년 7월 2일 합의의 기조가 보전되기는 했어도 중요한 수정 하나가 들어 있었다. 니미츠가 이제 태평양 전체를 담당하는 전역戰域사령관이 되었고, 태평양 남서부 구역이 맥아더에게 맡겨진 반면 윌리엄 홀시 제독은 맥아더의 측방으로의 전진을 포함할 남태평양상의 작전을 위임받았다. 요컨대, 맥아더는 남쪽에서, 홀시는 북쪽에서 라바울을 에워쌀 것이었다. 비스마르크 제도 남부와 뉴기니는 맥아더의 책임, 솔로몬 제도는 홀시의 책임이 될 터였다. 일단 맥아더가 뉴기니의 북쪽 해안과 라바울이 있는 뉴브리튼의 배후지를 장악하고 홀시가 솔로몬 열도를 따라 부건빌로 전진하면, 그들은 집게발을 움직여 라바울을 급습할 터였다.

워싱턴에서 미 합동참모회의와 각 병과 참모총장 부관들이 이 태평양 군사회담을 하고 있는 동안, 일본군은 자기들이 남태평양에서 전략 방어로 내몰렸다는 것을 심각하게 인식하고는 예상되는 공격에 저항하고자 남태평양의 수비대를 증강하고 재편성하느라 바빴다. 전체를 총괄하는 지휘관은 이마무라 히토시今村均 장군이었고, 그의 본부는 라바울에 있었으며, 그의 휘하에는 솔로몬 제도의 제17군이 있었다. 이때 대본영은 뉴기니 북부를 방어하기 위해 이 부대에 새로운 1개 군, 즉 제18군을 추가하기로 결정했다. 제18군 사령관 아다치 하타조安達二十三 장군이 조선과 북중국에서 2개 사단을 새로 데려왔다. 그 사단 가운데 하나인 제51사단은 우선 라바울에 내렸다가 아다치의 본부와 함께 배를 타고 뉴기니의 라에Lae에 있는 새 주둔지로 향했다. 도중에 미군 항공기가 제51사단을 요격했는데, 이것은 미군이 그해 봄에 거둔 두 차례의 장쾌한 항공 전과 가운데 첫 번째로 올린 전과였다.

맥아더는 1942년 8월에 새 공군사령관 조지 케니George Kenny 장군을 받았다. 그는 미 육군 항공부대의 대함對艦 전술에서 혁명을 일으킨 사람이었다. 예전에는, 육군 비행기 조종사들이 비록 일본 해군을 상대로 수많은 전과를 올렸다고 보고해도 사후분석을 해보면 목표물에 명중한 경우가 거의 없다는 것이 드러났다. 케니는 방식을 바꾸었다. 그는 실패의 원인이 미 육군 항공부대가 높은 고도에서 정밀폭격을 하는 방식을 택한 데 있음을 깨닫고, 휘하 중거리 폭격기 조종사에게 낮은 고도에서 기관포와 세열폭탄으로 공격하는 훈련을 시켰다. 일본군 제51사단은 1943년 3월 2일에 라에를 향해 라바울을 떠났을 때 처음에는 낡은 고고도 기법[3]을 쓰는 하늘의 요새 편대에 요격당했다. 가라앉은 함선은 딱 한 척이었다. 그러나 다음날 B-25 중거리 폭격기, A-20 중거리 폭격기, 오스트레일리아군의 보파이터Beaufighter 전투기 100대가 제51사단을 다시 찾아내고는 예상되는 하늘의 요새 습격에 대처하려고 높은 고도에서 정찰비행

3. 대개 2,000미터 상공에서 수평비행을 하며 폭탄을 떨어뜨려 목표물을 공격하는 고고도 수평 폭격을 일컫는다.

을 하는 제로의 눈길을 피해 해수면 고도에서 스치듯 날아서 일본 함대를 공격해 수송선은 모두 다, 호위 구축함은 8척 가운데 4척을 가라앉혔다.

비스마르크 해전은 의미심장한 물량의 승리였다. 다음 달에 맥아더의 항공부대가 어쩌면 중요성이 훨씬 더 클지도 모를 심리적 승리를 거두었다. 쌍발 엔진 장거리 라이트닝 전투기, 즉 P-38이 얼마 전에 기존 병력에 추가된 것이었다. P-38은 근접 공중전에서는 제로의 맞수가 아니었기 때문에 주로 높은 고도에서 급강하하면서 일본군 항공기 주력부대에 전략 타격을 가하는 용도로 따로 예비해 두었다. P-38은 두려움과 미움의 대상이 되었고, 그 엔진소리는 남태평양의 일본군 비행대원에게 곧 익숙해졌다. 야마모토는 P-38과 B-25가 이루고 있는 성공을 뒤엎으려는 노력의 일환으로 예하 항공기를 모아 가용한 최대의 부대를 만들어서 1943년 4월 초순에 과달카날과 그 앞바다에 있는 툴라기 섬에 투입했다. 4월 초순에 개시된 이 '이고イ号' 작전은 함선을 될 수 있는 대로 많이 격침한다는 목적을 이루는 데 실패했지만, 조종사들은 다르게 보고했다. 그들은 예전의 하늘의 요새 조종사와 마찬가지로 사실은 자기들이 떨어뜨린 폭탄으로 생긴 물보라에만 맞았을 뿐인 배들이 침몰했다고 믿었던 것이다. 그런데도 야마모토는 그렇게 확신하고는 부하들을 찾아가서 더 수고하라고 격려하기로 결정했다.

경솔하게도, 그가 도착할 예정이라는 통보가 라바울로부터 암호로 제8지역군에 퍼졌고, 진주만의 미군 암호 해독가가 재빨리 그 암호를 풀어냈다. 니미츠는 "그를 잡아보겠다"고 마음먹었다. 야마모토가 탄 비행기가 부건빌의 카힐리Kahili 비행장에 다가가다가 4월 18일 아침, 매복 비행의 성공에 필요한 추가 항속거리를 위해 투하 연료탱크를 급히 장착한 P-38기 1개 전투비행대의 20밀리미터 기관포 사격을 받고 부서져, 불길에 휩싸인 채 추락해 밀림 속에 처박혔다.

야마모토의 유해는 6월 5일에 도쿄에 묻혔다. 그달 하순에 솔로몬 제도와 뉴기니를 타고 올라가 라바울로 향하는 미군의 이중 대공세가 시작되었다. '이고' 작전의 여러 목적 가운데 하나가 이것을 저지하는 것이었다. 6월 말에 우들락Woodlark 섬과 ― 원시 주민 속에서 이루어진 유명한 민족지 연구[4]의 초점이었던 ― 트로브리안드Trobriand 제도의 다른 섬들을 장악함으로써 뉴기니 '새'의 '꼬리'로 가는 해상 접근로를 확보했다. 뉴기니 북부 해안에 있는 라에를 향해서 수륙 양면의 배후차단 공격도 6월에 이루어졌다. 미군은 9월 16일에 라에를 장악한 다음, 핀슈하펜Finschhafen을 거쳐 뉴브리튼의 글루스터Gloucester 곶 맞은편에 있는 사이도르Saidor로 이동했다. 미군은 1943년 12월 26일에 뉴브리튼을 공격했다. 라바울에 더 가까운 아라웨Arawe에서 12월 15일에 뉴브리튼 보조 상륙이 이루어졌다.

한편, 홀시는 그 나름대로 솔로몬 열도를 따라 전진하면서 맥아더와 보조를 맞추고 있었다. 과달카날 섬 옆에 있는 러셀Russell 제도가 2월에, 뉴조지아New Georgia 군도가 6월과 7월에, 벨라 라벨라Vella Lavella 섬이 8월에 점령되었다. 일본군은 뉴조지아와 벨라 라벨라에서 땅과 바다 양쪽에서 역공을 시도했지만, 성공하지 못했다. 1943년 10월이 되면 홀시는 부건빌을 공격할 태세를 갖추었다. 솔로몬 제도에서 가장 크고 맨 서쪽에 있는 섬인 부건빌은 가장 좁은 곳으로 바다를 건너면 라바울에서 200마일밖에 떨어지지 않은 곳에 있었다. 상륙이 이루어지기에 앞서 치열한 항공전이 벌어졌다. 야마모토 후임으로 연합함대 사령장관이 된 고가 미네이치古賀峰― 제독이 세우고 일본군이 'RO'라는 암호명을 붙인 그 계획은 미군의 전진을 막는 데 실패했다. 그 전투가 끝나자마자 홀시는 10월 27일에 부건빌 남쪽 해안 앞바다에 있는 조그만 트레저리Treasury 제도에 상륙공격을 가한 다음, 11월 1일에 임프레스 오거스타 만Impress Augusta에 주공을 가했다. 고가는 그 상륙을 저지하고자 ― 과달카날 전투가 벌

4. 영국의 인류학자 말리놉스키(Malinowski)가 1910년대 중반에 트로브리안드 제도에서 26개월간 머물며 원주민의 사회구조와 성생활을 연구하고 이를 토대로 1927년에 『미개사회의 성과 억압(Sex and Repression in Savage Society)』이라는 대작을 펴냈다.

어질 때 사보 섬 앞바다에서 그랬던 것처럼 미군 함대에 손실을 입히기를 바라면서 ― 중순양함 2척과 경순양함 2척으로 이루어진 강력한 부대를 파견해서 홀시가 그 부대를 상대로 위험부담을 안고 지원부대 없이 항공모함을 두 차례 보내도록 만들었다. 그러나 홀시의 도박이 맞아떨어졌다. 일본군은 (미군이 12대를 잃은 데 비해 55대를 잃는) 막심한 항공기 손실을 입었고 보유한 순양함 가운데 3척이 피해를 입었다. 제3해병사단과 제37사단이 11월 21일까지 부건빌에 확고하게 터전을 마련했다. 뉴기니를 타고 올라오는 맥아더의 전진과 연결되어 이제 부건빌로부터 집게발이 라바울 부근에서 닫힐 기미를 보였다.

라바울에 위협이 가해지자 뉴기니 북쪽 해안을 따라 해상으로 전진을 할 전망이 열렸다. 맥아더의 부대와 홀시의 부대가 뉴기니 북쪽 해안에서 몰루카 해의 동인도 제도를 향해 건너뛰고 그럼으로써 필리핀으로 건너뛸 수도 있었다. 그러나 라바울 부근에서 덫이 닫히기 시작하는 바로 그때, 태평양에서 벌어지는 전쟁의 성격이 또 한 차례 바뀌고 있었다. 1943년 1월에 열린 카사블랑카 회담에서 루스벨트와 처칠과 미 합동참모회의는 미 해군이 중시하는 계획에 동의했다. 미 해군 작전부장 킹 제독이 제안한 그 계획은 캐롤라인 제도와 마셜 제도를 공격하기 위해 중태평양을 거쳐 필리핀으로 전진한다는 것이었다. 라바울을 향한 맥아더의 대공세를 위해 그에게 해군 지원을 할당했던 1942년 7월 2일의 결정은 미 해군이 진주만에서 손실을 입은 뒤에, 그리고 산호해 해전과 미드웨이 해전에서 승리를 거두면서 그 자원을 아직도 헉헉대며 원상복구하는 도중에 내려졌다. 이때에는 항공모함은 몇 척 되지 않았고 전함은 아예 없었다. 1943년 초가 되면 미국의 조선소가 그 격차를 메우기 시작했다. 1943년 중반이 되면 ― 상륙을 준비하고 지원하는 함안艦岸 포격에, 그리고 항공모함에 조밀한 대공지원을 제공하는 데 없어서는 안 되는 ― 새 전함, 그리고 함대급과 경량급으로 새 항공모함[5]이 대거 도착했거나 도착한다는 약속이 주어졌다. 지금 급속히 팽창하는 연합국 군수물자 생산에서 제1순위가 다가오는 유럽 침공에 주어지는 한에서 대일對日 공세를 확대할 수 있다는 합의가 1943년 5월에 열린 워싱턴 영미 정상회담에서 이루어졌다. 따라서 7월 20일에 미 합동참모회의는 그 결정의 기조를 다시 거론하면서 니미츠에게 길버트 제도에 있는 일본 정복지를 상대로 펼칠 상륙작전을 준비하고 마셜 제도의 후속상륙 계획을 세울 권한을 위임했다.

이것은 극적인 전망이었다. 맥아더와 홀시가 남태평양에서 수행하는 전역은, 비록 성격은 상륙 전역이었어도, 본질적으로는 전통적인 양륙揚陸 전진이었다. 간격이 비교적 짧은 일련의 건너뛰기에서 해군은 육군을 지원하고 육군은 해군을 지원했다. 여태껏 맥아더가 가장 멀리 건너뛰었던 도약은 부나와 살라무아Salamua 사이의 150마일이었고, 홀시의 경우에는 과달카날에서 뉴조지아까지 100마일이었다. 대조적으로, 중태평양에서는 거리의 급이 달랐다. 길버트 제도의 타라와 섬과 필리핀의 주된 섬인 루손 사이에는 바다가 2,000마일이나 펼쳐져 있었다. 그렇다고 이 바다가 완전히 텅 비어 있지는 않았다. 중태평양의 환초 수는 1,000개가 넘는다. 그러나 뉴기니가 거의 알래스카만큼 크고 프랑스 면적의 두 배가 되는, 맥아더와 홀시의 섬이 육지로 된 거대한 발판인 데 비해, 태평양의 환초들은 몇 가래밖에 안 되는 모래일 뿐이며, 뿌리가 고수위점 위에 있는 경우가 드문 야자나무 숲이 군데군데 있고, 초호礁湖를 에워싸고 있는 산호 암상岩床일 뿐이었다. 맥아더가 벌인 전역과 같은 전역은 지난 세기에 여러 차례 있었다. 지중해와 일본의 내해에서는 특히나 그랬다. 니미츠가 지금 구상한 것과 같은 ― 미 해군을 잡아 늘려서 파열점에 이르도록 할 만큼 떨어져 있는 징검돌 사이를 껑충껑충 건너뛰는 ― 전역은 단 한 번도 없었다.

5. 함대급 항공모함은 배수량 2만~6만 5,000톤급 항공모함이며, 경량급 항공모함은 순양함을 개장해서 만든 항공모함이다.

중태평양 공세를 실현 가능한 사업으로 만든 것은 미 태평양 함대가 진주만의 파국 이후 두 해 동안 겪은 환골탈태였다. 태평양 함대는 '전투함' 해군, 즉 적을 찾아내 2만 야드 거리에서 포를 마구 쏘아대는 결투를 벌이면서 적과 싸우는 느리고 낡은 중평사포 포상砲床의 유틀란트식 대열이 더는 아니었다. 사실상 태평양 함대의 전함은 아직도 진주만 바닥에 누워 있는 전함이나 바닥에서 건져 올려 개장한 전함보다 훨씬 더 빠르고 강력한 신형이었다. 이제 태평양 함대의 칼날 구실을 하는 항공모함은 새로운 종류의 함선이었다. 쾌속 순양함을 개조한 인디펜던스Independence급 경항공모함[6]은 비행기 50대를 실었고 30노트 이상으로 기동할 수 있었다. 새로운 에식스Essex급 함대 항공모함[7]은 같은 속력에 비행기 100대를 싣고 5인치포와 40밀리미터 및 20밀리미터 대공포로 중무장했다. 1943년 10월이 되면 니미츠의 태평양 함대의 선봉에 서서 전투에 들어갈 태세를 갖춘 에식스급 항공모함 6척이 진주만에 있었다. 이 항공모함들이 '쾌속 항공모함 임무부대'를 구성해서 새로 만들어진 쾌속 '공격수송함'과 그것을 호위하는 구축함, 순양함, 전함을 필리핀으로 가는 길목에 있는 아홉 개 환초 기착지에서 보호할 터였다.

공격해서 장악할 환초들 가운데 첫 환초는 일본의 외곽방어선 맨 가장자리에 있는 영국령 도서인 길버트 제도의 마킨과 타라와였다. 얼마 되지 않는 일본군 수비대가 지키던 마킨 섬은 1943년 11월 21일에 찰스 포놀Charles Pownall 제독의 30임무부대 예하의 해병대와 육군부대가 상륙하자 금방 무너졌다. 타라와에서는 문제가 달랐다. 더 많은 수비대(일본군 5,000명)가 주둔한 타라와도 높은 사주沙洲로 에워싸여 있었다. 해병대의 신형 수륙양용 기갑차량(앰프트랙amphtrac)은 그 사주를 쉽게 지나갔지만, 대부분의 공격군을 태운 상륙주정은 그 사주에서 꼼짝하지 못했다. 해병대는 11월 21일에 아주 막심한 사상자를 내면서 뭍에 내렸고 그런 다음에는 유일한 엄폐물이

6. 배수량 1만 1,000톤에 길이가 190미터, 비행갑판 높이가 33미터인 비교적 소형의 항공모함.

7. 대개 길이가 250미터이고 비행갑판 높이가 45미터인 대형 항공모함. 1942년 7월 31일에 진수된 미 해군 에식스 호를 시발로 해서 1950년까지 24척이 실전 배치되었다.

되는 해안장애물 밑에서 옴짝달싹하지 못했다. 어둠이 깔릴 때까지 500명이 죽고 1,000명이 다쳤다. 심지어 전함의 함포에서 날아온 직격탄도 일본군 거점을 부수지 못했고, 거점의 방자는 죽을 때까지 저항을 멈추지 않았다. 제2차 부대가 전차와 함께 무방비상태의 해변에 상륙해서 후방에서 공격을 한 다음날에야 비로소 전진이 이루어졌다. 그러나 아주 거친 상황에서였다. 타라와는 일본군이 지키는 가장 작은 섬을 차지하려는 싸움조차도 얼마나 무시무시할 수 있는지를 미 해병대에 가르쳐준 전투였다. 종군기자 로버트 셰로드Robert Sherrod는 다음과 같이 기록했다.

해병대원 한 명이 방조제를 뛰어넘어 코코넛 통나무로 만들어진 특화점特火點 안에 티엔티TNT[8] 몇 덩이를 던져 넣기 시작했다. 해병대원 두 명이 [화염방사기를 들고] 방조제를 기어올랐다. 티엔티 또 한 발이 특화점 안에서 터져 연기와 먼지가 뭉게뭉게 솟았고, 카키색 군복을 입은 사람이 옆 출입구에서 뛰어나왔다. 그를 기다리고 있던 화염방사기에서 뿜어 나온 강렬한 불길이 그를 휘감았다. 화염이 그에게 닿자마자, 그 일본놈이 필름 조각마냥 확 불타올랐다. 그는 즉사했지만, 까만 숯이 되어 거의 아무것도 남지 않은 다음에도 그가 찬 탄대彈帶 안에 든 총탄이 꼬박 60초 동안 폭발했다.

미 해병대가 가진 물량의 우위를 보여주는 이 같은 증거에도 불구하고 — 아니면, 아마도 그 우위 때문에 절망한 — 일본군이 알류샨 열도에서 그랬던 것처럼 밤에 '죽음의 돌격'을 해서 미군 대포를 향해 달려들었다. 이튿날 아침에 몇백 제곱야드 면적의 빈 터에서 주검 325구가 발견되었다. 오후에 전투가 끝났다. 미 해병대원 1,000명이 죽고 2,000명이 다쳤다. 일본군은 거의 다 죽었다. 미군 사령관들은 다음 싸움에서는 부하들이 그 같은 끔찍한 일을 겪지 않도록 수륙양용 기갑차량 건조 속성 계획을 실행하기 시작했으며, 공중폭

8. 트리니트로톨루엔(trinitrotoluene)의 약자. 톨루엔을 초산과 황산의 혼산(混酸)으로 니트로화해서 만든 폭약으로, 폭발력이 크면서도 마찰이나 충격에 둔감해서 안정성이 뛰어나다.

격과 해상포격을 통제하고 이 포격을 상륙과 조정하는 용도로 특화된 지휘함으로 활용할 해군 함선을 지정해 두었다. 그리고 사령관들은 타라와 방어시설을 그대로 본뜬 모조물을 만들었다. 그래서 교관들이 그 모조물을 상대로 실전 연습을 하고 그것을 극복하는 최선의 방법을 해병대원들에게 훈련시킬 수 있었다.

타라와는 중태평양 전역의 전개에 곧바로 긍정적 효과를 또 한 차례 미쳤다. 일본군 함대가 방해하지 않았고, 아니면 그 구역에 아예 나타나지도 않았기 때문에, 그리고 다른 섬에서 날아온 일본군 육상기들도 끼어들지 않았기 때문에, 니미츠는 마셜 제도의 다른 섬을 지키는 수비대를 '말라 시들어가도록' 내버려두고 군도의 맨 서쪽에 있는 콰잘레인 섬과 에니웨톡Eniwetok 섬[9]으로 치고 나가도 괜찮으리라는 결론을 내렸다. 콰잘레인은 미 해병대가 1944년 2월 1일에 상륙하기에 앞서 함선과 항공기에게 워낙 흠씬 두들겨 맞아서 해병대가 이틀 뒤에 콰잘레인 북쪽에 있는 조그만 섬들을 확보했고, 육군 소속 제7사단이 나흘 뒤에 남쪽의 환초를 장악했다. 어느 부대도 심한 손실을 입지 않았다. 니미츠는 에니웨톡 섬을 침공하고 그 지역에 있는 일본군 항공력을 완전히 무력화하기 위한 준비행동으로서 더 멀리 떨어져 있는 환초인 트룩Truk 섬[10]에 58임무부대를 투입하기로 마음먹었다. 트룩 섬은 항공기를 400대까지 수용할 공간이 있는 일본군 연합함대의 전방 정박지였다. 58임무부대는 실제로는 별개의 4개 임무부대였으며, 각 임무부대는 항공모함을 3척씩 가지고 있었고 모두 합쳐서 항공기 650대를 탑재했다. 2월 17~18일에 고속으로 이루어진 트룩 섬 공격에서 마크 미처Marc Mitscher 해군 중장이 공습을 30차례 가했는데, 그 공습 하나하나가 일본군이 진주만을 치면서 가한 공습보다 더 강력했다. 공습이 끝나자 비행기 275대가 부서지고 상선과 군함 39척이 침몰하고 있었다. 그 공습으로 쾌속 항공모함 작전의 달인이라는 미처의 명성이 확립되었다. 또

9. 에네웨탁(Enewetak) 섬이라고도 한다.

10. 오늘날의 츄욱(Chuuk) 제도.

⚓ 1943년 11월, 타라와에서 엄폐물을 찾아 달리는 미 해병대원. 거의 자살행위와 다를 바 없는 적의 저항과 그 환상 산호초를 장악하다가 막심한 사상자가 나오는 피해를 입어서 미 해병대의 상륙장비와 상륙 전술에 관한 생각이 크게 바뀌었다(452~453쪽 사진).

한 그 공습으로 에니웨톡 섬이, 비록 자살행위와도 같은 일본군의 방어를 극복하는 싸움에 닷새가 걸리기는 했어도, 2월 21일까지 함락되었다.

마셜 제도가 함락됨으로써 마리아나 제도로 가는 길이 열렸다. 마리아나 제도 가운데 커다란 섬인 사이판과 괌이 말할 나위 없는 상륙장소였다. 니미츠는 마음이 급했다. 남쪽 저 멀리 뉴기니에서 맥아더가 전진속도를 높이고 있었던 것이다. 1943년 8월에 열린 퀘벡Quebec 영미 정상회담에서, 입안된 필리핀을 향한 전진속도가 너무 느리고, 라바울은 공격이 아니라 항공 공습으로 무력화해야 하며, 맥아더가 일련의 배후차단 상륙공격으로 뉴기니 북쪽 해안을 따라 전진해야 한다는 합의가 이루어졌다. 특정하게 마셜 제도로 치고 들어가는 니미츠의 공세를 승인한 11월의 카이로 회담이 맥아더에게는 자기가 벌이는 전역의 급을 떨어뜨리는 것으로 보였다. 2월에 그의 참모진이 무방비상태로 보이는 뉴기니 북쪽 애드미럴티Admiralty 제도를 급습함으로써 라바울을 후방 멀리에 남겨둘 수 있다고 믿는다고 보고하자, 맥아더는 주저하지 않고 그 기회를 움켜쥐었다. 1944년 2월 29일과 3월 18일 사이에 애드미럴티 제도가 확보되었고 곧바로 맥아더는 뉴기니 북쪽 해안을 따라가다 중간에 있는 홀란디아Hollandia[11]로 ― 580마일을 ― 건너뛰기로 마음먹었다. 지금까지 그가 한 것 가운데 가장 긴 건너뛰기였다. 홀란디아의 일본군은 4월 22일에 기습당했을 때 그들답지 않게 혼비백산해서 도망쳤다. 거기서부터 맥아더는 5월 한 달 내내 돌진해서 뉴기니 북서쪽 해안 앞바다에 있는 와드케Wadke 섬과 비악Biak 섬에 이르렀다. 일본군이 비악 섬을 차지하려고 열심히 싸우는 통에 6월 말에도 여전히 전투가 진행되고 있었다. 맥아더는 그 다음 달에야 비로소 자기의 전략 프로그램을 마무리하고 필리핀으로 되돌아가는 출발점으로서 뉴기니 '새'의 '머리'에 있는 포겔코프Vogelkop 반도[12]를 7월 30일에 장악할 수 있

11. 오늘날 인도네시아의 자야푸라(Jayapura). 네덜란드령 뉴기니의 북부 해안에 있는 식민지 행정중심지였다.

12. 오늘날 인도네시아의 도베라이(Doberai) 반도. 극락조를 뜻하는 인도네시아어를 따서 첸드라와시(Cendrawasih) 반도라고도 한다. '포겔코프'는 새 머리를 뜻하는 네덜란드어다.

었다.

남쪽에서 맥아더의 공세가 거세지는 바람에 중태평양 전역 수행이 의도하지 않은 간접적인, 그러나 결정적인 영향을 받았다. 비악 섬 상륙에 너무 놀란 나머지 일본군은 비악 섬을 되찾기 위해 일본군 연합함대를 동인도 제도 해역에 집결함으로써 중태평양 전역을 중지하기로 결정한 것이다. 5월 말에 거대한 신형 전함 야마토大和 호와 무사시武藏 호를 비롯한 연합함대 함선들이 이미 항해 중이었다. 그런데 니미츠가 마셜 제도에서 마리아나 제도로 뛰어올라 필리핀으로 다가갈 준비를 하고 있다는 증거가 분명해지자 일본군은 그 작전을 취소해야 했고, 일본 연합함대는 중태평양으로 이동해 대양에서 결전을 벌일 준비를 했다.

일본군 연합함대가 도착하기 전에, 니미츠의 해병대와 미 육군 제27사단이 마리아나 제도의 사이판 섬에 상륙했다. 사이판은 3만 2,000명 병력의 수비대가 있는 커다란 섬이었다. 이 섬을 상대로 미군이 벌인 작전도 그에 걸맞게 컸다. 미군 부대가 6월 15일에 뭍에 내리기에 앞서 전함 7척이 16인치 포탄 2,400발을 상륙지대 안에 퍼부었고, 항공기의 강력한 지원을 받으며 상륙이 이루어지는 동안 더 오래된 전함 8척이 계속 함포사격을 했다. 첫날에 2만 명을 웃도는 미군 부대원이 해변에 내렸는데, 이는 태평양의 상륙작전에서 지금껏 파견된 단연 최대의 병력이었고 규모 면에서 1943년에 지중해에서 상륙한 병력과 맞먹었다. 그러나 방자인 일본군이 격렬하게 저항했고, 그러는 동안 ─ 일본군 연합함대의 항공모함 구성부대인 ─ 제1기동함대가 미군 58임무부대를 치려고 다가오고 있었다. 운 좋게도, 미군 잠수함 날치Flying Fish 호가 필리핀 앞바다에서 정찰항해를 하다가 산베르나르디노San Bernardino 해협에서 떠나는 제1기동함대를 보고 미처에게 경고를 해주었다. 일본군 항공모함 9척에 맞서 미처는 항공모함 15척을 가지고 곧바로 공세로 전환했고 항공공격을 가할 준비를 했다. 이번에는 미처가 일본군의 입장에 서기 전에 일본군이 미처의 입장에 섰다. 그러나 미처가 레이더와 전투기 통제, 그리고 이제는 — 제로보다 속력과 무장이 더 뛰어난 신형 헬캣Hellcat — 항공기의 우위를 누렸기 때문에 항공모함 상공의 근접 공중전에서든, 아니면 함선의 포에 맞선 것이든 오자와 지사부로小澤治三郎 제독의 공격이 네 차례 모두 다 실패했다. 이 '마리아나 칠면조 대사냥'[13]이 6월 19일 저녁에 끝났을 때, 일본군 항공기 373대 가운데 243대가 격추되었고 미군의 항공기 손실은 29대였다. 교전 도중에 미군 잠수함이 어뢰를 쏘아 고참 쇼가쿠 호와 오자와의 기함이자 일본 해군에서 가장 큰 새 항공모함인 다이호大鳳 호를 격침했다.

일은 이것으로 끝나지 않았다. 다음날 58임무부대가 재급유를 하고 있던 일본군 제1기동함대를 찾아내 항공모함 히요飛鷹 호를 폭탄으로 격침하고 다른 항공모함 2척과 중순양함 2척에 손해를 입혔다. 이렇게 되어, 이 이틀간의 교전을 미국 측이 일컫는 명칭(이며 일본 측은 '아고ア號' 작전이라고 이름붙인 필리핀 해 전투로 일본군 항공모함 부대의 작전병력이 반으로 줄고 항공기병력의 3분의 2가 격감했고, 미군 58임무부대는 거의 무사히 남았다. 일본으로서는 훈련소에서 비행기 조종사들이 배출되는 속도가 아주 느렸기 때문에 아마도 훨씬 더 뼈아픈 일격이었을 것이다.

일본은 바다에서 재앙을 당한 뒤 뭍에서도 재앙을 당했다. 사이판에서 치열한 싸움을 벌인 뒤 탄약이 떨어지기 시작했고 방자는 항복보다는 자살을 택했다. 사이판 섬의 일본군 사이에는 민간인 2만 2,000명이 있었는데, 이들 가운데 다수가 투항하기보다는 잔존 전투원 3만 명에 합류해서 스스로 목숨을 끊었다고 한다. 7월 9일에 사이판 섬이 확보되었다고 선언되었다. 저항이 훨씬 약했던 이웃 티니안Tinian 섬[14]이 8월 1일에 함락되었고, 수비대가 죽기살기로 저항했는데도 미군의 압도적인 포격에 흠씬 두들겨 맞아서 패한

13. 미처 함대 소속 렉싱턴 호의 한 비행기 조종사가 이 전투에 붙인 별명.

14. 사이판 섬에서 남쪽으로 5킬로미터 떨어진 곳에 있는 섬.

괌 섬은 8월 11일에 함락되었다. 당시 마리아나 제도에서 미국이 탐을 내던 영토가 모두 다 미국 차지가 되었다. 미군의 새 폭격기, 즉 B-29 슈퍼포트리스Superfortress가 여기에서 뻗어나가 일본 본토를 직접 공격할 수 있게 된다. 훨씬 더 중요한 점은 미 태평양 함대가 마리아나 제도로부터 필리핀의 북쪽 섬들을 공격할 준비를 개시할 수 있었다는 것이다. 맥아더가 동인도 제도에서 전진하면서 필리핀의 남쪽 섬들도 위협을 받았다.

▶ 미 제8항공군 소속 B-17 폭격기. 호위하는 P-47 썬더볼트 전투기의 비행운에 주목하라.

4 부

유럽 서부전선의 전쟁, 1943~1945년

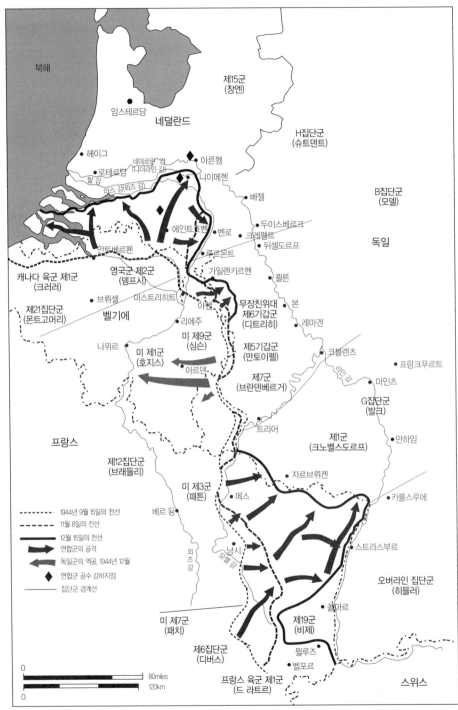

북해

제15군
(창엔)

암스테르담

네덜란드

H집단군
(슈트덴트)

헤이그

아른헴

네데르라인 강
(디더라인 강)

로테르담

니이메헨

발 강

B집단군
(모델)

마스 강(뫼즈 강)

베젤

독일

에인트호벤

벤로

두이스베르크

크레펠트

안트베르펜

뤼르몬트

뒤셀도르프

캐나다 육군 제1군
(크러러)

영국군 제2군
(뎀프시)

가일렌키르헨

쾰른

제21집단군
(몬트고머리)

브뤼셀

마스트리히트

아헨

무장친위대
제6기갑군
(디트리히)

리에주

레마겐

벨기에

나뮈르

미 제9군
(심슨)

제5기갑군
(만토이펠)

코블렌츠

미 제1군
(호지스)

아르덴

제7군
(브란덴베르거)

라인 강

프랑크푸르트

마인츠

G집단군
(발크)

트리어

만하임

프랑스

제12집단군
(브래들리)

제1군
(크노벨스도르프)

미 제3군
(패튼)

자르브뤼켄

메스

카를스루에

베르됭

뫼즈 강

- - - - 1944년 9월 15일의 전선
- - - - 11월 8일의 전선
━━━━ 12월 15일의 전선
➡ 연합군의 공격
◀ 독일군의 역공, 1944년 12월
◆ 연합군 공수 강하지점
── 집단군 경계선

낭시

모젤 강

스트라스부르

오버라인 집단군
(히믈러)

미 제7군
(패치)

제19군
(비제)

콜마르

제6집단군
(디버스)

밀루즈

벨포르

0 ————— 80miles
0 ————— 120km

프랑스 육군 제1군
(드 라트르)

스위스

서부전선, 1944년

17 | 처칠의 전략적 딜레마

태평양 전쟁이 일어나자 윈스턴 처칠이 구사하는 전략의 양상에 변화가 일어났다. 패배의 위협 대신 승리의 확실성이 들어섰다. 그는 진주만 소식을 듣고 다음과 같이 생각했다고 회고했다. "그럼 결국 우리가 이겼군! 그래, 됭케르크 다음에, 프랑스 함락 다음에, 무시무시한 오랑Orán 사건[1] 다음에, 공군과 해군을 별도로 치면 우리가 거의 무장하지 못한 민족이었을 때 침공 위협을 받은 다음에, 잠수함전의 격심한 싸움, 다시 말해 첫 대서양 전투에서 아슬아슬하게 이긴 다음에, 열일곱 달 동안 외톨이로 싸우고 내가 열아홉 달 동안 지독한 스트레스를 받아가며 책임을 떠맡은 다음에 말이야. 우리가 전쟁에서 이겼어."

일본이 진주만을 공격했다는 소식은 알라메인Alamein에서 이겼다, 1943년 5월에 되니츠의 U-보트들이 대서양에서 물러났다, D-데이에 해방군이 무사히 상륙했다는 소식과 마찬가지로 처칠의 전쟁에 있었던 여러 정점 가운데 하나였다. 말레이 반도 앞바다에서 프린스오브웨일스 호와 리펄스 호를 잃고 — "모든 전쟁에서 내가 이보다 더 직접적인 충격을 받은 적은 없다" — 싱가포르가 항복하고 토브룩이 함락된 것을 비롯해서 암담한 여러 시점이 기다리고 있었다. 그러나 진주만 공격 뒤에 처칠은 서구 연합국이 히틀러를 이긴 다음 일본을 이기리라는 것을 조금도 의심하지 않았다. 그의 멋진 1945년 5월 8일 승전방송에 나오는 문장은 어쩌면 이미 1941년 12월 7일 저녁에 구상되고 있었을 것이다.

그러나 전쟁을 하지 않으면 더없이 편하고, 어떤 것이든 동맹국과 함께 전쟁을 하면 언제나 힘이 들게 마련이다. 제2차 세계대전의 반추축국 동맹은, 히틀러가 강조해서 자신과 측근을 끊임없이 위안했

1. 1940년 7월에 프랑스령 알제리의 항구도시인 메르-셀-케비르에 있는 프랑스 함대가 오랑으로 가서 항복하라는 권고를 받아들이지 않자, 영국 함대가 프랑스 함선이 독일군에 넘어갈까 두려워해서 정박해 있던 프랑스 함대에 포격을 퍼부었다. 이 사건으로 큰 피해를 입은 비시 프랑스는 반영 감정을 품게 되었다. 제18장에 나오는 메르-셀-케비르 사건에 관한 설명을 볼 것.

듯이, 거의 수습할 수 없을 만큼 성질이 제각각 달랐다. 말은 같아서 한데 어울리지만 국제관계를 보는 철학은 사뭇 달라 갈라진 두 자본주의 민주 국가가 사태의 힘에 떠밀려 마르크스주의 국가와 함께 전쟁을 공동 수행하게 되었다. 예상하지도 못했고 추구하지도 않은 상황이었다. 그 마르크스주의 국가는 자본주의체제의 붕괴가 불가피하고 필연적이고 바람직하다고 설교할 뿐만 아니라, 서로 침공하지 않고 경제 면에서 협조한다는 조약에 따라 자발적으로 공동의 적에 밀착해 있는 나라였다. 이랬으니 전쟁수행의 수단뿐만 아니라 목적도 연루되는 공동 전략을 함께 조정하는 일은 어려울 수밖에 없었다. 그 일이 얼마나 어려울지를 윈스턴 처칠은 1941년 12월에는 예측할 수 없었다.

처음에는 소련이 처한 위기가 워낙 위급해서 영미의 전략 선택은 간단했다. 독일군이 모스크바 코앞에 있었으니 서구의 두 열강이 러시아에 직접 해줄 수 있는 군사 원조란 없었다. 영국은 아직도 무장이 빈약했고, 미국은 20년 동안의 비무장상태에서 이제 막 벗어나기 시작했을 따름이었다. 독일이 1941년 6월에 소련을 공격하자마자 처칠은 '내 적의 적은 내 친구'라는 원칙에 따라 행동하면서 영국이 내놓을 수 있는 여분의 무기와 필수장비를 모두 다 러시아로 보내겠다고 제안해서 스탈린을 달랬다. 북러시아 호송선단이 곧바로 운행하기 시작했다. 민주주의적 자유에 관한 대서양 헌장Atlantic Charter[2]을 만들어낸 뉴펀들랜드의 플러센셔 만의 회담이 8월에 열리는 동안 처칠과 루스벨트는 그 제안을 강화했고, 그 결과 미국의 무기대여법이 9월에 관대한 조건으로 러시아에까지 확대되었다. 그러나 스탈린이 바라는 바는 오로지 제2전선을 열어주는 것이었고, 그가 처칠에게 이 요구를 7월 19일에 처음 내놓았는데, 다음 3년 내내 그 요구를 되풀이하면서 요구의 강도를 높였다. 1941년에는 제2전선을 열 기회가 없었다. 영국과 미국이 할 수 있는 일이라고는 다만 어

2. 제2차 세계대전과 전후 세계의 지도 원칙에 관해 루스벨트와 처칠이 1941년 8월 14일에 발표한 공동 선언. 영토 불확대, 국민 합의 없는 영토 변경 불가, 국민의 정치체제 선택 권리 존중, 통상 개방, 국제 경제 협력, 나치즘 타도, 항행의 자유, 무력 사용 포기 및 안전보장체제 확립이 골자였다.

떻게 하면 히틀러의 힘을 동방 정복전에서 딴 데로 가장 잘 돌려서 독일제국의 언저리에서 독일 국방군의 힘을 뺄 수 있을까 계산하는 동안 러시아가 살아남기를 바라는 것뿐이었다.

처칠은 다음 두 해 동안 히틀러 제국의 언저리를 건드리는 공격의 위치와 강도를 계산하는 데 정신이 팔려 있었다. 그는 그런 식의 전역을 서부전선의 사막에서 이미 운영하고 있었고, 다른 전역에서 ─ 동아프리카에서 무솔리니 제국을 무너뜨려 ─ 승리했으며, 비록 세 번째 전역, 즉 그리스에 개입했다가 실패하기는 했어도 다시 타격을 가할 힘을 보전했다. 그가 늘 염두에 둔 구역은 노르웨이였다. 미국이 참전한 뒤로는 영미군 공동으로 제2전선을 실제로 여는 것은 시간 문제에 지나지 않을 수 있었다. 만약 미국이 상대하는 적이 독일 한 나라뿐이었더라면, 프랑스 북부 해안에 히틀러가 만들고 있는 대서양 방벽Atlantikwall[3]에 직접 제2전선을 여는 데 덜 꾸물거렸을지 모른다. 그러나 대다수 미국인에게는 더 빨리 응징을 받아야 할 적은 일본이었다. 태평양 전쟁의 수행에서 지휘의 우위권을 받은 미 해군은 태평양에 주력한다는 입장이 확고했다. 더욱이, 미 해군은 일본 해군이 동등한 전력을 가진 맞수임을 깨달았고 대함대 교전에서 일본 해군에 승리를 거두고 싶어했다. 그 유명한 맥아더를 비롯한 많은 미 육군 군인이 일본과 셈을 청산하고 웨이크와 괌과 필리핀에서 당한 패배를 앙갚음하고 도쿄로 돌진하겠다는 해군의 열망을 공유했다.

따라서 처칠은 태평양 전쟁 첫 해 내내 낯선 상황에 처했다. 그는 비록 더는 패배의 공포에 가위눌리지 않기는 했어도 마찬가지로 자국의 전략을 마음대로 정하는 맹주도 더는 아니었다. 미국과 공조해야만 영국이 이길 수 있었으므로 그는 백악관과 미 참모총장합동회의의 전략 입안자들이 바라는 바에 따라 자기 뜻을 굽혀야 했다. 루스벨트는 여전히 처칠이 하자는 대로 하는 경향을 보였다. 마셜

3. 네덜란드에서 에스파냐까지의 대서양 연안에 만들어진, 길이 2,685킬로미터의 요새 선.

장군과 킹 제독은 그렇지 않았다. 킹은 태평양에 워낙 큰 관심을 쏟아서 다른 전역戰域에는 눈길도 주지 않았다. 마셜은 여전히 유럽에 몰두했지만 제2전선이 독일로 들어가는 최단 경로에서 가능한 가장 빠른 시일에 개시되어야 한다고 믿었고, 따라서 시도를 다음으로 미루거나 노력을 제2전선에서 딴 데로 돌리려는 모든 시도를 깊이 의심했다.

처칠은 제2전선을 열겠다고 확약하기를 꺼렸다. 그는 1941년 7월 5일에 안소니 이든에게 제1차 세계대전과 제2차 세계대전에서 자기가 지휘했다가 재앙으로 끝난 네 차례의 상륙작전을 언급하면서 "내 가슴에 달린 다르다넬스, 안트베르펜, 다카르Dakar, 그리스의 기장을 기억하세요"라고 외쳤다. 1942년이 다가옴에 따라 미국이 태평양의 섬을 차지하는 싸움에 해병대와 약간의 육군사단을 투입하고 1943년에 더 광범위한 양륙揚陸 도약을 할 생각을 하는 것은 좋은 일이기는 해도 마음에 썩 드는 일은 아니었다. 미국의 전역은 본국 기지에서 수천 마일의 대양으로 갈라져 있는 소규모 수비대를 상대로 한 것이었다. 제2전선을 열면, 만약 상실하기라도 하면 쉽사리 대체할 수도 없는 영미의 해외파견군을 몽땅 투입해서 300개 사단의 대군과 세계에서 타의 추종을 불허하는 전쟁수행 기구가 버티고 있는 유럽대륙의 요새화 국경지대에 공세를 가하는 셈이었다. 따라서 1942년 내내 처칠은 점점 좁아지고 미끄러워지는 길을 걷고 있는 형국에 있었다. 그는 한편으로는 미국이 자국 병력을 (1942년에 해외로 파견된 미군의 과반수가 있는 곳이기는 해도) 태평양에 배치하는 것이 더 낫겠다는 결론을 내리지 않도록 제2전선을 실행하려는 영국의 뜻을 나서서 깎아내리지 않으면서도, 다른 한편으로 성공할 가망이 무르익기 전에 대륙을 침공하려는 미국의 성급함에 자기가 휩쓸려 들지 않도록 영국의 의지를 나서서 부풀리려고도 하지 않았다. 그는 진주만이 공격 당하기 넉 달 전에 플러센셔 만에서 가진 회담에서 루스벨트와 만약 미국이 참전한다면 민주주의 국가들의 합동 전략은 '독일이 우선'이리라는 데 합의를 보았다. 진주만이 공격 당하고 열여덟 달 지난 뒤 그는 연합국의 전략이 "독일이 우선이지만 아직은 결코 아니다"라고 루스벨트를 설득하면서도 특히 마셜과 그의 동료 미 육군 장군들을 설득하는 일에 무진 애를 쏟았다.

처칠로서는 군인의 비위를 맞추는 일은 새로운 경험이었다. 지금껏 그는 전제군주로서 장군과 제독들을 — 사실은 정부 각료 전원을 — 다루어오면서 툭하면 사령관을 해임했다. 히틀러조차도 처칠의 사령관 해임이 극단적이라고 생각하고 영도자인 자기가 총리인 처칠보다 얼마나 훨씬 더 합리적인지를 보여주는 예로서 휘하 고위 장교들에게 처칠의 행동를 주의해서 보라고 했다. 영국 해군 공식 역사가는 "1939년과 1943년 사이에 주요한 해역 사령부에서 처칠이 …… 해임하려 들지 않은 …… 제독은 단 한 사람도 없었으며, 처칠은 대여섯 차례 성공했다"라고 평했다. 처칠의 장군 해임은 유명하다. 그는 1941년 6월에 웨이벌을 중동의 사령부에서 해임했고 14개월 뒤에는 그의 후임인 오킨렉Auchinleck을 해임했다. 두 경우 다 다짜고짜로 이루어졌다. 그는 제8군의 지휘관 세 사람, 즉 알란 커닝엄Alan Cunningham과 올리버 리즈Oliver Leese와 닐 리치Neil Ritchie의 해임도 승인했다. 그는 자기가 해임하지 않고 직위에 남긴 사람들에게 까다롭게 굴었고 좀처럼 칭찬을 해주지 않았다. 그가 전쟁 내내 날마다 마주친 자신의 참모장 알란 브룩에게는 특히나 그랬다. 그뿐만 아니라 몬트고머리에게도 마찬가지였다. 비록 그 프리마돈나를 혼냈다가는 같은 식으로 앙갚음을 당할 위험부담이 있기는 했지만 말이다. 그가 보기에 잘못을 저지를 리 없는 사람은 오로지 해롤드 알릭잔더 장군뿐이었다. 그는 이름난 용기와 기사도식 예절 덕분에 1944년 이탈리아 전역의 지지부진함이 다른 사람이 아닌 바로 그의 탓인 데도 욕을 먹지 않았다.

1944년 여름, 유럽 남부에서 연합군, 그리고 합동 폭격기 공격

1. 연합군이 주된 노력을 쏟는다는 합의가 이루어진 오벌로드 작전.

2. 오벌로드 작전의 '큰망치' 작전을 보완하기 위해 미국이 주로 선호한 모루 작전.

3. 오벌로드 작전이 개시되기에 앞서 추축국 군대를 유인하면서 독일군의 겨울진지에 가해진 공세인 왕관 작전.

4. 처칠이 선호한 '빈 선택안'. 이것은 이탈리아에서 재개된 돌파 공격과 빈을 향한 총공세였다.

5. 1944년 6월 22일의 러시아 전선.

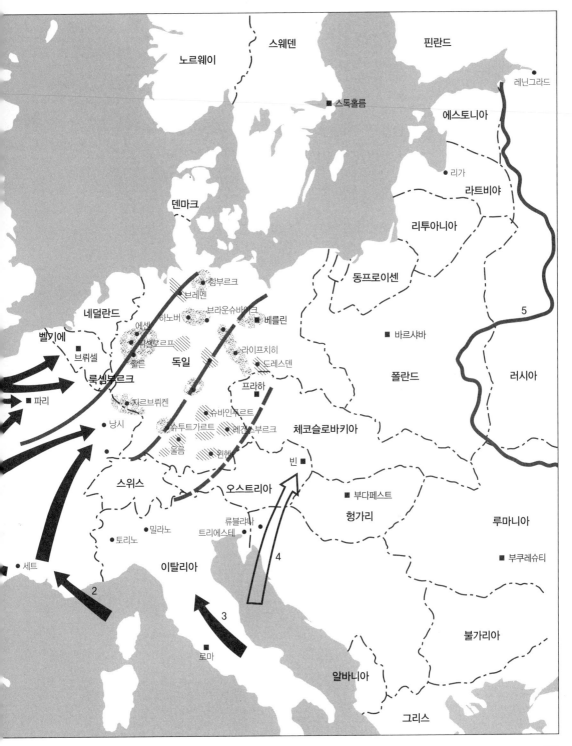

처칠이 이런 식으로 미국인을 다룰 수는 없었다. 킹이나 마셜은 특히나 그랬다. 킹은 이만저만 굳센 사람이 아니었다. 마셜은 대리석 조각인 양 감정을 조금도 내비치지 않았으며 심지어는 루스벨트까지도 겁을 집어먹었다(이것은 마셜이 의도한 바였다. 그는 대통령이 어떤 농담을 해도 절대 웃지 않겠다고 마음먹었던 것이다). 더욱이, 미국이 한턱 크게 내는 무기대여법 협상 탁자에 손님으로 앉은 처칠이 제멋대로 요구하고 명령했을 법한 곳에서 속마음을 숨기고 이리저리 재고 얼버무린 것은 그저 외교적 이유 때문만은 아니었다. 만약 그가 1942년 한 해 동안 영국의 전시내각이 제2전선을 될 수 있는 대로 가장 빠른 시일에 개시하는 데 미 참모총장합동회의만큼 성의를 다하고 있다고 거짓말을 해서 마셜을 설득하는 데 성공하지 못한다면, 미국의 군수공업 생산물은 — 킹 제독 제국의 소유물인 상륙함과 양륙정이 1942~1943년에 그랬듯이 — 다른 데로 가버렸을 것이다. 처칠이 연합국 간 외교에 임하는 행태는 영국의 내각과 참모총장위원회를 운영하고 다룰 때 사용한 것과는 완전히 다른 접근방법에 기반을 두어야 했다. 멋지게 판단력을 발휘해서 그는 그 접근방법을 휘하 참모장교들이 그가 선호하는 계획들 가운데 하나를 늦추거나 자기들이 실행 불가능하다고 판단한 계획을 수행하지 말라고 설득하고 싶을 때 그에게 맞서 사용한 방식에서 찾아냈다. 그것은 처음에는 원칙적으로 찬성한다고 한 다음 세세한 이유를 달아 계속 반대해서 그 구상을 사장하는 것이었다.

처칠은 제2전선을 두려워했다. 왜냐하면 그는 제2전선이 아주 압도적인 병력으로, 즉 대서양 방벽과 그 방자가 충격을 받아 으스러질 만큼 괴멸적인 함포사격과 항공폭격 아래서 개시될 경우에만 성공할 터인데, 1942년에는 그런 병력도 그런 지원도 구할 수 없으리라는 점을 알고 있었기 때문이다. 1941년 12월에 그는 아케이디아 Arcadia 회담[4]을 하려고 워싱턴을 찾았다. 이 회담에서 영국과 미국은

4. 루스벨트와 처칠, 그리고 그들의 군사 고문관들이 1941년 12월 22일에 모여 3주 동안 연합국의 향후 전략을 논의한 제1차 워싱턴 회담. 아케이디아는 이 회담에 붙은 암호명이었다.

공동 참전국으로서 처음으로 만나 전략 목표에 합의를 보았다. 처칠은 회담 분위기로 보아 마셜이 (영국이 성공을 거둔 유일한 구역인) 지중해에서 독일에 압박을 계속 가하자는 자기의 의도를 못마땅하게 여기지만 태평양 상에 강력한 연합국 군대(괴멸될 ABDA)를 두는 쪽을 좋게 본다고 판단했다. 그는 실제로 ABDA 사령관으로 영국군 장군인 웨이벌을 제안했다. 아케이디아 회담에서 나온 가장 좋은 결과는 그 회담으로 영국 참모총장위원회와 미국 참모총장합동회의로 이루어진 참모총장연합회의가 만들어졌다는 것이었다. 역설적으로, 가장 나쁜 결과는 그 회담으로 '독일이 우선'이라는 처칠과 루스벨트의 사적인 합의가 확실하게 미국 군부의 승인을 받았고 이에 따라 일정에 합의를 보려고 안달인 마셜을 1942년 4월에 런던으로 불러들인 것이었다. 독일군이 사막에서 거둔 성공에 풀이 죽고 크림과 돈바스를 잃은 러시아에게 버텨낼 능력이 있을지 회의감이 든 처칠과 알란 브룩은 자기들의 능력을 한껏 발휘해 시간을 끌었다. 두 사람은 조목조목 논거를 들이대서 1942년에 프랑스를 침공한다는 큰망치Sledgehammer 작전을 지지하는 마셜을 몰아붙였고, 더 교활한 방법으로 영국에 있는 미군 병력을 계속 증강한다는 볼레로Bolero 작전에 대한 지지를 얻어냈다. 처칠은 "사람을 사로잡는 매력을 발산하고 차분하게 설득하고 막무가내로 고집을 부리고 청산유수처럼 말을 쏟아내고 울화통을 터뜨리고 눈물이라도 떨어뜨릴 듯한 감성을 내비쳤는"데도 마셜의 열성을 나중에 횃불Torch 작전으로 알려지게 될 북아프리카 침공 작전으로 끌어들이는 데 실패했다. 마셜의 '반복과 압박과 단호함' 때문에 양측은 제2전선을 여는 소몰이Roundup 작전을 1943년에 수행하기로 약속하게 되었다.

처칠과 미국

처칠은 4월에 마셜에게 많은 것을 내주었지만, 6월에 워싱턴을 방문했을 때 그 가운데 일부를 되찾았다. 1942년에 영국해협을 건너 침공했더라면 독일과 연합군 간의 전반적 전력차 때문에 파국이 빚어졌을 것이며, 처칠은 그런 일을 벌이는 데 일절 반대하는 입장을 바꾸지 않았다. 올바른 행동이었다. 그는 조목조목 논거를 들이대며 큰망치 작전을 현실을 모르는 무모한 작전으로 보이도록 만들어서 루스벨트의 관심을 (당시에는 암호명이 체육가Gymnast였던) 횃불 작전으로 끌어들였다. 처칠은 만약 볼레로 작전으로 많은 미군 부대가 영국으로 온다면 루스벨트의 유권자들이 그 부대들이 활용되기를 기대할 것이라고 주장했다. 그들이 1942년에 제2전선에 참여할 수 없으니 1943년에 소몰이 작전을 벌일 때가 오기 전에 북아프리카의 막간 작전에 사용하지 못할 까닭이 없지 않은가? 반쯤 설득된 루스벨트가 그 문제를 논의해서 매듭을 지으라고 7월에 마셜을 다시 런던으로 보냈다. 이때 마셜은 남의 말을 듣고 뜻을 굽힐 기분이 아니었다. 그는 영국이 조속한 제2전선 개시에 반대하는 데 화가 치민 나머지 태평양에 전념하는 킹과 맥아더를 있는 힘껏 밀어줄까 생각해보았다. 비록 이것은 마셜 측의 흥정 술책일 뿐이기는 했지만 킹은 진심이었다. 킹이 7월 16일에 마셜과 함께 런던에 오자 처칠은 다음 나흘이 아마도 전쟁에서 가장 치열하게 밀고 당기는 전략 토론을 벌이며 지나가리라고 생각했다.

미 참모총장합동회의는 그해에 제2전선이 열려야 한다고 요구하고 영국군 참모총장위원회와 영국 전시내각은 뜻을 바꾸려 들지 않으면서, 교섭은 막다른 골목에 들어섰다. 양쪽은 각자의 사안을 루스벨트에게 내놓는다는 데 합의했고, 따라서 미 대통령에게 결정을 내려달라고 요청했다. 루스벨트는 그런 종류의 결정을 내려본 적이 없고, 순전히 군사적인 문제에서는 으레 마셜의 지도를 구하곤 했다. 따라서 마셜이 싸움에서 이길 공산이 컸다. 그러나 처칠은 마셜의 의표를 찔렀다. 처칠은 6월에 워싱턴을 방문하는 동안 미 대통령

5. 미국의 행정가(1890~1946). 1933년에 뉴딜 정책 행정가, 1938년에 상업장관이 되었고, 1941년에는 무기대여법을 감독하는 직책을 맡았다. 제2차 세계대전 기간에 루스벨트의 특사로 러시아와 영국을 오가며 중요한 임무를 수행했다.

의 마음에 많은 의심을 심어두었을 뿐만 아니라, 그 뒤로도 루스벨트의 개인 특사 해리 홉킨스Harry Hopkins[5]가 오가면서 제공한 비공식 대화 통로를 통해 그 의심을 부채질했다. 홉킨스는 본디 영국의 진정성에 관해 거의 마셜만큼이나 심한 의혹을 품고 있었지만, 처칠과 영국 내각과 영국군 참모총장위원회가 똘똘 뭉쳐 벌인 공조 외교 공세에 넘어가고 말았다. 처칠과 홉킨스의 로비를 받아 루스벨트는 이제 휘하의 미 참모총장합동회의에 제2전선을 빼놓은 일련의 선택안을 제시하기로 결정했다. 그 선택안들 가운데에서는 횃불 작전이 가장 매력적이었다. 마셜이 내키지 않으면서도 이 북아프리카 상륙안을 마지못해 받아들이자, 루스벨트는 그의 선택을 신이 나서 승인하고는 그 자리에서 곧바로 행동 개시일을 10월 30일로 잡았다(상륙은 실제로는 11월 8일에 개시되었다).

카사블랑카 회담

이렇듯 처칠은 바라던 바를 얻었다. 그러나 그의 승리는 스스로도 너무나 잘 알고 있었듯이 어중간한 승리일 뿐이었다. 그는 제2전선을 1943년에나 열겠다는 마음을 바꾸지 않았고, 또한 그럴 성싶지 않을 정도로 독일의 힘이 줄거나 연합국의 힘이 늘기 전에는 영국이 다음해에 제2전선에 이끌려 들어가는 상황에서 헤어날 길을 찾아야 하리라는 것을 알고 있었다. 잠깐은 열기가 식었다. 그러나 그는 얼마 되지 않아 논쟁의 온도가 다시 올라가리라는 것을 알고 있었다. 1940년 이후 처음으로 작전이 연합군의 주도로 이루어지기 시작했기 때문에 더더욱 그랬다. 비록 독일 국방군이 러시아 남부로 깊숙이 돌진해 들어가고 있기는 했어도, 일본군은 저지되어 미드웨이에서 패했고 미국 동부 해안 앞바다에서 U-보트의 '즐거운 시간'은 끝나버렸고 사막군이 롬멜을 이집트 국경에서 막았고 독일을 상대로 한 폭격전역의 압박 수위가 계속 올라가고 있었다. 이런 성공의 질주는 계속될 터였다. 10월에 ― 제8군의 지휘에 처칠의 제1순위 선택은 아니었던 ― 버나드 몬트고머리 장군이 알라메인 전투에서 이겼고, 11월에 영미군이 북아프리카에 상륙했고 같은 달에 파울루스의 제6군이 스탈린그라드에서 포위되었다. 처칠과 루스벨트, 그리고 이들의 참모총장들이 카사블랑카에서, 즉 아이젠하워Eisenhower가 방금 획득한 땅에서 다시 만날 때까지, 독일이 약해진 것이 사실이었다. 처칠이 시인한 대로, 독일의 약화는 1943년에 제2전선을 개시할 근거가 될 터였다.

더욱이, 처칠은 루스벨트와 마셜을 마지막으로 만난 이후 8월에 모스크바를 다녀왔고, 또한 거기서 스탈린에게 담보물을 주었다. 그 담보물이란 1943년에 프랑스를 침공하겠다는 딱 부러진 약속이 아니라 영미군이 그러려고 한다는 강한 암시였다. 따라서 암호명이 상징Symbol인 카사블랑카 회담은 처칠에게 거의 지난 7월에 런던에서 가진 회담만큼이나 어려웠다. 그는 만약 킹과 '태평양파'가 패한다면 ― 그리고 '독일이 우선'인데도 맥아더 휘하의 병력 수가 유럽의 아이젠하워 휘하의 병력 수와 맞먹게 되어 이제 두 전역戰域에 배치된 병력이 각각 35만여 명씩이라면 ― 자기가 마셜을 부추겨서 횃불 작전의 '후속' 작전으로 될 수 있으면 시칠리아 침공을 선호하도록 만들어야 하리라는 점을 깨달았다. 그러나 처칠이 그렇게 할 수 있으려면 마셜을 설득해서 시칠리아가 제2전선을 방해하지 않을 것이며 영국이 지난해에 했던 제2전선 약속에 충실하다는 것을 믿게 만드는 데 성공해야만 했다. 이것은 풀기가 거의 불가능한 외교 문제였다. 처칠로서는 영국해협을 건너 이루어지는 침공이 여전히, 심지어는 1943년에도 실패할지 모른다는 두려움을 자기 동맹국들에는 솔직히 밝힐 수 없었기 때문이었다. 닷새 동안 의견이 충돌한 뒤 그 문제가 풀렸다는 사실은 거의 전적으로 영국의 탁월한 외교술 덕분이었다. 영국 측은 만반의 준비를 갖추고 왔다. 그들은 런던에 있는 정부기구의 연장으로 활동할 수 있도록 물에 뜬 통신지휘소, 즉 완전한 설비를 갖춘 통신선을 한 척 가지고 왔다. 제국을 다스린 오랜 경험을 통해서 그들은, 일어날 사건에 대비해서 공통의 입장을 정하지 않은 정치가와 관리와 병과 수장들에게 어떤 난제가 닥치는지를 습득했다. 그들은 미국 측과는 달리 계속되는 내부의 견해차를 없애려고 토론할 필요가 없었다. 끝으로, 그들은 말의 도사들이었다. 공군 참모총장이자 양쪽을 통틀어 십중팔구 가장 영악한 병과 지도자였을 찰스 포털Charles Portal 공군원수가 결국은 모든 사람이 바라는 것에 양보하는 듯 보이는 말의 공식을 만들어냈다. 포털은 처칠의 마음속에 무엇이 들어 있는지 알고 있는데 미국 측은 아직도 갈피를 못 잡고 있었으므로, 미국 측은 그의 공식을 지나치게 곧이곧대로 받아들이고는 ─ 시일이 흐른 뒤 나중에 후회하게 되겠지만 ─ 만족해서 귀국했다. 성명서에는 횃불 작전을 수행하는 군대를 북아프리카 전역이 마무리되는 대로 곧바로 시칠리아에 투입하기로 되어 있었다. 이것은 처칠이 신경을 쓴 거의 유일한 조항이었다. 왜냐하면 그는 시칠리아에 개입하면 제2전선을 1943년에 개시할 수 없게 된다는 점을 이해했기 때문이었다. 미국 측은 시칠리아 공약을 그저 여러 공약 가운데 하나로 여겼으며 지중해 전략을 택한다고 해서 대서양 방벽 공격이 꼭 등한시되지는 않는다는 환상에 젖어 있었다. 그들이 팽창하는 자국의 거대한 전쟁수행 기구조차도 시칠리아 전역과 제2전선을 둘 다 지탱하기에 충분한 자원을 내놓을 수 없다는 점을 깨닫는 데에는 거의 한 해가 걸릴 터였다.

카사블랑카 회담에서는 루스벨트의 고집에 따라 연합국이 독일과 일본과 이탈리아에서 받아들일 유일한 조건은 '무조건 항복'이라는 선언문을 비롯해서 중요한 결정이 여럿 나왔다. 그러나 시칠리아 관련 결정은 중대한 조항이었고, 더욱이 1943년에 접어들면서 고치기가 점점 더 어려워진다는 점을 미국 측이 깨닫게 될 조항이었다.

그렇게 된 것은 영국의 외교 솜씨보다는 사태의 전개 탓이었다. 미육군 전쟁계획국War Plans Division의 알버트 웨드마이어Albert C. Wedemeyer 장군에 따르면, 1943년 5월의 워싱턴 삼두 정상회담에 미국 측은 "생각할 수 있는 영국 측 논거를 모조리 예견하고 그에 반박할 준비를 하고 연구서와 통계수치로 불룩해진 서류가방을 든 일단의 전문가들의 지원을 받으면서" 도착했다. 카사블랑카 회담에 참석했던 웨드마이어는 "우리는 몽땅 다 잃어버렸다. …… 우리는 왔노라, 들었노라, 당했노라"는 말로 그곳에서 미국이 겪은 일을 요약했다. 미국 측은 다시는 지지 않겠다고 굳게 마음먹었으며, 운명을 건 경합에서 앞으로는 영국 측에 이기려고 들었다. 치밀하게 준비한 덕에 미국 측이 삼두 정상회담에서 벌어진 맞대결에서 영국 측에 이길 공산이 컸지만, 회담이 진행되는 도중에 알릭잔더가 영미군이 승리를 거두었고 영미군 병사들이 '북아프리카 해안의 주인'임을 알리는 전갈을 튀니스에서 보내왔다. 이 짜릿한 신호, 그리고 지중해 전역을 확장해서 발칸 반도로 들어가겠다고 공갈을 쳐대는 처칠의 교묘한 협상술에 넘어간 미국 측은 시칠리아 원정을 더 안전한 대안의 하나로 보고 승인했다. 시칠리아 전역은 7월에 시작되었고, 시칠리아의 전황은 그다음에는 미국이 이탈리아 본토 침공에 동의하도록 만들었다. 마셜과 그의 동료들은 8월에 퀘벡에서 열린 사두 정상회담에 마셜의 표현에 따르면 "이긴다는 기백"을 가지고 임했다. 즉, 무슨 일이 있어도 제2전선을 더 늦춰서는 안 된다는 것이었다. 그러나 사두 정상회담이 진행되는 도중에 이탈리아가 곧 항복하리라는 소식이 시칠리아에서 도착했다. 이렇게 양대 추축국에서 하나가 처음으로 완전히 패하고, 그렇게 되어 독일의 여러 국경 가운데 한 국경에 가까운 이탈리아 본토에 전선을 만들 수 있다는 전망이 생기는 바람에 오로지 제2전선 전략에만 전념하겠다는 미국 측의 의지가 다시 한번 흔들렸다. 워싱턴 삼두 정상회담에서 뼈대에 살이 붙은 작전을 개시해서 영미군을 이탈리아 해안에 내려놓을 권한이 아이젠하워에게 주어졌다. 그러나 그 작전은 남쪽에 국한되며 작전의 목적은 이제는 오벌로드Overlord라는 암호명이 붙은 제2전선이 열리는 장소로 고른 구역에서 독일군 병력을 빼돌리는 것일 터였다.

두 정상회담에서 이런 결정이 나왔다고 해서 막심한 손해를 입지 않고 성공하리라는 확신이 서는 그 시간까지 프랑스 북부 해안 상륙을 늦추려는 처칠의 오랜 노력이 끝나지는 않았다. 아이젠하워는 남쪽 경로로 프랑스를 침공하려고 군대를 마지막으로 거둬들이기에 앞서 이탈리아 반도에서 마셜이 의도한 것보다 더 위로 치고 올라갔다. 그러나 사두 정상회담은 처칠이 제2전선으로부터 힘을 조금이라도 딴 데로 돌리자고 제안할 수 있었던 마지막 경우였다. 미국 측은 발칸 반도 모험을 거들떠보지도 않았고, 이는 절대적으로 옳은 행동이었다. 왜냐하면 지리만이 아니라 티토를 상대로 한 전역에서 독일 국방군이 겪는 어려움을 보고 처칠이 그런 생각을 틀림없이 버렸을 터이기 때문이었다. 그렇기는 해도 미국은 이탈리아 전역에 훨씬 더 엄격한 제한을 두었어야 했다. 이탈리아 전역에서 목표를 더 많이 이룬 쪽은 연합국이 아니라 독일이었다. 사두 정상회담 뒤에 미국은 지중해 전략을 다각화하려는 처칠의 노력을 모두 좌절시켰다. 그 뒤로 지중해 전략은 오벌로드 작전이며 오로지 오벌로드 작전이어야 했으므로, 처칠도 더는 요리조리 몸을 빼서 오벌로드 작전에서 빠져나갈 수 없었다. 삼두 정상회담에서 처칠은 참모총장 한 사람을 오벌로드 작전 계획 준비를 맡을 연합군 최고사령관에 임명한다는 데 동의했었다. 퀘벡에서 그는 그 연합군 최고사령관이 미국인이어야 한다는 것을 받아들였다. 그러나 얄궂게도 그가 상황과 미국의 고집에 밀려 지금까지 하기 싫어 회피해온 일을 하면 할수록 영국의 위세는 점점 더 무뎌졌다. 의사록에는 1943년 11월 1일에 처칠이 휘하 참모총장들에게 다음과 같이 말했다고 적혀 있다.

"문제는 공급과 요구량 사이의 격차를 메우는 게 더는 아닙니다. 우리나라의 인력은 이제 전쟁수행 노력에 완전히 다 동원되어 있습니다. 우리는 총합을 늘릴 수가 없어요. 늘어나기는커녕 이미 줄어들고 있는 판입니다." 이처럼 하강곡선을 그린다는 느낌에 마음이 무거운 처칠은 더는 미룰 수 없다고 인정한 사건의 날짜를 아직도 정할 수 없었다. 루스벨트도, 표정 없이 딱딱하게 굳은 얼굴의 마셜도, 아직은 그를 몰아붙여 피할 수 없는 것을 하도록 만들지 못했다. 그 일을 하도록 되어 있는 사람은 세 사람 모두 11월에 테헤란에서 만나게 될 스탈린이었다. 스탈린은 구슬리기 어려운 사람이었다.

18 | 아프리카의 세 전쟁

1. 오늘날 가나(Ghana)의 해안.

2. 토고의 동부는 오늘날 토고 공화국이 되었고 서부는 가나의 일부가 되었다.

3. 독일의 군인(1870~1964). 1899 년 육군대학을 졸업하고 포병장 교가 되어 중국과 아프리카에서 근무했다. 1914년에 독일령 동아 프리카 독일이군 사령관에 임명 되었고, 제1차 세계대전이 일어 나자 많은 영국군을 아프리카에 묶어두려는 목적으로 보급을 받 지 못하는 상황에서도 연합군 13만 명을 상대로 게릴라전을 펼 쳤다. 종전 뒤 귀국해서 자유의 용단에서 활동했지만, 나치 정권 에는 반대했다.

유럽에서 제1차 세계대전이 일어난 지 사흘 뒤에 아프리카에도 전쟁이 찾아왔다. 황금해안[1]과 세네갈에서 온 영국군과 프랑스군이 아프리카 서부 해안에 있는 독일 식민지인 토고Togo[2]를 침공해서 신속하게 점령했던 것이다. 독일 황제의 다른 식민지 세 곳은 그 뒤 얼마 안 되어 연합국의 지배를 받았다. 존경스러운 폰 레토우-포르벡 von Lettow-Vorbeck[3]이 끝까지 게릴라 저항을 멈추지 않은 독일령 동아프리카만 예외였다. 이와는 대조적으로, 제2차 세계대전은 아프리카에 뒤늦게 차츰차츰 찾아왔다. 거기에는 그럴 만한 까닭이 있었다. 베르사유 조약의 한 결과로 독일령이었던 아프리카 식민지의 통치권이 국제연맹 위임통치령으로 영국과 프랑스와 남아프리카로 넘어갔으며, 지중해 연안과 홍해 연안에 광활한 아프리카 소유지를 가진 이탈리아는 독일의 동맹국이 되었는데도 아프리카 대륙에서 주요 식민열강인 영국과 프랑스와 1940년 6월까지 전쟁에 들어가지 않았던 것이다. 히틀러는 비록 각료진에 대기발령 식민총독을 두기는 했어도 한동안은 지중해 건너 남쪽으로 전쟁을 확대하는 행보를 취하지 않았다. 사실, 그에게는 이탈리아가 자기를 위해 선전포고를 할 때까지는 아프리카로 들어가는 공세작전을 펼칠 수단이 없었고 무솔리니가 아프리카에서 공세작전을 펼치려고 시도했다가 실패할 때까지는 명분이 없었다.

독일이 프랑스를 다 이겨놓은 마당에 이탈리아가 뒤늦게 끼어들고 그나마 싸움에서도 이름값을 못하자, 무솔리니에게 아프리카에서 승리의 월계수를 움켜잡으려고 팔을 뻗을 동기가 생겼다. 페탱이 히틀러와 휴전조약을 맺은 뒤 비시 정부가 프랑스 육해군뿐만 아니라 프랑스제국을 통제하게 되었다. 따라서 무솔리니의 제국 가장자리에 있는 프랑스 군대는 — 즉, 시리아와 레바논에 있는 레반트 특수부대Troupes spéciales du Levant와 튀니지와 알제리와 모로코에 있는 아프리카군 대부대는 — 중립군이 되었다. 게다가, 독일과 프랑스가 휴전조약을 맺은 데 자극받은 영국이 메르-셀-케비르Mers-el-Kébir에 정박해 있는 프랑스 주력 함대를 1940년 7월 3일에 공격해서 파괴했고, 이 과정에서 프랑스 해군 병사 1,300명이 죽었다. 함대 제독들이 함대를 출항해서 페탱의 수중에서 빠져나오기를 거부한 뒤 일어난 사태였다. 그 결과로 분기탱천한 프랑스 군대가 예전의 동맹국을 일절 지원하려 들지 않았다. 따라서 무솔리니가 7월에 아프리카의 이탈리아군이 가장 강하고 영국군이 가장 약한 곳에서 영국군을 쳤다. 에티오피아 주둔 이탈리아군에서 파견된 부대가 7월 4일에 영국-이집트 공동통치령인 수단의 국경도시들을 점령하고 7월 15일에 영국 식민지인 케냐로 침투하고 8월 5일과 19일 사이에 아덴Aden 만에 있는 영국령 소말리를 점령했다.

아직도 세계에서 가장 큰 제국 열강인 영국의 동아프리카 영토를 상대로 이탈리아가 그토록 대담한 행동을 취할 수 있었던 능력은 두 나라 사이에 존재하는 힘의 차이로 결정되었다. 이런 힘의 차이는 다른 경우였더라면 이상했겠지만 아프리카 대륙의 그 구석에서는 이때 보통이 되어 있었다. 이탈리아는 에티오피아를 얼마 전에 정복한 다음 아직은 겉으로만 평정된 에티오피아와 더 오래된 자국 식민지인 에리트레아와 소말리에서 항공기 323대의 지원을 받는 이탈리아군 9만 2,000명과 토착민 부대 25만 명을 유지했다. 이와 대조적으로, 영국은 대부분 현지 지역민으로 이루어진 4만 명 병력의 부대와 항공기 100대를 배치했을 뿐이다. 영국의 현지인 부대에는 용맹하고 충성스러운 소말리 낙타군단과 수단 방위대 오하 케냐 근왕 아프리카 소총대대 등의 부대가 포함되어 있었지만, 적군에게 수에서 완전히 밀렸고 장비 면에서도 뒤떨어졌다. 아프리카 동북부에서 유일하게 프랑스령인 지부티Djibouti에 있는 1만 명 병력의 부대는 비시 정부에 충성을 바쳤(고, 1942년 11월의 북아프리카 상륙 뒤에 설득을 받아 전향할 때까지 계속 그랬)다.

영국은 오토만제국의 반자치주였던 이집트를 1882년에 병합한 이후로 1개 군을 유지해왔는데, 이집트 주둔군으로 자국 동아프리카 수비대를 증원할 능력에 한계가 있었다. 왜냐하면 이탈리아가 (1912년에 터키에서 얻어내 병합한 이래로 통치해온) 리비아에서 유지한 군대에 맞서 이집트 서부 국경을 지켜야 했기 때문이었다. 20만 명으로 이루어진 그 군대의 대다수는 이탈리아인이었다. 영국이 처한 전략적 난관은 암담했다. 수단의 더글라스 뉴볼드Douglas Newbold 민정장관은 1940년 5월 19일에 집으로 써보내는 편지에서 다가오는 전쟁의 결과를 암울하게 예상하면서 다음과 같이 썼다. "카살라Kassala는 이탈리아가 마음만 먹으면 차지할 거야. 수단 항도 십중팔구 그렇고, 하르툼Khartûm도 아마 그러겠지. 수단에서 40년 동안 참고 견디면서 한 일이 물거품이 될 게 뻔하고 우리는 순해 빠진 수단사람을 전체주의 정복자에게 맡겨버리고 마는구나."

영국의 동아프리카 영토 전체 지배력의 안전에 관한 뉴볼드의 두려움은 다행히도 지나친 비관이었음이 밝혀지게 된다. 에티오피아 주둔 이탈리아군은 비록 현지에서는 강했어도 치명적인 약점을 안고 있었다. 그 군대는 — 비록 이탈리아인 총독인 아오스타Aosta[4] 공작이 개인적으로 용기 있고 출중한 사람이기는 했어도 — 소심한 사령관들의 지휘를 받았고 재보급에서 고립되어 있었고 증원을 받을 수 없었던 것이다. 이와는 대조적으로, 영국군은 영국이 통제하는 인도양 연안을 따라 사슬처럼 이어진 여러 항구를 거쳐 부대를 인도와 남아프리카에서 이전 배치해서 그 지역의 부대를 마음대로 증강할 수 있었다. 1940년 4월에 중동 총사령관인 아치볼드 웨이벌 장군이 — 지난해 9월에 의회 표결에서 근소한 표차로 참전이 결정

4. 이탈리아의 귀족(1898~1942). 비토리오 에마누엘레 2세의 사촌이자 제1차 세계대전에서 이탈리아군을 파국에서 구한 아오스타 공작의 아들. 아버지의 작위를 물려받았으며, 1937년에 에티오피아 총독이 되었다. 제2차 세계대전에서 영국군에 용감히 저항한 뒤 사로잡혔다가 병사했다.

된 — 남아프리카의 얀 스무츠Jan Smuts[5] 총리를 찾아가서 남아프리카가 케냐에서 1개 여단과 3개 군용기 편대를 양성하겠다고 확약했음을 다시 일깨워주었다. 그 부대를 지휘할 사람은 스무츠와 마찬가지로 영국과 맞서 싸운 보어 전쟁[6] 참전군인이었지만 지금은 또한 스무츠와 마찬가지로 제국의 대의를 성실히 지지하는 단 피에나르Dan Pienaar였다. 9월에 웨이벌은 수단의 영국군 1개 여단에 가세하도록 제5인도인 사단을 이집트에서 수단으로 이전 배치하는 위험을 무릅썼다. 가을 동안에 남아프리카군 2개 여단이 추가로 케냐에 도착해서 남아프리카군 제1사단을 구성했다. 웨이벌은 리비아 주둔 이탈리아군을 상대로 이집트에서 수행한 역공이 성공을 거둔 뒤 12월에 제4인도인 사단을 추가 증원군으로 수단에 보냈다. 따라서 지중해 함대를 지휘하는 제독의 동생이자 동아프리카 영국군의 신임 사령관인 알란 커닝엄 장군은 1941년 1월 초까지 영국령에 있는 이탈리아군의 거점에서 그들을 내쫓고 이탈리아의 에티오피아제국으로 전쟁을 끌고 갈 생각을 하기에 충분한 병력을 보유했다.

에티오피아 전역

영국은 예전에, 즉 1867~1868년에 테워드로스Tewodros 황제를 상대로 시험 삼아 벌인 원정에서 에티오피아에 간 적이 있다. 솟아오른 산 사이로 원정을 하는 어려움을 겪고 영국군은 현명하게도 머물러서는 안 되겠다고 판단했다. 이탈리아는 항공기와 전차, 그리고 압도적인 다수 병력을 전개해서 1936~1937년에 하일레 셀라시에Haile Selassie[7] 황제의 원시적인 군대를 쳐부쉈고, 그럼으로써 1896년에 에티오피아제국을 세우려는 첫 시도를 하다가 아도와Adowa에서 메넬렉Menelek 황제에게 당했던 패배[8]도 앙갚음했다. 다가오는 에티오피아 전역은 비록 유럽 열강 사이의 싸움이기는 했어도 그 이전에 벌어진 전역의 성질을 띠어서, 그 성격은 본질적으로 식민지 전역이었

5. 남아프리카의 정치가(1870~1950). 트란스발 공화국의 장관이었다가, 보어 전쟁이 일어나자 게릴라를 이끌고 영국과 싸워 이름을 떨쳤다. 제1차 세계대전 때에는 영국 전시내각에 참여했다. 1939년에 남아프리카의 총리가 되었으며, 영국에 협력했다. 전후에는 국제연합의 창립에 이바지했다.

6. 트란스발에서 발견된 금광을 노리고 내정 간섭을 일삼는 영국에 보어인이 1899년에 선전포고를 해서 벌어진 전쟁. 영국군은 보어인 게릴라에게 고전했지만, 민간인까지 해치면서 무자비한 소탕작전을 벌여 1902년에 결국은 이기고 남아프리카를 직할 식민지로 만들었다.

7. 에티오피아의 통치자(1892~1975). 메넬렉 황제 사촌의 아들로 태어나 1930년에 황위에 올랐다. 근대화 정책을 펴서 신망을 얻었지만, 1935년에 이탈리아의 침공과 함께 영국으로 망명했다. 1941년에 영국군과 함께 귀국했다. 전후에는 활발한 외교로 정치를 주도했지만, 1974년에 군사 쿠데타가 일어나 폐위되었다.

8. 1889년에 에티오피아 황제가 된 메넬렉 2세(1844~1913)는 곧바로 이탈리아와 우호조약을 맺었지만, 이탈리아가 침략 의도를 드러내자 조약을 파기하고 전쟁에 대비했다. 메넬렉 2세는 1896년 3월 1일에 아도와에서 이탈리아군에 대승을 거두고 독립을 인정받았다.

다. 즉, 투입된 부대원 가운데 다수가 비유럽인이었고, 유럽 군대가 이동하고 보급할 때 의존하는 도로와 철도, 그리고 나머지 모든 하부구조가 없고 산악지형이어서 전역의 전개과정에 식민지적 리듬이 부과되었던 것이다.

아오스타 공작의 부대를 상대로 하는 영국의 역공 계획은 1940년 10월 말에 하르툼에서 정해졌다. 영국의 안소니 이든 전쟁부 장관이 10월 28일에 하르툼에 도착해서 웨이벌, 자기 왕국을 다시 물려받으리라는 기대 속에서 영국 망명을 끝내고 귀향하는 하일레 셀라시에, 그리고 11월 1일에 지휘권을 맡을 커닝엄, 남아프리카에서 비행기를 타고 온 스무츠에게 합류했다. 스무츠와 이든은 강한 정치적 동기를 가지고 공세를 촉구했다. 스무츠에게는 남아프리카의 참전에 반대하는 반영 민족주의자들의 기를 꺾어놓을 승리가 필요했다. 그들의 반발은 비록 뜻을 꺾지 않은 보어인이 사실상 봉기해서 무기를 들었던 1914년만큼 강하지는 않았지만 여전히 그의 지도력에 대드는 도전이었다. 이든으로서는 이슬람 세계의 아프리카 쪽 모퉁이와 아라비아 쪽 모퉁이가 만나 이어지는 이 지점에서 영국이 성공을 거두기를 열망했다. 왜냐하면 그에게는 예루살렘 무프티와 이라크의 라시드 알리Rashīd ʿAlī [9] 같은 무슬림 지도자들에게 점점 더 많은 영향을 미치고 있는 독일의 힘을 상쇄해야 할 필요가 있었기 때문이다. 그 두 무슬림 지도자는 영국이 곤경에 빠지자 팔레스타나에서 시온주의자 정착을 후원하고 바그다드에 제국 수비대를 유지한 영국의 행위에 앙갚음을 할 기회를 찾았다.

교묘한 외교가인 하일레 셀라시에는 영국 외무부가 반대의사를 밝히는 데도 오히려 에티오피아로 돌아가겠다고 이든을 하르툼에서 설득했다. 이탈리아의 점령에 대한 저항이 되살아나기 시작하고 있는 에티오피아로 자기가 돌아가면 자기와 영국의 공동의 적인 이탈리아가 에티오피아를 움켜쥐고 있는 손아귀 힘을 빼놓을 최선의 기

9. 이라크의 정치가(1882~1965). 수니파 명문가에서 태어나 1925년에 내무장관이 된 뒤로 정부 요직을 두루 지냈다. 1930년에 영국-이라크 조약 체결에 반대했다. 제2차 세계대전 때에는 친독일파 지도자로서 1940년에 총리가 되었다.

회가 생긴다는 것이었다. 영국이 무장시킨 에티오피아 '애국자' 부대가 이미 수단 국경에 있었다. 인도 정복 초기 시절로 거슬러 올라가고 가장 최근에는 로렌스T. E. Lawrence[10]가 구현한 바 있는 비정규 군사 활동의 전통을 대표하는 영국군 장교 오드 윈게이트Orde Wingate가 11월 6일에 하르툼에 도착했다. 그에게는 100만 파운드와 자기가 유다 부족의 사자 하일레 셀라시에[11]를 다시 권좌에 옹립할 수 있다는 열렬한 믿음이 있었다. 그는 즉시 그 '애국자' 부대의 지휘를 맡았고 비행기를 타고 에티오피아 안으로 들어가서 내부 저항세력과 접촉한 다음 돌아오자마자 황제를 호위하고 국경을 넘을 준비를 하기 시작했다.

1941년 1월 20일에, 황실 홍보관의 표현에 따른다면, "하일레 셀라시에 1세 황제 폐하께서 황태자 전하 …… 와 막강한 에티오피아 군대와 영국 군대를 대동하옵시고 수단과 에티오피아의 국경을 넘으셔서 폐하의 소유지로 들어가셨다." 기나긴 망명이 절박하다 보니 이런 과장을 하게 되었다. 윈게이트의 부대는 거의 우스울 만큼 약해서 낙타를 탔고 현대식 장비가 없었다. 그러나 적어도 수도 아디스아바바Addis Ababa를 향해 움직이고 있기는 했다. 이탈리아가 아비시니아Abyssinia[12]에 세운 제국에 실질적인 위협이 되는 영국군 주요 부대도 승패를 가리지 못한 소규모 국경 접전을 몇 차례 치른 뒤 아디스아바바로 나아가고 있었다. 1월 19일에 제4, 제5인도인 사단이 청나일Blue Nile 강[13] 북쪽의 국경을 넘어서 전설에 나오는 곤다르 Gondar 시[14]를 향해 갔다. 두 부대는, 비록 한 시점에서 지역 기마족 부대, 즉 백마를 탄 이탈리아 장교 한 사람의 지휘를 받는 암하라Amhara 인[15] 기마대가 기관총을 상대로 무모하리만큼 용감한 돌격을 시도하기는 했지만, 저항에 거의 부딪히지 않았다. 수단 방위대가 1월 20일에 청나일 강 남쪽을 건너 에티오피아로 들어갔다. 이 수단 방위대의 장교 가운데에는 이름난 인류학자인 에드워드 에반스-프리

10. 영국의 군인, 학자(1888~1935). 옥스퍼드 대학에서 고고학을 전공하고 1910~1914년에 중동 유적조사단에 참여했다. 제1차 세계대전 때 정보장교로 근무하다가 아랍인 게릴라부대를 지휘하면서 터키군과 싸웠다. 이때 '아라비아의 로렌스'라는 별명을 얻었다. 전후에 신분을 숨기고 전차부대와 공군에서 근무하기도 했다. 교통사고로 숨졌다.

11. 셀라시에 1세의 정식 호칭은 '적을 정복하는 유다 부족의 사자이시며 왕 중의 왕이시며 군주 중의 군주이시며 하느님의 선택을 받으신 하일레 셀라시에 1세 황제 폐하'였다. 이 호칭에 나오는 유다 부족에 관한 언급은 에티오피아를 다스리는 군주들은 왕수의 기원이 고대 유대의 솔로몬에 있다는 믿음에 비롯되었다.

12. 에티오피아의 옛 이름.

13. 하르툼에서 나일 강으로 흘러들어가는 나일 강의 지류.

14. 17~19세기 곤다르 왕조의 수도였던 유서 깊은 도시. 오늘날의 곤데르(Gonder).

15. 에티오피아인의 다수를 차지하는 부족.

16. 영국의 탐험가(1910~2003). 외교관의 아들로 아디스아바바에서 태어나 영국에서 교육을 받았다. 제2차 세계대전 기간에 창설된 특수부대(SAS)에 들어가 싸웠다. 전후에는 아프리카와 중근동 각지를 탐험하면서 현지 부족에 관한 명저를 많이 남겼다.

처드Edward Evans-Pritchard도 있었다(비슷한 명성을 누리는 아라비아 전문가인 윌프레드 디시거Wilfred Thesiger[16]는 황제를 수행하는 윈게이트의 '기드온 부대Gideon Force'의 참모부에 있었다). 끝으로, 2월 11일에 커닝엄의 남아프리카군과 근왕 아프리카 소총부대와 왕립 서아프리카 국경대Royal West Africa Frontier Force가 케냐에서 행군해 나와 에티오피아 남부와 이탈리아령 소말리로 들어갔다.

　이 가운데 북쪽의 제4, 제5인도인 사단의 침입이 가장 위험하다는 올바른 판단을 내린 아오스타 공작은 예하 부대 가운데 최정예 부대를 에리트레아의 케렌Keren 부근에 모아두었다. 높은 봉우리들이 지켜주어 깊고 좁은 골짜기를 따라가야 접근할 수 있는 소도시가 케렌이었다. 2개 인도인 사단이 2월 10일에 케렌을 공격했다가 밀려났고 3월 15일에 다시 공격했다가 역공을 당했다. 그러나 인도인 사단 소속 공병대가 케렌으로 가는 접근로에 둘러쳐진 장애물들을 해체하는 작업을 착착 진행하자, 이탈리아군은 자기들이 패했다고 판단하고는 퇴각해서 오지로 들어갔다. 4월 2일까지 에리트레아 전체가 점령되었다. 남쪽의 이탈리아군 진지도 이 무렵에 무너졌다. 케냐에서 이탈리아령 소말리로 들어가던 커닝엄 장군의 군대는 적을 따라잡기가 어렵다는 것을 깨달았다. 현지인 부대원들이 이탈리아인 장교를 버리고 탈영해서 그 지역 비적대 영토에서는 값나가는 물건인 소총과 탄약을 가지고 고향으로 가고 싶어 안달이 났던 것이다. 소말리에서 에티오피아 중앙을 향해서 북서쪽으로 방향을 튼 커닝엄은 3월 하순에 유서 깊은 성벽도시 하라르Harar[17]로 가는 길을 열기 위해 전투를 한 차례 치러야 했다. 하라르는 — 커닝엄이 잘못 보고 이전에는 그다지 신임하지 않았던 병사들인 — 왕립 서아프리카 국경대의 나이지리아 흑인들에게 점령되었다. 그 뒤 이탈리아의 현지인 부대 장악력이 돌이킬 수 없게 무너지기 시작했다. 4월 초순까지 커닝엄과 아디스아바바 사이에는 사보이아 척탄병들로 이루어

17. 오늘날의 하레르(Harer).

진 빈약한 1개 견제부대[18]만이 버티고 있었다. 이 부대는 일소되었고, 4월 5일에 수도가 영국군에 함락되었다. 하일레 셀라시에가 윈게이트의 '기드온 부대'의 호위를 받으며 5월 5일에 승전가를 울리며 입성했다. 한편, 아오스타 공작은 암바 알라기Amba Alagi의 산악 요새로 퇴각했다가 5월 하순에 항복했다. 아오스타는 이듬해 영국군의 포로 신세로 지내다가 결핵에 걸려 죽게 된다.

에티오피아의 전쟁은 이제 사실상 끝났다. 3월 6일에 아덴에서 개시된 상륙작전으로 영국령 소말리가 탈환되었다. 수도인 베르베라Berbera의 이탈리아군 사령관은 영국군 장교에게 자기 권총을 내주면서 눈물을 터뜨렸다. 그 영국군 장교는 그를 달래면서 "전쟁이 사람을 아주 곤혹스럽게 만들 수 있구나"라고 생각했다. 끝까지 완강하게 버티던 얼마 안 되는 이탈리아군이 서쪽으로 도망가서 콩고에서 전진해온 벨기에군 부대에 7월 3일, 항복했다. 전역을 벌이면서 이탈리아군은 대다수가 현지인인 부대원 28만 9,000명가량을 잃었고, 그 과반수가 사로잡혔다. 승리자들은 곧바로 흩어져서 자기들을 더욱 절실하게 필요로 하는 다른 전선으로 갔다. 인도인 부대와 남아프리카인 부대는 서부 사막Western Desert으로 갔다. 서아프리카인 부대와 동아프리카인 부대는 고향의 주둔지로 갔다가, 1944년에 그곳에서 이송되어 윈게이트가 전설적 명성을 얻게 될 버마에서 일본군을 상대로 전쟁을 벌이게 된다. 중동에서 와서 싸웠던 자유 프랑스 부대는 중동으로 되돌아갔다. 수단 방위대 지휘관 윌리엄 플래트William Platt 장군은 1942년 11월에 마다가스카르 섬을 비시 정부군 수비대에게서 빼앗는 일에 나서게 된다. 처칠은 비시 정부군 수비대가 일본군을 상대로 그 섬을 지킬 수 없거나 지키지 않을까봐 두려워했다. 에티오피아의 정복자 커닝엄은 이집트를 향해 떠났는데, 그곳에서 롬멜을 상대로 싸우다가 승전 군인의 명성을 잃게 된다.

에티오피아 전역은 제2차 세계대전의 전역들 가운데 유별난 전역

18. 본 부대를 엄호하려고 배치하는 전위부대.

19. 유럽 열강들이 아프리카를
자국 식민지로 만들려고 1870년
대부터 치열한 경쟁을 벌이며 아
프리카로 진출한 현상을 일컫는
표현. 10년 만에 아프리카의 90
퍼센트가 유럽 열강의 식민지가
되었다.

20. 1924년에 나온 렌(P. C. Wren)
의 소설을 저본으로 삼아 여러
차례 만들어진 영화와 텔레비전
연속극의 제목이자 그 주인공의
이름. 대강의 줄거리는 집에 있
는 보석을 훔쳤다는 의심을 산
청년이 영국을 떠나 프랑스 외인
부대에 들어갔고 사하라 사막에
있는 외딴 요새에서 방어 전투
를 벌이다 수비대는 몰살되었지
만 구사일생으로 살아남는다는
것이다.

21. 인도의 중부와 서부에 사는
힌두족의 한 분파.

22. 인도 북부에 사는 민족으로,
무를 숭상하기로 이름나 있다.

23. 프랑스의 외인부대는 식민
지화에 저항하는 알제리인을 진
압하기 위해 1831년에 창설되었
다. 혹독한 훈련과 군기를 견딜
수 있는 40세 미만의 남자가 지
원하면 국적이나 과거에 상관없
이 외인부대원으로 채용했다. 프
랑스의 식민지를 유지하고 식민
지인의 저항을 진압하는 전투에
주로 투입되었다.

이어서, 전략 면으로는 19세기의 '아프리카 쟁탈전Scramble for Africa'[19]의 끝자락에 일어난 부수적 사건이었고 전술 면으로는 낙타를 타고 기나긴 강행군을 해서 산악 거점과 사막의 요새를 차지하려고 치열한 단기전을 벌이는 〈보 제스트Beau Geste〉[20] 이야기였다. 참전했던 다채로운 식민지인 부대 — 마라타Mahratta[21] 경보병, 라즈푸타나Rajputana[22] 소총부대, 황금해안 연대Gold Coast Regiment, 국경수비대Gruppo Banda Frontiere — 사이에 외인부대Légion l'étrangère[23]를 끼워넣어야 마땅했다. 당시 자기가 선언한 반페탱·반비시 봉기를 현실로 바꿀 수단을 절박하게 찾고 있던 드골 장군이 개인적으로 고집을 부려 투입된 외인부대는 케렌 전투에서 열심히 잘 싸운 다음 중동으로 돌아가 비르하케임Bir Hacheim 전투에 참가해서 그 대단한 명성을 더욱 드높였다.

에티오피아는 드골이 프랑스 함락 직후에 비시 정권의 대안 정권을 세우려고 시도한 지중해 남쪽 전선에 있는 유일한 전선이 아니었다. 1940년 9월에 드골은 프랑스의 서아프리카 주둔지의 초석인 세네갈의 다카르에 영국 해군부대와 함께 상륙한 자유 프랑스군을 지휘한 적이 있다. 다카르 수비대를 자유 프랑스의 대의에 규합한다는 그의 목표는 실패했다. 항구를 방어하려고 도착해 있는 프랑스 함대 부대를 움직이지 못하도록 만든다는 영국 해군의 목표도 마찬가지로 실패했다. 그러나 비록 드골이 실망한 채로 9월 25일에 철수해야 했지만, 서아프리카 안으로 비집고 들어가려는 자유 프랑스의 이런 노력이 성과가 전혀 없지는 않았다. 드골의 결연한 추종자인 필립 르클레르Philippe Leclerc가 8월 27일에 식민지 카메룬을 규합하는 데 성공했던 것이다. 이 소식을 듣자마자 차드의 흑인 총독도 넘어왔고, 그 뒤 얼마 안 되어 프랑스령 콩고가 모여들었다. 르클레르가 카메룬인 부대, 차드인 부대, 콩고인 부대, 그리고 일부가 규합된 세네갈인 부대를 데리고 10월 12일에 가봉을 침공했고 동료인 피에르 쾨니그Pierre Koenig와 함께 부대를 이끌고 수도인 리브르빌Libreville을 들이쳤다. 리브르빌은 11월 12일에 항복했다. 총독인 마송Masson이 항복하기보다는 목을 매 자살했다는 것은 프랑스인 사이에 벌어지는 이 동족상잔이 얼마나 심하게 이데올로기화했는지 보여주는 증거였다. 마송의 후임자가 같은 날 항복했다.

시리아 전쟁

드골은 이제 서아프리카의 거대한 만곡부에 박힌 단단한 쐐기 같은 땅을 통제했으며, 아프리카 대륙에서 4개의 독자적인 군 부대도 거느렸다. 이집트에 1개 여단, 동아프리카에 1개 '사단', 서아프리카에 1개 수비대, 차드에 르클레르의 티베스티 민병대Groupe Nomade de Tibesti[24]가 있었다(앞의 두 부대는 곧 합쳐져 영국군 서부사막군의 일부가 된다). 드골의 추종자들 가운데 단연 가장 힘차게 움직이는 르클레르가 1941년 봄에 휘하의 소부대를 이끌고 북쪽으로 가서 이탈리아령 리비아로 들어가 영국군 장거리 사막특수작전단Long Range Desert Group[25]과 접촉한 다음 3월 1일에 독자적으로 쿠프라Kufra 오아시스[26]를 점령했다. 자유 프랑스가 추축국을 상대로 단독으로 거둔 첫 성공이었다. 자기가 거둔 승리가 지니는 의의를 인식한 르클레르는 곧바로 많지 않은 휘하 흑백 프랑스 병사들로 하여금 독일에 병합된 메스Metz 시와 스트라스부르Strasbourg 시에 프랑스 국기가 다시 한번 휘날릴 때까지 무기를 내려놓지 않겠다는 엄숙한 맹세('쿠프라 서약')를 하도록 만들었다. 예전에 생-시르Saint-Cyr 육군사관학교 생도였던 르클레르는 '메스와 스트라스부르' 졸업반 소속이었다. 그 같은 도전장을 내던지는 것은 1941년 봄에는 틀림없이 만용에 찬 제스처로 보였을 것이다. 불요불굴의 르클레르조차도 자기가 3년 뒤에 프랑스 군인을 이끌고 샹젤리제 거리를 내려가 파리 노트르담 성당에서 파리 해방에 감사하는 경건한 테 데움Te Deum[27]을 듣게 되리라고는, 또는 1944년 11월이 되면 예하 제2기갑사단이 메스와 스트라스부르

24. 사하라 사막의 티베스티 산악 지역에 사는 부족에서 충원된 민병대.

25. 바그놀드(R. Bagnold) 대위가 1940년 6월에 창설한 영국군 특수 부대. 특수하게 개조한 화물차를 타고 사막에서 이동하면서, 추축군 진지선 뒤에서 정찰을 하거나 군사 시설을 기습해서 파괴하는 임무를 수행했다.

26. 리비아 사막 한복판에 옹기종기 모여있는 오아시스군(群). 예로부터 대상로(隊商路)로 이용된 요지였다.

27. 암브로시우스(Ambrosius) 교황이나 성 아우구스티누스(Augustinus)가 지었다고 알려진 전례문. 500년 무렵부터 가톨릭 교회에서 성무일과(聖務日課)나 축일, 또는 전승과 같은 국가 행사를 기념하는 노래로 불려졌다.

위에 삼색기가 오르는 모습을 실제로 보게 되리라고는 감히 예상할 수 없었을 것이다.

1941년 봄에, 휴전조약이라는 쟁점을 둘러싸고 어느 한쪽을 편든 프랑스사람들에게 영향을 준 것은 어떤 것이든 해방의 전망이기보다는 계속 벌어질 동족상잔이라는 유령이었다. 비시 프랑스군의 최대 집결체, 즉 모로코와 알제리와 튀니지에 있는 막심 베강 장군 예하 아프리카군 대부대는 아직은 전략범위 밖에 있었다. 그러나 시리아와 레바논에 있는 앙리 당스Henri Dentz 장군의 레반트군은 추축군 첩보원의 당연한 전복활동 목표였다. 레반트군 기지는 12월에 영국군과 이탈리아군의 사막전이 본격적으로 일어난 이집트에 있는 영국군 기지를 동쪽에서 측면포위했으며, 영국의 아랍인 적수인 이라크의 라시드 알리와 팔레스티나의 예루살렘 무프티에게 지원이 제공될 수 있는 통로가 되는 교두보도 제공했다. 당스는 베강과 마찬가지로 휴전조약에 따라 중립을 지켜야 했다. 그러나 병력이 (베강의 10만 명에 비해 3만 8,000명으로) 상대적 열세에 있고 프랑스와 떨어져 있고 이탈리아와 발칸 반도의 추축군 본거지에 가까이 있었기 때문에 당스는 베강에게는 통하지 않는 압박에 놓일 수 있었다. 4월 초순에 영국의 첩보부가 암호를 읽어내서 독일군과 이탈리아군이 이라크에서 4월 3일에 친영국섭정을 타도한 라시드 알리 장군에게 보급을 해주는 부대 주둔·집결지역으로 시리아를 이용할 계획을 합동으로 세우고 있음을 밝혀냈다. 5월 13일에는 새로운 암호가 해독되어 이라크 표식을 단 독일 비행기들이 시리아에 도착했음이 밝혀졌고, 다음날 그 비행기들이 라시드 알리의 쿠데타를 진압하려고 이라크로 들어가고 있던 영국군 부대를 폭격하기 시작했다. 라시드 알리의 행동은 설익고 절제되지 않은 것이었다. 바그다드 바깥에 있는 하바니야Habbaniya의 커다란 항공기지를 조약에 따라 점유한 영국군 수비대를 제압하거나, 영국군 부대가 역시 조약에 따라 바스라

Basra 항구를 통해 이라크에 들어와 통과할 권리를 행사하지 못하도록 막을 만큼 라시드 알리의 군대가 충분히 강하거나 굳세지 못했다. 그의 하바니야 포위는 4월 30일에 시작되었는데, 포위된 부대가 사실상 포위를 깨고 5월 5일에 포위군을 군 비행장에서 쫓아버렸다. 사막을 횡단하는 행군을 해서 팔레스타나에서 온 부대로 급히 편성된 '하브 부대Habforce'와 바스라에 내린 제10인도인 사단으로 증원된 이라크의 영국군 부대가 바그다드로 들어가 5월 31일에 섭정을 다시 권좌에 앉혔다.

당스가 아무리 마지못해 그랬다고는 해도 이라크 사건에 연루되었다는 증거가 나오자 영국은 마침내 레반트군을 적으로 삼는다는 결정을 내렸다(드골이 그런 결정을 내리라고 압박해오고 있었다). 리비아에서 작전을 벌이고 있는 서부사막군의 후방에 레반트군이 주는 위협은 두고만 보기에는 너무 컸다. 따라서 6월 23일에 영국군 4개 부대가 레반트군과 싸우려고 이동했다. 즉, 제10인도인 사단과 하브 부대가 이라크에서 팔미라Palmyra[28]와 알레포Aleppo로, 영국군 제6사단이 팔레스타나 북부에서 다마스쿠스Damascus로, 오스트레일리아군 제7사단이 하이파Haifa에서 베이루트Beirut로 갔다. 뒤이어 벌어진 단기전은 즐겁지 못했다. 팔레스타나 북부 국경에서는 자유 프랑스 사단이 휘말려 들어가 프랑스인끼리 싸우게 되는 결과를 빚었던 것이다. 여태까지 페탱 추종자와 드골 추종자 사이에 벌어진 내전 가운데 가장 격렬한 싸움이었다. 모든 전선에서 울분이 전투에 배어들었다. 영국군은 자기들이 독일군과 싸우기 위해 아껴두는 것이 더 좋은 피를 흘리고 있다고 믿었고 비시 프랑스군은 자기들에게 전쟁이 부당하게 강요되었다고 느꼈던 것이다. 프랑스의 레반트군은 어려운 상황에서도 잘 싸워서 오스트레일리아군 제7사단은 상대편 방어를 깨는 데 어렵사리 성공했다. 그것도 베이루트 남쪽에서 맹렬한 함포 지원포격의 이점을 누렸기 때문이었다. 그러나 당스는 7월

28. 오늘날의 타드무르(Tadmur).

9일에 돌파를 당하자마자 자기가 버틸 수 없는 상황에 있음을 인정하고 협상을 요청했다. 그 협상요청은 7월 11일에 받아들여졌고, 자유 프랑스군에 들어갈 수 있다는 드골의 제안을 거절한 모든 비시 정부군 부대원들에게 귀국이 허용되었다. 패한 당스의 부하 3만 8,000명 가운데 드골에게로 간 자는 5,700명에 지나지 않았다. 거의 신성모독이랄 수 있는 사태 속에서 외인부대원과 싸웠던 외인부대원을 비롯해서 과반수가 북아프리카로 이송되었고, 그곳에서 1942년 11월의 횃불 상륙작전에서 연합군 부대가 이들과 다시 마주치게 된다.

규모가 작은 시리아 전쟁이 — 그 과정에서 연합군 3,500명이 죽거나 다쳐서 — 아무리 언짢고 희생이 크고 후회스러웠을지라도, 그 결과가 영국의 아프리카 전략에 미친 효과는 전적으로 유익했다. 에티오피아에서 이탈리아가 패하고 이라크에서 친추축국 당파가 분쇄된 뒤에, 시리아 전쟁의 결과 육지 쪽에서 오는 위협으로부터 이집트에 있는 영국군 병력 집결처의 안전이 확보되었고 서부사막군 사령관이 리비아의 추축군을 쳐부수는 것을 제외한 다른 모든 고민거리에서 해방되었던 것이다.

리비아-이집트 전쟁은 1940년 9월에 본격적으로 시작되었다. 이 전쟁은 에티오피아 전역보다는 조금 늦게, 튀니지 전쟁보다는 두 해 넘게 먼저 일어났으므로 1939년과 1945년 사이에 아프리카 땅에서 벌어진 세 차례 전쟁 가운데 두 번째 전쟁이었다. 리비아-이집트 전쟁은 싸움이 벌어지는 어떤 지역에서든 영국군과 적군 사이에 벌어지는 지상전의 유일한 초점이었던지라 그때에는 영국인의 눈에 대단히 커보였다. 그러나 전술 면에서 리비아-이집트 전쟁은 사실 작은 전쟁이었다. 비록 그 전략적 함의는 상당했더라도 현지 영국군의 취약성이 이탈리아군의 무능으로 상쇄되는 동안 그 규모가 커지지 않았으며, 이런 상황이 전쟁 초기 여섯 달 동안에 전쟁의 성격을 정했다.

리비아에서 거둔 승리

로돌포 그라치아니 원수가 지휘하는 리비아 주둔 이탈리아군은 20만여 명을 헤아렸으며, 12개 사단으로 편성되어 시칠리아에서 얼마 떨어지지 않은 해로의 끝에 있는 트리폴리에 기지를 두었다. 부대원 6만 3,000명을 거느린 아치볼드 웨이벌 장군은 주기지를 알렉산드리아Alexandria에 두었다. 알렉산드리아는 프랑스가 함락되고 이탈리아가 선전포고를 한 직후인 6월에 몰타가 사실상 공군기지의 지위로 떨어져버렸기 때문에 지중해 함대의 기지이기도 했다. 이때까지 리비아 주둔 이탈리아군은 튀니지 국경 너머에 있는 프랑스의 아프리카군에게 저지되었다. 또한 프랑스의 툴롱Toulon 함대가 영국의 몰타 함대와 합치면 이탈리아의 상당한 해상병력을 무력화하기에 충분했다. 그러나 페탱이 무솔리니와 협정을 맺은 6월 24일 이후에는 이탈리아의 전함 6척이 갑자기 지중해에서 가장 큰 주력부대가 되었다. 영국 해군의 전함 5척이 이 부대를 위협했는데, 이것은 오로지 영국 해군이 항공모함 2척을 전개했기 때문이었다. 한편, 그라치아니의 육군은 웨이벌의 육군보다 수에서 네 배 앞섰다.

바다에서는 대등해 보이고 땅에서는 수적 우위가 명백한 데 자극 받은 무솔리니가 1940년 9월 13일에 똑똑하지 못하게도 이집트로 쳐들어가라는 명령을 내렸다. 사흘 뒤 이집트 안으로 60마일 들어가 있던 그라치아니는 튼튼한 기지를 만들려고 예하 부대를 멈춰 세웠다. 부대는 그곳에서 병영과 요새를 세우며 다음 석 달 동안 머물게 된다. 그러나 무솔리니는 틀림없이 조짐을 잘못 읽었고, 영국 해군은 그가 공세를 취했다고 해서 조금도 당황하지 않았다. (지브롤터에 기지를 둔) 영국 해군 H부대와 (알렉산드리아에 기지를 둔) 지중해 함대가 7월 8~9일에 사르데냐와 칼라브리아Calabria 사이에서 이탈리아의 전체 전투 함대와 교전을 벌여 손해를 안겨주고 퇴각하도록 만든 적이 있다. 넉 달 뒤인 11월 11일에 앤드류 커닝엄Andrew

Cunningham 제독과 함께 작전을 벌이는 영국 항공모함 일러스트리어스 호의 항공기 부대가 이탈리아 반도 발뒤꿈치[29]에 있는 타란토 항구에서 이탈리아 전함들을 공격해서 정박해 있던 전함 가운데 4척에 큰 피해를 줬다. 이 교전으로 이탈리아 수상함대에 대한 영국 해군의 우위가 확고해졌고, 이 우위는 그리스에서 전역이 시작될 때인 1941년 3월 28일에 마타판(타이나론) 곶 야간 전투에서 이탈리아군의 중순양함 3척을 파괴함으로써 보강된다. 그 뒤로는, 비록 이탈리아 해군이 시칠리아와 트리폴리 사이의 좁은 바다를 오가는 호송선단을 운행하는 데 띄엄띄엄 성공하고 동력 어뢰정과 소형 잠수정으로 이루어진 경무장 부대가 영국의 지중해 함대를 상대로 대담한 성공을 몇 차례 거두기는 했어도, 무솔리니의 전함들은 항구에 틀어박혀 나오지 않았다. 그 뒤로는, 1796년에 운세가 밑바닥에 있었을 때 그랬던 것처럼, 지중해를 포기해야 할지도 모른다고 영국 해군본부가 1940년 6월에 품었던 두려움이 사라졌다. 추축군 항공력이 1941년 한 해 동안 몰타와 알렉산드리아로 가는 비상 호송선단을 상대로 분풀이하듯 전개되어 영국 해군이 내해內海[30] 제해권을 마음껏 이용하지 못하도록 막았지만 그 제해권을 깨뜨릴 수는 없었다.

일이 이렇게 되는 바람에 필시 리비아에 있는 이탈리아 함대의 육상 확장으로서 작전을 벌였을 이탈리아 육군은 이집트의 영국 육군과 마찬가지로 시칠리아에서 오는 보급과 증원군을 트리폴리의 주기지를 통해 받는 한에서만 공세작전을 수행할 수 있는 원정부대의 지위로 떨어졌다. 이탈리아 육군이 1940년 9월에 이집트 안으로 진공하자 병참선이 지나치게 길어졌다. 12월 9일에 리처드 오코너 장군 예하 서부사막군이 시디 바라니Sidi Barrani의 엉성한 전초기지에 있던 이탈리아 육군에 기습 역공을 가하자 그 방어가 무너졌다. 뒤로 밀려난 이탈리아 육군은 연안을 따라서 트리폴리를 향해 허둥지둥 후퇴했다. 이 후퇴는 2월 초순에 서쪽 400마일 떨어진 곳에 있는 베다 폼에 이르러서야 멈췄다.

역돌파 공격이라고 불리는 '웨이벌 공세'는 다음 두 해 동안 서부사막전의 전형이 될 싸움의 유형을 보여주었다. 웨이벌 공세에서 나온 포로의 수는 이례적이었다. 모두 합쳐 13만 명을 웃돌아서, 그라치아니 군대(20만 명)와 웨이벌 군대(6만 3,000명) 사이의 병력차가 없어질 정도였다. 패한 쪽이 이긴 쪽 본부대의 맹렬한 추격을 받아 하나밖에 없는 해안도로를 따라 허겁지겁 후퇴하는 동안 이긴 쪽은 사막을 통과해 내륙에서 일련의 '퇴로차단 공격'을 수행하는 형태를 띠는 점이 서부사막전의 특징이었다. (동쪽에서 서쪽 순으로 솔룸Sollum, 바르디아, 토브룩, 가잘라Gazala, 데르나Derna, 벵가지, 엘 아게일라El Agheila, 트리폴리 등의) 항구마다 있는 방어진지에서 적군을 몰아내서 가능하다면 사막에서 이루어지는 '퇴로차단 공격'과 해안에서 이루어지는 돌파 공격 사이에서 적군을 협격鋏擊하는 것이 내륙에서 '퇴로차단 공격'을 수행하는 목적이었다.

베다 폼에서 서부사막군이 2월 7일에 그런 결과를 이뤄냈다. 서부사막군의 제7기갑사단이 키레나이카 돌출부의 목 부분에 있는 사막을 가로지르는 엄청난 속도의 행군으로 이탈리아군을 앞질러 이탈리아군 제10군의 퇴각을 봉쇄했다. 오스트레일리아군 제6사단이 이탈리아군 제10군의 후위를 해안도로에서 밀어붙이고 있었다. 이탈리아군 제10군은 협공에 걸렸다는 것을 깨닫고는 항복했다. 대담한 '웨이벌 공세'의 대미를 압도적인 성공으로 장식하는 성과였다.

그러나 이 성과는 두 가지 이유에서 오래가지 못했다. 하나는 처칠이 그리스에 개입하겠다고 결정하는 바람에 웨이벌이 멀리 트리폴리까지 계속 전진하는 데 필요한 병력을 빼앗겼다는 것이다. 두 번째 이유는 히틀러가 그라치아니의 군대를 불운에서 구해내려고 독일군 장군 한 사람과 소규모 기갑부대를 보냈다는 것이었다. 영국, 뉴질랜드, 오스트레일리아 군 사단들이 아테네로 떠나는 동안,

롬멜과 아프리카 군단이 트리폴리에 도착하고 있었다. 이 아프리카
군단은 우선은 제5경장輕裝사단과 제15기갑사단으로 이루어져 있었다.
롬멜과 예하 부대는 비록 사막전에 완전히 처음이기는 했지만 전위
가 트리폴리에 도착한 지 겨우 40일 만인 3월 24일까지 공세를 개시
할 준비를 하였다. 아프리카 군단은 개막공연으로 영국군을 방어가
취약한 베다 폼의 진지에서 내동댕이쳤고, 롬멜은 4월 3일까지 벵
가지를 점령하고 4월 11일이 되면 (싸우다가 사로잡히는) 오코너가 넉
달 전에 '웨이벌 공세'를 개시했던 전선에 가까이 가 있었다. 오스트
레일리아군 제9사단이 요새로 삼아 지키는 토브룩이 독일-이탈리
아군 후방 안쪽에서 포위되었다.

그러나 이렇듯 전세를 갑자기 능란하게 뒤집어 우위에 섰다고 해
서 롬멜의 사정이 나아질 수는 없었다. 제아무리 역동성 있게 움직

인다 해도 그는 사막전의 지리와 지형에서 비롯되는 한정 요인에서 헤어나지 못하는 포로였다. 즉, 사막에서는 아무것도 산출되지 않았고, 길게 뻗은 해안 평야의 육지 쪽 가장자리는 고지나 가파르게 쑥 내려간 저지대로 경계가 정해져 있어서 사실상 군대의 이동로는 너비가 40마일을 넘지 않는 좁고 기다란 땅에 국한되어 있었다. 서쪽으로는 트리폴리에서 동쪽으로는 알렉산드리아 사이에 뻗어 있는 1,200킬로미터의 이런 좁고 기다란 땅에서 군사 가치를 지닌 지점이라고는 사슬처럼 이어져 있는 작은 항구들밖에 없었지만, 없어서는 안 될 것이 이 항구들이었다. 따라서 적군이 필연적으로 전역은 한 재보급 지점에서 다음 재보급 지점으로 돌진하면서 그 기세에 밀려 혼란에 빠지고 — 사막전에서 없어서는 안 되는 항목들을 중요한 순서대로 나열해서 — 물, 연료, 탄약, 식량, 증원군을 잃었을 때 무너지기를 바라는 형태를 띠었다.

롬멜이 전진하자 트리폴리에서 시작되는 보급선이 위태롭게 가늘어졌다. 트리폴리 항과 시칠리아를 잇는 운항로가 영국군의 군함과 잠수함과 항공기의 집요한 공격을 받았다. 4월 한 달 동안 롬멜은 재보급로를 단축하려고 토브룩을 장악하려는 시도를 했지만 실패했다. 반면 영국 해군은 지브롤터에서 지중해 한복판에 있는 극히 중요한 거점인 몰타를 지나 알렉산드리아까지 호송선단을 운행(암호명 범Tiger 작전)하는 데 성공해서, 서부사막군에 강력한 전차 증원군을 가져다주었다. 이렇게 병력이 증강되자 웨이벌은 대항 공세로 넘어가서 암호명 싸움도끼Battleaxe 작전으로 롬멜을 그의 추진진지[31]에서 몰아내려고 시도했다.

싸움도끼 작전은 큰 희생을 본 실패작이었다. 영국군이 신중하게 위치를 잡은 독일군의 대전차포의 — 즉, 사막지형이 제공하는 멀리까지 선명하게 보이는 사계射界에서 위력을 충분히 발휘한 천하무적 88밀리미터 포의 — 차장遮障에 전차를 들여보내서 영국군 기갑부대

31. 아군의 주전투진지보다 오히려 적과 더 가까운 곳에 있는 진지.

의 힘이 충분히 약해졌을 때 독일군 기갑부대가 역공에 나선 것이 작전 실패의 주된 이유였다. 싸움도끼 작전이 실패해서 웨이벌의 입지가 흔들렸다. 그가 인도로 전출되고 7월 5일에 인도군의 뛰어난 군인 클로드 오킨렉으로 교체되었다.

오킨렉이 십자군 전사 작전을 개시하다

이때 사막전이 갑자기 교착상태로 들어갔다. 미국의 무기대여법의 덕을 아직은 완전히 보지 못하던 영국은 사막군을 결정적인 승기를 잡을 수준까지 증강할 수단을 찾아낼 수 없었고, 독일은 6월부터는 러시아 정복에 몰두하느라 아프리카 군단에게 주려고 뭔가를 따로 떼어둘 수가 없었던 것이다. 아프리카 전쟁에서 1941년 여름 동안 뚜렷한 우위 변화가 일어난 유일한 곳은 전투의 초점에서 멀리 떨어진 이란이었다. 이라크에서 4월에 거의 거둘 뻔했던 성공을 이란에서 반복하려던 독일의 시도가 8월 17일에 영국-러시아가 샤Shah[32] 정부에게 보낸 최후통첩으로 저지되었다. 그 최후통첩에는 병력과 물자를 이란의 페르시아 만 항구로 들어가 통과해서 러시아 남부와 중동으로 운반할 권리를 달라는 요구가 들어 있었다. 특히 중요한 것이 무기대여법 수송 물자를 포함한 보급품의 이동이었다. 그 최후통첩에 힘을 실어주려고 8월 25일에 도착한 영국군에 샤의 군대가 저항을 해보았지만, 저항은 제압되고 샤는 남아프리카로 망명했다. 이란 북부로 들어간 소련군 부대가 9월 17일에 테헤란에서 영국군과 만났고, 그날 이후로 두 나라 정부가 1946년까지 사실상 이란을 나누어 다스렸다.

이란이 반추축국 영향권 안으로 확고하게 흡수되고 있는 동안, 오킨렉은 이집트 국경에서 롬멜을 맞받아칠 공세를 나름대로 준비해오고 있었다. 오스트레일리아군 제9사단이 수비하는 토브룩이 아직 버티고 있었다. 추축군이 인정사정 보지 않고 항공공격을 하

32. 이란의 최고 주권자, 즉 국왕을 일컬었던 칭호.

는데도 몰타 역시 버티고 있었다. 몰타는 1941년 한 해 동안 공세적인 호송선단 활동 — 1월의 엑세스Excess 작전과 7월의 서브스턴스Substance 작전과 9월의 미늘창Halberd 작전 — 세 차례로 재보급을 받았다. 이제 오킨렉의 목표는 롬멜과 — 비록 전투병력은 아니지만 롬멜 예하 부대원의 대다수를 차지하는 — 위성국 군대인 이탈리아군을 리비아에서 몰아낼 사전준비로서 토브룩을 구원해서 키레나이카 돌출부를 재탈환하는 것이었다. 오킨렉의 겨울 공세에 붙은 암호명인 십자군 전사Crusader 작전이 거의 700대에 이르는 전차를 가지고 독일-이탈리아군 전차 400대를 상대해서 11월 18일에 시작되었다. 토브룩의 포위를 풀려는 첫 번째 시도는 실패했지만, 오킨렉이 제8군(으로 9월 18일에 이름이 바뀐 서부사막군)의 사령관직에서 알란 커닝엄 장군을 해임한 뒤인 12월 10일에 제8군이 오스트레일리아군 수비대를 대체한 영국-폴란드군 부대와 힘을 합쳤다. 오스트레일리아군이 농성 여덟 달 동안 거둔 승리 가운데에는 공격해오는 전차들을 대전차 차장 안으로 끌어들여 쳐부수는 독일군의 기술을 써먹어서 독일군에게 당한 그대로 갚아준 것도 들어 있었다.

독일군이 토브룩에서 패하는 바람에 지난 3월에 롬멜이 공세를 시작했던 곳인 엘 아게일라까지 멀리 퇴각하지 않으면 안 되었다. 그러나 11월에 롬멜을 그토록 취약하게 만들었던 '지나친 확장'이라는 요인이 이제 — 영국군이 군대를 극동으로 이전 배치해야 할 필요성이 그랬던 것처럼 — 영국군에게 불리하게 작용해서, 롬멜이 1942년 1월 21일에 역공에 나서자 이번에는 영국군이 바로 얼마 전에 얻은 좁고 기다란 해안지대를 대부분 내놓고 절반쯤 되돌아가서 키레나이카 돌출부를 따라 가잘라-비르하케임 진지까지 후퇴하지 않으면 안 되었다. 영국군은 그 진지에 1942년 1월 28일에 도착한 다음 진지를 강화했다.

이제는 양쪽 다 지쳐서 기운을 차리려고 휴지기를 가졌다. 십자군 전사 작전 동안 영국군이 입은 손실은 사상자 약 1만 8,000명과 전차 440대였고, 독일-이탈리아군의 손실은 사상자 3만 8,000명과 전차 340대였다. 비행기 손실은 양쪽 다 300대쯤으로 엇비슷했다. 봄 사이에 이 손실이 차츰차츰 메워졌고, 5월이 되자 오킨렉은 처칠에게서 다시 공세에 나서라는 압력을 받았다. 그가 준비를 하는 동안 롬멜이 선수를 쳐서 5월 27일에 그를 공격했다. 가잘라 전투로 알려진 그 뒤의 전투는 사막전 동안 벌어진 전투 가운데 가장 무모하고 가장 희생이 큰 전투로 손꼽힌다. 롬멜은 한 단계에서 강력한 전차 습격을 몸소 지휘해서 영국군 진지선으로 치고 들어가 어떻게든 되지 않겠느냐며 요행수를 바라고 적군의 지뢰밭을 활용해서 자기의 측방과 후방을 확보했다. 그가 영국군 진지 안에서 덤빌 테면 덤벼보라는 듯 버티면서 자기에게 퍼부어지는 공격을 모두 물리치며 영국군에게 막심한 전차 손실을 안겨주는 동안, 그의 제90경장사단과 이탈리아군 아리에테Ariete 사단은 비르하케임에서 오킨렉이 자기의 사막 쪽 측면의 안전을 맡긴 부대, 즉 쾨니그 예하 자유 프랑스군 여단의 용감한 저항을 제압하고 있었다. 6월 10일에 쾨니그 부대의 생존자들이 어쩔 도리 없이 항복했고, 그들을 공격한 부대는 방향을 바꿔 북쪽으로 가서 '솥' 전투를 벌이는 롬멜을 도왔다. 6월 14일에 오킨렉은 가잘라에서 더 동쪽에 있는, 즉 알라메인과 가까운 알람 할파Alam Halfa에 있는 더 강한 진지로 퇴각한다는 결정을 내렸다. 통과가 불가능한 카타라Qattara 저지대[33]가 바다에 가장 가깝게 바짝 다가서 있는 곳이 알람 할파였다. 오킨렉은 토브룩에 수비대를 배치해 후방의 요새로 남겨두고는 토브룩이 적군 옆구리에 박힌 가시가 되어 버티기를 기대했다.

그러나 남아프리카군 제2사단은 포위된 지 겨우 일주일 뒤인 6월 21일에 토브룩을 적에게 넘겨주었다. 이 항복은 그 누구보다도 처칠에게 뼈아픈 일격으로 다가왔다. 당시 루스벨트와 제2전선 계획

33. 이집트 북부 리비아 사막 북쪽에 있는 저지대. 지중해 연안에서 약 60킬로미터 떨어진 내륙에 있으며, 늪이 많고 땅이 물러서 차량이 지나갈 수 없다.

을 상의하려고 워싱턴에 있던 처칠은 "나는 내가 받은 충격을 미국 대통령에게 숨기려 들지 않았다. 쓰라린 순간이었다. 패배는 그렇다 쳐도 망신은 또 다른 문제였다"고 썼다. 넉 달 전에 싱가포르가 무너질 때 휘하 군인들의 감투정신에 처음으로 품었던 처칠의 회의가 토브룩 항복으로 다시 일깨워지기는 했어도, 그 항복은 (전쟁 중에 포의 화력 면에서 4호 전차의 맞수가 되는 전차로는 연합군이 처음으로 만든) 새로운 미제 셔먼 전차를 당시 편성과정 중에 있던 미군 기갑사단에서 빼돌려 서부사막에 공급하겠다는 미국 측의 인심 후한 제안을 그 자리에서 이끌어냈다. 이에 따라, 셔먼 전차 300대와 자주포 100문이 뱃길로 운송되어 희망봉을 돌아 9월에 이집트에 도착했다. 시칠리아에 있는 추축군 항공부대 병력 때문에 지중해가 여전히 사막군에 보급을 하는 경로로 이용되지 못했던 것이다. 이런 사정은 몰타로 가는 보급품을 운반하던 페디스탈Pedestal 호송선단이 8월에 괴멸한 데에서 확실하게 드러난다. 영국 해군은 몰타 섬의 수비대와 (무자비한 항공공격을 받으면서 극기심을 발휘해서 조지 십자훈장[34]을 단체로 받았던) 주민들에게 연료와 식량 등 기본 필수품을 가져다주려고 하다가 항공모함 1척과 순양함 2척, 호송되던 상선 16척 가운데 11척이 침몰되는 피해를 입었다. 그러나 반작용으로 이때 영국군 사막항공대Desert Air Force가 이탈리아에서 트리폴리로 항해하던 4개 호송선단 가운데 3개를 차단하고 손실을 입히고 있었다. 이런 손실을 입은 탓에 롬멜은 보급 받을 전차와 항공연료를 거의 다 잃어버릴 위협을 받았다.

그러나 사막전은 병참의 우열로 결정되지 않을 터였다. 토브룩의 수모 뒤에 처칠은 야전에서 승리를 거두겠다고 굳게 마음먹었다. 이때 — 미드웨이의 승리로 의기양양해진 — 미국과 — 러시아 남부로 치고 들어오는 독일 국방군과 아직도 끈질기게 싸우고 있는 — 소련의 동맹국으로서 영국의 지위를 드높이려면 야전의 승리가 절실

34. 영국 정부가 주로 용감한 민간인에게 주는 훈장.

하게 요구되었던 것이다. 처칠은 8월 4일과 10일 사이에 카이로에 있는 영국군 중동 사령부를 찾아가서 스무츠 남아프리카 총리, 웨이벌 인도 총사령관, 알란 브룩 대영제국군 참모총장, 오킨렉과 상의를 했다. 처칠 총리는 숙청을 할 때라고 마음먹었다. 그는 8월 15일에 오킨렉을 해롤드 알릭잔더와 교체해서 중동군 총사령관에 임명했다. 동시에 버나드 몬트고머리 장군이 제8군 사령관에 임명되었다.

처칠은 오킨렉을 해임하는 것이 "기품 있는 수사슴을 쏘는 것" 같다고 생각했다. 위풍당당한 오킨렉은 무자비한 승부근성을 빼고는 군인으로서의 자질을 두루 갖추었다. 그러나 이때 처칠은 전쟁 중 그 어느 때보다도 더 절망적인 상황에 처해 있었다. 7월 1일에 그는 의회 하원에서 불신임안에 맞서 자기 자신을 방어해야 했고, 사막전의 교착상태가 어떻게든 길어지면 자기의 대내외 지도력이 훨씬 더 크게 훼손되리라고 두려워했다. 몬트고머리는 비록 오킨렉이 가진 풍채와 명성은 없어도 부하를 닦달해서 큰 성과를 올리기로 이름나 있었다. 처칠은 몬트고머리를 믿고 사막에서 승리를 차지하기 위한 결정적인 싸움에서 누구나 다 인정하는 그의 무자비한 승부근성을 롬멜의 승부근성과 맞붙였다.

처음으로 ― 병력과 전차와 항공기의 ― 수가 영국에 확실히 유리하게 바뀌고 있었다. 8월에는 롬멜이 아직 사단 수에서 10 대 7로 우위에 있었고, 이 우위를 가지고 8월 31일에 몬트고머리가 알람 할파에서 오킨렉에게서 물려받은 진지에 국지적인 공세를 개시했다. 그러나 몬트고머리는 처음 지휘를 맡은 지 몇 주 만에 많은 일을 해서 그 진지를 강화했고, 또한 자기가 후퇴를 용납하지 않으리라는 인상을 부하 지휘관들에게 깊이 심어놓았다. 치열했지만 짧았던 이 알람 할파 전투에서 후퇴는 없었다. 9월 2일이 되자 롬멜은 자기가 돌파를 할 수 없음을 받아들였고, 전차 50대를 잃고서 원래 제 위치로 물러났다. 영국군의 촘촘한 지뢰밭에서 잃은 전차가 많았다. 이제 소강상태가 찾아왔고, 그동안 공격작전을 위해 몬트고머리는 전투를 치러온 사단들을 재훈련하고 제51하일랜드 사단을 비롯한 새로운 사단들을 제8군의 구조 안으로 통합했다. 그는 10월까지 4개 기갑사단과 함께 모두 11개 사단을 전개했다. 그 4개 기갑사단, 즉 제1, 제7, 제8, 제10기갑사단은 다 합쳐서 (셔먼 전차 250대를 비롯한) 전차 1,030대를 운용했고 대포 900문과 항공기 530대의 지원을 받았다. 아프리카 기갑군Panzerarmee Afrika[35]은 대포 500문과 항공기 350대의 지원을 받았지만, 10개 사단 가운데 4개 사단(2개 기갑사단)만이 독일군 사단이었다. 역시 2개 기갑사단을 가진 이탈리아군 사단들은 롬멜의 신뢰를 얻지 못했다. 이탈리아군은 초기에 패하고 막대한 손실을 보아서 의기소침했고, 미국의 참전으로 추축국의 대의에 대한 헌신이 흔들렸고, 장비가 형편없고 보급을 띄엄띄엄 받았으며, 자기들이 기계화 수송수단이 부족해서 롬멜의 총알받이 노릇을 할 뿐이라는 것을 알아챘다. 롬멜은 이때 자기가 영국군의 주요 공세일 것이라고 본 것의 전면에서 버티겠다는 이탈리아군의 의지가 자못 의심스러워서 자기의 진지선에서 이탈리아군만으로 유지되는 긴 구역이 없도록 이탈리아군을 독일군 부대로 '조여 대형을 유지하'기로 마음먹었다.

롬멜은 그밖에 다른 것들로도 — 군사 면에서는 자기의 과도한 확장으로 트리폴리에서 1,200마일 떨어진 병참선의 맨 끝에 있어서, 그리고 개인적으로는 건강이 좋지 않아서 — 고생했다. 롬멜은 뛰어난 자질을 갖추었지만 다부지지는 않았다. 그는 아마도 신경성이었을 위장병이 톡하면 도져서 고생했으며, 9월 22일에 상병 군인이 되어 독일로 후송되었다. 러시아에서 온 게오르크 슈투메Georg Stumme 기갑대장과 교체된 롬멜은 몸이 좋아지면 우크라이나에서 1개 집단군을 맡게 되리라는 말을 들었다. 그러나 10월 24일에 히틀러가 병원에 전화를 걸어 그에게 "아프리카에서 온 나쁜 소식이 있네. 상

35. 북아프리카 전역에 투입된 추축군 전체를 통괄하는 지휘부. 이 지휘부는 이름이 여러 차례 바뀌었는데, 1942년 1월부터 10월까지 아프리카 기갑군이라 불렸다.

황이 아주 암담해 보여. …… 돌아갈 만큼 몸은 괜찮은가?"라고 말했다. 롬멜은 괜찮지 않았지만 다음날인 10월 25일에 떠나서 그날 저녁에 아프리카 기갑군 사령부에 도착했다. 그는 알라메인에서 격렬한 전투가 벌어지고 있으며 독일-이탈리아군 전선이 제8군이 가하는 공격의 중압에 짓눌려 휘청거리고 있다는 것을 깨달았다.

치열한 혼전

몬트고머리는 선임자들과는 완전히 다른 유형의 공세를 구상했다. 선임자들은 시종일관 사막지형이 제공하는 기동의 자유에 현혹되어 독일군 기갑부대식의 전격전을 해내기를 바라면서 전차를 주된 전술도구로 이용했다. 몬트고머리는 영국군 기갑사단에게는 독일식 방법을 독일군보다 더 잘 구사할 재능이 없다는 올바른 판단을 내렸으며, 어떠한 경우에도 그저 기동의 단순한 우위에 안주하려 들지 않았다. 그는 앞서 세 차례 그랬던 것처럼 아프리카 기갑군을 진지에서 밀어내 도로 트리폴리 쪽으로 쫓아 보내기보다는 기갑군의 공격력을 뿌리째 뽑아 없애버리고자 미리 세워놓은 치밀한 계획에 따라 수행되는 전투에서 기갑군에게 괴멸적인 패배를 안겨주고 싶어했다.

따라서 그는 알라메인 전투를 중전차의 지원을 받으면서 적군의 고정 방어시설과 그 수비대를 쳐부술 신중한 보병-포병 공격으로 생각하고 계획을 마련해놓고 있었다. 그는 자기가 무시무시하게 '치열한 혼전'이 되리라고 예견하는 전투를 치른 다음에야 비로소 예하 기갑부대의 주력을 풀어놓아 진지 안으로 치고 들어가 뚫고 나아가려는 의도를 가졌다. 10월 23일 자정에 알라메인 전투가 해안도로를 타고 내려가는 보병의 강공을 지원하려고 한데 모아놓은 대포 456문의 포격으로 시작되었다. 보병은 더 남쪽의 사막에서 수행된 양동 돌파 공격의 지원도 받았다. 그 양동 돌파 공격은 적군 부대를

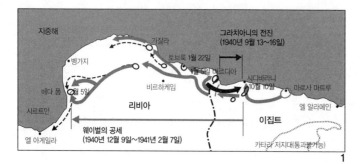

1. 이탈리아군이 지키는 리비아에 웨이벌이 1차 공세를 가하는 동안, 웨이벌의 서부군이 이집트 국경에서 훨씬 더 큰 그라치아니 예하 군대를 쳐부쉈다. 서부군은 그라치아니의 군대를 뒤로 밀어붙여 리비아 동부(키레나이카)에서 몰아내면서 1940년 9월에 이집트 국경을 넘었다.

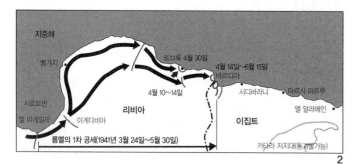

2. 1941년 2월에 아프리카 군단의 선봉대와 함께 트리폴리에 도착한 롬멜이 3월과 6월 사이에 웨이벌이 점령한 영토를 모두 재탈환했다. 그는 또한 오스트레일리아 수비대가 지키는 토브룩을 포위했다.

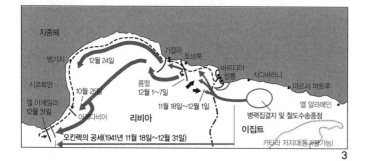

3. 오킨렉의 1941년 11월의 역공인 십자군 전사 작전은 토브룩을 구했고 병참선이 지나치게 늘어진 롬멜을 밀어붙여 키레나이카에서 그를 몰아냈지만, 일렬로 후퇴하는 그의 부대를 끊지는 못했다.

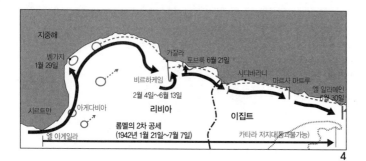

4. 1942년 1월에 롬멜이 공세를 취해서 영국군을 키레나이카 한복판으로 도로 밀어 넣었다. 그곳에서 롬멜은 가잘라–비르하케임 선에서 치열한 전투를 벌였고, 오킨렉은 이집트 국경 안 쪽에 있는 알라메인 진지로 퇴각해야만 했다. 토브룩은 포위되어 6월 21일에 남아프리카 수비대가 항복했다.

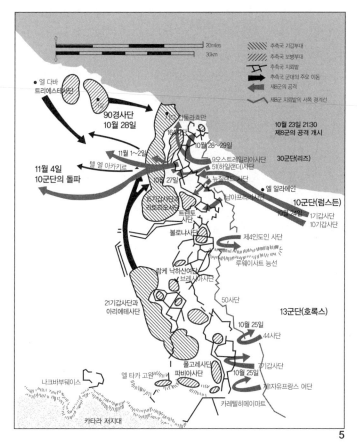

5. 알라메인 전투: 1942년 8월 15일에 오킨렉과 교체된 몬트고머리는 8월 31일 ~ 9월 7일에 알라메인 진지에서 성공적인 방어전(알람 할파 전투)을 벌였다. 그는 10월 중순까지 공세를 취할 준비를 갖추고 10월 23일에 공격을 했다. 몬트고머리의 제8군은 열흘 동안 격렬한 싸움을 벌인 뒤 돌파를 해서 롬멜을 튀니지 쪽으로 후퇴하도록 만들었다.

6. 1942년 11월 8일에 영미군이 프랑스령 북아프리카에 상륙하기 시작했다. 횃불 작전은 비시 정부 소속 프랑스군 수비대의 저항을 대체로 받지 않은 편이었지만, 독일에서 증원군이 도착하고 롬멜의 군대가 도착해서 튀니지에서 만나 합세하자 아틀라스 산맥에서 격렬한 전역이 벌어졌다. 튀니스는 결국 1943년 5월 13일에 연합군에 함락되었다.

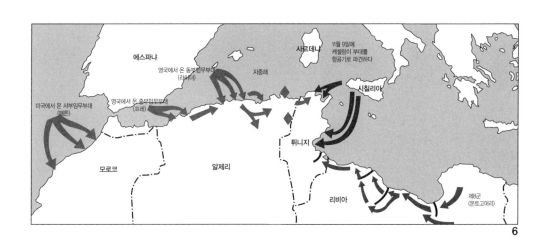

503

주요 구역에서 끌어내는 데 실패했고, 롬멜이 되돌아와 지휘를 맡은 첫날인 10월 26일에 몬트고머리가 기갑부대로 주공을 증강했다. 치열한 싸움이 일주일 동안 벌어져 독일군 전차병력이 35대로 줄어들었고, 몬트고머리는 아프리카 기갑군의 연안 진지를 관통하는 '회랑' 두 개를 개척하는 데 성공해서 11월 2일에 금방이라도 돌파를 할 태세를 갖추었다. 이때 롬멜은 후퇴할 준비를 했지만 히틀러의 퇴각 허가를 받지 못했고, 마지막 예하 병력을 투입해 연안에서 그 회랑 두 개 가운데 북단의 회랑을 지켰다. 에니그마로 독일군 의도의 변화에 관한 정보를 계속 받고 있던 몬트고머리는 이에 따라 11월 4일에 예하 기갑부대를 대부분 남쪽 회랑에 투입한다는 결정을 내렸다. 늦은 오후까지 제7기갑사단과 제10기갑사단이 급이 떨어져도 한참 떨어지는 낙후된 전차를 가진 운 없는 이탈리아군 아리에테 사단을 쳐부쉈으며, 아프리카 기갑군의 후방으로 쇄도하고 있었다. 히틀러의 '사수' 명령을 설령 이행하고 싶더라도 할 수 없었으므로 롬멜은 전투에서 졌음을 알고 아직 움직일 수 있는 모든 부대에 해안도로를 따라 서쪽으로 급히 퇴각하라는 지시를 내렸다. 참담한 2,000마일 퇴각의 시작이었다.

전후의 비평가들은 몬트고머리에게 알라메인 전투 뒤 며칠, 몇 주 동안 아프리카 기갑군을 급습해서 섬멸하는 데 실패했다는 비난을 퍼부었다. 전투 직후에 그의 추격이 조심스러웠다는 것은 맞다. 그렇지만 그는 추격을 시도했고, 푸카Fuka에서 11월 5일에 느지막이 뉴질랜드군 제2사단이 퇴각하는 적군을 측면우회해서 적군 후방에 도로 장애물을 세우는 데 거의 성공했다. 그러나 그 뒤에 폭우가 쏟아져 도로에 벗어나 이동하기가 어려워졌고 패배한 롬멜의 군대가 추격자를 앞서가는 데 성공했다. 어쨌든 간에 섬멸 기도가 가능한 일이었을지, 또는 심지어 현명한 일이었을지는 의심스럽다. 분명히, 1941년 2월의 오코너를 빼면 몬트고머리의 선임자 어느 누구도 하나밖에 없는 해안도로를 따라 후퇴하는 적군을 앞지르는 데 성공하지 못했다. 더욱이 오코너는 사기가 완전히 땅에 떨어진 군대의 일부만을 상대로 성공을 거두었던 것이고, 롬멜의 아프리카 군단의 사기는 어떻든 간에 떨어져 있지는 않았다. 더 중요한 점은 몬트고머리가 치러온 전투의 기본 원리상 집요한 공격이 물불 가리지 않는 추격으로 급작스레 바뀔 수 없었다는 점이다. 그는 전투가 시작되기에 앞서 내린 명령에서 다음과 같이 경고했다. "이 전투에는 길고 힘든 싸움이 따를 것이다. 우리 군대는 우리에게 좋은 전차와 아주 강력한 포 지원이 있으니 적이 그냥 항복하리라고 생각해서는 안 된다. 적은 항복하지 않을 것이며, 치열한 싸움이 벌어질 것이다. 보병은 싸우다 죽을 각오를 해야 하며, 그럴 각오를 오랫동안에 걸쳐 계속해야 한다." 싸움은 치열했고 전사자는 많았다. 죽거나 다친 영국 군인의 수는 (몬트고머리의 예상과 거의 맞아떨어지는 수치인) 1만 3,500명이었으며, 전쟁에서 지금까지 영국군 군대가 당한 단연 최고의 인명 피해였다. 이 수치는 제8군의 5퍼센트였지만 제8군 보병의 4분의 1에 해당했다. 이 같은 손실은 뚜렷한 승리를 거둬야 정당화될 수 있었다. 만약 몬트고머리가 큰 희생이 따르는 뒤죽박죽의 추격전을 벌였더라면, 롬멜과 아프리카 군단이 기동작전에서 기량을 발휘해서 알라메인 전투의 결과를 모호하게 만드는 이득을 보았을지도 모르며 몬트고머리는 결과를 아는 상태에서 되돌아보는 책상물림 전략가들의 펜대에 당한 것보다 훨씬 더 심한 비판을 받았을 것이다.

몬트고머리가 알라메인 전투 뒤에 취한 전략은 패한 적군에게 '황금교량'[36], 즉 트리폴리로 가는 해안도로를 남겨놓은 — 옳았다고 판단될지 모르는 — 18세기 식 전략이었다. 그 도로를 따라 롬멜은 사막항공대의 끊임없는 공격을 받으며 통로를 타개해서 1942년 11월 20일에 벵가지에 도착했고 와디젬젬Wadi Zem Zem에서 12월 26일부터 1월 16일까지 한 차례 저항하고 1943년 1월 23일에 트리폴리에 도착했다. 그는 도중에 증원부대는 전혀, 보급은 거의 받지 못했고, 부하 10만 명 가운데 (이탈리아군이 대부분인) 4만 명을 영국군 손에 포로로 남겨놓았다. 아직 달리는 전차는 겨우 80대였다. 군사적 성패 그 어떤 표상으로 보든지 아프리카 기갑군은 알라메인에서 패했다. 몬트고머리의 데뷔전은 용병술의 역사상 가장 빛나는 데뷔 가운데 하나였다.

아프리카 기갑군의 숨통을 틀림없이 끊어놓았을 사건 전개가 이때 오히려 목숨을 살려놓았다. 횃불 상륙작전에 투입된 영미군이 아프리카 기갑군의 후방에 나타나면서 연합군이 아프리카에서 벌인 세 번째 전쟁이 개시될 터였다. 영국해협 횡단 침공이 1942년 당시로서는 위험부담이 커서 감당할 수 없다고 확신한 미국과 영국 두 나라는 7월에 런던에서 횃불 작전이 해협 횡단 침공에 버금가는 최선의 침공이라는 데 합의했다. 미국이 바란 대로 횃불 작전은 1943년에 제2전선이 개시될 때까지 그해 봄에 영국에 모여들기 시작하던 미군에게 일거리를 주었다. 또한 횃불 작전은 독일군의 침공 위협이 가셨기 때문에 전략적 필요를 넘어 남아도는 병력이 된 영국 본토의 예비병력의 일부에, 그리고 미국에서 맨 처음 동원되고 있는 90개 사단 가운데 맨 먼저 동원된 부대들에 일거리를 주었다. 동원이 마무리되었을 때, 횃불 작전군은 3개 임무부대로 이루어졌다. 이 세 부대, 즉 서부·중부·동부 임무부대는 각각 모로코의 대서양 연안에 있는 카사블랑카와 지중해 안에 있는 오랑과 알제Algiers에 상륙하기로 예정되어 있었다. 조지 패튼George Patton 장군이 지휘하는 서부 임무부대는 미국에서 곧바로 수송된 제2기갑사단과 제3사단과 제9사단으로 이루어졌다. 중부 임무부대는 미군 제1기갑사단과 영국에서 온 미래의 제82공수사단의 일부로 구성되었다. 동부 임무부대는 영국군 제78사단과 미군 제34사단으로 구성되었다. 그 부대 전체가 미국과 영국의 함선들로 이루어진 연합군 대함대에 탔다. 강력한 항공 엄호를 받으며 쾌속으로 항해하는 호송선단은 U-보트의 요격을 받지 않고 강습상륙 준비진지에 도착했다. 독일 해군 첩보부서는 중부 임무부대와 동부 임무부대가 11월 5~6일 동안 지브롤터 해협을 지날 때까지 그 함대가 몰타로 가려고 모여드는 페디스탈 작전 유형의 또 다른 호송선단이라고 해서 히틀러를 안심시켰는데, 그런 다음 그 함대가 트리폴리에 부대를 내려놓으리라는 쪽으로 견해를 바꿨다. 그 함대가 북아프리카에 상륙하리라는 새로운 증거가 11월 7일에 나왔다. 히틀러는 미군이 비시 정부를 내몰아 자기 품 안으로 더 깊이 들어오게 할 일을 하지 않으리라는 믿음을 고수했기 때문에 북아프리카는 이때까지 가장 가능성이 작은 목적지였다. 여기에 이중의 오해가 있었다. 비시 정부가 영국을 적대시한다는 실상을 미국이 인정한 것은 틀림없는 사실이지만, 미국은 그러면서도 페탱 지지자 다수가 미국을 다른 견지에서 보리라고 확신했다. 비시 프랑스에는 히틀러가 확실하게 유럽의 주인일 때에 한에서 휴전조약 조항을 고수하는 사람이 많다는 것도 똑같이 사실이었다. 이들은 히틀러의 권력이 어떻게라도 줄어든다는 기미가 보이기만 하면 충성의 대상을 바꿔서 프랑스의 장기적 이해관계를 지킬 태세를 갖추고 있었다.

북아프리카 상륙은 그렇게 충성대상을 바꾸라고 강요했다. 미국은 알제에서 90마일 떨어진 셰르셸Cherchell에서 영국 잠수함에서 내린 마크 클라크Mark Clark 장군을 통해서 10월 21일에 현지의 반反페탱파와 접촉했다. 그러나 미국이 이 계획의 보안을 지키는 데 너무 신경을 쓴 나머지, 계획 지지자들이 섣부른 행동에 나섰다. 그 바람에 임무부대가 11월 8일에 상륙하기 시작한 알제와 카사블랑카의 통제권을 비시 정부 지지자들이 다시 확보했다(오랑에서는 영국 해군의 섣부른 공격이 실패했다). 그런 다음 뜻밖의 사건이 일어나 연합국의 실패를 뒤바꿔놓았다. 페탱의 총사령관인 다를랑Darlan 제독이 때마침 사적인 방문으로 알제에 있었다. 미국은 현지의 통치를 맡을 프랑스인으로 골라두었던 앙리 지로 장군에게 통치를 할 만한 권위가 없다는 것이 뚜렷해지자 다를랑과 직접 교섭하기 시작했다. 다를랑은 연합국의 힘을 보여주는 증거에 마음이 변해 편을 바꾸기로 했고, 11월 8일 저녁에 휴전을 선언했다. 일이 이렇게 되어 영국과 미국은 모로코와 알제리의 해안지대를 재빨리 차지할 수 있었다. 페탱은 곧바로 다를랑과 관계를 끊었다. 비시 정부의 피에르 라발 총리가 11월 10일에 사령부에 있는 히틀러를 찾아가 다를랑이 법에 어긋난 행위를 하고 있다고 말했지만, 그의 항변은 비시 정권에 아무런 도움이 되지 않았다. 히틀러는 예하 병력이 튀니지를 자유롭게 이용할 권리를 요구했고, 자기가 나서서 그 권리를 취하는 동시에 이튿날 아침에 휘하 부대에 프랑스 본토의 '비점령'지대에 들어가라는 명령(아틸라Attila 작전)을 내렸다. 11월 11일 저녁이 되자 프랑스 전체가 독일의 군사 점령 아래 놓였고 비시의 페탱 정부는 허깨비가 되었다. 페탱 원수는 1944년 9월에 쫓겨나 독일로 망명할 때까지는 국가수반의 직위에 남아 있게 되지만, 1942년 11월 뒤로는 프랑스의 자율권을 보전한다는 두 해 동안의 구실이 허위였음이 드러났다.

독일의 반격

북아프리카에서 추축국과 연합국 사이의 군사적 우열이 이제는 연합군에 결정적으로 유리하게 바뀐 것이 틀림없었다. 연합군의 두 대군이 해안선 대부분을 지배했다. 몬트고머리의 제8군이 리비아에, 아이젠하워의 제1군이 알제리와 모로코에 있었던 것이다. 한편, 아프리카군이 연합국 쪽으로 넘어오고 있었다. 상륙 일주일 뒤에도 아프리카에서 아직 활동하는 유일한 추축군 부대는 롬멜의 기갑군이었다. 만신창이 된 그 기갑군은 알라메인에서 북쪽으로 서둘러가고 있었는데, 튀니지 국경까지는 아직도 1,000마일이나 남아 있었다. 히틀러는 그제야 부랴부랴 나서서 연합군에게서 우위를 빼앗으려고 움직였다. 11월 12일에 페탱이 북아프리카의 휴전을 공식적으로 비난했고, 따라서 서구 연합국이 아직 점령하지 못한 유일한 프랑스령 북아프리카 지역인 튀니지에 있는 프랑스군 사령관은 비시 정부의 추축국 동맹국에 항구와 비행장을 개방해야 했다. 11월 16일에 프랑스에서 독일군의 첫 부대가 도착하기 시작했다. 제10기갑사단과 헤르만 괴링 낙하산사단과 제334사단으로 이루어진 이 부대들은 제5기갑군으로 편성되어 전진하고 있는 아이젠하워 예하 부대에 맞서 아틀라스Atlas 산맥 동부의 전선을 지키려고 즉시 서쪽으로 전개했다.

튀니지의 아틀라스 산맥은 튀니스 조금 남쪽에서 산줄기가 서쪽 등 산지맥Dorsal과 동쪽 등 산지맥으로 갈라지기 때문에 유난히 강력한 군사진지를 이룬다. 지도에서 보면 그 등 산지맥들은 꼬리를 튀니스에 놓고 거꾸로 세운 Y자를 닮았다. 처음에 (12월 9일까지는 발터 네링Walther Nehring, 그 뒤로는 위르겐 폰 아르님Jürgen von Arnim이 지휘한) 제5기갑군에게는 서쪽 등 산지맥을 지킬 힘이 모자랐고, 11월 17일에 정찰대 병력의 영미군 부대가 그곳으로 전진했다. 또한 제5기갑군은 통관항인 튀니스와 비제르트Bizerte에서 프랑스의 지원을 받아 영국군 제1군의 결연한 돌진을 막으려고 열심히 싸워야 했다. 미군 제2군단이 기갑부대를 거느리고 도착해서 연합군은 1943년 1월 말에 진지선을 동쪽 등 산지맥에 고정할 수 있었다. 또한 연합군은 이제는 지로의 지휘를 받는 아프리카군으로부터 더 큰 증원군을 끌어내고 있었다. 1월에 열린 카사블랑카 회담에서 지로는 드골과 거북한 타협을 했고, 이 타협은 1944년 4월까지 지속한다.

그러나 그동안에 독일군은 튀니지에서 진지를 개선해오고 있었다. 즉, 더 많은 부대와 항공기가 시칠리아에서 이전 배치되었고, 롬멜이 트리폴리를 거쳐 마레트Mareth 선으로 다가오고 있었다. 프랑스가 1939년 이전에 리비아에 있는 이탈리아군에 맞서 세운 마레트 선은 리비아–튀니지 국경에 있는 요새체계였다. 롬멜의 부대가 2월 초순에 마레트 선을 점령함으로써 몬트고머리를 상대하는 독일군의 등이 안전해졌고, 독일군이 동쪽 등 산지맥을 차지함으로써 아이젠하워의 정면공격으로부터 보호를 받았다. 실제로 적어도 단기적으로는 북아프리카의 전략상황이 뒤집혔다. 롬멜은 제1군과 제8군의 협격 공격에 물리는 대신 물러나서 1개 군에 가세했다. 그 1개 군은 이제 강력한 중앙진지로부터 그 두 군대 가운데 하나를 치거나 심지어는 둘 다 칠 수 있었다. 바야흐로 그럴 참이었다.

제5기갑군은 기동성과 기갑병력을 이용해서 — 1월 2일에 폰둑Fondouk에서, 1월 18일에 부 아라다Bou Arada에서, 1월 30일에 파이드Faid에서 — 허약한 프랑스군 제19군단과 경험이 없는 미군 제2군단을 번갈아 쳐대서 동쪽 등 산지맥을 따라 연합군 부대를 계속 흔들어댔다. 이 공격으로 기본적으로 현대식 전차에 맞설 장비를 전혀 갖추지 못한 식민지 군대인 프랑스군의 조직이 무너졌으며 미군 기갑부대가 흩어졌다. 2월 초순에 아르님은 롬멜과 상의를 하면서 튀니지 남부에 있는 적군의 상황을 보니 반격할 때가 무르익었다고 결정했다. 그 반격을 어떻게 개시할 것인지를 둘러싼 두 사람 사이의 논쟁은 케셀링 독일 남방군 최고사령관이 해결했고, 2월에 두 사람 예하의 기갑사단 가운데 하나씩 해서 제10기갑사단과 (알라메인 전투 이후에 재정비된) 제21기갑사단이 파이드 고개에서 미군 제2군단 안으로 돌진해 들어가 동쪽 등 산지맥을 관통해 더 남쪽으로 가서 방자를 공황에 몰아넣었고, 2월 19일이 되면 서쪽 등 산지맥으로 넘어가는 카스라인Kasserine 고개에 육박했다. 튀니지의 연합군 진지가 남쪽에서 북쪽으로 이루어지는 '측면포위 공격' 작전으로 위협을 받았고, 미군 제9사단 소속 포병의 지원을 받는 영국군 제6기갑사단이 개입해서 그 위협을 겨우 막아냈다. 지형도 방어에 유리해서, 독일군 전차들은 진로를 뚫으려고 시도할라치면 좁은 계곡에 몰렸다. 롬멜은 1월 22일에 케셀링과 만났을 때 자기가 상황을 오판했으며, 초기의 우위를 활용할 만큼 신속하게 공격을 확대할 수 없으며 이제는 마레트로 돌아가 자기의 후방에서 준비되고 있는 몬트고머리의 공세에 대처해야 한다고 털어놓았다.

이제 아르님과 (2월 23일에 아프리카 집단군 사령관으로 임명된) 롬멜 두 사람이 각각 제1군과 제8군을 상대로 파쇄 공격을 했지만, 성과에 한계가 있었다. 미군이 카스라인에서 전투 요령을 터득한 데다가 미숙함을 용납하지 않는 패튼의 휘하로 들어갔으며, 영국군의 2개 군은 전투로 단련되었고 노련한 장군들의 지휘를 받았던 것이다. 3월 20일에 패튼이 아프리카 집단군의 후방을 찔러대는 동안, 몬트고머리가 마레트 선을 들이치는 공격을 개시했다. 정면공격이 저지되자 몬트고머리는 마레트 선을 우회하는 길을 찾아내서 3월 31일까지 고참 아프리카 기갑군의 잔존부대를 동쪽 등 산지맥의 꼬리 부분까지 몰아냈다.

이렇게 후퇴한 뒤에도 독일군과 이탈리아군이 튀니지에 배치해 놓은 병력이 상당해서, 증원군에 고참 아프리카 기갑군의 생존자들이 포함되자 사단수가 11개를 넘어섰다. 그러나 이들의 보급상황은 위급했다. 1월 한 달 동안 함선 51척 가운데 22척이 침몰했고, 2월 한 달 동안 해상 호송선단을 보충하려고 MC323 기간트Gigant 동력 글라이더를 이용한 공수 보급이 이루어졌는데도 필요한 8만 톤 가운데 겨우 2만 5,000톤만이 전달되었을 뿐이다. 4월 22일에는 연합군 전투기들이 튀니지의 비행장으로 갈 석유를 싣고 날아가던 기간트 21대를 요격해서 그 가운데 16대를 격추했다. 비밀병기조차도 독일군의 불리함을 상쇄하는 데 충분하지 않았다. 첫선을 보인 막강한 티거 전차가 연합군의 기갑병력의 우세에 맞서려고 튀니지로 황급히 투입되었는데, 이 가운데 여러 대를 늪지에서 잃었고 몇 대는 연합군의 대전차 무기에 관통당하기까지 했다. 더욱이, 히틀러는 역시 공수 보급으로 유지하겠다는 헛된 바람을 품었던 요새진지인 스탈린그라드 뒤에 곧이어 온 이 전투에 연연하지 않았다. 그에게 튀니지의 실패는 일찍이 3월 4일에 예정되었다고 보였다. 그때 그는 "끝난 거야. 아프리카 집단군은 되돌아오는 게 낫다니까"라고 예견했다. 그답게도 히틀러는, 비록 3월 6일에 롬멜에게 귀국하라고 명령했으면서도, 아직 뭔가 구해낼 수도 있을 동안 전선을 해산하겠다는 결정을 내릴 마음이 내키지 않아서 아르님에게 끝까지 싸우라는 지시를 내렸다.

4월 말이 되자 아르님은 아직 움직이는 전차를 고작 76대 가지고 있었고 현지에서 산출된 포도주와 화주를 증류해서 엔진용 연료를 뽑아내려고 애쓰고 있었다. 전투 항공기 4,500대를 가진 연합군 항공부대와 대결하는 독일 공군은 5월 8일에 튀니지에 있는 기지들을 모조리 포기했다. 동쪽 등 산지맥에서 4월 7일과 13일 사이에 영국군 제8군에 떠밀려 등 산시맥의 북쪽 꼬리 부분으로 들이간 아프리카 집단군은 이때 튀니스와 비제르트에 걸쳐 있는 작은 고립지대에 갇혔다. 튀니스 맞은편에 있는 제1군이 미리 치밀하게 계획된 전투를 수행해서 5월 6일에 아프리카 집단군의 전선을 깨뜨렸다. 다음 날 튀니스와 비제르트가 함락되었다. 탄약이 모자라고 연료가 없는 아프리카 집단군 잔존부대가 퇴각해서 마지막 안전지대인 봉Bon 곶으로 들어가려고 시도하는 다음 한 주 동안 후위가 저항을 멈추지 않았다. 그러나 5월 13일에 아프리카 집단군에게는 지킬 땅이 남아 있지 않았고 마지막 부대가 항복했다. 아르님 독일군 사령관과 메세Messe 이탈리아군 사령관을 비롯한 추축국 군인 27만 5,000명이 연합군의 포로 신세가 되었다. 이것은 여태껏 연합군이 추축국에게서 얻어낸 최대의 항복이었고, 히틀러에게는 쓰라린 치욕이었으며, 아프리카에 거대한 이탈리아제국을 수립하고 유지하는 데 운명을 걸었던 무솔리니에게는 재앙이었다. 무솔리니가 아프리카 대륙에서 벌인 세 전쟁은 이제 모두 다 파국으로 끝이 났다. 이 세 전쟁 가운데 두 전쟁에 참여했던 히틀러는 그 여파를 견뎌내고 살아남을 수 있었다. 그는 동료 독재자에게 충심을 과시하기에 충분한 병력과 자기가 개입해서 이룬 전략적 견제로 얻는 이득만을 걸고 모험을 했다. 무솔리니는 그런 낙관적인 기분으로 여파를 달관할 수 없었다. 그는 아프리카에서 이탈리아군의 엄청난 부분과 자기의 명성을 둘 다 잃어버린 것이다. 그와 그의 정권이 어떻게든 살아남을 수 있는지는 이제 히틀러에게 달렸다.

19 | 이탈리아와 발칸 반도

17세기 노래 후렴은 이랬다. "오스트리아는 즐거워라. 다른 나라들은 전쟁을 하는데, 그대는 결혼을 하는구나." 실제로 합스부르크 왕가에는 결혼으로 소유를 늘리는 버릇이 있었으며, 이 덕분에 결국에 가서는 유럽의 모든 군주 가운데 가장 넓은 땅을 보유하게 되었다. 일부 영토가 1918년까지 합스부르크 왕가의 소유로 남아 있던 이탈리아는 — 사랑과 전쟁에서 불운했으니 — 오스트리아와는 정반대였다. 1866년에 가서야 비로소 사부아 왕가 치하에서 통일된 이탈리아의 북부와 남부는 결코 진정한 결혼을 이루지 못했으며, 19세기에 합스부르크 왕가에게서 독립하려고, 그리고 나중에 아프리카에서 자체 식민지를 얻으려고 치른 전쟁은 잘 봐줘서 승리가 아니었고 잘해봤자 영광이 아니었다. 1896년에 아도와에서 에티오피아인과 교전한 이탈리아 해외파견군은 제국주의 국가들의 아프리카 대륙 정복과정을 통틀어 토착인 부대에 패한 몇 안 되는 유럽 군대 가운데 하나였다. 이탈리아 해외파견군은 1936년에 하일레 셀라시 황제를 상대로 벌인 원정에 성공해서 아도와의 앙갚음을 하는 동안 국제사회의 미움을 샀다.

제1차 세계대전보다 이탈리아에 더 큰 희생을 안겨준 전쟁은 없었으며, 이 경험은 그 뒤 여러 해에 걸친 이탈리아의 대내외 행동에 관한 거의 모든 것을 설명해준다. 이탈리아군은 비록 노고를 폄하받기는 했어도 1914년과 1918년 사이에 연합국이 싸운 모든 전선들 가운데 가장 어려운 전선에서 오스트리아군을 상대로 끈질기고 용감하게 싸웠다. 이탈리아가 영국, 프랑스, 러시아와 명운을 함께 하기로 한 1915년 5월부터 이탈리아군은 공세를 열한 차례 연속으로 펴면서 율리우스 알프스$_{Julian\ Alps}$[1]로 쳐들어갔지만, 심한 사상피해를

1. 이탈리아 북동부에서 슬로베니아 이르는 알프스 산맥의 남동부를 일컫는 표현.

입고 땅은 거의 얻지 못했다. 1917년 11월에 열두 번째 전투에서 젊은 롬멜이 가장 촉망받는 하급장교들 가운데 한 사람으로 소속되어 있던 독일군 개입 부대에 기습을 당한 이탈리아 육군은 베네치아 평야로 밀려났지만 1918년이 끝나갈 무렵에는 힘을 되찾아 공세로 넘어가서 자존심을 다시 세우고 전쟁을 끝맺음했다.

그것이 문제였다. 이탈리아는 승전국 사이에 끼어 자리를 차지했다. 그러나 이탈리아 청년 60만 명이 연합국의 대의에 목숨을 바쳤건만, 이탈리아가 자기 몫으로 차지해놓았다고 생각한 전리품을 영국도 프랑스도 이탈리아에 내주려 하지 않았다. 프랑스와 영국은 독일의 식민지와 튀르크의 아랍 자치령인 시리아, 레바논, 팔레스티나, 이라크, 요르단을 자기들끼리 나누어 가졌다. 이탈리아가 얻어낸 것이라고는 예전에 오스트리아 영토였던 작은 땅 조각 하나와 유지하기 힘든 근동의 거점 하나가 다였다. 더욱이, 1921년에 미국과 영국이 연합국 열강들에 운용이 허용되는 함대의 규모에 가해지는 제한을 조약으로 정한다고 결정했을 때, 이탈리아는 자국이 우위를 누릴 권리를 마땅히 가지고 있다고 느끼는 바다인 지중해에서 자국 해군병력을 사실상 영국 해군병력과 같은 수준으로 묶어놓는 구속조항을 받아들여야만 했다.

1922년에 이탈리아 왕국의 기성 질서를 압도한 파쇼 혁명의 밑바탕에는 이탈리아사람들이 생각하기에 이탈리아가 마땅히 받아야 할 것과 이탈리아가 전후에 물려받은 것 사이의 불일치가 깔려 있었다. 이탈리아의 노동계급과 중하층계급에 무솔리니가 지니는 호소는 단지 부분적으로만 경제적 성격을 띠었으며, 그 호소가 경제적 성격을 띤 호소인 만큼 한 참전군인이 참전군인들에게 보내는 호소이기도 했다. 그는 불황과 실업과 재정 위기의 시기에 일자리와 예금 안정을 가져다주었을 뿐만 아니라 전역 군인에게는 명예를 주고 국민에게는 강화회담에서 받지 못했던 영토 보상을 받아내겠다는 약속을 했다. 1912~1913년의 발칸 반도 전쟁 동안에 튀르크에서 떼어내 병합한 리비아를 해외 '제국'으로 바꾼 데 이어 1936년에 아비시니아를 정복하고 1939년에는 알바니아를 병합했다. 이탈리아의 에스파냐 내전 개입은 이탈리아가 세계무대에서 두각을 나타내도록 하겠다는 무솔리니의 대국민 공약의 요체였으며, 궁극적으로는 그가 1940년 6월에 독일 편에 서서 제2차 세계대전에 참여하겠다고 결심하게 되는 동기이기도 했다. 이탈리아-독일 추축에 대한 대안으로서 오스트리아 위주로 동맹을 결성하려는 그의 노력은 오스트리아가 1938년의 독일과 합병해서 독일제국에 흡수되었을 때 파산했으며, 이로써 그가 헝가리와 유고슬라비아와 맺은 쌍방 조약들은 저절로 가치를 잃었다. 독일과 오스트리아의 합병으로 무솔리니가 제2차 세계대전에서 히틀러와 한편이 되도록 정해졌다.

그러나 무솔리니가 히틀러의 동등한 상대가 되려고 아무리 기를 써도, 현실 때문에 이탈리아는 독일의 동등한 상대가 될 수 없었다. (1938년에 군비로 이탈리아는 7억 460만 달러를 쓰고 독일은 74억 150만 달러를 써서) 이탈리아의 경제가 지탱할 수 있는 군비는 독일이 지출한 군비의 10분의 1에 지나지 않았을 뿐만 아니라, 이탈리아의 군사력이 전간기 동안에 절대적으로 쇠퇴해서 1940년에 영국과 (프랑스와의 전쟁이 지속하는 한) 프랑스와 맞설 때 이탈리아의 힘은 1915년에 오스트리아와 맞설 때보다도 떨어졌던 것이다. 이탈리아군 사단은 보병과 포병에서 25년 전보다 더 약했다. 얼마간 그 원인은 전적으로 무솔리니의 정치적 허세를 위해서 가치가 의심스러운 파쇼당 산하 검은셔츠단[2]으로 많은 병력이 빼돌려졌다는 데 있었다. 이탈리아의 인력은 미국으로 이주하는 주민이 크게 늘어나서 계속 줄어들었다. 이탈리아군의 장비는 비록 우아하고 설계가 뛰어나기는 했지만, 대량수요에 맞춰 가동하는 영국 — 궁극적으로는 미국 — 공장의 생산량에 대적할 수 없는 숙련공의 수작업방식으로 생산되었

2. 제1차 세계대전 직후에 무솔리니가 만든 파시스트 민병대.

다. 이탈리아군 병과들도 국위를 부풀리려는 무솔리니의 욕구에 밀려 지나치게 일찍 재무장한 불리함 때문에 고생했다. 이탈리아제 전차와 비행기는 영국제보다 꼬박 한 세대는 뒤떨어져 있었으며, 1942년에 영국에 도착한 미제 장비와 대결해서는 시대에 뒤처져도 한참 뒤처진 고물로 보였다.

이탈리아가 독일 편에 선 전쟁을 제대로 하지 못하도록 저해하는 마지막 궁극적 요인이 있었다. 이탈리아 사람들은 히틀러가 자기들의 상대로 고른 적에 반감을 거의, 또는 전혀 품지 않았던 것이다. 약간의 프랑스 혐오증이 이탈리아의 정서일지 모른다. 그러나 이탈리아 상류계급은 유난스레 영국을 좋아했고, 이탈리아 농민과 수공업자는 미국에 큰 호감을 느꼈다. 그런 미국이 대놓고 나치즘을 적대한다는 점이 처음부터 ― 미국이 참전한 뒤로는 결정적으로 ― 국민의 시각에 영향을 미쳤다. 따라서 1940~1941년에 동아프리카와 서부전선 사막에서 영국군과 맞붙은 군대는 바로 이렇게 마음이 내키지 않는 이탈리아군이었다. 이탈리아군의 자신감은 1940년 10~11월에 그리스군을 상대로 이탈리아군이 올린 전과가 형편없는 바람에 나아지지 않았고, 12월에 웨이벌의 반격으로 심하게 흔들렸으며, 1941년 2월에 독일의 아프리카 군단이 도우러 왔는데도 사실상 결코 회복되지 않았다. 아무리 롬멜이 장군으로서 뛰어나고 이탈리아군 일반 병사들이 그가 유별나게 사근사근한 사람임을 깨달았어도, 그들의 사령관들은 롬멜의 명성이 1917년 11월의 카포레토Caporetto 전투[3]에서 그가 뷔르템베르크Württemberg 산악부대원 200명을 이끌고 이탈리아 군인 수천 명을 사로잡았던 공훈에서 비롯되었음을 기억하지 않을 수 없었다.

1943년 5월에 아프리카에서 전역이 끝날 때 ― 1941년에 동아프리카에서, 1941~1942년에 리비아에서, 1943년에 튀니지에서 ― 연합군의 포로가 된 이탈리아 군인은 모두 합쳐서 35만 명을 웃돌았다.

3. 오늘날 슬로베니아의 코바리드(Kobarid)에서 1917년 10월 24일부터 11월 9일까지 이탈리아군과 오스트리아군 사이에 벌어진 전투. 오스트리아 측은 카르프라이트(Karfreit) 전투라고 부른다. 독일군의 지원을 받은 오스트리아군이 이탈리아군 진지선을 뚫고 100킬로미터 넘게 전진했다. 헤밍웨이의 소설 『무기여 잘 있거라』의 소재가 되었다.

전쟁이 시작될 때 무솔리니의 아프리카 제국에 수비대로 주둔했던 군인보다 더 큰 수치였다. 1943년 이전에 무솔리니가 90개 사단병력으로까지 키울 계획을 세우고 있었던 이탈리아 육군은 심지어는 튀니지에서 대패하기 전에도 겨우 31개 사단을 위한 장비를 하고 있었다. 이탈리아군 제8군(22만 명)이 스탈린그라드에서 파국을 겪은 뒤 곧이어 아프리카에서 최정예사단을 그토록 많이 잃는 바람에 이탈리아군은 허깨비로 전락했다. 이렇게 이중의 위기에 내몰린 이탈리아군 상급사령부는 무솔리니와 파쇼 정권을 계속 지지하는 것이 타당한지 곱씹어보게 되었다. 이탈리아의 장군들 가운데에서는 왕실의 소재지인 북부 사보이아-피에몬테Savoia-Piemonte[4] 사회에서 배출된 사람의 비율이 매우 높았다. 궁극적으로 왕가에 충성을 바치는 그들은 파시즘이 왕정과 군의 이익을 우선시하는 한 파시즘을 묵인해왔는데, 파시즘이 그러지 못하고 있음이 확실해지자 입장을 곰곰이 다시 생각하기 시작했다. 그들은 1943년 여름에, 특히 이탈리아 도시들이 연합군 항공공격의 중압을 느끼기 시작하면서 무솔리니를 없애버릴 음모를 꾸미게 되었다. 행동을 일으킨 방아쇠는 1943년 7월 9~10일에 연합국 상륙부대가 시칠리아 남부 해안에 나타난 것이었다.

추축국을 튀니지에서 쫓아낸 뒤 시칠리아를 침공한다는 결정이 내려질 때 영국과 미국 사이에 견해차가 있었다. 미국으로서는 허스키Husky라는 이름으로 알려지게 되는 작전이 부대를 제2전선에서 빼돌리게 되고 심지어는 제2전선을 뒤로 늦출 위험이 있었다. 영국으로서는 허스키 작전이 비록 구체적이지는 않더라도 아주 바람직한 이익을 약속해준다고 보았다. 그 이익이란 프랑스 남부와 발칸 반도에서 추축국의 '부드러운 아랫배'에 위협을 줄 수 있는 지중해 한복판을 지배하고, 무솔리니에게 치욕을 주어 어쩌면 그의 몰락을 불러오고, 만약 이후에 쉽거나 바람직하거나 필요하다고 입증된다면

4. 사부아(Savoie, 사보이아의 프랑스어 명칭)는 본디 피에몬테 공작의 소유였고, 1720년부터 피에몬테 공작이 사르데냐 왕국의 왕이 되면서 사르데냐의 일부가 되었다. 이탈리아 통일에 나선 사르데냐 왕이 나폴레옹 3세와 협정을 맺고 사보이아를 1860년에 프랑스에 넘겨주었다.

이탈리아 본토를 침공할 위치로 향해 가는 징검돌을 획득한다는 것
이었다. 1943년 5월에 워싱턴에서 열린 삼두 정상회담에서 결국 영
국 뜻을 들어주는 쪽으로 결정이 났지만, 그렇게 된 것은 오로지 당
시에 상황이 바뀌는 바람에 미국이 그해에는 제2전선을 열 수 없다
고 마음을 바꿨기 때문이었다. 사실 그 침공에 훨씬 더 놀란 쪽은
무솔리니보다는 ― 또는 그의 이탈리아인 적들보다는 ― 히틀러였다.
5월 14일에 히틀러는 휘하 장군들에게 다음과 같이 말한 적이 있다.

5. 무솔리니를 일컫는 '영도자'란
뜻의 이탈리아어 호칭. 독일어의
Führer에 해당한다.

이탈리아에서 우리가 믿고 기댈 수 있는 사람은 두체Duce[5]밖에 없습니다.
그가 어떤 식으로든 제거되거나 무력해질지도 모른다는 두려움이 강하게
듭니다. 왕실, 장교단의 주도적 구성원 전체, 성직자, 〔무솔리니는 숱한 잘
못을 저지르기는 했어도 반유대주의자는 아닌지라 아직은 핍박받지 않은〕
유대인, 광범위한 공무원층이 우리에게 적대적이거나 부정적입니다. ……
광범위한 대중은 냉담하고 그들에게는 지도부가 없습니다. 두체는 지금 자
기 둘레에 휘하 파쇼 근위대를 늘어 세워놓고 있습니다만, 실제 권력은 다
른 이들의 손에 있습니다. 더욱이, 그는 군사 업무에서 자신감이 없어서 적
대적이거나 무능한 장군들에게 의존해야 합니다. 그런 사정은 부대를 제공
하겠다는 〔나의〕 제안을 거절하거나 회피하는 이해하기 어려운 ― 두체에
게서 나오는 ― 답변을 보면 확실합니다.

6. 로마제국 말기 비지고트
(Visigoth)족의 지배자(370?~410).
394년에 로마에 복속하는 부족
군대, 즉 포에도라티(foedorati)의
지휘자가 되어 많은 무공을 세
웠다. 로마제국이 혼란에 빠지
자 4세기 말에 그리스를 돌아다
니며 약탈을 했다. 5세기 초에는
게르만족 지도자로서는 처음으
로 로마를 점령했다.

　　히틀러는 튀니지에서 잃은 사단들의 후위부대를 가지고 시칠리아
와 이탈리아 남부에서 재편해서 만든 4개 사단에 가세할 독일군 5
개 사단을 내놓겠다는 제안을 무솔리니에게 했지만, 곧바로 거절당
했다. 사전 예방조치로서 이탈리아를 점령할 계획(5세기에 로마를 정
복한 튜튼족의 이름을 딴 알라릭Alarich[6] 작전)이 마련되어 있었다. 그러
나 튀니지에서 승리를 거둬서 풀려난 연합국 육군이 시칠리아를 공
격하리라고 예상한다는 무솔리니의 경고를 듣고서도 히틀러는 그

섬이 쉽사리 장악되기에는 방어가 아주 강력하며 영미군의 엄습은 사르데냐Sardegna나 코르시카Corsica나 그리스의 펠로포니소스에 가해지리라고 고집했다. 연합군의 그리스 상륙이라는 공포는 히틀러에게 가장 나쁜 예감을 불러일으켰다. 연합군이 그리스에 상륙하기라도 하면 독일 동방군 후방에 '제3의 전선'이 열릴 뿐만 아니라 독일의 가장 중요한 원료, 즉 발칸 반도에서 나오는 보크사이트와 구리와 크롬, 그리고 모든 것 중에서 가장 귀중한 원료, 즉 플로예슈티에 있는 루마니아 유정에서 나오는 석유의 보급이 끊길 위협이 생길 판이었다.

허스키 작전

연합군은 위조 1급 기밀문서를 지닌 주검 한 구를 띄우는 탁월한 기만 계획을 펼쳐서 지중해에서 탐지된 어떠한 적의 침공 함대도 향하는 목적지가 그리스나 코르시카, 아니면 사르데냐이지 이탈리아는 아닐 것이라는 히틀러의 믿음을 더더욱 조장했다. 히틀러는 심지어 시칠리아 앞바다에 있는 섬인 판텔레리아Pantelleria에 지축을 뒤흔드는 듯한 포격이 가해져 그 섬의 사령관이 6월 11일에 연합군에게 항복을 했을 때에도 여전히 이탈리아 침공 가능성에 주의를 기울이지 않았다. 더군다나 히틀러는 다른 곳에서 벌어지는 사건들로 마음이 뒤숭숭했다. 독일제국에 대한 합동 폭격기 공세가 거세지고 대서양 전투에서 독일의 상황이 나빠지고 러시아에서 쿠르스크 공세(성채Zitadelle 작전)를 개시하는 사안을 놓고 막바지 결정을 해야 하는 것이 그런 사건들이었다. 또한, 그가 사령부를 다시 바꾼 지도 얼마 되지 않았다. 그는 우크라이나에 있는 자기의 베어볼프Werwolf 사령부[7]에서 오래 머문 뒤 3월 이후로 베르히테스가덴에 있는 자기의 휴양소인 베르크호프에서 지내다가 6월 말이 되어서야 그곳을 떠나 음침한 숲 속 은둔처, 즉 동프로이센 라스텐부르크의 늑대굴

7. 히틀러의 우크라이나 사령부.

Wolfschanze[8]을 향해 떠나서 7월 5일에 성채 작전이 시작되기 딱 나흘 전에 그곳에서 다시 터전을 잡았다. 1943년 동부전선에서 벌어지는 전쟁의 경과는 붉은군대의 공격 잠재력을 분쇄할 목적으로 세워진 성채 작전의 결과에 달렸으므로 패튼과 몬트고머리의 예하 사단들이 7월 9일에 파세로Passero 곶의 서쪽과 동쪽을 엄습하기 시작한 바로 그순간에 그의 주의가 틀림없이 분산되었으리라는 것은 정황상 이해가 가는 일이다.

연합군은 바다로 8개 사단, 하늘로 2개 사단을 데려와 공격에 투입했다. 독일 국방군 최고사령부가 예측한 연합군의 상륙 능력치를 넘어설 뿐만 아니라 시칠리아 섬에 배치된 추축국 병력도 훨씬 능가하는 대군이었다. 총지휘권자인 이탈리아군의 알프레도 구초니 Alfredo Guzzoni 장군의 담당 아래 12개 사단이 있었지만, 이 가운데 6개 사단은 무시해도 좋을 가치를 지닌 기동성 없는 이탈리아군 사단이었고, 다른 4개 이탈리아군 사단은 비록 기동능력을 갖추기는 했지만 연합군의 맞수가 되지는 못했다. 독일군 제15기갑척탄병사단과 새로 만들어진 헤르만 괴링 기갑사단(독일 공군의 정예 지상부대)만이 일급이었다. 그러나 병력 격차가 있고 침공군이 기습을 했는데도 시칠리아 상륙에 붙은 암호명인 허스키 작전의 진행은 계획처럼 원활하게 진행되지 못했다. 미군 제82공수사단과 영국군 제1공수사단에서 차출한 연합군 공수부대는 경험 없는 비행기 조종사가 부대원을 바다에 떨어뜨리고 신경이 곤두선 대공포 사수가 자기편 항공기를 쏘아 떨어뜨리면서 막심한 사상피해를 보았다. 영국군 낙하산병이 에트나Etna 산 남쪽에 있는 프리모솔레Primosole 다리를 침공 나흘째에 장악한다는 핵심적인 작전은 독일군 제1낙하산사단의 역공에 부딪혀서 유달리 큰 희생을 치렀다.

그러나 이탈리아군 '해안' 부대를 상대로 이루어진 해상 상륙은 한결같이 다 성공했고, '방자' 가운데 어떤 이들은 침공군의 상륙정에서 짐을 내리는 일을 돕기까지 했다. 7월 15일에 패튼과 몬트고머리의 상관인 해롤드 알릭잔더 소장은 섬에 있는 추축군 부대를 최종적으로 섬멸하라는 지령을 내릴 수 있었다. 패튼이 시칠리아의 서쪽 절반을 점령하는 동안, 몬트고머리는 에트나 산의 각 경사면으로 전진하고 북동부 끝에 있는 메시나Messina를 확보해서 추축군 수비대가 이탈리아 반도의 발가락으로 들어가는 퇴각선을 끊을 터였다. 실제로는 패튼은 가벼운 저항을 받으며 빠르게 전진했지만, 헤르만 괴링 사단과 맞붙은 몬트고머리는 에트나 산 동쪽을 지나 짧은 경로로 메시나로 가는 것이 불가능함을 알았으며 예하 사단을 재전개해서 서쪽으로 지나가야 했다. 이에 따라 알릭잔더는 7월 20일에 패튼에게 팔레르모Palermo와 트라파니Trapani에 가할 공격을 늦추고 대신에 동쪽으로 방향을 틀어 해안도로를 따라 내달려 메시나로 가라고 명령했다. 구초니의 전투 수행을 감독할 독일군 연락장교로 프리도 폰 젱어 운트 에테를린Frido von Senger und Etterlin과 이탈리아 육군을 위한 원군으로 독일군 5개 사단을 보냈던 히틀러는 이제 그 5개 사단 가운데 2개 사단, 즉 제1낙하산사단과 제29기갑척탄병사단에 시칠리아로 들어가서 방어를 강화하라고 명령했다.

이 부대들과 맞부딪치면서 연합군의 전진이 느려졌다. 패튼과 몬트고머리는 8월 2일이 되어서야 에트나 산과 시칠리아 섬 북쪽 해안 사이에 남동부에서 북서부로 이어지는 진지선을 형성했다. 그들은 심지어 그러고 나서도 (8월 8일, 11일, 15일, 16일) 일련의 배후차단 상륙작전으로 해상부대를 이용해서 적을 강력한 방어진지에서 몰아내고서야 겨우 앞으로 나아갔다. 그런데도 구초니는 일찌감치 8월 3일에 자기가 결국에 가서는 방어에 실패할 수밖에 없는 처지에 있다고 믿어버리고는 예하 이탈리아군 부대를 메시나 해협을 건너 소개하기 시작했다. 독일군은 8월 11일에 소개하기 시작했는데, 밤에 항해해서 대체로 연합군의 항공공격을 모면하고 심지어는 상당량의 장비(차량 9,800대)를 구해낼 수 있기까지 했다. 연합군은 8월 17일에 개선 행진을 하며 메시나 안으로 들어갔지만, 적은 빠져나가고 없었다.

허스키 작전은 비록 적 부대에 손실을 더 많이 입히지는 못했어도 사실상 지중해를 거쳐 중동으로 들어가는 연합군 병참선을 확보해냈다. 그러나 이때 중동과 북아프리카의 전쟁이 끝났기 때문에 그것은 실속없는 성취였다. 허스키 작전으로 터키가 연합국에 가담하는 쪽으로 더 다가섰다는 표시는 눈에 띄게 나타나지 않았다. 허스키 작전은 독일군 사단을 러시아에서 빼돌리지도 못했다. 이탈리아에 (7월 24일 이후에) 파견된 독일군 사단들, 즉 제16기갑사단과 제26기갑사단, 제3기갑척탄병사단과 제29기갑척탄병사단, 제1낙하산사단은 모두 다 서부에서 온 사단이었기 때문이다. 허스키 작전이 이탈리아의 반파시즘 세력에게 동맹을 깨도록 만들기에 충분한 압력을 가했을지는 두고 보아야 할 문제로 남았다.

참모총장 조지 마셜 장군으로 대표되는 미국은 어쨌든 간에 적국을 동맹국으로 돌려세우는 작업의 가치를 의심했다. 늘 그랬듯이 미국은 유럽 북서부로 직접 쳐들어가는 것이 히틀러를 거꾸러뜨리는 신속하고도 확실한 단 하나의 방법이라는 견해를 고수했다. 미국은 1942년에 현실성 때문에 이 입장에서 벗어났지만, 논거에 밀려 입장을 바꾼 것은 아니었다. 미국은 히틀러 치하 유럽의 축 늘어진 목살로 보는 것이 더 나은 데도 처칠이 '부드러운 아랫배'로 부른 것을 상대로 한 '주변부' 전략에 치중하자는 처칠의 논리를 의심쩍어했다(결과를 아는 상태에서 되돌아보면 미국의 의심이 옳았다). 히틀러는 이탈리아를 잃으면 자기 위신에 일격을 당할 것이기 때문에, 그리고 이탈리아가 정말로 중요한 자기의 경제적·전략적 이해관계가 걸린 곳인 발칸 반도의 측방을 보호해주기 때문에 이탈리아의 가치를 인정했다. 그러나 그는 만약 이탈리아는 작전을 펼치면 "가진 것을 더욱더 많이 쏟아부어야 하는 진공이 생"겨날 부차적 전선이라는 마셜 장군의 평가를 도청할 수 있었더라면, 그 평가에 진심으로 동의했을 것이다.

그런데도 적국이 동맹국이 되는 일이 금방 일어났다. 연합군이 시칠리아 섬에 도착하고 섬에 있던 이탈리아군 부대가 연합군에게 얼마나 변변치 않게 저항했는가가 논란의 여지 없이 분명해지자 이탈리아의 지배계급은 이제는 편을 바꿔야 한다고 마음먹게 되었다. 처칠은 퀘벡(에서 8월 14~23일에 열린 사두 정상회담)에서 루스벨트와 상의하다가 무솔리니의 적들로부터 교섭시도가 들어왔다는 첫 소식을 들었을 때 〔고위 이탈리아군 장군인〕 "피에트로 바돌리오Pietro Badoglio는 자기가 누군가를 기만할 것이라고 시인합니다. …… 속임을 당하는 사람은 히틀러일 …… 가능성이 높습니다"라고 말했다. 히틀러 자신도 7월 19일에 같은 인상을 받았다. 시칠리아 전투와 쿠르스크 전투가 둘 다 진행되는 동안, 그는 오랫동안 비행기를 타고 이탈리아로 가서 동료 독재자를 만나 보고는 지원을 해주겠다며 마음을 다독거려주었다. 배신의 첫 조짐이 나타나는 대로 휘하 군부대로 이탈리아군을 무력화하고 이탈리아 반도의 방어 가능한 부분을 장악하려는 의향을 감출 의도를 지닌 약속의 형태로였다. 7월 25일에 파쇼 총평의회Gran Consiglio del Fascismo[9] 회의가 무솔리니에게 총리 자리에서 물러나라고 요구했다. 무솔리니는 왕궁으로 오라는 국왕의 분부에 순순히 따랐다가 붙잡혀 감옥에 갇혔다. 비토리오 에마누엘레Vittorio Emanuele 왕[10]이 군 직접통수권을 잡았고 피에트로 바돌리오 원수가 총리가 되었다.

새 정부는 히틀러 편에 서서 전쟁을 계속하겠다는 공개선언을 했지만, 곧바로 몰래 연합국과 직접 교섭에 들어갔다. 이탈리아의 라파엘레 구아릴리아Raffaele Guariglia 신임 외무장관이 독일대사에게 이탈리아는 연합국과 교섭을 하고 있지 않다고 명예를 걸고 맹세하기 하루 전날인 8월 5일에 시칠리아에서 첫 만남이 있었다. 그 뒤 곧바

9. 1928년 12월 9일에 만들어진 이탈리아 파쇼 정부의 최고 권력기구. 총리, 각 부 장관, 의회 상하원 의장, 파쇼 당간사, 고참 파쇼 당원 등으로 이루어졌으며, 국정 전반에 큰 영향력을 행사했다.

10. 이탈리아의 국왕(1869~1947). 암살된 부왕의 뒤를 이어 1900년에 에마누엘레 3세로 즉위했고, 대외정책에 전념했다. 1922년에 무솔리니의 집권을 용인했다. 1943년 7월에 무솔리니를 체포했지만, 9월 8일에 이탈리아 남부로 피신했다. 1946년에 양위하고 이집트에서 죽었다.

로 아이젠하워가 루스벨트와 처칠에게서 정전조약을 맺을 권한을 받았지만, 바돌리오가 예상한 것보다 훨씬 더 가혹한 조건에서였다. 이탈리아 측이 자잘한 것을 물고 늘어지는 동안 이탈리아 본토 상륙준비가 진행되었다. 이탈리아 측은 연합군이 로마 북쪽에 상륙해 낙하산 강하로 수도를 장악해서 히틀러가 직접 이탈리아 반도를 점령하려고 추진하고 있다고 추측되는 움직임을 미리 막아주기를 바랐다. 마침내 8월 31일에 이탈리아 측은 — 처칠이 7월 28일에 영국 하원에서 이탈리아 측이 그러리라고 말한 대로 — 조건을 받아들이든지, 아니면 독일군의 점령을 뜻하는 결과를 감당하라는 최후통첩을 받았다. 이탈리아 측은 정전 소식이 공표되자마자 일어나리라고 알고 있는 독일군의 개입에 맞서 준비를 할 시간을 얻고 있다고 믿으면서 9월 3일에 조인을 했다. 그러나 겨우 닷새 뒤인 9월 8일에 아이젠하워가 성명을 발표했다. 그의 군 부대가 나폴리 남쪽에 있는 살레르노Salerno에 상륙을 시작하기 겨우 몇 시간 전이었다.

히틀러의 대항조치

살레르노 상륙(사태Avalanche 작전)이 연합군의 첫 이탈리아 본토 상륙은 아니었다. 몬트고머리의 제8군이 9월 3일에 이탈리아의 발가락 점령의 전주곡으로서 메시나 해협을 건너 칼라브리아의 레죠Reggio를 장악했다. 그런데도 히틀러는 이 움직임이 중요하지 않다고 무시하기로 마음먹었다. 부차적인 역할로 밀려나는 것이 언짢았던 몬트고머리도 같은 생각을 했다. 이와는 대조적으로, 살레르노 상륙은 히틀러의 마음을 뒤흔들어 놓아서 그는 알라릭 작전을 개시하라는 명령을 내렸다. 비록 그가 정전협정의 요구에 따라 이루어지는 이탈리아 함대의 몰타행 항해를 막지는 못했어도, 독일 공군이 신형 무기의 하나인 유도활공폭탄을 투하해서 항행 중이던 전함 로마Roma 호를 격침하는 데 성공했다. 그 밖의 거의 모든 점에서 (이제는 암호명이 차축Achse으로 바뀐) 알라릭 작전은 매끄럽게 돌아갔다.

연합국이 북서유럽 침공을 개시하는 데 불가피하지 않은 지연이 있어서는 안 된다는 결심이 굳었기 때문에 워싱턴은 군대를 이탈리아에 투입하기를 망설였다. 그래서 상륙정과 사단이 모자라 아이젠하워가 저 멀리 남쪽에 상륙해야 했다는 것은 히틀러에게 매우 유리했다. 그 결과 히틀러는 시칠리아에서 빠져나온 사단들을 이용해서 사태 작전 부대에 맞서 병력을 결집하는 한편, 프랑스에서 데려온 사단들과 다른 곳에서 온 사단(일시적으로 러시아에서 이전되어 이임무에 배치된 무장친위대 제1기갑사단)을 전개해서 로마를 점령하고 이탈리아 반도의 중부와 북부에 있는 이탈리아 육군을 제압할 수 있었다. 그는 침공하기에 앞서 엇갈리는 조언을 받았다. 즉, 그의 총신들 가운데 한 사람인 롬멜은 남부를 움켜쥐고 있으려고 애쓰지 말라고 경고했고, 현지에 있는 장군이며 날카로운 전략 분석가인 케셀링은 로마 밑에 진지선을 안전하게 세울 수 있다며 그를 안심시켰다. 이때 히틀러는 두 사람의 재능을 다 채택했다. 롬멜이 부리나케 알프스 산맥을 넘어 몰고 온 사단들을 맡아서 밀라노와 토리노에서 군대와 민간인의 저항을 진압하(고 이탈리아의 배반으로 포로 상태에서 풀려난 연합군 포로 수만 명을 다시 붙잡아 들이)는 동안, 케셀링은 살레르노 상륙을 저지하고 봉쇄하려고 남쪽에서 제10군을 편성했다.

다른 곳의 독일군 부대는 빠르게 행동에 나서서 이탈리아군 부대를 무장해제하고 감옥에 가두거나 저항을 받으면 그 저항을 분쇄했다. 이탈리아가 점령한 유고슬라비아의 지역은 독일의 통제, 아니면 독일의 꼭두각시인 크로아티아(우스타샤)의 통제 아래로 들어갔다. 이탈리아가 점령한 프랑스 지역은 독일군 부대에 넘겨졌(고 그곳에서 피난처를 찾았던 유대인이 비극적인 결과를 맞이했)다. 독일군은 방어할 수 없다고 여겨진 사르데냐와 코르시카에서 능숙하게 소개했다. 사르데냐의 독일군 부대는 9월 9일에, 코르시카의 독일군 부대는 정전조약 소식을 듣고 반란을 일으킨 현지인 봉기자들을 구원하려고 자유 프랑스 군대가 진공해 들어온 뒤 10월 1일까지 소개했던 것이다. 이탈리아가 점령했던 그리스 지역에서 독일군은 사실상 전략적 사태의 흐름에 거스르는 대성공을 거두었다. 독일군과 이오니아 제도의 이탈리아군 수비대 사이에 9월 9일에 전투가 발생(하고 나서 독일군이 사로잡은 이탈리아군 장교들을 모조리 총살해서 야만적으로 제압)한 데 용기를 얻은 영국군이 미국의 현명하고도 강한 만류를 뿌리치고 이탈리아에 점령되었던 도데카니소스 제도를 9월 12일에, 그리고 이탈리아의 묵인 아래 코스Kos 섬과 사모스Samos 섬과 레로스Leros 섬을 장악했다. 독일군은 — 미국은 알아챘지만 영국은 인정하기를 거부한 — 자기들의 국지적 제공권이 손쉽게 성공을 거두도록 해준다는 것을 감지하고 우세한 육해공군 상륙부대를 모아서 10월 4일에 코스 섬을 재탈환하고 영국군을 11월 16일까지 사모스 섬에서 내쫓고 레로스 섬을 도로 장악했다. 그런 다음 영국군에 쓰라린 치욕을 안겨준 도데카니소스 작전이 키클라데스 제도로 확장해 들어갔다. 11월 말이 되면 독일군은 에게 해 전역을 직접 통제하고 4만 명이 넘는 이탈리아군 포로와 수천 명에 이르는 영국군 포로를 잡고 터키가 연합국 편에 서서 참전할 가능성을 사실상 없애버렸다. 그 가능성은 처칠이 자기의 두 번째 그리스 모험 개시를 정당화하는 으뜸가는 사유였는데 말이다.

이탈리아가 변절하는 와중에 히틀러가 얻어낸 과실은 이것들만이 아니었다. 9월 16일에 무장친위대 장교 오토 스코르체니Otto Skorzeny가 지휘하는 공수 임무부대가 무솔리니가 당시 갇혀 있던 곳인 그란 사소 산괴Gran Sasso 山塊의 산장에서 그를 구출해냈다. 무솔리니는 즉시 나라 북부에 '이탈리아 사회공화국'이 존재한다고 선언했다. 10월 9일 뒤에 이 공화국은 아직도 무솔리니에 충성을 바치는 군인들로 구성되고 한때 리비아 총독이었으며 이집트에서 웨이벌의 맞수였던 로돌포 그라치아니 원수의 지휘를 받는 자체 군대를 거느리게 되었다. 파쇼 이탈리아를 계승하는 무솔리니 국가가 생겨나자 독일군의 북부 점령에 대한 저항이 점점 거세져 내전으로 격화되어 끔찍한 비극적 결과를 낳게 된다. 이런 결과에 히틀러는 일절 개의치 않았다. 이탈리아가 동맹을 바꿨으니 그는 에너지원으로 석탄에 의존하는 이탈리아의 많은 지역에 석탄을 공급해야 할 의무에서 벗어났고 독일 산업체에서 일하는 이탈리아인 자원 노동자에 포로 노동력을 보탰으며 독일제국을 위한 노동에 투입될 수도 있는 100만 명에 이르는 군인 포로를 얻었다.

한편, 연합군의 이탈리아 본토 침공 효과를 최소화하는 전략적 노력이 히틀러로서는 만족스럽게 펼쳐지고 있었다. 로마 이남 이탈리아의 방어 가능성을 깎아내린 롬멜의 평가는 근거가 박약했음이 밝혀졌다. 병과 소속으로는 독일 공군 장교지만 훈련과 배경으로는 일반 참모 엘리트의 소산이었던 케셀링은 이탈리아의 지형이 탄성을 자아낼 만큼 방어에 적합하다는 주장을 했고, 이 주장은 맞았다. 이탈리아 반도를 관통하는 척량산맥은 군데군데에서 거의 1만 피트까지 솟아오르고 아드리아해와 지중해를 향해 동쪽과 서쪽에 무수한 지맥을 뻗친다. 그 지맥 사이로는 하천이 깊은 골짜기 속에서 빠르게 바다로 흘러들어 간다. 하천과 지맥과 척량산맥이 한데 어우러져 방어 가능한 선을 좁은 간격을 두고 잇달아 제공한다. 이 선은 척량산맥이 남북을 잇는 간선도로를 좁은 해안지대로 밀어내기 때문에 더더욱 뚫기 어려워지는 데다가, 그 간선도로를 잇는 교량은 지맥 위에 있는 천연 거점에서 내려다보인다.

중부 지중해지구 연합군Allied Central Mediterranean Force 참모부가 이탈리아 주상륙지점으로 고른 살레르노는 이런 지형적 유형 안에 정확히 들어간다. 해안지대가 유난히 넓고 평탄하(다는 점이 계획 입안자들에

게 이 해안을 추천하는 요인이 되)기는 해도 살레르노는 사방의 고지
에서 내려다보이고 북쪽으로 가는 출구는 베주비오Vesuvio 산[11]의 대
산괴에 가로막혀 있다. 케셀링은 만약 처음부터 충분한 병력을 얻
을 수 있었다면 히틀러에게 장담한 대로 어쩌면 군사상 타당한 진
지선을 남쪽으로 멀리 나폴리까지 내려가서 이탈리아 반도를 가로
질러 구축했을지 모른다. 그러나 예하 제10군에서 단 7개 사단만
을, 그 가운데에서도 규정병력을 다 갖춘 부대는 제16기갑사단뿐인
병력을 지휘하는 그로서는 침공군이 나폴리 쪽으로 재빨리 빠져나
가지 못하도록 만들어서 나폴리 시 위에 (결국에 가서는 겨울진지선
Winter Line[12]으로 알려지게 될) 전선을 구축할 시간을 벌 목적으로 예하
병력을 교두보 북단에 투입하지 않으면 안 되었다.

  그러나 제10군은 당장은 힘이 약했는데도 침공 첫 주에 사태 작
전 부대에 힘든 시간을 안겨주었다. 제5군을 지휘하는 미군 장군 마
크 클라크 예하에는 2개 군단, 즉 영국군 제10군단과 미군 제6군
단이 있었다. 이 두 군단은 압도적인 함포사격과 항공폭격의 지원
을 받으며 9월 9일에 쉽게 뭍에 내렸지만, 초기의 우세를 빠르게 활
용하지 못해서 다음날 몬트고머리의 군대에서 벗어나 이탈리아 반
도 발가락에서 온 부대를 포함한 독일군 예비병력의 격렬한 역공을
받았다. 독일군 제16기갑사단의 역공은 특히 효과가 컸다. 제16기갑
사단은 미군과 맞닿은 영국군 경계선에서 가까운 곳에 있는 중요한
마을인 바티팔리아Battipaglia를 9월 12일에 영국군에서 되찾았으며,
다음날에는 제29척탄기갑병사단과 함께 압박을 배가해서 교두보를
깨 두 동강 내고 영국군을 미군으로부터 끊어놓을 위협을 가했다.
미군은 알타빌라Altavilla와 페르사노Persano를 잃고 공격 사단들을 함
선에 도로 태울 준비를 하고 있었다. 연합군은 전진해오는 독일군에
게 엄청난 화력을 퍼부어서 교두보를 가까스로 안정화했다. 미군 제
45사단 보병이 독일군 뒤를 쫓는 동안, 제45사단 포병대원들이 대

포 곁을 떠나지 않고 위치를 지키다가 해군과 공군의 지원을 받아 결국은 독일군 척탄기갑병들을 그 자리에서 멈춰 세웠다.

영국군 기갑부대와 미군 공수보병부대가 교두보에 상륙한 덕분에 9월 15일까지 위기가 가셨다. 제10군을 직접 지휘하던 하인리히 폰 비팅호프Heinrich von Vietinghoff 장군이 힘의 균형이 이제는 자기에 불리하게 바뀌었음을 인정했고, 이에 따라 케셀링은 자기가 고른 더 북쪽의 산악 진지선들 가운데 제1차 선 쪽으로 싸우면서 퇴각하라고 승인했다. 몬트고머리의 제8군은 타란토에 9월 9일에 상륙했던 영국군 제1공수사단으로 증원되었다. 9월 16일에 제8군의 선봉돌격부대가 칼라브리아에서 전진하면서 살레르노 남쪽에 있는 교두보에 있던 미군과 접촉했다. 독일군은 이틀 뒤 퇴각하기 시작했고, 제5군이 추격해오자 뒤에 있는 다리들을 폭파해서 퇴각을 엄호했다. 영국군 부대가 10월 1일에 나폴리에 들어갔다. 한편, 제8군은 캐나다군 제1사단을 포함한 2개 사단을 아드리아 해 해안 위로 밀어올려 포지아Foggia에 있는 비행장의 제반시설을 장악했다. 이 비행장에서 독일 남부로 들어가는 전략폭격 공습을 개시할 의도였다. 10월 초순에 제5군과 제8군이 나폴리 북쪽의 볼투르노Volturno 강과 테르몰리Termoli에서 아드리아 해로 흘러들어가는 비페르노Biferno 강을 따라 내달리는 120마일 길이의 진지선을 이탈리아 반도를 가로질러 끊긴 데 없이 쳐놓았다.

케셀링의 겨울진지선

로마로 가는 접근로를 지키려고 독일군이 쳐놓은 선을 뚫기 위해 고통스럽고 큰 희생을 치르는 겨울 전역이 이제 시작되었다. 중앙의 척량산맥을 따라 나아가는 것이 불가능하므로 제8군과 제5군의 공세 노력은 양쪽 해안의 좁은 지대에 국한되어 길이가 기껏해야 20마일인 전선에서 이루어졌다. 이로써 — 그리고 영국군과 미군이 협력해서 공세를 펼치지 못하게 됨으로써 — 케셀링의 전략은 아주 간단해졌다. 왜냐하면, 그는 중앙구역을 거의 무방비상태로 내버려 두고 예하 최정예사단을 지중해 쪽 측방과 아드리아 해 쪽 측방에 집중할 수 있었기 때문이다. 이탈리아의 독일군 부대는 독일 국방군 최고사령부의 중앙 기동 예비병력에서 끌어왔기 때문에 질이 높았고 이탈리아 전쟁 내내 그랬다. 10월에 케셀링은 헤르만 괴링 사단을 예비병력으로 남겨두고 연합군 제5군을 상대로 제3기갑척탄병사단과 제15기갑척탄병사단을 전개했고, 2개 보병사단과 함께 제16기갑사단, 제26기갑사단, 제29기갑척탄병사단, 제1낙하산사단을 아드리아 해 쪽 측방에 전개했다. 이 9개 사단에 맞서 연합군이 전개할 수 있는 사단 수는 9개에 지나지 않았고, 이 가운데 1개 사단만이 기갑부대였다. 클라크와 몬트고머리는 비록 독자적인 부대로 편성된 추가 전차 자원이 있기는 했어도 물량에서 우위를 누리지 못했고 완벽한 제공권에 기대어 독일군을 요새화된 진지에서 몰아낼 수도 없었다. 항공력에는 나름의 한계가 있는데, 이탈리아의 지형은 이 점을 너무나도 명확하게 해주었다. 연합군 항공부대는 방자에 위협을 주지 못했다. 즉, 가파른 바위투성이 야산의 위와 뒤에 자리 잡은 방자에게는 기동할 필요가 없었고 저항을 유지하는 데에는 최소한의 필수 요소만 있으면 되었다. 역사가들은 근대에 접어들어 이탈리아가 신속한 공세에 유린당한 적이 두 차례뿐이었음을 기억했을지 모른다. 첫 번째는 1494년에 있었던 프랑스 샤를 8세Charles VIII[13]의 공세였고, 두 번째는 1800년에 있었던 마렝고Marengo 전투[14] 뒤에 나폴레옹이 펼친 공세였다. 프랑스군은 첫 번째 경우에는 혁명적 무기인 이동식 대포를 전역에 가져왔고, 두 번째 경우에는 어리석고 분열된 상대와 대적했었다. 1943년 겨울에는 그런 조건이 단 하나도 없었다. 제 위치를 고수해서 잃을 것은 없고 얻을 것은 많은 군세고 능숙한 적과 벌이는 전투에서 연합군은 기껏해야 물량의 대등함을

13. 프랑스의 국왕(1470~1498). 1483년에 발루아(Valois) 왕조 제7대 왕이 되었다. 1495년에 이탈리아 원정을 강행해 나폴리 왕국을 정복하려 했으나, 오스트리아의 견제로 실패했다. 3년 뒤 재원정을 준비하다가 사고로 죽었다.

14. 알프스 산맥을 넘어 진공하는 나폴레옹군이 1800년 6월 13~14일에 이탈리아 서북부의 마렝고 벌판에서 오스트리아군을 격파한 전투.

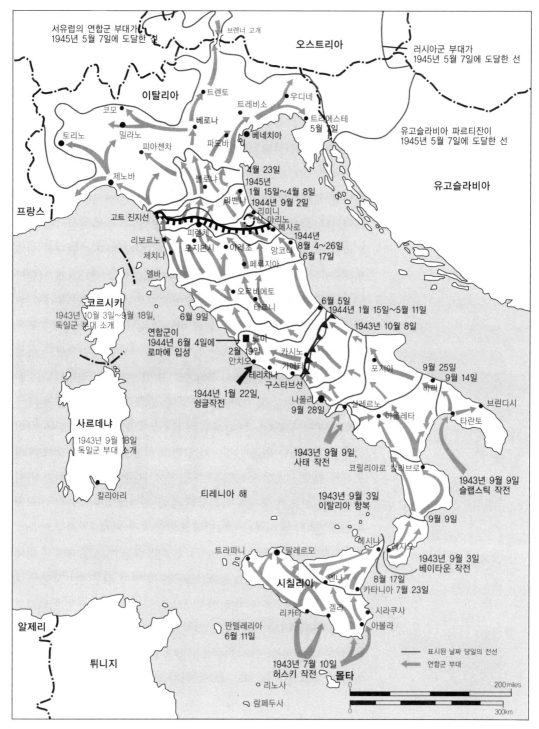

이탈리아 전역 이탈리아 전역은 이탈리아 반도 위로 느리게, 그리고 고통스럽게 어렵사리 올라가는 것이었다. 연합국은 1945년 4월 22일까지 포강에 도달하지 못했다.

누렸다. 영국군과 미군은 아펜니노 산맥의 벼랑과 돌출부를 틀어쥐고 있는 적의 손아귀 힘을 느슨하게 만들려고 시도하다가 독일 국방군과 싸운 제2차 세계대전의 모든 전선 가운데 피가 가장 많이 흐른 가장 치열한 싸움에 휘말려들었다.

중부 지중해지구 연합군은 동향 출신 병사들이 같은 사단에 몰려 있었기 때문에 이탈리아 전투의 참상을 더욱더 처절하게 느꼈다. 중부 지중해지구 연합군 소속 사단들 가운데에는 신병을 한정된 특정 지역에서 충원한 사단이 많았던 것이다. 미군 제36사단과 제45사단은 각각 텍사스 주방위군 부대와 오클라호마 주방위군 부대였고, 영국군 제56사단과 제46사단은 런던과 노스 미들랜즈North Midlands[15] 출신들이었다. 2개 인도인 사단, 즉 제4사단과 제8사단은 '상무 종족'인 라즈Raj라는 소수민족 출신들을 모집해서 만들어진 부대였고, 캐나다군 제1사단은 1942년 8월에 디에프Dieppe 습격이 실패하는 비극이 일어난 뒤 동포 군인들의 피를 영국인 장군들이 아끼지 않고 마구 흘린다는 의혹을 좀처럼 감추지 않는 북미의 영연방 자치령에서 온 지원병들로 이루어져 있었다. 알릭잔더 휘하의 다른 세 군인 집단, 즉 뉴질랜드군 제2사단과 프랑스 모로코 군단과 폴란드 제2군단은 그 배짱으로 이름나 있었다. 폴란드 군인들은 자국이 1939년 이후로 겪은 고통을 적에게 되갚아주겠다는 독한 결의를 유난히 과시했다. 그러나 당시 상황에서 그 세 군인 집단에는 전선에서 입은 손실을 쉽사리 메울 어떤 수단도 없었다. 자기들이 부리는 도구가 인간이어서 상처받기 쉽다는 점을 깨달은 연합군 장군들은 이탈리아 전투 내내 가슴 아파했고, 이런 사정이 그들의 전투 수행에 큰 영향을 미쳤다.

살레르노의 성공 직후에, 즉 연합군이 전진해서 케셀링이 가에타Gaeta와 페스카라Pescara 사이에 바삐 강화하고 있던 겨울진지선을 공격하면서 가장 끈질긴 싸움의 일부가 벌어진다. 베네딕투스Benedictus[16]

15. 중부 잉글랜드의 더비셔(Derbyshire)와 노팅엄셔(Nottinghamshire)의 북쪽 지역을 묶어 일컫는 표현.

16. 중세 유럽의 수사(480?~543). 이탈리아 노르시아(Norsia)에서 귀족의 아들로 태어났지만, 스무 살 안팎의 나이에 도시의 악에서 벗어나 은둔생활을 시작했다. 몬테 카시노에서 청빈을 강조하는 계율을 가진 수사들의 공동체를 만들었다. 이 공동체가 발전해서 베네딕투스 회가 되었고, 서유럽 수도원운동의 효시를 이루었다.

가 6세기에 유럽 수도원 제도의 근간을 확립했던 곳인 몬테 카시노Monte Cassino의 거대한 성채 수도원과 맞물려 있는 겨울진지선의 서쪽 끝은 구스타프Gustav 선으로 알려졌고 겨울진지선 전체에서 가장 강한 구역이었다. 겨울진지선의 접근로도 강력했고, 연합군이 이 접근로에 도달하려고 10월 12일과 1월 17일 사이에 공세를 다섯 차례 펼치다가 크나큰 희생을 치르게 된다. 10월 12일부터 15일까지 제5군이 볼투르노 강 건너편에, 즉 나폴리 바로 북쪽에 교두보를 여럿 만들었다. 한편, 아드리아 해 쪽 연안에서는 제8군이 10월 6일에 장악된 테르몰리를 넘어서 트리뇨Trigno 강을 건넌 다음 산그로Sangro 강까지 밀고 올라갔다. (11월 20일부터 12월 2일 사이에 벌어진) 산그로 전투는 유난히 어려웠다. 겨울비가 내려 강물이 불어서 첫째 주 동안은 양쪽 다 꼼짝할 수가 없었다. 몬트고머리는 예하 군이 강을 건넜을 때 독일군이 해안도시 오르토나Ortona를 끈질기게 방어하는 바람에 전과확대를 할 수 없었다. 오르토나에서 벌어진 시가전에서 캐나다군 제1사단이 막심한 사상피해를 보았다. 산그로는 그가 오벌로드 작전 부대 지휘를 맡기 위해 떠나기 전에 치른 마지막 지중해 전역戰域 전투였다.

산그로 전역이 진행되는 동안, 제5군은 조금씩 조금씩 나아가서 파괴된 시골과 적이 남기고 간 폐허의 미로를 거쳐 가릴리아노Garigliano 강에 이르렀다. 이 강에서 시작하는 리리Liri 계곡은 몬테 카시노 대산괴를 거쳐 로마 쪽으로 이어졌다. 그러나 리리로 가는 접근로에는 몬테 카미노Monte Camino 산과 로톤도Rotondo 산과 사무크로Sammucro 산의 봉우리들이 우뚝 솟아 있었다. 11월 29일과 12월 21일 사이에 격전을 연거푸 치르고 각 산의 봉우리를 기어올라 정복해야 했다. 그런 다음 겨울 눈보라가 쳐서 1944년 1월 5일까지 휴지기가 왔고, 제5군의 미군 사단과 프랑스 사단이 1월 5일에 다시 공격에 나서서 카시노 고지 밑에 있는 리리 계곡 안으로 흘러들어 가는 라피도Rapido 강에 이르렀다. 돌진해서 리리 계곡으로 들어가려는 마지막 움직임으로서 클라크가 1월 20일에 제36(텍사스)사단에게 카시노와 카시노가 리리 계곡과 마주치는 지점 사이에서 바다 쪽으로 라피도 강 도하 공격을 하라고 명령했다.

독일군이 싸움터에 뿌려놓은 지뢰를 제거하는 일을 책임지고 보병이 공격단정을 타고 강을 건너자마자 강에 다리를 놓는 일을 맡은 미군 공병대 지휘관이 "적절한 접근로와 출로가 없고 걸어서 건널 수 없는 하천 뒤에 체계화된 방어시설로 막혀 있는 진흙투성이 계곡을 통해 공격한다면 감당할 수 없는 상황이 벌어져서 엄청난 인명 손실이 나게 된다"고 미리 경고했다. 으스스하게도 그의 예상은 실현되었다. 텍사스 출신 병사들이 강을 건너려고 사흘 동안 시도했다. 일부는 건넜지만 모든 원조가 그들에게 닿지 못해서, 그들 대부분이 왼쪽으로 도로 헤엄쳐 왔다. 작전이 단념되었을 때, 6,000명이 채 안 되던 보병병력 가운데 1,000명이 죽었다. 이들과 맞싸운 독일군 제15기갑척탄병사단의 사후 보고서에는 "적군 부대의 도하를 막았다"고만 되어 있어서, 자기들이 안겨준 재앙의 느낌을 전해주지 않았다. 텍사스 출신 군인들의 공격이 격퇴되면서 지중해 쪽 해안에서 남북을 잇는 주요 경로인 6번 간선도로를 타고 조속히 돌파해 올라가 로마로 들어가겠다는 마크 클라크의 희망은 완전히 끝났다. 그러나 그는 로마를 빨리 점령하겠다는 희망을 버리지 않았다. 로마 가까이에 있는 안치오Anzio에서 독일군 제5군의 후방에 상륙해서 겨울진지선을 뒤흔든다는 계획이 11월 3일 이후로 아이젠하워의 후원을 받아 추진되고 있었기 때문이다. 이 계획은 전적으로 군사적 고려에서 비롯되지는 않았다. 이 계획에는 제2전선의 정치학, 특히 프랑스 남부의 또 다른 상륙(모루Anvil 작전, 나중에는 용기병Dragoon 작전)으로 노르망디의 오벌로드 작전과 짝을 맞춘다는 논쟁적 성격의 계획이 들어 있었다. 아이젠하워의 참모장인 월터 비들 스미드

Walter Bedell Smith 장군은 개인적으로는 모루 작전을 쓸데없이 병력을 빼돌리는 일로 여겼다. 그렇지만 모루 작전을 성사해내는 것이 그의 임무였고, 그는 모루 작전이 오로지 이탈리아 북부에서만 개시될 수 있었으므로 중부 지중해지구 연합군이 모루 작전을 지원하려면 1944년 말에 이탈리아를 떠나 영국으로 가기로 일정이 잡혀 있는 상륙 함대의 상당 부분을 계속 보유해야 한다는 점을 깨달았다. 모루 작전을 개시하는 데 성공하려면 피사Pisa에서 리미니Rimini까지 이어지는 선을 반드시 차지해야 한다고 여겨졌다. 그 선에 1944년 중반까지 이르려면 제5군이 로마 북부에 빨리 도달해야 하고 로마 너머로 전진하기 위해 겨울진지선 뒤에 단번에 강습을 하려면 상륙정이 필요할 터였다. 여기서 안치오 전투와 슁글Shingle 작전이 비롯되었다.

병참 계산은 흠잡을 데 없었는데 작전의 실행은 한심했다. 비들 스미드의 계획에 따르면, 차출 대상에서 제외된 전차양륙선Landing Ships Tank; LST(핵심적인 상륙함) 60척이 1월 15일까지 지중해에 남았고, 그 마지막 시일이 나중에 2월 6일로 연장되었다. 존 루카스John P. Lucas 장군이 지휘하는 미군 제1기갑사단과 제3사단뿐만 아니라 영국군의 대규모 보충부대가 포함된 미군 제7군단이 1월 22일에 로마 남쪽 30마일 지점의 안치오에 내렸다. 상륙은 완전한 기습으로 이루어졌다. 독일군 방첩대도 케셀링의 참모부도 이 상륙이 준비되고 있다는 낌새를 전혀 알아채지 못했던 것이다. 루카스가 위험을 무릅쓰고 첫날에 로마로 돌진했더라면, 그의 선봉돌격부대는 비록 곧 분쇄되었겠지만 십중팔구는 로마에 도달했을 것이다. 그렇지 않으면, 장차 몬트고머리가 노르망디에서 시도하게 되는 바대로, 루카스는 '내륙 깊숙한 곳에 진을 칠' 수도 있었다. 실제로는 그는 그 어느 것도 하지 않고 다수의 병력과 차량을 뭍에 내려놓고 조그만 교두보의 외곽방어선을 확보하는 데 그쳤다. 이렇게 그는 적을 전혀 압박하지 않고 예하 부대를 위험에 노출하는 가장 나쁜 모습을 보여주었다. 그의 굼뜬 행동 덕택에 위기에서 벗어난 독일군은 휴가에서 돌아오는 병사들로 급히 '비상부대Alarmheiten'를 만들었고, 겨울진지 선의 조용한 구역과 북부에서 편성된 부대들이 이전 배치되는 동안 그 비상부대를 안치오에 급파했다. 루카스는 1월 30일에 내륙으로 이동하려고 시도했을 때 길이 막혔다는 것을 깨달았다. 새로 편성된 제14군이 2월 15일에 그에게 역공을 가했다. 피슈강Fischgang이라는 암호명이 붙은 이 공세는 영미군의 상륙을 바다로 내동댕이칠 수 있다는 경고로서, 그리고 유럽 북쪽을 침공하는 자들에게 어떤 운명이 기다리고 있는지를 보여주어 독일인을 안심시켜줄 보장책으로서 히틀러의 명령에 따라 대병력으로 수행되었다. 피슈강 작전은 실패했지만 루카스의 병사들을 참담하고 위험한 포위상태에 빠뜨렸다. 루카스가 2월 23일에 해임되고 후임인 루셔스 트러스코트Lucius Truscott 장군이 다음 석 달 동안 방어를 지탱하는 일을 떠맡게 되었다.

연합군 전략의 위기

리리 계곡을 거치고 안치오를 거쳐서 로마를 장악하는 데 실패한 마크 클라크 장군은 이제 6번 간선도로를 내려다보는 카시노의 거대한 성채 수도원을 지나가는 전진로를 뚫어야 할 필요에 직면했다. 이 수도원은 1,400년 전에 성 베네딕투스가 자기의 묵상 수사들을 위한 난공불락의 피난처로 골랐던 장소였다. 수사들이 3면에서 전쟁의 소란에 시달리면서 남아 있었다. 그 수도원은 언제나 그랬듯이 난공불락이었다. 수도원 바로 부근에 독일 국방군의 최정예사단의 하나인 제1낙하산사단이 수비대로 주둔하고 있었다. 현지 군단장이자 성 베네딕투스 교단의 평신도인 프리도 폰 젱어 운트 에테를린은 사단원들이 수도원 건물을 방어용으로 써도 좋다는 허락을 내주지 않으려 들었다. 그러나 산의 험준한 바위와 요입부凹入部가 사단원들이 연합군을 저지하는 데 필요한 방어물 일체를 제공했다.

연합군은 다음 석 달 동안, 즉 2월 12일부터 5월 17일 사이에 네 차례 전진해서 공격했고 세 차례 격퇴되었다. 제1차 카시노 전투에서 미군 제34사단은 카시노 진지가 인위적인 축성 없이도 얼마나 강한가와 얼마나 강력하게 방어되는가 하는 고통스러운 교훈을 배웠을 따름이다. 제2차 카시노 전투에서는 크레타에서 싸운 군인인 버나드 프레이버그가 지휘하는 뉴질랜드군 제2사단과 제4인도인 사단이 2월 15일과 18일 사이에 수도원과 그 아래 있는 소도시를 공격했다. 그들의 공격에 앞서 하늘의 요새 135대가 수도원을 폭격해서 폐허로 만들었지만, 폭격기도 부대원도 독일군 낙하산병을 진지에서 몰아내지는 못했다. 3월 15~23일의 제3차 전투에서 프레이버그 예하 사단들은 훨씬 더 강력한 항공 지원을 받으며 다시 시도했다. 공격이 또 실패해서, 카시노는 공략하기가 처음보다 훨씬 더 힘들어졌다. 즉, 끊임없는 폭격과 포격으로 수도원과 그 발치에 있는 소도

1942년 5월, 카시노에서 독일군 포로 두 명을 데리고 캐슬힐(Castle Hill) 아래로 오는 영국군 병사. 카시노는 격렬한 전투를 한 차례 치른 뒤 폴란드 제2군단에 점령되었다.

시가 부서져 엉망진창의 폐허더미가 되었고, 독일군 낙하산병들이 그 속으로 기어들어가 터널과 벙커를 만든 것이다.

4월이 되자 연합군이 이탈리아에서 펼치는 전략은 거의 위기에 빠졌다. 처칠은 지지부진에 대놓고 분통을 터뜨려댔다. 히틀러는 제10군과 제14군의 성공에 무척이나 기뻐했다. 비록 동부전선의 드넓은 지역이 러시아군의 공격을 받고 있고 독일의 여러 도시가 밤에 폭격기사령부의 공격을 받아 마구 뒤흔들리기는 했어도, 이탈리아에서 적군인 영미군이 여덟 달 동안 전진한 거리는 겨우 70마일에 지나지 않았다. 제2차 세계대전에서 아마도 가장 자기중심적인 연합군 장군이었을 마크 클라크는 자기 경력을 걱정했고, 영국군이 카시노에서 이중의 실패를 하자 영국군에 품은 그의 신경질적 반감이 거세졌다. 아이젠하워가 1월에 영국에서 연합군 최고사령관에 취임한 이후 이탈리아 전역 사령관이 된 알릭잔더는 전진할 방도를 찾아낼 수 없었고, 그를 무인 귀족의 모범으로 존중하는 처칠조차 교착상태를 타개할 그의 의지와 능력을 의심하기 시작했다. 필요한 것은 연합 이탈리아 주둔군Allied Armies Italy[17]을 다시 승리의 길로 나서게 할 계획과 새로운 자극이었다.

고착된 전선 뒤에서 연합군 공군이 제 역할을 하고 있었다. 연합군 공군 지휘관은 영국에서 이전 배치된 아이라 에이커Ira S. Eaker였다. 그는 영국에서 미군의 대對독일 전략폭격 공격의 (성공적이지 못한) 첫 단계를 지휘했다. 3월 이후로 연합군 공군은 안치오와 겨울 진지선에 있는 독일군 제10군과 제14군에 보급을 해주는 병참 연결망을 파괴하려고 계획된 스트랭글Strangle 작전을 수행해오고 있었다. 비록 지형 탓에 일선에 있는 부대를 상대로 성공적인 지상공격 임무비행을 할 수 없기는 했어도, 항공기에 이탈리아의 도로와 철도는 이득이 큰 전략 목표물이었다. 에이커의 후방차단[18] 계획은 군사논리의 모범이었다. 그런 다음 4월에 알릭잔더의 참모장인 존 하딩

17. 북아프리카 전역에서 싸웠던 연합군 제15집단군이 1944년 1월에 연합 이탈리아 주둔군으로 이름이 바뀌었다. 3월에 중부 지중해지구 연합군으로 또 바뀌었다가 12월에 다시 제15집단군으로 되돌아갔다.

18. 적이 어떤 지역이나 통로를 이용하지 못하도록 모든 수단을 다해 저지하거나 차단하는 행동.

John Harding이 연합군의 지상 기동능력을 활용하려고 똑같이 논리적인 계획을 세우기 시작했다.

연합 이탈리아 주둔군은 지난해 연말 이후로 크게 증강되어오고 있었다. 이때 완편 병력의 폴란드 제2군단이 나타났다. (몬트고머리가 오벌로드 작전을 위해 12월 하순에 영국으로 떠난 뒤 올리버 리즈가 지휘하는) 제8군에 추가로 1개 인도인 사단과 1개 남아프리카군 기갑사단, 그리고 거칠게 싸우는 또 다른 캐나다 부대인 제5기갑사단이 가세했다. 안치오 교두보에 있는 트러스코트의 군단의 규모는 두 배가 되었다. 게다가, 주로 산악전이 본능처럼 몸에 밴 모로코 산악부족으로 편성된 프랑스 해외파견군이 카시노와 해안 평야 사이의 구역을 물려받아 떠맡았다. 이 증원부대들은 지금까지 이탈리아 전역을 수행해오던 노련한 영미군 6개 사단이 오벌로드 작전 준비를 하려고 영국으로 차출되어 생긴 빈자리를 주로 메웠다. 하딩은 제각각이지만 상호보완적인 이 증원부대들의 특성을 이용해서 작전 계획(왕관Diadem 작전)을 짜기 시작했다. 이 계획의 목적은 로마 남쪽에 있는 독일군을 포위해서 로마 시를 연합군 수중에 넣을 요량으로 카시노 진지를 돌아서 리리 계곡을 열어젖혀 안치오 부대를 끌어내는 것이었다.

하딩의 계획은 독일군이 이탈리아 반도에서 케셀링의 최종 퇴각선인 피사-리미니 진지에 더 가까이 있는 자기 후방에 또 다른 상륙 강습이 가해질 위험이 있다고 믿게 하는 것이 목적인 정교한 기만책(던튼Dunton 작전)의 엄호를 받으며 폴란드군이 제4차 전투에서 카시노를 북쪽에서 공격해 장악하는 동안 프랑스군이 남쪽에서 산으로 침투해 들어간다는 것이었다. 이 움직임은 캐나다군 기갑부대와 남아프리카군 기갑부대에 리리 계곡을 열어주는 한편, 서쪽 해안에 있는 미군이 가리글리아노 강을 건너 돌진해서 로마로 가는 독일군의 퇴각선을 막으려고 교두보에서 포위를 뚫고 치고 나올 안치오 군단과 연계할 것이었다. 포위전은 금방이라도 대승을 거둘 것 만 같았다.

이 계획에 주로 앞장선 사람은 프랑스 해외파견군을 지휘하는 알 퐁스 쥐앵Alphonse Juin 장군이었다. 그는 자기가 거느린 북아프리카인 은 노련해서 앵글로색슨인에게는 보이지 않는 산악 통과로를 찾아 낼 수 있다고 하딩과 알릭잔더에게 장담했다. 실제로 북아프리카인 들은 왕관 작전이 5월 11일에 개시되었을 때 그 일을 해낼 수 있었 다. 독일군 제1낙하산사단과 맞붙은 폴란드 부대는 처음에는 북아 프리카인 부대의 전진을 따라잡지 못했다. 그러나 주앵의 산악부대 가 모로코인 비정규부대의 유도를 받아 굽이굽이 돌아서 5월 17일 까지 가까스로 리리 계곡 입구에 들어선 뒤 폴란드 부대가 몬테 카 시노에 자기희생적인 최후의 공세를 가했다. 이렇게 해서 리리 계곡 과 해안지대로 들어가는 어귀가 열려서 미군 보병사단과 영국군 기 갑사단이 5월 23일에 전진하기 시작했다. 같은 날에 트러스코트의 제6군단이 안치오 교두보에서 치고 나왔다.

독일군 제10군과 로마가 둘 다 이제 연합군의 힘이 미치는 범위 안에 있었다. 제10군을 포위하면 로마 점령은 떼 놓은 당상이었다. '비 무장도시'로 선언된 로마가 해방을 기다리고 있었다. 탈출한 연합군 포로들이 로마에 남은 약간의 독일 부대 코앞에서 무리를 지어 대 놓고 나돌아다니는 판이었다. 클라크는 개선 입성의 전망에 정신이 팔린 나머지 전략 감각을 잃어버렸다. 단언하기보다는 권고하는 지 휘방식을 가진 알릭잔더를 늘 못마땅해했으며 자기의 영국 동맹군 의 의도가 자기에게서 승리의 월계관을 빼앗는 것이라는 의심을 점 점 더 키우던 클라크는 자기 마음대로 5월 26일에 예하 미군 부대에 북쪽으로 돌진해서 퇴각하는 독일군 후방을 차단하는 것을 그만두 어 독일군을 포위할 기회를 포기하고 곧장 이탈리아 수도로 돌진해 들어가라는 명령을 내렸다. 이런 재배열은 케셀링에게 곧바로 득이 되었다. 케셀링은 휘하의 후위가 로마 남쪽에 있는 알반Alban 구릉 지대의 발몬토네Valmontone와 벨레트리Velletri에서 효과적인 지연전[19]을 벌이는 동안 제10군의 온전히 남은 부대를 다그쳐서 테베레Tevere 강을 건너 예하 공병대원들이 로마와 리미니 사이에서 방어 축성공사를 하고 있던 고트 진지선Linea Gotica, Goten-Stellung[20]에 있는 일련의 방어 진지들 가운데 첫 번째 진지로 급히 보냈다.

따라서 클라크의 6월 4일 로마 입성은 실속 없는 승리였다. 심지어는 군중도 없었다. 떠나는 독일군의 막판 저항을 겁낸 로마 시민들이 문을 걸어 잠그고 나오지 않는 바람에 지극히 선전을 의식하(며 사진에 찍히는 모습에 신경쓰)는, 처칠이 일컬은 바로는, 그 '미국 독수리'는 박수갈채를 받으며 도시를 한 바퀴 돌 기회를 잃었다.

그렇지만 케셀링의 제10군과 제14군은 후퇴하고 있었으며 그가 이탈리아 반도를 가로지르는 가장 방어하기 좋은 다음 진지로 확인해둔 피사-리미니 선을 향해 싸우면서 퇴각할 터였다. 그 선은 150마일 떨어진 북쪽에 있었고, 연합 이탈리아 주둔군은 할 수 있는 최선을 다해 뒤를 쫓았다. 그러나 8월 중순으로 일정이 잡혀 있는 프랑스 남부 상륙작전인 모루/용기병 작전을 개시하려고 7개 사단이 ― 즉, 북아프리카에서 온 프랑스군 7개 사단 가운데 4개 사단, 미군의 제3사단과 제36사단과 제45사단이 ― 전열에서 빠지는 바람에 클라크는 퇴각하는 독일군을 따라잡지 못했다. 케셀링은 처음에는 이른바 비테르보Viterbo 선에서, 그다음에는 트라시메네Trasimene 선에서 지연전을 두 차례 벌인 뒤 8월 초순에 고트 진지선에 있는 안전구역에 무사히 도착하는 데 성공했다.

지중해에서 교전의 초점은 이제 독일군 G집단군 소속 제19군이 방어하는 프랑스 남부 해안으로 옮아갔다. 제19군은 노르망디에서 벌어지는 싸움에 붙들려 있는 B집단군에 부대를 빼내주어서 병력이 이미 바닥나 있었고, 비록 처음에는 우수한 4개 사단을 보유했

19. 후퇴할 때 적과의 결전을 피하면서 적의 전진을 방해하는 작전.

20. 1944년에 이탈리아 주둔 독일군의 방어선에 붙여진 이름인데, 두 달 뒤 히틀러가 녹색선으로 이름을 바꾸었다. 연합군은 이 방어선을 피사-리미니 선이라고 불렀다.

지만 남은 8개 사단은 니스와 마르세유 사이에 너무 넓게 흩어져 있어서 연합군에 상륙장소를 내주지 않으려야 않을 수 없었다. 처칠은 이 작전이 군사적으로 가치가 없다며 오랫동안 반대해왔다. 그러나 워싱턴에 있는 마셜의 참모부가 프랑스 북쪽을 침공하는 영미군의 병참 지원에 마르세유가 극히 중요하다고 고집하는 한편, 연합국의 정치에 신경이 곤두서 있는 루스벨트가 스탈린의 기분을 해치지 않고서 작전을 취소할 방도가 없다고 주장했다. 따라서 새로 편성된 알릭잔더 패치Alexander Patch 장군 예하 미 제7군이 대단히 성공적인 공수상륙에 뒤이어 항공폭격과 함포사격의 지원을 받으며 8월 15일에 칸Cannes과 툴롱Toulon 사이에 상륙했다. 저멀리 타란토, 나폴리, 코르시카, 오랑 등 여러 항구에서 모여든 제7군은 거의 손실을 보지 않고 뭍에 내렸으며, 비록 툴롱과 마르세유를 차지하려고 치열하게 싸워야 하기는 했어도 한편으로는 론 강 유역을 따라 치고 올라가는 돌파 공격을 개시해서 제11기갑사단을 비롯한 제19군의 기동부대들을 몰아붙여 아비뇽Avignon과 오랑주Orange와 몽텔리마르Montélimar를 지나 리옹과 디종Dijon 쪽으로 지리멸렬하게 도망치게 했다. B집단군 자체가 8월 하순에 총 퇴각함에 따라, 제19군에게는 어물쩍거릴 시간이 없었다. 패치의 제7군과 노르망디에서 전진해오던 패튼의 제3군, 양 군의 선봉돌격부대가 9월 11일에 디종 북쪽에서 만났지만, 9월 14일이 되자 독일군 제19군의 반쯤이 알자스 남부에 피난처를 구하고 그곳에서 독일의 서부방벽으로 가는 접근로를 방어할 태세를 갖추고 버티고 섰다.

프랑스 남부를 잃은 것 그 자체는 히틀러가 보기에 중요하지 않았다. 이탈리아에서 벌어진 전역의 과정은 비록 넓은 지대를 내주는 결과를 빚기는 했어도 사실 전략상으로는 독일군에 유리하다고 여겨질 수도 있었다. 왜냐하면, 연합 이탈리아 주둔군의 상당 부분이 대독일제국 국경으로 가는 알프스 산맥 접근로와 이탈리아의 공업지역에서 안전하게 떨어진 곳에 있는 고트 진지선의 강력한 방어에 묶인 채 남아 있는 한편으로 사실상 모루 작전으로 말미암아 연합군의 상륙함대와 언제라도 쓸 수 있는 연합군 예비병력 상당수가 작전이 벌어지지 않는 지대로 빼돌려져서 자기의 전쟁수행에 여전히 아주 중요하다고 보이는 발칸 반도에서 멀리 떨어져 있었기 때문이다.

발칸 반도

영국의 유고슬라비아 무장저항세력 지원은 아직까지는 독일 국방군에 그리 문제가 되지 않았다. 비록 이탈리아인 부대와 불가리아인 부대와 크로아티아인(우스타샤) 부대를 비롯한 30개에 이르는 추축군 사단이 유고슬라비아의 산악에서 대내 치안 작전에 투입되기는 했어도, 12개 사단만이 독일군 사단이었으며 그나마도 군사적 가치가 너무 낮아서 주요 전선에서는 쓸 수 없는 사단이 대부분이었다. 심지어는 영국이 1943년 12월에 유고슬라비아 무장저항 후원 대상을 왕당파 체트닉에서 10만 명을 웃도는 티토의 공산주의 게릴라로 확실하게 옮긴 뒤에도 독일군은 무장저항세력을 한곳에 붙어 있지 못하게 만들 수 있었다. 무장저항세력은 보스니아에서 몬테네그로로 옮아간 다음에는 1943년의 전역적기戰役適期 동안에는 다시 보스니아로 되돌아가야 했고 그 과정에서 사상자 2만 명이 나오는 손해를 입었다. 그뿐만 아니라 농촌 주민도 이루 말할 수 없이 심한 고통을 당했다. 이탈리아가 1943년 9월에 항복하자 티토의 형편이 나아졌다. 티토는 이탈리아의 항복으로 다량의 무기와 장비를 넘겨 받았고 달마치야 연안과 아드리아 해의 섬들을 비롯한 이탈리아군이 내버린 지역의 상당 부분을 다스릴 수 있게 되기까지 했다. 그러나 독일군이 외부의 정규군 부대와 직접 접촉하지 못하도록 파르티잔을 계속 고립시키는 한, 게릴라전의 법칙이 적용되었다. 즉, 티토의 교란 효과는 대단했지만, 그리스와 이어지는 독일의 병참선과 독일이 없어서는 안 될 군수용 광물을 뽑아내는 지역에 미치는 전략 효과는 그리 대단하지 않았던 것이다.

그러나 1944년 가을에 발칸 반도에서 독일의 입지가 약해지기 시작했고, 따라서 티토가 골칫거리 역할에서 위협적인 존재로 격상될 기미를 보였다. 발칸 반도에 있는 히틀러의 위성국가인 불가리아와 루마니아와 헝가리는 협박도 받고 유혹도 받아서 히틀러 편에 서서 전쟁에 이끌려 들어갔었다. 히틀러가 꾀어들일 미끼를 더는 내놓을 수 없었던 데 비해, 이제 이 나라들의 안녕과 주권에 주된 위협을 주는 존재는 붉은군대였다. 붉은군대는 3월과 8월 사이에 우크라이나 서부를 재정복하고 러시아 땅과 맞닿은 남유럽의 천연 경계선인 카르파티아 산맥의 발치에 있는 구릉까지 전진해왔다. 그 위성국가들은 히틀러와 맺은 동맹관계를 끝낼 생각을 그해 아주 일찍부터 하기 시작했다. 루마니아의 지배자인 이온 안토네스쿠Ion Antonescu[21]가 3월 이후로 서구 연합국과 접촉했다. 루마니아 외무장관은 일찍이 1943년 5월에 단독강화를 맺으려는 계획에 무솔리니를 끌어들이려는 시도를 하기까지 했다. 불가리아는 — 친독일 성향이 완강하던 보리스 왕이 1943년 8월 24일에 독살되고 — 1944년 1월에 런던과 워싱턴에 다가갔고 그런 다음에 스탈린과 합의를 본다는 데 희망을 걸었다. 한편, 1940년 8월의 빈 국경변경 협정으로 루마니아를 희생해서 큰 이득을 보았던 헝가리는 자국에 유리하도록 술책을 부리고 있었다. 칼라이Kállay[22] 총리가 1943년 9월에 서구 국가를 통해 러시아군에 항복할 준비를 할 목적으로 서구 국가와 접촉하는 한편, 참모장은 — 독일 군대가 아니라 루마니아 군대를 제 나라 땅에서 떼어놓으려는 의도를 가진 방책으로서 — 카르파티아 산맥이 헝가리 군대만으로 방어되어야 한다는 제안을 독일 국방군 최고사령부의 우두머리인 카이텔에게 내놓았다.

히틀러는 심지어 독일 군대가 이탈리아에서 총퇴각하고 러시아군

21. 루마니아의 군인 독재자(1882 ~1946). 전간기에 군참모총장과 국방장관을 지냈다. 1940년에 국왕의 요청으로 총리가 되어 독재정치를 펴고 삼국협약에 가입했다. 독소전쟁이 일어나자 독일군과 함께 소련을 공격했다. 1944년에 권력을 잃었고, 1946년에 처형당했다.

22. 헝가리의 정치가(1887~1967). 1930년대 전반기에 장관으로 일하다가 10년간 은퇴해 있던 중 호르티의 요청을 받고 1942년 3월에 총리가 되었다. 나치의 압력을 나름대로 교묘히 피하다가 결국 1944년에 체포되어 수용소에 갇혔다. 종전 뒤 미국에 정착했다.

이 카르파티아 산맥으로 거침없이 전진하고 있는 동안에도 헝가리를 쥐락펴락할 수 있었다. 그는 슬로바키아 꼭두각시 국가에서 붉은 군대가 자신의 나라 코앞까지 도착하리라는 성급하면서도 지나치게 낙관적인 기대가 있던 7월에 반대파 군인들이 일으킨 봉기를 손쉽게 진압했다. 히틀러는 3월에 헝가리의 독재자인 호르티 제독에게 칼라이를 해임하고 헝가리의 경제와 교통·통신체계에 대한 통제권과 독일 국방군이 그 나라로 자유로이 들어가 통과할 권리를 독일에 달라고 요청함으로써 헝가리인의 첫 독립성 과시를 억누른 적이 있었다. 호르티가 8월 29일에 친독일 내각을 해임하자 히틀러는 헝가리가 변절할 위험이 되살아난 데 매우 놀랐다. 따라서 호르티가 10월 15일에 부다페스트 주재 독일대사관에 자기가 러시아와 휴전조약을 맺었다고 밝히자, 호르티의 화살십자당[23]과 군대에 있는 독일 동조자들이 통치권을 장악할 태세를 갖추었다. 호르티는 가택에 연금되었고, 자기 아들이 무솔리니를 구조한 스코르체니에게 볼모로 납치된 뒤에 자택에서 마음을 바꿔 독일이 하라는 대로 하기로 마음을 바꿔먹었다.

헝가리 점령은 비록 매끄럽게 이루어지기는 했어도 이 단계에서 실타래처럼 뒤엉킨 복잡하기 이를 데 없는 발칸 반도의 양상이 드러나는 것을 막을 수 없었다. 헝가리는 루마니아가 다른 방법으로 스탈린과 나름의 거래를 해서 빈 국경변경 협정 아래서 호르티에게 억지로 떼 줘야 했던 트란실바니아를 되돌려 받게 될지 모른다고 두려워했기 때문에 결국은 떠밀려 러시아군과 협상에 들어갔다. 그 두려움은 매우 타당했다. 그러나 선수치기를 당한 쪽은 바로 헝가리였다. 붉은군대가 8월 20일에 우크라이나 쪽에서 드네스트르Dnestr 강을 건너자마자 미하이Mihai 왕[24]이 안토네스쿠를 체포했고, 이에 자극받은 히틀러가 8월 23일에 부쿠레슈티Bucureşti 폭격 명령을 내림에 따라 루마니아는 이튿날 독일에 선전포고를 할 수 있게 되었다.

23. 1930년대에 생긴 헝가리의 파시스트 조직. 1944년 10월부터 이듬해 4월까지 헝가리의 집권당이었다.

24. 루마니아의 국왕(1921~). 할아버지의 뒤를 이어 1927년에 즉위했다가 3년 뒤 아버지에게 왕위를 빼앗겼다. 1940년에 다시 왕위를 찾았으나, 실권은 안토네스쿠에게 있었다. 소련군이 루마니아에 들어온 1944년 8월에 안토네스쿠를 내쫓고 공산당이 주도하는 정부를 지명했다. 1947년에 퇴위하고 망명했다.

이렇게 편이 바뀌자, (스탈린그라드 전투 이후에 다시 편성된) 독일 육군 제6군은 어쩔 도리 없이 카르파티아 산맥의 고개들을 향해 다급히 퇴각해야 했다. 제6군의 20만 병력 가운데 극소수만이 탈출했다. 그들이 남쪽으로 도주해서 들어갈 수도 있었을 나라인 불가리아가 이제 그들을 막아섰다. 9월 5일에 불가리아 정부가 (상대해서 전쟁을 벌인 적이 없는) 러시아군과 협상을 개시하고 곧바로 자국 군대를 히틀러와 싸우도록 했기 때문이다. 프리스너Friesner 제6군 사령관은 루마니아에 "더는 참모가 존재하지 않고 온통 혼란뿐이며, 장군부터 행정병까지 누구나 다 소총을 들고 총알이 다 떨어질 때까지 싸우고 있다"고 보고했다.

루마니아가 변절하자 곧바로 플로예슈티 유전을 이용할 수 있는 길이 막혔다. 이런 사태가 올지 모른다는 두려움이 히틀러의 전략 결정에 전쟁 내내 크나큰 영향을 미쳐왔다. 히틀러는 상당 부분 바로 이런 두려움에 내몰려서 먼저 발칸 반도 통제권을 장악하고 러시아 공격을 심사숙고하고 군사적으로 효용이 오래전에 사라진 뒤에도 크림을 오랫동안 붙들고 놓지 않았던 것이다. 뒤이어 가동에 들어간 독일 내의 합성석유 공장이 미군 제8항공군의 공격을 받아 멈춰 섰기 때문에 플로예슈티 상실은 곱절로 재앙이었다. 그런데도 히틀러는 역공을 펼쳐 플로예슈티를 되찾는다는 희망을 품을 수 없었다. 변절한 루마니아로 들어간 러시아군의 우크라이나 전선군들이 히틀러의 현지 부대를 수에서 크게 앞질렀기 때문만은 아니었다. 같은 시기에 불가리아가 변절하자 그리스에 있던 독일군 부대도 위험에 처했고 10월 18일에 그리스에서 빠져나와 마케도니아의 산악지대를 거쳐 어렵사리 퇴각해서 유고슬라비아 남부로 들어가기 시작했다. 제3우크라이나 전선군을 지휘하는 톨부힌Tolbukhin이 루마니아와 불가리아를 거쳐 전진해서 10월 4일에 유고슬라비아의 수도 베오그라드로 들어갔다. 따라서 뢰르 장군 예하 E집단군 소속 독일 군인 35만 명은 위협을 가하는 소련군 병력 집결지의 측방을 지나서, 즉 티토의 파르티잔이 들끓고 이탈리아에 있는 기지에서 날아올라 아드리아 해를 넘어와 작전을 벌이는 연합군 항공부대 비행기들이 날아다니는 산 골짜기들을 거쳐 그리스에서 빠져나가야 했다.

히틀러에게 아직 남아 있는 발칸 반도 점령지역에 있는 다른 독일군 부대의 ― 즉, F집단군의 ― 안전은 이제 케셀링이 이탈리아 북부를 방어하는 능력에 크게 좌우되었다. 만약 이탈리아 북부가 함락되면, 연합 이탈리아 주둔군이 마음대로 '골짜기들', 특히 유고슬라비아 북부로 이어져 헝가리로 향하는 류블랴나Ljubljana 골짜기를 거쳐 동쪽을 치기도 하고 아드리아 지상군Land Forces Adriatic 사령관들이 (1944년 6월에 바리Bari에서 창설된) 발칸 항공부대Balkan Air Force[25]의 지원을 받아 이미 소규모로 했던 것처럼 이탈리아 북부의 항구에서 출발해서 아드리아 해를 건너 대규모 상륙작전을 개시하기도 할 터였다. 처칠은 1944년 10월에 모스크바에서 스탈린과 만난 자리에서 러시아와 영국 사이의 발칸 반도 내 '영향력 비율'을 주창하는 협약을 맺었다.[26] 이 협약은 비록 대체로 구속력은 없었어도 주목할 만했다. 미국과는 달리 처칠은 발칸 반도 모험이 제공하는 기회에 계속 이끌렸다. 그러나 결국 그 쟁점을 결정지은 것은 연합국의 비밀협정이 아니라 독일군의 병력 할당이었다. 연합군 제5군과 제8군이 고트 진지선에 이르렀을 무렵에 그 2개 군의 병력이 21개 사단에 지나지 않았던 데 반해, 독일군 제10군과 제14군의 병력은 5개 신예부대, 그리고 다른 3개 부대를 위한 인력이 이전해 온 덕분에 26개 사단으로 늘어나 있었다. 고트 진지선은 비록 겨울진지선보다 80마일 더 길기는 했어도 증원군이 한 위험지점에서 다른 위험지점으로 빠르게 이동할 수 있게 해주는 훌륭한 측방 도로로 뒷받침되었다. 이 도로는 볼로냐Bologna부터 리미니에 이르는 고대 로마의 에밀리아Emilia 가도였다. 아드리아 해 쪽 연안에서는 13개가 넘는 하천이 고

25. 1944~1945년에 아드리아 해, 에게 해, 이오니아 해, 그리고 그 부근에서 벌어지는 항공·지상·해상·특수 작전을 조정하는 연합군 병과간 사령부.

26. 처칠은 동유럽과 발칸 반도에서 영국과 소련 간의 영향력을 백분율로 나누자고 하면서 소련의 영향력 비율을 루마니아에서 90퍼센트, 헝가리와 유고슬라비아에서 50퍼센트, 불가리아에서 75퍼센트로 정하고 그리스만은 100퍼센트 영국의 영향 아래 두자는 제안을 했다.

트 진지선을 뒷받침했다. 바다로 흘러드는 그 하천 하나하나가 주요 군사 장애물이 되었던 것이다.

이런 지형에 이탈리아의 가을비가 내리기 시작해서 비록 고트 진지선 자체 전부 다는 아닐지라도 이탈리아 북부를 틀어쥔 케셀링의 장악력은 이제 깨질 수 없게 되었다. 포 강의 탁 트인 대평원으로 가는 경로는 강 왼쪽보다 강 오른쪽에서 통행하기가 더 쉽다는 올바른 판단을 내린 알릭잔더는 8월에 제8군의 대부분을 아드리아 해쪽 연안으로 몰래 옮겨놓았다. 8월 25일에 공격에 나선 연합군 제8군은 고트 진지선을 깨뜨리고 리미니 10마일 안까지 전진했다가 쿠카Couca 천에서 저지당했다. 제8군이 잠시 멈춰서 재편성을 하는 동안 독일군 제14군을 지휘하는 비팅호프가 영국군의 진격을 저지하려고 에밀리아 가도를 따라 증원군을 급파했다. 영국군은 9월 12일에 공세를 재개했지만 격렬한 저항을 받았다. 제1기갑사단은 공세 작전에서 빠져야 할 만큼 전차를 많이 잃었다. 알릭잔더는 적군 병력을 영국군 전선에서 딴 데로 돌리려고 클라크에게 성공할 가망이 훨씬 낮은 피사 북쪽의 영토를 거쳐 맞은편 해안에서 9월 17일에 공세를 펼치라고 명령했다. 카시노를 생각나게 하는 고지에서 내려다보이는 그곳의 해안 평야는 너무 좁아서 전진이 매우 느렸다. 비가 내려 싸움터 전체가 진창으로 바뀌고 물이 크게 불어 하천에 다리를 놓을 수 없게 되자, 전역이 10월 한 달 동안, 그리고 11월에 접어들어서도 질질 끌며 계속되면서도 땅은 몇 마일씩 얻고 인명은 수천 명씩 잃었다. 연합군 제8군은 아드리아 해 쪽 연안에서 벌어진 가을 전투에서 죽고 다쳐서 1만 4,000명을 잃었다. 캐나다군이 최전선에 있었기 때문에 가장 심한 피해를 보았다. 캐나다군 제2군단이 1933년 12월 5일에 라벤나Ravenna를 장악하고 계속 밀고 나아가 1945년 1월 4일이 되면 세니오Senio 천에 이르렀다. 제5군은 중부의 산맥을 통해 공격을 해서 10월 23일까지는 볼로냐 9마일 안까지 이르렀다. 그러나 제5군도 — 1만 5,000명 이상이 죽고 다치는 — 매우 심한 손실을 보았고 제8군의 전방에 있는 지형보다 훨씬 더 힘든 지형에 마주쳤다. 제5군이 너무 약해진 나머지 독일군이 12월에 기습 공세를 펼쳐 제5군이 9월에 점령했던 피사 북쪽의 땅 일부를 되찾았다.

사상자와 지형과 겨울날씨 때문에 이탈리아 전역을 중단한다는 결정이 1944년 성탄절에 내려졌다. 이 전역은 이탈리아에 상륙한 다음 가진 낙관적인 첫 몇 주부터, 그리고 16개월 전에 로마 남쪽에서 힘들이지 않고 전진할 때부터도 퍽 힘든 싸움이었다. 자연물이든 인공물이든 장관을 이루는 이탈리아의 아름다움, 즉 벼랑과 산꼭대기 마을의 풍광, 허물어진 성, 물살이 빠른 하천이 기어코 정복하겠다는 군인들에게 언제 어디서나 위협을 가했다. 유럽의 예술품 수집가를 즐겁게 해준 풍경화를 그린 화가들은 날카로운 안목을 지닌 모든 장군에게 자기들이 그린 지세地勢를 넘어 전진하는 것이 군대에, 특히 대포와 바퀴·무한궤도 차량으로 말미암아 움직이기가 거추장스러워진 현대군에게 얼마나 어려울지 알려주는 경고를 남겨놓았다. 살바토르 로사Salvator Rosa[27]가 그린 황량한 산 풍경과 전투 장면은 말할 나위 없이 자명했다. 클로드 로랭Claude Lorrain[28]이 그린 차분한 평야와 푸른 원경이 그려진 경치, 실상과 달리 평온하기만 한 경치에도 똑같이 위협이 스며들어 있다. 포병장교라면 생각해볼 필요도 없이 관측 초소로 고를 감제監製 지점에서 보고 그려진 그 경치는 한 번만 힐끗 보아도 이탈리아에서 방자가 얼마나 쉽사리 전지를 훤히 내려다볼 수 있는지, 그리고 시골에 — 하천, 호수, 홀로 우뚝 솟은 고지, 지맥, 좁고 가파른 길 등 — 갖가지 장애물이 얼마나 많이 있는지 보여준다. 공병이야말로 1943~1944년에 이탈리아에서 수행된 전역의 일관된 영웅이었다. 연합군이 이탈리아 반도를 따라 위로 전진하는 과정에서 5마일이나 10마일 간격으로 마주치는 폭파된 다리를 포화 속에서 다시 놓은 사람들, 독일군이 물러나면서 뒤에 흩

27. 이탈리아의 예술가(1615 - 1673). 바로크 시대에 활동하면서 거칠지만 장엄하고 낭만적인 풍경화를 주로 그렸고, 바다나 전투 장면도 작품 소재로 삼았다.

28. 이탈리아에서 활동한 프랑스 태생의 풍경화가(1600~1682). 고대의 의상을 입은 인물들이 고대의 유적에서 목가적 분위기를 연출하는 풍경화를 많이 남겼다. 자연을 실상보다 더 아름답고 조화로운 모습으로 즐겨 그렸다.

뿌려놓은 폭파 장약과 부비트랩을 해체한 사람들, 남북을 잇는 도로 위에 들어선 도시의 폐허를 불도저로 뚫어 길을 낸 사람들, 전투로 파괴되어 꽉 막힌 항만을 말끔히 치운 사람들이 바로 공병이었다. 보병도 영웅적이었다. 서부전선에서 이탈리아만큼 보병이 많이 희생된 전역은 없었다. 겨울진지선, 안치오 교두보, 고트 진지선의 거점 주위에서 벌어진 격렬한 소규모 전투에서 목숨을 잃고 상처를 입었던 것이다. 이런 손실을 자연이 주는 이탈리아 전역의 고난, 무엇보다도 살을 에는 찬바람이 휘몰아치는 이탈리아의 겨울과 마찬가지로 연합군과 독일군이 더도 덜도 없이 똑같이 겪었다. 비드웰S. Bidwell과 그래엄D. Graham이 자기들이 쓴 이탈리아 전역사에서 표현했듯이, "어떤 칼날 같은 바위투성이 능선 위의 한 초소는 네댓 명이 지킬 것이다. …… 만약 그들 가운데 한 명이 다치면, 그는 분대와 함께 남거나 아니면 혼자 길을 찾아 산을 내려가 구호소로 가야 할 것이다. …… 그는 만약 남는다면 전우들에게 짐이 되어 얼어 죽거나 피를 지나치게 많이 흘려 죽을 것이다. 그가 만약 혼자 길을 찾아 산을 내려가려고 한다면, 비바람을 피하는 장소에 누워서 눈을 감 …… 거나 길을 잃어 …… 비바람에 맞아 죽기 딱 좋았다." 그토록 끈질기게 카시노를 지키던 제1낙하산사단의 독일 군인 가운데 이 같은 최후를 맞이한 사람이 틀림없이 많았을 것이다. 카시노와 고트 진지선에서 이들과 맞싸운 미국, 영국, 인도, 남아프리카, 캐나다, 뉴질랜드, 폴란드, 프랑스, (나중에는) 브라질의 군인들 가운데서도 많았을 것이다.

이탈리아 전역이 핵심적인 의의를 지닌 전역이 아니었기 때문에 죽고 다치고 고생하는 것을 견뎌내기가 더 힘들었다. 연합군은 특히 그랬다. 독일 군인은 자기가 적을 독일제국의 남쪽 국경으로부터 멀리 떨어뜨려 놓고 있다는 것을 알았다. 연합군은 D-데이 이후로는 결정적인 전역을 수행하고 있다는 느낌을 전혀 가지지 못했다. 그들은 좋게 보면 히틀러 치하 유럽의 '부드러운 아랫배'(처칠의 표현)에 가하는 위협을 지탱하고 있었고, 나쁘게 보면 그저 적 사단들을 움직이지 못하도록 묶어두고 있었을 뿐이다. 제5군 사령관이면서 알렉잔더 밑에서 연합 이탈리아 주둔군을 지휘한 마크 클라크는 개인적 사명감을 끝까지 버리지 않았다. 자기가 장군으로서 위대하다고 확신한 그는 부하들을 몹시도 다그쳤고 영국식의 신중함에 좌절감을 느껴서 제5군 참모부와 제8군 참모부 사이의 관계를 망쳐놓았다. 이것은 한탄스럽지만 부정할 수 없는 이탈리아 전역의 한 구성요소였다. 더 많은 하급 지휘관과 일반 병사들은 일단 이탈리아사람 사이에 독일의 점령에 저항하는 기운이 뿌리를 내리자 해방 전쟁을 수행한다는 느낌으로 버텼다. 그러나 프랑스에 상륙한 전우들이 그랬던 것과는 달리, 그들을 전진하도록 이끈 것은 승리의 위대한 미래상이 아니었다. 그들의 전쟁은 십자군 전쟁이 아니라 거의 모든 면에서 대륙을 석권한 적의 옆구리에 있는 바다에 전략상의 견제를 하는 구식 전쟁, 즉 1939~1945년도판 '반도 전쟁'[29]이었다. 겨울이 와서 1944년 성탄절에 전역 적기가 끝났을 때 그들이 그 전쟁을 그토록 열심히 계속 수행하고 있었다는 것은 그들의 목적의식과 굳센 용기를 잘 보여준다.

29. 이베리아(Iberia) 반도를 점령한 나폴레옹의 프랑스군과 이에 맞선 영국·에스파냐·포르투갈의 연합군 사이에 1808년부터 1814년까지 벌어진 전쟁.

20 | 오벌로드 작전

1943년 11월까지 히틀러는 휘하 장군이나 측근 동료에게 서부에 제2전선이 열려서 대독일제국이 위협받는다고 인정하려 들지 않았다. 스탈린은 바르바로사 작전 초장부터 희망을 영국이 소련을 패배에서 구원해주는 데, 그리고 1941년 12월 이후로는 영미군이 서유럽을 역침공하는 데 걸기는 했지만, 그렇게 하라고 내버려둘 히틀러가 아니었다. 1942년 6월에 그는 육군 서부사령부 참모진에게 영국군은 대륙에서 내동댕이쳐서 일단 내쫓아버렸으니 더는 두렵지 않고, 만약 서유럽 역침공이 일어나면 미군에 따끔하게 본때를 보여줄 기회로 삼고 싶다고 말했다. 더욱이, 8월 19일에 연합군의 대규모 위력수색대[1]가 프랑스 북부의 디에프 항을 습격했다가 주로 캐나다 군인으로 이루어진 부대원 6,000명 가운데 2,500명만이 가까스로 영국으로 되돌아갈 수 있었다. 이 패배가 히틀러의 자신감을 키웠다. 비록 이 습격이 제2전선을 열어젖힐 항구를 장악하는 것이 얼마나 어려울지 한번 알아보려고 시험 삼아 계획된 것이었을지라도, 히틀러가 자기가 심대한 일격을 가했으니 영국군과 미군이 전면적인 침공을 단념했으리라고 믿기로 한 것은 이해가 가는 일이다. 그는 9월에 괴링과 알베르트 슈페어 군비·군수 장관과 룬트슈테트 독일 서방군 총사령관Oberbefehlshaber West이 세 시간 동안 연설을 하는 도중에 만약 침공이 지연되어 서부방벽이 완성될 때인 1943년 봄을 넘길 수 있다면 "우리에게 더는 아무 일도 일어날 수 없습니다"라고 말했다. 이어서 그는 다음과 같이 말했다. "우리는 최악의 식량 부족사태를 이겨냈습니다. 대공포와 탄약의 생산이 늘었으니 본토 기지가 공습에서 보호받을 것입니다. 봄에 우리는 최정예사단으로 행군해 내려가 메소포타미아[이라크]로 들어가겠으며, 언젠가는 적이 우리가

---

1. 제한된 목표를 공격해 적의 반응을 떠보아서 적의 진지, 배치, 강도, 약점, 예비대, 화력지원 요소를 알아내는 작전을 수행하는 비교적 강력한 부대.

원하는 곳에서 우리가 원하는 식으로 강화조약을 맺도록 만들겠습니다."

1943년 11월까지는 위험이 현실로 나타나지 않았다. 1942년에 표출된 오만함에는 현실적인 근거가 있었다. 이때에 영국군은 사실 1940년에 당한 패배의 충격으로 여전히 휘청거리고 있었고, 미군은 독일 국방군을 상대로 한 혹독한 싸움에 아직 단련되지 않았다. 적이 처한 상황의 취약점을 능란하게 꿰뚫어보는 감각으로 히틀러는 객관적 증거는 없어도 제2전선을 열려는 시도가 1942년에는 일어나지 않을 것이며 십중팔구 1943년에도 마찬가지일 것이라는 확신을 가졌다. 이 확신은 정확했다. 그러나 독일이 난관에 처해 있음을 도외시하려는 그의 천진한 과소평가는 1943년 가을이 되자 더는 유효하지 않았다. 영미군의 독일 본토 폭격이 가중되고 있었다. 독일군은 이라크로 가는 접근로에서 멀리 밀려났을 뿐만 아니라 ('흑토' 지대의 중심도시인 키예프가 1943년 11월 6일에 붉은군대에 함락되어) 러시아 서부의 가장 풍요로운 곡창지대에서도 쫓겨났다. 야전 군인으로서의 자신감을 영국군은 되찾았고 미군은 얻었다. 그 가운데에서 가장 나쁜 일은 대서양 방벽이 완공되지 않았고 착공조차 되지 않은 구역이 많다는 것이었다.

따라서 히틀러는 1943년 11월 3일에 전쟁기간을 통틀어 독일 국방군에 하달한 가장 중요한 지령 예닐곱 개 가운데 하나인 영도자 지령 51호를 내렸는데, 그 내용은 다음과 같다.

볼셰비즘에 맞선 힘들고 희생이 큰 싸움에는 극도의 노력이 요구되었다. ……
동방의 위험이 남아 있지만, 더 큰 위험이 이제는 서방에서 나타난다. 앵글로색슨족의 상륙이 그것이다. 동방에서는 공간이 드넓어서 최악의 경우에 우리가 설령 땅을 대규모로 잃어도 독일의 중추신경에 치명적인 타격이 되지 않을 수 있다. 서방에서는 그렇지 않다! 여기서 만약 적군이 넓은 전선에서 우리의 방어를 돌파하는 데 성공한다면, 그 결과는 단기적으로는 예측 불가능하다. 모든 것이 적군이 늦어도 봄에, 어쩌면 훨씬 더 이전에 유럽 서부전선에 공세를 개시하리라는 것을 시사한다. 그러므로 본인은 다른 전역戰域을 위해 서방을 더 약화시키는 책임을 더는 질 수 없다. 따라서 본인은 서방의 방위능력, 특히 〔무인 미사일로〕 영국을 장거리 폭격하는 출발점이 되는 곳을 증강하기로 결정했다.

영도자 지령 51호는 독일 서방군 총사령관의 예하 군대를 강화하는 특별대책을 명시하기까지 했다. 이 대책에는 그의 작전구역에 있는 기갑사단과 기갑척탄병사단의 증강과 함께 히틀러가 직접 허락하는 경우를 빼고는 그 작전구역에서 부대를 차출하지 않는다는 보장이 들어 있었다. 1943년 11월에 독일 서방군 총사령관(룬트슈테트)이 파리 부근의 생-제르맹Saint-Germain에 있는 사령부에서 벨기에와 프랑스에 있는 모든 독일 지상군을 지휘했다. 그 부대는 제15군과 제7군(B집단군), 그리고 제1군과 제19군(G집단군)으로 편성되어 있었다. 두 집단군 사이의 경계선은 루아르 강을 따라 동서로 내달려서, 제1군이 비스케이Biscay 만을 지키고 제19군이 지중해 연안을 지키고 제15군이 프랑스 북부와 벨기에에 있고 제7군이 노르망디에 있었다. 독일에 있는 그 누구에게도 알려지지 않았지만, 노르망디는 연합군의 타격이 가해지기로 정해진 곳이었다.

룬트슈테트의 사단급 병력은 46개 사단이었다가, 곧 기갑사단과 기갑척탄병사단 10개 사단을 포함해서 60개 사단으로 불어난다. 그 10개 기갑사단 가운데 6개 사단은 루아르 강 북쪽에, 4개 사단은 남쪽에 있었다. 전적으로 적절한 배치였다. 히틀러의 작전장교인 요들은 영도자 지령 51호가 내려질 때 열린 나치당 관구장管區長, Gauleiter 대회에서 다음과 같이 경고했다. "2,600킬로미터의 전선을 따라서 해안 전선을 모조리 종심 요새화 체계로 증강하는 것은 불가능합니다. …… 이런 까닭으로 중점[군사 노력의 중심]을 형성할 목적을 위해 서쪽에 장비를 특히 잘 갖춘 강력한 기동 예비병력을 반드시 보유해야 합니다." 독일 서방군에 맞선 연합군의 중점은 설령 지중해에 있는 또 다른 중점으로 보강된다고 하더라도 영국에 집결한 부대로 형성되어야 하며 영국해협 연안에 놓여 있어야 한다는 것이 전략 분석으로 드러났다. 따라서 연합군의 중점은 루아르 강 북쪽에 있는 독일군 기갑부대 집결체였다.

이 기갑부대 집결체는 독일 서방군 총사령관 예하의 나머지 사단들에게 기동성이 거의 없었기 때문에 극히 중요했다. 비록 기계화 수송수단이 모자라기는 했어도 브르타뉴에 주둔한 2개 낙하산사단의 질은 높았고 271~278과 349~367의 일련번호를 가진 육군 사단들의 질은 괜찮았다. 나머지 사단은 질이 보통이거나 떨어졌을 뿐만 아니라, 만약 영구기지를 떠나 침공받는 전선으로 향한다고 했을 때 프랑스의 철도체계에 전적으로 의존했다. 포병과 보급부대는 말을 사용해서 장비를 끌었으며, 보병부대는 자전거 수색중대를 예외로 치면 나폴레옹 군대나 사실상 샤를마뉴 군대보다 더 빠르지 않은 속도의 행군으로 기동했다. 더욱이 그들은 히틀러가 이미 1942년 9월 29일에 인정한 대로 절대적인 우위를 누리는 연합군 항공력의 위협을 받으며 이동해야 할 터였다. 철도 이동, 심지어는 도로 이동도 심한 방해를 받을 터였다. 따라서 도로에서 벗어나서 빠르게 이동할 능력을 유일하게 갖춘 기갑사단들이 침공구역에 가깝게 배치되어 보병 증원부대가 도착할 때까지 전선을 유지하는 것이 극히 중요했다. 계획은 다음과 같았다. 해안 자체에는 기동능력은 없지만 콘크리트 요새시설로 연합군의 항공폭격과 함포사격으로부터 보호를 받는 고착_{bodenständig} 사단들이 수비대로 주둔한다. 이 사단들의 진지에서 내려다보이는 해변에는 지뢰를 깔고 철조망을 치고 장애물을 얼키설키 설치한다. 이 방어용 물자는 1940년의 독일 국방군의 맹습을 겪고도 없어지지 않고 남아 있는 벨기에 요새화지대와 마지노선에서 대부분 뜯어온다.

대서양 방벽 계획은 이론상으로는 탁월했다. 대서양 방벽은 완공되면 서방에서 독일 공군의 취약성을 상쇄하고도 남음이 있을 터였다. 독일 공군이 (침공 당일에 모든 유형의 항공기를 다 합쳐놓으면 병력이 1만 2,000대에 이르게 될 연합군 항공부대를 저지하려고) 1943년 말에 프랑스에서 전개한 전투기는 겨우 300대였다. 그러나 영도자 지령 51호가 내려진 바로 그날 대서양 방벽은 완공되려면 아직 가야 할 길이 먼 상태에 있었다. 히틀러가 침공 위험을 도외시한 두 해 동안, 독일 서방군은 느긋하게 지냈다. 게르트 폰 룬트슈테트 독일 서방군 사령관은 뭔가를 바꾸려고 애쓰는 사람이 아니었다. 그는 1941년 12월에 동부전선에서 직위해제된 뒤 생-제르맹에서 편안한 일상업무에 적응해서는 탐정소설을 읽고 휘하 참모장교들이 영어회화 연습을 하도록 내버려두었다. 영어회화는 독일 국방군의 전통론자들이 히틀러의 총애를 받는 독일 동방군의 '나치' 장군과 다르게 보이려고 함양하는 '귀족적' 생활양식의 표징이었다. 하급군인들도 본떠서 행동했다. 프랑스 생활은 유쾌했다. 나서서 부역행위를 하지는 않았어도 움트는 레지스탕스 운동을 그다지 지지하지 않는 프랑스 주민들과 맺은 관계의 특징은 남이 어찌 살 건 괜스레 뭐라고 하지 않는다는 것이었다. 1942년에 도입된 강제노동(의무노동 부역, service du travail obligatoire)은 프랑스 젊은이들을 징용해 독일에 있는 공장으로 데려가서 1943년에 아직도 독일에 억류되어 있던 프랑스군 포로 100만 명에 합류하도록 만들었으므로 인기가 없었다. 인기가 없는 것은 권력을 남용해서 동포의 경멸을 잔뜩 산 비시 정부 산하 준군사 경찰부대인 밀리스la Milice[2]도 마찬가지였다. 점령 비용은 두고 두고 화를 돋웠다. 독일은 마르크화 가치를 50퍼센트 올려 잡아서 프랑스 국고에서 돈을 뽑아내 갔으므로 프랑스는 자국 영토에 독일

2. 비시 프랑스에서 우익조직을 모태로 1943년 1월에 창설된 3만 명 규모의 조직. 프랑스를 점령한 독일 당국을 도와 유대인을 색출하고 저항조직을 무자비하게 탄압했다.

군대가 주둔하는 치욕스러운 일에 돈을 냈을 뿐만 아니라 이 거래에서 독일 국립은행Reichsbank이 이윤을 얻을 수 있었다. 그러나 이런 패전의 양상들은 프랑스인 대다수에게는 영향을 주지 않았다. 대부분은 체념을 하고는 ('품행이 반듯한') 독일 군인의 주둔을 받아들였다. 독일 국방군의 작전구역에서 유일하게 편안한 근무지에 배치받은 데 아주 만족해하는 독일 군인은 할 수 있는 동안 장미를 따 모으고, 버터와 크림을 먹고, 장교들이 몰아대는 만큼만 일을 했다.

이 아늑한 생활은 1943년 12월에 롬멜이 처음에는 방어시설을 감찰하러, 그다음에는 B집단군 지휘를 맡으러 오면서 끝났다. 롬멜은 3월에 상병 군인이 되어 튀니지를 떠난 뒤로 이탈리아 북부에서 할 일이 별로 없는 직위를 맡았지만, 영도자 지령 51호가 나오자마자 서부의 방어에 활력과 의지를 불어넣을 사람으로 히틀러에게 선택되었다. 롬멜의 전기를 쓴 데스먼드 영Desmond Young에 따르면, "편히 지내던 해안 구역 참모진에게 [그는] 북해 앞바다에서 불어온 달갑지 않은 삭풍처럼 불쑥 찾아왔다." 롬멜은 프랑스에 지뢰 1,100만 개를 만들기에 충분한 폭약이 저장되어 있는데도 1941년 이후로 매설된 지뢰가 170만 개뿐임을 알았다. 그는 자기가 북아프리카에서 영국군과 싸우는 동안 영국군이 두 달 만에 지뢰 100만 개를 깔았다는 사실을 자기 참모진들에게 일깨워주었다. 그가 온 지 몇 주 안에, 한 달 평균 4만 개였던 지뢰 매설속도가 100만 개를 웃도는 수준으로 높아졌으며 5월 20일까지 400만 개가 넘는 지뢰가 깔렸다. 1943년 11월과 1944년 5월 11일 사이에 장애물 50만 개가 해변에 설치되었고, 공수 상륙지에도 그랬을 것이다. 그는 추가로 독일에서 지뢰 200만 개를 다달이 보내라고 명령했다. 5월 5일에 그는 비서에게 구술하면서 "나는 이전 어느 때보다도 더 자신이 있다. 만약 영국군이 우리에게 딱 보름만 더 준다면, 나는 더는 의구심을 가지지 않겠다"고 말했다.

그러나 프랑스 해안 방어가 대서양 방벽 하나로만 확보될 수는 없었다. 기동전의 달인이지만 서구 연합군이 공중우세를 가진 상황에서 전역을 수행한 경험을 가진 존경스러운 군인이기도 한 롬멜은 연합군에 이기려면 연합군이 배에서 내리는 순간 바닷가를 전차로 들이쳐야 하리라는 것을 알고 있었다. 그러려면 그는 두 가지 문제를 풀어야 했다. 첫째는 연합군이 어디에 상륙할지를 알아내는 것이었고, 둘째는 자기와 기갑부대 사이에 가능한 한 가장 짧은 명령계통을 세우는 것이었다. 두 문제는 서로 얽혀 있었다. 독일 서방군 총사령관 관할 아래 있는 기갑사단들의 지휘권을 직접 맡는 것을 정당화하려면 그는 자기가 어디에서 그 기갑사단들이 가장 잘 사용될 수 있는지 안다는 것을 보여줄 수 있어야 했다. 그러나 연합군이 자기들의 의도를 오정보와 기만의 안개 속에 감춰놓는 한 그는 그 사단들을 달라는 요구를 설득력 있게 할 수 없었다.

거울의 전쟁

1943년 5월에 열린 워싱턴 삼두 정상회담에서 유럽 북서부 침공에 붙여진 암호명인 오벌로드 작전을 위해 연합군은 적이 노르망디나 브르타뉴보다는 해협의 폭이 가장 좁은 파드칼레에서 상륙이 이루어지리라고 믿게 하는 기만 계획을 신중하게 세웠다(히틀러가 극도로 신경을 곤두세우는 곳인 노르웨이에 급습이 가해지리라는 두려움이 여전히 가시지 않아서 그곳에 독일군 11개 사단이 1944~1945년 내내 붙박여 있는 유익한 결과를 가져오기는 했어도 말이다). 파드칼레 상륙은 군사적으로 일리가 있었다. 즉, 파드칼레에 상륙하면 편평한 해변가 모래사장으로 신속하게 건너가게 되는데 이 모래사장에서 배후지로 가는 길을 가로막고 있는 높은 벼랑이 없었고 그 배후지에서 네덜란드와 독일로 들어가는 전과확대 경로가 짧았던 것이다. 기만 계획에 붙은 암호명인 포티튜드Fortitude 작전의 핵심은 독일군 첩보부서의 ― 즉, 독일 국방군 방첩대와 독일 육군 서방특이군의 ― 의식에 완전한 가공의 미군 제1집단군First US Army Group, FUSAG이 파드칼레 맞은편인 켄트와 서식스에 있다는 생각을 심는 데 있었다. 미군 제1집단군에서 거짓 무선 송신이 발사되고 진짜 메시지에 미군 제1집단군에 관한 거짓 언급이 들어갔다. 미군 제1집단군 사령관으로 언급된 사람은 독일군 사이에서 강하게 밀어붙이는 육군 지휘관이라는 평판을 얻은 패튼 장군이었다. 더욱이, 미군 제1집단군이 짧은 경로로 독일제국에 상륙하리라는 관념을 굳히려고, 연합국 항공부대들이 오벌로드 작전 예비폭격 계획을 실행하면서 센 강 동쪽에 서쪽보다 세 배 더 많은 톤수의 폭탄을 떨어뜨렸다. 1944년 1월 9일이 되자 기만이 결실을 보았다. 이날 얼트라에 감청된 전신에 미군 제1집단군이 언급되어 있었고, 그런 전신이 그 뒤에 더 나왔던 것이다. 이것은 포티튜드 작전 실행자들에게 필요한 증거였고, 그들의 계획이 먹혀들고 있다는 증거였다. 물론 독일군의 관심이 상륙지로 선정된 노르망디에서 언제까지나 비켜나 있으리라고는 기대할 수 없었지만, 그들은 상륙이 실제로 개시될 때까지 독일군의 노르망디 상륙 예상을 최소화하고 상륙이 개시된 뒤로도 '진짜' 침공이 나중단계에 파드칼레에서 이루어지리라는 걱정이 사라지지 않도록 만들기를 바랐다.

히틀러는 단지 부분적으로만 현혹당했다. 그는 3월 4일과 20일, 그리고 4월 6일에 노르망디 상륙의 가능성을 슬쩍 언급했다. 그는 4월 6일에 "나는 우리 병력을 모두 다 여기에 두는 데 찬성한다"고 말했고, 5월 6일에는 요들을 시켜서 룬트슈테트의 참모장인 귄터 블루멘트리트에게 전화를 걸어 자기가 "노르망디에 특별한 중요성을 부여했다"고 통보했다. 그러나 히틀러는 기갑교도사단Panzerlehrdivision과 제116기갑사단을 이른봄에 노르망디에 할당한 것을 별도로 치면 독일 서방군 총사령관의 부대 배치 계획을 결정적으로 바꾸지 않았다. 히틀러는 사실 오벌로드 작전 전투가 벌어지는 결정적인 몇 주 동안 '제2의' 침공이 있으리라는 환상에 여전히 사로잡혀 있다가 7월 말이 되어서야 비로소 사단들이 파드칼레에서 나와 센 강을 건너 노르망디로 들어가도 된다고 허락했다.

그러나 히틀러가 두 가지를 다 하려고 드는 바람에, 곧바로 강습을 해서 기만의 안개를 걷어내자는 롬멜의 촉구가 꺾였다. 롬멜의 주장은 일부 기갑부대를 바로 해변에 두는 것이 설령 나머지 기갑부대가 잘못 배치되더라도 기갑부대를 중앙 예비병력에 두었다가 연합군 항공력이 엄습을 할 때 이동시키지 못하는 것보다 더 낫다는 것이었다. 그는 1944년 1월 말에 대서양 방벽 감찰관에서 B집단군(제7군과 제15군) 사령관으로 직위가 바뀌어서 룬트슈테트의 직속 부하가 되어 침공지대 방어를 담당했다. 이와 거의 동시에 그는 상관과 의견 충돌을 빚었다. 룬트슈테트는 독일 공군이 우위를 점하지 않은 전투를 경험한 적이 한 번도 없었다. 그래서 그는 심지어 적의 양륙정이 도착한 뒤에도 전황을 신중하게 평가한 다음 예비부대를 역공에 투입할 시간이 있으리라고 믿었다. 롬멜은 느긋한 역공은 적군 항공기에 괴멸되리라는 것을 알고 있었다. 그는 이집트와 튀니지에서 몸소 겪은 바를 통해서 연합군 항공부대의 힘이 얼마나 센지 알고 있었고 기갑부대를 '전방'에 붙박아 두었다가 곧바로 투입해야 침공에 대처해서 적군을 이길 수 있다고 확신했다.

개인적 경험으로 보면 한 장군이 맞고 전통적 군사지식으로 보면 다른 장군이 맞는 이 롬멜-룬트슈테트 논쟁은 결국 히틀러의 귀에 들어갔다. 히틀러는 1944년 3월 19일에 두 사람이 베르히테스가덴에 있는 자기를 찾아왔을 때 논쟁을 자기 식으로 해결했다. 두 부하 가운데 누구의 마음에도 들지 않는 해결책이었다. B집단군 소속 6개 기갑사단을 관할하는 서방기갑군을 쪼개서 3개 사단은 롬멜에게, 3개 사단은 룬트슈테트에게 할당했다. 그러나 룬트슈테트의 사단들(제

21, 제116, 제2기갑사단)은 독일 국방군 최고사령부의 히틀러 예하 작전참모진의 직접적인 허가 없이는 전투에 투입될 수 없다는 단서 조항이 달려 있었다. 롬멜이 처음에 두려워했던 것보다 훨씬 더 심한 지연이 따를 위험부담을 안게 된 것이다.

오벌로드 작전 계획입안자들이 고른 해변에 가까이 있는 유일한 기갑사단이 제21기갑사단이었으므로, 역공을 재빨리 개시한다는 롬멜의 의도가 처음부터 훼손되었다. 그와 사막에서 겨룬 숙적인 몬트고머리는 5월 15일에 침공 사전평가에서 다음과 같이 경고했다.

〔롬멜은〕 우리를 '됭케르크하기' 위해 — 즉, 자기가 고른 전지에서 기갑전을 벌이기보다는 기갑전을 완전히 회피해서 최전방에 있는 우리 전차가 상륙하지 못하도록 자기 예하 전차를 사용해 막으려고 — 최선을 다할 것이다. 그는 D-데이에 (1) 우리를 해변에서 강제로 밀어내고 (2) 캉Caen과 베이외Bayeux와 카랑탕Carentan을 확보하려고 시도할 것이다. …… 우리는 그가 우리를 몰아내기에 충분한 예비병력을 가져올 수 있기 전에 바다에서 뭍으로 가는 길을 열어젖혀서 적절한 거점을 마련해야 한다. …… 우리가 이 일에 매달리는 동안, 항공부대는 싸움에 끼어들지 말고 적의 예비병력이 점령거점지역[3]을 향해 열차나 도로로 이동하는 것을 아주 어렵게 만들어야 한다.

3. 교두보가 여러 개 합쳐져서 생기는 지역.

몬트고머리가 만약 이 평가서를 쓰던 당시에 기갑부대 배치에 관한 롬멜-룬트슈테트-히틀러 논쟁으로 독일 서방군이 상륙부대에 이길 가능성이 얼마나 심하게 훼손되었는지 알았더라면, D-데이의 성공 가능성에 관한 시름을 한결 덜었을 것이다.

몬트고머리는 1944년 1월 2일이 되어서야 비로소 상륙부대 지휘관에 임명되었다. 오벌로드 작전을 지휘할 사령관은 1943년 11월에 테헤란에서 스탈린-루스벨트-처칠 회담이 열릴 때까지 지명되지 않았다. 미군 참모총장 조지 마셜 장군과 영국군 참모총장 알란 브룩

장군이 자국 정부수반에게 임명 약속을 받은 적이 있었다. 비록 8월 이후로 브룩이 국제정치상의 이유로 임명받는 사람이 미국인이어야 한다는 것을 알기는 했어도 말이다. 그러나 테헤란 회담에 와서야 비로소 지명 문제가 초미의 문제가 되었다. 회담에서 스탈린은 이 문제를 가지고 제2전선에 대한 동맹국 영국과 미국의 헌신성을 시험했다. 그는 "영국은 정말로 '오벌로드' 작전을 믿는 건가요, 아니면 소련을 달래기 위해 그렇다고 말만 하고 있는 건가요?"라고 물어보았다. 처칠이 영국은 그 문제에 적극적이라고 항변하는 데도 아랑곳하지 않고 스탈린은 회담이 끝나기 일주일 전에는 사령관이 지명되어야 한다고 요구했다. 처칠은 아무 말도 하지 않았고 루스벨트는 선정을 하자는 데 동의했다. 그러나 시한의 마지막 날인 12월 5일에 루스벨트는 조력자인 마셜을 워싱턴에서 떠나 보내서는 안 된다는 것을 깨닫고 마셜에게 사정을 이야기했다. 이렇게 해서, 연합군 원정군 최고사령관 자리가 아이젠하워에게 넘어가게 된다. 그러나 아이젠하워의 재능은 전술이 아니라 전략이므로, 프랑스 땅에 만들어진 '발판'이 강화되어 독일 국방군이 연합군 해방군을 몰아낼 수 없는 '거점'이 될 때까지는 작전권이 지상군 사령관인 몬트고머리에게 주어질 터였다.

제8군을 지휘해오던 이탈리아를 떠나 곧장 영국에 도착한 몬트고머리는 지중해에 있는 그의 참모진에게는 낯이 익은 에너지를 발휘하고 오벌로드 작전을 합리적으로 만드는 데 몰두했고, 이 때문에 연합군 총사령관 참모장 사령부가 숨가쁘게 돌아갔다. 1943년 1월에 카사블랑카에서 열린 처칠-루스벨트 회담 이후로 연합군 총사령관(미취임 지명자)의 참모장 프레데릭 모건Frederick Morgan 장군이 유럽 북서부 상륙 계획을 세워오고 있었다. 연합군 총사령관 참모장의 일처리는 느리지 않으면서도 꼼꼼했다. 모건은 총사령관이 지명되면 그에게 흠잡을 데 없는 군사 평가안을 제출하는 임무를 직접

맡았다. 그의 영미 참모진은 기본 원칙에서부터 시작해서 무엇보다
도 먼저 어디에 상륙할 수 있을지를 알아보았다. 가장 수가 많은 연
합군 전투기인 스핏파이어의 작전 반경을 이용해서 연합군이 도전
받지 않는 공중우세를 누릴 구역의 경계를 정했다. 그 구역은 파드
칼레에서 노르망디의 코탕탱Cotentin 반도까지였다. 두 곳의 동쪽과
서쪽 해안을 배제할 수 있었다. 그러나 그 구역 안에 있는 해안선의
여러 곳이 지형상 알맞지 않았다. 페드코Pays de Caux의 백악 사면斜面
은 너무 가팔랐고, 센 강 어귀 입구는 톱니처럼 너무 들쭉날쭉했고,
코탕탱 반도 자체는 그 밑자락에서 봉쇄되기가 너무 쉬웠다. 이렇게
줄여나가다 보니 알맞은 해안은 딱 두 군데, 즉 모래 해변의 경사가
완만한 파드칼레, 그리고 센 강과 코탕탱 반도 사이의 노르망디 해
안뿐이었다. 파드칼레는 영국 해안과 독일로 들어가는 '짧은 경로'
와 모두 가깝다는 점이 매력적이었지만, 그런 까닭에 독일군이 공격
을 예상하고 가장 강력하게 방어할 구역이라는 판단을 내릴 수 있
었다. 그래서 연합군 총사령관 참모장은 고민 끝에 노르망디를 골
랐다.

　노르망디에서 상륙지로 선정된 구역에 항구가 없었기 때문에, 그
러나 또한 독일군이 부근의 셰르부르와 르아브르를 적군이 이용하
지 못하도록 싸우리라는 예측이 가능했기 때문에, 인공 부항만(浮港灣,
'오디Mulberry') 두 개를 만들어놓았다가 일단 해변을 장악하면 해변으
로 끌고 간다는 결정이 내려졌다. 맹렬한 폭격과 함포사격이 이루어
지는 가운데 양륙정에서 내린 3개 사단이 맨 먼저 뭍에 오르고, 선
정된 교두보 양끝에 공수부대가 강하해서 측면에 '저지진지'[4]를 확
보할 터였다. 교두보가 강화되자마자, 바다로 수송한 증원군을 교두
보에 쏟아 부어 교두보를 '점령거점지역'으로 만들고 거기에서 포위
선을 돌파해서 브르타뉴로 치고 들어간 다음 프랑스 서쪽으로 갈
터였다. 끝에 가서는 100개 사단이 노르망디를 통과하며, 그 사단의

4. 적이 전진하거나 특정 방향
으로 이동하는 것을 저지하고자
편성하는 방어진지.

대부분을 공급할 미 육군의 주력은 미국에서 곧장 배로 수송될 터였다.

그러나 성공은 독일군이 상륙에 맞서 투입할 수 있는 병력을 최소화하는 데 달려 있었다. 연합군 총사령관 참모장은, 비록 침공 함대 자체에 관한 정보 보안을 철통같이 유지하고 독일의 공군과 해군의 방해를 무시한다 해도, 침공구역의 중점인 캉 부근에 있는 "〔독일군 사단이〕 D-데이 당일에 3개, D+2일에 5개, D+8일에 9개를 넘어서"지 않아야 한다는 것이 극히 중요하다는 데 동의했다. 요컨대, 상륙 첫 주는 교두보 안의 병력을 증강하는 연합군의 능력과 교두보에 맞서서 병력을 증강하는 독일군의 능력 사이에 벌어지는 경주가 될 터였다. 독일군은 연합군의 증강을 막을 수 없었고, 대조적으로 연합군은 독일군의 증강을 막을 수 있었다. 따라서 침공 노력의 결정적 요소는 룬트슈테트의 60개 사단이 행군해서 싸움터로 가는 데 이용될 도로와 철도와 교량에 대한 연합군 항공력의 대처였다. 연합군 항공력이 프랑스 운송체계 하부구조를 — 나중에 프랑스 본토에서 연합군이 소속부대에 보급을 할 능력에 어떤 손해가 생기든 간에 상관하지 않고 — 더 심하게 파괴하면 할수록, 바다로 수송되는 사단들이 상륙을 해내고 점령거점지역에서 벌어지는 초기 전투의 충격을 견뎌내고 살아남을 가망이 더 확실해질 터였다.

1944년 1월에 런던에 도착한 몬트고머리는 연합군 총사령관 참모장의 광범위한 기준 가운데 그 어느 것에도 견해를 달리하지 않았다. 그러나 몬트고머리와 결국은 그의 후임으로 지상군 지휘권을 이어받을 아이젠하워 두 사람 다 (처칠이 폐렴에서 회복되고 있었던 곳인) 마라케시Marrakesh를 거쳐 영국으로 가는 도중에 그 작전 계획을 훑어보았으며, 똑같이 공격을 '더 큰 위력으로 더 넓은 전선에서' 개시해야 하리라고 판단했다. 요컨대 두 사람은 미군의 상륙이 영국군의 상륙과 분리되고, 두 군대의 상륙이 더 위력적으로 이루어지고,

공수부대가 해야 할 몫이 더 늘어나기를 바랐다. 몬트고머리는 현재 상황으로는 "[독일군의] 예비병력 부대가 우리가 있는 해변에 엄호사격을 계속 퍼부으면서 우리를 얇은 엄호진지[5] 안에 가두는 데 성공할지 모른다"고 경고했다. 그는 잘 계획된 공격이 독일군의 신속한 대응 때문에 거의 물거품이 될 뻔했던 살레르노를 기억했다.

따라서 1월 21일에 그는 상륙을 크게 확대하자고 제안했다. 제안의 내용은 다음과 같았다. 바다로 수송되는 5개 사단이 나란히, 즉 서쪽에는 미군 2개 사단, 동쪽에는 영국군 2개 사단과 캐나다군 1개 사단이 상륙을 개시한다. 본디 계획되어 있던 '2개 공수여단'의 규모를 늘려 미군 2개 공수사단이 코탕탱 반도 밑자락에 있는 비르Vire 강 양편에 강하하고 영국군 제6공수사단이 캉과 바다 사이에 있는 오른Orne 강 양편에 강하한다. 비르 강과 오른 강에 공중가교[6]를 만들면 독일군이 그 사이에 있는 상륙 교두보를 '측면포위 공격' 하지 못하도록 막을 수 있다. 그 상륙 교두보 안에서는 미리 양륙정에 승선한 다른 2개 사단으로 증강된 5개 사단이 함선으로 수송되어 그 상륙 교두보 안에서 땅을 확보해서 침공이 이루어진 뒤 올 증원부대가 상륙해서 전개할 수 있도록 만든다. 강습보병이 배에서 내릴 때 '헤엄치는' 셔먼 전차[7]를 비롯한 특수 기갑병기도 함께 따라간다. 장애물 제거용 전차로 이루어진 (영국군) 제79기갑사단이 강습대대가 육지 쪽으로 이동할 수 있도록 해변에서 빠져나가는 길을 연다.

최고사령관이 된 아이젠하워는 이 제안을 곧바로 승인했다. 딱 하나 남은 난관은 확대된 상륙에 필요한 함정을 어떻게 마련하는가 였다. 영국을 싫어하는 데다가 태평양의 상륙전에 전념하는 (미)해군 작전부장 킹 제독은 미국 조선소에서 막대한 양의 함정이 진수된 이후로 연합군 양륙정 생산의 가장 큰 몫을 직접 통제했다(전쟁 기간을 통틀어 미국에서 8만 2,000척이 건조되었다). D-데이 강습사단 수가 거의 두 배가 되자 이 사단들을 수송하고 지원할 함선도 이와

5. 취약한 전방·측방·후방을 보호하고자 구축하는 진지.

6. 두 지점이 공수(空輸)로 이어져 있는 상태.

7. 물에 뜨도록 동체를 아마포로 감싸고 물 위를 달리도록 스크류를 단 셔먼 전차.

비례해서 늘릴 필요가 있었다. 그런 함선들로는 전차양륙선, 전차양륙정Landing Craft Tank, LCT, 보병양륙정Landing Craft Infantry, LCI, 기계화부대양륙정Landing Craft Mechanised, LCM, 차량·인원 양륙정Landing Craft Vehicle and Personnel, LCVP, 다용도 양륙 화물차DUKW(즉 '오리Duck')가 있었다. 태평양에서 그 같은 함선, 특히 중요한 전차양륙선이 남아돌았지만, 킹에게는 그것들을 얼마만이라도 한 대양에서 다른 대양으로 이전 배치하고픈 마음이 없었다. 지중해에서 더는 필요하지 않은 함정을 쓸 수 있도록 해주려는 마음도 없었다. 그 결과, (아이젠하워가 지명된 뒤 연합군 총사령관 참모진의 바뀐 이름인) 연합군 해외파견부대 최고사령부Supreme Headquarters Allied Expeditionary Force, SHAEF는 오벌로드 작전이 5월에서 6월로 늦춰지는 상황을 받아들여야 했고, 한편 그 참모진은 구할 수 있는 곳이라면 어디에서든 양륙정을 구하려고 아귀다툼을 벌였다. 또한, 본디 오벌로드 작전과 동시에 펼치기로 일정이 잡혀 있던 프랑스 남부 상륙, 즉 모루 작전도 한 달 더 뒤로 밀렸다.

　나중에 조사해보니 양륙정 부족은 객관적 사실이라기보다는 허구였음이 드러났다. 1943년까지 영국 조선소에서 나온 전차양륙선 생산량만으로도 D-데이 사단을 상륙시키기에 이미 충분했다. 미국산 전차양륙선은 덤이었다. 연합군 총사령관 참모장 참모진은 미 해군의 일본 우선 원칙 때문에 자기네가 응당 받아야 할 몫을 빼앗기고 있다고 믿었다. 그러나 부족사태는 유럽에서 할당을 잘못해서 생긴 결과이지 태평양에 있는 연합군 해외원정부대 최고사령부의 태평양 쪽 경쟁자가 고의로 조금 주어서 그런 것이 아니었음이 진상인 듯하다. 더욱이 모루 작전의•연기는, 비록 의심할 여지 없이 양륙정이 모자라서 일어난 일이기는 했어도, 실제로는 오벌로드 작전의 성공을 방해하기보다는 도움을 주었을는지도 모른다. 모루 작전은 비록 처음에는 수렴공격으로 독일 서방군을 분쇄할 북쪽 작전에 호응하는 타격으로 구상되(어 '모루'라는 이름이 연유하)기는 했어도,

이 작전에 할당된 — 프랑스군 4개 사단과 미군 3개 사단 — 병력은 독일 서방군의 후방에 주력 공격을 가할 만큼 강하지 않았고, 아무리 많은 양륙정을 지중해에 모은다고 해도 이탈리아 전역의 상충하는 요구 때문에 병력이 늘어날 수가 없었다. 모루 작전의 진정한 가치는 양동 작전이라는 데 있음이 입증되었다. 앞으로 살펴보겠지만, '제2의' 파드칼레 상륙이라는 위협과 마찬가지로 '제3의' 상륙이라는 위협만으로도 노르망디의 진짜 상륙과 싸우기 위해 북쪽에서 병력이 절박하게 필요한 몇 주 내내 독일군 사단들을 프로방스Provence에 묶어놓는 데 성공했다.

연합군의 강점, 독일군의 약점

1944년 봄에 영국 남부에 집결하는 침공군의 모습을 보았다면 이들에게 무엇인가 모자랄지 모른다는 생각이 들지 않았을 것이다. 영국해협에 널려 있는 천연 대형 정박장이 — 즉, 치치스터Chichester, 포츠머스, 사우샘프턴, 풀Poole, 포틀랜드Portland, 플리머스, 팔머스가 — 군함과 수송선으로 가득 채워지고 있었다. 모여든 대함대가 — 영국해협에서 가장 넓은 곳인 노르망디 앞바다에서만 집결할 수 있을 만큼 — 너무 많았던 나머지 그 대함대의 하위단위로 편성된 7개 해상부대 가운데 2개는 저 멀리 남 웨일즈나 이스트 앵글리아East Anglia[8]까지 가서 정박할 항구를 찾아야 했다. 그 2개 해상부대, 즉 B부대와 L부대는 침공 하루 앞서 항해에 나서서 영국해협 중간의 'Z구역'에서 D-데이 밤에 어둠을 틈타 다른 5개 해상부대에 합류할 터였다. 이 부대들은 'Z구역'에서 출발해 소해정 전위대가 말끔히 치운 영국해협을 거쳐 나란히 5개 해변으로 나아가고, 강습 보병과 헤엄치는 전차가 그 해변에 내릴 터였다. 해변에는 서쪽에서 동쪽 순으로 유타Utah, 오마하Omaha, 골드Gold, 쥬노Juno, 소드Sword라는 암호명이 붙었다. 해군의 계획인 넵튠Neptune 작전에는 전함 7척, 모니

8. 잉글랜드의 남동부 지방.

9. 본디 회전포탑이 있는 장갑함
으로 19세기 후반에 등장했으나,
제1차 세계대전 시기에는 조금
변형되어 해안 포격용 함포를 가
진 평저선으로 재등장했다. 일
부는 제2차 세계대전 때까지 사
용되었다.

10. 대대 상륙단의 인원과 장비
를 전투 탑재해서 적 해안에 내
려놓는 데 필요한 주정과 시설
을 구비한 해군 함정.

11. 상륙 작전에서 맨 먼저 해안
에 다가가는 단정 제파(梯波).

12. 근접항공지원을 담당하는
항공기를 전방 진지나 공중에서
통제하는 전술항공 통제반 요원.

터함monitor艦[9] 2척, 순양함 23척, 구축함 104척으로 이루어진 1개 포격부대, 그리고 양륙정 4,000척과 '공격 수송함'[10] 수백 척을 비롯한 함선 6,483척이 항해하기로 되어 있었다. 포격부대가 할 일은 대서양 방벽의 연안 포대와 교전을 해서 그 포대를 부수는 것이었다. 로켓 발사 양륙정 전대가 근접화력지원을 하는 동안, 다른 함정에서 내린 자주포가 바다로 수송된 보병의 뒤를 따라 해변의 측면을 포위공격하기에 앞서 독일군의 해안진지에 '엄호포격'을 할 터였다. 포격 전대와 양륙 전대의 뒤에서는 강습상륙파[11]에 필요한 하부구조를 가져갈 함정이 ─ 즉, 교통 통제소와 통신소를 세우고 체계적으로 장애물을 제거하고 사상자를 소개할 '해안단'이 ─ 항해했다. 또한, 양륙 불도저와 지뢰제거 전차와 직물도로 부설차를 부리는 강습선발공병대가 강습상륙파 뒤를 좁은 간격을 두고 따를 터였다. 그리고 맨 앞에 전방항공통제관[12]이 뭍에 내려 상륙을 지원할 1,200대 병력의 영미군 항공부대 비행기 가운데 전투기와 지상공격 항공기에 로켓·폭탄·기관포 공격을 요청할 것이었다.

이 1,200대 가운데 500대 이상이 전투기였다. 이에 맞서서 후고 슈페를레 장군의 제3항공군이 1944년 6월 6일에 영국해협 연안에서 쓸 수 있었던 비행기는 겨우 169대였다. 다코타Dakota 수송기 1,000대가 3개 공수사단의 낙하산대대를 태우고 목표지점으로 날아가고 다른 수송기 수백 대가 공정보병과 포병과 공병이 꽉 들어찬 글라이더를 매달고 갈 터였다. 그러나 가장 막강한 항공 단위부대는 침공을 준비하고 지원하려고 대對독일 전략폭격에서 잠시 차출된 영국 공군 폭격기사령부와 미군 제8항공군이 제공했다. 영국 공군 제2전술항공대와 미군 제9항공군의 중형 폭격기와 함께 ─ 랭카스터기와 하늘의 요새기 같은 ─ '힘센 거구들heavies'이 프랑스 북부의 철도체계를 미리 몇 주 앞서서 심하게 파괴해놓았다. D-데이의 밤과 아침에 폭격기사령부와 제8항공군이 ─ 비행해야 할 거리가 짧아

서 연료 대신 폭탄을 더 많이 실을 수 있었으므로 — 각기 5,000톤
이라는 전례 없는 중량의 폭탄을 해변에 인접해 있는 독일군 방어
시설을 목표 삼아 떨어뜨렸다.

연합군은 압도적인 공중우세로 강습시의 화력지원뿐만 아니라
사전에 정찰되지 않는 보안도 확보했다. 1944년 전반기에 독일 공군
이 영국 상공을 주간비행한 기록은 단 32회였다. 6월 첫째 주에는
— 너무 늦은 날인 6월 7일에 — 단 1회였다. 연합군이 프랑스 영공
을 제비가 날아다니듯 예사로이 침투할 때의 상황이었다. 한편, 얼
트라가 프랑스에 드나드는 부대의 이동을 매시간 단위로 추적하는
데 반해, 독일군 방첩대는 연합군 통신신호의 의미를 전혀 알아내
지 못했다. 그렇지만 연합군은 그 같은 통신신호의 양을 신중하게
조절해서 영국 서쪽에 있는 침공군의 존재를 감추면서 가상의 미군
제1집단군이 켄트에 있다는 믿음을 부추겼다. 독일군 방첩대는 영
국에 있는 간첩망의 보고에 기대어 취약한 입지를 만회할 수 있었고,
침공의 병력과 시기, 그리고 무엇보다도 목적지를 알려주는 증거를
얻으려고 그 보고를 열심히 평가했다. 그러나 겉으로는 마음대로
활동하는 듯 보이는 간첩들이 사실은 한 명 한 명 다 영국 방첩조
직('겹가위표Double Cross' 체계[13])으로 '전향'했기 때문에 그들의 보고는
가치가 없을 뿐만 아니라 적극적으로 오판을 유도하는 것이었다. 영
국은 리스본과 앙카라에 있는 영국의 통제에서 벗어나 첩보원들이
어림짐작으로 진상을 용케 알아내는 데 성공할지 모른다는 두려움
을 품었지만, 그런 첩보원은 단 한 사람도 없었다. 심각한 기밀 누설
은 딱 한 차례 있었다. 앙카라에 있는 영국대사의 금고에서 대사의
터키인 시종이 빼내 독일군 방첩대에 팔아넘긴 기밀에 '오벌로드 작전'
에 관한 언급이 들어 있었지만, 세부사항은 빠져 있었다(이것이 무척
이나 잘못 이해되고 지나치게 부풀려진 '치체로Cicero' 사건[14]이었다).

이렇듯, 독일 서방군과 독일 국방군 최고사령부와 히틀러는 오벌

13. 영국의 방첩조직인 XX 위원
회(XX Committee)가 운영한 체계.
영국에 있는 독일 간첩망을 역이
용하고 정보를 수집하거나 고의
로 오정보를 퍼뜨리는 일을 했다.

14. 1925년부터 영국대사관에
서 일한 바즈나(Bazna)라는 터키
인 시종이 1943년 10월부터 반
년 가까이 영국대사의 금고에서
기밀문서 400건을 빼내 거금을
받고 독일 방첩대에 팔았다. 독
일 방첩대가 바즈나에 붙인 암호
명이 치체로였다.

로드 작전이 개시되기 전 몇 주 동안 작전에 관한 쓸모 있는 사전 정보를 일절 얻지 못했다. 골라놓은 독일 연안 레이더 감시소에 전파방해를 하고 6월 5/6일 밤 동안 영국해협에서 가장 좁은 파드칼레 맞은편 바다에 가짜 침공 함대와 항공부대가 있는 시늉을 해서 막바지에 들어오는 첩보를 무용지물로 만들었다. 그러나 D-데이 이전 몇 주 동안 히틀러와 독일 서방군은 노르망디에 있는 부대를 비롯한 침공 대항 부대를 크게 보강하는 데 성공했다. 4월과 6월 사이에 최정예부대인 기갑교도사단을 헝가리에서 불러들여 해변에서부터 차로 달리면 딱 하루 걸리는 곳인 샤르트르Chartres에 데려다 놓았고, 제21기갑사단을 브르타뉴에서 캉에 가져다 놓았다. 한편, 뛰어난 부대인 제352보병사단과 제91보병사단을 연안 진지에 놓았다. 이 제352보병사단이 D-데이에 오마하 해변 위에서 미군 제1사단에 막심한 사상피해를 끼치게 된다. 이렇게 부대 재배치가 마무리되자, 상륙지로 선정된 해변을 지키는 보병사단의 수는 두 개가 아니라 세 개였고 근접 지원을 하는 다른 보병사단이 하나 더 있었다. 그리고 가까이 있는 기갑사단은 세 개가 아니라 네 개였는데, 한 기갑사단은 영국군이 상륙할 해변 거의 바로 뒤에 있었다. 이처럼 새로이 배치를 하도록 만든 것은 날카로운 판단이었지 선견지명은 아니었지만, 그 결과는 마치 옳은 첩보에 따라 위치를 새로 선정하기라도 한 것마냥 핵심지점에서 독일 서방군의 저항능력을 강화하는 것이었다.

그러나 6월 첫째 주가 되면 연합군 해외파견부대 최고사령부로서는 침공부대가 투입될 때까지 적의 저항을 줄이기 위해서 할 수 있는 일이란 더는 없었다. 침공부대는 그 한 주 내내 병영에 갇혀서 민간인과 접촉하지 못하고 고립되어 영화 상영과 음반 공연으로 오락을 즐겼다. D-데이의 사상피해가 크리라고 믿어졌다. 실제로 부대 지휘관들은 피해가 사실상 매우 크리라고 믿었다. 대다수 미군과 일부 영국군은 전투 경험이 없었고 다가오는 시련을 무덤덤하게 생각했다. 사막과 이탈리아에서 3년 동안 싸우다가 고국에 돌아온 영국 군 사단들은 좀처럼 담담하지 못했다. 그들은 독일 국방군이 얼마 나 치열하게 싸우는지 알고 있었고, 독일제국으로 가는 접근로를 방어하는 독일 국방군과 마주치기를 달가워하지 않았다. 역전노장 제2근왕소총군단의 신임 하급장교(이자 미래의 영국군 참모총장)인 에 드윈 브러몰Edwin Bramall 중위는 대대가 '진이 빠졌다'고 생각하면서 "대 대원들은 진인사대천명盡人事待天命의 심정이었다. 조금이라도 괜찮은 대원은 모두 다 진급하거나 사상자가 되었다"고 썼다. 이와는 대조 적으로, 아이젠하워의 해군 부관인 부처Butcher는 전투를 겪어본 적 이 없는 젊은 미군 장교들을 '햇병아리 같은 풋내기'라고 생각하고 는 마음속으로 '저들이 전투에서 어떻게 행동할 것이며 석 달 뒤에 는 어떤 모습을 하고 있을까?' 하고 물었다. 부처 사령관과 브러몰 중위의 걱정은 한결같이 부질없음이 드러난다. 영국군 부대원은 아 무리 전투에 지쳤어도 대부분은 노르망디라는 어려운 싸움을 잘 치 러냈다. 미군은 거의 하룻밤 사이에 요령을 터득해서 군인 한 사람 을 만드는 데에는 3년 동안의 훈련보다 3분 동안의 전투가 더 가치 있음을 다시 한번 보여주었다. 더욱이, 노르망디에서 무장친위대 제 12'히틀러유겐트Hitlerjugend' 기갑사단보다 더 무시무시한 명성을 얻게 될 군부대는 없었다. 히틀러유겐트 기갑사단원들은 1943년에 16세 가 되어 나치청소년운동조직[15]에서 곧바로 모집되었던 군인들이었다.

　6월 첫째 주 주말에 영국해협의 바다와 하늘의 날씨가 거칠어졌 다. 아이젠하워와 몬트고머리는 그달 중순에 조수가 유리할 때 날 씨가 좋아서 두 조건이 딱 맞아떨어지리라고 기대해왔는데, 날씨가 두 사람의 기대를 저버렸다. 침공을 개시하는 날로 골라잡은 6월 4 일에 바람이 불고 파도가 일어서 바다와 하늘로 상륙할 수 없게 되 었던 것이다. 공수사단은 경계태세를 풀었고 더 앞에 있는 항구에 서 항해에 나섰던 사단은 되돌아왔고 주력 대함대는 항구에서 나

15. 히틀러유겐트. 13~18세 독 일 남자 청소년에게 나치 이념을 가르칠 목적으로 1933년에 만들 어진 조직. 1935년의 경우 독일 남자 청소년의 60퍼센트가 회원 으로 가입했다.

서지 못했다. 6월 5일 저녁에야 비로소 날씨가 가라앉아서 D-데이를 이튿날 아침으로 잡을 수 있다는 판단이 내려졌다.

배에 오른 사람들이 — 그리고 해안에 있는 사람들이 — 동이 텄을 때 보게 된 장관은 아마도 그 어떤 전투가 시작될 때 그 어떤 육해공군 군인들이 본 그 어떤 것보다도 더 극적이었을 것이다. 노르망디 해안의 바다가 동쪽에서 서쪽까지, 그리고 북쪽으로는 바다쪽 수평선까지 문자 그대로 수천 척의 배로 가득 들어찼다. 하늘은 비행기가 지나가는 소리로 요란했다. 포격이 쏟아지면서 연기와 먼지가 피어올라 해안선이 사라지기 시작했다. 영국 포병의 헨드리 브루스Hendrie Bruce 대위는 "라 브르슈La Breche 마을과 리옹-쉬르-메르Lion-sur-Mer 마을이 폭탄 세례를 받고, 목표지대에서 연기와 벽돌가루 먼지로 이루어진 지저분한 거대한 구름이 솟구쳐서는 한동안 우리 목표물을 완전히 가리고 있다가 바다로 둥실둥실 떠간다"고 보고했다. 이 험악한 구름 아래서 영국군과 캐나다군과 미군의 보병이 양륙정에서 내려 해안장애물 사이로 길을 트고 적군의 사격을 피할 엄폐물을 찾아 몸을 던져 뛰어들고 해변 윗부분에 있는 사면과 둔덕의 차폐물에 닿으려고 발버둥치고 있었다.

공격개시 시각(H-아워)은 해변마다 조수의 방향에 좌우되어서 6시와 7시 30분 사이였고, 오마하 해변의 격통을 겪을 운명인 미군을 빼고는 모든 부대에 상륙 처음 몇 분이 최악이었다. 그러나 노르망디 해안선 60마일을 따라 물에 젖고 겁에 질려 파도를 헤치며 발버둥치는 보병들은 그날 프랑스에 맨 처음 상륙한 연합군 군인이 아니었다. 이른 아침의 어둠 속에서 3개 공수사단의 낙하산부대, 즉 뒤따라 올 글라이더 대대들의 선봉부대가 교두보 바깥 측방의 경계선을 긋는 두 하천인 비르 강과 오른 강의 하류 건너편에 이미 강하했던 것이다. 경험 많은 비행기 조종사들이 탁 트인 목초지 위에 촘촘히 떨어뜨린 영국군 제6공수사단원들은 제대로 강하해서 재빨리

집결해 목적지로 신속하게 이동했다. 그 목적지는 오른 강과 그 동쪽 곁에 있는 디브Dives 강에 놓여 있는 다리였다. 오른 강의 다리는 그대로 놔두고 디브 강의 다리는 폭파해서 독일군 기갑부대가 해안을 따라 돌진해 바다로 수송되는 영국군 교두보를 '측면포위 공격'하지 못하도록 할 터였다. 미군 제82공수사단과 제101공수사단은 운이 그리 좋지 않았다. 이들이 탄 비행기를 모는 조종사들이 경험이 없어서 코탕탱 반도의 좁은 목 부분을 놓치고 지나가기 쉬웠고, 비르 강 유역은 방어를 위해 일부러 낸 홍수로 물이 크게 불어 있었다. 일부 미군 낙하산병은 바다에 떨어졌고, 불어난 물에 빠져 죽은 병사가 많았으며, 비행기가 항법에 서툴고 고사포를 무서워해서 흩어지는 바람에 다른 많은 병사들은 목표지점에서 여러 마일 떨어진 곳에 강하했다. 제101공수사단의 '전개 폭'은 "25마일 곱하기 15마일이었고, 길을 잃은 '멍청이'들은 훨씬 더 멀리 떨어져 있었다." 24시간 뒤에 '울부짖는 독수리Screaming Eagles' 부대원 3,000명만이 집결했고, 일부는 적 진지선 뒤에서 배급과 탄약이 떨어질 때까지 항복하기를 거부하고 며칠 동안 헤매게 된다.

독일군 진영의 혼란

무엇보다도 질서정연한 것을 좋아하는 지휘관들은 당시에는 미군 낙하산병의 분산을 재앙이라고 여겼다. 그러나 결과를 아는 상태에서 돌이켜보면, 그 분산으로 말미암아 상대방인 독일군이 침공을 받아 겪고 있던 혼란과 혼돈이 크게 가중되었다고 볼 수 있다. 이를테면, 독일군 제91사단을 지휘하는 장군이 6월 6일 이른 시간에 침공대비회의를 마치고 돌아가던 중 사태가 시작되었다는 것을 깨닫기도 전에 배회하던 미군 낙하산병의 매복에 걸려 죽임을 당했다. 다른 곳에 있는 독일군 지휘관들은 오벌로드 작전군의 공격을 실제로 받고 있는 부대에서 받고 있는 보고가 지난 3년 동안 프랑스 점

◀ 위: 독일군 쪽에서 본 연합군의 노르망디 해안 공격.
아래: 1944년 6월 6일, D-데이에 바닷물을 헤치고 뭍에 오르는 특공부대.

령을 교란해왔던 포격이나 특공대 습격과는 다르다는 점을 깨닫는데 때로 여러 시간이 걸렸다. 독일 공군 기상관측관들은 침공 전날에 침공이 임박했을 가능성을 악천후 예보를 이유로 일축했다. 운이 안 따라주려는지 롬멜이 휴가로 잠시 자리를 비우고 독일에 가 있었다. (1914년에 파견되어 프랑스를 침공한 여러 사단 가운데 한 사단의 참모장이었으며, 경보에 둔감하고 상궤에서 벗어나기를 싫어하는) 룬트슈테트는 생-제르맹에서 나이 든 노병의 잠을 자고 있었다. 한편, 히틀러는 오버잘츠베르크Obersalzberg에 있는 베르히테스가덴의 별장에서 잠자리에 들 채비를 하고 있었고, 강습상륙파가 최초상륙을 한 지 여섯 시간 뒤 정오 회의가 열렸을 때에야 비로소 침공이 시작되었다는 확고한 증거를 받게 된다.

그렇지만 상륙이 시작되었다는 확고한 증거를 받았을 때 현지 지휘관들이 보인 대응도 당국과 다를 바 없었다. 그 같은 증거는 그리 빨리 도착하지 않았다. 92개 레이더 감시소 가운데 — 연합국 전자전팀이 전파 방해를 하지 않고 내버려두었던 파드칼레 지역의 — 18개 감시소만 작동하고 있었기 때문에, 영국해협에서 가장 좁은 곳에서 다가오는 가짜 항공 대부대에 대처하려고 가용한 독일군 야간 전투기가 긴급 출동했다. 가용한 전투기의 수는 (대다수 전투기가 항구적으로 독일제국을 방어하고 있어서) 비참할 정도로 적었다. 진짜 낙하산 강습강하는 작동하는 모든 레이더 감시소의 감시범위에서 벗어난 곳에서 이루어졌기 때문에 공격을 전혀 받지 않았다. 그리고 해상 대함대는 오전 2시에 코탕탱 반도 앞바다에서 12마일 떨어진 곳에 이르렀을 때에야 비로소 음향으로 발각되었다. 오전 4시에 블루멘트리트가 베르히테스가덴에 있는 요들에게 전화를 걸어 기갑교도사단을 해안 쪽으로 이동해도 좋다는 허가를 내려달라고 요청했지만, 주간정찰로 상황이 명확해질 때까지 기다리라는 말을 들었다. 함포사격으로 해변이 이미 난타당하고 있던 오전 6시에 뒤늦게,

공격을 받은 그 구역을 맡은 부대인 제84군단이 제7군에 포격이 "다른 지점에서 나중에 이루어질 공격과 연계된 엄호행동인 듯하다"고 보고했다.

이렇게 해서 독일군 3개 사단, 즉 제709사단과 제352사단과 제716사단은 상급본부의 직접적 지원을 조금도 받지 못한 채 연합군 8개 사단의 공격을 받게 된다. 제709사단과 제716사단은 특히 절망적인 궁지에 빠져 있었다. 두 사단 모두 뛰어난 부대가 아니었고 어떤 기동수단도 가지고 있지 못했다. 제709사단은 미군 제4사단이 바다 쪽에서 강습을 하고 있는 유타 해변만이 아니라 제82공수사단과 제102공수사단이 강하하고 있는 지역을 방어하고 있었다. 방어는 거의 불가능한 임무였다. 미군 제4사단은 최정예부대로, 뛰어난 9개 보병대대를 제1파로 해변에 내려놓았다. 미 육군의 정수인 제82공수사단과 제102공수사단은 선봉에서 적진을 쳐서 쪼개는 역할을 하는 훈련을 받고 전투에 나선 부대였다. 비록 흩어져 있기는 해도 그 18개 대대는 두 배 규모의 보통 부대와 맞먹었다. 독일군 제709사단은 사실 아주 평범한 부대였다. 그 6개 대대는 포위되고 수에서 밀려서 조금도 저항을 하지 못했다. 해변의 3개 대대가 총을 몇 방 쏜 뒤 항복했다. 유타 해변에서 나온 연합군의 사상자 수는 D-데이 상륙 해변들 가운데에서 가장 적은 197명이었는데, 유타 해변에 상륙한 총 2만 3,000명에 비하면 대수롭지 않은 수치였다.

교두보의 동쪽 가에 있는 골드, 쥬노, 소드 해변의 영국군 제50사단, 캐나다군 제3사단, 영국군 제3사단과 대결하는 독일군 제716사단은 제709사단보다 질이 더 높지 않은 데다가, 후방지역에 제6공수사단이 강하해서 혼란에 빠졌다. 영국군은 2개 특공 여단을 추가로 상륙지와 3개 여단 병력의 강습 기갑부대에 데려왔다. 헤엄치는 셔먼 전차는 될 수 있는 대로 해변에 최대한 가까이 간 다음에 양륙정에서 떠나라는 지시를 받았는데, 그렇게 되면 보병은 해변에 닿는

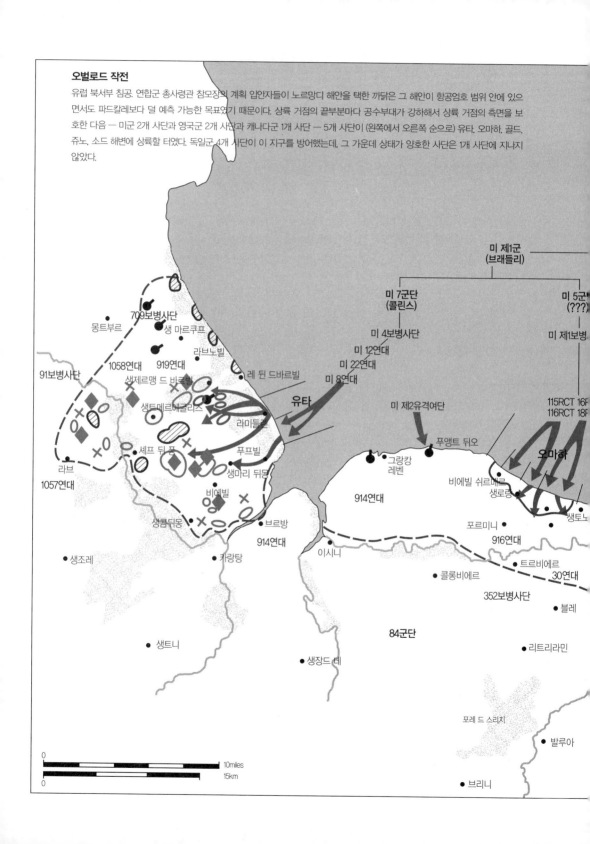

오벌로드 작전

유럽 북서부 침공. 연합군 총사령관 참모장의 계획 입안자들이 노르망디 해안을 택한 까닭은 그 해안이 항공엄호 범위 안에 있으면서도 파드칼레보다 덜 예측 가능한 목표였기 때문이다. 상륙 거점의 끝부분마다 공수부대가 강하해서 상륙 거점의 측면을 보호한 다음 — 미군 2개 사단과 영국군 2개 사단과 캐나다군 1개 사단 — 5개 사단이 (왼쪽에서 오른쪽 순으로) 유타, 오마하, 골드, 쥬노, 소드 해변에 상륙할 터였다. 독일군 4개 사단이 이 지구를 방어했는데, 그 가운데 상태가 양호한 사단은 1개 사단에 지나지 않았다.

미 제1군
(브래들리)

미 7군단
(콜린스)

미 5군단
(???)

미 4보병사단

미 제1보병

미 12연대

미 22연대

미 8연대

유타

미 제2유격여단

115RCT 16R
116RCT 18R

709보병사단

오마하

몽트부르

생 마르쿠프

라브노빌

푸앵트 뒤오

라브노빌

91보병사단

1058연대

919연대

레 뒨 드바르빌

그랑캉
레벤

비에빌 쉬르메르

생로랑

생제르맹 드 바르빌

생토노

생트메르에글리스

라미들랑

914연대

포르미니

916연대

셰프 뒤 퐁

푸프빌

라브

1057연대

생마리 뒤몽

비에빌

생콤뒤몽

브르방

생조레

914연대

이시니

카랑탕

콜롱비에르

트르비에르

30연대

352보병사단

블레

84군단

생트니

리트리라민

생장드 데

포레 드 스리지

발루아

0

10miles

15km

0

브리니

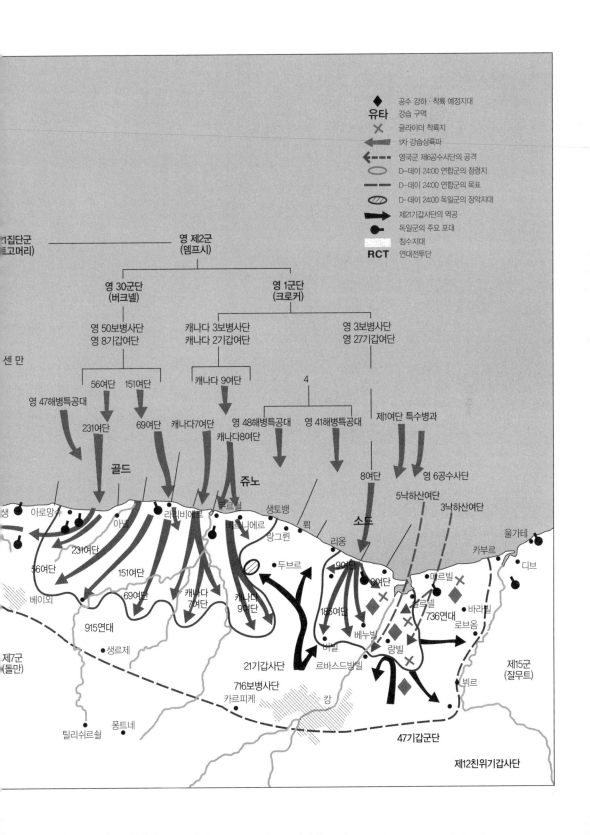

유타 공수 강하·착륙 예정지대
강습 구역
글라이더 착륙지
1차 강습상륙파
영국군 제6공수사단의 공격
D-데이 24:00 연합군의 점령지
D-데이 24:00 연합군의 목표
D-데이 24:00 독일군의 장악지대
제21기갑사단의 역공
독일군의 주요 포대
침수지대
RCT 연대전투단

1집단군
(브래들리)───────────────── 영 제2군
(뎀프시)

영 30군단
(버크넬)   영 1군단
(크로커)

영 50보병사단   캐나다 3보병사단   영 3보병사단
영 8기갑여단   캐나다 2기갑여단   영 27기갑여단

센 만
                                  캐나다 9여단   4

56여단 151여단
영 47해병특공대
                                                캐나다7여단   영 48해병특공대   영 41해병특공대   제1여단 특수병과
231여단   69여단
                              캐나다8여단
골드
                                              쥬노   8여단   영 6공수사단
                                                                                      5낙하산여단
                                         쿠르쇨   소드   3낙하산여단
생   아로망슈   라리비애르   생토뱅   울가테
                      아넬   리옹   카부르
                                    망그린   매르빌   디브
231여단   151여단   캐나다   생토뱅   리옹   90여단
56여단   7여단   두브르   90여단   콜르빌 바라빌
베이외   69여단   캐나다   185여단   736연대   로브옴
                915연대   9여단   베누빌
제7군   캐나다   바빌   랑빌
(돌만)   생르제   9여단   베누빌
                        21기갑사단   르바스드방빌   뷔르
                                                               제15군
            716보병사단   칭   (잘무트)
            카르피케
틸리쉬르쇨 퐁트네
                                        47기갑군단

                            제12친위기갑사단

순간부터 엄호 화력을 가지게 될 터였다. 훌륭한 지원을 받는 보병을 흩어져 있는 독일군 방자를 상대로 그처럼 많이 풀어놓은 효과는 대단했다. 소드 해변과 쥬노 해변에서 영국군과 캐나다군이 거의 손실을 보지 않고 상륙해서 재빠르게 뭍 쪽으로 돌진했다. 영국군 제3사단이 그날 아침 늦게 제6공수사단과 만나 합세했다. 골드 해변에 내려선 제50사단의 명운은 고르지 않았다. 제50사단의 2개 상륙 여단 가운데 한 여단은 모래 둔덕을 앞에 두고 배에서 내려 별 어려움 없이 가로질러 갔다. 다른 여단은 함포사격을 용케 비켜간 요새화된 해변 마을과 맞부딪쳤다. 운이 없으려니 헤엄치는 셔먼 전차가 늦게 도착하고 그 사이에 선두에 선 2개 대대, 즉 제1햄프셔Hampshire 대대와 (185년 전에 인도에 발을 디딘 최초의 영국군 부대였던) 제1도싯Dorset 대대가 막심한 사상피해를 보았다.

그 여단의 지원포병대원 가운데 한 명인 찰스 윌슨Charles Wilson 사병이 '뭍으로 돌진하는' 마지막 순간과 '뭍에 닿는' 첫 순간의 엄청난 혼란을 묘사한다. 그 묘사는 몇 야드 거리를 두고 무시무시한 죽음과 아슬아슬한 생존이 엇갈리는 가운데 D-데이에 교두보 한쪽 끝에서 다른 쪽 끝까지 벌어진 사태에도 들어맞는다. 윌슨이 탄 전차 양륙정에 실려 있는 25파운드 자주포 4문은 접근하면서 해안에 있는 목표물에 내내 포격을 하고 있었다.

우리가 들어가다가 기뢰 ─ 즉, 말뚝 위에 놓인 병 지뢰 ─ 두 개가 터졌다. 기뢰가 터지는 바람에 우리 상륙판이 파손되고 그 위에 서 있던 장교 한 사람이 죽기는 했지만 멈춰 설 우리가 아니었다. 우리가 탄 배가 모래톱에 얹혔다. 맨 처음 내린 사람은 완전군장을 한 특공대 부사관이었다. 그는 돌멩이처럼 6피트 깊이 물속으로 사라졌다. 우리는 자주포를 뭍으로 밀고 가려고 포에 덧씌운 그물의 밧줄을 움켜잡고 상륙판을 내리고 차가운 물속으로 뛰어들었다. 그물은 거친 바다에서 다루기가 아주 힘들었고 우리를 몇몇 기뢰 쪽으로 질질 끌고 갔다. 우리는 밧줄을 놓고 뭍으로 기어올랐다. 나는 몸부림치다가 군화와 웃옷을 잃고 달랑 반바지만 남았다. 누군가 담배를 주었지만 물에 흠뻑 젖어 있었다. 조지가 탄 속사 경기관포 이동차가 전차양륙정에서 맨 처음 내린 차량이었다. 그 차량은 한동안 둥둥 떠 있다가 기뢰 쪽으로 떠내려가더니 가라앉았다. 조지는 물속으로 뛰어들어 뭍으로 헤엄쳤다. 포대지휘 반궤도차량이 내렸고, 한 대가 더 달려나와 그 뒤에 섰다. 해변에는 떠다니는 잔해, 불타는 전차 한 대, 담요와 장비 뭉치, 주검과 주검 조각이 널려 있었다. 내 가까이에 있던 한 녀석은 포탄에 상반신이 날아가 하반신이 피투성이가 되어 모래에 푹, 하고 쓰러졌다. 반궤도차량이 멈추었고 나는 간신히 내 옷을 가져올 수 있었다.

제50사단은 처음에 마주친 난관들을 아침 중간쯤까지 극복했고 어둑어둑해질 때까지는 거의 베이외 근교까지 전진해서, D-데이에 다른 어떤 연합군 부대보다도 예정된 목표지점에 더 가까이 다가섰다. 미군 제1사단보다는 훨씬 더 가까이 가 있었다. 제1사단은 오마하 해변에서 침공의 시련 가운데에서 최악의 시련을 겪었다. 이 시련은 계획 입안자들이 침공하는 날 아침에 상륙하는 모든 사단이 맞이할 운명이 되리라고 두려워한 것만큼의 인명피해에 거의 근접하는 것이었다. 6월 6일에 제1사단은 연안진지에 있는 최정예 독일군 부대인 제352사단의 저항을 받았다. 더욱이, 제352사단의 방어 담당구역은 군데군데 뒤가 가파른 자갈 제방이며 가파른 사면으로 양 끝에서 내려다보이는 해변이었다. 해변에서 빠져나가기는 어려운 반면 사면은 양륙정이 해안에 다가올 때, 심지어는 양륙정이 뭍에 닿을 때 밑에 있는 적군 보병부대에 포화를 겨누는 감제監製 진지를 제공했다. 보병부대는 보유한 헤엄치는 셔먼 전차가 거친 바다에서 너무 먼 곳에서 진수되는 바람에 가라앉아버려서 직접적인 화력지원을 받지 못했다. 결과는 참담했다. 제116보병연대 제1대대의 시련은 그 경험을 다음과 같이 전한다.

상륙판이 내려진 지 10분 안에 〔선두〕 중대가 무기력해지고 지휘관을 잃고
전투능력을 거의 잃어버렸다. 장교와 부사관이 모두 다 죽거나 다쳤다. ……
목숨을 건지고 목숨을 구하려는 몸부림이 되어버렸다. 바다에 있는 사람
은 자기 앞에 있는 부상자를 뭍으로 떠밀었고, 모래사장에 닿았던 사람은
기어서 도로 바다로 들어가면서 다른 사람을 끌어당겨 뭍에 올려놓아 익
사하지 않도록 구해냈다. 해변을 공격한 지 20분 안에 A중대는 더는 강습
중대가 아니라 생존과 인명구조에 급급한 참담한 소규모 구조반이 되어버
렸다.

만약 노르망디의 독일군 방자가 모두 다 제352사단원들만큼 잘
훈련되고 굳센 데다가 더 많은 헤엄치는 셔먼 전차가 사고를 당했다
면, 오마하의 패퇴가 위아래 5개 해변 전체에서 되풀이되어 파국적
인 결과를 빚었을는지 모른다. 다행히도 제1/제116보병사단의 운명
은 극단이었다. 오마하 해변 상륙은 대체로 희생이 컸다. 미 육군이
D-데이에 입은 사상피해 4,649명의 대다수가 그곳에서 생겼던 것이
다. 그러나 오마하 해변의 몇몇 대대는 손실을 보지 않고 뭍에 내렸
고, 심지어는 최악의 피해를 본 대대도 결국은 생존자를 모아서 바
닷가에서 빠져나갔다. 선정된 모든 상륙장소들이, 비록 여러 군데에
서 교두보의 종심이 1마일이 채 되지 않기는 했어도, D-데이가 끝
날 때면 연합군 손에 들어가 있었다. 저녁이 될 때 중대하게 여겨진
문제는 분리되어 있는 거점들이 합쳐질 수 있는지와 독일군이 얼마
만큼의 병력으로 역공을 할 것인지였다.

병력 증강 싸움
모든 독일군 보병사단에게 기동성이 없었기 때문에, 재빠른 응수

로 침공군을 유일하게 위협한 부대는 B집단군과 독일군 최고사령부가 운용하는 기갑사단들이었다. 침공지대 안에 있거나 가까이에 있는 4개 기갑사단 가운데, 영국군의 소드 해변과 '공수 교두보'의 동쪽 측방에 있는 캉 부근에 배치된 제21기갑사단만이 결정적인 효과를 발휘할 수 있을 만큼 교전 현장에 가까이 있었다. 제21기갑사단장은 롬멜과 마찬가지로 D-데이 아침에 자리에 없었다(롬멜은 울름Ulm에서 미친 듯이 차를 몰아 저녁 10시 30분에 B집단군 사령부에 도착한다). 롬멜의 참모장인 한스 슈파이델Hans Speidel이 제21기갑사단이 개입해도 된다는 독일 국방군 최고사령부의 허가를 오전 6시 45분에 받아내는 데 성공했지만, 지휘 계통의 다음 단계에 있는 에리히 마르크스Erich Marcks 장군이 두 시간 있다가 작전 명령을 내렸다. 그 명령에는 전차가 소드 해변과 쥬노 해변 사이에 있는 틈을 비집고 들어가서 영국군이 바다에서 겨우 8마일 떨어져 있는 캉으로 전진하지 못하도록 막고 교두보를 '측면포위 공격'하도록 되어 있었다.

영국군 1개 보병여단이 근왕 시롭셔 경보병King's Shropshire Light Infantry 제2대대를 앞세우고 소드 해변에서 캉으로 전진하고 있었다. 이 대대에 스타포드셔 요먼리Staffodshire Yeomanry 부대의 전차가 따라붙었어야 했지만 해변의 엄청난 교통체증이라는 덫에 걸렸다. 따라서 시롭셔 대대원들은 독일군 방어진지로 가서 정통적인 사격과 이동으로 각각의 진지를 장악해야 했다. 진척은 느렸다. 오후에 전차가 쫓아와 시롭셔 대대원들을 따라잡았지만, 전차부대 대열이 6시에 독일군 제21기갑사단의 전위와 맞부딪쳤다. 제21기갑사단 전위는 전선으로 오던 도중에 시간을 허비하는 임무를 차례차례 수행하다가 늦게 도착한 것이다. 이 전위부대의 포 때문에 곧바로 시롭셔 대대원들은 캉에서 3마일 못 미친 곳에서 들키지 않도록 숨어야 했고, 제21기갑사단 제22기갑연대는 교두보를 공격하려고 앞으로 나아갔다. 마르크스 장군은 앞날을 너무나도 정확히 내다보고 연대장에게 "만약 귀관이 영국군을 바다에 처박는 데 성공하지 못하면, 우리는 이 전쟁에서 질 걸세"라고 경고했다. 그러나 제22기갑연대의 4호 전차가 스타포드셔 요먼리 부대의 대전차 반딧불Firefly(장포신 17파운드 포로 무장한 셔먼 전차)과 맞붙었다가 막심한 손실을 보았다. 4호 전차 몇 대가 리옹-쉬르-메르에서 아직도 버티고 있던 제716사단 보병부대에 가 닿았지만, 오른 강 건너편에 있는 낙하산병들에게 증원군을 실어나르던 제6공수부대의 글라이더 250대가 그들 머리 위를 날아가자 제22기갑연대는 자기 부대가 단절될 위험에 처했다는 결론을 내리고 후퇴했다. 어둑어둑해질 무렵에, 비록 캉이 독일군 손에 남아 있기는 했어도, 소드 해변의 교두보는 무사했고 D-데이의 위기는 가셨다.

독일군은 비록 알 수는 없었겠지만 — 마르크스 장군의 음울한 진단은 영감 어린 추측이어서 — 이제 침공을 초장에 분쇄할 기회가 사라져버렸다. 다음으로 가장 가까이에 있는 기갑사단인 무장친위대 제12(히틀러유겐트)기갑사단이 6월 7일과 8일에 전진해 와서 캉 서쪽의 교두보에 있는 캐나다군을 쳐서 막심한 피해를 입혔지만 돌파해서 바다에 이르는 데에는 실패했다. 한 독일군 장교는 사단원 몇 명이 "분한 나머지 울고 있는" 모습을 보았다고 보고했다. 한편, 싸움이 벌어지는 전선에 증원군을 보내는 경쟁에서 영미 해군이 동시에 적을 앞서 나가면서, 침공군은 소드 해변을 쥬노 해변과 골드 해변과 갈라놓고 영국군 해변을 미군 해변과 갈라놓던 틈을 연결하며 서로 맞닿아가고 있었다(6월 10일에 영국군이 오마하 해변과, 6월 13일에 오마하 해변이 유타 해변과 연결되었다). '병력 증강 싸움'에서 연합군이 성공을 거둔 까닭은 간단하다. 영국해협은 연합군이 완전히 통제하는 드넓은 고속도로였다. 수뢰와 E-보트 공격에 함선 몇 척을 잃었을 뿐이다. 새 '통풍관' 잠수함 몇 척이 브르타뉴에서 영국해협에 도달하는 데 성공하기는 했지만 막심한 손실을 보아서 전반적인 결과는 보잘것없었다. 이와는 대조적으로, 프랑스 도로와 철도의 운송능력은 연합군 수송함대의 운송능력에 크게 뒤떨어졌을 뿐만 아니라 연합군 항공부대가 프랑스 북부 내륙지방 전체를 훤히 내려다보고 있었다. 연합군 항공부대는 6월 6일 이후로 노르망디 침공 전보다 더 심하게 수송 하부구조를 부수고 무엇이든지 낮에 움직이는 것에 총격을 퍼부었다. 롬멜은 7월 17일에 자가용 군용차를 타고 가다가 영국군 전투기 한 대의 공격을 받아 크게 다친다.

설령 히틀러가 제15군과 제1군과 제19군에서 부대를 무더기로 차출해서 제7군을 증원해도 된다고 허용했더라도, 그 부대는 신속하게 싸움터에 닿는 데 큰 어려움을 겪었을 것이다. 그러나 실제로는 히틀러는 '제2의 침공'이 파드칼레에서 실현되지 못하도록 가장 가까운 군대인 제15군에서 부대를 이전 배치하는 것을 7월 말까지 금했고, 제1군과 제19군에서 다른 부대를 그것도 투덜대면서 내주었다. 맨 먼저 이동한 부대는 기갑사단이었다. 폴란드의 역공 임무에서 돌아오던 무장친위대 제9기갑사단과 제10기갑사단이 독일을 횡단하는 데 나흘이 걸렸지만, 프랑스 국경에서 노르망디에 닿는 데 또 열하루가 걸렸다. 순전히 항공공격 탓이었다. 비기계화사단의 행군은 훨씬 더 힘들었다. 이를테면, 제275사단은 브르타뉴에서 노르망디까지 30마일을 가는 데 사흘(6월 6~8일)이 걸렸고 전투진지[16]에 이르는 데 다시 사흘이 걸렸다. 한편, 연합군의 증원사단은 영국 남부에서 노르망디까지 24시간이 채 안 걸려 이동하고 있었다. 따라서 노르망디 침공 첫째 달의 전투는 도착해서 성공적인 공세와 돌파를 해내는 데 필수불가결하다고 여겨진 전지를 장악하려고 애를 쓰는 연합군 부대와 이들을 움직이지 못하게 하고 힘을 빼려고 시도하는 독일군 기동사단 사이의 싸움으로 바뀌었다. 미군이 쟁취하려는 필수불가결한 전지, 즉 코탕탱 반도와 셰르부르 항구는 교두보 안에 있었다(미군은 코탕탱 반도의 대서양 쪽 연안에 6월 18일에 도달했다). 영

16. 상호지원하는 방어지구를 연결해서 방어의 주저항이 이루어지는 진지.

국군에 없어서는 안 되는 땅은 캉과 그 부근이었다. 그곳에서 영국
군은 100마일 떨어진 파리로 곧장 이어지는 탁 트인 평야로 뛰어들
어갈 수 있었다.

몬트고머리는 캉을 6월 6일에 장악하기를 바랐었다. 그 노력이 실
패하자, 그는 그 도시를 장악하려고 별개의 공격을 세 차례 개시했
다. 캐나다군의 국지적 공세는 6월 7~8일에 무장친위대 제12기갑사
단에 의해 저지되었다. 6월 13일에 캉 서쪽에서 이루어진 기갑부대
공격은 노르망디에 있는 몇몇 티거 전차 대대 가운데 하나에 크게
패했다. 끝으로 엡솜Epsom이라는 암호명이 붙은 (6월 26일부터 7월 1일
까지의) 제15스코틀랜드 사단의 대공세는 최근에 도착한 무장친위
대 제9기갑사단과 제10기갑사단에 예봉이 꺾였다. 엡솜 작전은 막바
지에 안간힘을 써서 캉에서 오른 강으로 흘러드는 지류인 오동Odon
강 건너편 땅을 확보했다. 4년 전에 생-발레리Saint-Valery에서 항복해
야 했으며 그 뒤 영국에서 새로 편성되었던 영국군 제2아길·서덜랜
드 하일랜더스 연대(발라클라바Balaklava의 '얇은 빨간색 줄thin red line'[17])가
최전방 진지인 가브뤼Gavrus 마을을 차지하고 내주지 않았다. 그러나
제11기갑사단의 지원 전차들이 오동 강 남쪽의 탁 트인 땅으로 돌
파해 들어가려던 시도가 실패했고 엡솜 작전은 — 4,020명이 죽거나
다치는 — 큰 희생을 치르며 닷새 동안 싸운 뒤 취소되었다.

보카주에서 벌어지는 싸움

한편, 미군은 코탕탱 반도를 방어하는 독일군, 즉 제243사단, 제
709사단, 제91사단, 제77사단을 제압해가고 있었다. 이 가운데 2개
사단, 즉 제77사단과 제91사단은 뛰어난 부대였다. 공격하는 미군 부대,
즉 제4사단, 제9사단, 제29사단, 제90사단은 경험이 없었고 지형이
주는 어려움에 대비가 되어 있지 않았다. 곧 악명을 얻게 될 보카주
bocage[18] 지방의 근간을 이루는 관목의 줄은 2,000년 전에 켈트족 농

17. 크림 전쟁 중인 1854년 10월
24일에 러시아군 기병대가 영국
군 발라클라바 기지 전방의 제
93(하일랜더스)연대에게 돌격해오
자, 연대장이 부대를 2열 횡대
로 세우고 적군이 50야드 앞까
지 다가올 때까지 기다렸다가 일
제사격을 퍼부어 기병대를 물리
쳤다. 이 광경을 본 종군기자가
쓴 기사에 나오는 '얇은 빨간색
줄'이라는 구절이 유행했고, 전
투에 임하는 영국군의 침착성을
상징하는 표현이 되었다.

18. 숲과 목초지가 뒤섞여 있고
그 사이로 길이 굽이굽이 나 있
고 양 길가에는 높고 두터운 관
목이 줄지어 자라나 있는 풍경
을 이르는 프랑스어. 보카주는
노르망디 지역에서 흔히 볼 수
있다.

부들이 밭에 경계선을 그으려고 심은 나무들이었다. 2,000년 넘도록 얼기설기 얽힌 관목 뿌리가 흙을 끌어안아 두께가 10피트나 되는 둑을 이루었다. 제82공수사단의 제임스 개빈James Gavin 장군은 "D-데이 전에 영국에서 이야기가 조금 나오기는 했어도, 우리 가운데 그 누구도 그것들이 실제로 얼마나 어려울지는 예상하지 못했다"고 썼다. 전역 나중 단계에서 미군이 셔먼 전차에 '관목 제거 불도저'를 달았지만, 1944년 6월에는 관목으로 세워진 각각의 산울타리가 총격과 시야를 막는 것은 물론이고 전차로도 뚫리지 않았다. 산울타리는 독일군에게는 100야드나 200야드 간격으로 난공불락에 가까운 방어선을 제공했고, 공격하는 미군 보병에게는 죽음의 덫이었다. 그 앞에서 풋내기 미군 보병들이 의욕을 잃어서, 오마 브래들리Omar Bradley 제1군 사령관은 지칠 대로 지친 낙하산병들에게 강습을 선도하라는 요청을 지나치게 많이 하지 않으면 안 되었다. '미국 건아All American' 부대와 '울부짖는 독수리' 부대는 결코 꽁무니를 빼지 않고 그 임무를 떠맡았지만, 부대 대열에 누적되어온 손실의 효과로 이 최고의 부대가 스러져 없어질 기미를 보였다. 후속으로 들어간 제30사단의 시드니 아이켄Sidney Eichen 중위는 코탕탱 반도에서 낙하산병 한 무리를 만나 다음과 같은 대화를 나누었다고 회고했다. "'자네들 장교들은 어디 있는가?' 그들이 '모두 다 죽었습니다'라고 대답했다. '그렇다면 누가 책임자인가?'라고 묻자, 어떤 부사관이 대답했다. '접니다.' 나는 수염이 덥수룩하고 눈에 핏발이 선 병사들을 바라보았다. 옷은 지저분하고 몸을 축 늘어뜨리고 걸어다녔다. 나는 생각했다. 이게 며칠 동안 전투를 치른 다음 우리가 하고 있을 모습이란 말인가?"

그러나 독일군은 셰르부르의 봉쇄선 안으로 한 걸음 한 걸음 밀려 들어갔다. 히틀러는 적이 프랑스의 항구들을 이용하지 못하도록 — 크림에서 그렇게 했고 발트 해 연안국가에서 그렇게 하겠지만 — 설사 배후지에 있는 땅을 잃어도 그 항구들을 요새 삼아 지킬 계획을 세웠다. 그는 6월 21일에 항구 사령관인 카를 빌헬름 폰 슐리벤 Karl Wilhelm von Schlieben 장군에게 "나는 귀관이 이 전투를 옛날에 그나 이제나우[19]가 콜베르크Colberg[20] 방어(1807년에 나폴레옹에 맞서 싸운 프로이센 저항 서사시의 하나)에서 싸웠던 것처럼 수행하기를 기대한다" 는 통신신호를 보냈다. 셰르부르는 닷새 뒤 함락되었다. 요새 사령 관이 미군에게 정문에 대포를 쏘아서 항복할 구실을 자기에게 달라 고 부탁했다. 그 뒤 곧바로 그 사령관과 부하 전원이 백기를 들고 걸 어나왔다. 6월 26일에 히틀러가 책임을 물을 수 있는 모든 자를 상 대로 군법회의 수사를 시작하라는 지시를 룬트슈테트에게 내렸다. 노르망디 전투를 지휘해온 사령부의 수장인 제7군 사령관 프리드리 히 돌만Friedrich Dollmann 장군이 같은 날 저녁에 독약을 먹었다. 1941년 에 붉은군대에서 자살이 여러 건 있었지만, 독일 국방군에서는 여 태까지 자살이 거의 없었다. 그러나 독일제국의 주위에 그림자가 드 리워지면서 자살자 수가 늘어나게 된다.

1944년 6월 중순은 히틀러에게 절망적인 위기의 순간이었다. 17 개월 전에 있었던 스탈린그라드의 항복 이후로 그가 맞부딪힌 최악 의 위기였다. 비록 그가 6월 12일에 영국을 상대로 마침내 비밀병 기 전역을 개시하기는 했어도, V-1의 발사 비율이 기대한 것보다 훨 씬 낮아서 하루에 80기쯤이었고, 이 가운데 반만이 런던에 도달했 으며 그나마도 불발탄이 많았다. 히틀러는 6월 17일에 프랑스를 노 르망디 전투 내내 딱 한 번 찾아가보았는데, 이 방문 도중에 비행폭 탄 한 발이 알 수 없는 이유로 궤도에서 벗어나 추락해서 마르지발 Margival에 있는 히틀러의 지휘 벙커에 곧장 부딪혔다. 더욱이 서방의 위험만 해도 큰 판국인데 이제는 동부전선에서 위기가 일어나서 그 의 전략적 난관이 갑자기 가중되었다. 바르바로사 작전 3주년인 6 월 22일에 붉은군대가 바그라티온Bagration 작전을 개시해서 6주 동안 무자비한 기갑부대 공격을 가해 중부 집단군을 섬멸하고 러시아군

19. 프로이센의 군인(1760~1831). 1807년 나폴레옹군으로부터 콜 베르크를 훌륭하게 방어해서 명 성을 얻었다. 이듬해부터 프로이 센군을 대대적으로 개혁하는 데 일조했고, 1813년에 블뤼허 장군 의 부관으로 나폴레옹과 싸웠다. 1831년에 폴란드 봉기를 진압했 지만, 콜레라에 걸려 죽었다.

20. 오늘날 폴란드의 항구도시 코우오브레그(Kołobrzeg).

전선을 백러시아에서 서쪽으로 300마일 옮겨 바르샤바 바깥의 비수아 강의 강안에 이르렀다. 이 파국 속에서 30개 사단, 즉 독일 군인 35만 명이 죽거나 다치거나 사로잡혔다.

바그라티온 작전이 벌어지는 그 끔찍한 몇 주 동안, 노르망디의 독일 서방군은 계속해서 병사를 수천 명씩 잃었지만 방어선을 유지하는 데에는 결국 성공했다. 따라서 셰르부르 함락 뒤 노르망디 전선에 조성된 이 허구적인 안정성은 라스텐부르크에서 하루에 두 차례 열리는 히틀러의 전황회의에 반가운 안도감을 불어넣었다. 산울타리 싸움에서 끊임없이 소모되어 닳아가던 제7군 보병병력이 계속 야금야금 잠식되는데도 교두보의 봉쇄선은 7월 초순에 '못에 박힌' 듯 움직이지 않는 것처럼 보였다. 몬트고머리는 캉을 장악하는 데 전념했다. 캉을 6월 6일에 장악하는 데 실패했던 그는 이제 연합군이 봉쇄선 돌파를 위해 예비병력을 축적하는 동안 독일군 기동부대를 쳐부술 연속 타격을 위한 초점으로 캉을 이용할 계획을 구상했다. 영국해협에 폭풍이 불어 미군 오디 항만이 망가지고 영국군 오디 항만이 부서지는 바람에 6월 19~21일에 교두보 증강이 중단되었다. 그러나 임기응변으로 수용능력을 보충해서 6월 26일까지 25개 연합군 사단이 이미 뭍에 내려 14개 독일군 사단과 맞붙었으며, 영국에서 15개 사단이 더 도정에 오르고 있었다. 그 14개 독일군 사단은 독일 서방군의 4분의 1 뿐만 아니라 독일 서방군 기갑사단의 3분의 2, 즉 12개 기갑사단 가운데 8개 기갑사단이었다. 히틀러는 침공을 막았다는 확신을 가질 수 있었을지 모른다. 룬트슈테트는 그럴 수 없었다. 그는 7월 5일에 히틀러에게 "강화를 맺으시라"고 조언했다가 즉시 독일 서방군 총사령관 자리에서 해임되어 클루게로 교체되었다. 얼트라 첩보부서에서 독일 서방군이 입는 손실이 늘고 있다는 정보를 날마다 얻는 몬트고머리는 캉을 노르망디 전투의 '도가니'로 만들겠다는 자신의 계획을 단호하게 고수했다.

7월 7일에 영국 공군이 캉에 폭탄 2,500톤을 떨어뜨려 윌리엄 정복왕William the Conqueror[21]의 고도古都를 사실상 완전히 파괴한 뒤 영국군 제3사단과 제59사단, 그리고 캐나다군 제3사단이 캉으로 전진했다. 이 부대는 도심을 장악하는 데에는 실패했지만 도시 근교는 모두 점령했다. 암호명이 찬우드Charnwood인 이 작전으로 캉이 노르망디의 다른 독일군 진지로부터 거의 고립되었다. 또한, 미군의 압박을 계속 받아 독일군 기갑부대가 코탕탱 반도의 밑자락 쪽으로 밀려나고 있었다는 증거도 있었다. 그곳은 봉쇄선 최종 돌파를 시도하기로 계획된 장소였다. 따라서 몬트고머리는 한 방만 더 치면 자기가 노리는 독일군 기갑부대와의 결전이 벌어져 파리 쪽으로 이어지는 탁 트인 땅으로 들어가는 길이 열리리라고 판단했다. 굿우드Goodwood 작전으로 불리게 될 이 새로운 공세는 오른 강 동쪽의 '공수 교두보'에서 출발해서 오른 강과 디브 강 사이의 회랑으로 들어갈 터였다. 고지에서 뻗쳐 내려온 한 줄기 부르게뷔Bourguébus 봉우리만이 그 회랑에서 파리 쪽으로 가는 큰길로 나가지 못하도록 막아섰다.

노르망디에 있는 영국군 3개 기갑사단, 즉 근위기갑사단과 제7기갑사단과 제11기갑사단이 모조리 투입되는 굿우드 공세가 7월 18일에 시작되었다. 이 공세에 앞서서 여태껏 노르망디 전역에서 수행된 폭격 가운데 가장 맹렬한 항공 '융단' 폭격이 이루어져서 방자를 완전히 기습했다. 목숨을 건진 방자는 충격을 받고 부들부들 떨었다. 독일군 전차가 진동으로 뒤집히고 진격 초기단계에서 붙잡힌 포로들은 마치 술에 취한 듯 비틀대다가 뒤로 자빠졌다. 아침나절 중간쯤이 되면 영국군 전차가 목표지점의 중간쯤에 가 있었고 성공이 확실해보였다. 이때 위기를 임기응변으로 넘기는 독일군의 뛰어난 자질이 보란 듯이 발휘되었다. 제21기갑사단의 한스 폰 루크Hans von Luck 연대장이 파리에서 휴가를 보내다가 곧장 싸움터로 돌아와서 폭격을 모면한 포병과 기갑부대의 고립지대를 찾아내 급히 방어를

21. 잉글랜드를 정복한 노르망디 공작(1028?~1087). 1066년에 잉글랜드를 침공해서 헤이스팅스에서 앵글로색슨족 군대를 쳐부수고 왕위를 차지했다. 이 정복으로 영국사에서 노르만 왕조 시대가 열렸다.

조직했다. 독일 공군의 1개 대공포 중대를 비롯한 포병부대가 교전을 시작해서 영국군 전차의 전진속도를 늦추는 동안, — 독일군 공병Pioniere은 비상시에 보병 역할을 하는 데 익숙한지라 — 무장친위대 제1기갑사단의 공병대들이 부르게뷔 봉우리 산등성이에 급히 참호를 파 진지를 만드는 한편, 무장친위대 제1기갑사단과 제12기갑사단의 전차를 서둘러 전방으로 내보내 대전차 차장을 쳤다. 영국군 제11기갑사단이 밀고 들어와 부르게뷔 봉우리 기슭에 닿은 이때가 오후 중간쯤이었다. 영국군 전차가 전개해서 봉우리를 오르기 시작하다가 고지 위에서 쏘는 75밀리미터 포와 88밀리미터 포의 일제사격에 걸려들었다. 파이프 앤 포파 요먼리Fife and Forfar Yeomanry 연대의 선두중대가 그 자리에서 불길에 휩싸였다. 구원하러 나선 제23후자Hussar 중대가 똑같이 강력한 타격을 입었다. 연대 역사에는 다음과 같이 기록되어 있다. "도처에서 부상자와 불길에 휩싸인 자들이 달리면서 고통스럽게 엄폐물을 찾으려고 발버둥쳤다. 한편, 철갑탄 포사격이 인정사정 봐주지 않고 빗발처럼 퍼부어져서 이미 무기력해진 셔먼 전차들이 벌집이 되었다. 우리가 그날 '돌파'를 하지 못하리라는 것은 너무나도 명확했다. …… 그날 아침에 전진해서 전투를 벌였던 기갑부대의 거대한 대열 가운데 이제는 전차 106대가 부서져 밭에 주저앉아 있거나 전투 불능상태에 있었다."

제11기갑사단의 피해만 해도 전차병력의 절반을 넘는 126대가 맞는 수치였고, 근위기갑사단이 첫 전투에서 잃은 전차가 60대였다. 굿우드 공세는 거의 재앙이 될 뻔했다. 전투 뒤에 몬트고머리가 봉쇄선 돌파를 할 기대를 사실상 하지 않았었다고 항변하자 처칠과 아이젠하워는 둘 다 꾹 참았다. 사정이 어떻든 내륙에서 이루어지는 전진속도가 느려 처칠이 차츰 참을성을 잃어가고 있었다. 굿우드 작전 전투가 마지막으로 세차게 벌어졌다가 끝이 난 날인 7월 20일은 D+43일이었는데, D-데이 전에 계획 입안자의 지도에 그려진 '전황선'은 그 날짜면 연합군이 루아르 강까지 반은 가 있어야 한다고 되어 있었다. 그러나 연합군은 실제로는 D+17로 계획된 선에도 아직 이르지 못한 상태에 있었다. 몬트고머리는 자기의 거대한 구상에는 나름의 논리가 있으며 이제 오래지 않아 결과가 나오리라고 처칠을 설득하기 위해 그에게 장황하게 주장을 해야 했다.

몬트고머리가 아무리 억지로 자기정당화를 했다고 해도, 굿우드 공세가 실망할 일이 아니며 목적에 도움이 되었다는 그의 주장은 옳았다. 왜냐하면 점점 더 많은 증거가 예시하는 미군의 대공세에 맞서 B집단군의 기갑부대 예비병력이 집결되고 있던 바로 그 순간에 실제로 굿우드 공세로 말미암아 그 예비병력이 뒤로 빼돌려져 영국군 전선에 투입되었기 때문이다. 7월 한 달 동안 미군은 코탕탱 반도 남쪽의 보카주에서 희생이 큰 끔찍한 전투를 벌여오고 있었다. 7월 18일과 20일 사이에 생-로를 차지하려는 전투에서 제29사단과 제35사단이 각각 2,000명과 3,000명을 잃었다. 같은 시기에 영국군 기갑사단들이 캉 동쪽에서 입은 사상자 수의 다섯 배였다. 독일군의 손실은 훨씬 더 컸다. 미군의 주적이며 오마하 해변을 완강히 방어한 뒤에 여전히 전열에 있던 제352사단이 생-로 전투 뒤에는 거의 사라졌다. 이 피해가 보태져서 제7군이 6월 6일 이후로 입은 사상자 피해가 11만 6,000명으로까지 치솟았는데 독일의 병력보충대에서 온 보충병은 겨우 1만 명이었다. 물적 손실도 똑같이 막심했다. 5~7월에 독일 공장에서 전차 2,313대가 생산되었는데, 1,730대가 부서졌고 그 3분의 1이 프랑스에서 나온 피해였다. 그러나 6월 말까지 교체된 전차는 겨우 17대였다. 연합군 교두보 둘레에 쳐진 봉쇄선의 병력이 너무 팽팽하게 늘어나서 파열점 가까이 이르렀으며, 가장 취약한 지점에서 강력한 일격을 얻어맞을 참이었다.

7월 25일 아침에 — 미군 비행기가 미군 보병을 폭격하는 꺼림칙한 시작이 이루어진 뒤 — 미군 4개 보병사단과 2개 기갑사단이 이동해서 맹렬한 융단 폭격을 받은 생-로 서쪽에 강습을 가했다. 이들은 '번개 조' 콜린스'Lightning Joe' Collins 장군 예하 제7군단 소속이었다. 그는 부하들을 심하게 몰아붙이기로 이름이 나 있었는데, 그날 일어난 일을 보면 그 이름이 그냥 나온 것이 아니었다. 제7군단의 길을 막아선 기갑교도사단의 지휘관인 프리츠 바이얼라인Fritz Bayerlein 장군은 그 공격의 위력을 다음과 같이 증언했다. "한 시간 뒤 심지어는 무선으로도 다른 이들과의 연락이 완전히 끊겼다. 정오까지 눈에 보이는 것이라고는 먼지와 연기뿐이었다. 나의 전선은 달 표면처럼 보였으며, 적어도 내 부대의 70퍼센트는 — 죽거나 다치거나 넋이 빠지거나 감각을 잃어버려 — 궤멸되었다." 이튿날은 또 한 차례의 융단 폭격으로 시작되었다. 그날 전만 해도 하루에 1마일을 밑돌던 전진속도가 3마일로 늘어나고 미군 제2기갑사단이 위치에 도착해서 돌파할 태세를 갖추었다. 바이얼라인은 독일 서방군 총사령관이자 B집단군 신임 사령관이기도 한 클루게가 "생-로-페리에Périers 도로를 따라난 선은 무슨 일이 있어도 반드시 지켜야 한다는 전갈을 보내왔지만 그 선은 이미 돌파당한 상태였다"고 회고했다. 클루게는 티거 전차 60대를 가진 무장친위대 1개 전차 대대를 증원해주겠다고 약속했다. 약속받은 대대는 티거 전차 5대를 가지고 도착했다. 이어서 바이얼라인은 "그날 밤 나는 예하 사단의 잔존부대를 카니지Canisy 남서쪽에 모았다. 내가 가진 전차는 모두 합쳐서 14대였다. 우리가 할 수 있는 일이란 후퇴밖에는 없었다"고 술회했다. 기갑교도사단은 한때는 독일 육군에서 아마 최정예였을 것이며 틀림없이 최강의 기갑사단이었을 것이다. 이 사단이 처해 있는 상황은 독일 서방군이 노르망디에서 6주 동안 싸운 뒤 다다른 상태를 보여주는 지표였다. 그런데도 히틀러는 무너지는 전선을 복구하고 전황을 뒤집어야 한다고 고집했다.

7월 폭탄 음모

미군의 돌파 작전에 붙은 암호명 코브라Cobra 작전이 벌어지기 닷새 전에 일단의 군장교가 히틀러를 그의 사령부에서 모살하려고 시도했다. 보충대와 참모회의를 열기로 약속해놓은 상이군인인 클라우스 폰 슈타우펜베르크 대령이 7월 20일에 라스텐부르크의 회의용 탁자 아래에 폭탄을 설치한 다음 비행기를 타고 베를린으로 빠져나가 독일 전역의 나치 지도부를 군부가 지명한 사람들로 대체할 목적을 가진 음모를 지휘했다. 이 음모는 일련의 불운으로 실패했다. 히틀러는 폭탄이 터져 다치기는 했지만 죽지는 않았다. 폭탄 폭발이 사보타주 행위라는 초기의 오판은 수정되었다. 그 바람에 음모에 가담한 통신장교가 제지를 받아 라스텐부르크에서 외부로 나가는 통신을 끊지 못했다. 그래서 괴벨스가 히틀러에 충성하는 군인들을 동원해서 베를린의 음모에 맞서 군사 대응할 수 있었다. 음모를 꾸민 사람들이 금세 붙잡혔고, 이들 가운데 슈타우펜베르크를 비롯한 몇 사람은 그날 저녁에 총살되었다. 해질녘이 되면 쿠데타의 위험이 가셨고 히틀러는 비록 라스텐부르크 요새에 고립되어 있기는 했어도 권력을 다시 한번 확고하게 움켜쥐었다. 그러나 이해가 가는 일이지만 히틀러가 육군 고위계급에 품은 뿌리 깊은 편견들이 7월 20일 음모로 하나하나 모두 다 굳어졌다. 독일 육군 고위계급의 축소판인 슈타우펜베르크는 귀족이자 독실한 크리스트교도인 기병대원이었다. 히틀러는 교회와 귀족만이 아니라 말과 승마와 승마복, 그리고 그것들로 대표되는 것을 죄다 싫어했다. 슈타우펜베르크가 반히틀러 음모에 이끌려 들어간 까닭은 영도자가 조국을 패배의 치명적 위험 속으로 끌고 들어갔으며 그 패배 뒤에 자기 동포가 나치즘의 악행으로 말미암아 치욕과 징벌을 당하게 되리라고 예견했기 때문이었다. 요컨대 슈타우펜베르크의 동기는 비록 그의 윤리 관념이 음모와 깊이 맞물려 있기는 했어도 윤리적이라기보다는 애국적인 것이었다. 히틀러는 슈타우펜베르크의 애국심과 윤리에 다만 혐오감과 경멸감을 품었고, 이런 감정을 슈타우펜베르크가 속한 사회 계급과 폐쇄적인 직업군인 카스트에 속한다고 본 모든 것에 자동적으로 이입했다. 히틀러는 그 사회계급과 카스트 성원 가운데 너무나도 많은 자들이 독일 서방군에 장교로 배치되었다고 믿었다. 프랑스 군정장관인 하인리히 그라프 폰 슈튈프나겔Heinrich Graf von Stülpnagel 장군이 분명히 음모에 끼어 있었다. 히틀러는 비록 '구'장교계급 출신이 아니며 심한 부상을 입고 7월 17일 이후로 병상에 누워 있기는 했어도 롬멜도 마찬가지라고 믿었다. 또한 그는 비록 증거는 없지만, 7월 4일 이후로 독일 서방군 총사령관과 B집단군 직할 사령관으로서 '앵글로색슨족'에 맞선 전투의 핵심 인물인 클루게가 공모했다는 의심을 품었다. 오로지 생-로에서 미군의 돌파를 단호하게 — 성공적으로 — 맞받아쳐야만 히틀러에게 그 의심이 근거 없다는 확신을 주고 독일 서방군이 국가사회주의 혁명에 헌신한다는 그의 믿음이 되살아날 터였다.

독일 서방군의 충성심 시험은 — 서방 전황의 전략적 역전을 이루어낼 목적을 가지기도 했는데 — 보카주 지방과 바다 사이에 있는 생-로에서 시작해 브르타뉴 안쪽을 향해 돌진하고 있는 미군의 선봉돌격부대의 측방에 가용한 모든 기갑부대로 가하는 역공일 터였다. 라스텐부르크에서 온 특사인 발터 바를리몬트 독일 국방군 최고사령부 작전참모부장 대리가 8월 2일에 라로슈-기용La Roche-Guyon 에 있는 클루게의 사령부에 도착했다. 바를리몬트는 자기가 프랑스 안쪽 더 깊숙한 곳에 있는 방어진지로 퇴각하는 문제를 클루게 육군원수와 논의하게 되리라고 믿고 있었다. 그러나 도착하자마자 그는 히틀러가 될 수 있는 대로 빨리 역공을 시작하라는, 즉 모르탱Mortain에서 출발해서 바다로 돌진하라는 명령을 그 사이에 전달했다는 것, 그리고 — 바를리몬트가 8월 8일에 라스텐부르크로 되돌아갔을 때 알아차린 대로 — 히틀러가 그 역공이 이루어지면 '노르망디에 있는 연합군 진지 전체를 측면포위 공격'하는 결과를 가져오리라고 기대한다는 것을 알아차렸다.

모르탱 역공은 8월 7일에 시작되었다. 이 역공에 곧바로 4개 기갑사단, 즉 제116기갑사단과 제2기갑사단, 무장친위대의 제1기갑사단과 제2기갑사단이 투입되었고, 히틀러가 이미 7월 27일에 클루게에게 약속했던 대로 프랑스 남쪽에서 제11기갑사단과 제9기갑사단을 가져오고 캉 구역에서 무장친위대의 제9기갑사단과 제10기갑사단을 가져와서, 역공에 4개 기갑사단이 더 투입되도록 되어 있었다. 이 8개 사단이 암호명 뤼티히Lüttich[22] 작전에서 전차 1,400대를 한꺼번에 전개해 독일 서방군의 선두에 서서 침공군을 커다랗게 역포위할 것이며, 그 결과는 그날로부터 정확히 30년 전에 리에주Liège에서 프랑스군의 후방으로 치고 들어간 루덴도르프의 돌파와 맞먹는 것이 될 터였다. 클루게를 출장 보내기 하루 전날 저녁에 바를리몬트에게 히틀러가 말한 대로, "변함없이 목표는 적을 교두보에 가두어 놓고 그곳에서 적의 힘을 빼서 마지막에 섬멸하기 위해 적에게 막대한 손실을 입히는 것이다."

22. 리에주의 독일어 명칭.

21 | 전차전: 팔레즈 전투

뤼티히 작전이 개막무대가 된 전투는 비록 제2차 세계대전을 통틀어 최대는 아니어도 유럽 서부전선에서 벌어진 전역 가운데에서는 가장 큰 규모의 기갑부대의 격돌로 발전하게 된다. 더 많은 수의 독일군 기갑사단을 한데 불러모은 전투는 노르망디의 10개 기갑사단에 비해 12개 기갑사단이 동원된 지난해 6월의 쿠르스크 전투밖에 없었다. 그러나 쿠르스크에서 독일군의 공세를 꺾은 것은 지뢰밭과 대전차포였지 기동력을 이용한 되받아치기가 아니었다. 이와는 대조적으로, 팔레즈Falaise 골짜기 전투는 20개 기갑사단(독일군 10개 사단과 연합군 10개 사단)의 거대한 기동이라는 형태를 띠었다. 800제곱마일이 넘는 땅에서 보름 내내 맹렬하게 이동하고 격렬하게 싸우면서 전차와 전차가 맞붙었던 것이다.

1944년 여름이 되면 전격전의 신비감이 희미해진 지 오래였다. 1940년 여름에 클라이스트와 구데리안은 전차가 나타나기만 해도 — 또는 심지어 뜬소문만으로도 — 적군 보병을 공포에 몰아넣어 도주하거나 항복하게 하는 상황을 기대할 수 있었다. 이제는 어느 지휘관도 그런 기대를 더는 할 수 없었다. 물론 풋내기이거나 겁에 질린 보병은 여전히 전차가 다가오면 도망치게 마련이었고, 그런 일은 노르망디에서 여러 차례 일어났다. 그러나 노련한 보병은 배운 대로 기갑부대의 공격에 직면했을 때 진지를 지키는 것보다 도망치는 것이 훨씬 더 위험하다는 점을 스스로 터득했다. 왜냐하면 1944년 무렵이 되면 전차는 그 전성기 때와는 달리 독자적인 선봉돌격부대로서 움직이지 못하고 자체의 특수보병인 기갑척탄병과 긴밀한 공조를 이루고서야, 그리고 지원포병의 엄호포격을 받으면서 전진했다. 따라서 안전한 곳으로 이동하려고 참호를 떠나는 방어보병은 전차

자체의 포화와 전차보병의 포화, 그리고 이것들과 연계된 포병의 포
화 등 서너 가지 포화에 노출되었다. 그러므로 모든 강습 가운데 가
장 무시무시한 이 강습에 직면해서 방자는 자체의 포병지원과 —
받을 수 있다면 — 항공 타격을 요청하고 아군 전차가 적 전차와 싸
우러 전진해오기를 바라는 한편으로 자체의 대전차 무기에 의존해
공자를 저지하면서 전지를 지키려고 애썼다. 요컨대, 1944년이 되면
전차는 자율적인 전략도구가 더는 아니었으며, 칼처럼 적의 전선을
찔러 꿰뚫기보다는 조금씩 야금야금 갉아서 저항을 무너뜨리는 효
과를 거두는 정교한 전술적 소모 기구조직에서 제자리를 차지했다.

전차가 혁명적 '전승' 무기의 지위에서 평범한 전술도구의 지위로
떨어지는 것은 무기의 역사에서 오랫동안 확립된 양상을 따랐다. 철
갑선과 어뢰와 기관총은 각각 처음 나타났을 때 방어를, 심지어는
전쟁 자체를 '불가능'하게 만든다며 환호를 받았다. 각 무기에 대한
해독제가 차례차례 발견되었으며, 그 '혁명적' 무기는 살짝 바뀌고
예전보다 더 복잡해진 전쟁수행체계 안으로 이끌려 들어가 그 특성
을 잃었다. 그러나 비록 전차가 비슷한 대체를 겪었다고는 해도, 전
차의 자율성은 맨 처음부터 의심을 받았고 전차의 발전과 연관되어
늘 이름이 나올 위대한 두 이론가 사이에서 활발한 논쟁의 대상이
되었다. 1917년에 캉브레Cambrai에서 펼쳐진 최초의 전차 대공세를 배
후에서 계획했던 풀러J. F. C. Fuller[1] 소장은 앞으로는 전차라는 병기를
빼면 어떤 병기도 싸움터에서 차지할 자리가 없다고 보았다. 1920년
대와 1930년대의 지상紙上 토론에서 풀러에게 딱 맞는 상대였던 바질
리델 하트Basil Liddell Hart[2]는 전차 단독으로는 전투에서 이기지 못하며
미래에는 보병과 포병을 비롯한 모든 병과가 기계화되어 크고 작은
기갑 이동 '지상地上 함선'의 함대와 닮은 군대가 생겨나리라고 주장
했다.

리델 하트는 앞날을 너무 멀리 내다보았다. 제2차 세계대전이 끝

1. 영국의 군인(1878~1966). 샌드
허스트 사관학교를 졸업하고 보
어 전쟁에 참여한 뒤 전쟁사를
연구하고 군사교리에 관한 책을
썼다. 전차의 가치를 알아보고
1917년에 전차를 실전에 처음 투
입했다. 전간기에는 전차부대를
키우자고 주장했고, 나치즘을
받아들였다.

2. 영국의 군인, 전략가(1895~
1970). 제1차 세계대전이 일어나
자 캠브리지 대학을 중퇴하고 보
병 소위가 되어 참전했다. 솜 전
투에서 가스 공격을 받고 후송되
었다. 전후에 각종 군사교리 관
련 저서를 써서 주목을 받았다.

난 지 40년이 지나서도 최고 선진국조차 자국 야전군을 완전히 기계화할 재력과 공업자원을 보유하지 못할 터였다. 그렇다고 해도, 앞날을 올바로 내다본 사람은 리델 하트였지 풀러가 아니었다. 1944년이 되면 그 '지상 함대'가 이미 맹아 형태로 존재했다. 바로 이 기갑사단과 기갑척탄병사단의 지상 함대를 가지고 독일 서방군 총사령관이 연합군의 침공을 물리치려고 노력했으며, 바로 이 기갑사단과 기계화사단의 함대를 가지고 몬트고머리와 브래들리가 B집단군을 포위해서 섬멸하게 된다. 연합군 전차는 팔레즈 골짜기 전투를 개시한 독일군의 공격 예봉을 꺾은 다음, 치고 나아가서 적 둘레에 포위선을 치는 데 주도적인 역할을 하게 된다. 그러나 전차가 얻은 전지를 강화하고 유지한 것은 그 전차에 딸린 보병이었고, 팔레즈 고립지대 안에서 섬멸작업을 완수한 것은 전차를 지원하는 포병과 항공비행대였다. 팔레즈는 모든 병과가 수행한 전투였고, 그 전투의 성격은 기갑부대 장군이 마치 천하무적인 양 행동했던 전쟁 초기 이후로 기갑 전술이 얼마나 합리화되었는지를 정확히 나타내주었다.

전차 비중의 축소는 사실상 제2차 세계대전이 전개되는 첫날로 거슬러 올라갈 수 있다. 가믈랭은 비록 결단을 내리는 데 무능하기는 했어도 1940년 5월 13일에 뫼즈 강을 건넌 뒤 곧바로 돌진해오는 독일군 기갑부대에 대한 적절한 응수가 무엇인지는 올바로 인식했다. 그 응수란 전차라는 창끝을 보병이라는 창자루에 연결하는 목 부분을 기갑부대로 겨누고 반격하는 것이었다. 그 같은 반격을 드골의 제4기갑사단이 5월 18일에 랑에서, 프랑크포스Frankforce 작전군[3]이 5월 21일에 아라스에서 개시했다. 그러나 두 반격은 제때 협조를 이루지 못하고 보병과 포병의 지원을 대규모로 받지 못해서 실패했다. 이 교전에서 얻은 경험으로 이득을 본 나라는 연합국이 아니라 독일이었다. 제7기갑사단을 지휘하던 롬멜은 아라스에서 예하 고사포대대의 대구경(88밀리미터) 대공포를 실전에 투입해서, 자기의 기갑 견제

3. 프랑크포스는 고트 장군의 아라스 역공작전에 붙은 암호명이다. 본디 2개 사단이 작전을 수행하기로 계획되었지만, 실제로 투입된 병력은 1개 전차여단의 지원을 받는 2개 보병대대였다.

부대를 회피한 뒤 사단 한가운데로 뛰어드는 영국군 전차연대의 돌격을 막고 물리침으로써 과도한 노출[4]에서 벗어났다. 88밀리미터 포가 — 소구경포로 무장한 롬멜의 기갑부대가 멈춰 세우지 못했던 — 영국군 중전차를 멈춰 세웠기에 롬멜은 패배를 모면했다. 이때 패했더라면 롬멜의 경력은 그 자리에서 끝장났을지 모른다.

아라스 전투는 대등한 적을 상대로 기갑전을 수행하는 가장 효율적인 방법은 전차와 대전차 무기를 섞어서 사용하는 것임을 독일군에게 강조해주었다. 독일군은 이 전술이 방어는 물론 공격에서도 먹혀든다는 것을 영국군을 상대로 한 사막전에서 알게 된다. 아프리카 군단은 1941년 4월에 벌어진 제1차 토브룩 전투에서 요새화된 항구의 외곽방어선을 전차로 깨뜨렸지만, 그 전차 가운데 다수를 오스트레일리아군 대전차공격반[5]에게 금세 잃었다. 밀고 들어오는 전차 뒤의 빈틈을 방자가 메워서 독일군 보병이 지원하러 뒤따라오지 못하도록 만들었기 때문이었다. 이렇게 갈라놓아서 이긴다는 전술을 곧이어 롬멜이 영국 사막군 자체를 상대로 써먹게 된다. 1941년 11월에서 1942년 6월까지 롬멜은 탁 트인 사막에서 벌어진 시디 레제그 전투와 가잘라 전투에서 예하 전차로 영국군 전차와 싸우는 방법을 완벽히 다듬었다. 즉, 싸우다가 퇴각해서 적을 대전차포의 차장으로 끌어들인 다음 영국군에 손실을 입혀 기동방어를 할 수단을 빼앗았을 때 전진했던 것이다. 전진하는 그의 전차부대와 함께 차량화 보병부대와 자주포가 움직였고, 그렇게 해서 점령된 영국군 진지를 지키고 강화할 수 있도록 했다.

독일군 기갑사단의 전차 수가 1940년 이후에 반으로 줄어버린 것이 롬멜이 이 전술을 채택하는 데 간접적인 이유에서 그에게 긍정적인 이점으로 유리하게 작용했다. 히틀러가 1940년 말에 사단 전차 병력을 줄인 목적은 새 기갑사단을 창설할 수 있는 잉여를 축적하기 위함이었다. 실제로 프랑스 함락과 바르바로사 작전 개시 사이에

4. 적의 공격으로부터 방호되지 않는 상태.

5. 매복해 있다가 전차를 공격하는 소부대.

기갑사단 수가 두 배가 되었다. 이렇게 사단이 보유하는 전차병력이 절반으로 줄어들자 독일군 지휘관들이 어쩔 도리 없이 예하 기갑사단의 비전차 부대, 특히 기계화 보병(기갑척탄병)과 자주포를 더 잘 활용하게 되는 간접적 효과가 생겼다. 이런 부득이한 상황에서 태어난 것이 바로 기갑사단이 특히 러시아 전선에서 적에게 수적으로 차츰차츰 밀렸던 1943~1944년에 기갑사단의 실용성을 높은 수준으로 올린 진정한 전차·보병·포병 협조 교리였다. 심지어 사단 전차병력이 (1940년에 표준이었던 400대에서) 200대 밑으로 떨어졌을 때에도 독일군 기갑사단은 — 이를테면 제10기갑사단이 1943년 2월에 튀니지의 카스라인에서 미군 제1기갑사단에 완승을 거두었을 때 과시했듯이 — 훨씬 더 강한 연합군 부대와 대등하거나 그보다 더 우월하다는 것을 입증했다. 영미군의 기갑사단은 전쟁 중기 이후로는 독일군의 조직유형을 따라서, 더 나은 병과 간 균형을 이루고자 전차대대를 버리고 차량화 보병과 대전차 자주포로 이루어지는 더 큰 보완 부대를 얻었다. 자국의 막대한 자동차 생산역량을 통해 미군은 실질적으로 '기갑보병'을 궤도차량에 태울 수 있어서, 기동성에서 눈에 띄는 개선을 이루었다. 그렇다손 치더라도, 독일군의 최정예 기갑부대는 — 즉, 육군의 기갑교도사단과 공군의 헤르만 괴링 기갑사단처럼 특권을 누린 사단과 우선권을 가진 무장친위대 소속 기갑부대는 — 노르망디 전투와 백러시아 전투 이후에 전선에서는 전투로, 후방에서는 폭격으로 부과된 가차없는 소모 효과로 말미암아 인원과 장비의 손실을 보충대와 전차공장에서 오는 인원과 장비로 메울 수 있는 수준 밑으로 병력이 떨어지기 시작할 때까지는 연합군 기갑부대보다 여전히 우월했다.

기갑전의 공학기술

그러나 공업이 우월한 열강들의 동맹을 상대로 독일이 1942년 초부터 1944년 말까지 대등하게 기갑전을 벌일 수 있었던 능력이 우월한 조직과 경험만으로는 설명되지 않았다. 이 균형에서 독일의 기갑무기의 질도 아주 중요했다. 독일군 기갑차량은 단 한두 종을 빼면 상대방의 기갑차량보다 더 나았다. 특히 영국의 기갑 병기는 독일의 기갑 병기보다 한숨이 나올 만큼 뒤떨어졌다. 영국은 비록 전차를 발명하고 1916년 9월에 전차를 맨 처음으로 전투에 배치하고 기갑전의 이론적 토대를 주로 고안해낸 나라이기는 했지만 제2차 세계대전에서는 효율적인 전차를 만들어내는 데 성공하지 못했다. 영국은 성공적인 전차 설계의 밑바탕이 되는 화력과 방호와 기동성 사이의 결정적인 균형을 얻지 못했다. 아라스에서 롬멜이 오로지 88밀리미터 포로만 꿰뚫을 수 있다는 것을 깨달았던 영국군의 보병전차 1호는 강했지만 기동성이 거의 없었다. 처칠 전차는 마찬가지로 다부졌지만 더 빠르지 못했다. 1944년에 등장해서 영국군 기갑사단 수색대대의 장비가 된 크롬웰Cromwell 전차만이 속력과 방호를 보유했지만, 포가 여전히 시원찮았다. 그 결과, 1944년에 영국군 사단은 전차 주력을 미제 셔먼 전차에 의존했다. 그러나 셔먼 전차에도 흠이 있었다. 즉, 셔먼 전차는 비록 빠르고 고장이 잘 안 나고 정비와 보수가 쉬웠지만 쉽게 불이 나고 화력이 떨어졌다. 영국이 영미군의 장갑 무기 성능에 이바지한 가장 큰 성공작은 특별 개장한 셔먼 전차에 그 공포의 17파운드 대전차포를 장착한 것이었다. 반딧불이라고 불린 이 전차는 1944~1945년에 독일군 중장갑 무기에 통하는, 유일하지는 않지만 주요한 해독제를 영국군 기갑사단에 제공했다. 셔먼 전차의 큰 장점은 대량생산을 할 수 있다는 점이었는데, 이는 미국 공업의 역량을 보여주는 증표였다. 미국이 1943~1944년에 생산한 전차는 4만 7,000대였는데, 거의 모두가 셔먼 전차였다. 반면, 독일이 생산한 전차와 돌격포Sturmgeschütz[6]는 2만 9,600대였다. 영국이 1944년에 생산한 전차는 겨우 5,000대였다.

6. 구경 75밀리미터 장포신 포를 전차 차체에 얹은 형태의 특수 전투차량. 직접 조준으로 근거리에 있는 목표에 포격을 가해 보병부대, 기갑부대, 기갑척탄병 부대에 화력지원을 할 목적으로 독일군이 주로 사용했다. 회전 포탑이 없어서 포신을 선회하는 데 시간이 많이 걸리는 단점이 있었지만 제작비가 적게 들고 은폐가 쉬워서, 2차 세계대전 후반기에는 전차보다 더 많이 생산되었다.

독일의 적국 가운데 질과 양에서 독일의 전차 생산과 맞먹은 나라는 러시아밖에 없었다. 1944년에 소련의 전차 생산 대수는 총 2만 9,000대였고, 이 가운데 대부분을 경탄스러운 T-34가 차지했다. 이 전차는 어디에 얽매이지 않는 미국인 설계자 월터 크리스티에게 그 공학기술을 대부분 빚지고 있었다. 소련은 미 육군이 재정압박을 받아 긴축예산으로 운영되던 때에 크리스티에게서 원형을 사들였다. 러시아는 크리스티의 차대와 차대받침대에 효과적인 포뿐만 아니라 전천후 엔진과 경사 장갑을 덧붙여서 각 요소가 잘 어울리는 고성능 모델을 만들어냈다. 알베르트 슈페어가 프리츠 토트 박사 후임으로 독일 무기공업의 수장이 된 1942년에 독일 육군은 사실상 노후화한 판처 4호 전차의 후속모델로 T-34를 통째로 베낄까도 생각해보았다. 이렇게 기술의 열세를 인정하는 치욕을 결국은 모면하도록 해준 것이 5호 전차 판터였다. 이 신형 전차는 비록 쿠르스크 전투에서는 기대에 못 미쳤어도 — 그리고 1944년 1월에는 히틀러가 실망스러운 폭격기에 빗대어 '기어다니는 하인켈 177'로 부르고 있기는 했어도 — 그 개발에 들어간 노력을 노르망디에서 결국은 정당화했다. 5호 전차가 노르망디에서 무장친위대사단 예하 기갑대대 다수의 장비가 되었던 것이다. 그러나 심지어는 1944년에도 여전히 4호 전차가 기갑 병과의 대들보였다. 4호 전차의 기원은 각 모델이 선행 모델보다 더 대형인 식으로 이루어지는 모델의 사다리에서 최종 시리즈로서 1939년 이전에 있었다. 4호 전차는 개장성이 유난히 뛰어나서 차츰차츰 개량되었으며, '장포신' 75밀리미터 포를 주무기로 달았을 때 마침내 T-34에 거의 맞먹는 맞수가 되었다.

4호 전차보다 먼저 나온 전차들, 특히 판처 3호 전차는 대전차 자주포와 '돌격'포로 쉽게 개장될 수 있기도 했고 전차의 선구자인 하인츠 구데리안이 기갑부대 감찰총감이 된 1943년 2월 이후로는 전차와 함께 새로운 '기갑 병과'로 통합되었다. 이 같은 무기들은 차량 자체가 지향하고 있는 방향으로만 포사격이 이루어진다는 불리한 점을 안고 있었지만, 복잡한 회전포탑 기계장치가 없기 때문에 만드는 데 돈이 많이 들지 않았고 측면이 낮아서 싸움터에서 잘 고른 방어진지에 배치되면 찾아내기가 어려웠다. 그 설계는 미국과 영국은 물론 러시아도 많이 모방할 만큼 합리적이었으며, 연합군이 프랑스에서 아주 막강한 적군임을 깨달은 무장친위대 제17기갑척탄병사단 같은 기갑척탄병사단들의 기동 화력을 주로 제공했다. 독일 육군은 전차와 돌격포를 거의 구분하지 않았다. 사실, 1943년에 구데리안이 기갑 병과를 재조직하면서 겪은 주된 어려움은 돌격포 관할권을 포기하려 들지 않는 포병의 반발을 극복하는 데 있었다. 상급 포병장교에 따르면, 독일 국방군의 최고 무공훈장인 기사십자장을 탈 유일한 기회를 포병대원에게 주는 것이 돌격포였던 것이다.

독일군 지휘관들이 나머지 전차와 질적으로 다르다고 여긴 유일한 기갑전 도구는 6호 전차 티거였다. 티거 전차는 사단에 할당되지 않고 독립대대로 편성되었고, 중앙의 통제 아래 놓여서 결정적인 공세와 역공 임무에 투입되었다. 티거에는 흠이 있었다. 그 엄청난 체중은 무거운 회전포탑이 느려터지게 좌우로 움직이는 동안 속도를 앗아가는 독일 전차 설계의 느림보 '거인증'의 징후였다. 그러나 88밀리미터 포와 100밀리미터 두께의 기갑으로 티거는 비록 기동작전에서는 아닐지라도 고착작전에서는 전쟁 동안 나온 다른 모든 전차에 끝까지 우위를 뺏기지 않았다. 멀리서 시동이 걸릴 때 티거의 엔진이 내는 기침소리는 모든 연합군 병사들이 경의감을 지니고 기억한 대단한 것이었다.

티거, 판터, 4호 전차, 돌격포는 8월 6~7일 밤에 모르탱에서 바야흐로 시작해서 팔레즈 골짜기의 대번제에서 절정에 이르는 노르망디의 대기갑전에서 모두 제 역할을 하게 된다. 지도 탁자에서 기회를 생생하게 감지해서 그토록 자주 영감을 얻는 히틀러는 미군 수개 군이 노르망디에서 모르탱과 바다 사이의 좁은 회랑 안으로 몰려 들어가는 바람에 결정적인 반격에 노출되었다고 판단했다. 그는 8월 2일에 독일 국방군 최고사령부 작전참모부에 다음과 같이 말했다. "우리는 번개처럼 쳐야 해. 우리가 바다에 이르면, 미군의 선봉돌격부대가 차단될 걸세. …… 우리는 미군의 교두보 전체를 차단해내기까지 할 수 있을지도 몰라. 돌파해서 뛰쳐나온 미군을 차단하려고 애를 쓰면 안 되네. 그들 차례는 나중에 올 거야. 우리는 번개처럼 북쪽으로 선회해서 적군의 전선 전체를 후방에서 뒤엎어야 한단 말이야."

바로 이 판단으로 제116기갑사단과 제2기갑사단, 무장친위대 소속 제1기갑사단과 제2기갑사단이 대서양에서 단 20마일 떨어진 모르탱에서, 즉 남쪽으로 쇄도해 브르타뉴로 들어가고 있는 오마 브래들리 장군 예하 미 제1군의 측방에 어깨를 나란히 맞대고 서 있게 되었다. 그러나 그 기갑사단들과, 독일 서방군, 그리고 히틀러에게는 재앙과도 같이 그 부대들의 전개를 지시한 통신신호가 8월 5일 이후로 죽 얼트라 암호해독부에 감청되었다. 그 부대들의 목표지점인 브레시Brécey와 몽티니Montigny가 몬트고머리의 사령부에 넘어갔고, 4개 미군 사단, 즉 제3기갑사단, 그리고 제2기갑사단의 지원을 받는 제30사단과 제4사단이 히틀러가 대양으로 가는 길로 지정해둔 세Sée 강 유역을 따라 내려가는 경로를 가로막으라는 지시를 받았다.

독일 서방군의 시련

기습을 하려고 공격준비포격 없이 공격에 나선 (일선) 독일군 전차 200여 대가 8월 6~7일 밤 동안 세 강의 양쪽 강안에서 두 줄로 전진했다. 남쪽 강안의 대열이 제30사단의 전초기지를 유린했다. 그러나 미군 보병부대가 침착하게 고지에 진지를 구축하고 돌격포 유형의 무기를 장비로 갖춘 사단 예하 전차파괴차[7] 대대를 불러들여 그 무기로 전차 14대를 잡아서 독일군 전차 대열을 멈춰 세운 다음 전술 항공기가 더 심각한 타격을 가할 수 있도록 날이 밝고 날씨가 좋아지기를 기다렸다. 이렇듯, 아주 평범한 미군 보병사단이 기갑 병과의 거의 무적의 검인 무장친위대 제2기갑사단의 전위를 처리했던 것이다.

북쪽 강안에서는 미군 제9사단 예하 보병부대가 제2기갑사단과 (영도자에게 실망을 안겨준 적이 한 번도 없는 아돌프 히틀러 사단인) 무장친위대 제1기갑사단을 훨씬 더 쉽게 멈춰 세웠다. 개입하기를 거부한 제116기갑사단장이 사령관 자리에서 해임되었다. 동이 틀 때 미군 제2기갑사단이 역공에 나섰다. 얼트라의 비밀이 아직은 신경 써서 유지되던 때 글을 쓴 공식 역사가는 제2기갑사단이 "난데없이 하늘에서 뚝 떨어진 듯 나타났다"고 기록했다. 8월 7일에 제2기갑사단과 로켓을 쏘는 타이푼Typhoon이 제2기갑사단의 전차병력을 30대로 줄여놓았다. 영국 공군 제2전술항공대 소속인 그 타이푼들은 그날 하루 294회 출격을 했다. 라스텐부르크에서 히틀러가 공격은 "물불을 가리지 않고 대담하게 이루어져야 하며 …… 각 병사는 모두 다 승리를 믿어야 한다"고 요구했다. 그러나 모르탱 싸움터에 어둠이 깔렸을 때 뤼티히 작전에 투입되었던 각 부대는 패전에 직면했다.

8월 7일에 다른 사건들이 일어나 독일 서방군의 시련이 가중되었다. 그날 몬트고머리가 팔레즈를 겨누고 새로운 강공을 개시해서 교두보 맞은편 끝에 있는 독일군 진지선으로 밀고 들어간 것이다. 이것은 목적을 이루지 못한 얼마 전의 두 돌파 공격에 뒤이어 벌어지는 강공이었다. 두 돌파 공격이란 7월 25일에 굿우드 공세가 지나간 자국을 따라 내려간 캐나다군과 8월 2일(블루코트Bluecoat 작전)에 코몽Caumont을 향했던 영국군의 돌파 공격이었다. 8월 7일에 개시된 토털라이즈Totalise 작전은 보름 전 미군의 코브라 작전에서만큼이나 맹렬

7. 대전차포를 갖추고 적의 기갑차량을 격파하는 임무를 전문으로 수행하는 기갑 전투차량.

한 융단폭격이 가해진 뒤에 펼쳐졌는데도 몬트고머리가 기대한 완전한 성공은 아니었다. 그 작전을 다시 개시한 캐나다군은 무장친위대 제12히틀러유겐트 기갑사단의 심한 저항에 부딪혔다. 이 사단은 캐나다군의 불구대천의 원수였다(히틀러유겐트 기갑사단이 그 전역 초기에 캐나다군 포로들을 학살한 뒤에 캐나다군에 잡힌 그 사단원들 가운데 살아남은 사람은 거의 없었다). 그러나 이제 캐나다군은 전역의 어느 단계에서보다도 더 강했다. 이들에게 캐나다군 제4기갑사단이 얼마 전에 가세한 것이다. 독일과 셈을 청산하려고 유다른 싸움을 치렀던 망명군인 폴란드군 제1기갑사단도 가세했다. 폴란드 군인들이 당시 바르샤바에서 부르-코모롭스키Bór-Komorowski[8]의 국내군과 독일 점령군 보안부대 사이에 전투가 벌어지고 있다는 것을 알았으므로 싸움은 더더욱 격렬해졌다. 토털라이즈 작전은 그 목표지점에 도달하지는 못했지만 2개 기갑사단을 앞으로 찔러넣어서 노르망디에서 교전을 하는 독일군 기갑부대 병력집결체 전체의 후방을 위협하는 위치로 들여보냈다.

그 병력집결체는 (영국군 전선에서 아직 버티고 있는 무장친위대 제12기갑사단을 빼면) 이제 10개 사단을 헤아렸고 — 갖가지 상태의 혼란 속에서 — 교두보의 맨 서쪽 끝에 모여 있었다. 본디 독일 육군의 '과시용' 사단이었으며 6월 6일 이전에는 육군 기갑 병과에서 최강이었던 기갑교도사단은 자취만 남았다. 4개 무장친위대 기갑사단, 즉 제1, 제2, 제9, 제10기갑사단은 모두 6월 하순 이후 벌어진 근접전투에서 심한 피해를 보았다. 애초부터 기갑 무기가 약했던 무장친위대 제17기갑척탄병사단은 만신창이가 되었다. 제2, 제21, 제116기갑사단은 모두 다 모르탱 전투 막판에 막심한 전차 손실을 보았다. 8월에 프랑스 남쪽에서 노르망디에 도착했던 제9기갑사단만 대체로 손상을 입지 않은 채로 남았다. 그 제9기갑사단조차도 완전편성인 전차 176대를 (반은 4호로, 반은 판터로) 갖추지 못했다. 평균 전차병력은 절반

8. 폴란드의 군인(1895~1966). 제1차 세계대전 때 오스트리아군 장교로 복무했고, 1939년에 기병대 대령이었다. 독일 점령군에 저항하다가 1943년에 폴란드 국내군 사령관이 되었다. 1944년에 바르샤바 봉기를 지휘하다 10월에 항복했다. 영국에 망명해서 정착했다.

수치였고, 기갑교도사단에게는 전차가 거의 없었다.

더군다나, 그 사단들은 있는 위치가 좋지 않았다. 잔존한 독일군 보병사단들은 수가 많이 줄어들어서 3개 집단으로 묶였다. 7개 보병사단을 묶어 만든 한 집단은 팔레즈로 전진하고 있는 영국군과 캐나다군의 진로를 막아섰고, 5개 보병사단을 묶은 한 집단은 봉쇄선을 돌파해서 브르타뉴로 들어가는 미군의 진로에 흩어져 있었으며, 나머지 19개 보병사단은 6월 6일 이후로 그토록 꿋꿋하게 방어해온 교두보의 무너지는 외곽방어선에 아직도 달라붙어 있었다. 모든 사단이 머지않아 포위당할 위험에 빠졌다. 영국-캐나다군 제21집단군이 남쪽으로 달려가서 센 강으로 가는 독일군 보병사단들의 후퇴선을 끊는 동안 미군 제12집단군이 동쪽으로 선회해 독일군 보병사단들의 뒤에서 제21집단군과 만났던 것이다. 그러나 얼마 전에 제5기갑군이라는 명칭이 붙은 기갑사단들은 극도의 위험에 처했다. 제5기갑군은 봉쇄선을 돌파한 미군을 모르탱에서 박살 내고야 말겠다는 히틀러의 광적인 몽상 때문에 노르망디 전선의 가장 먼 끝에 배치되어 있었는데, 이곳에서 닫히고 있는 연합군 포위망 사이로 빠져나가 싸우면서 안전한 곳으로 가는 길을 낼 수 있으려면 목숨을 건 사투를 벌여야 하는 대가를 치러야 했다.

그 대가가 얼마나 커지고 있는지를 무장친위대 제12기갑사단은 토털라이즈 작전에서 깨달았다. 이 작전에서 맨 처음으로 기갑차량을 타고 전역에 들어간 제4기갑사단 소속의 캐나다인 3개 보병대대가 강습을 하는 동안 나온 사상자는 일곱 명에 지나지 않았다. 이 보병대대가 대동한 기갑부대의 병력이 워낙 조밀해서 가장 이름난 독일 국방군 전차 지휘관인 미하엘 비트만Michael Wittmann의 경력을 끝장내는 데 동시에 성공했다. 노르망디에 도착하기 전에 러시아군 전차 117대를 쳐부쉈던 비트만은 노르망디에서는 6월 13일에 빌레르-보카주Villers-Bocage에서 영국군 공격의 예봉을 꺾는 큰 공을 세웠다. 8월 7일에 셔먼 전차 다섯 대가 비트만이 탄 티거 전차를 구석으로 몰아넣고는 공조를 이룬 일제포격으로 파괴했다. 연합군은 교두보를 증강하고 독일군은 사상피해를 보는 상반된 결과를 고려하면, 그 같은 전력차이는 이제 예삿일이 되어서 노르망디 전투의 최종 결과를 수학적 필연성으로 결정짓게 된다.

(아이젠하워가 옆에 서 있는 가운데) 브래들리가 8월 8일에 몬트고머리와 전화로 협의를 함으로써 그 필연성이 촉구되었다. 미군 측은 독일군 제7군과 제5기갑군이 최근의 굿우드 작전과 코브라 작전과 토털라이즈 작전에서 흠씬 두들겨 맞은 결과 더는 기동할 수 없다는 것이 분명하므로 노르망디의 독일 국방군을 저 멀리 남쪽으로 루아르 강까지 이르도록 '넓게' 포위하는 D-데이 전에 구상된 계획을 포기하는 것이 전략상 합당하다고 주장했다. 미군 측은 대신 미군이 '배후차단 공격'을 해야 한다고 제안했다. 미군은 팔레즈 부근에 있는 영국군과 캐나다군과 함께 신속부대를 이룰 복안을 가지고 있었다. 몬트고머리는 "기대되는 전리품이 대단하다"고 동의하며 브래들리가 자기의 부하인 조지 패튼에게 필요한 명령을 내리게 했다. 패튼이 '배후차단 공격' 계획을 실행에 옮길 부대를 지휘했다.

D-데이 기만 계획 작성자가 패튼을 가지고 허깨비를 만들어내 1944년 봄 동안 독일군 방첩대를 헷갈리게 했는데, 노르망디 현장에서는 그 패튼이 이제 실체와 힘을 가진 인물이었다. 생-로 돌파를 떠맡은 부대가 바로 그의 제3군이었고, 그 제3군을 몰고 방어가 이루어지는 지대를 통과해 나가서 탁 트인 땅으로 들어간 것이 바로 그의 역동성이었다. 그는 나중에 다음과 같이 썼다. "제3군이 아브랑슈Avranches에서 회랑을 통과하는 것은 불가능한 작전이었다. 두 길이 아브랑슈로 들어가서 길 하나만 아브랑슈에서 나와 다리를 지나갔다. 우리는 2개 보병사단과 2개 기갑사단이 24시간이 채 안 되어 이 회랑을 통과하도록 했다. 계획을 세울 수 없었으므로 계획이랄

게 없었다." 패튼은 과연 그답게도 자기 성과를 부풀렸다. 아브랑슈 기동의 병참은 뒤죽박죽이었고, 코브라 작전의 전술적 성공은 패튼 자신의 용병술보다는 콜린스 제7군단장의 개인 지휘력에 힘입은 바가 더 컸다. 그렇다고는 해도, 패튼이 가차없이 행동을 요구하지 않았더라면 제3군의 전격전은 일어나지 않았을 것이다.

제3군의 돌파는 전격전에 해당하는 것이었다. 그것은 제2차 세계 대전에서 서구 국가의 1개 군이 제대로 해낸 전격전 작전 형태의 최초의 ― 그리고 나중에 밝혀지겠지만 최후의 ― 실행이었다. 진정한 전격전에 필요한 것은 집중된 기갑부대의 힘으로 불시에 적의 전선을 가차없이 꿰뚫어서 그 성공을 신속하게 전과확대하는 것만이 아니었다. 돌파지점 너머에 있는 적군을 포위해서 섬멸하는 것도 필요했다. 이것이 독일 국방군이 1940년에 프랑스에서, 1941년 6월부터 10월까지 러시아 서부에서 해냈던 작전의 양상이었다. 그 뒤로 전격전을 해낸 교전국 군대는 없었다. 1942년 봄과 여름에 러시아 남부로 대거 전진해 들어간 독일 국방군은 그 지난해에 붉은군대를 붕괴 일보 직전으로 몰고 갔던 규모의 포위를 해내지 못했으며, 1943년과 1944년 초에 동부전선에서 벌어진 대전투는 쿠르스크에서처럼, 또는 정면을 들이치는 러시아군의 공세에서처럼 소모전이었다. 1941~1943년에 롬멜과 그의 영국인 맞수들이 북아프리카 해안을 따라 번개처럼 돌진한 것은 결정적인 전역보다는 구닥다리 기병대 습격과 더 많이 닮았다. 만약 영미군의 횃불 작전 부대가 1942년 11월에 알제리에 도착하지 않았다면, 그 게임이 얼마나 오랫동안 질질 끌었을는지 누가 말할 수 있을까? 지형상 돌파가 불가능한 이탈리아에서는 전격전에 감전된 전투가 단 한 차례도 없었다. 한편, 노르망디 전역 초기단계에서 독일군을 상대로 기갑부대의 번개 같은 침투작전을 펼치려는 몬트고머리의 노력은 독일군의 고정 방어체계와 신속한 역공으로 죄다 실패했다. 지난 3년 동안의 싸움에서 붉은군대가 1944년 6월에 중부 집단군을 분쇄한 바그라티온 작전만이 그 형태와 효과에서 독일군의 낫질 작전과 바르바로사 작전의 장쾌한 승리를 그대로 재현한 작전이었다.

물려다 물리다

1941년 9월의 키예프 포위 이후로는 왜 전격전이 없었는지, 그리고 전격전의 형태를 되살릴 기회가 왜 1944년 8월에 프랑스에서 나타났는지에 대해서는 한 가지 확실한 까닭이 있었다. 즉, 전격전의 효과는 적의 협조나 적어도 적의 묵종默從에 달려 있었다. 1940년에 프랑스에서는 연합군이 묵종도 하고 협조도 했다. 연합군은 아르덴의 자군 전선에 — 장애물과 대對기갑병기 무기와 역공 전차부대 등 — 적절한 대전차 방어설비를 제공하지 못함으로써 그 지점에서 독일군의 기갑공세를 초래했다. 그리고 같은 시기에 연합군은 벨기에로 전진해 들어가서 독일군 기갑사단들이 서둘러 서쪽으로 가고 있는 바로 그때 자국군 기동사단들 가운데 최정예를 그 기갑사단들의 어깨 부분을 지나 동쪽으로 옮김으로써 그 부대들이 고립되어 결국에는 포위되도록 적극 협조했다.

적어도 독일의 적들은 상대방의 전격전 계획에 묵종하고 협조한 벌을 재빨리 깨달았다. 실제로, 우리가 살펴본 대로, 프랑스군과 영국군 양 군은 1940년 5월에 독일군이 전격전을 펼치는 첫째 주 동안 독일군 기갑부대 대열이 목표지점을 향해 나아갈 때 그 측방을 치고 들어가 공격하는 것이 올바른 대응임을 확인했다. 러시아군도 결국은 같은 교훈을 배웠고, 전지를 준비할 시간을 얻었던 쿠르스크 지역에서는 독일군의 선봉돌격부대를 요절냈을 뿐만 아니라 그 다음에 공격부대가 촘촘한 지뢰밭과 사격진지망에 빠져들자 산산조각 냈다. 쿠르스크는 일찍이 1918년에 보병부대가 갖추었던 대전차포가 — 기갑 지원부대에 의존하지 않은 채 공격하는 적 전차를 비켜가게 만들고 가능하다면 파괴한다는 — 원래 목적대로 제 몫을 실제로 해낸 첫 전투로 여겨질 수도 있다.

1944년이 되면 영국군과 미군의 각 사단은 손으로 들고 쏘는 대전차 미사일 발사기 수백 개와 더불어 대전차포 60~100문을 보유했다. 손으로 들고 쏘는 대전차 미사일 발사기는 막판에나 쓰는 무기였고 대전차포가 진정한 전차파괴차였다. 대전차포의 효과가 향상된 까닭은 그 포가 널리 배포되었다는 데뿐만 아니라 전쟁 중기까지 보병부대에 지급된 대전차포의 구경이 매우 커진 데에도 있었다. 57밀리미터가 표준이었고 75밀리미터는 보통이었으며, 특수부대는 더 대구경인 80밀리미터와 90밀리미터를 얻을 수 있었다. 장갑은 장갑의 두께와 지름이 같은 포의 사격으로 뚫린다는 것이 경험에서 얻은 법칙이고, 가장 두꺼운 전차 장갑만이 100밀리미터를 넘었다. 따라서 뤼티히 작전에 투입된 독일군 기갑사단이 모르탱에서 미군 제30사단을 공격하다가 깨달았듯이, 보병부대는 이제 집중된 기갑 공격의 중압을 받으면서도 제 위치를 지키고 적에게 손실을 입힐 수 있었다.

우월한 적 전차부대 집결체와 자위 기능을 잘 갖춘 보병부대에 맞부딪힌 제5기갑군의 위치가 이제 극도로 위태로워졌다. 제5기갑군이 가진 최선의 희망은 제7군이 점령한 돌출부의 남북 양끝을 따라 방호 측면을 형성하는 것이었다. 그 뒤에서 난타당한 노르망디의 독일군 보병사단들이 센 강까지 후퇴하기 시작할 수 있을 것이었다. B집단군과 더불어 제5기갑군과 제7군을 지휘하는 클루게가 만약 전략적 결정을 내릴 자유를 누렸더라면 예하 부대를 바로 그렇게 배치하는 명령을 내렸으리라는 데에는 의심의 여지가 없어 보인다. 그러나 결정의 자유는 히틀러가 그에게 허용하려는 것이 아니었다. 히틀러는 그러기는커녕 8월 10일에 클루게에게 다음날 뤼티히 작전을 재개하라는 명령을 내리면서, 그 [기갑]공격은 설익은 상태에서 개시되어서 너무 약했기 때문에, 그리고 기후조건이 적에게 유리했기에 실패했다. 다른 곳에서 강력한 힘을 가지고 공격이 반복되어야 한다"고 말했다. 6개 기갑사단이 한스 에버바흐Hans Eberbach 장군의 지휘 아래 더 남서쪽 방면에서 교전을 벌이게 된다.

남서쪽으로 공격한다는 것은 아이젠하워가 '짧은 배후차단 공격'으로 제7군 둘레에 만들고 있는 고립지대에 기갑사단을 들여보내는 꼴이었다. 따라서 전격전의 흥행주인 히틀러가 휘하 기갑 타격부대를 괴멸로 몰아가기에 가장 딱 알맞은 바로 그런 기동을 조율하고 있었던 셈이다. 전격전에 묵종하고 협조하는 행위가 위험하다는 증거를 적군이 독일 국방군에 제공했었는데도, 이때 히틀러는 적군이 채택한 그 어떤 전술보다도 더 열심히 적의 전격전에 협조하는 전술에 푹 빠져 있었다. 히틀러의 서부 방면 직속부하인 클루게는 "20개 사단이라는 대병력이 아무것도 모르고 즐겁게 공격 계획을 세우는 동안 그 뒤 멀리에서 적이 그 대병력의 목을 조를 올가미를 바삐 만들고 있는 기가 막히는 상황"을 알고 있었다. 그러나 7월 20일 폭탄 음모의 여파 속에서 그의 운신의 폭은 대다수 독일군 장군보다 훨씬 더 좁았다. 그는 무장친위대와 게슈타포로부터 폭탄 음모에 연루되었다는 의심을 받고 있으며 이들의 의심에 근거가 있음을 알고 있었기 때문이다. 클루게는 음모자 가운데 예전에 러시아 전선의 자기 참모부에서 근무한 적이 있는 사람이 여럿이었기 때문에 어떤 음모가 진행되고 있다는 것을 알고 있었지만, 자기가 그 음모에 연계되지 않았음을 확실히 보여주지도 않았고 가담 권유를 받았을 때 거절함으로써 충성을 보여주지도 않았다. "그래, 그 돼지가 만약 죽었다면"이 7월 20일 저녁에 그가 내뱉은 말이었다. 제7군 참모장의 표현대로, 그는 이제 "전선의 사정을 무시한 채 지휘"권을 받아들여서 "동프로이센의 입장[9]에서 상황을 판단"해야만 의심에서 벗어날 수 있음을 깨달았다. 그의 직속부하 두 사람, 즉 얼마 전에 히틀러의 지명을 받아 육군 장군들의 후임이 되어 부임한 무장친위대 장교들

9. 여기서 말하는 동프로이센이란 구체적으로는 동프로이센에 있는 히틀러의 본부인 라스텐부르크의 '늑대굴'을 뜻한다. 따라서 동프로이센의 입장은 히틀러의 입장을 달리 이르는 말이다.

인 제7기갑군의 파울 하우서Paul Hausser 장군과 제5기갑군의 제프 디트리히 장군이 예하 사단들을 동쪽으로 옮겨놓아 조여 들어오는 미군의 '배후차단 공격'의 걸쇠에서 벗어나려고 이때 히틀러의 공격 재개 명령에 들어 있는 허점을 이용하고 있었다. 클루게는 그 두 사람의 재전개가 군사적으로 타당하다고 인정했지만, 그러면서도 히틀러가 하라는 대로 공세를 펼치는 시늉을 해보이지 않으면 안 된다고 느꼈다. 8월 15일에 그는 히틀러로 하여금 자기가 그의 명령을 이행하고 있다고 믿게 할 요량으로 예하 2개 군이 갇혀 있는 고립지대를 한 바퀴 둘러보려고 나섰다. 얄궂게도 그날 일어난 사건들이 정반대의 인상을 심어주게 된다. 그는 롬멜이 29일 전에 당한 것과 똑같이 자가용 군용차를 타고 가다가 공격을 받고는 들키지 않으려고 하루를 거의 도랑에서 보내고 자정께야 비로소 제7군 사령부에 도착했다. 그가 연락이 끊긴 채로 있었던 여러 시간 동안, — 그로서는 8월 15일이 '한평생 가장 나쁜 날이었던' — 히틀러는 B집단군 사령관이 '독일 서방군 전체를 이끌고 투항'할 계획을 세우고 있다는 믿음을 굳혔다. 그날 늦저녁에 히틀러는 클루게를 직위해제하기로 마음먹고는 그를 대체할 '영도자의 소방수' 발터 모델을 데려오도록 사람을 보내고 직위해제된 육군원수에게 독일로 돌아오라는 명령을 내렸다. 클루게는 도착하자마자 게슈타포의 영접을 받으리라는 올바른 예측을 하고 귀환하는 비행기에서 독약을 먹었다.

클루게가 자살했다고 해서 B집단군을 현재의 궁지로 몰아간 실수를 물릴 수는 없었다. 깨진 전선을 다시 짜 맞추는 데 전문가임을 입증해온 모델도 B집단군을 구할 수 없었다. B집단군은 히틀러가 미군의 전격전에 협조하는 통에 위험 속으로 너무 많이 끌려 들어간 나머지 그 잔존부대를 괴멸에서 구해내려면 무턱대고 후퇴하는 것밖에는 다른 도리가 없었다. 이때에는 B집단군이 잔존부대나 마찬가지였다. 비록 독일 군인 30만여 명이 팔레즈 고립지대에서 덫에 걸리기는 했지만, 포위된 20개 사단 가운데 8개 사단이 해체되었고, 한편 — 무장친위대 소속의 제1, 제2, 제9, 제116기갑사단 등 — 최정예 기갑사단의 전차병력이 각각 30대, 25대, 15대, 12대로까지 떨어졌다. 뤼티히 작전을 재개하기란 불가능해졌다. 생존자들에게는 다행스럽게도 히틀러가 사령관을 바꾸면서 마음도 바꿔먹었다. 센 강에 전선을 다시 쳐서 영국을 V병기[10]로 계속 공격하고 독일 국경을 직접적인 공격으로부터 지키기에 충분한 땅을 유지하라는 명령서를 지닌 모델이 8월 17일에 프랑스에 도착한 것이다.

그의 임무는 일어난 사건으로 허를 찔렸다. 패튼의 선봉돌격부대가 8월 19일에 파리 북서쪽에 있는 망트Mantes에 이르러 센 강에 가 닿았다. 브래들리가 8월 14일에 한 요청에 따라, 아이젠하워가 이렇

10. V-1이나 V-2를 말한다.

▶ 그들답지 않게 다정하게 말을 주고받는 패튼(왼쪽)과 몬트고머리. 두 사람 사이의 관계에는 긴장이 자주 일어났다. 패튼의 유명한 진주 손잡이 콜트 권총과 몬트고머리의 모표가 입증하듯이, 두 사람은 남의 이목을 끄는 행동을 본능적으로 하는 사람이었다. 브래들리 장군이 두 사람 사이에 서서 더 차분한 지휘 스타일을 취하고 있다.

게 배후차단 공격을 확장하자 덫에 갇힌 독일군은 잠시 숨돌릴 틈을 얻었다. 왜냐하면 그날 뒤로는 아르장탕Argentan에 있던 미군 병력 집결체가 B집단군이 통과해서 탈출해야 하는 틈바구니의 한쪽 어깨 부분을 형성하면서 팔레즈에 있는 영국-캐나다군 집결체와 만나려고 북쪽으로 더 이동하지 않았기 때문이다. 그렇다고 해도 센 강에서 방어선을 지탱한다는 독일군의 그 어떤 기대도 미군의 망트 돌파 공격으로 말미암아 물거품이 되었다. 그 뒤로 센 강은 B집단군이 노르망디에서 빠져나가려면 반드시 건너야 하는 장애물에 지나지 않았다. 그러는 사이에, 고립지대 안에 있는 독일군이 끊임없는 항공공격을 받으면서 괴멸되고 있었다. 독일군이 나중에 다른 곳에서 쓰겠다고 기대하면서 대공부대를 그 고립지대에서 모조리 소개해버렸던 것이다. 한편, 영국군과 캐나다군이 병목의 마개를 달으려고 팔레즈에서 아르장탕으로 저돌적으로 달려오고 있었다. 그 병목 부분 자체에서 새로 도착한 연합군 부대인 폴란드군 제1기갑사단이 8월 18일부터 21일까지 사흘 동안 필사적인 전투를 벌인 끝에 팔레즈와 아르장탕 사이에 있는 샹부아Chambois의 감제고지들을 장악해서 고수했다. 이 부대는 아직도 독일에 맞서 폴란드의 전쟁 수행 노력을 지속하고 있는 폴란드 망명군 대부대를 서부전선에서 대표하는 부대였다. 폴란드군 제1기갑사단의 전차 승무원과 보병이 독일군 B집단군이 밀려드는 센 강 다리와 선착장 위쪽에 있는 도로에 연쇄공격을 개시했다. 그러나 똑같이 굳은 의지를 가진 무장친위대 제12(히틀러유겐트)기갑사단이 폴란드군 제1기갑사단에 맞서 방어했다. 그곳에서 히틀러유겐트 기갑사단은 노르망디의 수많은 결정적 작전임무들 가운데 마지막이었던 임무를 수행했다.

파리 해방

히틀러유겐트 기갑사단이 팔레즈 고립지대의 목 부분을 8월 21일까지 열어두는 데 성공해서 군인 30만여 명이 탈출하고 더 놀랍게도 독일 육군 공병대가 8월 19일과 29일 사이에 야음을 틈타 운용하는 부교와 선착장을 이용해 차량 2만 5,000대가 도하할 수 있었다. 그러나 이들 뒤에는 패잔병이 남아서, 20만 명이 사로잡히고 5만 명이 죽고 2개 군의 장비가 부서져 있었다. 고립지대의 꽉 막힌 길과 벌판에 항공공격이 끊임없이 가해져서 불타 부서진 전차와 화물차와 대포가 고립지대 안에 가득했다. 노르망디에서 잃은 전차는 1,300대를 웃돌았다. 조금이라도 질서 있게 빠져나온 기갑사단 가운데 15대가 넘는 전차를 가지고 그 대번제에서 빠져나온 사단은 단 하나도 없었다. 2개 기갑사단, 즉 기갑교도사단과 제9기갑사단은 이름만 남았으며, 센 강 서쪽에서 싸웠던 56개 보병사단 가운데 15개 사단이 완전히 사라져버렸다.

히틀러는 몇몇 잔존 사단에 영국해협 쪽 해안에 있는 항구로 들어가서 항구를 요새 삼아 버티라는 지시를 내렸다. 그가 이미 로리앙과 생-나제르와 라로셸 등 대서양 쪽 항구에 수비대를 배치해놓았지만, 8월 3일에 브래들리가 서쪽으로부터 B집단군을 포위하는 쪽을 택해서 대서양 해안을 따라 남쪽으로 돌진하지 않겠다는 결정을 내리면서 그 항구들을 붙들고 있어야 할 이유가 사라졌다. 반면에 영국해협 항구들을 점령하겠다는 결정은 최고의 전략적 중요성을 지닌 결정들 가운데 하나였다. 이것은 그가 더 이전에 배후지가 붉은군대에 점령된 뒤에도 발트 해와 흑해의 항구를 고수해야 한다고 고집을 부리던 행태에 속하는 결정이었지만, 이번 경우에는 병참상의 현실을 감안할 때 훨씬 더 큰 타당성이 있었다. 붉은군대는 해상 보급에 전혀 의존하지 않은 반면, 영미군은 해상 보급에 거의 전적으로 의존했기 때문이다. 영미군이 르아브르, 불로뉴Boulogne, 칼레, 됭케르크 등 영국해협에 있는 항구를 이용하지 못하면 전진하는 부대에 공급을 해줄 능력이 크게 떨어지고 다가오는 가을과 겨우내 펼칠 해방 전역에 결정적인 충격을 줄 터였다.

영국해협 항구들을 고수한다는 그의 결정은 심지어는 절망적인 위기에 처한 순간에서도 자기가 벌인 바보짓 같은 작전의 가장 나쁜 결과를 피해가는 그의 기묘한 능력을 다시 한번 보여주었다. 그렇다고 해서 히틀러가 고집을 부리고 자기 생각만 앞세우다가 패튼이 펼치는 전격전에 협조한 것을 돌이킬 수는 없었다. 패튼의 전격전은 팔레즈 고립지대 안에 든 독일 서방군을 섬멸하면서 절정에 이르렀다. 그런 결정이 내려졌다고 해서 팔레즈 고립지대가 막히면서 독일군이 입었던 전차와 숙련된 군인의 돌이킬 수 없는 손실이 벌충될 수 없었음은 분명하다. 그러나 그 결정으로 직접적인 결과가 완화되며, 그가 서부에서 제2차 세계대전에서 자기의 다음 ─ 마지막 ─ 기갑 대공세를 수행하게 되었을 때 1944년 8월의 노르망디 전투의 결과를 보아 예상되었던 것보다 더 대등한 조건에서 공세를 펼치는 데 도움이 될 터였다.

제15군이 뒤에 남긴 부대원들로 이루어진 수비대가 영국해협 항구들에 꽉 들어차고 그 나머지 부대가 서부방벽으로 도주하는 제7기갑군과 제15기갑군의 잔존병력에 가세하고 있는 동안, 파리에서는 해방 서사극의 마지막 장이 상연되고 있었다. 노르망디 전투가 그 절정을 향해 치달을 때 히틀러는 프랑스 수도를 거대한 방어 교두보로 바꿀 계획을 구상해놓고 있었다. 즉, 제7군이 그 교두보를 통과해서 솜 강과 마른 강으로 질서정연하게 퇴각한 다음 파리 시를 '폐허의 벌판으로' 만드는 희생을 치르고서라도 추격하는 연합군에게 괴멸적인 손실을 입힐 수도 있는 싸움터로 파리 자체를 이용할 수 있다는 계획이었다.

두 가지 사태가 작용해서 이 결과가 비켜갔다. 첫째는 8월 15일에 연합군의 두 번째 프랑스 침공군이 오랫동안 예기되었던 것과는 달리 파드칼레에서 독일로 가는 '짧은 경로'가 아니라 멀리 떨어진 남

파리 해방 도중 독일군 저격병을 피해 몸을 숨기는 프랑스 레지스탕스 대원.

쪽에, 즉 니스와 마르세유 사이에 도착한 것이었다. 미군 3개 사단과 프랑스군 4개 사단으로 개시된 모루 작전의 도구인 제7군은 비제Wiese 장군 예하 제19군의 저항을 기세 좋게 제압했고 론 강 유역을 따라 올라가서 8월 22일까지 그르노블Grenoble에 이르렀다. 제7군이 나타나서 요하네스 블라스코비츠Johannes Blaskowitz 장군의 G집단군에 유일하게 남은 쓸 만한 기동부대인 제11기갑사단을 거칠게 밀쳐내버림으로써 서부방벽이 그때까지는 예상하지 못한 방향인 알자스-로렌을 통해서 공격받을 기미가 나타났을 뿐만 아니라, 연합군의 새로운 돌파 공격이 파리와 독일을 잇는 후방 교통선을 남쪽에서 위협하자 파리를 고수한다는 그 어떠한 희망도 터무니없는 일이 되었다.

둘째 사태는 파리 내부의 일이었다. 파리 주민은 드러내놓고 저항하지는 않았다. 그들은 3월에 시끌벅적한 대중시위로 페탱을 환영했다. 8월 13일이 되어서도 라발이 주권자의 위치에서 해방군과 교섭을 할 수도 있는 합법적인 정부수반으로서의 권력을 자기에게 부여할 국회 하원을 재소집한다는 희망을 품고서 파리로 되돌아왔다. 그렇지만 대對독일 저항정신이 속에서 타올랐으며, 점령군의 마지막 순간이 머지않았음이 분명해지자마자 거리거리에서 무장저항이 터져 나왔다. 8월 18일에 파리 경찰이 시테 섬Île de la Cité[11]에 있는 파리 경찰청사 위에 말 그대로 봉기의 깃발을 올렸다. 그러자마자 비밀 레지스탕스가 그 깃발로 모여들었다. 그 비밀 레지스탕스에서는 좌익의 유격사수-파르티잔Francs-Tireurs et Partisans, FTP[12]이 가장 수가 많았다. 8월 20일이 되자 독일 주둔군은 거리 통제를 유지해야 할 압력에 처해서 디트리히 폰 콜티츠Dietrich von Choltitz 파리광역시 사령관이 정전을 제안했고 협상을 벌이는 데 성공했다. 그러나 이제 싸움이 번져 엄청난 규모에 이르자 연합군의 파리 해방 계획을 바꾸는 효과가 있었다. 히틀러가 파리를 서부전선의 스탈린그라드로 만들어야 한다는 명령을 내리고 있을 때, 아이젠하워와 몬트고머리는 예하 부대

11. 파리 한복판 센 강에 있는 섬.

12. 본디 명사수를 뜻했던 franctireur는 프랑스 대혁명 시기의 전쟁에서 비정규군과 별도로 편성된 경보병 부대원을 일컫는 말이었으며, 1870년에 일어난 프랑스-프로이센 전쟁에서는 프랑스가 전개한 비정규 군부대원을 가리키는 말로 쓰였다. 2차 세계대전 때 독일군이 소련을 침공하자 프랑스 공산당은 곧바로 게릴라 투쟁조직을 만들어 독일인을 공격하기 시작했는데, 이 조직의 이름이 유격사수-파르티잔이며 프랑스 최초의 무장저항 조직이었다. 1944년 2월에 레지스탕스 연합조직인 프랑스 국내군에 편입되었다.

가 파리의 외곽방어선 안으로 침투해 들어가도 된다는 허락을 내리려 들지 않았다. '그렇게 하는 것이 합당한 군사적 제안이 될 때까지' 기다려본다는 것이었다. 그러나 파리가 스스로 해방을 위해 싸우고 있음이 분명해지자마자, 연합군 지도자들은 봉기자를 도우러 가야 한다는 의무감을 느꼈다. 알맞은 개입수단이 가까이 있었다. 드골 장군에 충성을 바치는 프랑스군 제2기갑사단이 8월 1일 이후로 노르망디에 있었던 것이다. 프랑스를 지도할 자격을 연합국으로부터 아직은 인정받지 못한 드골 장군도 8월 20일에 몸소 — 초청받지 않은 채 알리지 않고 우회경로로 — 도착했다. 8월 22일에 브래들리가 르클레르 장군 예하 프랑스군 제2기갑사단을 파리로 보내라는 아이젠하워의 명령을 전달했다. 랑부예Rambouillet의 프랑스 대통령 지방 관저에 자리를 잡은 드골이 그 명령을 인준한 뒤 이동할 채비를 했다.

8월 23일 하루는 제2기갑사단의 진지와 파리 시 교외 사이에 가로놓인 120마일을 가로지르면서 지나갔다. 독일군의 저항이 거세져서 접근로에서 발목이 잡힌 르클레르는 그날 수도로 들어가기를 단념했다. 그때, 프랑스인은 (전투 사이사이에 잔치를 벌였는데) "춤을 추면서 파리로 가고 있다"는 미군의 비아냥에 감정이 상한 르클레르가 소규모 전차-보병부대를 배후경로를 따라 파리 한복판으로 들여보내는 침투를 개시했다. 8월 23일 저녁 9시 30분에 프랑스군 제2기갑사단 소속 전차 세 대, 즉 나폴레옹이 1814년에 거둔 승리에서 이름을 딴 몽미라유Montmirail 호와 샹포베르Champaubert 호와 로밀리Romilly 호가 파리 시청Hôtel de Ville 벽 아래에 서 있었다. 이튿날 제2기갑사단 대다수가 독일군의 막판 저항에 맞서 싸우면서 파리의 구도심지로 들어가서 그 전차 세 대에 가세하게 되며, 그 다음날에는 드골이 직접 파리에 입성한다. 전격전에 최초로 제압당한 나라의 수도가 되살아난 자국 군대의 전차에 의해 해방되어야 한다는 것이 얼마나 마땅한 일인지를 프랑스 육군의 기갑전 사도였던 그보다 더 잘 간파한 사람은 없을 터였다.

22 | 전략폭격

영국 공군 폭격기사령부의 수장인 아더 해리스Arthur Harris 공군중장은 1944년 1월 12일에 다음과 같은 글을 썼다.

폭격기사령부가 오벌로드 〔작전〕에 해줄 수 있는 최선의, 그리고 사실상 유일한 효과적 지원은 기회가 있을 때, 그리고 기회가 있으니까 독일에 있는 적절한 공업 목표물에 가하는 공격을 강화하는 것임이 명백하다. 우리가 이 과정을 피점령 영토에 있는 포상砲床, 해안 방어물, 교통·통신시설, 또는 〔탄약〕 집적소에 가하는 공격으로 바꾸려든다면, 우리가 보유한 가장 훌륭한 병기를 그 병기를 갖추고 훈련한 목적이 되는 군사적 기능이 아니라 그 병기가 제대로 해낼 수 없는 과업에 사용하는 돌이킬 수 없는 잘못을 저지르게 되는 셈이다. 이것은 비록 육군을 '지원한다'는 겉치레를 두를지는 몰라도, 실제로는 우리가 육군에 끼칠 수 있는 가장 큰 폐해가 될 것이다.

예하 전략폭격기를 독일에 대한 '지역'폭격에서 빼내 프랑스에 대한 '정밀'폭격으로 돌리는 것의 결과에 관한 '폭격기' 해리스[1]의 예측은 틀려도 한참 틀렸음이 드러날 터였다. 우선, 그의 부하 승무원들은 이제는 작은 목표물을 아주 정확하게 치고 심지어는 독일군의 격렬한 저항을 받으면서도 이 '정밀' 전역을 지속하는 기술을 터득했음을 과시했다. 3월에 해리스와 미군판 폭격기사령부인 제8항공군의 지휘관인 칼 스파츠Carl Spaatz 장군의 이의제기가 기각되고 두 항공부대가 모두 아이젠하워의 대리인 아더 테더Arthur Tedder 공군대장 예하로 들어갔다. 그다음부터 전략항공부대가 프랑스 철도체계를 상대로 전역을 개시해서, 두 달이 조금 넘는 기간 동안 항공기 2,000대와 항공대원 1만 2,000명을 대가로 치르게 된다. 3월에 폭탄

<hr>

1. 폭격기는 해리스에게 붙은 별명이었다. 이 밖에도 해리스는 백정을 뜻하는 낱말인 부처(butcher)를 줄여 만든 부치(Butch)라는 별명도 가지고 있었다.

의 70퍼센트를 독일에 떨어뜨렸던 영국 공군 폭격기사령부가 4월과 5월에는 그 노력의 비율을 역전했다. 즉, 4월에 독일에 폭탄 1만 4,000톤을 떨어뜨렸지만 프랑스에는 폭탄 2만 톤을 떨어뜨렸으며, 5월에는 출격의 4분의 3을 프랑스를 상대로 개시했던 것이다. 6월 한 달 동안에 프랑스 공격의 중요성이 다시 커져서 침공지역과 그 주변의 군사 하부구조에 폭탄 5만 2,000톤이 떨어졌다.

더욱이 영국군 폭격기의 임무비행은 해리스의 예견과는 완전히 어긋나게 수행되었다. 육군을 아주 효율적으로 '지원했'을 뿐만 아니라 사실상 노르망디에서 독일군의 패배를 결정짓는 데 큰 몫을 해냈던 것이다. 독일 육군은 영국 육군과 미국 육군에 비하면 군사 발전의 전 세대에 속했다. 기갑부대와 차량화사단을 제쳐두면 독일 육군은 짧은 거리는 길을 걸어서, 먼 거리는 철도로 이동했지만, 심지어 자체의 동력 운송수단을 보유한 부대조차도 보급품과 중장비를 모두 다 오로지 철도로만 운반했다. 따라서 프랑스 철도 운행이 단절되고 교량이 파괴되자 독일 육군은 기동능력뿐만 아니라 심지어는 전투능력까지 심한 제약을 받았다. 4월부터 6월까지, 그리고 그 뒤에 노르망디 전투 자체가 진행되는 동안 프랑스 철도의 운행이 거의 멈췄고 프랑스 북부의 주요 하천에 놓은 다리가 대부분 부서지거나 적어도 금세 고칠 수 없을 만큼 심한 손상을 입었다.

이 파괴활동을 대부분 수행해낸 것은 영국 공군 제2전술부대[2]와 최근에 편성된 미군 제9항공군의 중거리 폭격기와 전폭기였다. 프랑스 북부 상공에서 대규모로 주간 '적진 신속비행'[3]을 하는 미군의 썬더볼트Thunderbolt와 영국군의 타이푼Typhoon 지상공격용 전투기가 5월 20일과 28일 사이에 파괴한 기관차만 해도 500대였다. 그러나 — 철도궤도 공장과 기관차 수리공장과 다리 등 — 훨씬 더 심각한 구조적 파괴작업은 전략폭격기의 일이었다. 5월 하순까지 프랑스 철도 교통량이 1월 수치의 55퍼센트로 떨어졌으며, 센 강의 다리들이

2. 영국 공군이 오벌로드 작전 지상군 지원을 주요 목적으로 폭격기사령부와 전투기사령부에서 병력 일부를 차출해서 1943년 6월에 창설한 항공부대 가운데 하나.

3. 적이 장악한 지역의 상공을 비행 편대가 빠른 속도로 통과하는 것.

파괴되어 6월 6일까지 30퍼센트로, 그 뒤로는 10퍼센트로 줄어들었다. 일찍이 6월 3일에 룬트슈테트의 참모진 가운데 절망에 빠진 한 장교가 철도 당국이 "복구작업을 더 하는 것이 쓸데없는 일은 아닌지 진지하게 고민하고 있다"는 보고서를 보냈(는데 얼트라가 이것을 해독했)다.

독일의 서방군 총사령관이 1944년 6월과 7월에 유지하는 데 성공한 철도수송 용량은 (해방되기 직전에 심각한 기아 위험에 처한 파리에 식량을 다시 공급하기에는 충분하지는 않았어도) 제7기갑군과 제5기갑군에 더는 줄일 수 없는 최소한도의 식량과 연료와 탄약을 공급하기에는 그런대로 충분했다. 그러나 이 같은 보급은 전투부대에 기동할 시도를 하지 않는 한에서만 보장될 수 있었다. 독일제국과 독일 사이에 임시로 급조된 교통망은 너무 취약하고 유연성이 없어서 전선의 부대가 교통망 종점에 붙박여 있을 경우에만 의존할 수 있었다. 전선부대는 일단 이동하면 필수품이 부족해지는 — 따라서 '프랑스에서 전투와 후퇴를 병행하며 퇴각할' 능력이 없어지는 — 위험부담을 안았다. 그들은 요새화된 교두보 외곽방어가 패튼의 전격전으로 파괴되었을 때, 교통·통신체계가 연결되어 있는 다음 요새화 진지로 가능한 최대 속력으로 퇴각할 수 있을 따름이었다. 그 진지란 프랑스-독일 국경의 서부방벽이었다.

따라서 노르망디 전역은 그 예비단계와 그 중심사태 양면에서 해리스가 틀렸음을 입증했다. 육군을 직접 지원하는 데 이용된 항공력의 효과는 즉시성과 전략의 차원에서 깜짝 놀랄 만큼 성공적이었다. 그렇다고 해도 해리스가 예하 폭격기부대를 독일 도시 공격으로부터 다른 임무로 돌리라는 상부의 압력에 저항해야 했다는 것은 불가피했고 이해도 가는 일이었다. 뭐라고 하건 간에, 폭격기사령부는 3년 동안 서구 열강이 독일제국 영토를 직접 압박했던 유일한 무력도구였다는 정당한 자부심을 느꼈던 것이다(미 제8항공군은 더 최근에 싸움에 들어왔다). 더욱이 해리스는 적의 본토를 폭격하는 것이 유일하면서도 고유한 존재 이유인 병과의 대변자였다.

한편, 독일 공군은 그 같은 작전 교리를 결코 택하지 않았다. 독일 공군이 창설된 1934년에 그 수장들은 독일 공군을 전략폭격기 부대로서 창건하는 것이 바람직하다고 생각했었지만, 장거리 대형비행기에 들어가는 필수품 일체를 제공하기에는 독일 항공기 공업의 발달 수준이 너무 낮다고 판단했기 때문에 그 선택안을 버렸다. 따라서 독일 공군은 소련 공군과 마찬가지로 육군의 시녀로 성장해서 성년이 되었고, 전직이 대부분 육군 장교였던 공군 지도자들은 육군의 시녀라는 역할을 만족해서 받아들였다. 따라서 독일 공군이 1940~1941년에 영국을 상대로 펼친 '전략' 전역은 지상지원 임무비행용으로 설계된 중거리 폭격기를 가지고 개시되었다. 귄터 코르텐 Günther Korten은 1943년 8월에 한스 예슌넥의 후임으로 독일 공군참모총장이 되었을 때 전략폭격기 병과를 창설하려는 '벼락치기식' 노력을 강행했지만, 그 시도는 선임자들이 10년 전에 독일 공군의 미래에 관해 내린 결정의 직접적인 결과로 알맞은 비행기가 없어서 실패했다.

코르텐이 뒤늦게 독일 공군에 전략능력을 부여하려고 시도한 동기는 소련 후방의 공업지역에 역공을 가해서 붉은군대가 1943년에 취하는 공세를 상쇄할 수도 있다는 믿음이었다. 슈페어 군비·군수 장관도 코르텐과 마찬가지로 그런 믿음이 있었다. 요컨대, 영국과 미국의 항공인 세대가 여유를 두고 느긋하게 채택해서 세련화한 정책을 그는 위기에 밀렸기 때문에 취했던 것이다. 그가 중거리 폭격기를 급하게 개장하고 그 승무원들을 — 실제로는 단기 긴급사태로 말미암아 수행할 기회를 그에게서 빼앗아간 작전인 — '침투' 작전에 재훈련하는 편법을 써야 했던 데 비해, 이미 해리스는 특정하게 침투임무 비행용으로 여러 해에 걸쳐 개발된 4발 엔진 폭격기 1,000대의 대부대를 지휘했다.

제공권

영국이 전략폭격 개념에 몰두하게 된 시기는 사실 제1차 세계대전 후반기로 거슬러 올라갈 수 있다. 1918년의 '독립 항공부대'가 독일 영토에 떨어뜨리는 데 성공한 폭탄은 비록 534톤에 지나지 않기는 했어도, 그 전략은 적 후방을 직접 공격하는 것이 항공부대의 올바른 역할이라는 사고에 의해 이미 알려졌다. 이 사고를 1920년대에 이탈리아의 비행사인 쥴리오 두에가 범위 면에서 머핸의 제해권 철학에 맞먹는 조리 있는 제공권 철학으로 정교화했다. 한편, 영국 공군은 정교한 이론의 도움 없이도 전략폭격기로 이루어진 '하늘의 해군'을 세계 최초로 창조하고 있었다. 그 작전기능의 근원은 영국 공군의 '아버지'인 휴 트렌처드Hugh Trenchard[4] 경이 제1차 세계대전 마지막 몇 달 동안 연합군 최고전쟁위원회를 위해 준비한 연구에 있었다. 당시 그는 다음과 같이 썼다. "정신적 효과와 물질적 효과, 두 가지 요소가 있으며 각 요소의 최대치를 얻어내는 것이 목표다. 이 목표를 이룰 최선의 수단은 공업중심지를 공격하는 것이다. 당신은 그 공업중심지에서 (1) 군수물자의 중심지에 타격을 가해 치명적인 군사적 피해를 주고, (2) 독일 인구 가운데 가장 예민한 일부인 노동계급에 타격을 가해서 사기에 최대한의 효과를 발휘한다."

트렌처드는 — 공장에 폭탄을 떨어뜨리고 공장에서 일하며 공장 부근에서 사는 사람들을 겁에 질리게 만드는 — 이 단순하고도 야만적인 전략을 옹호함으로써 문명국가들이 그때까지는 도시 포위에서만 허용하던 원칙을 전쟁 행위 일반에까지 확장할 것을 제안했다. 도시 포위전에서 언제나 군대는 포위가 시작된 뒤에 도시 성벽 안에 남는 쪽을 택한 도시민은 굶주림과 포격 같은 포위의 고난, 그리고 일단 성벽이 뚫리고 투항하겠다는 제안이 거부되면 강탈과 약탈을 당할 것을 각오한다는 규약에 따라 활동했다. 포위전 도덕의 일반화는 거의 반박을 받지 않았고, 이것은 제1차 세계대전이 대륙

4. 영국의 군인(1873~1956). 20세에 육군장교로 임관해서 39세에 비행술을 배웠다. 1918년에 항공부대장이 되어 공군의 창설을 도왔고, 독일 공업시설 폭격을 조직했다. 전간기에 전략폭격을 적극 주장했다. 1930년에 상원의원이 되었다.

규모의 포위전과 얼마나 흡사해졌던가와 문인이나 무인 할 것 없이 전쟁 지도자들의 감수성이 제1차 세계대전을 수행하면서 얼마나 심하게 무뎌졌는가, 두 가지를 보여주었다. 실제로, 트렌처드의 제안에 이의가 거의 제기되지 않았다. 즉, 그의 제안은 당시 서구 연합국 사이에서 원칙상의 반대에 부딪히지 않았으며 일단 전쟁이 끝나자 '공중습격'을 회피하고 그 효과를 극소화하거나 자국 항공부대가 미래의 적에게 그런 습격을 가할 능력을 극대화할 목적을 가진 정책을 자극함으로써 영국 정부와 프랑스 정부에 영향을 끼쳤다. 이렇게 해서 연합국은 베르사유에서 독일의 항공부대를 영구 폐지해야 한다고 고집했다. 그러나 1932년이 되면 당시 영국 연립정부의 저명한 각료였던 스탠리 볼드윈이 "폭격기는 언제나 결국은 해낼 것"이라고 우울하게 시인하고 있었고, 영국 공군 지도자들은 심지어는 자국 영공 방어에서 전투기 비행대대를 빼앗는 대가를 치르면서까지 폭격기 대부대를 확대하려고 가차없이 싸우고 있었다.

폭격에 대한 영국 공군의 몰입은 공격이 최선의 방어라는 믿음에 뿌리를 두었다. 1930년대 말기에 영국 공군 총사령부 계획부장이었던 존 슬레서John Slessor 공군중장은 적국 영토에 가하는 공세는 적국의 공군을 수세에 몰아넣는 직접적인 효과를 가지며 적국의 육군의 전쟁수행 역량을 분쇄하는 부차적이고 간접적이지만 궁극적으로는 결정적인 효과를 가진다고 주장해서 자기가 속한 병과의 견해를 고전적인 형태로 표현했다. 그는 1936년에 나온 『항공력과 군Airpower and Armies』이라는 책에서 다음과 같이 썼다. "적어도 다음과 같은 결론에는 반박을 가하기 어렵다. 오늘날에는 집약적인 규모에 접근하는 그 어떤 규모로 이루어지는 항공폭격을 고르지 않은 간격으로라도 일정 기간 유지할 수 있다면, 무기와 탄약, 그리고 거의 모든 종류의 전시 군보급물자에서 1918년형 군대의 막대한 요구조건을 충족하는 것을 심히 불가능하게 만들 정도로 군수공업 산출량을 제한할 수 있다."

제2차 세계대전이 시작되었을 때 전략폭격이 있을지 모른다는 전망이 불러일으킨 공포가 — 즉, 에스파냐 내전 동안 프랑코의 공군과 프랑코의 동맹국인 독일과 이탈리아의 해외파견군 비행대대가 공화국 정부가 통치하는 지역 도시에 가한 폭격에 관한 비난을 국제 좌익세력이 탁월하게 조율함으로써 아주 크게 고조된 공포, 그리고 피카소가 그린 〈게르니카Guernica〉에 정수가 표현되어 있는 공포가 — 너무나도 격심하고 일반적이어서, 역설적으로 히틀러마저 도덕적(이면서 이기적)인 전략폭격 엠바고를 가장 먼저 깨는 나라가 되지 않겠다고 주요 교전국 사이에 이루어진 무언의 동의에 가담했다.

히틀러는 — 1939년 9월 바르샤바 폭격과 1940년 5월 로테르담 폭격처럼 — 보복능력이 없는 나라들에 대한 공격이나 보복능력이 있는 나라의 군사 목표물에 대한 공격을 배제하는 데까지 엠바고를 확대하지 않았다. 비행장과 해군항과 주요 철도시설을 비롯한 군사 목표물 폭격은 가장 전통적인 전쟁규약 아래서는 적법했다. 그러나 1940년 여름까지 모든 교전국이 상대방의 도시는 건드리지 않았다. 심지어는 브리튼 전투가 시작되었어도 히틀러는 공격이 비행장에, 그리고 런던 부두London Docks처럼 군사 목표물로 간주될 수도 있는 목표물에 국한되어야 한다고 역설했다. 그러나 이런 제한은 브리튼 전투가 결말이 날 전망 없이 늘어지면서 지키기가 점점 더 어려워졌다. 인구 밀집 목표물을 직접 공격해서 '영국 공군을 싸우게 만들'어야 한다는 주장이 거세지자 히틀러는 엠바고 깨기를 정당화할 방법을 찾아보았다. 그는 7월 19일에 독일 국회에서 한 승리 연설에서 프랑스 공군, 아니면 영국 공군이 프라이부르크-임-브라이스가우Freiburg-im-Breisgau를 이미 폭격했다는 의견을 발표했다(괴벨스는 프랑스와 영국 모두에 혐의를 씌웠다). 사실, 프라이부르크-임-브라이스가우는 5월 10일에 정상 항로에서 벗어나 비행한 독일 공군의 실수로 공

격을 받았다. 방향을 잃은 또 다른 독일 공군 승무원들이 8월 24일
에 실수로 이스트 런던East London[5]을 폭격해서 다음날 밤에 영국 공
군의 베를린 보복 공습을 유발하자 히틀러는 이 기회를 잡아 결투
신청이 들어왔다고 선언했다. 그는 9월 4일에 베를린의 스포츠 궁전
Sportpalast에서 무아경에 빠진 청중에게 다음과 같이 말했다. "[영국이]
우리 도시를 더 많이 공격하겠다고 선언한다면[처칠은 이런 선언을
한 적이 없다], 우리는 저들의 도시를 쑥대밭으로 만들겠습니다. 우
리는 저 항공 해적들의 소행을 저지할 것입니다. 그들과 우리 가운
데 어느 한쪽이 깨질 때가 올 것이며, 그 한쪽은 국가사회주의 독일
은 아닐 것입니다."

폭격기사령부의 위기

1940년 겨울에 본격적으로 폭격 전역을 시작했을 때 영국의 폭격
기사령부에게는 독일을 파열점으로 몰아갈 힘이 전혀 없었다. 폭격
기사령부가 당차게도 히틀러의 1923년 11월 8일 뷔르거브로이 술집
봉기 기념일에 뮌헨을 폭격하자, 독일 공군은 보복으로 공업도시인
코번트리Coventry를 공습해서 부수거나 못 쓰게 만든 건물이 6만 채였다.
영국 공군은 의도적으로 상승효과를 일으킨 치고받기에서 12월 20
일 밤에 만하임Mannheim을 공격했지만 도시를 제대로 맞추지 못해서,
이후로 으스스하게도 전략폭격 성공의 잣대가 될 민간인 사상자 수
를 단위로 점수를 계산한다면 — 사망자 23명 대 568명으로 — 코
번트리가 당한 피해의 25분의 1 정도를 입혔을 뿐이다. 만하임 공습
은 이름만 안 그럴 뿐이지 사실상 '지역폭격'[6]이나 직접적인 민간인
공격의 실행이었기 때문에, 이제 영국군 폭격기사령부은 독일 공군
의 지역폭격 역량을 능가하는 것은 고사하고 동등한 수준에 설 방
법을 가지지 못하면서도 독일 공군과 똑같은 도덕 수준으로 떨어져
버린, 그리 달갑지 않은 입장에 놓였다. 1940~1941년 겨울의 '대공습'

내내 런던과 다른 영국 도시들이 에이커 단위로 불탔다. 독일 공군은 1940년 12월 29일에 런던 구도심지에만 화재 1,500건을 일으켜서 사뮈엘 핍스Samuel Pepys[7]와 크리스토퍼 렌Christopher Wren[8]과 사뮈엘 존슨Samuel Johnson[9]에게 낯익은 거리에 남아 있던 건축물을 대부분 파괴했다. 같은 수준의 피해를 본 독일 도시는 1940년, 심지어는 1941년에도 없었다. 처칠이 1940년 9월 3일에 전시내각에서 말한 대로, "해군이나 육군 위의 제1석을 차지해야 하는" 병과인 폭격기사령부는 영락없이 "독일에 폭탄을 수출하는 엉성한 항공 화물 서비스에 지나지 않"았으며 향후 여러 달 동안 여전히 그럴 것이었다.

폭격기사령부의 무능을 보여주는 가장 창피한 지표는 1941년 한 해 동안 폭격공습 도중에 죽은 항공대원과 독일 민간인 사이의 '교환비율'이었다. 죽은 항공대원 수가 죽은 독일 민간인 수를 사실상 넘어섰다. 이 불균형을 설명해주는 이유가 몇 가지 있다. 하나는 물리적인 것이었다. 영국의 폭격용 항공기의 성능이 형편없어서, 아직은 멀리 떨어진 목표에 다량의 폭탄 탑재량을 싣고 가서 떨어뜨릴 속력, 항속거리, 고도, 힘이 부족했다. 지리적인 이유도 있었다. 폭격기는 — 아직은 독일 서부일 뿐이더라도 — 독일에 도달하려면 이미 독일군이 전투기와 대공포화의 가공할 방어 차장을 배치하기 시작한 프랑스나 벨기에나 네덜란드의 상공을 날아가야 했던 것이다. 가장 중요한 세 번째 이유는 기술적인 것이었다. 주간공습에서 폭격기를 보호하는 데 필요한 장거리 호위 전투기가 영국 공군에 없었기 때문에 폭격기사령부는 야간폭격을 전담했는데, 폭격기사령부에는 비행 목적지인 도시 안에 있는 — 공장과 조차장과 발전소 등 — 지정 목표물만이 아니라 심지어는 그 도시 자체를 찾아낼 항법장비가 없었다. 폭격기사령부가 '표적에서 빗나간' 곳을, 심지어는 엉뚱한 곳을 폭격하고 있다는 의혹은 처칠의 과학 자문관인 처웰Cherwell 경[10]의 제안에 따라 1941년 8월에 준비된 조사로 엄밀하게 확

7. 영국의 관리, 문필가(1633~1703). 해군의 고위관리로, 당시 시대상을 독특한 암호로 적어놓은 방대한 일기의 작성자로 이름나 있다. 그 일기에는 전염병이 돌고 대화재가 일어난 왕정복고 초기 런던의 모습이 잘 묘사되어 있다.

8. 영국의 건축가(1632~1723). 고딕 건축의 영향이 강했던 영국에서 이탈리아 르네상스 건축에 자극받아 영국 르네상스 건축을 완성했다. 1666년 런던 대화재 후 도시재건사업 감독관이 되어 런던 도심의 주요 건축물들을 만들었다.

9. 영국의 문학가(1709~1784). 시와 소설을 많이 써서 영국민의 사랑을 받았다. 그가 편찬한 『존슨 사전』은 영어권 최초의 학문적 사전으로 표준영어를 확립하는 데 이바지했다.

10. 영국의 과학자, 행정가(1886~1957). 본명은 프레데릭 린드만(Frederick Lindemann). 독일령 알자스에서 태어나 영국에서 물리학자가 되었다. 1921년부터 알게 된 처칠의 신임을 얻어 처칠의 전쟁정책 결정에 큰 영향력을 행사했다. 1941년에 작위를 받았다.

11. 처칠 경의 요구로 영국 전시 내각 각료인 버트(M. P. Butt)가 수행한 조사의 결과 보고서. 이 보고서에는 영국 공군이 1941년 6월 2일부터 7월 25일까지 독일의 28개 목표물에 가한 야간공습 100회의 성과를 항공사진을 통해 분석한 조사의 결과가 들어갔다.

인되었다. 버트Butt 보고서[11]의 주요 소견은 다음과 같았다. "목표물을 공격하는 항공기 가운데 5마일 이내에 들어간 항공기는 …… 3대 중 1대 꼴에 지나지 않았다. 프랑스의 항구 상공에서는 그 비율이 3대 중 2대 꼴이었다. 독일 상공에서는 …… 4대 가운데 1대 꼴이었으며, 루르[독일 공업의 심장부이자 폭격기사령부의 주요 타격 목표지역] 상공에서는 10대 중 1대 꼴에 지나지 않았다."

비행기 700대가 작전을 마치고 돌아오지 못한 1941년 한 해 동안 가뜩이나 부족한 폭격기사령부 승무원들이 독일 시골에 탄공을 만들기 위해 대량으로 죽어가고 있었다. 처칠과 영국사람들이 직접 히틀러의 코앞으로 전쟁을 가져갈 유일한 수단으로서 폭격기사령부에 건 희망은 제쳐놓고서라도, 이런 사실을 깨달으면서 위기가 촉발되지 않을 수 없었다. 1941년 말에 위기가 일어났다. 일찍이 1941년 7월 8일에 처칠은 "[히틀러를] 거꾸러뜨릴 것이 한 가지 있는데, 그것은 이 나라에서 아주 무거운 폭격기들이 날아올라 철저하게 때려부수는 괴멸적인 공격을 나치 본국에 가하는 것"이라고 쓴 적이 있다. 처칠의 독촉을 받은 영국 공군은 무엇보다도 먼저 폭격기사령부를 (하루 동안 사용 가능한 비행기 대수가 겨우 700대였을 때) 중폭격기 4,000대 병력으로 증강하는 계획에 몰두했다. 이 목표를 이루어낼 수 없다는 점을 깨달은 뒤에는 영국 공군은 독일 민간인들이 일하는 공장을 정확히 맞출 수 없으므로 이미 실전 배치된 폭격기를 앞으로는 독일 민간인들을 죽이는 데 이용해야 한다는 것을 받아들이게 되었다. 2월 14일에 영국 공군 총사령부는 앞으로 작전은 "이제 적국의 민간인 인구, 특히 공업 노동자의 사기에 초점을 맞추어야 한다"고 강조하는 지령을 발표했다. 요점을 놓치지 않도록 찰스 포털 공군대장이 다음날 다음과 같이 썼다. "생각해보건대 새 조준점은 가옥 밀집[거주]지구여야지, 이를테면 해군 공창이나 비행기 공장이어서는 안 된다는 점이 분명합니다. …… 만약 아직 이해가 되지 않았다면 이 점을 확실하게 이해하고 넘어가야 합니다."

지적인 귀족인 포털이 지역폭격의 핵심 사고를 드러낸 사람이었다는 것은 뜬금없지 않았다. 왜냐하면 그 사고는 궁극적으로는 계급 편견, 즉 프롤레타리아트의 잠재한 불만이 공업국가의 아킬레스건이라는 판단에 기대고 있었기 때문이다. 리델 하트는 1925년에 글을 쓰면서 폭격공격으로 "정신이 나가서 충동적으로 길길이 날뛰며 약탈을 하는 빈민가"를 생각함으로써 트렌처드가 1918년에 처음 발표한 이론을 극적으로 표현했다. 이 세 사람의 선입견을 결정한 것은 지배계급 사이에 널리 퍼져 있는 두려움이었다. 그 두려움이란 전쟁으로 피폐해진 러시아에서 볼셰비키가 거둔 성공이 1917년 이후에 봉기를 유럽 전역에서 다시 불러일으켜 어쩌면 혁명으로 이어질지도 모른다는 공포였다. 실제 일어난 사건을 보면 지역폭격이 고난을 — 특히 처칠이 1942년 3월자 주요 문건에서 옹호한 '주택 박탈'을 — 견뎌내는 프롤레타리아트의 지구력을 오히려 극히 강렬하게 자극하는 효과를 빚었다는 것이 입증된다. 그러나 1942년 초기에 — 마르크스가 정하는 식으로 친다면 — 프롤레타리아트의 계급의 적들은 거꾸로 예상했다. 이 '폭격기 귀족 나리들'은 독일 노동계급을 상대로 전역을 개시하고는 이렇게 하면 제1차 세계대전의 시련으로 말미암아 제정 러시아에서 노동계급과 그 지배자 사이에 생겨난 것과 똑같은 균열이 일어나리라고 굳게 믿었다.

영국 공군 총사령부가 새로운 정책을 수행할 사람을 고르는 데에서도 계급 반응에 대한 강렬한 취향이 배어 있었다. 아더 '폭격기' 해리스는 야비한 외골수 지휘관이었다. 그에게는 지역폭격 정책의 정당성에 관한 지적인 의심도 도덕적인 가책도 없었으며, 그는 — 폭격기 대수를 늘리고 폭격전문 보조기구를 세련화하고 기만책을 정교하게 만드는 등 — 온갖 수단을 다해서 지역폭격의 효과를 극대화하려고 노력하게 된다. 1942년 2월 22일에 그는 하이위컴High

Wycombe에 있는 폭격기 본부에서 사령관직에 취임한 뒤 곧바로 가진 인터뷰에서 다음과 같이 말했다. "폭격으로는 전쟁에 이길 수 없다고 말하는 사람이 많습니다. 아직 단 한 번도 시도해본 적이 없다는 것이 제 대답입니다. 두고보세요."

운 좋게도 그는 더 정밀한 폭격에 도움이 되는 최초의 항법 보조기구인 '지Gee'[12]가 막 실전에 배치되려던 참에 지휘를 맡았다. '지'는 1940~1941년에 독일 공군이 영국의 목표물로 유도될 때 이용되었던 '빔beam' 체계와 비슷했다. '지'가 발신하는 두 쌍의 무선 전파 신호를 수신하는 항공기는 모눈이 그려진 항법도에 정확한 위치를 표정해서 폭탄을 미리 정해놓은 지점에 떨어뜨릴 수 있었다. '지'의 뒤를 이어 12월에 정밀폭격장치 '오보에Oboe'가 나와서 모스키토 선도기Pathfinder Mosquito에 장착되었으며, 1943년 1월에는 H2S가 나왔다. H2S는 항법사에게 도드라진 지상 목표로 항공기 아래에 있는 땅의 화상을 그려주는 레이더 장치였다.

영국 공군 폭격기사령부이 목표를 찾아내는 능력이 이 세 가지 항법 보조기구로 크게 개선된다. 비록 결정적인 진척을 이뤄낸 것은 1942년 8월에 특별 선도 편대의 편성이기는 했지만 말이다. 고고도에서 고속 비행하는 신형 모스키토 경폭격기를 비롯한 다양한 항공기가 뒤섞인 선도 편대가 폭격기 제파梯波보다 앞서 가서 소이탄과 조명탄으로 화재를 일으켜 목표물을 '표시'해서 '찍어놓'으면 그다음에 주력부대가 그 불구덩이 안에 적재물을 떨어뜨렸다. 해리스는 선도부대의 창설에 맹렬히 반대했다. 그는 (영국 육군장군들이 특공부대 편성에 반대하면서 들먹인 것과 똑같은 논거로) 선도부대가 보통 폭격기 비행대대에서 뛰어난 지휘관을 앗아가며 또한 지역폭격을 수행하는 부대의 규모를 줄인다고 믿었다. 그러나 그는 선도편대가 전문화하지 못한 폭격기사령부 승무원들보다 얼마나 훨씬 더 효율적으로 목표를 찾아내는지를 과시하자 반대 의사를 재빨리 거둬들여야 했다.

12. 무선 전파신호 항법방식인 AMES Type 7000의 별칭. 모눈 종이의 격자를 뜻하는 영어 grid 의 약자인 G의 소리값을 따서 붙인 별명이었다.

'힘센 거구들'의 도착

또한 지역폭격에 대한 해리스의 공언은 그가 지휘를 맡은 시점에서 크게 개선된 새 공격도구의 출현으로 신빙성을 얻었다. 전쟁이 시작되었을 때 당장 쓸 수 있었던 영국 폭격기인 햄든Hampden과 위틀리Whitley와 우아한 웰링턴Wellington은 폭탄 탑재기로는 알맞지 않았다. 더 큰 후속기종인 스털링Sterling과 맨체스터Manchester에도 흠이 있었다. 각각 고도와 힘이 부족했기 때문이다. 그러나 할리팩스Halifax, 특히 1942년에 나온 랭카스터는 신세대 폭격기였다. 1942년 3월에 처음으로 작전비행을 한 랭카스터는 엄청난 폭탄 적재적량, 결국은 10톤짜리 '그랜드 슬램Grand Slam'[13]을 싣고 먼 거리를 나를 수 있으며 하늘에서 떨어지지 않고 독일군 야간전투기의 맹렬한 공격에 버틸 수 있을 만큼 아주 다부지다는 것이 입증되었다.

그러나 해리스는 처음부터 질이 아니라 양에 신경을 썼다. 그의 목표는 독일의 방어부대와 소방부대를 압도할 목적으로 가능한 최대 다수의 폭격기를 독일 도시 상공에 집중하는 것이었다. 1942년 3월에 파리 르노Renault 공장공습에 성공한 데 고무받아 그는 3월 28~29일 밤에 발트 해의 유서 깊은 한자 동맹 도시 뤼벡에 공습을 가했다. 그는 자기의 의도에 관해 잔인하다 할 만큼 솔직하게 다음과 같이 말했다. "내가 보기에는 대공업도시 하나를 부수지 못할 바에야 그저 그런 중요성을 띠는 작은 공업도시 하나를 부수는 게 낫습니다. …… 나는 내 부하 승무원들이 '피에 익숙해'져서 …… 기분전환을 위해 잠깐이나마 성공을 맛보기를 바랍니다." 중세 목조건축의 보석인 뤼벡은 완전히 잿더미가 되었으며, 공습부대의 95퍼센트가 무사히 기지로 돌아왔다. 이 '교환 비율'에 해리스는 자기가 승리하는 공식 하나를 찾았다고 확신했다.

폭격기사령부는 4월에 발트 해의 또 다른 중세도시인 로스톡Rostock에 나흘 밤 연속으로 소이탄을 쏟아 붓는 공습에 다시 성공했

다. 해리스는 "이 두 차례 공격은 독일에서 폭격으로 폐허가 된 총
면적을 780에이커로 끌어올렸고, [영국에 가해진] 폭격에 관해서
피장파장이 되었다"고 썼다. 독일 공군은 유서 깊은 바스Bath, 노리
치Norwich, 엑서터Exeter, 요크York, 캔터베리Canterbury에 이른바 '베데커
Baedecker'(여행 안내책자) 공격[14]을 가해서 앙갚음했다. 그러나 이 공격
은 한 단계 올라선 해리스의 다음 공격에 필적하기에는 역부족이었다.
그다음 공격이란 1회 공격을 폭격기 1,000대로 하는 형태를 띤 최초
의 '폭격기 1,000대의 공습'으로, 5월에 쾰른Köln에 가해졌다. 훈련부
대와 그 부대의 기계 작업장을 싹쓸이해서 대원과 비행기를 긁어모
은 영국의 폭격기사령부는 독일제국에서 세 번째로 큰 이 도시 상
공에 여태껏 독일 하늘에서 본 가장 많은 수의 항공기를 집중해서
그 유명한 대성당을 빼고 도심에 있는 것을 모조리 다 불태웠다.

폭격기사령부의 새로운 전술의 성공은 병력이 늘고 목표물을 찾
아내는 솜씨가 나아진 것뿐만 아니라 화재를 일으키는 방식을 서
슴지 않고 채택한 것에도 달려 있었다. 그 뒤로 폭격기사령부의 폭
탄 적재적량에는 소형 소이탄과 대형 고폭탄이 2 대 1의 비율로 들
어 있게 되었다. 쾰른에서 600에이커가 불에 탔다. 6월에 에센Essen
과 브레멘에 가해진 폭격기 1,000대의 공습이 비슷한 효과를 보았다.
독일의 공업중심지인 루르 지방의 에센은 3월과 4월 사이에 공격을
이미 여덟 차례나 당했다. 1943년 봄과 여름에 영국 폭격기사령부
는 온 힘을 '루르 전투'에 쏟아 부어서 그 소이 효과를 곱절로 올렸다.

이 무렵이면 독일에 가하는 전략폭격 공세가 두 나라 항공부대의
전역이 되었다. 1942년 봄에 영국에 도착한 미 육군 제8항공군이 8
월에 루앙Rouen에 있는 조차장을 공격해서 첫 공습을 수행한 것이다.
이 공격은 전쟁이 일어나기 여러 해 전에 미 육군 항공부대 장교들
이 만들어낸 철학에 따라 낮에 이루어졌다. 미국의 해역에서 작전
을 벌이는 적 해상부대를 쳐부숴야 한다는 생각이 절실했던 이들

14. 베데커란 카를 베데커(Karl Baedeker)가 세운 독일의 출판사가 1829년부터 펴내기 시작한 여행 안내책자였다. 믿을 만한 호텔과 관광 명소를 별표로 표시하는 방식으로 명성을 얻었으며, 아들 대에 사세가 확장되어 1861년에 영어판이 발행되었다. 여기서 말하는 베데커 공격의 대상이 된 다섯 도시는 영국에서 관광지로 이름난 고도들이다.

은 낮에 대량의 폭탄 적재적량을 가져가서 작은 목표물에 정확하게 떨어뜨리기 위한 용도의 항공기와 폭격조준기를 개발해냈다. 노든 Norden 폭격조준기는 전략폭격기에 실린 것 가운데 가장 정확한 광학기구였다. 이 도구를 실은 B-17 폭격기는 긴 항속거리와 중무장 방호로 시선을 모았다. 중무장 방호는 만족스러운 장거리 전투기가 없는 상태에서 폭격기가 허용치를 넘는 손실을 보지 않고 제힘으로 싸워 목표물까지 갔다 올 수 있다는 미국의 믿음에 핵심적인 요소였다. 그러나 항속거리와 무장이라는 요구조건 때문에 B-17의 폭탄 적재적량이 큰 제약을 받았다. B-17 한 대의 폭탄 적재적량은 보통 상황에서 4,000파운드를 넘기 어려웠고, 여러 작전에서는 2,600파운드까지 떨어졌다. 해상 방어 역할에서 대륙 공격 역할로 전환 배치된 아이라 에이커 장군 예하 제8항공군의 용도는 독일과 독일이 점령한 영토 안으로 들어가서 폭격기사령부의 야간공습을 보완하는 주간 종심침투 임무비행이었다. 1943년 1월에 에이커가 당장 쓸 수 있는 B-17은 500대였다.

합동 폭격기 공세

독일을 상대로 미군이 펼치는 폭격공격과 영국군이 계속 수행하는 폭격공격의 통합은 1943년 1월의 카사블랑카 회담에서 '카사블랑카 지령'으로 정식화되었다. 이 지령으로 핵심 목표물을 칠 '합동 폭격기 공세'(5월의 작전암호명 포인트블랭크Pointblank)의 바탕이 마련되었다. 핵심 목표물은 우선순위에 따라 독일군 잠수함 건조장, 독일 항공기 공업, 수송기관, 석유공장, 그 밖의 군수공업 목표물로 정해졌다. 그러나 목표물 명시는 작전수행 방식을 둘러싼 영국군과 미군 사이의 첨예한 견해차를 가렸다. 에이커는 자기 예하의 B-17을 지역폭격에 투입하자는 영국군의 주장을 거부했다. 그는 해리스가 경멸조로 '만병통치 목표물'이라고 부르며 거들떠보지 않은 것을 B-17

로 정밀하게 공격하는 것이 최선이라는 확신을 버리지 않았다. 해리스 측으로서는 자기가 택한 방식에서 벗어나기를 거부했다. 그 결과, 두 나라 항공부대는 카사블랑카 회담에서 앞으로 해야 할 일로 선정된 사항들을 사실상 자기들끼리 나눠서, 영국 공군은 독일 주요 도시의 가옥 밀집지역을 뜻하는 '타종 목표물'에 계속 야간공격을 하고 미 육군 항공부대는 독일 경제의 '병목'을 치는 주간공습에 전념하기로 했다.

미 육군 항공부대에 조언을 해주는 경제분석가들이 고른 첫 '병목'은 독일 한복판에 있는 슈바인푸르트Schweinfurt의 볼베어링 공장이었으며, 제8항공군은 1943년 8월 17일에 이 공장을 폭격했다. 항공기와 전차와 U-보트의 전동장치에 없어서는 안 되는 부품을 공급하는 그 공장이 부서지면 독일의 무기 생산이 불능상태에 빠지리라고 시사하는 분석이 나왔다. 이 이론은 다만 부분적으로만 옳았다. 왜냐하면 독일은 레겐스부르크Regensburg에 있는 다른 공장과 중립국 스웨덴에서 대신 공급원을 찾아냈기 때문이다. 스웨덴은 연합군의 타격목표지역 바깥에 있을 뿐만 아니라 석탄 수입에 의존해서 독일에 얽매여 있기도 했다. 실행 결과는 거의 완전히 재앙이었다. 북프랑스와 독일 절반을 호위전투기 없이 낮에 가로질러 가야 했던 '자위 기능이 있는' 하늘의 요새 편대는 전투기의 공격에 유린당했다. 출발했던 B-17기 229대 가운데 36대가 격추되어 '소모율'이 16퍼센트로, 폭격기사령부가 1회 임무비행에서 '허용치'로 설정해놓은 비율의 세 배를 넘어섰다. 레겐스부르크 보완 공습에서 잃은 B-17기 24대를 계산에 넣고 귀환한 폭격기 100대가 입은 심각한 피해를 감안하면, 8월 17일은 재앙의 날이었음이 분명해졌다. 자위 기능이 있는 폭격기라는 전쟁 이전의 이론이 틀린 구상이었음이 입증된 셈이다. 제8항공군은 독일 안으로 종심침투하는 임무비행을 다섯 주 동안 중단했고, 주간폭격기를 목표물까지 호위하는 장거리 전투기가 개발될 때까지는 임무비행이 완전히 재개되지 않을 터였다.

함부르크 공습

미군의 전역이 지지부진한 동안 영국군은 독일 서부의 여러 도시에 걸쳐 훨씬 더 넓게 파괴를 확대해오고 있었다. 3월부터 7월까지 지속된 '루르 전투'에 거의 800대에 이르는 항공기가 투입되어 1만 8,000회 출격(개별 임무비행)을 해서 독일 공업 심장부에 폭탄 5만 8,000톤을 떨어뜨렸다. 해리스도 5월과 8월에 두 차례 '만병통치약' 임무비행에 나서야 했고, 두 번 다 대성공을 거두었다. 그 첫 번째 임무비행에서 특수훈련을 받은 617비행대대가 루르 지방에 수력발전을 대부분 공급하는 뫼네Möhne 댐과 에더Eder 댐을 파괴했다. 첩보통이 독일의 무인 미사일 비밀 공창이 건설되고 있는 곳임을 밝혀낸 발트 해 연안의 페네뮌데Peenemünde 섬에 있는 실험실과 제조 작업장이 8월에 대공습으로 폐허가 되었다.

그러나 해리스의 입맛에는 7월의 나흘 연속 함부르크 야간공습이 더 맞았다. 이 공습으로 '화재폭풍'이 일어나서 6만 2,000에이커 면적의 북독일 대항구의 심장부가 잿더미가 되었다. 화재폭풍은 폭격부대가 마음대로 일으킬 수 있는 효과가 아니다. 화재폭풍이 일어나려면 특정한 기상조건이 지속되고 민방위가 무력해지는 특정한 조합이 필요했다. 그러나 그런 조건이 있다면 결과는 파국적이었다. 중심의 대화재가 사이클론의 풍속에 이르는 바람으로 주변부에서 끌어온 산소를 먹고 일어나서, 지하실과 벙커에 숨은 사람들이 숨이 막혀 죽고 잔해 부스러기가 빨려 들어가 소용돌이치고 온도가 치솟아 불이 붙을 수 있는 모든 사물이 마치 자연발화로 일어나는 것처럼 불타오르는 수준에 이른다. 이런 조건이 1943년 7월 24일과 30일 사이에 함부르크에 있었다. 오랫동안 비가 오지 않고 날씨가 무더웠으며, 초기 폭격으로 847군데에서 수도 본관水道本管이 깨지고 화재의 중심온도가 곧 화씨 1,500도[15]에 이르렀다. 화재가 결국은 저절로 꺼졌을 때 함부르크에 있던 건물들 가운데 무사히 남은 건물은 20퍼센트에 지나지 않았다. 도심에 들어차 있는 와륵이 4,000만 톤이었고 목숨을 잃은 도시 주민이 3만 명이었다. 시의 몇몇 구에서는 주민의 치명적 사상자 수가 30퍼센트를 넘어섰고, 여성 사망자가 남성 사망자보다 40퍼센트 더 많았다.

전쟁기간을 통틀어 계산이 이루어지자, 함부르크의 폭격 희생자가 1939년과 1945년 사이에 함부르크 시에서 징집된 군인의 전사자 비율보다 겨우 13퍼센트 낮았다는 사실이 밝혀졌다. 그 폭격 희생자의 과반수는 1943년 7월의 대공습에서 목숨을 잃은 사람들이었다. 함부르크는 영국 공군이 일으킨 유일한 화재폭풍이 아니었다. 화재폭풍은 10월에 불길이 7일간 타오른 카셀Kassel에서 비록 사상자 수는 더 적어도 같은 효과를 얻게 된다. 나중에 뷔르츠부르크(4,000명 사망), 다름슈타트Darmstadt(6,000명 사망), 하일브론Heilbronn(7,000명 사망), 부퍼탈Wuppertal(7,000명 사망), 베저Weser(9,000명 사망), 마그데부르크Magdeburg(1만 2,000명 사망)에서도 같은 식으로 불길이 일었다.

그러나 함부르크로 용기를 얻은 해리스는 독일 서쪽 언저리에 있는 공업도시들과 한자 동맹 도시 항구들 너머에 눈독을 들였다. 독일 공군이 런던에 '대공습'을 가하는 동안 영국 공군 폭격기사령부가 앙갚음을 하는 역할을 맡았을 때 베를린은 그 부대의 으뜸가는 목표물의 하나였다. 1943년 11월에 해리스는 다가오는 밤이 긴 계절 동안 베를린을 휘하 승무원들의 주목표로 삼기로 마음먹었다. 긴 밤은 독일군 전투기 공격을 막는 최선의 보호책이었다. 베를린은 1942년 1월에 마지막으로 공격을 받았지만, 그 뒤로는 타격목표 목록에서 빠졌다. 폭격기사령부 기지에서 멀리 떨어져 있고 방어가 강력해서 이 두 요소가 합쳐져 베를린 공습의 '소모율'이 이례적으로 높아졌기 때문이다. 그러나 8월과 9월에 위력수색공격이 개시되자 독일의 수도가 크게 강화된 해리스의 폭격부대에 지금까지보다 더 만만한 목표물이 되었음이 드러났고, 해리스의 폭격기사령부가 1943년 11월 18~19일 밤에 '베를린 전투'에 투입되었다.

그날 밤과 1944년 3월 2일 사이에 폭격기사령부가 베를린 시에 대규모 공습을 열여섯 차례 가했다. 1940년 8월 이후로 영국 공군이 착수한 모든 공습에서 피해를 본 베를린의 건물 밀집지대는 200에이커를 넘지 않았고, 베를린은 독일제국뿐만 아니라 히틀러 치하 유럽의 수도로서 정상 기능을 계속 발휘했다. 베를린은 여전히 산업과 행정과 문화의 주요 중심지였다. 베를린의 대형 호텔과 레스토랑과 극장이 번창했으며, 히틀러에 반대하는 상층 부르주아의 본산인 달렘Dahlem 같은 베를린의 우아한 주택가의 삶도 마찬가지였다. 히틀러를 모살하려는 7월 음모의 주동자 가운데 한 사람인 아담 폰 트로트Adam von Trott[16]의 절친한 친구이면서 피난민으로 베를린에 들어간 친영 백러시아인 '미시' 바씰치코프'Missie' Vassiltchkov[17]는 전쟁 이전의 삶이 1943년 말까지는 '적의 행동'(영국에서 폭격으로 인한 사망 원인을 일컫는 데 사용된 문구)으로 전혀 중단되지 않았음을 알아차렸다. 바씰치코프는 베를린 전투가 시작되는 바로 그 순간까지 계속해서 만찬을 하고 춤을 추고 호엔촐레른-지그마링엔 가Hohenzollern-Sigmaringen 家에서 열리는 전쟁기의 마지막 독일 대귀족 결혼식에 참석한다는 핑계를 대고 괴벨스의 선전공보부의 작업에서 결근했다.

그러고 나서 급속히 전운이 끼었다. 괴벨스가 베를린 관구장으로서 450만 베를린 주민 가운데 100만 명을 설득해서 폭격기사령부의 주공이 시작되기 전에 도시를 떠나도록 했다. 그런 다음 남은 사람들이 겪기 시작한 경험은 제2차 세계대전을 통틀어 모든 도시가 겪은 공습 경험 가운데 가장 지속적인 것이었다. 베를린에서는 화재 폭풍 피해가 없었다. 주로 19세기와 20세기에 건설된 베를린은 거리가 넓고 탁 트인 공간이 많아서 대화재에 내성이 있었다. 그런데도

16. 독일의 법률가, 외교관(1909~1944). 영국과 미국 등지에서 반나치운동 지원을 얻어내려고 노력하던 중 1939년에 전쟁이 일어나자 만류를 뿌리치고 독일로 돌아갔다. 이듬해에는 정보를 얻어낼 목적으로 나치당원이 되기도 했다. 히틀러 암살음모에 연루되었다는 죄목으로 1944년 8월 26일에 교수형에 처해졌다.

17. '미시'는 마리(Marie)의 애칭이다.

고폭탄과 소이탄이 무자비하게 베를린에 흠뻑 퍼부어져 1월만 해도 여섯 차례나 쑥대밭이 되었다. 비록 11개의 거대한 콘크리트 '고사포탑'에 있는 견고한 방호구조물 덕분에 진정한 베를린 전투에서 목숨을 잃은 베를린 시민은 6,000명에 지나지 않았어도 1944년 3월 말까지 150만 명이 집을 잃었고 도시 2,000에이커가 폐허가 되었다.

그러나 그 뒤에 베를린 전투가 취소되었는데, 그 까닭은 노르망디 상륙작전 D-데이를 준비하는 데 해리스 예하 비행기의 도움이 필요했기 때문만은 아니었다. 해리스조차도 휘하 폭격기 승무원의 소모와 베를린의 건물 및 방어시설의 소모 사이의 '교환 비율'에서 베를린의 피해가 덜하다는 점을 받아들이게 되었다. 비록 1944년 3월이 되면 그의 휘하에 가용한 폭격기가 하루 평균 1,000대이기는 했어도, 공습하다가 입는 손실이 '받아들일 만한' 최고치인 5퍼센트 이상으로 솟구쳤으며 때로는 10퍼센트에 이르기까지 했다(가장 피해가 컸던 공습은 얄궂게도 베를린 공습이 아니라 11퍼센트를 넘은 1944년 3월 30일의 뉘른베르크 공습이었다). 폭격기 승무원들은 전역 요건을 갖추려면 30회 임무비행을 해야 했으므로, 통계의 관점에서 보면 각 승무원은 의무 근무기간을 마치기 전에 격추될 확률을 안고 있었다. 실제로는, 5회 이상 임무비행을 한 승무원들은 '받아들일 만한' 5퍼센트 손실에 드는 수치가 비율에 걸맞지 않게 높은 신참보다 생존율이 훨씬 더 높았다. 그러나 소모율이 10퍼센트로 솟구치자 가장 노련한 승무원들도 목숨을 잃었다. 생존한 승무원에게는 죽을 팔자라는 예감이 들었고, 상응해서 사기가 떨어졌다. 사기 저하는 '빗나간' 폭탄 투하와 조기 기지 귀환으로 나타났다.

소모율 증가는 독일의 방어조치가 단기적으로 성공을 거두었다는 증거였다. 폭격기들이 독일 안으로 더 깊숙이 침투하면서 독일 고사포와 전투기 공격에 더 많이 노출되었다. 야간폭격 초기에 독일 공군은 영국 공군기를 요격하기가 영국 공군이 독일의

1940~1941년 야간 '대공습'에 맞서 싸울 때 그랬던 것만큼 어렵다는 점을 깨달았다. 그러나 무기와 장비에서뿐만 아니라 전투기 통제에서도 개선이 이루어진 결과 1942년 한 해 동안 독일의 요격 성공률이 확 치솟았다. 폭격기 승무원들이 고사포를 심하게 무서워하기는 했어도 고사포는 파괴무기로서는 급이 떨어졌다. 대공포 포화는 3만 피트 상공에서 비행하는 선도기 부대의 모스키토에 미치지 못했다. 그러나 전투기는 일단 목표물에 유도되면 400피트 범위 안에서 공격을 했다. 폭격기사령부가 독일제국으로 가려면 당연히 거쳐야 하는 접근경로인 네덜란드에서 1940년 10월 이후에 독일은 레이더를 단 야간전투기부대를 이른바 캄후버Kammhuber 선[18]에 배치하기 시작했다. '뷔르츠부르크' 지상 레이더 기지가 이 전투기부대를 침입기로 유도했다. 영국 공군의 대응은 예하 항공기에 레이더 감지장치를 달고, 폭격기의 밀도를 높여 물밀 듯 한꺼번에 쇄도해 지나가서 적군 전투기에 잡히는 목표물을 줄이고, (1943년 7월에) 결국은 — 함부르크 공습에서 맨 처음 사용된 — 금속 조각, 즉 '창문Window'[19]을 떨어뜨려 레이더 혼신을 일으키는 것이었다. 이 모든 방편은 결국에는 극복되었다. 즉, 독일은 폭격기사령부의 전파 송출을 목표물 지표로 이용하고 레이더 장치를 더 정교하게 만들어 '창문'을 극복하고 쇄도해오는 폭격기의 밀도에 맞먹도록 자기편 전투기편대의 밀도를 높이는 데 능숙해졌다. 1943년 말에 레이더 장착 야간전투기 '집돼지Zahme Sau' 비행대가 야간전투기로 비행하는 강력한 '멧돼지Wilde Sau'부대로 보충되고 있었다. '멧돼지'부대는 레이더가 없었으므로 무선표지와 발광표지로 폭격기 쪽으로 유도된 다음 고사포화와 탐조등에서 나오는 조명 속에서 공격을 했다.

물량전

만약 독일이 하늘에서 상대하는 적이 영국의 폭격기사령부 하나

18. 캄후버 대령이 1940년 7월에 프랑스 중부와 덴마크 사이에 세운 독일군 야간공습 방호체계에 붙여진 이름.

19. 달리는 채프(Chaff)라고도 했다.

뿐이었다면, 폭격기사령부는 1944년 봄에 곧 패배를 인정하게 되었을 것이다. 그러나 미 육군 제8항공군이 여전히 주간 정밀폭격 전역에 투입되어, 이제 B-17과 B-24 리버레이터 1,000대의 병력을 한데 모아서 독일인에게 '미국사람이 진짜 물량전이란 말로 뜻하는 바'가 무엇인지 보여줄 채비를 하고 있었다. 큰 희생을 치른 슈바인푸르트 공습과 레겐스부르크 공습을 별도로 치면, 제8항공군은 독일 안으로 깊숙이 들어가서 대량공격을 감행한 적이 아직까지는 거의 없었다. 1944년 2월(2월 20~26일의 '대주간Big Week'[20])에 신임 사령관 스파츠와 1942년 4월 도쿄 공습의 영웅 제임스 둘리틀의 지휘 아래서 제8항공군은 독일 공군이 반드시 지키려 드는 목표물로 침투하기 시작했다. 그 목표물이란 비행기 공장이었고 그다음에는 합성석유 생산공장 열두 곳이었다. 히틀러의 유능한 군비·군수 장관인 슈페어는 제작공정을 나눠서 잘게 쪼갠 그 공정을 새로운 작은 부지, 특히 독일 남부에 흩뜨려 놓아서 1943년에 적 항공부대로부터 목표계目標系[21]를 대부분 앗아가버렸다. 그러나 비행기 공장, 그리고 석유 공장은 특히나 흩뜨려놓기가 쉽지 않아서 '막강 제8부대'[22]에 최우선 목표물을 제공한 것이다.

더군다나 제8항공군은 그 목표물에 가 닿을 수단을 얻었다. 주간 폭격에는 전투기 호위가 필요했다. 그래서 스핏파이어의 항속거리가 독일에 이르기에는 짧았기 때문에 폭격기사령부는 1941년에 주간 폭격을 포기했다. 제8항공군의 공격도 미군 전투기의 항속거리 때문에 1943년 한 해 동안 대개 프랑스와 네덜란드에 국한되었다. 그러나 로버트 로베트Robert S. Lovett[23] 미국 국방차관의 재촉에 따라 8월 이후에는 P-47 썬더볼트 전투기와 P-38 라이트닝Lightning 전투기에 투하탱크, 즉 유사시에 떨어뜨려버릴 수 있는 외장 보조연료탱크가 달렸다. 이 투하탱크로 그 두 기종의 전투기는 루르 너머에 있는 지방에 가 닿을 수 있는 항속시간을 얻었다. 투하탱크가 달린 신형 전

20. 1944년 2월 20~26일의 합동 폭격기 공세에 나중에 붙여진 이름. 영미군 폭격기 6,151대가 독일의 공업시설에 폭탄 2만 톤을 떨어뜨렸다.

21. 특정 지역에 있는 모든 목표물과 기능상 이 목표물과 관련된 것.

22. 미 육군 제8항공군의 별명.

23. 미국의 정치가(1895~1986). 제1차 세계대전 때 해군 항공부대를 지휘했다. 전간기에 사업을 하다가 1940년부터 전쟁부 장관을 보좌하면서 항공부대 확충에 큰 역할을 했다. 1951년에 국방장관이 되어 군비확장을 주도하고 미국의 한국전쟁 수행을 지휘했다.

투기 P-51 머스탱Mustang이 1944년 3월에 대거 등장했다. 영국의 발진기지에서 600마일 떨어진 베를린까지, 심지어는 그 너머까지 날아갈 수 있는 P-51 머스탱은 대단한 신형기였다. 단거리 요격기능을 갖춘 장거리 중전투기였던 것이다. 이 항공기의 생산이 늦어진 까닭은 강력한 후원자를 갖지 못한 영미의 혼종이었기 때문이다. 힘이 떨어지는 미제 비행기의 동체 안에 영국인이 그 유명한 멀린Merlin 엔진을 집어넣었다. 스파츠와 둘리틀은 이 기종의 개선된 성능을 알아채자 대량생산을 요청했고, 모두 합쳐서 1만 4,000대가 만들어지게 된다. 3월이 되자 엄청난 수의 P-51 머스탱이 독일 하늘에 나타나서 이미 독일 공군의 위력을 깨뜨리기 시작하고 있었다.

오벌로드 작전 준비가 부과하는 요구가 끝나자마자, 그리고 프랑스 북부에 있는 독일의 비밀병기 부지를 치는 일에 노력이 잠시 빼돌려졌는데도, 포인트블랭크 작전이 곱절로 불어난 힘으로 재개되었다. 제8항공군은 심지어 노르망디 전투가 벌어지는 동안에도 독일의 합성석유 공장을 계속 공격했고, 9월이 되면 이 공격의 결과는 예상보다 훨씬 더 대단했다. 석유 생산이 3월에서 9월 사이에 31만 6,000톤에서 1만 7,000톤으로 줄고 항공연료 생산량이 5,000톤으로 떨어진 것이다. 그 뒤로 독일 공군은 비축분으로 버텼으며, 그나마도 1945년 초가 되면 거의 바닥을 드러냈다. 한편, 두 나라의 폭격기부대는 공조해서 수송 중심지에 특히 집중해서 독일의 여러 도시에 24시간 연속 전역을 펼쳤다. 매주 당장 쓸 수 있는 열차 차량은 보통 모두 합쳐서 90만 량이었는데, 이 수치가 10월 말까지 70만 량으로 떨어졌고 12월이 되면 21만 4,000량이었다.

1944~1945년의 가을과 겨울과 봄 동안에 미 육군 항공부대와 영국 공군이 각각 1,000대가 넘는 항공기를 전개해서 수행하는 주간공격과 야간공격을 받는 독일의 경제활동은 전략폭격으로 마비되었다. 적군이 동쪽 국경과 서쪽 국경에 진군하면서 독일제국은 점령

지역이라는 방역선의 보호를 더는 받지 못했다. 독일 공군은 주간 폭격기 호위대에 뒤처졌을 뿐만 아니라 압도당했고 결국은 살아남은 얼마 안 되는 전투기를 지상에서 띄워 올릴 수 없었다. 비록 방공 체계가 ― 아마도 영미군의 폭격 전역을 정당화하는 주요 사유였을 텐데 ― 다른 병과에서 남녀 200만 명을 끌어다 썼는데도, 밀물처럼 밀려오는 야간폭격기 편대의 밀도가 높아지고 이동속도가 빨라져서 교전시간이 몇 분을 넘지 못했으므로 고사포의 효능이 점점 떨어졌다. 1945년에 독일 상공에 뜬 폭격기 대수가 늘어나는 데 반비례해서 소모율이 낮게는 1회 임무비행당 1퍼센트로까지 떨어졌다.

방어와 공격 사이의 우열이 갑작스레 뒤집힌 직접적인 이유는 의심할 여지 없이 머스탱이 출현해서 제8항공군 소속 하늘의 요새와 리버레이터에 호위기로 따라붙고 나중에는 공세적 정찰전투기부대로서 적을 찾아나선 데 있었다. 미군의 폭격 전역은 1943년 말기에 독일 공군의 주간전투기에 패하고, 영국군의 폭격 전역은 1944년 초기에 독일 공군의 야간전투기에 패했는데, 머스탱이 제8항공군의 독일 영공 침투능력을 되살려놓았다. 그럼으로써 머스탱은 독일 공군이 연료 공급을 받지 못하도록 만들어서 독일 공군이 1943~1944년에 폭격기사령부에 입혔던 높은 소모율을 유지할 능력을 확 줄여놓았다. 이렇게 머스탱은 영국군이 1944년 말의 24시간 연속폭격 전역에서 미군 수준의 파괴력에 필적할 수 있는 길을 열어주었고, 그럼으로써 물리적 피해의 결과로서든 아니면 공급의 숨통을 눌러서이든 독일의 공업 생산이 1945년 초에 멈추도록 만들었다.

폭격기가 거두는 성공이 절정에 이른 시기와 독일 국방군이 야전에서 패하고 연합군 육군이 독일제국 영토를 야금야금 점령하는 시기가 일치했기 때문에 자기들이 승리의 비결을 소유했다는 전략폭격 옹호자들의 주장은 입증되지 못했고, 결코 입증될 수 없다. 그 주장을 더 잘 뒷받침해주는 것이 커티스 리메이Curtis LeMay 장군 예하

제21폭격기사령부가 일본을 상대로 개시한 미 육군 항공부대의 폭
격 전역의 결과다. 이 전역으로 1945년 5월과 8월 사이에 3분의 2가
소이탄인 폭탄 15만 8,000톤이 주로 목조건물로 이루어진 58개 일
본 대도시에 떨어져 그 도시 지표면의 60퍼센트가 부서지고 주민이
궁핍과 절망에 빠졌다. 일본 본토 주민의 저항의지는 심지어는 히로
시마와 나가사키에 원자폭탄이 떨어지고 붉은군대가 전격전을 개
시해서 만주로 쳐들어가기 이전에도 의문의 여지 없이 미군 폭격기
로 파열점에 이르러 있었다. 원자폭탄 투하와 붉은군대의 진격이 일
본의 항복 결정에 얼마나 중요한 요인인지에 관해서는 제각각 판단
이 다 다르다.

　　반면에 독일 민간인의 사기는 폭격기 공격에 결코 꺾이지 않았다.
개개 도시의 주민은 맹렬한 공습으로 격심한 괴로움을 겪었다. 1945
년 2월 14일 밤에 유린당한 드레스덴은 전쟁이 끝난 뒤까지 도시 기
능을 재개하지 못했다. 그러나 베를린에서는 대중교통과 공공서비
스가 줄곧 유지되었고 1945년 4월에 시에서 지상 공방전이 벌어지
는 와중에서도 도시 기능이 여전히 발휘되고 있었다. 1943년 7월에
주로 집중된 폭격으로 함부르크에서 나온 5만 명이라는 사망자 수
는 전쟁을 통틀어 영국에서 나온 폭격 사망자 수(6만 명)와 거의 같
았지만, 공업 생산은 다섯 달 이내에 정상의 80퍼센트까지 회복되
었다. 찬탄의 대상인 독일인의 규율과 배짱을 입증해주는 것으로
1943~1945년에 독일 도시민 남녀가 ― 아주 많은 여성이 전쟁 탓에
가장 역할을 맡아야 했기 때문에 무엇보다도 여성이 ― 연합군의
항공공격을 받으면서 보여준 위기극복능력보다 더 좋은 것은 없다.

　　전략폭격이 독일 민간 인구에 끼친 손실은 비극적으로 높아서,
루르 지방의 여러 소도시에서 8만 7,000명, 함부르크에서 적어도 5
만 명, 베를린에서 5만 명, 쾰른에서 2만 명, 상대적으로 작은 도시
인 마그데부르크에서 1만 5,000명, 보석 같은 바로크풍 소도시 뷔르

츠부르크에서 4,000명이 목숨을 잃었다. 폭탄공격을 받아 모두 합쳐 독일 민간인 60만여 명이 죽고 80만 명이 크게 다쳤다. 어린이가 사망자의 20퍼센트쯤을 차지했다. 함부르크에서는 여성 사망자 수가 남성 사망자 수를 많게는 40퍼센트까지, 다름슈타트에서는 80퍼센트 능가했다. 두 도시는 화재폭풍이 일어난 곳이다. 그 여파 속에서 일가친척이 죽고 집을 잃어서 당하는 고통에 궁핍이 더해졌다. 강철 30퍼센트, 동력기 제조 25퍼센트, 전력 15퍼센트, 화학제품 15퍼센트, 그리고 사실상 석유 100퍼센트에 이르는 생산량 감소가 1945년 5월에 수송이 거의 완전히 멈추는 결과와 한데 어우러져서, 전쟁에서 목숨을 건진 주민이 재건을 시작할 수단이 남아 있지 않았다. 또한 수송이 무너져서 연료 부족사태가 빚어지자 소비가 생존에 급급한 수준으로 떨어졌다.

그러나 항복할 무렵이 되면 독일 전체가 점령되어 있었기 때문에 연합국이 1918년 11월 이후에도 전시 봉쇄를 유지해서 일어난 사태와는 달리 주민이 일부라도 굶주리는 일은 없었다. 승전국 군대들이, 심지어는 붉은군대도 먹을 것을 모아서 책임지고 나눠 주었던 것이다. 1943~1945년에 독일 경제를 파괴하는 데 몰두했던 항공부대들이 전쟁이 끝나자 거의 곧바로 얼마 전만 해도 폭탄창에 고폭탄과 소이탄을 싣고 상공을 날던 그 도시에 필수 식량을 수송하는 일을 했다.

연합군 폭격부대 자체도 전역을 펼치면서 심한 손실을 보았다. 미 육군 제8항공군은 1944년 한 해만 해도 폭격기 2,400대를 잃었다. 영국 공군 폭격기사령부는 전쟁기간을 통틀어 5만 5,000명이 죽는 피해를 보았는데, 이것은 제1차 세계대전에서 죽은 영국군 장교의 수를 넘는 수치다. 그러나 '망연자실한 세대'[24]를 위한 기념화 작업이 전사한 항공부대원들에게는 이루어지지 않았다. 이들의 전역은, 비록 히틀러와 전쟁을 한창 벌일 때 대다수 영국민에게 즐겁지 않은 만족감을 주기는 했어도, 국민 전체의 지지는 결코 누리지 못했

[24]. 망연자실한 세대(lost generation)는 제1차 세계대전 시기에 성인이 되면서 심성이 황폐해지고 절망에 빠져 전후 사회에 적응하지 못하고 소외감을 느끼는 젊은이들을 일컫는 말이다. 흔히 '잃어버린 세대'로 잘못 번역되어 통용되고 있다.

25. 영국의 성직자(1883~1958).
1929년에 치치스터 주교가 되었
고, 히틀러 체제를 피해 나온 난
민을 도왔다. 영국군의 독일 도
시 전략폭격에 반대했다는 이유
로 영국 국교회의 최고위직인 캔
터베리 대주교가 되지 못했다.

26. 영국의 정치가(1893~1972).
이름은 로버트 가스코인-세실
(Robert A. J. Gascoyne-Cecil). 1929년
에 하원의원, 1941년에 상원의원,
1947년에 아버지를 계승해서 제
5대 솔즈베리 후작이 되었으며
보수당의 중심인물이자 완고한
제국주의자였다. 제2차 세계대
전에서 세 아들 가운데 둘이 전
사했다.

다. 그 전역의 윤리성에 리처드 스톡스Richard Stokes 노동당 국회의원이
양국 하원에서 공공연하게, 치치스터의 벨Bell 주교[25]가 상원에서 더
끈질기게, 그리고 영국 보수당 명가의 수장인 솔즈베리Salisbury[26] 후작
이 사신私信에서 의문을 제기했다. 이들은 모두 다, 솔즈베리 경의 글
을 인용하자면, "물론 독일인이 그 짓을 시작했지만, 우리는 악마를
본받지 않는다"는 점을 강조했다. 이 점은 국가의 양심에 늘 따라붙
은 자책감과 일치했으며, 전쟁이 끝났을 때 그 국가의 양심에 따라
'폭격기' 해리스는 영국군의 다른 모든 주요 사령관에게 주어진 작
위를 받지 못했고 그의 휘하 승무원들은 종군 기장을 받지 않았다.
영국민은 막다른 골목에 내몰려 있었을 때에는 자기들이 적의 수준
으로 전락해버렸음을 인정하지 않으려 했고, 승리했을 때에는 자기
들이 정정당당한 행위의 가치를 받아들였다고 기억했다. 타당한 전
략이 아니기조차 했을지 모를 전략폭격은 분명 정정당당한 행위가
아니었다. 전략폭격의 가장 철저한 변호사들은 전략폭격의 과정과
결과에 관해 말하기를 꺼리며 입을 다물었다.

23 | 아르덴과 라인 강

늘 그랬듯이 위기를 이겨내는 데 능숙한 독일 육군은 노르망디의 재앙에서 헤어나는 데 시간이 얼마 걸리지 않았다. 히틀러는 팔레즈 전투의 결과를 받아들여야 했지만, B집단군이 예전에 시험 삼아 대서양 방벽과 서부방벽 사이의 중간 진지로 지정해두었던 솜 강과 마른 강에 방어진지를 구축하는 일을 일절 허용하려 들지 않았다. 그 결과, 독일 서방군은 일단 8월 19일과 29일 사이에 센 강을 건너자 9월 첫째 주에 ― 스헬데 강과 뫼즈 강, 그리고 라인 강의 여러 지류 등 ― 북유럽 대수로 상에 있는 방어 가능한 진지에 이를 때까지 후퇴하면서 잠시라도 멈출 수 없었고 그러지도 않았다. 영국군은 9월 3일에 시민이 정신 나간 듯 즐거워하는 가운데 브뤼셀을 장악했고, 다음날에는 유럽에서 가장 큰 항구인 안트베르펜을 장악했다. 9월 14일이 되면 벨기에와 룩셈부르크 전체가 네덜란드의 일부와 함께 연합군의 수중에 있었으며, 미군 제1군 소속 수색대가 9월 11일에 아헨Aachen 부근에서 사실상 독일 국경을 넘었다. 8월 15일에 프로방스에 상륙했던 프랑스–미국군의 전위가 9월 11일에 디종 부근에서 패튼의 제3군과 연결되었고, 그 뒤 제6집단군과 마찬가지로, 알자스의 진지선 안으로 들어갔다. 9월 둘째 주 주말이 되면 전투가 벌어지는 전선이 벨기에의 스헬데 강 강안에서 스위스 국경의 바젤Basel에 있는 라인 강의 원류까지 끊긴 데 없이 이어져 있었다.

그러나 아이젠하워의 부하 가운데 돌파 공격을 가장 잘하는 부하 두 사람인 패튼과 몬트고머리는 둘 다 전략을 더 명확하게 하고 보급품 할당을 더 면밀하게 하면 서부방벽을 뚫을 수 있으리라고 믿으면서 독일 국경의 접근로에 이르렀다. 나중에 '넓은 정면 전략 대 좁은 정면 전략'으로 알려진 이 논란의 뿌리는 멀리 오벌로드 전역으로, 즉 프랑스 철도체계를 공격하는 항공 전역이 절정기에 있던 때로 거슬러 올라간다. 당시 연합군은 프랑스 철도의 교량과 노선과 열차를 부수는 데 워낙 큰 성공을 거두는 바람에 8월에 수개 군이 포위를 뚫고 교두보에서 치고 나올 때 군대의 전진에 보급을 해줄 수단이 화물차와 도로밖에는 없었다. 군대가 전진함에 따라 영국해협 연안에 있는 항구를 차례차례 거머쥠으로써 화물차 운행로 길이가 줄어들리라는 기대가 있었다(그 항구들을 거머쥐는 것은 히틀러의 비행폭탄 발사장이 같은 지역에 있기 때문에 바람직한 일이기도 했다). 그러나 이런 기대는 B집단군이 수비대를 남겨놓아 르아브르, 불로뉴, 칼레, 됭케르크, 스헬데 강어귀를 지켜야 한다는 히틀러의 고집으로 어긋났다. 비록 르아브르가 9월 12일에, 불로뉴가 9월 22일에, 칼레가 9월 30일에 장악되기는 했지만, 됭케르크는 전쟁이 끝날 때까지 버텼다. 한편, 연합군에게 더 결정적이었던 것은 스헬데 강어귀의 방어진지들이 11월 초에도 여전히 독일군의 손아귀에 있었다는 점이다.

결과를 아는 상태에서 돌이켜보면, 스헬데 강어귀를 뛰어넘은 다음 영국해협을 오가는 연합국의 보급선 선단이 캐나다군 제1군, 영국군 제2군, 미군 제1군의 바로 뒤에 있는 안트베르펜에 직접 송달할 길을 여는 데 실패한 것이 노르망디 상륙 이후 전역의 가장 파국적인 흠이었다고 보일 수 있다. 더군다나, 그 실패는 변명하기가 거의 불가능했다. 왜냐하면 히틀러가 연합군이 영국해협 항구와 수로를 이용하지 못하도록 만들겠다고 (9월 3일에) 결심했다는 첩보를 9월 5일 이후로 얼트라가 몬트고머리의 사령부에 제공하고 있었기 때문이다. 그리고 일찍이 9월 12일에 제21집단군에 있는 몬트고머리 자신의 첩보부서도 독일군의 의도가 "안트베르펜으로 가는 접근로에 걸터앉은 채 될 수 있는 대로 오래 버티는 것이고, 이 접근로 없이는 아무리 피해를 보지 않는다고 해도 항만시설이 우리에게 아무 쓸모가 없을 수 있다"고 보고했다.

몬트고머리는 ― 모든 경고에도 불구하고, 그리고 그 자신의 뛰어난 군사적 감각에 어긋나게도 ― 예하 부대를 당장 되돌려서 스헬데 강어귀를 뛰어넘기를 거부했다. 대신 그는 제1연합공수군(영국군 제1공수사단과 미군 제82, 제101공수사단)을 이용해서 라인 강 하류와 뫼즈 강을 뛰어넘어 북독일 평야에 거점을 세우고 독일 군수경제의 심장부인 루르를 장악하겠다고 마음먹었다. 그는 ― 유럽 북서부에 있는 지상군의 정식 지휘권이 자기에게서 아이젠하워에게 넘어가고 자기는 공을 인정받아 육군원수가 된 날인 ― 9월 10일에 그 계획에 대한 연합군 최고사령관의 동의를 얻어냈고, 9월 17일에 암호명 마켓 가든Market Garden 작전이 시작되었다.

미군 공수사단들이 에인트호벤Eindhoven과 네이메헨Nijmegen에 있는 다리들을 장악하는 마켓 작전은 대성공이었다. 더 멀리 떨어진 아른헴에 있는 라인 강의 다리에 영국군 제1공수사단이 강하한 가든 작전[1]은 그렇지 못했다. 연합군 공수부대는 독일군 제7낙하산사단이 크레타에서 목적지에 곧바로 강하하다가 떼죽음을 당했던 경험 때문에 공수강하는 선정된 목표에서 떨어진 곳에 이루어지고 낙하산병이 모여서 자기 장비를 찾아 받은 다음에야 비로소 그 목표에 집결해야 한다는 교리를 세웠다. 무사히 땅에 내려서서 아른헴에 있는 다리를 향해 전진하던 제1공수사단은 노르망디에서 된통 당한 뒤에 이 지역에서 재정비를 하고 있던 무장친위대 제9기갑사단과 제10기갑사단의 잔존부대가 다리 부근 지역을 지키고 있다는 것을 알았다. 두 기갑사단은 합쳐서 1개 전차중대, 기갑차와 반궤도식 차량 몇 대만을 소집했지만, 1개 기갑사단의 잔존부대조차도 제1공수사단보다는 더 많은 화력을 전개했다. 제1공수사단은 한 영국군 포병장교가 "그다지 치명적이지 못하다"고 서술한 75밀리미터 경輕곡사포로 포 지원을 받았던 것이다. 영국군 낙하산병들은 아른헴의 두

1. 지은이가 혼동을 일으킨 듯하다. 가든 작전은 영국군 제30군단이 마켓 작전으로 확보된 다리들을 넘어 전진하는 작전이었다.

다리 가운데 하나에 다가가다가 그 다리가 라인 강 속으로 무너져 내리는 것을 본 뒤 다른 다리를 장악해서 지키는 데 성공했다. 이들은 영국군 전차가 자기들을 구원하러 오기를 학수고대하면서 9월 20일까지 그 다리를 꿋꿋하게 지켰다. 그러나 이들에게 가세하려고 전진하던 근위기갑사단은 시위가 난 들판 사이에 있는 도로 하나에 진로가 국한되어서 계획된 속도로 나아갈 수 없었다. 이때 독일군 증원부대가 아른헴 외곽방어선 주위로 몰려들어 그 선을 더 꽉꽉 조여들어 왔고, 영국군은 9월 24일에 후퇴 명령을 받았다. 일부는 급히 만든 나룻배를 타고 어렵사리 후퇴할 수 있었고, 라인 강을 헤엄쳐서 남쪽 강안으로 되돌아간 이들이 많았다. 2,000명을 조금 웃도는 군인이 탈출에 성공했고 1,000명이 전투 중에 죽고 6,000명이 사로잡혔다. 제1공수사단은 사실상 스러져 없어졌다.

아른헴은 독일군이 노르망디에서 급히 도주한 이후로는 처음 거둔 명백한 승리였다. 그러나 또한 독일군은 그다지 주목을 받지는 못했어도 아헨 방어전을 성공적으로 치른 한편으로 스헬데 강어귀를 따라서 진지를 바삐 강화하고 있었다. 이 진지 강화는 몬트고머리의 제21집단군에 관찰되지 않은 듯하며 방해를 받지 않은 것은 확실하다. 제21집단군은 브뤼셀로 무턱대고 돌진하는 동안 독일군 제15군 소속 비기계화부대를 프랑스 북부와 벨기에 남쪽 해안을 따라 남겨두고 우회했다. 제15군의 신임 사령관인 구스타프 폰 창엔 Gustav von Zangen 장군은 적의 관심이 아른헴에 쏠린 틈을 타 6만 5,000명에 이르는 이 9개 사단의 잔존부대를 스헬데 강어귀 건너 발헤렌 Walcheren 섬과 남베벨란트Zuid-Beveland의 해안지역으로 소개하고 브레스켄스Breskens의 남쪽 둑에 교두보 하나를 남겨놓았다. 개편된 제15군은 10월 6일까지 몬트고머리에게 교란당하지 않은 상태로 남아 있었다. 안트베르펜이 — 바다로 가는 출구가 독일군의 손에 있어서 — 사용할 수 없는 상태로 남아 있는 한 해방군의 병참상황이 위태롭다는 경보가 드디어 울리자, 10월 6일에 몬트고머리가 예하 캐나다 부대를 시켜 스헬데 강의 침수된 강안을 장악해서 뛰어넘도록 했다. 1944년 겨울에 연합군 부대가 벌인 여러 작전 가운데 가장 어렵고 유쾌하지 못한 작전이었다. 그 전투가 11월 8일에 종결되었을 때에도 강 지뢰밭 두 군데가 아직 제거되지 않아서 장악한 지 85일이 지난 11월 29일에 가서야 비로소 안트베르펜을 운송에 이용할 수 있게 되었다.

한편, 노르망디 해변에서 400마일 넘게 떨어져 있는 작전지역에 날마다 보급품 2만 톤을 실어나르는 화물차 고속운행로를 비롯한 병참의 임기응변으로 전선 위아래에서 공세 재개가 가능해지고 있었다. 몬트고머리의 전선 옆에 있는 미군 전선에서는 브래들리의 제12집단군이 1939년 이후 내팽개쳐져 있다가 급히 복구된 서부방벽에 마주쳤다. 아이젠하워는 아헨 양옆에서 공조를 이루어 치고 나가면 겨울이 와서 전역이 끝나기 전에 쾰른까지 돌파할 수 있으리라고 기대했다. 그러나 서부방벽은 11월 16일에 제1군과 제9군이 공격했을 때 여전히 가공할 장애물임이 입증되었고, 비록 꿰뚫리기는 했어도 그 너머에 있는 지형, 특히 휘르트겐Hürtgen 숲의 빽빽한 덤불이 돌파해 나가려는 두 부대의 발목을 붙잡았다. 미군 전선의 남쪽 끝에서는 지난 8월에 센 강에서 시작하는 자기의 '좁은 정면' 전진 전략을 아이젠하워가 지지해주지 않은 데 아직 화가 가라앉지 않은 패튼이 로렌Lorraine에서 헤르만 발크Hermann Balck의 G집단군과 기동성이 더 큰 전투를 벌이고 있었다. G집단군은 프랑스 남부에서 빠져나온 여러 사단과 독일군 보충대에서 온 증원군으로 급히 만든 부대로 구성되었다. 독일군은 모젤 강과 뫼르트Meurthe 강과 세유Seille 강이 잇달아 내놓는 전선, 그리고 1870~1914년에 만들어진 프랑스의 오래된 요새화지대가 제공하는 방어의 이점에서 득을 보았으며, 단계적으로 철수하면서 11월 18일부터 12월 13일까지 지속된 격럴한 전투에서 패튼의 제3군에 메스를 내주지 않았다. 제3군은 12월 15일이 되어서야 자르 강 뒤에 있는 서부방벽의 더 아래쪽 자락에 완전히 닿았다. 첫 겨울 폭설이 내릴 때 패튼의 선봉돌격부대가 자르 강 건너편에 작은 교두보 몇 개를 장악하는 데 성공했다. 미군 제7군과 프랑스군 제1군으로 이루어진 제이콥 디버스Jacob Devers 예하 제6집단군은 보주Vosges의 험준한 산악지대를 통과하며 싸워야 했는데도 남쪽에서 독일군을 알자스에서 몰아내는 데 더 큰 성공을 거두었다. 미군 부대가 11월 23일에 스트라스부르에 진입했지만, 콜마르Colmar 부근에 있는 고립지대 하나가 라인 강 상류와 그 뒤에 있는 서부방벽을 지키면서 12월 중순에 그 고립지대를 장악하려는 프랑스군 제1군의 노력에 여전히 저항했다.

유예기를 얻은 독일

연합군이 전역을 벌이면서 겪은 병참의 어려움 탓에 1944년 가을과 초겨울에 독일 외곽방어에 부딪혀 연합군의 돌진속도가 떨어졌다. 연합군 사단의 병참 요구량이 독일군 사단의 병참 요구량보다 훨씬 더 많아지면서 병참이 어려워졌다. 독일군 사단의 병참 요구량이 하루 200톤인 데 비해 연합군 사단의 병참 요구량은 하루 700톤이었던 것이다. 독일 육군의 전투력이 개선되었다는 이유도 있었다. 9월 초순에 히틀러는 (7월의 히틀러 암살 음모 뒤에 사령관인 프롬Fromm이 해임되어 처형된 이래 이제는 히틀러가 지휘하는) 보충대에서 새로운 21개 국민척탄병Volksgrenadier사단을 양성해서 서부 방어에 배치하는 임무를 괴벨스에게 맡겼다. 그 인력은 독일 본토의 사령부, 기지, 고착부대들을 '참빗으로 긁어 추려'냈다. 이 과정을 통해서 노르망디에서 싸우며 서부방벽으로 돌아오다가 와해된 사단을 보충할 병력도 나왔다. 이런 방식으로 9월 1일과 10월 15일 사이에 — 비록 이 시기에 서부에서 나온 사상자 수와 정확히 같은 수치이기는 했어도

— 15만 명이 추가로 확보되었고, (9월 2일에 룬트슈테트가 다시 임명되었던) 독일 서방군 총사령관의 자원 내에서 9만 명이 더 확보되었다. 더욱이 노르망디 이후에 영미군의 포인트블랭크 폭격작전 공세가 전면 재개되었는데도, 부품 생산과 조립을 전통적인 중심지에서 멀리 떨어뜨려 흩어놓는 슈페어의 정책이 성공한 덕택에 독일 공업은 9월에 군수물자 생산량 면에서 전쟁기간의 어느 달보다도 더 높은 수준을 성취했다. 그 결과, 1944년 한 해 동안 전차와 돌격포의 생산량이 같은 기간의 소련의 생산량에 근접했다. 중형 전차와 돌격포 1만 1,000대, 전차파괴차 1만 6,000대, 중전차 5,200대가 생산되어 (노르망디와 백러시아에서 끔찍한 손실을 보았는데도) 야전에서 기존의 기갑사단을 유지하고도 13개 신설 기갑여단에 물자를 공급하기에 충분했다. 이 기갑여단 가운데 9개 여단은 나중에 전력이 약한 기갑사단으로 재편성된다.

히틀러의 사령부가 이런 재건과 재정비를 1944년의 파국적인 여름에 입은 손실의 진정한 회복으로 보려면 자기기만을 심하게 해야 했다. 그러나 히틀러는 자기기만의 대가였으며, 지푸라기라도 붙잡는 기술의 대가이기도 했다. 그는 휘하 사령관 가운데 누구에게도 이유가 어떻든 간에 전지를 내줘도 좋다는 허가를 내주지 않았으면서도, 자기가 늘 어쩔 도리 없이 전지를 잃게 되면 그렇게 되어 적이 지나치게 길게 뻗쳐 늘어나는 바람에 역공에 노출되었고 손해를 모두 되갚고 포기한 영토까지 덤으로 되찾게 되리라고 단언하면서 달관하곤 했다. 이런 자위 기제로 그는 1942년 11월에 스탈린그라드에서 빠져나와도 좋다는 허가를 파울루스에게 해주지 않은 것, 1943년 3월에 시간이 있는데도 아프리카 집단군을 소개해도 좋다는 허락을 아르님에게 해주지 않은 것, 바로 얼마 전 8월의 모르탱 역공에서 제5기갑군을 사지로 몰아넣은 것을 정당화할 수 있었다. 같은 유형의 기만이 노르망디 직후에, 실제로는 전투가 완전히 끝나기 전에 히틀러의 전략 평가에 나타나기 시작했다. 8월 19일에, 제7기갑군과 제5기갑군이 아직도 팔레즈 고립지대의 목 부분에서 빠져나오려고 발버둥치고 있는 동안 그는 카이텔과 요들과 슈페어를 불러들여 이들에게 자기가 11월에 서부에서 대역공을 개시할 계획을 세웠으니 독일 서방군을 복구할 준비를 시작하라고 말했다. 그는 9월 1일에 '밤과 안개와 눈'이 연합군 항공부대의 발을 묶어서 승리를 위한 조건이 조성되기 시작하리라고 예견했다.

히틀러는 9월 16일에 '늑대굴'에서 작전참모진에게 공세를 수행하겠다고 결심했음을 알렸다. 그는 요들에게 며칠 전에 계획 초안을 준비하라고 간단히 지시했었다. '라인 강 파수Wacht am Rhein'라는 암호명이 붙은 그 공격의 위치와 목적을 처음으로 밝힌 때가 바로 그다음이었다. 그는 "나는 중대결정을 내렸습니다. 나는 안트베르펜을 목표로 해서 아르덴에서 나와 …… 공세로 넘어가겠습니다"라고 선언했다. 그의 논거는 계획이 추진되면서 더 상세하게 나타났다. 즉, 안트베르펜은 9월 중순에도 여전히 연합군이 이용할 수 없었지만 독일로 쳐들어가는 공세를 위한 연합군의 주보급 항구가 될 가능성이 아주 없지는 않았다. 만약 연합군이 안트베르펜을 독일군에 장악당해서 잃는다면 그 공세는 여러 달 뒤로 늦춰지고, 그러는 사이에 주요 발사장이 안트베르펜 바로 너머에 있는 V-2 로켓이 런던에 점점 더 심한 피해를 주어 런던에 사는 사람들의 사기를 떨어뜨리는 효과를 가져올 터였다. 더욱이 히틀러는 아르덴에 있는 독일 서방군 진지에서 겨우 60마일 떨어진 곳에 있는 안트베르펜으로 돌진하는 과정에서 영국의 제2군과 캐나다 제1군을 더 남쪽에 자리 잡고 있는 미군과 단절시키고 포위 섬멸하고자 했다. 그렇게 되면 서부전선에서 힘의 균형이 사실상 역전되지는 않더라도 똑같아지고, 비밀병기 전역의 힘이 점점 커져서 전략적 주도권을 되찾을 수 있을 터였다. 그런 다음 독일 동방군이 동쪽 국경에서 러시아군을 칠 차

레가 되고, 그럼으로써 독일은 적 사이의 가운데 위치를 차지하는
데에서 나오는 이점을 살려 이론상 독일의 고유한 우위를 회복해서
타격을 가해 승리할 수 있다는 것이었다.

혼자서 세운 환상에 대한 히틀러의 믿음은 다가오는 공세의 자연
스러운 출발점이 아르덴에 있다는 사실로 굳어졌다. 왜냐하면 그가
1940년에 프랑스 전선을 깨뜨리는 군대를 모았던 곳이 바로 이 아르
덴 지방의 독일 쪽 지역인 아이펠Eifel이었으며, 그의 기갑사단이 전
진해서 기습공격을 가했던 곳도 바로 이 아르덴을 통해서였기 때문
이다. 아이펠과 아르덴은 1940년처럼 1944년에도 항공정찰이 거의
통하지 않는 빽빽한 숲과 좁은 골짜기로 예하 군인들을 보호했다.
그의 새로운 기갑사단의 군대는 기복이 심한 땅과 빽빽한 수목의
미로 안에 한데 모여서 그 존재와 의도를 때 이르게 들킬 걱정 없이
공격대기지점으로 전진할 수 있었다. 더욱이, 연합군 최고사령부가
4년 전에 프랑스군 최고사령부가 저지른 전략적 오류를 멍청하게 되
풀이하면서 1944년 가을 동안 아르덴을 부차적인 전선으로 여기고
영미군의 상당 부분을 북쪽과 남쪽에 집결해놓은 바람에 아르덴은
두 차례나 취약지구가 되었다. 똑같은 취약지구에서 클라이스트와
구데리안이 1940년 5월에 전과확대를 할 수 있었다.

이 모든 것에도 불구하고, 히틀러가 '라인 강 파수' 작전의 실행
을 맡긴 장군들은 그가 그 계획에 품은 자신감을 공유하지 않았다.
10월 하순에, 클루게 후임으로 B집단군 사령관이 된 모델은 그 계
획에 '타당성'이 없다는 데 룬트슈테트와 서로 뜻이 통했다. 이들은
히틀러의 '큰 해결책'과 구분해서 자신들이 '작은 해결책'이라고 부
른 대안을 함께 고안했다. 이 대안의 목표는 아르덴 맞은편에 있는
적군을 섬멸하기보다는 그 적군에 손해를 입히는 것이었다. 그러도
록 내버려둘 히틀러가 아니었다. 맨 먼저 그는 계획이 '변경 불가'하
다는 전갈을 지닌 요들을 보내 11월 3일에 모델을 만나보게 했으며,

12월 2일에 — 라스텐부르크에서 11월 20일에 마지막으로 떠난 뒤로 그의 주요 사령부가 된 — 베를린의 국가청사로 모델과 룬트슈테트를 불러 그들이 계획의 중요성을 알아듣도록 친히 설명했다. 그가 그 두 사람에게 유일하게 양보한 것은 (이미 11월 25일부터 미뤄져온) 공세 개시일을 훨씬 더 뒤로 늦추고 본디 모델이 '작은 해결책'에 붙이려고 골라둔 암호명이었던 '가을안개Herbstnebel'를 자기의 공세에 새 이름으로 붙인 것이었다.

　이 작전에 할당된 2개 군 가운데 1개 군을 지휘하는 제프 디트리히는 다음과 같이 투덜댔다. "히틀러가 내게 바라는 것이란 강을 건너 브뤼셀을 장악한 다음 계속 나아가서 안트베르펜을 점령하는 것이다. 이 모든 것을 눈이 허리까지 쌓여 있고 기갑사단 여러 개는 말할 것도 없이 전차 네 대를 나란히 전개할 여지도 없는 연중 최악의 시기에 아르덴을 통해서 하라는 것이다. 8시까지 해가 나지 않고 4시가 되면 다시 어두워지는 때 주로 어린애하고 병든 늙은이로 이루어진 재편성 사단들을 가지고서, 그것도 성탄절에 말이다." 히틀러에게 가장 충성스러운 지지자들 가운데 한 사람이 내린 이 분석은 아주 정확했다. 가을안개 작전을 위한 독일군의 전투서열은 서류상으로는 대단해 보였다. 전투서열은 2개 기갑군, 즉 디트리히의 제6기갑군과 독일군 전차부대의 젊은 장군들 가운데 가장 뛰어난 만토이펠Manteuffel이 지휘하는 제5기갑군으로 구성되어 있었고, 두 사람은 합쳐서 8개 기갑사단과 1개 기갑척탄병사단과 2개 낙하산사단을 전개했다. 이 사단들은 대부분 노르망디 전역에서 싸운 적이 있어서 노련한 지휘관을 가지고 있었고 팔레즈에서 퇴각한 이후로 정원을 채워 놓았다. 그 부대에는 무장친위대 소속 제1, 제2, 제9, 제12기갑사단, 그리고 제2기갑사단, 제9기갑사단, 제116기갑사단 및 기갑교도사단과 제3기갑척탄병사단 및 (지원부대인 제7군에 속하는) 제15기갑척탄병사단, 제3낙하산사단과 제5낙하산사단이 포함되어 있었다. 그러나 겉보기와 실상은 달랐다. 비록 온갖 노력을 다해서 이 사단들을 위한 병력과 장비를 찾아냈고 그래서 이를테면 무장친위대 소속 제1기갑사단과 제12기갑사단은 정원을 초과하기까지 했어도, 심지어는 제2기갑사단과 제116기갑사단 같은 일선 부대조차 전개한 전차가 각각 100대에 지나지 않는 한편, 기갑 선봉돌격부대를 지원하는 국민척탄병사단들은 장비가 부실하고 정원이 미달인 데다가 국경이 바뀌는 바람에 독일 국적을 가지게 된 '비순수' 독일인으로 채워져 있었다. 이를테면, 제62국민척탄병사단에는 독일제국에 병합된 지역에서 징집되어 독일어는 단 한마디도 할 줄 모르고 심정상으로는 자기들의 공격대상인 연합군에 속하는 체코인과 폴란드인이 많이 끼어 있었다. 오마하 해변에서 아주 꿋꿋하게 싸웠던 선행부대의 잔해를 밑바탕 삼아 재건된 제352국민척탄병사단에는 공군대원과 해군병사가 그득했다. 제79국민척탄병사단은 후방 사령부에

■ 1944년 12월 17일, 중요한 도로 교차점에 선 무장친위대 제1기갑사단 선봉부대원. 이들이 탄 차량은 슈빔바겐(Schwimm-wagen) 수륙양용차다.

서 '참빗으로 긁어 추려낸' 병사로 구성되었다.

계획에 들어 있는 다른 결점 하나는 연료 부족이었다. 공세가 개시되었을 때 가용한 연료가 최소 필요량의 4분의 1에 지나지 않았고 그나마 그 대부분이 라인 강 동안에 저장되어 있었으며, 선도 공격부대가 전진하다가 미군으로부터 보급품을 탈취하기로 되어 있었다. 그런데도 히틀러는 가을안개 작전이 성공하리라는 믿음을 버리지 않았다. 그는 12월 12일에 룬트슈테트의 지휘소에서 장군들에게 말하면서 연합국 사이의 동맹을 다음과 같이 묘사했다. "서로 다른 목적을 가진 이질적인 요소들입니다. 한편에는 극단적인 자본주의 국가들이 있고 다른 한편에는 극단적인 마르크스주의 국가가 있어요. …… 영국은 죽어가는 제국이고 …… 미국은 재산을 물려받는 데 정신이 팔린 식민지입니다. …… 우리가 묵직하게 몇 방 더 갈길 수 있다면, 부자연스럽게 지탱되고 있는 이 공동 전선은 어느 순간에든 천둥처럼 엄청나게 큰 소리를 내며 별안간 무너질지도 모르지요."

얼마간은 가을안개 작전이 준비되는 동안 B집단군이 준수한 신중한 보안조치 덕분에, 얼마간은 연합군 최고사령부의 주된 관심이 아헨, 그리고 자르 강과 알자스에서 벌이는 자체 작전에 쏠려 있었기에, 그 같은 공세의 경고 신호가 나타나도 연합군은 그다지 걱정하지 않았다. 가을안개 작전의 D-데이인 12월 16일 아침에 공격 정면을 지키는 연합군 부대는 거의 90마일에 걸친 공간에 배치된 경험 없는 미군 4개 사단, 즉 제9기갑사단의 지원을 받는 제4사단과 제28사단과 제106사단뿐이었다. 이 3개 보병사단 가운데 2개 사단은 휘르트겐 숲 전투에서 모두 합쳐서 사상자 9,000명이 나오는 피해를 보고 아르덴으로 보내져서 휴식을 취하던 사단이었다. 세 번째 사단인 제106사단은 전투경험이 전혀 없는 사단이었다.

준비와 대비가 되지 않은 이 아르덴의 미군 방자를 제6기갑군과 제5기갑군이 12월 16일에 마치 회오리바람처럼 덮쳤다. 가운데 있는 미군 제28사단이 금세 유린당했고 북쪽에 있는 제106사단의 전방 부대가 포위되었다. 제4사단이 제9기갑사단의 지원을 받는 남쪽에서만 독일군이 예상에 못 미치는 진척을 보였다. 더욱이, 이 시끌벅적한 날에 아르덴 구역에 있던 브래들리의 제12집단군 사령부는 펼쳐지고 있는 공격의 규모를 제대로 파악하지 못했다. 겨울날씨 탓에 비행장이 '이용 불가'가 되는 바람에 항공정찰을 하지 못하고 독일군의 엄한 무선 통신 보안 때문에 감청첩보를 얻지 못한 제12집단군 사령부는 이 공격이 국지적인 양동 공격이라고 판단하고는 커지는 위기에 긴급히 대응하지 않았던 것이다.

그날 우연히 브래들리의 방문을 받고 있던 아이젠하워가 다행히도 더 경계하는 견해를 가졌다. 그는 인접부대에서 2개 기갑사단을, 즉 제9군과 제3군에서 각각 제7기갑사단과 제10기갑사단을 가져와서 독일군의 공격이 전면 공세로 발전하지 못하도록 공격부대의 측면에 놓기로 결정했다. 자르 강으로 들어가려고 전투를 벌이고 있었고 아직도 자기가 돌파를 막 하려는 참이라는 확신에 젖어있던 패튼이 아니나 다를까 항의했다. 그러나 아이젠하워의 신중함이 옳았다는 것은 실제 사건들로 입증된다. 공세 이틀째인 12월 17일에 무장친위대 제1기갑사단이 뫼즈 강으로 이어져 벨기에의 평야와 안트베르펜으로 가는 접근로로 들어가는 생 비트Saint Vith의 핵심적인 도로 교차점에 이르렀다. 무장친위대 제1기갑사단은 미군 제7기갑사단 선봉돌격부대가 나타나는 바람에 돌파를 해내지 못하게 되고, 그 뒤로는 차례로 이루어지는 미군의 봉쇄 움직임으로 탁 트인 땅으로 가는 통로에서 — 그리고 재보급을 위해 이용하기로 되어 있던 스타블로Stavelot 근처의 미군 대규모 연료 집적소에서 — 밀려났다.

제6기갑군이 안트베르펜으로 가는 북서쪽 직행로에서 멀어지면서 정확히 동쪽 방향으로 차츰차츰 밀려나고 있는 동안, 제5기갑군은 남쪽 구역에서 1940년에 클라이스트의 기갑부대가 뫼즈 강을 건

넘던 곳인 몽테르메를 향해 더 나은 전진을 하고 있었다. 제5기갑군의 돌파에 열쇠가 되는 것은 아이펠에서 시작해서 아르덴으로 들어가 그다음으로도 계속 이어지는 빈약한 간선도로 연결망의 교차점인 바스토뉴Bastogne의 한복판에 있는 도로였다. 가을안개 작전을 성공적으로 펼치려면 바스토뉴를 반드시 손에 넣어야 했다. 12월 19일에 동이 틀 때 기갑교도사단이 바스토뉴 시에서 2마일밖에 떨어지지 않은 곳에 있었다. 그러나 그날 밤 사이에 미군 제101공수사단이 랭스에서 화물차를 타고 100마일을 미친 듯이 달려와 도착해서 독일군이 바스토뉴를 차지하지 못하도록 진지를 구축했다. 제101공수사단원들은 전차와 싸울 장비를 조금도 갖추고 있지 않았지만, 그 소도시의 거리거리를 굳건히 지켜서 기갑교도사단의 보병부대가 들어오지 못하도록 막았고 그렇게 해서 바스토뉴를 (2월 23일에 함락된) 생 비트보다 제6기갑군의 전진 축선에 놓인 훨씬 더 효과적인 도로 장애물로 바꾸었다.

성탄절이 되자 독일군 부대가 바스토뉴를 완전히 포위했고 제5기갑군은 계속 전진했다. 기갑교도사단이 한 측면을 우회해서 전진해 뫼즈 강에서 20마일밖에 떨어지지 않은 생-위베르Saint-Hubert 너머에 나타났다. 그러나 성탄절 당일에 독일군의 전진속도가 공격 정면 전체에 걸쳐 떨어지기 시작했고 수개 기갑군이 연합군 진지선 안으로 돌진해 들어가서 생겨난 전선팽창부의 뾰족한 앞부분이 뭉툭해지고 있었다. 연합군의 대항조치가 먹히기 시작했던 것이다. 아이젠하워는 브래들리의 요란한 반대를 무릅쓰고 12월 20일에 안트베르펜과 가장 가까운 '돌출부'의 북쪽 면에서 디트리히의 제6기갑군을 상대로 삼는 작전의 지휘를 몬트고머리에게 맡겼다. 한편, 패튼의 제3군에서 온 사단들이 12월 17~21일 동안 남쪽 면에 맞서 개입한 것이 그 영국군 사령관이 수행한 역공의 효과와 짝을 이루었다. 얼트라 암호 해독을 통해 12월 20일부터 제6기갑군과 제5기갑군 두 부대의 의도에 관한 다량의 정보를 얻은 몬트고머리는 벨기에 북부에서 데려온 영국군 부대로 디트리히 예하 선봉돌격부대의 전진목표인 뫼즈 강의 다리들을 지키는 조치를 바로 취했다. 그 뒤 그는 이제 공자가 미군 제82공수사단과 제2기갑사단 같은 노련한 부대를 비롯한 영미군 19개 사단의 저항을 받으며 전진하려고 기를 쓰다가 단지 힘만 소진하리라고 보았다.

몬트고머리의 분석은 딱 들어맞았다. 실제로 미군 사단, 특히 초기 공격로 상에 있었던 제28사단과 제106사단은 많은 소총소대와 대전차공격반의 헌신적이고 자기희생적인 저항을 통해서 공격 첫째 날에, 비록 그때는 눈치 채지 못했어도, 독일군 기갑사단의 기세를 죽이는 데 큰 몫을 했다. 이들은 막대한 사상피해를 주었고, 장비를 항상 파괴하지는 못했어도 손상을 주었으며, 조금만 차질이 생겨도 독일군 공세의 성공에 문제가 생기는 판에 일정표에 지연을 일으켰다.

12월 26일에 아이젠하워의 사령부는 가을안개 작전이 활기를 잃어버렸다는 첫 증거를 입수했다. 날씨가 개어서 연합군 항공부대가 사실상 처음으로 개입을 했다. 패튼의 제4기갑사단이 '전선팽창부'의 남쪽 면을 돌파해서 바스토뉴에서 포위되어 있던 제101공수사단을 구해냈으며, 호지스Hodges의 제1군에서 온 제2기갑사단이 디낭의 뫼즈 강에서 5마일 떨어진 셀Celles 근처에서 연료가 없어 움직이지 못하는 독일군 제2기갑사단을 찾아내 그 선두 전차들을 처부쉈다. 사실상 독일군 제2기갑사단은 미군 제2기갑사단과 벌인 일방적인 교전에서 공세를 시작할 때 보유했던 전차 88대와 돌격포 28문을 거의 다 잃었다.

12월 28일이 되자 몬트고머리는 비록 독일군이 공세를 끝내려 들지 않고 심지어는 추가공격을 개시하리라고 예상하기는 했어도 가을안개 작전이 실패했다고 확신했다. 그 추가공격이 개시되었는데, 공격지역은 아르덴 '전선팽창부' 바깥, 즉 자르 강이었다. 블라스코비츠의 G집단군이 자르 강에서 패치의 제7군을 치고 라인 강 서안의 삼각지대를 어렵사리 장악해서 잠깐 유지했다. 이 잠시 동안의 성공은, 그 공세가 비록 서부전선보다 동부전선이 방어 증원군을 훨씬 더 애타게 요구하는 순간에 개시되었어도, 자기의 공세전략 구상이 맞았다는 히틀러의 견해를 굳혀주었다. 그러나 (이 제2차 공세의 암호명인) 북풍Nordwind은 사실 가벼운 정치적 소요를 일으켰지 군사적인 소요는 그다지 일으키지 못했으며 가을안개 작전에는 조금도 이바지하지 못했다. 몬트고머리가 1945년 1월 3일에 '돌출부'의 북쪽 면과 서쪽 면에 수렴 역공을 개시했고, 이 때문에 히틀러는 1월 8일에 선두의 4개 기갑사단에 노출된 상황에서 퇴각하라는 명령을 내려야 했다. 미군 제82공수사단과 영국군 제1공수사단이 아르덴 돌출부 한복판에서 1월 13일에 맞닿았고, 1월 16일이 되면 전선이 원상복구되었다.

제5기갑군과 제6기갑군은 12월 16일과 1월 16일 사이에 미 제12집단군에 치명적 사상피해 1만 9,000여 건을 안겨주고 미군 포로 1만 5,000명을 잡았다. 독일군은 공세 초기에 벨기에 민간인 전체에 공황을 퍼뜨리고 저 멀리 파리에 있는 군인 사이에서 경악을 불러일으켰다. 오토 스코르체니가 연합군 진지선 뒤로 침투시킨 비밀 소부대가 가하리라는 걱정이 있(었지만 실제로는 별다른 성공을 거두지 못하)는 사보타주 습격에 대한 경계조치가 파리에서 내려졌다. 독일군의 공세는 워싱턴과 런던에 팽배해 있던 조기 종전에 관한 낙관론을 뒤흔들어놓기도 했다. 히틀러는 부하들에게 "상황이 엄청나게 많이 풀렸다"고 이야기하면서 다음과 같이 말했다. "적은 공격계획을 모두 포기해야 했어. 놈들은 어쩔 도리 없이 부대를 재편하고 지쳐빠진 부대를 다시 투입해야 했지. 적은 제 나라에서 심한 비판을 받네. …… 이미 적은 전쟁이 8월 이전에는, 어쩌면 내년 말 이전에는 끝날 가망이 없다는 걸 인정해야 했어. 보름 전에는 어느 누구도 믿지 않았을 국면 전환이라니까."

히틀러가 한 말은 과장이었다. 또한 그는 아르덴 전역의 진정한 의의를 심하게 오해했다. 물론 아르덴 전역이 적에게 손실을 입히기는 했지만, 견뎌내고 메울 수 있는 손실이었다. 영국군의 인력자원은 한계에 다다랐지만, 미군은 그렇지 않았다. 미군은 9월 이후로 6개 기갑사단을 비롯한 21개 사단을 프랑스로 운송했으며, 1월과 2월 사이에 3개 기갑사단을 비롯해서 장비를 완전히 갖추고 정원을 다 채운 7개 사단을 더 상륙시키게 된다. 이와는 대조적으로, 독일 서방군은 아르덴에서 죽거나 다치거나 사로잡혀서 군인 10만 명, 그리고 전차 800대와 항공기 1,000대를 잃었다. 이 항공기 가운데 다수는 벨기에에 있는 연합군 비행장들을 상대로 1944년 1월 1일에 개시한 독일 공군의 마지막 공세였던 보덴플라테Bodenplatte 작전에서 상실했다. 이 손실은 인력이든 물자든 어느 것도 메워질 수 없었다. 독일 국방군의 자원은 바닥을 드러냈고, 독일 군수공업 생산량은 맹렬한 공세활동을 마구잡이로 펼치는 바람에 솟구치는 파괴는 말할 것도 없고 하루하루의 소모도 더는 따라잡을 수 없었다. 무기 제조의 근간인 강철 생산 하나만 해도 루르의 월 생산량이 10월과 12월 사이에 폭격으로 70만 톤에서 40만 톤으로 줄어들었으며, 계속 떨어졌다. 한편, 철도 운행의 차질은 무기 부품을 생산지점에서 조립지점으로 옮기기가 점점 더 어려워진다는 것을 뜻했다.

가을안개 작전이 이루어낸 것이라고는 붉은군대가 계속 전진해서 폴란드 남부와 발트 해 연안국가 안으로 들어가지 못하도록 막는 데 필요한 병력과 장비를 동부전선에서 차출해 이전 배치하거나 동부전선에 보내지 못하는 대가를 치르고서도 서구 연합국 군대의 독일 돌입 태세를 잠시 늦춘 것이 전부였다. 11월과 12월에 전차와 돌격포 2,299대와 18개 신규 사단이 서부전선에 투입되었지만, 동부전선에는 전차 921대와 5개 사단만이 투입되었다. 동부전선에서는 소련군 225개 보병사단과 22개 전차군단과 기타 29개 기갑부대가 독일군 133개 사단과 맞서고 있었으며, 그나마 이 독일군 사단 가운데 30개 사단은 이미 발트 해 연안국가에서 포위될 위협을 받고 있었다. 아르덴을 묘사하는 표현이 될 히틀러의 '마지막 도박'은 지극히 단견이었다. '마지막 도박'은 큰 대가를 치르고 시간을 조금 벌었고 몬트고머리의 군대를 쳐부순다는 목적을 이루는 데 실패했으며 땅은 조금도 되찾지 못했다.

사실 1945년에는 1월 장군과 2월 장군이 끼어들어 독일 편에 서서 싸웠는데도 영국군과 미군은 가을안개 작전의 충격에서 금세 회복했고, 방어하기가 더 좋은 라인 강 서쪽 지형의 성격을 감안한다면 당시 붉은군대가 폴란드와 헝가리와 유고슬라비아에서 이루고 있는 것만큼이나 칭찬받을 만한 전진을 해내는 데 성공했다. 1월에 서부방벽 서쪽에 있는 독일군의 전선팽창부 두 개와 아헨 북쪽의 루르몬트Roermond 삼각지대와 스트라스부르 남쪽의 콜마르 저항 고립지대가 제거되었다. 2월과 3월에 아이젠하워의 군대는 전선 전체에 걸쳐 전진해서 베젤Wesel과 코블렌츠 사이에서 라인 강에 다다르고 코블렌츠와 트리어Trier 사이의 모젤 강 북쪽 강안을 장악했다. 3월 첫째 주 주말이 되면 연합군이 독일 안으로 들어가지 못하도록 막아서는 것은 오로지 라인 강뿐이었다.

5부

유럽 동부전선의 전쟁, 1943~1945년

북해

함부르크

암스테르담
네덜란드

안트베르펜

라인강

레마겐

랭스

프랑스

콜마르

1월 20일

독일

포츠담 베를린 퀴스트린

프랑크푸르트

슈투트가르트

스트라스부르

'서부방벽'
독일군 방어

단치히 ● 라스텐부르크

슈테틴

동프로이센

우지 바르샤바

제3백러시아 전선군
(체르냐홉스키)

제2백러시아 전선군
(로코솝스키)

폴란드

토르가우
드레스덴

프라하

필젠

브레슬라우

제1백러시아 전선군
(쥬코프)

제1우크라이나 전선군
(코네프)

제4우크라이나 전선군
(페트로프)

체코슬로바키아

스위스

동고

밀라노

토리노

이탈리아

제노바

볼로냐
라벤나

1월 15일

베네치아 트리에스테

오스트리아

빈

부다페스트

헝가리

제2우크라이나 전선군
(말리놉스키)

제3우크라이나 전선군
(톨부힌)

도나우 강

루마니아

유고슬라비아

아드리아 해

알바니아

그리스

티레니아 해

지중해

–··–··–	1944년 8월 19일의 전선
–·–·–	1944년 9월 26일의 전선
———	1944년 12월 31일의 전선
–·–·–	1945년 1월 1일의 전선
– – –	1945년 2월 8일의 전선
········	1945년 2월 20일의 전선

0
100miles
200km
0

동부전선의 붕괴, 1945년

24 | 스탈린의 전략적 딜레마

독일의 마지막 군대를 동부에서 야금야금 파먹어 들어오는 붉은 군대에 대항하는 역공부대로 쓰기보다는 1944년에 서부에서 펼칠 겨울 공세에 투입한다는 히틀러의 결정은 결과를 아는 상태에서 되돌아보면 제2차 세계대전의 가장 터무니없는 결정에 속하는 것으로 보일지 모른다. 동부에는 독일군을 보호해줄 지형도 인공방어물도 없었다. 서부에는 영미군이 독일 본토에 들어오지 못하도록 막아서는 지크프리트 선(서부방벽)과 라인 강이 버티고 있었다. 비교적 약한 부대가 투입되어 이 장애물을 지키기만 해도 아이젠하워 예하 부대를 여러 달 동안 너끈히 저지했을 것이며, 히틀러의 마지막 전차 예비병력이 집중되어 있는 제5기갑군과 무장친위대 제6기갑군이 아르덴의 모험에서 허비되지 않고 대신 비수아 강과 카르파티아 산맥에 배치되어 싸웠더라면 똑같이 여러 달의 시간을 벌었을지 모른다. 히틀러가 자기가 내린 결정을 합리화한 근거는 잘 알려져 있다. 서부에서 연합군이 안트베르펜을 향한 역습에 노출되어 있고, 이 역습이 성공하면 붉은군대를 뒤흔들 목적을 지닌 후속공세를 동부에서 개시할 수 있도록 예하 군대가 풀려나리라는 것이었다. 요컨대, 그는 패배의 시작을 늦추는 데 만족하기보다는 승리의 기회를 잡고자 공격하는 쪽을 택했다. 향후 사태 전개 속에서 히틀러는 패배의 시작도 늦추지 못하고 승리의 기회도 잡지 못하게 된다. 아르덴 공세를 선택함으로써 연합군의 라인 강 도하 개시가 조금 늦춰졌을지는 몰라도 사실상 스탈린이 개시하기로 마음먹으면 어느 때라도 붉은군대의 공세가 동부에서 거침없이 전개될 수 있게 되었다.

그러나 히틀러가 이중의 위난 속으로 뛰어들도록 결정한 요인은 그가 이중의 위협이 아니라 삼중의 위협에 맞부딪친 것이라는 점은 대개 인식되지 않은 채로 남아 있다. 그는 서부에서 연합군의 라인 강 강습이라는 위협에 직면했다. 동부에서는 붉은군대가 멀리 떨어져 있는 두 개의 커다란 전선에서 대독일제국을 위협했다. 그 두 전선은 폴란드에서 시작해서 슐레지엔을 거쳐 베를린으로 향하는 전선과 헝가리 동부에서 시작해서 부다페스트와 빈과 프라하로 향하는 전선이었다. 히틀러로서는 스탈린이 이 두 축 가운데 어느 축을 주공으로 삼을지 알 도리가 없었기 때문에, 전략적 감각은 우선 서부의 위험을 처리한 다음 ― 전투의 충격을 버텨냈다고 늘 가정하고 ― 휘하 타격군을 동쪽으로 이전 배치해서 카르파티아 산맥의 북쪽이든 남쪽이든 더 큰 병력을 가졌다고 보이는 방면에 있는 붉은군대와 상대하는 쪽으로 확실하게 기울었다. 비록 히틀러는 그저 추측만 할 수 있었겠지만, 이 판단에 궁극적으로 근거를 부여하는 것은 스탈린 스스로가 곧장 베를린을 칠지, 아니면 다른 곳에서 돌파 공격을 해서 독일 동방군의 전투력을 빼돌려 쳐부술지 1944년 11월까지 마음을 정하지 못했다는 것이다. 부다페스트-빈 축을 그 다른 곳으로 고를 공산이 가장 컸다.

붉은군대가 1942년에 스탈린그라드에서 공세로 넘어갈 수 있었던 시점 이후로 동부전선의 규모 그 자체, 병력 대 공간의 비율, 고르지 못한 보급의 흐름, 부실하기 짝이 없는 도로와 철도 교통 때문에 스탈린은 여러 전선 사이에서 유사한 선택을 몇 번이고 되풀이해서 하지 않으면 안 되었다. 심지어는 독일군도 1941년에 바르바로사 작전을 벌이는 여름철 동안 북부 집단군과 남부 집단군이 레닌그라드와 키예프로 가는 도상에서 중부 집단군과 나란히 전진할 수 있도록 전지를 정돈하는 동안 중부 집단군의 전선에서 여섯 주 동안 전투를 중단한 적이 있다. 이들은 힘이 최고조에 이르고 승리를 구가하는 사령관의 지휘를 받고 최상급 선봉돌격부대를 앞장세우고 여전히 엄청난 예비인력으로 뒷받침되는 군대였다. 대조적으로 스탈린그라드에서 처음으로 공세로 넘어간 붉은군대는 18개월 동안 역사상 전례 없는 규모의 손실로 만신창이가 되어 있었으며, 잇따른 재앙으로 자신감이 흔들리는 장군의 지휘를 받고, 이제는 지나치게 어리거나 너무 나이 든 신병의 비율이 아주 높은 충원 층에서 보충병이 나오는 군대였다. 붉은군대는 아직도 기동하는 법을 배워야 하는 군대였다. 기동을 배울 때까지 붉은군대의 작전은 어쩔 도리 없이 독일군의 돌파 공격에 대응하고 독일군이 과도한 확장으로 취약해진 구역을 정면으로 들이쳐 전지를 취하는 데 한정되었다.

더욱이 붉은군대의 흠은 군대구조의 맨 위에서 맨 아래까지 없는 데가 없었다. 스탈린 스스로 미덥지 못한 군 지도자였으며 그를 둘러싸고 있는 부하들은 전쟁의 중압에 짓눌리며 군대를 지휘해본 경험이 없는 민간인과 군인인 데다가, 스탈린은 자기가 맨 처음에 아무것도 없는 상태에서 급조해내야만 했던 지휘구조의 보좌를 받았다. 더욱이, 스탈린은 소련체제의 본성과 의심 많은 자신의 성격 탓에 대중의 지지를 동원해서 자기가 그 구심점이 되도록 만들 수 없었다. 처칠의 경우에는 대중의 지지를 받은 덕분에 국민을 결집해서 위기에 대처하는 능력을 크게 키웠다. 소련의 민족들은 단일한 국민을 형성하지 못했고, 수백만 명이 공업화와 집단화를 겪으면서 공산당의 통치에 정나미가 떨어졌으며, 공산당은 배타적이고 억압적인 통치방식에 물들어 있었다. 한편으로 스탈린 스스로가 자기 동지에게 선별적으로 테러를 가하면서 당을 지휘했다. 이런 테러는 스탈린 자신이 집단지도체제의 동등자 가운데 제일인자에 지나지 않는다는 허구를 유지함으로써 더더욱 혐오스러워졌다.

애국심을 어느 정도까지는 인위적으로 되살려낼 수 있었다. 러시아 역사의 서사시가 다시 불려오고 — 이반 뇌제Ivan Groznyi[1]와 알렉산드르 넵스키Aleksandr Nevskii[2]와 표트르 대제Petr Velikii[3] 등 — 러시아의 과거 영웅이 복권되고 (쿠투조프와 수보로프 같은) 제정시대의 승전

1. 모스크바 공국의 지배자(1530~1584). 세 살에 제위에 올라 귀족의 압박에 시달리다가 1547년부터 귀족을 누르고 중앙집권화에 나섰다. 공국의 대외팽창에 크게 이바지했으며, 집권 후반기에는 피비린내나는 귀족 탄압을 자행했다.

2. 블라디미르 공국의 지배자(1220~1263). 1240년에 노브고로드에 쳐들어온 스웨덴의 대군을 네바 강에서 물리쳐 넵스키라는 이름을 얻었으며, 2년 뒤에는 동쪽으로 세력을 뻗치는 튜튼 기사단의 기마부대를 페이푸스 호수의 얼음 위에서 격파했다. 러시아 정교회에서 성인으로 모실 정도로 슬라브족의 영웅이 되었다.

3. 러시아의 황제(1672~1725). 1682년에 차르가 되어 7년 뒤에 실권을 잡고 구귀족세력을 억누르며 서구화를 비롯한 강력한 개혁정치를 폈다. 수도를 모스크바에서 상트페테르부르크로 옮기고 서구화정책을 강행했다. 치세 후반기에 북방 전쟁에서 강국인 스웨덴을 눌러 러시아의 세력을 크게 키웠다.

장군들을 기념하는 훈장과 기장이 만들어지고 혁명 때 폐지된 계급과 군복의 구분이 되살아날 수 있었다. 무신론을 공언하는 나라에서 경멸의 대상이었던 정교회[4]의 협력을 얻어내 대조국전쟁Velikaia Otechestvennaia voina[5]의 십자군을 만들라고 설교하도록 만들 수 있기까지 했다. 그 보상으로 정교회는 러시아 혁명이 일어난 뒤 탄압을 받은 이후로는 첫 신성종무원[6]을 선출해도 된다는 허가를 1943년 9월에 받게 된다. 그러나 이것들은 그저 임시방편일 뿐이지 효율적인 전략 지휘기관의 대체물은 아니었다. 스탈린은 효율적인 전략 지휘기관을 제공해야만 하며 그렇게 하지 못하면 전쟁 지도자로서 실패해서 러시아를 패전에 빠뜨리고 자멸할 터였다.

실제로 스탈린은 바르바로사 작전 첫 몇 주에 신경쇠약 일보 직전까지 간 듯하다. 존 에릭슨 교수는 다음과 같이 서술한다.

한 주 동안 그것[7]은 '소련 정부'와 '당 중앙위원회'와 '소브나르콤'의 정체불명성, 조직의 아우성, 당 권고문의 주절거림이었다. …… 자기도 모르게 전쟁에 돌이킬 수 없이 말려든 스탈린은 파국이 일어난 첫 주말이 지난 뒤 적어도 사흘 동안은 '자기 거처에 틀어박혔다.' 그가 나타났을 때, 그를 직접 본 한 장교에 따르면, 그는 '기가 꺾이고 신경이 곤두서 있었다.' 〔그는〕 이 처음 며칠 동안 스탑카에 거의 나타나지 않았다. 주요 군 행정조직은 실무처리가 목적인데도 심하게 무너지고 총참모부는 휘하 전문가들이 전선사령부로 파견되어 시종일관 기능이 속 터지게 느렸다. …… 스탑카의 토론은 작전-행정의 수렁으로 빠져 들어갔다. 스탈린과 휘하 장교들은 전략-작전 과제를 정식화하려고 애쓰는 한편, 귀중한 시간을 잡아먹는 자질구레한 세부사항을 — 보병부대에 지급할 소총의 모델(제식 모델인가 아니면 기병 모델인가), 또는 총검이 필요한지 여부, 그리고 만약 필요하다면 삼중날이어야 하는가? — 처리하느라 바빴다.

4. 비잔티움제국의 콘스탄티노플을 중심으로 발전한 크리스트교의 분파. 여기서 말하는 정교회는 모스크바를 본산으로 하는 러시아 정교회이며, 1917년 러시아 혁명 전에는 러시아제국의 국교였다.

5. 독소전쟁을 러시아 측에서 일컫는 표현. 러시아 역사에서 '조국전쟁'은 1812년에 나폴레옹을 물리친 전쟁을 이르는 표현이다.

6. 1721년에 설치된 러시아 정교회 최고지도자들의 회합. 1917년 러시아 혁명 직후에 실권을 잃었다.

7. 국가방위위원회가 공포한 포고령.

공평을 기하자면, 히틀러도 위기의 중압에서 벗어나려고 자질구레한 군사적 세부사항을 논의하는 데에서 피난처를 구했으며 없어지지 않고 남은 스탈린그라드 전투 영도자회의 기록의 편린에서 드러나듯이 위기가 길어지면 자주 다른 것을 일절 논의하려 들지 않았다는 점을 말해야 한다. 대조적으로 스탈린은 금방 현실로 되돌아왔다. 그는 전쟁이 일어난 지 열하루째인 1941년 7월 3일에 소련 국민에게 방송을 해서 '동무, 시민, 형제자매'를 자기 '벗'으로 불렀다. 전례가 거의 없는 일이었다. 게다가 그는 소련 정부를 전시편제에 놓는 조치를 지체없이 취했다. 그가 이런 일을 하면서 취한 방식은 국가기관과 정당, 민간 권력과 군 당국, 관료와 지휘관 사이의 엄격한 구분에 익숙한 서구인에게는 거의 이해가 되지 않는다. 소련 체제에서는 그런 구분이 평시에도 모호했다. 스탈린은 자기가 전쟁을 수행하려고 세운 구조에 들어 있는 이 모호성을 한층 더 키웠다. 그가 처음 취한 행보는 6월 30일에 전쟁의 정치·경제·군사적 측면을 감독할 국가방위위원회를 설치한 것이다. 나중에 규모가 조금 더 커질 이 위원회의 구성원은 스탈린 자신과 몰로토프 외무인민위원, 1925년부터 1940년까지 국방인민위원이었던 보로실로프, 당조직에서 스탈린의 오른팔인 말렌코프, 그리고 — 의미심장하게도 — 비밀경찰(엔카베데)의 우두머리 베리야였다. 스탈린은 7월 19일에 자신을 국방인민위원에 임명하고 8월 8일에는 비밀리에 최고사령관직을 맡았다. 그는 (비록 계속해서 국방인민위원으로만 알려졌지만) 최고사령관으로서 스탑카를 통제했다. 사실상 국가방위위원회의 집행기관인 스탑카는 총참모부와 작전사령부나 전선군을 감독했다. 스탈린이 의장으로 있는 인민위원 최고회의[8]의 권위가 국가방위위원회의 법령과 의결사항에 자동적으로 실렸고, 또한 스탈린은 총참모부 장교, 특히 그리고 가장 빈번하게는 쥬코프와 바씰렙스키를 파견해서 전선을 운영하거나 특정 작전을 총괄할 수 있었기 때문에, 대조

8. 소브나르콤.

국전쟁 지휘를 철두철미하게 관장한 이는 스탈린이었다('조국'이라는 명칭은 그의 7월 3일자 방송에서 쓰인 적이 있다). 스탈린은 비록 자기가 지휘 결정에 최종 책임을 지고 있음을 소련 국민에게 조심스레 감추었고 대승리가 줄줄이 확실해졌을 때에야 비로소 원수, 대원수, '위대한 스탈린'으로 등장하겠지만 사실상 1941년 7월 초 이후로 총사령관이었다. 그는 그 역할에서 절대 물러나려고 하지 않았다. 중부 집단군이 10월에 모스크바로 전진을 재개했을 때 그의 자신감은 거의 6월에 그랬던 것만큼이나 심하게 흔들렸지만, 그는 부하를 다루는 공포의 지배력을 결코 느슨하게 풀지 않았다. 실패한 자를 기다리고 있는 처벌은 파면과 직위해제, 심지어는 처형이었다. 10월에 모스크바를 방문한 처칠의 군사 고문관 이스메이Ismay 장군은 그 효과를 다음과 같이 적어놓았다. "〔스탈린이〕 방에 들어오자 모든 러시아사람이 얼어붙어 입을 다물었다. 장군들의 눈 속에 어린 두려움은 그들이 늘 공포에 질려 살고 있었음을 너무나도 뚜렷하게 보여주었다. 용감한 사나이들이 그처럼 비굴하게 변하는 모습을 보는 것은 역겨운 일이었다."

몇 사람은 굴복하지 않았다. 쥬코프는 유난히 굳세서, 스탈린이 다른 이들을 거꾸러뜨릴 때 이용하는 수석 정치지도위원인 메흘리스에게 겁을 먹지 않는 듯했다. 쥬코프에게는 1939년에 몽골에서 선전포고 없이 벌어진 러시아와 일본의 단기 국경전에서 일본군을 상대로 전차를 성공적으로 지휘했다는 공이 있었다. 더 중요한 것은 그의 천성이 강인하다는 점이어서, 그는 스탈린이 자기를 참모총장 자리에서 해임한 것을 받아들이고 자기 능력에 관한 자신감이 줄지 않은 상태에서 작전 지휘에 착수할 수 있었다. 그는 스탈린이 자기 능력을 인정한다는 것을 알고 있었다. 쥬코프와 같은 유형의 다른 이들, 특히 로코숍스키와 코네프가 등장하게 된다. 이 세 사람이 1944년에 모두 전선을 지휘하고 있을 무렵이 되면 유능한 부하를 찾아내는 데 스탈린이 겪는 어려움은 대체로 해소되었다.

그러나 이렇게 될 때까지는 스탈린이 대조국전쟁을 지휘하고 붉은군대를 운영하는 일을 대부분 스스로 해내야만 했다. 그가 러시아의 전쟁수행 노력을 지배하는 정도는 다른 어떤 교전 열강의 상급사령부의 경우보다 더 높았다. 히틀러와 그의 장군들은 끊임없는 긴장상태 속에서 공존했다. 처칠은 논거를 들어 자기 의지를 부과했고, 미군이 싸움에서 차지하는 몫이 계속 커지면서 그 논거는 계속 힘을 잃어갔다. 루스벨트는 휘하 참모총장들을 지휘한다기보다는 의장 역할을 하는 편이었다. 그러나 스탈린은 명령했다. 그가 어디에 있든 간에, 즉 크레믈에 있든 쿤체보Kuntsevo의 시골 다차dacha[9]에 있든, 아니면 독일군의 폭탄이 모스크바를 위협하는 가운데 모스크바 지하철 역에 급조한 사령부에 있든 낮이나 밤이나 모든 정보가 그에게 흘러들어갔고 모든 명령이 그에게서 도로 흘러나왔다. 그는 전황회의를 날마다 세 차례씩 열었다. 재미있게도 히틀러와 비슷한 일과였다. 즉, 정오에 첫 보고를 들은 다음 오후 4시에 보고를 듣고, 마지막으로 자정과 새벽 3~4시 사이에 총참모부 장교들에게 직접, 그러나 정치국Politbiuro[10]이 배석한 가운데 명령을 내렸다.

히틀러의 사령부에서 요들이 하는 역할에 해당하는 역할을 하는 스탈린의 실질적인 작전장교인 바씰렙스키는 독재자 스탈린의 지휘 방식을 자세히 관찰했다가 나중에 기록해놓았다. 그는 스탈린이 전쟁 첫 해에, 다시 말해서 히틀러가 독일 국방군 통제권을 확립한 것보다 훨씬 더 빨리 군부 통제권을 확립했다는 점을 지적했다. 아마도 예전에 러시아 내전 동안 제1기병군 지도위원으로서 활동한 스탈린의 경험 때문이었을 것이다. 처음 몇 달간 그의 자신감은 너무 지나쳤다. 1941년에 키예프의 재앙은 거의 전적으로 방자가 포위를 모면하기에는 너무 늦게까지 퇴각 허가를 내주지 않은 그의 책임이었다. 1942년에 독일이 공세를 재개해서 러시아 남부로 쳐들어올 위

9. 러시아 시민은 대개 도시에 있는 집과 별도로 근교에 휴가를 지내는 조그만 별채를 가지고 있는데, 이 별채를 다차라고 한다. 특히 시골에 꽤 큰 다차를 두는 위정자나 고관이 많았고, 스탈린의 경우에는 모스크바 근교에 있는 쿤체보 마을에 다차를 가지고 있었다.

10. 소련 공산당 중앙위원회 최고위원들로 구성되는 당 집행기관인 정치사무국(Politicheskoe biuro)의 축약어.

협을 인정하지 않고 티모셴코의 전선군들을 하르코프 역공에 투입한 것도 그랬다. 이처럼 전혀 설익은 상태에서 주도권을 잡으려 든 결과 ― 지난해의 포위가 거의 그대로 되풀이되어 ― 러시아군 20만 명이 사로잡혔다. 그는 그 뒤로는 더 신중해졌다. 스탈린그라드의 역포위를 제안한 사람은 궁극적으로는 쥬코프와 바씰렙스키였다. 이들이 1942년 9월 13일에 스탈린의 집무실에서 그에게 그 구상의 개요를 제시했고, 스탈린은 이들이 자기의 조심스러운 반대를 차근차근 논박한 다음에야 비로소 그것을 받아들였다.

쥬코프는 스탈린이 사령관으로서 지닌 가치를 평가했는데, 결과를 아는 상태에서 나중에 돌이켜보는 성격이 아주 강한 평가였지만, 스탈린이 그 무엇보다도 심지어 전선이 거대한 입을 벌려 인력을 마구 집어삼키고 있는 동안에도 군대를 절약해서 예비병력을 모으는 방법을 아는 지도자로서 탁월했다는 것이다. 확실히 그가 스탈린그라드 전투에서, 그리고 뒤이은 두 해 동안에 이룬 업적은 독일 동방군이 전략상 실수를 저질러 자기에게 이득을 볼 기회를 줄 때마다 그런 예비병력을 언제라도 쓸 수 있게끔 마련해두고 있었다는 것이었다. 십중팔구 과대평가였겠지만, 스탈린은 독일군보다 항상 60개쯤 더 많은 사단을 여분으로 보유하고 있다는 계산을 영국에 보여주었다. 그는 독일군이 1943년 7월에 쿠르스크 작전의 공세 국면에서 있는 힘을 다 써버리고 탈진했을 때 그 같은 예비병력을 전개해서 역공에 나섰다. 그는 8월에 자기의 예비병력을 써서 소련에서 가장 심한 쟁탈전이 벌어진 도시인 하르코프를 재탈환함으로써 쿠르스크에서 거둔 성공을 지속해나갔다. 예비병력으로 보유한 부대로 동력을 얻어서 그가 수행한 가을 공세로, 지난 두 해 동안 러시아 안으로 전진해 들어온 독일 동방군에 빼앗겼던 가장 값진 영토를 10월까지 모두 되찾았다. 너비가 남북으로 650마일이고 종심이 150마일인 이 광활한 지대를 넘어서면 나오는 초지대에서는 실질적인 군사장애물로는 마지막인 드네프르 강만이 붉은군대의 전진을 가로막고 있었다. 붉은군대는 11월 말까지 드네프르 강의 유럽 쪽 강안에 거대한 교두보를 세 군데 확보해냈고, 크림 반도를 차단해 독일 동방군과의 접촉을 끊었으며, 전진해서 폴란드와 루마니아로 들어갈 태세를 갖추었다.

얄궂게도 스탈린은 승리한 탓에 딜레마를 안게 되었다. 그는 스탈린그라드 전투까지는 패배를 모면해오고 있었고, 쿠르스크 전투까지는 괴멸적인 힘을 지닌 독일군의 주도권이 주는 위협에 여전히 직면해 있었으며, 전진해서 드네프르 강에 이를 때까지는 전시 임기응변으로 붉은군대에 먹을 것을 주고 물자를 보급하고 인력을 충원해주었다. 그 뒤에 그는 처칠과 마찬가지로 자기가 '결국은 승리했다'는 것을 알았다. 독일의 기갑예비부대는 사라져버린 한편, 그는 자국에서 생산이 가장 많이 이루어지는 농공업지대의 소유권을 되찾았다. 더욱이, 이제 그는 독일 국방군을 쳐부수는 부담이 붉은군대로부터 상당 부분 연합군으로 옮아가리라는 기대를 할 수 있었다. 1943년 11월에 테헤란에서 처칠의 참모장인 브룩은 기회와 상황을 놓치지 않고 금세 간파하는 면에서 스탈린이 "처칠과 루스벨트에 견주어 훨씬 더 뛰어났다"고 지적했다. 그는 공개석상에서 사람을 난처하게 만드는 외교사상 가장 모진 계략들 가운데 하나를 써서 모욕을 주어 처칠이 부끄러운 나머지 오벌로드 작전에 온 힘을 쏟겠다는 양보를 하고 사령관과 날짜를 둘 다 정한다는 데 동의하도록 만들었다. 그 뒤로 스탈린은 히틀러가 1944년 중반부터 양쪽에서 협공을 당하리라고 확신했으며, 서쪽에서 불길이 치솟도록 만들면서 자기는 가장 큰 이득을 얻으며 압박을 가할 수 있는 장소를 다른 곳에서 고를 수 있었다. 실제 일어난 사건이 입증하듯이, 그는 북부의 전선에서 공격에 나서는 쪽을 선택해서 중부 집단군을 쳐부수고 독일군을 비수아 강까지 도로 몰아냈다. 그러나 그가 그런

스웨덴

에스토니아

레닌그라드 · ← 레닌그라드 전선군

볼호프 전선군

노브고로드 ● ↓ 북서부 전선군

리가 ■

라트비야

← 칼리닌 전선군

북부 집단군

리투아니아

모스크바 ■

서부 전선군

동프로이센

바르샤바 ●

핀스크 ●

브랸스크 ●

폴란드

루블린 ●

오룔 ●

프리퍄트 늪지대

중부 집단군

보로ㄴ

체코슬로바키아

키예프 ●

쿠르스크

벨고로드 ●

헝가리

하르코프 ●

B집단군

트란실바니아

남부 집단군

드
네
프
르
강

파블로그라드 ●

베
사
라
비
야

타간록 ●
로

루마니아

오데사 ●

플로예슈티 ●

부쿠레슈티 ●

크림

케르치 ●

A집단군

유고슬라비아

타만 ●

불가리아

흑해

0 ├──┤ 250miles
0 ├──┤ 400km

오룔 •

브랸스크 전선군

• 쿠르스크

• 보로네즈

보로네즈 전선군

벨고로드

하르코프

돈
강

남서부 전선군

도네츠 강

러시아

스탈린그라드

볼
가
강

(2월부터)
남부 전선군

자캅카지예 전선군

카스피 해

━━━ 12월 30일의 독일군 전선
━ ━ 2월 2일의 러시아군 전진선
- - - 2월 20일의 러시아군 전선
▬ ▬ 3월 18일의 독일군 전진선

1943년 1~3월, 러시아군의 겨울 공세

스탈린그라드에서 파울루스가 항복하기도 전인 1943년 1월 12일에 붉은 군대는 1942년 여름에 잃은 영토를 되찾으려고 묵직한 역공을 개시했다. 러시아군은 하르코프를 회복하고 캅카즈에서 빠져나오는 독일군의 철수를 차단할 목적으로 오룔과 로스토프 사이의 전선을 네 군데에서 공격했다. 소련군은 2월 8일에 쿠르스크를 탈환했고, 2월 16일에는 하르코프를 되찾았다. 그러나 소련군이 2월 셋째 주에 하르코프 남서쪽에 형성한 돌출부에 만슈타인의 남부 집단군이 2월 20일에 단호한 반격을 개시해서 러시아군을 기습했다. 한 주 만에 만슈타인의 기갑군 선봉부대가 싸워서 도네츠 강까지 물러나는 길을 만들어냈다. 소련 제3전차군을 덫에 넣어 섬멸한 만슈타인은 보로네즈 전선군에 타격을 가하려고 3월 3일에 하르코프 남서쪽에 4개 기갑군단을 결집했다. 보로네즈 전선군을 꿰뚫은 만슈타인은 12일에 하르코프에 도착해서 치열한 시가전을 벌여 사흘 뒤 하르코프를 재탈환했다. 독일군은 18일에 벨고로드를 재탈환했다. 붉은군대는 도네츠 강 동안으로 밀려났지만, 봄에 얼음이 풀리기 시작하자 만슈타인은 쿠르스크에 근거지를 두고 중앙 전선군과 보로네즈 전선군이 지키는 거대한 소련 측 돌출부를 공략한다는 자기 계획의 제3단계를 수행하지 못했다. 만슈타인의 탁월한 역공은 독일의 전략 요점을 회복하는 데 큰일을 해내고, 붉은군대에 독일군의 전투력을 얕잡아보면 어떤 위험이 생기는지 유익한 교훈을 주었다. 그러나 남쪽에서는 클라이스트의 A집단군이 타만(Taman) 반도에서 덫에 걸렸다. 만슈타인이 무진 애를 써서 열어놓고 있는 회랑을 통해 제1기갑군만이 로스토프로 탈출했다. 이 회랑은 2월 14일에 붉은군대의 손에 떨어졌다.

선택을 했다고 해서 손에 쥔 패가 꼭 드러난 것은 아니었다. 여전히 그에게는 고를 수 있는 패가 있었다. 즉, 독일 동부와 베를린을 놓고 벌어지는 마지막 전투에서 독일 국방군을 쳐부술 마지막 모험 수에 (서구 연합국처럼) 온 힘을 쏟든지, 아니면 붉은군대 병력의 주요 부분을 빼돌려 유럽 남부로 들여보내 거기서 히틀러의 삼국협약에 해당하는 소련판 삼국협약을 만들어내 향후 수십 년 동안 소련이 침공당하지 않도록 확실하게 해두든지 할 수 있었던 것이다.

그것은 마음이 초조해지는 선택이었다. 스탈린은 제2차 세계대전에 참전하는 쪽을 택하지 않았으면서도, 심지어 전쟁이 시작되기 전에도 전쟁을 불러일으킬 긴장에서 이득을 보는 쪽을 택했다. 그는 전쟁이 벌어지는 21개월 동안 구경꾼 입장에 서서 전쟁의 전개에서 큰 이득을 보았다. 그는 히틀러와 동맹을 맺어서 반대급부로 폴란드 동부를 차지했고, 그다음에는 — 독소불가침조약이 핀란드를 공격할 자유를 자기에게 허용한 점을 이용해서 — 카렐리야 동부를, 그다음에는 발트 해 연안의 세 나라를, 마지막으로 루마니아령 베사라비야와 부코비나 북부를 차지했다. 바르바로사 작전은 그의 나라를 제2차 세계대전이 불러일으킨 싸움 가운데 최악의 싸움 속으로 몰아넣었다. 그러나 1944년 여름이 되면 그는 소련이 어떻게 하면 전쟁의 종결단계에서 지정학적인 이득을 가장 잘 얻을 수 있을까를 다시 생각할 수 있었다. 스탈린은 전쟁을 정치적 사건으로 보는 견해에 히틀러보다 훨씬 더 치중했다. '힘의 상호관계'가 바르바로사 작전과 쿠르스크 전투 사이에는 그에게 불리하게 작용했고 그 뒤로는 그에게 유리하게 작용하기 시작했다. 히틀러가 서쪽에서 자기의 마지막 공세를 펼칠 기반을 다지고 있던 바로 그때 스탈린은 동쪽에서 히틀러의 전략이 무너지면서 생겨날 기회를 어느 곳에서 가장 잘 잡을 수 있을까 골똘히 생각하고 있었다.

25 | 쿠르스크 전투와
러시아 서부 탈환

히틀러는 재앙과도 같은 1942~1943년의 스탈린그라드 전투가 끝난 뒤 쇠약해지고 기가 꺾인 사람이 되었다. 구데리안은 예기치 않게 대기갑부대 수장으로 지휘관 직에 다시 임명되자마자 1943년 2월 21일에 우크라이나 사령부에 있는 히틀러를 찾았다가 그가 1941년 12월에 마지막으로 만난 이후로 크게 변했다는 것을 알고 다음과 같이 썼다. "그의 왼손은 떨렸고 등은 구부정했고 빤히 바라보는 눈은 튀어나왔지만 예전의 광채가 없었으며 볼에는 붉은 반점이 있었다. 그는 더 쉽게 흥분하고 마음의 평정을 곧잘 잃었으며 툭하면 울화통을 터뜨리고 신중하지 못한 결정을 내리곤 했다."

결단을 내리는 그의 의지도 약해져버렸다. 모스크바 전투가 개시되고 러시아군이 스탈린그라드에서 제6군을 포위해서 섬멸하는 사이의 그 한 해 동안 히틀러는 영도자 원리를 최대한도로 행사했다. 그는 자기가 맡긴 일을 제대로 해내지 못하거나 자기 기분을 언짢게 한 장군을 불문곡직하고 해임했고 나머지 장군 전체를 자기 명령에 엄격하게 복종하도록 장악했다. 그의 휘하 장군들은 7월에 보로네즈에서 남쪽으로 대담하게 전진하지 못한 것을 — 그리고 이 때문에 보크가 파면된 것을 — 빼면 그의 의지를 빠짐없이 수행했다. 정확하게는 바로 그것이 문제였다. 1942년 전역의 승리는 전적으로 히틀러의 공이었지만 마찬가지로 재앙도, 즉 캅카즈로의 과도한 확장과 스탈린그라드의 패배 둘 다 그의 탓이었다. 그 결과로 빚어진 독일 동방군 20개 사단의 상실은 그의 양심을 아프게 짓눌렀고, 그래서 그는 심지어 두 해가 지난 뒤에도 주치의에게 잠 못 이루는 밤이면 그 독일군 사단들이 괴멸되는 순간에 차지하고 있던 위치가 표시된 전황지도의 환영이 가득히 어른거린다고 털어놓게 된다. 요들과 카이텔 같은 군인 측근의 말 없는 질책은 견뎌내기 버거웠다. 자책은 훨씬 더 고통스러웠다.

그래서 히틀러는 1943년 봄 동안 독일 동방군의 전략을 계획하면서 — 비록 다른 정책 영역에서는 계속 요구를 하기는 했어도 — 부하들에게 행동의 자유를 허용했다. 히틀러가 지휘권을 처음 행사한 1940년 이후로 그들이 누려보지 못했던 자유였으며, 분명히 결코 다시는 누리지 못할 자유였다. 롬멜에게 '낙관론'과 '지구력'이 모자라다고 믿은 그는 1943년 봄에 북아프리카의 영미군을 상대로 전투를 수행하는 데 깊이 간섭해 휘하의 중앙 예비병력에서 귀중한 기갑부대를 차출하고 괴링에게 시칠리아에서 항공 비행대대들을 이전해서 튀니지의 비행장에 배치하라고 요구했다. 한편, 그는 독일 상공에서 — 2월 25일에 연합군의 '24시간 연속' 폭격이 시작되고 뒤이어 여러 주 동안 베를린, 뉘른베르크, 에센, 브레멘, 킬Kiel, 그리고 뫼네-에더 댐에 영국군이나 미군의 맹습이 가해지는 등 — 항공전 상황이 나빠졌다고 괴링의 부하들을 윽박질렀다. 히틀러는 영국에 대한 보복을 요구하고 보복대책을 마련했고, 구데리안에게 독일의 전차 생산을 늘리는 임무를 맡겼으며, 2월 7일에 라스텐부르크에서 열린 나치당 관구장 대회에서 자기에게 개요가 제시되었던 괴벨스의 '총력전' 선언 계획을 승인했다. 그러나 1943년 전반기에 그는 자기가 전쟁수행을 주로 담당하는 전역戰域인 동부전선에서 펼쳐지는 작전의 직접적인 지휘에는 이상하게 망설이며 미적미적 참여했다.

이런 상황은 독일 동방군에 반드시 불리하지만은 않았다. 독일 동방군에는 최고의 자질을 지닌 야전 지휘관이 있었다. 남부 집단군 사령관 에리히 폰 만슈타인 육군원수가 바로 그 사람으로, 그는 붉은군대의 둔중한 기동 스타일이 제공하는 전술적 기회에는 아주 민감해서 그 기회를 놓치지 않았지만, 히틀러가 그보다 급이 떨어지는 장군들의 독자적 사고를 제압하는 수단으로 쓰는 심리적 위협에는 강한 내성이 있어서 그 위협이 통하지 않았다. 그러나 만슈타인은 2월 동안에 스탈린그라드가 항복하고 파울루스 예하 제6군을 구해내려는 자기의 시도가 실패한 여파 속에서 소련군이 뜻밖에 돈 강 서쪽에 있는 핵심 도시인 하르코프를 공격하는 데 성공하자 무안을 당했다.

붉은군대가 스탈린그라드에서 이기고 그로 말미암아 뒤이어 독일군의 남부전선 전체에 혼란이 빚어지자 스탑카는 주도권을 잡고 독일이 소련에서 획득한 가장 소중한 영토인 우크라이나에서 독일 동방군을 내동댕이쳐 쫓아낼 가망을 처음으로 얻었다. 1월 말까지 계획 하나가 구상되었다. 남부 전선군과 남서부 전선군이 봄에 얼음이 풀릴 때까지 저 멀리 돈 강과 도네츠 강 너머에 있는 세 번째 대하천인 드네프르 강까지 전진하고 그 뒤에는 그 두 전선군 옆에 있는 전선군들이 앞으로 나아가서 북서쪽으로 방향을 틀어 중부 집단군을 우크라이나 북부에서 내몰아 스몰렌스크까지 밀어낸다는 계획이었다. 이 대공세의 결정적인 선수를 둘 부대는 미하일 포포프 Mikhail M. Popov 장군이 지휘하고 4개 전차군단으로 이루어진 전선기동집단이었다. 이 부대가 바투틴의 남서부 전선군의 전위에 서서 공격해 하르코프로 돌진할 터였다.

스탑카의 계획은 러시아군이 스탈린그라드에서 이겨서 독일군에게 세 가지 위기가 생겼기 때문에 겉보기에는 잘 내린 판단이었다. 붉은군대가 스탈린그라드에서 전진해 나와서 (2월 12일에 이름이 남부 집단군으로 바뀐) 만슈타인의 돈 집단군을 남부전선의 '통로'인 로스토프로 도로 내동댕이쳤다. 어쩔 도리 없이 캅카즈에서 퇴각한 클라이스트의 A집단군이 아조프 해 연안까지 밀려나는 바람에 클라이스트의 전선과 만슈타인의 전선 사이에 너비 100마일의 틈이 생겼다. 더욱이, 바투틴이 스탈린그라드 북서쪽에 있는 보로네즈를 지키는 헝가리군을 계속 공격해대는 통에 1월 14일 이후에 만슈타인의 북쪽 측면이 (2월 12일 이후로는 중부 집단군이 되는) 클루게의 B집단군과 맞닿은 부분에서 떨어질 기미가 보였다. 스탑카가 계획한 공세의 개막공연은 성공할 조짐을 보였다. 히틀러는 러시아군이 2월 2일과 5일 사이에 돈 강 하류를 아주 강하게 압박하는 바람에 만슈타인의 주장에 따라 어쩔 도리 없이 로스토프를 포기한다는 데 동의했고, 한편 동시에 돈 강 상류의 보로네즈에서 치고 나온 바투틴의 남서부 전선군이 2월 14일에 하르코프에 다다랐다. 하르코프를 놓고 치열한 전투가 한 차례 벌어졌고, 주민도 전투에 참여했다. 무장친위대 제1기갑군단의 정예부대들(아돌프 히틀러 호위Leibstandarte Adolf Hitler 사단과 다스 라이히Das Reich 사단)이 분투했는데도 독일군이 져서 2월 16일에 하르코프를 포기해야 했다. 그 결과 남부 집단군과 중부 집단군 사이에 너비가 200마일 가까이 되는 틈이 벌어졌다.

그러나 스탑카는 치명적인 두 가지 오산을 했다. 하나는 붉은군대의 역량을 과대평가한 것이고, 다른 하나는 만슈타인을 과소평가한 것이다. 서구의 뛰어난 대조국전쟁 역사가인 존 에릭슨 교수는 "보로네즈 전선군과 남서부 전선군 둘 다 꽤 굉장한 싸움을 치렀고, 퇴각하는 독일군 부대가 될 수 있는 대로 많이 다리와 건물과 비행장을 폭파하고 철도를 엉망진창으로 만들고 그나마 몇 개 되지도 않는 도로를 망가뜨렸기 때문에 줄줄이 이어진 파괴의 현장을 따라 드넓은 땅을 주파했다"고 평했다. 그러나 (독일군 1개 기갑사단이 통상 운용하는 대수보다 많지 않은) 전차 137대만을 가지고 공세를 개시한 포포프의 선봉돌격부대가 2월 중순에 실전에 투입할 수 있는 전차는 겨우 53대였고, 보로네즈 전선군의 이른바 제3전차군이 가진 전차는 6대에 지나지 않았다.

따라서 스탑카의 일반 지침에 따라 2월 12일에 공세를 '확장'한다는 바투틴의 결정은 심지어는 능력이 그저 그렇고 전차 예비병력을 조금밖에 가지지 못한 적군 사령관을 상대한다 해도 경솔한 결정이었을 것이다. 그 공세 확장은 — 독일군과 러시아군 모두 '작전'급 지휘라고 부르는 것의 최고 명수인 — 만슈타인을 상대로는 무모한 행위였다. 히틀러는 심지어 위기가 최고조에 이르기 전에도 7개 사단을 프랑스에서 만슈타인의 전선으로 보내라는 명령을 내렸다. 히틀러는 2월 17일에 만슈타인과 상의하려고 몸소 그의 전선에 도착했다. 구실은 남부 집단군의 반격 개시를 점검하고 괴벨스가 다음날 베를린의 스포츠 궁전에서 불꽃 튀는 연설로 독일 국민에게 선언한 '총력전' 개념에 독일 동방군을 결집한다는 것이었다. 히틀러는 휘하 장병에 내리는 훈령에서 다음과 같이 썼다. "결정적 전투의 결과는 제군에게 달려 있다. 독일제국의 국경에서 1,000마일 떨어진 곳에서 독일의 현재와 미래의 운명이 위태롭다. …… 독일 본토 전체가 동원되었다. …… 우리 청소년들이 독일의 도시와 작업장 주위에 있는 대공포 방어시설에 배치되고 있다. 사단이 더욱더 많이 올 것이다. 지금까지 알려지지 않은 굉장한 병기가 제군이 있는 전선으로 올 것이다. …… 이것이 내가 비행기를 타고 제군에게 온 까닭이다. 제군이 벌이는 방어전의 부담을 덜어줄 일체의 방법을 강구해서 방어전을 궁극적인 승리로 전환하기 위함이다." 그 반격은 실제로는 히틀러의 구상이 아니라 만슈타인의 구상이었다. 만슈타인은 2월 6일에 라스텐부르크를 긴급히 방문하는 동안 그 반격을 개시해도 좋다는 히틀러의 허락을 받아냈다. 뿐만 아니라 그는 재편성한 자기의 제4기갑군 예하에 가용한 모든 기갑 예비병력을 집중하고 그 부대를 제1기갑군 곁에 나란히, 즉 도네츠 강과 드네프르 강 사이에 있는 잘록한 땅에 둠으로써 — 포포프를 시시하게 보이도록 만드는 병력을 가진 — 없어서는 안 될 기갑타격군을 찾아내기도 했다. 그 땅 건너편에서는 바투틴의 남서부 전선군이 독일군 후방으로 들어가는 길을 타개하려고 시도하고 있었다.

아조프 해의 아시아 쪽 연안의 교두보에 있는 A집단군을 차단할 기세를 보이는 바투틴의 기동이 너무 위험스러워서 히틀러는 사실상 비행기로 부대원들을 교두보에서 공수해서 만슈타인에 가세하도록 해도 좋다는 허가를 내주었다. 그런 식으로 이송될 군인이 10만 명이 넘는다. 그러나 만슈타인은 이 부대나 전투태세에 들어간 서부의 사단들 가운데 일부가 도착하기에 앞서 공격에 나섰다. 2월 20일에 만슈타인의 2개 기갑군이 50마일이 채 안 되는 곳에 있는 드네프르 강 도하시설을 향해 아직도 전진하고 있던 미하일 포포프의 전선기동집단의 측면에 수렴공격을 가했다. 러시아군 상급사령부는 상황에 중대한 변화가 일어났음을 전혀 파악하지 못하고는 포포프에게 더 전진하라고 재촉했고, 총사령부는 2월 21일에 바투틴의 측방에 있는 말리놉스키Malinovskii 예하 남부 전선군에 "바투틴의 부대가 비상한 속도로 가속하고 있다. …… 바투틴의 왼쪽에 생긴 지체는 귀관 예하 전선군 측에서 적극적인 작전이 없기 때문"이라며 더 적극적으로 공세에 가세하라는 명령을 내리기까지 했다. 실제로는 포포프는 이미 포위될 위험에 처해 있었고, 연료가 떨어지기 시작해서 그 자리에 멈춰 섰다. 증원을 받았는데도 그에게 남은 전차가 겨우 50대였던 2월 24일에 그의 왼쪽 측방에서 작전을 벌이고 있는 독일군 전차만 해도 400대가 넘었다. 독일군 전차가 도네츠 강의 강안에 도달한 2월 28일이 되면 바투틴 예하 남서부 전선군의 나머지 부대 다수와 포포프의 전선기동집단이 포위되었다. 빠져나간 부대가 있었던 것은 오로지 강이 아직 얼어 있었기 때문이었다.

만슈타인, 공세를 재개하다

포포프의 공세가 무너지자 만슈타인은 이제 자기의 하르코프 재탈환계획 제2단계를 개시할 수 있었다. 제4기갑군은 이제 (본디 집단수용소 경비대를 모아 만들어진) 무장친위대 해골사단을 비롯해 서부에서 보내온 증원부대를 받기 시작했다. 해골사단은 무장친위대 제1군단으로 들어가 아돌프 히틀러 호위사단과 다스 라이히 사단에 가세하게 된다. 지난달에 하르코프를 잃어서 머리끝까지 화가 솟구쳐 있던 이 이데올로기의 전사들이 도시를 가공할 힘으로 재탈환하려고 3월 7일에 공격을 개시했다. 북쪽 근교가 3월 10일까지 격전의 현장이었고, 이틀 뒤에 하르코프 시가 방어를 지탱하려고 발버둥치는 많은 소련군 부대와 더불어 사실상 포위되었다. 붉은군대가 히틀러 휘하군 본대 포위를 시작할 것으로 기대했던 바로 그 지점에서 이제는 독일군이 붉은군대의 본대를 포위할 위협을 가했다. 급작스레 상황이 위험하다고 보였던 나머지 스탑카는 증원부대를 보내 하르코프에 포위되어 있는 부대를 돕기보다는 대신 그 증원부대를 쿠르스크 남쪽에 있는 인접 보로네즈 전선군으로 급파했다. 이 증원부대는 그곳에서 곧 쿠르스크 돌출부로 불리게 되는 것의 남쪽 면이 될 구역을 지키는 데 성공했다. 이 부대를 공격보다는 방어에 투입함으로써 소련군의 1943년 봄 공세는 한 해 앞서 모스크바 전투에서 이긴 뒤에 그랬던 것과 마찬가지로 실패했다고 보일 수 있었다. 일부 러시아인은 이미 그 결과를 예견했었다. 골리코프Golikov 보로네즈 전선군 사령관은 붉은군대의 분투가 한창일 때 한 부하에게 "200~230마일을 가야 드네프르 강이고, 30~35일 있으면 봄의 라스푸티차다. 잘 생각해보고 귀관이 알아서 결론을 내리라"는 신호통신을 보냈었다.

봄의 해빙과 가을비로 해마다 두 차례 오는 축축한 철에 흙길이 수렁이 되고 주위 초지대가 늪이 되는 라스푸티차는 1941년과 1942년에는 독일군에 불리하게 작용해서 모스크바를 향한 전진을 늦추고 우크라이나로 들어가 스탈린그라드로 전진하는 것을 늦추었는데, 지금은 반갑게도 숨돌릴 틈을 가져다 주었다. 독일 동방군의 예비병력이 죄다 남쪽에 몰려 있었으므로, 붉은군대는 레닌그라드로 가

◪ 유럽 동부전선에서 수행된 봄 전역과 가을 전역의 세 가지 상수인 진흙과 기갑부대와 끝없는 공간. 독일군 슈투크(Stug) 3호 자주포가 진창을 헤치고 나아가고 있다.

는 육상 경로를 다시 열어제치고 모스크바 전투 이후로 북쪽의 데먄스크 고립지대에 홀로 갇혀 있는 독일군 부대를 — 비록 탈출을 막지는 못했어도 — 몰아칠 수 있었다. 또한 붉은군대는 모스크바 서쪽에 있는 뱌즈마 돌출부에 충분한 압박을 계속 가했고, 이에 굴한 히틀러는 '들소 선'이라고 불리는 미리 준비된 짧은 전선으로 물러나도 좋다는 그답지 않은 철수 허가를 내려야 했다. 그러나 붉은군대는 라스푸티차가 지속되는 동안에는, 그리고 적군에 — 사상자가 이탈리아군 가운데에서 18만 5,000명, 헝가리군 가운데에서 14만 명, 루마니아군 가운데에서 25만 명, 독일군 가운데에서는 독일 국방군 자체 계산으로 거의 50만 명이 나오는 — 엄청난 손실을 입혔는데도, 어떤 주요 구역에서도 공격을 재개할 병력을 찾아낼 수 없었다.

성채 작전

스탈린그라드 전투가 벌어지는 겨울 동안 독일 동방군이 남부전선에서 아슬아슬하게 재앙에서 벗어났는데도, 히틀러와 휘하 장군들은 붉은군대가 패배를 받아들이고 있는 바로 그 순간에 공격을 재개할 생각을 하기 시작하는 중이었다. 스탈린은 1943년 2월 23일 붉은군대의 날에 휘하 장병에 보내는 메시지에서 "진정한 싸움은 이제부터 시작되고 있다"고 경고했다. 그와 스탑카는 붉은군대가 현재 가진 병력을 다 써버렸다는 것, 그리고 기다리고 있는 무기대여법 원조 물자와 우랄에 재배치된 공장에서 나오는 생산물을 받기 전까지는, 그리고 어린 징집병과 '참빗으로 긁어 추려낸' 나이든 병사가 다음에 유입되어 훈련을 받기 전까지는 러시아에서 장군들이 공격으로 확실하게 넘어갈 수 있게 해줄 예비병력이 만들어질 수 없다는 것을 알고 있었다. 독일의 계산은 정반대였다. 독일 동방군은 라스푸티차와 붉은군대의 탈진으로 숨돌릴 틈을 얻었으므로 될 수 있는 대로 빨리 공격에 나서야지 가만히 있다가는 좋지 않은 결과를 맞이하게 되리라는 것이었다.

문제는 어디에서 공격하는가였다. 이것은 장군들로서는 전쟁기간 동안 마지막으로 주로 자기들끼리 결정하게 될 쟁점이었다. 스탈린 그라드를 '요새'로 삼아 지키겠다고 고집을 피우다가 일어난 결과 탓에 히틀러의 자신감, 즉 휘하 사령관들의 눈에 자기가 믿음을 주는 사람으로 비치리라는 생각이 흔들려서 그는 전략의 조건을 부하들에게 강요하려는 의지를 한동안 잃었다. 그는 하르코프 역공이 개시되기 전인 2월 17~19일에 만슈타인의 사령부를 찾은 동안 그 역공이 성공하면 생길지 모를 기회를 검토하는 것을 들었다. 클라이스트(A 집단군), 요들, 차이츨러 신임 육군참모총장, 만슈타인 사이에 오간 토론은 그가 라스텐부르크의 본거지에서 허용한 그 어떤 토론보다도 훨씬 더 자유로웠다. 때때로 러시아군의 포성이 들리는 가운데 이루어진 사흘 동안의 모임이 끝날 무렵 히틀러가 단호하게 끼어들어서 만슈타인이 내놓은 제안, 즉 과연 그답게도 크림 북쪽에서 '한 걸음 물러섰다가 두 걸음 나아가는' 기동을 하자는 만슈타인의 대담한 제안을 파기했다. 그 제안을 받아들이면 일시적으로 땅을 내주어야 하기 때문이었다. 그것은 히틀러가 신경질적으로 싫어하는 것이었다. 그는 커지는 쿠르스크 돌출부에 수렴공격을 가하자는 대안 제안을 거부하지 않고 차이츨러와 독일 동방군 장군들에게 실행 가능한 형태로 만들라고 맡겼다.

3월과 4월의 라스푸티차가 안겨준 소강기, 즉 동부전선에서 전쟁을 통틀어 양쪽 군인이 즐기게 되는 가장 긴 소강기 동안, 독일군과 붉은군대의 참모부는 여름에 틀림없이 벌어질 대전투를 위한 상세한 계획을 세우느라 바빴다. 한편, 그들의 맹주 두 사람은 상호 의심이 이상야릇하게 일치해가는 가운데 자기 참모부의 제안을 수정하려고, 심지어는 반드시 해야 할 일까지 미뤄가며 시간을 벌려고 애썼다. 스탈린은 소련군 전선 전체가 위협을 받지만 모스크바 맞은편 구역이 특히 위험하다고 믿어서 휘하 장군들의 전략 분석의 타당성을 이해할 수 없었던 듯하며, 독일군이 1943년에 적어도 세 번째 여름철 승리는 거두지 못하도록 할 '파쇄' 공격에 가용한 병력을 쓰자고 주장했다. 그는 4월 12일에 휘하 상급사령관들과 만난 자리에서 쿠르스크 돌출부에 종심방어진지를 건설하는 일이 최우선시 되어야 한다는 데 동의했지만, 독일군이 택할 가능성이 있는 모든 주요 축선에 방어진지가 세워져야 한다고 고집을 부리기도 했다. 스탈린의 견해는 바투틴과 쥬코프같이 이제는 아주 경험이 풍부해진 장군들의 의견과 어긋났다. 그 장군들은 독일 동방군이 공격을 가할 구역은 틀림없이 쿠르스크이며, 소련군의 올바른 대응은 될 수 있는 대로 전선의 방비를 강화해서 기갑부대의 공격을 무디게 만드는 것이지만 스탑카가 비축해놓은 예비병력을 쿠르스크에만 투입해서는 안되고 예비부대를 준비하는 데에도 할당해서 붉은군대가 나중에 자력으로 가할지 모를 반격에 쓰는 것이라는 결론을 내렸다. 쥬코프가 4월 8일에 스탈린에게 표현한 대로, "저는 가까운 앞날에 우리 군대가 기선을 잡을 목적으로 적군에 공세를 펼치는 것은 쓸데없는 일이라고 생각합니다. 우리 방어진지에서 적군을 괴롭혀 힘을 빼고 적군 전차부대를 분쇄한 다음 팔팔한 예비병력을 들여보내면서 총공격으로 넘어가 적의 주요 병력집결체를 단번에 박살 내는 것이 더 나을 겁니다."

히틀러는 쿠르스크 돌출부를 공격한다는 구상을 원칙적으로 받아들이기는 했어도 날짜를 정하지 못하고 왔다갔다하면서 공격형태에 관해 여전히 어정쩡하게 결단을 내리지 못했다. 그는 비록 남부 집단군과 중부 집단군을 5월 3일에 쿠르스크 돌출부 공격에 투입한다는 명령서에 4월 15일에 서명했지만 거의 곧바로 생각을 바꿔서 차이츨러에게 돌출부 정면 부분에 공격을 가하자고 제안했다. 이 제안은 — 돌출부에 있는 군대는 항상 정면으로 공격하기보다는 반드시 잘라내야 한다는 — 정통 군사교리에 완전히 거스르는 것이었으며, 차이츨러는 4월 21일에 히틀러를 설득해서 그의 마음을 돌려놓을 수 있었다. 그런 다음, 수렴공격에 할당된 2개 군 가운데 1개 군을 지휘할 모델이 자기가 전차를 추가로 더 얻기 전에는 관찰된 러시아군 방어병력을 뚫으려면 계획에서 허용된 것보다 더 많은 시간이 필요하다고 그를 설득했다. 이에 따라 히틀러는 구데리안 신임 기갑부대 감찰총감이 그 추가분 전차들을 찾아내는 동안 며칠 더 미루는 것을 허용했다. (직책의 명칭으로는 단순한 행정관인) 구데리안이 작전계획 수립에 연루되면서 지연이 길어지기 시작했다. 구데리안은 소련 전차 생산의 양과 질을 둘 다 잘 알고 있었고, 소련의 전차 생산에 맞먹도록 독일의 생산을 늘리는 것이 그의 목적이었다. 그는 5월 2일에 전차 조달 일정 개요를 히틀러에게 제출했고, 그것을 보면 연기해야 마땅하다고 보였다. 구데리안은 — 1939년 독일의 연간 생산의 열 배인 월 1,000대 이상으로 규모를 늘려 — 더 많은 전차만이 아니라 신형 판터 5호 전차와 88밀리미터 포 견인차, 호르니세Hornisse[1], 티거, 페르디난트 등을 비롯한 더 나은 전차를 만들어내겠다고 약속했다. 이 '혈통'들은 싸움터에서 무적이라는 믿음이 있었다. 그러나 그는 쿠르스크 전투의 성공을 위해 히틀러가 큰 기대를 걸고 있는 판터 전차에 들어 있는 개발상의 '결함'을 아직 잡아내지 못했다고 경고했다. 이에 따라 5월 4일에 히틀러는 뮌헨에서 휘하 주요 장군들과 다시 한번 더 협의를 한 뒤 이제는 성채라는 암호명이 붙은 쿠르스크 공격을 6월 중순으로 늦추었다.

그러나 소련의 공업은 독일의 공업보다 두 배의 비율로 전차를 계속 산출해내고 있었을 뿐만 아니라 걸출한 T-34에 덧붙여서 이제는 더 중형의 모델을 생산하고 있었다. 이 중형 모델에는 끝에 가서는 122밀리미터 포를 달게 될 초대형 요씨프 스탈린 전차의 첫 모델형으로서 85밀리미터 포를 단 KV-85와 독일군이 선호하는 회전포탑

1. 88밀리미터 포를 장착한 탱크 파괴차로, '말벌'이란 뜻이다. 이 무기는 1943년에 본디 코뿔소(Nashorn)라는 이름으로 개발되었다가, 히틀러의 요구로 이름이 말벌로 바뀌었다.

없는 돌격포에 해당하는 갖가지 유형이 끼어 있었다. 러시아의 대전차 무기 생산은 훨씬 더 대단했다. 강력한 76밀리미터 포로 장비를 갖춘 예비 대전차연대가 200개 넘게 편성되었고, 76밀리미터 포보다는 구경이 작은 대전차포 2만 1,000문이 보병부대에 지급되었다. 존 에릭슨 교수는 "1943년 여름이 되면 소련군 보병부대원은 대전차 전투에서 뒤지지 않는 장비를 갖추〔었〕다"고 평가한다. 붉은군대는 기갑부대와 대전차부대의 재원뿐만 아니라 이제 엄청난 양의 대포도 있었다. 스탈린은 "대포는 전쟁의 신"이라고 말한 적이 있다. 대포는 늘 러시아군의 주도적인 병기였고, 붉은군대 포병은 1943년 여름이 되면 장비의 양과 질에서 모두 세계 최강이었다. 1942년 한 해 동안 — 완전히 새로운 군사 개념인 — 순수한 포병사단이 여러 개 편성되어 신형 대포인 152밀리미터 포와 203밀리미터 포로 장비를 갖추었다. 이 부대 가운데에는 4개 카튜샤 로켓 사단도 있었다. 그 각 사단은 이 혁명적 무기로 1회 일제사격당 발사체 3,840개를 쏠 수 있었고, 그 무게는 모두 230톤이었다. 독일군이 부랴부랴 모방하게 되는 카튜샤는 적군 보병의 얼을 빼 혼란에 빠뜨려서 동부전선의 싸움터에서 최고 공포의 대상이 되는 무기의 하나였다. 꼭 카튜사의 폭발 효과가 엄청나서 적군 보병이 전투 불능상태에 빠졌던 것은 아니다.

바르바로사 작전이 펼쳐지던 그 끔찍한 몇 달 동안 동쪽으로 수송되어 우랄 산맥 뒤로 옮겨진 공장에서 생산이 재개되었기에 가능해진 이 같은 붉은군대의 재정비는 독일 동방군에 커다란 위험이 닥치리라는 의미였다. 더욱 불길하게도, 스탑카가 4월 12일에 내린 판단에 따라 대포와 대전차포와 로켓 발사대 1만 문을 비롯한 엄청난 양의 물자가 4월과 5월 동안에 쿠르스크 돌출부 안으로 쏟아져 들어갔다. 돌출부에 사는 민간인이 동원되어 — 면적이 60마일 곱하기 120마일쯤 되는 — 돌출부에 참호와 대전차호를 파는 동안, 육군 공병대는 지뢰를 전선 1킬로미터당 3,000개가 넘는 밀도로 깔았다. 돌출부를 방어하는 부대, 즉 (로코솝스키의) 중앙 전선군과 (바투틴의) 보로네즈 전선군이 각기 2개 후방진지와 3마일 종심의 1개 전방 진지선으로 이루어진 나름의 방어진지를 만들었다. 민간인 30만 명이 그 뒤에서 노동을 해서 쿠르스크 돌출부에 마침내 100마일 종심을 가진 여덟 겹의 방어선이 둘러쳐졌다. 싸움터에서 이런 방어진지는 없었다. 심지어는 참호전이 절정에 달한 제1차 세계대전의 서부전선에서도 마찬가지였다.

히틀러가 성채 작전 개시일자를 통 고르려고 들지 않았다는 것은 그가 — 그리고 제9군의 모델처럼 이 작전을 수행하는 임무를 맡은 사령관들이 — 작전의 타당성에 의심을 품었음을 반영해준다. 모델은 본디 예하 기갑부대가 돌출부 북쪽 면을 꿰뚫는 데 이틀을 주는 계획을 요청했다. 그러나 4월 27일에 그는 쿠르스크의 러시아군 방어진지를 찍은 항공사진과 더 많은 전차와 시간을 달라는 요구서를 들고 히틀러가 어두침침한 라스텐부르크 숲에서 벗어나 휴가를 즐기고 있던 베르히테스가덴에 도착했다. 한 해 뒤 히틀러는 "모델이 자기에게 사흘이 필요하다고 내게 말했을 때는 내가 실패 가능성을 알고 낙담해 있을 때였다"고 술회했다. 그랬든 안 그랬든 히틀러는 성채 작전을 취소한다는 결단을 내리지 않았다. 그의 자신감은 여전히 약한 반면, 차이츨러의 자신감은 강했다. 제1차 세계대전 때 투지에 찼던 그 보병 하급장교는 1943년 한 해 동안에 '무언가 대단한 일'을 해내려고 들었고, 그 일이란 그에게는 자기의 유일한 담당지역인 동부전선에서 전투를 벌이는 것을 뜻했다. 히틀러도 붉은군대가 1944년에 주요 공격에 나설 병력을 제약 받지 않고 키우는 일이 벌어지지 않도록 무언가를 해야 한다는 데 동의했다. 그러나 스탈린그라드 전투에서 비롯된 침울함이 가시지 않은 점은 제쳐놓고서라도 여러 가지 다른 점이 그의 마음에 걸렸다. 튀니지에서 상황이 나빠져서 5월에 독일-이탈리아군의 항복으로 끝이 났을 뿐만 아니라, 무솔리니의 입지가 차츰 위태로워지고 연합군이 지중해에서 다음에 어디를 칠지 확실하지 않고 영국군 폭격기사령부와 미 육군 항공대가 더 깊숙이 들어와 더 심하게 매주 공격을 해대는 통에 독일에서 민간인 방호 위기가 깊어가고 있었던 것이다. 그는 6월 한 달 동안에 성채 작전을 다시 세 차례나 더 미루었다. 구데리안이 전차 예비병력을 축적할 시간을 더 달라고 요청한 6월 6일에, 모델이 난점을 더 많이 제기한 6월 25일에 다시 개시가 늦춰졌으며, 마지막으로 6월 29일에 히틀러는 라스텐부르크로 돌아가겠으며 성채 작전이 7월 5일에 시작되리라고 선언했다. 그가 7월 1일에 도착했을 때 자기 참모진에게 설명한 대로, "러시아군은 때를 기다리고 있어. 그들은 겨울에 대비해 힘을 보충하면서 시간을 쓰고 있다니까. 우리는 그러도록 내버려두어서는 안 돼. 그냥 내버려두면 새로운 위기가 생긴단 말이야. …… 그러니까 우리는 러시아군을 방해해야 한다고."

'방해'라는 요구는 1941년 여름과 1942년의 여름에 울려 퍼진 전격전 소집 나팔소리와는 거리가 멀어도 한참 멀었다. 그 요구는 히틀러가 러시아에서 2년간 전쟁을 치르면서 그의 시야가 얼마나 좁아졌는지, 붉은군대가 그에게서 괴멸적 피해를 입었는데도 여전히 얼마나 강한지, 지난 2년간 그가 언명해온 가차 없는 공격과 '사수' 계획으로 독일 동방군이 얼마나 약해졌는지를 드러내주었다. 전쟁이 일어난 이후 포로로만도 310만 명이 넘는 군인을 잃었는데도 붉은군대의 수는 실질적으로 늘어나서 1943년 7월 초에 650만 명을 헤아렸다. 대조적으로, 독일 동방군은 1941년 6월 22일 이후로 생긴 순수 감소분이 20만 명이어서 300만 명을 운용했다. 독일 동방군의 사단 수는 180개쯤에서 변동이 없었지만 인원과 장비 면에서 (우선권을 받는 무장친위대 소속 사단을 빼고는) 모든 사단의 편제정원이 규정병력을 밑돌았다. 붉은군대도 각 사단병력이 5,000명쯤이어서, 사단 편제정원을 밑돌았다. 그러나 사단 수가 독일군 사단 수와 맞먹었고, 늘어나고 있었으며, 특화된 포병부대를 비롯한 다수의 '전선군 직할' 부대로 보충되었다. 더욱이, 독일군이 오로지 자국 공업 생산에만 기대어 필요한 것을 보급한 반면, 러시아군은 이제 늘어나는 무기대여법 원조물자의 수혜자였다. 그 원조물자에는 엄청난 대수의 중요한 보급 차량이 들어 있어서 1943년 중반까지 도착한 미제 화물차만 해도 18만 3,000대가 넘었다. 한편, 독일 동방군의 수송수단인 말은 전쟁으로 죽어가고 있었다. 독일 동방군이 1942년 봄까지 잃은 말은 러시아에 들어올 때 가져온 마릿수의 절반인 25만 마리였으며, 그 손실은 이후로도 계속 같은 비율로 지속되었다.

그러나 성채 작전의 핵심은 기동 문제가 아니었다. 성채 작전에서 중요한 것은 오로지 타격력이었다. 독일군의 타격력은 대단했으며, 쿠르스크 돌출부 북쪽 면을 공격할 모델의 제9군과 남쪽 면을 공격할 호트의 제4기갑군 사이에 배분되었다. 두 부대는 모두 합쳐서 항공기 1,800대의 지원을 받는 전차 2,700여 대를 전개했다. 이처럼 한정된 지역을 상대로 한 것으로는 동부전선에서 여태껏 보지 못한 최대의 병력 집중이었다. 모델은 7개 보병사단의 지원을 받는 8개 기갑사단 및 기갑척탄병사단을 통솔했고 호트가 통솔하는 병력은 11개 기갑사단과 1개 기갑척탄병사단과 7개 보병사단이었다. 계획은 단순명료했다. 모델과 호트가 오룔과 하르코프 사이에서 쿠르스크 돌출부로 치고 들어가 '잘록한 목 부분'을 끊고 서로 만난 다음 바투틴과 로코솝스키의 60개 사단을 포위해서 섬멸하는 것이었다.

용광로 속으로

스위스에 있는 '루시 링'이 스탈린에게 분명히 경고를 해준 날짜인 7월 5일의 오전 4시 40분에 공격이 시작되었다. 에릭슨은 그 전투를 다음과 같이 서술했다.

열두 시간 안에 양쪽이 쿠르스크 전투라는 벌겋게 달아오른 거대한 용광로에 열심히 불을 지피고 있었다. 기갑부대가 전쟁 동안 다른 어느 곳에서 본 것과도 차원이 다른 규모의 집단을 이루어 계속 움직였다. 양쪽 사령부는 이처럼 불길이 단계적으로 활활 타오르는 것을 냉혹하고 무덤덤한 만족감을 느끼며 지켜보았다. 독일군 장교들은 그렇게 많은 소련군 비행기를 예전에 본 적이 없는 반면, 소련군 지휘관들은 …… 모두 녹색과 노란색으로 얼룩덜룩하게 위장한 독일군 전차들이 그처럼 가공할 무리를 이룬 것을 예전에 본 적이 없다. 이들은 움직이는 거대한 전차부대로, 100대와 200대, 또는 그 이상 가는 커다란 제대를 이루어 등장했다. 20대쯤 되는 티거 전차와 페르디난트 돌격포가 제1진이고 중형 전차 50~60대로 이루어진 집단들이 제2진이었으며, 그다음에는 기갑부대를 앞세운 보병이 있었다. 소련군 전차군들이 움직여서 주요 방어지로 들어가고 있었으므로, 거의 4,000대에 이르는 소련군 전차와 3,000대에 가까운 독일 전차와 돌격포가 이 거대한 전투에 꾸역꾸역 이끌려 들어가고 있었다. 시간시간 연이어 전투가 벌어지면서, 죽은 자의 주검과 죽어가는 자의 몸통, 불길에 휩싸이거나 작동 불능상태가 된 기갑 병기, 부서진 병력이동용 차량과 화물차가 쌓인 더미가 계속 높아만 갔고 짙어지는 연기 기둥이 초원의 하늘 위로 맴돌며 올라갔다.

로코숍스키가 첫째 날에 잃은 땅을 되찾으려고 7월 6일에 모델에 역공을 가했지만, 그의 부대는 전진하는 독일군 사단에 도로 밀려났다. 7월 7일에 제18, 제19, 제2, 제20기갑사단이 올호바트카Ol'khovatka에 있는 고지로 다가왔다. 이 사단들은 출발선에서 30마일 떨어진 그 고지에서 쿠르스크를 북쪽에서 내려다보면서 돌출부 안에 있는 소련군 병참선을 제압할 수 있을 터였다. 소련군 방자가 일소되었지만 예비병력이 때맞춰 도착해서 그 중요한 지형을 독일군에게 넘겨주지 않았다. 한편, 제3기갑사단과 제11기갑사단과 막강한 대독일 기갑척탄병사단과 더불어 3개 무장친위대 기갑사단, 즉 아돌프 히틀러 호위사단과 다스 라이히 사단과 해골사단을 거느린 호트도 남쪽 구역에서 집요하게 전진하고 있었다. 바투틴은 7월 6일에 역공을 개시할까 고심했지만, 독일군이 전개한 병력을 고려해서 방어를 유지하기로 결심했다. 7월 7일 저녁이 되자 호트의 기갑 '주먹'이 소련군 방어진 외곽벽을 후려쳐서 쿠르스크를 남쪽에서 방어하는 오보얀 Oboian'에서 12마일 떨어진 지점 안으로까지 치고 들어갔다. 성채 작전의 논리가 달려 있는 남쪽 기갑부대 돌파 공격과 북쪽 기갑부대 돌파 공격의 결합이 이제 거의 실현되는 듯했다.

그러나 러시아군의 방어진지를 뚫는 데 치르는 대가가 지극히 크다는 점이 입증되고 있었다. 엇갈리며 교차하는 토루가 전선 전체에 있었고, 소련군 대전차포 중대가 단독부대로 편성되어 독일군 선봉돌격부대의 전차 한 대 한 대에 집중된 일제포격을 퍼부었다. 7월 10일 하루 동안 호트가 어쩔 도리 없이 예하 기갑 예비병력, 즉 제10사단과 무장친위대 비킹사단Division 'Wiking'을 가져와서 남쪽 구역에서 전진하는 기세를 지탱했지만, 그런데도 전진하는 속도가 떨어지기 시작했다. 더욱이, 스탈린과 스탑카에게서 7월 11일에 직접적인 전투 통제권을 받은 쥬코프와 바씰렙스키가 이제 소련군 예비병력을 풀어놓아 총반격에 나설 참이었다. 이들은 7월 11일 하루 동안 로코숩스키 오른쪽에 있는 (포포프의) 브랸스크 전선군을 투입해서 모델의 측방을 치고 들어가도록 했다. 이 두 사람이 쿠르스크 남쪽에 있는 호트의 제4기갑군과 교전하기 위해 7월 12일에 코네프의 초원 전선군 휘하에 간직해둔 전차 예비병력을 앞으로 내보냈다는 점이 더 중요하다. 이 결정으로 제2차 세계대전에서 아마도 가장 컸을 전차전이 촉발된다. 에릭슨은 다음과 같이 썼다. "프로호롭카 Prokhorovka 지역에서 소련군과 독일군 양쪽 기갑부대의 커다란 덩어리가 달려들어 1,000대를 훨씬 웃도는 전차를 가지고 현기증 나는 거대한 전차전에 돌입했다. 독일군 기갑병기로 이루어진 두 부대가 모은 …… 전차는 각각 600여 대와 300여 대였다. [코네프의 예비병력에서 온] 로트미스트로프Rotmistrov의 제5근위전차군이 보유한 전차는 900대를 조금 밑돌았다. 독일군이 티거 전차 100여 대를 야전에 전개하고 있는 점을 빼면 얼추 대등한 병력이었다." 전투의 불길은 하루종일 활활 타올랐다.

직사거리에서 소련군의 T-34 여러 대와 얼마 안 되는 KV가 독일군 대형 안으로 뛰어들었다. 독일군 티거가 포를 쏘려고 움직이지 않고 멈추었다. 일단 근거리에서 전차 수십 대가 각기 교전을 벌이며 이리저리 휘젓고 다니자, 기갑차량의 앞과 옆이 더 쉽게 노출되어 포사격에 뚫렸다. 전차 탄약이 폭발할 때면 부서진 동체에서 몇 야드 떨어진 곳에 회전포탑이 내던져지거나 커다란 불길이 뿜어 나왔다. …… 밤이 깊어가고 싸움터 위 하늘에 천둥을 머금은 먹구름이 끼자, 포사격이 잦아들고 전차가 휘휘 돌다가 멈춰 섰다. 전차와 대포와 주검 위에 정적이 내려앉았고, 그 위에 번개가 치고 비가 후두둑 내리기 시작했다. 프로호롭스코예 포보이쉐Prokhorovskoe poboishche, 즉 '프로호롭카 대격전'이 (티거 70대를 비롯해) 잠시 끝이 났다. 초원 위에 부서져 누워 있는 독일군 전차가 300대를 웃돌았고 …… 같은 지역에 소련군 제5근위전차군 소속 전차의 절반 이상이 망가져 있었다. 양쪽이 무시무시한 징벌을 주고받은 것이다. 그러나 남쪽과 서쪽에서 이루어진 독일군의 공격은 저지되었다. 오보얀에서 공격이 멈춘 것이다.

성채 작전이 목표에 도달하지 못한 곳은 호트가 맡은 남쪽 구역만이 아니었다. "로코솝스키의 중부 전선군에 있는 스레드네-루스키Sredne-Russkii 고지의 넓은 비탈에서 [모델 예하 제9군이] 북쪽에서 쿠르스크에 가한 공격도 멈췄고, 로코솝스키는 수중에 상당한 예비병력을 가지고 있었다."

히틀러보다 더 선뜻 패배를 인정한 사람도 없었다. 그는 향후 작

성채 작전 1943년 7월, 쿠르스크 전투. 히틀러는 이 거대한 전투를 구상하면서 속이 울렁거렸다고 고백했다. 암호명 성채, 이것은 스탈린그라드의 재앙 뒤에 주도권을 다시 잡을 목적으로 이루어진 독일군의 마지막 대공세였다. 구데리안은 쿠르스크를 '결정적 패배'로 여겼다. 전투에 투입된 기갑사단은 상당 기간 전투를 하기 어려운 상태로 남았다.

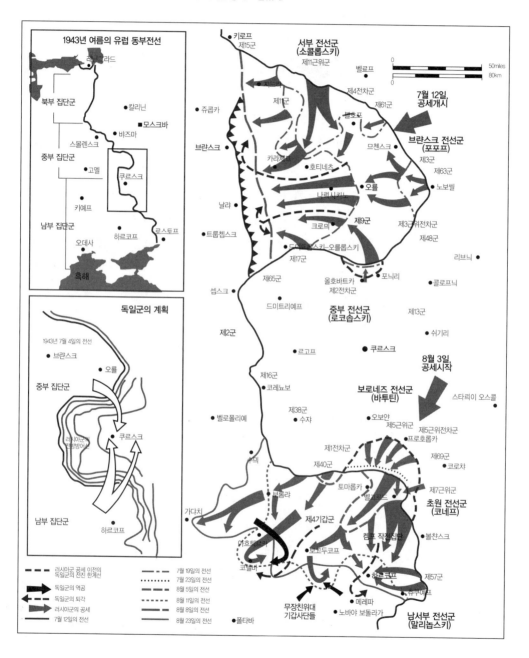

전을 결정하려고 7월 13일에 만슈타인과 클루게를 만난 뒤 부관들에게 "이번을 마지막으로 나는 총참모부의 조언을 듣지 않겠다"고 말했고, 성채 작전을 종결하라는 명령을 내렸다. 만슈타인은 동부전선에 있는 마지막 기갑 예비병력이 자기에게 주어지기만 하면 쿠르스크 돌출부를 아직도 끊어낼 수 있다고 확신했다. 히틀러에게는 그렇게 해도 좋다고 허락하고픈 마음이 없었다. 그의 장군들은 쿠르스크 돌출부의 방어진지가 견줄 데 없이 큰 종심과 병력을 가지고 있기는 해도 그 진지를 기갑공격으로 뚫을 수 있다고 그를 설득했는데, 그들이 틀렸다는 것이 입증되었다. 성채 작전은 7월 15일까지 명맥을 유지했지만, 결정권은 엄청난 대가를 치르고 얻어낸 결과이기는 했어도 러시아군에게로 넘어가버렸다. 러시아군이 전투에 사용한 전차의 절반이 사라졌다. 그러나 독일군의 희생도 매우 컸다. 이를테면, 제3기갑사단과 제17기갑사단과 제19기갑사단이 시작할 때 가지고 있던 전차가 모두 합쳐서 450대였는데, 이제는 다 합쳐도 100대에 지나지 않았다. 더군다나 이것은 전략적 손실이었다. 구데리안이 ― 그리고 슈페어가 ― 애를 쓰는 데도 독일의 전차 생산량은 1943년 한 해 동안 예정된 월 1,000대에 이르지 못하고, 고작 330대가 평균이었다. 성채 작전이 펼쳐지는 며칠 사이에 잃은 전차가 그보다 더 많았고, 제4군 소속 기갑부대 전차 가운데 싸움터에서 고장이 나서 주저앉은 전차만 해도 160대였다. 그 결과, 여태까지 독일 동방군이 위기에 처하면 늘 요청할 수 있었던 중앙 기갑 예비병력이 이제 흩어져 사라졌고 현행 생산으로는 재건될 수 없었다. 현행 생산은 일반 손실을 메우는 데 들어간 것이다. 붉은군대는 우랄 산맥 너머에서 중공업 생산량이 급증한 덕분에 전차 생산속도가 1944년에는 월 2,500대에 다가섰고, 이것은 전차를 잃는 속도보다 훨씬 더 빠른 속도여서 기갑부대의 완편부대 편제를 늘리기에 충분했다. 따라서 쿠르스크 전투의 주요 의의는 이 전투로 말미암아 독일이 향후에 주도권을 잡을 수단을 잃었고 그래서 그 틈에 주도권이 소련에 넘어갔다는 것이었다.

러시아군의 쿠르스크 전투 승리 전과확대는 처음에는 서툴렀고 머뭇거렸다. 독일군이 손실을 입었는데도, 러시아군이 쿠르스크 돌출부 북쪽에 있는 오룔을 향해 공격을 한 차례 가함으로써 소련군 기갑부대가 4개 기갑사단과의 격렬한 전투에 휘말려 들어갔다. 비록 손실을 입기는 했어도 독일군은 이 부대의 전진을 막으려 애를 썼다. 최근에 도착한 사령관 톨부힌이 쿠르스크 돌출부 남쪽에 있는 벨고로드Belgorod를 향해 동시에 강공을 펼쳤는데, 이 강공은 역습을 받았고 공격에 투입된 부대는 8월 1일에 후퇴하지 않으면 안 되었다. 그러나 러시아군의 이 공격이 클루게와 만슈타인에게 남아 있던 예비병력을 끌어내 빼돌리는 통에 하르코프가 새 공격에 노출되었다. 7월 22일에 스탈린의 승인을 받은 이 공격은 8월 3일에 개시되어 괴멸적인 효과를 불러왔다. 독일군 1개 보병사단, 즉 제167보병사단이 바투틴의 보로네즈 전선군에 속하는 소련군 제6근위군의 집체 포병의 포격을 맨 처음 받았다. 네댓 시간 뒤 그 구역이 가루가 되자 러시아군 전차부대가 돌파해 나아갔다. 이 부대가 8월 5일에 벨고로드를 장악했고 8월 8일까지 제4기갑군의 측방에 틈을 열어제쳤다. 이 틈은 100마일 떨어진 드네프르 강의 도하시설로 곧바로 이어져 있었다.

만슈타인은 이때 자기가 서부로부터 20개 사단의 증원을 받아야지 그렇지 못하면 독일과 러시아의 전쟁수행 노력에 아주 소중한 광공업자원 전체와 함께 돈바스를 내주어야 한다고 히틀러에게 통보했다. 히틀러가 이 최후통첩에 보인 대응은 이런저런 조건을 용인하는 것이 아니라 제3의 선택을 제안하는 것이었다. 그는 증원부대를 내놓을 수 있기는커녕 이탈리아에서 점점 더 큰 위협에 처하고 있는 자기 입지를 지키려고 정예부대인 아돌프 히틀러 호위사단을 비롯한 사단들을 사실상 러시아에서 빼내 이탈리아로 돌리고 있었다. 그러나 그는 이제 가중되는 동부의 위기를 고려해서 라인 강을 따라 들어선 서부방벽과 짝을 이룰 '동부방벽Ostwall'을 세우고 그 방벽 뒤에서 독일 동방군이 1941~1942년에 장악한 영토를 지킬 수 있도록 만드는 것이 바람직하다는 점을 (인정하기를 지금까지는 시종일관 거부해오다가) 인정했다. 동부방벽은 아조프Azov 해 연안에서 시작해 북쪽으로 남부 집단군 사령부가 있는 자포로지예Zaporozh'e[2]로 이어진 다음 드네프르 강과 데스나Desna 강을 따라 키예프와 체르니고프Chernigov[3]를 거쳐 북쪽으로 프스코프Pskov와 페이푸스Peipus 호수[4]까지 가서 끝으로 나르바Narva에서 발트 해에 이를 터였다.

그는 이 선을 만드는 작업을 당장 시작하라고 명령했다. 이 선은 독일 동방군이 그 뒤로는 물러서서는 안 될 '버팀쇠' 진지이기도 했다. 실제로는 독일 동방군에는 그 선을 만들 인력도 재원도 없었으며, 그 작업을 하는 데 필요한 시간을 붉은군대가 내주지도 않을 터였다. 붉은군대가 전선의 남쪽 구역 전체에 걸쳐 동시에 강공을 펼치면서 소련에서 가장 격심한 쟁탈전의 대상이 된 도시인 하르코프를 8월 23일에 장악했(고 그 뒤로는 빼앗기지 않았)으며, 동시에 도네츠 강과 이 강의 짧은 지류인 미우스 천을 건넜다. 이 강공으로 말미암아 크림 너머의 교두보에서 아직 버티고 있던 클라이스트의 A집단군이 포위될 위협을 받았고 크림에 있는 만슈타인 예하 남부 집단군의 최남단부대인 제6군의 진지가 위태로워졌다. 히틀러가 남쪽에 있는 독일군의 추가 후퇴를 8월 31일에 승인했다. 그러나 중부 집단군의 방어진지가 이때 세 군데에서 꿰뚫렸고, 독일 동방군 전선의 아래쪽 구역 전체가 붉은군대의 힘에 짓눌려 무너지고 있었다. 9월 8일이 되면 러시아군 전위가 드네프르 강 30마일 안쪽에 있었고 9월 14일이 되면 키예프를 위협하고 있었다. 클루게의 중부 집단군은 '동부방벽'의 일부로 지정된 지 한 달밖에 되지 않은 데스나 강 방어진지를 지탱할 수 없었고, 같은 날 소콜롭스키의 서부 전선군이 중부 집단군의 구역에 있는 스몰렌스크에 강공을 가하기 시작했다. 스몰 렌스크는 독일 동방군이 러시아에서 연전연승하던 전성기에 펼쳐진 1941년 대포위전의 초점이었다. 다음날 히틀러가 드네프르 강과 소 즈Sozh 강과 프로냐Pronia 강으로 물러나도 좋다는 허가를 내주었다. 1941년 7월의 거대한 전격전에서 도달했던 곳과 얼추 일치하는 지점 이었다. 그러나 질서정연하게 물러날 수 있기에는 철수 지시가 너무 늦게 나왔다. 철수는 세 강을 향해 달리는 경주로 변질되었다. 많은 독일군 부대가 그 강에 세운 진지를 잃는 바람에 붉은군대가 9월 30일까지 드네프르 강 너머에 프리퍄트 늪지대 바로 남쪽에 커다란 점령거점 하나를 비롯해서 교두보를 — 일부는 낙하산 공격으로 장 악해서 — 다섯 개 마련했다.

이것은 독일 동방군에게 여름 전투의 파국적인 결과였다. 왜냐하 면 드네프르 강은 서쪽 비탈이 높고 가팔라서 러시아 남부에서 가 장 강력한 방어진지였기 때문이다. 5주 동안 끊임없이 싸운 독일 동 방군은 650마일 전선에 걸쳐 150마일 뒤로 밀려났고, 비록 히틀러가 공장, 광산, 발전소, 집단농장, 철도를 파괴하는 '초토화' 후퇴를 수 행하라는 포고령을 내리기는 했어도 그의 파괴반은 붉은군대가 전 진로로 이용하는 도로망은 없앨 수 없었다. 더욱이, 그가 포고령으 로 지시한 요새 건설에서도 진척이 전혀 이루어지지 않았다. '동부 방벽'은 지도 위의 선으로 남았다. 토루나 지뢰밭이나 장애물지대로 바뀐 곳은 그 어디에도 없었던 것이다.

커지는 붉은군대의 힘

대조적으로 붉은군대에게 여름 전투는 대승이었다. 붉은군대는 스탈린과 스탑카가 쿠르스크 전투 승리 직후에 목표로 정한 모든 곳을 되찾았으며, 비록 인적 손실과 — 7월과 8월에 놀랍게도 포탄을 총 4,200만 발 쓰는 등 ― 물적 소비가 계속 높은 비율로 진행되기는 했어도 병력이 계속 늘었고, 따라서 공격역량도 늘어났다. 10월이 되면 붉은군대 병력은 (각각 2~3개 사단으로 이루어진) 소총군단 126개, 독립 소총사단 72개, (각각 2~3개 사단으로 이루어진) 전차군 5개, (각각 2~3개 사단으로 이루어진) 전차군단 24개, (각각 2~3개 사단으로 이루어진) 기계화군단 13개, 전차여단 80개, 독립 전차대대 106개와 ― 포병군단 6개, 포병사단 26개, 자주포연대 43개, 포병여단 20개, 카튜샤 로켓사단 7개라는 ― 엄청난 진용의 포병부대에 이르렀다. 더욱이, 붉은군대의 전진을 돋보이게 만들려고 이때 전선군들의 이름이 바뀌었다. 다음 단계 공세를 위해 재편성되는 휴지기인 10월 첫 주에 보로네즈 전선군, 초원 전선군, 남서부 전선군, 남부 전선군이 제1우크라이나 전선군, 제2우크라이나 전선군, 제3우크라이나 전선군, 제4우크라이나 전선군이 되었다. 이 부대 북쪽에 있는 전선군들도 머지않아 제1백러시아 전선군과 제2백러시아 전선군, 제1발트 해 전선군과 제2발트 해 전선군으로 이름이 바뀐다. 붉은군대는 전진하고 있었다.

겨울은 붉은군대가 선호하는 유리한 공격시기였다. 겨울은 러시아 군인이 더 익숙한 계절이었고 러시아 군인의 동계장비는 독일 군인의 동계장비보다 나았다. 독일군 보병의 발은 군화를 일컫는 말인 '주사위통' 안에서 얼어붙었다. 전쟁기간에 소련에 보낼 용도로 미국에서 1,300만 켤레가 만들어져 무기대여법 협정에 따라 수송된 털장화를 받아 신은 붉은군대 병사는 동상에 걸리지 않았다. 또한 붉은군대 병사는 ― 석유를 윤활유와 섞는 등 ― 영하의 기온에서 동력 차량을 계속 가동하고 짐을 끄는 동물의 콧구멍 주위의 성에가 고드름이 되었을 때 그 동물을 보살피는 비결을 알고 있었다. 독일군은 이 비결을 고생해가며 터득했다. 독일 동방군은, 승리가 가깝지 않다는 것을 히틀러가 마침내 인정할 태세를 갖춘 세 번째 겨

울에야 비로소 방한복을 제대로 보급받았다(독일군 병사들은 첫 번째
겨울에 신문지를 찢어 군복 안에 구겨넣었다). 소련 군인은 정규 지급품
으로 양가죽과 털가죽을 받았다.

첫 겨울 서리가 내리자, 우크라이나 전선군으로 이름을 새로 바
꾼 부대들이 드네프르 강 하류를 건너 공격을 개시했다. 붉은군대
의 인원과 물자가 최근에 늘었다고는 해도 전선 전체에 걸쳐 한꺼번
에 공세를 펼치기에는 충분하지 않았으므로, 다음 18개월 동안은
전선의 오른쪽 구역이나 남쪽 구역에서 먼저 전진한 다음 왼쪽 구
역이나 북쪽 구역에서 전진하는 식의 연쇄 전진으로 공격이 진행된
다. 이 가을 기동은 붉은군대가 처음으로 왼쪽에 가하는 타격이 된다.

목표는 자명했다. 독일 동방군에서 공격에 단연코 가장 취약한 부대는 크림과 크림으로 가는 접근로를 차지한 제17군이었다. 히틀러는 크림을 소유하는 데 걸맞지 않게 커다란 중요성을 부여했다. 그 까닭은 그가 크림을 1942년 여름에 아주 힘들게 싸워서 얻기도 했고 크림이 플로예슈티 유전을 공습하기에 가장 좋은 지점을 제공한다는 믿음에 사로잡혀 있기 때문이었다. (톨부힌의) 제4우크라이나 전선군이 10월 27일에 크림을 향해 주공격을 개시했을 때, 히틀러가 머릿속에 맨 처음 떠올린 생각은 루마니아에 증원부대를 요청하는 것이었다. 그는 루마니아도 자기와 마찬가지로 위험이 커지고 있다는 인식을 가지리라고 믿었다. 루마니아의 지도자인 이온 안토네스쿠 장군이 동부전선에 승부를 걸기를 거부하자, 히틀러는 제17군이 끝까지 싸워서 사수해야 한다는 포고령을 내리기만 했다. 가장 가까이 있는 이웃부대인 제6군이 소련군의 묵직한 중압에 짓눌려 러시아 본토와 크림을 이어주는 잘록한 땅(페레코프Perekop 지협) 너머로 급속히 밀려났으며, 한편 아시아 쪽 해안에서 케르치 반도에 상륙이 이루어졌다. 11월 30일이 되자 독일 군인 21만 명이 크림에 고립되었을 뿐만 아니라 그들이 지키고 있는 영토에서 전투를 치를 위협을 받기도 했다.

한편, 다른 3개 우크라이나 전선군들이 드네프르 강 하류 전체에 걸쳐 공세로 넘어갔고 그 결과 만슈타인 예하 남부 전선군의 측방이 위협을 받았다. 제3우크라이나 전선군과 제2우크라이나 전선군이 만슈타인의 남쪽 측면에 있는 크리보이 로그Krivoi Rog[5] 가까이에 커다란 교두보를 맨 먼저 장악했다. 그다음에는 제1우크라이나 전선군이 11월 3일에 치고 나가 프리퍄트 늪지대 밑에서 드네프르 강을 건너 키예프를 되찾았다. 스탈린그라드 포위 이후로 동부전선에서 명운이 역전되는 가장 장엄한 장면이었다.

11월 한 달 동안 백러시아 전선군들과 발트 해 전선군들도 프리퍄

5. 오늘날 우크라이나의 크리비리흐(Kryvii Rig).

트 늪지대 북쪽에서 움직여 행동에 들어가 브랸스크에서 전진해서 — 붉은군대에게는 1941년에 극도로 고통스러운 장소였던 — 스몰렌스크를 탈환하고 비텝스크를 위협했다. 그 전선군들은 이제 1812년에 나폴레옹이 모스크바를 향해 전진했던 경로로 이동하고 있었지만, 방향이 반대여서 히틀러에게 1939년의 폴란드 동부 국경으로 가는 접근로와 발트 해 연안국가들의 안전을 걱정해야 할 이유를 안겨주었다.

12월인데도 날씨가 계절에 맞지 않게 따뜻해서 수운 연결망과 프리퍄트 늪지대 위에 있는 작은 호수들이 얼지 않아 독일 동방군이 드네프르 강 상류를 건너 서쪽으로 가는 스몰렌스크-민스크 경로를 방어하는 어려움을 잠시나마 면하게 되었다. 그러나 히틀러가 (11월 3일자) 영도자 지령 51호에서 자기는 서부에서 영미군의 침공이 머지않았다고 예상하고 있으며 "다른 전역戰域을 위해 서방을 더 약화시키는 책임을 더는 질 수 없다"고 선언했다. 실제로 그는 "그러므로 서방의 방위능력을 증강하기로 결정했다." 이 결정은 독일 동방군이 더 조용한 — 프랑스와 이탈리아와 스칸디나비아 등 — 이른바 독일 국방군 최고사령부 담당구역에서 증원부대가 오리라는 기대를 더는 할 수 없고 자체 보유병력과 병력보충대가 찾아낼 수 있는 교체병력으로 전투를 치러야 한다는 뜻이었다.

히틀러는 영도자 지령 51호에서 "동방에서는 공간이 드넓어서 최악의 경우에 우리가 설령 땅을 대규모로 잃어도 독일의 중추신경에 치명적인 타격이 되지 않을 수 있다"는 점을 인정했다. 이런 인정은 그가 붉은군대와 가장 잘 싸우는 길은 영토에서 물러났다가 향후에 공격하는 전략을 구사하는 것이라는 휘하 동부전선 육군원수들의 의견 진술을 받아들일 자세를 갖추었을지도 모른다는 암시를 주었다. 그 육군원수 가운데 가장 앞장선 사람이 만슈타인이었다. 그 암시는 현실로는 입증되지 않게 된다. 붉은군대가 1943~1944년 겨울 동안 전보다 훨씬 더 많은 병력으로 모습을 드러냈다. 그러나 히틀러가 영토를 내주기를 꺼리는 것은 전과 마찬가지였다. 이 점이 남부전선보다 더 확연한 곳은 없었다. 히틀러는 니코폴Nikopol'과 크리보이 로그의 광산을 보전한다는 희망을 버리지 않았을 뿐만 아니라 크림이 루마니아 유전을 공격하는 소련군 항공기지가 되도록 내버려두면 위험하다는 점을 끊임없이 강조했고 — 강박관념이 유별나서 — 크림을 잃어버리면 터키가 자극을 받아 연합국 편에 서서 참전하게 되리라고 주장했다.

히틀러, 후퇴 명령을 내리다

자신의 지휘소를 뒤로 빼서 우크라이나의 빈니차에 있는 히틀러의 오랜 여름 사령부로 옮겨놓았던 만슈타인은 1월 한 달 동안 두 차례 라스텐부르크에 가서 후퇴해야 할 상황이라고 주장했지만 두 번 다 퇴짜를 맞았다. 더욱이, 그의 남부 집단군은 이제는 쥬코프가 직접 지휘하는 제1우크라이나 전선군과 제2우크라이나 전선군의 무자비한 공격에 맞서 꿋꿋이 싸워 전선의 결합을 유지했고, 처음에는 클라이스트의 A집단군보다 땅을 더 적게 천천히 내주었다. 1월 10일에 제3우크라이나 전선군과 제4우크라이나 전선군의 강습을 받은 A집단군은 니코폴과 크리보이 로그를 내주지 않으려고 애를 쓰다가 거의 포위되었으며, 후퇴를 더는 피할 수 없게 되자 히틀러의 공식 후퇴 허가를 받은 뒤 대포와 수송차량을 대부분 포기하는 대가를 치르고 결국은 탈출했다. 그러나 2월 중순이 되면 남부 집단군도 심한 곤경에 빠졌다. 예하 2개 군단이 드네프르 강과 체르카싀Cherkassy[6] 서쪽의 빈니차 사이에서 바투틴에게 포위되었다가 2월 17일에 가용한 모든 기갑부대가 한데 모여서 그들이 포위를 뚫고 나오도록 도운 다음에야 구제되었다. 예전에 우만을 향한 코네프 예하 제2우크라이나 전선군의 위협적인 돌파 공격을 막은 적이 있는

6. 오늘날 우크라이나의 체르카 씨(Cherkasi).

제1기갑군과 제4기갑군이 펼친 이 작전으로 말미암아 만슈타인의 전차들이 프리퍄트 늪지대 남쪽에 있는 제1우크라이나 전선군의 추격을 저지하기에 좋지 않은 처지에 놓였다. 3월 1일이 되면 제1우크라이나 전선군이 폴란드의 1939년 국경을 넘어서 르부프를 위협하고 있었으며 카르파티아 산맥에서 100마일이 채 안 되는 곳에 있었다. 카르파티아 산맥은 동쪽에서 오는 침공에 맞서는 남유럽의 유일한 산악 장애물이었다.

북쪽 전선에서도 위기가 있었다. 이제는 게오르크 폰 퀴흘러Georg von Küchler 장군이 지휘하는 북부 집단군이 1월 15일에 공격을 받았다. 소련군 3개 전선군, 즉 레닌그라드 전선군과 볼호프Volkhov 전선군과 제2발트 해 전선군이 질풍처럼 빠른 전진으로 이동해서 강습에 나섰으며 1월 19일까지 세 군데에서 북부 집단군의 방어진지를 뚫고 들어가 레닌그라드를 러시아의 나머지 지역과 이어주고 있는 좁은 회랑을 넓혀서 1,000일의 포위를 겪은 레닌그라드를 해방했다. 레닌그라드 시민 100만 명을 굶겨 죽인 봉쇄가 끝났다는 공식 선언이 1월 26일에 나오고 그 도시에 있는 모든 대포가 24발의 예포를 쏘았다. 그러나 레닌그라드 뒤에는 계획된 '동부방벽'에서 유일하게 완공상태에 이른 부분이 있었다. 레닌그라드 공격 초기단계에 히틀러는 자기에게서 동부에서 가장 강한 군대를 가졌다는 꾸중을 들은 퀴흘러가 후퇴해서 동부방벽 안으로 들어가도 좋다는 허가를 취소하고는 루가 강의 중간진지를 강화하라고 요구했다. 그러나 시간과 자원이 모자란 점이 분명해지자, 2월 13일에 그는 나르바에서 페이푸스 호수와 프스코프 호수까지 이르는 선에 걸쳐 있는 동부방벽을 지칭하는 '표범Panther' 선으로 퇴각하라는 인가를 내주지 않을 수 없었다. 이 퇴각이 크림을 포기한다는 전망과 마찬가지로 핀란드를 부추겨 러시아와 단독강화 비밀협상을 개시하도록 만들리라는 — 근거가 있는 — 믿음을 품었기 때문에 그는 심한 정치적 우려에 휩싸였다.

7. 독일의 군인, 첩보 전문가(1902 ~1979). 제2차 세계대전 동안 군 방첩대 소련 관련 책임자로 근 무했다. 전쟁이 끝날 즈음 미군 에 투항했으며, 전후에는 미국의 자금을 받아 겔렌 기관이라는 대소 첩보조직을 만들어 소련과 동구에서 정보수집활동을 했다. 1955년 서독정보부 책임자가 되 었지만, 1968년에 부하 두 사람 이 소련 간첩이었음이 밝혀져 사 임했다.

그러나 히틀러가 현재 안고 있는 어려움은 여전히 군사적인 것이 었지 정치적인 것이 아니었다. 2월 하순에 차이츨러 참모총장이 이 제 징병 연령기 러시아인 1,800만 명이 제거되었고 스탈린이 쓸 수 있는 예비인력은 200만 명에 지나지 않는다고 자신 있게 말해서 히 틀러는 마음을 놓았다. 10월 중순에 동방 특이군 부서장 라인하르 트 겔렌Reinhard Gehlen[7] 대령은 대조적으로 "붉은군대가 앞으로 인력 과 장비와 정치선전에서 독일을 능가하"리라고 경고했다. 겔렌이 맞 았고 차이츨러가 틀렸다. 이제 붉은군대는 독일 육군 최고사령부가 쿠르스크 전투의 솥에 던져버리도록 히틀러가 허용한 중앙 기갑 예 비병력과 똑같은 종류의 병력을 모았고 돌파기회가 주어질 때 그 병 력을 전선 주위로 이동할 수 있었다. 스탑카는 소련군 전차군 가운 데 5개 군을 2월 중순까지 남부 집단군 맞은편에 집중해 놓았다. 그달 말에 여섯 번째 전차군이 도착했다. 2월 18일에 스탈린은 이 부대에 3월 초에 공격하라는 명령을 내렸다. 제1우크라이나 전선군 이 3월 4일에 그 공세를 개시하고 이 부대에 3월 5일과 6일에 제2전 차군과 제3전차군이 가세할 터였다. 이 부대를 모두 합치면 상대편 독일군 부대의 병력 수를 보병에서는 2 대 1로, 기갑부대에서는 2 대 1 이상으로 능가했다.

막판에 차질이 생겼다. 제1우크라이나 전선군을 지휘하는 바투틴 이 2월 29일에 — 붉은군대의 추격으로 이제는 소용이 없어지고 있 던 프리퍄트 늪지대 경계지역에서 국지적 지배권을 놓고 러시아인 과 독일인과 폴란드인 사이에 벌어진 주목받지 못하는 전쟁에서 싸 우던 — 우크라이나 분리독립주의 파르티잔의 매복에 걸려 치명상 을 입은 것이다. 그의 죽음은 소련군 상급사령부로서는 커다란 손 실이었지만, 쥬코프가 곧바로 그의 자리를 맡아서 스탈린그라드에 서처럼 임박한 공세에 직접적인 통제권을 행사했다. 그 공세는 전시 에 포병이 엄청나게 팽창한 이후로 붉은군대 작전방식의 특징으로 굳어진 괴멸적 포격으로 개시되었다. 제1우크라이나 전선군이 제1기갑군의 측방과 제4기갑군의 측방 사이에 재빨리 틈 하나를 열어 젖히고 앞으로 뛰쳐나갔다. 제4기갑군은 일멘Il'men' 호수 가까이에 있는 카메네츠Kamenets에서 포위되어서 포위망을 뚫고 나와야 했다.[8] 더 약한 부대인 A집단군을 상대로 훨씬 더 빠르게 전진한 제2우크라이나 전선군과 제3우크라이나 전선군은 독일군이 저항선으로 삼기를 바랐을지도 모를 세 강, 즉 부그 강과 드네스트르 강과 프루트Prut 강을 4월 15일까지 모두 돌파해 건너서 오데사를 되찾고 제17군을 뒤에 그대로 놔두어 크림에 가둬놓았다. 더욱이, 4월 8일에 톨부힌의 제4우크라이나 전선군이 1854년에 프랑스군과 영국군이 러시아군에 — 그리고 1941년에 룬트슈테트가 붉은군대에 — 했던 것과 똑같은 방식으로 크림의 케르치 반도에 있는 교두보를 갑자기 확대하고 전진해서 세바스토폴 부근의 한 작은 고립지대에 있는 제17군의 잔존부대를 포위했다. 세바스토폴의 러시아군 방위대는 1941년 11월부터 1942년 7월까지 8개월간 포위되어 영웅적으로 버텼었다. 1944년 5월 초순에 히틀러는 세바스토폴 방어를 지탱할 수 없음을 인정했고, 5월 4일과 8일 사이 나흘 밤 만에 소개했다. 그렇지만 3만 명이 넘는 독일 군인이 봉쇄선 안에 방기되어 러시아군이 5월 9일에 시를 해방할 때 사로잡혔다.

남쪽 전선에서 펼쳐진 봄 공세는 붉은군대의 대승리였다. 붉은군대는 3월과 4월 중순 사이에 165마일을 전진하고 방어진지가 될 수 있었던 세 곳을 점령하고 비록 심하게 파괴된 상태이기는 해도 소련에서 생산이 가장 많이 이루어지는 영토의 일부를 되찾고 히틀러가 소중히 여기던 전략적 전초기지를 빼앗고 A집단군과 남부 집단군과 중부 집단군에 치유 불가능한 피해를 입혔다. 크림 수비대인 제17군은 10만 명이 넘는 독일 군인과 동맹국 루마니아 군인을 잃고 완전히 사라져버렸다.

8. 지은이가 착오를 일으킨 듯하다. 포위된 부대는 제4기갑군이 아니라 제1기갑군이었다. 포위가 일어난 곳은 카메네츠가 아니라 우크라이나에 있는 카메네츠-포돌스키(Kamenets-Podol'skii)이며, 따라서 러시아 북서부에 있는 일멘 호수와는 매우 멀리 떨어져 있었다. 카메네츠-포돌스키는 오늘날에는 카먀네츠-포딜스키(Kamianets'-Podils'kii)로 불린다.

이미 남쪽의 와해에 자극 받은 히틀러는 남쪽에 있는 독일 동방군의 겉모습을 바꾸었다. 그는 3월 30일에 만슈타인과 클라이스트를 라스텐부르크로 불러들여 남쪽 전선에 필요한 것은 "새 이름과 새 구호와 방어전략 전문사령관"이라고 말하고는 두 사람을 해임한다고 말했다. 만슈타인은 '표범 선'에서 레닌그라드 전선을 안정시킨 모델 장군으로 교체되었고 클라이스트는 훨씬 더 광신적으로 나치 정권에 헌신하고 자기의 평판을 교묘히 올리는 자인 페르디난트 쇠르너Ferdinand Schörner로 교체되었다. 이렇게 해서 위대한 기갑 돌파 전문가 두 사람이 단번에 제거되었고, 그 자리에는 가진 능력이라곤 휘하 군인들을 인정사정 봐주지 않고 명령에 종속시키고 영도자의 권위에 굴종하는 것뿐인 사람이 들어섰다. 규율을 중시하는 사람이기도 한 차이츨러가 그 소식을 듣고 사표를 내는 성실함을 유지했다. 히틀러는 "장군은 사임할 수 없다"고 경고하면서 사표를 받아들이지 않았다.

완전히 공허한 제스처로, 며칠 뒤 히틀러는 남부 집단군과 A집단군의 이름을 각각 북우크라이나 집단군과 남우크라이나 집단군으로 바꾸라고 명령했다. 이제는 자기 소유가 아닌 그 영토를 되찾겠다는 결의를 선언하는 징표였다. 그러나 그에게는 어떤 공격을 수행할, 또는 심지어 방어전을 지탱할 예비병력을 찾아낼 수단도 없었을 뿐만 아니라, 1944년 봄에 프랑스가 해상 침공을 받으리라는 위협과 연합군이 이탈리아에서 돌파를 했다는 실상이 닥쳐왔다. 동부에서 전략적 주도권을 쥔 사람은 바로 스탈린이었으며, 그는 우크라이나에서 승리를 거둔 직후에 독일 동방군을 러시아 땅에서 영원히 치워버릴 추가공세를 계획하고 있었다.

5월에 스탈린은 휘하 상급참모장교들 가운데 두 사람, 즉 총참모부 작전부장인 시테멘코S. M. Shtemenko와 스탑카를 대표하는 티모셴코에게 — 발트 해에서 흑해까지 2,000마일 길이의 — 소련군 전선의 각 구역을 점검해서 앞으로 있음직한 상황들을 보고하라는 임무를 맡겼다. 두 사람의 분석은 다음과 같았다. 카르파티아 산맥 쪽으로 계속 전진하는 것은 루마니아와 불가리아와 헝가리, 그리고 궁극적으로는 유고슬라비아에 가하는 위협을 높인다는 정치적 이점이 있기는 해도 중부 집단군에 드러나는 측면이 길어지기 때문에 위험하다. 레닌그라드에서 발트 해 연안을 따라 전진하는 것은 동프로이센은 위협하겠지만 독일의 심장부를 위협하는 것은 아니며 중부 집단군의 반격을 받을 위험도 있다. 따라서 이렇게 제거해나가다 보면, 역사적으로 러시아 영토인 땅에서 가장 중요한 지역을 여전히 점령하고 있으며 또한 베를린으로 가는 탄탄대로에서 바르샤바로 가는 경로를 지키는 중부 집단군 자체를 쓸어내버리는 것이 바람직한 전략으로 남는다. 중부 집단군을 쓸어내려면 조직 변경, 특히 중부 집단군을 상대하는 백러시아 전선군들과 발트 해 전선군들의 증강과 분할이 필요하다. 그러나 변경된 축선에 신속하게 병력을 집중하는 붉은군대의 최근 능력을 고려한다면 그 같은 재전개는 실현 가능한 일이었다.

바그라티온 작전

4월 한 달 동안 '서부' 작전 전역戰域이 재편되었다. 각각 두 개였던 백러시아 전선군과 발트 해 전선군이 세 개가 되었다. 새로운 장군들이 임명되고 상급사령관이 — 즉, 바씰렙스키와 쥬코프가 — 지명되어 감독 역할을 맡았다. 전차 증원부대와 포병 예비병력은 백러시아 전선군들에 집중되었다. 전체 작전 전역戰域의 맨 남쪽과 맨 북쪽에서 양동공격을 펼치기로 조율이 이루어졌다. 북쪽의 공격은 단순한 양동공격은 아니었다. 여름 공세의 한 부차적 요소가 핀란드를 몰아붙여 전쟁에서 이탈하도록 만들 목적으로 가하는 기습공격이기 때문이었다. 마지막으로, 프리퍄트 늪지대 둘레를 빙 도는 장거리 기동을 해서 모델 예하 북부 집단군의 측방으로 치고 들어가고 궁극적으로는 중부 집단군 자체의 측방을 들이치기 위해서 노련한 코네프가 지휘하는 프리퍄트 남쪽의 제1우크라이나 전선군을 다른 우크라이나 전선군들에서 차출한 전차군으로 가득 채웠다. 붉은군대가 지금까지 펼친 작전 가운데 가장 야심 찬 작전이 될 터였다. 이 작전에 없는 것은 이름뿐이었다. 스탈린은 5월 20일에 총참모부로부터 상세한 계획안을 받았을 때 나폴레옹의 1812년 침공 때 백러시아와 모스크바 사이 도상에 있는 보로디노Borodino[9]에서 치명상을 입은 장군의 이름을 따서 그 작전을 바그라티온[10]이라고 부르겠노라고 말했다.

레닌그라드 전선군이 6월 9일에 개시한 핀란드 공격은 자투리 부대로만 수행되었는데도 작디작은 핀란드군은 예비병력을 이내 다 써버렸다. 7월 28일에 핀란드 대통령이 자기 직위를 국가 지도자인 만네르헤임 원수에게 넘길 말미를 달라고 요청했고, 만네르헤임은 곧바로 단독강화 협상을 시작했다. 그의 접근은 8월 말에 호응을 받는다.

한편, 스탈린이 바그라티온 작전 개시일자를 잡았다. 그는 지난해 11월에 테헤란에서 처칠과 루스벨트에게 바그라티온 작전이 노르망디 상륙작전 D-데이와 동시에 이루어지도록 시간을 맞추겠다고 확약한 적이 있었다. 그가 고른 날짜는 히틀러가 선전포고 없이 소련을 기습공격한 날의 3주년이 되는 6월 22일이었다. 중부 집단군 후방지역에 근거지를 둔 러시아 파르티잔 집단이 사흘 전부터 밤마다 중부 집단군의 병참물자를 보급하는 철도선에 폭파 장약을 묻느라 바빴다. 6월 19일과 20일과 21일에 4만 개가 넘는 폭약이 터졌다. 그런데도 독일 국방군 최고사령부와 독일 육군 최고사령부 모두 다 이 공격이 공세가 준비되고 있다는 증거일 가능성을 무시했다. 5월 초순 이후로 동부전선은 조용했고, 겔렌의 동방 특이군 부서는 이 같은 조짐이 북우크라이나 집단군을 상대로 새로운 공세가

9. 나폴레옹의 그랑드 아르메와 러시아군이 1812년 9월 7일에 격돌해서 양쪽 모두 병력의 3분의 1이 사상자가 되는 '조국전쟁' 최대의 격전이 된 보로디노 전투가 벌어진 곳.

10. 그루지야 태생의 러시아 제국 귀족 출신 군인인 바그라티온(1765~1812년)은 수보로프와 쿠투조프의 문하생이자 전우였다. 1812년에 나폴레옹의 러시아 원정군에 맞서 러시아군 제2서부군을 지휘했으며, 보로디노 전투에서 크게 다쳐 숨을 거두었다.

준비되고 있음을 보여준다고 주장했다. 겔렌이 '발칸 반도 해결책' 이라고 부른 그것은 스탑카가 받아들이지 않았던 바로 그것이었다. 독일 공군이 자체 첩보부서와 정찰비행을 통해 상반되는 견해를 취했다. 독일 공군은 소련 항공기 4,500대가 중부 집단군에 맞서 집중되어 있다는 확증을 잡았다. 이런 경고를 6월 17일에 받은 히틀러는 놀라서 곧바로 동부에서 무사히 남은 마지막 항공 타격부대인 제4항공군단에 파쇄공격을 하라는 명령을 내렸다. 그러나 어떤 공격을 하더라도 효과를 보기에는 러시아군 병력집결체가 워낙 컸고 지상군을 움직여 중부 집단군의 전선 뒤를 떠받치기에는 때가 너무 늦었다.

6월 22일 오전 4시에 바그라티온 작전이 짧은 포사격으로 개시되었고, 그 포사격 뒤에서 보병 수색부대가 움직여 공격에 나섰다. 쥬코프는 그 강습이 텅 빈 진지에 가해져 힘을 소진하지는 않을까 노심초사했다. 진정한 공세는 다음날 펼쳐졌다. 조밀한 항공기 편대의 지원을 받는 더 묵직한 보병부대의 물결이 독일군의 주요 방어진지까지 몰려와 보병부대 뒤에 있는 전차들이 지나갈 길을 열었다. 이들은 전차 2,700대와 돌격포 1,300대의 지원을 받는 166개 사단의 전위였으며, 이 병력에 맞서 중부 집단군은 800마일 전선에서 기갑부대의 미약한 지원을 받는 37개 사단만으로 저항할 수 있었다.

맨 처음으로 화를 입은 독일군 부대는 중부 집단군 전선의 남쪽 구역을 지키던 제9군이었다. 제9군은 공세 둘째 날에 제1백러시아 전선군과 제2백러시아 전선군에 포위될 위협을 받았고, 히틀러가 6월 26일에 민스크 동쪽으로 물러나서 (1812년에 나폴레옹의 러시아 대원정군이 유린당했던 곳인) 베레지나Berezina 강까지 가도 좋다는 허가를 내렸을 때에는 이미 너무 늦었다. 그다음에는 이웃부대인 제4군이 화를 입었다. 제4군도 6월 26일에 퇴각 허가를 받기는 했지만, 제1백러시아 전선군과 제3백러시아 전선군의 더 넓은 포위에 걸려들어

6월 29일에 민스크 동쪽에서 괴멸되었다. 바그라티온 작전 첫째 주 주말에 작전이 펼쳐지는 바로 그 경로에 있던 독일군 3개 군이 모두 합쳐 거의 20만 명과 전차 900대를 잃었다. 제9군과 제3기갑군은 작전수행 능력을 가진 사단이 각기 서너 개만 남은 허깨비가 되었고, 제4군은 총퇴각 중이었다. 이제 히틀러는 동부전선에 거대한 틈이 벌어질 가능성에 맞부딪친 동시에 다른 크고 작은 위기로 골치를 앓았다. 프랑스에 상륙한 연합군이 거점을 확보했고, 핀란드가 무너지고 있었으며, 1940년에 노르웨이 북부에서 사태를 수습했던 자기의 총아 디틀 장군이 북극권에 독일군 진지를 확보하려고 6월 22일에 비행기를 타고 돌아가다가 추락해서 목숨을 잃었다. 히틀러는 6월 28일에 중부 집단군에서 에른스트 폰 부시Ernst von Busch 육군원수를 자기의 '소방수'로 떠오르고 있던 장군인 모델로 교체하면서 그에게 예비병력 공급처로 북우크라이나 전선군도 맡겼다.

그러나 모델의 소방능력도 예하 집단군을 파괴하고 있는 불길을 잡을 수 없었다. 7월 2일이 되자 그는 제4군을 무사히 민스크까지 데려올 희망이 없다는 결론을 내렸다. 왜냐하면 독일군 제4군이 베레지나 강을 등지고 옴짝달싹 움직이지 못하고 있는데 제2백러시아 전선군이 이미 레펠Lepel'에서 베레지나 강을 건넜기 때문이었다. 따라서 그는 민스크 양옆에 탈출로를 열어놓으려는 시도에 노력을 집중했지만, — 로트미스트로프의 제5전차군이 민스크-모스크바 간 선도로를 따라 30마일을 7월 2일 하루 만에 전진하면서 — 소련군 기갑부대가 빠르게 전진하는 바람에 그 계획이 금세 물거품이 되었다. 7월 3일에 민스크가 함락되었다. 한편, 독일군 제4군이 민스크 동쪽에서 포위되었고, 부대원 10만 5,000명 가운데 4만 명이 포위를 뚫고 나오려다가 목숨을 잃었다. 보급품을 낙하산으로 투하하는 마지막 시도가 7월 5일에 있은 뒤 생존자들이 항복하기 시작했다. 제 12군단장이 7월 8일에 정식으로 항복했고, 7월 11일이 되자 고립지대에는 저항이 더는 없었다.

제4군이 포위되면서 백러시아 전투가 사실상 종결되었다. 7월 17
일에 공식적인 승리 경축 행사가 벌어져 독일군 포로 5만 7,000명
이 모스크바의 거리에 늘어선 말 없는 군중을 통과해 걸어서 포로
수용소로 갔다. 이 무렵이 되면 공격에 나선 소련군 전선군들의 선
봉돌격부대가 이미 그 포로들이 사로잡혔던 땅의 서쪽 멀리까지 가
있었다. 7월 4일에 스탑카는 라트비야의 리가에서 폴란드 남부의
루블린까지 이어져서 동프로이센 국경에 닿는 호弧에 있는 각 전선
군에 새로운 목표를 지정해주었다. 전쟁에서 독일제국 본토가 위협
을 받기는 처음이었다. 소련군은 7월 둘째 주 동안 계속 돌진했다. 7
월 10일이 되면 리투아니아의 수도인 빌나Vilna[11]가 소련군의 손에 들
코네프의 제1우크라이나 전선군이 전차 1,000대와 대포 3,000문으
로 옛 오스트리아-헝가리제국령 동갈리치아의 보루였던 르부프를
공격함으로써 공세를 개시했다. 이 무렵에 로코솝스키의 제1백러시
아 전선군이 남쪽으로 선회해서 프리퍄트 늪지대 언저리를 돌아 르
부프를 향해 팔을 뻗쳤다. 이 두 전선군이 8월 첫째 주 주말에 비수
아 강과 그 지류인 바르샤바 남쪽 산San 강에 이르렀고, 제1발트 해
전선군과 다른 백러시아 전선군들이 니에멘Niemen 강[12]과 비수아 강
상대로 라디오와 전단을 이용해 정치선전을 하면서 활발히 움직였다.
바그라티온 작전 과정에서 사로잡힌 장군 가운데 러시아의 회유에

넘어간 16명이 7월 22일에 작전에서 잃은 군인 35만 명이 "요행수를 노린 도박에 희생되"었다고 주장하는 '호소문'을 발표했다. 이보다 이틀 앞서서 클라우스 폰 슈타우펜베르크 대령이 국가사회주의 정권을 서구가 용납할 만한 정부로 대체할 목적을 가진 음모의 첫 행보로 히틀러의 사령부에서 그를 죽이려고 시도했다. 그날 차이츨러가 참모총장 직위에서 모습을 감추었다. 그가 해임되었는지 아니면 단순히 도주했는지는 결코 밝혀지지 않았다. 그런 다음 폴란드 국내군이 8월 1일에 바르샤바 도심을 장악했다.

폴란드 국내군이 바르샤바에서 봉기한 동기는 복잡했다. 마찬가지로 — 8월 1일이 되면 비수아 강 동안東岸에 닿을 듯 가까이 와 있었던 — 붉은군대가 그 애국자들을 구하러 오지 못한 데 대한 설명도 복잡했다. 소련의 통제를 받는 폴란드 공산주의자들이 소련 안에서 운영하는 코시휴시코Kościuszko 라디오 방송국이 7월 29일에 봉기 호소 방송을 하면서 조금만 있으면 러시아군의 도움을 받게 된다고 약속했다. 국내군 스스로는 딜레마에 빠져 있었다. 에릭슨에 따르면, "행동하지 않는 것은 사실상 나치 부역자로 낙인 찍히거나 아니면 스탈린이 주장하는 대로 폴란드 지하운동이 존재하지 않는 실체로 무시된다는 뜻이었다." 스탈린에게는 현재 바그라티온 작전에서 싸우는 그의 폴란드 위성군대인 인민군이 있었고, 최근에 장악된 폴란드 국경도시에서 창설 선언을 하고 들어온 대안 폴란드 정부도 있었다. 이 정부는 서방에 '루블린 위원회'로 알려져 있었다. 8월 3일에 스탈린은 소련 정권과 향후 관계를 논의하러 모스크바에 온 스타니수아프 미코우아이칙Stanisław Mikołajczyk[13] 폴란드 망명정부 총리를 만났다. 스탈린은 먼저 봉기에 관한 정보를 알지 못한다고 고백한 다음 자기는 '런던' 폴란드 정부와 '루블린' 폴란드 정부 사이의 분열을 용납할 수 없다고 경고했고, 영국에 기지를 둔 비행기를 위해 시설을 제공해서 봉기자에게 무기를 보급하기를 시종일관 거

13. 폴란드의 정치가(1901~1967). 독일에서 망명객의 아들로 태어났고, 제1차 세계대전이 끝난 뒤 폴란드로 돌아가서 정계에 입문하고 1931년에 농민당 지도자가 되었다. 제2차 세계대전이 일어난 뒤에 런던의 망명정부에서 활동하다가 1943년에 망명정부 총리가 되었다. 종전 후 부총리가 되었지만, 친소 공산주의자들의 권력장악에 저항하다가 1947년에 쫓겨나서 미국에 정착했다.

부했고, (바르샤바에서 가장 가까이 있는) 제1백러시아 전선군이 바르샤바 부근에서 독일군의 역공을 받아서 전진을 계속할 수 없게 되었다고 애석해 했지만, 드디어 8월 9일에 "우리는 가능한 모든 것을 다해서 돕겠습니다"라고 미코우아이칙에게 장담했다.[14]

이 무렵이면 너무 늦었다. 사실상 모델이 충분한 기갑부대를 긁어 모아서 7월 29일에 프라하 가까이에 있는 로코솝스키의 제1백러시아 전선군을 상대로 견제공격을 수행했던 것이다. 그런 다음 히틀러가 바르샤바 봉기를 진압할 권한을 맡겼던 히믈러가 디를레방어 여단과 카민스키Kaminskii 여단[15]을 비롯한 부대를 데려왔다. 독일인 범죄자로 만들어진 디를레방어 여단과 변절한 러시아인으로 만든 카민스키 여단은 둘 다 유별난 무자비함을 요구한다는 판단이 내려진 내부 안보 작전을 위해 무장친위대가 최근에 만든 부대였다. 이들은 봉기가 일어난 지 24시간 안에 — 전투원이건 아니건 가리지 않고 — 도시 주민을 상대로 폭력과 살인이 판치는 시기를 열었고, 이 때문에 봉기가 끝나기 전까지 전투와 대학살과 지역포격으로 주민 20만 명이 목숨을 잃는다.

14. 1944년 바르샤바 봉기가 일어났을 때 스탈린이 붉은군대의 바르샤바 점령을 일부러 늦춰서 향후 소련의 폴란드 지배에 방해가 될 비공산주의 세력이 독일군 손에 분쇄되도록 내버려두었다는 주장이 서구의 통설이었고, 지은이도 이런 주장에 더 무게를 두는 듯하다. 그러나 이런 통설에 반박해서 당시 전황을 살펴볼 때 설령 스탈린이 무리를 해서라도 온 힘을 다 쏟아 봉기를 도왔더라도 붉은군대가 바르샤바에 들어가기란 불가능했다는 견해도 상당한 설득력을 얻고 있다.

15. 1942년 가을에 러시아에서 카민스키를 우두머리로 해서 결성된 소련인 부대로, 병력은 1만 명을 헤아렸다. 독일군 편에 선 카민스키는 자기 부대를 '러시아 해방군'이라고 부르면서 붉은군대나 파르티잔과 싸웠다. 1944년에 바르샤바 봉기 진압에 투입되어 악명을 떨쳤지만, 정작 카민스키는 민간인을 해쳤다는 죄목으로 무장친위대에게 총살당했다.

26 | 무장저항과 첩보활동

1. 영국의 경제학자, 정치가(1887 ~1962). 런던 대학에서 강의를 하는 한편, 노동당원으로 외무 차관을 지냈다. 제2차 세계대전 때는 군수장관, 상무장관으로 일했고, 전쟁 뒤에는 재무장관 이 되었다. 노동당 우파의 이론 적 지도자였다.

2. 1939년 9월부터 활동하기 시 작해 1945년 1월에 해산될 때까 지 폴란드 곳곳에서 암약한 제 2차 세계대전 최대의 지하 무장 저항군.

"이제 유럽이 활활 불타오르게 하라!" 윈스턴 처칠이 휴 돌턴 Hugh Dalton[1]을 특수작전집행처Special Operation Executive, SOE 책임자로 임명 하면서 그에게 내린 지시였다. 특수작전집행처는 처칠이 히틀러의 피점령 유럽 통치에 대한 저항을 부추기고 후원하려는 자기의 긴급 한 바람에 따라 1940년 7월 22일에 만든 기구였다. 히틀러에 도전한 피점령 유럽의 역사에서 1944년 8월의 바르샤바 봉기보다 '활활 불 타오르게 하기'가 무엇을 뜻할 수 있는지에 대한 처칠의 기대와 더 잘 맞아떨어지는 사건은 없다. 바르샤바 봉기로 히틀러는 격심한 내 부적 군사 위기에 맞부딪혔다. 바르샤바 봉기는 히틀러의 제국 안에 있는 다른 모든 나라의 피억압 민족들에게 같은 식으로 행동하라는 격문을 던졌으며, 처칠이 전쟁 내내 영어권 국가들에 공언해온 메시 지를 — 즉, 계기가 주어지면 패배한 사람들이 폭정에 맞서 일어날 준비가 되어 있다는 메시지를 — 확인했으며, 유럽 언저리를 상대로 4년 동안 재래전을 벌이면서 피점령 유럽 안에 있는 영국과 미국의 '특수'기관들이 후원한 정권 전복과 사보타주의 '병행' 전쟁이 효력 이 있음을 입증했다.

바르샤바 봉기는 겉으로는 그렇게 보였다. 그러나 역사적으로는, 폴란드 국내군Armia krajowa[2]이 히틀러의 보안부대에 맞서 7주 동안 싸 우면서 용기를 보여주고 — 투사 1만 명이 죽임을 당했고 민간인도 많게는 20만 명이 목숨을 잃었을지 모르는 등 — 고통을 당했다고 는 해도 바르샤바 봉기는 점령의 야만성에 자연발생적으로 일어난 반응이 아니었다는 점을 인정해야 한다. 객관적으로 평가를 내리면 어떻게 보더라도 바르샤바 봉기가 일어났다고 해서 히틀러가 붉은 군대를 상대로 효율적 방어를 계속 지탱하면서 폴란드 내의 질서를 유지하는 능력이 심하게 훼손되지는 않았다. 붉은군대는 봉기가 일어나는 순간에 비수아 강 저쪽 편에서 멈춰 섰다. 봉기는 자연발생적이기는커녕 오히려 그 반대였다. 독일군이 백러시아 전투에서 지면 붉은군대가 도착해서 스탈린의 꼭두각시 폴란드 정권을 세우기 전에 망명 폴란드 정부를 위해 폴란드 수도를 장악할 다시 오지 않을 기회가 자기들에게 주어진다는 계산을 하고 폴란드 국내군이 서둘러 봉기를 일으켰던 것이다. 그러나 그 계산은 러시아군이 독일군에 군사적 압박을 유지하지 못하고 따라서 독일군이 전선 병력을 끌어들이지 않고도 봉기자들과 싸울 — 그리고 결국은 이길 — 수단을 찾아내면서 오산이 되었다.

따라서 바르샤바 봉기는 일련의 비슷한 봉기들 가운데 먼저 일어난 봉기가 히틀러의 패망에 어떤 이바지를 할 수 있는지를 보여주기는커녕 독일 국방군의 통제 아래 남아 있는 영토에서 히틀러에 맞서 무기를 드는 것이 심지어는 전쟁의 말기단계에서도 얼마나 위험한지를 알려주는 무시무시한 경고가 되었다. 이 점은 설령 바르샤바가 충분한 증거가 아니더라도 6월에 프랑스 남부의 마키단과 7월에 슬로바키아인의 경험으로 더욱 확고해졌다. 프랑스에서는 그르노블 지방의 마키단이 D-데이 당일에 베르코르Vercors 고원에서 봉기의 기치를 치켜들었고, 이 고원에서 출발해 론Rhône 강 유역의 경로를 이용해서 독일군 부대를 습격하기 시작했다. 7월이 되면 베르코르에 있는 마키단원이 수천 명이었고, 이들 대다수는 강제 노무 계획을 피해 도망친 사람들이었다. 그러자 담당지역 곳곳에서 펼쳐지는 성가신 공격에 골머리를 앓던 G집단군이 고립되고 취약한 이 저항 근거지를 본보기로 삼겠다고 결정하고는 고원에 포위선을 치고 무장친위대 부대를 글라이더로 고원 정상에 내려놓아서 7월 18일과 23일 사이에 그곳에 있는 사람을 보이는 족족 모조리 무자비하게 죽였다. 이것은 독일군 보안부대가 같은 시기에 체코슬로바키아 동부에서 슬로바키아 반군을 상대로 취하고 있는 행동을 미리 작은 규모로 보여주었다. 위성국가인 슬로바키아의 군부대가 러시아군의 개입이 머지않았다는 기대를 하고 점령군에 맞서 봉기했지만, 구원을 받지 못하고 도륙당했다. 히틀러는 독일군이 피정복 영토에 계속 버티고 있는 동안 — 파리가 해방되는 주일에 신중하게 시간을 맞춘 파리 봉기를 빼고는 — 더 이상의 봉기를 다룰 필요가 없었다.

"유럽이 활활 불타오르게 하라"는 처칠의 정책을 담당한 사람들은 베르코르의 무장저항이 특수작전집행처의 지원과 보급을 받았기에 베르코르 학살에 더더욱 기운 빠졌다. 특수작전집행처 소속 연락팀들 가운데 (암호명 '제드버러스Jedbourghs'인) 한 팀이 베르코르 마키단 투사들을 지원하려고 낙하산을 타고 내렸고, 마키단은 7월 14일에 미 육군 항공부대가 고원에 떨어뜨린 무기와 탄약 1,000통을 받았다. 이 보급품은 그들에게 조금도 쓸모가 없었다. 무장저항 투사들은 비록 프랑스 정규군 장교의 지휘를 받기는 했어도 — 무슨 일이 있어도 무장저항세력을 가차없이 무자비하게 분쇄해야 한다는 교의를 주입받은 — 전문 군대와 교전하기에는 경험과 훈련이 부족했다.

제2차 세계대전의 과정에서 아주 뒤늦게 바르샤바와 슬로바키아와 베르코르에서 일어난 봉기는 히틀러 치하 유럽의 역사에서 핵심적인 위치를 차지하는 사건이며 1939년과 1945년 사이의 히틀러의 지배에 대한 다른 모든 저항과 정권 전복의 득실을 따질 때 견줘야 할 대상이 되는 사건이었다(러시아와 유고슬라비아의 독일군 진지선 뒤에서 벌어진 파르티잔 전쟁은 예외이며 따로 살펴보아야 한다). 만약 이 세 봉기가 그 결과 면에서 나중에 루스벨트의 부추김을 받은 처칠이, 그리고 유럽의 여러 망명정부가 1940년 6월 이후에 그토록 열렬하게 지원한 정권 전복과 사보타주와 저항의 계획이 가져온 의도하지 않은 효과의 전형이라면, 그 계획은 잘못 지도되고 큰 희생을 치

른 실패작이었다는 판정을 받아야 한다. 세 경우 모두 다 실패하면
서 연루된 용감한 애국자들은 매우 큰 고통을 겪는 대가를 치렀지
만 그들을 진압한 독일군은 대수롭지 않은 희생을 치렀던 것이다.
그 결과, 세 봉기의 전주곡에 해당하는 더 자잘한 무장저항세력의
행위는 모두 객관적으로 셈을 한다면 어떻게 해도 부적절하고 무의
미한 허장성세 행위로 간주되어야만 한다. 만약 이것이 유럽의 무
장저항과 무장저항을 계획하고 지원하는 연합국의 노력에 내려지는
올바른 평결이라면, 그렇게 실패한 까닭은 무엇일까?

　저항이 이데올로기적인 폭정에 맞서 무엇을 이룰 수 있는지에 관한
처칠의 오판, 그의 동포 가운데 똑똑하고 정력적인 남녀 수백 명[3]이
공유한 그 오판의 밑바탕에는 정복의 정치에서 여론이 하는 역할에
관한 완전한 오해가 깔려 있었다. 영국의 역사는 정복과 그 정복에
맞선 저항 두 가지로 가득 차 있다. 처칠이 살던 시대에 대영제국의
경계는 군사력을 통해서 아프리카 남·서·동부에서, 중동에서, 아라
비아에서, 그리고 동남아시아에서 크게 확장되었다. 그러나 영국 제
국주의의 기세는 늘 여러 외부 요인, 즉 나라 안팎의 반제국주의가
가진 지속적인 영향력과 대영제국의 건설자들이 지닌 평등의 기풍
과 수탁자受託者의 책무가 어우러지면서 중화되었다. 1857~1858년의
대반란Great Mutiny[4] 동안에 인도에서 반란과 잔학행위에 직면한 빅토
리아 중기시대 사람들은 히틀러의 보안부대가 배울 점이 별로 없었
으리만큼 무자비하게 대응했다. 그들의 후속세대는 더 공정한 제국
철학 속에서 자라났다. '언젠가는 자치'가 빅토리아 여왕 치세 말기
와 에드워드 7세 치세 후기에 아프리카에 세워진 식민 정부들이 입
각한 원칙이 되었다. '수탁자의 책무'가 영국이 국제연맹으로부터 부
여받은 아프리카와 아라비아의 신탁통치령을 다스리면서 입각한 개
념이었다. 보어 전쟁 직후에 영국이 아프리카너Afrikaner 공화국들[5]에
내세운 체제의 특징은 '될 수 있는 대로 빨리 자치권을 준다'였다.

3. 특수작전집행처 대원들을 일
컫는 표현.

4. 영국의 인도 식민통치에 반발
해서 인도 북부와 중부에서 일
어난 봉기. 흔히는 세포이(Sepoy)
반란이라고 하지만, 인도에서는
제1차 독립전쟁이라고 불린다.

5. 남아프리카에 정착한 네덜란
드계 백인들이 19세기에 세운
나라들. 중요한 것으로는 나탈
공화국과 트란스발 공화국과 오
라녜 자유국이 있다. 보어인이라
고도 불리는 아프리카너는 남아
프리카에 정착해서 아프리칸스
(Afrikaans)를 모국어로 사용하는
백인이다.

같은 정신이 제1차 세계대전 뒤 여러 해 동안 영국의 인도 통치에 주입되었다.

영국이 그 광대한 20세기 제국을 통치할 권리에 스스로 부과한 중용의 핵심에는 나름의 민주주의적 신념에 대한 존중과 그 신념을 공유하는 다른 나라 사람들, 특히 미국인들의 호평을 얻고자 하는 마음이 있었다. 처칠은 비록 인도에서 통치권을 이양하는 데 반대하다가 1930년대에 자기가 속한 당에서 고립되기는 했어도 지성으로는 아니더라도 감성으로는 가장 교조적인 자유주의자만큼이나 민족자결 원칙에 헌신했다. 더욱이, 그는 보어 전쟁에서 아프리카너와 싸운 경험을 통해 자유를 바라는 욕구가 얼마나 큰 힘을 발휘할 수 있는지, 그리고 독립권을 가지고 있다는 신념을 깨우친 민족에게 점령 열강이 외국 지배를 계속 부과하는 것이 얼마나 어려운지를 배웠다. 처칠의 개인 경험은 — 이를테면, 나폴레옹에 맞선 에스파냐인과 프로이센인의 저항과 조지 3세에 맞선 미국 식민지인의 저항 등 — 민중이 외국의 정복과 지배에 저항하는 데 성공한 사례들이 가득 들어 있는 근대사를 폭넓게 읽으면서 더욱 확고해졌다.

히틀러의 제국철학

처칠이 견지한 제국철학과 히틀러가 견지한 제국철학보다 더 어울리지 않는 짝은 거의 상상할 수 없었다. 처칠은 비록 제국주의자이기는 했어도 인간의 존엄성을 믿었다. 히틀러는 '인간의 존엄성'을 부르주아가 별 생각없이 내뱉는 말로 여겼다. 『나의 투쟁』을 읽었던 — 1940년에도 여전히 한 줌밖에 되지 않은 — 앵글로색슨 세계 사람들이 눈치챘듯이, 그는 게르만족에 속하지 않는 사람들을 위한 자치라는 생각을 경멸하면서 거부했다. 그는 편의를 위해 갈등을 숨기고 일본인과 손을 맞잡을 각오를 했다. 그는 충성심에서 ('로마 황제의 한 후예'인) 무솔리니와 이탈리아인을 게르만족 형제공동체에 넣어주었다. 그는 근대 그리스인에게 이데올로기적 편애를 품었다. 그는 그들을 아시아인 무리에 맞선 테르모필레의 방자와 동일시하고 끈질긴 전사로 존중했다. 그는 스칸디나비아인을 인종상의 사촌으로 인정했다. 그는 영국인이 인종상의 사촌이란 호칭을 받아들이기를 몹시 바랐고, 또한 그 호칭을 자기의 대의에 공감하는 네덜란드인과 벨기에 플랑드르인[6]에까지 확대했다. 그는 위기에 몰릴 때면 자기의 인정을 받는 소수민족에 핀란드인과 발트인[7]을 끼워 넣을 각오를 했다. 그리고 헝가리인이나 루마니아인이나 슬로바키아인이나 불가리아인이 자기편에 서서 싸우는 한 그들을 인종적 오욕에서 빼주었다. 그가 1941년 말이 되어 자기의 지배 아래로 들어온 나머지 유럽 주민들에게 주려고 남겨둔 것은 오로지 경멸뿐이었다. 그들은 (히틀러의 정치적 기억력은 길기도 해서) 프랑스인처럼 로마의 지배에 복속함으로써 타락한 집단이거나 우월한 제국에 종속되는 역사를 가진 슬라브족 '떨거지', 즉 폴란드인, 세르비아인, 체코인, 그리고 무엇보다도 러시아인이었다.

그 결과 히틀러는 제국에 임하는 앵글로색슨인의 태도에 그토록 많은 영향을 미친 윤리의식에 전혀 휘둘리지 않았다. 그는 폴란드와 체코슬로바키아와 유고슬라비아의 자주 정부를 손쉽게 없애버렸다고 퍽 즐거워했으며, 자기가 이 적법한 정권들 대신에 내세운 권력의 정당성을 순전히 편의의 관점에서만 가늠했다. 즉, 그는 후임 행정부가 점령군에 별달리 골치 아픈 일을 일으키지 않고 일하면 흡족해하며 쫓아내지 않고 내버려두었다. 이렇게 그는 노르웨이에서 권력을 1942년 2월부터 (현지의 노르드인Nordic 권위주의자인) 비드쿤 크비슬링의 정권에 넘겨주었고, 1943년이 되어서도 애국자가 당선 후보자의 97퍼센트를 차지하는 민주적 선거를 치른 덴마크인에게 의회제 정부를 계속 가질 권리를 양도했으며, 심지어 1942년 11월에 독일의 군사적 점령을 프랑스 전체로 확대한 뒤에도 페탱을 내

6. 벨기에 북부에서 플랑드르어를 쓰면서 살며 왈룬인과 더불어 벨기에를 구성하는 양대 민족의 하나.

7. 비수아 강 하류와 드비나 강 상류 사이에 사는 인도-유럽어족의 일파. 오늘날에는 라트비아인과 리투아니아인이 주를 이룬다.

치지 않고 비록 주권을 가진 프랑스 국가수반의 실체는 아닐지라도 겉으로는 그렇게 보이도록 남겨두었다.

히틀러의 점령 정책의 복잡성은 서유럽과 동유럽 두 지역에 들어선 그의 점령 정권에 대한 저항의 유형이 복잡하다는 점에 반영되어 있다. 그러나 그 저항의 유형은 히틀러가 어떤 특정 피점령 영토에서 내세우기로 고른 정권의 성격으로만 결정되지는 않았다. 세 가지 다른 요인이 작용했다. 첫째 요인은 좌파의 태도였고, 둘째 요인은 영국이 (그리고 1941년 12월 뒤에는 미국이) 현지 저항조직에 어느 정도로 원조를 해줄 수 있었는지였고, 셋째 요인은 지리였다.

지리는 상수常數이니 맨 먼저 다루기에 가장 좋다. 어떤 저항운동이 적의 점령에 얼마만큼 성공을 거두는지는 — 까다로운 지형, 즉 산이나 숲이나 사막이나 늪 때문에 비정규 무장세력을 유지하는 데 필요한 자원을 구할 수 없으므로 외부에서 오는 보급이 필요하다는 조건을 달아서 — 그 운동이 활동하는 지형의 난이도로 직접 결정된다. 그러나 독일이 점령한 유럽은 대부분 지형상 비정규작전에 알맞지 않거나 그곳에서 활동하는 비정규부대가 정기적으로 용이하게 보급을 받기에는 연합국의 지원기지에서 너무 멀리 떨어져 있었다. 이를테면, (히틀러의 반볼셰비키 정치선전에 동조하는 군·정치 집단이 있는데도) 저항정신이 강했던 덴마크는 땅이 평탄하고 숲이 없고 인구밀도가 높아서 파르티잔 활동에 알맞지 않다. 네덜란드와 벨기에와 북프랑스 등 대부분의 지역에서도 상황이 마찬가지였다. 이 모든 지역에서 경찰은 — 그리고 점령당한 유럽 전역에서 정복자의 권위와 지배를 처음부터 받아들인 국내 치안부대는 — 비밀활동을 쉽사리 감시했고 손쉽게 응징했다. 독일군이나 비시 정부의 밀리스 같은 위성국 보안부대가 손쉽게, 그리고 무자비하게 자행한 보복행위가 전쟁 대부분의 기간 동안 충분한 억지력이 되었다. 더욱이 — 통행금지시간 부과에서 시작해서 체포와 볼모잡기와 강제이송을 거쳐 본보기 처형에 이르는 규모의 ─ 앙갚음이 불러일으키는 공포가 밀고를 부추겼고, 밀고는 독일의 통치 효율성을 높여주었다. 많은 저항조직이 형성 초기에 온 힘을 다해 밀고자와 싸워야 했고, 어디에서도 완전한 성공은 거두지 못했다.

점령된 서유럽에서 지형이 무장저항활동에 유리한 지역은 오직 노르웨이, 즉 오슬로 북쪽뿐이었다. 그러나 이곳에서는 인구밀도는 너무 낮고 독일군 점령부대의 밀도는 너무 높아서 모든 게릴라 활동이 나라 밖에서 조직되어야 했다. 독일군의 원격지 군사기지에 대한 영국 특공대의 급습기획으로 증강된 노르웨이인 무장저항 투사들이 스코틀랜드에서 출발해서 (베르모르크Vermork에 있는 중수重水[8] 공장을 1943년 2월에 파괴해서 독일의 원자무기 개발계획을 망치는 등) 침투활동을 하는 통에 히틀러를 자극해서 전쟁기간 내내 노르웨이에 극히 과도한 수비대를 배치하게 만드는 매우 바람직한 효과를 가져왔다. 그러나 노르웨이 국내의 무장저항 자체가 지닌 전략적 의의는 무시해도 좋을 만큼 미미했다.

동유럽과 유럽 남동부의 일정한 지역은 지형상 파르티잔 활동에 유리했다. 폴란드의 카르파티아 산맥지역, 체코슬로바키아의 보헤미아 산림지대[9], 유고슬라비아의 대부분 지역, 그리스 본토의 산악지대와 그리스의 큰 섬들, 이탈리아의 알프스 산맥과 아펜니노Apennino 산맥지역이 특히 그랬다. 그러나 이탈리아 저항세력의 성장은 1943년 7월에 무솔리니가 무너지기를 기다려야 했고, 체코슬로바키아는 무장저항이 뿌리를 내리기에는 외부 지원기지로부터 너무 멀리 떨어져 있었다. 체코 망명정부가 운영한 첩보조직은 전쟁기간에 유럽 내부에서 활동한 연합국 지향성의 첩보조직들 가운데 성과를 가장 많이 올렸다. 그러나 특수작전집행처가 체코 내부의 저항활동을 딱 한 차례 제대로 후원했다가, 즉 1942년 5월에 친위대 '보헤미아-모라비아 섭정대리'인 라인하르트 하이드리히를 암살했다가 (리디

8. H_2O_2. 산화중수소나 산소의 무거운 동위원소를 함유하여 보통 물보다 분자량이 더 큰 물. 원자폭탄를 만드는 데 없어서는 안 되는 재료다.

9. 체코의 보헤미아 남부 지방부터 독일의 바이에른과 오스트리아까지 뻗어있는 고원 산림지대.

슬로바키아 망명정부 특공대원들인 오팔카(Opálka), 발칙(Valčík), 쿠비시(Kubiš), 가브칙(Gabčík) 등이 '프라하의 백정'이라는 별명을 얻을 만큼 가혹한 통치를 하는 하이드리히를 노리고 프라하에 잠입해 1942년 5월 27일에 그가 타고 가던 차에 폭탄을 던져 넣었다. 크게 다친 하이드리히는 일주일 뒤에 죽었고, 범인 색출에 나선 독일군은 한 대원의 밀고로 특공대원들이 한 성당에 숨어 있다는 사실을 알아내고 성당을 급습했다. 격렬히 저항하던 대원들은 결국 모두 다 스스로 목숨을 끊었다(동지를 배반한 대원은 전쟁이 끝난 뒤 처형되었다). 나치는 저항세력에 보여주는 경고로 6월 10일에 프라하 북서쪽 22킬로미터 지점에 있는 리디체 읍을 불태운 뒤 16세 이상 남자 1,500여 명을 모조리 죽이고 여자와 아이들은 수용소로 보냈다.

체Lidiče 읍민의 몰살이라는) 워낙 끔찍한 보복을 불러일으켜서 다시는 그런 노력이 되풀이되지 않았다. 그 암살자들 가운데 한 사람이 낙하산을 타고 자기 조국에 들어가자마자 게슈타포에 자수해서 자기 패를 모조리 팔아넘겼다는 사실은 히틀러의 점령 정책이 효율적이었음을 잘 보여준다.[10] 특수작전집행처는 일찍이 1942년 가을에 광범위한 첩보망을 만들었는데, 그 첩보원들 가운데에는 1820년대에 튀르크에 맞선 투쟁에서 그리스인을 도왔던 고대 그리스 문화 애호자(그 누구보다도 단연 먼저 바이런)에게서 영감을 얻은 옥스포드 대학과 케임브리지 대학에서 공부한 고전학 연구자가 많았다. 독일군은 그런 그리스에서 영국군 장교들이 곧 활동가들에게 점령군을 상대로 먼저 공격을 시작하지 말라고 사실상 설득하지 않으면 안 될 만큼 무자비한 잔혹성을 발휘하면서 파르티잔 활동에 대응했다.

폴란드 런던 망명정부의 지도를 받는 '국내군'은 망명정부가 1944년 8월의 바르샤바 봉기를 개시할 때까지 — 다시 1939년 이후에 분할되어서 서부지방은 독일 땅, 동부지방은 러시아 땅이 되고 중부지방만이 '총독령Generalgouvernement'으로 별도의 통치를 받는 실체로 남

▶ 교수대에서 소련 민간인들의 주검을 내리는 독일군 보안부대.

은 — 폴란드에서는 점령군에 대항하는 도발적 군사행동을 자제했다. 폴란드인은 비록 체코에 버금가는 성과를 거둔 첩보망을 운영하(면서 알 수 없는 이유로 궤도에서 벗어나 추락한 독일의 무인무기의 핵심 부품을 영국 정부에 내주는 등 성공을 거두)기는 했어도 처음부터 독일이 무너져서 독립 회복을 위해 싸울 수 있게 될 순간을 대비해서 국내군의 힘을 아껴두는 것이 국익이라고 결정했다. 그러나 무기를 얻기 어렵다는 점도 국내군의 군사적 노력을 제한했다. 1943년 4월에 위르겐 슈트롭Jürgen Stroop 무장친위대 장군의 지휘 아래 무장친위대 부대와 민병대가 수행하는 시가전에서 영웅적인 바르샤바 유대인 무장저항집단이 차근차근 진압되면서 바르샤바 게토가 파괴되는 동안[11] 국내군이 독일군에 맞서 개입하지 않은 한 요인이 국내군에게 무기가 모자란다는 것이었다. 1944년까지 특수작전집행처에는 폴란드 중부에 다가갈 만한 항속거리를 가진 항공기가 없었다. 심지어는 1943년에 이탈리아에 기지를 확보한 뒤에도 비행은 여전히 멀고도 위험했다. 서구 국가의 항공부대에게 독일 폭격공습에 필요한 재급유시설을 이따금 내주었던 소련은 폴란드에 무기를 투하하는 비행 임무를 위해서는 그러기를 거절했으며, 국내군 자체에 무기를 공급하기를 거절하기도 했다.[12]

폴란드 망명정부 및 국내군과의 정치적 견해차가 러시아의 태도를 결정했다. 1941년 8월에 협정이 맺어져 러시아에 붙잡혀 있던 폴란드인 포로들이 풀려나서 중동에 있는 영국군에 가담한 다음에도 그 견해차는 사라지지 않았다. 스탈린은 정치적으로 국내군이 폴란드 공산당의 잠재적 반대세력이라고 판단했다. 그는 1941년 6월 이후에 소련에 있는 자신의 폴란드 망명군을 폴란드 공산당을 통해 후원하기 시작했다. 이것은 히틀러 치하 유럽 안에서 독일의 점령에 맞서는 저항이 발전하는 데 바르바로사 작전이 불러온 단 하나의 부정적 효과였다. 그 밖의 다른 거의 모든 곳에서는 그 노력들이

11. 나치가 폴란드를 점령한 뒤 바르샤바에 세운 게토에 수용된 유대인들이 1943년 초부터 산발적인 저항을 하다가 4월 19일에 봉기를 일으켜 나치에 저항했다. 봉기는 무장친위대의 무자비한 진압에 밀려 결국 5월 16일에 끝이 났다.

12. 비행기가 높은 고도에서 투하하는 물자는 봉기군보다는 독일군 손에 들어간다는 것이 스탈린이 공수보급을 반대하는 까닭이었으며, 실제로 그런 경우가 많았다.

긍정적이었다. 유럽의 공산당들은 몰로토프-리벤트로프 조약이 효력을 발휘하는 한 코민테른의 지속적인 통제 때문에 점령에 저항하는 세력에 자유로이 가담하지 못했다. 그 조약이 깨지자마자, 유럽의 모든 공산당들은 정권 전복 활동을 주도하라는 명령을 받았다. 어떤 정치적 색채를 가지고 있든 간에 저항집단의 효율성이 두드러지게 높아졌다. 이 결과는 네덜란드에서 특히 그랬듯이 만들어진 지 얼마 안 된 비밀단체보다 비밀을 지키는 습관이 훨씬 뛰어난 공산주의자들이 비공산주의 계열 무장저항세력과 협력했기 때문이거나 프랑스에서처럼 좌익과 우익 사이에 창조적 경쟁이 벌어졌기 때문이었다. 프랑스에서는 '자유 프랑스'가 본토에 있는 공산당의 지휘 아래로 들어갈지 모른다는 가능성에 놀란 드골이 자기의 권위 아래 있는 레지스탕스 국민회의Conseil National de la Résistance의 지도를 받는 통합 레지스탕스 '비밀군Armée Secrète'을 창설하는 데 성공했다. 이렇게 공산주의 집단과 비공산주의 집단 사이에 부과된 결합은 정략결혼이었다. 프랑스 공산당은 기회가 주어지는 대로 정치적으로 자기 쪽에 유리하도록 활동할 의도를 속에 간직했으며, 실제로 1944년 8월의 해방 뒤에 온 권력의 공백기 동안 골수 반공주의자들을 상대로 국지적인 테러 지배를 수립했다. 그러나 1941년 6월부터 1944년 7월까지는 그 정략결혼이 먹혀들어서 저항세력 전체를 통합해서 강화했다.

　　그러나 객관적으로 본다면 히틀러가 강성하던 기간에 저항세력이 서유럽에서 거둔 주요 성과는 물질적이기보다는 심리적인 것이었음을 인정해야만 한다. 가장 눈에 띄는 저항의 상징은 (1941년에 네덜란드에서 각기 다른 판본 120종이 나돌던) 지하신문이었으며, 가장 강력한 교란행위는 다양한 가치를 지닌 첩보를 비밀 조직망을 거쳐 런던에 전하는 것이었다. 이 조직망의 일부가 적의 손안으로 들어가 '역으로 이용'되었다. 이를테면, 북극Nordpol 조직망[13]은 1942년 3월과

13. 독일은 1942년에 네덜란드에서 잡힌 영국 간첩을 이용해 영국을 기만하는 작전을 펼쳤는데, 이 작전과 조직에 붙여진 이름이 북극이었다. 독일의 계략에 속아 넘어간 영국은 2년간 네덜란드인 첩보원 50명을 비행기로 유럽대륙에 떨어뜨렸고, 이들은 모두 다 붙잡혀서 수용소에 갇혔다.

1944년 4월 사이에 독일이 '운영'했다. 이런 차질이 있었다고 해서 연합국의 전쟁수행 노력이 큰 피해를 보지는 않았지만, 용감한 남녀 다수가 낙하산을 타고 게슈타포의 손아귀로 곧장 뛰어드는 결과가 빚어졌다(특수작전집행처는 남자보다 여자가 더 훌륭한 요원이 된다는 판정을 내렸다). 부수 활동으로서 불시착한 비행기 승무원을 피점령 영토에서 빼내고 이따금 사보타주를 하고 띄엄띄엄 암살을 하는 첩보 조직망을 운영하고 지하신문을 펴내는 것은 피점령기간 동안 나라의 긍지를 유지하는 데에는 큰일을 했지만, 그 활동 가운데 어느 것도 효율적이면서도 아주 경제적이었던 독일의 통제체제를 뒤흔들지는 못했다. 저항활동을 연구하는 역사가들은 저항집단의 적이었던 독일 보안부대(민간의 보안대, 군대의 헌병대Feldgendarmerie)의 규모를 수치로 제시하기를 당연히 망설이지만, 프랑스에 있는 보안부대의 총 인원수는 전쟁기 어느 단계에서도 십중팔구 6,500명을 넘지 않았다. 프랑스에서 두 번째로 큰 도시인 리옹의 독일 치안수비대는 1943년에 비밀경찰대원 100여 명과 보안부대원 400여 명으로 이루어져 있었다. (1944년 6월에 60개였던) 프랑스 주둔 독일군 사단은 보안임무에 일절 참여하지 않았으며 거의 전적으로 해안지역에만 주둔했기 때문에 그럴 수 있는 위치에 있지도 않았다. 독일군 보안부대에 맞서서 레지스탕스가 전개한 무장대원은 많아야 11만 6,000명이었고, 그나마도 연합국 해방군이 도착해서 힘이 최대한으로 오른 1944년 7월에 확인된 수치였다. 진정한 피점령기라고 할 수 있는 기간에는 무장집단의 수와 규모는 작았고 이들의 활동에는 늘 한계가 있었다. 1942년 1월부터 9월까지 암살당한 독일군 보안장교는 모두 합쳐 150명이었고, 주요 사보타주 행위는 전쟁기간을 통틀어 다섯 차례를 넘지 않았다(철도 운행 방해는 광범위했지만, 주로 노르망디 상륙 이전과 도중의 몇 달에 국한되었다).

따라서 존 스타인벡의 뛰어난 소설 『달은 지다*The Moon is Down*』(1942)

에서 처음으로 퍼지고 이후에 일군의 작가들이 키운 독일 점령 아래 '활활 불타오르는' 서유럽이라는 통념은 비록 이해가 가는 일이기는 해도 낭만적인 신화로 인식되어야만 한다. 주민들이 보복에 그대로 노출된 서유럽의 도시와 농촌지역은 지속적인 유형의 파르티잔 활동을 펼치기에는 아주 부적절했다. 외부에서 온 정규군으로부터 보급과 지원을 받는 파르티잔만이 전투가 벌어지는 전선에서 정복자가 상당한 군사적 노력을 빼돌리도록 강요하는 유일한 형태의 게릴라전이었다. 히틀러는 전쟁기간을 통틀어 딱 두 작전지역에서만 그같이 효과적인 게릴라의 저항에 부딪쳤다. 그 두 지역은 유고슬라비아와 동부전선의 후방이었다. 스탈린은 처음에는 망설이다가 침투해 들어갈 수 없는 프리퍄트 늪지대에서 주로 활동하는 파르티잔 부대에 지원과 보급을 해주고 결국에 가서는 증원을 해주었다.

소련 파르티잔 부대의 기반은 처음에는 1941년 여름에 독일군이 백러시아와 우크라이나를 거쳐 전진함으로써 고립된 정규사단의 파편들, 즉 상급본부와 단절되고 보급원과 차단된 뒤 싸움을 계속할 의지와 약간의 수단을 유지한 생존자들이었다. 그러나 소련 파르티잔 부대는 백러시아와 우크라이나에 사는 주민에서 나온 지원자에 의존해서 인원을 보충했다. 이들은 스탈린이 보기에는 믿음이 가지 않는 소수민족이며 점령 당국에 부역할 잠재성이 있는 의심쩍은 자들이었다. 그는 파르티잔 부대를 처음부터 엔카베데(비밀경찰)의 통제 아래 두었다. 독일군 진지선을 뚫고 파르티잔 무리로 침투해 들어간 지휘조직체계는 국가와 당과 엔카베데 장교로 이루어지는 삼각조직(오르그트로이카orgtroika[14])으로 알려졌다. 우크라이나의 파르티잔 대원 수는 1943년 여름이 되어서도 1만 7,000명을 넘어서지 못했다. 파르티잔이 다시 붉은군대의 통제를 받게 된 1944년 1월에 우크라이나의 13개 파르티잔 여단의 병력은 3만 5,000명을 헤아렸다. 파르티잔이 철도 파괴활동 4만 건을 수행한 1944년 6월 바그라티온

14. Organizatsionnaia troika의 축약어.

작전 전야에 그들의 수는 14만 명이었다. 그들은 독일군의 탄압이 혹독했는데도 소련의 지원을 받은 결과 성장을 해왔다. 전선의 작전에서 벗어나 '휴식을 취하는' 독일군 부대가 정기적으로 배속된 무장친위대 파르티잔 토벌 전문부대가 1944년 봄 이후로 '비적이 들끓는' 지역을 철저히 수색하면서 무자비하게 마을을 불태우고 사람을 죽였다. 작전을 벌일 때마다 남자뿐만 아니라 여자와 어린이까지 포함해서 2,000명 선에 이르는 '사살자 수'가 정기적으로 보고되었다. 전후에 독일 측 기록을 이용해 이루어진 역사가들의 연구는 그 같은 수색작업의 효과가 극히 컸고 소련 측이 파르티잔의 성취를 크게 부풀려서 평가했으며 독일 국방군이 인원이든 물자든 간에 파르티잔에 입은 손실이 소련 당국의 주장보다 훨씬 적었음을 시사한다. 돈 강 서쪽의 오룔 지방에서 파르티잔 손에 목숨을 잃은 독일 군인이 14만 7,835명이라는 소련 측 추산은 사상자 3만 5,000명이라는 수치를 내놓는 서방학자 암스트롱J. A. Armstrong의 반박을 받았다.

유고슬라비아 파르티잔

파르티잔전의 효과가 있었다고 주장할 때, 그리고 무장저항세력이 독일 국방군의 패배에 이바지했다고 평가할 때 역사가들이 결국 쳐다보는 쪽이 바로 유고슬라비아다. 유고슬라비아는 물어볼 것도 없이 특수한 사례다. 특수작전집행처 소속 공중·해상 보급부대가 쉽사리 접근할 수 있도록 깊은 골짜기가 교차하고 해안선과 맞닿아 있는 유고슬라비아의 산악지형은 더할 나위 없이 비정규전에 알맞다. 유고슬라비아의 세르비아인 주민은 튀르크에 대한 저항과 1914~1915년에 있었던 오스트리아의 침공으로 말미암아 자기 고향 땅에서 싸우는 데 익숙했다. 1941년 4월에 일어난 히틀러의 공격은 민족의 긍지에 상처를 입혔고 갑작스레 이루어졌기 때문에 무기를 가진 수백 개 군부대와 비정규작전을 벌일 기반을 제공하는 전지를 남겼다. 처음으로 봉기의 기치를 든 이들은 세르비아인 정규군 장교 드라쟈 미하일로비치가 지휘하는 세르비아인 왕정주의자들이었다. 그가 거느린 이른바 체트닉은 튀르크의 점령에 반대하는 사람을 뜻하는 세르비아어에서 비롯되었는데, 이 체트닉은 슬로베니아와 크로아티아에서 이탈리아 점령군과 갈등을 숨기고 손을 맞잡은 크로아티아인 우스타샤와 처음부터 사이가 나빴다. 또한 체트닉이 유고슬라비아 왕국의 북쪽 국경과 동쪽 국경의 변경지대를 자기 땅으로 만든 헝가리와 불가리아와 알바니아에 저항했다는 것은 이해가 가는 일이다. 그러나 당연히 그들의 싸움은 역사적으로 세르비아의 영토인 곳에 꼭두각시 정부를 내세운 독일과 벌이는 싸움이었다. 그들은 일찍이 1941년 5월에 독일군에 맞서 파르티잔전을 개시했다.

특수작전집행처는 1941년 9월에 체트닉과 접촉하고 1942년 여름에 그들에게 무기와 돈을 공급하기 시작했다. 그러나 미하일로비치에게 파견된 특수작전집행처의 첫 특사인 허드슨D. T. Hudson 대위는 왕정에 반대하는 게릴라 집단과도 만났다. 자신들을 '파르티잔'이라고 부르는 그 게릴라 집단은 티토라는 가명을 쓰는 요씨프 브로즈Josip Broz라는 노련한 코민테른 요원의 지휘를 받았다. 처음부터 허드슨은 티토가 미하일로비치보다 더 진지하게 추축국 점령군에 저항하는 사람이라는 인상을 받았다. 허드슨은 미하일로비치가 폴란드를 본떠 체트닉을 세르비아판 '국내군'으로 만들고 나라를 내부로부터 해방할 수 있는 외부조건이 조성될 날을 대비해서 힘을 비축해두기를 바라고 있다고 의심했다. 그의 의심은 미하일로비치를 있는 그대로보다 낮춰 본 것이다. 왜냐하면 체트닉은 1942년에 독일군에 맞서 게릴라 전쟁을 수행하고 있었고 (얼트라가 밝혀낸 대로) 1943년이 되어서도 독일군에 골치 아픈 적으로 여겨졌기 때문이다. 그러나 미하일로비치가 극단적인 세르비아 민족주의자였던 점, 그가 티토와 힘을 합쳐서 거국적인 저항운동을 만들어내기를 거부한 점,

그의 체트닉이 세르비아 서부의 통제권을 차지하려고 1941년 11월에 파르티잔과 싸우기 시작했다는 점, 그가 움트기 시작하던 이 내전을 벌이기 위한 무기를 얻으려고 일찍부터 이탈리아군과 국지적 휴전에 들어갔다는 점은 의심할 여지가 없는 사실이다.

미하일로비치가 편 정책의 주요 동기는 세르비아 주민이 점령군이 자행하는 보복과 잔학행위를 당하지 않도록 만드는 것이었다. 그런데도 뒤이어 일어나서 전쟁 이전 인구의 거의 10퍼센트에 이르는 (140만 명의) 목숨을 앗아간 내전의 끔찍한 결과에 비추어보면 존중할 만한 목적이었다. 티토는 이런 식으로 주저하지 않았다. 혁명의 고전적 전통 속에서 그는 파르티잔을 투입해서 점령군에 대항한 전쟁을 끝장을 볼 때까지 멈추지 않았다. 1943년 말이 되면 그는 특수작전집행처의 눈에 유고슬라비아 게릴라 지도자들 가운데 가장 큰 성과를 올리는 지도자로 떠올랐다(특수작전집행처의 유고슬라비아 분과는 좌익 시각을 지닌 장교들이 주를 이루었다). 영국은 1944년 봄 이후로는 모든 지원을 티토의 파르티잔에게 보내고 미하일로비치에게서는 거두어들였다. 비록 미국의 전략첩보국 장교 일부가 여전히 체트닉과 접촉을 유지하기는 했지만, 체트닉은 영국으로부터 버림받은 결과 독일군과 더 가까운 협력관계에 들어갔다. 미하일로비치는 티토와 내전을 계속 벌이기 위한 방편으로 1943년 11월에 독일군과 국지적 휴전에 합의했고, 따라서 허드슨이 초기에 표명한 적이 있는 미하일로비치에 대한 연합국의 편견을 확인해주었다.

한편, 티토는 휘하의 군대를 키워서 유고슬라비아의 중부와 남부에서 점점 더 야심찬 공격을 독일군에 가하기 시작하고 있었다. 이 공격이 독일의 유고슬라비아 광물자원 수탈과 그리스와 독일을 잇는 병참선을 위협하기 시작하자, 히틀러는 상당한 규모의 병력을 투입해서 티토 부대를 상대로 대규모 평정 작전을 개시해야 했다. 이탈리아가 1943년 9월에 무너질 때까지 이탈리아군 20개 사단이 독일군 6개 사단과 함께 유고슬라비아와 (또한 특수작전집행처가 소규모 게릴라 운동을 후원하는) 알바니아에 영속 주둔했다. 이탈리아군 점령부대가 해체된 뒤에 독일군 점령부대는 불가리아군에서 차출된 4개 사단과 더불어 추가된 독일군 7개 사단으로 증강되었다. 파르티잔이 1943년 2월에 보스니아의 네레트바Neretva 강에서 공세를 펼쳐 패하기는 했지만 이탈리아군과 독일군에 꽤 많은 희생을 안겨주었다. 이에 자극받은 점령부대가 5월에 흑색Schwarz 작전을 개시했다. 10만 명이 넘는 독일군과 위성국 군대가 투입된 흑색 작전에 쫓긴 티토는 예전에 퇴각해 들어갔던 몬테네그로에서 밀려났다. 유사한 공세가 12월에 보스니아 서부를 말끔히 소탕하는 한편, 1944년 5월에 보스니아 남부에서 펼쳐진 뢰셀슈프룽Rösselsprung 작전이 성공을 거두자 티토는 어쩔 수 없이 영국에 구원을 청해 비행기를 타고 이탈리아의 바리Bari로 날아갔다. 비록 9월 휴전이 이루어졌을 때 그가 이탈리아 무기를 무더기로 얻어서 야전에 둔 무장병사의 수를 12만여 명으로 늘릴 수 있기는 했지만 말이다.

영국 해군은 티토를, 파르티잔 작전을 지원하려고 기지를 세워두었던 비스Vis 섬[15]까지이기는 해도, 재빨리 유고슬라비아로 돌려보냈다. 한편, 바리에 6월에 설치된 영국군 발칸 항공부대가 (대개 미제인) 막대한 양의 무기를 항공기로 유고슬라비아 내륙에 있는 파르티잔에 공수하고 있었다. 티토는 8월에 비스 섬을 떠나서 스탈린을 방문했다. 스탈린은 1944년 2월까지 티토의 군사행동을 지원하는 데 미적지근했다. 모스크바에서 티토는 소련군 부대가 자국에 들어와도 좋다는 '허가'를 내주었고, 소련군 부대는 9월 6일에 루마니아 쪽에서 국경을 넘기 시작했다. 소련군이 도착하고 히틀러가 10월에 그리스에서 군대를 빼낸다고 결정하면서 파르티잔의 사정이 바뀌었다. 발칸 반도에서는 붉은군대에, 아드리아 해 연안에서는 연합 이탈리아 주둔군에 측면포위된 독일군 F집단군은 곧바로 황급히 퇴로를 만들어 유고슬라비아 한복판으로 들어갔다. 수도 베오그라드가 10월 20일에 붉은군대와 파르티잔의 합동군에 함락되었다. 스탈린은 8월에 모스크바에서 티토와 가진 회담에서 붉은군대는 유고슬라비아에 주둔할 군사적 필요성이 사라지는 대로 곧바로 유고슬라비아에서 물러나겠다고 확약했고, 독일이 1945년 5월에 항복한 뒤 실제로 그 약속을 지켰다.

미하일로비치는 비극적인 인물이 되어 종전을 맞이했다. 티토가 우세를 점하면서 내몰린 그는 독일군과 더 깊이 공모하게 되었다. 연합국의 비위를 맞추려던 그의 때늦은 노력은 완전히 실패했고, 티토의 부대를 피해 세르비아 한가운데 있는 산속에 한 해 넘도록 숨어 있다가 1946년 3월에 붙잡혀 6월에 베오그라드에서 재판을 받고 7월 17일에 총살대에게 처형당했다. "나는 많은 것을 바랐고 많은 일을 시작했지만, 세계의 바람이 나와 내가 한 일을 휩쓸어갔다"는 그의 무죄 항변은 기억할 만한 제2차 세계대전의 사건이 되었다. 그는 '운명이' 자기에게 '무자비'했다고 말했으며, 그 뒤 일어난 결과를 아는 상황에서 되돌아보면 그의 견해에 무게가 실리고 그가 내린 판단들 가운데 많은 것이 용서를 받게 된다. 그의 비극은 그가 소수민족들로 이루어진 나라의 민족주의 지도자였고 히틀러가 분할해서 지배하기 위해 그 소수민족들의 차이점들을 어떤 일이 생기든 개의치 않고 이용했다는 것이었다.

티토의 위업도 그 뒤 일어난 결과를 아는 상태에서 되돌아보면 크게 축소되었다. 전쟁이 끝났을 때 그는 유럽에서 게릴라의 분투로 자국을 해방한 유일한 무장저항 지도자로서 널리 찬사를 받았다. 많은 전략 평론가들이 덧붙여서 상당한 수의 독일군 부대와 위성국 부대를 동부전선과 지중해의 싸움터에서 빼돌려서 그 두 전역戰域에서 벌어진 전쟁의 결과에 중대한 영향을 미친 공훈을 그에게 돌렸다. 실상을 보자면, 이제 유고슬라비아의 해방은 러시아군이 1944년 9월에 그 나라에 도달한 것의 직접적인 결과라고 받아들여진다. 티토 시대에 관해서 지금 가장 놀랍게 보이는 것은 스탈린이 승리의 순간에 똑똑하지 못하게도 붉은군대를 유고슬라비아 영토에서 빼낸다는 데 동의했었다는 것이다. 그 오판으로 소련의 전후 동유럽 통제가 시작부터 일관성을 잃었다. 전략상, 티토가 히틀러의 주요 작전 중심지에서 독일군 병력을 빼돌렸다는 평가는 지금은 과장으로 보인다. 유고슬라비아 점령군의 주력부대는 늘 이탈리아군이었다. 이탈리아가 무너진 뒤 히틀러가 유고슬라비아에 배치된 독일군 사단 수를 6개에서 13개로 배가해야 했던 것은 사실이다. 그러나 붉은군대나 연합 이탈리아 주둔군의 맞상대로 쓸 만한 사단은 거의 없었다. 단 하나, 1943년 봄에 러시아에서 데려온 제1산악사단은 일급부대였다. 무장친위대 소속의 프린츠 오이겐Prinz Eugen 사단과 한쟈르Handschar[16] 사단, 제104사단, 제117사단, 제118사단을 비롯한 나머지 사단은 중유럽 출신의 비순수 독일인이나 아니면 보스니아와 알바니아 출신의 발칸 반도 거주 이슬람 교도의 비율이 높은 비게르만계 소수민족으로서 현지에서 징집된 자들로 이루어져 있었다. 이 사단들은 러시아나 영국이나 미국의 기계화부대를 상대하는 전쟁에는 전혀 알맞지 않았다. 이 사단들이 유고슬라비아에 주둔해 있다는, 심지어는 그 사단들이 존재한다는 사실 자체가 유고슬라비아에서 벌어지는 싸움이 국제전보다는 내전의 성격을 더 많이 띠고 있음을 보여주는 자명한 증거였다. 세르비아인을 크로아티아인에, 왕정주의자를 공산주의자에 맞서게 한 히틀러의 간계는 어느 모로는 역효과를 낳았다. 왜냐하면 그는 비록 진정한 관심을 그 나라의 자원을 수탈하고 남유럽으로 이어지는 병참선을 자유로이 이용하는 데에만 두었지만 결국에는 유고슬라비아 내부 갈등의 한 당사자가 되었기 때문이다. 객관적인 군사적 관점에서 보면, 그가 휘말려들어서 본 희생은 별로 없었다. 히틀러는 어떤 일이 생기든 개의치

16. 아랍의 반월도(半月刀).

않고 유고슬라비아 영토 일부를 그 이웃나라들에 떼주어 매수하고
는 점령 정책을 부과했다. 그 정책은 얼마 지나지 않아 성과가 없다
는 것이 입증되었다. 그러나 만약 그렇게 하지 않고 1941년 4월에 질
풍노도와도 같은 승리를 거둔 뒤 좀 수고스럽더라도 유고슬라비아
전체를 아우르는 위성국가 행정부를 세워 그 나라 안의 질서를 유
지하는 책임을 그 행정부에게 맡겼더라면, 그의 정치군사적 조정작
업은 간편해졌을 것이다.

비록 그 일부가 특수작전집행처에서 장교로 복무했던 역사가들
의 강력한 로비로 부풀려지기는 했어도, 히틀러의 패망에 의미심장
한 이바지를 했다는 특수작전집행처의 자체 주장은 대체로 들어맞
지 않는다. 왜냐하면 특수작전집행처가 주로 작전을 벌인 구역인 유
고슬라비아에서 이룩한 것이 분명치 않기 때문이다. 같은 평결을
1942년 6월에 세워진 미국의 전략첩보국의 활동에 내려도 된다. 전
략첩보국과 특수작전집행처 사이에 책임을 할당하는 1942년 6월 26
일자 협정을 통해서, 전략첩보국은 이탈리아 파르티잔과 헝가리와
루마니아와 불가리아에서 갓 시작된 저항운동을 지원하는 일에서
주역을 맡았다. 이탈리아 저항활동은 독일군을 아주 조금 귀찮게
했고, 헝가리와 루마니아와 불가리아의 정권전복세력은 조금도 그
러지 못했다. (영국에서 특수작전집행처의 모기관인 경제복지부가 산하
정치복지청을 통해 후원하는) 심리전에서 특수작전집행처와 전략첩보
국이 별도로 동시에 수행한 노력은 실무진을 구성한 문필가와 지식
인들에게 커다란 흥분을 안겨주었다. 그 노력이 피점령 국가의 여론
에 미친 효과는 미미했고 독일 민간인의 사기에 미친 효과는 보잘
것없었다. 이해가 가는 일이지만 독일제국의 경계 안에서 활동한다
고 되어 있는 라디오 방송국이 전송한 '흑색선전'은 게슈타포가 독
일 사회에 행사하는 절대적 통제권을 날마다 지켜볼 수 있는 독일인
을 설득해내지 못했다. 군부가 아닌 세력이 나치 지배에 저항한 유

일한 경우인 가톨릭 지역 바이에른의 흰장미단Die Weiße Rose[17]은 1943년 2월에 나타나자마자 거의 곧바로 무참하게 제거되었다. 연합국이 경제전에 쏟은 노력도 효과가 없기는 마찬가지였다. 스웨덴이 앞으로 생산할 볼베어링을 사버리는 협상은 주요 성공작이었지만 전쟁기에 너무 늦게 (1944년 중반에) 이루어지는 바람에 효과가 나타나기 전에 전쟁이 재래식의 군사적 방법으로 연합국의 승리로 끝나버리고 말았다.

따라서 연합국이 히틀러에 대항해서 북돋고 격려한 — 파르티잔 군사 원조와 사보타주와 체제 타도 등 — '간접' 공세는 사실상 히틀러의 패망에 그다지 이바지하지 못했다는 판단을 내려야만 한다. 히틀러가 1939~1941년에 정복했던 영토의 더 큰 부분에 도전받지 않는 통제력을 행사하던 마지막 시점인 1944년 6월 6일에 유럽 전역에 배치되어 있는 그의 군대 300개 사단 가운데 내부 치안 임무에 투입된 사단은 20개를 밑돌았음을 확인할 수 있다. 유고슬라비아 한복판, 독일 국방군의 진지선 저 멀리 뒤쪽 러시아 서부의 일부, 그리고 그리스와 알바니아와 남프랑스의 산악지대에 있는 조그마한 저항 고립지대들처럼 히틀러가 더 큰 전쟁을 수행하는 데 주변적인 의미를 지닌 지역을 뺀 유럽의 피점령지는 군홧발 아래서 아무런 움직임을 보이지 않았다. 처칠과 루스벨트와 여러 망명정부가 피점령지 주민에게 그토록 유혹적으로 약속한 '해방의 새벽'을 알려주는 신호는 오로지 독일 국방군 작전지대 군사경계선에서 명멸하는 포화의 불빛이었다.

첩보활동이라는 세균

만약 비밀활동으로 히틀러 제국의 구조에 구멍이 뚫리고 금이 갔다면, 그것은 처칠이 1940년 7월에 그토록 결과를 낙관하면서 요구한 '활활 불타오르게 하기'와는 사뭇 다른 형태를 띠었다. 무장저항은 독일 국방군의 살갗에 앉은 각다귀였을지 모르지만, 첩보활동은 독일 국방군의 생명체계의 힘을 앗아가는 세균이었다. 연합국이 1939년과 1945년 사이에 히틀러를 상대로 펼친 간접 전역의 진정한 승리를 이루어낸 사람들은 용감하고 많은 경우에 무모했던 파괴책동 행위자나 게릴라 전사가 아니라 이름없는 간첩과 의자에 앉아 일하는 암호전문가였다.

간첩과 암호전문가 가운데 중요성이 단연코 떨어지는 쪽은 간첩이었다. 대중의 상상력은 무장저항 투사보다 '휴민트Humint'(사람에게서 얻은 첩보human intelligence라는 뜻으로 그 직종에서 쓰이는 말)에 훨씬 더 큰 의의를 부여한다. '시긴트Sigint'(통신신호에서 얻은 첩보signal intelligence)에 주어진 의의보다 틀림없이 훨씬 더 클 것이다. 더욱이, 정부는 대중이 간첩의 가치에 내리는 평가에 상당 정도로 따랐다. '고정간첩'이 적국의 권력 핵심부에 침투해서 그 논의와 결정사항을 아군 진영의 주인에게 신속하게 직접 전한다는 생각은 현혹되기 딱 좋아서 전쟁 지도자 어느 누구에게나 매력적이었다. 제2차 세계대전 동안 처칠, 루스벨트, 스탈린, 히틀러가 모두 다 이런 식으로 현혹되었다. 이를테면, 히틀러는 독일 국방군 첩보부서인 방첩대의 말을 듣고 방첩대가 영국에 광범위한 간첩망을 유지해서 1944년 6월 뒤에 런던을 공격하는 무인무기의 정확도를 보고할 수 있다고 믿었다. 처칠은, 그리고 나중에 루스벨트는 십중팔구 독일군 방첩대 장교 파울 튀멜Paul Thümmel[18]이었을 첩보원 A-54가 내놓는 독일군의 역량과 의도에 관한 중요한 정보를 체코 첩보부를 거쳐서 제공받았다. 국제 공산주의 운동원들이 소련의 대의에 바치는 헌신성에서 득을 보던 스탈린은 독일이 피점령 유럽에서 하는 행동에 관한 정보는 스위스에 근거지를 둔 '루시 링', 독일의 군사적 의도에 관한 경고는 일본에 있는 리햐르트 조르게의 조직망, 독일군 전투서열에 관한 매일매일의 첩보는 '붉은 악단Rote Kapelle'[19], 1941~1942년 동안에 기술

18. 독일군 방첩대 고위장교(?~1945). 고참 나치당원이었으며, 동기는 밝혀지지 않았지만 1937년부터 체코슬로바키아에 독일군 관련 정보를 제공하기 시작했다. 그가 빼낸 고급정보는 소련과 영국에 전달되었다. 1941년 10월에 체포되었다가 풀려났지만, 이듬해 3월에 다시 체포되었다. 전쟁이 끝나기 며칠 전에 무장친위대에 죽음을 당했다.

19. 슐체-보이젠 등을 중심으로 형성된 반나치 지하 저항단체. 1941년 초에 소련 외교관과 접촉하면서 반나치 투쟁방법을 모색했다. 1942년 여름 게슈타포에 발각되어 일망타진되었다. 붉은 악단이라는 이름은 비밀 무선 송신을 일컫는 독일군 방첩대의 은어인 악단(樂團, Kapelle)이라는 낱말에서 나왔다.

20. 붉은 악단의 지도자인 슐체
-보이젠은 항공부에서 근무하는
공군장교라는 지위를 이용해서
기밀을 빼내다가 붙잡혀 1942년
12월 19일에 사형선고를 받고
사흘 뒤 처형되었다.

21. 제2차 세계대전 때 영국에
서 암약하며 소련에 고급정보
를 넘기고 소련에 관한 오정보
를 나치에 제공하기도 한 간첩
망. 1950년대 초까지 활동했으며,
조직원 전원이 케임브리지 대학
졸업생이었다.

자료는 (붉은 악단의 일부인) 슐체-보이젠Schulze-Boysen 독일 공군 조직
망[20]을 이용해서 얻어냈다. 또한 스탈린은 영국 첩보장교들인 앤소
니 블런트Anthony Blunt와 가이 버제스Guy Burgess와 킴 필비Kim Philby로 이
루어진 '케임브리지 코민테른'[21]을 통해서 영미군의 상급전략을 간
간이 진맥했다.

그러나 이 모든 정보원情報源은 얼마간 만족스럽지 않거나 신뢰도
가 떨어졌다. 이를테면, 첩보원 A-54의 첩보 전달은 독일군의 전략
에 관한 응집력 있는 그림을 제공하기에는 너무 띄엄띄엄 이루어졌
다. 붉은 악단 조직원들은 독일의 핵심적인 군사행동을 감시하기에
는 위치가 부적당했고, 슐체-보이젠 조직망은 보안이 허술해 금방
침투당(해서 조직원 가운데 117명이 교수형을 당)했으며, 조르게는 (비
록 1941년 겨울에 부대를 시베리아에서 모스크바로 이전 배치한다는 스탈
린의 결정에 영향을 주었다는 데에는 의문의 여지가 없기는 해도) 코민테
른 조직망에서 떨어져 있어서 항상 믿음을 얻지는 못했다. 한편, 루
시 링은 십중팔구는 스위스 첩보부가 나름의 목적을 위해 재단하고
보충한 정보를 전달하고 있었을 것이다. 다른 해석 한 가지는 루시
링이 그 정보를 직접, 아니면 스위스 첩보부 안에 있는 연합국 첩보
원을 통해서 블레칠리로부터 얻어냈다는 것이다. 케임브리지 코민
테른은 비록 역방향에서이기는 해도 스탈린의 모든 조직망 가운데
아마도 영향력이 가장 컸을 것이다. 필비는 자기가 속한 동아리의
신뢰성을 일부러 비방함으로써 슈타우펜베르크의 반히틀러 음모를
지원하지 않도록 영국 정부를 설득하는 데 결정적인 역할을 했을지
모른다. 의문의 여지없이 스탈린은 그 음모자들이 골수 반공주의자
였기 때문에 그 음모가 자신의 전후 독일 지배 장기계획에 해롭다
고 판단했다. 모든 조직망 가운데 가장 뒤처지는 것은 독일 국방군
방첩대의 영국 내 조직망이었다. 이 조직망은 소속 간첩들 가운데
한 명이 잡혀서 일찍이 1939년에 역으로 이용되었고, 그 뒤에 붙잡

힌 첩보원들을 통제하는 '겹가위표' 조직의 영국군 장교들이 그 조직망이 독일로 송달하는 모든 정보를 집적했다. 이 조직 총책의 업적 가운데 하나는 독일의 무인무기부대 참모부를 설득해서 이들이 발사하는 미사일의 사정거리를 조금씩 조금씩 줄여나가 미사일 과반수가 런던 남쪽에 떨어지도록 만든 것이었다.

얼트라의 역할

제2차 세계대전에서 '휴민트'가 전략지휘에 한 이바지는 '시긴트'가 한 이바지와 비교되면 될수록 더욱더 주변적이고 부분적으로 보인다. 신호통신 첩보는 어떻게 전달되는 것이든 적의 암호통신을 감청해서 해독하고 해석하는 것과 아군의 보안통신문을 적의 감청부서로부터 보호하는 일과 연관되어 있었다. 실제로 제2차 세계대전에서 그렇게 감청된 문건의 과반수가 정교한 수학 암호로 보호되는 무선 송수신문이었다. 비록 어떤 송수신문은 비밀 부호일람표로부터 구성된 더 낡은 부호방식에 따라 보내지기는 했어도 말이다. 영국에 'Y'로 알려진 전술 첩보는 대부분 교전이 한창일 때 부대 사이에서 '저등급' 암호나 심지어는 평문(비암호문)으로 보내진 통신문에서 주워 모은 것이었다.

5개 주요 참전국, 즉 독일, 영국, 미국, 소련, 일본이 자국의 무선 신호통신 송수신을 보호하고 적국의 무선 신호통신 송수신을 감청하려는 시도에 들인 노력은 값비싸고 광범위했다(텔렉스, 전신, 전화 송수신은 ─ 이를테면 독일 해군이 1943년에 송수신한 전체 신호통신의 71퍼센트를 담당한 ─ 육상통신선을 거쳐 이루어졌고 대체로 침투 불가능하다고 판명되었지만 사용에 한계가 있었다). 군소 교전국, 특히 (유난히 안전한 부호와 암호를 가진) 폴란드와 프랑스와 이탈리아도 무선전에서 중요한 몫을 했다. 특히 폴란드인은 독일 군사기구의 암호(에니그마)를 깨는 데 일찍부터 성공을 거두고 뒤이어 에니그마가 프랑스인에게도 누설되었기 때문에 결국은 영국이 에니그마를 제대로 빠르게 해독할 수 있었고, 그럼으로써 실제로 전쟁을 판가름하는 값어치가 있는 정보를 1940년 말기 이후로 연합국에 드러내준 얼트라 조직의 기반이 마련되었다.

얼트라의 승리가 어느 정도였는지는 이제 아주 잘 알려져 있다(일본의 해군과 외교부서의 암호를 뚫은 미국의 '매직'은 그 중요성이 비슷한데도 얼트라보다 덜 알려져 있다). 그러니 두 경우의 고찰은 기존 견해가 인정하는 것보다 더 큰 의의를 지닌 다른 교전국의 암호 해독 성공사례를 평가한 다음에 차례를 기다려야 한다. 이를테면, 러시아는 에니그마를 상대로 십중팔구 나름의 성공을 거두었을 것이다. 얼트라 역사가인 하비 힌슬리Harvey Hinsley 교수가 신중을 기하면서 그렇게 지적한다. 러시아가 가진 고등급 암호의 질은 분명히 가장 뛰어났고, 이것은 다른 나라의 암호를 읽을 능력이 있었음을 시사한다. 다른 나라 첩보부의 공격은 1941년 이전 여러 해 동안 러시아에 통하지 않았다(처칠은 1941년 6월 22일 뒤에는 영국 정부 부호·암호학교가 그런 시도를 하지 않도록 금했다). 그러나 독일은 1941~1942년에 러시아의 중·저등급 암호를 대부분 읽어냈으며, 아마도 그 뒤로도 그랬을 것이다. 암호 해독은 귀중한 전술 첩보를 쏟아냈다. 또한 독일은 1941년 말기에 미국 육군무관 암호를 해독하는 데 성공했으며 카이로에 있던 미군 연락장교에게서 나오는 통신문의 암호를 해독해서 사막에 있는 미군 제8군에 관한 중요한 정보를 롬멜에게 제공했다.

그러나 독일이 거둔 가장 중요한 성공은 영국 해군 암호책을 해독해낸 데 있었다. 영국 해군본부는 육군과 공군이 보안도가 더 뛰어난 암호를 새로 채택한 뒤에도 오랫동안 암호책을 고집했다. 이 (1번, 2번, 3번, 4번) 암호는 더 정확하게는 부호일람표였다. 즉, 통신문의 글자들이 기준표에 의거해서 숫자로 전환된 다음 일정한 간격을 두고 변경되는 수학적 기법으로 '초超암호화'되었다. 이 체계의 약점은 적이 무선 송수신을 충분히 모아서 분석한 다음 일반적인 수학적 확률 계산을 적용해서 초암호를 깰 수 있다면 그 책 자체를 재구성할 수도 있다는 것이었다. 독일 해군의 B-감청반이 바로 이것을 해냈다. B-감청반은 1940년 4월이 되면 영국 해군 1번 암호로 암호화된 송수신문의 30~50퍼센트를 읽어내고 있었으며, 2번 암호로 변경되자 1941년 9월과 1942년 1월 사이에 다시 이 송수신문을 대규모로 해독했다. B-감청반은 3번 암호를 대체한 4번 암호에는 그보다 못한 성공을 거두었지만, 1942년 2월과 1943년 6월 사이에는 몇 차례의 짧은 기간을 빼고는 많게는 3번 암호의 80퍼센트를 자주 '실시간'으로 읽어내고 있었다. 암호전문가들이 쓰는 용어인 '실시간'이란 전송된 통신문이 지정된 기지국에서 수신되어 암호(나 부호)가 풀리는 것과 같은 속도로 적에게 감청되어 해독되는 것을 뜻한다. B-감청반이 영국 해군 3번 암호를 상대로 거둔 승리가 연합국에 그토록 재앙이 되었던 까닭은 그 3번 암호가 런던과 워싱턴 사이에 오가는 대서양 횡단 호송선단 관련 정보를 전하는 데 쓰였기 때문이었다. 그 결과, 해롤드 힌슬리Harold Hinsley에 따르면, B-감청반은 빈번하게 호송선단이 출발하기 "10시간이나 20시간 앞서서 호송선단의 이동에 관한 암호를 해독해내고 있었다." 이 같은 정보가 되니츠의 U-보트 이리떼가 거둔 성공의 열쇠였다. 그 같은 경고를 받은 U-보트 이리떼가 동쪽이나 서쪽으로 향하는 호송선단의 운항로 곳곳에 대거 배치되어 호송선단 호위함들을 압도하는 일이 잦았던 것이다. 1943년에 영국 해군본부가 미국 해군과 캐나다 해군도 채택해서 쓰는 혼성암호기계combined cipher machine, CCM를 받아들여서 널리 쓰게 되었을 때에야 비로소 대서양 전투에서 독일 해군이 호송선단 암호를 간파하는 상황이 끝났다. 그러나 이 무렵이면 이미 재래식 군사수단이 대서양 전투에서 우위의 균형을 연합국 쪽으로 기울게 만들고 난 뒤였다.

지상전과 공중전에서 연합국의 육군과 공군은 영국 해군본부가 오만하게 부호일람표 사용을 고집해서 그랬던 것과는 달리 적에게 그 같은 우위를 내주지 않았다. 처음부터 기계암호방식을 썼고 그 결과 암호문 전송에 대한 독일 측의 공격에 내성이 있었던 것이다. 독일군 병과들도 기계암호방식을 사용했지만, 영국과 미국보다 10년 앞서 그 기계암호방식을 채택하는 바람에 정작 전쟁이 일어났을 때에는 — 모르는 사이에 — 장비가 반은 낙후되어 있었다. 영국 정부 부호·암호학교는 (그토록 많이 끌어다 쓴 수재들을 배출한 곳인) 옥스포드와 케임브리지 사이의 블레칠리에 있었는데, 이 기관이 독일군이 쓰는 에니그마 기계로 암호화된 전송문의 해독에 성공한 데에는 이런 까닭이 있었다.

에니그마 기계는 겉으로는 휴대용 타자기를 닮았지만, 키 하나를 누르면 내부의 톱니바퀴체계에 작용이 가해져 어떤 것이든 입력된 문자 하나에 논리상으로는 200조 번을 누르기 전에는 같은 것이 나오지 않는 대안글자를 할당했다. 따라서 독일군이 에니그마 전송문은 '실시간'으로, 사실상 아무리 많은 인적시간이 들어가더라도 해독될 수 없다고 여긴 것도 이해가 가는 일이었다. 독일군은 그들로서는 불행하게도 속아넘어갔다. 에니그마 조작병은 발신자 측 에니그마의 톱니바퀴가 작동하는 방식을 반드시 수신자 측 기지국에 알려주어야 했기 때문에 각 전신문의 도입부를 되풀이되는 동일 문자열로 정해야 했다. 이 때문에 하나의 유형이 생겨났는데, 훈련받은 수학자라면 그 유형을 이용해서 전신문을, 따라서 전신문의 의미 전체를 '해독'할 수 있었다. 블레칠리가 모집한 수학자들 사이에 보편계산 이론의 창안자인 알란 튜링Alan Turing[22], 작전분석[23]의 주요 선구자인 고든 웰시만Gordon Welchman, (그 엄청난 크기 때문에 블레칠리에서 '콜로서스Colossus'[24]라고 불린) 최초의 전산 컴퓨터를 설계한 맥스 노먼Max Norman과 이를 제작한 토머스 플라워스Thomas Flowers[25]가 들어 있

22. 영국의 수학자, 논리학자(1912 ~1954). 케임브리지 대학에서 공부했고, 제2차 세계대전 중에는 블레칠리에서 근무했다. 종전 직후에 컴퓨터 제작 계획에 참여해서, 1948년에 당시로서는 최대의 기억용량을 가진 대형 컴퓨터를 만들었다.

23. 수학모델과 통계와 알고리듬을 이용해 정책결정을 도와서 성과계수를 높이는 응용수학의 한 분야.

24. 콜로서스는 본래 고대에 로도스 섬에 있었다는 아폴론 신의 거대한 청동상의 명칭이며, 이 청동상은 고대 7대 불가사의 가운데 하나였다.

25. 영국의 공학기술자(1905~1998). 런던 대학에서 기계공학을 전공한 뒤 체신청에서 근무하다가, 제2차 세계대전 때에는 블레칠리에서 공학기술을 이용해 암호 해독작업에 몰두했다.

었으므로 그 같은 '행운'이 아주 재빠르게 활용되어 금세 독일군 전신문을 감청한 뒤에 완전히 — 그리고 마침내는 '실시간'으로 — 읽게 되었다.

블레칠리의 성공에는 중요한 예외가 여럿 있었다. 독일 공군의 — 각기 다른 독일군 병과 부서들이 사용하는 에니그마 송수신을 암호화하는 다른 방식인 — '키'는 육군과 해군의 키보다 깨기가 더 쉽다고 판명되었다. 어떤 해군 키는 끝내 해독되지 않았다. 게슈타포의 키도 비록 1939년부터 전쟁이 끝날 때까지 변경되지 않았는데도 해독되지 않았다는 점이 의미심장하다. 에니그마의 보안은 독일군 발신자의 경험과 솜씨에 크게 달려 있었던 것이다. 경험이 없거나 싫증이 나거나 게으른 조작병이 저지르는 절차상의 실수가 블레칠리에 송수신을 '해독'할 실마리를 대부분 제공했다. 게슈타포 조작자는 꼼꼼했다. '상어' 키를 사용해서 북대서양에 있는 U-보트를 통제하는 해군 장교들도 마찬가지였다. 1942년 대부분의 기간에 B-감청반은 영국 해군 3번 암호를 실시간으로 훤히 읽고 있었던 반면 상어는 블레칠리가 기를 쓰는데도 뚫리지 않았다. 이 기간(2월~12월) 동안은 독일군이 대서양 전투에서 벌어지는 무선전의 지배자였다. 그결과 가라앉은 연합국 선박이 수십만 톤이었다.

그러나 상어 일화는 미국이 태평양에서 그랬듯이 영국이 서부전선의 무선전을 지배했다는 일반 법칙의 한 가지 예외였다. 미국은 태평양에서 전쟁이 일어나기 전에 일본 해군기구의 암호(JN25b)와 외교기구의 암호(퍼플)를 둘 다 해독함으로써 블레칠리의 위업에 필적했다. 두 적국에 전쟁기간 내내 들키지 않는 데 성공한 연합국 공동의 승리는 당연히 다음과 같은 물음을 던지도록 만든다. 연합군이 적군이 보내는 최고 기밀 전신문에 그처럼 직접 접근할 수 있었다면, 그런데도 왜 때로는 적군에 기선을 잡혀서 — 진주만과 크레타와 아르덴 공세가 분명한 사례가 되는 — 기습을 당했을까? 심지어는 가장 훌륭한 첩보체계의 유용성에도 한계가 있다가 그 답이며, 그 각각의 기습은 이 점을 상이한 형태로 적확하게 예시해준다. 이를테면, 일본군은 진주만 공격에 앞서 태평양 저 먼 외딴곳에 함대를 숨기고 미리 정한 계획에 따라 공격대기지점으로 이동하는 부대에 철저한 무선통신보안을 부과해서 자신의 의도를 가렸다. 이렇게 되어 미군은 제아무리 촉각을 곤두세웠다고 해도 공격을 예상할 수 있게 해줄 첩보를 얻지 못했다. 독일군도 아르덴 공세에 앞서 공격부대에 무선통신보안을 부과했다. 그런데도 독일군은 주로 부대 이동을 통해서 공격이 계획되어 있다는 경고를 자기도 모르게 연합군에 누설했다. 정말로 예민한 첩보조직이라면 위험을 탐지해서 상급기관에 경보를 내릴 만한 경고였다. 그러나 연합군의 첩보부서와 상급사령부는 모두 다 독일군이 1944년 12월에 아르덴 전선에서 공세를 개시하기에는 너무나 약하다고 확신했다. 따라서 그들은 그렇지 않다는 증거를 무시했고, 그래서 망신을 당했다.

크레타의 경우는 첩보의 유용성에 매우 큰 좌절감을 불러일으키는 제3의 한계가 있음을 드러내준다. 그 한계란 명백한 경고를 받고도 전투력을 저해하는 취약성 때문에 행동할 수 없는 무능력이다. 독일군이 1941년 5월에 낙하산으로 강하하기에 앞서, ― 블레칠리가 날것으로 내놓는 암호 해독문을 평가하고 분류하는 조직인 ― 얼트라가 에니그마 감청을 통해서 독일군의 전투서열과 독일군의 계획을 알아챘다. 그러나 크레타 섬의 영국군 사령관인 프레이버그에게는 부대뿐만 아니라 (더 얄궂게도) 수송수단도 없었다. 수송수단이 있었더라면 그는 역공부대를 위험지점에 재빨리 집중할 수 있었을 것이다. 그 결과, 독일군은 초기에 막심한 손실을 입고서도 사활이 걸린 비행장을 장악했고, 따라서 증원군을 공수 강하해서 방어를 제압할 수 있었다.

첩보의 유용성에는 보편적인 제4의 한계가 있다. 그 한계는 첩보의 출처를 보호해야 할 필요성이다. 이를테면, 코번트리 공격에 비상 방어조치를 취하면 독일군에 '얼트라의 비밀'이 드러나기 때문에 처칠이 1940년 11월에 코번트리가 폭격당하도록 '내버려두었다'는 단정이 널리 퍼져 있다. 이제는 이런 해석이 틀렸음이 알려져 있다. 처칠은 비록 얼트라를 통해서 사실 코번트리 공습을 미리 경고받기는 했지만 시간이 너무 촉박해서 방어조치를 취할 수 없었다. 시간이 있었다면 그는 얼트라를 위태롭게 만드는 위험부담이 무엇이든 간에 틀림없이 조치를 취했을 것이다. 비난으로는 바르바로사 작전 몇 주 앞서서 영국이 러시아에 독일의 공격이 머지않았다는 경고를 하면서도 그 첩보가 나온 출처의 신빙성을 밝히지 않음으로써 그 경고의 근거를 확인해주지 않았다는 비난이 더 뜨끔하다. 그러나 반대 경우를 바라는 스탈린의 원망顤望과 어떻게든 히틀러를 달래보려는 그의 열망을 고려할 때 얼트라의 비밀을 그에게 밝히면 불신이 극에 달했을 것이다. 이 경우에, 그 같은 계산을 해야 했던 다른 모든 경우에서처럼, 처칠이 첩보 출처의 장기적 보안을 당장의 이득보다 중시한 것은 물어볼 것도 없이 올바른 일이었다.

　적의 기밀 송수신문에 대한 연합국의 접근의 유용성에 내재적 한계와 인위적 한계가 있었더라도, 얼트라와 미국의 '매직' 조직은 의심의 여지없이 둘 다 제2차 세계대전에서 중요한, 심지어는 결정적이기까지 한 전략적 성공의 원인이었다. 가장 중요한 첫 성공은 미군이 일본군의 의도를 알아내 열세에 있는 항공모함 함대의 위치를 잘 선정해서 훨씬 더 큰 적군을 쳐부술 수 있었던 미드웨이의 승리였다. 제2차 세계대전에서 가장 중요한 해전인 미드웨이로 태평양에서 우열의 흐름이 뒤바뀌고 미국의 궁극적인 승리의 기반이 마련되었다. 유럽 전역戰域에서는 얼트라가 알라메인 전투 이전과 도중에 몬트고머리에게 롬멜의 병력과 의도에 관한 결정적인 첩보를 내놓았고, 더 뒤에는 이탈리아에서 알릭잔더에게 독일군이 안치오 교두보에 역공을 가하려고 의도한다는 — 얼트라가 지중해에서 한 역할에 관한 랠프 베네트Ralph Bennett의 서술에 따르면, "전쟁기간을 통틀어 가장 값진 암호 해독의 하나인" — 경고를 제때 해주었다. 또한 얼트라 덕분에 알릭잔더는 안치오에서 그 뒤에 봉쇄선을 뚫고 돌파해 나갈 시기를 정할 수 있었고, 제이콥 디버스 장군은 1944년 8월에 프로방스에 상륙한 뒤 적의 저항을 받지 않으리라는 것을 알고 마음 놓고 론 강 유역을 따라 올라가며 독일군 G집단군을 신속하게 추격할 수 있었다.

그러나 얼트라가 서부전선의 전쟁에 한 가장 큰 이바지는 블레칠리가 매일매일의 독일군 일선 병력, 6월 10일에 독일군 서부기갑집단 사령부를 파괴한 것과 같은 연합군 항공공격의 효과, 그리고 궁극적으로는 패튼의 브르타뉴 돌파의 측방을 모르탱에서 맞받아치라는 히틀러의 명령에 관한 정보를 몬트고머리에게 제공한 노르망디 전투 동안에 이루어졌다. 모르탱 역공 명령이 드러남으로써 B집단군의 기갑 예비병력이 분쇄되었고 독일 서방군이 팔레즈 고립지대에서 절정을 이루며 포위되었다. 모르탱 암호 해독은 제2차 세계대전의 경과 내내 그 어떤 전선의 그 어떤 장군에게 간 암호 해독 가운데에서도 틀림없이 가장 중요했을 것이다.

자주 제기되는 것처럼 얼트라가 '전쟁을 단축했는가', 또는 심지어 전쟁의 경과를 확 바꾸어 놓았는지를 따지기는 더 어려운 일이다. 1942년 6월에 일본군 함대의 목표가 미드웨이임을 확인한 미국 암호 해독가의 성공은 그야말로 흐름을 뒤바꾼 첩보작전이었으며, 얼트라는 이만한 대승리는 거두지 못했다. 1942년 12월의 상어 키 해독은 비록 이듬해 봄에 대서양 전투 승리에 아주 크게 이바지하기는 했지만, 같은 시기에 독일군 B-감청반이 영국 해군 호송선단 암호를 읽어내는 데 성공해서 입은 손실에 견줘보아야 한다. 얼트라는 독일 공군 키의 보안이 허술했는데도 하늘에서 벌어지는 전쟁의 경과에는 그다지 영향을 끼치지 못했으며 독일군과 서구 연합군 사이에 벌어지는 지상전에서는 엿듣는 쪽에 지속적으로 우위를 안겨다 주었다고는 도저히 말할 수 없다. 그 까닭은, 클라우제비츠의 유명하고도 적확한 전투 관찰이 우리 머릿속에 떠올려주는 것처럼, 싸움터에서는 심지어 장군이 가장 좋은 정보를 얻는 경우에도 그의 의도와 성취 사이에는 늘 '마찰'이 끼어들어 그 의도가 이루어지지 못하도록 방해하기 때문이다. 즉, 적군의 계획은 우발 사고, 오해, 지연, 불복종으로 반드시 비틀리기 마련이고, 따라서 그 장군은 설사 자기가 상대하는 적군이 무엇을 할지 미리 알고 있더라도 적군의 행위를 확실히 좌절시킬 수 있도록 미리 예하 부대를 배치하고 대응을 정할 수 없다. 그 장군은 자기에게 불리하게 작용하는 '마찰' 때문에 자기의 대책이 매끄럽게 수행된다고 기대할 수 없다. 얼트라는 연합군 장군을 위해서 마찰을 줄여주기는 했지만 없애지는 못한 것이다.

우리가 초점을 옮겨서 비밀전의 스펙트럼에서 암호 분석이 저항 활동보다 연합국에게 많든 적든 더 귀중했는지 묻는다면, 답은 간단하다. 암호 분석이 사실상 지속적으로, 그리고 엄청나게 훨씬 더 귀중했다. 서유럽의 제2차 세계대전의 승리는 무장저항이나 얼트라 없이도 얻을 수 있었다. 그러나 무장저항에 따르는 희생은 막대했고 그 심리적 의의에 비해서 물리적 의의는 보잘것없었다. 대조적으로 ─ 기구 전체가 사무원과 암호전문가를 포함해서 단 1만 명을 고용한 ─ 얼트라가 치른 희생은 거의 없었으며 그 물리적 가치는 꽤 컸고 그 심리적 의의는 잴 수 없을 만큼 컸다. 그 증거는 연합국 측뿐만 아니라 독일 측에서도 나온다. 얼트라는 그 비밀을 알고 있었던 서구의 극소수 정책결정자의 자신감을 다른 어떤 것도 할 수 없었던 방식으로 지탱했다. 전쟁이 끝난 지 스무 해 뒤에 독일 측 맞수들은 영국과 미국이 자기들의 가장 은밀한 통신연락을 매일 읽었다는 것을 알았을 때 놀란 나머지 말문이 다 막혀버렸다.

27 | 비수아 강과 도나우 강

중부 집단군이 무너지면서 동부전선에서 독일이 처한 전략적 상태가 엉망진창이 되었다. 그 군사적 함의는 매우 중대했다. 중부 집단군의 잔존부대는 이제 베를린에서 떨어져 있는 거리가 400마일이 채 안 되는 비수아 강에 있었다. 비수아 강 뒤에는 폴란드 대평원이 있고 이그 대평원과 베를린 사이에 장애물이라고는 오더 강밖에 없었다. 발트 해 연안에서 발트 해 전선군들이 리가Riga까지 돌파 공격해서 이제는 히틀러가 좋아하는 '꿋꿋한' 장군들 가운데 한 사람인 페르디난트 쇠르너의 지휘를 받는 북부 집단군이 — 독일 육군 최고사령부가 '쿠를란트Kurland 고립지대'라고 부른 — 라트비야 북부와 에스토니아에서 포위될 위협을 받았다. 그곳에서부터 북부 집단군은 오직 바다로만 보급을 받을 수 있었지만, 히틀러는 새 U-보트에 탈 승무원을 조련하려면 발트 해를 계속 자유롭게 이용하도록 유지해야 한다고 고집했기 때문에 진지를 포기해도 좋다는 허가를 내주려고 들지 않았다. 독일 육군이 여름에 전투를 치르면서 입은 물리적 피해는 엄청났다. 6월과 9월 사이에 동부전선의 사망자 수가 21만 5,000명, 행방불명자 수가 62만 7,000명으로까지 솟구쳤다. 부상자 수를 포함하고 서부의 사상피해를 보태면 총합은 거의 200만 명으로 치솟는데, 이 수치는 스탈린그라드 전투의 사상자를 계산에 넣어서 개전부터 1943년 2월까지 육군이 입은 사상자 수와 같았다. 육군이 1939년 9월에 승리를 거두기 직전에 야전에 배치한 사단 수보다 더 많은 106개 사단이 — 즉, 전투서열에 있는 사단의 3분의 1이 — 1944년 말까지 해체되거나 재건되었다.

히틀러는 사단들을 전투서열에서 빼는 데 반대했다. 따라서 그가 발생한 떼죽음의 해결책으로 내놓은 대책은 구 사단과 같은 수의 신규 사단을 편성한다는 포고령을 내는 것이었다. 이 신규 사단은 이제는 '국민척탄병Volksgranadier'사단으로 지칭되었다. 슈페어가 1944년 9월에 독일 무기공업을 전례 없는 수준으로 높여 생산량을 늘렸는데도, (1939년에는 사단에 1만 7,000명이 있었는데) 국민척탄병사단의 병력은 1만 명에 지나지 않았고 대전차포가 모자라고 수색대대는 자전거를 타고 다녔다. 그런데도 1944년 한 해 동안 서부와 동부에서 잃은 75개 보병사단을 대체하기 위해 편성될 수 있는 국민척탄병사단은 모두 합쳐서 66개에 지나지 않았다. 국민척탄병사단들은 보충대 안에서 양성되었다. 히틀러는 7월 음모 직후에 보충대 지휘권을 하인리히 히믈러 친위대장에게 주었다. 7월 23일 뒤로는 군대 경례도 폐지되고, 대신에 모든 군인은 한쪽 팔을 쭉 뻗으면서 '하일 히틀러Heil Hitler'[1]라고 하도록 규정되었다. 7월 20일 뒤로 차이츨러를 대신해서 참모총장이 된 구데리안은 경례법 변경과 더불어 군사 '명예법정' 설치를 받아들였다. 군사 '명예법정'은 장교단에서 나온 피혐의자들을 국민법정에서 재판하기 전에 처단하는 제도였다.

바그라티온 작전의 결과가 지닌 정치적 함의는 군사적 함의보다 훨씬 더 위협적이었다. 러시아의 대승리는 히틀러가 1940년 8월과 1941년 3월 사이에 삼국협약을 통해 그토록 힘들여 만들어놓았던 발칸 동맹의 복합구조 전체를 위협했다. 제2우크라이나 전선군과 제3우크라이나 전선군이 8월 20일에 남우크라이나 집단군을 상대로 공세를 개시해서 닷새 만에 프루트 강을 건너 도나우 강 삼각주까지 들이닥쳤다. 이 공격의 압력이 루마니아군 제3군과 제4군에 가해졌고, 루마니아가 공황에 빠져 편을 바꾸었다. 8월 23일에 미하이 왕이 부쿠레슈티에서 궁정 혁명을 일으켜서 히틀러에게 부역한 루마니아인인 이온 안토네스쿠를 체포하고 안토네스쿠 정부를 공산주의자들이 긴 '국민통합' 정부로 교체했다. 히틀러가 8월 24일에 부쿠레슈티 폭격으로 대응하자, 미하이 왕은 독일에 선전포고를 했

1. '히틀러 만세'라는 뜻. Heil은 환호하면서 외치는 소리로, 히틀러가 1924년에 감옥에서 풀려날 때 군중이 하일 히틀러를 외쳤댔다. 1925년에 나치당이 열병식에서 나치 경례법과 이 구호를 같이 사용했으며, 이듬해 괴벨스가 나치당원 사이의 의무적인 인사법으로 만들었다.

다. 살아남은 루마니아군 부대는 나라가 마음을 바꿨음을 보여주려고, 그러나 또한 국가의 원한을 앙갚음하려고 아직도 히틀러 진영에 있던 헝가리를 곧바로 침공해서 1940년 8월에 체결된 삼국협약의 조항에 따라 헝가리에 넘겨졌던 트란실바니아 지방을 되찾았다. 러시아군은 처음에는 이 움직임을 공동 교전행위로 받아들이려고 하지 않았다. 플로예슈티와 히틀러의 경제 제국에 둘도 없이 소중한 플로예슈티 유전을 이미 점령한 러시아군은 8월 28일에 정복자로서 부쿠레슈티에 들어섰다. 러시아는 9월 12일이 되어서야 휴전을 받아들이고 루마니아가 트란실바니아를 보유하도록 허용했지만, 리벤트로프-몰로토프 조약의 지역 이권의 소련 측 몫이었던 부코비나 북부와 베사라비야 지방을 도로 차지했다.

루마니아가 변절하자 불가리아도 변절했다. 슬라브족 가운데 전통적으로 러시아와 가장 친했던 불가리아는 신중을 기해서, 1941년 3월에 삼국협약에 가입했다고 해서 러시아를 상대로 벌이는 전쟁에 휘말려 드는 행동을 하지 않았다. 즉, 불가리아는 독일 육군에 기지 이용권과 통행설비를 내주고 유고슬라비아에서 자기 몫을 차지하고 그리스에 점령군을 보내기도 했지만, 붉은군대와 싸우는 불가리아 군인은 없었다. 실제로 1943년 이후로 나라 안에 소규모 반독일 파르티잔 운동이 있었던 터라 편을 바꾸기가 더 쉬웠다. 1943년 8월에 보리스 왕이 죽어서 히틀러는 가장 믿을 만한 불가리아인 지지자를 잃어버렸다. 후임정부는 편을 바꿀 가능성을 모색하다가 비록 서구 연합국에 퇴짜를 맞기는 했어도 독일과의 동맹에서 반드시 빠져나와야 한다는 점을 알고 있었다. 그러나 붉은군대가 다가오자 '조국전선'[2]이 9월 9일에 거국적 봉기를 선언하고 ― 9월 5일에 이미 러시아에 정전을 요청한 바 있는 ― 정부를 대체하고 권력을 잡았다. 10월 18일에 붉은군대가 소피야Sofiia에 진주했고 15만 명 병력의 불가리아군이 붉은군대 편으로 넘어갔다.

2. 나치 치하의 불가리아에서 가장 중요했던 반(半)합법 저항조직.

북쪽에서 독일의 전선이 무너지자 이미 핀란드가 입장을 재고해야 했다. 핀란드는 이데올로기상으로 히틀러의 동맹국이었던 적이 한 번도 없다. 핀란드는 — 심지어는 차르의 지배를 받을 때에도 자체의 민족의회를 보전하는 데 성공했던 — 열렬한 민주주의 국가였고, 핀란드가 러시아와 벌인 싸움은 영토분쟁이었다. 핀란드는 바르바로사 전역 동안에 겨울전쟁이 끝났을 때 어쩔 도리 없이 내줘야 했던 영토를 (핀란드가 역사적 소유권을 가지고 있다고 주장해온 라도가호수 동쪽 땅과 함께) 일단 되찾자 싸움을 멈추었다. 핀란드는 일찍이 1944년 1월에 워싱턴을 통해서 연합국에 접근했지만, 단독강화를 맺으려면 러시아에 비싼 값을 치르리라는 경고를 받았다. 즉, 1940년 국경으로 되돌아가고 핀란드 광공업의 중심지인 페트사모Petsamo[3]와 페트사모에서 극북의 북빙양으로 나가는 출구를 할양하고 고액의 재정 배상금을 내야 한다는 것이었다. 이 조건은 이때에는 너무 가혹해 보였는데, 바그라티온 작전이 펼쳐질 때에는 오히려 매력적으로 보이게 되었다 리스토 뤼티Risto Ryti[4] 핀란드 대통령은 6월에 히틀러와 스탈린으로부터 상충하는 요구를 직접 받았다. 즉, 그는 (독일의 최후통첩대로) 러시아와의 단독강화를 공식 거부하든지, 아니면 (러시아의 최후통첩대로) 항복하든지 해야 했다. 핀란드의 실질적인 지도자인 만네르헤임 원수의 압박을 받은 뤼티는 리벤트로프에게 핀란드는 단독강화를 맺지 않으리라는 확언을 해주었다. 그러나 개인적으로 만네르헤임은 이 확언을 이용해서 어떻게 해서든 시간을 벌겠다는 마음을 굳힌 상태였다. 7월 한 달 동안 그는 북쪽에 있는 러시아의 전선군들이 북부 집단군의 퇴각에 이끌려 서쪽으로 가서 발트 해 연안국가들 안으로 들어갈 때까지 러시아군이 핀란드의 요새화 국경지대에 가하는 공격의 예봉을 꺾는 데 가까스로 성공했다. 그런 다음 그는 8월 4일에 대통령 자리에 올라서 뤼티의 확약을 철회하고 모스크바와 직접 교섭을 개시했고, 9월 2일에 독일과 관계

3. 오늘날 러시아의 페첸가 (Pechenga).

4. 핀란드의 정치가(1889~1956). 재무장관과 국립은행장을 지내면서 핀란드의 국제신용도를 크게 올려 찬사를 받았으며, 1940년에 대통령이 되었다. 독일과 동맹관계를 맺고 소련을 공격했다. 1945년에 소련의 압력으로 전범재판을 받고 투옥되었다가 건강악화를 이유로 풀려났다.

를 끊고 9월 19일에 러시아와 조약을 맺었다. 이 조약의 조건은 1월에 제시되었던 조건처럼 가혹했다. 가장 중요한 차이점은 헬싱키 부근의 포르칼라Porkala 반도에 있는 해군기지를 양도하는 것과 상쇄해서 배상금 규모를 반으로 줄인다는 것과 라플란드Lapland에 있는 독일군 제12산악군을 핀란드가 무장해제한다는 것이었다. 만네르헤임이 사석에서 인정했듯이, 핀란드군에게는 제12산악군을 자국에서 내쫓아서 그 부대가 보급을 받는 노르웨이로 보낼 힘도 의지도 없었다. 그 작전은 1945년 4월에나 가서야, 그것도 러시아의 도움을 받고서야 마무리되었다.

(독일 국방군의 동맹군 군인 가운데 군사 면에서 사나이 대 사나이로 유일하게 독일인과 동등하다고, 심지어는 우월하다고 스스로를 간주하고 그렇게 간주된) 핀란드인이 군인으로서 뛰어났는데도, 핀란드는 1944년 말기까지 히틀러의 전략적 위기에서 그다지 핵심적인 지역이 아니었다. 반면에 남쪽 끝 측면에 있고 최일선에서 루마니아와 불가리아 다음에 있는 헝가리는 독일제국 외곽보루 방어의 핵이었다. 헝가리인도 군인으로서 뛰어나다는 평판을 가지고 있었다. 이런 평판은 합스부르크 황제에 복무하면서 — 그리고 반란을 일으키면서 — 얻은 것이었다. 그러나 헝가리의 독재자인 호르티 제독은 붉은군대를 상대로 한 바르바로사 작전에 헝가리인을 내보내는 실수를 저질렀다. 헝가리는 일단 자기들에게서 독일 국방군의 보호라는 방패가 거둬들여지자 붉은군대와 싸울 대비가 되어 있지 않았다. (9월 초순에 남부 집단군으로 이름이 바뀐) 남우크라이나 집단군이 무너지고 루마니아군이 변절하자 이제는 헝가리군이 소련군의 돌파 공격에 노출되었다. 헝가리군은 심지어는 카르파티아 산맥에 있는 자기들의 강력한 진지로부터도 그 공격을 물리칠 힘이 모자랐다. 호르티는 영미군이 이탈리아에서 전진해 나아가서 유고슬라비아 안으로 들어가면 자기가 독일과 러시아 사이에서 하나를 골라잡아야 할 상황에서

벗어나게 되리라고 기대했다. 연합군은 내부의 견해차로 그 같은 기동을 하지 못했다. 호르티가 스위스 주재 헝가리대사를 통해 접촉한 미국인들은 러시아와 사전협의를 해야 한다는 정보를 그에게 8월에 주었다. 트란실바니아에 있는 그의 군대가 루마니아군의 공격을 받자마자 그에게는 러시아와 사전협의를 하는 것밖에는 다른 선택이 없었다. 헝가리 대표단이 9월 말에 모스크바에 도착해서 편을 바꾸기 위한 조건을 교섭했다. 그러나 호르티는 히틀러가 3월에 독일군 부대를 헝가리 땅에 주둔하도록 허용함으로써 러시아와 벌이는 교섭에 성공할 기회를 일방적으로 망쳐놓았다. 러시아가 데브레첸Debrecen을 향해서 헝가리 동부로 치고 들어가는 공격을 10월 6일에 개시함으로써 모스크바에 있는 호르티의 대표단에 가하는 압력을 높일 때, 독일군 헝가리 점령군이 ― 3개 기갑사단의 증원을 받아서 ― 반격을 가해 그 공격의 예봉을 꺾었다. 더욱이 히틀러는 그즈음 호르티의 배반이 머지않았다고 쑤군대는 소리를 들었다. 그는 호르티가 아직은 남부 집단군과 함께 싸우고 있는 헝가리군 제1군과 제2군에 일방적으로 철수하라는 명령을 내렸음을 알아챘다. 또한 그는 호르티가 편을 바꾼다고 선언하려는 참이라고 의심했다. 따라서 그는 10월 15일에 그 같은 작전의 전문가인 스코르체니에게 일을 맡겨 호르티의 아들을 납치한 다음 그 독재자에게 권력을 새 친독일 독재자에게 넘기라는 요구를 들이밀었다. 호르티는 10월 16일에 일찌감치 섭정 자리에서 물러났고, 독일군 부대가 부다페스트 전체의 통제권을 장악했다. 이 무렵이면 제2우크라이나 전선군이 헝가리 수도에서 겨우 50마일 떨어진 곳에 있었지만, 부다페스트는 네댓 달 동안 아무 일 없이 독일 수중에 남아 있게 된다.

발칸 반도의 반란

한편, 히틀러는 동부의 위성국가들 사이에서 일어난 또 다른 변

5. 슬로바키아의 가톨릭 성직자,
정치가(1887~1947). 파시즘 성향
의 가톨릭 정당인 슬로바키아
민족당 지도자였다가, 독일의 후
원을 받아 분리독립한 슬로바키
아의 지도자가 되었다. 1945년 4
월에 소련군이 진주하자 대역죄
로 기소되어 처형되었다.

절 시도도 억눌렀다. 체코슬로바키아가 분할된 직후인 1939년 10월
이후로 삼국협약의 조인자이며 러시아를 상대로 한 전쟁에서 같이
싸우는 조제프 티소Josef Tiso[5]의 통치를 받아온 슬로바키아는 봄 이
후로 내분으로 들끓고 있었다. 정통성을 가진 망명정부인 '런던파'
체코인들이 자기들에게 권력을 되돌려줄 전후협정에 기대를 건 반
면, 반체제파 슬로바키아인들은 지하 체코슬로바키아 공산당을 통
해 모스크바와 접촉하고 있었다. 모스크바는 러시아 영토에 머물고
있는 소규모 망명군을 후원했다. 가톨릭 고위 성직자인 티소가 다
스리는 꼭두각시 국가의 슬로바키아군 일부는 여전히 독일군의 통
제 아래 동부전선에 머물러 있었고, 국내에 주둔해 있는 나머지 군
대는 차츰차츰 애국세력의 영향력 아래로 들어갔다. 또한 바그라티
온 작전이 펼쳐지면서 8월 초에 제4우크라이나 전선군이 들어간 슬
로바키아 동부에서는 친소련 파르티잔 운동이 활발했다. 8월 말에
친소련 파르티잔이 서둘러 행동에 나섰다. 이들은 붉은군대와 직
접 연락을 하고 런던파 체코인과 반체제파 '슬로바키아 국민위원회'
를 둘 다 무시하고 8월 25일에 거국적 봉기를 시작했다. 이 봉기에
서 그들은 국내 주둔 슬로바키아 군대의 협력을 얻었고 카르파티아
산맥 너머에 있는 러시아군에 지원을 기대했다. 러시아군의 반응은
바르샤바의 폴란드 국내군에 보여주었던 것보다 훨씬 더 긍정적이
었다. 러시아군은 즉시 연락장교를 보냈고, 봉기자를 구원하러 가려
고 제1우크라이나 전선군과 제4우크라이나 전선군의 공세를 개시했
으며, 체코 망명군의 일부를 러시아에서 공수해서 슬로바키아로 들
여보내고 나머지는 카르파티아 산맥을 통과하는 슬로바키아의 고
개들을 넘어가려고 싸우고 있는 우크라이나 전선군들에 편입했다.
그러나 안팎의 압박은 히틀러가 슬로바키아에서 자기의 입지를 유
지하려고 조직하는 대응을 극복할 만큼 강하지는 못했다. 독일군 2
개 군단, 즉 제24기갑군단과 제11기갑군단이 파견되어 핵심적인 두

클라Dukla 고개를 비롯한 카르파티아 산맥의 진지에 배치되었다. 소련군 제38군이 9월 말에 체코슬로바키아 (망명군) 제1군단의 원조를 받아 두클라 고개를 여전히 두들겨대고 있었지만, 고개는 10월 6일까지도 함락되지 않았다. 한편, 동부 전역戰域의 파르티잔 토벌작전에서 경험을 많이 쌓은 보안부대가 할당되어 투입되고 있었다. 소수민족으로 구성된 2개 무장친위대 사단, 즉 (독일 이외 지역의 게르만족으로 이루어진) 제18호르스트 베셀Horst Wessel 사단[6]과 (우크라이나인으로 이루어진) 제14갈리치아 사단이 독일 육군의 5개 사단과 함께 반격을 위해 집결했다. 또한 10월 18일이 되면 디를레방어 여단과 카민스키Kaminskii 여단이 바르샤바에서 차출되어 슬로바키아인을 상대로 사람 죽이는 재능을 발휘했다. 10월 18일과 20일 사이에 '자유 슬로바키아'가 열한 군데 지점에서 강습을 받았고, 그달 말이 되면 봉기가 소멸했다. 소련군 제38군과 (1968년 '프라하의 봄' 뒤에 러시아가 둡첵Dubček[7]의 후임으로 내세울 루드빅 스보보다Ludvík Svoboda[8] 장군이 지휘하는) 슬로바키아 제1군단이 봉기자를 구원하려고 나섰다가 사상자 8만 명이 나오는 피해를 입었다. 산으로 피해 들어가지 못한 봉기자는 거의 모두 싸우다 죽거나 집단수용소에서 목숨을 잃었다.

히틀러는 발칸 전역戰域의 맨 남쪽에서는 방어를 지탱하는 데 헝가리와 슬로바키아에서보다 뒤처지는 성공을 거두었다. 그리스 점령은 이탈리아군이 1943년 9월에 항복해서 적어도 이탈리아군 무기 1만 2,000점이 무장저항군의 손으로 들어가버린 이후로 허물어지고 있었다. 그리스 파르티잔은 자기들 선조가 120년 전에 튀르크에게서 조국 땅을 해방하는 전쟁에서 그랬던 것처럼 점령자를 상대로 용감하고 끈질기게 싸워오고 있었다. 특수작전집행처가 그리스의 섬들과 본토에 몰래 들여보낸 영국군 연락장교 가운데 다수가 바이런의 행동이 남긴 추억에 감정이 북받쳐서 1820년대의 해방전쟁에서 애국자 편에 서서 싸웠던 그리스 문화 애호자들의 계승자를 자처했다.

6. 1930년 1월 14일 공산당원에 피살된 나치돌격대 지도자 호르스트 베셀을 추모해서 붙여진 부대 이름.

7. 체코슬로바키아의 정치가(1921~1992). 소련에서 살다가 1938년에 귀국해서 이듬해 공산당원이 되었다. 전쟁 중에는 슬로바키아 반나치 저항운동에 참가했다. 1968년에 공산당 총간사가 되어 '인간의 얼굴을 한 사회주의'를 표방하면서 스탈린주의에서 벗어나고자 한 '프라하의 봄'을 주도했다. 보수파에 밀려 권력을 잃었다가 1989년에 복권되었다.

8. 체코슬로바키아의 군인, 정치가(1895~1979). 제1차 세계대전 때 러시아군의 포로가 되었다가 종전 뒤 신생 조국의 장교가 되었다. 1939년에 소련에 망명했다가 1945년에 수립된 정부의 국방장관이 되었다. 1968년 3월에 대통령이 되었고, 8월에 군사 개입을 한 소련이 친소정권 수립을 요구했으나 거절했다. 1975년에 병으로 사임했다.

9. 1941년에 창설된 전국인민해
방군(Ethnikós Laikós Apeleftherotik-
ós Strátos)의 약자. 1942년 여름
부터 추축군과 싸우기 시작해
서 전쟁이 끝날 무렵 그리스를
대부분 장악했다. 1946년부터
1949년까지 영국의 지원을 받는
그리스 정부군과 내전을 벌였다.

10. 그리스 보수세력의 조직체
인 그리스민주국민동맹(Ellinikos
Dimokratikos Ethnikós Syndesmos)의
약자.

그러나 무장저항군의 공격이 일어난 부근 마을에 독일군이 가한 보
복은 혹독했다. 뉘른베르크 재판에서 기소인 측 법률가 한 사람이
"그리스에는 리디체[하이드리히가 암살된 뒤에 제거된 체코의 마을]
가 수천 개 있으며, 이 마을들의 이름은 알려지지 않았고 그 주민
들은 잊혀졌다"고 증언하게 된다. 따라서 특수작전집행처의 노력은
상당 부분 파르티잔을 부추기기보다는 억누르는 데 들어갔다. 그러
나 영국군 연락장교들은 유고슬라비아에서와 마찬가지로 서로 다른
권위에 ─ 즉, 그리스 공산당의 ELAS[9]와 카이로의 그리스 망명정
부의 EDES[10]에 ─ 복종하는 무장저항운동의 좌우익 사이의 폭력
은 제어할 수 없었다. 독일군은 이탈리아군이 항복한 뒤에 ─ 사로
잡은 이탈리아 군인을 파르티잔 포로와 거의 같은 정도로 아주 잔
혹하게 다루면서 ─ 질서를 회복하고 유지했지만, 독일의 발칸 내
입지가 무너지기 시작함에 따라 9월 12일부터 (크레타와 로도스를 제
외한) 그리스 섬들에서 소개한 다음 10월 12일에는 그리스 전체에서
소개했다. 독일군이 떠나고 영국군이 도착하기 시작할 때, ELAS와
EDES 사이에서 내전의 첫 싸움이 한바탕 일어났다. 이 싸움은 성
탄절에 영국군 제2낙하산여단과 다른 부대가 ELAS에 맞서 개입함
으로써 영국인이 죽는 비극적인 희생을 치르고서 진압된다.

 그리스와 알바니아에 주둔한 독일군 부대인 E집단군에게는 구원
받을 한줄기 희망이 있었는데, 그 희망은 이바르Ibar 계곡과 모라바
계곡을 통과해서 유고슬라비아의 F집단군과 연결되는 것이었다. 이
제는 불가리아 육군의 지원을 받는 제3우크라이나 전선군이 갑자
기 추격해오는 바람에 E집단군은 필사적인 후위 전투를 하지 않으
면 안 되었다. 한편, F집단군은 유고슬라비아의 수도인 베오그라드
를 겨냥해서 자기 측방에 공격을 가하는 소련군과 맞부딪쳤다. 제3
우크라이나 전선군이 9월 6일에 유고슬라비아 국경을 넘었다. 이에
자극받은 티토가 아드리아 해의 비스 섬에 있는 영국군 비행장에서

비행기를 타고 모스크바로 가서 붉은군대가 유고슬라비아 영토에서 작전을 벌일 조건을 논의했다. 티토는 약자의 처지에서 대단한 교섭 수완을 발휘해 스탈린을 설득해서 베오그라드 합동공격을 위해 9월 28일까지는 제3우크라이나 전선군에서 부대를 빌려주고 일단 작전임무가 완수되면 민간 행정부를 티토의 손에 남겨놓겠다는 약속을 받아냈다. 베오그라드 전투는 10월 14일에 개시되어 10월 20일에 끝났다. 베오그라드를 지키다가 독일 군인 1만 5,000명이 죽고 9,000명이 사로잡혔다. 티토는 10월 22일에 승리자로서 파르티잔과 함께 거리를 누비며 행진했다. 3년 동안 파르티잔전을 벌였던 티토의 '베오그라드 대대'에서 아직도 대열 속에 있는 초창기 대대원은 두 명에 지나지 않았다.

이제 유고슬라비아의 나머지 지역이 소련군 공세의 연장선상에서 펼쳐지는 공격에 노출되었다. F집단군을 흡수통합한 E집단군이 베오그라드 근교에서 알바니아 국경까지 이어진 북서쪽 측면을 지키고 있었다. 이 측면은 방어하기가 불가능했다. 그러나 스탈린은 10월 중순에 모스크바에서 처칠과 이상한 발칸 반도 내 '영향권' 분할에 합의해서 유고슬라비아의 50퍼센트를 영국 몫으로 주기로 한 적이 있다. 이 약정은 생각지도 않게 소련 외교가 약속을 준수하는 성향을 보여서 유효해졌다. 그러나 스탈린에게는 따로 해야 할 더 큰일이 있기도 했다. 히틀러가 부다페스트에서 반호르티 정변을 일으키는 데 성공함으로써 교섭을 통한 휴전으로 헝가리 평원으로 신속하게 전진해 들어갈 기회가 사라져버렸다. 빈으로 가는 접근로를 얻으려면 이제는 도나우 강 유역을 따라 올라가며 싸워야 할 판이었다. 붉은군대가 이 일을 해낼 힘을 내려면 유고슬라비아 한복판의 산악지역에서 힘을 흩뜨릴 여유를 부릴 수 없었다. 그런 산악지역에서라면 흠씬 두들겨 맞은 E집단군과 F집단군조차도 대등한 조건에 설 수 있었던 것이다. 따라서 10월 18일에 스탑카는 톨부힌에게 베오그라드 서쪽에 있는 제3우크라이나 전선군을 멈춰 세워 도로 도나우 강으로 돌아가서 다가오는 헝가리 전투에 참여하라는 명령을 내렸다.

그러나 이때 헝가리는 증강된 상태였고 헝가리 육군 일부(제1군과 제2군)가 강요를 받아 독일 편에 서서 싸웠다. 남부 집단군이 10월 19일에 역공에 나섰고, 말리놉스키의 제2우크라이나 전선군은 "될 수 있는 대로 빨리 부다페스트를 장악하라"는 스탈린의 긴급명령을 받아 10월 29일에 강습을 개시했을 때 앞길에 독일군 12개 사단이 버티고 있음을 깨달았다. 러시아군의 전진은 11월 4일에 부다페스트의 동쪽 교외에 이르렀지만, 그다음에는 멈춰 섰다. 11월 11일에 강습이 재개되어 16일 동안 싸움이 벌어졌다. 부다페스트 시는 대부분 폐허가 되었지만 여전히 독일군의 손아귀에 있었다. 이때까지 독일군의 전선은 비록 10월 중순 이후로 100마일 후퇴하기는 했어도 서쪽에서 동쪽까지 드라바 강과 발라톤Balaton 호수와 카르파티아 산맥 측면이라는 강력한 방어물에 의존했다. 스탈린이 노리는 전리품인 빈은 도나우 강을 따라 150마일 떨어진 곳에 안전하게 남아 있었다.

그 뒤에 소련이 헝가리에서 벌이는 전역은 나름의 자체 논리를 지녀서 붉은군대가 카르파티아 산맥의 다른 쪽 끝에서 하고 있는 최후의 독일 진공 준비와는 완전히 별개로 진행되었다. 톨부힌의 제3우크라이나 전선군이 발라톤 호수와 도나우 강 사이에서 부다페스트 남쪽에서 양동작전을 벌이는 동안, 말리놉스키의 제2우크라이나 전선군이 북서쪽에서 부다페스트를 포위할 의도를 지니고 10월 5일에 공세를 개시했다. 1월 31일이 되면 제3우크라이나 전선군이 도심 7마일 안에 있었고 특사가 파견되어 항복조건을 제시했다. 시는 완전히 포위되었고 시민의 고생은 극심했고 방자인 독일군과 헝가리군의 상황은 희망이 없어 보였다. 그러나 히틀러는 스탈린그라드식의 기갑부대 구원을 하기로 결심했다. 그는 부다페스트 전선의 막시밀리안 프레터-피코Maximilian Fretter-Pico 제6군 사령관을 모델형의 또 다른 '꿋꿋한' 장군인 헤르만 발크Hermann Balck로 교체했고, 이미 현장에 있는 제3기갑군단과 공조해서 역공을 수행하고자 12월 하순에 중부 집단군에서 무장친위대 제4기갑군을 가져왔다. 무장친위대 제4기갑군단의 공격은 1945년 1월 18일에 시작되었다. 다음 3주 동안 제3기갑군단과 무장친위대 제4기갑군단은 도로와 철도로 한 축선에서 다른 축선으로 옮겨다니며 치열하게 싸워서, 예측 가능한 판에 박힌 고정 전진선을 따라 작전을 벌이는 소련군 부대에 노련한 독일군 전차병들이 아직도 어떤 피해를 입힐 수 있는지를 말리놉스키와 톨부힌에게 똑똑히 경고해주었다. 무장친위대 제4기갑군단은 1월 24일까지 부다페스트의 독일군 외곽방어선의 15마일 안으로 돌진해 들어갔으며, 부다페스트 방어부대는 히틀러가 바라기만 했다면 포위를 뚫고 나와 안전한 곳으로 갈 수 있었을 것이다. 그러나 1942년 12월 겨울에 만슈타인이 스탈린그라드로 돌파 공격을 하는 동안 그랬던 것처럼 히틀러가 바란 것은 시의 재장악이었지 소개가 아니었다. 이 부질없는 바람은 무장친위대 제4기갑군단이 3주 동안 필사적으로 작전을 벌인 뒤 기운이 빠지자 물거품이 되었다.

한편, 외곽방어선 안에서는 러시아군이 152밀리미터 포와 203밀리미터 곡사포의 조밀한 집결체를 가져와서 부다페스트의 북쪽 절반인 페스트Pest에 있는 독일군 진지를 블록별로 하나하나 제거했다. 페스트 수비대는 도나우 강을 등지고 덫에 갇힌 1월 15일에 대거 항복하기 시작했다. 남쪽 강안에 있는 페스트의 쌍둥이 도시 부다Buda에서는 말리놉스키가 최후의 강습 명령을 내린 2월 5일까지 저항이 격렬하게 유지되었다. 독일군은 러시아군의 전진을 물리치려고 하수도를 이용하면서 한 주 동안 버티며 싸웠지만, 2월 13일이 되면 기동을 할 여지가 더는 없어서 제압당했다. 스탑카는 10월 27일 이후로 독일 군인과 헝가리 군인 5만 명을 죽이고 13만 8,000명을 사로잡았다고 주장했다. 부다페스트에서 빠져나간 독일 군인은 785명, 헝가리 군인은 1,000여 명에 지나지 않았다고 알려져 있다. 밝히지 않은 붉은군대의 전사자와 부상자 피해는 적군과 맞먹을지 모른다.

헝가리에는 치를 전투가 하나 더 남아 있었다. 히틀러가 마지막 합성석유 공급을 끌어내는 발라톤 호수에서였다. 그러나 2월 15일에 그 전투가 개시될 때가 되면 전쟁 자체의 최종 목적을 위한 훨씬 더 큰 전투가 준비되고 있었다. 베를린 공방전이었다. 2월 초순 이후로 쥬코프의 제1백러시아 전선군과 코네프의 제1우크라이나 전선군은 오더 강 양편에 포진하고서 스탑카가 공격계획을 정하고 필요한 병력을 구하자마자 최후의 공세를 개시할 태세를 갖추었다. 1월 15일에 히틀러가 아르덴 공세를 감독해온 아이펠 산악지대의 서부 사령부(500호 집무처Amt 500)를 떠나 국가청사로 되돌아갔다. 그는 아직도 승리를 가져올 비밀병기를 이야기했지만 마지막 싸움이 다가오고 있음을 느끼고 몸소 싸움터에 있겠다는 뜻을 굳혔다.

베를린으로 가는 길

히틀러가 전쟁을 대부분 지휘해온 곳인 동프로이센의 라스텐부르크 사령부가 이제는 러시아군의 손아귀에 들어가 있었다. 붉은군대가 카르파티아 북쪽에서 펼치는 공세는 레닌그라드 전선군과 3개 발트 해 전선군이 북부 집단군에 공격을 개시한 1944년 9월 15일에 시작되었다. 이 공격의 목적은 발트 해 연안국가에 있는 쇠르너의 북부 집단군을 중부 집단군 및 동프로이센을 통과해 독일로 들어가는 병참선과 접촉하지 못하도록 차단하는 것이었다. 쇠르너는 요새화가 잘 이루어진 지형에 배치된 30여 개 사단을 지휘했지만, 예하에 역공을 할 기동부대가 없었다. 따라서 그의 집단군은 비록 러시아군의 전진을 늦출 수 있기는 했지만 막을 수는 없었고, 8일 동안 전투가 벌어진 뒤 10월 13일에 리가가 바그라Bagramian의 제1발트해 전선군에 함락되었다. 이렇게 붉은군대가 해안까지 돌파해 나감으로써 (얼마 뒤에 쿠를란트 집단군으로 이름이 바뀔) 북부 집단군이 '쿠를란트 고립지대' 안에 완전히 포위되어 그곳에서 의미 없이 고립된 채로 전쟁이 끝날 때까지 버텼다. 이 고립지대를 상대로 붉은군대가 별개의 전투를 여섯 차례 벌였다. (1월에 이전해서 중부 집단군을 지휘하게 되기 전인) 쇠르너는 핀란드가 9월에 변절하자 에스토니아를 포기하고 예하 부대를 라트비야에 집중해서 상황을 개선할 수 있었다. 동프로이센과 리투아니아 사이의 메멜 항에 있는 4개의 독립사단도 10월에 포위되어 1945년 1월까지 버텼다.

발트 해 전선이 (제3백러시아 전선군의 한 부대가 8월 17일에 사실상 진입한) 동프로이센으로 가는 접근로와 맞닿으면서 동프로이센이 대규모 강습에 노출되었다. 스탑카는 11월 초순에 마련한 대공세계획에서 베를린으로 가는 경로에 가장 직접적으로 포진해 있는 2개 전선군에 더 큰 몫을 맡겼다. 그 2개 전선군이란 코네프의 제1우크라이나 전선군과 제1백러시아 전선군이었다. 스탈린은 쥬코프의 전략적 성과가 입증되었다는 증거로 제1백러시아 전선군 지휘권을 직접 쥬코프에게 맡겼다. 이때에는 두 전선군 가운데 하나만 해도 병력면에서 그 어떤 독일군 집단군도 크게 능가했다. 두 전선군은 합쳐서 163개 소총사단, 대포 3만 2,000문, 전차 6,500대, 비행기 4,700대, 즉 현행 소련군 전체 보병병력의 3분의 1과 붉은군대가 가지고 있는 전차의 2분의 1을 통제했다. 두 전선군은 맞은편에 있는 독일군 부대인 중부 집단군과 A집단군을 수에서 앞서서, 보병부대는 네 배 이상, 기갑부대는 거의 네 배, 포병은 일곱 배, 항공력은 여섯 배였다. 전쟁에서 처음으로 붉은군대가 인력과 물량에서 모두 다 우위를 차지했다. 이때까지 독일 국방군은 서부에서만 이런 열세에 직면했다. 이제는 새로운 장군인 한스 라인하르트와 요제프 하르페Josef Harpe의 지휘를 받는 중부 집단군과 A집단군은 모두 합쳐서 71개 사단과 전차 1,800대와 항공기 800대를 전개했다. 모든 부대가 정수 미달이었고, 방어역량은 '요새'에 크게 좌우되었다. '요새'란 히틀러가 이때 — 쾨니히스베르크Königsberg[11], 인스터부르크Insterburg[12], 폴부르크Folburg, 슈테틴Stettin[13], 퀴스트린Küstrin[14], 브레슬라우Breslau[15] 등 — 프로이센과 슐레지엔의 국경도시에 붙인 이름이었다.

쥬코프가 바르샤바-베를린 축선을 따라 공세를 펼치는 동안 코네프는 브레슬라우로 향한다는 것이 스탑카의 계획이었다. 이 두 공세는 기동을 하기보다는 힘 위주의 강공을 직접 독일군의 방어에 가할 터였다. 이제는 이런 식의 거칠고 무시무시한 전쟁수행 수단이 붉은군대의 특성이 되었다. 공격에 앞서 쥬코프의 전선군에만도 며칠 동안 100만 톤이 넘는 보급품이 공급되었다. 이 보급품은 열차 1,200량과 소련군 병참체계의 근간인 미제 6륜구동 화물차 2만 2,000대에 실려 왔다. 거의 같은 양의 보급품이 코네프의 전선군 뒤에 쌓였다. 각 전선군의 일일 요구량은 연료와 탄약을 빼고도 2만 5,000톤이었다.

코네프의 공세가 전선 1킬로미터당 300문의 밀도로 배치된 — 지축을 뒤흔드는 포병 화력의 집중인 — 대포의 탄막 뒤에서 1월 12일에 처음 개시되었다. 코네프의 전차가 첫째 날 저녁까지 제4기갑군의 전선에 깊이 20마일의 구멍을 뚫어놓았다. 독일군과 오스트리아군이 1915년에 고를리체-타르노프Gorlice-Tarnow 전투[16]에서 제정 러시아군을 상대로 거대한 돌파를 했던 바로 그 지역이었지만, 방향은 반대였다. 폴란드의 거대한 요새-수도원 도시인 크라쿠프Kraków가 위협을 받았다. 크라쿠프 너머에는 브레슬라우와 슐레지엔 공업지역으로 가는 길이 열려 있었다. 슐레지엔에는 슈페어가 영미 폭격기 부대의 항속거리 밖에 집중해놓은 독일의 무기공단이 있었다.

이틀 뒤에 바르샤바-베를린 축선에서 이루어지는 쥬코프의 공세가, 괴멸적인 포격이 또 한 차례 퍼부어진 다음에 바르샤바 남쪽에 있

11. 오늘날 러시아의 칼리닌그라드(Kaliningrad).

12. 오늘날 러시아의 체르냐홉스크(Cherniakhovsk).

13. 오늘날 폴란드의 시체친(Szczecin).

14. 오늘날 폴란드의 코스트린(Kostrzyn).

15. 오늘날 폴란드의 브로추아프(Wrocław).

16. 제1차 세계대전의 동부전선에서 러시아군에 밀리는 오스트리아군을 돕고자 투입된 독일군이 1915년 5월에 오스트리아령 고를리체-타르노프에서 러시아군 진지선을 돌파해 갈리치아의 대부분을 되찾는 대승을 거둔 전투. 고를리체-타르노프는 오늘날 폴란드의 고를리체-타르누프(Gorlice-Tarnów)다.

는 비수아 강 교두보에서부터 시작되었다. 바르샤바 시는 금세 포위되었고 도시를 '요새'로 만들라는 히틀러의 포고령이 당연히 나왔지만, 그가 이것에 할당한 증원군이 방자에게 도착하기 전인 1월 17일에 시가 함락되었다. 서부와 동부 양쪽의 사령관 모두에게 절망스럽게도 1월 20일에 히틀러는 아르덴 공세의 패주에서 막 빠져나온 무장친위대 제6기갑군을 동쪽으로 이전 배치하고 있다고 선언하면서 다음과 같이 말했다. "나는 러시아군이 전혀 예상하지 못하는 곳에서 러시아군을 공격할 것이다. 무장친위대 제6기갑군은 부다페스트로 떠난다! 우리가 헝가리에서 공세를 시작하면, 러시아군도 그리로 가야만 할 것이다." 귀중한 방어자원을 이렇듯 무모하게 빼돌린 것은 그가 독일 국방군이 점점 약해진다는 점과 보조 기동이 러시아군에 통하지 않는다는 점, 이 두 가지를 얼마나 제대로 파악하지 못했는지를 보여주었다. 실제 일어난 일들로 입증되듯이, 우크라이나 전선군들은 무장친위대 제6기갑군의 개입에 적절하게 대처할 수 있었고 베를린을 향한 쥬코프와 코네프의 돌진은 조금도 방해를 받지 않았다.

히틀러는 다시 지푸라기라도 잡는 심정으로 1월 21일에 새로운 1개 집단군, 즉 바익셀Weichsel[17] 집단군을 창설한다는 포고령을 내고는 영도자에 바치는 충성이 용병술을 대신하는 것임을 입증할 수도 있다고 믿으면서 군대를 지휘하기에 전혀 알맞지 않은데도 (병력보충대의 수장이기도한) 히믈러에게 바익셀 집단군의 지휘를 맡겼다. 위협받는 전선 뒤에 배치된 바익셀 집단군에는 — 나치당 간사인 마르틴 보르만의 관할 아래 9월 25일에 창설된 민병대로, 군 복무를 하기에는 너무 어리거나 너무 늙은 독일인으로 이루어진 — 국민돌격대Volkssturm 부대를 빼고는 부대가 거의 없었다.

17. 비수아 강의 독일어 명칭.

오더 강으로 전진

국민돌격대가 독일 영토를 지키려고 싸울 날이 머지않았다. 코네프의 제1우크라이나 전선군이 1월 22일에 슈타이나우Steinau에서 오더 강을 건넜다. 1월 14일에 나레프 강을 건너 공격을 했던 로코솝스키의 제2백러시아 전선군은 이 무렵이면 동프로이센 안으로 깊숙이 들어와 있었다. 붉은군대가 대거 독일 땅에 도착하자 피난민이 안전한 곳으로 가는 모든 출구를 향해 우르르 몰렸다. 모든 주민이 마치 독일 국방군이 동쪽에서 무슨 짓을 했는지에 관한 지식이 의식 저 밑에 가라앉아 있다가 갑자기 표면으로 떠오른 양 공포에 사로잡혀 붉은군대가 닿지 않는 곳으로 가야 한다는 절박함에 몸서리치면서 폭설이 쌓인 길로 나섰다. 동프로이센 주민 200만 명이 집, 농장, 마을, 도시를 떠나 독일 내지나 해안을 향해 허둥지둥 걸어갔다. 그 통에 800년 동안 이루어져온 게르만인의 동부 정착이 며칠 만에 끝났다. 다음 몇 주 뒤에 45만 명이 필라우Pillau[18] 항구에서 소개되었다. 한편, 90만 명이 단치히에서 구조되었는데, 이들 가운데에는 프리셰스 하프Frisches Haff 석호[19]의 얼어붙은 바다를 터벅터벅 걸어서 건너 단치히에 도착한 사람이 많았다. 빠져나간 사람도 많았지만, 빠져나가지 못한 사람도 많았다. 붉은군대에 적의가 없는 존 에릭슨 교수는 이 끔찍한 사건을 다음과 같이 서술했다.

속도와 격분과 야만성이 그 전진의 특징이었다. 마을과 도회지가 불타는 동안, 소련 군인들이 마음대로 약탈하고 나치즘의 기장이나 상징 그 어떤 것으로든 장식된 집이나 가옥에서 지난날 당한 일에 분풀이를 해댔으며 …… 장식이 잔뜩 들어가 있는 나치당 초상사진은 탁자, 의자, 부엌세간 사이에 있는 그 집안 식구를 죄다 싹 쓸어버리라는 신호가 될 터였다. 수용소에서 쫓겨난 연합군 포로 무리가 긴 피난민 대열과 농장이나 공장에서 풀려난 노예 노동자들이 터벅터벅 걷거나 농장 수레를 타고 갔다. 그들 일부는 T-34

18. 오늘날 러시아의 발티스크 (Baltiisk).

19. 칼리닌그라드와 폴란드의 엘블롱그(Elblag, 1945년까지는 독일령 엘빙Elbing) 사이에 있는 길이 100킬로미터, 너비 10~18킬로미터의 석호. 오늘날에는 폴란드 영토이며, 폴란드어로는 잘레프 비실라니(Zalew Wiślany)라고 한다.

에 걸터앉은 강습 보병과 함께 앞으로 내달리는 불가항력의 소련군 전차대열에 쫓기다가 깔리거나 으깨져서 사람과 말이 형체를 알아볼 수 없게 짓뭉개진 피범벅 덩어리가 되었다. 강간당한 여자의 손이 그 가족이 탄 농장 수레에 못으로 박혔다. 금방이라도 눈이 내릴 듯한 이 1월의 하늘과 늦겨울의 어둑어둑함 속에서 가족들이 길가 도랑이나 도로변에 웅크리고 앉았고, 아버지는 제 자식을 총으로 쏘아 죽이려고 마음먹거나 흐느껴 울면서 하느님의 진노로 보이는 것이 지나가기를 기다렸다. 마침내 소련군의 전선군 사령부가 개입해서 군 기강을 다시 세우고 적국 주민을 '행동규범'대로 대하라고 역설하는 명령을 내렸다. 그러나 이 고삐 풀린 행위들은 이 땅과 앞에 있는 땅이 '짐승 같은 파시스트들의 소굴'이라고 선언하는 길가의 포스터와 물감으로 휘갈겨 쓴 구호의 격한 언어로 솟구친 것이었다. 그것들은 전쟁포로였다가 이제는 소련군 전열에 들어간 병사나 발트 해 연안국가를 통과해서 행군하는 붉은군대에 질질 끌려들어간 마음내키지 않는 농민 징

유럽 동부전선의 독일군이 '스탈린의 오르간'이라는 별명을 붙인 붉은군대의 카튜샤 로켓 발사대가 쏘는 공포의 일제포화.

집병을 끊임없이 부추겼다. 병사들은 누구에게도 연민을 보이지 않았다.

    카르파티아 북쪽에 있는 여러 독일군 집단군 가운데 이 돌진을 저지할 수 있는 집단군은 없었다. 쥬코프와 코네프의 전선군이 퍼붓는 엄청난 공격준비포격은 포탄 100만 발에 5만 톤의 비율로 보급물자를 소비했다. 베를린을 향한 이들의 거침없는 전진에 유일하게 방해가 되는 것은 보급의 축소와 ― 1월 말에 두 전선군의 평균 사단병력이 4,000명에 지나지 않는 등 ― 전열의 손실과 '영도자 요새들'의 저항이었다. 로코숍스키의 전선군에 메멜이 1월 27일까지, 토른Thorn[20]이 2월 9일까지, 쾨니히스베르크가 4월 중순까지 버텼다. 쥬코프와 코네프의 전선군에는 포젠Posen(포즈나인)이 2월 22일까지, 퀴스트린이 3월 29일까지, 브레슬라우가 종전 하루 전까지 버텼다. 함락된 다른 곳들은 붉은군대에 커다란 선전거리를 안겨주었다. 로코솝스키의 제2백러시아 전선군이 1914년에 차르에게서 동프로이센을 구했던 '기적'의 전투[21]가 벌어진 곳인 타넨베르크Tannenberg를 1월 21일에 손에 넣었다. 이곳에서 후퇴하는 독일군은 타넨베르크 전투의 승자인 힌덴부르크 육군원수의 기념묘지를 폭파해서 날려버리기에 앞서 그의 유물과 그가 지휘했던 연대의 부대기를 가까스로 구해냈다(이 부대기는 지금은 함부르크의 연방군 사관학교 강당에 걸려 있다). 코네프의 제1우크라이나 전선군은 1월 27일에 아우슈비츠 절멸수용소와 마주쳤다. 홀로코스트의 주요 장소인 이 수용소에서 기관원들이 희생자들의 — 옷, 의치, 안경, 장난감 등 — 애처로운 유물을 없애는 데 성공하지 못했다. 한편, 상당수가 한때 게르만 문화의 촉수를 동쪽으로 디밀어 슬라브족의 땅으로 들어갔던 튜튼 기사단[22]의 요새인 독일 동부 국경의 요지들이 버티면서 베를린을 향해 서쪽으로 치고 들어가는 소련군 전선군들의 전진선을 봉쇄하거나 위협했다.

　그러나 연합국 지도자들이 유럽의 전쟁에 관한 마지막 대회담을 열려고 크림의 얄타Ial'ta에 모여든 2월 초가 되면 쥬코프와 코네프의 전선군이 베를린으로 최후의 전진을 시작할 태세를 갖추고 오더 강에 굳건히 자리를 잡았다. 그 맞은편에 있는 — 이제는 바익셀 집단군과 영도자에게 헌신하는 쇠르너가 지휘하는 중부 집단군으로 재편성된 — 독일군 집단군들은 예전의 모습을 찾아보기 어려운 허깨비였다. 동프로이센에서는 제3기갑군이 아직 활동 중이었고 2월 15일에는 러시아군 병력집결체 측방에 짧은 역공을 개시할 터였다. 무장친위대 제6기갑군이 헝가리의 발라톤 호수 동쪽에서 톨부힌의 제3우크라이나 전선군을 상대로 히틀러가 약속했던 양동공세를 2월 17일에 개시했다. 그러나 이제 독일 국방군의 마지막 순간이 빠르게 다가오고 있었다. 드레스덴은 독일제국에서 폐허가 되지 않은 마지막 도시여서 피난민이 꽉 들어차 있었는데, 오더 강 전선의 대

21. 제1차 세계대전 초기에 힌덴부르크와 루덴도르프가 병력의 열세 속에서 독일군을 지휘해서 독일 동부로 전진해 오던 러시아의 대군을 타넨베르크 부근에서 격파해 대승을 거두었다. 오늘날 폴란드의 스텡바르크(Stębark)가 타넨베르크다.

22. 12세기 말에 팔레스티나에서 성지 순례자를 도우려고 만들어진 게르만족의 십자군 군사 종단. 1211년에 팔레스티나를 떠나 1225년에 폴란드 북부에 독자적인 국가를 세우고 주변 국가들과 갈등을 빚었다. 15세기부터 힘이 줄어들어 결국 1809년에 해체되었다.

전차 차장을 보강하려고 대공포들이 차출되어 시에서 빠져나간 바람에 2월 13일에 영국군 폭격기의 공격을 받아 완전히 잿더미가 되고 끔찍한 인명손실이 생겼다. 비록 때때로 인용되는 사망자 30만 명이라는 수치는 크게 과장된 것이기는 해도, 공습으로 적어도 3만 명은 목숨을 잃었다. 전략폭격 옹호자들은 드레스덴을 공격해야 할 설득력 있는 군사적 이유를 결코 제시할 수 없었다. 이 공격의 결과가 금세 독일 전역에 알려져서 전쟁 마지막 몇 달 동안 민간인의 사기가 크게 떨어졌다. 발라톤 호수 공세는 비록 아직 전투에 투입되지 않은 부대로서 히틀러의 관할 아래 있던 마지막 전차 600대로 개시되었는데도 곧 꿈쩍도 하지 않는 러시아군 방어선에 부딪혔다. 한편, 유고슬라비아에 있는 E집단군은 독일을 지지하는 크로아티아라는 보루를 향해서 전선을 뒤로 굽히고 있었다. 남부 집단군의 잔존부대는 남겨두었던 병력을 모아 빈으로 가는 접근로를 막았다. 그러나 전쟁의 결정적 국면은 퀴스트린과 브레슬라우 사이에서 무르익고 있었다. 이곳에서 오더 강과 나이세Neiße 강[23]을 따라 쥬코프와 코네프의 전선군이 베를린을 향해 마지막 45마일을 내달릴 경주를 벌일 준비를 갖추고 있었던 것이다.

23. 오늘날 폴란드의 니사(Nysa) 강

28 | 시가전: 베를린 포위전

도시 포위전은 오로지 기갑부대의 돌파 공격이나 상륙부대의 엄습이나 폭격기 대부대의 출격으로 전역의 승패가 판가름났다고 보이는 제2차 세계대전 시대보다 더 앞선 시대에 속하는 작전으로 보인다. 그러나 도시는 전쟁의 지리에서 대하천이나 산맥만큼 빠질 수 없는 요소다. 육군은 — 아무리 기계화가 잘 되었다고 하더라도, 아니 사실 엄밀하게는 기계화되었기 때문에 — 프랴퍄트 늪지대나 뫼즈 강의 좁은 골짜기를 무시할 수 없는 것처럼 도시를 무시할 수 없다. 히틀러가 동부전선에서 독일 동방군의 전진 목표로 찍어둔 — 레닌그라드와 모스크바와 스탈린그라드 — 세 '볼셰비즘의 도시'가 각각 그의 결정적 전역에 쓰라린 실패를 안겨주었다. 그가 — 서부의 칼레, 됭케르크, 루르 공단지역, 동부의 쾨니히스베르크, 포젠, 메멜, 브레슬라우 등 — 요새로 지정한 도시는 독일제국의 심장부를 향해 전진하는 적국 군대에게 심각한 방해가 되었다. 미로 같은 거리, 튼튼하게 지어진 공공건물의 빽빽한 복합체, 미궁 같은 하수도, 터널, 지하 교통망, 연료·식량 창고가 있는 수도는 군대가 국경 방어용으로 세울 수 있는 그 어떠한 진지만큼이나 강한 군사진지다. 어쩌면 수도에 본질적으로 들어 있는 특색들을 그저 인위적 형태로 그대로 본뜨려고 애쓴 마지노 선이나 서부방벽보다도 실제로는 더 강할 것이다. 히틀러가 1945년 1월 16일에 베를린으로 되돌아가고 그 뒤 다른 대안이 사라지는 바람에 베를린을 떠나지 않겠다고 마음먹음으로써 레닌그라드 포위전보다는 짧지만 스탈린그라드 포위전보다는 훨씬 더 강렬한 마지막 대포위전이 베를린에서 벌어지리라는 것이 확실해졌다. 그가 베를린을 떠날 수도 있었을, 그리고 그가 일부러 입에 올리지 않은 마지막 순간은 그의 생일인 4월 20일이었다. 자기 생일 저녁에 그는 남아 있는 비서 두 사람에게 "나는 여기서 결판을 내든지 싸우다가 쓰러져야 한다네"라고 말했다.

베를린은 마지막 저항을 하기에 든든한 장소였으며, 독일 도시 가운데에서는 보기 드문 거대한 현대적 계획도시였다. 시가지가 엘베 강의 항만 둘레에 빽빽하게 들어찬 함부르크는 1943년 7월에 마치 자연발화한 것처럼 불타버렸다. 드레스덴의 연약한 유서 깊은 거리들은 1945년 2월에 부싯깃처럼 불타올랐다. 베를린은 비록 전쟁기간 내내 끊임없이 심한 폭격을 받기는 했어도 더 만만찮은 목표물이었다. 19세기와 20세기에 깊고 튼튼한 지하실 위에 세워지고 효과적인 방화선 역할을 하는 넓은 대로와 가로를 따라 일정한 간격을 두고 배치된 아파트 단지의 복합체인 베를린 시는 1943년 8월과 1944년 2월 사이의 베를린 전투 동안 폭격기사령부에 의해 건물 밀집지구를 25퍼센트쯤 잃었지만, 함부르크와 드레스덴과는 달리 화재폭풍으로 피해를 입은 적도 없고 필수적인 공공서비스가 끊긴 적도 없었으며, 이후로 새 도로가 건설되었다. 주거지가 부서져서 많은 베를린 시민이 임시 수용시설로 들어가거나 도시에서 빠져나간 한편, 뒤에 남은 폐허는 무너지지 않고 서 있는 빌딩만큼 가공할 군사장애물이었다.

더욱이 도심에서는 나치의 저항이 고동치고 있었다. 1944년 말에 국가청사 밑에 히틀러의 벙커가 지어졌다. 1936년에 판 방공호를 확장해서 더 크고 더 깊게 만든 그 벙커는 국가청사 정원 55피트 밑에 있었고, 작은 방 18개와 독자적인 식수·전기·공기 보급체계를 가지고 있었으며, 전화 교환 설비와 자체 무선 연결을 통해서 바깥세상과 통신을 했다. 벙커에는 자체 조리실과 주거공간과 물품이 가득 들어찬 저장실도 있었다. 이 벙커는 누구든 지하에서 살기를 좋아하는 사람이라면 완전히 자급자족할 수 있는 곳이었다. 히틀러는 비록 라스텐부르크와 빈니차에서 기나긴 전시기간을 간소한 반지하

환경에서 보내기는 했어도 신선한 공기가 필요하다고 느꼈다. 밥을 먹은 다음 하는 산책은 그가 혼자 떠들어댈 좋은 기회였다. 그러나 그는 1월 16일에 국가청사에서 벙커로 내려가서 2월 25일과 3월 15일에 두 차례 나들이한 것과 예전에 자기가 지내던 위층 거처 주위를 이따금 거닌 것을 빼고는 다음 105일 동안 벙커를 떠나지 않았다. 독일제국의 마지막 전투들은 그 벙커의 회의실에서 수행되었다. 베를린 전투도 마찬가지였다.

베를린에는 자체 주둔군이 없었다. 독일군은 프랑스와의 휴전과 바르바로사 작전 사이의 불안정한 단기간의 평화기를 빼고는 전쟁 기간 내내 전선에 있었다. 독일제국 안에 남은 병력보충대 부대는 신병을 모집하거나 훈련하는 기능을 했다. 수도 안에서 작전 가치를 지닌 유일한 부대는 대독일 사단의 모태였던 베를린 근위대대였다. 7월 음모 진압에서 두각을 나타낸 이 부대가 베를린 공방전에서 싸우게 된다. 그러나 베를린 방위부대를 대부분 내놓는 부대는 오더 강에서 물러나 수도로 온 바익셀 집단군이었다. 거의 300만 명에 이르는 쥬코프와 코네프와 로코숍스키의 전선군 병력에 대항하는 바익셀 집단군은 베를린 공방전이 시작될 때 병력이 32만여 명이었으며, 제3기갑군과 제9군으로 이루어져 있었다. 바익셀 집단군 안에서 가장 건실한 부대는 제61기갑군단이었다. 이 부대에는 제18기갑척탄병사단과 무장친위대 노르틀란트Nordland 사단이 들어 있었고, 뿐만 아니라 제20기갑척탄병사단과 제9낙하산사단의 잔존부대와 최근에 양성된 뮌헤베르크Müncheberg 사단도 들어 있었다. 뮌헤베르크 사단은 사관학교와 증원부대에 바탕을 두고 '허깨비' 부대들을 긁어모아 만든 부대여서 군사경험이 없었다. 이들에게 국민돌격대, 히틀러유겐트 부대, 경찰, 대공포 부대, 무장친위대 부대 등의 잡다한 병력을 보탤 수 있었다. 그 무장친위대 부대로는 프랑스인 무장친위대원으로 편성된 샤를마뉴Charlemagne 강습대대와 광신적인 파시스트인

1. 벨기에의 파시스트(1906~
1994). 가톨릭 청년운동을 이끌
다가 독일이 벨기에를 점령한 뒤
독일에 부역했다. 1941년에 왈룬
인 부대를 만들어 동부전선에서
싸웠으며, 1943년에 부대가 무장
친위대에 흡수되었다. 종전 뒤
궐석재판에서 사형선고를 받았
지만 형집행은 이루어지지 않았
다.

레옹 드그렐Léon Degrelle[1]의 지휘를 받는 친나치 프랑스계 벨기에인들
로 구성된 무장친위대 왈룬인 사단Division 'Wallonien'[2] 소속 1개 분견대
였다. 레옹 드그렐은 히틀러가 아들로 삼겠다고 말했다는 사람으로
서 예하 부대를 이끌고 국가청사 폐허 위에서 끝까지 싸우게 된다.

쥬코프의 전선군과 코네프의 전선군은 3월 후반기와 4월 첫째 주
동안 베를린 강습에 필요한 부대와 보급물자를 모았다. 쥬코프는
예하 포병에 공급할 포탄 700만 발을 비축했다. 이 포병은 킬로미터
당 대포 295문의 밀도로 집체를 이루게 된다. 공세 개시지점인 나이
세 강 건너편에 강습진지를 장악할 필요가 있는 코네프는 발판을
장악할 120개 공병대대와 13개 교량설치대대, 그리고 작전을 엄호할
항공기 2,150대를 한데 모았다.

쥬코프와 코네프가 대대적인 강습을 준비하는 동안, 톨부힌과
말리놉스키가 전진을 재개해서 헝가리 중부에서 치고 나와 빈으로
돌진했다. 4월 1일에 그들의 전차부대가 드넓은 도나우 평야를 가
로지르며 북쪽으로 경주를 시작해서 독일군 기갑여단들을 쓸어내
버렸다. 이 여단들이 야전에 배치할 수 있는 전차는 각각 7~10대
를 넘지 않았다. 톨부힌의 선봉돌격부대가 4월 6일까지 빈의 서쪽
근교와 남쪽 근교에 들어갔고, 4월 8일에는 도심에서 격렬한 싸움
이 벌어졌다. 현지 무장친위대 부대는 거점으로 삼은 기념물의 안전
을 완전히 무시하면서 광신적으로 싸웠다. 순환도로의 건물 둘레에
서 직사포격 대결이 벌어졌고, 튀르크군의 1683년 포위공격[3]에 저
항했던 고도古都의 심장부에 있는 그라벤Graben 거리와 쾨르트너 거
리Körtnerstraße에서 치열한 싸움이 벌어져 시극장Burgtheater과 오페라극
장이 완전히 불에 탔다. 호프부르크Hofburg 왕궁과 알베르티나Albertina
미술관과 미술사 박물관Kunsthistorischemuseum은 기적처럼 살아남았다.
그러나 독일군 수비대의 생존자들이 북쪽으로 떠밀려가 4월 13일에
제국 다리Reichsbrücke를 건너 도나우 강을 넘었을 때, 그들 뒤에서는

3. 16세기 이후로 오스트리아와
대립해오던 튀르크가 15만 대군
을 이끌고 1683년 3월부터 공세
를 펼쳐서 7월 14일에는 빈을 포
위했다. 농성을 하며 버티던 오
스트리아군이 9월 12일에 동맹
국 폴란드가 보낸 원군과 함께
튀르크군을 협공해서 물리쳤다.

유럽 문명의 위대한 보고寶庫 가운데 하나가 불에 타며 몇 에이커씩 파괴된 채로 있었다.

라인 강 건너기

이때 서부에서도 독일제국의 대도시들이 연합국의 공격을 받아 무너지고 있었다. 3월 초에 8개 군이 라인 강 서안에 북쪽에서 남쪽 순으로 캐나다군 제1군, 연합 제1공수군, 영국군 제2군, 미군 제9군·제1군·제3군·제7군, 프랑스군 제1군이 정렬했다. 프랑스군 제1군은 라인 강 건너편에 있는 슈바르츠발트를 마주보고 있었다. 패튼의 제3군과 패치의 제7군은 아직도 아이펠의 험준한 지형으로 라인 강과 떨어져 있었지만 깊은 회랑을 파 들어가서 3월 10일까지 라인 강에 이르는 데 성공했다. 아이젠하워의 라인 강 도하계획은 넓은 정면에 가해지는 신중한 강습으로 이루어져 있었고, 거대한 루르 대공단지역을 북쪽에서 포위할 목적으로 캐나다군 제1군, 영국군 제2군, 미군 제9군과 제1군이 가장 큰 몫을 하도록 되어 있었다. 각각 플런더Plunder와 그리네이드Grenade라는 암호명이 붙은 영국군 제2군과 미군 제9군의 작전은 수많은 수륙정이 강을 건너고 공격에 앞서 폭격과 포격이 묵직하게 퍼부어지고 연합 제1공수군 소속 2개 사단이 라인 강 동안의 독일군 방어진지 배후에 강하하는, 거대하고 장엄한 공세였다. 두 작전은 3월 23일에 개시되었고, 저항은 가벼웠다. 85개 사단을 보유한 연합군 해방군은 이제 병력이 400만 명을 헤아린 반면, 독일 서방군의 실병력은 26개 사단에 지나지 않았다.

그러나 아이젠하워가 세운 계획의 전개는 한 우연한 사건으로 이미 바뀌어버렸다. 미군 제1군 소속 제9기갑사단의 선봉돌격부대가 3월 7일에 쾰른 밑에 있는 레마겐Remagen에서 라인 강에 놓인 철도교량 하나가 무방비상태에 있는 것을 발견하고는 달려가서 건너편에 교두보를 만들었다. 처음에는 이 교두보가 활용되었지만, 패튼의 제3군이 3월 22일에 기습강습으로 오펜하임Oppenheim 근처에 다른 교두보를 하나 더 만들었다. 따라서 독일군의 라인 강 방어가 멀리 떨어진 두 군데에서 무너졌다. 한 군데는 루르였고 다른 한 군데는 라인 강이 마인츠Mainz에서 마인Main 강과 합류하는 곳이었다. 이렇게 되어 서부의 독일 국방군 진지 전체가 대규모로 포위될 위협을 받았다. 히틀러가 3월 10일에 그 전역戰域의 최고사령관 자리에서 룬트슈테트를 경질해버렸다(이 노전사의 세 번째이자 마지막 해임이었다). 히틀러는 이탈리아 반도에서 위로 치고 올라오는 영미군을 봉쇄하는 데 큰 성공을 거두었던 케셀링을 이탈리아에서 데려와 룬트슈테트와 교체했다. 그러나 사령관을 바꾸었다고 해서 연합군 7개 군의 독일 서부지방 침투를 피해 비껴갈 수는 없었다. 영국군 제2군과 캐나다군 제1군이 함부르크를 겨누어 독일 북부로 밀고 들어갔고, 미군 제9군과 제1군이 루르 포위에 들어가 4월 1일에 포위를 완료해서 독일 군인 32만 5,000명의 항복을 받아내고 이들의 사령관인 모델을 자살하게 만들었다. 같은 시기에 패튼의 제3군이 독일 남부로 저돌적으로 치고 들어가기 시작했고 5월 초에는 프라하와 빈 두 곳의 30마일 안까지 들어가 있게 된다.

4월 11일 저녁에 미군 제9군이 독일에서 소련이 점령할 구역과 서구국가가 점령할 구역 사이의 경계선으로 지난해에 지정된 엘베 강에 도달했다. 마그데부르크에서 제2기갑사단이 엘베강 건너에 교두보를 장악했고 다음날 제83사단이 바르비Barby에 교두보를 하나 더 만들었다. 제83사단 병사들은 자기 사단이 4월 14일에 교두보를 확대한 뒤 베를린에서 겨우 55마일 떨어진 곳에 있었기 때문에 자기들이 베를린으로 가리라고 믿었다. 그러나 그 생각이 틀렸다는 말이 금세 전선을 타고 내려왔다. 아이젠하워는 연합국 간 협정을 지켜야 했다. 그 협정에 따라 중앙구역에 있는 그의 미군 부대는 있는 그 자리에 머무르는 한편, 영국군과 캐나다군은 독일 북부를 계속 소탕하고 최남단에 있는 미군과 캐나다군은 바이에른을 장악하고 연합군 첩보부서가 독일군이 '국가요새'를 만들고 있을지도 모른다고 시사한 영토를 점령했다.[4] 베를린의 장악은 오로지 붉은군대에게만 맡겨진 일이었다.

그러나 그것은 단순한 전쟁 작전이 아니라 경쟁관계에 있는 무인 사이의 경주였다. 스탈린은 1944년 11월에 쥬코프에게 — 자기의 개인 군사자문관이자 육군 상급참모장교이자 작전사령관으로서 붉은군대의 승리를 이끌어낸 주역인 — 그가 베를린을 점령하는 특전을 가져야 한다고 말한 적이 있다. 그런 뒤, 서구열강이 아니라 소련이 독일제국의 수도에 맨 처음 들어가도록 만들 목적으로 4월 1일에 모스크바에서 열린 스탑카 회의에서 총참모부의 안토노프A. I. Antonov 장군이 쥬코프의 전선군과 코네프의 전선군 사이에 경계선을 어떻게 그어야 하느냐는 문제를 제기했다. 베를린을 향한 돌진에서 코네프를 배제하면 마지막 작전이 필요 이상으로 어려워질 터였다. 스탈린은 논거를 듣고 난 다음 전황지도에 연필로 줄을 그어 두 장군의 접근 경로를 베를린 시에서 40마일 떨어진 곳까지 표시한 뒤 말했다. "누구든지 먼저 밀고 들어가는 사람이 베를린을 차지하도록 합시다."

베를린 함락

그 두 전선군이 4월 16일에 오더 강을 뛰어 건넜다. 쥬코프의 전선군에서는 강습의 선봉에 서는 영예가 (스탈린그라드를 방어했던 예전의 제62군인) 츄이코프 예하 제8근위군에 돌아갔다. 제8근위군 군인들은 다가오는 전투에서 뒤로 물러설 생각을 하지 않고 싸우겠다고 맹세했다. 그러나 제8근위군이 맡은 구역에서 독일군의 저항이 유난히 거셌고, 그날이 끝날 무렵에 더 많이 전진한 부대는 다름 아닌 코네프의 전선군이었다. 코네프는 4월 17일에 더 빠르게 계속 전진해서 베를린을 흐르는 하천인 슈프레Spree 천에 다가섰고, 전화에

4. 전략첩보국은 1944년에 베르히테스가덴 부근에 나치가 최후의 저항거점으로 '국가요새'를 만들었을 가능성을 경고했다. 1945년 4월에 미군이 일부 부대를 빼돌려 이 지역을 점령했지만, 결국 '국가요새'는 없다고 판명되었다.

대고 쥬코프의 기갑부대가 독일군 대전차 공격반의 거센 저항에 부딪혀 힘들게 나아가고 있는 동쪽의 직선로보다는 자기가 현재 남쪽에서 베를린 강습을 개시하기에 더 좋은 위치에 있다고 스탈린을 설득했다. 이때 쥬코프가 참을성을 잃고 부하 지휘관들에게 예하 부대를 손수 이끌고 독일군 방어진지를 공격하라고 요구했으며, "주어진 임무를 수행할 능력이 없"거나 "결의가 부족하다"고 보이는 장교를 그 자리에서 해임하겠다고 윽박질렀다. 이런 경고에 힘입어 전진속도가 갑자기 눈에 띄게 늘어나서 젤로우Seelow 고지를 통과했다. 쥬코프의 부하들은 19일 저녁까지 오더 강과 베를린 사이에 있는 세 겹의 방어선을 모두 깨뜨리고 베를린을 강습할 태세를 갖추었다.

이때 로코솝스키의 제2백러시아 전선군은 아직 방어가 유지되던 오더 강 하류의 독일군 방자를 북쪽에서 밀어붙여서 쥬코프의 전진을 거들고 있었다. 쥬코프는 코네프의 전선군이 코트부스Cottbus를 통과해서 슈프레 천을 따라 독일 육군 최고사령부 본부인 초센Zossen까지 신속하게 전진하자 더 초조해했다. 코네프의 전선군이 상류층이 사는 베를린 근교를 남쪽에서 장악할 기미를 보였기 때문이다. 코네프가 예하 선봉군에 "오늘밤에 기필코 베를린으로 돌파해 들어가라"는 명령을 내린 4월 20일 저녁에 쥬코프는 제6돌파포병사단의 대포들을 가져와 제3제국Drittes Reich[5] 수도의 거리를 포격하기 시작했다.

4월 20일에 벙커 속에서 쉰여섯 번째 생일을 기이하게 엄숙한 분위기에서 보낸 히틀러가 벙커를 잠시 떠나 프룬츠베르크Frundsberg 사단의 한 무장친위대 부대를 사열했고 연합군의 드레스덴 폭격 공습으로 부모를 잃고 고아가 되어 수도를 방어하던 히틀러유겐트 청소년 1개 분대에게 훈장을 주었다. 이것이 공중 앞에 선 그의 마지막 모습이 된다. 그런데도 독일을 다스리는 그의 권력에는 아무런 탈이 없었다. 그는 3월 28일에 구데리안 독일 육군 참모총장을 해임하고 한스 크렙스Hans Krebs 장군으로 교체했다. 한때 모스크바 주재 육

5. 나치당 선전기구가 나치 치하의 독일(1933~1945)을 일컫는 데 쓴 표현. 나치 독일이 제1제국인 신성로마제국과 제2제국인 독일제정(Deutsches Kaiserreich, 1871~1919)의 뒤를 잇는 국가라는 주장에서 비롯된 이름이었다. '천년제국(Tausendjähriges Reich)'이라는 표현도 있었지만 1939년부터는 쓰이지 않았다.

⬆ 돌더미가 널려 있는 국가청사의 정원에서 제3제국 소년 방어부대원의 볼을 토닥이며 쉰여섯 번째 생일을 보내는 히틀러.

군무관이었던 크렙스가 이제 벙커 속에서 육군참모총장 자리에 올라 히틀러의 곁에 선 것이다. 곧이어 영도자는 괴링 독일 공군수장과 히틀러 친위대장을 비롯해서 자기 생일을 축하하려고 벙커로 겨우 찾아온 다른 사람들을 해임한다. 이 명령을 기꺼이 이행하는 독일인이 모자라지 않을 터였다. 무단이탈병의 목을 가로등에 매달기 시작한 '이동 군법회의'의 위협을 받았든 안 받았든 나치정권을 위해 계속 싸우려고 나서는 독일인이 모자라지 않았다는 점이 더 대단했다. 전쟁기간 내내 히틀러의 지휘관 회의가 열릴 때마다 그의 곁에 있었던 친우인 카이텔과 요들이 4월 22일에 벙커를 떠나 퓌르스텐베르크Fürstenberg에서 피난처를 구했다. 베를린 북쪽 30마일 지점에 있는 퓌르스텐베르크는 이른바 거물들Prominenten[6], 즉 탄탄한 인맥을 가진 일단의 외국인 재소자들이 볼모로 잡혀 있던 라벤스브뤽Ravensbruck 집단수용소와 가까워서 유리한 곳이었다. 되니츠 해군대장은 4월 21일에 영도자와 마지막 면담을 한 뒤 곧바로 발트 해의 킬 가까이에 있는 플뢴Plön으로 갔다. 그는 3월에 해군사령부를 플

6. 나치가 나중에 교환 대상으로 삼을 가능성을 염두에 두고 특별히 관리한 저명한 정치범들.

린에 옮겨 놓았다. 군수공업의 수장인 슈페어는 히틀러가 있는 벙커에 4월 23일에 들렀다. 다른 방문자로는 아직도 외무장관인 리벤트로프, 부관인 율리우스 샤웁Julius Schaub, 해군 대표인 카를 예스코 폰 푸트카머Karl Jesko von Puttkamer 제독, 개인 주치의인 테오도르 모렐Theodor Morell 박사가 있었다. 히틀러의 최측근 가운데에는 모렐이 히틀러에게 중독성이 있는 약을 먹여서 특권적인 지위를 확실하게 차지했다고 믿는 사람이 많았다.

히틀러가 — "가고 싶은 사람은 누구라도 가도 좋다! 나는 여기 남는다"며 — 떠나기를 거부한다고 분명히 선언한 4월 22일과 그가 스스로 목숨을 끊은 4월 30일 사이의 한 주 내내 벙커 밖에서 베를린 수비대가 야금야금 파고들어 오는 러시아군 부대와 치열한 싸움을 계속 벌이는 동안 다른 사람 몇 명이 크나큰 위험을 뚫고 벙커로 찾아왔다. 이 가운데에는 괴링 후임으로 독일 공군사령관이 된 로베르트 리터 폰 그라임Robert Ritter von Greim 장군과 이름난 시험 비행기 조종사 한나 라이치Hanna Reitsch[7]도 있었는데, 이 두 사람은 훈련기를 타고 동서축로Ost-West-Achse에 내리는 데 성공했다.

4월 21일 아침에 쥬코프 예하 전차들이 북쪽 교외에 들어왔고, 그 뒤를 따라 들어온 부대들이 포위공격전을 위해 재편성되었다. 스탈린그라드 전투에서 싸운 적이 있는 츄이코프는 무엇이 필요한지 알고 있었다. 대전차포 대여섯 문의 지원을 받는 보병 1개 중대, 1개 전차부대나 1개 돌격포부대, 2~3개 공병소대, 1개 화염방사기소대로 강습대가 구성되었다. 포위공격전 이론에 따라, 강습 무기를 써서 도시 블록에 있는 저항군을 폭파해 날려버리거나 불태운 다음 보병이 공격해 들어갔다. 그 위로는 중포와 로켓 발사대가 괴멸적인 일제포격을 날려보내 다음 단계인 근접 시가전의 사전 정지작업을 했다. 의무반이 뒤에 가까이 있었다. 시가전에서는 근거리에서 총에 맞아 생기는 사상피해뿐만 아니라 무너지는 파편에 맞거나 층 사이

7. 독일의 비행기 조종사(1912~1979). 글라이더로 알프스 산맥을 넘은 최초의 여성 조종사다. 20살부터 비행기 조종술을 배웠으며, 각종 기록을 달성하며 명성을 얻었다. 1937년부터는 독일 공군이 개발한 신형기를 실험하는 조종사가 되었다. 열성 나치당원이며 폰 그라임의 연인이기도 했다. 종전 뒤에도 명성을 유지해서 케네디 대통령의 초청을 받아 백악관을 방문하기도 했다.

에서 떨어져서 생기는 사상피해가 유난히 높다.

4월 21일에 초센이 코네프의 전선군 손에 들어갔다. 정복되지 않은 나머지 독일 지역 곳곳에 있는 육군부대가 보내는 메시지가 초센의 정교한 전화·전신인자기 본부에 여전히 들어오고 있었다. 다음날 마침내 스탈린이 베를린 한복판으로 들어가는 전진을 위한 돌파공격선을 그었다. 코네프의 구역은 안할터Anhalter 철도역으로 정해졌고, 이 철도역을 통해 코네프의 전위가 독일 국회의사당Reichstag과 히틀러의 벙커에서 150야드 떨어진 지점에 이르렀다. 그러나 예하부대가 이미 베를린 시 거리로 깊숙이 파고 들어간 쥬코프가 스탈린이 지난해 11월에 약속했던 대로 결국은 '베를린의 정복자'가 된다.[8]

그러나 독일군의 저항이 여전히 거세지고 있었다. 벙커에서 히틀러는 베를린 시에서 가장 가까운 곳에 있는 두 잔존부대, 즉 발터 벵크Walther Wenck 장군의 제12군과 테오도르 부세Theodor Busse의 제9군이 어디 있는지 알아내라고 끊임없이 재촉했다. 히틀러가 자기를 구하러 오지 않는다고 비록 욕을 해댔지만, 두 장군은 서쪽과 남동쪽에서 열심히 싸우며 소련군의 전진을 막거나 물리치고 있었다. 그렇지만 4월 25일이 되면 코네프와 쥬코프가 남쪽과 북쪽에서 베를린 시를 에워싸는 데 성공했고 도시 안에 있는 저항군을 제압할 유례 없는 대군을 집중해 놓고 있었다. 코네프는 도심을 강습하는 마지막 단계를 위해서 말 그대로 포가砲架의 바퀴와 바퀴가 거의 맞닿을 만큼 킬로미터당 대포 650문의 밀도로 포병을 집중해 놓았고, 소련군 제16항공군과 제18항공군을 데려와서 베를린 안에 있는 공항인 템펠호프Tempelhof 비행장을 경유하거나 (그라임과 라이치가 극적으로 내렸다가 결국은 떠난) 도심 동서축로를 이용해서 무기를 방어외곽선 안으로 공수하려고 아직도 애쓰고 있는 독일 공군 잔존부대를 몰아냈다.

대포 1만 2,700문과 로켓 발사대 2만 1,000대와 전차 1,500대의

8. 코네프 예하 제1우크라이나 전선군의 전위부대가 독일 국회의사당 바로 앞까지 전진했다가 쥬코프 예하 부대와 마주쳤다. 다급해진 쥬코프가 화를 낸다는 보고를 받은 코네프는 전위부대 사령관에게 전화를 걸어 서쪽으로 방향을 돌려 베를린의 나머지 지역을 평정하라는 명령을 내렸다.

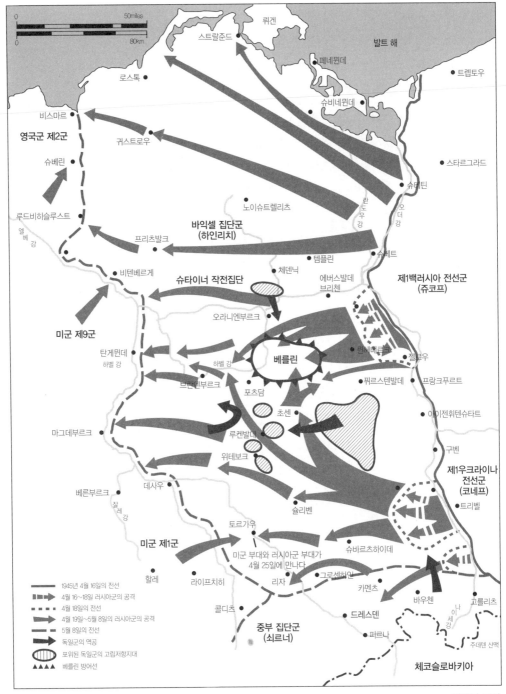

베를린 포위

지원을 받는 소련군 부대원 46만 4,000명이 4월 26일에 도심을 에워싸고 포위전의 마지막 강습을 개시할 태세를 갖추었다. 이때 주민의 상황은 끔찍했다. 수만 명이 거대한 콘크리트 '고사포탑' 안으로 몰려 들어갔다. 도심에 우뚝 솟은 '고사포탑'은 고폭탄에도 끄떡없는 건물이었다. 나머지 주민은 거의 예외 없이 지하실로 들어갔다. 지하실의 주거상태는 금세 불결해졌다. 무자비한 포격으로 전기·가스 공급과 하수도가 끊겨버린 한편으로 먹을 것이 동났고 물도 마찬가지였다. 더욱이 전투부대 뒤에서 제2진 부대가 돌아다녔는데, 이 가운데에는 풀려난 전쟁포로가 많았다. 이들은 남녀노소 가리지 않고 모든 독일인에게 개인적으로 쓰라린 한이 맺힌지라 강간과 약탈과 살인으로 증오를 발산했다.

불타는 건물과 전투의 열기에서 피어 오른 연기의 장막이 베를린 상공 1,000피트까지 솟구친 4월 27일이 되면 아직도 독일군의 손에 있는 도시 지역은 동서 방향으로 내달리는 길이 10마일, 너비 3마일 가량의 좁다란 땅으로 줄어들어 있었다. 히틀러는 벤크가 어디 있는지 알아내라고 다그치고 있었다. 그러나 벤크는 부세Busse의 제9군이 그랬던 것처럼 돌파에 실패했고, 한편 만토이펠 예하 제3기갑군의 잔존부대는 서쪽으로 퇴각하고 있었다. 이제 베를린을 방어하는 부대는 외국인 무장친위대 부대의 부스러기를 비롯한 잔존물이었다. 뒤죽박죽인 싸움 속에서 벙커 주위로 내던져진 드그렐의 왈룬인과 더불어 발트인과 샤를마뉴 사단의 프랑스인이 그들이었다. 이들 국가사회주의 혁명의 마지막 광신도가 4월 28일에 빌헬름 거리 Wilhelmstraße와 벤들러 거리Wendlerstraße, 그리고 국가청사 부근에 있는 정부청사들을 지키려고 싸우고 있었다. 존 에릭슨 교수는 그 광경을 다음과 같이 서술했다.

베를린의 이름난 동물원인 티어가르텐Tiergarten은 날개를 퍼덕이고 끽끽 울

어대는 새들과 우리에서 나와 상처 입은 동물들로 난장판이었다. 도시의 삶을 지배하는 '지하실 부족'이 기어 나와 이리저리 돌아다녔다. 이들은 목숨에 연연해하며 약간의 온기와 필사적인 임시변통으로 마련한 음식을 나누었다. 그러나 포격이 멈추고 강습부대가 집 사이를 지나 광장을 가로질러 전진한 다음에, 야수 같고 술에 취하고 종잡을 수 없는 자들이 나타나 강간을 일삼고 무지막지하게 물건을 빼앗아 지하실 부족 사회의 공포를 키웠다. …… 러시아군이 아직 날뛰지 않는 곳에서는 무장친위대가 무단이탈병을 뒤쫓고 반항이나 항변을 용납하지 못하는 매서운 얼굴의 젊은 장교의 명령에 따라 사병들의 목을 매달았다.

같은 날 국가청사와 국회의사당 부근 도심지역을 지키는 독일군 방자가 슈프레 천 위에 놓인 몰트케 다리를 폭파해서 북쪽에서 '성채'라는 명칭이 붙은 도심으로 치고 들어오는 러시아군의 돌파 공격을 물리치려고 시도했다. 폭파된 몰트케 다리는 부서지기는 했지만 무너지지는 않았고, 이튿날 이른 새벽에 러시아군이 야음을 틈타 급습해서 다리를 차지했다. 그다음에 러시아군이 '히믈러의 집'이라는 이름을 붙인 내무부를 놓고 — 그리고 얼마 뒤에는 국회의사당을 놓고 — 치열한 전투가 벌어졌다. 4월 29일에 일찍부터 국가청사에서 4분의 1마일이 채 떨어지지 않은 곳에서 싸움이 벌어졌으며, 러시아군의 묵직한 포격으로 국가청사가 부서지고 있었다. 그동안, 탄공이 숭숭 나 있는 정원의 지표면 55피트 밑에서는 히틀러가 일생의 마지막 결단을 내리고 있었다. 그는 볼셰비즘과 유대인에 맞서 계속 싸우라고 명하는 자기의 '정치 유언'을 불러주어 받아 적게 하면서 그날 첫 나절을 보낸 다음 이 유언의 사본을 믿을 만한 부하에게 맡기며 전투가 벌어지는 전선을 통과해 독일 국방군 최고사령부 본부와 쇠르너 육군원수와 되니츠 해군대장에게 몰래 가져다주라고 명령했다. 그는 별도의 법령으로 쇠르너를 자기 후임으로 독일 육군 총사령관에 임명하고 되니츠를 국가수반에 임명했다. 이렇게 해서 플뢴에 있는 되니츠의 사령부가 독일제국의 임시정부 소재지가 되었고, 되니츠는 5월 2일까지 그곳에 머무르다가 슐레스비히-홀슈타인의 플렌스부르크Flensburg 근처 뮈르빅Mürwik에 있는 해군 사관학교로 옮겨갔다. 또한 히틀러는 최근에 '초토화' 정책 실행을 거부하는 불복종행위가 드러났다며 슈페어를 해임했고, 괴링과 히믈러를 나치당에서 쫓아냈다. 괴링은 감히 자기가 히틀러의 직위를 승계한다는 약속을 받으리라고 예견한 탓이었고 히믈러는 허가를 받지도 않고 강화를 맺겠다고 서구 연합국에 접근한 탓이었다. 히틀러는 이미 리터 폰 그라임을 독일 공군사령관에 임명해 놓았고 정치 유언장에서 군사와 정치와 연관된 다른 18개 직위의 임명을 되니츠에게 명시했다. 또한 그는 '성채'를 방어하는 국민돌격대 부대에서 급히 불려온 베를린 시행정관 한 사람이 주례를 선 민사 결혼식을 치러 4월 15일에 벙커에 도착했던 에바 브라운Eva Braun[9]과 결혼했다.

히틀러는 4월 28/29일 밤에 잠을 자지 않고 4월 29일 오후까지 개인 숙소에 틀어박혀 나오지 않았다. 그는 10시에 시작된 저녁회의에 참석했지만, 벙커의 무선 송수신 안테나를 지지하는 풍선이 그날 아침에 총에 맞아 떨어지고 전화 교환기가 바깥 세상과 더는 연결되지 않았기 때문에 회의는 형식이었다. 베를린의 '요새' 사령관인 카를 바이틀링Karl Weidling 장군이 5월 1일이면 러시아군이 틀림없이 국가청사까지 돌파해 오리라고 경고하면서 아직도 전투능력을 갖추고 있는 부대에 명령을 내려 포위를 뚫고 베를린에서 빠져나가야 한다고 촉구했다. 히틀러는 그 가능성을 일축했다. 그가 자기의 최후를 각오하고 있음이 분명했다.

4월 29/30일 밤에 히틀러는 지난 몇 주 동안 계속 자기 시중을 들어주었던 — 비서와 간호사와 요리사 등 — 여자들의 작별인사를 먼저 받은 다음 — 부관과 당기관원과 관리 등 — 남자들의 작별

9. 히틀러의 연인(1912~1945). 히틀러 전속 사진사의 조수로 일하다가 1930년에 히틀러와 만났고, 1936년부터 히틀러의 연인이 되었다. 히틀러에게 맹목적으로 헌신했으며, 1945년 4월 29일에 영도자 벙커에서 히틀러와 결혼식을 올린 뒤 동반자살했다.

인사를 받았다. 그는 4월 30일 이른 아침에 잠시 눈을 붙였다가, 빌헬름 몬케Wilhelm Mohnke 국가청사 친위대사령관이 건물 주위에서 벌어지는 전투의 진척을 보고하는 전황회의에 참석한 다음 자기가 총애하는 여비서 두 사람과 점심을 먹기 위해 회의를 멈추었다. 그 두 사람은 라스텐부르크와 빈니차에서 히틀러와 오랜 기간을 함께 지냈던 게르다 크리스티안Gerda Christian과 트라우들 융에Traudl Junge[10]였다. 그들은 국수와 샐러드를 먹고 띄엄띄엄 개 이야기를 했다. 방금 전에 히틀러는 애지중지하던 알자스 종 암캐 블론디Blondi와 강아지 네 마리를 자기에게 쓸 용도로 정해둔 독약으로 죽이도록 했고, 개의 주검을 살펴보아서 독약의 효과가 있는지 직접 확인했다. 이제는 히틀러 부인이 된 에바 브라운은 숙소에 남아 있다가 3시쯤 나타나 히틀러와 함께 서서 벙커에 머무르던 보르만과 괴벨스와 다른 고위 측근과 악수를 했다. 그런 다음 히틀러가 에바 브라운과 함께 개인 숙소로 들어갔고 — 괴벨스 부인이 잠시 이성을 잃고 그 숙소로 밀고 들어가서는 히틀러가 탈출해서 베르히테스가덴으로 가야 한다고 애원했으며 — 바깥에서 기다리는 장례반이 시간을 잰 몇 분 뒤에 같이 청산가리를 먹었다. 동시에 히틀러는 군용 권총으로 자신을 쏘았다.

이보다 한 시간 앞서서 쥬코프 예하 전선군 제3충격군 제150사단 제756소총연대 제1대대 소속 병사들이 베를린 포위전의 종식을 상징하는 점령지점으로 선정된 국회의사당의 2층에 (군사위원회가 그에 앞서 제3충격군에 나누어준) 승리의 붉은 기 아홉 개 가운데 하나를 꽂았다. 의사당 건물은 방금전에 러시아군의 152밀리미터 중포와 203밀리미터 중포 89문의 직격타를 얻어맞았다. 그러나 의사당의 독일군 수비대는 아직 무사했고 싸움을 멈추지 않고 있었다. 의사당 건물 안의 전투는 오후와 저녁 내내 벌어지다가 10시가 조금 지났을 때 마지막 강습을 해서 제756소총연대 제1대대의 붉은군대

10. 융에는 훗날 서방의 언론매체에 히틀러의 최후를 증언했고, 가까이에서 관찰한 히틀러에 관한 회고록을 남겼다. 『히틀러, 여비서와 함께 한 3년』(문은숙 옮김, 한국경제신문, 2005).

군인 두 사람, 즉 미하일 예고로프Mikhail Egorov와 멜리톤 칸타리야 Meliton Kantariia가 독일 국회의사당의 둥근 지붕에 승리의 붉은 기를 올린 다음에야 멈췄다.

이 무렵이면 장례반이 히틀러 부처의 주검을 국가청사 정원의 한 탄공에 넣고 불태워버린 뒤였다. 국가청사 창고에서 가져온 석유로 붙인 불길이 일단 꺼지자 유해를 근처에 있는 다른 탄공에 묻었다(이 탄공에서 러시아군이 5월 5일에 유해를 파낸다). 포탄이 정원과 국가청 사 구역에 떨어지고 있었고, '성채' 안에 있는 모든 정부청사 건물에 서 싸움이 벌어지고 있었다. 그런데도 히틀러가 자기 후임자로 되니 츠를 국가수반에 지명할 때 동시에 제국총리에 임명된 괴벨스는 러 시아군과 접촉해 휴전을 해서 강화협상 준비가 이루어질 수 있도록 하는 것이 중요하다고 생각했다. 벙커에 팽배한 오도된 분위기 속에 젖어 있던 그는 강화협상이 가능하다고 믿었던 것이다. 4월 30일 저 녁 늦게 대령 한 사람이 가장 가까운 러시아군 사령부에 특사로 파 견되었고, 3월 28일 이후로 육군참모총장이었지만 예전에 (바르바로 사 작전이 벌어지던 시기에) 모스크바 주재 육군무관이었고 러시아어 를 할 줄 아는 크렙스 장군이 5월 1일 이른 아침에 불타고 있는 폐 허를 헤치고 앞으로 나아가 자리에 나온 소련군 고위장교와 담판을 했다. 그 고위장교는 지금은 제8근위군 사령관이지만 두 해 전에는 스탈린그라드 포위전에서 러시아군 방자를 지휘했던 츄이코프였다.

이상한 4인 대화가 진행되었다. 츄이코프가 크렙스의 말을 다 들 은 다음 전화로 쥬코프에게 연결되고, 이번에는 쥬코프가 모스크바 에 있는 스탈린에게 말을 전했다. 츄이코프 장군이 다음과 같이 말 했다. "츄이코프가 보고합니다. 크렙스 보병대장이 여기 있습니다. 그는 독일 당국으로부터 우리와 대화를 벌일 권한을 부여받았습니 다. 그는 히틀러가 자살로 삶을 마감했다고 말합니다. 나는 당신에 게 이제는 권력이 괴벨스와 보르만과 되니츠 제독에게 있다고 스탈린 동무에게 통보하기를 청합니다. …… 크렙스가 군사 작전을 즉시 중지하자고 제안합니다." 그러나 크렙스는 보르만과 괴벨스처럼 연합국이 마치 히틀러의 계승자들이 주권 정부의 권한을 적법하게 물려받은 사람들인 양 자기들과 담판을 벌일 준비가 되어 있으리라는 믿음을 버리지 않았다. 대화에 금세 짜증이 난 스탈린은 유일한 조건은 무조건 항복이라고 퉁명스레 말하고는 잠자리로 갔다. 쥬코프는 조금 더 대화를 계속했지만, 그런 다음 자기 대리인 소콜롭스키 장군을 보내고 있다고 말하고 통화를 끊었다. 소콜롭스키와 츄이코프가 함께 크렙스와 끝이 없는 교섭을 벌였다. 크렙스는 자기의 신임장을 입증하는 데 어려움을 겪었고, (전령으로 두 차례 의사소통을 한) 벙커에서 최근에 일이 어떻게 돌아가는지 도통 알지 못했다. 츄이코프의 참을성이 결국은 바닥났다. 그는 5월 1일 오후 일찍 크렙스에게 새 정부의 권한은 "히틀러가 죽었고 히틀러는 배반자라는 것을 발표할 가능성에, 그리고 ― 소련과 미국과 영국 ― 세 나라 정부와 완전항복을 협상하는 일"에 국한된다고 말했다. 츄이코프는 "포탄을 퍼부어라. …… 협상은 더는 없다. 그곳을 강습하라"는 명령을 예하 부대에 내려보냈다. 5월 1일 오후 6시 30분에 베를린에 있는 소련군의 모든 대포와 로켓 발사대가 평정되지 않은 지역에 포화를 개시했다. 이 분출은 벙커에 남아 있는 자들에게 승계업무를 처리한다는 희망이 몽상이라는 신호가 되기에 충분했다. 두 시간쯤 뒤에 ― 방금 전에 독약을 먹여 여섯 자녀를 죽인 ― 괴벨스와 그의 부인이 국가청사 정원에서 히틀러의 무덤 가까이에서 스스로 목숨을 끊었다. 이들의 주검은 아무렇게나 태워져 근처에 묻혔다. 벙커에 남았던 나머지 사람들, 즉 보르만 같은 고관들과 더불어 아랫사람들이 이제 스스로 탈출반을 만들어 불타는 폐허를 헤치고 길을 뚫어 바깥 교외에 있는 안전하리라고 기대하는 곳으로 향했다. 한편, 소련군 부대원들은 ― 이해가 가는 일이지만 베를린 포위전이

분명히 막바지에 이른 시점에서 죽거나 다칠 위험을 무릅쓰기를 꺼리며 — 끊임없는 포화의 일제사격 뒤에서 안으로 밀고 들어갔다. 독일군 제61기갑군단이 5월 2일 이른 아침에 휴전 청원서를 전해왔다. 베를린 '성채' 사령관인 바이틀링이 오전 6시에 러시아군에 항복했고 인도를 받아 츄이코프의 사령부로 와서 투항신호를 다음과 같이 구술했다. "1945년 4월 30일에 영도자가 스스로 목숨을 끊었으며, 따라서 ─ 그에게 충성 맹세를 한 ─ 우리는 홀로 남겨졌다. 독일 군인 제군은 탄약이 다 떨어졌다는 사실에도, 그리고 전반적인 상황상 우리가 더 저항하는 것이 아무런 의미가 없음에도 영도자의 명령에 따라 베를린을 위해 싸워야 했다. 나의 명령은 다음과 같다. 저항을 즉시 중단하라."

존 에릭슨의 말을 빌리면, "5월 2일 오후 3시에 소련군 대포가 베를린 포격을 중단했다. 거대한 정적이 감싸며 내려앉았다. 소련군은 환호성을 올리고 함성을 지르면서 먹을 것과 마실 것을 꺼냈다. 소련군 전차대열이 한때는 히틀러의 열병로였던 길에 늘어서서 사열을 받으려고 정렬해 있었다. 승무원들이 이 휴전 소식을 듣고는 전차에서 뛰어내려 상대를 가리지 않고 껴안았다." 이들을 에워싼 평화는 무덤의 평화였다. 포위전에서 베를린 시민 12만 5,000여 명이 죽었다. 상당수가 자살이었고, 그 자살에는 크렙스와 벙커에 있던 다른 사람들이 끼어 있었다. 그러나 십중팔구 다른 사람 수만 명이 4월에 동쪽에서 서쪽을 향한 독일인의 대이주에서 죽었을 것이다. 4월에 800만 명이 프로이센과 포메른과 슐레지엔에 있는 고향을 떠나 붉은군대를 피할 피난처를 찾아서 영미군 점령지역으로 들어갔다. 전쟁을 통틀어 가장 기이한 보안 실책의 하나로 모스크바와 런던과 워싱턴 사이에 합의된 경계 설정선이 1944년에 독일인에게 알려졌다. 독일 국방군이 서부에서 마지막 싸움을 벌인 동기는 가능한 마지막 순간까지 엘베 강을 건너는 후퇴선을 열어 두려는 간절한 마음이었다. 민간인들도 안전한 곳이 어디에 있는지 알고 붉은군대보다 앞서서 그 안전한 곳으로 ─ 그러나 끔찍한 대가를 치르면서 ─ 간 듯하다.

베를린 포위전 승리가 붉은군대에 안겨준 대가도 끔찍했다. 쥬코프와 코네프와 로코솝스키의 전선군들이 4월 16일과 5월 8일 사이에 전사와 부상과 행방불명으로 30만 4,887명, 즉 병력의 10퍼센트를 잃었다. 전쟁의 모든 전투에서 붉은군대가 입은 것 가운데 (1941

년 대포위전의 포로 피해를 예외로 치면) 가장 막심한 사상자 목록이었다. 더욱이, 독일제국의 마지막 도시 포위전이 아직 끝나지 않았다. 브레슬라우는 5월 6일까지 버텨서, 포위전에서 러시아군에 6만 명이 죽고 다치는 대가를 안겨주었다. '제국 보호령'의 수도인 프라하에서는 체코 인민군 저항집단이 봉기했고, 이 봉기에서 독일의 꼭두각시 '블라소프군'이 편을 바꾸어 도시를 미군에 내주겠다는 희망을 품고 무장친위대 수비대와 교전을 벌였다. 붉은군대가 5월 9일에 도시에 들어왔을 때 블라소프의 부하들이 끔찍한 피의 대가를 치렀으니, 부질없는 희망이었다.

그러나 이 무렵이면 히틀러의 제국 나머지 지역에서는 거의 모든 곳에서 전쟁이 끝났다. 이탈리아에서는, 비록 카를 볼프Karl Wolff 무장친위대 장군이 5월 2일에 발표한다는 일정을 4월 29일에 잡았는데도, 국지적 휴전이 이루어졌다. 5월 3일에 한스 폰 프리데부르크 Hans von Friedeburg[11] 제독이 항복하면서 북독일과 덴마크와 네덜란드에 있는 독일군 부대를 몬트고머리에게 넘겼다. 되니츠가 슐레스비히-홀슈타인의 플렌스부르크에 있는 자기의 임시정부 소재지에서 파견한 요들이 5월 7일에 프랑스의 랭스Reims에 있는 아이젠하워의 사령부에서 독일군의 전면항복 문서에 서명했다. 이 항복이 5월 10일에 베를린에서 열린 연합국 간 회의에서 확인을 받았다. 러시아군이 1944년 10월에 핀란드에서 노르웨이로 침투해 들어가 북부만 약간 차지했는데, 무사히 남아 있던 노르웨이 독일군 수비대가 노르웨이를 5월 8일에 넘겼다. 쿠를란트 고립지대가 5월 9일에 항복했다. 서유럽의 마지막 '영도자 요새'인 됭케르크와 라팔리스La Pallice와 라로셸과 로슈포르Rochefort가 5월 9일에, 채널 제도Channel Islands[12]와 로리앙과 생-나제르가 5월 10일에 항복했다. 서부의 마지막 항복은 5월 11일에 헬골란트Helgoland에서 이루어졌다.

전쟁으로 집과 고향을 잃은 사람들에게 평화는 아무런 평안을

11. 독일의 군인(1895~1945). 독일 잠수함 사령관으로 1945년 5월 3일에 되니츠 후임으로 해군 총사령관이 되었다. 4일에 몬트고머리에 항복하고 5월 하순에 자살했다.

12. 영국해협의 프랑스 연안에 있는 영국령 저지(Jersey) 섬, 건지(Guernsey) 섬, 올더니(Alderney) 섬, 사크(Sark) 섬. 1940년에 독일에 점령되었다.

가져다주지 못했다. 그들은 승리한 군대들의 사이와 뒤에서 무리를 지어 맴돌았다. 독일 국방군 포로 1,000만 명, 독일 피난민 800만 명, 발칸 반도의 피난민 300만 명, 러시아군 전쟁포로 200만 명, 노예노동자와 강제노동자 수백만 명이 — 그리고 전쟁 뒤 10년 동안 유럽에 출몰할 '난민' 비극의 원료가 — 싸움터 주위를 흐르듯 떠돌았다. 영국과 미국에서는 5월 8일에 군중이 거리에 모여 '유럽 승전일VE Day'을 경축했다. 영국과 미국의 군인들이 승리를 가져다준 유럽에서는 패자와 그 희생자들이 전쟁이 불러온 폐허 속에서 먹을 것과 비바람 피할 곳을 구하려고 발버둥쳤다.

6 부

태평양 전쟁, 1943~1945년

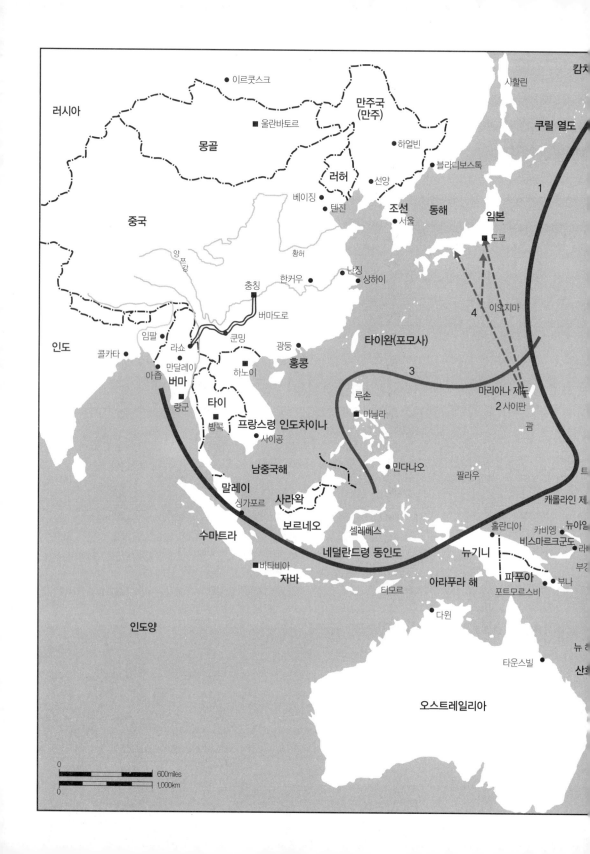

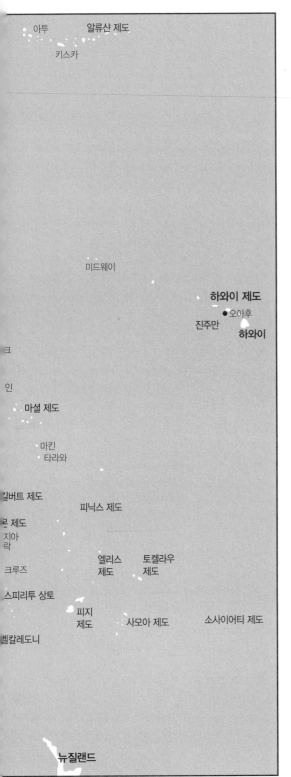

아투
알류샨 제도
키스카

미드웨이

하와이 제도
●오아후
진주만
하와이

마셜 제도

마킨
타라와

길버트 제도

피닉스 제도

ᄅ

인

온 제도
지아
락

크루즈

엘리스
제도
토켈라우
제도

스피리투 상토

피지
제도
사모아 제도
소사이어티 제도

뉴칼레도니

뉴질랜드

태평양, 1944년 11월

1. 1943년 9월. 일본의 최소 방어구역 개념.

2. 마리아나 열도 점령으로 미군은 도쿄 남쪽으로 1,500마일 떨어진 지점에 디딤판을 얻었다. 이 디딤판에서 새로 편성된 제21폭격기부대 소속 B-29 폭격기가 발진했다. 일본군의 대규모 역공을 받을 위험이 거의 없고 미국으로부터의 직접적인 보급 경로상에 있는 이 섬들은 일본 본토 공동폭격 전역을 위한 기지를 제공했다. 이 폭격전은 B-29기 111대가 이륙해서 도쿄 외곽에 있는 무사시(武藏) 항공기 엔진 공장을 공습한 1944년 11월 24일에 시작되었다.

3. 1945년 3월. 연합군의 진공 한도.

4. 이오지마의 일본군 항공부대 전방 방어기지. 이오지마는 도쿄 남쪽 약 700마일 지점에 있다. 유황 섞인 모래와 화산재로 이루어진 8제곱마일 면적의 이 섬들은 밀려오는 B-29 폭격기의 접근을 경고하는 일본군 레이더 감지소가 있는 곳이었다. B-29 폭격기는 일본으로 가고 오는 길에 이오지마 바로 위를 날아갔다. 전투기들이 이오지마의 가설 비행장 두 곳에서 날아올라 마리아나 제도 사이판 섬에 있는 미군 비행장에 성가신 공격을 가했다. 이오지마를 점령함으로써 미군은 일본에 근접한 기지를 얻을 가망이 생겼다. 일본 본토에서 가까웠기 때문에 이오지마 점령은 정신적 승리이자 전략적 승리였다. 그러나 이오지마에는 구리바야시 다다미치(栗林忠道) 장군 휘하의 군인 2만 3,000명이 배치된 정교한 요새시설이 가득했다.

29 | 루스벨트의 전략적 딜레마

루스벨트가 1945년 4월 12일에 죽었다는 소식에 베를린의 벙커에서는 희미한 낙관론이 반짝 일었다. 히틀러는 전쟁 마지막 해에 두 가지 믿음으로 원기를 지탱했다. 그 두 가지 믿음이란 자기의 비밀 병기가 영국의 의지를 꺾으리라는 것, 그리고 타락한 자본주의 공화국과 쇠락해가는 제국과 마르크스주의 독재체제 사이에 이루어진 동맹은 모순을 지니고 있어서 해체를 피할 수 없다는 것이었다. V-2가 영국 공격이 가능한 마지막 발사기지 너머로 밀려난 1945년 3월이 되면 그는 자기의 비밀병기가 실패했음을 알아차렸다. 그 뒤로 그는 연합국 사이에 알력이 생기리라는 희망에 더더욱 필사적으로 매달렸다. 그의 조정朝廷의 정치철학자인 괴벨스가 4월 초순에 가까운 사람 몇 명에게 그 같은 불화가 어떻게 일어날 수 있는지 설명해주었다. 역사가 휴 트레버-로퍼Hugh Trevor-Roper에 따르면, 괴벨스는 "7년전쟁에서 브란덴부르크 가문이 겪은 기적처럼 역사의 필연과 정의를 이유로 운명의 변전은 필연이라는 자기의 명제를 펼쳤다." 프로이센의 프리드리히 대왕이 7년전쟁에서 러시아-오스트리아-프랑스 연합군에 패하기 직전에 엘리자베타Elizabeta 여제가 예기치 않게 죽고 프리드리히를 찬미하는 차르가 뒤를 계승했다. 그러자 동맹이 깨지고 프리드리히의 프로이센이 살아남았다.[1] 괴벨스는 1945년 4월에 미국 대통령의 서거 소식을 듣자마자 "여제가 죽었다"고 외치고는 '희열에 차서' 전화를 걸어 히틀러에게 '축하를 했다.' 그는 "전환점입니다. 별점에 나와 있다니까요"라고 말했다.

히틀러 자신도 잠시나마 감동을 하여 괴벨스의 행복감을 함께 나누었다. 그는 전쟁의 마지막 두 해 동안 줄곧 프리드리히 대왕을 자기와 거의 동일시하게 되었고 자기 운명의 변전이 그 프로이센 왕

1. 1755년 오스트리아 왕위계승 전쟁에서 프로이센의 프리드리히 2세에게 슐레지엔을 빼앗긴 오스트리아가 러시아와 프랑스 두 나라와 동맹을 맺고 1756년부터 프로이센과 7년전쟁을 벌였다. 고립된 프로이센이 1761년에 패하기 일보 직전에 러시아에서 엘리자베타 여제가 죽고 표트르 3세가 뒤를 이어 즉위했다. 프리드리히를 열렬히 흠모하는 표트르 3세는 이듬해 1월에 오스트리아를 버리고 프로이센과 동맹관계를 맺었고, 이런 상황 속에서 위기에서 벗어난 프로이센은 1763년에 강화를 맺어 전쟁을 끝낼 수 있었다. 브란덴부르크 가문이란 프로이센의 호엔촐레른 왕가를 일컫는다.

의 운명을 그대로 따를지 모른다고 믿으려 들기까지 했다. 그는 특히 루스벨트의 죽음으로 자기가 예상한 대로 동맹에 치명적 파열이 일어나리라고 믿으려고 들었다. 왜냐하면, 그의 근본적인 오판 가운데 하나가 미국인은 전쟁을 벌이고 싶어하지 않는데 미국 대통령의 술수 때문에 전쟁에 이끌려 들어갔다는 것이기 때문이었다. 그는 1941년 8월에 한 에스파냐 외교관에게 "이 전쟁의 최고 피의자는 루스벨트와 그의 프리메이슨, 유대인, 전체 유대 볼셰비즘"이라고 말한 적이 있다. 그는 자기가 그것을 믿었는지와 상관없이 자기에게 루스벨트의 '선조가 유대인'이라는 증거가 있다고 말했다. 분명히 그에게는 미국 정부 안에 헨리 모겐소Henry Morgenthau[2] 재무장관을 비롯해 수많은 유대인이 있다는 강박관념이 있었다. 패망한 독일을 밭 가는 사람과 가축 치는 사람의 나라로 지위를 떨어뜨리겠다는 모겐소의 계획이 새나가 1944년 9월에 독일 언론에 다시 게재되는 바람에 괴벨스의 '총력전' 수행노력 선전에 크게 도움이 되었다.[3]

전쟁에 임하는 미국인의 태도에 관한 히틀러의 이해는 진실과 거의 정반대였다. 1941년 12월 이전에는 분명히 고립주의가 미국 정치의 대세였고, 진주만이 공격당하는 순간까지 미국의 부모는 자기 아들이 외국의 전쟁에 나가는 모습을 보기를 당연히 꺼렸다. 그러나 1940년에 법률로 제정된 재무장 조처에 반대하는 미국인은 거의 없었다. 그 재무장 조처로 함대 규모가 두 배가 되고 — 독일 공군의 세 배 규모인 — 전투 항공기 7,800대를 보유하는 항공부대를 만들 자금이 할당되고 육군의 규모가 20만 명에서 징병으로 육성된 100만 명으로 늘어났다. 더욱이, 전쟁이 일어나자 미국민의 반응은 열렬했다. 런던 대공습과 대서양 전투가 벌어지는 18개월 동안 미국에서는 '고립되어' 있다는 감정이 강력하게 일어났다. 히틀러를 미국 문명이 반대하는 모든 것의 본보기로 보는 적개심도 마찬가지였다. 1914년의 유럽에서처럼, 전쟁이 찾아오자 궁극적으로는 안도감

2. 미국의 고위관리(1891~1967). 코넬 대학에서 공부하고 농장을 운영하다가 루스벨트와 친구가 되었다. 루스벨트가 대통령이 된 뒤 정부 요직을 두루 거쳤다. 1944년에 독일을 농업국가로 만들려는 이른바 모겐소 계획을 세우기도 했다. 루스벨트가 죽은 뒤에는 은퇴해서 자선사업을 하며 여생을 보냈다.

3. 모겐소가 1944년에 전후 독일의 미래를 구상하면서 독일을 남북으로 갈라 분할하고 모든 공장을 해체해서 연합국, 특히 소련으로 옮겨 독일을 농업국으로 만든다는 계획을 작성했다. 이 계획이 누설되어 미국 언론에 보도되었고, 독일 정부가 이것을 독일 국민에게 항복을 해서는 안 될 사유로 선전하는 데 이용했다.

이 일었다. 미국인은 우유부단과 수동성에 답답해했으며 패배의 공포에 전혀 물들지 않았다.

루스벨트도 히틀러를 폭군과 악한으로 보았다. 그러나 루스벨트가 자기 뒤에서 망설이는 미국 국민을 질질 끌고 전쟁으로 들어갔다는 히틀러의 믿음은 사실에 어긋난다. 더 정확히 하자면, 진주만 피습 이전 여러 달 동안 루스벨트의 전쟁 정책에 관한 사실들은 객관적인 정리나 분석이 되지 않는다. 루스벨트가 미국의 제2차 세계대전 참전에 취한 태도는 아주 알쏭달쏭한 채로 남아 있다. 그가 미군 총사령관 노릇을 한 3년 반 동안의 그의 전쟁수행 목표 및 목적이 그러하듯이 말이다.

루스벨트는 1939~1945년의 주요 인물 가운데 단연코 가장 수수께끼 같은 인물이다. 스탈린은 비록 그가 사용한 방식이 정도에서 벗어나고 겉과 속이 다르고 믿음이 가지 않았지만 아주 한정된 몇 가지 목표를 꾸준히 추구했다. 즉, 정부와 당과 군의 우두머리라는 자기 지위를 유지하며 권력을 놓치지 않기 위해서라면 그 누구라도 해치우거나 심지어는 죽여야 한다는 마음을 굳힌 그는 첫째, 소련을 패배에서 구해내고 둘째, 독일 국방군을 소련 영토에서 내쫓고 셋째, 붉은군대가 결국에는 거둘 승리에서 가능한 최대의 — 영토, 외교, 군사, 경제 — 이득을 뽑아내기를 바랐다. 내면 세계의 작동이 아무리 불가사의하다고 해도 히틀러도 비록 터무니없이 지나치게 야심 찬 것일지라도 선명한 전략을 고수했다. 즉, 그는 베르사유 체제에 복수를 한 다음 독일의 대륙 지배를 확립하고 그 뒤에 러시아를 복속하고 궁극적으로는 유럽의 일에서 앵글로색슨 열강의 영향력을 완전히 배제하고 싶어했다. 처칠은 누가 보더라도 알 수 있는 애국자, 낭만주의자, 제국주의자였다. 그가 바라는 것은 하나에서 열까지 승리였으며, 어떻게 하면 그 승리를 유럽에서 영국의 이익을, 그리고 해외에서 대영제국의 존속을 확보하는 식으로 얻을

◘ 이오지마의 지옥 같은 풍경 속의 미 해병대원들. 이오지마는 일본군 수비대 2만 3,000명이 죽음으로 사수한 태평양의 조그만 섬이었다.

수 있는지는 그에게는 다만 부차적인 고민거리였다. 그의 아내가 서술한 그의 "있는 그대로 숨기지 않고 의심하지 않는 천성" 탓에 그의 동기는 전쟁 동안 그와 교섭을 하는 모든 이에게 저절로 드러났다. 아무리 자주 트집을 잡고 외고집이었다고 해도 그는 끝까지 시치미를 떼는 능력을 지니지 못했고 다른 이의 언명 속에 든 약간의 아량에 간절히 매달렸고 자기의 웅변술의 힘과 고상함에 자기 연설을 듣는 사람만큼이나 크게 휘둘렸다.

　루스벨트도 말을 대단히 잘했다. 사실, 그의 견문은 처칠보다 훨씬 더 넓었다. 루스벨트는 — 이를테면, 1941년 1월에 미국 의회에서 한 '4개 자유 조항'[4] 선언이나 진주만 피습 뒤에 한 '국치일國恥日' 연설 같은 — 과장된 연출효과뿐만 아니라 자기의 '노변정담爐邊情談'[5]에서 라디오로 가족이나 개인에 친밀하게 다가가는 호소의 달인이었기 때문이다. 노변정담은 그 자신이 고안해낸 정치 통신매체였고, 장소에 따라 청중에 따라 미묘하게 바뀌는 감성에 호소하며 개개인에게 하는 정치 유세 가두연설이었고, 솔직함을 가장한 기자회견이었고, 사적인 전화통화였고, 청산유수 같은 말에 최면이 걸려 앉아 있는 말 상대에게 아양을 떨고 웃기고 이런저런 이야기를 하고 재미있고 결국에 가서는 거의 완전히 두 손을 들게 하는, 무엇보다도 얼굴을 맞대고 하는 대화였다. 루스벨트는 말의 마술사였다. 그의 전기를 쓴 제임스 맥그리거 번스James McGregor Burns에 따르면, 그는 자기를 찾아온 사람들을 '활달함과 솔직함과 상냥함'으로 사로잡고 대통령 집무실 밖으로 내보내면서도 그 사람들이 가지고 온 문제나 질문에 어떤 답변을 주어서 돌려보낸 적은 드물다. 어쩌면 무엇보다도 루스벨트가 '자기 자신의 경험과 추억 속에서 방향성과 안정성을 찾으려고' 말을 했기 때문일 것이다. 루스벨트에게는 수십 가지 입장과 깊이 간직한 몇 가지 안 되는 가치가 있었다. 그 가치는 그의 시대와 동년배 미국인의 입장과 같았다. 즉, 그는 인간의 존엄성과 자유, 경

4. 언론의 자유, 신앙의 자유, 궁핍을 겪지 않을 자유, 공포를 겪지 않을 자유.

5. 1930년대 대공황기에 루스벨트 대통령이 절망에 빠진 국민에게 대화식으로 뉴딜 정책을 설명하면서 희망을 품도록 사기를 북돋은 정기 라디오 방송 프로그램.

제적 기회, 정치상의 타협을 믿었고 가난한 사람의 고난에 깊은 연민을 느꼈고 폭력에 의존하기를 싫어했다. 그러나 그에게는 평화를 위한 것이든 전쟁을 위한 것이든 정책이 거의 없었다. 한편, 그는 전쟁 자체가 전혀 마음에 들지 않는다는 것을 알았다.

바로 여기서 그가 미국의 참전을 대하는 아주 모호한 태도가 비롯된다. 처칠은 암담하기 짝이 없는 1940년에서 1941년 동안 결국에는 '신세계'가 등장해서 '구세계'의 불균형을 바로잡아주리라고 믿으면서 기운을 잃지 않았다. 루스벨트는 처칠에게 그러한 결과가 나오리라고 믿을 만한 아주 타당한 근거를 주었다. 루스벨트는 히틀러가 전쟁을 개시한 거의 그 순간부터 추축국을 상대로 미국의 무장 중립을 확립했고, 독일에는 틀림없이 거부되었을 무기를 영국과 프랑스에 팔고 나서는 무제한의 '현찰 대량판매' 무기 선적을 허가하고 대서양에서 영국행 호송선단에 대한 미국의 보호를 차츰차츰 확대했다. 그는 우선 U-보트가 미국 영해에 사실상 들어오지 못하도록 만드는 중립해역을 설정한 다음 1941년 4월에 그 해역을 대서양 한가운데 선까지 확대해서 미국 군함이 호송선단 호위함으로 활동할 수 있도록 허용하는 한편, 1940년에 덴마크가 함락된 뒤 영국이 즉각 점령했던 아이슬란드에 주둔한 영국군 수비대원을 교체하도록 7월에 미 해병대를 파견했다. 그에게 설득된 미국 의회는 1941년 3월 11일에 사실상 나중에 갚겠다는 약속을 받고 영국이 미국으로부터 군수 보급품을 빌려가도록 허용하는 무기대여법을 가결했다. 그는 2월에 워싱턴에서 열린 영미군 참모회담(ABC-1 협의회)을 후원했고, 이 회담에서 실제로는 12월 이후에 실행될 '독일 우선' 원칙을 비롯해 근간이 되는 대부분의 전략에 합의가 이루어졌다.

따라서 겉으로 나타나는 모든 조짐을 보면 처칠에게는 미국 대통령이 미국을 영국 편에 서서 개입하는 쪽으로 이끌고 있다고 믿을 만한 이유가 있었다. 필시 히틀러는 그 위험을 예리하게 깨닫고는 ─

심지어는 루스벨트가 1941년 6월에 미국 안에 있는 독일의 자산 전체를 동결하라는 인가를 내린 다음에도 — 휘하 U-보트 함장들에게 어떤 식으로든 미국을 절대로 자극하지 말라는 엄명을 내렸다. (기이하게도 독일에 도청된) 대서양 횡단 도청방지 전화를 이용해 미국 대통령과 직접 대화를 나눈 처칠은 대통령의 의지가 굳다고 이해할 만한 훨씬 더 강한 인상을 받았으며, 한편 그는 1941년 8월 플러센셔 만 회담에서 사실상 되니츠에게 미 군함을 격침할 테면 해보라고 도전하는 수단으로 미국 선박 1척이 들어 있는 호송선단에 있는 모든 선박을 미 해군이 보호하겠다는 합의를 보고 되돌아왔다. 처칠은 플러센셔 만에서 돌아오자마자 전시내각에 루스벨트가 "미국이 개입해야 한다고 분명하게 결심"했다고 말했다. 처칠이 말을 맺으면서 전한 메시지는 "그는 전쟁을 벌이겠지만 선전포고는 하지 않을 것입니다. 그리고 그는 더욱더 도발적으로 될 것입니다"였다. 루스벨트가 독일은 "그러고 싶지는 않다" 해도 "미군을 공격할 것"이라고 말했다는 것이었다.

처칠의 참모총장들은 의심쩍어했고 다른 인상을 받았다. 참모장교인 이안 제이콥Ian Jacob은 일기에 미 해군은 "바다에서 그저 지지 않기만 하면 전쟁에서 이길 수 있다고 생각하는 듯하다", 그리고 미 육군이 "한두 해 동안은 어떤 것을 할 수 있다는 가망이 보이지 않는다"고 적어놓았다. 그는 "우리 편에 서서 참전하려는 열의를 눈곱만큼이라도 보여주는 미군 장교는 단 한 사람도" 없었다며 "그들은 괜찮은 녀석들이지만 우리와는 다른 세상에 살고 있는 듯하다"고 평했다. 더욱이, 10월 31일에 독일군이 대서양에서 미국 구축함 루빈 제임스Reuben James 호를 격침하고 더불어 미국인 115명의 목숨을 앗아감으로써 결국은 도발행위를 했을 때 — 이를테면, 존슨Johnson[6] 대통령이 1964년에 미국의 대對베트남 군사개입을 승인하는 데 이용한 '통킹東京, Tonkin 만' 사건[7]보다 훨씬 더 극악한 공격행위였는데도

6. 미국의 정치가(1908~1973). 1937년에 텍사스 주에서 민주당 의원이 되었고, 1961년에 부통령이 되었다. 1963년에 케네디가 암살된 뒤 대통령이 되었고 이듬해 대통령 선거에서 승리했다. 대내적으로는 진보 정책을 폈으나, 베트남 전쟁의 수렁에 빠지면서 인기를 잃었다.

7. 1964년 8월에 미국 존슨 행정부가 북베트남의 통킹 만에서 미군 구축함이 북베트남 어뢰정의 공격을 받았다고 주장하면서 확전 정책을 펴는 구실로 삼았다. 미국이 날조한 사건으로 보는 견해가 일반적이다.

— 루스벨트는 이것을 개전 사유로 여기지 않는 선택을 했다.

그의 전기를 쓴 제임스 맥그리거 번스가 그의 특성을 묘사했던 바대로, 1941년 동안 그는 여전히 '전략상의 수수께끼'였는데, 루빈 제임스 호가 격침되었는데도 루스벨트가 행동에 나서지 않은 것은 그 '전략상의 수수께끼'를 푸는 열쇠로 간주할 수도 있다.

루스벨트는 참전만 안 한다 뿐이지 영국에 모든 원조를 해준다는 간단한 정책에 따르고 있었다. 이 정책은 영미 우호관계의 오랜 유산의 일부였으며 서유럽에서 히틀러의 포부를 막는 현실적인 방도였다. 그 정책은 서로 함께 일하는 데 익숙한 두 나라가 쉽게 실행할 수 있었다. 그 정책은 루스벨트의 기질에 잘 맞았고, 영국 측의 필요와 압력을 충족해주었으며, 그 나름의 관성을 얻어가고 있었다. 그러나 그 정책은 대전략이 아니었다. …… 그 정책은 정치적 대안과 군사적 대안의 선명한 대결로부터 등장하지 않았다. …… 무엇보다도 이 모든 전략은 오로지 추축국이 미국이 참전하지 않으면 안 되도록 만드는 행동을 할 경우에만 완전한 효과를 — 달리 말해서, 영국과의 군사·정치적 공조행동을 — 이룰 수 있다는 점에서 소극적인 전략이었다. 그것은 전쟁전략도 평화전략도 아닌, (영국에 보내는 군수 보급품과 대서양에서 취하는 몇몇 방어조처를 젖혀두고) 전쟁의 경우에만 효과를 볼 전략이었다. …… [루스벨트는] 심지어 히틀러 측의 대형 도발행위가 일어나지 않을지 모른다는 점을 시인하면서도 여전히 그 도발행위를 기다리고 있었다. 무엇보다도 그는 요행에, 즉 오랫동안 검증된 자기의 천부적인 기회 포착 감각에 기대고 있었다. …… 그에게는 계획이랄 것이 없었다. 그는 5월에 모겐소에게 "나는 떠밀려서 상황에 들어가기를 기다리고 있다네"라고 말했다. 필시 세찬 떠밀기여야 했다.

요행에 기대고 떠밀리기를 기다리는 것이 루스벨트가 진주만에서부터 그의 일생 거의 마지막까지 총사령관으로서 수행한 바의 특징이 된다. 수정주의 역사가들은 그가 미국의 참전 전과 참전 후 여러 해 동안 심오한 술수를 부리고 있었다고 주장해왔다. 즉, 그가 영국이 고립되고 어떤 조건에서든 무기를 구해야 할 절박한 필요성이 있는 상태에서 영국의 해외투자를 청산해서('현찰 대량판매'로 실제로 청산되었다) 세계에서 가장 큰 제국을 가진 패권국가를 자진해서 자국 식민지를 내버리라는 미국의 압력에 저항할 수 없는 국가로 떨어뜨릴 수단을 찾아냈다는 것이다. 제국은 그가 자기 나라의 산업 트러스트와 금융 카르텔만큼이나 끔찍이 싫어한 관례였다. 이런 주장은 분명 루스벨트에게 그가 소유하지 않은 마키아벨리즘을 부여하는 것이다. 마키아벨리는 전쟁은 군주를 위한, 단 하나의 진정한 학문이라고 말했으며, 루스벨트는 실제로 두드러지게 르네상스식으로 군주다웠다. 즉, 그는 자기 업무를 조정의 총신인 해리 홉킨스를 통해서 대부분 집행하고, 관리가 — 심지어는 고집불통 마셜조차도 — 자기에게 없어서는 안 될 존재로 부각하도록 내버려두지 않고, 매력과 실속 없는 감언을 도도하게 한껏 발산하고, 자기 기분을 해치는 사람을 위한 정치상의 지하감옥을 운영하고, 워싱턴의 격렬함과 따분함에서 벗어날 피난처로 (FDR[8]를 위한 캠프 데이비드Camp David[9]가 아닌) 시골사택 한 채를 유지하고, 심지어는 백악관에 공식적으로 정부情婦를 두고 자기의 사촌누이이자 서른 해를 같이 산 아내는 왕조식 정략결혼의 존중 받는 배우자로 대했다. 그렇지만 '신세계'의 부와 힘과 기풍 덕에 '신세계'의 통치자는 남을 속이고 헐뜯어야 하는 '구세계'의 옹졸한 필요에서 벗어났다는 단순한 이유에서 루스벨트는 전략의 마키아벨리주의자가 아니었다. 미국은 "사건에 얽혀들게 하는 동맹을 맺지 않는다"는 원칙 위에 세워졌으며 더 약한 나라를 상대로 저급하고 일시적인 우위를 추구하려는 유혹에서 벗어나도록 해주는 엄청난 부를 쌓게 되었다.

그 결과 루스벨트는 전쟁을 지휘하는 일, 즉 자기 기질에 걸맞지

8. 루스벨트의 전체 성명인 Franklin Delano Roosevelt의 머리글자를 딴 애칭.

9. 메릴랜드 주 애팔래치아 산맥 자락에 있는 산장으로 미국 대통령이 휴가를 지내는 휴양지다. 루스벨트 대통령 때 만들어졌으며, 아이젠하워 대통령이 애지중지했던 손자의 이름을 따서 캠프 데이비드라는 이름을 붙였다.

않은 행위에서 초연하게 벗어나 있을 수 있었다. 다른 어느 지도자도 이 같은 초연함을 즐기지 못했다. 물론 처칠은 최고사령부에서 즐겁게 지내고 자기의 낮(과 밤) 시간을 전쟁수행에 바치고 방과 가구배치, 심지어는 집 전체를 전시총리로서의 필요에 맞추고 (비록 명예 공군준장과 싱크 포츠Cinque Ports[10] 대대 명예 대령의 제복 또한 늘 곁에 두기는 해도) 다른 어떤 복장보다도 '공습 경비복'[11]을 더 좋아하고 얼트라 첩보 감청을 정기적으로 제공하라고 늘 요구하고 휘하 군사 자문관들과 매시간 친하게 지냈다. 바르바로사 작전이 개시된 뒤 히틀러는 장군들과 함께 지내는 것이 신경에 거슬린다는 것을 알았는데도 휘하 장군들을 빼놓고는 사람을 거의 보지 않으면서 무인 은둔자로 변신했다. 스탈린의 전시 일과는 희한하게도 히틀러의 — 비밀스럽고 지하에서 이루어지는 야행성 — 전시 일과와 비슷해졌다. 루스벨트는 진주만 이후에도 자기의 생활방식을 조금도 바꾸지 않았다. 항공공격을 받을 위협이 없었으므로 그는 백악관에서 계속 살면서 이따금 하이드 파크Hyde Park[12]에서 휴일을 지냈고, 백악관에서는 어떤 목표를 체계적으로 이루려고 애쓰는 사람을 거의 미치게 하는 일정표에 따라 움직였다. 마셜의 하루는 분 단위로 재어서 조정되었다. 그의 유일한 휴식은 점심을 먹으러 자기 관저에 있는 아내를 찾아가는 것이었고, 관저 현관 앞에서 그가 관용차에서 내려서면 점심식사가 나왔다. 루스벨트는 쟁반에 담겨 대통령 집무실 안으로 들어오는 점심을 먹었고, 아침 10시까지는 일을 시작하지 않았으며, 꼭 하기로 정해진 일과가 평일에 몇 가지 있었다.

그는 월요일이나 목요일에 — 부통령, 의회 의장, 상원과 하원의 원내 다수당 지도자 — 의회 4부 요인을 보고, 화요일 오후와 금요일 아침에 기자단과 만나고, 금요일 오후에 각료회의를 주재했다. 〔다른 점에서는〕 루스벨트가 일을 하는 방식에는 정해진 유형이 전혀 없는 듯했다. 때때로 그는 중차

10. 영국 동남부의 서식스와 켄트에 있는 5대 특별 항구인 헤이스팅스(Hastings), 롬니(Romney), 하이드(Hythe), 도버, 샌드위치(Sandwich)를 일컫는다.

11. 상하의가 통으로 붙어 있고 몸에 착 달라붙는 작업복으로, 공습경보 때 입는 옷이었다.

12. 뉴욕 주 동남쪽에 있는 마을. 프랭클린 루스벨트의 무덤이 있다.

대한 문제에 관한 회합 약속은 서둘러 해치우고 그보다 중대성이 떨어지는 문제에는 꾸물대며 시간을 허비했다. 그는 서한을 대부분 완전히 무시했다. …… 그는 전화를 많이 받았으면서도 다른 어떤 전화는 받지 않으려 들었고, 중요하지 않고 둔한 사람들을 만나 보면서도 정치적으로, 또는 지적으로 비중이 더 커보이는 다른 사람들은 무시했다. 만사가 어느 누구도, 어쩌면 자기 자신조차도 모르는 퍽 불가사의한 우선순위 구조에 따라 정해졌다.

이런 유형, 아니면 유형의 결여가 1941년 12월 7일부터 1945년 4월 12일까지 지속되었다. 끊임없이 ― (프랑스가 함락되기 전) 파리로, 카이로로, 모스크바로, (영국군과 ELAS 반군 사이에 오가는 총성이 도시를 뒤흔드는 동안 1944년의 성탄절을 보낸) 아테네로, 로마로, 나폴리로, 노르망디로, 라인 강으로 ― 움직이는 처칠과 달리 루스벨트는 여행을 거의 하지 않았다. 물론 그는 척수성 소아마비에 걸려 몸이 불구가 된 탓에 이동에 제약을 받았다. 신중한 언론은 이 사실을 독자들에게 거의 감쪽같이 숨겼다. 그렇지만, 그는 마음먹었을 때에는 여행을 했다. 그러나 전쟁 동안에 그가 다녀온 곳은 1943년 1월에 카사블랑카, (1943년 8월과 1944년 9월에) 두 차례 퀘벡, 1944년 여름에 하와이와 알래스카, 그해 말에 카이로와 테헤란, 1945년 2월에 러시아 크림 반도의 얄타뿐이었다. 그는 전쟁에 관한 것, 즉 폭탄을 맞은 도시도 전선의 부대도 포로도 전투의 여파도 직접 보지 않았으며, 십중팔구 보지 않으려 했을 것이다. 그는 뉴딜 정책을 지휘했던 것처럼 ― 고결한 수사로, 그리고 힘이 엇갈리는 곳에 횟수는 적지만 단호한 타격을 가해서 ― 미국의 전략을 지휘했다.

실질적으로 결정적인 행동은 모두 합쳐 네 차례 있었다. 첫 번째 행동은 1940년 11월에 해군 작전부장 스타크Stark 제독이 제출하고 1941년 2~3월에 열린 영미군의 ABC-1 회담에서 채택되고 8월에 플러센서 만에서 처칠과 합의했지만, 진주만 피습 이후에야 비로소,

⬆ 전후 동유럽과 중유럽의 모습이 결정된 1945년 2월 얄타의 세 거두.

즉 정치적 감성으로는 일본에 앙갚음을 하라는 대중의 요구에 아주 쉽게 양보했을지 모를 루스벨트가 전략적 지성을 발휘해서 더 작은 적을 치기에 앞서 더 큰 적을 쳐서 거꾸러뜨려야 한다는 명령을 받아들였을 때 국가 정책으로 승격된 '독일 우선' 결정을 승인한 것이다. 두 번째 행동은 북아프리카에 상륙하는 횃불 작전은 물론이고 이 원정에서 일어나는 미덥지 못한 모든 결과까지 인가하는 조건을 놓고 1942년 7월에 런던에서 마셜과 영국 정부 사이에 벌어진 논쟁을 해결한 것이다. 세 번째 행동은 1943년 1월에 카사블랑카에서 '무조건 항복' 선언을 고집한 것이다. 이 선언은 미국이 남부연합[13]을 상대로 전쟁을 벌이면서 제시한 조건의 숭고한 반향이었다. 마지막 행동은 1945년 2월에 얄타 회담에서 처칠과 거리를 두고 유럽의 미래를 놓고 스탈린과 직접 거래를 하겠다고 마음먹은 것이다.

루스벨트가 얄타 회담에서 발휘한 주도권을 미리 보여주는 예시는 두 사례에 존재했다. 그 두 사례란 처칠이 마지못해 — 사실상 대영제국이 식민지에 독립을 부여하도록 만드는 — 대서양 헌장의

13. 미국 연방정부의 노예제 폐지정책에 반발한 남부 11개 주가 1860년에 미합중국에서 탈퇴해 구성한 독자적인 연방. 1865년에 북군에게 패하면서 해체되었다.

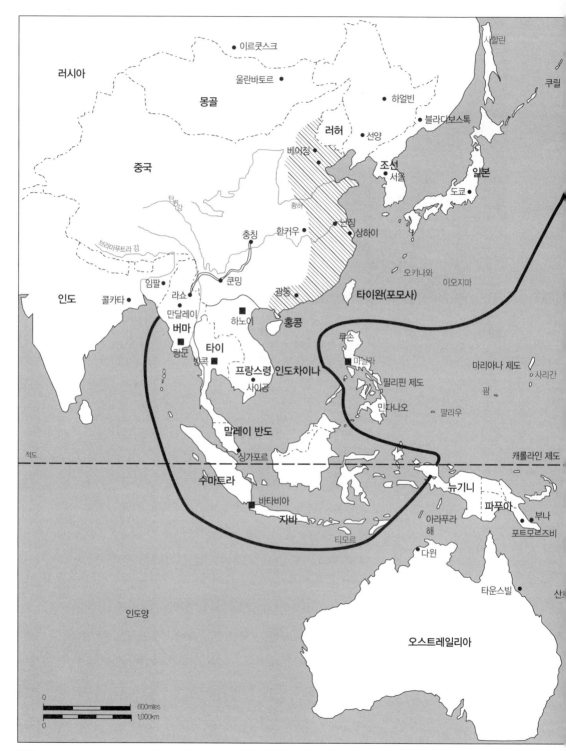

러시아

이르쿳스크

울란바토르

몽골

하얼빈

러허

선양

블라디보스톡

중국

베이징

조선

일본

서울

도쿄

타림강

황하

난징

충칭

한커우

상하이

브라마푸트라 강

쿤밍

오키나와

이오지마

인도

콜카타

임팔

광둥

타이완(포모사)

만달레이

하노이

홍콩

버마

라쇼

타이

루손

광둔

마닐라

마리아나 제도

방콕

프랑스령 인도차이나

필리핀 제도

사리간

사이공

괌

말레이 반도

민다나오

팔라우

적도

싱가포르

캐롤라인 제도

수마트라

뉴기니

바타비아

파푸아

자바

아라푸라
해

부나

포트모르즈비

티모르

다윈

타운스빌

산

인도양

오스트레일리아

0   600miles
0   1,000km

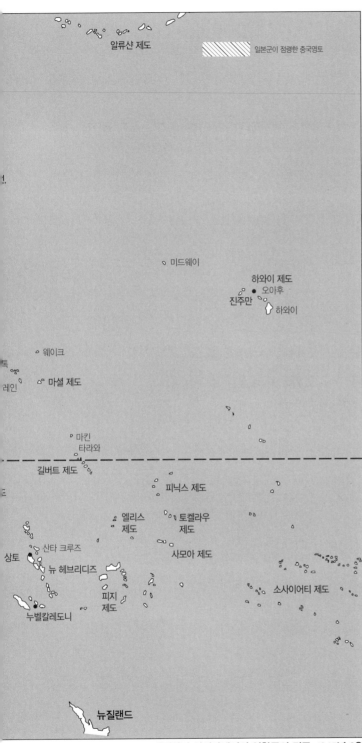

일본군이 점령한 중국영토

알류산 제도

미드웨이

하와이 제도
오아후
진주만
하와이

웨이크

마셜 제도

렌

마킨
타라와
길버트 제도

피닉스 제도

엘리스
제도
토켈라우
제도

사모아 제도

산타 크루즈

상토
뉴 헤브리디즈

피지
제도
소사이어티 제도

누벨칼레도니

뉴질랜드

태평양과 아시아에서의 연합군의 진공, 1945년 3월

자유주의 신장 조항을 받아들였던 플러센셔 만 회담과 루스벨트가 전형적인 '차이나 로비'식의 과도한 배려를 장제스에게 보여주었던 카이로 회담이었다. 카이로에서 영국은 설득을 받아 장제스 정권이 서유럽 민주주의 국가의 정권과 명목상 동등하다는 믿음을 공약하는 징표로 영국이 중국에 가지고 있는 치외법권의 유구한 권리를 포기했다.

장제스는 루스벨트의 기대에 부응하지 못한다. 그는 미 대통령의 기대에 어긋나게도 — 현실주의자라면 중국의 더 생산적인 지역의 반이 적의 손에 있는 상태에서 그가 무엇을 할 수 있었겠느냐고 물을지 모르지만 — 중국의 정치구조와 경제구조를 개혁하려 하지도 않았고, 처음에는 스틸웰이, 그다음에 장제스가 스틸웰의 훈계에 질려버린 뒤에 웨드마이어가 중국의 전투능력을 극대화하려고 아낌없이 제공한 미국의 원조와 미국의 조언을 활용하지도 않았다.

따라서 루스벨트는 얄타 회담 즈음해서 개인적으로는 장제스를 제쳐놓았다. 모양새를 위해 중국이 얄타에서 그 제도와 구조가 결정된 국제연합 조직의 안보이사회 상임회원국으로 격상되었지만, 승리에 이바지한 바가 거의 없었던 장제스에게는 그 열매가 주어지지 않았으며 카이로에서 그가 제안받았던 인도차이나 병합은 분명 그랬다. 폴란드 역시 비록 1939년 9월 1일 이후로 규모 면에서 독일 국방군과 맞싸운 군대 가운데 러시아와 미국과 영국 다음으로 넷째가는 망명군을 유지하면서 전쟁 동안 날마다 싸우기는 했지만 얄타에서 제쳐졌다. 1920년에 경계선이 폴란드에 너무 관대하게 설정되었던 폴란드 동부지방이 얄타에서 영구히 러시아에 넘어갔다.[14] 루스벨트와 스탈린 사이에 이루어진 이 거래는 붉은군대가 폴란드의 전 영토를 이미 점령하고 있었으므로 비록 정치적 배신행위라기보다는 정치현실이기는 했지만 말이다.

그러나 얄타에서 결정되고 루스벨트와 스탈린 사이에서 직접 합

14. 러시아가 내전으로 약해진 틈을 타 폴란드가 1920년 4월에 우크라이나를 공격하면서 폴란드-러시아 전쟁이 일어났다. 키예프를 점령하며 기세를 올렸던 폴란드는 러시아의 반격을 받아 수도 바르샤바까지 위협당하는 궁지에 몰렸다가 역공에 나서서 붉은군대를 간신히 물리쳤다. 10월에 조인된 강화조약에서 백러시아와 우크라이나의 서부가 폴란드 영토로 편입되었다.

의가 이루어진 사항들 가운데 가장 중요한 것은 태평양에서 벌어지는 향후 전쟁수행에 관련된 것이었다. 일본을 쳐부수는 전투에 붉은 군대가 참여하도록 만들려는 열망 때문에 루스벨트는 기꺼이 폴란드의 미래를 팔아버리고 소련에 점령영토를 아주 넉넉하게 내줘서 독일 분할을 마무리하려는 마음을 먹게 되었다. 얄타 회담이 열릴 때 미국은 자국의 핵무기 연구 계획이 원자폭탄 시험 폭발 성공이라는 결과를 가져올지 아직 확신을 하지 못했고 일본 본토를 침공할 수 있는 지점까지 자국 군대를 전진시키지도 못했다. 이오지마 상륙 공격이 준비는 되었지만 개시는 되지 않았고 일본을 쑥대밭으로 만들 소이탄 폭격이 시작되지 않은 상태였다. 한편, 붉은군대가 유럽에 몰두해 있는 상태가 분명 거의 끝나 있었고, 시베리아 횡단철도가 러시아 서부에서 만주 국경으로 곧장 이어져 있었다. 차르 니콜라이 2세_{Nikolai II}[15]의 육군이 1904~1905년에 만주 국경에서 치욕스러운 패배를 당했고, 이에 앙갚음할 기회를 잡는 것이 스탈린의 전시 최우선사항 목록의 윗부분에 있었다. 그러나 그가 그 기회를 언제 잡을지에 미국 대통령의 온 정신이 쏠렸다. 스탈린이 그 기회를 더 늦지 않게 더 빨리 잡도록 만드는 것이 얄타에서 루스벨트가 앞장서서 발의한 거의 모든 사항의 동기였다. 루스벨트는 막판에 영미의 공동 동맹국인 폴란드의 눈에 처칠의 신용을 떨어뜨리고 주권국가인 중국의 소유이지 미국 소유가 아닌 영토에 대한 권리를 러시아에 양도하는 대가를 치렀지만, 종국에는 미국인의 인명만을 희생하면서 태평양의 일본 정복지를 되찾는 일이 벌어지지 않도록 만드는 이득을 보았다. 미 해군과 해병대의, 그리고 뉴기니에서 필리핀에 걸쳐 있는 맥아더 예하 육군사단의 영웅적인 전진을 지켜보아온 한 나라 국민에게 — 멀리 떨어진 한 유럽 국가의 영토, 그리고 영국이 얻어온 호평에 치러지는 비용을 미국의 추가 사상자와 저울질해볼 때 — 얄타에서 치른 외교상의 대가는 치러야 할 작은 액수로 보였다.

15. 러시아제국의 마지막 황제 (1868~1918). 1894년에 황위에 올랐다. 1905년에 러일전쟁에서 패하고 개혁을 요구하는 혁명이 일어나면서 위기에 몰렸다. 제1차 세계대전에서 독일에 연패하던 중 1917년 2월혁명이 일어나자 퇴위했다. 내전이 벌어지면서 반혁명의 구심점이 될까 두려워한 볼셰비키의 손에 가족과 함께 총살되었다.

30 | 일본의 남방 패배

일본은 진주만을 공격한 1941년 12월과 버마에서 영국군을 쫓아낸 1942년 5월 사이 여섯 달 동안 '설쳐대'면서 — 에스파냐, 네덜란드, 프랑스, 러시아, 영국 — 다른 다섯 제국 열강이 예전에 시도했지만 이루지 못했던 것을 해내는 데 성공했다. 즉, 중국의 바다 주위에 있는 모든 육지의 주인이 되고 이 정복지를 강력한 중앙 위치에 연결한 것이다. 사실상, 서태평양에서 제국의 야망을 가졌던 열강에 중국을 넣는다면, 일본은 중국의 위업까지 넘어섰다. 중국이 베트남에 확립해놓았던 것은 문화적 지배를 결코 넘어서지 못했으며, 중국의 힘은 인도차이나의 나머지 지역, 동인도 제도, 말레이 반도, 또는 버마에 침투하는 데 완전히 실패했던 것이다. 일본은 이 육지를 1942년 중반에 모두 다 정복했고, 그 대부분 지역에 꼭두각시 정권을 내세울 준비를 하고 있었고, 베이징에는 '알려지지 않은 땅terrae incognitae'[1]이었던 수천 개 섬의 맹주이기도 했으며, 1931년 이후에 손에 넣은 만주와 중국의 본토 영토의 광활한 지역에 자기들의 해상과 주변부의 병합지를 붙여놓았다.

영토만 놓고 보자면, 심지어 1944년 중반에도 일본의 힘이 미치는 범위는 파죽지세로 정복해 나가던 1942년에 히틀러가 통제했던 지역의 1.5배였다. 600만 제곱마일 대 400만 제곱마일이었던 것이다. 그러나 히틀러는 전투가 벌어지는 전선과 점령한 지역에 300개가 넘는 독일군과 위성국 군대의 사단을 전개해서 엄청난 인력의 힘으로 제국을 유지했다. 이와 대조적으로 일본이 전개한 육군의 규모는 6분의 1에 지나지 않았으며, 기동작전에 쓸 수 있는 사단은 11개뿐이었다. 나머지는 중국의 오지에 있는 장제스를 상대로 한 궁극적으로는 해결 불가능(하다는 것이 명백)한 힘들고 끝없는 전쟁에

1. 문서나 지도에 기록되어 있지 않은 땅이라는 뜻으로 근대 초에 유럽이 해외로 팽창하던 시기에 많이 쓰였던 표현.

투입되었다. 사정이 이렇게 되어 일본은 균형이 근본적으로 깨진 전략적 위치에 놓였다. 비록 지도에서는 모든 군사 이론가들이 유지하기에 가장 바람직하다고 주장하는 전역戰域의 '중심위치'를 차지하므로 일본의 입지가 강하다고는 해도 병참학이 가리키는 결론은 달랐다. 일본의 수많은 거점 사이를, 특히 중국 남부와 인도차이나와 버마 사이를 오가는 교통은 국경이 되는 산맥 때문에 육지로는 비록 불가능하지는 않더라도 늘 어려웠다. 해상으로 오가는 교통은 미군 잠수함 함장들의 대담하고도 효과적인 약탈 때문에 피곤한 일이었고 점점 위험해졌다. 태평양의 섬과 동인도 제도의 섬 사이를 오가는 교통은 잠수함, 그리고 육지나 항공모함에 기지를 둔 미군 항공력의 위협을 받았다. 끝으로 중국 자체의 일본 육군은 그 나라의 규모 때문에 이동하기가 사실상 불가능했다. 육군 부대가 — 1939년에 세워진 허깨비 왕징웨이汪精衞[2] 정부에 속하는 '꼭두각시'인 이른바 중국군 수천 명의 도움을 받은 — 평정이나 점령에 얽매여 있어서 진짜 중국 군대들을 상대로 한 공세작전을 수행할 여유가 별로 없었던 것이다.

그 중국 군대들은 두 적대 진영, 즉 장제스가 지휘하는 정통 국민당 정부군과 마오쩌둥의 공산군에 속했다. 전쟁 전에 맺은 휴전협정[3]으로 두 군대는 서로 싸우는 대신 일본군과 싸운다는 합의를 보았지만, 이 휴전협정은 자주 깨졌고 공산군은 장제스 군대가 승리하도록 돕기보다는 외적과 싸우다가 힘을 소진하도록 만드는 데 더 큰 관심을 뒀음에 틀림없다. 이들의 활동은 어떤 경우에든 전혀 조정이 이루어지지 않았다. 왜냐하면 마오쩌둥의 근거지가 머나먼 북서부, 즉 전통적으로 중앙정부의 경쟁세력이 자리를 잡던 곳인 만리장성 너머 황허가 크게 굽이치는 곳 안에 있는 옌안延安 부근이었던 데 비해, 장제스는 남쪽 깊숙이, 즉 500마일 떨어진 비상 임시수도 충칭 부근으로 밀려나 있었기 때문이다. 두 군대 사이에서는 1911년

2. 왕자오밍의 다른 이름.

3. 제2차 국공합작(國共合作). 1936년에 만주 군벌 장쉐량이 일본의 중국 침략이 날로 확대되는 상황에서도 공산당 군대 추격에만 몰두하는 국민당의 장제스를 시안(西安)에서 감금한 다음 내전을 끝내고 단결해서 일본에 저항하라는 중국 국민의 요구에 부응하라고 요구했다. 풀려난 장제스는 여론에 못 이겨 1937년에 공산당과 힘을 합쳐 일본과 싸우겠다는 통일전선 형성에 합의했다.

에 제국이 무너진 뒤 자기 영토를 만든 군벌 군대의 잔존 세력이 들 끓고 있었다. 일본군은 이들과 타협해서 이들로부터 꼭두각시 부대를 충원하기도 했다.

장제스의 군대는 전력 면에서 군벌과 꼭두각시 부대보다 우월했다. 그러나 단지 조금 앞섰을 뿐이다. 1943년에 장제스 군은 이론상으로는 324개 사단병력이어서 세계 최대의 군대였지만, 실제로 제대로 장비를 갖춘 사단은 23개뿐이고 이 사단들도 인원이 1만 명에 지나지 않는 작은 사단이었다. 더욱이 이 사단들은 장비와 보급품을 전적으로 미국에 의존했고, 미국은 또 미국대로 영국에 의존해서 인도에서 출발해 '혹', 즉 인도의 벵골과 쓰촨四川 성 사이에 있는 1만 4,000피트 높이의 산맥을 넘어 중국 남부로 들어가는 수송기의 비행을 위한 시설을 제공받았다. 이 보급은 예전에는 만달레이에서 시작하는 '버마 도로'를 경유해서 이루어졌지만, 이 경로는 1942년 5월에 버마가 일본군에 함락되면서 막혀버렸다. 장제스는 무기와 생계뿐만 아니라 훈련과 항공 지원도 미국에 의존했다. 이 항공 지원은 원래는 '미국 의용단American Volunteer Group' 소속 조종사와 1941년에 미국이 중국에 공급한 항공기였던 클레어 셰놀트Claire Chennault 장군 예하 '비호 부대Flying Tigers'의 비행기 수십 대로 제공되었다.[4] 더욱이, 장제스는 자기 군대의 주력도 미군에 의존했다. 그의 휘하에 있는 가장 효율적인 부대가 '메릴의 약탈자들Merill's Marauders'[5]로 유명해지는 여단 규모의 미군 제5307임시연대였기 때문이다. 장제스가 자기의 명목상의 참모장으로 받아들인 사람인 '초치는 조' 스틸웰은 중국인에게 성마르게 굴었고, 정도 면에서 그 성마름을 넘어서는 것은 자기의 협력상대인 영국인에게 보이는 무례함뿐이었다.

중국에 있는 25개 사단병력의 일본 육군은 마오쩌둥을 북서부의 '해방구'에 못박아 두고 장제스를 남부에서 버마의 산악을 등지고 있도록 만드는 데 성공해서 동쪽에서 벌어지는 제2차 세계대전의 처

---

4. 1940년에 장제스는 러시아 항공부대가 중국에서 철수하자 이를 대체할 미국인 항공부대를 보내달라고 부탁했다. 셰놀트가 이 부탁을 들어주려고 1940~1941년에 전투기 100대 구입을 주선하고 미국에 가서 지상 근무대원 200명과 대개 전역 군인인 조종사 100명을 모집했다. 이들이 첫 미국 의용단이 되어 버마와 중국에서 일본군과 싸웠다. 비호 부대란 신문기자가 이 부대가 사용한 기종인 P-40B 비행기 머리에 장식으로 그려 붙인 날카로운 이빨 그림을 보고 붙인 별명이었다.

---

5. 《타임-라이프(Time-Life)》 기자가 메릴 준장이 지휘하는 제5307임시연대에 붙인 별명. 이 부대는 암호명에 따라 갤러헤드(Galahad) 부대라고도 불렸다.

음 두 해 반 동안 기동작전을 수행할 필요가 없었다. 일본군은 남중국해의 핵심인 하이난海南 섬과 더불어 푸저우福州, 샤먼廈門, 홍콩, 광둥廣東 등 남부의 항구 부근의 비지飛地뿐만 아니라 중국에서 생산이 가장 많이 이루어지는 지역인 만주와 황허 유역과 양쯔 강 유역을 이미 통제했다. 일본군은 중국에서 원하는 것, 특히 쌀, 석탄, 금속, 만주의 공산품을 얻어내고 있었고, ― 눈치 있는 중국인이라면 거리를 둔 ― '저항'이나 장제스와 마오쩌둥의 군대가 벌이는 작전으로 곤란을 겪지 않았으며, 무엇보다도 중국에 주둔함으로써 전략적 '중심위치'를 차지하고 있다는 모든 이점을 계속 행사했다.

이치고 작전과 우고 작전

미 태평양 함대가 난데없이 중태평양으로 전진해 들어오면서 일본의 자기만족감이 싹 가셨다. 니미츠의 진격은 일본의 중심위치라는 심장에 화살처럼 겨누어졌다. 궁극적으로 그것은 일본의 남중국해 ― 중국, 타이, 말레이 반도, 동인도 제도, 타이완, 필리핀의 해안을 적시는 태평양의 '지중해' ― 통제권을 위협했고, 이 통제권은 일본이 '남방' 제국을 유지하는 데 없어서는 안 되었다. 따라서 도쿄의 대본영은 1944년 1월 25일에 지나支那방면군 사령관 마쓰이 이와네松井石根 장군에게 대규모 공세를 펼치라는 명령을 내렸다. 중국에서 마지막 공세는 1943년 봄에 펼쳐져, 북지나군이 산시陝西 성과 허베이河北 성에서 베이징 서쪽지역을 소탕했다. 이제 계획은 남쪽에서 영토를 더 많이 점령하는 것이었다. 이 계획의 두 가지 목적은 베이징과 난징 사이를 남북으로 잇는 직통 철도노선을 여는 것과 전략 폭격기를 비롯한 항공기 340대 병력에 이른 셰놀트의 항공부대가 발진해서 중국 도처에서 일본 해외원정군을 괴롭히는 근거지인 장제스 통치지역의 미군 비행장을 남부에서 쓸어내버리는 것이었다.

이 이치고 작전은 1944년 4월 17일에 개시될 터였다. 그해 더 이른 시기에 연계공세인 우고 작전이 버마에서 개시되었다. 묘하게도 일본군의 두 작전은 — 적군이 복합적인 성격을 띤 돌파 공격에 직면하도록 만든다는 일본군이 좋아하는 일반적인 목표를 빼놓고는 — 시간이나 목적이나 목표에서 공조를 이루지 못하였지만, 중국 남부와 버마에서 연합군이 벌인 전역은 사실상 서로 연계되어 있었다. 우선 첫째로, 충칭에 근거지를 둔 장제스의 군대는 '흑 경로'를 경유하는 보급에 의존했다. 둘째, 사실상 스틸웰이 지휘하는 중국군 부대는 버마 도로를 다시 열 목적을 가지고 중국 남부에서 작전을 벌이고 있었다. 셋째, 중국군 부대는 장제스 군의 질을 개선하고자 인도에서 훈련을 받고 있었다. 그런데도 일본 대본영은 버마에서 제15군을 지휘하는 무다구치 렌야牟田口廉也 장군에게 버마 도로를 따라 치고 올라가는 공격을 해서 이치고 작전을 도우라는 명령을 내리지 않았다. 대신에 대본영은 그에게 전면적인 인도 침공이라고밖에는 할 수 없는 것을 수행하라는 지시를 내렸다. 완전히 다른 방향이었던 것이다.

우고 작전은 무다구치가 열의를 다해 전념한 작전이었다. 그의 전임 사령관인 이다 쇼지로는 버마로 들어와 벵골 만의 아라칸Arakan 해안으로 내려오는 영국군의 공세를 1942년 11월과 1943년 2월 사이에 물리치는 데 성공했다. 친디트Chindit 장거리 침투부대[6]가 부대의 창설자이며 메시아적 사명감에 차 있는 오드 윈게이트의 지휘를 받으며 수행한 후속 비정규 작전도 1943년 2월과 4월 사이에 패했다. 그러나 무다구치는 길도 없는 인도-버마 국경지대 산악지형으로 일본군 전선을 뚫고 들어오는 데 성공한 윈게이트 부대에 깊은 인상을 받았고, 그 인상은 옳았다. 그는 윈게이트의 소규모 침투부대가 행군했던 곳에서 더 큰 연합국 군대가 뒤이어 올지 모른다는 두려움을 느꼈다. 그는 윈게이트의 경로가 버마를 방어하는 최선의 방법으로서 다부진 예하 군인들이 반대 방향으로 취할 수 있는 경로

6. 윈게이트가 영국인과 미얀마인과 구르하(Gurkha)인으로 구성한 3,000명 병력의 게릴라 여단. 친디트는 본디 미얀마의 사원을 지킨다는 괴수를 뜻하는 친테(chinthe)란 낱말이 와전되어 붙은 이름이다.

라고 보기도 했다. 즉, 버마를 방어하고 (미군 공병대가 인도의 레도 Ledo에 있는 철도 수송 종점에서부터 작업을 하고 있는) 버마 도로를 다시 열려는 연합군의 노력을 방해하고 중국 남부에서 차츰 밀고 들어오는 스틸웰의 돌파 공격을 제압해서 중국 본토의 이치고 작전을 간접적으로 돕는 가장 좋은 수단으로 본 것이다.

무다구치의 공세 정신은 공격이 최고 형태의 방어라는 원칙으로 정당화되었다. 정력적인 루이스 마운트배튼Louis Mountbatten 제독을 수반으로 해서 1943년 11월 5일에 창설되었던 동남아시아 사령부대는 실제로 버마에 연합국의 세력을 다시 세울 목적을 지닌 나름의 공세를 계획하고 있었다. 계획된 여러 공세 가운데에는 또 한 차례의 아라칸 공세, 즉 아삼Assam에서 출발해 인도-버마 국경을 넘어 버마 중앙평원으로 들어가는 대문인 친드윈Chindwin 강[7]으로 가는 대공세와 윈난雲南 성에서 출발해 버마 북동부로 들어가는 중국군의 2개 공세가 있었다. 그 2개 공세 가운데 하나는 '메릴의 약탈자들'의 지원을 받는 스틸웰의 중국군 부대가 개시하며 다른 하나는 '메릴의 약탈자들'이 칠 미치나Myitkyina[8]에서 일본군 후방으로 들어가는 친디트의 작전일 터였다.

따라서 무다구치의 작전은 단순한 공세가 아니라 선제공격이기도 했다. 이 작전을 위해 데라우치 히사이치寺內壽一 장군이 지휘하는 버마 지역군 전체가 일부는 타이에서 온 부대로, 일부는 인도국민군 제1사단으로 증강되었다. 인도국민군은 수바스 찬드라 보스가 말레이 반도와 싱가포르에서 붙잡힌 인도인 4만 5,000명 가운데 자기의 대의에 공감을 보인 4만 명으로 양성한 군대였다. 그러나 무다구치의 파쇄공격 자체보다 더 앞서 이루어진 또 다른 파쇄공격이 있었다. 왜냐하면 영국군이 1943년 11월에 안개 자욱한 아라칸으로 침투하려는 시도를 재개했기 때문이다. 따라서 일본군 제55사단이 2월 4일에 그 전진을 방해할 임무를 띠고 아라칸에 있는 영국군 진지선

7. 미얀마 북서부에 흐르는 길이 1,160킬로미터의 강. 에야와디 강으로 흘러들어가는 지류이며, 버마-인도 국경지대와 병행해서 흐르는 강력한 천연장애물이다.

8. 미얀마 북부 카친 주의 주도.

안으로 투입되었다. 제55사단은 고생만 죽도록 하고 뿔뿔이 흩어져서 그달 말에 출발점으로 도로 밀려났다. 한편, 일본군 제18사단은 미치나를 향한 스틸웰의 전진에 거칠게 대처했다. 윈게이트의 제2차 친디트 원정대가 3월에 글라이더를 타고 미치나 뒤에 강하할 예정이었다.

이렇듯 심하게 들썩거리는 버마 북부에서 무다구치가 3월 6일에 우고 작전을 재개해서 예하 3개 사단이 친드윈 강을 건너 인도를 침공했다. 제31사단은 코히마Kohima로, 제15사단과 제33사단은 임팔Imphal로 향했다.

아삼 고지대에 있는 이 작은 두 곳은 전쟁 전에는 차 재배 산업의 중심지였다. 코히마와 임팔에는 이때 전선을 점령하고 나머지 인도와 도로로 빈약하게 연결되어 있는 대규모 영국-인도군이 주둔할 만한 장소와 시설이 없었다. 더욱이, 영국군 제14군을 지휘하는 윌리엄 슬림 장군은 공세로 넘어갈 준비를 하고 있었고 공격에 대응할 입장에 있지 못했다. 제14군은 1942년 봄에 버마에서 고통스러운 퇴각을 한 뒤, 그리고 그로부터 여덟 달 뒤에 아라칸에서 치욕스러운 후퇴를 한 뒤 침울한 상태에 있다가 슬림의 탁월한 지휘를 받으면서 면모를 일신했다. 그러나 제14군은 공격성이 오를 대로 오른 일본군 부대와 전면전을 치른 적이 아직은 없었다.

그렇지만 슬림은 일본군의 공세가 머지않았다는 낌새를 알아채고 조금도 놀라지 않았다. 따라서 그는 마운트배튼을 설득해서 영국-인도군에서 가장 노련한 부대의 하나인 제5인도인사단을 3월 19일과 29일 사이에 아라칸 전선에서 공수해오기에 충분한 수송기를 미군으로부터 얻어냈으며, 나름대로 공세를 위해 모아두고 있었던 자원에서 나온 많은 보급품과 증원군을 국경선에 있는 방어부대로 보냈다. 그는 부하 지휘관들에게 상부의 허가 없이 철수하지 말라는 엄한 지시도 내렸다. 영국군 방자가 인도-버마 국경지대 전체를 방어하려고 애쓰지 않고 국경 산악지대의 핵심 요지[9]에서 움직이지 않고 버텼기 때문에 일본군은 임팔과 코히마를 에워싼다는 목적을 이루는 데에는 성공했지만, 인도 평원으로 내려가는 국경 도로를 차지할 수 없었다. 코히마는 4월 4일에, 임팔은 다음날 포위되었다. 뒤이어 일어난 싸움은 전쟁 가운데 가장 격렬한 싸움 축에 들었다. 양쪽이 때로는 지방행정관 관저의 테니스장보다 더 넓지 않은 거리를 두고 싸웠기 때문이다. 버려진 그 관저는 코히마 능선의 무인지대의 일부를 형성했다.[10] 영국군은 공수로 보급을 받았는데, 코히마에서는 들쭉날쭉했고 임팔에서는 좀 더 규칙적이었다. 일본군은 전혀 보급을 받지 못했다. 그들은 병에 걸리고 쇠약해졌는데도 심지어는 우기가 온 뒤에도 공격을 멈추지 않았다. 그러나 농성한 지 80일이 넘은 6월 22일에 임팔의 포위가 풀렸고, 나흘 뒤 무다구치는 어쩔 도리 없이 데라우치에게 이제 제15군이 퇴각해야 한다는 제안을 해야 했다. 7월 초순에 대본영이 허가를 했고, 생존자들이 열대의 비가 내려 진창이 된 길로 버둥대며 걸어 내려가 친드윈 강을 건너 버마 평야로 되돌아갔다. 인도 침공을 시작했던 8만 5,000명 가운데 무사 귀환한 사람은 2만 명에 지나지 않았다. 사상자 절반 이상이 질병으로 쓰러져 죽었다. 적에게 투항할지 모른다는 불신을 받아 일본군 지휘관들에게 학대를 받은 인도국민군 제1사단은 스러지고 없었다.

10. 1944년 4월 8일에 일본군이
영국인 지방 판무관 관저 뒤에
있는 고지 정상에 만들어진 테
니스장에 오자 영국군 수비대는
테니스장 한쪽 끝에 참호를 파
서 진지를 만들고 다른 쪽 끝에
다가와 있는 일본군 부대와 대
치했다. 싸움은 이틀날까지 일
진일퇴를 거듭하고서도 끝이 나
지 않았다.

이제 버마에서 벌어지는 싸움의 초점은 일본군이 스틸웰과 친디트군 양자를 상대로 끈질기게 담당한 전선을 지키고 있는 북동부전선으로 옮겨갔다. 한편, 슬림은 제14군을 지연된 공세를 준비하도록 만들기 시작했다. 친드윈 강을 건너가 만달레이와 랑군을 되찾는 공세였다. 그러나 무다구치의 우고 작전이 패하면서 버마 자체가 더는 대본영의 급선무가 아니었다. 비록 — 미국 정부가 머지않아 장제스가 무너지리라는 공포감을 품기 시작할 만큼 — 이치고 작전이 중

국 남부에서 만족스럽게 진행되고 있기는 했지만, 남태평양과 (더 결정적으로는) 중태평양의 상황이 계속 나빠졌다. 뉴기니에서 포겔 코프 반도가 7월에 함락된 데 이어 뉴기니와 필리핀 남부 민다나오 섬의 중간쯤에 있는 모로타이Morotai 섬이 9월 15일에 장악되었다. 괌과 사이판이 함락된 뒤 팔라우 제도의 펠렐리우Peleliu 섬도 9월 15일에 침공을 받았다. 이 섬은 중태평양 전선에서 미군이 지금까지 필리핀에 가장 가까이 도달한 지점이었다. 중국과 인도차이나, 그리고 일본 본토로 가는 길목인 필리핀의 침공이 이제 바로 눈앞에 이르렀다.

레이테 섬 상륙 일정표

그러나 미 합동참모회의와 워싱턴에 있는 합동참모회의 계획 입안자들이 맥아더와 니미츠가 그토록 신속하게 대성공을 거둔 데 놀란 나머지 침공의 엄밀한 성격이 다시 한번 논란거리가 되었다. 유럽 전역戰域에서 연합군 총사령관 지명자의 참모장들이 1943년에 작성했던 독일 국경 진공 일정표가 예기치 않게 빠른 현실의 사건 진행속도에 추월당한 것과 마찬가지로, 한때는 중요하게 보였던 모든 종류의 작전이 이제는 빛이 바래져서 의의를 잃어갔다. 유럽에서는 상황이 변해서 프랑스 중부에서 싸우는 미군을 위해 미국에서 오는 보급품의 하역지점으로서 대서양 항구를 장악하는 것이 쓸데없는 일이 되었고, 프랑스 남부 침공도 마찬가지였다. 태평양에서는 셰놀트의 항공기지에 보급을 할 남중국 해안 항구의 장악, 타이완 침공, 필리핀 남부의 민다나오 섬 점령이 그랬다. 이 계획 가운데 두 가지는 저절로 취소되었다. 중국 남부에서 이치고 작전이 성공하면서 해안 가까이 있는 셰놀트의 비행장 대다수를 잃는 통에 부근 항구를 장악하는 것이 쓸데없는 일이 되었고, 크기가 하와이 두 배이며 세계에서 가장 높은 해안절벽으로 방어되는 섬인 타이완을 침공하려면 부대가 너무 많이 필요해서 유럽에서 전쟁이 끝날 때까지는 침공이 이루어질 수 없다는 계산이 나왔다. 민다나오 섬 공격은 홀시의 항공모함들이 그 구역에서 가벼운 저항에 부딪혔을 뿐인데 9월 13일에 포기되었다. 대신 홀시는 상륙이 필리핀 군도 한복판에 있는 레이테 섬에서 맨 먼저 이루어지고 그 뒤에 일정보다 두 달을 앞당겨 12월에 맨 북쪽에 있는 루손 섬에 진군해야 한다고 역설했다. 이 일정표가 해군 작전부장 킹 제독의 접근방법이 너무 답답하다고 생각하는 맥아더의 마음에 들어서 그의 지지를 얻었다. 대통령과 미 합동참모회의와 작전사령관들 사이에서 7월 26일 이후로 진행되어 온 논쟁이 합동참모회의가 맥아더에게 10월 20일에 레이테 섬 상륙을 개시할 권한을 위임한 9월 15일에 끝났다.

필리핀의 일본군은 침공에 저항할 준비가 제대로 되어 있지 않았

레이테 만

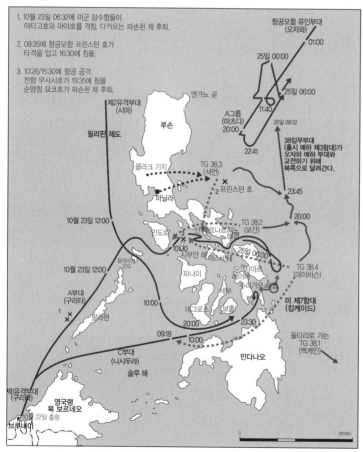

1. 10월 23일 06:32에 미군 잠수함들이 아타고호와 마야호를 격침. 다카오는 파손된 채 후퇴.
2. 09:35에 항공모함 프린스턴 호가 타격을 입고 16:30에 침몰.
3. 10:26/15:30에 항공 공격: 전함 무사시호가 19:35에 침몰 순양함 묘코호가 파손된 채 후퇴.

다. 사실, 이때 전 일본군이 초기에 성공을 거둔 결과로 고생을 하고 있었다. 클라우제비츠가 '공세의 정점'이라고 부른 것을 지난 일본군은 빈틈없이 방어할 수 있는 것보다 더 많은 영토를 차지했고, 길길이 사납게 날뛰고 보유한 자원이 다달이 늘어가는 적과 대결했다. 비록 태평양의 미 육군과 해병대는 유럽에서 벌어지는 전쟁의 수요 탓에 쓸 수 있는 인력에 한계가 있기는 했어도, 미 육군 항공부대는 1944년 한 해 내내 더 좋은 항공기를 더 많이 획득하고 있었다. 중국 남부의 오래된 기지와 사이판의 새 기지에서 발진해서 일본 본토를 폭격할 수 있는 항속거리를 가진 B-29 슈퍼포트리스가 특히 그랬다. 태평양이 특정 전역戰域인 미 해군은 어느 것을 골라야 할지 고민스러울 만큼 좋은 것을 너무 많이 가지고 있었다. 새 전함, 순양함, 구축함, 고속 수송함, 크고 작은 양륙정을 보유하고 있었지만, 무엇보다도 새로운 항공모함이 있었다. 1941년 이후로 에식스 급 항공모함 21척이 실전 배치되었거나 배치될 참이었으며, 항공모함 함대 전체가 3,000대가 넘는 항공기를 위한 비행갑판 공간을 제공했다. 이 해군 함재기 항공부대의 규모는 최대로 올려 잡은 일본군 항공부대의 세 배였다.

대조적으로 일본의 군수 생산은 이미 정점을 지나버렸다. 일본 육군은 1937년 이래로 총동원된 상태였고 약 50개 사단 규모에서 고정되었다. 1941년 이래 쉴새 없이 교전을 벌여온 일본 해군은 막심한 손실을 보았고 조선소의 건조량으로는 그 손실을 메울 수 없었다. 1941년과 1944년 사이에 진수된 함대 급 항공모함은 겨우 다섯 척에 지나지 않았다. 일본의 상선대가 입은 손실은 훨씬 더 커서 일본의 조직망이 무너질 기미를 보였다. 일본은 식량을 자급하거나 원료 필요량을 자체 조달할 수 없는 나라였으므로, 서태평양의 자유로운 이용은 일본 경제의 운영에 없어서는 안 되는 요소였으며 남방 안의 수비대를 유지하고 강화하고 이동하는 데에도 필요했다. 1942년

한 해 동안 미군 잠수함이 일본 상선 180척을 격침했는데, 가라앉은 상선의 사하중死荷重[11]이 모두 합쳐 72만 5,000톤이었으며 이 가운데 63만 5,000톤은 새로 건조된 배로 대체되었다. 유조선의 용적톤수는 사실상 늘어났다. 그러나 미군 잠수함 함장의 솜씨가 늘고 잠수함이 뉴기니와 애드미럴티 제도와 마리아나 열도에서 훨씬 더 앞으로 나가 있는 기지로부터 작전을 벌이고 있었기 때문에 1944년에 침몰 총량이 600척, 즉 270만 톤으로 늘어났다. 1942년과 1943년의 침몰 총량을 합친 것보다 더 많은 양이었다. 1944년 말이 되면 일본 상선대의 2분의 1과 일본 유조선의 3분의 2가 파괴된 상태여서, 동인도 제도산 석유의 반출이 거의 끊겨버리고 일본 본토로 수입되는 수준이 40퍼센트 떨어졌다.

상선대가 파괴되었으므로 일본 해군은 상선 대신 구축함을 써서 부대를 이동하고 식량을 공급해야 했다. 이 때문에 위협에 처한 지점들 사이의 부대 이동이 심하게 저해되고 따라서 일본의 필리핀 방어가 영향을 받았다. 대본영은 미군이 우선 뉴기니에서 필리핀 최남단에 있는 민다나오 섬을 침공한 다음 일본으로 건너가는 징검돌로 맨 북쪽에 있는 루손 섬을 침공할 계획을 세웠음을 간파했지만, 미군이 상황을 고려해서 그 계획을 바꾸리라는 예견은 하지 못했다. 그 결과, 레이테 섬의 수비대가 민다나오의 수비대보다 훨씬 더 약했다. 1944년 10월 20일에 필리핀에 있는 일본군이 27만 명이기는 했지만, 싱가포르의 정복자이자 남방 사령관인 야마시타 도모유쿠가 레이테 섬 자체에 보유한 부대는 제16사단뿐이었다. 제16사단은 1만 6,000명에 지나지 않았으므로 그날 아침 레이테 만 해안에 내려서기 시작한 월터 크루거Walter Krueger 장군 예하 제6군의 4개 사단과 맞설 수 없었다.

비록 일본 육군이 레이테 섬 상륙에 대비하지 못했어도, 일본 해군은 그렇지 않았다. 이때 일본 해군은 절반씩 둘로 나뉘어서, 나머

11. 구조물이나 차량이나 선박 따위의 자체 중량.

지 항공모함과 호위함들은 본토 해역을 떠나지 않고 있었고 — 18
인치 함포가 달린 7만 톤짜리 세계 최대 전함인 야마토 호와 무사
시 호를 비롯해 아직 9척 남은 — 전함들은 일본 본토로 수송될 수
없는 동인도 석유의 공급원에 가까이 있기 위해서 싱가포르 부근
의 링가 로즈Lingga Roads에 있었다. 현명하게도 일본 함대의 두 부대
는 미군의 도서 상륙작전들 가운데 가장 최근에 펼쳐진 — 그 의미
를 잃어버린 원래의 중태평양 전략에서 취소되지 않고 펼쳐진(그 바
람에 노련한 제1해병사단에 고통을 안겨준) — 작전인 9월 15일 팔라우
제도 펠렐리우 섬 엄습에 휘말리지 않고 물러서 있었다. 본토 함대
는 레이테 해전 이전에 타이완과 오키나와와 루손에서 벌어진 항공
공세에 휘말려 드는 것을 피하지 못했다. 이 공세 동안 미 제3함대
가 10월 10일과 17일 사이에 일본군의 항공모함 탑재기와 지상기지
의 항공기를 500대 넘게 파괴했다. 그러나 오자와 지사부로의 항공
모함 부대는 함선 단 한 척도 위험에 빠뜨리지 않았고, 링가에 있는
연합함대도 대부분 무사했다.

　바로 이런 상황에서 대본영은 레이테 섬 상륙을 엄호하는 미 제
3함대와 제7함대를 상대로 암호명이 쇼이치고捷—號인 결정적인 해군
공세를 개시하기로 결정했다. 이 공세는 일본의 대형 공세가 늘 그
랬듯이 본질적으로 아주 복잡한 양동 작전이었다. 즉, 일본의 세토
나이카이瀬戸 內海[12]에서 가져온 오자와의 항공모함들이 홀시의 제3
함대를 레이테 섬 해안에서 멀리 꾀어낸 다음 제1유격부대와 제2유
격부대와 C부대로 나뉜 전함과 중순양함들이 레이테 만 안에 있는
수송선과 양륙정을 공격해서 쳐부순다는 것이었다. 제1유격부대는
산베르나르디노 해협을 거쳐 레이테 섬 북쪽으로 다가가고 제2유격
부대와 C부대는 수리가오Surigao 해협을 거쳐 레이테 섬 남쪽으로 갈
터였다.

　뒤이어 유틀란트 해전보다도 더 큰 사상 최대의 해전이지만 유틀

란트 해전처럼 오보와 오해로 뒤죽박죽이 된 해전이 벌어졌다. 맨 먼저 싸움에 들어간 부대는 링가에서 항해해 온 구리타 다케오栗田武雄 해군중장의 제1유격부대였다. 제1유격부대는 도중에 미 잠수함에 요격당해서 손실을 보았지만 10월 24일에 산베르나르디노 해협으로 가는 서쪽 접근로에 도달했다. 이 부대를 지원하는 지상기지 항공기들이 홀시의 제3함대에서 온 미 항공모함들 가운데 한 척인 프린스턴Princeton 호에 심한 피해를 입혔다. 프린스턴 호는 결국 침몰했지만, 일본군 항공기는 미군의 헬캣 전투기와 맞붙었다가 더 심한 손실을 입었다. 그리고 날이 훤히 밝자 미군 뇌격기가 구리타의 전함을 공격했다. 오후 동안 무사시 호가 그 엄청난 동체가 견딜 수 있는 것보다 더 많은 어뢰 19발을 맞고 저녁 7시 35분에 뒤집히면서 가라앉았다. (오자와의 항공모함에 관한 소식을 전혀 듣지 못한) 구리타는 그 항공모함의 지원을 받는다는 보장이 없었으므로 야마토 호와 휘하의 다른 전함 2척과 중순양함 10척을 산베르나르디노 해협의 좁은 바다에서 위험에 처하게 할 수는 없다고 결정하고 뱃머리를 링가로 돌려 철수했다.

그러나 쇼이치고 작전은 구리타가 철수하는 순간에 성공을 거둘 참에 있었다. 왜냐하면 루손 섬 남쪽 끝 앞바다에 정박해 있던 제3함대 기함 뉴저지New Jersey 호에 탄 홀시가 오자와의 항공모함이 북쪽 150마일 지점에서 보였다는 소식을 막 받았기 때문이다. 지난 6월에 필리핀 해 전투에서 일본군을 너무 쉽게 놓쳤다는 쑥덕공론에 기분이 상한 적이 있는 홀시는 오자와를 싸우게 하겠다는 마음을 굳혔다. 따라서 그는 산베르나르디노 해협을 지킬 휘하 부대 일부를 34임무부대라는 이름을 붙여 뒤에 남겨놓고 자기는 중무장 부대를 몰고 북쪽으로 달려가 일본군 항공모함을 찾아내 쳐부순다는 즉흥적인 계획을 마련했다.

이때 두 차례의 심경 변화가 전투의 경과를 바꿔놓았다. 첫 심경 변화는 구리타의 것이었다. 승리할 기회를 두고 주춤하고 있다고 다 그치는 연합함대의 재촉에 수치를 느낀 그는 침로를 되돌려 10월 24/25일 밤에 결국 산베르나르디노 해협을 통과해서 레이테 만을 향해 항행했다. 두 번째 심경 변화는 홀시의 것이었다. 그는 오자와의 항공모함이 얼마나 공격에 취약한지 알리는 보고에 흥분한 나머지 산베르나르디노 해협을 지킬 부대를 조금도 남겨두지 않고 34임무부대를 구성했었을 함선까지 거느리고 오자와의 항공모함을 공격하려고 북쪽으로 향했다.

어쨌든 간에 쇼이치고 작전이 갑작스레 성공을 거두기 직전이었다. 구축함과 호송용 소형 항모로 이루어진 취약한 함대만이 상륙부대를 지키는 레이테 만 앞바다에 구리타의 제1유격부대가 나타나려는 참이었던 것이다. 한편, 시마 기요히데志摩淸英 해군중장의 제2유격부대와 니시무라 쇼지四村祥治 해군중장의 C부대는 남쪽으로부터 레이테 섬 상륙부대의 배후를 치려고 수리가오 해협으로 향하고 있었다. 홀시가 일본군 항공모함과 교전하겠다며 북쪽으로 가는 동안, 그는 모르고 있었지만 미군의 레이테 섬 침공군은 재앙을 맞을 위험에 처해 있었다.

전진하는 두 일본군 부대가 미군에 재앙을 입히지 못하도록 막은 것은 산베르나르디노 해협에 있는 조그만 호송용 소형 항모 세 척과 수리가오 해협에 있는 올든도프Oldendorf 제독의 전함 여섯 척이었다. 올든도프의 전함들은 과거에서 나온 유령이었다. 모두 제2차 세계대전이 일어나기 전에 만들어졌으며 다섯 척은 진주만 바닥에서 건져 올린 것이었기 때문이다. 그러나 그 몇 해 사이에 시설과 장비를 새것으로 갈았고, 특히 현대식 레이더를 갖추었다. 10월 24/25일 밤의 어둠 속에서 니시무라 예하 함선의 영상이 올든도프의 레이더 스크린에 또렷이 나타났다. 그의 구축함들이 다가오던 전함 후소扶桑 호를 격파했다. 그다음에 그가 탄 전함의 일제포격이 후소 호를 끝장냈고 더불어서 다른 일본군 전함 야마시로山城 호도 격침했다. 살아남은 C부대 함선들은 부리나케 퇴각하느라 제2유격부대가 자기 부대 옆을 지나 수리가오 해협에 도사린 위험 속으로 들어가는 데도 경고를 해주지 못했다. 제2유격부대도 손실을 보고 급히 침로를 돌려 니시무라의 항적을 쫓아갔다.

미군은 수리가오 해협 전투에서 운 좋게 재앙을 모면했다. 산베르나르디노 해협에서 벌어진 두 번째 싸움은 그렇지 않을 기미를 보였다. 구리타의 제1유격부대의 화력은 제1유격부대와 미군 상륙 함대 사이에 있는 어떤 미군 부대보다도 크게 앞서는 데다가 미 해군의 거포들은 멀리 떨어진 곳에 있었다. 홀시가 오자와를 쫓아 달릴 때 "34임무부대는 어디 있는가 전 세계가 궁금해 한다"[13]는 그 유명한 문구가 들어 있는 메시지가 그의 뒤를 쫓고 있었다. 끝의 네 낱말은 잘못 이해된 보안용 췌사문구[14]였지만 홀시의 신경을 자꾸만 긁어대고 있었다. 그러는 동안 구리타는 미군 상륙부대를 지키는 군함들 사이에 있게 되었다. 그가 맨 먼저 발견한 것은 호송용 소형 항모 다섯 척의 보잘것없는 선단이었다. 속도가 느린 상선을 개장해 만든 소형 항공모함에 탑재된 몇 대 안 되는 비행기는 어뢰공격보다는 대잠장비를 갖추고 있었다. 그 소형 항공모함 5척은 침착하고 지극히 용감하게 난국에 맞서 수완을 발휘했다. 클리프턴 스프레이그Clifton Sprague 제독이 가능한 최대 속력으로 3임무부대를 기동해서 16인치 함포와 18인치 함포의 일제포사격을 피하는 동안, 부하 조종사들이 비행기를 띄워 올려 전함에 대잠용 폭탄을 떨어뜨렸다. 소형 항공모함 가운데 한 척, 즉 갬비어 베이Gambier Bay 호가 포화에 맞아 불이 붙었다. 2임무부대에서 온 또 다른 '꼬마 항모' 선단의 원조를 받는 나머지 소형 항공모함들은 항공공격과 호위 구축함들이 개시한 어뢰공격의 엄호를 받으며 퇴각하는 데 가까스로 성공했다. 이 꼬마들의 도전에 부딪히고 오자와의 항공모함들이 나타나지 않아 풀이

13. Where is Task Force 34 the whole world wonders.

14. 내용을 감추려고 아무 뜻도 없이 통신문 본문의 처음이나 끝에 덧붙였다가 해독할 때는 빼버리는 낱말이나 문구.

🔼 1944년 10월 25일 레이테 만에서 일본 가미가제 비행기 한 대에게 직격타를 얻어맞는 호송용 소형 항모 생로 호. 생로 호는 그 뒤 한 시간이 채 안 되어 침몰했다.

죽은 구리타는 갑자기 교전을 그만두고 산베르나르디노 해협을 거쳐 퇴각하기로 결정했다. 이때가 10월 25일 아침 10시 30분이었다.

남쪽에서는 수리가오 해협에서 올든도프의 전함들이 구원을 하려고 달려가고 있었지만 아직도 세 시간은 더 가야 했다. 북쪽에서는 홀시가 오자와를 추격하다가 침로를 돌렸지만 현장에 닿으려면 시간이 훨씬 더 많이 걸릴 터였다. 그런데도 홀시의 항공기들이 전과를 올렸다. 이 항공기들이 이른 아침에 공격을 마치고 떠날 때 경항공모함 치토세千歲 호와 즈이호瑞鳳 호가 가라앉고 있었던 것이다. 제2차 공격으로 항공모함 치요다千代田 호와 오자와의 기함이며 진주만 공격에 참여했던 즈이가쿠 호가 파괴되었다. 이 항공모함들은 비록 비행기 180대만을 탑재하고 전투에 들어갔지만, 이들을 잃어버림으로써 거대했던 일본 해군 항공부대가 사실상 완전히 소멸했다. 더욱이 이 손실에 전함 3척, 중순양함 6척, 경순양함 3척, 구축함 10척의 손실을 보태야 했다. 모두 합치면 대일본제국 해군이 진주만 이후로 당한 손실의 4분의 1이었다.

따라서 레이테 만 전투는 비록 미군이 하마터면 질 뻔하기도 했지만 해전사상 가장 큰 전투였을 뿐만 아니라 가장 결정적인 전투 가운데 하나이기도 했다. 레이테 섬 자체를 놓고 벌어진 전투는 더 길게 끌었다. 일본군은 필리핀 유지가 레이테 섬 방어에 달렸다는 점을 깨닫고 필리핀 제도 다른 곳에서 온 구축함으로 — 제8, 제26, 제30, 제102사단과 더불어 줄어들고 있는 중국의 총 예비병력에서 차출한 정예 제1사단 등의 — 증원군을 서둘러 보냈다. 미군도 처음에 상륙을 했던 4개 사단을 증강해서 11월까지 — 제1기병사단, 제7공수사단, 제11공수사단, 제24사단, 제32사단, 제77사단, 제96사단 등 — 7개 사단을 배치했다. 다음 한 달 동안 벌어진 싸움은 치열했다. 일본군은 레이테 섬에 있는 미군의 주요 비행장 복합단지를 장악하려고 12월 6일에 역공을 개시했다. 이 공격이 실패하면서 섬을 둘러싼 공방전은 사실상 일단락되었다. 이 싸움에서 나온 희생자가 일본군 7만 명, 미군 1만 5,500명이었다.

1945년 1월 9일에 크루거의 제6군이 레이테 섬에서 — 그리고 소탕이 끝난 레이테 섬 부근의 민도로Mindoro 섬과 사마르Samar 섬에서 — 이동해 필리핀 수도 마닐라가 있는 루손 섬을 침공했다. 저 멀리 남쪽에서는 오스트레일리아 제1군이 뉴기니와 뉴브리튼과 부건빌에서 일본군의 저항을 소탕하고 있었다. 버마에서는 슬림의 제14군이 12월 2일에 친드윈 강의 칼레와Kalewa를 장악해서 버마의 평야로 치고 들어가는 공세를 개시하는 동안, 장제스의 부대도 미국의 도움을 받아 북동부전선에서 전진을 하고 있었다. 장제스 부대는 톡톡 쏘아붙이는 스틸웰의 지휘를 더는 받지 않았다. 스틸웰은 영국군과 중국군, 끝에 가서는 루스벨트 대통령과 차례로 사이가 완전히 틀어져버렸다. 10월 18일에 스틸웰이 면직된 뒤 그의 직무를 다

니엘 설턴Daniel Sultan 장군과 미국의 1941년 '승리 계획'[15]의 조직자인
알버트 웨드마이어 장군이 나누어 맡았다. 웨드마이어는 중국에서
미국인 사령관으로서 업무를 이어받았고, 설턴은 버마에서 (군신부
대軍神部隊, Mars Force로 이름을 바꾼) '메릴의 약탈자들'과 인도에서 훈련
을 받은 중국군 부대를 지휘했다.

중국에서는 이치고 작전이 일본군이 장악한 해안지역부터 충칭
에 있는 장제스의 수도에 이르는 회랑을 따라 돌진할 기미를 보인
뒤, 인도에서 훈련을 받고 버마에서 데려온 2개 사단으로 증강된 장
제스 군대가 드디어 이치고 작전을 구이양貴陽에서 저지하는 데 간신
히 성공했다. 이치고 작전은 인도차이나 북부에서 베이징까지 끊긴
데 없이 이어지는 회랑을 여는 부수적인 목적을 이루어냈지만, 장제
스 군을 쳐부수지는 못했다. 실제로, 1945년 1월에 (설턴의 지휘를 받
는) 장제스의 최정예부대가 스틸웰이 8월에 장악했던 미치나를 통
해 버마 북부 산악지대를 횡단해서 윈난에서 전진해오는 장제스 중
국군의 이른바 Y-부대와 연결되는 데 마침내 성공했다. 두 부대가 1
월 27일에 버마 도로를 다시 열었고, 이로써 인도에 있는 영미군 기
지에서부터 충칭 부근의 국민당 핵심지역까지 직접 육로로 이루어
지는 보급원이 확보되었다. 그렇지만 일본군은 중국 남부에서 여전
히 지배적인 힘이었다. 영국의 병력이 버마의 평야를 향해 정렬되고,
제14군이 그 평야로 전진해 들어가고 있었다. 그러나 웨드마이어의
부대도, 설턴의 부대도, 심지어는 장제스의 부대도, 양쯔 강 남쪽에
서 펼쳐지는 일본군의 한정된 활동을 저지할 만큼 강하지 못했다.
1941년 이후 해마다 그랬듯이, 1945년 봄에도 중국에서 벌어지는 전
쟁의 미래는 서태평양의 바다에서 대일본제국 해군 함대와 미 해군
함대 및 미군 상륙부대 사이에 벌어지는 주요 전투의 결과와 긴밀
하게 얽혀 있었다.

31 | 상륙전: 오키나와 전투

미군이 필리핀을 점령하고 마리아나 열도를 장악함으로써 태평양 전쟁은 상륙 국면에 다가서며 절정에 이르렀다. 일본이 1942년에 설정해놓은 '외곽방어선'의 안쪽이나 가까운 곳 수십 군데에서 1945년 내내 지상 전투가 계속 일어나고 필리핀 북부와 버마에서 아주 격렬한 전투가 벌어지며 마닐라는 바르샤바만큼 황폐해진 유령도시가 된다. 그러나 태평양 전쟁의 성격은 이제 근본적인 변화를 겪었다. 해군은 압도적인 병력을 동원해서 개별 해병대사단을 작은 외딴 환초에 내려놓고 육군은 더 큰 병력으로 더 짧게 이동하며 배후차단 공격을 해서 동인도 제도의 커다란 땅덩어리를 손에 넣는 식으로 분리되어 경쟁하는 두 개의 미군 전략은 더는 존재하지 않을 터였다. 이제 해군과 육군은 합동으로 한 번에 수개 사단, 그리고 배에 탄 부대의 조밀한 병력집결체뿐만 아니라 엄청난 함대와 해군 항공부대가 투입되는 대규모 상륙작전을 일본 본토의 외곽에 있는 여러 섬에서 펼칠 터였다. 이 작전의 성공은 전적으로 육해군 병사와 항공대원과 해병대원이 합동으로 상륙하는 솜씨에 좌우될 터였다.

미 합동참모회의는 계획된 여러 작전의 결과에 자신감을 가졌는데, 이 가운데 가장 중요한 작전은 일본 본토의 커다란 섬들 가운데 맨 남쪽에 있는 규슈에서 380마일밖에 떨어지지 않은 류큐琉球 제도의 오키나와 섬에 상륙하는 작전이었다. 오랜 시간을 들여 개발해낸 미군의 상륙기술은 이제 아주 높은 수준에 이르렀다. 사실상 그 기술은 태평양 전쟁의 전역을 치르는 동안 줄곧 개발되고 있었다. 그러나 그 개념 구상의 공은 무엇보다도 미 해병대의 것이었다. 부대를 함선에서 해안으로 옮겨놓을 수 있는 가장 좋은 방법을 터득해야 할 필요성을 제2차 세계대전이 시작되기 스무 해 전에 간파했던 미 해병대는 함선과 해안 사이를 통과하는 것이 본질적으로 전술이동이어야 한다는 착상을 내놓았다. 이토록 간단하기 그지없는 착상을 떠올린 해양열강이 그전에는 없었다. 영국도 프랑스도 해군력을 통해 육군력을 이동해서 투입함으로써 대제국을 건설했으면서도 부대의 상륙에는 부대를 함선의 보트에 태워 바다에 접해 있는 뭍에 내려놓는 것보다 더한 것이 있다는 점을 깨닫지 못했다. 두 나라가 1915년에 합동으로 갈리폴리에 대상륙작전을 개시했을 때, 그 결과는 파국이었다. 부리나케 개장된 운반선이 소형 증기선에 예인되어 해안으로 갔다가 튀르크군의 기관총에 발이 묶였고 함선에 타고 있는 병사들은 바다에서 떼죽음을 당했다. 제1차 세계대전이 끝난 뒤 미 해병대는 병사들에게 그런 운명이 닥치도록 만들지 않겠다고 결심했다. 미 해병대가 상륙 전술을 나름의 특별전공 분야로 삼고 싶어한 데에는 제도조직 측면의 이유가 있었다고 한다. 미 해병대는 육군이나 해군에 흡수될지 모른다는 — 더 큰 두 조직의 언저리 사이에서 활동하는 작은 조직에 공통된 — 두려움을 품었기 때문이었다. 그러나 이보다 더한 것이 있었다. 해병대는 일본과 벌이는 태평양 전쟁의 위험을 예견했다. 또한 해병대는 특화된 방법과 특화된 장비로만 태평양 전쟁에서 이길 수 있다고 보았으며, 그 두 가지를 개발하는 일에 나섰다.

해병대의 상륙전 교리의 설계자는 1921년에 상륙이 '함안艦岸 전술이동'이라는 개념을 맨 처음 제시한 얼 엘리스Earl Ellis 소령이었다. 그는 상륙부대가 함선을 떠날 때 최대로 맹렬한 가용 화력의 엄호를 받으면서 배에서 서둘러 내려 해안 자체가 아니라 바다에서 떨어진 뭍에 최초의 진지를 잡아야 할 필요성을 강조했다. 요컨대, 바다와 해안을 무인지대로 여겨야 한다는 것이었다. 전투는 고수위점 훨씬 위에 있는 적군 제1방어선에서나 그 너머에서 개시될 것이었다. 이런 개념을 실현하려면 특수훈련뿐만 아니라 특정 용도로 만들어진 장비가 필요했다. 그 한 가지가 항공모함에서 작전을 벌이면서도 가능하면 해병대 자체 항공병과 소속 조종사가 모는 급강하 폭격기였다. 급강하 폭격은 적의 해안 거점에 핀으로 찌르듯 화력을 내리꽂는 데 없어서는 안 될 수단이었다. 다른 하나는 함선과 해안 사이의 위험구역을 쾌속으로 지날 동력과 조수를 기다리지 않고 해안에 닿아서 병력과 물자를 내려놓고 물러날 수 있게 해줄 구조를 가진 '전용' 양륙정이었다. 미 해병대는 시간이 지나면서 두 가지 유형, 결국에 가서는 세 가지 유형의 양륙정이 필요하다는 점을 깨달았다. 첫째 유형은 바닷물을 헤치고 해변을 가로질러 타고 있던 사람들을 내려놓을 수 있고 가능하면 기갑을 갖춘 수륙양용 궤도차량, 즉 앰프트랙이었다. 그 원형은 놀라우리만큼 창조적인 미국 전차의 선구자(이자 T-34 전차의 아버지이기도 한) 월터 크리스티가 1924년에 만들었다. 둘째 유형은 제2파를 실어 날라 해변에 내려놓는 더 큰 함정이었다. 그 성공적인 모델인 히긴스 함Higgins은 뉴올리언스에 있는 히긴스 사가 미시시피 강 삼각주에서 쓰려고 만든 민간용 설계에 밑바탕을 두었다. 셋째 유형은 전차를 해변에 내려놓을 수 있는 함선이었다. 전시에 만들어진 1,000척이 넘는 전차양륙선의 제1호를 위한 스케치는 1941년 11월에 미 해군 함선국Bureau of Ships[1]의 존 니더마이어John Niedermair가 며칠 만에 초를 잡았다. 물론 이 세 가지 유형은 모두 다 일단 뭍에 내린 상륙부대에 필요한 보급품을 전달하는 데 쓰일 수도 있었다.

1945년 초가 되면 미 태평양함대는 그 세 가지 유형의 양륙정과 이를 변형한 여러 유형의 양륙정을 엄청나게 많이 보유했다. 미국 해안경비대는 해병대의 양륙정을 몰고 항행하는 역할에 특화되어 있었다. 게다가, 미 태평양함대는 상륙부대와 양륙정을 싣고 상륙임무부대의 구축함과 항공모함을 같은 속도로 따라갈 수 있는 쾌속 '공격 수송함'을 많이 보유했으며, 제독과 장군이 합동으로 작전을

<hr/>

1. 1940년 6월 20일에 미 의회가 설치한 해군 산하 기구이며 해군 함선의 설계, 건조, 개장, 보수, 유지, 그리고 조선소, 공창, 실험실의 운영 등의 업무를 관장했다. 해군의 물자지원체제를 전면 개조하면서 1966년 3월 9일에 폐지되었다.

지휘할 수 있는 전용 지휘함을 많이 가지고 있었다.

　류쿠 제도 진격계획은 레이테 섬에 상륙하기에 앞서, 즉 미 제5함대를 지휘하는 레이먼드 스프루언스 제독이 중계기지를, 특히 타이완을 에돌아 단 한 걸음으로 일본의 코앞에 성큼 다가서야 한다고 제안한 1944년 7월에 일찌감치 마련되었다. 미 해군 작전부장 킹 제독은 처음에는 그 계획이 지나치게 야심 찬 계획이라고 생각했다. 그러나 9월에 킹은 (서부방벽에서 버티겠다는 히틀러의 명백한 결의 탓에) 유럽에서 전쟁이 지속되고 맥아더가 필리핀에 깊숙이 말려 들어가는 바람에 더 많은 육군부대가 풀려날 기회가 없어졌다는 점이 분명해지자 입장을 바꾸어 찬동했다. 해병대 6개 사단과 육군 5개 사단을 거느린 니미츠는 이제 자기 나름의 대규모 작전을 개시하기에 충분한 크기의 독립부대를 보유했다. 이렇게 해서, 킹과 니미츠와 스프루언스가 1944년 9월 29일에 샌프란시스코에서 만나 이듬해에 오키나와를 상륙작전의 주목표로 삼는다고 합의했다. 류쿠 제도로 진격하는 주목적이 일본에 공격준비 폭격을 하기에 더 좋은 항공기지를 확보하고 타이완과 루손 섬에 있는 일본군 비행장과 일본 본토 사이의 '공중 회랑'을 몰아내는 것이었으므로, 더 빨리 점령할 수 있는 부근의 더 작은 섬 하나에 있는 보조기지를 장악해서 B-29를 위한 기착지이자 비상착륙장을 제공해야 한다는 데에도 합의가 이루어졌다. 보닌Bonin 제도[2]의 이오지마伊王島가 최선의 선택으로 보였다. 10월 3일, 미 합동참모회의는 이오지마를 2월에, 오키나와를 4월에 공격한다는 지령을 내렸다.

2. 오늘날의 오가사와라(小笠原) 군도.

텐고 작전

　한편, 일본은 나름의 향후 전쟁수행 계획을 수정하고 있었다. 일본은 1942년에 설정해놓았던 외곽방어선을 유지할 수 없음을 인정하고는 일본 본토 북쪽으로는 쿠릴 제도, 중태평양으로는 마리아나 제도와 캐롤라인 제도, 남서쪽으로는 뉴기니 서부와 동인도 제도와 버마를 에워싸는 절대국방권을 새로 1943년 9월에 정했다. 그 뒤 미군이 1944년에 전진해서 이 구역을 꿰뚫고 깊숙이 들어오는 바람에 이 구역의 방어에 바탕을 둔 계획이 포기되고 이 계획을 세웠던 사람들이 정부에서 물러났다. 7월에 도조가 총리대신에서 사임했고 내각에 국방부와 해군부의 대표들이 포함되어 정부가 여전히 군부의 통제를 받기는 했어도 더 온건한 고이소 구니아키小磯國昭[3]로 교체되었다. 1945년 봄이 되면 (이치고 작전이 진행되는) 중국을 뺀 모든 곳에서 상황이 심하게 나빠져서 대본영은 생각을 다시 해야 했다. 대본영은 중국과 인도차이나 사이에 있는 하이난 섬, 중국 본토 해안, 타이완, 그리고 마지막으로 류쿠 제도를 포함하는 일본의 잔여 방어 비상경계선에서 가장 쉽게 공격에 뚫릴 수 있는 취약지점을 지킨다는 암호명 텐고天号 작전을 세웠다. 가장 위태롭다고 여겨지는 섬인 오키나와가 속해 있는 류쿠 제도를 지키는 하위작전은 암호명이 텐이치고天一号였고, 타이완과 일본 본토에 기지를 둔 비행기 4,800대가 작전 실행에 할당되었다. 연료가 모자라서 비행할 수 있는 출격 횟수와 조종사 훈련시간이 심한 제약을 받았기 때문에 텐이치고는 새로운 종류의 작전이어야 했다. 비행기가 고폭탄을 싣고 편도행 임무비행을 해서 미군 함선에 부딪힐 터였다. 이것을 미군은 '가미가제' 자살공격[4]이라고 부르게 된다.

미군은 이미 레이테 만 전투 마지막 날에 가미가제 전술을 미리 살짝 경험한 적이 있지만, 다행스럽게도 그 자살 임무비행은 급히 이루어진 임시변통이었다. 텐이치고는 더 차근차근 준비되었으며, 미 해병 소속 제3, 제4, 제5사단이 2월 19일에 이오지마를 공격할 때에는 개시될 태세가 되어 있지 않았다. 그나마 이오지마에서 미군에 주어진 행운은 이것뿐이었다. 이오지마는 포와 수비대가 빽빽하게 자리 잡고 동굴이 숭숭 뚫려 있고 현무암 암반에 두터운 화산

3. 일본의 정치가(1880~1950). 육군대학을 졸업하고 군과 정부의 요직을 두루 거쳤다. 제2차 세계대전 기간에 조선총독으로 있었다. 1944년 7월 22일에 총리가 되었으나, 일본군의 연패로 인해 1945년 4월 7일 사임했다. 도쿄 전범재판에서 종신형을 선고받고 복역하다 옥사했다.

4. 일본군이 이 작전에 붙인 공식 명칭은 '신푸 특별공격(神風特別攻擊)'이었다. 신푸, 또는 가미가제는 본디 1281년에 일본을 공격하던 몽골군 함대에 큰 피해를 주어 몽골의 일본 침공 실패에 한 원인이 된 태풍을 일본에서 일컫는 표현이었다.

재가 켜켜이 덮여 있는 섬이어서, 미 해병대는 태평양 전쟁에서 최악의 상륙을 경험했다. 해변에서 바퀴가 헛돌아 움직이지 못하는 수륙양용 장갑차들이 사흘 동안의 전함 함포사격으로도 부서지지 않은 일본군의 근거리포 일제포사격에 파괴되었다. 소총수들이 참호를 파도 엄폐가 될 만큼 파내려 갈라치면 참호가 곧바로 무너져버렸다. 부상병들은 소개되기를 기다리면서 해변에 가지런히 놓여 있다가 다시 부상을 입었다. 타라와에 있었으며 타라와와 이오지마 사이에 있는 대다수 도서 상륙에서도 있었던 종군기자 로버트 셰로드는 이오지마의 싸움이 자기가 본 최악의 전투라고 생각했다. 그는 병사들의 죽음이 "있을 수 있는 가장 고통스러운 비명횡사"였다고 말했다. 미군 6,821명이 전사하고 2만 명이 부상을 입은 끝에 이오지마가 3월 16일에 마침내 확보되었다. 사상자가 상륙한 사람의 3분의 1이 넘었다. 방자였던 일본군 2만 1,000명은 거의 마지막 한 사람까지 다 죽었다.

오키나와, 마지막 전투

이오지마는 오키나와에 투입되는 미군 사단 — 해병대 제1, 제6, 제7사단과 육군 제7, 제27, 제77, 제81, 제96사단 — 앞에 무엇이 놓여 있는지 섬뜩하게 경고했다. 이오지마에서 첫날 입은 인원 손실 때문에, 여태껏 태평양의 섬 하나에 가해진 가장 맹렬한 공격준비 포격을 한다는 결정이 내려졌다. 3월 24일부터 31일까지 계속된 포격이 끝났을 때 거의 3만 발이 넘는 대구경포 포탄이 상륙지역에 떨어졌다. 4월 1일에 전함 18척과 항공모함 40척과 구축함 200척을 비롯한 함선 1,300척으로 이루어진 대함대에서 해병 제1사단과 제6사단, 육군 제7사단과 제96사단이 섬에 내려 비행장이 있는 가운데 잘록한 부분을 장악한 다음 저항을 두 동강 내고자 수륙양용 기갑차와 히긴스 함을 타고 해안으로 돌진했다.

오키나와는 길이가 거의 80마일인 커다란 섬이다. 미군의 오키나와 점령 계획안은 지금까지 한 번을 제외한 모든 상륙에서 그랬듯이 일본군이 바닷가에서 끈질기게 저항하다가 미 공군과 해군의 화력에 눌려 육지 안으로, 즉 버텨내기가 점점 더 힘들어지는 진지로 밀려나리라는 추정에 바탕을 두고 있었다. 일본군은 미군의 예상을 예측하고는 정반대의 오키나와 방어 계획안을 택했다. 일본군은 미 해병사단과 육군사단이 저항을 받지 않은 채 상륙하도록 내버려둔 다음 섬 안쪽에 있는 난공불락으로 여겨지는 방어선에 의지해서 미군을 전투에 끌어들이는 한편, 가미가제의 공격력을 앞바다에 있는 함선으로 돌릴 터였다. 최종 목적은 미군 함대를 쫓아버리고 육지에 묶인 미군의 나머지 절반을 서두르지 않고 차근차근 쳐부수는 것이었다.

섬에 있는 일본군 병력은 12만 명쯤 되었다. 첫날 상륙한 미군은 5만 명이었는데, 이 수치는 끝에 가서는 미 제10군 100만 명의 4분의 1에 이르는 수준으로 늘어났다. 일본군의 오키나와 수비대는 제24사단과 제62사단으로 편성되었고, 아울러 사단에 소속되지 않은 부대들이 우시지마 미쓰루牛島満 장군 휘하의 제32군을 이루었다. 우시지마는 오키나와에서 승리를 거둘 수 없음을 깨달았으므로 대본영의 참모장교들보다 더 현실적이었다. 그렇지만 그는 침공군에게 될 수 있는 대로 가장 큰 사상피해를 안겨주고자 했으며, 이에 따른 준비를 했다. 오키나와 섬은 동굴과 포사격 진지로 구멍투성이였다. 그 구멍 안에 대구경 화기가 숨어 있었으며, 포사격 진지는 일련의 진지선을 형성했다. 이 진지선들은 우시지마가 미군이 상륙한다고 올바로 판단한 해안부터 남쪽과 북쪽에 있는 고지까지 뻗어 있었다.

미군이 4월 1일에 거의 손실을 입지 않고 상륙했다. 그런 다음 (전쟁에서 처음으로 징집병이 들어와 지원병의 비율이 떨어진) 미 해병 제1사단과 제6사단이 북쪽으로 돌아 섬의 정상을 소탕한 다음에야 산이 더 많은 남쪽을 둘러싸고 벌어지는 전투에서 육군 제7사단과 제96사단에 합세했다. 사상자 수가 늘어나는 가운데 4월 6일에 그 두 부대가 남쪽의 슈리首里 시와 나하那覇 시를 엄호하는 마치나토 선에 가 닿았다. 바로 이날 일본군의 항공공세와 수상공세가 해안 앞바다에 있는 미 함대에 가해지기 시작했다.

불굴의 미처 제독이 여전히 지휘하는 58임무부대가 상륙의 전주곡으로 3월 18~19일에 세토 나이카이를 습격했을 때 미군은 일본군이 오키나와를 얼마나 치열하게 지키려 드는지를 이미 살짝 경험한 적이 있다. 비록 미군 항공모함 함재기가 일본군 비행기를 200대쯤 부수기는 했어도, 58임무부대 자체도 심한 피해를 입었다. 항공모함 워스프 호가 가미가제 공격기 한 대에 대파되었고, 이때는 다른 모든 나라 해군을 뛰어넘는 화재 진압 솜씨를 발휘해 재빨리 불을 꺼서 간신히 구제되었다. 다른 항공모함인 프랭클린Franklin 호가 폭탄 두 발을 맞고 거의 다 불에 타버려서 승무원 724명이 죽었다.

태평양 전쟁에서 살아남은 미 군함이 당한 가장 큰 치명적 손실이 었다.

4월 6일에 가미가제가 조밀한 제파 공격을 가해왔다. 같은 시간에 멀리 북쪽에서 일본의 마지막 작전 수상부대, 즉 순양함 1척과 구축함 8척의 호위를 받는 대전함 야마토 호가 일본에서 항해에 나섰다. 야마토 호는 일본 본항에서 입수한 마지막 연료 2,500톤을 싣고 편도 항행을 했다. 야마토 호의 임무는 오키나와 섬 해안 둘레의 경계진[5]을 뚫고 들어가 상륙부대에 부당손해[6]를 입히는 것이었다. 그러나 야마토 호는 그럴 수 있는 유효거리 안에 들어가기 오래전에 들켰고 4월 7일 정오에 58임무부대 항공기 280대의 공격을 받았다. 야마토 호는 정오와 2시 사이에 어뢰 6발을 맞고서 속력과 조타력을 잃고 미군 항공기의 연쇄 제파 공격의 손쉬운 먹잇감이 되어 오후 2시 23분에 뒤집혀 배에 탄 수병 2,300명 거의 전원과 함께 가라앉았다. 야마토 호의 호위 구축함 7척 가운데 4척과 순양함 1척도 가라앉았다. 이 '해상특공대'는 전쟁에서 대일본제국 해군의 마지막 출격을 수행했던 것이다.

가미가제는 물리치기가 훨씬 더 어려웠다. 3분의 1이 자살임무를 띠고 온 항공기 900여 대가 4월 6일에 상륙함대를 공격해서 그날 해 질 녘까지 비록 108대가 격추되기는 했어도 구축함 3척과 탄약함 2척과 전차양륙선 1척을 격침했다. 4월 7일에 공격이 되풀이되어 미군의 전함 1척과 항공모함 1척과 구축함 2척이 모두 가미가제 공격기에 맞았다. 미군의 대응은 레이더 초계[7] 구축함의 경계진을 두텁게 치는 것이었다. 오키나와 앞바다에서 유효거리가 95마일에 이르도록 떨어진 곳에 배치된 레이더 초계 구축함이 조기 공습경보를 내렸다. 곧이어 16척이 유도 대기에 들어갔고, 이 가운데 11척이 일본과 타이완에 가장 가까운 북동 방위각[8]과 남서 방위각 사이의 반원 안에 있었다. 그러나 포클랜드Falkland 제도[9]의 영국군 임무부대

5. 적의 잠수함이나 항공기나 유도탄의 공격으로부터 특정 부대를 보호하기 위한 함정과 잠수함과 항공기의 배진.

6. 전과에 견줘 지나치게 높다고 판단되는 전투피해.

7. 레이더의 탐지거리를 늘리려고 함선이나 비행기나 차량을 피보호부대에서 떨어진 곳에 배치하는 것.

8. 도(度)나 밀리미터(mm)로 수평각을 표시하며 북으로부터 시계 방향으로 측정한 각.

9. 마젤란 해협 동쪽에 있는 제도. 영국인이 1832년에 점령했지만, 아르헨티나는 이 제도를 말비나스(Malvinas)라고 부르며 영유권을 주장해왔다. 1982년 4월에 아르헨티나가 이 제도를 점령한 뒤 영국과 전쟁을 치렀으며, 6월 15일에 영국이 승리를 거두었다.

가 40년 뒤에 재발견하게 되듯이, 레이더 초계 경계진이 1개 함대의 대부대들에게 조기 공습경보를 내려줄지 모르지만 그 임무는 희생 임무다. 다가오는 적의 타격이 그 함선을 쉽사리 공격 목표로 삼기 때문이다. 그것이 그 미군 구축함들의 운명이 될 터였다. 4월 6일과 7월 29일 사이에 자살공격기 조종사들이 경계진 안에 있던 전차양 륙선, 탄약함, 각종 대형 양륙정 17척과 더불어 미군 구축함 14척을 격침했다. 오키나와 가미가제 전역의 결과로 — 미 해군이 진주만을 포함해서 전쟁기간의 단일 전투에서 가장 심한 사상자 피해를 입어 서 — 5,000명이 넘는 해군병사가 죽었다.

4월 6일과 6월 10일 사이에는 여러 차례의 소규모 임무비행을 빼 더라도 가미가제 공격기 무리가 50~300대씩 나뉘어 밀집공격을 열 차례 가해서 구축함과 더불어 전함과 항공모함 여러 척에 피해를 입혔다. 역전노장인 엔터프라이즈 호와 더 신형 항공모함인 핸콕 Hancock 호와 벙커힐Bunker Hill 호가 모두 다 가미가제의 제물이 되었고, 스프루언스의 기함인 벙커힐 호의 승무원 396명이 목숨을 잃었다. 장갑용 강철판이 기관실 위에, 그러나 비행갑판 아래에 수평으로 갖 추어진 미군 항공모함은 가미가제 공격기가 한 대라도 선상에 부딪 히면 너무나 쉽게 전소했다. 오키나와 앞바다에 있는 미군 부대에 3 월에 가세한 57임무부대 소속 영국군 항공모함 4척의 주된 이점 한 가지는 유럽의 더 협소한 해역에서 만날 가능성이 큰 포격의 피해 를 예방하는 수단으로 장갑용 강철판을 비행갑판에 맞붙여놓았다 는 점이었고, 그래서 심각한 피해를 입지 않고 가미가제 공격을 넘 겼다.

궁극적으로 가미가제 공격은 일본군의 조종사와 항공기 양자가 바닥나기 시작했기 때문에 지속될 수 없었다. 공습 횟수가 5월보다 4월에 더 많았고 6월보다 5월에 훨씬 더 많았다. 6월에 격침된 함선 수는 겨우 4척이었다. 그러나 육군과 해병대가 해안에서 싸우는 한

10. 미국의 장군, 정치가(1822~1885). 웨스트포인트 사관학교를 졸업했다. 퇴역해서 사업을 하다가 남북전쟁이 일어나자 민병을 이끌고 참전해서 1964년에 북군 총사령관이 되었다. 1869년에 18대 대통령으로 당선되었다.

11. 1862년 2월 12~16일에 벌어진 도넬슨 요새(Fort Donelson) 전투에서 남군 사령관으로서 북군의 그랜트 장군과 싸우다가 항복한 사이먼 볼리바 버크너 1세(1823~1914).

▶ 벙커힐 호에서 부상자들이 이송되고 있다.

◀ 오키나와 전투가 벌어지는 1945년 5월 11일에 가미가제 비행기 두 대에게 1분 이내에 직격타를 맞은 미 항공모함 벙커힐 호의 비행갑판. 미 함대가 오키나와 앞바다에 떠 있는 두 달 동안 일본군은 가미가제 임무비행을 1,900차례 날려보내, 대다수가 소형인 군함 38척, 대형 군함 열두어 척을 격침했다. 일본군은 전함 야마토 호도 희생했다. 야마토 호는 자살임무를 띠고 편도행 연료만을 가진 채로 파견되어 4월 7일에 미군 항공기 300대의 공격을 받고 오키나와 인근 해저에 가라앉았다.

초계함은 자리를 지키며 — 승무원의 신경이 거의 배겨낼 수 없을 만큼 스스로를 파손이나 침몰에 의도적으로 노출하고 — 있어야 했다. 니미츠는 싸움이 길어지자 차츰 참을성을 잃고 제10군 사령관 사이먼 볼리바 버크너Simon Bolivar Buckner 장군에게 짜증을 내며 전선이 이동하는 속도에 따라 자기가 "함선을 하루에 1.5척씩" 잃는다고 투덜거렸다. 1862년에 미국 내전에서 율리시즈 그랜트Ulysses S. Grant[10]와 싸운 적이 있는 장군[11]의 아들인 버크너는 차근차근 진행하는 자기의 전술을 굳건히 지켰다. 능선이 줄줄이 이어진 탓에 개시되는 공세마다 지연이 빚어졌다. 그 능선은 끊임없이 내리는 비에 축축히 젖어 지원하려고 애쓰는 전차가 수렁에 빠졌으며, 일본군은 훈련받은 보병이건 경험이 전혀 없는 해군 해안 근무 직원이건 상관없이 말 그대로 죽을 때까지 싸워서 그 능선을 광신적으로 지켰다. 6월 말이 되어서야 비로소 저항이

그쳤고, 마지막 며칠 동안 일본군이 4,000명쯤 항복했다. 우시지마를 비롯한 일본군 상급장교는 모두 다 칼로 배를 가르는 의식을 치르며 스스로 목숨을 끊었다. 이들의 부하 다수와 일본 민간인 일부도 같은 방식으로 죽었다. 처음에는 약 45만 명이었던 오키나와 주민들이 막심한 피해를 입어서 싸움의 와중에 적어도 7만 명, 어쩌면 많게

는 16만 명이 죽었다. 수천 명이 오키나와 섬의 수많은 동굴로 피난
을 갔는데, 그 뒤에 수비대가 그 동굴을 차지하고 거점으로 삼았고
미군 보병이 화염방사기와 고폭탄으로 공격할 때 죽임을 당했다.

　전투부대에게 오키나와 전투는 태평양 전쟁의 모든 전투에서 가
장 암담했다. 미 육군 사단원 4,000명과 해병대원 2,938명이 전사했고,
항공기 763대가 파괴되고 함선 38척이 가라앉았다. 일본군은 함선
16척, 그리고 거의 믿기지 않게도 모두 합쳐 항공기 7,800대를 잃었다.
가미가제 임무비행에 나선 항공기는 1,000대가 넘었다. 오키나와 섬
의 ― 일선 소총수, 행정병, 취사병, 오키나와인 징용 노무대원과 더
불어 해안기지 근무 해군병사 등 ― 일본 군인은 거의 마지막 한 사
람까지 끝내 죽음에 이르렀다. 미군에게 잡힌 포로는 너무 심하게
다친 탓에 자살할 수 없었던 병사들을 포함해서 모두 7,400명이었다.
11만 명에 이르는 다른 이들은 항복을 거부하면서 모두 다 죽었다.

■ 태평양 전쟁에서 가장 치열한
싸움이 벌어진 오키나와의 지
극히 위험한 지형에서 일본군의
한 거점 속에 휴대 장약을 밀어
넣고 조심스럽게 결과를 기다리
는 미 해병대원들.

32 | 특수병기와 일본의 패배

오키나와는 태평양 전쟁이 일본 본토의 외곽방어선을 향해 다가감에 따라 무엇이 미군을 기다리고 있는지에 관한 무시무시한 경고를 남겼다. 오키나와 전투는 일본제국의 심장부로 가는 접근로상에 있는 커다란 섬 하나를 놓고 벌어진 첫 전투였으며, 그 대가와 지속시간은 미 해군이 전진해서 세토 나이카이 해안에 육군 병사와 해병대원을 내려놓을 때 닥쳐올 훨씬 더 심한 시련을 암시해주었다. 확인되지 않은 출처에서 나온 '전사상자 100만 명', 심지어는 '전사자 100만 명'이라는 수치가 일본을 침공할 때 예상되는 피해자 수로 미국 전략 입안자 사이에서 나돌기 시작했다. 이 때문에 태평양에서 승리를 거두고 있는 전역을 어떻게 국가적 비극 없이 끝맺음할지에 관한 논의에 무시무시한 그림자가 드리웠다.

전선에서 싸우다 죽은 미 해군 병사, 해병대원, 육군 병사의 용기, 헌신, 자기희생을 비꼬는 의미는 아니지만 태평양 전쟁은 아직까지는 작은 전쟁이었다. 관여한 주력함의 수는 다른 모든 전역_{戰域}에서 전개된 척 수를 넘어섰다. 전함 십수 척, 항공모함 50척, 순양함 50척, 구축함 300척, 잠수함 200척을 보유해서 세계 최대의 해군이었을 뿐만 아니라 사상 최대의 해군인 1945년의 미 태평양함대는 대일본제국 해군을 섬멸했다. 아직 가라앉지 않은 일본 해군의 몇 안 되는 부대는 연료가 모자라 바다에 나갈 수 없었다. 3,000대 병력의 미 해군 항공부대도 최대였다. 추가로 해군과 미 육군 항공부대에는 B-29 슈퍼포트리스를 비롯한 해안기지 항공기가 수만 대 있었다. 3월 이후로 B-29 슈퍼포트리스 250대가 일본 도시를 상대로 정기적으로 작전을 벌이기 시작했다. 그 효과는 괴멸적이었다.

태평양 전쟁은 그 지리적 범위 면에서 600만 제곱마일이 넘는 육지와 대양을 무대로 한 엄청난 전쟁이었다. 그러나 태평양 전쟁은 인적 수치로 따지면 유럽에서 벌어진 전쟁에 견주어 아주 작은 전쟁이었다. 유럽에서 소련은 독일의 1,000만 명을 상대로 1,200만 명을 동원했으며, 또한 영국군 500만 명의 대부분과 미군 1,200만 명의 약 4분의 1이 유럽 전역戰域에서 싸웠다. 대조적으로 태평양에서는 비록 일본이 600만 명을 동원했다고는 해도 일본 본토 밖에 배치된 일본군의 6분의 5가 중국에 주둔해 있었다. 섬에서 벌어지는 전투에 투입된 일본 군인 수는 아마도 미국이 보낸 군인 수를 넘지 않았을 것이다. 1941년과 1945년 사이에 미국 군인 125만 명이 태평양 전역戰域과 중국-버마-인도 전역에 배치되어 있었다. 그러나 이들 가운데 45만 명만이 육군사단이나 해병대사단에 속했고, 이 29개 사단 가운데 약 6개 육군사단과 4개 해병대사단만이 일정한 기간의 장기 전투에 연루되었다. 1944년 중반에 독일군과 그 위성국 군대의 300개 사단이 러시아군 300개 사단과 영미군 70개 사단과 대결한 유럽 전역戰域에 견주어서 태평양 전쟁의 '지상 전투' 규모는 — 일본군의 섬 수비대가 입은 끔찍한 사상피해를 젖혀둔다면 — 사실상 작았다.

그 규모가 오키나와 전투 직후에 급작스레 팽창할 기미를 보였다. 독일이 항복했다는 것은 미국의 90개 사단이 모두 동원되고 (1943년 11월에 테헤란에서 일단 독일에 이기면 그렇게 하기로 한 대로) 스탈린이 선전포고를 하자마자 어떤 비율로든 할당하기로 결정한 붉은군대와 더불어 대영제국의 60개 사단 대다수가 일본 침공에 투입될 수 있게 된다는 뜻이었다. 그러나 오키나와의 경험에 따른다면 이 같은 숫자조차도 자국 영토에 있는 일본인을, 희생을 적게 치르면서도 빠르게 이긴다는 보장을 해줄 수 없었다. 오키나와와 일본은 지형 면에서 비슷했지만, 일본은 침공군을 저지할 근거지가 될 광활한 산맥과 산악과 삼림진지를 방자에게 줄줄이 제공했다. 이런 전망에 미국의 결정 책임자들의 등골이 서늘해졌다. 미 합동참모회의 의장 윌리엄 레이히William Leahy 제독은 6월 18일에 열린 회의에서 트루먼Truman 대통령에게 육군사단과 해병대사단이 오키나와에서 35퍼센트의 사상피해를 입었고 일본 본토에서 첫 침공지로 선택된 규슈를 공격할 때 비슷한 사상자 비율을 예상할 수 있으니 그 작전에 군인 76만 7,000명을 투입하면 전사상자 수가 지금까지 전 세계 모든 전선에서 미국이 입은 전사자와 얼추 같은 수인 26만 8,000명은 될 것이라고 지적했다.

트루먼의 논평은 "일본의 한쪽 끝에서 다른 쪽 끝까지 오키나와 전투 같은 경우가 일어나지 않도록 예방할 수 있기를 바란다"는 것이었다. 1945년 5월 말에 워싱턴에서 작성된 합동참모회의 계획안은 규슈 침공(암호명 올림픽Olympic)이 1945년 가을에, 혼슈本州 공격(암호명 코로넷Coroent)은 1946년 3월에 이루어져야 한다고 요구했다. 어렵사리 합의가 이루어졌다. 주로 맥아더가 의견을 정해온 육군은 침공을 해야 전쟁이 확실하게 끝나리라고 역설했다. 미 육군 항공부대로부터 무언의 지지를 받은 해군은 근거리 전략 항공폭격을 개시할 수 있는 중국 해안의 기지를 손에 넣으면 미국인의 목숨을 걸고 상륙할 필요 없이 일본의 저항을 줄일 수 있으리라고 주장했다. 그러나 전략폭격은 지금까지는 일본 본토에 별다른 피해를 주지 못했고 일본 정부의 전쟁 강행 의지에 미친 영향은 보잘것없었다. 따라서 맥아더의 견해가 우세했다.

일본 도시의 파괴

그러나 미 합동참모회의가 올림픽 작전과 코로넷 작전을 위한 지령을 내리기 전에, 전략폭격 전역이 한 차례 변화를 겪었다. 1942년의 영국군 폭격기 부대장들과 마찬가지로 미군 폭격기 부대장들도 폭격기는 정밀도구라는 — 영국인보다 훨씬 더 교조적으로 고수해온 ─ 믿음을 버리고 폭격기를 둔기로 사용해야 한다는 것을 받아들이지 않을 수가 없었다. 이들은 일본이 (독일에서 슈페어가 1943~1944년에 실행한 계획을 흉내 내서) 무기부품 생산을 주요 공업 중심지에서 미군 제20항공부대가 쉽사리 위치를 찾아내거나 칠 수 없는 새 공장으로 흩뜨려 놓는 데 성공하면서 교리를 그렇게 바꾸게 된 것이다. 1945년 2월에 커티스 리메이 장군이 새로운 폭격 전술을 실시하기 위해 제21폭격기사령부 소속 하늘의 요새 주기지가 된 마리아나 제도에 도착했다. 목표물에 고고도 주간 고폭탄 정밀 공격이 아니라 저고도 야간 소이탄 융단폭격을 가할 터였다. 1942년에 '폭격기' 해리스가 자신의 '폭격기 1,000대 공세'를 테러수단으로 삼아 독일의 여러 도시에 차례차례 화재폭풍을 일으킨 바로 그 방법이었다. 그러나 리메이 예하 항공대원들이 젤리처럼 된 석유를 채워 넣어 사용한 소이탄은 영국 공군의 소이탄보다 훨씬 더 효과적으로 대화재를 일으키는 작용제였다. 더 중요한 점은 나무와 종이로 지어진 허약한 일본 도시는 돌과 벽돌로 지어진 유럽 도시보다 훨씬 더 쉽게 불에 탄다는 것이었다.

3월 9일에 폭격기사령부가 소이탄으로만 무장하고 야음을 틈타 낮은 고도로 비행하는 항공기 325대로 도쿄를 공격했다. 폭격 몇 분만에 도심이 불길에 휩싸였고 16일 아침까지 16제곱마일이 다 타 버렸다. 건물 26만 7,000채가 잿더미가 되었고, 화재폭풍의 중심부 온도는 도쿄에 있는 운하의 물을 부글부글 끓게 만들었다. 사상자 명단에는 사망 8만 9,000명, 그리고 다시 그 수의 절반이 부상을 입고 살아남아 도쿄의 병원에서 치료를 받았다고 기록되어 있다. 폭격기 피해는 2퍼센트를 밑돌았고 전역이 기세를 더해가면서 떨어지게 된다. 리메이 예하 병단의 병력은 항공기 600대로 치솟아서 여러 도시를 차례차례 공격했다. 6월 중순까지 ─ 나고야名古屋, 고베神戸, 오사카大阪, 요코하마橫濱, 가와사키川崎 ─ 일본의 다른 5대 공업 중

심지가 폐허가 되어 26만 명이 목숨을 잃었고 건물 200만 채가 부서져서 900만 내지 1,300만 명이 집을 잃었다.

파괴가 가차없이 계속되었으며, 미군 폭격기 승무원들은 거의 아무런 피해를 입지 않았지만 일본은 끔찍한 희생을 치렀다. 7월까지 일본의 60개 대도시의 지표면 60퍼센트가 완전히 불에 탔다. 그러나 맥아더와 다른 군사 실리론자가 주장한 대로, 그런 파괴로도 일본 정부는 전쟁을 계속하겠다는 공약을 바꾸지 않은 듯했다. 중국을 단독강화에 끌어들이지 못한 뒤 4월 초순에 총리대신이 고이소에서 점잖은 허수아비 대표인 78세의 스즈키 간타로鈴木貫太郎[1] 제독으로 교체되었다. 그렇지만 퇴임 총리대신이었는데도 육군에서 차지하는 지위를 통해서 도조가 내각의 결정에 거부권을 계속 행사했으며, 그와 다른 군국주의자들은 끝까지 싸우겠다는 결의를 굳혔다. 이 결의는 전쟁 종결 몇 달 동안에 심지어 히틀러도 독일인에게 요구하지 못했던 희생을 안겨주었다. 식량 배급이 목숨을 부지하는 데 필요한 1,500칼로리 선 밑으로 떨어졌고, 100만 명이 넘는 사람이 동원되어 항공연료의 한 형태를 증류해낼 수 있는 소나무 뿌리를 캤다. 스즈키의 지시를 받아 상황을 점검한 내각 위원회는 경제 전선에서 철강공업과 화학공업이 붕괴지점에 있고 격침되지 않고 남은 선박이 100만 톤밖에 되지 않아서 본토의 섬들 사이의 이동을 지탱하기에도 불충분하며 철도체계의 기능이 멈출 날이 머지않았다고 보고했다. 그러나 아무도 감히 강화를 입에 올리지 않았다. 미국 대표 알란 덜레스Alan Dulles[2]가 5월에 스위스 주재 일본공사를 통해 시험 삼아 둔 첫 수는 완전히 무시당했다. 1945년에 일본에서 그저 협상에 찬성한다는 혐의만으로 체포된 사람이 400명을 웃돌았다.

혁명적 병기 찾기

한여름에 미국 정부는 일본의 비타협성에 참을성을 잃고는 굉장하고 장엄하고 뭐라고 항의할 수 없을 만큼 결정적인 방식으로 전쟁을 끝내고 싶은 유혹에 굴복하기 시작했다. 매직 도청을 통해서 미국 정부는 스즈키 내각이 앞선 고이소 내각과 마찬가지로 러시아가 중재자 역할을 해주기를 바라면서 러시아와 막후교섭을 추구하고 있음을 알고 있었으며, 또한 전쟁 종결에 대한 일본의 입장에서 주요 장애가 되는 문제 하나가 충성스러운 일본인 모두가 황국체제에 대한 위협으로 인식한 1943년의 '무조건 항복' 선언이라는 점도 알고 있었다. 그러나 러시아가 중재를 전혀 하지 않았기 때문에, 그리고 독일이 항복한 뒤 열린 포츠담 회담에서 그 무조건 항복이 천황의 퇴위로 확대될 필요가 없다고 명시되었기 때문에, 기다려보겠다는 미국의 용의가 여름 동안에 잦아들었다. 일본 정부가 무조건 항복을 하지 않으면 '일본 본토를 완전히 파괴하겠다'고 위협하는 포츠담 성명이 7월 26일에 일본에 방송되었다. 트루먼 대통령은 '완전

2. 미국의 고위관리(1893~1969). 전략첩보국의 도너번 대령에게 발탁되어 1942년 10월부터 1945년 5월까지 베른 주재 전략첩보국장으로 일했다. 1953년에는 아이젠하워 대통령의 신임을 받아 중앙정보부장이 되었다. 케네디 대통령에게도 신임을 받아 다시 중앙정보부를 지휘했지만 1961년 4월 미국의 쿠바 침공시도가 실패하자 사임했다. 국무장관을 지낸 존 덜레스의 동생이기도 하다.

한 파괴'를 실행할 힘이 미국에 있음을 7월 16일 이후로 알고 있었다. 이날 뉴멕시코주 사막에 있는 앨러머고도Alamagordo에서 최초의 원자무기가 성공적으로 폭발했기 때문이었다. 7월 21일에 포츠담 회담이 진행되는 동안 트루먼과 처칠이 원칙상 그 원자무기가 사용되어야만 한다고 합의했다. 7월 25일에 트루먼은 미국에 '비상한 파괴력을 가진 신무기'가 있음을 스탈린에게 알려주었다. 다음날 미 전략 항공부대 사령관 칼 스파츠 장군은 "1945년 8월 3일 즈음 이후로 육안 폭격이 가능한 날씨가 되면 곧바로 히로시마, 고쿠라小倉, 니가타新潟, 나가사키 등의 목표 가운데 한 곳에 그 최초의 특수 폭탄을 떨어뜨리라"는 명령을 받았다. 혁명적인 초강력 무기를 사용해 제2차 세계대전을 끝내려는 시도가 결정된 것이다.

혁명적 무기 찾기는 19세기 중엽에 이루어진 전쟁의 공업화가 가져온 가장 직접적이고도 지속적인 결과들 가운데 하나였으며, 그보다 앞선 시기의 전쟁에서 일어난 혁명의 논리적 연장이자 필연적인 연장이었다. 전쟁은 15세기까지 근육을 쓰는 행위였고, 싸움터에서 상대편보다 근육의 노력을 더 오래 지탱할 수 있는 편에게 승리가 돌아갔다. 화약의 발명이 상황을 바꿔놓았다. 화약은 에너지를 화학적 형태로 저장할 수 있게 해줌으로써 약한 사람을 강한 사람과 대등하게 만들었고 전쟁의 우위를 우월한 지력과 사기를 소유한 쪽에게 넘겨주었다. 따라서 공업화의 산물을 군사 목적에 활용하려는 최초의 시도는 사출체射出體가 발사될 수 있는 속도를 높여서 화학 에너지의 힘을 몇 곱절로 늘리는 형태를 띠었다. 후장식 연발소총, 그다음에는 기관총이 그 결과였다. 이것들의 용도는 쇠붙이의 위력으로 사기와 지력을 무력화하는 것이었다.

인간의 위기극복능력과 적응성이 공업시대의 전투원이 심지어 화력에서 나타난 엄청난 비약적 발전도 견뎌낼 수 있다는 점을 과시하자, 군사 발명가들은 방향을 틀었다. 이들은 자신들의 창의성을 전사를 한꺼번에 죽이거나 불구로 만드는 문제가 아니라 그 전사가 몸을 숨기는 방호체계를 — 즉, 땅에서는 요새, 바다에서는 기갑함을 — 공격해서 파괴하는 데 적용했다. 인간의 영리한 두뇌는 심지어 산업 시대 이전에 들키지 않고 다가가서 함선을 부수는 방법을 찾아냈고, 항해시대에 잠수함과 어뢰의 착상이 초보적 형태를 갖추었다. 1877년과 1897년 사이에 어뢰와 잠수함이 실전에 쓸 수 있는 무기로 등장했고 실제로 해전의 성격을 바꾸었다. 1916년에 나타난 전차가 이에 견줄 만한 변화를 지상전에서 일으킬 기미를 보였다.

그러나 이런 예상은 환상이었다. 전차와 잠수함은 비록 본질상 전략무기로 보였어도 전술무기임이 드러나는 데 그다지 긴 시간이 걸리지 않았다. 달리 말해서, 교전 시에 전차와 잠수함은 대항조치에 취약성을 보였으며, 적의 전쟁수행체제의 구조가 아닌 그 산물에 타격을 가했다. 그것들이 싸움터에서 아무리 큰 인적 손실과 물적 피해를 주더라도 적은 자체의 내적 자원으로 인적 손실을 대체하고 물적 피해를 수리할 수 있는 한 계속해서 전쟁을 수행할 수 있었다. 전투에 투입된 전차와 잠수함이 파괴되고 현행 생산으로 대체되어야 했으므로 두 병기의 생산은 그 자체로 공업능력에 부담이 되었고 따라서 승리의 비용을 줄이기는커녕 높일 뿐이었다.

이 깨달음이 제1차 세계대전의 가장 중요한 군사적 유산 가운데 하나였으며, 전략폭격 이론의 공식화로 이어지게 된다. 전쟁이 끝난 여러 해 뒤에 영국과 미국 두 나라의 항공부대는 생각을 바꿔서 참호체계에 효과가 없다고 판명된 고폭탄을 중폭격기가 적국의 심장부에 가져감으로써 적국의 전쟁수행 수단을 빠르고 최종적으로 파괴할 수 있으며, 따라서 육군이나 해군이 '결정적인' 전투를 전혀 치를 필요 없이 승리할 수 있다고 믿게 되었다. 영국은 더 나아가 만약 그 같은 '전략'폭격 전역이 밤에 수행된다면 폭격부대가 상당한 손실을 모면하리라고 확신했지만, 미국은 이탈리아의 교리 주창자 줄리오 두에가 내놓은 결론, 즉 중무장한 대형 주간폭격기가 자체 방어를 할 수 있다는 결론에 독자적으로 도달했고 하늘의 요새가 그 결과였다.

우리가 본 바대로, 전쟁을 겪으면서 전략폭격 이론의 기반이 틀렸음이 입증되었다. 전략폭격이 실패한 주요 원인 하나는 제2차 세계대전에서 이루어진 가장 큰 과학적 노력 가운데 하나가 실현되었다는 데 있었다. 레이더의 개발이 그것이었다. 전쟁이 일어나기 전에 영국이 발명한 레이더는 1940년에 고정식이지만 효율적인 조기경보 기지 체인을 제공해서 브리튼 전투가 벌어지는 동안 영국 공군 전투기사령부를 신속하고 정확하게 유도해서 독일 공군의 내습에 맞설 수 있도록 해주었다. 1942년에 사용 가능해진 영국의 발명품 캐비트론 밸브cavitron valve로 레이더가 방향탐지 원호 상의 '센티미터' 파장으로 기능을 발휘할 수 있게 되었다. 레이더 장치의 크기를 확 줄이고 수신된 영상의 해상도를 높이고 조작자가 선정된 영공구역을 수색할 수 있도록 해준 이런 발전은 고성능 수색 레이더가 야간전투기에 실릴 수 있음을 뜻했다. 캐비트론 밸브를 더 응용해 만든 것이 축소형 레이더 근접신관[3]이었다. 대공포탄을 항공기에 치명적인 유효반경에서 터뜨리는 이 신관은 1944년 8월에 도입되었으며, V-1을 잡는 데 쓰여 꽤 큰 성공을 거두었다. 그러나 독일이 '센티미터' 레이더를 개발해내자, 독일제국을 밤에 공습하는 영국 공군 폭격기사령부가 막심한 피해를 입기 시작했다. 만약 독일이 레이더 근접신관을 대공포탄용으로 크기를 줄이는 비결마저 찾아냈다면, 주간폭격을 하는 미군 부대는 그에 따른 엄청난 피해를 입었을 것이다.

1944년이 되면 영국 공군 폭격기사령부와 미 제8항공부대의 교조주의자를 뺀 모든 이에게 (1945년 중반에 일본 본토 소이탄 폭격으로 일본을 이기지 못하리라는 점이 분명하게 보인 것과 마찬가지로) 전략폭격으로 유럽의 전쟁에서 이기지 못하리라는 점이 분명해졌다. 전략

3. 근접신관은 표적에 가까이 가면 외부적 영향을 받아 폭발하는 신관이다.

폭격기가 잠수함과 전차와 마찬가지로 대항조치에 취약한 무기이며 방호를 위한 값비싼 '전용' 방어가 필요한 체계이며 군수 생산에 무거운 부담을 계속 부과하는 소모성 손실의 제물임이 드러나버렸던 것이다. 혁명적 전승 무기 같은 것이 만약 있다면, 다른 방향에서 찾아내야 했다.

히틀러의 '보복 무기'

한 연구분야에서는 독일이 다른 어느 교전국보다 더 큰 진척을 이루었다. 독일은 바야흐로 탄도 미사일을 배치하려던 참에 있었다. 독일의 무인무기 연구는 장기간에 걸친 역사가 있으며, 그 대부분은 베르너 폰 브라운과 발터 도른베르거Walter Dornberger[4] 두 사람의 인생사와 얽혀 있다. 브라운은 전문 과학기술자였으며, 그가 어릴 적 우주여행이라는 생각에 품은 열정은 1920년대 말까지 실제 로켓 실험으로 구현되었다. 도른베르거는 제1차 세계대전에서 중포부대에서 근무한 정규 포병장교였으며 1930년에는 육군 병기국에서 로켓 개발을 담당했다. 상황에 이끌려 만나게 된 두 사람은 1932년에 함께 로켓 발사 실험을 시작했다. 브라운은 전문기술을 제공했고 도른베르거는 성공적인 로켓이 충족해야 할 실제 기준을 정했다. 도른베르거는 "나는 중포병이었다. 포술의 최고 위업은 아직까지는 고폭탄을 25파운드가량 넣은 21센티미터 포탄을 쏘아 약 80마일을 날려보낸 거대한 파리 포Parisgeschütz[5]였다. 최초의 대형 로켓에 관한 내 구상은 고폭탄 1톤을 160마일 넘게 쏘아 보낼 그 어떤 것이었다"고 썼다. 또한 그는 "여러 가지 군사적 필요조건을 정했다. 특히 받아들일 수 있는 편차는 사정거리 1,000피트마다 [선정된 탄착점으로부터] 단 2피트나 3피트라고 규정했다." 마지막으로 그는 "우리는 로켓을 도로로 아무 문제 없이 수송할 수 있어야 하고, 로켓이 도로 수송차량에 실리도록 규정해놓은 최대 폭을 넘지 않아야 한다고 고집함으로

4. 독일의 군인(1895~1980). 제1차 세계대전 동안 포병장교였고, 종전 뒤에도 군에서 근무하다가 1920년대 후반에 대학에서 물리학을 전공했다. 1930년대에 로켓에 관심을 느끼고 폰 브라운과 함께 독일군의 미사일 개발계획을 지휘했다. 제2차 세계대전이 끝난 뒤 영국에서 2년간 수감되었다가 석방된 후 미국으로 가 공군에서 일했다.

5. 독일군이 1918년 3월에서 8월 사이에 파리를 공격할 때 쓴 초대형 대포. 제1차 세계대전에서 사용된 대포로는 가장 컸으며, 빌헬름 황제포(Kaiser Wilhelm Geschütz)라고도 불렸다. 워낙 둔중하고 정확도가 떨어져 군사적 측면에서 프랑스에 큰 피해를 입히지는 못했지만, 파리 시민을 공포에 몰아넣는 심리적 효과를 거두었다.

써 로켓의 크기를 제한했다."

　도른베르거의 규정에는 그가 한 생각의 제도적 근원, 그리고 이와 동시에 로켓의 잠재력에 관한 놀라운 예지가 드러나 있었다. 도로로 수송할 수 있어야 한다는 그의 고집은 독일 포병이 1914년에 벨기에의 요새들을 때려 부수는 데 쓴 305밀리미터 포와 420밀리미터 포의 특성으로 거슬러 올라간다. 그 고집으로 미래의 독일 탄도 발사체가 확실하게 포병 병과 무기가 되었다. 한편, 사정거리와 정확도와 탄두크기에 관한 그의 요구사항은 독일의 로켓 연구를 멀리 미래로 던져놓았다. 그가 요구한 것은 사실상 20세기 말엽에 초열강들의 주요 전략무기가 되었던 수송 가능한 탄도 미사일의 원형이었다. 훗날 그가 (독일에는 A-4로, 연합국에는 V-2로 알려진) 성공적인 생산 모델은 발사대도 되는 차량(마일러바겐Meillerwagen)에 실려 옮겨져야 한다고 고집했을 때, 그는 '수송-발사 차량'의 출현을 보장한 셈이다. 이 '수송-발사 차량'은 우리가 사는 오늘날 소련의 SS-20과 미국의 퍼싱Pershing-2라는 전략 전력도구를 '생존 가능'하도록 만드는 바람에 이것들의 존재가 주도적인 군사 열강 사이에서 세계 최초로 분명한 군축협정을 이끌어냈다.[6]

　독일 육군이 로켓 개발에 투자하겠다고 결정하게 된 동기는 독일 육군이 중포를 보유하지 못하도록 금했지만 로켓은 금지하지 않은 베르사유 조약의 조항이었다. 그러나 V-2의 선배 격이 되는 로켓에 관한 작업이 충분히 진척되어 브라운과 도른베르거가 발트 해의 페네뮌데 섬에 실험기지를 세울 자금을 확보한 1937년까지 히틀러는 이미 모든 점에서 베르사유 조약을 위반했다. 로켓 개발팀이 당시 골몰한 것은 연구를 지속할 자금을 계속 얻어내는 것이었다. V-2가 육군의 무기가 되리라는 이유에서 육군이 그 계획에 호의를 보이고 자금을 제공했다. 1942년 10월에 시험 발사가 성공했고, 12월에 슈페어 군비·군수 장관이 대량생산을 승인했고, 1943년 7월 7일에는

6. 소련이 1975년부터 기존의 미사일보다 훨씬 더 정확하고 위력이 큰 SS-20 미사일을 배치했고 나토군이 이에 대응해 1983년부터 서유럽에 퍼싱-2 미사일을 배치했다. 이런 경쟁과 더불어 군축협상이 진행되다가 미국과 소련은 우여곡절 끝에 1987년 12월에 사정거리가 500~5,500킬로미터인 미사일을 1991년 6월 1일까지 대폭 줄인다는 '중거리핵전력협정'을 맺었다.

히틀러가 미사일 발사 장면을 담은 기록영화를 본 뒤 미사일을 "전쟁을 판가름할 결정적인 무기"라고 부르고는 "〔브라운과 도른베르거에게〕 필요한 노동력과 물자를 당장 공급해야 한다"고 선언했다.

그러나 1943년이 되면 영국은 독일의 탄도 미사일 개발 계획이 크게 진척되었다는 것을 이미 알고 있었다. 아직도 신원이 밝혀지지 않은 익명의 독일인 동조자로부터 나와 1940년에 노르웨이에서 접수되어 '오슬로 보고서'로 알려진 경고로 말미암아 미사일 연구 계획이 존재한다는 경보가 런던에 울렸다. 그런 다음 실마리가 사라졌지만, 새로운 증거가 독일에서 탄도 미사일이 개발되고 있다는 것을 1942년 12월에, 그리고 독일 공군이 무인 비행체도 실험하고 있다는 것을 1943년 4월에 시사하자 실마리가 다시 나타났다. 그 두 실마리는 '휴민트'(사람이 얻은 첩보, 즉 첩보원의 접촉에서 나오는 언질)에서 나왔다. 제2차 세계대전에서 '휴민트'가 거둔 몇 안 되는 성공 사례 가운데 하나였다. 6월이 되자 독일의 그 두 계획이 페네뮌데에 중심을 두고 있다는 사실이 확인되었다. 실제로 페네뮌데 섬 한쪽 끝에서 독일 공군이 FZG-76(V-1 비행폭탄)[7]을 개발하고 있는 동안 다른 한쪽 끝에서는 도른베르거와 브라운이 V-2 로켓 관련 작업을 했다. 처칠이 7월 29일에 친히 폭격기사령부에 페네뮌데를 맹폭하라는 명령을 내렸고, 항공기 330대가 8월 16/17일 밤에 페네뮌데를 공격해서 쑥대밭으로 만들었다.

이 페네뮌데 공습으로 독일의 무인무기 개발계획이 크게 뒷걸음쳐서, 1944년 6월 12일에 가서야 비로소 첫 비행폭탄이 영국에 떨어졌다. 9월 8일은 V-2 로켓 공격이 처음으로 성공한 날이었다. 그러나 그때면 독일 공군 155연대가 영국에 V-1이 도달할 수 있는 지점에서 뒤로 밀려나버린 상태였다. 그 결과로, 생산된 V-1 3만 5,000개 가운데 9,000개만이 영국으로 발사되었고, 이 가운데 대공포화나 전투기 공격으로 파괴된 V-1이 4,000개를 웃돌았다. V-2가 본디 선

7. 독일은 연합국 첩보기구를 속이려고 V-1을 대공포 조준기라는 뜻의 독일어인 Flakzielgerät로 불렀다. 이 낱말의 약칭이 FZG 였다.

정된 프랑스 북부의 발사장에서 발사된 적은 한 번도 없다. V-2는 네덜란드에서 발사하면 런던에 간신히 닿을 수 있었다. 런던에 1,300 개가 떨어졌고, 10월 뒤에는 같은 수의 V-2가 이 무렵에 연합군 해방군의 주요 병참기지가 된 안트베르펜을 겨누고 날아갔다.

V-2는 1944년 9월 8일부터 그 발사진지가 마침내 제21집단군에 점령된 1945년 3월 29일까지 런던 시민 2,500명의 목숨을 앗아갔다. 영국은 운 좋게도 큰 화를 아슬아슬하게 모면했다. 아마 미국도 마찬가지였을 것이다. 왜냐하면 브라운과 도른베르거가 A-10이라고 명명되고 사정거리가 2,800마일이어서 대서양 너머로 발사될 미사일의 설계도를 이미 작성해놓았으며 그 두 번째 단계로 V-2(A-4)를 활용하고 있었기 때문이다. 연합국에서는 이 미사일에 상당하는 것이 시작조차 되지 않았고 어떤 것이든 대항책이 전혀 없었다. 더욱이, 상황이 달랐더라면 이 미사일은 미사일 그 자체만큼이나 혁명적 성격을 띠는 탄두를 실었을 것이다. 왜냐하면 독일에도 원자무기 개발 계획이 있었기 때문이다.

그 계획이 물거품이 되었다는 것은 제2차 세계대전의 최고 은총이었다. 1945년 5월에 독일을 샅샅이 뒤진 미국의 핵무기 첩보팀은 나치 독일이 유대인을 핍박해서 중요한 과학 재능을 스스로 내버린 것, 그러나 또한 많게는 열 개가 넘는 기관이 모두 다 초강력병기 개발에 성공했다는 소식을 영도자에게 가져다주어 그의 총애를 얻고 싶어하는 통에 성과 없는 연구 계획이 폭증한 것을 비롯한 복합적인 이유 탓에 "그들은 우리가 그 폭탄에 관한 대사업을 개시하기 전인 1940년의 수준에 머물러 있었다"는 사실을 알아냈다. 히틀러는 일생의 마지막 몇 달 동안 자기의 적에게 결정적인 복수를 하겠다는 약속으로 자기 주위에 있는 사람의 힘을 북돋으려고 애썼다. 탄도 미사일과 마찬가지로 핵무기를 개발하려는 열정을 히틀러가 너무 늦게 품는 바람에 결정적인 실전 배치는 이루어지지 않았다. 증거는 다음과 같은 사실을 보여주었다. "비록 〔그가〕 1942년에 원자무기가 가능하다는 조언을 받기는 했지만, 독일은 〔반드시 있어야 하는 핵분열성 원소인〕 우라늄 235를 분리해내는 데 실패했으며, 원심분리기를 써서 소규모로 분리를 시작했던 듯하고 우라늄 원자로를 세우고 있었던 듯 보이지만, 최근에야 비로소 금속 우라늄 제조에 성공했고 …… 1944년 8월까지도 우라늄 원자로가 가동하기 전에 극복해야 했을 어려움을 인식하는 수준까지 실험을 진척시키지 못했다."

요컨대, 독일은 연합국의 핵무기 개발 계획이 이미 완수단계에 가까이 다가가 있었을 때 원자폭탄 제조에서 여러 해 뒤떨어져 있었다. 그렇지만 당시 세계에서 가장 이름난 과학자였고 미국 망명객이었던 알베르트 아인슈타인은 1939년 10월에 젊은 물리학자 두 사람[8]의 재촉을 받고는 독일이 원자무기 개발 계획을 추진하기로 결정했을지 모른다고 경고하면서 미국이 그 가능성을 스스로 연구해야 한다고 제안하는 편지를 루스벨트 대통령에게 써보냈다. 루스벨트가 '우라늄 위원회'를 세웠고, 1941년 7월에 이 위원회는 그 계획이 타당성이 있으며 만약 그렇다면 '결정적인 것'이 되리라고 보고했다. 인력은 탁월하지만 자금이 불충분한 상태에서 나름대로 연구를 해오고 있었던 영국인들이 1942년에 미국에서 미국인들과 협력했다. 1945년까지 12만 명이 맨해튼 계획Manhattan Project에 고용되었고, 이 계획은 우라늄 235와 합성원소인 플루토늄을 분리하고 이 두 원소를 폭격기에 실리는 무기의 탄두로 터뜨리는 메커니즘을 개발하는 데 성공했다.

B-29 에놀라 게이Enola Gay 호[9]가 1945년 8월 6일 아침에 히로시마 상공에 떨어뜨린 것은 이 원자폭탄의 우라늄 235형이었다. 몇 시간 뒤 7만 8,000명이 폐허 속에 쓰러져 죽거나 죽어가는 동안 백악관은 일본에 항복을 종용하면서 항복하지 않으면 "하늘에서 내릴 파멸의 비를 기다려야 할지 모른다"는 성명서를 내놓았다. 아무런 답을 받지 못하자, 8월 9일에 다른 B-29 한 대가 티니안 섬에서 날아

8. 헝가리 출신 물리학자들인 레오 실라드(Leó Szilárd, 1898~1964)와 유진 위그너(Eugene P. Wigner, 1902~1995). 실라드는 아인슈타인을 설득해 자기가 작성한 편지를 아인슈타인의 명의로 루스벨트 대통령에게 보내 맨해튼 계획 탄생에 이바지하기도 했다.

9. 에놀라 게이는 원자폭탄을 떨어뜨린 B-29 승무원 폴 티벳스(Paul Tibbets) 중령의 어머니 이름이다.

올라 나가사키 시에 폭탄을 떨어뜨려서 2만 5,000명을 죽였다. 이렇게 되어 잠시 핵무기 공급이 다 떨어져버린 미국은 일본에 가한 피해의 결과를 기다렸다.

소련은 1942년에 맺었던 불가침조약을 무효화하겠다는 경고를 4월에 한 뒤 8월 8일에 일본에 선전포고를 하고 다음날 대공세를 개시해서 만주로 쳐들어갔다. 이 공세는 서구 연합국에 약속되었던 것이지만, 핵 공격을 개시할 순간이 다가오면서 소련군의 공세를 바라는 미국의 열의가 차츰 식어갔다. 스탈린은 포츠담에서 미국에 '비밀무기'가 있다는 트루먼의 말을 들었을 때 그다지 놀란 기색을 내비치지 않았다. 우리가 지금 알고 있듯이, 그 '비밀무기'의 존재가 몇몇 서유럽 과학자, 특히 공산주의자 독일인 망명자인 클라우스 푹스Klaus Fuchs[10]의 배반행위로 이미 소련에 누설되었던 것이다. 마셜 미군 참모총장은 연합국 대의의 성공에 러시아의 개입은 더는 필요하지 않으며 러시아가 개입하면 극동에서 우위를 차지해서 미국이 후회하게 되리라는 주장을 유난히 굽히지 않았다. 똑같이 그는 러시아가 독일이 항복한 이후로 줄곧 준비해온 공세를 벌이지 못하도록 막을 방도가 없다는 점도 인정했다. 가장 훌륭한 장비를 갖춘 가장 노련한 유럽 전역 참전용사들로 3개 극동집단군이 편성되었으며, 세 번째 극동집단군은 그 유명한 말리놉스키 원수의 휘하에 있었다.[11] 이 부대들은 고도로 기계화되었고 일본의 관동군은 그렇지 못했다. 관동군은 비록 75만 병력에 대일본제국 육군에서 가장 우수한 부대로 여겨지기는 했어도 최근에는 싸운 경험이 거의 없었다. 관동군은 만주의 한복판에 있는 벌판으로 들어가는 접근로를 치열하게 방어했지만, 소련군 제6근위전차군이 8월 13일에 돌파해서 탁 트인 땅으로 들어가자 관동군의 대부분이 급속도로 포위되었다. 나머지는 뒤로 밀려나 압록강을 건너 조선 북부로 들어갔고, 그곳에서 일본군이 8월 20일에 마지막으로 무너질 때까지 싸움이 계속되었다.[12]

10. 독일 출신의 물리학자(1911~1988). 공산당원이었으며 나치가 집권하자 영국으로 몸을 피했다. 브리스틀 대학에서 박사학위를 받고 에딘버러 대학에서 연구를 했으며, 1942년에 영국 국적을 얻었다. 1943년에 미국으로 건너가 맨해튼 계획에 참여했다. 소련에 원자폭탄과 수소폭탄에 관한 정보를 몰래 넘기다가 1950년에 자백하고 처벌을 받았다.

11. 지은이의 착오. 1945년 8월에 일본 관동군과 싸우기 위해 편성된 붉은군대 부대는 3개 극동 집단군이 아니라 제1극동전선군과 제2극동전선군과 자바이칼스키(Zabaikal'skii) 전선군, 이렇게 3개 전선군이었다. 이 가운데 말리놉스키가 지휘한 부대는 자바이칼스키 전선군이었다.

12. 조선 북부에서 일본군을 공격한 소련군은 태평양 함대와 제1극동전선군 소속 제25군이었다. 이반 치스탸코프(Ivan M. Chistiakov) 장군이 지휘하는 육군과 상륙작전을 전개하는 해군 부대가 공조해서 일본군을 밀어붙여 1945년 8월 12일에 웅기, 13일에 나진, 15일에 청진을 점령했다. 청진을 빼앗긴 관동군은 배후 보급항과 퇴로가 차단되면서 급속히 무너졌다. 그 뒤 소련군은 조선 북부를 점령했고, 미군이 조선 남부에 진주한 시기는 9월 8일이었다.

이때가 되면 태평양 전쟁 구역 안에 있는 다른 모든 곳의 일본군은 어떤 연합군 부대이든 상관하지 않고 가까이 있는 부대에 항복해버린 상태였다. 히로히토 천황이 8월 15일에 육해군 병사와 백성에게 방송을 해서 정부가 적국과 교섭하기로 결정했음을 알렸다. 일본의 최고주권자가 한 최초의 공개연설이었다. 히로히토는 전쟁이 "일본에 반드시 유리하지만은 않노라"며 적군이 "가장 잔혹한 신형 폭탄을 쓰기" 시작했다고 설명하고는 결코 항복이라는 언급이 없는 일련의 애매모호한 표현으로 평화의 도래를 받아들이라고 그들에게 요청했다. 얼마 되지 않는 비타협론자들은 복종하지 않고 계속 싸우려고 잠시 시도했고, 얼마 되지 않는 비화평론자들은 칼로 배를 가르는 의식을 치르며 자살했다. 나머지 황국신민 7,000만 명은

1945년 9월 2일, 도쿄 만에서 일본의 항복을 지켜보는 맥아더.

즉시 패자의 자세를 취하기 시작했다. 미군의 점령과 일본의 개조를 위해 맥아더가 8월 28일에 요코하마에 도착했다. 도쿄 만에 정박해 있는 전함 미주리Missouri 호 선상에서 9월 2일에 영국, 소련, 중국, 프랑스, 오스트레일리아, 뉴질랜드, 캐나다의 대표들이 참석한 가운데 맥아더, 일본 외무대신, 일본군 참모총장과 해군 작전부장이 항복문서에 서명했다. 제2차 세계대전이 끝났다.

에 필 로 그

33 | 2차 세계대전의 유산

전쟁은 끝났지만, 전쟁을 치른 여러 나라 국민에게 모두 평화가 되돌아오지는 않았고 평화가 왔다 하더라도 그 앞날을 종잡을 수 없었다. 전화가 미친 몇몇 지역에서는 — 즉, 그리스, 팔레스티나, 인도네시아, 인도차이나, 본토 중국에서는 — 평화가 전혀 되돌아오지 않을 터였다. 1944년 성탄절에 아테네에서 영국군에 패했는데도 ELAS 게릴라가 북부 산악지대에서 근거지를 유지한 그리스에서는 공산주의 지도자들이 1946년 2월에 내전을 재개하기로 결의했다. 이 전쟁은 1949년 8월까지 질질 끌면서 농촌 주민에게 혹독한 희생을 안겨주었다. 농촌 주민 가운데 70만 명이 정부가 통치하는 도시로 도망쳤다. 많은 가정이 아이들을 빼앗겼는데, 이 아이들은 국경 너머 공산주의자가 통치하는 국가들에서 미래의 게릴라 투사로 키워지기 위해 수천 명씩 납치되었다.

팔레스티나에서는 유대인 자치구의 후견자이면서 국제연맹(나중에는 국제연합)의 위임통치 아래서 팔레스티나 땅을 다스리던 영국이 곧 시온주의자 정착민과 갈등을 빚었다. 아랍 원주민과의 관계를 해칠까 두려워한 영국은 유대인 이주민 추가 유입에 설정해놓은 제한을 없애기를 거부했다. 그 제한은 심지어 워싱턴이 강제수용소 생존자 10만 명에게 피난처가 주어지도록 허락해달라고 런던에 탄원했던 1939년에도 7만 5,000명 선에 고정되어 있었다. 반半공식적 시온주의 민병대인 하가나Haganah[1]는 떠밀려서 곧 위임통치정부에 대항하는 유대인 과격 테러리스트 조직들의 편에 서게 되었다. 하가나는 1945년 10월에 파괴 책동 투쟁에 나서서 폭탄 테러 500건을 일으켰고, 1946년 봄이 되면 영국군 8만 명이 팔레스티나에 배치되었으며, 그 땅은 바야흐로 일어나려는 공공연한 봉기로 몸살을 앓았다.

1. 아랍 민족주의자와의 분쟁에 대응해서 1920년대에 팔레스티나에서 조직된 유대인 지하 민병대. 제2차 세계대전 때 영국이 유대인의 팔레스티나 이주를 제한하자 테러를 자행하기 시작했다. 1948년 이스라엘 독립전쟁에서 맹활약했으며, 이스라엘군의 모태가 되었다.

만약 팔레스티나 아랍인들이 영국의 의도가 유대인 이주민의 대규모 유입을 허용하거나 위임통치를 포기하는 것이라고 판단한다면, 그 봉기는 민족집단 간의 전쟁이 될 기미를 보였다.

인도네시아와 인도차이나에서도 영국인은 현지 민족주의와 외국인 거류민 사이에 끼어 이러지도 저러지도 못했다. 곧이어 인도네시아로 불리게 될 네덜란드령 동인도에서 자바인은 포로수용소에 갇혀 지냈던 지난날의 주인들을 공격했고, 1945년 11월에 제5인도인 사단 전체가 전개해서 19일 동안 전투를 벌이고서야 질서가 회복되었다. 인도인 사병sepoy과 영국인 장교들은 일본군의 도움을 받았다. 맨스브리지E. C. Mansbridge 소장은 일본군에게 훈련을 받은 인도네시아 군대와의 싸움이 지속하는 한 포로가 된 일본군을 풀어주고 재무장해서 휘하에 두었다.

또한 제17인도인 사단이 파견되어 1945년 9월에 인도차이나 남부를 재점령할 때, 사단장은 풀려난 일본군 포로를 이용했다. 갓 태어난 베트민VietMinh[2] 당과 호치민의 군대가 일본의 항복이 남긴 진공 상태 속에서 권력을 잡았다. 대열강들이 포츠담에서 중국의 국민당 군대가 일시적으로 주둔해야 한다고 합의를 본 지역인 인도차이나 북부에서는 도착하는 중국 장군들이 호치민과 공존관계를 확립했다. 남부에서 영국은 베트민으로부터 민간 행정부 통제권을 빼앗아오는 점을 포츠담의 공식명령에 따른 의무로 여겼으며, 그러기 위해서는 재무장한 일본 군인의 도움이 필요하다는 것을 깨달았다. 1944년 8월에 파리를 해방했던 드골주의자 영웅인 르클레르가 이끄는 프랑스군 1개 사단이 10월에 도착했다. 프랑스의 권위를 다시 세울 자격이 있는가 하는 문제가 논란의 대상이 되기는 했지만, 그는 이런저런 형태로 다음 30년 동안 끌게 될 '무논의 전쟁'[3]을 시작하는 대가를 치르면서 프랑스의 권위를 다시 세웠다.

중국에서는 1920년대에 처음 시작된 공산주의자와 민족주의자

2. 베트남 독립동맹회(Viet Nam Doc Lap Dong Minh Hoi, 越盟獨立同盟會)의 약칭. 프랑스로부터 독립을 쟁취하고자 1941년 5월에 호치민이 결성한 조직이었으며, 1970년대 전반기까지 일본과 프랑스와 미국을 상대로 차례차례 끈질긴 투쟁을 벌였다.

3. 프랑스와 미국이 1946년부터 1973년까지 베트남에서 치른 전쟁을 말한다. 무논이란 늘 물이 괴어 있는 논을 가리킨다.

사이의 전쟁이 제2차 세계대전으로 중단되었을 뿐이었다. 두 쪽 모두 대군을 전개했다. 무장한 사람이 마오쩌둥에게는 거의 50만 명, 장제스에게는 200만 명 넘게 있었다. 1937년에 그들은 일본 침략자를 상대로 전쟁을 벌이는 동안만 휴전을 유지하기로 합의했다. 일본이 패하자 미 해병대원 5만 명과 전시에 참모총장이었던 조지 마셜 장군이 휴전을 연장하는 임무를 띠고 중국에 왔다. 1946년 1월에 휴전 연장이 사실상 합의되었지만, 그 토대는 불안정했다. 장제스의 주된 관심은 지난해 8월에 러시아군에 점령된 만주에서 자기 입지를 다시 세우는 것이었다. 러시아는 (중국에서 가장 부유한) 만주에서 공장을 바삐 뜯어가고 있었다. 러시아는 이 공장이 일본에서 받을 전쟁 배상금으로, 자기들에게 당연히 주어져야 하는 것이라고 주장했다. 장제스는 이 약탈을 막을 힘을 가지고 있지 못했지만, 만주에서 1946년 2월 1일까지 물러난다는 데 합의한 러시아가 마오쩌둥의 군대에 만주를 넘겨주어 그들을 만주의 점령자로 만들도록 내버려두지 않겠다고 마음먹었다. 따라서 그는 휴전협상이 이루어지는 동안 부대를 중국 남부에 있는 자기의 통치지역에서 만주로 바삐 옮기고 있었다. 이러한 군대 이동이 불가피하게 마오쩌둥의 군인들과 국지적인 충돌을 불러일으켰어도 말이다. 미국인 중재자들이 최선의 노력을 다했는데도, 산발적인 충돌은 필연적으로 공공연한 전투로, 1946년 7월이면 전면적인 내전으로 비화했다. 민족주의자들에게 군사 원조를 해주지 않음으로써 교전상태를 끝내려는 미국의 시도는 다만 공산주의자들이 이길 가망을 높여주었을 뿐이다. 공산주의자들은 트루먼 대통령이 1947년 1월에 마셜 장군을 소환하자 다시 공세로 돌아섰다. 그들은 곧이어 만주뿐만 아니라 황허 유역에서도 전쟁을 벌였고, 이 통에 일본의 점령 결과로 집을 잃은 중국인 5,000만 명과 고아 200만 명을 남겨놓고 간 고통이 되살아났다.

연합국은 태평양 전쟁과 '지나 사변'을 수행했던 일본인 가운데 5,000명이 넘는 사람을 재판에 넘겼고, 이들 가운데 900명을 처형했는데 대부분의 경우 연합국 전쟁포로 학대 건으로였다. 그러나 도쿄 주요 전법재판에서 일본 지도자 25명이 일반 전쟁범죄 심문을 받고 7명이 사형판결을 받았다. 이들 가운데 도조와 (그의 후임총리 대신인) 고이소가 들어 있었는데, 독약을 먹어서 체포를 피하지 않았더라면 고노에도 여기에 포함되었을 것이다. 도쿄 재판의 구상은 더 널리 알려진 훨씬 더 대형의 뉘른베르크 재판에서 나왔다. 나치 지도자들은 1945년 11월과 1946년 10월 사이에 뉘른베르크 법정에 서서 재판을 받았다. 뉘른베르크에서는 피고가 스물한 사람이었고 피고 한 사람(보르만)은 결석재판을 받았으며 — 제국 내각, 나치당 지도부, 나치 친위대/보안대, 게슈타포, 총참모부 — 5대 조직체가 기소되었다. (1) 평화에 대한 범죄, (2) 전쟁 범죄, (3) 인류에 대한 범죄 가운데 이런저런 항목 하나, 아니면 모든 항목에 걸려 기소된 개인 피고 가운데 2명은 무죄선고를 받았고, 8명은 종신형에서 10년 형까지 다양한 형기의 수감형을 선고받았으며, 11명은 사형선고를 받았다. 사형선고를 받은 사람은 다음과 같다. 독약을 구해서 처형 전날 밤에 스스로 목숨을 끊는 데 간신히 성공한 괴링, (히믈러는 붙잡혀 있는 상태에서 스스로 목숨을 끊었고) 나치 친위대의 칼텐부르너Kaltenbrunner, 점령 영토 총독 세 사람인 프랑크Frank와 로젠베르크Rosenberg[4]와 자이스-인크바르트, 강제노동체제 행정관 자우켈, 군복을 입은 침투대원을 죽이라고 지시하는 1942년 '특공대 명령' Kommandobefehl[5]을 승인해서 유죄판결이 확정된 히틀러 작전참모진의 카이텔 장군과 요들 장군 두 사람, 리벤트로프, 반反유대인 뉘른베르크 포고령의 작성자인 프릭Frick, 나치즘의 반유대주의 주대변인 슈트라이허Streicher[6]. 이들보다는 급이 낮은 전쟁 범죄자를 대상으로 하는 일련의 후속재판에서 다시 또 24명이 주로 잔학행위를 수행한

4. 고참 나치당원(1893~1946). 제1차 세계대전 종결 후 나치당 기관지의 주필로 당 이론가 노릇을 했다. 히틀러에게 스승 대접을 받았으며, 그의 러시아관에 큰 영향을 주었다. 뉘른베르크 재판에서 유죄판결을 받고 교수형에 처해졌다.

5. 영국군 특공대가 채널 제도를 기습하면서 작전 수행에 방해가 되는 독일군 포로를 죽인 뒤, 1942년 10월 18일에 히틀러의 지시로 내려진 명령. "특공 임무를 수행하다가 잡힌 적군은" 보안대로 넘겨 "마지막 한 명까지 처형한다"는 내용을 담고 있었다.

6. 고참 나치당원(1885~1946). 바이에른의 초등학교 교사였다가 일찍부터 나치당에 가담했다. 병적인 반유대주의자였으며, 히틀러에게 영향을 준 반유대주의 신문 《공격자(Stürmer)》를 간행했다. 기행과 악행을 일삼다가 1940년에 권력에서 밀려났다.

죄로 처형되고 35명이 무죄판결을 받고 114명이 수감되었다. 많은 다른 범죄자도 나중에 붙잡혀서 재판을 받고 그들이 죄를 저질렀던 나라의 국가법정에서 형을 선고받았다.

뉘른베르크 방식의 법철학은 법률학자의 논란을 계속 샀지만, 독일과 일본의 전쟁 상대였던 나라들의 국민은 재판 당시에도, 그리고 그 뒤에도 소송행위와 평결을 무리 없이 정당하다고 널리 받아들였다. 제2차 세계대전의 결과로 약 5,000만 명이 죽었다고 추산된다. 전쟁의 본성상 정확한 수치는 결코 파악할 수 없다. 교전국 가운데 단연 가장 큰 고통을 겪은 나라는 소련이었다. 소련은 적어도 군인 700만 명을 전투에서 잃었고, 민간인 700만 명을 더 잃었다.[7] 우크라이나인과 백러시아인이 과반수를 차지하는 소련 민간인 사망자는 대부분 주로 박탈과 보복과 강제노동의 결과로 죽었다. 상대적 관점에서는 폴란드가 교전국 가운데 가장 심한 피해를 입었다. 전쟁이 일어나기 전 폴란드 인구의 20퍼센트쯤인 600만여 명이 살아남지 못했다. 전쟁에 희생된 폴란드인 가운데 절반가량이 유대인이었다. 유대인은 발트 해 연안국가들과 헝가리와 루마니아를 비롯한 동유럽 국가의 사망자 수에서도 두드러졌다. 내전과 게릴라 전쟁은 그리스인 25만 명과 유고슬라비아인 100만 명의 목숨을 앗아갔다. 군인이든 민간인이든 사상자 수는 서유럽보다 동유럽에서 훨씬 더 많았다. 이것은 독일인이 슬라브인과 싸우고 그들을 억누른 곳에서 벌어진 전쟁의 강도와 격렬함을 보여주는 한 지표다. 그러나 세 유럽 국가, 즉 프랑스와 이탈리아와 네덜란드에서는 사상피해가 막심했다. 1940년 6월 이전과 1942년 11월 이후에 프랑스 군인 20만 명이 죽었고 민간인 40만 명이 공습으로, 또는 집단수용소에서 죽임을 당했다. 이탈리아는 330만 명 이상을 잃었는데, 이 가운데 절반이 민간인이었다. 네덜란드 국민 20만 명이 폭격이나 강제이송의 결과로 죽었는데, 이 가운데 1만 명을 빼고는 모두 다 민간인이었다.

7. 최근 통계에 따르면 소련의 인명 피해는 훨씬 더 불어난다. 포로가 되어 목숨을 잃은 군인까지 계산에 넣으면 소련군 사망자 수는 줄잡아도 860만 명이 넘는다. 소련 민간인 사망자 수는 가장 낮춰 잡아도 1,700만 명이다. 따라서 제2차 세계대전에서 자연사가 아닌 이유로 목숨을 잃은 소련인의 수는 최소한 2,600만 명을 넘어선다.

서구 승전국은 비율로나 절대적으로나 다른 어느 주요 동맹국보다 고통을 훨씬 덜 겪었다. 영국군은 24만 4,000명을 잃었다. 영연방, 그리고 대영제국의 일원으로 같이 싸운 나라들은 10만 명(오스트레일리아 2만 3,000명, 캐나다 3만 7,000명, 인도 2만 4,000명, 뉴질랜드 1만 명, 남아프리카 6,000명)이 치명적 사상피해를 보았다. 폭격으로 목숨을 잃은 영국 민간인이 6만여 명인데, 이 가운데 절반이 런던에서 그랬다. 비록 일본이 날려보낸 풍선폭탄 하나가 1945년 5월 5일에 오리건 주의 한 주일학교에서 소풍 나온 여자 1명과 어린이 5명의 목숨을 앗아가기는 했어도 미국은 직접적인 민간인 사상피해를 입지 않았다. 일본군 전사자 120만 명과 대조되는 미국의 군인 사상자는 해군 3만 6,000명과 해병대 1만 9,000명을 포함해서 29만 2,000명이었다.

전쟁을 시작했고 거의 히틀러의 '자정 12시 5분'까지 전쟁을 수행한 독일은 전쟁 범죄의 대가를 톡톡히 치렀다. 물질적으로 볼 때, 독일의 도시는 목조가옥이 많은 일본의 인구 중심지보다 더 꿋꿋이 폭격을 견뎌냈다. 그렇다고 해도 1945년이 되면 베를린, 함부르크, 쾰른, 드레스덴은 사실상 폐허로 변해버렸으며, 더 작은 도시들은 무시무시한 피해를 입었다.

제2차 세계대전의 문화적 손실을 살펴보면, 대부분이 독일 영토에서 일어났음을 알 수 있다. 앞을 내다보는 혜안 덕택에 유럽의 대도서관과 예술 소장품이 보존되었다. 빌헬름 황제의 소장품이었던 보물들은 베를린 티어가르텐의 고사포탑에 저장되었으며, 대영국립화랑British National Gallery의 그림들은 전쟁기간을 웨일스의 동굴 속에서 보냈다. 더없이 소중한 건축물은 그 본성상 보호를 받을 수 없었다. 다행스럽게도 이탈리아만 빼고는 전투과정이 유럽의 가장 아름다운 창작물들을 비켜갔다. 베를린은 쑥대밭이 되었지만, 대체로 19세기 도시였다. 런던의 18세기 이전 건물의 상당 부분이 런던 대공습에서 불탔다. 고전풍의 레닌그라드는 포격을 당했고, (현재는 다행스

었다. 바로크풍의 드레스덴은 잿더미가 되었다. (1945년 이후에 베르나
르도 벨로토Bernardo Belotto[8]의 그림을 준거로 삼아 기적처럼 다시 재창조되
었지만) 바르샤바 구시가의 구획들이 모조리 다 부서졌다. 빈의 구
시가가 1945년의 전투에서 심하게 손상되었고, 도나우 강 양안의 부
다페스트가 파괴되었으며, 르네상스풍 로테르담의 도심이 불에 탔다.
정복왕 윌리엄의 중세풍 캉[9]은 완전히 부서져 평지가 되었다. 그러
나 유서 깊은 파리, 로마, 아테네, 피렌체, 베네치아, 브뤼지Bruges, 암
스테르담, 옥스포드, 케임브리지, 에딘버러, 그리고 유럽의 다른 위
대한 건축의 성소들은 무사했다.

대조적으로 독일에서는 대도시뿐만 아니라 프로이센 왕들의 베
르사유인 포츠담, 윌리히Jülich, 프라이부르크-임-브라이스가우, 하일
브론, 울름, 프로이덴슈타트Freudenstadt, 뷔르츠부르크, 그리고 바그너
축제의 중심지인 바이로이트Bayreuth를 비롯한 유서 깊은 소도시들도
처참하게 파괴당했다. 서부에서는 루르 공업 중심지와 그 부근 지
역을 이루는 28개 도시가 모두 다 맹공을 받았다. 독일 남부의 수도
인 슈투트가르트Stuttgart와 동부에서 가장 큰 독일 도시인 브레슬라
우가 1945년 봄에 러시아군의 진격에 맞서 방어전을 벌이다가 크게
파괴되었다.

독일인은 1939년과 1945년 사이에 이웃나라를 상대로 전쟁을 일
으켜서 계속 싸운 대가를 물질보다는 인명으로 더 많이 치렀다.
400만 명을 웃도는 군인이 적군 손에 죽고 민간인 59만 3,000명이
항공공격을 받아 죽었다. 비록 연합군의 폭격으로 여자가 남자보다
— 60 대 40 비율로 — 더 많이 죽었지만, 독일 연방공화국에서는
1960년에도 여성 수가 남성 수를 126 대 100의 비율로 능가했다. '망
연자실한 세대' 사이에서 남녀 성비의 불균형이 소련만큼 심한 곳
은 없었다. 전쟁 뒤에 소련에서는 여자가 남자보다 3분의 1이 더 많

8. 베네치아 태생의 풍경화가(1720
~1780). 이탈리아와 동유럽의 도
시를 세밀하게 묘사한 회화작품
을 많이 남겼다. 22세에 고향을
떠나 유럽 각지를 돌아다니다가
1767년에 폴란드 국왕의 초청으
로 궁정화가가 되어 바르샤바에
정착했다.

9. 캉에는 잉글랜드를 정복해서
정복왕 윌리엄 1세로 불리게 되
는 노르망디공 기욤(Guillaume de
Normandie)이 노르망디를 다스릴
때 지어진 건축물이 많이 남아
있었다. 윌리엄 1세의 무덤도 캉
에 있다.

았다. 그러나 심지어 러시아에서도 주민들은 패배한 독일을 1945년에 덮친 강제이민의 공포는 겪지 않았다.

독일인이 근거지를 잃고 동부에서 밀려나온 것은 두 단계로 이루어졌으며, 두 단계 모두 다 결과가 비참했다. 첫째 단계는 붉은군대를 피해 혼비백산해서 도망친 것이었고, 둘째 단계는 여러 세대에 걸쳐, 어떤 곳에서는 1,000년 동안 독일인이 살아온 정주지역에서 주민을 의도적으로 쫓아낸 것이었다. 1945년 1월의 피난은 제2차 세계대전에서 사람들이 ─ 강제수용소를 빼고는 ─ 견줄 데가 거의 없는 고통을 겪은 사건이었다. 바그라티온 공세로 난민이 되어 발트 해 연안국가들과 폴란드의 독일인 정주지역을 떠나온 피난민으로 이미 인구가 늘어난 동프로이센의 주민들은 붉은군대가 독일 본토에서 처음 마주치는 독일인에게 무슨 짓을 할지 모른다는 생각에 겁에 질려 떼를 지어 고향을 떠나 살을 에는 겨울날씨 속에 발트 해 바닷가로 걸어갔다. 1월에 약 45만 명이 필라우 시의 항구에서 소개되었다. 90만 명은 질척거리는 길을 따라 40마일을 걸어서 단치히로 가거나 얼어붙은 프리셰스 하프 석호를 건너 대기하고 있던 배에 이르렀다. 그 배들 가운데 한 척이 8,000명을 태운 채로 러시아 잠수함이 쏜 어뢰에 맞아서 단일 해상 재앙으로는 익사 희생자가 가장 많이 난 무덤이 되었다.[10] 독일 국방군은 피난민 구조를 엄호하려고 거의 미친 듯이 용감하게 계속 싸웠다. 히틀러 정부 외무차관의 아들이자 독일 연방공화국 대통령을 지낸 리하르트 폰 바이츠제커Richard von Weizsäcker[11]는 프리셰스 하프 전투에서 1급 철십자 훈장을 탔다.

1945년 처음 몇 달 사이에 동부에서 피난을 하다가 악천후에 몸이 상하거나 학대를 받아 죽은 독일인이 100만 명에 이를 가능성이 있어 보인다. 1945년 겨울에 ─ 슐레지엔, 체코 주데텐란트, 포메른과 그 밖의 지역에서 살며 모두 합쳐 약 1,400만 명을 헤아리는 ─ 동유럽 독일인 가운데 나머지는 대부분 체계적으로 소집되어 서쪽

10. 이 사건을 거론하는 행위는 전후의 냉전시대는 물론이고 냉전이 끝난 뒤로도 한동안 금기로 여겨졌다. 그러나 단치히에서 태어났고 1999년에 노벨 문학상을 받은 독일의 진보적 문학가인 귄터 그라스(Günter Grass)가 2002년에 이 사건을 다룬 소설을 발표해서 금기를 깨고 세계의 이목을 끌었다. 이 소설은 우리말로 번역되어 있다. 『게걸음으로 가다』 장희창 옮김(민음사, 2002).

11. 독일의 정치가(1920~). 1938년부터 1945년까지 포병장교였다. 전후에 법률을 공부했다. 나치 정부 고위외교관이었던 아버지 에른스트 폰 바이츠체커가 유죄판결을 받은 뉘른베르크 재판에서 나치의 악행에 충격을 받고 평생 독일의 과거를 반성했다. 기독교민주연합 소속으로 1984년부터 10년간 독일연방 대통령을 지냈다.

으로, 대개는 영국의 독일 점령지역으로 이송되었다. 도착한 피이송민은 빈털터리였고 종종 재산을 모두 빼앗긴 막바지 단계에 있었다. 이 끔찍한 여정을 다 마치지 못한 사람들 가운데 체코슬로바키아에서, 폴란드에서, 그 밖의 동유럽지역에서 쫓겨나는 도중에 죽은 사람이 각각 25만 명, 125만 명, 60만 명이었다고 추산된다. 엘베 강 동쪽에서 오랫동안 살았던 독일인 인구가 1946년까지 1,700만 명에서 260만 명으로 줄어들었다.

자주 범죄행위와 다를 바 없이 잔혹하게 수행된 독일인 추방은 1945년 7월 포츠담 회담에서 승전국들이 서로 간에 합의했던 결정에서 보면 불법이 아니었다. 포츠담 회담 의정서 제13조에 "폴란드와 체코슬로바키아와 헝가리에 남아 있는 독일인을 독일로 이전해야만 할 것"이라고 명시되어 있었던 것이다. 더욱이 포츠담에서 서유럽 연합국들은 독일 국경의 재조정에 동의해서 슐레지엔 및 포메른과 함께 동프로이센 절반을 폴란드에 주었다(고 다른 절반은 소련으로 갔)다. 폴란드가 강요를 받아 자국 동부지방을 러시아에 넘겨주어서 득실이 상쇄된 이 국경 재조정으로 폴란드가 서쪽으로 100마일 옮겨져서 지도가 바뀌는 결과가 빚어졌고, 인구의 측면에서 전후의 폴란드는 새로 얻은 서쪽 국경지대에서 독일인 주민을 내쫓는 대가를 치르고 완전히 폴란드인만의 나라가 되었다.

포츠담 협정은 전후시기 유럽 정치의 미래를 얄타 협정보다 훨씬 더 광범위하게 결정했다. 영국과 미국은 얄타에서 소련에 일련의 양보를 해준 뒤 곧바로 서유럽의 정치가와 논객에게서 '배반'했다는 비난, 특히 폴란드 반공주의자들을 '배반'했다는 비난을 널리 받아왔다. 루스벨트와 처칠이 당시에 인정했듯이, 붉은군대가 승리를 거두며 폴란드로 전진해 들어감으로써 동유럽에서 가장 중요한 그 나라에 대한 스탈린의 계획은 기정사실이 되었다. 이로써 '런던의 폴란드인들'은 공산주의 꼭두각시 '루블린 위원회'의 지배를 받게 될 전후 바르샤바 행정부에서 실질적인 역할을 못하게 된다. 포츠담은 얄타보다 전후 처리를 훨씬 더 멀리 밀고 나아갔다. 포츠담은 ─ 폴란드와 체코슬로바키아에 있는 독일인 거류지의 독일인, 그리고 슬라브 국가들과 발트 해 연안국가들에 있는 더 많은 분산된 독일계 상업·농업·지식 기업의 정주지에 사는 ─ 동유럽 독일인을 서쪽으로 옮겨 살게 하는 것을 인준함으로써 유럽의 민족 경계선을 9세기 초 샤를마뉴 제국[12]이 만들어질 때 보편화된 민족 경계선으로 되돌려 놓았고, '소수민족 문제' 가운데 가장 큰 문제를 일거에 해결했으며, 다음 두 세대 동안 소련이 중유럽과 동유럽을 지배하는 상황이 확고해졌다.

뒤이어 소련이 1945년 이후 독일의 점령지역 모든 곳에서 자유선거를 치르는 데 협조하기를 거부하자, 윈스턴 처칠이 1946년 풀턴 Fulton 연설에서 확인한 공산주의 유럽과 비공산주의 유럽 사이의 '철의 장막'[13]이 굳어지는 결과가 추가로 빚어졌다. 1918년의 전후 처리에서 차르 제국과 호엔촐레른 Hohenzollern 제국[14], 그리고 1914년 이전에 대륙의 동쪽 절반을 지배해온 합스부르크 제국으로부터 자치 '후속국가들'이 태어나서 이 지역의 정세가 아주 복잡다기해졌다. 이랬던 정세가 포츠담에서 가차없이 단순해졌다. 1945년 이후 엘베 강 서쪽의 유럽은 민주주의 국가 정치체로 남게 되고, 엘베 강 동쪽의 유럽은 전제주의로 뒷걸음쳐서 스탈린의 러시아가 강요하고 지배하는 단일 정치체제에 따르게 된다.

1945년 이후에 엘베 강 동쪽에 스탈린주의가 부과되자 1870년 이래로 유럽을 꼼짝 못하게 해오던 '독일 문제'가 해결되었다. 그렇다고 해서 유럽이나 더 넓은 세계에 영속적 평화를 어떻게 확립할지에 관한 문제가 해결되지는 않았다. 1943년에 테헤란에서 미국과 영국과 소련이 더 효율적인 국제연맹 승계조직으로 설립하기로 합의해서 1945년 4월에 샌프란시스코에서 탄생한 국제연합은 (상임회원

12. 프랑크(Frank)인의 왕 샤를마뉴(742~814)가 8세기 말부터 9세기 초에 걸쳐 작센(Sachsen)인과 롬바르드(Lombard)인과 아랍인을 물리치고 세운 제국. 전성기에는 5세기에 멸망한 서로마 제국의 영토와 거의 일치할 정도의 대제국이었다.

13. 본디 철의 장막이란 표현은 1920년까지는 러시아의 세력권이라는 개념과 연관되어 쓰였고, 제2차 세계대전 말기에는 괴벨스도 이 표현을 사용했다. 처칠이 1946년 3월 5일에 미국 미주리 주 풀턴 시에 있는 한 대학을 방문해서 연설을 하다가 소련의 동유럽 지배 정책을 격하게 비난하며 "발트 해의 슈테틴에서 아드리아 해의 트리에스테까지 대륙을 가로질러 '철의 장막'이 내려앉았다"는 발언을 하면서 이 표현이 널리 알려졌다.

14. 슈바벤(Schwaben) 지방의 귀족 가문이었던 촐레른 가문의 프리드리히가 1415년에 브란덴부르크 선제후가 되면서 시작된 제후 가문. 이 가문의 후손이 1701년에 프로이센 왕이 되면서 1918년에 빌헬름 2세가 퇴위할 때까지 프로이센 왕가로 군림했다.

국으로서 영국, 미국, 소련, 프랑스, 중국의 대표들로 이루어지는) 안전보장이사회의 직권 아래 회원국들이 분담해서 만들어지는 군대를 지휘하는 자체 참모부를 둔 국제 평화유지 기구가 될 예정이었다. 소련이 참모부 설치에 반대하고 이어서 거부권을 사용해 평화유지 결의안 통과를 방해하자 안전보장이사회의 권위가 급속히 힘을 잃어 갔다. 자본주의 세계에서 혁명을 유발하는 데 몰두하는 볼셰비키식 행태의 재개로, 아니면 더 현실적으로는 서유럽의 반공국가를 군사 공격의 위협 아래 두어서 소련이 1945년에 거둔 승리를 굳게 지키려는 노력으로 해석될 수도 있는 스탈린의 대외정책은 국제연합의 역할에 대놓고 도전하지는 않았다. 체코슬로바키아의 반反민주주의 쿠데타 후원과 1948년 베를린 봉쇄 실행을 논외로 치면, 전후시기에 스탈린은 얄타와 포츠담에서 이루어진 유럽의 안정성을 직접 위협하는 행보를 하지 않았다. 세계에서 서유럽이 차지하는 위치에 대한 그의 도전은 다른 곳에서, 즉 필리핀과 말레이 반도, 그리고 무엇보다도 한반도에서 행해졌다. 한반도에서 그는 공산주의 북한이 1950년 6월에 비공산주의 남한을 공격하도록 허용하게 된다.

사실 소련은 유럽에 있는 자국 군사력을 미국과 영국이 1945년 8월 이후에 그랬던 것만큼 완전히는 아닐지라도 빠르게 동원해제했다. 1947년까지 붉은군대 규모가 3분의 2가량 줄었다. 그 나머지 병력도 미국과 영국의 점령군을 — 즉, 1948년에 단 5개 사단을 헤아린 라인 강의 영국군과 1개 사단뿐이었던 바이에른의 미군을 — 수적으로 몇 배 능가하기에 충분했다. 그러나 비록 북미 국가들과 서유럽 국가들이 지속하는 소련군의 수적 우세에 짓눌려 1949년에 북대서양 동맹North Atlantic Alliance[15]을 결성하기는 했어도, 소련 지도부는 그 불균형에 현혹되어서 소련의 힘을 엘베 강 서쪽으로 확장하는 모험을 무릅쓰지 않았다.

이에 대한 여러 가지 설명이 있다. 그 하나는 아무리 거칠고 난폭

15. 나토를 달리 이르는 말.

했다고 해도 소련의 대외정책은 명백한 준법정신의 지배를 받았고, 이것이 러시아를 얄타와 포츠담에서 정해진 세력권에 국한했다는 것이다. 다른 설명 하나는 엄밀하게는 1949년까지였지만 실제로는 그 뒤로도 10년 동안 지속한 미국의 핵무기 독점 때문에 소련이 대외정책상의 모험을 꺼렸다는 것이다. 논란이 일기는 해도 가장 설득력 있는 세 번째 설명은 전쟁의 상처와 충격 때문에 그 경험을 되풀이하려는 소련 국민과 소련 지도부의 의지가 사라졌다는 것이다.

제1차 세계대전의 유산은 비록 패자에게는 그렇지 않았지만 승자에게 전쟁의 대가가 전쟁의 보상을 넘어선다는 믿음을 준 것이었다. 제2차 세계대전의 유산은 그런 믿음을 승전국과 패전국에 똑같이 준 것이었다고 주장할 수도 있다. 프랑스 혁명 이래로 선진국가가 자국의 군대를, 그리고 상당부분 자국 사회를 조직하는 데 입각했던 '국민개병' 원칙이 1939~1945년에 절정에 이르렀으며, 그렇게 됨으로써 그 원칙에 따라 살아온 나라들에 고통을 안겨주었다. 그 고통은 전쟁을 다시 벌인다는 생각을 정치철학에서 쫓아내버릴 만큼 엄청났다. 전쟁으로 손해를 가장 조금 보고 보상을 가장 많이 얻은 — 1945년에 세계의 나머지 국가를 다 합친 것보다 공업 생산이 더 많았던 — 미국은 아시아에서, 즉 한반도와 베트남에서 비록 소규모였지만 큰 희생을 치른 전쟁을 두 차례 벌이는 데 충분한 국민의 동의를 구할 수 있게 된다. 물적 손실은 그렇지 않아도 인적 손실의 관점에서는 비교적 상처를 입지 않은 채 전쟁을 버텨낸 영국도 일련의 소규모 식민지 전쟁을 벌일 의지를 버리지 않게 된다. 상대적으로 막심한 인명 손실을 입지 않은 또 다른 나라인 프랑스도 마찬가지였다. 이 나라들과는 대조적으로 소련은 전후시기에 가상의 적들에게 아무리 험상궂은 얼굴을 보여주었다고 해도 자국 군인을 직접적인 위험에 처하게 하는 대결을 삼갔다. 최근에 소련이 모험을 감행해서 아프가니스탄으로 쳐들어갔다가 미국이 베트남에서 잃은

에 필 로 그

인명 수의 4분의 1이라는 대가를 치른 상황이 이런 판단을 무너뜨리지 않고 굳힌다고 보인다. 독일 연방공화국[16]이 1956년에 징병을 재개하기는 했어도, 1945년 5월 이후로는 적군과 싸우다 죽임을 당한 독일 군인은 단 한 사람도 없으며, 그 같은 죽음의 가능성은 점점 더 멀어지면 멀어지지 더 가까워지지는 않는다. 1939~1945년의 교전국 가운데 가장 무모했던 일본은 오늘날 그 어떤 상황에서도 무력을 국가 정책수단으로 사용하는 것을 불법화한 헌법에 묶여 있다. 제1차 세계대전의 정치가들과는 달리 제2차 세계대전의 정치가 그 누구도 제2차 세계대전이 '모든 전쟁을 끝낼 전쟁'으로서 수행되고 있다고 주장할 만큼 어리석지 않았다. 그렇지만 모든 전쟁을 끝낼 전쟁이었던 것이 제2차 세계대전의 영속적 효과였을지 모른다.

2차 세계대전의 문헌목록은 아주 많다. 관련 문헌을 총망라한 문헌목록이 없는데, 이것은 놀라운 일이 아니다. 왜냐하면 러시아어로만 해도 1980년까지 1만 5,000편의 책이 나왔기 때문이다. 그렇기는 해도, P. Calvocoressi, G. Wint & J. Pritchard, *Total War*(London, 1989)의 개정판 같은 가장 훌륭한 2차 세계대전 통사에서 실제로 도움이 되는 뛰어난 문헌목록을 찾을 수도 있다.

나는 그 같은 문헌목록에 상당하는 것을 제공하기보다는 전쟁의 가장 중요한 사건과 주제의 포괄적인 그림을 제공하고 술술 읽을 수 있고 일반 독자가 더 깊이 있는 독서의 지침으로서 전쟁에 관한 나름의 그림을 얻어낼 수 있는 입수 가능한 영어 서적 50권의 목록을 내놓기로 결심했다. 그 목록은 어쩔 수 없이 나의 관심사와 편견이 반영된 것이며 분명히 완벽하지는 않다. 이를테면, 1939년의 폴란드 전역, 또는 스칸디나비아 전역이나 이탈리아 전역에 관한 책은 포함되지 않았다. 서유럽의 바다에서 벌어진 해전과 항공전에 관해서는 빈약하다. 태평양보다는 유럽에서 벌어진 싸움 쪽에 편중되어 있다. 그러나 이 왜곡은 대부분의 경우 문헌의 공백에서 비롯된다. 내가 폴란드 전역이나 이탈리아 전역에 관해서 설정한 기준에 맞는 책이 아직 없다는 것이다. 만약 이 판단이 미국과 영국 및 영 연방의 정사 편찬자들의 저명한 저작의 평가절하로 보인다면, 내가 그 정사 시리즈로 나온 책 네댓 권을 넣었으며 다른 책들은 순전히 지면이 한정되어 있기 때문에 빼놓았다는 점에 부디 유의해주기 바란다. 나는 외국어로 된 책을 넣지 않았다. 히틀러의 작전참모진이 날마다 작성한 기록인 독일 국방군 최고사령부 전쟁일지를 넣고 싶은 마음이 간절했지만 말이다. 그 책의 표제는 P. Schramm, *Kriegstagebuch des OKW vols. 1–8*(München, 1963)이다. 인용된 책의 발행지는 특별한 언급이 없는 한 런던이며, 판본은 영어 번역본을 포함해서 가장 최근의 것이다.

전역들을 살펴보는 데 없어서는 안 될 지침서는 Vincent J. Esposito 대령의 *The West Point Atlas of American Wars vol. 2*(New York, 1959)이다. 이 도해서에는 미군의 참전 여부와 상관없이 꼼꼼한 주요 전투 전역戰域 지도가 들어 있으며, 지도 맞은편 페이지에 명쾌한 설명글로 보완되어 있다.

2차 세계대전의 중심에 서는 존재인 히틀러의 가장 훌륭한 전기는 아직도 Alan Bullock, *Hitler: A Study in Tyranny*(1965)이다. 히틀러가 독일의 전쟁수행 노력을 어떻게 지도했는가에 관한 묘사로 위의 책을 보충하는 책으로, "히틀러가 쓰지 않은 히틀러의 자서전"이라는 찬사를 받았고 1939~1945년에 관한 가장 중요한 책 대여섯 권에 분명히 끼는 David Irving, *Hitler's War*(1977)가 있다. Robert O'Neill, *The German Army and the Nazi Party*(1966)는 전전 시기의 독일군과 나치당, 그리고 두 기구의 관계에 관한 필수불가결한 묘사다. 히틀러와 독일 정부와 군대 사이의 관계에 관해 늘 읽힐 책 두 권은 히틀러의 작전장교 가운데 한 사람이 쓴 W. Warlimont, *Inside Hitler's Headquarters*(1963)와 A. Speer, *Inside the Third Reich*(1970)이다. 슈페어는 1942년부터 히틀러의 군비·군수 장관이며 탁월한 지성을 지녔으면서도 못내 이기지 못하고 총신이 된 전문기술관료였다. H. Trevor-Roper는 없어서는 안 될 책 두 권, 즉 *Hitler's War Directives*(1964)와 영원히 매혹적인 고전 *The Last Days of Hitler*(1971)의 저자다.

논란이 이는 착상이기는 해도 A. J. P. Taylor, *The Origins of the Second World War*(1963)는 이 주제에 대한 입문서로서 타의 추종을 불허한다. 유럽 서부전선의 개전에 관한 역사 드라마의 걸출한 저작은 Alistair Hornes, *To Lose a Battle*(1969)이다. Guy Chapman, *Why France Fell*(1968)은 끝까지 골치를 썩이는 그 난제를 꼼꼼히 분석한다. 몇 가지 주요 난제가 그다지 잘 알려지지 않은 Robert Paxton, *Parades and Politics at Vichy*(Princeton, 1966)에 서술되어 있다. 이 책은 '페탱 원수 예하 프랑스 장교단'의 연구인데, 저항과 부역의 딜레마에 관한 뛰어난 해부이기도 하다. 유럽 서부전선에서 히틀러가 거둔 승리의 여파에 관한 최고의 서술이 Telford Taylor, *Breaking Wave*(1967)인데, 이 책은 저자가 브리튼 전투에서 겪은 패배의 서술이기도 하다.

히틀러가 과연 영국 침공을 진지하게 고려했는지 여부와 상관없이, 1940년 가을 무렵에 그의 생각은 동쪽으로 향하고 있었다. Martin van Creveld, *Hitler's Strategy: The Balkan Clue*(Cambridge, 1973)는 히틀러의 생각이 진행되는 단계를 기술하며 2차 세계대전의 역사서술에서 전략과 외교정책에 관한 모든 분석 가운데 가장 독창적인 분석을 제공한다. 발칸 반도 전역의 결정적인 양상을 다룬 뛰어난 연구서는 독일군의 공수 강하에 제압당한 영국군의 한 대대 소속 의무장교였던 I. M. G. Stewart가 쓴 *The Struggle for Crete*(1955)이다. 독일군에게는 지중해를 향한 전진에 붙은 부가물인 유럽 서부전선의 사막전에 관해서 많은 책이 쓰여졌지만, Correlli Barnet, *The Desert Generals*(1983)보다 더 나은 것은 찾을 수 없다.

발칸 반도는 히틀러의 러시아 공격의 서곡이었다. 유럽 동부전선의 전쟁에 관한 다른 영어권 저자를 모두 제치고 우뚝 서 있는 이가 John Erickson인데, 그는 세 편의 장엄한 저작 *The Soviet High Command*(1962), *The Road to Stalingrad*(1975), *The Road to Berlin*(1983)을 펴냈다. 뒤의 두 권은 작전 수준에서 엄청나게 복잡하지만 전시의 붉은군대와 소련 인민의 묘사가 탁월하다. 독일이 수행한 전쟁의 실상과 그 전쟁의 자멸적 본성의 실상은 A. Dallin의 학구적인 *German Rule in Russia*(New York, 1957)에 실려 있다. 유린당한 러시아가 어떻게 저항을 지탱했는가에 관한 얇지만 긴요한 연구서가 Joan Beaumont, *Comrades in Arms*(1980)인데, 이 책의 주제는 비록 영국의 對러시아 원조이기는 하지만 미국의 훨씬 더 큰 원조 노력에 관해서도 많은 이야기를 해준다.

히틀러가 러시아에 휘말려 들어가고 더불어 미국도 얼마 되지 않아 전쟁에 뒤따라 개입하자 전쟁의 주도권이 처음으로 연합국 쪽으로 넘어갔다. 자국에 유리한 전략을 세우려는 영국의 노력을 개괄하는 핵심적인 연구서 두 권이 Michael Howard, *Continental Commitment*(1972); *The Mediterranean Strategy in the Second World War*(1968)이다. 뒤의 책은 유럽 북서부를 직접 공격하려는 미국의 열의에 호응하는 데 영국이 주저했음을 솔직하게 인정한다. 미국이 참전한 순간부터 이루어진 영미 공동전략 의사결정에 관한 뛰어난 문헌연구가 미국 정사(American Official History)의 대작 두 편, 즉 E. Snell, *Strategic Planning for Coalition Warfare, 1941~1942*(Washinton, 1953)와 M. Matloff, *Strategic Planning for Coalition Warfare, 1943~1944*(Washington, 1959)에서 제공된다. 연관된 책 하나가 (연합국 전체는 아니지만) 특정한 전략적 선택이 어떻게 내려졌는가를 검토하는 K. R. Greenfield(ed.), *Command Decisions*(Washington, 1960)이다.

이제 우리는 연합국 전략의 — 때로는 전술의 — 수립이 영국의 독일 암호 통신 해독능력 (얼트라)과 미국의 일본 암호 통신 해독능력(매직)에 좌우되었음을 알기 때문에, 양자의 활동에 관한 책 대여섯 권이 이 목록에 반드시 들어가야만 한다. 단연 가장 중요한 책이 정사 제1권인 F. H. Hinsley et al., *British Intelligence in the Second World War*(1979)이다. 이 책에는 독일의 암호체계인 에니그마의 해독과 그에 따라 생긴 첩보기관인 얼트라의 설립과 초기 이용에 관한 필수적인 정보가 들어 있다. 덧붙여지는 것이지만 극히 중요한 세부사항을 *The Hut Six Story*(1982)에서 블레칠리에 있는 암호 해독 연구소의 선구자 Gordon Welchman이 내놓는다. Ronald Lewin은 두 조직의 영향에 관한 폭 넓지만 매우 믿을 만한 설명을 *Ultra Goes to War*(1978)와 *The American Magic*(New York, 1982)에서 제공한다. 뒤의 책은 또한 미국이 일본의 암호를 해독함으로써 블레칠리의 업적을 어떻게 보완했는가를 설명해준다. 실전에 사용된 얼트라에 관한 자세한 연구서 두 권이 대서양 전투에 관한 P. Beesly, *Very Special Intelligence*(1977)와 유럽 북서부 전역에 관한 R. Bennett, *Ultra in the West*(1979)이다.

미국이 태평양에서 벌인 전쟁에 관해서는 굉장한 양의 문헌이 배출되었다. 서남 아시아에서 영국군과 함께 첩보장교로 근무하고 일본이 진주만을 기습 공격한다는 재앙과도 같은 결정을 내리기 이전에 일본에서 가르친 적이 있는 학자인 Richard Storry가 쓴 *A History of Modern Japan*(1960)이 서구인에게는 가장 많은 지식을 주는 입문서이다. H. P. Willmott, *Empires in the Balance*(1982)는 태평양 전쟁 이전과 전쟁 첫 해 동안 참전국의 힘과 전략을 개관하며 일본 쪽 사정에 유달리 정통하다. 중국과 버마에서 일어난 사건에 관한 설명에도 지면을 주는 가장 훌륭한 태평양 전쟁 통사는 사람을 확 끌어당기도록 씌어지고 멋들어지게 압축된 Ronald Spector, *Eagle against the Sun*(1988)이다. Samuel Elliot Morison의 『제2차 세계대전기 미해군 작전 정사』에 있는 책 한 권을 빼놓는 것은 옳지 않은 일이다. 사실 그가 쓴 제4권 *Coral Sea, Midway and Submarine Operations*(Boston, 1949)는 결정적인 그 두 전투에 관한 웅대하고 감동적인 설명을 제시하며, 정사 편찬 계획이 해야 할 작업이었음이 이 책으로 입증된다. 태평양 전쟁의 정치에 관한 가장 중요한 연구이며 외교사의 기념비적 연구이기도 한 책이 Christopher Thorne, *Allies of a Kind*(1978)인데, 그 내용을 정확하게 기술하는 "1941~1945년의 미국과 영국, 그리고 대일 전쟁(The United States, Britain and the War against Japan, 1941~1945)"이라는 부제가 붙어 있다.

일본의 패배는 야마모토 제독이 황국 정부에게 경고한 대로 궁극적으로는 일본이 가진 경제 자원과 미국이 활용할 수 있는 경제 자원 사이의 격차에서 비롯되었다. 전쟁 경과의 기초가 되는 경제적 요인에 관해 없어서는 안될 연구가 Alan Milward, *War, Economy and Society, 1939~1945*(1977)인데, 이 책 속에 전시 국민경제에 관한 저자의 연구단행본 여러 권이 응축되어 있다. 내가 전쟁 수행의 특별한 요구에 경제가 어떻게 적응했는지를 밝히는 데 자주 들여다 본 별도의 대작 단행본이 영국 정사(British Official Histories)의 한 권으로 M. M. Postan 외 여러 사람이 쓴 *The Design and Development of Weapons*(1965)이다. 그러나 이 책은 영국이 원자핵 무기 프로그램에 이바지한 바를 다루지 않는데, 사실 제2차 세계대전 시기 원자폭탄의 개발과 사용을 만족스럽게 망라하는 단행본은 없다. 재래식 폭격으로 경제를 파괴하려는 노력에 관해서는 굉장한 양의 문헌이 배출되었다. 나는 특히 Max Hastings, *Bomber Command*(1987)를 높이 치는데, 그 전역이 독일과 참여한 승무원 양자에게 끼친 결과에 관한 연구 때문이다. 상응해서 잠수함전을 통해 연합국의 전시 경제를 공격하려는 독일의 노력도 꽤 많이 이야기되어 왔다. U-보트 함대를 창설하고 지휘한 제독의 전기인 Peter Padfield, *Donitz: The Last Fuhrer*(1984)는 두드러진 연구이면서 아주 흥미로운 "한 나치 전쟁 지도자의 초상"이기도 하다.

나는 유럽 북서부 전역에 관해 씌어진 책 수천 권 가운데 딱 한 권, Chester Wilmot, *The Struggle for Europe*만을 골랐다. 재판이 있기는 하지만, 나는 1952년도 초판을 이용했다. 전쟁통신원인 윌모트는 당대 전사戰史를 쓰는 현대식 방법을 사실상 창안했는데, 이 방법은 정치·경제·전략 분석을 전투 목격담과 결합하는 것이었다. 비록 그가 내린 판정 가운데 많은 것들이 도전받았고 몇몇 판정은 뒤집히기는 했지만, 내게 그의 책은 사건에 관한 열정적인 흥미를 그 밑에 깔린 실체의 냉철한 해부와 결합하는 제2차 세계대전사 서술의 최고 업적으로 남아 있다. 나에게서 역사로서의 전쟁에 관한 흥미를 처음으로 일깨워주었고 시간이 지남에 따라 칭찬을 덜 하게 되기는커녕 더 하게 되는 것이 바로 이 책이다.

윌모트는 제2차 세계대전이 "대군"의 전쟁임을 올바로 간파했으며, 이로써 비밀 작전에 관해서 이미 급증하던 영미권의 관심에 중요한 교정이 이루어졌다. 그 관심은 비정규전과 무장저항 투쟁이 스탈린그라드나 노르망디보다 더 큰 중요성을 띨 정도로 부풀었던 적이 있다. 그렇기는 해도 무장저항 운동은 전쟁 이야기에서 절대로 빠져서는 안 될 한 부분을 구성한다. 최고의 연구 개설서는 H. Michael, *The Shadow War*(1972)이며, 가장 중요한 무장저항 투쟁, 즉 유고슬라비아의 무장저항 투쟁이라는 특정한 주제를 다룬 최고의 연구서는 F. W. Deakin, *The Embattled Mountain*(1971)이다. W. Rings는 *Life with the Enemy*(1982)에서 그 이야기의 다른 측면, 즉 유럽 제국을 운영하려는 독일의 노력에 관한 아주 독창적인 설명을 내놓았다. 그 제국이 가진 가장 음울한 측면의 공포는 *The Final Solution*(1953)에서 G. Reitlinger가 객관적으로 천착했다. 비록 그 뒤로 홀로코스트의 역사서술이 아주 정교해지기는 했지만, 그리고 그의 책이 나치의 절멸 기구가 체계적으로 학살한 다른 여러 집단보다는 주로 유대인에게 관심을 둔다고는 해도, 그의 책은 뒤에 나온 출판물에는 없는 충격과 교훈과 경고를 주는 힘을 적어도 나에게는 여전히 지니고 있다.

끝으로 제2차 세계대전의 개인 회고록들이 있다. 병사들의 이야기 수천 편 가운데 태평양 전쟁에서 나온 이야기, 즉 *With the Old Breed*(Novato, California, 1981)가 내 머리에서 떠나지 않는다. 지금은 생물학 교수인 E. B. Sledge는 해병대 제1사단과 함께 전투를 치렀다. 얌전하게 양육된 한 10대 소년이 전우들을 — 그래도 사랑하기는 했지만 — "20세기의 야만인"으로 떨어뜨리는 상황 속에 있으면서도 문명인으로 남으려고 발버둥치는 몸부림에 관한 그의 설명은 전쟁 문학에서 가장 이목을 끄는 문서 가운데 하나이며, 타고난 작가가 아닌 어떤 사람이 자기가 겪은 바를 종이 위에 재창조하면서 겪은 그 고통스러운 어려움 때문에라도 더더욱 감동을 준다. 이와 대조적으로, 탁월한 문학적 성과를 거둔 것 하나가 M. Djilas, *Wartime*(1977)이다. 그는 티토의 측근에 속했고 스탈린과 협상했고 파르티잔 대원으로서 싸웠지만 결국은 자기 주인과 사이가 틀어졌고, 정열과 재능을 갖춘 그토록 많은 인간을 내몰아 제2차 세계대전의 비극을 빚어낸 "영웅" 기풍을 거부한 유고슬라비아 지식인이었다. 내가 고른 마지막 책 두 권은 전쟁이 가져온 그토록 많은 비극을 견뎌야 했던 전쟁 세대의 절반인 여성의 경험을 이야기한다. 제2차 세계대전이 터졌을 때 나치 독일의 심장부에 내던져진 친영 성향의 한 백러시아인의 회고록인 Marie Vassiltchikov, *The Berlin Diaries*(1985)는 폭격을 받는 상황에서 인간이 발휘하는 위기 적응 능력, 죽음의 그림자가 드리우는 상황에서도 지속되는 희한한 정상 상태, 그리고 귀족 출신의 아리따운 아가씨가 전시 내내 나치 관료 멍청이들에게 내놓고 보여줄 수 있는 기개에 찬 경멸을 예사롭지 않게 묘사한다. 히틀러를 노린 7월 폭탄 음모를 꾸민 자들 가운데 한 사람과 결혼한 영국 여성인 Christabel Bielenberg도 똑같은 경멸감을 품었다. 1968년에 처음 나온 *The Past is Myself*(1968)에서 자기 남편을 게시타포에게서 구해내려는 용감하고 끝내는 성공한 노력에 관한 그의 설명은 설령 여자라고 해도 정권의 적 한 사람이 자기가 사랑하는 이들을 파멸로부터 지켜내면서 존경과 경멸을 얼마나 엄밀히 견줘봐야 했는지를 보여준다.

이 목록은 열 배는 길어졌을지 모르지만, 나는 쉰 권에서 자르겠다. *Armed Truce: The Beginnings of the Cold War 1945-1946*(1986)까지 해서 말이다. 이 책에서 Hugh Thomas는 제2차 세계대전의 여파에 관한 필수불가결한 지침서일 뿐만 아니라, 사료 이용이 꼼꼼하고 휘몰아치는 듯한 서술로 사람을 확 끌어당기는 현대사의 대작도 되는 저작이다. 제2차 세계대전 자체의 역사는, 그리고 분명 내가 쓴 역사는 질이나 권위에서 그 책의 상대가 될 수 없다.

2차 세계대전의 주요 인물들(가나다순)

게르트 폰 룬트슈테트
Gerd von Runtshtedt(1875~1953)
독일의 군인. 제1차 세계대전 때 제15군 참모장으로 근무했고, 전후에는 독일군 재건에 주력했다. 제2차 세계대전 초기에 동부전선에서 활약하다가 서부전선으로 이전되었다. 1944년에 연합군의 노르망디 상륙을 막지 못했다고 해임되었으나, 곧 복귀해서 아르덴에서 반격을 지휘했다. 이듬해 미군에 체포되었다가 1949년에 풀려났다.

게오르기 쥬코프
G. K. Zhukov(1896~1974)
소련의 군인. 1918년에 붉은군대에 가담해서 기병 장교로 활약했다. 1939년에 외몽골에서 기갑군을 지휘해서 일본군을 물리쳤다. 독소전쟁 동안 가장 탁월한 야전 사령관으로 이름을 날리다가 스탈린의 신임을 얻어 최고사령관 대리가 되었다. 주요 작전을 입안하고 전선을 감독했으며, 1945년에 베를린을 점령해서 독일 제3제국을 무너뜨리는 영광을 안았다. 종전 뒤에는 군부세력의 확대를 두려워한 민간 정치인들의 견제를 받아 한직으로 좌천되었다. 흐루쇼프 집권기에 국방장관을 지냈다. 회고록 『회상과 상념Vospominaniia i razmyshleniia』을 남겼다.

나구모 주이치
南雲忠一(1887~1944)
일본의 군인. 해군의 항공력 증강을 옹호하면서 함대 증강을 주도한, 어뢰 공격 전문가였다. 일본 해군 제1항공함대 사령관으로서 진주만 기습을 지휘하는 등 맹활약했으나, 미드웨이 해전에서 패했다. 태평양 전쟁 후반기에는 함대를 다 잃고 사이판 섬에서 방어를 지휘하다가 자살했다.

더글라스 맥아더
Douglas McArthur(1880~1964)
미국의 군인. 무인 가문에서 태어나 웨스트포인트 사관학교를 수석 졸업했다. 50세에 대장이 되었고, 필리핀군의 고문으로 근무하다가 1937년에 퇴역했다. 1941년 7월에 복귀해서 미국 동군 사령관으로 필리핀에서 근무하다가 2차 세계대전을 맞이했다. 1942년에 필리핀을 일본군에 빼앗긴 뒤 오스트레일리아로 이동해서 일본과 싸웠다. 1945년 7월에는 필리핀을 되찾고, 8월에 일본 점령군 최고사령관이 되었다. 한국전쟁에서는 최고사령관으로서 UN군을 지휘했으나, 트루먼 대통령과 갈등을 빚어 해임되었다. 공화당 우파를 이끌며 대통령 후보로 나서려고 했지만, 실패했다.

도조 히데키
東條英機(1885~1948)
일본의 군인, 정치가. 1919년에 독일 주재 육군무관을 지냈고, 1937년에 만주군 참모장이 되었다. 1941년에 일본 정부 총리가 되어 태평양 전쟁을 지휘했다. 종전 뒤 전범으로 체포되어 자살을 시도했지만 미수에 그치고 결국 교수형에 처해졌다.

드와이트 아이젠하워
Dwight David Eisenhower
(1890~1969)
미국의 군인, 정치가. 웨스트포인트 사관학교를 졸업한 뒤 1차 세계대전에 참전했으나, 실전은 겪지 못했다. 그 뒤 교관으로 있다가 1933년에 맥아더 육군참모총장의 부관으로 근무했다. 1942년에 북아프리카 전선에서, 이듬해에는 유럽 서부전선에서 연합군 최고사령관으로 활약하면서 연합국의 제2차 세계대전 승리에 이바지했다. 온화한 성품을 지녀 조정과 중재에 능했다. 종전 뒤에는 컬럼비아대 총장과 나토군 최고사령관을 지냈고, 1952년에 대통령이 되었다. 회고록 『유럽의 십자군Crusade in Europe』을 남겼다.

바실리 츄이코프
Vasily Chuikov(1900~1982)
소련의 군인. 내전기에 약관의 나이로 연대장이 되어 반혁명군과 싸웠다. 중국에 군사고문관으로 파견되었고, 극동 주둔군에서 근무했다. 1939년에 겨울전쟁에 참전한 뒤 중국 주재 육군무관으로 있다가, 스탈린그라드 방어전을 지휘해서 승리를 거두었다. 종전 뒤에는 독일 주둔 소련군 최고사령관을 지냈다. 『세기의 전투Srazhenie veka』 등의 회고록을 여러 권 남겼다.

발터 모델
Walther Model(1891~1945)
독일의 군인. 1909년에 군문에 들어서 1차 세계대전 때 대위로 참전했고, 1944년에 원수가 되었다. 히틀러의 열렬한 지지자였으며, 방어전에 능숙해서 '영도자의 소방수'라는 별명을 얻었다. 독일의 패색이 짙어지자 휘하 군대를 해산하고 자살했다.

버나드 몬트고머리
Bernard Montgomery(1887~1976)

영국의 군인. 제1차 세계대전 이전에는 인도, 이후에는 아일랜드와 팔레스티나에서 근무했다. 1940년에 제3사단장으로 독일군과 싸우다가 됭케르크에서 철수했다. 1942년에 제8군 사령관이 되어 북아프리카에서 롬멜 장군을 물리쳤고, 1944년에 노르망디 상륙작전에서 영국군을 지휘했다. 1946년에 작위를 받았고, 1950년대에는 나토군 최고사령관 대리를 지냈다. 저서로 『전쟁의 역사 *A Concise History of Warfare*』 등을 남겼다.

베니토 무솔리니
Benito Mussolini(1883~1945)

이탈리아의 정치가. 원래 사회주의자였으나, 1차 세계대전을 겪으면서 파시즘의 주창자가 되었다. 사회주의의 성장에 불안감을 느낀 유산층의 묵인을 얻어 1922년에 권력을 장악하고 독재자가 되었다. 히틀러와 동맹 관계를 맺고 팽창을 추구하다가 1943년에 권력을 잃었다. 히틀러의 원조로 재기를 시도하다가 1945년 4월에 파르티잔에 잡혀 처형되었다.

빌헬름 카이텔
Wilhelm Keitel(1882~1946)

독일의 군인. 1차 세계대전 때 참모장교로 복무했고, 1938년에 독일 육군 최고사령관이 되었다. 1940년 6월에 프랑스의 항복 문서에 독일 대표로 서명했다. 전술능력은 미흡했지만, 독일군 고위장교 가운데 히틀러에게 가장 충성스러운 열성 나치당원이었다. 뉘른베르크 전범재판에서 유죄판결을 받고 처형되었다.

샤를 드골
Charles de Gaulle(1890~1970)

프랑스의 군인, 정치가. 1차 세계대전에서 싸우다가 크게 다쳐 독일군에 사로잡히기도 했다. 전간기에는 페탱 원수의 부관으로 근무했다. 1940년에 독일이 프랑스를 침공할 때 기갑부대를 지휘해서 반격을 주도하다가, 프랑스 정부가 항복하자 런던으로 망명해서 끝까지 독일과 싸우고자 자유 프랑스 위원회를 만들었다. 1944년에 연합군과 함께 파리에 입성했으며, 종전 뒤에는 정치가가 되어 총리와 대통령을 지냈다. 은퇴했다가 1958년 정계에 복귀, 대통령제 개헌을 단행하고 알제리 독립을 허용했다. 1969년에 대통령직에서 물러났다. 『전쟁의 회상 *Mémoires de Guerre*』 등 많은 저서를 남겼다.

아돌프 히틀러
Adolf Hitler(1889~1945)

오스트리아 출신의 독일 정치가. 미술가가 되려다 좌절을 겪은 뒤, 유대인을 극도로 미워하고 게르만인 이외의 인종을 멸시하는 인종주의자가 되었다. 1차 세계대전이 일어나자 곧바로 독일군에 자원입대했고, 무공을 세워 철십자 훈장을 받았다. 종전 뒤에 나치당 지도자가 되어 베르사유 체제 타도를 슬로건으로 내걸고 쿠데타를 시도했지만 실패를 맛본 뒤 감옥에 갇혔다. 이때 자신의 세계관을 담은 『나의 투쟁 *Mein Kampf*』을 구술했다. 그 뒤로는 선거를 통한 권력 획득에 나서 1933년에 총리가 되었고, 곧바로 독재 권력을 구축했다. 국내에서는 경제 재건에 성공했지만, 공격적인 대외 전략을 추구하다가 결국 2차 세계대전을 일으켰다. 초반에는 승승장구했지만, 동부전선이라는 수렁에 빠져 허우적대다가 전쟁의 주도권을 잃었다. 결국 1945년 4월 말에 소련군이 베를린을 점령한 가운데 권총으로 자살했다.

안드레이 예료멘코
Andrei Eremenko(1892~1970)

소련의 군인. 1913년에 군문에 들어섰고, 10월혁명 뒤에 파르티잔 부대를 이끌다가 1918년 말에 붉은군대에 통합되었다. 기병 부대장으로 근무하다가 1940년에 기계화군단 사령관이 되었다. 몸을 사리지 않는 야전 지휘관으로 맹활약하다가 여러 차례 중상을 입었다. 스탈린그라드 전투에서 독일군을 격파해서 전쟁 초기에 당한 패배를 설욕했다. 전후에는 소련 여러 곳에서 군관구장을 지냈다.

알렉산드르 바씰렙스키
A. M. Vasilevskii(1895~1977)

소련의 군인. 러시아 제정군 장교로 1차 세계대전에 참전했으며, 1919년에 붉은군대에 가담해서 반혁명군과 싸웠다. 참모 업무에서 두각을 나타내 1940년에 참모총장 대리가 되었다. 뛰어난 참모장교로, 1945년에는 극동 소련군 최고사령관이 되어 일본군에 승리를 거두기도 했다. 1959년에 공직에서 은퇴했다. 회고록 『평생의 대의 *Delo vsei zhizni*』를 남겼다.

알베르트 케셀링
Albert Kesselring(1885~1960)

독일의 군인. 1차 세계대전에서 포병부대와 참모부에서 근무했다. 전간기에는 항공부대를 편성했고, 1936년에 공군참모총장이 되었다. 2차 세계대전 초기에 공군 지휘관으로서 영국과 러시아를 공격했고, 1941년 12월부터는 지중해 전역의 독일군을 총괄 지휘했다. 1943년부터는 이탈리아 반도에서 영미군의 진격을 능수능란하게 막아냈으며, 2차 세계대전에서 가장 뛰어난 독일 장군이었다는 평을 얻었다. 이탈리아 민간인 335명을 처형했다는 죄목으로 1947년에 감옥에 갇혔다가 1952년에 풀려났다. 회고록 『마지막 날까지 군인 *Soldat bis zum letzten Tag*』을 남겼다.

알프레트 요들
Alfred Jodl(1890~1946)

독일의 군인. 2차 세계대전 동안 독일 국방군 최고사령부에서 작전참모장으로 근무하면서 바르바로사 작전을 제외한 거의 모든 작전을 입안했다. 뉘른베르크 전범재판소에서 유죄판결을 받고 처형되었다.

야마모토 이소로쿠
山本五十六(1884~1943)

일본의 군인. 해군사관학교를 졸업한 뒤 러일전쟁에 참여했다. 전간기에는 주로 해군 항공단 관련 업무를 맡았으며, 1939년에 연합함대 사령장관이 되었다. 합리적 인물로서 미국과 전쟁을 벌이는 데 반대했지만, 일단 전쟁이 일어나자 전쟁 초반, 일본군의 승리를 이끌었다. 미드웨이 해전에서 패배를 겪었고, 부건빌 상공에서 미군 전투기의 기습을 받고 목숨을 잃었다.

어니스트 킹
Ernest King(1878~1956)

미국의 군인. 1901년에 아나폴리스사관학교를 졸업한 뒤 해군 지휘관으로 다양한 병과에서 근무했다. 1941년 2월에 대서양 함대 사령관이 되었지만, 태평양 전쟁이 일어나자 연합함대 사령관으로 전임했고 이듬해에 해군 작전부장을 겸임해서 거의 모든 작전의 지휘를 떠맡았다. 1944년에 원수로 진급했고 이듬해에 퇴역했다.

에르빈 롬멜
Erwin Rommel(1891~1944)

독일의 군인. 1차 세계대전 때부터 야전 지휘관으로 두각을 나타냈다. 전간기에는 군사학교 교관으로 근무하면서 자신의 전투일지를 『보병은 공격한다*Infanterie greift*』는 제목으로 펴냈는데, 이것이 히틀러의 눈에 띄어 나치당 업무에 관여하게 되었다. 2차 세계대전에서는 여러 전선에서 기갑부대를 지휘하며 맹활약했지만, 북아프리카 전선에서 패했다. 1944년에 서부전선을 방어하다가 다쳐서 요양을 하던 중 히틀러 암살 음모에 연루되었다는 혐의를 받자, 자살했다.

에리히 폰 만슈타인
Erich von Manstein(1887~1973)

독일의 군인. 1939년에 독일이 폴란드를 침공할 때 룬트슈테트 장군의 참모장이었다. 이듬해에 아르덴 숲을 통과해서 프랑스군을 기습하자는 제안을 했고, 이 제안이 히틀러의 관심을 끌어 실행에 옮겨졌다. 독소전쟁에서 기갑부대 지휘관으로 맹활약했다. 1943년에 해임되어 고향에서 칩거하던 중, 1945년에 영국군에게 체포되어 감옥에 갇혔다가 1953년에 풀려났다. 회고록 『잃어버린 승리*Verlorene Siege*』를 남겼다.

요씨프 스탈린
Iosif Stalin(1879~1953)

소련의 지도자. 그루지야에서 태어나 신학교에 다니다가 마르크스주의자가 되었다. 10월 혁명에서는 두드러진 역할을 하지 못했으나, 조직능력과 행정수완이 뛰어나서 레닌이 죽은 뒤 벌어진 권력투쟁 속에서 소련의 실권자로 떠올랐다. 1920년대 말에 숱한 희생을 치르면서도 공업화를 강행해서 소련을 열강으로 끌어올렸다. 독소전쟁에서 승리한 뒤 개인숭배의 대상이 되었다.

요제프 괴벨스
Joseph Goebbels(1897~1945)

독일의 정치가. 1922년에 나치당원이 되었고, 당내 분쟁에서 히틀러를 지지하면서 히틀러가 당을 장악하는 데 공을 세웠다. 1926년 이후 베를린 지부당을 이끌고 당의 선전부장을 맡아 당세를 늘리는 데 크게 이바지했다. 1933년에 공보부 장관이 되었다. 2차 세계대전 기간에 독일 국민을 독려하면서 전쟁수행 노력을 지휘했으며, 1944년에 총력전 추진 전권위원에 임명되었다. 패배 직전, 베를린의 벙커에서 가족과 함께 자살했다.

윈스턴 처칠
Winston Churchill(1874~1965)

영국의 정치가. 귀족의 아들로 태어나 인도와 아프리카에서 장교 경력을 쌓았다. 1900년에 하원의원이 된 뒤 정부 요직을 두루 거쳤다. 1940년 5월에 총리가 되어 암담한 상황에 굴하지 않고 독일에 맞서 싸웠다. 종전 직후 총선에서 참패해 총리 자리를 내놓았다가 1951년에 복귀했다. 2차 세계대전 회고록을 써서 노벨 문학상을 받기도 했다.

윌리엄 홀시
William Halsey(1882~1959)

미국의 군인. 1차 세계대전에서 구축함장으로 두각을 나타냈고, 일찍부터 해군 항공부대의 활용을 주창해서 1930년대 중반에 항공모함 사령관이 되었다. 태평양 전쟁의 여러 전투에서 함대 사령관으로 맹활약했다. 부하들의 사랑을 한몸에 받는 화끈한 성격의 소유자였다. 1947년에 퇴역했다.

이반 코네프
Ivan Konev(1897~1973)

소련의 군인. 1916년에 러시아 제정군에 징집되었고, 1918년에 붉은군대에 가담해서 시베리아의 반혁명군 및 일본군과 싸웠다. 독소전쟁 동안 야전 지휘관으로 활약하면서 많은 무공을 세웠다. 1944년에 원수가 되었고, 종전 뒤에는 육군 최고사령관, 국방차관, 바르샤바 조약군 최고사령관을 지냈다. 저서 『45년*Sorok piatyi*』을 남겼다.

조지 마셜
George C. Marshall(1880~1959)

미국의 군인. 1차 세계대전에서 퍼싱 장군의 참모장으로 근무했으며, 전간기에는 육군 현대화에 주력했다. 2차 세계대전 동안 참모총장으로서 루스벨트 대통령의 충실한 조언자 역할을 하면서 대통령, 의회, 동맹국, 각 전역 사이의 이해관계를 조정하는 일을 차질없이 수행했다. 종전 뒤에는 국무장관과 국방장관을 지냈고, 1947년에 서유럽 경제 부흥을 지원하는 마셜 플랜을 주도했다. 1953년에 노벨 평화상을 받았다.

조지 패튼
George Patton(1885~1945)

미국의 군인. 1909년에 육군사관학교를 졸업했고, 1차 세계대전에 참전해서 전차부대를 편성했다. 1942년에 북아프리카 상륙작전을 지휘했고, 이듬해에 이탈리아 침공을 주도했다. 1944년에 프랑스에서 전격적 전술을 구사하며 독일군과 싸웠다. 용맹한 장군이었지만, 병사를 구타하는 등의 돌발행위로 물의를 빚기 일쑤였다. 독일이 패망한 뒤 바이에른 군정장관에 임명되었으나, 소련 혐오증이 도를 넘고 연합군의 탈나치 정책을 비판하다가 해임되었다. 저서로『내가 아는 전쟁*War as I Knew It*』을 남겼다.

체스터 니미츠
Chester Nimitz(1885~1966)

미국의 군인. 1차 세계대전 때 대서양 잠수함부대 참모장으로 근무했다. 1939년에 해군부 항해국장을 지냈다. 태평양 전쟁에서는 맥아더가 담당한 남서부 태평양을 제외한 나머지 전역을 관할하는 최고사령관이었다. 1944년에 원수가 되었고, 종전 뒤에는 해군 작전부장을 지냈다.

카를 되니츠
Karl Dönitz(1891~1980)

독일의 군인. 1차 세계대전에서 잠수함장으로 지중해에서 활약하다가 영국군 포로가 되었다. 전간기에 해군참모본부에서 근무했으며, 1935년에 독일의 잠수함 보유가 허용되자 1936년에 잠수함대 사령관이 되었다. 2차 세계대전에서는 U-보트 함대를 총괄 지휘해서 연합군을 크게 무찔렀다. 자살을 앞둔 히틀러의 지명으로 영도자 직위를 넘겨받았고, 연합국에 항복했다. 1946년에 뉘른베르크 전범재판에서 10년형을 받고 만기복역한 뒤 풀려났다. 회고록으로 『10년 20일*Zehn Jahre, Zwanzig Tage*』 등을 남겼다

콘스탄틴 로코솝스키
K. K. Rokossovskii(1896~1968)

소련의 군인. 1차 세계대전 때 러시아 제정군에서 복무하다가 1917년에 혁명이 일어나자 붉은군대에 가담해서 내전기에 기병으로 활약했다. 그 뒤 출세 가도를 달리다가 1930년대 후반에 숙청대상이 되어 감옥에 갇혔다. 독소전쟁의 발발로 풀려나 소련에서 가장 뛰어난 야전 사령관으로 이름을 날렸다. 전쟁 뒤에는 폴란드 주둔 소련군 최고사령관, 폴란드 국방장관, 소련 국방차관을 지냈다. 회고록『군인의 의무*Soldatskii dolg*』를 남겼다.

티토
Tito(1892~1980)

유고슬라비아의 정치가. 1차 세계대전에서 오스트리아 군인으로 싸우다 러시아군에 사로잡혔다. 러시아 혁명을 겪고 공산주의자가 되어 유고슬라비아에서 반체제 투쟁을 벌였다. 제2차 세계대전에서 파르티잔을 이끌고 추축군과 싸웠다. 종전 뒤 국가수반이 되어 소련의 영향권에서 벗어나 독자 노선을 걸으면서 비동맹 진영 지도자로 활약했다.

페도르 폰 보크
Fedor von Bock(1880~1945)

독일의 군인. 1차 세계대전에서 소령으로 참전했고, 전쟁 뒤에는 군에 남아 나치가 집권한 뒤에 이루어진 군 개편에 참가하기도 했다. 2차 세계대전이 일어나자 여러 전선에서 맹활약했고, 특히 바르바로사 작전에서 중부 집단군을 지휘했다. 1941년 12월에 모스크바 바로 앞에서 소련군의 반격을 받은 뒤 퇴각을 건의하다 해임되었다. 곧 복귀했으나, 전략 수행을 둘러싸고 히틀러와 자주 갈등을 빚었다. 종전을 며칠 앞두고 연합군의 폭격으로 목숨을 잃었다.

프란츠 할더
Franz Halder(1884~1972)

독일의 군인. 1938년에 육군참모총장이 되었다. 히틀러 정권 초기부터 히틀러를 제거할 계획을 여러 차례 추진했으나, 번번이 실패했다. 1944년에 일어난 히틀러 폭살 거사에 연관되지 않았지만, 체포되어 감옥에 갇혔다. 종전 뒤에는 미 육군 전사국(戰史局)에서 14년 동안 근무했다. 책으로 간행된 그의 『전쟁일지Kriegstagebuch』는 매우 귀중한 사료로 인정받고 있다.

프랭클린 루스벨트
Franklin Roosevelt(1882~1945)

미국의 정치가. 변호사로 출세 가도를 달리다가 1921년에 소아마비로 하반신 불구가 되었지만, 재기해서 민주당 후보로 대통령에 당선되었다. 뉴딜 정책을 펴서 미국을 공황에서 구해냈다. 일본이 진주만을 기습하자 추축국과 전쟁에 들어갔으며, 1943년부터 스탈린 및 처칠과 전후세계 질서를 논의했다. 독일이 항복하기 3주 전에 병사했다.

필립 페탱
Philippe Pétain(1856~1951)

프랑스의 군인, 정치가. 1차 세계대전 중반인 1916년에 독일군의 공격을 베르됭에서 저지해 영웅이 되었다. 1940년에 프랑스가 독일에 항복한 뒤 의회로부터 '국가원수'로서의 절대적 권한을 부여받고 비시 정부 수반으로 독일에 협력했다. 1945년 8월에 사형선고를 받았지만, 종신형으로 감형되었다.

하인츠 구데리안
Heinz Guderian(1888~1954)

독일의 군인. 1908년부터 군인 경력을 쌓기 시작했고, 1차 세계대전이 끝난 후에는 군에 남아 독립 기갑부대의 창설을 주장했다. 1935년에 히틀러의 눈에 띄어 등용되면서 자신의 구상을 실현할 수 있게 되었다. 1938년에 기갑부대 지휘관이 되었고, 전쟁이 일어난 뒤 여러 전선에서 빛나는 무공을 세웠다. 그러나 히틀러와의 마찰이 잦아, 해임과 복직을 되풀이했다. 1945년에 포로가 되었으나 석방되었고, 그 뒤로는 집필에 몰두했다. 회고록 『한 군인의 회상Erinnerungen eines Soldaten』을 남겼다.

해리 트루먼
Harry Truman(1884~1972)

미국의 정치가. 법률가로 일하다가 1934년에 민주당 후보로 상원의원이 되었다. 루스벨트 대통령 밑에서 부통령을 지내다가 1945년에 루스벨트가 죽자 대통령이 되었다. 1948년에 재선되었다. 소련 봉쇄 전략을 취하고 나토를 만들어 냉전시대를 열었다.

헤르만 괴링
Hermann Goering(1893~1946)

독일의 군인, 정치가. 1차 세계대전 때 항공부대 지휘관으로 활약했다. 1922년에 나치당원이 되었고, 이듬해 히틀러와 함께 공모한 쿠데타가 실패한 뒤 1927년까지 망명객으로 떠돌았다. 나치당 집권 뒤 막강한 권력을 쥐었지만, 2차 세계대전 도중에 권력의 핵심에서 밀려났다. 뉘른베르크 전범재판에서 사형선고를 받았고, 처형 직전에 음독자살했다.

헤르만 호트
Hermann Hoth(1885~1971)

독일의 군인. 독소전쟁 초기에 모스크바 20킬로미터 앞까지 전진한 뛰어난 기갑부대 지휘관이었다. 스탈린그라드 전투와 쿠르스크 전투에 참여했지만, 1943년에 히틀러의 신임을 잃고 해임되었다. 1948년에 전범재판에서 15년형을 받았지만, 6년 뒤에 풀려났다. 저서로 『기갑 작전Panzer-Operationen』을 남겼다.

이 책은 John Keegan, *The Second World War*(London: Pimlico, 1997)(이 책은 맨 처음에는 1989년에 영국의 허친 슨 출판사에서 하드커버본으로 간행되었다)의 한국어판이다. 옮긴이가 존 키건의 이 저서를 우리말로 옮기는 일에 손을 대기 시작한 때는 2003년 가을이었다. 한 해가 훌쩍 지나서야 초고를 마무리했으나, 그 뒤로도 수정과정을 여러 차례 거치고 독자의 이해를 돕고자 설명주를 다는 데 적지 않은 시간이 걸렸다. 손을 댄 뒤 거의 4년 가까이 지나서야 마무리를 짓고 손을 떼는 이 순간, 큰일을 드디어 해냈다는 생각에 일단은 홀가분하면서도 들뜬 느낌이 든다.

처음에는 일종의 사명감에서 일을 했다. 우리나라의 세계 현대사 지식에는 꽤나 이상한 공백이 적지 않다. 너무나 중요한 역사적 사건에 관한 포괄적이고도 체계적인 지식을 제공하는 연구나 서적을 찾아볼 수 없는 그런 공백 말이다. 2차 세계대전이 그랬다. 19세기와 20세기 전반기에 생성된 합리화, 근대화, 산업화, 세계화의 조류가 합치거나 맞부딪치면서 일어난 인류 역사상 가장 큰 전쟁이었고 전반적으로는 20세기 후반기 세계의 정치질서, 특정하게는 한반도의 운명을 결정한 대사건인 2차 세계대전에 관한 지식과 정보가 담긴 개설서가 없었던 것이다. 일방적인 미군 홍보책자의 성격을 띠는 사진집이나 이 책 저 책에서 입맛에 맞는 것만 추려내 얼기설기 엮어 만든 편향된 책이 국내에서 2차 세계대전을 이해하는 거의 유일한 정보원이던 희비극적인 상황을 극복하는 데 큰 도움이 될 뛰어난 학술서를 우리말로 옮겨 그런 공백을 메웠으니, 일단은 공부하는 사람으로서 밥값은 했다는 안도감이 든다.

어쭙잖은 사명감에 젖어서 번역한 것만은 아니다. 재미를 느끼지 못했다면 어떻게 이런 두툼한 연구서를 혼자서 번역해냈겠는가! 번역은 일종의 두뇌유희일 때가 있다. 번역을 하는 사람은 원서의 한 단락에서 다른 단락으로 넘어갈 때마다 '지은이는 여기서 어떤 의도를 가지고 이렇게 서술했을까? 이 서술에 가장 알맞은 우리말 표현은 무엇일까?' 하는 질문을 던지고 답을 찾아내야 한다. 그러나 옮긴이는 그보다는 지은이가 서술하고 설명하는 2차 세계대전의 그

때 그곳의 긴박한 상황에 나 자신을 대입해보는 일을 더 즐겨했다. 독자들도 나름의 상상력을 발휘해서, 때로는 한 나라의 명운을 책임지는 지도자가 되어 적국과 숨막히는 대결을 벌이는 협상 테이블에 앉아보기도 하고, 때로는 대병력을 진두지휘하는 사령관이 되어 야전에서 적군과 겨루면서 지략과 의지를 시험해보기도 하고, 때로는 착검한 소총을 들고 작렬하는 포탄과 매캐한 포연을 뚫고 고지를 향해 돌격하는 일선 병사가 되어 삶과 죽음이 한 치의 차이로 엇갈리는 순간의 공포를 느껴보려고 애쓰면서 이 책을 읽는다면, 그저 단편적인 정보를 얻는 데 그치지 않고 그야말로 현대사의 내면을 들여다보는 혜안을 가지게 될 것이다.

2차 세계대전은 말 그대로 지구의 오대양 육대주에서 벌어져 세계인의 5분의 4를 전쟁에 끌어들인 인류사상 최대 규모의 전쟁이다. 이런 대사건의 역사를 한 권에 담아낸 키건의 책은, 당연한 말이겠지만, 수많은 2차 세계대전 통사 가운데 하나일 따름이다. 그 많은 통사 가운데 우리말로 옮길 연구서로 키건의 저서를 선택한 데에는 그럴 만한 까닭이 있었다. 우선, 적어도 영미권에서는 다섯 손가락 안에 꼽히는 군사사military history의 대가인 존 키건의 명성이었다. 키건은 옥스포드 대학 출신으로 1960년부터 영국 샌드허스트 왕립 육군사관학교에서 26년 동안 전쟁사를 강의하고 1986년부터는 《데일리 텔리그라프》 국방 부문 대기자로 활약하면서 자그마치 20권이 넘는 책을 쓰거나 엮어낸 역사학계의 거목이다. 그 화려한 경력에 어울리게 내실을 탄탄히 한 군사사가라는 상찬을 듣는 키건은 장군들의 용병술 분석에 치중하는 협소한 전통적 전쟁사를 뛰어넘어 전쟁의 역사적 연원, 기술 변화가 전쟁에 미치는 역할, 지휘관이 고비마다 부딪히는 선택과 딜레마, 군인 개개인의 경험과 감정을 서술하고 분석하는 데 능란하다.

다른 무엇보다도 이 책은 역사서, 특히 통사가 지녀야 할 미덕을 두루 갖추고 있다. 2차 세계대전의 세세한 경과와 치밀한 분석을 오롯이 담아내기에 알맞은 분량이면서 활자를 쫓아가느라 지칠 만하면 지도와 사진이 나와 눈의 피로를 덜어준다. 구성도 아주 탄탄하다. 구도에 치중하면 세부가 허술해지고 세부에 몰두하면 구도가 깨지기 일쑤다. 전체의 짜임새가 치밀하면서도 세부묘사가 생생해야 뛰어난 작품이 탄생한다. 이 책은 전체 구도와 세부묘사 사이에서 균형을 잘 잡은 역작이라고 할 수 있다. 더 상세한 연구가 진행된 오늘날의 시점에서 보면 몇몇 서술에서 오류가 눈에 띄기도 하지만, 전체 짜임새를 깨뜨리지 않으면서도 2차 세계대전의 온갖 양상을 세밀히 묘사하는 데 성공한 개설서로는 이 책이 아직도 유일하다고 할 수 있다. 개설서로서 이 책이 지니는 가장 큰 강점은 뭐니뭐니해도 협소한 전투사에 매몰되지 않고 전쟁의 정치, 외교, 사회, 문화, 심리 등 다양한 측면을 골고루 다루는 절묘한 조합에 있다.

이 책의 강점이면서도 옮긴이에게는 그야말로 이루 말할 수 없이 힘든 고역이었던 것이 지은이의 무게 있는 서술방식과 깊이 있는 문체다. 키건은 말초신경을 자극하는 현란한 문장으로 몇몇 사령관의 기상천외한 무용담을 늘어놓기보다는 영국인 특유의 장중하고도 단아한 문체로 사건의 저 밑뿌리에 있는 깊은 의미를 은근하게 묻고 답한다. 2차 세계대전이라는 미증유의 대사건에 관한 통사치고는 서술이 조금은 밋밋하다는 느낌이 들지도 모르겠다. 하지만 그런 느낌은 맨 처음 접할 때 드는 인상일 뿐이고, 그윽한 맛이 나는 문장을 좋은 차를 음미하듯 찬찬히 거듭 읽으면 읽을수록 생각해야 할 점들이 새록새록 떠오를 것이다. 키건의 이 책은 무협지마냥 술술 읽어내릴 수 없는 문장과 내용으로 구성되어 있다. 이런 특색이 죽지 않도록 옮긴이는 지은이의 만연체 문장을 단문으로 끊자는 제안을 받아들이지 않았다. 호흡을 길게 가지면서 읽기를 독자들에게 권하고 싶다.

한 저서에서 키건은 "지금까지 그야말로 폭넓은 독서를 했다. 내가 전혀 모르는 2차 세계대전의 양상은 없으며, 몇몇 양상에는 통달해 있다. 그런데도 내가 통감하는 것은 내 지식의 범위가 아니라 한계"라며 겸허한 자세를 보였다(John Keegan, *The Battle for History: Re-fighting World War II*(London: Pimlico, 1997), p. 33). 사실, 2차 세계대전은 군사사에서 일가를 이룬 키건으로서도 혼자서 감당하기에는 버거운 복잡한 대사건이다. 20세기 세계사의 최대 사건을 넓고도 깊이 이해할 수 있도록 해주는 역작이라는 점을 미리 밝혀두고서, 이 책이 지니고 있는 한계와 지은이의 시각에 있는 맹점을 몇 가지만 지적하고자 한다.

　책 수십 권에 세밀한 서술과 치밀한 분석의 결과를 빠뜨리지 않고 집어넣는 일보다 더 어려운 일이 핵심만을 추려내 책 한 권에 담아내는 일이다. 키건은 말 그대로 산더미 같은 2차 세계대전 관련 정보를 압축해서 한 권에 담아내는 놀라운 일을 해냈다. 이 성공은 2차 세계대전을 유럽 전역戰域의 서부전선과 동부전선, 그리고 아시아와 태평양 전역, 이렇게 3개 부분으로 나누어 기술한 지은이의 전략에서 비롯되었다. 타당하고 아주 효과적인 전략이다. 그러나 한편으로는 각 전역의 서술과 분석에 주어지는 분량에 문제가 없지 않다. 우선 기계적인 균형이 잡혀 있지 않다. 전체 지면의 2분의 1이 영국과 미국 대 독일의 대결에 할애되고, 소련 대 독일의 격돌에는 3분의 1, 드넓은 태평양과 아시아를 무대로 삼은 일본과 연합군의 충돌에는 6분의 1이 주어진다. 원본이 영어권 독자를 대상으로 씌어졌으니 어쩔 수 없을지도 모르겠으나, 불만이 쉬이 가시지 않는다.

　더욱 큰 문제는 기계적 차원의 불균형이 질적 차원의 불균형으로 이어진다는 점에 있다. 유럽 서부전선이 지나치게 많은 분량을 차지하는 바람에 동부전선의 비중이 그 위상에 걸맞지 않게 줄어들어버리고(유럽 동부전선의 미진한 서술은 이 책이 서구에서 독소전 관련 자료가 풍부하지 않았던 시기에 씌어진 데서 비롯된 측면이 없지 않다. 유럽 전역의 동부전선에 관한 상세한 지식은 다음과 같은 책에서 얻을 수 있다. 리처드 오버리, 『스탈린과 히틀러의 전쟁』, 류한수 옮김). 태평양 전쟁은 곁다리로 취급되는 감마저 없지 않아, 충분한 사전

지식 없이 2차 세계대전의 역사를 이 책을 통해 처음 접하는 독자는 뒤틀린 감각을 가지게 될 위험이 있다. 서부전선은 섬세하기 이를 데 없는 세밀화로 그려진 반면 유럽 동부전선과 태평양은 원경으로 잡은 풍경화로 처리되었다. 이 책을 읽을 때 독자는 아프리카 동북부에서 벌어진 대대 규모의 전투와 스탈린그라드나 쿠르스크나 미드웨이에서 벌어진 대전투에 엇비슷한 분량의 지면이 주어진다는 점을 잊지 않는 비판적이고도 전략적인 독서를 할 필요가 있다.

또한 키건은 중요한 사건과 전투의 배경과 상황을 재현할 때 당대 영국인과 미국인의 시선과 생각을 주로 인용했다. 그가 생생하게 되살려낸 과거는 대부분 영미인의 눈에 투영된 과거이자 그들의 입으로 구술된 과거인 것이다. 앵글로색슨인에는 못 미쳐도 ('훌륭한' 적을 예우하는 차원에서인지) 독일인도 보고 겪은 바를 말하는 기회를 적지 않게 얻었다. 러시아인과 일본인의 눈과 입을 통해 재현된 사건과 전투는 상대적으로 찾아보기 힘들다. 이런 측면과 관련된 기우뚱한 서술은 사실 키건이 꼭 편견에 사로잡혀서라기보다는 아무리 대가일지라도 한 사람이 구해서 이용할 수 있는 사료의 범위에 한계가 있을 수밖에 없다는 데에서 비롯되었다. 이 불균형은 앞으로 나올 국내외의 2차 세계대전 개설서에서 극복되어야 할 점으로 남아 있다.

그러나 명백히 키건의 부주의와 선입관 탓에 기우뚱한 서술이 이루어진 경우도 없지 않다. 2차 세계대전의 두드러진 특징 가운데 하나는 교전국이 많은 여성을 군대에 동원해 활용했고 군복을 입은 여성이 군인으로서 제 몫을 해냈다는 사실이다. 심지어 붉은군대는 많은 여성을 최전선에 전투원으로 투입하기까지 했다(졸고 류한수, 「제2차 세계대전기 여군의 역할과 위상: 미국, 영국, 독일, 러시아 비교 연구」, 『서양사연구』 제35집(2006년 11월), pp. 131~59를 참고할 것). 이런 중요한 사실이 이 책에서는 거의 설명되지 않았으니, 실로 중대한 맹점이라고 하지 않을 수 없다. 또한 영국군의 전투능력을 평가할 때에는 다른 나라 군대의 전투능력에 가하는 비판에서 보이는 키건의 날 선 날카로움이 어디론지 사라져버린다. 그는 (영국인이어서 그런지) 영국의 행동을 때로 낭만적으로 미화하곤 한다. 튀르크제국에 맞선 그리스인의 투쟁과 바이런 경으로 대표되는 영국의 후원과 원조를 '압제에 맞선 자유의 투쟁'으로 보는 시각은 오늘날 터키의 입장에서 본다면 사실을 왜곡하는 부당한 역사서술일 가능성도 존재한다. 그러나 영국이 수행한 전략폭격의 윤리 문제에 다가서는 비판적 접근에서 알 수 있듯이, 키건이 대책 없는 대영제국 찬양론자가 아니라는 점 또한 분명한 사실이다.

한편, 키건은 2차 세계대전사에서 가장 중요한 위치를 차지하는 히틀러의 자질과 지휘능력을 너무 평가절하하고 지나치게 우스꽝스럽게 묘사한다. 히틀러는 물론 악인이지만, 그의 능력과 자질에 내려야 할 평가는 도덕적 평가와는 별개의 문제라고 할 수 있다. 도를 넘는 희화화는 과거를 올바로 재현하는 데 방해가 될 수 있다. 또한 유럽 동부전선에서 자행된 야만행위에 관한 서술에서 키건이 보여주는 기우뚱함은 옮긴이에게 퍽이나 곤혹스러웠다. 독일이 소련에서 숱하게 자행한 그 끔찍하고도 무시무시한 잔학행위는 두루뭉실하게 슬쩍 넘어가고 독일 땅에 들어선 붉은군대가 복수심에 불탄 나머지 이성을 잃고 무자비하게 앙갚음을 하는 장면은 세세히 서술할 때, 그리고 소련 민간인이 독일군에게 입은 피해를 언급하지 않고 동프로이센의 독일 민간인이 붉은군대에 당하는 참상은 되풀이해서 묘사할 때에는 당혹감마저 느껴진다.

그러나 다시 한번 말해두건대, 몇몇 허점과 맹점이 있다고는 해도 이 책이 지금껏 나온 2차 세계대전 통사 가운데 아직도 독보적인 위치에 우뚝 서 있다는 점은 그 누구도 부인할 수 없는 사실이다. 이 책을 딛고서지 않고서는 2차 세계대전사 연구의 도약은 불가능하다.

옮긴이는 책을 우리말로 옮기면서 적지 않은 이들의 도움을 받았다. 출판의 최우선 순위를 이윤추구보다는 인문학 양서의 소개에 두는 오랜 지기 청어람미디어 정종호 대표의 안목이 큰 힘이 되어주었다. 번역 초고를 일일이 영어 원문과 대조해서 크고 작은 실수와 어색한 문장을 바로잡아준 청어람미디어 편집부에도 고마움의 말을 빠뜨릴 수 없다. 자연계 사물의 궁극적인 이치를 연구하는 물리학도이면서도 2차 세계대전사라는 영역에서는 무협지에 흔히 나오는 '강호의 숨은 고수'라는 표현이 딱 들어맞는 채승병 연구원이 초고를 읽고 잘못을 지적해주지 않았더라면 부끄러운 역서가 될 뻔했다. 육군사관학교의 김태산 대위와 공군사관학교의 김성수 대위도 초고의 일부를 읽고 유용한 조언을 많이 해주었다. 지구 전체에서 벌어진 전쟁이라 번역을 하면서 익숙하지 않은 언어로 된 땅 이름과 사람 이름과 마주치는 일이 잦았고, 그때마다 주위에 있는 동료 연구자들을 꽤나 귀찮게 했다. 그래도 이 책에 있을지 모르는 오류가 전적으로 옮긴이의 책임임은 두말할 나위가 없다. 책 어딘가에 찾아내지 못한 오역이 도사리고 있을지 모른다고 생각하니 큰일을 마무리해놓고 느끼는 가슴 뿌듯함도 그리 오래 가지 못하고 마음이 조마조마하기만 하다. 독자 여러분이 날카롭기 그지 없는 눈으로 잘못된 부분을 찾아내 옮긴이에게 알려주면, 쇄를 거듭할 때마다 바로잡겠다고 다짐해본다.

전쟁의 추악한 모습이 담긴 잔혹한 사진을 무덤덤하게 보아 넘기던 옮긴이에게도 한 아이의 아빠가 되는 경험을 한 뒤로는 조그맣지만 의미심장한 변화가 생겼다. 전쟁으로 고통 받는 어린이의 모습이 담긴 사진을 볼 때마다 눈시울이 뜨거워지곤 한다. 아들 도희가 어느 날 "아빠! 사람들은 도대체 왜 전쟁을 하는 거야?"라고 물을 때, 어떤 답변을 해줘야 할까? 키가 쑥쑥 크는 만큼 세상의 이치를 빠르게 알아가는 아들을 바라보면서, 전쟁에 관한 연구와 성찰로 전쟁 없는 세상을 만드는 유쾌한 역설이 21세기에는 현실로 굳어지기를 바랄 따름이다.

2006년 12월
류한수

찾아보기

ABDA 392~395
B-감시청
U-보트 155, 157~176
　암호 해독 102, 168~169, 170, 751

V-1 859, 862
V-2 862~863

가

가믈랭, 모리스 96, 99~101, 107, 111~112, 599
가미가제 전술 842, 844~845
가을안개 작전 659~667
간첩 744~745
갈란트, 아돌프 146, 148
개빈, 제임스 587
게리케, 발터 249
겐다 미노루 379, 385
겔렌, 라인하르트 713, 717
고가 미네이치 446
고노에 후미마로 361, 365~372, 419, 874
고르도프 341
고이소 구니아키 842, 855~856, 874
고트, 존 99~100, 123, 125
골리코프 689
공업
　독일 314~315, 638~640
　미국 325~326
　소련 312~314
　영국 320~326
　피점령국 423~426
과달카날 436~440

괌 380
괴링, 헤르만 55, 92, 139, 140, 142, 145, 182, 203, 240, 684, 784~785, 790, 874
괴벨스, 요제프 330, 594, 628, 655, 684, 687, 791, 802
구데리안, 하인츠 82, 88, 94, 117, 120, 127, 202, 275~278, 289~295, 297, 597, 603, 683~684, 694, 697, 783
구리타 다케오 831~832, 834
구아릴리아, 라파엘레 524
구초니, 알프레도 521~522
국민당 99 — 장제스도 보라!
국민척탄병 651, 656, 756
군대 19~27
군사화 20~50
군수 생산 137, 312~326
굿우드 작전 590, 606
그라치아니, 로돌포 219, 490, 492, 528
그라프 슈페 호 76, 157
그래엄 551
그랜서드 장군 112
그리스 191, 209~211, 214~218, 220~225, 227, 229, 232, 762~763, 870
길버트 제도 378, 448

나

나가사키 176, 647, 857, 865
나구모 주이치 381~383, 413~416
나치당 50, 52, 57, 64, 64, 68, 99
낙하산부대 240, 257~258
　오벌로드 작전 576~579
　크레타 244~258
'낫질' 작전 89~91, 107
네덜란드 102~103, 105
　동인도 제도 367, 374, 378, 380, 384~385, 390~392
네링, 발터 509
노르망디 535, 542~543, 555, 560 — 오벌로드 작전도 보라!

노르웨이 75~79, 101, 463, 559
노먼, 맥스 749
노무라 기치사부로 369, 375
노벨, 알프레트 27
노엘, 레옹 132
노이호프 250
놀즈, 케네드 164
뉘른베르크 874~875
뉴기니 406, 408~409, 420, 436, 439, 441~444, 454
뉴볼드, 더글라스 479
니더마이어, 존 840

니미츠, 체스터   413~414, 435, 440, 443, 445, 448~449, 454~455, 821, 827, 841, 849

니시무라 쇼지   833~834

다

다를랑, 장 프랑수아   508
다우딩, 휴   150
다카기, 다케오   394
달라디에, 에두아르   65~66
당스, 앙리   487~489
대서양 방벽   554, 557
대서양 전투   153~177
대서양 헌장   813
덜레스, 알란   856
데라우치 장군   823
덴마크   77, 424
도고 제독   379, 384
도노반, 윌리엄   226
도르만, 카렐   391, 393~394
도른베르거, 발터   860~863
도조 히데키   360, 366, 842
독수리 작전   142
독일
　　경제와 생산   153~155, 318~320, 423~426
　　육군   112
　　로켓   860~862
　　비행기(항공기)   92, 135, 139~140, 143, 148
　　사상자 피해   877~879

원수   182, 187
전차   86, 316, 603~604, 606, 608~609, 611
전후(戰後)   879~882
U-보트   157~177
독일 공군   70, 85, 92, 95, 124, 139~146, 150~152
돌만, 프리드리히   588
돌턴, 휴   723
동인도 제도   392~398, 455, 457
되니츠, 카를   158~162, 166~172, 320, 789~790, 792, 796
됭케르크   123~125
두망크, 에메   99, 100
두에, 줄리오   137, 626, 859
둘리틀, 제임스   407~408, 643~644
드골, 샤를   94, 100, 116, 200, 130, 131, 485~489, 599, 621, 733
드그렐, 레옹   779, 788
드레스덴   647, 876
디버스, 제이콥   753
디시거, 윌프레드   479
디트리히, 제프   234, 614, 659
디틀, 에두아르트   78, 719
딜, 존   229

라

라바울   436, 443~447, 454
라발, 피에르   222, 508, 620
라시드 알리   487~488
라이치, 한나   785~786
라이헤나우, 발터 폰   182, 309
라인 강 도하   671, 780
라인하르트, 한스   94, 768
라트르 드 타시니, 장 드   127
램지, 버트램   123
러티언스, 에드윈   40
런던 폭격   147, 588, 629~630, 639, 657
레노, 폴   118~119, 128, 130
레닌그라드   43, 73, 876
레더, 에리히   185, 203~204, 288
레오폴트 벨기에 국왕   104

레이더   141, 571, 576, 633
레이테 만 전투   828, 830~831, 833, 835~836, 842
레이히, 윌리엄   853
레토우-포르벡, 폰   477
레프, 리터 폰   90, 182, 275, 285, 289, 291, 296~298, 310
렐류셴코 장군   309
로딤체프   342
로랭, 클로드   550
로마넨코 장군   265
로베트, 로버트   643
로벨, 테오도르   269
로사, 살바토르   550
로소우, 오토 폰   53, 63
로스베르크, 베른하르트 폰   185, 188, 197~200
로젠베르크, 알프레트   874

로켓 860~862
로코솝스키 육군원수 267, 286, 302, 309, 352, 676, 698~701, 795
롬멜, 에르빈 111, 115, 123, 133, 220, 223, 246, 256, 305, 320, 471, 484, 495~499
뢰르, 알렉산더 241, 548
룀, 에른스트 50, 53~54, 62
루덴도르프, 에리히 53~55
루마니아 186~187, 206, 350
루바르트, 한스 112~113
루스벨트, 프랭클린 810~817
　무기대여법 807
　스탈린 805
　오벌로드 작전 563
　일본 374~376, 807
　전략 468~470
　죽음 802~803
　중립 807
　처칠 381, 525, 805, 879
　첩보 744

태평양 전쟁 447
　U-보트 377, 807~808
'루시' 조직망 272, 698, 744~745
루카스, 존 536~537
루크, 한스 폰 590
룬트슈테트, 게르트 폰 87, 91, 98, 121
뤼비, 에두아르 101, 112
뤼티, 리스토 758
뤼티히 작전 596~597, 606, 612, 615
르브룅, 알베르 101, 130
르클레르, 필립 485~486, 621
리델 하트, 바질 598~599, 632
리메이, 커티스 645, 854
리벤트로프, 요아힘 폰 190, 196~197, 227, 360~361, 758
리스트, 빌헬름 182, 336~338
리즈, 올리버 465, 542
리치, 닐 465
리터 폰 그라임, 로베르트 785, 790
리히트호펜, 볼프람 폰 345, 352
린드만, 프리드리히(처웰 경) 630

마

마다가스카르 401
마르크스, 카를 23
마리아나 열도 378, 454~457
마셜, 조지 435, 463~465, 469~470, 523, 562~563, 813, 865, 873
마셜 제도 406, 447~448, 451, 454~455
마쓰오카 요스케 366~367
마쓰이 이와네 821
마오쩌둥 373, 819~820, 873
마운트배튼, 루이스 253, 823~824
마지노 선 73, 86, 90~92
마켓 가든 작전 652
마키아벨리 810
만네르헤임, 카를 폰 구스타프 74, 297, 310, 717, 758~759
만슈타인, 에리히 폰 87, 89, 202, 220, 275, 296, 331, 350~352, 684~688, 692, 703, 712~715, 766
만주 363~364, 366, 375, 418~419, 647, 817~819, 821, 865, 873
만토이펠, 하소 폰 788
만하임 629
말레이 반도 368, 373~374, 378, 380, 385~386
말렌코프 283, 675

말리놉스키 688, 765~766, 779
'매직' 369, 374, 376, 409, 411~412, 747, 752, 856
맥닐, 윌리엄 21, 28, 34
맥심, 하이럼 26
맥아더, 더글라스 176, 398~400, 435~436, 442~443, 448, 454~455, 457, 463, 470, 472, 817, 827~828, 853, 855, 869
맥클러스키, 웨이드 416
맨스브리지 소장 872
먹을 것 28
메르커, 루드비히 폰 45~46
'메릴의 약탈자들' 820, 823, 837
메탁사스, 요아니스 214, 221, 232
메흘리스 264
멘데, 카를 하인츠 134
모건, 프레데릭 583
모겐소, 헨리 803, 809
모델, 발터 294, 614, 656, 659
모렐, 테오도르 785
모루 작전 535~536, 542, 567~568
모스크바 288~295, 304~310
몬케, 빌헬름 791
몬테 카시노 534

몬트고머리, 버나드 107, 258, 472, 485, 499, 501, 504~505, 508, 510~511

몰로토프 68~69, 302

몰로토프-리벤트로프 조약 69, 188, 190~191, 194, 196, 198, 216, 273

몰타 191

무기대여법 165, 174, 267, 323, 468, 471, 495, 698, 707, 807

무다구치 렌야 822~825

무솔리니, 베니토 47, 64, 67, 128~129, 131, 189~191, 194, 210~215, 223, 234, 477~478, 490, 512, 524, 527, 548

무장저항 544, 723~746

무프티, 예루살렘 223, 481, 487

미국

    경제와 생산 203

    사상자 피해 847

    전략첩보국 677

    전차 476, 490, 492~497, 500

    중립 101, 104, 807

    항공모함 377, 379~381, 384

    해군 363, 853

    해병대 435~451, 847, 850

미드웨이 377~383, 402~403, 407~413, 752~753

미들턴, 드류 106

미르코비치, 보라 225~226

미첼, 윌리엄 136, 152

미처, 마크 451, 455~456, 845

미코얀 312

미코우아이칙, 스타니수아프 721~722

미하이 루마니아 국왕 546, 756

미하일로비치, 드라쟈 737~738, 740

민스크 277~278, 282, 710, 718~719

밀워드, 알란 153

밀히, 에르하르트 93, 140, 182

바

바 마우 419

바그라티온 작전 588, 611, 716~722, 756

바다사자 작전 151, 185, 188, 204

바돌리오, 피에트로 524~525

바라트, 아더 100

바르바로사 작전 259~311

    겨울 295~304

    결정 200~207, 237, 261

    모스크바 288~295, 309

    붉은군대 265~269

    스탈린의 반응 272~283

바를리몬트, 발터 199, 200, 238, 591

바씰렙스키, A. M. 333, 340, 675, 678, 700, 716

바씰치코프, '미시' 636

바이런, 조지 고든 242

바이얼라인, 프리츠 593

바이츠제커, 리햐르트 폰 878

바익스, 막시밀리안 폰 333

바일딩, 카를 584

바투틴 장군 265, 300, 345, 685~688, 693, 700

발전기 작전 121

발칸 반도 544~552, 760~767

    침공 208~237, 261

발크, 헤르만 766

버마 176, 395~398, 419~420, 818, 820, 837

버제스, 가이 745

버크너, 사이먼 볼리바 849

버트 보고서 631

번스, 제임스 맥그리거 806, 809

베강 선 126~127

베강, 막심 118~120, 123, 126, 483

베네시, 에두바르드 65~66

베네트, 랠프 753

베르곤츌리, 아니발레 219

베르사유 조약 46, 52, 59, 119, 162

베르코르 724~725

베를린 876

    소련군의 전진 767~775

    포위 776~797

    폭격 640

베리야, 라브렌티 273, 675

베서머, 헨리 27

베스트팔, 지크프리트 104

베트남 882

벤크, 발터 786

벨, 치치스터 주교 649

벨기에 84, 95~96, 102~106, 124, 423

벨로토, 베르나르도 877

보로노프 344

보로실로프 261~262, 281~282, 339

보르만, 마르틴   185, 770, 791, 874
보리스 불가리아 국왕   217, 545, 757
보스, 수바스 찬드라   390, 823
보카주 전역   586~593
보크, 페도르 폰   90~91, 121, 182, 188, 195, 202, 277, 282, 290~293, 298, 305, 329, 331~333, 683
보프르, 앙드레   109
볼드윈, 스탠리   135, 627
볼레로 작전   469
볼프, 카를   796
부르-코모롭스키   607
부세, 테오도르   786
부시, 에른스트 폰   719
부존늬이, 세몬   263~264, 341
부처 사령관   572
부호 — 암호 해독을 보라!
불가리아   196, 210, 216~217, 545, 547, 757
붉은군대   198~199, 207, 239, 262~264, 327, 329, 335, 347, 350, 671~673, 679, 740~741, 757, 771
　　숙청   199, 238~240, 260~262
붉은 악단   744~745
브라우히치, 발터 폰   82, 117, 121, 182, 202, 261, 289, 310
브라운, 베르너 폰   860~862
브라운, 에바   790, 791
브래들리, 오마   587, 599, 609, 615, 662
브러몰, 에드윈   572
브레스트-리톱스크   277
브로즈, 요시프 — 티토를 보라!
브루스, 헨드리   573

브룩, 알란   98, 123, 465, 469, 499, 562~563, 679
브룩-포펌, 로버트   387
브리튼 전투   135~152
블라소프 장군   285, 307, 796
블라스코비츠, 요하네스   62, 664
블런트, 안소니   745
블레칠리 (파크), 부호·암호학교   164, 244, 749
블롬베르크, 베르너 폰   63
블루멘트리트, 귄터   108, 560, 576
블루코트 작전   606
비드웰   551
비들 스미드, 월터   535, 536
비스마르크 호   259
비시 정부   36, 119, 132, 220, 369, 420, 423
　　식민지   363, 367, 374, 398, 420~423
비요트, 가스통   107, 120
비제 장군   616
비츨레벤, 에르빈 폰   180
비토리오 에마누엘레 이탈리아 국왕   520
비팅호프, 하인리히 폰   526, 545, 591
비행기(항공기)
　　독일   92, 135, 139~140, 143, 148
　　미국   803, 820, 829
　　브리튼 전투   135~152
　　소련   267
　　영국   135, 137, 140, 315, 321, 622
　　폭격기   622~649
　　항공모함   403~405
빌헬미나 네덜란드 여왕   103

사

사상피해   875~876
사순, 시그프리드   97
산업화   45
산호해 해전   409~412
삼국협약   187, 191, 220
산그로 전투   534
상륙전   838~839
상륙정   521, 526, 838~839
생-로   592~593, 595, 609
샤웁, 율리우스   785
샤이어러, 윌리엄   180
설턴, 다니엘   836

성채 작전   520, 691~698
세르비아인   225~232
세리니, 베르나르   127
셰놀트, 클레어   820
셰로드, 로버트   450, 843
셰르부르   564, 587~588
셉케, 요아힘   175
소련
　　공업   197~198, 214, 265
　　군수 생산   197, 310, 311, 313
　　독일군의 후퇴   774, 795
　　무기대여법   265, 321, 458

바르바로사 작전   198~199, 201~203, 205
발칸 반도   718, 739, 741, 764
베를린 진격   672, 682
보급   140, 145, 153, 264
불가리아   207~209, 212~215
붉은군대   185, 195~197, 237, 721, 737, 739
사상자 피해   847
역공   212~213, 217, 219, 765~766, 801, 836
전차   185, 197~198, 476, 490
첩보   268, 271, 306
폴란드   710, 712~713, 720
소말리   219, 474
소콜롭스키   265, 706, 792
솔즈베리 후작   649
쇠르너, 페르디난트   755, 767~768, 789
쇼이치고 작전   832
수네르, 세라노   188
수레바퀴 작전   442~457
수리가오 해협   831
수송   25~26, 29, 197~198
수카르노 박사   420
슈문트, 루돌프   84, 89
슈슈닉, 쿠르트 폰   64
슈타우펜베르크, 클라우스 폰   273, 590~591
슈타켈베르크, 카를 폰   116, 126
슈투덴트, 쿠르트   237~239, 258
슈투메, 게오르크   496
슈트라이허, 율리우스   874
슈트레제만, 구스타프   54
슈트룹, 위르겐   732
슈파이델, 한스   579
슈페어, 알베르트   183, 313, 548~549, 599
슐리벤, 카를 빌헬름 폰   588
슐리펜, 폰   85, 89, 198
슐체-보이젠 조직망   744~745
스무츠, 얀   476
스보보다, 루드빅   762
스즈키 간타로   855, 856
스코르체니, 오토   523
스타인백, 존   323, 734
스탈린

독일 침공   229, 338
독일과의 협정   58
루스벨트   802~810
베를린 포위   791, 793, 795
붉은군대 지휘   260, 722, 805
역공   678, 692
원자폭탄   864
일본   744
장군 숙청   260~261, 282
전략   681, 674, 693
전쟁 목표   804~805, 811
전후 대외 정책   880~881, 883
제2전선 요구   460, 465, 549
처칠   181, 217, 457~458, 672
첩보   718, 730
티토   737~741, 763
폴란드   672, 678, 682, 710, 720
핀란드   42, 47
헝가리   672
스탈린그라드   197, 321, 327
스톡스, 리처드   645
스튈프나겔, 하인리히 그라프 폰   526
스튜어트, I. M. D.   248
스틸웰, 조   396~397, 816, 820, 822, 824
스파츠, 칼   618, 639~640, 857
스페를레, 후고   140, 565
스프레이그, 클리프턴   834
스프루언스, 레이먼드   410, 840~841
스피어스, 에드워드   130
스헬데 강 어귀   96, 123, 650~651, 653~654
슬레서, 존   623
슬림, 윌리엄   397, 407
시거, 알란   41
시리아   474, 483, 485, 511
시마 기요히데   833
시칠리아   468
시테멘코 장군   715
싱가포르   368
씨모비치, 두샨   223

아 ───

아다치 하타조　444

아르님, 위르겐 폰　509～512

아르덴 공세　657～664

아만, 막스

아오스타 공작　479, 481

아웅 산　395, 397

아이슬란드　159

아이언사이드, 에드먼드　107

아이젠하워, 드와이트　472～475, 508～509, 525, 539, 613, 615, 654, 662, 780～781

아이켄, 시드니　587

아이켈버거, 로버트　442

아인슈타인, 알베르트　864

아프가니스탄　882

아프리카　477～513

독일-오스트리아 합병　64

안토네스쿠, 이온　545, 709, 756

알라메인 전투　501～504

알류샨 열도　440

알릭잔더, 해롤드　396～397, 465, 499, 522, 539～540

알바니아　214

암스트롱　736

암호 해독　163～167, 244～245, 746～754

앤드류스 중령　252

야마모토 이소로쿠　361, 379

야마시타 도모유쿠　389, 830

얄타 회담　813, 816～817

어빙, 데이비드　207

어펌, 찰스　240

얼트라 첩보　168, 241～243, 737, 747, 751～754

에니그마 암호기계　164, 244～245, 746～747, 749～750

에드위즈, 폴　326

에릭슨, 존　273, 287, 302, 313, 674, 686, 771, 788, 795

에반스-프리처드, 에드워드　482

에베르트, 프리드리히　45

에스파냐　103, 137

에이커, 아이라　539, 636

에티오피아　211, 478～486

엘리스, 얼　839

엥겔스, 프리드리히　20, 24

영, 데스먼드　554

영국

　　경제와 생산　311, 323

그리스　191, 207, 209, 213, 227, 231, 743, 757

독일 폭격　624, 625

말레이 반도　368, 374, 378

무기대여법　165, 265

버마　822～825, 836～838, 852

북아프리카　465～470, 475, 485, 503～504

브리튼 전투　134, 135, 139, 142～143, 145, 624

비행기(항공기)　61, 70, 317

사상자 피해　847

전략폭격　526, 535, 565, 618～619, 622～624

전차　266, 490

크레타　192, 207, 216, 232, 245

특수작전집행처　723, 725, 730～734, 762～763

영국 공군(RAF)

　　전투기사령부　140～152

　　폭격기사령부　100, 539, 569, 622～624, 629, 635～642

영국해외파견군(BEF)　96～100, 121～123, 125

예고로프, 미하일　261, 792

예료멘코, 이반　267, 294, 341, 673

예쇼넥, 한스　93, 625

오버리, 리처드　146

오벌로드 작전　475, 540, 553～596

　　군대　568～575

　　기갑 대응　575, 582～586

　　기만 계획　559～568

　　독일 측의 혼란　575～582

　　보카주 전역　586～593

오베르스트라텐, 로베르트 반　104～105

오스터캄프, 테오도르　145～146

오자와 지사부로　456, 831～835

오코너, 리처드　219～220, 491, 493, 504～505

오키나와　831, 838～845, 847, 851～853

오킨렉, 클로드　465, 495～501

올든도프, 제시　833, 835

완 와이타야콘 왕자　419

욍치제르, 샤를　108～109

요들, 알프레트　188, 198, 200～202, 240, 291, 306, 337, 354, 360, 560, 576, 657～658, 874

용기병 작전

우고 작전　821～822, 824～825

우라늄　864

우시지마 미쓰루　844, 849

워싱턴 삼두 정상회담　470, 555

원자무기 857, 863~864
원자폭탄 864
월러 중령 234
윗슨-위트, 로버트 141
웨드마이어, 알버트 470, 836
웨이드 육군원수 24
웨이벌, 아치볼드 217, 389, 475, 486
웨이크 섬 378
웰시만, 고든 749
웰즈, 섬너 268
윈, 로저 164
윈게이트, 오드 478, 822
윌슨, 찰스 576
윌슨, 헨리 232
유고슬라비아 258, 268, 270, 512, 522, 540, 543~544, 663, 716, 875
　　무장저항 723, 725~726, 730
유대인 432~434, 803
유화 정책 66
옵에, 트라우들 791
이다 쇼지로 396, 822
이든, 안소니 123, 464, 481
이라크 489
이란 495
이마무라 히토시 444
이바르느가레이, 쟝 130
이스메이, 헤이스팅스 라이오넬 676

이오지마 841, 843
이집트 189, 219, 242
이치고 작전 821~823, 825
이탈리아
　　겨울진지 530~536
　　그리스 침공 211~214
　　무솔리니의 대두 516
　　사상자 피해 875
　　아프리카 침공 478~479
　　연합군 전역 528~537
　　제1차 세계대전 514
인구 증가 21~22
인도네시아 395, 872
인도차이나 369, 842, 870
일본
　　경제 153, 318~319
　　둘리틀 공습 438
　　레이테 만 827~833
　　생산 829~831
　　오키나와 838~850
　　원자폭탄 817
　　전략 360~368
　　전략폭격 853~856
　　전쟁준비 369~376
　　중국 363~365, 421, 818~820, 870
　　패배 818~820, 866~867

자

자바 392~395, 872
자우켈, 프리츠 425~426, 874
자유 프랑스군 485, 733
자유의용단 44~50
자이스-인크바르트, 아르투르 64, 874
잘로몬, 에른스트 폰 45
잠수함 61, 156, 171
장제스 364~368, 396, 407, 816, 819, 837, 873
장징궤이 419
'적색 작전' 121
전격전 82~134
전략폭격 137, 526, 534, 564, 622~649, 859
전략첩보국(OSS), 미국 742
전시 보급, 대서양 전투 159, 163, 167, 174, 176
전쟁범죄 재판 874

전차 476, 490
　　독일 16~17, 458, 459~461
　　미국 458~459, 464
　　소련 185, 192, 458, 494
　　영국 180~181, 185~192, 458
　　전격전 72, 78~79, 82, 120
점령 418~434
　　동유럽 427~434
　　서유럽 420~427
　　아시아 418~420
제1차 세계대전 16~18, 20~21, 40, 173, 423
제국주의 17, 726
제이콥, 이안 808
젱어 운트 에테를린, 프리도 폰 522, 537
조르게, 리햐르트 268, 306, 744

조르주, 알퐁스 조제프 99~100, 107, 109, 111, 116, 120
조선
조지 6세 영국 국왕 134
쥐앵, 알퐁스 541
중국 153, 816
　　내전 873
　　버마 396
　　보급 367

일본 363~368, 421, 818~821, 837
　　중국군 819~820
쥬코프 육군원수 263, 272, 281, 295, 300, 302, 339, 344, 345, 365, 767, 768~770, 786
지로, 앙리 105, 508
진주만 360, 382~385
집단수용소 428~434
징집 20~26, 31

차

차이츨러, 쿠르트 336, 345, 692~694, 696, 713
창엔, 구스타프 폰 649
채프먼, 가이 102
처웰 경(프레데릭 린드만 교수) 630
처칠, 윈스턴 스펜서
　　군 지휘 465
　　대서양 헌장 813
　　루스벨트 462~465, 805~808, 813
　　무장저항 723~727
　　미국의 참전 463
　　보급 162
　　스탈린 270, 339~340, 462, 548, 764
　　에티오피아 484
　　오벌로드 작전 563, 591
　　원자무기 857
　　유고슬라비아 226
　　이데올로기 726
　　이집트 219
　　이탈리아 침공 523, 539
　　일본의 참전 360, 381, 461
　　전략 461~476
　　전략폭격 629~631
　　첩보 744~752
　　크레타 254
　　클라크에 관한 평 542

태평양 전쟁 447
토브룩 498
폴란드 817, 879
프랑스의 전략 101, 119, 128
프레이버그 241~242
천왕성 작전 345
'철의 장막' 880
첩보
　　'루시' 조직망 272, 698, 744~745
　　소련 186~187
　　오벌로드 작전 475, 535
　　일본 전략 369
　　첩보활동 743~745
　　체코슬로바키아 730
　　크레타 착륙 244~245
　　폴란드 723
　　U-보트 157~159
첩보활동 743~746
'청색' 작전 329
체임벌린, 네빌 65, 119
체코슬로바키아 64~67, 730, 761~762, 879~881
체트닉 232, 737~738
초강력 무기 857
촐라코글루, 게오르기오스 232
'최종해결' 433~434
츄이코프, 바씰리 267, 342~346, 354, 785, 792~794

카

카사블랑카 회담 447, 471~476, 509, 636
카시노 전투 538
카이텔, 빌헬름 131, 182, 240, 545, 657, 684, 874
카프릴리 대위 33
칸타리야, 멜리톤 792

칼라이, 미클로스 545
칼라일, 토머스 38
칼텐부르너, 에른스트 874
캉 562, 565~566, 583, 589, 590
캐비트론 밸브 859

커닝엄, 알란 465, 480~484, 496
커닝엄, 앤드류 490
케니, 조지 444
케셀링, 알베르트 88, 93, 140, 510~511, 526, 528, 781
코네프, 이반 267, 308, 676, 700~701, 711, 717, 720, 767~773, 778~785
코랍, 앙드레 106, 108, 115
코르텐, 귄터 625
코리치스, 알렉산드로스 234
코번트리 752
코히마 825
콜리어, 바질 390
콜린스, 조 593
콜티츠, 디트리히 폰 620
쾨니히, 피에르 485, 497
쾰른, '폭격기 1,000대의 공습' 635
쿠르스크 520, 678~679, 682~683, 689, 692~713
쿨릭 264, 266~267
퀘벡 사두 정상회담 474
퀴훌러, 게오르크 폰 712
크레벨드, 마틴 반 209, 233
크레치머, 오토 175

크레타 238~258, 751
크렙스, 한스 783~784, 792~793, 795
크루거, 월터 830, 836
크루프, 알프레트 27
크리스티, 월터 267, 603, 840
크리스티안, 게르다 791
크림 293, 306, 328~336
크립스, 스타포드 270
크비슬링, 비드쿤 75, 145
큰망치 작전 465
클라우제비츠, 카를 폰 754, 829
클라이스트, 에발트 폰 82, 202, 286~287, 294, 331~332, 336, 351, 597, 685, 692, 705, 711, 715
클라크, 마크 507, 529, 531, 535, 537~542, 552
클루게, 귄터 폰 282, 290, 309~310, 589, 593, 595, 612, 686
키르포노스, 미하일 267, 273, 286~288
키멜 제독 390
키예프 198, 286~287, 464, 470, 472, 566~567
키플링, 러디어드 31, 40
킨첼, 만프레트 175
킬스만젝, 그라프 폰 117
킹, 어니스트 435, 447, 464, 468, 828, 841

타

타라와 386, 448~451
타이 374, 380, 385, 821, 825
타이완
탄도 미사일 860~863
태평양
    동인도 제도 367~368, 374, 380, 392~394, 401, 455
    말레이 반도 385~392
    미국의 역공 435~457
    미드웨이 403~417
    일본의 점령 418~420
    진주만 382~385
    필리핀 398~402
터키 194, 202, 212
테니슨, 알프레드 37
테더, 아더 618
테야르 드 샤르댕, 피에르 40
테일러, A. J. P. 16
테헤란 회담 559
텐고 작전 842

텐이치고 작전 842
토마, 리터 폰 208, 292
토머스, W. B. 244
토브룩 217
토털라이즈 작전 602~605
토트, 프리츠 186, 313, 599
톨부힌 543, 704, 714, 774, 779
투하쳅스키 260~263
튀니지 474, 483, 485~6, 504
튀멜, 파울 744
튜링, 알란 749
트러스코트, 루셔스 533, 536~537
트레버-로퍼, 휴 802
트렌처드, 휴 622
트로츠키, 레프 261, 311, 339
트로트, 아담 폰 636
트루먼, 해리 853, 856, 857, 865, 873
특수작전집행처(SOE), 영국 723, 725, 731
티모셴코 262, 265, 272, 281~2, 288, 305~306, 678, 715

티소, 요제프 761, 768

티토 471, 540

파

파드칼레 559~561, 564, 568
파리 해방 486, 616~667
파울 공, 유고슬라비아의 224
파울루스, 프리드리히 폰 198, 331, 333~334, 342, 346, 350, 352, 354
파크, 키드 150
파파고스, 알렉산드로스 221, 229, 232
팔라비, 레자 샤 495
팔레스티나 870
팔레즈 골짜기 전투 597~621
팔켄호르스트, 니콜라우스 76
패치, 알릭잔더 543, 665
패튼, 조지 506, 511, 521, 609
퍼시벌, 아더 387, 389~390, 392
페네뮌데 638, 862
페타르, 유고슬라비아 국왕 224~225
페탱, 필립 118, 127~128
포놀, 찰스 449
포츠담 회담 856, 879
포털, 찰스 473, 631~632
포티튜드 작전 559
포포프, 미하일 685~688, 700
포포프, 바씰리 277
폴란드 816~817, 875, 879
　　무장저항 723~724, 731~732
　　사상자 피해 875
　　소련 721~722, 731~732, 877~879
　　침공 29, 68~71
푸트, 알릭잔더 272
푸트카머, 카를-에스코 폰 785
푹스, 클라우스 865
풀러 소장 598
프랑스

군대 84, 86
무장저항 725
사상자 피해 847
전격전 82~134
점령 420~421, 557
침공 104~134
항복 109
프랑코, 프란시스코 190
프랑크 장군 874
프레이버그, 버나드 241~242, 245, 251, 254~256, 538, 751
프레터-피코, 막시밀리안 766
프로이트, 지그문트 32
프롬, 프리드리히 655
프리데부르크, 한스 폰 796
프리드리히 2세, 프로이센 국왕(대왕) 389, 802
프리셰스 하프 석호 878
프리스너, 요하네스 547
'프리츠' 계획 188
프리치, 베르너 폰 63
프리퍄트 늪지대 71, 275, 278, 289, 706, 709, 712~713, 716, 735
프릭, 빌헬름 874
프린, 귄터 175
플라워, 데스먼드 149
플라위스, 토머스 749
플래트, 윌리엄 484
플레쳐, 프랭크 존 410
피셔, 프리츠 16
피에나르, 단 480
핀란드 43, 187, 264, 682, 758
필리핀 398~402, 419~420
필립스, 톰 386
필비, 킴 745

하

하가나 870
하딩, 존 540
하르페, 요제프 768
하셀, 울리히 폰 104
하우서, 파울 614

하이드리히, 라인하르트 433, 730, 765
하이테, 폰 데어 250
하일레 셀라시에 황제 480~482
하트, 토머스 399
하하, 에밀 66

한반도 881
할더, 프란츠 85~89, 102, 117, 120~121, 185, 198~199, 202, 228, 289, 291, 329, 337~338
할리팩스 경 97
함부르크 638~639, 647
항공모함 379~381, 403~405
해리스, 아더 522~525, 632~640
허드슨 대위 737
허스키 작전 520~521, 523
헐, 코델 368~369
헝가리 188, 516, 672~673, 757, 875
헤스, 루돌프 50, 55, 259, 272
헤이그 규약 279
호르티 제독 227, 546, 759~760
호이징어, 아돌프 291
호지스 장군 664
호치민 872
호트, 헤르만 94, 276~278, 289, 291, 332~333, 698
혼마 마사하루 399
홀시, 윌리엄 407, 443, 446~448, 827, 831, 833
홉킨스, 해리 471, 810
홍콩 386
'황색 작전' 84~88
횃불 작전 466~467, 469, 502, 606
회프너, 에리히 106, 297~298, 300, 303, 309
흐루쇼프, 니키타 286, 323
히긴스 사, 뉴올리언즈 840
히로시마 857, 864
히로히토 천황 369, 866
히믈러, 하인리히 62, 426~427, 432~433, 655, 722, 756, 770, 784, 789
히틀러, 아돌프
    국민척탄병 756
    군 지휘 88, 553, 671, 802
    그라프 슈페 호 76
    그리스 191, 209~211, 215
    나치 혁명 56~57
    디틀 78~79
    로켓 861
    만슈타인 계획 87~89

무솔리니 516~517, 727
미국 360, 802~804
바르바로사 작전 259, 279, 285, 288~292, 314~315
북아프리카 190, 210
불가리아 194~195
브리튼 전투 139~148
소련 188~189, 194~197
소련군의 베를린 공격 767~770, 773~775, 777~780
스칸디나비아 75~79
스탈린그라드 327~330, 683~685
아르덴 전역 657~659, 661, 671
안슐루스
연합군의 이탈리아 침공 520~524
연합군의 침공 553~575, 586~589, 600, 603~606, 655~657
유고슬라비아 215~216
유화 정책 15
이데올로기 49~50, 205~207, 727, 802
자유의용단 49~50
장군들 60~64
적색 작전 121
전략폭격 628~629
전시 보급 320~321
전차 606, 608~609, 611
죽음 791
집단수용소 428
첩보 731
청색 작전 329~332
체코슬로바키아 64~65
쿠르스크 683~698, 700~704
크레타 194, 209
폭탄 살해 음모 594~595
폴란드 51~54
푸치 51
프랑스의 패배 82
헝가리 728~729, 737
황색 작전 84~88, 101
U-보트 157
힌덴부르크, 파울 폰 58, 774
힌슬리, 해럴드 747

2차세계대전사

1판 1쇄 펴낸날 2007년 1월 18일
2판 1쇄 펴낸날 2016년 4월 8일
2판 8쇄 찍은날 2024년 9월 30일

지은이 존 키건
옮긴이 류한수
펴낸이 정종호
펴낸곳 청어람미디어

마케팅 강유은
제작관리 정수진
인쇄제본 한영문화사
등록 1998년 12월 8일 제22-1469호
주소 04045 서울특별시 마포구 양화로 56(서교동, 동양한강트레벨), 1122호
E-mail chungaram@naver.com
전화 02-3143-4006~4008
팩스 02-3143-4003

ISBN 979-11-5871-024-8 03900